HACKERS TOEFL LISTENING 200% 활용법

토플 쉐도잉&말하기 연습 프로그램

이용방법 고우해커스(goHackers.com) 접속 ▶
상단 메뉴 [TOEFL → 쉐도잉&말하기 연습] 클릭하여 이용하기

토플 스피킹/라이팅 첨삭 게시판

이용방법 고우해커스(goHackers.com) 접속 ▶
상단 메뉴 [TOEFL → 스피킹게시판/라이팅게시판] 클릭하여 이용하기

토플 공부전략 강의

이용방법 고우해커스(goHackers.com) 접속 ▶
상단 메뉴 [TOEFL → 토플공부전략]
클릭하여 이용하기

토플 자료 및 유학 정보

이용방법 고우해커스(goHackers.com)에
접속하여 다양한 토플 자료 및
유학 정보 이용하기

고우해커스 바로 가기 ▶

교재 MP3

이용방법 해커스인강(HackersIngang.com) 접속 ▶
상단 메뉴 [토플 → MP3/자료 → 문제풀이 MP3] 클릭하여 이용하기

문제풀이 MP3 바로 가기 ▶

단어암기 MP3

이용방법 해커스인강(HackersIngang.com) 접속 ▶
상단 메뉴 [토플 → MP3/자료 → 무료 MP3/자료] 클릭하여 이용하기

MP3/자료 바로 가기 ▶

iBT 리스닝 실전모의고사

이용방법 해커스인강(HackersIngang.com) 접속 ▶
상단 메뉴 [토플 → MP3/자료 → 무료 MP3/자료] 클릭 ▶
본 교재의 실전모의고사 프로그램 이용하기

MP3/자료 바로 가기 ▶

|H|A|C|K|E|R|S|
TOEFL
LISTENING

해커스 어학연구소

무료 토플자료 · 유학정보 제공
goHackers.com

PREFACE

최신 토플 경향을 반영한
Hackers TOEFL Listening (iBT)을 내면서

해커스 토플은 토플 시험 준비와 함께 여러분의 영어 실력 향상에 도움이 되고자 하는 마음에서 시작되었습니다. 해커스 토플을 처음 출간하던 때와 달리, 이제는 많은 토플 책들을 서점에서 볼 수 있지만, 그럼에도 해커스 토플이 여전히 **독보적인 베스트셀러**의 자리를 지킬 수 있는 것은 늘 **처음과 같은 마음으로** 더 좋은 책을 만들기 위해 고민하고, 최신 경향을 반영하기 위해 끊임없이 노력하기 때문입니다.

이러한 노력의 결실로, 새롭게 변경된 토플 시험에서도 학습자들이 영어 실력을 향상하고 토플 고득점을 달성하는 데 도움을 주고자 **최신 토플 경향을 반영한** 『Hackers TOEFL Listening (iBT)』을 출간하게 되었습니다.

해커스 토플 리스닝은 실전에 강합니다!
『Hackers TOEFL Listening (iBT)』은 최신 경향을 반영한 방대한 양의 실전 문제를 수록하였으며, 실전과 동일한 난이도와 구성의 iBT TOEFL 리스닝 실전모의고사를 온라인으로 제공하여 보다 철저히 실전에 대비할 수 있도록 하였습니다.

고득점도 문제 없습니다!
『Hackers TOEFL Listening (iBT)』은 문제 유형별 전략과 토플 리스닝 고득점 달성에 꼭 필요한 학습 전략을 제시하여 혼자서 공부하는 학습자라도 효과적으로 학습할 수 있도록 하였습니다.

『Hackers TOEFL Listening (iBT)』이 여러분의 토플 목표 점수 달성에 확실한 해결책이 되고 영어 실력 향상, 나아가 **여러분의 꿈을 향한 길**에 믿음직한 동반자가 되기를 소망합니다.

David Cho

Hackers TOEFL LISTENING

CONTENTS

I. CONVERSATIONS

⌐ II. LECTURES

실전모의고사(온라인) 2회분

해커스인강(HackersIngang.com) 접속 → [MP3/자료] 클릭 → [무료 MP3/자료] 클릭하여 이용

고득점 공략, 『해커스 토플 리스닝』으로 가능한 이유!

01 최신 출제 경향을 반영한 문제 수록

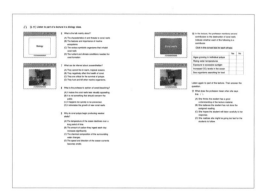

이 책은 iBT 토플 리스닝의 최신 **출제경향을 철저히 분석하여 모든 지문과 문제에 반영**하였다. 교재에 수록된 방대한 양의 실전 문제를 충분히 풀어보며 실전에 대한 감각을 자연스럽고 확실하게 익힐 수 있도록 하였다.

02 고득점을 위한 유형별 전략 제시

고득점에 꼭 필요한 문제 풀이 전략을 **Hackers Strategy**에 상세하게 수록하였다. 문제 해결 순서에 따른 2~3가지 전략을 학습하고, **Example**을 통해 이를 적용하는 훈련을 함으로써 학습효과를 극대화할 수 있다. 또한, **Note-taking** 핵심 전략을 수록하여, 약어 및 기호를 이용해 실제 시험에서 필요한 내용만 효율적으로 정리할 수 있게 하였다.

03 단계별 학습으로 기본부터 실전까지 완벽 대비

Hackers Strategy에서는 유형별 문제 풀이 전략을 단계별로 설명하여 각 문제 유형의 공략 방법을 제시하였고, 연습 문제인 **Hackers Practice**와 실전 형태의 **Hackers Test**를 통해 문제 풀이 훈련을 할 수 있도록 하였다. 마지막으로 실전 난이도의 지문, 문제로 구성된 **Actual Test**를 풀어봄으로써 시험에 완벽하게 대비할 수 있게 하였다. 더불어, **리스닝 필수 어휘**와 **토픽별 어휘**를 30일 동안 학습하여 필수 어휘력을 기를 수 있게 하였다. 그리고 시험에 출제될 수 있는 **미국 영어와 영국 영어의 차이**를 짚어보며 실전을 빈틈없이 대비할 수 있게 하였다.

04 효과적인 학습을 위한 학습플랜 및 무료 학습자료 제공

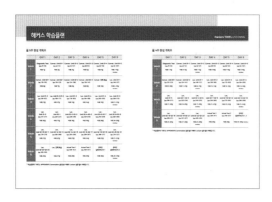

학습자가 자신에게 맞는 학습 계획을 세울 수 있도록 **6주와 4주 완성 학습플랜**을 제시하였다. **해커스인강**(HackersIngang.com)에서 무료로 제공하는 실전모의고사 프로그램을 통해 실제 시험과 같은 환경에서 실전에 대비할 수 있도록 하였고, '리스닝 필수 어휘' MP3를 통해 효율적인 단어학습이 가능하도록 하였다. **고우해커스**(goHackers.com)에서는 토플에 관한 다양한 정보가 공유되며, 본 교재에 대해서도 자유롭게 토론할 수 있다.

『해커스 토플 리스닝』 미리보기

1. Diagnostic Test

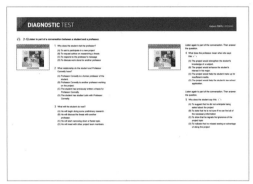

iBT 토플 리스닝 시험의 전반적인 유형 및 난이도 등을 이해하고, 현재 자신의 실력을 진단하여 더욱 **효과적인 학습을 계획할 수 있도록** 책의 앞부분에 실제 시험의 구성과 경향을 반영한 **Diagnostic Test**를 제공한다.

2. Hackers Strategy

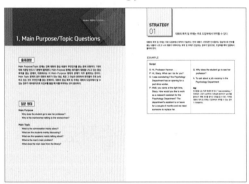

철저히 분석된 iBT TOEFL 리스닝 시험의 실제 경향에 근거하여, 리스닝 시험에서 고득점이 가능한 **문제 유형별 핵심 전략을 제시**하였다. 또한, 각 전략을 적용한 **Example**을 제시하여 학습한 문제 유형별 핵심 전략을 응용해볼 수 있게 하였다.

3. Hackers Practice & Hackers Test

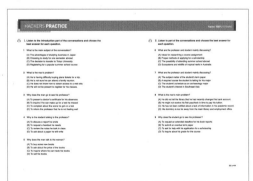

실전 리스닝 문제를 체계적으로 학습할 수 있도록 각 문제 유형에 맞추어 제작된 다양한 형태의 연습 문제들을 **Hackers Practice**에서 제공한다. 실전과 같은 난이도 및 형태의 문제들을 **Hackers Test**에서 집중적으로 풀어봄으로써 각 문제 유형에 대한 실전감각을 기를 수 있도록 하였다.

4. Conversation Topics & Lecture Topics

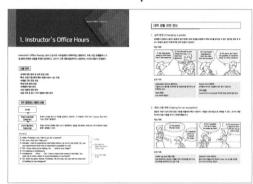

iBT TOEFL 리스닝 시험의 **Conversation과 Lecture에서 자주 출제되는 주제들을 만화, 사진과 함께 흥미롭게 구성**하였으며, 꼭 알아야 할 용어와 표현, 배경지식을 제시하여 효과적으로 습득할 수 있도록 하였다.

5. Actual Test (책 + 온라인)

책을 모두 학습한 후 토플 리스닝 영역에 대한 종합적인 이해도와 실력을 측정할 수 있는 **Actual Test**가 제공된다. iBT 토플 리스닝 시험과 같은 구성 및 난이도의 테스트를 풀어봄으로써 자신의 실력을 점검해볼 수 있도록 하였다. 또한 **해커스인강**(HackersIngang.com)에서 제공되는 **실전모의고사 프로그램**을 통해 실전과 동일한 환경에서 최종 마무리 연습을 할 수 있다.

6. 정답·스크립트·해석·정답단서

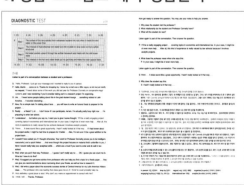

교재에 수록된 **모든 지문의 스크립트를 정확한 해석 및 정답의 단서와 함께 제공**하여, 학습자가 지문을 보다 쉽게 이해하고 정답과 오답의 근거를 스스로 파악할 수 있도록 하였다.

iBT TOEFL 소개 및 시험장 Tips

■ iBT TOEFL이란?

iBT(Internet-based test) TOEFL(Test of English as a Foreign Language)은 종합적인 영어 실력을 평가하는 시험으로 읽기, 듣기, 말하기, 쓰기 능력을 평가하는 유형의 문제 외에도, 듣기-말하기, 읽기-듣기-말하기, 읽기-듣기-쓰기와 같이 각 능력을 연계한 통합형 문제가 출제된다. iBT TOEFL은 Reading, Listening, Speaking, Writing 영역의 순서로 진행되며, 4개의 시험 영역 모두 노트테이킹을 허용하므로 문제를 풀 때 노트테이킹한 내용을 참고할 수 있다.

■ iBT TOEFL 구성

시험 영역	출제 지문 및 문항 수	시험 시간	점수 범위	특징
Reading	· 2개 지문 출제 　지문당 길이: 약 700단어 　지문당 10문항 출제	36분	0~30점	· 지문 길이가 길고, 다양한 구조의 지문이 출제됨 · 사지선다 형태, 지문 클릭(지문에 문장 삽입하기) 형태, 또는 정보를 분류하여 요약표나 정보 분류표에 넣는 형태 등이 출제됨
Listening	· 2개 대화 출제 　대화당 길이: 약 3분 　대화당 5문항 출제 · 3개 강의 출제 　강의당 길이: 3~5분 　강의당 6문항 출제	41분	0~30점	· 대화 및 강의의 길이가 길고, 실제 상황에 가까움 · 사지선다 형태, 다시 듣고 푸는 형태, 정보를 분류해 표 안에 넣거나 순서대로 배열하는 형태 등이 출제됨
Speaking	· 독립형 1문항 출제 · 통합형 3문항 출제	17분 준비: 15~30초 답변: 45~60초	0~30점	· 독립형 문제 (1번) - 특정 주제에 대해 의견 말하기 · 통합형 문제 (2~4번) - 읽고 들은 내용에 기초하여 말하기
Writing	· 통합형 1문항 출제 · 토론형 1문항 출제	35분	0~30점	· 통합형 문제 - 읽고 들은 내용에 기초하여 글쓰기 · 토론형 문제 - 토론 주제에 대해 글쓰기
		2시간 내외	총점 120점	

■ iBT TOEFL 접수 및 성적 확인

실시일	ETS Test Center 시험은 1년에 60회 이상 실시되며, 홈에디션 시험은 일주일에 약 4~5일 실시됨
시험 장소	ETS Test Center에서 치르거나, 집에서 홈에디션 시험으로 응시 가능 (홈에디션 시험 응시 가능한 장비 및 환경 요건은 ETS 토플 웹사이트에서 확인 가능)
접수 방법	ETS 토플 웹사이트 또는 전화상으로 접수
시험 비용	(2024년 현재 기준이며, 가격 변동 있을 수 있음) · 시험 접수 비용 US $220 ⠀⠀⠀⠀⠀⠀⠀⠀· 추가 리포팅 비용 US $25 (대학당) · 시험일 변경 비용 US $60 ⠀⠀⠀⠀⠀⠀⠀· 취소한 성적 복원 비용 US $20 · 추가 접수 비용 US $40 ⠀⠀⠀⠀⠀⠀⠀⠀· Speaking/Writing 재채점 비용 US $80 (영역당) ⠀(응시일로부터 2~7일 전에 등록할 경우)
시험 당일 주의사항	· 공인된 신분증 원본 반드시 지참하며, 자세한 신분증 규정은 ETS 토플 웹사이트에서 확인 가능 · 홈에디션 시험에 응시할 경우, 사전에 ProctorU 프로그램 설치하여 정상 작동 여부 확인 · 홈에디션 시험에 응시할 경우, 휴대폰 또는 손거울, 화이트보드 또는 투명 시트와 지워지는 마카 지참 ⠀(일반 종이와 필기구, 헤드폰 및 이어폰은 사용 불가)
성적 및 리포팅	· 시험 응시 후 바로 Reading/Listening 영역 비공식 점수 확인 가능 · 시험 응시일로부터 약 4~8일 후에 온라인으로 성적 확인 가능 · 시험 접수 시, 자동으로 성적 리포팅 받을 기관 선택 가능 · MyBest Scores 제도 시행 (최근 2년간의 시험 성적 중 영역별 최고 점수 합산하여 유효 성적으로 인정)

■ 시험장 Tips

1. **입실 절차** 고사장에 도착한 순서대로 번호표를 받아 입실하고, 입실 순서대로 시험을 시작한다.

2. **신분 확인** 신분증 확인 후 성적표에 인쇄될 사진을 찍은 다음, 감독관의 안내에 따라 시험을 볼 자리에 앉는다.

3. **필기도구** 연필과 종이는 감독관이 나누어주므로 따로 챙겨갈 필요가 없다. 부족한 경우 조용히 손을 들고 요청하면 된다.

4. **헤드폰 음량 및 마이크 음량 조절** 헤드폰 음량은 Listening, Speaking, Writing 영역 시작 전이나 시험 중간에 화면의 음량 버튼을 이용하여 조절할 수 있다. 적절한 크기로 하되 주위에 방해가 되지 않는 크기로 설정한다. 마이크 음량은 시험 시작 직후와 Speaking 영역을 시작하기 전에 조절할 수 있다. 평소 말하는 톤으로 음량을 조절한다.

5. **주의 집중** 응시자들의 시험 시작 시간이 달라 고사장이 산만할 수 있으나, 집중하도록 노력한다. 특히 Listening이나 Writing 영역 시험을 보고 있을 때 다른 응시자의 Speaking 답변 소리가 들리더라도 자신의 시험에 집중한다.

iBT TOEFL Listening 소개

iBT TOEFL 리스닝 영역은 크게 대화(Conversation)와 강의(Lecture)로 구성되어 있으며, 대화는 주로 대학에서 일어날 수 있는 상황에 대해, 강의는 주로 대학 강의에서 다루는 학문 분야에 대해 묻는다. 대화 및 강의를 들으면서 Note-taking을 할 수 있으므로, 기억력에 의존하기보다는 내용을 듣고 이해하며 정리하는 능력이 더욱 요구된다고 볼 수 있다.

■ iBT TOEFL Listening 구성

시험은 2개의 Part로 구성되며, 각 Part에는 다음과 같이 1개의 대화와 1~2개의 강의가 나온다. 이때, 1개의 강의가 나오는 Part가 먼저 나올 수도 있고, 2개의 강의가 나오는 Part가 먼저 나올 수도 있다.

Part 구성 예시 1 (1개의 강의가 나오는 Part)
Conversation (5문항 출제) → Lecture (6문항 출제)
Part 구성 예시 2 (2개의 강의가 나오는 Part)
Conversation (5문항 출제) → Lecture 1 (6문항 출제) → Lecture 2 (6문항 출제)

■ iBT TOEFL Listening 특이사항

· Note-taking이 허용된다.
· 대화와 강의가 실제상황처럼 매우 자연스러우며, 구어체도 종종 사용된다.
· 정답이 2개 이상인 문제 형태가 출제된다.
· 대화 및 강의의 일부 내용을 다시 들려주는 문제 형태가 출제된다.
· 화자의 의도 및 태도 여부 등을 묻는 문제 유형이 출제된다.
· 일련의 사건 및 절차를 순서대로 배열하는 문제 유형이 출제된다.

■ iBT TOEFL Listening 문제 유형 분석

문제 형태	해당 문제 유형
Listening for Basic Comprehension 들은 내용에 대한 기본적인 이해를 요하는 문제	Main Topic/Purpose Questions 주제를 묻는 문제 Detail Questions 세부 정보를 묻는 문제
Listening for Pragmatic Understanding 들은 내용의 기저에 놓인 실질적인 의미를 파악하는 문제	Function & Attitude Questions 화자의 의도와 태도를 묻는 문제
Listening for Connecting Information 들은 내용을 종합해서 풀어야 하는 문제	Connecting Contents Questions 내용의 전개 구조 또는 관계를 묻는 문제 Inference Questions 주어진 정보로 추론을 하는 문제

■ iBT TOEFL Listening 전략

① HOW TO PREPARE

· **어휘력을 기른다.**

모르는 단어는 잘 들리지 않으므로 iBT TOEFL 리스닝에서 상황별/분야별로 자주 출제되는 어휘를 익혀둔다.

· **실제 원어민의 발음 및 억양, 말하는 속도에 익숙해진다.**

외국 영화, 시트콤, 드라마, 뉴스 등을 자주 접하여 실제 원어민이 쓰는 영어에 익숙해져야 한다. 미국식 억양 외에 영국, 호주 및 뉴질랜드 억양이 간혹 사용될 수도 있다.

· **강의 분야와 관련된 배경 지식을 습득해둔다.**

관련 배경 지식을 많이 알고 있을수록 들리는 내용도 많으므로, 평소에 강의 분야들에 관련된 배경 지식을 많이 접해두는 것이 좋다.

· **핵심 내용을 Note-taking하면서 듣는다.**

iBT TOEFL 리스닝 시험에서는 Note-taking하며 듣는 것을 허용한다. 들을 때 핵심 내용을 중심으로 간략하게 Note-taking하는 습관을 기르자.

② HOW TO LISTEN

· **앞부분을 놓치지 않고 듣는다.**

iBT TOEFL의 대화 및 강의는 앞부분에서 중심 내용이 무엇인지를 파악할 수 있는 경우가 대부분이다. 그러므로 앞부분을 들을 때는 특별히 주의를 기울여서 전체적인 내용이 무엇에 대한 것일지를 예측하며 들어야 한다.

· **화제가 전환되는 부분을 파악하며 듣는다.**

화자가 세부 화제를 전환하거나 중심 내용에서 잠깐 벗어나 다른 이야기를 할 때 이를 파악하며 듣는 것은 전체적인 내용의 흐름과 화자의 목적, 세부 내용과 중심 내용의 관계 등을 이해하는 데 필요하다.

· **새롭게 소개되는 용어를 주의 깊게 듣는다.**

강의 내용에서 화자가 새롭게 소개하는 용어가 있다면, 그에 대한 정의 및 부가 설명이 뒤이어 오는 경우가 많다. 또한 이 용어는 강의 내용상 반드시 이해해야 할 개념인 경우가 대부분이므로, 이에 대한 문제가 출제될 가능성이 크다. 따라서 새롭게 소개되는 용어를 주의 깊게 들어야 한다.

· **표시어(signal words)를 통해 내용들 간의 관계를 파악하며 듣는다.**

예시, 비교/대조, 인과 관계, 순차적인 관계, 분류 등의 관계를 드러내주는 표시어를 통해 내용 간의 관계를 더욱 더 쉽게 파악할 수 있다.

■ iBT TOEFL Listening 화면 구성

볼륨 조정 화면

시험을 시작하기 전에 소리의 크기를 조절하는 방법을 알려주는 화면이다. Volume 버튼을 클릭하면 소리를 조절할 수 있는 창이 나타난다. 내용을 듣는 동안 소리의 크기는 계속해서 조절 가능하다.

Listening Direction 화면

리스닝 시험 진행 방식에 대한 전반적인 설명이 주어진다. 리스닝 시험은 11문항 또는 17문항으로 구성된 Part가 2개 출제된다. 이 화면에서는 각 Part가 1개의 Conversation과 1~2개의 Lecture로 이루어져 있다는 설명이 등장한다.

지문을 들을 때 나오는 화면

강의를 들을 때는 교수와 학생들 사진이 나오며, 대화를 들을 때는 두 화자의 사진이 나온다. 사진을 통해 화자들의 관계 및 대화가 이루어지는 장소를 짐작할 수 있다. 사진 아래의 바는 지문 내용의 진행 정도를 보여준다.

문제 화면

문제가 출제될 때 나오는 화면이다. 문제를 들려 준 후 보기가 화면에 나오면, 보기 앞에 있는 칸을 클릭하여 답을 표시한다. 답을 클릭한 후 Next 버튼을 누르고, 그 후 OK 버튼을 클릭하면 답이 확정되며, 이전 화면으로 돌아갈 수 없다. 답이 2개 이상인 문제는 반드시 모든 답을 클릭해야 다음 문제로 넘어갈 수 있다.

다시 듣고 푸는 문제 유형 Direction 화면

대화 및 강의의 일부를 다시 듣고 푸는 문제에서 주어지는 Direction 화면이다. 이 화면이 나온 후 지문 내용의 일부를 다시 듣게 된다.

화면 상단 Tool Bar

화면 상단에 시험 진행 과정을 보조하는 도구 창이 나타난다. 도구 창을 통해 현재 풀고 있는 문제가 몇 번 문항인지, 해당 영역의 남은 시간이 얼마인지를 알 수 있다.

Volume 버튼을 누르면 소리의 크기를 조절할 수 있다.

Help 버튼을 누르면 시험 진행에 관련된 정보를 알 수 있다. 이때 시간은 계속해서 카운트된다.

Next 버튼을 누르면 다음 문제로 넘어갈 수 있다.

Next 버튼을 누른 후, OK 버튼을 누르면 정답이 확정되며, 이전 화면으로 돌아갈 수 없다.

Hide Time 버튼을 누르면 화면에서 시간 표시가 사라진다.

NOTE-TAKING

iBT TOEFL 리스닝에서는 대화 및 강의를 듣는 동안 Note-taking하는 것을 허용한다. 효과적인 Note-taking은 전체적인 강의/대화의 흐름을 파악하고 세부 정보들을 기억하는 데 도움을 주며, 들려주는 내용들이 서로 어떤 연관성을 지니는가를 쉽게 파악할 수 있도록 해준다. 한 가지 유의해야 할 점은 반드시 내용에 대한 이해가 선행된 후에 Note-taking을 시작해야 한다는 점이다. 또한 효과적인 Note-taking을 하기 위해서는 모든 내용을 다 기록하려고 하기보다, 핵심 내용만을 간략하게 정리하는 요령을 길러야 한다.

■ Note-taking의 절차

1. 중심 내용을 간략하게 쓴다.

먼저 도입부의 내용을 듣고 이해한 후, key words를 이용하여 중심 내용을 짧게 정리한다. Key words는 들려주는 내용의 첫 문장에서 등장하는 경우도 있고, 어느 정도 내용을 들은 후에 등장하는 경우도 있으므로 이 점에 주의하여 중심 내용을 기록한다.

2. 세부 화제에 따라 내용을 구분하여 Note-taking한다.

내용이 본격적으로 전개되기 시작하면 내용의 세부 화제를 파악하여 각 세부 화제별로 내용을 묶어서 정리해주는 것이 좋다. 세부 화제가 전환되거나 화자가 잠깐 중심 내용을 벗어난 이야기를 할 때 자주 쓰이는 표시어(Another, First of all, Secondly, Now, Then 등)를 잘 파악하면, 세부 화제의 변화를 자연스럽게 알 수 있다.

3. 세부 사항을 기록한다.

세부 사항을 기록할 때는 내용을 구분하여 세부 화제별로 적는 것이 좋으며, 강의의 경우에는 각 설명 방식에 맞게 Note-taking을 하는 것이 좋다. 강의에서 세부 사항을 설명하는 방식으로는 용어 정의, 예시, 분류, 나열, 비교, 대조 등이 있으며 단순히 세부 사항을 덧붙이는 방식을 취하기도 한다.

· 세부 화제별 Note-taking의 예

Main Topic: Ways to collct the data for psy.
Sub topic 1(or category 1): observ. (simp-st way) - N-observ.: simple but X exact. - Cont-observ.: diff. but exact.
Sub topic 2(or category 2): Case Stud. - for the spcial case e.g. spcial diseas. / 2 year-baby read the book

4. 약어 및 기호를 이용한다.

Note-taking을 할 때는 들리는 말을 모두 받아쓰기 보다는 기호 및 약어 표현을 이용해서 간략하게 쓰는 것이 좋으며, 중요한 정보를 담은 명사 및 의미상 중요한 전치사는 빠짐없이 기록하는 것이 좋다.

① 기호

기호를 쓸 때는 널리 통용되는 기호를 사용하여 나중에 혼동을 주지 않도록 하는 것이 좋다.

=	equals; to be	K	1,000	X	not, no
+	and; plus	&	and	/	per, each
>	more than	∴	therefore/so	/day	per day
<	less than	←	from	/h	per hour
↑	increase	@	at	/w	per week
↓	decrease	#	number (of)	∵	because

② 약어

약어를 만드는 방법은 다양할 수 있는데, 일관적으로 적용될 수 있는 방법을 써서 나중에 혼동을 주는 일이 없도록 해야 한다. 약어를 만드는 데는 몇 가지 방법이 있다.

· 뒷부분 생략: European → Eu   · 모음 생략: movement → mvmt   · 중간 철자 생략: government → govt

e.g.	for example	usu.	usually	info	information
prob	problem	w/	with	sum.	summary
ppl	people	cf.	compare	psych	psychology
rsn.	reason	c.	century	Qs	questions
etc.	and so on	max.	maximum	pics	pictures
i.e.	that is; in other words	min.	minimum	w/o	without
intro	introduction	fr.	from	vs	versus
concl	conclusion	tech	technology	ea.	each
b.f.	before	reg	regular	btw	by the way

■ Note-taking Example

Script

Today, I'll be talking about the gymnosperm and the angiosperm, two types of plants that are believed to have evolved from the early vascular plants. The earliest vascular plants had no roots, leaves, fruits, or flowers. They developed some, uh, 400 million years ago during the Silurian Period and looked pretty much like stems with two branches on the tops of which one could see what looked like spores.

It was in the Devonian period that the first seed plants or gymnosperms first evolved. This was perhaps 360 million years ago. The gymnosperm plants were the most abundant type of plant until the Cretaceous period about 66 to 144 million years ago. They do still occupy large parts of the Earth such as the conifer forests that cover the vast regions of northern temperate lands in North America and Europe. As examples, we have the pines, the ginkgos and the cycads, as you see here in the next three slides. Now the, uh, seeds of many gymnosperm plants are also called naked seeds because they have only a thin dry covering. These seeds are borne in cones and are not visible. Some of you might think that cones are fruit, but they aren't, and I'll explain why a bit later.

Now let's talk about the angiosperms, which, as I said earlier, include all flowering plants that produce seeds and in some angiosperms, fruit. These flowering plants evolved from the gymnosperms about 140 million years ago. There are presently 235,000 known living species of angiosperms. Now uh . . . take note that in angiosperms, the seeds are surrounded by the wall of the ovary of the flower which forms the fruit. Fertilization in, in angiosperms is accomplished by a variety of pollinators, for instance, wind, animals, and water. Let's compare how the angiosperms and the, uh, gymnosperms are pollinated.

Note

• 2 types of vascul. plants	Main Topic
• gymno - evolved in Devon.	Category 1
- still abund't	세부 화제별 내용 정리
• e.g. conifer in N.A. & Euro	예시 사항 기록
e.g. pine, ginkgo, cycad	
- have naked seeds (thin, dry cover.)	
•	
angio	
• - flowr. plant	
- have seeds & fruit	Category 2
• - evolved fr. gymno.	세부 화제별 내용 정리
- surrounded by plant-wall	
• - fertil. by wind, animal, water	

강의 전체 구조가 두 종류의 관다발 식물인 gymnosperm과 angiosperm을 분류하여 설명하는 방식을 취하고 있으므로 크게 두 항목으로 구분하여 Note-taking을 한 것이다. 각 항목 아래에 각각의 특징들을 약어 및 기호 등을 사용하여 간략하게 정리하였다.

수준별 맞춤 학습 방법

p.29의 Diagnostic Test 결과에 따라, 본인의 점수대에 맞는 학습 방법을 찾아 학습하면 효과적이다.

Level 1

맞은 개수 0~5개 (실제 시험 예상 점수: 0~10점대)

추천 플랜 6주 완성 학습플랜 (p.24)
학습 방법 기본적인 청취력을 키우자!

1. 학습플랜에 따라 챕터별로 각 페이지의 전략을 꼼꼼하게 읽고 정리한다.
2. Hackers Practice를 풀면서, 긴 지문을 듣고 Main idea를 찾는 연습을 꾸준히 한다.
3. 문장 단위를 반복해 들으며 따라 읽는 연습을 병행하고, Hackers Test를 통해 실력을 탄탄히 한다.

Level 2

맞은 개수 6~10개 (실제 시험 예상 점수: 11~19점대)

추천 플랜 6주 완성 학습플랜 (p.24)
학습 방법 문제 유형을 확실하게 파악하자!

1. Hackers Strategy와 Hackers Practice를 풀며 각 문제 유형을 파악하는데 주력한다.
2. Hackers Practice를 풀고 나서 받아쓰기 및 따라 읽기 등의 반복학습을 한다.
3. Hackers Test를 풀어보면서 앞서 학습한 문제 유형 전략을 적용해보고 학습 성과를 평가한다.

Level 3

맞은 개수 11~14개 (실제 시험 예상 점수: 20~27점대)

추천 플랜 4주 완성 학습플랜 (p.25)
학습 방법 실전에 대비하자!

1. 강의의 세부 사항을 Note-taking하며 빠트리지 않고 잡아내는 연습을 한다.
2. Hackers Practice와 Hackers Test를 통해 문제 유형별 전략을 완전히 익히고, 내용은 들었으나 문제를 틀리는 경우가 없도록 실전 문제 유형을 거듭 연습한다.
3. 세부 사항과 정보의 관계에 대한 Connecting Contents Questions와 같이 난도가 높은 문제 유형을 집중적으로 연습한다.

Level 4

맞은 개수 15~17개 (실제 시험 예상 점수: 28~30점대)

추천 플랜 4주 완성 학습플랜 (p.25)
학습 방법 만점을 준비하자!

1. Hackers Practice에서는 틀린 문제만 다시 확인하고 넘어가고, Hackers Test에 중점을 두어 학습한다.
2. 본인이 틀린 문제는 반드시 틀린 원인을 분석하고, 부족한 부분은 다시 확인하여 짚고 넘어간다.
2. 세부사항을 효과적으로 Note-taking하는 연습을 많이 해두어서 고난도의 문제를 놓치는 일이 없도록 한다.

학습 성향별 맞춤 공부 방법

* 해커스 학습플랜은 pp.24~25에 수록되어 있습니다.

 개별학습 혼자서 공부할 때 가장 집중이 잘 된다!

1. 나만의 학습플랜을 세운다!
p.29의 Diagnostic Test를 통하여 자신의 현재 실력을 확인하고, 해커스 학습플랜을 참고하여 본인에게 맞는 학습 계획을 세운다.

2. 매일매일 정해진 학습 분량을 공부한다!
학습플랜에 따라 매일의 정해진 분량을 반드시 마치도록 하고, 만약 그러지 못했을 경우에는 계속 진도를 나가되 일주일이 지나기 전에 해당 주의 학습 분량을 모두 끝낸다.

3. 문제를 미리 보지 않고 풀며 오답 분석을 한다.
문제를 풀 때에는 항상 문제를 미리 보지 않고 푸는 것을 원칙으로 하며, 문제를 다 푼 후에는 스크립트와 본인이 들은 내용을 비교하며 확인하고 정답과 오답을 분석한다.
* 고우해커스(goHackers.com)의 [해커스 Books > 토플 리스닝 Q&A]에서 궁금한 사항을 질문할 수 있습니다.

 스터디학습 다른 사람과 함께 공부할 때 더 열심히 한다!

1. 개별 예습으로 스터디를 준비한다!
Hackers Strategy 및 본문 내용을 예습하고 Hackers Practice와 Hackers Test를 미리 풀어 본다.

2. 토론 학습으로 완벽하게 이해한다!
미리 예습해 온 문제를 함께 토론하면서 답을 수렴해 나간다. 서로의 답을 공개하고 왜 그것을 답으로 선택하게 되었는지 토론한 후, 책의 정답과 스크립트를 확인한다.

3. 개별 복습으로 마무리한다!
스터디가 끝난 후, 해커스인강(HackersIngang.com)에서 무료로 다운로드 받을 수 있는 리스닝 필수 어휘 MP3를 활용하여 단어를 학습하고, 스터디했던 내용을 개별 복습한다.

동영상학습 원하는 시간, 원하는 장소에서 강의를 듣고 싶다!

1. 동영상강의 학습플랜을 세운다!
해커스인강(HackersIngang.com)에서 『샘플강의보기』를 통해 강의 구성을 미리 파악하고, 『스터디플랜』에 따라 자신의 학습 계획을 세운다.

2. 이해될 때까지 반복해서 듣는다!
학습플랜에 따라 오늘 공부해야 할 강의를 집중해서 듣고, 잘 이해가 되지 않는 부분은 완전히 이해될 때까지 반복해서 시청한다.

3. 『선생님께 질문하기』를 적극 활용한다!
강의를 듣다가 모르는 부분이 있거나 질문할 것이 생기면 『선생님께 질문하기』를 이용하여 확실히 이해하도록 한다.

 학원학습 선생님의 강의를 직접 들을 때 가장 효과적이다!

1. 100% 출석을 목표로 한다!
자신의 스케줄에 맞는 수업을 등록하고, 개강일부터 종강일까지 100% 출석을 목표로 빠짐없이 수업에 참여한다.

2. 예습과 복습을 철저히 한다!
수업 전에 미리 그날 배울 내용을 훑어본다. 수업이 끝난 후에는 자신이 취약한 부분을 확인하고 복습한다.

3. 적극적으로 질문한다!
수업 시간에 잘 이해되지 않은 부분은 쉬는 시간이나 해커스어학원(Hackers.ac)의 『반별게시판』을 이용해 선생님께 질문함으로써 확실히 짚고 넘어간다.

해커스 학습플랜

■ 6주 완성 계획표

	DAY 1	DAY 2	DAY 3	DAY 4	DAY 5	DAY 6
Week 1	Diagnostic Test (pp.29~35) 어휘 1일	Conver. Unit 01-1 (pp.42~51) 어휘 2일	Conver. Unit 01-2 (pp.52~67) 어휘 3일	Conver. Unit 01-3 (pp.68~81) 어휘 4일	Conver. Unit 01-4 (pp.82~93) 어휘 5일	Conver. Unit 01-5 (pp.94~107) 어휘 1~5일 review
Week 2	Conver. Unit 02-1 (pp.110~118) 어휘 6일	Conver. Unit 02-1 (pp.118~123) 어휘 7일	Conver. Unit 02-2 (pp.124~136) 어휘 8일	Conver. Unit 02-2 (pp.136~141) 어휘 9일	Conver. 전체 복습 어휘 10일	Lec. Unit 01-1 (pp.148~157) 어휘 6~10일 review
Week 3	Lec. Unit 01-2 (pp.158~167) 어휘 11일	Lec. Unit 01-2~01-3 (pp.168~177) 어휘 12일	Lec. Unit 01-3 (pp.178~183) 어휘 13일	Lec. Unit 01-4 (pp.184~199) 어휘 14일	Lec. Unit 01-4 (pp.200~205) 어휘 15일	Lec. Unit 01-5 (pp.206~213) 어휘 11~15일 review
Week 4	Lec. Unit 01-5 (pp.214~217) 어휘 16일	Lec. Unit 02-1 (pp.220~227) 어휘 17일	Lec. Unit 02-2~02-3 (pp.228~239) 어휘 18일	Lec. Unit 02-4~02-5 (pp.240~249) 어휘 19일	Lec. Unit 02-6~02-7 (pp.250~259) 어휘 20일	Lec. Unit 02-8~02-9 (pp.260~269) 어휘 16~20일 review
Week 5	Lec. Unit 02-10~02-11 (pp.270~279) 어휘 21일	Lec. Unit 02-12~02-13 (pp.280~289) 어휘 22일	Lec. Unit 02-14~02-15 (pp.290~299) 어휘 23일	Lec. Unit 02-16~02-17 (pp.300~307) 어휘 24일	Lec. Unit 02-18~02-19 (pp.308~317) 어휘 25일	Lec. Unit 02-20~02-21 (pp.318~327) 어휘 21~25일 review
Week 6	Lec. Unit 02-22~02-23 (pp.328~335) 어휘 26일	Lec. 전체 복습 어휘 27일	Actual Test 1 (pp.338~347) 어휘 28일	Actual Test 2 (pp.348~357) 어휘 29일	온라인 실전모의고사 1 어휘 30일	온라인 실전모의고사 2 어휘 26~30일 review

* 학습플랜의 '어휘'는 APPENDIX의 Conversation 실전 필수 어휘와 Lecture 실전 필수 어휘입니다.

■ 4주 완성 계획표

	DAY 1	DAY 2	DAY 3	DAY 4	DAY 5	DAY 6
Week 1	Diagnostic Test (pp.29~35) 어휘 1~2일	Conver. Unit 01-1 (pp.42~51) 어휘 3~4일	Conver. Unit 01-2 (pp.52~67) 어휘 1~4일 review	Conver. Unit 01-3 (pp.68~81) 어휘 5~6일	Conver. Unit 01-4 (pp.82~93) 어휘 7~8일	Conver. Unit 01-5 (pp.94~107) 어휘 5~8일 review
Week 2	Conver. Unit 02-1 (pp.110~123) 어휘 9~10일	Conver. Unit 02-2 (pp.124~141) 어휘 11~12일	Lec. Unit 01-1 (pp.148~157) 어휘 9~12일 review	Lec. Unit 01-2 (pp.158~169) 어휘 13~14일	Lec. Unit 01-3 (pp.170~183) 어휘 15~16일	Lec. Unit 01-4 (pp.184~205) 어휘 13~16일 review
Week 3	Lec. Unit 01-5 (pp.206~217) 어휘 17~18일	Lec. Unit 02-1~02-3 (pp.220~239) 어휘 19~20일	Lec. Unit 02-4~02-6 (pp.240~255) 어휘 17~20일 review	Lec. Unit 02-7~02-9 (pp.256~269) 어휘 21~22일	Lec. Unit 02-10~02-12 (pp.270~285) 어휘 23~24일	Lec. Unit 02-13~02-15 (pp.286~299) 어휘 21~24일 review
Week 4	Lec. Unit 02-16~02-18 (pp.300~311) 어휘 25~26일	Lec. Unit 02-19~02-21 (pp.312~327) 어휘 27~28일	Lec. Unit 02-22~02-23 (pp.328~335) 어휘 25~28일 review	Actual Test 1 (pp.338~347) 어휘 29일	Actual Test 2 (pp.348~357) 어휘 30일	온라인 실전모의고사 1, 2 어휘 29~30일 review

* 학습플랜의 '어휘'는 APPENDIX의 Conversation 실전 필수 어휘와 Lecture 실전 필수 어휘입니다.

실전모의고사 프로그램 활용법

해커스인강(HackersIngang.com)에서는 실제 토플 시험과 유사한 환경에서 리스닝 시험을 풀어볼 수 있도록 해커스 어학연구소에서 자체 제작한 실전모의고사 프로그램을 제공한다. 이 프로그램에 수록되어 있는 2회분의 Actual Test는 TOEFL 리스닝과 동일한 난이도 및 시험 진행 방식을 갖추고 있어, 자신의 실력을 점검해보는 것은 물론 실제 시험 환경에 익숙해지는 데에도 큰 도움이 될 것이다.

> ***온라인 실전모의고사 프로그램 이용 경로**
> 해커스인강(HackersIngang.com) 접속 ▶ [MP3/자료] 클릭 ▶ [무료 MP3/자료] 클릭하여 이용

■ TEST 보기

프로그램을 실행한 후, 초기 화면에서 Actual Test 1, 2 중 하나를 클릭하면 실제 시험과 유사한 화면 구성과 동일한 진행 방식 하에 문제를 풀어볼 수 있다. 문제를 푸는 도중 좌측 상단의 EXIT 버튼을 누르면 언제든 시험을 중단할 수 있다.

실제 시험과 유사한 화면 구성으로 실전 적응력을 높일 수 있다.

실제 시험과 동일한 진행 방식으로 문제를 풀어볼 수 있다.

■ 채점 결과 및 스크립트·해석 확인하기

1회분의 Test를 마치면 자동으로 채점이 되어 결과가 화면에 나타난다. 다음 화면으로 넘어가면 각 문항의 정답 여부 및 스크립트, 해석, 주요 어휘를 확인할 수 있다.

Passage별 '지문/문제 해석' 버튼을 클릭하면 해당 지문의 스크립트 및 해석을 확인할 수 있다.

스크립트를 읽으며 음성 파일을 다시 들을 수 있다.

지문의 스크립트를 확인할 수 있다.

지문의 스크립트, 해석 및 주요 어휘를 출력할 수 있다.

스크립트의 해석 및 주요 어휘를 볼 수 있다.

goHackers.com

Hackers TOEFL LISTENING

DIAGNOSTIC
TEST

실제 TOEFL 리스닝 시험과 유사한 Diagnostic Test를 통해 본인의 실력을 평가해 봅니다.
그리고 본인에게 맞는 학습방법(p.20)을 확인한 후, 본 교재를 효율적으로 학습합니다.

DIAGNOSTIC TEST

 [1-5] Listen to part of a conversation between a student and a professor.

1 Why does the student visit the professor?

(A) To ask to participate in a new project
(B) To request advice on researching a thesis
(C) To respond to the professor's message
(D) To discuss work done for another professor

2 What relationship do the student and Professor Connelly have?

(A) Professor Connelly is a former professor of the student.
(B) Professor Connelly is another professor working on the project.
(C) The student had previously written a thesis for Professor Connelly.
(D) The student has studied Latin with Professor Connelly.

3 What will the student do next?

(A) He will begin doing some preliminary research.
(B) He will discuss the thesis with another professor.
(C) He will start narrowing down a thesis topic.
(D) He will meet with other project team members.

Listen again to part of the conversation. Then answer the question.

4   What does the professor mean when she says this:

  (A) The project would strengthen the student's knowledge of a subject.
  (B) The project would enhance the student's interest in his major.
  (C) The project would help the student make up for insufficient credits.
  (D) The project would help the student's law school application.

Listen again to part of the conversation. Then answer the question.

5   Why does the student say this:

  (A) To suggest that he did not anticipate being asked about the project
  (B) To state that he is not sure if he can find all of the necessary information
  (C) To show that he regrets his ignorance of the project topic
  (D) To indicate that he missed seeing an advantage of doing the project

[6-11] Listen to a part of a lecture in a geology class.

6 What is the main topic of the lecture?

(A) The differences between volcanic eruptions on land and underwater

(B) The equipment used to examine underwater volcanoes

(C) The dark cloud phenomenon observed by marine researchers

(D) The status of current efforts to map volcanoes on the ocean floor

7 What does the professor imply about sonar?

(A) It is useful in investigating phenomena that occur on the ocean floor.

(B) It has been replaced by a more advanced technology.

(C) It is used by submarines to avoid obstacles in the ocean.

(D) It is insufficient as a technology to study underwater black clouds.

8 What does the professor say about hydrothermal vents?

(A) They harbor unique creatures that exist nowhere else.

(B) They emit water that is a source of food for deep-sea organisms.

(C) They are so rich in minerals that sea organisms cannot survive near them.

(D) They form large deposits of ore at the bottom of the ocean.

9 In the lecture, the professor explains the sequence of steps that takes place in black cloud formation. Put the steps listed below in the correct order.

Drag each answer choice to the space where it belongs. One of the answer choices will not be used.

Step 1	
Step 2	
Step 3	
Step 4	

- The minerals in hydrothermal vent water turn into crystals on lava rocks and form sulfide structures.
- The minerals in the hot vent water break up into particles and make the water appear black.
- Ocean water surrounding the hydrothermal vents cools the hot water coming out and slows it down.
- The surface of the lava ejected from volcanoes hardens into rock when it meets the cold water on the ocean floor.
- Hot water pushes upward through the sulfide framework and meets with the cold ocean water.

Listen again to part of the lecture. Then answer the question.

10 Why does the professor say this: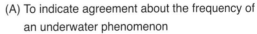

(A) To suggest that the student's answer is incorrect
(B) To express confusion about the student's answer
(C) To check if the other students agree with the answer
(D) To indicate that he was looking for another answer

Listen again to part of the lecture. Then answer the question.

11 Why does the professor say this:

(A) To indicate agreement about the frequency of an underwater phenomenon
(B) To point out a limitation on the use of submarines for exploration
(C) To acknowledge a technological problem that existed in the past
(D) To correct a statement about water pressure that he made earlier

[12-17] Listen to part of a discussion in an archaeology class.

Archaeology

12 What is the main topic of the lecture?

(A) The relation between palynology and other sciences

(B) Recent developments in the field of palynology

(C) Types of palynomorphs used in archaeological studies

(D) The uses of palynology in learning about the past

13 According to the professor, what is one feature that distinguishes palynomorphs from most other organic materials?

(A) Their precise age is harder to determine.

(B) They are more widely distributed across the globe.

(C) They keep their original forms over very long periods.

(D) They can be found in large quantities even in harsh environments.

14 What can be inferred about the bone discovered in northern Europe?

(A) Its age cannot be determined using palynological techniques.

(B) It was likely used as a farming implement to till the soil.

(C) It was discovered in an area where sediment had recently been deposited.

(D) It was covered in soil containing pollen from deciduous trees.

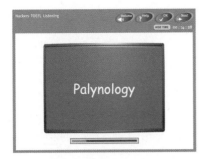

15 What is a possible significance of less pollen from trees in samples of soil?

(A) Humans have settled in the area.
(B) Forests have reclaimed the land.
(C) The inhabitants have relocated elsewhere.
(D) The ground was seldom cultivated.

16 According to the professor, what can palynological information tell us about human settlements?

(A) It provides evidence about when people deserted an area.
(B) It gives details about why a group of people abandoned a place.
(C) It offers clues about how many people a particular environment could support.
(D) It sheds light on what kinds of materials people used for building.

Listen again to part of the lecture. Then answer the question.

17 Why does the professor say this: 🎧

(A) To show relief that at least one student understands the talk
(B) To suggest that the student is very knowledgeable about the topic
(C) To express frustration that the student is rushing through the material
(D) To indicate that the student has correctly identified her next point

정답 p.422
*채점 후 p.20을 보고 본인의 맞은 개수에 해당하는 학습방법을 참고하세요.

goHackers.com

Hackers **TOEFL** LISTENING

CONVERSATIONS
SECTION

INTRO _____

■ Conversations in iBT TOEFL Listening

iBT TOEFL 리스닝에서 Conversation은 두 사람 간의 대화를 듣고 주어지는 문제에 대해 응답하는 형태로 출제된다. 대화의 길이는 약 3분(400~500단어)이며, 총 2개 대화가 출제된다. 대화를 듣는 중에 Note-taking을 할 수 있다.

■ Conversation Questions

대화가 끝난 후에는 대화 내용에 관한 문제가 5문항씩 출제된다. Conversation에 출제되는 문제 유형은 다음과 같다.

Main Purpose/Topic Questions (목적/주제 문제)
대화의 목적 및 주제를 묻는 문제이다.

Detail Questions (세부 사항 문제)
대화를 통해 직접적으로 알 수 있는 사실에 대해 묻는 문제이다.

Function & Attitude Questions (화자의 의도 & 태도 파악 문제)
화자가 한 말의 이면에 숨어있는 화자의 실제 의도 및 태도를 파악하는 문제이다.

Connecting Contents Questions (관계 파악 문제)
대화의 내용들이 서로 어떤 관계로 연결되어 있는지를 파악하는 문제이다. 주로 Purpose와 List Question 형태로 출제된다.

Inference Questions (추론 문제)
대화 상황에서 추론할 수 있는 것을 묻는 문제이다.

■ Conversation Topics

대화의 Topic은 대학에서 일어날 수 있는 상황을 바탕으로 한 것이며, iBT TOEFL 리스닝에 출제되는 Topic은 크게 아래와 같이 구분해 볼 수 있다.

Instructor's Office Hours (교수 연구실에서의 대화)
성적 관련 문의, 강의 내용에 대한 질문, 과제물 관련 문의, 인턴십 관련 상담 등의 내용이 출제된다.

Service Encounters (서비스 관련 대화)
수강 신청, 등록금 납부, 편입 절차 등 학사 행정에 관련된 문의와 도서관, 식당, 기숙사 등의 시설 이용 관련 내용이 출제된다.

▓▓▓ Conversation STRATEGY

1. Main Purpose/Topic을 꼭 잡아라.

대화의 중심 내용인 Main Purpose/Topic은 대화의 도입부에서 파악할 수 있다. 대화마다 한 문제씩 꼭 출제되므로 대화를 들을 때는 반드시 중심 내용을 파악해야 한다. 이때 중심 내용을 언급할 때 자주 쓰이는 표시어(signal words)나, 화자가 강조하거나 반복해서 말하는 key words가 주로 중심 내용을 알려주는 단서가 된다는 점을 기억해두는 것이 좋다.

2. Paraphrasing된 정답을 파악하라.

iBT TOEFL 리스닝에 출제되는 문제의 정답은 대화의 내용을 다른 말로 바꾸어 표현한 문장, 즉 paraphrasing된 문장이 대부분이다. 그러므로 대화에서 들은 단어 및 일부 표현을 그대로 쓴 선택지 는 오히려 오답일 가능성이 많다는 것을 염두에 두고 문제를 풀어야 하며, paraphrasing된 내용을 파 악할 수 있어야 한다.

3. 중요한 세부 정보를 파악하라.

iBT TOEFL 리스닝에서는 대화의 내용에서 알 수 있는 세부적인 사실을 묻는 문제가 출제된다. 그 중 에서도 다음과 같은 세부 정보들은 문제로 연결될 가능성이 크므로 이러한 정보들은 꼭 기억해두어야 한다. 이때 Note-taking을 통해 세부 정보를 기록해두면 보다 더 확실히 내용을 기억할 수 있다.

· 화자가 가진 문제
· 화자가 가진 문제의 원인
· 문제 해결을 위한 방법/제안
· 화자가 예로 들거나 나열한 세부 정보

4. 화자의 어조 및 어법을 놓치지 마라.

iBT TOEFL 리스닝 Conversation에서는 화자가 한 말을 통해 화자의 의도 및 태도를 묻는 문제가 출 제된다. 그러므로 대화를 들을 때, special tone, intonation, rhetorical question 등을 통해 화자 의 어조를 파악해야 한다. 이러한 요소들을 통해 화자의 의도와 화자가 한 말의 의미를 더 정확하게 파 악할 수 있기 때문이다.

goHackers.com

Unit 01
Conversation Question Types

Unit 01에서는 Conversation의 문제 유형을 5가지로 구분하여 각 유형의 특징과 질문 형태, 실제 문제 풀이에 적용 가능한 전략들을 소개하고 있다. 또한 단계별 연습 문제 및 실전 문제를 통해 각 문제 유형을 효과적으로 공략할 수 있도록 하였다.

Conversation의 Question Types에는 다음의 5가지가 있다.

1. Main Purpose/Topic Questions
2. Detail Questions
3. Function & Attitude Questions
4. Connecting Contents Questions
5. Inference Questions

1. Main Purpose/Topic Questions

출제경향

Main Purpose/Topic 문제는 전체 대화의 중심 내용이 무엇인지를 묻는 문제 유형이다. 1개의 대화 지문당 반드시 1문항씩 출제된다. Main Purpose 문제는 화자들이 대화를 나누고 있는 중심 목적을 묻는 문제로, 대화에서는 이 Main Purpose 형태의 문제가 자주 출제되는 편이다. Main Topic 문제의 경우 대화의 화두가 되는 대상, 혹은 그 대상과 관련하여 화자들이 주로 논의하고 있는 것이 무엇인지를 묻는 문제이다. 대화의 중심 목적 및 주제는 대화의 도입부에서 알 수 있는 경우가 대부분이므로 도입부를 들을 때 이를 파악하는 것이 중요하다.

질문 형태

Main Purpose

Why does the student go to see her professor?

Why is the man/woman talking to the woman/man?

Main Topic

What is the conversation mainly about?

What are the students mainly discussing?

What are the speakers mainly talking about?

What is the man's main problem?

What does the man need from the library?

STRATEGY
01

대화의 목적 및 주제는 주로 도입부에서 파악할 수 있다.

대화의 목적 및 주제는 주로 도입부에서 파악이 가능하다. 먼저 대화가 시작되면 인사말이나 일상적으로 안부를 묻는 내용이 나오고 나서 대화가 이루어지는 목적 및 주제가 언급되는 경우가 많으므로, 도입부를 특히 집중해서 들어야 한다.

EXAMPLE

Script

S: Hi, Professor Harmon . . .

P: Hi, Stacy. What can I do for you?

S: **I was wondering** if the Psychology Department has an opening for a part-time worker.

P: Well, you came at the right time, Stacy. How would you like to work as a research assistant for the Psychology Department? The department's assistant is on leave for a couple of months and we need someone to replace her.

Q. Why does the student go to see her professor?

A. To ask about a job vacancy in the Psychology Department

해설

인사말을 나눈 직후 학생의 첫 대사 "I was wondering ~" 이하에서 그녀가 심리학과 사무실에 일자리가 났는지를 알아보기 위해 교수를 찾아간 것임을 알 수 있다. 이처럼 대화의 목적 및 주제는 도입부에서 파악할 수 있는 경우가 대부분이다.

STRATEGY 02

목적 및 주제를 언급할 때 자주 쓰는 표현을 기억해둔다.

대화의 목적 및 주제가 언급되는 부분에서 화자가 자주 쓰는 표시어(signal words)가 있는데, 이러한 표현들을 알아두면 보다 확실하게 목적 및 주제를 파악할 수 있다.

EXAMPLE

Script

S: Hi, Professor Jones. I know you're busy, but can you give me just a few minutes of your time? **I'm here to tell you that** I'm really worried about tomorrow's test.

P: Um . . . Why are you worried, Craig? You seem to be doing well in class.

S: Well . . . but . . . which chapter of the book should I focus on for the test?

P: Here's a copy of the course outline. It explains which parts of the book you should study for the test.

Q. Why is the student talking to his professor?

A. To ask for help to prepare for his test.

해설

남자의 첫번째 대사 중 "I'm here to tell you that ~"이하에서 그가 시험에 대해 문의하기 위해 찾아 온 것임을 알 수 있다. 이와 같이 대화의 목적이나 주제를 언급한 표시어들을 들으면, 뒤이어 나오는 목적이나 주제를 파악하기가 쉽다.

대화의 목적 및 주제를 드러내는 표시어

Expressions	Example sentences
I'm interested in knowing ~	I'm interested in knowing more about the computer tutorials being offered by the faculty.
I wanted to talk to you about ~	I wanted to talk to you about writing a make-up paper.
I have some questions about ~	I have some questions about the topic you discussed in the last class.
I was wondering if ~	I was wondering if I could change the topic of my term paper.
I'm here because ~	I'm here because of the grade I got in chemistry lab.
I'm here to talk about ~	I'm here to talk about working as an assistant during the summer term.
Did you hear about ~?	Did you hear about the new summer school program they're offering in France?
Didn't you say that ~?	Didn't you say that you were going to work part-time this summer?
Did you have a chance to look at ~?	Did you have a chance to look at my lab report?
How about if we go over ~?	How about if we go over the list of references before we decide which one to use?
Remember I called you about ~?	Remember I called you about my grade on the English test?
The reason I'm here is that ~	The reason I'm here is that I'd like to get a copy of the university's guidelines for scholarship applications.

🎧 EXAMPLE

Listen to a conversation between a professor and a student.

S: Hi, Professor Rubenstein . . . can I talk to you for just a minute?

P: Sure, Rochelle, come on in. What can I do for you?

S: I happened to visit the art museum on the east side of the campus yesterday, and I noticed that nearly half of the paintings on display were yours. **I'm interested in knowing more about your paintings because I'm planning to write a report on that set of pieces.**

P: Yes, those paintings are mine, Rochelle. So, did you like them?

S: I must say, Professor, it gave me great pleasure to look at your paintings, and . . .

P: Thank you.

S: . . . and I, I was thinking about your paintings as I looked at them, and, maybe I'm wrong, but some of them seem to . . . kind of . . . belong together. I guess you know which ones I'm talking about . . .

P: Yes, I do, Rochelle.

S: Right . . . so they, they seemed to have one theme, and I started wondering if you did them during a special time in your life, or if you had really intended to use a particular approach with that group of paintings.

P: You know, there's a long story behind the paintings you're talking about . . . By the way, I call them "The Blue Paintings" . . . Well, to answer your question, when I did them, it had really been my intent to use a certain approach . . . and also . . . you guessed correctly, they were done during an episode in my life that was, shall we say . . . extraordinary. Now, I'd love to sit down with you and tell you the whole story . . . but, um, I have a class in, uh, ten minutes, so why don't we . . . Um, do you have time tomorrow afternoon?

S: Tomorrow afternoon's fine, sir.

해석 p.429

Why does the woman go to see her professor?

Ⓐ To ask a question about a lesson in art class

Ⓑ To get information about paintings the professor did

Ⓒ To inquire about painting techniques

Ⓓ To invite the professor to an art museum

해설   대화의 목적(Main Purpose)을 묻는 문제이다. 도입부 중 인사말 다음에 등장하는 여자의 대사 "I'm interested in knowing more about your paintings ~"에서 여자가 미술관에 전시된 교수의 그림에 대해 알아보려고 찾아왔음을 파악할 수 있다 (STRATEGY 1). 그러므로 정답은 (B)이다. 이때 여자가 방문 목적을 언급하기 위해 사용한 표현 "I'm interested in knowing ~"을 통해서 보다 확실히 대화의 목적을 파악할 수 있음을 기억해두자 (STRATEGY 2).

정답   Ⓑ

CONVERSATIONS

LECTURES

Hackers TOEFL LISTENING

HACKERS **PRACTICE**

 I. **Listen to the introduction part of the conversations and choose the best answer for each question.**

1 What is the main subject of the conversation?

    (A) The advantages of studying business in Japan
    (B) Choosing to study for one semester abroad
    (C) The decision to transfer to Tokyo University
    (D) Registering for a popular summer school course

2 What is the man's problem?

    (A) He is having difficulty buying plane tickets for a trip.
    (B) He is not sure he can attend a family reunion.
    (C) He does not know how to obtain access to a web site.
    (D) He will not be present to register for his classes.

3 Why does the man go to see his professor?

    (A) To present a doctor's certificate for his absences
    (B) To inquire if he can make up for a test he missed
    (C) To complain about the score he got on a test
    (D) To inform the professor that he is not feeling well

4 Why is the student talking to the professor?

    (A) To discuss a report he wrote
    (B) To request a handout he needs
    (C) To review the notes he took in class
    (D) To ask about a paper he will write

5 Why does the man talk to the woman?

    (A) To buy some new books
    (B) To ask about the price of the books
    (C) To inquire where he can trade his books
    (D) To sell his books

II. Listen to part of the conversations and choose the best answer for each question.

6 What are the professor and student mainly discussing?

(A) Ideas for researching a course assignment
(B) Proper methods of applying for a scholarship
(C) The possibility of attending summer school abroad
(D) Ecosystems and wildlife of tropical reefs in Australia

7 What are the professor and student mainly discussing?

(A) The subject matter of the student's term paper
(B) A required course the student is taking for his major
(C) The student's schedule as an archaeology major
(D) The student's interest in Southeast Asia

8 What is the man's main problem?

(A) He did not tell the library that he had recently changed his bank account.
(B) He might not receive his first paycheck in time to pay his tuition.
(C) He has not been notified about a lack of information in his academic record.
(D) His dormitory is too far away from the main library and employment office.

9 Why does the student go to see his professor?

(A) To request an extended deadline for his book reports
(B) To submit an overdue term paper
(C) To ask for help with his application for a scholarship
(D) To inquire about his grade for the course

정답 p.430

HACKERS TEST

[1-4] Listen to a conversation between a student and a housing office employee.

1 What is the main topic of the conversation?

(A) The unsatisfactory condition of dorm facilities
(B) Housing fees for the summer semester
(C) Transferring between rooms within a dorm
(D) Arrangements for summer on-campus housing

2 Why does the woman mention the Stonewall Building?

(A) To provide a reason for a request she has made
(B) To specify where a project will take place next semester
(C) To confirm the approximate location of a new dormitory
(D) To verify that an exception to the rules is possible in her case

3 What does the man say about Summit Hall?

(A) It is one of the university's oldest dormitories.
(B) It does not include a dining facility for residents.
(C) It is located on the same street as the student union building.
(D) It will not be available to students until the fall semester.

4 What will the woman probably do next?

(A) Return to her residence on campus.
(B) Go to a nearby bank to withdraw money.
(C) Ask for help to fill out an application form.
(D) Visit another office in the same building.

[5-8] **Listen to a conversation between a student and his professor.**

5 Why does the student go to see the professor?

(A) To request permission to attend a department dinner

(B) To ask about changing an assignment schedule

(C) To inquire about joining the university debate club

(D) To get approval to use a different presentation topic

6 What does the professor say about the retirement dinner?

(A) She requires assistance from the student to organize it.

(B) She has not asked many people to participate in it.

(C) She has not met all of the guests who will attend it.

(D) She thinks that she will have to postpone it.

7 According to the professor, what changes have occurred at the university during her career?

Choose 2 answers.

(A) There are a greater number of women enrolled in classes.

(B) Female professors play a greater role in campus affairs.

(C) The size of the university grounds has significantly increased.

(D) Classrooms have become larger to accommodate more students.

8 What does the professor say about her book?

(A) It is missing a few listings in the bibliography.

(B) It was recently accepted by a publishing company.

(C) She is looking for someone to proofread it.

(D) She is planning to write essays for it.

정답 p.436

2. Detail Questions

출제경향

Detail 문제는 대화를 통해 알 수 있는 세부 사실을 묻는 문제이다. 1개의 대화 지문당 보통 2문항이 출제된다. Detail 문제에 대한 정답은 화자가 한 말을 다른 말로 표현한 보기, 즉 화자의 말을 paraphrasing한 보기일 경우가 많다. 하지만 구체적인 예시 항목에 대한 문제가 출제될 때 화자가 한 말이 그대로 정답으로 출제되는 경우도 있는데, 이러한 경우에는 예로 든 각 항목들을 Note-taking 해두는 것이 필요하다.

질문 형태

Detail 문제는 다양한 세부 사실에 관해 출제되며 2~3개의 정답을 고르는 문제도 출제된다는 것에 유의한다.

> According to the conversation, what is ~?
>
> What does the man say about ~?
>
> What is an example the man gives ~?
>
> When will the professor leave ~?
>
> Where will they look for ~?
>
> How will they find ~?
>
> Why does the professor consider ~?

정답이 2개 이상인 형태

> What are the two examples the man gives of ~? Choose 2 answers.
>
> According to the conversation, what are the reasons for ~? Choose 3 answers.

STRATEGY
01

Paraphrase한 정답을 파악한다.

대화에서 출제되는 Detail 문제의 정답에서는 화자가 했던 말을 그대로 인용하기보다 다른 표현으로 바꾸어 쓰는 경우가 많다. 이처럼 특정 표현을 뜻이 통하는 다른 표현으로 바꾸어 쓰는 기법을 paraphrasing이라고 한다.

EXAMPLE

Script

M: I didn't realize there was a fee for copying CDs. I thought it was covered by our student tuition. Well, here's the money.

W: If you **leave a number where I can reach you**, I'll call as soon as your copy is finished.

Q. What does the woman suggest the man do?

A. Give her his contact information.

해설

대화상에서 여자가 "leave a number where I can reach you"라고 말한 것이 정답에서는 "Give her his contact information"으로 paraphrasing되었다.

Paraphrasing의 예

Clue sentences in the script	Restated answers
M: I can't join the field trip as I have a paper to finish by then.	The man can't go on the field trip due to an assignment he's trying to complete.
W: The computer class won't count as a class towards my degree.	The woman says the computer course is not credited.
M: Will it be OK if I give them your name as a reference?	The man is asking for permission to refer to the person in his application.
W: If I miss another paper, I'll get twenty points deducted from my final score.	If the woman fails to submit the next paper, her final grade will be affected badly.
P: It wouldn't be fair to others to allow you to hand in your report late.	The professor thinks it's partial to permit the student to submit his paper late.
W: I'll come by here tomorrow to pick up the letter of recommendation.	The woman will get the letter of recommendation tomorrow.
M: If you leave a number where I can reach you, I'll call as soon as the book is returned.	The librarian suggests that he will call her when the book she needs becomes available.

STRATEGY

02

예를 들 때 자주 쓰이는 표시어를 놓치지 않고 듣는다.

대화에서 화자가 예를 들 경우, 그 예로 든 사실을 묻는 Detail 문제가 종종 출제된다. 이때 예로 든 내용이 이어 나올 것임을 알려주는 표시어(signal words)가 있는데, 이 표시어들을 기억해두고 지문을 들을 때 화자가 어떤 말을 할지 예상하는 것이 중요하다.

EXAMPLE

Script

This is a convenient way for you to change your images from one format to another; **for example,** just pressing this key will change this picture from a bitmap file to a jpeg file.

Q. What is one example the speaker gives as a convenient way to change the image format?

A. Pressing a key to convert the picture

해설
이미지 포맷 변경이 쉽다는 것의 예로 키를 누르기만 하면 된다고 말하면서 화자는 "for example"이라는 표현을 사용하고 있다.

예를 들 때 자주 쓰이는 표시어

Expressions	Example sentences
among them are	There are many useful sources you can use when writing your report. **Among them are** the articles published in the *American Medical Journal*; you might want to take a look at those.
for instance	**For instance**, there isn't enough information to back up the conclusion you made in this part of your report.
in this case	Well, **in this case**, the liquidity ratio would have been more appropriate if you had wanted to measure how capable the company was of meeting its obligations.
let's say	How can I explain the concept of opportunity cost? Well . . . OK, **let's say** you decided to take just one summer course instead of two so that you could hold a part-time job.
one way	Your essay needs a little more substance, and **one way** you can do this is by including very specific examples.
referred to as	I believe the reference you need is **referred to as** the *Rules of Etiquette* by Emily Post.
such as	You need to include other documents for your grad school application, **such as** reference letters from your professors and a complete transcript of your grades.
something like	Take **something like** this periodical, which may not be current, but it does contain information which you can use for historical purposes.
things like	Well, **things like** coming to class late every morning or not being prepared for the test show me you're not really interested in my class.

예가 제시될 경우 Note-taking을 하며 듣는다.

Detail 문제 가운데 화자가 예로 든 구체적인 항목들을 기억해야만 풀 수 있는 문제가 있다. 이러한 Detail 문제를 풀기 위해서는 대화를 들으면서 Note-taking을 해두는 것이 필요하다.

EXAMPLE 1

Script	Note-taking
W: I know, but the labs are too crowded. I think it would just be much better if I had a computer at home. M: When I first bought my computer I was shocked by how much extra I had to pay in hidden costs. **Things like** the extended warranty, taxes, my digital subscriber line, and higher electric bills.	W: want to buy a com. M: shocked by hidden $ 　- + warranty 　- tax 　- digit. subscrib. line 　- ↑ elec. bill Q. What is one of the hidden costs the man mentioned? A. Increased electric charges **해설** 남자가 드러나지 않는 비용의 예를 언급하면서 "things like"이라는 표현을 쓴 데 유의하여 언급된 항목들을 간략하게 Note-taking 해두는 것이 도움이 된다.

EXAMPLE 2

Script	Note-taking

M: And I think being a swimming tutor for elementary school kids would be perfect for me.
W: Why do you say that?
M: Well, **first of all**, the pay is pretty good. **Also**, I like swimming in hot weather, I can get the exercise I need while working, and I enjoy teaching swimming to young kids because they're not as reluctant about jumping into a pool as adults are.
	M: swim. tutor is perfect
	   - good pay
	   - like swim.
	   - exer. while working
	   - enjoy teach. kids
	
	Q. What does the man mention as the advantages of having a swimming tutor job?
	  Choose 2 answers.
	
	A1. He likes teaching young children.
	
	A2. He believes he will be paid well.
	
	해설
	수영 강사 일의 좋은 점을 나열하면서 남자가 "first of all" 이라는 표현을 썼다는 것에 유의하여, 그 이후에 "also" 다음으로 나열되는 항목을 간단히 Note-taking 해두는 것이 중요하다.

🎧 EXAMPLE

Listen to a conversation between a student and a university cafeteria employee.

W: Excuse me. The cashier said that you're the, uh, cafeteria supervisor?

M: That's right. How can I help you?

W: I'd like to cancel my meal plan . . . I'm going to eat off campus from now on.

M: Well, I'm sorry, but it's too late . . . The deadline for cancelations and refunds was over a week ago.

W: Really? That seems unfair . . .

M: The policy is clearly stated on the university's website . . . Um, why do you want to cancel it now?

W: Well, I'm allergic to milk, and lots of dishes contain small amounts of dairy products. **I actually had an allergic reaction yesterday to some pasta that I ate at the cafeteria.**

M: Oh no! Did you have to go to the hospital?

W: No. My face was swollen for a while, but it went away after a couple hours. **Anyway, this is the third time it has happened to me. I've decided that it's too much of a health risk to continue eating the cafeteria food** . . . Next time the reaction might be much more severe. So, I was planning to eat at a vegan restaurant nearby that doesn't use any dairy products, but I won't be able to afford to do this regularly if I can't get a refund.

M: Um . . . you do realize that our menu indicates whether a dish contains common food allergens, right? Look here . . . If a dish includes, uh . . . nuts, for example . . . the corresponding symbol will be placed under its description in the menu. In your case, you should avoid any dish that is marked with a red circle.

W: Really? Well, I think it's good that you set up this system, **but in my opinion, it has a few problems. For instance, the symbols are really hard to see because they are so tiny. Also, it's not obvious which allergens they stand for . . . I would have never guessed that a red circle meant dairy products.**

M: There is a guide to the symbols on the back of the menu, but I suppose we could make it more noticeable. I'll see if we can fix these issues when we print the new menus next semester.

W: That would be great.

해석 p.439

HIDE TIME 00 : 10 : 00

Why does the student want to cancel her meal plan?

(A) She feels that there are not enough healthy menu options at the cafeteria.

(B) She has learned that she is allergic to many of the ingredients used in the cafeteria food.

(C) She believes that the cafeteria food poses a threat to her physical well-being.

(D) She has been told that off-campus restaurants are less expensive than the cafeteria.

해설 학생이 왜 meal plan을 취소하기를 원하는지 묻는 문제이다. 학생이 "I actually had an allergic reaction ~"이하에서 학생이 어제 교내 식당에서 먹은 파스타에 우유 알레르기 반응이 일어났다고 말하고, "this is the third time ~" 이하에서 알레르기 반응이 세 번이나 일어났고 교내 식당의 음식을 계속 먹는 것은 건강상의 위험이 너무 크다고 판단을 내렸다고 했으므로, 이런 이유로 meal plan을 취소하기를 원한다는 것을 알 수 있다. 이때 "it's too much of a health risk to continue eating the cafeteria food"가 "the cafeteria food poses a threat to her physical well-being"으로 paraphrasing된 것임을 이해해야 한다. (STRATEGY 1)

정답 ⓒ

HIDE TIME 00 : 10 : 00

What does the student say about the symbols on the menu?

Choose 2 answers.

(A) They are difficult to notice because of their small size.

(B) They do not convey accurate information about the dishes on the menu.

(C) They are applicable to only a limited number of allergens.

(D) They do not have a clear connection to the ingredients they represent.

해설 학생이 메뉴판의 기호에 대해 뭐라고 말했는지 묻는 문제이다. "but in my opinion, it has a few problems. For instance, ~" 이하에서 학생이 기호가 너무 작아서 알아보기 어렵고 어떤 알레르기 유발 항원을 의미하는지 분명하지 않다고 말하고 있으므로 답은 (A)와 (D)이다. 이때 "For instance"와 같이 몇 가지를 예로 들 때 자주 쓰이는 표시어(signal words)를 주의해서 들어야 하며, 이와 같은 예들을 Note-taking 해두면 문제를 풀 때 도움이 된다. (STRATEGY 2, 3)

정답 Ⓐ, Ⓓ

I. **Listen to parts of the conversations and fill in the blanks. Then answer the questions.**

1

> Main Topic: The tasks to complete the report
>
> 1) go over the _____ _____ _____ and choose
> 2) submit the choice to the professor
> 3) _____ the work
>   A. _____ the data
>   B. write the _____ _____

Q. What will the speakers initially do?

(A) Divide the work
(B) Consult with the professor
(C) Select a topic

2

> Main Topic: Possible topics for the man's presentation
>
> P: 1) _____ _____ in the US
>   2) families living in _____ focusing on _____ families
> S: 1) whether the family in America is _____
>   2) whether _____ _____ are on the wane

Q. What will the man do a paper on?

(A) African-American families
(B) Incidence of divorce in the United States
(C) The decline of family values

3

> Main Topic: Requirements for the application
>
> Submitted
> 1) _____ _____
> 2) resume
> 3) _____
>
> Not submitted
> 1) _____ _____ from a professor
> 2) _____ of _____ related to German _____ _____
> 3) _____ in German

Q. What does the woman need to submit?

   (A) A transcript of her grades
   (B) A letter from her professor
   (C) An application form

4

> Main Topic: Some information the man can bring up during the
> interview
>
> 1) travel to _____ _____
> 2) giving free _____ _____ to orphans
> 3) setting up the university's computer network _____ _____

Q. What does the woman suggest the man talk about?

   (A) The unpaid work he did for orphans
   (B) The computer classes the man took
   (C) The security system he established at college

5 Choose all the facts that can be learned from the conversation.

(A) The man is not certain whether he should major in economics.
(B) The man has to settle a sum of money he used for college.
(C) The man will take his master's degree immediately after graduation.
(D) The professor suggests that the man ask conference delegates for counsel.
(E) The speakers at the conference all took out college loans.

6 Choose all the facts that can be learned from the conversation.

(A) The woman failed to take an examination given in class.
(B) The woman is receiving monetary assistance from a company.
(C) The professor will administer a quiz in his office for the woman.
(D) The woman received an e-mail from the professor about the test.
(E) The professor announced that he would be giving a quiz.

7 Choose all the facts that can be learned from the conversation.

(A) The man came fifteen minutes early for his appointment with Mr. Perkins.
(B) The professor is encouraging the student to finish his report on wave energy.
(C) The professor thinks that a different subject would make a more interesting discussion.
(D) The man is concerned that there will not be enough material on the new topic.
(E) The professor has done some preliminary research on the topic.

8 Choose all the facts that can be learned from the conversation.

(A) The woman's dorm is inconveniently far from the library.
(B) The woman doesn't like her dormitory because it's never clean or peaceful.
(C) The woman will lease an apartment before she can find the required number of people.
(D) The man does not agree with the woman's opinion of her dormitory.
(E) The man is helping the woman look for a new dormitory to live in.

9 Choose all the facts that can be learned from the conversation.

(A) The woman has to submit a report to get credit.
(B) The woman will gather information through in-person interviews.
(C) The woman is going to summer school in Mexico.
(D) The woman's parents are paying for her trip to an archeological site.
(E) The woman is planning to stay at a hotel on the Inca site.

10 Choose all the facts that can be learned from the conversation.

(A) The student is worried about how to teach children who are gifted.
(B) The Glenview Institute for Exceptional Children offers a competitive internship.
(C) The professor suggests focusing on one theory concerning social interaction among gifted students.
(D) The student has tried writing to the *Monthly Educational Review* for help.
(E) The professor recommends that the student consult an educational professional.

Ⅲ. **Listen to parts of the conversations and then answer the questions.**

[11-13]

11 What does the professor say about her presentation at the symposium?

    (A) Some of the information given will appear on a test.
    (B) It will cover what the student should already know.
    (C) It will refer to material not yet discussed in class.
    (D) The professor will assign a reading after the presentation.

12 According to the conversation, why is uncertainty also called error?

    (A) Physicists often make errors in the collection of data.
    (B) The data that scientists gather is not always fixed.
    (C) The data that physicists are uncertain about is usually erroneous.
    (D) Past experiments have proven that physics data is often in error.

13 What penalty will be imposed on students who do not attend the symposium?

    (A) An oral presentation
    (B) A lower overall grade
    (C) A make-up report
    (D) Two missed classes

14 What kind of job experience does the man have?

Choose 2 answers.

(A) Waiting tables
(B) Hosting at Northern Lights Café
(C) Writing a thesis paper
(D) Working as a food preparation assistant

15 Why did the man stop working at the previous workplace?

(A) The salary was too low.
(B) He went on a trip.
(C) He was busy with school responsibilities.
(D) He wanted to take a break from work.

16 What qualification does the man lack?

(A) He has no related experience.
(B) He is not familiar with food preparation techniques.
(C) He has not had any training pertinent to the job.
(D) He has not completed his university degree.

정답 p.441

HACKERS **TEST**

[1-4] Listen to a conversation between a student and a university housing office employee.

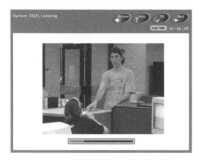

1 Why does the man go to the university housing office?

(A) To inquire about the terms of his contract with a dorm

(B) To check the requirements for a university transfer

(C) To make a request to move to an exclusive dorm

(D) To determine whether he qualifies for an SRO dorm

2 What is mentioned as an acceptable reason for breaking a dorm contract?

(A) Being qualified to move to another hall

(B) Changing one's academic major

(C) Enrolling in a class at another university

(D) Having an extended stay at a hospital

3 According to the conversation, what are two concerns associated with the man transferring his dorm contract?

Choose 2 answers.

(A) It is possible only for students who are already residing on campus.

(B) His preferred dorm is not for students in their first two years of study.

(C) His current contract cannot be transferred to another student.

(D) It could potentially result in the student paying for two dorm rooms.

4 What will the man probably do next?

(A) Look for someone to take over his contract

(B) Fill out a formal document for submission

(C) Review a brochure about transfer procedures

(D) Meet his financial obligations to a dorm

[5-8] Listen to a conversation between a student and a professor.

5 What are the speakers mainly discussing?

(A) The student's best course of action after graduation

(B) An internship at a prominent institution

(C) A grade the student received on a recent exam

(D) The source a student found for a group presentation

6 Why will the student do additional research for a group presentation?

(A) The theory the group developed is not supported by available data.

(B) A potential source contains information that has been called into doubt.

(C) The topic the group selected is not related to the course material.

(D) The outline the group wrote contains several factual errors.

7 According to the conversation, what is a characteristic of the Marine Conservation Society?

(A) Its educational materials are very informative.

(B) Its research assistants always have graduate degrees.

(C) Its directors advise the government on marine policy.

(D) Its internship program is highly competitive.

8 What is the professor's opinion of the job the student has been offered?

(A) It may not be as great of an opportunity as the student thinks.

(B) It will increase her chances of getting a better position in the future.

(C) It will interfere with her class schedule when she starts graduate school.

(D) It may not offer her the chance to do research in marine biology.

정답 p.451

3. Function & Attitude Questions

출제경향

Function & Attitude 문제는 대화 중 화자가 한 말의 기저에 놓인 화자의 의도 및 태도를 묻는 문제이다. 1개 대화 지문당 1~2문항이 출제된다. 주로 화자가 한 말의 일부를 다시 들려준 후 문제를 푸는 형태로 출제되며, 대화의 맥락에 대한 이해와 논리적인 유추를 요한다. Function 문제는 화자가 특정 언급을 한 의도가 무엇인지를 묻고, Attitude 문제는 화자의 감정 및 느낌, 의견, 혹은 사실에 대한 확신 여부 등을 묻는다.

질문 형태

Function

> Listen again to part of the conversation. Then answer the question.
>
> W: **********
>
> M: ------------
>
> Q. Why does the woman say this: 🎧
>
> W: **********

Attitude

Why does the man/woman say this: 🎧

What does the man/woman mean when he/she says this: 🎧

What does the man/woman imply when he/she says this: 🎧

What is the professor's attitude toward ~?

What is the professor's opinion of ~?

How does the professor seem to feel about ~?

STRATEGY
01

대화의 맥락 속에서 화자의 말을 이해한다.

Function & Attitude 문제를 푸는 데 있어서 가장 중요한 것은 화자의 의도를 전체적인 맥락 안에서 파악하는 것이다. 이를 위해서는 대화에서 오가는 말을 통해 그 사이에 함축된 화자의 의도를 파악하는 것, 즉 행간을 읽는 것(reading between the lines)이 필수적이다. 맥락 이해의 중요성은 같은 표현이라도 서로 다른 맥락에서 어떻게 구별된 의미를 지니는가를 살펴보면 잘 알 수 있다.

EXAMPLE 1

Script

W: The wall paint's kind of dull, don't you think?

M: It's pretty old, I guess.

W: **It sure is dark in here. Do I need permission to paint the room a different color?**

M: I'm not sure. You better check.

Q. What does the woman mean when she says this:
W: It sure is dark in here.

A. The walls need brightening.

해설

여자는 방의 페인트 색깔이 어두운 것 같다며 새로 페인트를 칠하려면 허락을 받아야 하느냐고 묻고 있다. 그러므로 여자의 의도는 "벽을 밝게 칠할 필요가 있다"는 것임을 파악할 수 있다.

EXAMPLE 2

Script

S: Hello, Professor, there's this one question on the test that you returned to the class yesterday. I'm not really sure why I got it wrong.

P: Let me take a look. Which question is it?

S: Uh . . . what number was that . . . **It sure is dark in here.**

P: Oh . . . It's just that I was taking a **quick nap** before my next class.

Q. What does the student mean when he says this:
S: It sure is dark in here.

A. Can we turn on the light?

해설

학생이 교수에게 무언가를 질문하는 상황에서 숫자가 잘 보이지 않는다며 너무 어둡다고 말하므로 이 말을 한 의도가 "불을 켜자"는 것임을 파악할 수 있다.

STRATEGY 02

화자의 어조(tone)를 통해 화자의 의도 및 태도를 파악할 수 있다.

Function & Attitude 문제를 풀 때는 화자의 어조를 통해 화자의 의도나 태도를 정확하게 파악할 수 있는 경우가 많다. 특히 화자가 자신의 감정이나 생각을 표현하기 위해 사용하는 특정한 어조(special tone)를 잘 파악해야 하는데, 주로 강조, 놀람, 주장에 대한 확신/불확신, 반어법 등을 나타낼 때 이러한 어조가 자주 쓰인다.

EXAMPLE

Script

W: You don't have the prerequisite to enroll in this course.

M : I know I don't have the prerequisite, but I did get some credits in a course similar to the requisite subject. So can I enroll?

W: **Uh . . . um . . . let me call someone.**

Q. What does the woman mean when she says this:

W: Uh . . . um . . . let me call someone.

A. She is not sure if she can allow the man to register for the subject.

해설

학생이 자신이 수업에 등록할 수 있느냐고 묻자, 여자는 불확실한 어조(tone)를 이용하여 그것이 허용 가능한지 알 수 없다는 것을 표현하고 있다.

Special tone의 예

강조	W: Could I have a drop slip, please? I'd like to drop my Math 101 class. M: But it's **too late** for you to drop your class now. The period for dropping ended about a week ago. 남자는 수강 신청을 취소하는 시기가 지났다는 것을 강조하기 위해 "too late"을 강한 어조로 말하고 있다.
놀람	P: So I've decided that your paper will be due on Monday instead of Wednesday. S: **Monday?** But that barely gives me enough time to finalize and proofread the paper. 학생이 "Monday?"를 놀란 어조로 말하는 것을 보아, 과제물 제출 시기가 앞당겨진 것에 놀라고 있다는 것을 알 수 있다.
불확신	M: If you're planning to get an apartment off campus, you need to inform us immediately so we can give your bed space to someone else. W: **Uh . . . um . . .** can I tell you in a couple of days? 여자는 언제 이사할지 알려 달라는 말에 불확실한 어조로 답을 함으로써, 자신의 이사 시기가 확실히 정해진 것이 아님을 암시하고 있다.
반어법	W: The university's trying to save on fuel, so they're cutting the number of shuttle buses by half. That means the next bus will be due in half an hour. M: **That's wonderful!** I might as well start walking or I'll be late for class. 셔틀 버스의 수가 줄어들었다는 부정적인 소식에 대해 남자가 과장된 어조로 "That's wonderful!"이라고 말하므로, 이것이 반어적인 표현임을 알 수 있다.

🎧 EXAMPLE

Listen to part of a conversation between a student and a librarian.

W: Hello, uh . . . One of my assignments is, um, to write a report about a unique old book. So do you think you have a good one for me to use?

M: A unique old book . . . let me see . . . Oh, I have one. Please wait, I'll bring the book. It's in the reference section . . . Here. Take a look at this book.

W: Boy, that book really looks old.

M: It is old. Take a look at the date on the cover of this book. It's 1541!

W: Wow . . . that book must be worth a fortune! What's it about?

M: Would you believe it's a cookbook?

W: You're kidding! You mean . . . recipes?

M: **Yes. They have some very interesting recipes here that would probably be very popular today given the renewed interest in health.**

W: **But, um . . . What can I do with this book? I mean, it's just recipes.**

M: You know what, this isn't just an old cookbook. The recipes in this book and how the author presents them reveal a lot about the culture of the olden days.

W: Oh, the author says something about the recipes . . . Well, that should provide enough material, then. **Maybe I should borrow that book for a couple of days.**

M: **Sorry, that's not how it works. The policy in this library . . . or, for that matter, other libraries . . . is to allow patrons to look at these old, rare books only in the library.**

W: Oh . . . really? Then I have no other way to do research than to read the book here in the library. Anyway, thanks for helping me.

해석 p.455

Hackers TOEFL Listening

Volume | Help | OK | Next

HIDE TIME 00 : 10 : 00

Listen again to part of the conversation. Then answer the question.

M: Yes. They have some very interesting recipes here that would probably be very popular today given the renewed interest in health.

W: But, um . . . What can I do with this book? I mean, it's just recipes.

Q. What does the woman mean when she says this:

W: I mean, it's just recipes.

Ⓐ She is not sure the recipes will help her in cooking.
Ⓑ She is not sure she can use the book for her report.
Ⓒ She is looking for a book with pictures.
Ⓓ She knows that her teacher will not approve of the topic.

해설 "I mean, it's just recipes."라는 말을 통해 여자가 의미하는 바가 무엇인지를 묻는 Attitude 문제이다. 과제에 참고할 수 있을 만한 책으로 남자가 오래된 요리책(cookbook)을 소개해주자 여자가 단지 요리책으로 무엇을 할 수 있겠냐고 말하고 있다. 이러한 맥락을 통해 여자가 그 책이 자신의 과제에 도움이 될 수 있을지 모르겠다는 뜻으로 이 말을 한 것임을 알 수 있으므로 답은 (B)이다. 여자의 불확실한 어조를 통해서도 정답을 확인할 수 있다 (STRATEGY 1, 2).

정답 Ⓑ

Hackers TOEFL Listening

Volume | Help | OK | Next

HIDE TIME 00 : 10 : 00

Listen again to part of the conversation. Then answer the question.

W: Maybe I should borrow that book for a couple of days.

M: Sorry, that's not how it works. The policy in this library... or, for that matter, other libraries . . . is to allow patrons to look at these old, rare books only in the library.

Q. Why does the man say this:

M: Sorry, that's not how it works.

Ⓐ To warn the woman that her idea probably will not work
Ⓑ To point out that the woman cannot check out the book
Ⓒ To express concern about the woman's carelessness with the old book
Ⓓ To make clear that the woman has to wait to borrow the book

해설 남자가 "Sorry, that's not how it works."라는 말을 한 의도를 묻는 Function 문제이다. 여자가 책을 며칠간 대출하고 싶다고 하자, 남자가 "Sorry, that's not how it works."라고 말하면서 대출이 불가능하다는 말을 이어하므로 이 맥락을 통해 답이 (B)임을 알 수 있다 (STRATEGY 1).

정답 Ⓑ

I. **Listen to each pair of conversations, and determine how the same expression was used differently in each conversation.**

[1-2]

1 What does the speaker mean when she says this:

(A) Isn't it supposed to be for tomorrow?
(B) I can't possibly finish the work today.
(C) Are you sure that it's due today?
(D) I'm not sure that I heard what you said.

2 What does the speaker mean when she says this:

(A) Isn't it supposed to be for tomorrow?
(B) I can't possibly finish the work today.
(C) Are you sure that it's due today?
(D) I'm not sure that I heard what you said.

[3-4]

3 What does the speaker mean when he says this:

(A) What part are you explaining?
(B) I'm not sure where I can find you.
(C) You're probably on the wrong page.
(D) Where are you in the picture?

4 What does the speaker mean when he says this:

(A) What part are you explaining?
(B) I'm not sure where I can find you.
(C) You're probably on the wrong page.
(D) Where are you in the picture?

[5-6]

5 What does the speaker mean when she says this: ◠

    (A) I already know that.
    (B) I am not surprised.
    (C) Is this the most recent information?
    (D) What more can you tell me?

6 What does the speaker mean when he says this: ◠

    (A) I already know that.
    (B) I am not surprised.
    (C) Is this the most recent information?
    (D) What more can you tell me?

[7-8]

7 What does the speaker mean when he says this: ◠

    (A) Did I do that well?
    (B) Is that true?
    (C) Did I get it correctly?
    (D) Wasn't that the one?

8 What does the speaker mean when she says this: ◠

    (A) Did I do that well?
    (B) Is that true?
    (C) Did I get it correctly?
    (D) Wasn't that the one?

II. Listen to parts of the conversations and then answer the questions.

9 Why does the professor say this: 🎧

(A) To remind the student that attendance is related to good grades
(B) To imply that the student should consider changing the report topic
(C) To suggest that the focus of the report was discussed during class
(D) To express concern that the student has been absent from class lately

10 Why does the man say this: 🎧

(A) To make clear that he would like to look at other references
(B) To tell the woman he still needs the books
(C) To inform the woman that he couldn't find the information he needed
(D) To point out that he has enough information

11 What does the man mean when he says this: 🎧

(A) He wants to know more about the university.
(B) He forgot to get the adviser's signature.
(C) He is not familiar with the procedures.
(D) He does not have an adviser.

12 Why does the librarian say this: 🎧

(A) To express agreement with the student
(B) To indicate that the student missed part of the library's policy
(C) To explain that the policy is no longer in effect
(D) To identify himself as the person who made the calls from the library

Ⅲ. **Listen to parts of the conversations and then answer the questions.**

[13-14]

13 What does the professor mean when she says this:

    (A) She thinks the student should take the picture himself.
    (B) She is not sure a picture is available.
    (C) She wants the student to make sure the picture was sent.
    (D) She thinks the picture is not necessary.

Listen again to part of the conversation. Then answer the question.

14 Why does the professor say this:

    (A) To acknowledge that the student's idea is good
    (B) To suggest what the student could do
    (C) To urge the student to make up his mind
    (D) To ask the student what his options are

[15-16]

15 What is the professor's opinion of aquatic biology?

    (A) It does not bear close relation to the classes that she teaches.
    (B) It is not a subject that holds any particular interest for her.
    (C) It is a suitable major for the man in light of his career goals.
    (D) It is an area with broad appeal for a wide variety of students.

Listen again to part of the conversation. Then answer the question.

16 What does the professor mean when she says this:

    (A) The professor wants the conversation to end.
    (B) The professor is worried the man will lose interest in the course.
    (C) The professor will give in to the student's request.
    (D) The professor thinks the man is making a mistake.

정답 p.456

CONVERSATIONS

LECTURES

Hackers **TOEFL** LISTENING

HACKERS **TEST**

 [1-5] Listen to a conversation between a student and a teaching assistant.

1 What are the speakers mainly discussing?

(A) The instructions given by the teaching assistant
(B) The man's chances of getting a scholarship
(C) The schedule of an upcoming final exam
(D) The man's problem and possible solutions

Listen again to part of the conversation. Then answer the question.

2 Why does the woman say this:

(A) To indicate that she cannot grant the student's request
(B) To express confusion about what the student wants
(C) To assure the student that he has time to finish the exam
(D) To find out whether the student knows what the rules are

3 What does the student say about the exam?

(A) It will improve his present ranking in class.
(B) Missing it will affect the status of his scholarship.
(C) Taking it does not require the teaching assistant's permission.
(D) It will be rescheduled by the professor.

Listen again to part of the conversation. Then answer the question.

4 What does the woman mean when she says this: 🎧

(A) She realizes the student does not understand what she is saying.

(B) She wishes she did not have to decide whether to let the student in.

(C) She thinks she does not have to explain the situation further.

(D) She does not think the student is considering her situation.

5 According to the woman, why is the man unlikely to be allowed to take a makeup exam?

Choose 2 answers.

(A) The student does not have a legitimate excuse for arriving late.

(B) The professor may not be willing to create a new test.

(C) The university does not permit students to retake exams.

(D) The teaching assistant may not be able to arrange an alternate date.

[6-10] Listen to a conversation between a student and her professor.

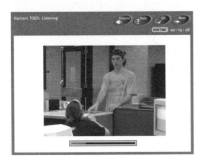

6 Why does the student go to see the professor?

(A) To ask for advice about her writing for a course
(B) To follow up on a request she made previously
(C) To get his opinion about a job she is interested in
(D) To find out what the professor wants to discuss with her

7 What can be inferred about the professor's opinion regarding elegant prose with fancy words?

(A) He thinks it is the highest form of literature.
(B) He does not believe many people can produce it.
(C) He believes it is an unessential aspect of writing.
(D) He does not think it is useful in modern writing.

8 What is the professor's attitude toward the students majoring in literature at the university?

(A) He assumes they have no interest in working for the writing center.
(B) He believes many of them are deficient in basic writing skills.
(C) He thinks they have better writing skills than students in other majors.
(D) He doubts they will find professional work in their particular field.

Listen again to part of the conversation. Then answer the question.

9 Why does the professor say this: 🎧

(A) To point out that the training session does not require much work
(B) To acknowledge a potential drawback of the position
(C) To indicate that the student will need to study harder
(D) To admit his apprehension about whether the job is suitable

10 What are two advantages the professor gives for working at the writing center?

Choose 2 answers.

(A) The financial compensation is more than adequate for the difficulty of the work.
(B) The position provides instructors with a chance to begin building a professional network.
(C) The experience will be viewed favorably by graduate school admissions officers.
(D) The job allows student workers to receive the same benefits as full-time university employees.

정답 p.464

4. Connecting Contents Questions

출제경향

Connecting Contents 문제는 대화에서 직접적으로 주어지는 정보들 간의 관계를 파악하는 문제 유형이다. 1개 대화 지문당 0~1문항 정도 출제된다. 주로 화자의 말 한 마디에서 정답을 얻을 수 있는 것이 아니므로, 몇 번씩 주고받는 대화의 흐름을 이해하고 그 가운데서 정답을 찾아내는 능력이 요구된다. 대화에 출제되는 Connecting Contents 문제는 특정 내용이 언급된 이유를 묻는 Purpose 문제와, 표 형태로 주어지는 정보의 사실 여부를 확인하는 List 문제, 알맞은 정보를 범주별로 연결하는 Matching 문제, 사건 및 절차를 순차적으로 나열하는 Ordering 문제가 출제된다.

질문 형태

Purpose

Why does the man/woman mention ~?

Why does the professor talk about ~?

List

In the conversation, ~. Indicate whether each of the following is ~.

	Included (or Yes)	Not Included (or No)
Statement A		
Statement B		

Matching

Indicate for each example what type of ~.

	Type A	Type B	Type C
Ex 1			
Ex 2			

Ordering

The professor explains the steps in the process of ~. Put these steps in order.

Step 1	
Step 2	
Step 3	

STRATEGY
01

화자가 주요한 화제와 관련하여 몇 가지 사실을 언급할 때는 Note-taking을 해둔다.

대화의 내용 가운데 주요한 화제에 대해 화자가 몇 가지 사실을 열거하면서 설명할 경우에는, 이에 대한 Connecting Contents 문제가 출제될 확률이 높으므로 각 항목을 Note-taking 해두는 것이 중요하다. 이때 언급된 항목이 정답에 속하는지, 그렇지 않으면 혼동을 주기 위해 언급된 내용인지를 잘 구분하여 Note-taking 할 수 있어야 한다.

EXAMPLE

Script

M: Excuse me, I'm trying to enroll in an additional class using the online registration system, but I've reached the maximum number of credits allowed for a semester. Can you advise me?

W: Um . . . why do you want to take so many classes?

M: Actually, **I have several reasons. First of all, if I take the extra class, I won't have to pay for another semester.** Money's a little tight these days, so I've been working on the weekends to pay for my tuition and other expenses.

W: Uh-huh. I see your point, but how do you expect to handle all of those classes and your part-time job at the same time?

M: Well . . . if I take that many classes, I'll quit my job and get a loan to pay my tuition.

W: Yeah, I guess that's possible . . . So, money is your biggest concern?

M: No, **the second reason is . . . if I have to enroll for another semester just to take one class, I'll feel like I'm wasting precious time. I'd rather use the time to start my career and get work experience.**

Note-taking

- enroll in additional class
  - X have to pay, get loan
  - wasting time, rather start career

Q. The student gives several reasons for taking extra classes. Indicate whether each of the following is one of those reasons.

Click in the correct box for each phrase.

	Yes	No
To pay back a loan for his tuition		✓
To save tuition fees for one semester	✓	
To start his career earlier	✓	
To apply for graduate school		✓

해설
남자는 "First of all, ~"과 "the second reason is ~" 이하에서 추가 수업을 들으려는 이유들을 말하고 있으며, 이와 같이 나열되는 몇 가지 사항들을 Note-taking 해두면 답을 쉽게 찾을 수 있다.

STRATEGY 02

대화에서 몇 가지 사항을 나열하거나, 예시 및 이유를 말할 때 쓰이는 표시어들을 익혀둔다.

화자가 주요한 화제에 관한 사실들을 언급하거나 예시 및 이유를 말할 때 자주 쓰이는 표시어(signal words)가 있다. 이러한 표시어들을 익혀두면 다음에 화자가 말할 내용을 미리 예측하여 Connecting Contents 문제를 수월하게 풀 수 있다.

EXAMPLE

Script

S: Hello, Professor. Uh, a group of exchange students from Canada will visit our campus this weekend. I'd like to show them around the university, but, uh . . . I'm having trouble deciding where to bring them. Can you recommend some places that might be good?

P: Hmm . . . Why don't you just, you know, show them the places where you spend a lot of time?

S: Uh-huh, that's a good idea. Like, um . . . Lincoln Hall? How about that?

P: Good idea. **Since it has the lakefront cafe with such an amazing view, they would like the place.**

Q. Why does the professor mention the lakefront cafe?

A. To explain why a site should be included on a tour

해설
교수가 "Since ~" 이하에서 교환학생들을 데려갈 장소에 Lincoln Hall을 포함하는 것이 좋은 이유를 말하고 있다. 이때, 교수가 사용한 표시어 "Since ~"에 유의하며 들으면, 이후에 교수가 Lincoln Hall을 포함하는 것이 좋은 이유를 말할 것임을 미리 예측할 수 있다.

몇 가지 사항을 나열할 때 자주 쓰이는 표시어

Expressions	Example sentences
There are three things ~	There are three things you must do with your partner. The first thing is to go over the data.
First, Second, Third ~	First, you need to check that no other group is doing your topic . . . Second, you must go over research that has been done by students for that topic . . . Third, you should select an angle to your topic that hasn't been done yet . . .
You should include ~	You should include information in recent journals and magazines.
You can talk about ~	You can talk about the reasons Emily Dickinson was so reclusive.
One way to solve the problem is ~ Another way is ~	One way to solve the problem is to check what assistantships your college may be offering . . . Another way is to check available scholarships for undergraduate students.

예시 및 이유를 말할 때 자주 쓰이는 표시어

Expressions	Example sentences
for instance, ~	Concentrating on a couple of main points is better than including too much information. For instance, I remember last year I received a paper from another student.
like ~	Just some basic stuff, like your name, time, and the DVD title . . . Here, you can use this pen.
That's because ~	That's because they'll be headed to a special faculty dinner immediately after the afternoon session, so there won't be any time for interviews.
since ~	I won't be in a position to go for my master's . . . especially since I have a huge college loan to pay back.
due to ~	Students at Hambrick don't really get very much attention from the professors and teaching assistants. I suppose it's due to the sheer number of students.

🎧 EXAMPLE

Listen to part of a conversation between a student and a professor.

S: Excuse me, Professor Stevenson. I think I need your help with the topic you assigned me for the presentation.

P: Oh, come on in. Did you want to write about something else?

S: No, Emily Dickinson is not an easy topic, but it sure is an interesting one. What I'm worrying about is that there doesn't seem to be very much information available. She was a reclusive woman, so . . .

P: Surely, there must be some information. **Did you check her biography in the library?**

S: Of course I did. But I'm afraid that's the only research source that I can find.

P: Well, let me think. **You could include a description of her hometown** at the start of the presentation to give the audience a feel for what Dickinson's life may have been like . . .

S: Oh, guess what? I'm going to Amherst next weekend, and Dickinson's old home is in Amherst. I'll go check it out.

P: That's perfect! And if you can take some pictures of the building, you'll have some great visuals for the presentation. OK, great . . . and . . . letters! Letters she wrote to friends, family members, people she knew . . . **Maybe you can check if someone has done any research on those letters.**

S: Great . . . her letters . . .

P: That should be enough for an effective presentation. **Concentrating on a couple of main points is better than including too much information.** For instance, I remember last year I received a paper from another student . . . It was based on a single poem Dickinson wrote later in her life. It didn't include a bunch of unrelated ideas or unnecessary background information, which is why I liked it so much.

S: Thank you, Professor. Now I think I have some idea what I'd like to do for my assignment.

해석 p.468

What does the professor advise the student to include in her presentation?
Indicate whether each of the following will be included or not.

Click in the correct box for each phrase.

	Included	Not included
Dickinson's biography		
Emily Dickinson's poetry		
Description of the writer's hometown		
The writer's personal letters		

해설 학생의 발표에 포함될 내용과 그렇지 않은 것을 구분하는 List 문제이다. 대화를 들으며 교수가 나열하는 자료들을 주의 깊게 듣고 Note-taking 해두는 것이 중요하다. 대화 가운데 "Did you check ~", "You could include ~", "Maybe you can check ~" 등의 표시어 뒤에 이어지는 교수의 말을 통해, 발표에 포함될 내용이 Emily Dickinson의 전기, 고향에 대한 묘사, Emily Dickinson이 쓴 편지임을 알 수 있다(STRATEGY 1, 2).

정답

	Included	Not included
Dickinson's biography	✓	
Emily Dickinson's poetry		✓
Description of the writer's hometown	✓	
The writer's personal letters	✓	

Why does the professor mention a paper he received from another student?

(A) To demonstrate that a topic is suitable for a presentation
(B) To provide background for a discussion on Dickinson's poetry
(C) To illustrate the importance of creating a focused presentation
(D) To make a point about the availability of research sources

해설 교수가 다른 학생에게서 받은 보고서를 언급한 이유를 묻는 Purpose 문제이다. 교수는 너무 많은 정보를 포함하는 것보다 두 개 정도의 요점에 집중하는 것이 낫다고 말하고, "For instance ~" 이하에서 다른 학생의 보고서가 관련 없는 생각들이나 불필요한 배경지식을 포함하지 않아 좋았던 예를 들어 설명하고 있으므로 정답은 (C)이다. "for instance ~"와 같이 예를 들 때 자주 쓰이는 표시어를 주의해서 들으면 화자가 말할 내용을 예측할 수 있다 (STRATEGY 2).

정답 ⓒ

🎧 **I. Listen to parts of conversations and fill in the blanks, and answer the questions.**

1

> - types of Internet service
> 1. DSL: static
> 2. broadband: cable, for D-top
> 3. wireless
>   - faster than _____
>   - can be accessed on _____ or in _____ _____
>   - _____ access
>   - broad _____ of _____

Q. In the conversation, the service personnel mentions several advantages of wireless service. Indicate in the table below whether each of the following is an advantage.

Click in the correct box for each phrase.

	Advantage	Not an advantage
Can be accessed at a university or major city		
Can cover distances of about two kilometers		
Is free for registered students at universities		
Has a faster speed than broadband cable		

2

> - seminar discussion
> 1. a.m.: effects of events on Ameri. lit. in 20~21C
> 2. p.m.: how m&w approach events when write
>   - personally _____ → diffi.
>   - ∵ special faculty _____ after _____ session
>   - take written _____ & answer

Q. Why does the professor mention a special faculty dinner?

(A) To explain why the student may be unable to question the writers personally
(B) To suggest an upcoming event that the student may wish to attend
(C) To indicate an alternative venue where an interview may be conducted
(D) To emphasize that she expects to be busy on the day of the seminar

II . Listen to parts of the conversations and then answer the questions.

3 In the conversation, the professor mentions what activities will be conducted by the biology club during the field trip. Indicate in the table below whether each of the following is an activity or not.

Click in the correct box for each phrase.

	Yes	No
Verify what organisms presently exist in each habitat		
Make a count of organisms in each habitat		
Pinpoint how certain organisms came to reside in the transition area		
Determine what relationship the organisms in the transition area have		
Discover why certain organisms relocated to the transition area		

4 Why does the professor mention the sheer number of students at Hambrick University?

(A) To compare the student populations of two learning institutions
(B) To explain why Hambrick University may not be the best choice
(C) To show that the student will be able to make many friends
(D) To emphasize that many students prefer a large public university

정답 p.469

CONVERSATIONS

LECTURES

Hackers TOEFL LISTENING

[1-5] Listen to a conversation between a student and a librarian.

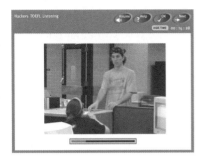

1 Why does the student go to see the librarian?

(A) To make a reservation for a viewing room
(B) To ask a question about a library policy
(C) To find out how to make use of some materials
(D) To check the title of a video he wants to watch

Listen again to part of the conversation. Then answer the question.

2 Why does the man say this:

(A) To indicate that he does recall some information about the titles
(B) To apologize for not writing down the exact titles
(C) To express frustration that the titles are hard to remember
(D) To assure the woman that he does not need the exact titles

3 What does the woman say about room reservations?

(A) The maximum time that a student can use a viewing room is one hour.
(B) Students are allowed to watch only one DVD during each session.
(C) Rooms are available only to students who are viewing library DVDs.
(D) The amount of time booked varies depending on the student.

4 Why does the student mention that he is a writer for the university newspaper?

(A) To indicate that he needs to watch a DVD for a story he is working on

(B) To specify why he is unable to use a viewing room at a certain time

(C) To explain why he is interested in such a wide variety of scientific topics

(D) To suggest that he should be allowed to watch a DVD without a reservation

5 What will the student probably do next?

(A) Watch a DVD in the library

(B) Make a booking to use a facility

(C) Review a list of titles

(D) Meet with an editor

6 Why does the woman go to the housing office?

(A) To inquire about a rule involving overnight guests
(B) To verify when a dorm policy will go into effect
(C) To ask about places where visitors to the campus can stay
(D) To complain about her dorm roommate's visitors

7 What is the woman's attitude toward the university policy?

(A) She believes it should be limited to overnight guests.
(B) She is concerned that it will confuse those who made prior arrangements.
(C) She is upset that it will result in higher fees for dorm residents.
(D) She thinks it is unjustified considering the cost of living in a dorm.

Listen again to part of the conversation. Then answer the question.

8 What does the woman mean when she says this:

(A) Her friend will probably not visit again for a very long time.
(B) She does not have many opportunities to see her friend.
(C) Her friend's schedule makes it difficult to make any plans.
(D) She was not in town the last time her friend visited.

9 What does the man say about the Greenfield Guesthouse?

(A) It is somewhat far from the university.
(B) It contains a pool for guests.
(C) It is very busy on the weekends.
(D) It is free for lecturers visiting the university.

10 What amenities are included in the price of a guestroom? Indicate whether each of the following is included or not.

Click in the correct box for each phrase.

	Included	Not Included
A complimentary breakfast		
Free shuttle bus service		
Access to the Internet		
Use of exercise facilities		

정답 p.474

5. Inference Questions

출제경향

Inference 문제는 대화에서 직접적으로 언급되지 않았으나 맥락상 추론할 수 있는 사실을 묻는 문제이다. Inference 문제의 특징은 대화에서 주어진 정보들을 종합적으로 이해해야 답을 찾을 수 있다는 점이다. 이 때문에 Inference 문제를 푸는 데 있어서는 전체적인 맥락을 이해하는 것이 중요하다.

질문 형태

Inference 문제는 다양한 질문 형태로 출제될 수 있는데, 주로 'infer'나 'imply'라는 용어를 포함한 형태로 출제되며, 드물게 이런 용어를 포함하지 않은 형태로 출제되기도 한다.

What can be inferred about ~?

What does the man imply about ~?

Why does the student change his mind ~?

What will the woman do ~?

대화의 일부를 다시 듣고 푸는 Inference 문제도 출제된다.

Listen again to part of the conversation. Then answer the question.

A: --

Q. What can be inferred about A?

STRATEGY
01

화자의 어조는 추론의 근거가 된다.

화자의 어조는 말로 하지 않은 화자의 생각을 드러내주는 좋은 단서가 되므로, 화자가 사용한 특정한 어조를 통해 화자의 생각을 파악하는 것은 Inference 문제를 푸는 한 가지 전략이 된다.

EXAMPLE

Script

P: So, you need to know what the research assignment is, right?

S: Yes, Professor Evans.

P: Well, as you probably know from the reading . . . you're keeping up with the reading assignments at least, right?

S: Uh . . . well . . . you see, I'm kind of, uh, double majoring . . . and . . . don't have enough time, sorry.

Q. What does the student imply about his progress in class?

A. He hasn't been doing the assigned reading.

해설
교수가 숙제로 내준 읽기 자료를 진도에 맞게 읽고 있느냐고 묻자, 학생이 부끄러운 듯한 어조로 "복수 전공으로 인해 시간이 없었다"고 말하므로, 그가 자료를 다 읽지 못했음을 추론할 수 있다. 이와 같이 화자의 어조를 통해 화자가 암시하는 바를 유추할 수 있다.

STRATEGY
02

화자가 암시하는 바를 바르게 paraphrasing한 것이 정답이다.

화자가 직접적으로 말하지는 않았으나, 화자가 한 말을 통해 간접적으로 알 수 있는 사실이 있다. 이렇듯 화자의 말에 함축된 의미를 바르게 paraphrasing한 것이 Inference 문제의 정답이 된다.

EXAMPLE

Script

P: Well, you're going to have to practice listening to Spanish . . . Well . . . why don't you start to work on your skills now, before you go? There's an excellent DVD on reserve for my upper-level classes.

S: Oh, I could really use that DVD . . . Wait, don't I have to be registered in that class to check out the DVD?

P: Oh, that's right. Uh . . . well, I'll have one of the grad TAs take a note to the librarian about this . . . **and by the way, don't take it out past the allotted time. My students need to use that DVD, too.**

Q. What can be inferred about the professor?

A. He is concerned that the student will not return the DVD on time.

해설
교수가 한 말 중 "and by the way ~" 이하에서 DVD가 늦게 반납되어 다른 학생들이 그것을 이용하지 못하는 것에 대해 염려함을 간접적으로 알 수 있다. 이와 같이 추론 문제에서는 화자가 한 말이 암시하는 바를 바르게 paraphrasing한 것이 정답이 된다.

STRATEGY
03

화자가 반복적으로 한 말을 통해 유추할 수 있는 결론을 찾는다.

화자가 반복해서 한 말을 통해서 화자의 말이나 행동에 대한 근거를 찾을 수 있다. 이는 화자가 자신의 생각을 강조하기 위해 그와 관련된 내용을 여러 번 말하는 경우가 많기 때문이다. 그러므로 화자가 반복적으로 한 말을 종합하여 바른 결론을 도출한 것이 Inference 문제의 정답이 된다.

EXAMPLE

Script

S: Hi, Professor Cruz, I heard that you wanted to see me.

P: Yeah, right. The reason is . . . it's just that I wasn't very happy about the report you handed in. And I'm a bit surprised because your reports are usually very nicely written.

S: Then . . . will I get a bad grade on that report?

P: I don't really want to give you a bad grade, especially since I gave you such high marks for your earlier reports. Uh . . . **I'm thinking about letting you make it up.**

S: Oh, Professor, would you really let me do that?

P: Hmm . . . I'm pretty sure that you can do a lot better than this . . . and that's why **I'd like to give you another chance.** So that you remember that I'm looking for something that goes deeper into the subject matter, I'll be choosing the topic myself.

S: Thanks so much, Professor Cruz!

Q. What will the professor probably do for the student?

A. He is going to let the student do a second paper.

해설

교수는 반복적으로 학생에게 다시 한번 기회를 주고 싶다는 말을 하고 있으며, 마지막에 에세이의 주제를 대신 선택해 주겠다고 말하므로, 교수가 학생에게 한번 더 보고서를 쓸 기회를 줄 것임을 유추해 볼 수 있다. 이와 같이 반복된 화자의 말을 종합하여 유추한 결론이 Inference 문제의 정답이 된다.

 EXAMPLE

Listen to a conversation between an officer and a student.

M: Hi, can I ask you a few questions?

W: Yes, of course.

M: This might be a bit odd . . . I'm actually a student at another university, but I want to take a summer course at this school.

W: Interesting . . . may I ask why?

M: Well, I, uh . . . I just found out I have to take this summer course to meet my degree requirements . . . but during summer vacation, I'll be staying with my parents who live near this university . . . and I'll be working part-time at a bakery near here.

W: I see. Actually, there are quite a few students who study here during the summer only, like you want to do.

M: Really? Do you know if any of them get financial assistance?

W: It depends . . . if you submit all the necessary documents, you might be able to get financial aid here. **But there are no guarantees because you're not one of our students . . .** anyway, we need those documents to admit you as a summer school student.

M: OK, what do you need?

W: First, we need a copy of your student ID card. We also require an e-mail from your college administrator stating that you are a student of that school . . . once we've received and approved those things, we can talk about what classes you can take here . . .

M: OK, I'll call my school right now and request the e-mail. When can I come back?

W: **Why don't you come back tomorrow? I'm afraid I won't be here then . . . but don't worry, I'll talk to another officer to help you.**

M: OK . . . while I'm here, can I pick up a copy of your summer school course catalog?

W: Yes, here's one. If you have any questions, please call or e-mail this office . . . the contact information is on the back.

해석 p.478

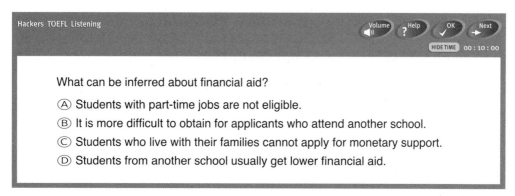

Volume · Help · OK · Next

HIDE TIME   00 : 10 : 00

What can be inferred about financial aid?

Ⓐ Students with part-time jobs are not eligible.

Ⓑ It is more difficult to obtain for applicants who attend another school.

Ⓒ Students who live with their families cannot apply for monetary support.

Ⓓ Students from another school usually get lower financial aid.

해설 재정 지원 정책에 관하여 추론할 수 있는 사실을 묻는 문제이다. 직원은 학생에게 필요한 서류를 제출해보라고 말한 뒤, "But there are no guarantees because you're not one of our students . . ."라고 말하여, 다른 대학에 다니는 학생들은 재정 지원을 얻을 기회가 더 적다는 것을 암시하고 있으므로 답은 (B)이다. 이때 재정 지원 여부에 대한 화자의 불확실한 어조가 정답에 대한 단서가 된다 (STRATEGY 1).

정답 Ⓑ

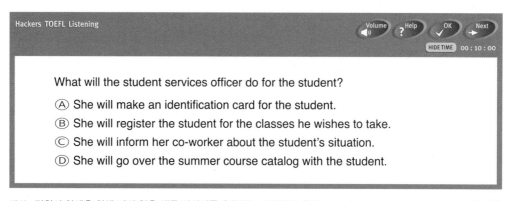

Volume · Help · OK · Next

HIDE TIME   00 : 10 : 00

What will the student services officer do for the student?

Ⓐ She will make an identification card for the student.

Ⓑ She will register the student for the classes he wishes to take.

Ⓒ She will inform her co-worker about the student's situation.

Ⓓ She will go over the summer course catalog with the student.

해설 직원이 학생을 위해 어떤 일을 해줄 것인지를 추론하는 문제이다. "Why don't you come back tomorrow?" 이하에서 직원은 자신은 없을 예정이지만 다른 직원이 학생을 도울 수 있도록 이야기를 전해 주겠다고 말하므로 정답은 (C)가 된다. 이때 "I'll talk to another officer to help you."라는 말에서 직원이 암시하고 있는 내용이, 학생의 상황을 다른 사람에게 알려주겠다는 내용으로 paraphrasing된 것을 파악할 수 있어야 한다 (STRATEGY 2).

정답 Ⓒ

CONVERSATIONS

LECTURES

Hackers TOEFL LISTENING

I. **Listen to parts of the conversations and then answer the questions.**

1 What can be inferred about the professor?

(A) She is planning to meet the man at her office.
(B) She thinks architecture does not have a good future.
(C) She expects the man to change his mind.
(D) She is worried that the man has made the wrong decision.

Listen again to part of the conversation. Then answer the question.

2 What can be inferred about the professor?

(A) She is not going to let the man borrow the notebook.
(B) She is not sure if the man can copy the notes in time.
(C) She is going to bring the notebook to the lost and found.
(D) She expects the man to examine how her student takes notes.

Listen again to part of the conversation. Then answer the question.

3 What can be inferred about the woman?

(A) She may still have the overdue books in her dorm room.
(B) She cannot return the overdue books by 6 p.m.
(C) She doesn't have to go to the library to check.
(D) She didn't borrow the overdue books.

II. Listen to parts of the conversations and then answer the questions.

4 Choose all the statements that can be inferred from the conversation.

(A) Seniors have a better chance of getting a parking permit.
(B) The woman would prefer to live on campus.
(C) The woman will apply to get a parking permit.
(D) The woman does not like filling out forms.

5 Choose all the statements that can be inferred from the conversation.

(A) The man previously taught math classes.
(B) The professor is unable to give the letter immediately.
(C) The man is qualified for the teaching position.
(D) The man is more qualified to do research than to teach.

6 Choose all the statements that can be inferred from the conversation.

(A) The woman has not checked journals as possible resources.
(B) The library does not have any recent information on global warming.
(C) The woman has a partner to do the presentation with.
(D) The woman will do research on the articles about the UN seminar.

7 Choose all the statements that can be inferred from the conversation.

(A) The professor is familiar with job fairs.
(B) The man does not want to get a job right after graduating.
(C) The man has no definite plans for his future.
(D) The professor is planning to go with the man.

CONVERSATIONS

LECTURES

Hackers TOEFL LISTENING

III. Listen to parts of the conversations and then answer the questions.

[8-10]

8 What does the man imply about electives?

    (A) They allow for flexibility with the types of grading system used.
    (B) They are harder to enroll in than are required courses.
    (C) They are easier to pass than are required courses.
    (D) They require the student to have finished her general subjects.

9 What will the woman probably do next?

    (A) Change her major to anthropology
    (B) Change the elective she is taking
    (C) Request the pass-fail option
    (D) Go to the registrar's office

Listen again to part of the conversation. Then answer the question.

10 What can be inferred about the woman?

    (A) She is not sure how to solve her problem.
    (B) She is worried that she may still fail the subject.
    (C) She is not going to change to pass-fail.
    (D) She does not know how to change the subject she is taking.

Listen again to part of the conversation. Then answer the question.

11 What can be inferred about the man's response to the news the professor gave?

    (A) He is not interested in learning about art business opportunities.
    (B) He thought the period of three weeks was shorter than he expected.
    (C) He did not really think it was important where he studied.
    (D) He was at first disappointed at the school he was assigned to.

12 What does the professor imply about Norman Rockwell?

    (A) Rockwell was the most famous alumnus of Art Students League.
    (B) Rockwell did not have much influence on the man's artistic inclinations.
    (C) Rockwell's talent lay in the genre of illustrations.
    (D) Rockwell learned illustration at the Art Students League.

13 What does the professor imply about the man's skill as an artist?

    (A) His artistic skills need further honing at the Artist Career Training School.
    (B) He is the best student artist in the entire university.
    (C) His skills are similar to those of the other students who also won scholarships.
    (D) He already possesses the skills of a very good artist.

정답 p.479

HACKERS **TEST**

 [1-5] Listen to a conversation between a student and a librarian.

1 Why does the student go to the library?

   (A) To determine the cost of replacing a missing book
   (B) To seek assistance in submitting a loan request
   (C) To get information about a book-purchasing process
   (D) To find out how to access the library's online database

Listen again to part of the conversation. Then answer the question.

2 Why does the man say this:

   (A) To indicate that the student's situation is unusual
   (B) To confirm that the student's information is correct
   (C) To show that delays are a common occurrence
   (D) To suggest that a notification has already been sent to the student earlier

3 What can be inferred about the book the student needs for her assignment?

   (A) It was recently published in England.
   (B) It is sold by a limited number of retailers.
   (C) It is available for purchase from online bookstores.
   (D) It includes official government records.

4 According to the conversation, what are two reasons that the student did not receive notification from the library?

Choose 2 answers.

(A) A library employee took a leave of absence due to illness.
(B) An e-mail was sent to the address of another student by mistake.
(C) A feature of the library's computer system malfunctioned.
(D) An online form included incorrect contact information.

5 What will the student probably do next?

(A) Speak with another library employee
(B) Go to a bookstore near the university
(C) Ask her professor for a new essay topic
(D) Visit the office of her instructor

6 Why does the student go to see the professor?

(A) To discuss a revision in her research outline
(B) To inquire about a change in group members
(C) To respond to a request the professor made
(D) To ask about the material covered by an exam

7 Why does the professor mention the importance of light in an environment?

(A) To explain the reason productivity was low at the company
(B) To provide background for a discussion on work environments
(C) To suggest that employee performance is related to environmental factors
(D) To explain why a variable was chosen for an experiment

Listen again to part of the conversation. Then answer the question.

8 Why does the student say this: 🎧

(A) To indicate that she understood what the professor said
(B) To correct something in the professor's description
(C) To express disappointment in the experiment's outcome
(D) To check whether she misheard one of the details

9 According to the professor, in what ways were the increased-light experiment and the decreased-light experiment similar?

Choose 3 answers.

(A) They were conducted on the same participants.
(B) They involved subjects who knew they were being watched.
(C) They had no effect on worker productivity in the long term.
(D) They had varying results on those who participated.
(E) They motivated workers to exert more effort.

Listen again to part of the conversation. Then answer the question.

10 What can be inferred about the professor when he says this: 🎧

(A) He believes that the group should use an alternative research method.
(B) He is encouraging the student to discard any collected data.
(C) He is surprised that the group did not see the problem earlier.
(D) He is not sure if the group has obtained sufficient data.

정답 p.488

CONVERSATIONS

LECTURES

Hackers **TOEFL** LISTENING

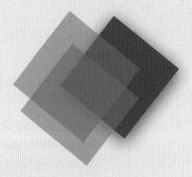

goHackers.com

Unit 02
Conversation Topics

Unit 02에서는 Conversation에 자주 등장하는 주제들을 중심으로 세부 단원을 구성하였다. Conversation에서는 대학 생활 중 일어날 수 있는 다양한 대화 상황들이 출제되며, 크게 교수-학생, 직원-학생이라는 화자들의 관계를 기준으로 대화의 주제가 나누어진다.

Conversation의 주제는 크게 다음의 2가지로 구분된다.

1. Instructor's Office Hours
2. Service Encounters

1. Instructor's Office Hours

Instructor's Office Hours는 교수나 강사의 사무실에서 이루어지는 대화이다. 주로 수업 과제물이나 시험 등에 관련된 내용을 학생이 문의하고, 교수가 그에 대해 응답하거나 상담하는 식으로 대화가 전개된다.

빈출 토픽

· 성적에 대한 문의 및 성적 변경 요청
· 빠진 수업/시험 등에 대한 보충(make-up) 요청
· 과제물 기한 연장 요청
· 학업/진로 문제 상담
· 과제물에 대한 문의
· 수업 내용에 대한 문의
· 보충 자료 및 참고 서적 내용에 대한 문의

자주 등장하는 대화의 흐름

인사말

학생의 요청/질문/ 문제점 제시	학생이 교수를 찾아 온 이유를 언급하는 부분이다. 이 부분에서 주로 Main Purpose 혹은 Main Topic 문제가 출제된다.

교수의 제안/충고, 학생의 반응	학생이 제기한 문제에 대해 교수가 해결책이나 방법을 제시해주는 부분으로 이와 관련하여 다양한 문제가 출제될 수 있다.

EXAMPLE

S: Hello, Professor, can I talk to you for a second?
P: Oh, sure. How can I help you?
S: Actually, I want to experience internship before I go out to real world. So, can you recommend what kind of internship is possible for me?
P: OK, I know what you're asking. So . . . what is your major?
S: I'm majoring in architecture.
P: Architecture . . . Hmm . . . OK, I have a friend who works in that field. You want me to write a letter of recommendation to my friend?
S: Oh, that'd be great, thanks, Professor. By the way, can you tell me what kind of building he has designed?

→ 인사말

→ 문의 내용 제시:
　대화의 목적/주제가
　드러나는 부분

→ 교수의 제안/해결
　책 제시

대학 생활 관련 정보

1. 성적 변경 (Changing a grade)

성적평가 과정이나 결과가 잘못된 경우 학생이 성적 변경을 요청하기 위해 교수를 찾아갈 수 있다. 철저한 검토 후 교수나 학장의 승인이 이루어지면 성적 변경이 가능하다.

예상 대화

관련 어휘

evaluation factors 평가요소 시험/보고서, 출석률, 프로젝트 등 최종성적을 평가하는 데 반영되는 요소 **dean 학장** 단과 대학의 책임자	**report card 성적표** 성적뿐만 아니라 수업중의 태도 등이 기입된 표 **GPA 평점** Grade Point Average의 약자로 학업 성적의 평균 점수

2. 예외 사항 부탁 (Asking for an exception)

정당한 이유가 있어 관련 증빙 서류를 제출하면 빠진 수업이나 시험을 다른 방법으로 대체할 수 있다. 교수의 재량에 따라 보충 시험을 보거나 대체과제를 한다.

예상 대화

관련 어휘

make-up test 보충 시험 당일 부득이한 사정으로 시험을 치르지 못하였을 경우 교수와 날짜를 상의하여 다시 보는 시험	**doctor's note 진단서** 몸이 아파 시험을 못친 학생이 make-up test를 요청할 때 교수가 요구하는 진단서

3. 과제물 관련 상담 (Discussing assignments)

보고서나 개인/조별 프로젝트 등의 과제물은 성적에서 상당한 비중을 차지하므로 보고서의 주제나 작성 요령 등에 대해 교수와 상담하는 경우가 많다. 참고자료에 대해 문의하거나 기한 연장을 요청하는 것과 관련된 대화도 자주 등장한다.

예상 대화

관련 어휘

reference 참고자료 보고서 주제와 관련된 내용의 다양한 자료들	**term paper** 학기말 보고서 학기가 끝날 때 제출하는 과제물
bibliography 참고문헌 목록 과제물을 작성하면서 참고한 자료를 정해진 형식에 맞게 정리한 목록	**extension** 기한 연기 보고서 제출 기한 등을 연기하는 것

4. 수업 관련 문의 (Asking about lectures)

강의를 듣지 못했거나 강의 내용 중 이해되지 않는 부분을 질문하기 위해 교수를 찾아가는 경우가 있다.

예상 대화

관련 어휘

lecture notes 강의 노트 강의의 주요 내용을 메모한 것. 혹은 교수의 강의 준비 노트	**audit/sit-in** 청강 수업 등록을 하지 않고 교수의 허락 하에 강의를 듣는 것
course outline 강의 개요 강의 첫날 받게 되는 강의 소개서. 교재, 평가 항목, 과제 등이 정리되어 있다.	**assignment** 과제 수업에서 받는 숙제 또는 연구 과제

5. 진로 및 취업 관련 상담 (Discussing academic plans or careers)

학교 정규 수업을 듣는 것 이외에도 인턴쉽, 어학 연수, 교환학생 등의 다양한 학업 기회를 가질 수 있다. 구체적인 계획을 세우기 전에 교수에게 조언을 구하는 상황이 자주 출제된다. 대학원에서 입학 허가를 받고자 하거나 취업을 준비할 때 담당 교수의 추천서가 필요하면 평소에 자신에 대해 잘 알고 있는 교수에게 부탁하는 경우도 있다.

예상 대화

관련 어휘

letter of recommendation 추천서 대학원이나 회사에 지원하려 할 때 교수에게 받는 추천서	**résumé 이력서** 학업과 과외활동 등의 개인 이력을 정리한 문서
confidential letter 지원하는 학생은 볼 수 없으며, 추천서를 받는 학교 측만 볼 수 있도록 한 추천서	**CV (curriculum vitae)** 개인 이력이 담긴 자기소개서와 이력서

HACKERS TEST

[1-5] Listen to a conversation between a student and his professor.

1 What is the main topic of the conversation?

(A) The different production versions of *Hamlet*

(B) The significance of Craig's rendering of *Hamlet*

(C) The objections the student has to studying Craig's interpretation

(D) The reasons the professor is partial toward Craig's interpretation

2 According to the conversation, what two aspects of Craig's interpretation made it stand out?

Choose 2 answers.

(A) Its portrayal of court intrigue

(B) Its emphasis on symbolism

(C) Its use of an unconventional set

(D) Its use of authentic costumes

Listen again to part of the conversation. Then answer the question.

3 What does the student mean when he says this:

(A) He believes that he may be asking too many questions.

(B) He wants the professor to consider his problem carefully.

(C) He feels that his question maybe be too difficult.

(D) He hopes that he is providing the correct information.

4 What does the professor imply about the student's choice of play?

(A) It is simple enough for the student to understand.

(B) It is easier to study than other plays.

(C) It is not easy to produce for the stage.

(D) Its previous versions are more interesting.

5 What does the professor suggest the man do?

(A) Select another play

(B) Do further readings

(C) Write a graduate thesis

(D) Look for photographs

 [6-10] Listen to a conversation between a student and her professor.

6 Why does the woman go to see the professor?

(A) To ask for advice regarding an assignment for a class

(B) To discuss the benefits of a method of oil painting

(C) To provide an explanation for why she was absent for a week

(D) To confirm some information about oil painting she found online

Listen again to part of the conversation. Then answer the question.

7 Why does the woman say this:

(A) To indicate that she is not sure whether she has ever heard of the term

(B) To express frustration that she cannot remember some information

(C) To show a willingness to study a concept introduced by the professor

(D) To suggest that an idea is difficult to understand

8 According to the professor, what is one reason oil paintings crack?

(A) The liquid in the paint undergoes a molecular change as it hardens.
(B) The paint on the surface dries more quickly than the paint underneath.
(C) The paint is diluted with a substance that causes it to expand and contract.
(D) The oxygen in the paint evaporates more slowly than the pigment.

Listen again to part of the conversation. Then answer the question.

9 What can be inferred about the woman when she says this: 🎧

(A) She thinks that the name of the technique is inaccurate.
(B) She is uncertain about whether this technique will work.
(C) She is not familiar with this method of painting.
(D) She used the fat over lean method in an earlier painting.

10 What does the professor suggest that the woman do on the weekend?

(A) Meet with other students who are interested in abstract art
(B) Visit an exhibit that is on display at an art gallery
(C) Participate in a departmental workshop on expressionism
(D) Attend a special speech by a prominent painter

[11-15] Listen to a conversation between a student and her professor.

11 Why does the student go to see her professor?

(A) To ask for clarification about his remarks on her paper

(B) To inquire about the material for her research paper

(C) To discuss the grade she received on her report

(D) To request a change in the topic of a paper

12 What does the professor imply about the MLA and Chicago styles of reference?

(A) They are both useful in documenting sources.

(B) They have their advantages and disadvantages.

(C) They are two completely different styles of reference.

(D) They should be used only in academic papers.

Listen again to part of the conversation. Then answer the question.

13 Why does the professor say this:

(A) To explain a statement he made earlier in the conversation

(B) To indicate that the student does not understand his point

(C) To introduce an example of a very complicated concept

(D) To remind the student of something he said in a previous lecture

14 According to the conversation, what are two reasons the professor criticizes the student's paper?

Choose 2 answers.

(A) The student used two different citation styles.
(B) The student made mistakes in numbering her references.
(C) The student neglected to put endnotes in her paper.
(D) The student did not have a bibliography at the end.

15 What will the student probably do next?

(A) Ask the professor to edit her paper
(B) Submit an assignment late
(C) Make adjustments to her report
(D) Change the topic of her paper

 [16-20] Listen to a conversation between a student and her professor.

16 Why does the woman go to see her professor?

(A) To inform the professor that she will be dropping the class
(B) To complain about the manner in which the readings are discussed in class
(C) To state an opinion about the literature being considered in class
(D) To request the professor to explain a point about a drama

17 What does the professor say about modern dramas?

    (A) It is similar to dramas written many centuries ago.

    (B) It is difficult to determine which ones are modern and which are not.

    (C) Its greatest author is considered to be Ibsen.

    (D) Its earliest examples were penned in the late nineteenth century.

18 What can be inferred about the woman's preference for modern dramas?

    (A) She is partial toward plays that are amusing and humorous.

    (B) She thinks the dramas written earlier are not entertaining.

    (C) She prefers dramas that are presented by universities.

    (D) She enjoys reading dramas that she has seen onstage.

Listen again to part of the conversation. Then answer the question.

19 Why does the woman say this:

    (A) To express excitement over what the professor is about to say

    (B) To prompt the professor to speak a little more quickly

    (C) To indicate that she is not sure what the professor is asking her to do

    (D) To remind the professor to finish what he was saying

20 What does the professor suggest the woman do?

(A) Examine the characteristics of two works from different periods
(B) Produce a report on a university drama she recently watched
(C) Schedule in time to read the plays included in the list
(D) Study hard to get higher marks in the class

 [21-25] Listen to a conversation between a student and a professor.

21 Why does the student go to see the professor?

(A) To talk about research that she recently performed
(B) To ask for feedback on her experiment results
(C) To change the thesis on her research paper
(D) To discuss her chosen topic for an assignment

Listen again to part of the conversation. Then answer the question.

22 Why does the professor say this:

(A) He thinks the student is jumping to conclusions.
(B) He feels the student misunderstood his instructions.
(C) He wants the student to stop interrupting him.
(D) He believes the student should choose a different topic.

23 Why does the professor mention evolutionary biologist Edward Poulton?

(A) To introduce a scientist who has studied mimicry in birds
(B) To criticize the individual who disproved a controversial hypothesis
(C) To suggest an expert who the student might want to research
(D) To identify the person who came up with a long-standing theory

24 According to the professor, what did the zoologists in the United Kingdom conclude?

(A) The effectiveness of eyespots is dependent on their size and quantity.
(B) Birds keep away from moths with highly visible markings of any shape.
(C) Circular markings are less effective against predation than squares and bars.
(D) There is no evidence that predators are intimidated by conspicuous patterns.

25 Why does the professor suggest that the student conduct the experiment in a natural setting?

(A) It would produce more accurate data about the natural behavior of birds.
(B) It would be more enjoyable than attempting to do it on an urban campus.
(C) It would give the student's experiment more originality.
(D) It would not be as challenging as trying to do it with birds in captivity.

26 What is the main topic of the conversation?

(A) A student's concerns about a job he recently got

(B) Applying for a teaching assistant job opening

(C) Qualifications for a job in the field of computer science

(D) A student's complaints about a class he proctored

27 Why did the student apply for the job?

Choose 2 answers.

(A) He felt that it would help him find a job in the IT field.

(B) He thought that it would be easy.

(C) He required money for tuition fees.

(D) He believed that it would provide him with valuable work experience.

Listen again to part of the conversation. Then answer the question.

28 Why does the professor say this:

(A) To confirm that the student is aware of his options

(B) To determine whether the student has reached a final decision

(C) To find out if the student will consider an alternative

(D) To encourage the student to consider another point of view

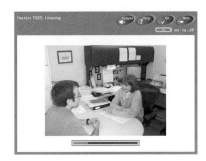

29 What is the student's attitude toward working as a teaching assistant?

(A) He feels that most teaching assistants do not enjoy their jobs.

(B) He thinks that some teaching assistants were likely not successful.

(C) He believes that the job is more difficult than others.

(D) He feels that the salary for the teaching assistant job is too low.

30 What does the professor suggest the man do?

(A) Contact another student

(B) Turn down the job opportunity

(C) Seek out further training in IT

(D) Schedule another visit with her

정답 p.493

2. Service Encounters

Service Encounters는 대학 내 서비스 관련 시설에서 이루어지는 대화이다. 학사 행정 관련 내용이나 학내 시설 및 서비스에 관련된 내용이 주를 이룬다. 주로 학생이 어떤 절차에 관한 문의를 하면, 서비스 담당자가 절차를 설명해주는 식의 흐름이 출제된다.

빈출 토픽

· 수강신청
· 등록금 납부
· 입학/편입 절차 문의
· 도서 대출/구입
· 실습실 이용
· 학생 보험 및 의료 기관 이용
· 기숙사 이용
· 기타 시설 이용

자주 등장하는 대화의 흐름

| 문의 사항 제기 | 학생이 자신의 용건을 밝히면서 문의 사항을 언급하는 부분이다. 이 부분에서 주로 Main Purpose 혹은 Main Topic 문제가 출제된다. |

| 답변/정보 제공 | 직원이 학생의 문의 사항에 대한 답변 및 정보를 제공하는 본문 부분이다. 이와 관련하여 Detail 문제, Inference 문제 등 다양한 문제가 출제된다. |

| 추가적인 문의/응답 | 직원의 답변 및 정보에 대해 학생이 가지는 의문 사항이 이어지면 그에 대한 답변이 주어지면서 대화가 전개된다. 이와 관련하여 다양한 문제가 출제될 수 있다. |

EXAMPLE

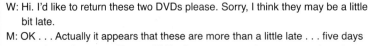

W: Hi. I'd like to return these two DVDs please. Sorry, I think they may be a little bit late.
M: OK . . . Actually it appears that these are more than a little late . . . five days overdue to be exact. For two DVDs that comes to a late payment fee of ten dollars.
W: What? Ten dollars? You must be joking! That's far too much.
M: I'm sorry, but for each day that a DVD is overdue, the library charges a one-dollar late fee.

문의 사항 제시

문의 사항에 대한 정보 제공

추가적인 문의 사항 및 그에 대한 응답

대학 생활 관련 정보

1. 수강신청 (Registering for classes)

수강신청은 대부분 전산을 통해 이루어지지만 개인적인 사정이나 문제가 발생한 경우 학적과에 직접 방문하여 문의해야 한다. 수강신청을 할 때 academic advisor의 도움이 필요한 경우도 많은데, 주로 선수 과목과 필수과목 수강에 대한 상담이나 수강신청 및 수강취소 등에 관한 상담이 주를 이룬다.

예상 대화

관련 어휘

registrar's office 학적과
학생들의 입학, 재학, 수강신청 등의 관련 업무를 처리하는 부서

requisite course 필수과목
기본적으로 반드시 이수해야 하는 기초 과목 (required course라고도 한다.)

prerequisite 선수 과목
더 높은 수준의 수업을 수강하기 위하여 반드시 이수해야만 하는 과목

elective course 선택과목
필수 과목 이외에 학생들이 선택할 수 있는 과목

add/drop form 수강/수강 취소 신청서
수업을 등록하거나 취소할 때 작성하는 신청서

withdrawal 수강취소
정해진 기간 이후에 수강을 취소하는 것 (성적표에 withdrawal의 약자인 'W'가 표시된다.)

pass-fail class 통과-낙제 과목
학점을 A, B 등으로 매기지 않고 Pass, Fail로만 표시하는 과목

non-credit course 비 학점 과목
학점이 인정되지 않는 과목

registration period 등록 기간
온라인 상으로 수강신청을 하도록 정해진 기간

course number 과목 번호
과목의 성격과 난이도를 구별 짓는 3~4자리의 숫자

2. 학비 (Tuition fees)

주립대학은 학생들의 출신 지역에 따라 차등적으로 등록금을 부과하며 사립대학은 모든 학생에게 동일한 등록금을 부과한다. 정해진 기간 내에 현금, 수표, 카드로 납부 가능하다. 학비대출, 학비 보조금 등의 지원을 받고자 할 경우 행정부서에서 자신의 재정상황이나 성적을 토대로 상담을 받아야 한다. 성적이 우수하다면 다양한 장학재단의 장학금 혜택을 받을 수도 있다.

예상 대화

관련 어휘

administrative office 행정부서
등록금, 재정 등 대학교의 행정을 담당하는 부서

financial aid 재정지원
학교에서 학생들에게 제공하는 모든 형태의 재정적 지원

student loan 학비대출
일정 기간 동안 낮은 이자로 학비를 대출해주는 제도

grant 보조금
갚지 않아도 되는 학비 보조금

application 신청
재정지원, 대출 등을 받기 위해 신청하는 것

honors department 장학부서
장학생 선발과 장학금 배분을 담당하는 부서

scholarship 장학금
성적이 우수한 학생들이 받는 재정적 지원

bursary 학비 지원금
학생의 경제적 상황에 따라 지급되는 학비 지원금

dean's list 우등생 명단
평점이 성적 장학금을 받을 수 있는 일정 기준을 넘는 학생들의 명단 (honor roll이라고도 한다.)

3. 학사 관련 업무 (School affairs)

학생들은 다양한 학사 관련 업무로 학적과를 찾는다. 대학원 진학 및 취업 준비를 위해 성적증명서를 요청하거나, 졸업 전에 자신의 이수 학점을 확인하는 일, 교환 학생이나 인턴십 프로그램에 대한 문의 등이 이와 같은 학사 관련 업무에 해당한다.

예상 대화

관련 어휘

transcript 성적증명서
입학허가 과정에 필요한 성적증명서 (수강과목과 평점, 수상경력이 함께 기록되어 있다.)

delivery type 수령방법
성적증명서를 신청한 경우 그것을 수령하는 방식 (직접 방문하여 받는 방법(pick up)과 우편(mail)으로 받는 방법이 있다.)

number of recipients 수령인 수
증명서를 받게 될 학교나 수령인의 수

admissions letter 입학허가서
입학심사 과정에 통과하면 받게 되는 허가서

admission 입학
입학허가를 받은 후 공식적으로 입학하는 상태

partner universities 자매 학교
자매결연을 맺어 교환학생 제도를 공유하는 해외 소재의 학교

transfer credits 교환학점
자매결연 학교 사이에 이수한 것으로 인정되는 학점

student abroad program 해외 연수 프로그램
일정 자격조건을 갖춘 학생을 선발하여 해외 연수를 보내주는 제도

4. 도서관 (Library)

대학 내 도서관에서는 학생들이 모든 자료들을 공평하고 빠르게 사용할 수 있도록 하기 위해 대출 방침이 정해져 있다. 책이나 자료를 대출하기 위해서는 학생증을 반드시 지참해야 하며 도서 대출과정에서 문제가 발생하면 도서관 직원들에게 문의하면 된다.

예상 대화

관련 어휘

viewing room 영상 관람실 도서관 내에 마련된 비디오, DVD를 관람할 수 있는 공간	**late fee** 연체료
book reservation 도서 예약 현재 대출 중인 책을 예약하는 제도	**ID card 학생증** 도서 대출 시 필요한 신분증명서
reference books 참고 도서 도서관에서 열람만 가능하고 대출할 수 없는 책	**periodicals 정기간행물** 도서관에서 대여할 수 있는 정기간행물

5. 복지 제도 (Student welfare)

학생들의 정신적, 신체적 건강 증진을 돕기 위해 교내에 보험 제도를 비롯한 여러 복지 제도를 마련하고 있다. 학업과 관련된 문제뿐만 아니라 다양한 고민거리를 전문 상담가와 의논할 수 있다. 상담 가능 시간에 맞추어 방문하거나 미리 약속을 정하여 상담을 받으면 된다.

예상 대화

관련 어휘

academic advisor 상담가 학생 개개인의 학업, 생활 등에 대해 상담해주는 사람	**health insurance** 건강 보험 (학교에서 정해주는 보험제도의 보험 혜택기간은 주로 한 학기이다.)
health center 보건소	

6. 기숙사 이용 (Using dormitory facility)

학교에서 제공하는 기숙사에는 식당 및 각종 편의시설이 갖추어져 있다. 주거관리 사무실을 방문하여 입주를 신청할 수 있으며 주거 문제에 대해 상담을 받을 수도 있다.

예상 대화

관련 어휘

Housing (Services) Office 주거 관리 사무실
입주, 퇴실 등 기숙사 관련 업무를 담당하는 곳

dormitory
기숙사

off-campus housing
캠퍼스 밖에서 집을 얻어 거주하는 것

7. 교내 서점 (Campus bookstore)

교내 서점은 수업에 필요한 교재와 참고도서 등을 구비해 두고 있으며 도서의 구입, 주문, 환불 등을 직원에게 문의할 수 있다. 또한 도서 이외에도 학용품, 옷, 의약품 등 다양한 품목을 취급하며 헌책을 사고팔기도 한다.

예상 대화

관련 어휘

used book 헌책
원가보다 저렴하게 살 수 있는 한번 사용했던 교재나 참고 도서

reading list
교재 목록, 참고도서 목록

refund policy 환불 정책
구입한 물품을 환불할 때 적용하는 정책 (대부분은 반드시 영수증(receipt)을 지참해야 한다.)

8. 교내 식당 (Cafeteria)

대학 내에는 교내 식당이 있으며 이 식당들은 대부분 학생들이 규칙적으로 식당을 이용할 수 있도록 meal plan card system을 갖추고 있다.

예상 대화

관련 어휘

meal plan
주로 한 학기 동안 적용되는 메뉴, 교내 식당 이용 횟수 등의 식단 계획

meal card
meal plan 정보가 입력되어 있는 카드

9. 실습실 (Laboratory)

대학 내에는 각종 학습용 도구와 장비를 이용할 수 있는 실습실이 있다. 실습실 이용 시간, 방법, 조건 등에 관한 문의가 주로 이루어진다.

예상 대화

관련 어휘

computer lab (laboratory) 컴퓨터실
학생들이 편리하게 컴퓨터를 사용할 수 있으며 초보자들을 도와주는 학생 도우미(student assistant)가 있다.

science lab (laboratory) 과학실
과학 실험을 할 수 있는 장비를 갖춘 실험실

language lab (laboratory) 어학실
외국어 학습을 위한 컴퓨터나 녹음기 등의 장비를 갖춘 실습실

10. 우체국 (Post office)

대학 내에는 학생들이 다양한 우편 업무를 처리할 수 있는 우체국이 있다. 우편물을 보내고 받는 비용과 방법, 장기간 부재 시의 우편물 관리에 대해 문의할 수 있다.

예상 대화

관련 어휘

regular mail 보통 우편
우편물(mail)을 접수한 후 3일 이내에 배달하는 우편

express mail 빠른 우편
우편물을 접수한 날의 다음 날까지 배달되는 우편

registered mail 등기 우편
수취인에게 수취 확인을 받는 우편

postage 우편 요금
우편물의 발송인이나 수취인이 내는 수수료

11. 기타 시설 (School facility)

교내에 있는 컴퓨터 수리점, 미용실, 안경점, 체육관 등의 다양한 시설을 학교 밖보다 저렴한 가격으로 이용할 수 있다.

예상 대화

관련 어휘

waiting list 대기자 명단
서비스를 이용하는 사람들이 많은 경우 대기자의 우선 순위를 적어두는 명단

application form 신청서
서비스 이용을 신청하는 서식

customer call
변동사항이나 추가적인 문제가 발생한 경우 고객에게 전화로 알려주는 것

payment method 결제 방법
현금(cash), 신용카드(credit card), 직불카드(debit card) 등의 결제 수단

[1-5] Listen to a conversation between a student and a university employee.

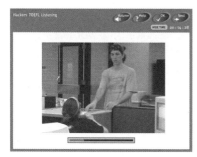

1 What is the conversation mainly about?

(A) A reference letter that a professor wrote

(B) A scientific field research project in Indonesia

(C) A request for a document required for financial assistance

(D) A problem with a scholarship application process

2 What reasons does the woman give for discouraging the student from contacting Professor Roth?

Choose 2 answers.

(A) He does not have access to the Internet at the present time.

(B) He is working on a project that requires his full attention.

(C) It would take too long for the letter to reach the university by mail.

(D) There are other professors who are more qualified than Professor Roth.

3 Why does the man mention biological systems engineering?

(A) To show that he is qualified to join Professor Roth's project

(B) To emphasize that he is acquainted with many professors in the biology department

(C) To remind the employee what course he plans to enroll in

(D) To explain why he wants a particular person to provide a document

Listen again to part of the conversation. Then answer the question.

4   What does the woman mean when she says this:

(A) She thinks the student should make the request.
(B) She is certain Professor Mayfield might change his mind.
(C) She believes the e-mail address will be useful in the future.
(D) She is allowed to give his e-mail address to students.

5   What will the man probably do next?

(A) Request the scholarship office to extend the deadline
(B) E-mail a professor about a missing reference
(C) Ask another professor to write a letter
(D) Prepare his application papers for submission

[6-10] Listen to a conversation between a student and a school official.

6   Why does the student visit the school official?

(A) To obtain permission to put up some notices around campus
(B) To ask for suggestions on the posters the club made
(C) To find out why her posters were taken down
(D) To request a copy of the announcement about the exhibit

7 Why does the man mention a secondhand printer?

(A) To explain the reason notice stamps are required
(B) To remind the student that used printers are for sale
(C) To give an example of a notice that needs a stamp
(D) To complain about students putting up too many notices

8 According to the conversation, what are two situations in which the man would typically stamp a notice without a signed form?

Choose 2 answers.

(A) A club is holding a photography workshop.
(B) The university is hosting an academic forum.
(C) A dignitary is visiting the university.
(D) A professor has made a recommendation.

9 Why does the student insist on getting a notice stamp immediately?

(A) The exhibit is a couple days away.
(B) The office will soon run out of stamps.
(C) The deadline for approval is the next day.
(D) The club requested that she get one.

10 What can be inferred about the man?

(A) He is strict about implementing university rules.
(B) He is willing to provide the student with assistance.
(C) He is annoyed by the student's persistence.
(D) He is unconcerned about club activities.

[11-15] **Listen to a conversation between a student and a university sports center employee.**

11 Why does the student go to the sports center?

Choose 2 answers.

(A) To change a reservation for a badminton court
(B) To arrange for the use of an athletic facility
(C) To inquire about rules regarding bookings
(D) To ask about the reason for a cancelation fee

12 According to the conversation, what policy did the university recently implement?

(A) An increase in fees for the use of sports facilities
(B) A charge for missed reservations
(C) A limit on the number of reservations
(D) A refund for canceled sports events

13 Why does the man decide not to reserve the late afternoon slot?

(A) He is attending a photography class later.
(B) He is planning to meet with one of his classmates at four.
(C) He is scheduled to participate in club activity at that time.
(D) He is concerned that the weather will be too warm then.

Listen again to part of the conversation. Then answer the question.

14 What does the woman mean when she says this:

(A) She is willing to compromise but only slightly.
(B) She has her hands full with other things at the moment.
(C) She is unable to fulfill the student's request.
(D) She thinks there is a better solution to the student's problem.

CONVERSATIONS

LECTURES

Hackers TOEFL LISTENING

15 What will the student do next?

    (A) Make a booking for a badminton court

    (B) Go to the badminton courts

    (C) Provide information about his friend

    (D) Tell his friend to pick up a pass

 [16-20] Listen to a conversation between a student and a university employee.

16 Why does the student go to see the university employee?

    (A) To ask for assistance in completing his application form

    (B) To submit a document needed for a future event

    (C) To verify whether he is qualified to graduate

    (D) To request a list of requirements for graduation

Listen again to part of the conversation. Then answer the question.

17 What does the man mean when he says this:

    (A) He does not think it is necessary for the woman to inspect his form.

    (B) He wants to express how complicated the form's directions were.

    (C) He thinks the woman is too rigid about checking the form.

    (D) He is displeased by the amount of time the form took to complete.

18 What does the man say about his credits?

(A) They meet his degree program requirements.
(B) They were mostly earned during summer sessions.
(C) They exceed the 120-credit requirement.
(D) They do not include the course he took at another university.

19 According to the conversation, what are two possible reasons the woman gives for the error?

Choose 2 answers.

(A) A problem with the computer
(B) The man's failure to report the oversight
(C) A mistake an employee made
(D) Another university's recording procedures

20 What will the man probably do next?

(A) Request an academic record
(B) Contact the dean by phone
(C) Meet with a school official
(D) Submit an application form

[21-25] Listen to a conversation between a student and a librarian.

21 Why does the woman go to the library?

(A) To be taught how to perform her job duties

(B) To inquire about a current job opening

(C) To pick up some needed research materials

(D) To familiarize herself with the library's technology

22 What does the man imply about the woman's job responsibilities at the library?

(A) She will be expected to shelve books.

(B) She will not be required to interact with students.

(C) She will not have to create records for new books.

(D) She will be responsible for processing online payments.

23 What can be inferred about the library books the student has checked out?

(A) They have been requested by another student.

(B) They are not currently overdue.

(C) They have been reported as missing.

(D) They are not for any of her academic courses.

Listen again to part of the conversation. Then answer the question.

24 Why does the woman say this:

(A) To convey that the man's assumption is accurate

(B) To show her interest in a particular area of research

(C) To direct the conversation in a new direction

(D) To confirm that she is the one who checked out the books

25 What does the man say about library fines at the university?

(A) They are automatically charged to a student's credit card.

(B) They must be manually entered into the library's system.

(C) They can be paid only via the Internet.

(D) They must be paid before other books can be borrowed.

[26-30] Listen to a conversation between a student and a university museum employee.

26 Why does the student go to the art museum?

(A) To make arrangements to view some sculptures
(B) To join a special tour that is already in progress
(C) To request information about a previous exhibit
(D) To participate in a group project with his classmates

27 What does the man offer to do for the woman?

(A) Provide her with a set of photographs of the artifacts
(B) Give her a pamphlet about an event that was hosted by the museum
(C) Provide her with access to an exhibit that is not open to the public
(D) Help her look for information about Greek artists online

28 What is a characteristic of the Greek sculptures that were displayed at the museum?

(A) They are all made of hardened clay.
(B) They depict scenes of everyday life.
(C) They are decorated with precious metals.
(D) They represent the Greek gods.

Listen again to part of the conversation. Then answer the question.

29 Why does the man say this:

(A) To suggest that the woman has plenty of time
(B) To make certain that he heard the woman correctly
(C) To indicate that he may have a possible solution
(D) To express concern that a deadline is too soon

30 What does the man imply about the California Art Museum?

(A) Its hours of operation may have changed.
(B) It is known for its collection of Renaissance sculptures.
(C) It is no longer open on Saturdays and Sundays.
(D) Its exhibit tickets can be purchased over the phone.

정답 p.507

goHackers.com

Hackers TOEFL LISTENING

LECTURES
SECTION

INTRO

INTRO

Lectures in iBT TOEFL Listening

iBT TOEFL 리스닝에서 Lecture는 교수 한 사람이 진행하는 강의 내용, 혹은 강의 상황에서 교수와 학생이 주고받는 내용을 듣고 주어진 질문에 답하는 형태로 출제된다. 강의의 길이는 약 3~5분(500~800단어)이며, 총 3개가 출제된다. 실제 강의를 하는 것과 같은 어조 및 말투를 사용한다는 것이 특징이고, 들으며 Note-taking을 할 수 있다.

Lecture Questions

각 강의에는 6문항씩의 문제가 출제된다. Lecture에 출제되는 문제 유형은 다음과 같다.

Main Purpose/Topic Questions (목적/주제 문제)
강의의 목적 및 주제를 묻는 문제이다.

Detail Questions (세부 사항 문제)
강의 내용을 통해 직접적으로 알 수 있는 사실에 대해 묻는 문제이다.

Function & Attitude Questions (화자의 의도 & 태도 파악 문제)
강의의 맥락 속에서 화자가 한 말을 통해 알 수 있는 화자의 의도 및 태도를 파악하는 문제이다.

Connecting Contents Questions (관계 파악 문제)
강의의 일부분이 다른 부분과 구조상 또는 내용상 어떤 관계를 가지는지를 묻는 문제로
Matching/Ordering/List Question, Purpose Question, Organization Question이 여기에 해당한다.

Inference Questions (추론 문제)
강의에서 유추할 수 있는 사실을 묻는 문제이다.

Lecture Topics

강의의 Topic은 대학 강의에서 주로 다루는 학문 분야로, 크게 세 가지로 나누어 볼 수 있다.

Natural Science (자연 과학)
Biology, Astronomy, Environmental Science, Meteorology, Geology, Paleontology, Physics, Chemistry, Physiology

Human Studies & Art (인문학과 예술)
History, Art, Music, Literature, Linguistics, Anthropology, Archaeology, Psychology, Economics, Business Management, Film, Photography

Applied Science (응용 과학)
Architecture, Engineering

Lecture STRATEGY

1. 도입부에서 Main Purpose/Topic을 파악하라.

강의의 도입부에서 어떤 주제에 대해 강의할지를 언급하므로, 도입부에서 중심 내용을 파악해야 한다. 때에 따라 지난 수업 내용, 과제물 등 다른 화두로 강의를 시작하는 경우도 있으므로 교수가 오늘 강의 내용을 언급할 때까지 주의해서 들어야 한다.

2. 강의 전개방식을 따라가면서 흐름을 파악하라.

긴 강의의 흐름을 파악하려면 교수가 어떤 전개방식으로 설명하는지를 따라가면서 강의를 들어야 한다. 자주 쓰이는 설명 방식으로는 다음과 같은 예들이 있다.

· 용어 정의, 예시, 분류, 비교/대조, 순차/연대기

3. Note-taking을 통해 세부 내용들이 어떤 관계를 가지는지 파악하라.

세부 내용을 들을 때는 각 세부 내용과 전체 주제, 혹은 세부 화제와의 관계를 파악하면서 듣는 것이 중요하다. Note-taking을 최대한 활용하여 이러한 세부 사항간의 관계를 파악하는 데 이용하는 연습을 해두어야 한다.

4. 화자의 어조 및 어법을 놓치지 마라.

강의 상황에서 화자의 어조 및 어법을 통해 알 수 있는 화자의 의도 및 태도를 묻는 문제가 출제된다. 그러므로 강의를 들을 때 화자의 어조 및 어법을 파악하며 듣는 연습을 하자.

5. 문제 예측 능력을 길러라.

강의에서는 주로 강의의 주된 흐름과 관련된 문제들이 출제된다. 이때 강의 내용에 따라 출제될 수 있을 만한 문제의 패턴이 정해져 있는 편이므로 강의를 들을 때는 문제를 예측하며 듣는 연습을 하도록 한다.

강의 내용에 따른 문제 출제 패턴

예시 및 인용할 때	- ~의 예는 왜 제시되었나? - ~를 언급한 이유는?
두 대상의 공통점을 설명하다가 내용을 전환하여 차이점을 설명할 때	두 대상의 차이점은?
공통점 또는 분류된 종류를 나열할 때	정답이 2~3개인 문제나 세부 사항의 사실 여부를 확인하는 표 문제
A만이 가지는 특징/독창성 설명	A의 특징으로 알맞은 것은?
A, B, C의 특징 설명	각 항목의 특징을 연결하는 문제
순차적/연대기적 설명	- 과정에 포함되는 것과 그렇지 않은 것을 고르는 문제 - 연대기 순으로 나열하는 문제

goHackers.com

Unit 01
Lecture Question Types

Unit 01에서는 Lecture의 문제 유형을 5가지로 구분하여 각 유형의 특징과 질문 형태, 실제 문제 풀이에 적용 가능한 전략들을 소개하고 있다. 또한 단계별 연습 문제와 실전 문제를 통해, 각 문제 유형을 충분히 습득하고 공략할 수 있도록 하였다.

Lecture의 Question Types에는 다음의 5가지가 있다.

1. Main Purpose/Topic Questions
2. Detail Questions
3. Function & Attitude Questions
4. Connecting Contents Questions
5. Inference Questions

1. Main Purpose/Topic Questions

출제경향

Main Purpose/Topic 문제는 강의나 토론을 듣고 그 중심 내용을 찾는 문제 유형이다. 매 강의 지문당 반드시 1문항씩 출제된다. 주로 도입부에서 강의의 주제를 알 수 있는 경우가 많으므로 도입부를 특히 집중해서 듣는 것이 중요하다. 강의의 주제는 직접적으로 언급되어 대부분 쉽게 찾을 수 있으며, 이 주제는 전체 강의 내용을 포괄하는 것임을 기억해두자.

질문 형태

Main Topic

What is the lecture/talk/discussion mainly about?

What aspect of ~ does the professor mainly discuss?

What is the class discussing?

What is the speaker describing?

What is the main topic of the lecture/talk?

Main Purpose

What is the (main) purpose of the lecture/talk?

STRATEGY

01

도입부에서 강의의 주제 및 목적을 파악한다.

강의의 주제 및 목적은 교수가 주로 무엇에 대해 강의할지를 언급하는 도입부에서 알 수 있다. 첫 마디에서 곧바로 언급하는 경우도 있고, 이전 강의 주제나 배경을 소개한 후 주제를 언급하는 경우도 있다.

EXAMPLE

Script

All right class, today we are going to look more deeply into bird development post-hatching. Specifically, we will talk about the two categories of hatching birds, precocial and altricial hatchlings. As we've already discussed, most birds begin life in an egg and enter the world through a process called hatching. Well, that seems obvious enough to any of us who eat eggs, but what happens to the chicks once they're hatched? It depends on what kind of bird they are. So . . . first, let's begin with precocial birds.

Q. What is the talk mainly about?

A. Two types of hatchling development

해설
교수는 첫 마디 "All right class, today we are going to ~" 이하에서 어떤 내용에 대한 강의를 할 것인지를 언급한 후, 그 내용에 대한 도입으로 강의를 시작하고 있다. 이와 같이 강의의 주제는 도입부에서 파악할 수 있다.

STRATEGY 02

강의의 주제 및 목적을 언급할 때 자주 쓰는 표현을 기억해둔다.

강의의 주제 및 목적을 언급할 때 화자가 자주 쓰는 표시어들(signal words)이 있는데, 이러한 표시어를 알아두면 강의의 목적 및 주제를 파악하는 데 도움이 된다.

EXAMPLE

Script All right, let's start. **Today we'll be talking about** how archaeological evidence helps scientists learn about the customs, cultures, and beliefs of ancient peoples. Now I'd like to focus on a culture known as the mound builders–I'm sure you've come across the Adena in your readings.	Q. What is the talk mainly about? A. What the mounds of the Adena reveal **해설** 교수가 "Today we'll be talking about ~"이라는 말 뒤에 강의의 주제를 언급하고 있음을 알 수 있다. 이처럼 강의의 목적 및 주제를 드러내는 표시어를 집중해서 들으면, 정답을 찾는 것이 쉬워진다.

강의의 주제 및 목적을 드러내는 표시어

Expressions	Example sentences
OK, let's talk about ~	**OK, let's talk about** the frescos of Michelangelo and how they are different from the ones Giotto made.
So why don't we start with ~	**So why don't we start with** suburban areas . . . and we'll do this by defining the word "community".
Today, I want to take a look at ~	**Today, I want to take a look at** stem cell research and why it continues to be a topic for discussion in political circles.
Today's talk is on ~	**Today's talk is on** what people perceive to be the responsibilities of the journalist.
OK, let's move on to ~	**OK, let's move on to** how memory processes are affected by head traumas or injuries.

Today's discussion will focus on ~	Today's discussion will focus on how music can affect the learning capacity of a child.
Let us continue our study on ~	Let us continue our study on igneous rocks, but this time let's focus on granite . . . its composition, its texture, and its formation.
Another ~ we need to discuss is ~	Another thing we need to discuss is one similarity that may not be so readily apparent between Saturn and Earth.
Well, today I thought we'd talk about ~	Well, today I thought we'd talk about some Civil War treasures that were unearthed in Springfield.
We've talked about ~ but now I want to talk about ~	We've talked about how the public showed its concern for environmental issues, but now I want to talk about what the American government did to address these issues.
Today, we'll continue talking about ~	Today, we'll continue talking about alternative housing for growing populations.
I would like to turn our attention to ~	I would like to turn our attention to the difference in size between the neutrino and the atom.
I wanted to discuss a few other terms here ~	I wanted to discuss a few other terms here . . . first, the term "astronomical unit", or AU.

🎧 EXAMPLE

Listen to part of a lecture in an economics class.

P: Now, last week we covered the basics of America's Great Depression in the early 1900s. First of all, do you have any questions remaining from that? Hmm . . . well, then I want to get into some of the more, um, specific aspects of that period. **So why don't we start by talking about the bank panics of the thirties?**

S: That happened in New York, didn't it? Uh, I think I remember my grandfather talking about it. He was an accountant on Wall Street, so . . .

P: Yeah, it definitely affected New York, since that is where the nation's financial center was, uh, based . . . but before we work out the fine details, let's take a step back. We need to know first what the bank panic was. **So, basically, there was a nationwide scare that banks were all going bankrupt. This, uh, well, it caused almost everyone to run and withdraw their funds, leaving the banks dry.** We now call that time the "run on the banks."

S: I, I guess I don't understand how people could get so scared that they, uh, would suddenly pull all their money out. It . . . I don't know . . . seems a bit drastic.

P: Well, you need to take into consideration the socio-economic climate. In the year 1929, about half of all Americans were living below basic subsistence levels. And, uh, the stock market crashed that year, which really put a damper on the national economy . . . so it's obvious that the country's overall situation contributed to the problem. And, of course, things didn't get better following the crash. In 1930, unemployment was around 25 percent and the GDP fell by about 46 percent. Obviously this led to some serious contractions in the money supply and a number of smaller banks, especially in the, uh, rural areas, went under.

S: So . . . when you say "went under" you mean that they completely closed?

P: Correct.

S: I guess what I don't understand is why the banks didn't have any money set aside for emergencies. How could they, you know, not be backed up by anything?

P: Surprisingly, that was just the system at the time. Of course, immediately after they realized that, they said, we'd better do something about this. But . . . not before the second crash in the spring of 1931. That one was much worse . . . the famous US Bank of New York went down and you can just imagine how much money the, uh, people of New York pulled out from the other financial institutions.

해석 p.520

What is the discussion mainly about?

Ⓐ The period of high unemployment in America in the 1930s

Ⓑ A time of financial crisis related to widespread anxiety

Ⓒ The dramatic fall in the stock market in New York City

Ⓓ The average household income during the economic disaster

해설 강의의 주제를 묻는 문제이다. 강의 도입부의 "So why don't we start ~" 이하에서 교수는 경제 공황 시기 중 'bank panic'에 대해 자세히 알아보겠다고 말한 후, "So, basically, there was a nationwide scare ~" 이하에서 bank panic이 경제 상황에 대한 불안에서 비롯된 위기였다고 말하므로 정답은 (B)이다. 이처럼 강의의 주제는 도입부에 언급되며, "So why don't we start ~"처럼 주제를 언급할 때 교수가 자주 사용하는 표현이 있다는 것을 기억해두자 (STRATEGY 1, 2).

정답 Ⓑ

I. **Listen to the following excerpts from lectures and choose the best answer for each question.**

1 What will the rest of this talk mainly be about?

(A) How enzymes become attached to a substrate
(B) The sequence involved in enzymatic catalysis
(C) Chemical changes in a catalytic reaction
(D) The chemical composition of an enzyme

2 What will the speakers probably discuss?

(A) Marketing Native American art
(B) How Native American art changed over the centuries
(C) What Native American art discloses about its artists
(D) Utilitarian purposes of Native American art

3 What will the lecture mainly be about?

(A) Differences between the Earth and the Moon
(B) How the Earth and the Moon came into existence
(C) Why there are different theories about the Moon's formation
(D) Hypotheses on how the Moon developed

4 What aspect of the development of quilts will the professor mainly discuss?

(A) The origins of quilt making
(B) Quilting patterns developed in the United States
(C) The history of quilting in the United States
(D) How the Industrial Revolution transformed quilt making

🎧 **II. Listen to the following excerpts from lectures and choose the best answer for each question.**

5 What is the main topic of the lecture?

(A) How technology makes space discoveries possible
(B) Celestial bodies that are similar in composition to Pluto
(C) The on-going debate over how to classify Pluto
(D) Newly discovered space objects in the solar system

6 What is the main purpose of the lecture?

(A) To compare American and European labor unions
(B) To explain how government regulations controlled the workers
(C) To cite major flaws in American labor law
(D) To describe the struggles and accomplishments of American labor unions

7 What are the speakers mainly discussing?

(A) Why diamonds are used for a variety of industrial purposes
(B) Why diamonds surfaced only through ancient volcanic eruptions
(C) The differences in how diamonds and coal are formed
(D) Why volcanic activity was more explosive billions of years ago

8 What aspect of African-American literature does the professor mainly discuss?

(A) A span of ten years when black people demonstrated their artistic creativity
(B) How early 20th century African American literature compares to present-day literature
(C) The most popular African American writers of the 20th century
(D) How the influx of African Americans to the north gave birth to the blues

9 What is the main point of the talk?

(A) The formulation of the food chain
(B) Saving endangered turtle species
(C) Consequences of breaking a food chain
(D) The producers and consumers in an ecosystem

정답 p.521

HACKERS TEST

[1-5] Listen to part of a lecture in an anthropology class.

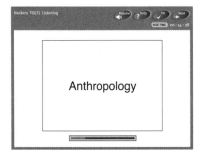

1 What is the lecture mainly about?

(A) The generally recognized reasons why the Anasazi disappeared

(B) The development of the Anasazi in the Four Corners region

(C) The clues that establish why the Anasazi left their homes

(D) The Anasazi people's motives for settling in the Southwest

2 According to the professor, what prompted the Anasazi to abandon their nomadic lifestyle?

(A) The development of new technology for irrigating crops

(B) Increasing warfare that necessitated permanent fortifications

(C) Changing weather conditions that made agriculture less challenging

(D) The depletion of available resources that could be hunted and gathered

3 What way of collecting information about deforestation does the professor mention?

(A) Obtaining soil samples from the deeper sedimentary layers

(B) Excavating for fossils in the areas where the Anasazi settled

(C) Analyzing food remains in the dwellings of the Anasazi

(D) Examining hardened animal waste and trash

4 What does the professor say about pine trees?

(A) Their numbers dwindled around AD 1000.
(B) Their nuts were a staple in the Anasazi diet.
(C) They supplied the timber for Anasazi buildings.
(D) They were devastated by continual drought.

5 Why does the professor mention that some of the Anasazi ate hackberry and pigweed supplemented by wild game?

(A) To name some of the natural resources that the Anasazi overharvested
(B) To argue that the Anasazi may have stayed in the area longer than previously believed
(C) To make a point about the conditions that caused the Anasazi to leave
(D) To show that food in the Four Corners region was not always scarce

정답 p.529

2. Detail Questions

출제경향

Detail 문제는 강의에서 직접적으로 언급된 세부 사실을 묻는 문제이다. 한 개의 강의 지문당 1~3 문항 가량이 출제된다. 강의에 출제되는 Detail 문제는 주로 주제와 관련된 세부 내용을 묻는 문제 로, 정답은 강의에서 들은 내용을 바르게 paraphrasing한 문장이 된다. 강의를 들으면서 간략하 게 Note-taking을 해두면 Detail 문제를 푸는 데 많은 도움을 얻을 수 있다.

질문 형태

Detail 문제는 다양한 세부 사실에 관해 출제되며 2~3개의 정답을 고르는 문제도 출제된다는 것에 유의한다.

What does the professor say about ~?

According to the professor, what is ~?

What is a key feature of ~?

What are some reasons that ~?

What is an example of ~?

What point does the professor make when he refers to ~?

What does ~ demonstrate?

Why did a person ~?

정답이 2개 이상인 형태

What are two features of ~? Choose 2 answers.

According to the professor, what are some reasons for ~? Choose 3 answers.

STRATEGY 01

강의 내용을 paraphrasing한 정답을 파악한다.

강의에서 출제되는 Detail 문제에 대한 정답은 화자가 한 말을 그대로 옮긴 것이 아니라, 그 내용을 paraphrasing한 것인 경우가 많다. 특히 iBT 토플 리스닝에 출제되는 긴 강의의 경우 몇 문장의 내용을 요약하여 paraphrasing한 문장이 정답으로 출제되기도 한다는 것에 유의해야 한다.

EXAMPLE

Script

Hmm . . . what you have here is purple loosestrife. You know, it's actually a very interesting plant. When was it? I think it was in the early, um, 1800s when *Lythrum Salicaria* was brought over to America from Europe. Who knows when it actually got here, but, uh, a couple of researchers identified it in the 1830s as a "native" plant, although now we know that's not true. **In, uh, any case, the Eurasian plant probably got over here accidentally in, um, in ship ballasts,** as it was present in most of the marine estuaries of northern Europe, which, you know, were the export centers to, uh, North America.

Q. According to the lecture, how did purple loosestrife get to America?

A. By attaching itself to the bottom of ships

해설
Purple loosestrife라는 식물이 America 대륙으로 들어오게 된 경로를 묻는 문제이다. 강의에서 교수가 "In, uh, any case, the Eurasian plant probably got over here accidentally in, um, in ship ballasts,"라고 말한 부분이 정답에서는 "attaching itself to the bottom of ships"라고 paraphrasing되었다.

Paraphrasing의 예

Clue sentences	Restated answers
Actually, the pollinators aren't always the same. Pollination works with different players, and depending on the participants involved, the process may not be exactly the same.	The actual steps of pollination depend on who is pollinating.
Television programs are designed with the viewer's attention span in mind . . . so they're short-paced and fast-paced, which pretty much fits in with how people in the world live today.	Television is the form of media that suits today's way of life.
It was around 1620 that Bernini was commissioned by Cardinal Maffeo Barberini to design a palace. Well, this was really his lucky break, as that cardinal was subsequently installed as Pope Urban VIII in 1623.	Bernini's artistic career took a turn when he was hired by a high-ranking religious leader to renovate a cathedral.
Scientists know that the malaria parasite in a mosquito can infect a person only after the mosquito has had between four and twelve blood meals. By the way, when I say blood meal, it means the blood from one person.	A malaria-carrying mosquito can infect a person only if it has bitten between four and twelve individuals.
Anyhow, scientists are experimenting with a vaccine that will kill the mosquito before it can transmit an infectious malaria germ. They are hoping to kill the mosquito by exposing it to lethal blood each time it bites a vaccinated human.	Scientists hope that the blood of vaccinated humans will destroy a mosquito before its malaria germs can be transferred.

STRATEGY
02

세부적인 사항들은 반드시 Note-taking을 하면서 듣는다.

강의에 출제되는 Detail 문제는 주제를 이해하는 데 필요한 내용일 경우가 많다. 그렇기 때문에 세부 내용이라 할지라도 전체 맥락에서 이해하는 것이 중요하다. 강의를 들을 때 자신이 듣고 이해한 내용을 간략히 필기해두면 이러한 흐름을 파악하는 데 도움이 될 뿐만 아니라, 세부 정보를 기억해내는 데도 도움을 얻을 수 있다.

EXAMPLE

Script	Note-taking

To begin, hatching birds can be divided into two different categories, precocial and altricial hatchlings. First, um, let's begin with precocial birds. Precocial birds can loosely be defined as those which . . . and please put this in your notes . . . are capable of self-preservation once they are hatched. These independent creatures all have some common characteristics from birth that, um, allow them the ability to abstain from parental assistance. **OK, uh, for example, precocial birds are all born with downy feathers.** Well, as some of you may know, this extra layer of feathers allows them to maintain their internal body temperature without, uh, external aid. Yeah, and the feathers act sort of like, well, uh, like a built-in jacket to protect against cold weather. Um . . . also, precocial hatchlings are born able to walk and eat, but that doesn't necessarily mean they get up and go immediately. There can be circumstances that prevent them from, uh, getting out into the real world right off the bat.	• Bird's post-hatching development
	• 1. preco. birds
	  - self-preserv.
	• - comm. charact.
	  1) born w/ downy feath.
	    :allow maintain inter. body temp. w/o ex. aid
	• 2) born able to walk and eat (not right off the bat)
	• 2. altri. birds

Q. According to the professor, what feature of precocial birds makes it possible to preserve themselves?

A. Having feathers from the time they are born

해설
Hatching birds가 크게 precocial birds와 altricial birds로 나누어진다는 것을 이해한 후, 각각의 특징을 Note-taking 해두는 것이 효과적이다. 본문의 "for example ~" 이하에서 "born with downy feathers"라는 특징이 precocial birds를 보호해주는 한 가지 특징임을 알 수 있다.

EXAMPLE

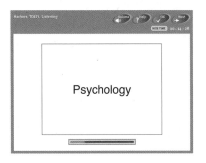 

Listen to part of a talk in a psychology class.

So today let's talk about the specific ways that psychologists get their information. OK? **Well, the best place to begin is with the simplest method, observation.** You know, up until about seventy years ago, observation was the sole method of data collection. It's the most natural way to note what is taking place in our environment. **Actually, there are two kinds of observation . . . natural and controlled.** Natural observation is done by us all, in fact. Anytime we watch a flock of birds flying in a V-pattern through the sky . . . well, you get the point. Obviously natural observation would've been the first kind of scientific research.

OK . . . and then there is controlled observation. As you can probably guess, this means observation of subjects that the scientist controls in a laboratory or a greenhouse . . . something like that. So, which is better? Well, you know, they both have their pros and cons. **Natural observation is great because you can watch something in its natural environment.** Let's say that you are doing a study on people who go to church. Well, what better way to observe their behavior than going to church and watching them! But, as you can guess, this kind of observation is not easy. That person could get up and leave, or . . . your view could be blocked by someone else's head. That is why it is better to do controlled observation when you need exact results that are, well, delivered on time.

OK, now . . . let's go on to . . . case studies. **In a case study, the researcher looks at a unique or specific case . . . a group, a person, a special situation . . . and observes only that case.** Case studies are performed a lot when, you know, there is someone with a special form of a disease, or when a two-year-old baby is able to read and write. The major drawback to this kind of research, though, is that it only looks at exceptions. And it's hard to apply results from a unique case to the general whole. So, in short, case studies are so specific that they aren't very useful for drawing conclusions applicable to, well, to anything else.

해석 p.531

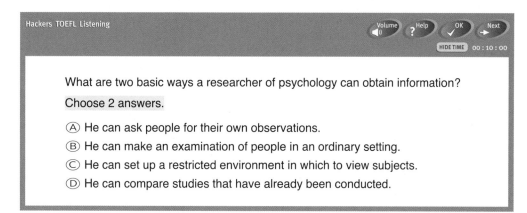

Hackers TOEFL Listening

Volume ◀ | Help ? | OK ✓ | Next →

HIDE TIME 00 : 10 : 00

What are two basic ways a researcher of psychology can obtain information?

Choose 2 answers.

Ⓐ He can ask people for their own observations.

Ⓑ He can make an examination of people in an ordinary setting.

Ⓒ He can set up a restricted environment in which to view subjects.

Ⓓ He can compare studies that have already been conducted.

해설 심리학자들이 자료를 수집하는 가장 기본적인 방법 두 가지를 묻는 문제이다. "Well, the best place to begin is with the simplest method, observation." 이하에서 가장 간단한 심리학 자료 수집 방법으로는 일상 속에서 대상을 관찰하는 natural observation과 제한된 환경 속에서 대상을 관찰하는 controlled observation이 있다는 설명이 등장하므로 이를 바르게 paraphrasing한 정답은 (B), (C)이다. 이와 같은 세부사항들은 Note-taking을 해두는 것이 효과적이다 (STRATEGY 1, 2).

정답 Ⓑ, Ⓒ

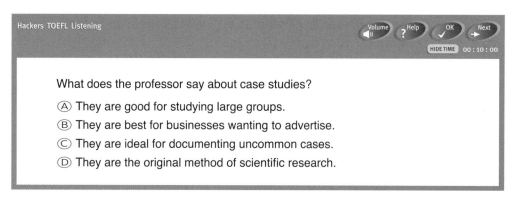

Hackers TOEFL Listening

Volume ◀ | Help ? | OK ✓ | Next →

HIDE TIME 00 : 10 : 00

What does the professor say about case studies?

Ⓐ They are good for studying large groups.

Ⓑ They are best for businesses wanting to advertise.

Ⓒ They are ideal for documenting uncommon cases.

Ⓓ They are the original method of scientific research.

해설 Case study에 대한 교수의 설명을 바르게 paraphrasing한 정답을 찾아야 하는 Detail 문제이다. "In a case study, ~ only that case."에서 case study가 특정 상황만을 관찰하는 방법임을 알 수 있으므로 이 내용을 바르게 paraphrasing한 (C)가 정답이다 (STRATEGY 1).

정답 Ⓒ

HACKERS **PRACTICE**

🎧 **I. Listen to parts of the lectures and fill in the blanks, and then answer the questions.**

1

> • Main topic: _____ _____ in Great Depression
>
> • 1) People thought the _____ of _____ _____ system caused the G-Depression but what is the gov't role?
>
> • 2) Gov't interfere market system through its _____
>   e.g. If gov't lower _____ _____ & _____ more money, economy expands
>   → some businessman make bad _____
>   → some business collapse
>   → bills left unpaid, _____ ↑

Q. What does the professor say about the government's role in causing the Great Depression?

(A) Government policies made it difficult for businessmen to make wise investment decisions.

(B) The government weakened the free market system by increasing interest rates.

(C) The government did not address the growing problem of unemployment in America.

2

> • Main topic: Past and present _____ of charcoal
>
> • 1) uses of charcoal
>   - used in cave _____, popular for _____
>   - used to _____ metal
>   - as a fuel, better than wood cause it generates more _____
>   - for filtering, as charcoal is very _____
>
> • 2) activated charcoal
>   - treated with O → increase _____ quality → used in _____ _____, purifying water, keeping gases out

Q. What is an outstanding quality of activated charcoal?

(A) Its texture makes it good for art works.

(B) It yields more heat with less charcoal.

(C) Its porousness allows impurities to be filtered out.

3

Main topic: How Washington DC became the _____ _____

1) Phil. was in the lead, but land _____ after war ↑

2) _____ city was chosen to be capital
  ∵ North's huge _____ and agreement to Hamilton's proposition

3) Gov't nearly gave up Washington DC
  ∵ Washington, DC was a _____, _____, had no good _____
  → L' Enfant designs Washington, DC, later he was _____ but his
    design was used

Q. What does the professor say about the choice of the nation's capital?

(A) The North conceded the location of the capital city because of the South's defeat.
(B) The South proposed a much more appropriate location for the nation's capital.
(C) It was based on the North's lack of financial capacity to support a Northern city.

 II. Listen to the following excerpts from lectures, and choose the best answer for each question.

4   Choose all the facts that can be learned from the talk.

(A) The sound of a room when no one is conversing is needed to make the sound track realistic.
(B) Sound editors take careful note of the smallest details when they direct the soundtrack of a movie.
(C) A hidden microphone picks up dialogue better than a suspended microphone.
(D) The sound of an actor's dentures cannot be completely removed during sound editing.

5 Choose all the facts that can be learned from the talk.

(A) Ants remove fecal material to prevent contamination of the fungus garden.
(B) Leaf-cutter ants have a mutually beneficial relationship with fungus.
(C) The more the ants trim the fungus, the less staphylae that is produced.
(D) Leaf-cutter ants are unable to consume freshly-cut leaves.

6 Choose all the facts that can be learned from the talk.

(A) Most weathervanes in Greece were ornamental and decorative.
(B) Rooster weathervanes grew out of a rule laid down by the Roman Church.
(C) People of ancient times forecast the weather through the direction of the wind.
(D) Weathervanes are still being used today to predict the weather.

 Ⅲ. Listen to parts of the lectures, and choose the best answer for each question.

[7-9]

7 What does the professor say about acute insomnia?

(A) It is usually caused by a temporary situation.
(B) It can be treated with prescribed medication.
(C) It can be easily prevented with a good diet.
(D) It can become more serious over time.

8 According to the professor, why should a person with chronic insomnia get medical help?

(A) It may cause a serious psychological disorder.
(B) It will become more difficult to treat as time passes.
(C) It may increase the occurrence of alcoholism.
(D) It may lead to health problems that could prove fatal.

9 What should a person do to get a good night's sleep?

Choose 2 answers.

(A) Establish a consistent schedule
(B) Avoid alcoholic beverages
(C) Take shorter naps each day
(D) Read a book right before bedtime

[10-12]

10 What does the professor say about Adolphe Sax?

(A) He was the most successful musician in Belgium.
(B) He invented the clarinet before designing the saxophone.
(C) He lived his entire life in Paris, France.
(D) He was unpopular when he lived in his own country.

11 What are two features that give the saxophone its special tone?

Choose 2 answers.

(A) The contour of the body
(B) The brass
(C) The fingering system
(D) The mouthpiece

12 What does the professor say about the saxophone's fingering system?

(A) It is more complicated than the original system used to play the flute.
(B) It permits a musician to play intricate pieces.
(C) It was improved upon by the instrument's inventor Adolphe Sax.
(D) It is a 180-year-old system that has survived to the present.

정답 p.532

HACKERS **TEST**

 [1-6] **Listen to part of a lecture in a literature class.**

1 What is the lecture mainly about?

    (A) The first illustrated version of the Bible
    (B) The history of Bible copying by hand
    (C) A noteworthy handwritten Bible
    (D) An early Latin translation of the Bible

2 According to the lecture, what are illuminations?

    (A) The styles of calligraphy favored by most monks
    (B) The light sources used by monks when writing
    (C) The notes included by scribes translating a text
    (D) The graphic embellishments made in a text

Listen again to part of the lecture. Then answer the question.

3 Why does the professor say this:

    (A) To introduce a more suitable technical term
    (B) To request that the students examine the page carefully
    (C) To explain what type of illustration is being shown
    (D) To emphasize that many examples occur on the page

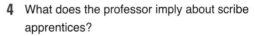

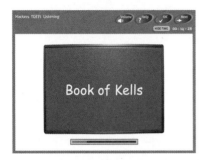

Book of Kells

4 What does the professor imply about scribe apprentices?

(A) They usually did not work inside of monasteries.
(B) They did not have the illustration skills of the masters.
(C) They were responsible for errors in the Book of Kells.
(D) They were illiterate and unable to transcribe texts.

5 Why does the professor mention the Latin words *gaudium* and *gladium*?

(A) To illustrate the importance of a passage in the Book of Kells
(B) To give an example of a typical transcribe error
(C) To express the difficulties with reading some calligraphy
(D) To show how difficult the Latin language was to master

6 According to the professor, how do academics distinguish between the various transcribers of the Book of Kells?

Choose 2 answers.

(A) They used different styles of calligraphy.
(B) They wrote different numbers of lines per page.
(C) They employed different methods of illumination.
(D) They utilized inks that came from different sources.

정답 p.541

CONVERSATIONS

LECTURES

Hackers **TOEFL** LISTENING

3. Function & Attitude Questions

출제경향

Function & Attitude 문제는 강의 중에 화자가 한 말의 기저에 숨어있는 화자의 의도 및 태도를 묻는 문제이다. 화자가 한 말의 일부를 다시 듣고 주어진 문제에 답하는 형태로 출제되며, 논의되고 있는 학문적인 내용보다는 화자가 한 말의 앞뒤 맥락에 대한 이해가 요구되는 문제이다. 화자가 한 말의 Function을 묻는 문제는 그 말을 통해 알 수 있는 화자의 실제 의도를 묻는 문제이며, 화자의 Attitude를 묻는 문제는 화자의 느낌, 의견 및 전달하는 내용에 대한 확신의 정도를 묻는 문제이다.

질문 형태

Function

> Listen again to part of the lecture. Then answer the question.
>
> P: *******************
>
> Q. Why does the professor say this: 🎧

Attitude

Why does the professor say/mention this: 🎧

What does the professor mean/imply when he/she says this: 🎧

What is the professor's attitude toward ~?

What is the professor's opinion of ~?

How does the professor seem to feel about ~?

STRATEGY

01

강의 내용의 흐름을 따라가면서 화자가 한 말의 의도를 이해한다.

Function & Attitude 문제에서는 강의 중 화자가 말한 한마디의 의미 및 화자가 그 말을 한 목적을 묻는 문제가 출제된다. 이 한마디의 의미를 파악하기 위해서는 그 말 앞뒤의 맥락을 이해해야 한다. 맥락 이해의 중요성은 같은 표현이 서로 다른 두 강의에서 맥락상 각각 다른 의미로 해석되는 다음의 예를 살펴보면 이해할 수 있다.

EXAMPLE 1

Script

The history of solar activity is of great interest to scientists, especially because out of the past 1,150 years the sun has been extremely active during the past sixty. And with the increase in sunspots, the Earth has been getting warmer. So, this new information seems to suggest that changes in solar activity have an influence on global climate. **Now . . . what I want you to do when you write your reports is examine the basis for this suggestion. And I'm not talking just about the past.**

Listen again to part of the lecture. Then answer the question.

P: Now . . . what I want you to do when you write your reports is examine the basis for this suggestion. And I'm not talking just about the past.

Q. What does the professor mean when he says this:
P: And I'm not talking just about the past.

A. He wants the students to look into current evidence as well.

해설
교수는 과거에 태양이 기온 변화에 영향을 미쳤던 사례를 설명한 후, 이 이론의 근거에 초점을 맞추어 보고서를 작성하라고 지시한다. 이때 "과거에 대해서만 말하는 것이 아니다"라는 말은 "현재의 근거나 현상도 살펴보라"는 의미임을 알 수 있다.

EXAMPLE 2

Script

So . . . bubonic plague is a disease that's been around for quite a while. And although better hygiene and quarantine measures have helped to control this, this killer, it's still prevalent in large parts of Asia, such as in India, where about 5,000 cases were reported in 1994. Hundreds of thousands of people fled to avoid getting sick. You know, about 50 percent of the population in the Mediterranean died of the plague during the time of the Roman emperor Justinian. **It's a swift-acting and deadly disease. And I'm not talking just about the past.**

Listen again to part of the lecture. Then answer the question.

P: It's a swift-acting and deadly disease. And I'm not talking just about the past.

Q. What does the professor mean when she says this:
   P: And I'm not talking just about the past.

A. She wants to emphasize that the disease is as fatal today as it was in the past.

해설
교수는 중세 시대에 전염병으로 인해 많은 사람들이 죽었다며 이 병이 치명적임을 설명한 후 "단지 과거에 대한 것만은 아니다"라는 말을 하고 있으므로, 이는 현재에도 이 전염병이 치명적인 것임을 강조하고자 하는 의도에서 한 말이다.

STRATEGY
02

화자의 어조(tone)를 통해 화자의 태도를 명확하게 파악할 수 있다.

화자가 강의를 진행해가는 가운데 특정 부분에 강세를 주어 말하거나, 말의 속도를 조절하거나, 망설이는 어투로 이야기하는 등의 특정한 어조(special tone)를 사용한다면 이를 통해 화자의 태도를 더 명확하게 파악할 수 있다. 단, 이때에도 강의의 맥락에 대한 이해가 선행되어야만 어조를 통한 정확한 태도 파악이 가능하다. 강의에서 어조를 통해 주로 파악해야 하는 화자의 태도에는 강의 내용에 대해 얼마나 확신하고 있는가, 혹은 강의 주제에 대한 태도가 어떠한가 등이 있다.

EXAMPLE

Script

So, uh, essentially, absolute dating is a, a method that establishes the age of an object or an event in terms of calendar years. It is different from relative dating. OK, let's say that, uh, geologists have determined . . . after finding three layers of different types of rock, that the deepest layer is the oldest, the middle layer is the next oldest, and the topmost layer is the least old. It doesn't really seem to take much intelligence to determine that, right? But let's say they find a piece of pottery in the middle layer. **And by using absolute dating, they determine that the piece of pottery is 250 years old, or some such age. See? So obviously, if you want to know how old something really is, then you need to know which method will help you.**

Listen again to part of the lecture. Then answer the question.

P: And by using absolute dating, they determine that the piece of pottery is 250 years old, or some such age. **See? So obviously**, if you want to know how old something really is, then you need to know which method will help you.

Q. What is the professor's attitude toward absolute dating?

A. It is more accurate than relative dating.

해설
화자는 앞서 절대연대측정법의 장점을 설명한 후, 정확한 연대 측정을 위해서는 어떤 방법이 좋을지를 분명히 알 수 있을 거라고 말한다. 이와 같은 앞뒤 맥락과 화자의 강조하는 어조를 통해 화자가 절대연대측정법이 더 정확하다고 생각함을 알 수 있다.

 **EXAMPLE**

Listen to part of a lecture in an astronomy class.

OK, so where were we last time? Oh, yeah, that's right, we had just started talking about gamma rays. Well, then, let's start off again from the beginning and get an overview of gamma radiation. So, first we need a definition . . . here, I'll write it on the board . . . gamma rays are the highest level photons, or electromagnetic waves. And they have the smallest wavelengths, and are definitely the most energetic form of light.

So where do they come from? Well . . . I can only tell you what we know at this point, since gamma rays are still quite a mystery in the scientific world. But anyway, what we do know is that they come from the hottest areas of the universe, and are caused by radioactive atoms. When they come to Earth, they're absorbed into the atmosphere, or at least partly absorbed. Uh, different wavelengths are obviously going to be absorbed at different depths. Anyway, we think, but aren't exactly sure, that they are produced in very distant galaxies by extremely hot matter falling into a huge black hole.

Now, you might be wondering how we study them, especially if they are, you know, so far away and of such high energy frequency. Interestingly enough, we have only one real link to the gamma-ray sky . . . an instrument placed in a high altitude balloon or satellite. Have you heard of the Compton Observatory? It's basically a telescope. Well, that is one type of instrument, the first to go up went in, I think . . . 1961 . . . on the Explorer XI satellite.

So, let's move on to why we care so much about gamma rays. There are lots of reasons, of course, but first let me describe more astronomical aspects. If we were able to see with "gamma vision," everything around us and in the entire universe would look different. They kind of light up the universe, allowing us to see all of the energy moving around. **Imagine, the moon as a blur that is brighter than the sun . . . a constantly moving galaxy . . . the ability to see directly into the heart of black holes and solar flares . . . Wouldn't that be incredible?** Well, that is what researchers are trying to do now. Having more ability to utilize gamma-radiation would help us to determine a lot more about the origin of the universe, how fast it's expanding, and about many more questions we will have today.

해석 p.543

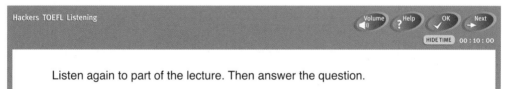

What does the professor mean when he says this:

P: So where do they come from? Well... I can only tell you what we know at this point, since gamma rays are still quite a mystery in the scientific world.

Ⓐ He thinks that current scientific research is inaccurate.
Ⓑ He hopes for more evidence about gamma rays.
Ⓒ He wants to hold information back from the students.
Ⓓ He wants the students to be aware of the uncertainty of his information.

해설 강의 중 일부를 다시 듣고 화자가 실제로 의미하는 바가 무엇인지를 찾는 Attitude 문제이다. 문제의 단서로 주어진 부분인 "Well . . . I can only tell you ~"에서 화자는 앞으로 자신이 이야기하게 될 정보가 완전한 것이 아님을 불확실한 어조(special tone)로 설명하고 있으므로 화자가 자신이 전달하는 정보를 불확실하다고 느낀다는 것을 알 수 있다 (STRATEGY 2). 그러므로 정답은 (D)이다.

정답 Ⓓ

Listen again to part of the lecture. Then answer the question.

P: Imagine, the moon as a blur that is brighter than the sun . . . a constantly moving galaxy . . . the ability to see directly into the heart of black holes and solar flares . . . Wouldn't that be incredible?

Why does the professor say this:

P: Wouldn't that be incredible?

Ⓐ To emphasize the importance of what he described
Ⓑ To ask for the students' opinions about black holes
Ⓒ To indicate the impossibility of having gamma vision
Ⓓ To express his personal interest in the future potential

해설 특정한 한 마디를 통해 화자의 의도를 찾는 Function 문제이다. "Wouldn't that be incredible?" 이전의 맥락을 살펴보면, 화자는 기술 발전 측면에서의 gamma ray의 중요성을 설명하면서 그 구체적인 예를 들고 있다. 이 내용에 대해 "Wouldn't that be incredible?"이라고 되묻고 있으므로, 화자의 실제 의도는 gamma ray의 중요성을 부각시키는 것임을 알 수 있다 (STRATEGY 1). 그러므로 정답은 (A)이다.

정답 Ⓐ

I. **Listen to each pair of lectures, and determine how the same expression was used differently in each lecture.**

[1-2]

Listen again to part of the lecture. Then answer the question.

1   Why does the professor say this:

    (A) To recollect what she wanted to say next
    (B) To introduce solutions to the problem
    (C) To introduce a new topic to the class
    (D) To ask the students to make a guess

Listen again to part of the lecture. Then answer the question.

2   Why does the professor say this:

    (A) To recollect what she wanted to say next
    (B) To introduce solutions to the problem
    (C) To introduce a new topic to the class
    (D) To ask the students to make a guess

[3-4]

Listen again to part of the lecture. Then answer the question.

3   Why does the professor say this:

    (A) To verify if the answer was satisfactory
    (B) To express an opinion about an idea
    (C) To encourage the students to convey their views
    (D) To criticize a decision that was made

Listen again to part of the lecture. Then answer the question.

4   Why does the professor say this:

    (A) To verify if the answer was satisfactory
    (B) To express an opinion about an idea
    (C) To encourage the students to convey their views
    (D) To criticize a decision that was made

[5-6]

Listen again to part of the lecture. Then answer the question.

5 Why does the professor say this: 🎧

    (A) To emphasize that the claims she mentioned are wrong
    (B) To express confusion over a strange phenomenon
    (C) To indicate that she will provide an answer
    (D) To encourage the students to give an answer

Listen again to part of the lecture. Then answer the question.

6 Why does the professor say this: 🎧

    (A) To emphasize that the claims she mentioned are wrong
    (B) To express confusion over a strange phenomenon
    (C) To indicate that she will provide an answer
    (D) To encourage the students to give an answer

[7-8]

Listen again to part of the lecture. Then answer the question.

7 Why does the professor say this: 🎧

    (A) To pose a challenge for the students to consider
    (B) To emphasize the difficulty of conducting psychological research
    (C) To indicate disagreement with a previous conclusion
    (D) To express uncertainty about an idea he mentioned

Listen again to part of the lecture. Then answer the question.

8 Why does the professor say this: 🎧

    (A) To pose a challenge for the students to consider
    (B) To emphasize the difficulty of conducting psychological research
    (C) To indicate disagreement with a previous conclusion
    (D) To express uncertainty about an idea he mentioned

II. Listen to parts of the lectures, and choose the best answer for each question.

Listen again to part of the lecture. Then answer the question.

9 Why does the professor say this: 🎧

(A) To encourage the students to take a greater interest in the topic
(B) To point out how difficult the topic is to understand
(C) To make clear that scientists know little about earthworms
(D) To emphasize what earthworms are able to perform

Listen again to part of the lecture. Then answer the question.

10 What does the professor mean when she says this: 🎧

(A) She thinks some people may not agree with Darwin.
(B) She wants the students to debate Darwin's opinion.
(C) She is not sure if Darwin really made that statement.
(D) She does not think that earthworms are really important.

11 Why does the professor say this: 🎧

(A) To check whether the students are observant about the appearance of twins
(B) To test the students' knowledge of identical and fraternal twins
(C) To add information that he had forgotten to give earlier
(D) To give the students interesting information related to the topic

Listen again to part of the lecture. Then answer the question.

12 Why does the professor say this: 🎧

    (A) To express uncertainty about the information
    (B) To suggest a reason why some want the test conducted
    (C) To find out what the students think
    (D) To explain how people feel about the test

Listen again to part of the lecture. Then answer the question.

13 Why does the professor say this: 🎧

    (A) To express uncertainty about Pythagoras' idea
    (B) To criticize an idea that had no scientific basis
    (C) To explain that it was difficult for others to accept a round Earth
    (D) To check whether the students agree with Pythagoras

Listen again to part of the lecture. Then answer the question.

14 What does the professor imply when she says this: 🎧

    (A) The students likely know the location of the Greenwich Meridian.
    (B) The students should have checked the location before coming into class.
    (C) The students will have an opportunity to check where it is later.
    (D) The location of the meridian is not important to the professor.

III. Listen to parts of the lectures, and choose the best answer for each question.

[15-17]

Listen again to part of the lecture. Then answer the question.

15 Why does the professor say this: 🎧

  (A) To show how a story can be exaggerated
  (B) To check if the story is really true
  (C) To verify if the students already know the story
  (D) To express marvel at what a dowser can do

Listen again to part of the lecture. Then answer the question.

16 What does the professor imply when he says this: 🎧

  (A) The experiment was not conducted correctly.
  (B) There may have been an error in the recording of data.
  (C) The result of the experiment was hard to believe.
  (D) The dowsers' capabilities were impressive.

17 What does the professor mean when he says this: 🎧

  (A) He thinks that not enough experiments have been conducted.
  (B) He does not have doubts that dowsing is unscientific.
  (C) He believes people can put faith in dowsing.
  (D) He thinks that scientists should stop experimenting on dowsing.

[18-20]

Listen again to part of the lecture. Then answer the question.

18 What is the student's attitude toward the design of Gothic churches?

    (A) He thinks they did not have to be so huge.
    (B) He likes the beauty of the Gothic church.
    (C) He is awed by what the design represents.
    (D) He thinks that Gothic architecture is too ornate.

Listen again to part of the lecture. Then answer the question.

19 Why does the professor say this: 🎧

    (A) To make the students laugh
    (B) To criticize the Gothic revival style
    (C) To poke fun at people's ignorance
    (D) To acknowledge how famous the mansion is

Listen again to part of the lecture. Then answer the question.

20 What does the professor imply when she says this: 🎧

    (A) Gothic features made the homes of Americans appear attractive.
    (B) Ornate Gothic designs livened up the facade of a structure.
    (C) Modern Gothic buildings stimulate the appetite of Americans.
    (D) Popular Gothic architecture in the United States lacks coherence.

정답 p.545

HACKERS **TEST**

 [1-6] Listen to part of a lecture in a zoology class.

1 What is the lecture mainly about?

(A) The process of becoming adept at vocalizing a birdsong
(B) The forms of vocal communication in avian species
(C) The function of bird calls in avian courtship behavior
(D) The differences in birdsongs sung by juvenile and adult birds

2 According to the professor, what is a function of bird songs?

(A) Notifying other birds of a nearby predator
(B) Soothing offspring that are demanding food
(C) Attracting a partner for reproduction
(D) Requesting permission to enter a territory

3 Why does the professor mention Darwin's theory of evolution?

(A) To explain the general development of birdsongs in most avian species
(B) To make a point about whether only male birds learn birdsongs
(C) To emphasize the gradual change in birdsongs of some species
(D) To explain how some vocalizations evolved into birdsongs

Listen again to part of the lecture. Then answer the question.

4 Why does the professor say this:

(A) To seek clarification about the meaning of the student's statement

(B) To determine how well the student understands a previous point

(C) To encourage the student to figure out the answer to her own question

(D) To demonstrate that the student's question does not have a clear answer

5 What does the professor say about juvenile birds during the sensory phase?

(A) They are able to mimic most songs made by members of their species.

(B) They are easily distracted by calls made by other birds.

(C) They try to imitate the vocalizations made by their parents.

(D) They can recognize songs produced by members of their own kind.

Listen again to part of the lecture. Then answer the question.

6 What does the professor mean when she says this:

(A) There is a limited period of time to learn birdsongs.

(B) She is surprised that some birds miss the chance.

(C) Her next point involves birds who do not learn a birdsong.

(D) The point she wants to focus on is related to language learning.

정답 p.557

4. Connecting Contents Questions

출제경향

Connecting Contents 문제는 강의에서 직접적으로 주어지는 정보들 간의 관계를 파악하는 문제로, 특정 부분에 대한 이해보다는 전체 맥락 속에서 각 내용들이 서로 어떻게 연결되어 있는지를 파악해야 하는 유형이다. 강의 내용이 서로 어떤 구조로 연결되어 있는지를 묻는 Organization Question, 특정 내용이 언급된 이유를 묻는 Purpose Question, 표에 나타난 여러 가지 사실들 간의 연관성을 종합적으로 이해해야 하는 List Question, Matching Question, Ordering Question이 여기에 속한다.

질문 형태

Organization

How does the professor introduce ~?

How does the professor explain ~?

How does the professor make/emphasize his point about ~?

How does the professor develop his lecture about ~?

How does the professor organize the lecture?

Purpose

Why does the professor mention ~?

Why does the professor talk about ~?

List/Matching/Ordering

List: 몇 가지 진술의 사실 여부를 확인하는 유형

In the lecture, the professor describes ~. Indicate whether each of the following is ~.
Click in the correct box for each phrase.

	Included (or Yes)	Not included (or No)
Statement A		
Statement B		
Statement C		

Matching: 각 범주별로 알맞은 내용을 연결시키는 유형

Indicate for each example what type of ~.
Click in the correct box.

	Type A	Type B	Type C
Ex 1			
Ex 2			
Ex 3			
Ex 4			

Ordering: 사건 및 절차를 순차적으로 나열하는 유형

The professor explains the steps in the process of ~. Put these steps in order.
Drag each sentence to the space where it belongs.

Step 1	
Step 2	
Step 3	
Step 4	

- process ex 1
- process ex 2
- process ex 3
- process ex 4
- (process ex 5)

*선택지의 개수가 정답에 이용될 항목의 개수보다 하나 더 많은 경우가 있다.

강의에서 주어지는 정보들 간의 관계를 알려주는 표시어들을
놓치지 않고 듣는다.

강의의 정보들이 구조적으로 혹은 내용상 서로 어떤 관계를 지니는가를 알려주는 표시어들(signal words)이 있다. 이러한 표시어를 통해 파악할 수 있는 정보들 간의 관계에는 비교, 대조, 유형별로 분류된 관계, 순차적인 관계, 예시 및 열거 등이 있다.

EXAMPLE

Script	Q. Why does the professor mention grass?
Well, wind is actually a pollinator, but plants that depend on wind produce very large amounts of pollen, and they've got these large and feathery stigmas that increase their surface area . . . so, the chance of windblown pollen landing on these stigmas is increased. **Grass, for example, is wind-pollinated.**	A. To give an example of a plant that is pollinated by wind **해설** 교수는 바람에 의해 수분이 이루어지는 식물에 대해 논의하다가, grass를 그 예로 제시하고 있다. 이때 교수가 사용한 표시어, "for example"을 통해 내용들 간의 관계가 예시 관계임을 명확하게 파악할 수 있다.

비교의 방식에서 자주 쓰이는 표시어

Expressions	Example sentences
faster/smaller (비교급)	These newly-found stars were spinning several times **faster than** the sun.
in comparison to	Also, ocean currents are constant and predictable **in comparison to** wind.
likewise	The squid benefit from the vibrio fischeri when these bacteria luminesce. **Likewise**, the vibrio fischeri benefit from the squid by consuming food particles the squid supply.
similar(ly) to	The coelacanth's sensory organ functions **similarly to** those in sharks that use an electro-sensor to find prey buried in the sea floor.

대조의 방식에서 자주 쓰이는 표시어

Expressions	Example sentences
but	Researchers discovered that the toxin from the bacterium was lethal to insects, **but** harmless to human beings.
conversely	Physicians usually recommend that medicines be taken with a meal; **conversely**, if the medication's, uh, absorption is affected by food, then it is taken on an empty stomach.
different from	Mammals are **different from** reptiles in their blood temperature regulation methods.
however	So in the English language, the preposition comes before the noun; **however**, in Asian languages, it comes after the noun.
on the contrary	A fearful situation that does not put a person in danger will usually not traumatize a person; **on the contrary**, if a person is exposed to danger, there is a greater likelihood that he will develop a mental disorder.
on the other hand	So, these birds have evolved a slender beak to most efficiently catch their prey. **On the other hand**, birds of prey, such as the falcons and hawks, have bills that are short and hooked.
whereas	The rural sociologist Ashby conducted research in which she argued that farmers in one locality adopted technological innovations **whereas** similar populations in other areas did not.

유형별로 분류하여 설명하는 방식에서 자주 쓰이는 표시어

Expressions	Example sentences
Let me introduce a couple of terms	**Let me introduce a couple of** technical **terms** . . . metaphor and simile . . . that will give more meaning to lyric poetry.
There are two types of	**There are two types of** architecture I want to discuss today . . . Victorian and Elizabethan.
~ can be divided into two groups	All of the literature that came out of France during the revolutionary era **can be divided into two groups**: symbolist literature and Roman realist works.
~ can classify	We **can classify** Ancient Greek sculpture into four distinct periods. The first period is the Archaic period beginning around 600 BC.

순차적인 관계를 설명하는 방식에서 자주 쓰이는 표시어

Expressions	Example sentences
and then	Human beings had been killing the elk, **and then** the gray wolf, finding no elk to subsist on, turned to other sources of food.
before that	So the government put planks on dirt roads to improve them, but **before that**, people had to put up with a lot of mud and dust when they traveled.
later	People living in suburban communities keep their distance from neighbors, but **later** they form social groups that satisfy their interests and needs.
next	We'll discuss the problems of concrete dams **next** before we go into earth-fill dams.
prior to	**Prior to** the invention of the blowpipe, the making of glass was a tedious, extremely painstaking, and dangerous task.
subsequently	The chemically treated and filtered water is **subsequently** degasified and disinfected.
the first step is	**The first step** in treating a snake-bite victim **is** to wash the wound with plenty of soap and water. Then, it is recommended that the limb be immobilized and the victim be brought to the hospital.

예시 및 열거의 방식에서 자주 쓰이는 표시어

Expressions	Example sentences
among them are	**Among them are** the well-known works of Michelangelo, Giotto, and Leonardo da Vinci.
as in	There are various types of traps used by carnivorous plants, **as in** the closing-type trap of the Venus Flytrap.
for example	**For example**, the fact that thousands of pieces of jewelry were found buried at these gravesites tells us that these tribes engaged in trade.

for instance	**For instance**, on dirt trails made by Native Americans, it would often take three days for a stagecoach to cover a distance of only two hundred miles.
~ could list	Most eagles feed on small rodents that they hunt during the early evening hours. I **could list** four or five ways that eagles hunt for their prey.
in more concrete terms	**In more concrete terms**, spatial dimensions outside of the three dimensions that the layman is familiar with may be no larger than the size of an atom.
in this case	**In this case**, an embankment dam would be more appropriate because the valley is wide.
let's say	**Let's say** an individual lived in a suburban area–what sort of interactions could he expect in this community?
like	Many reptiles sleep during the daylight hours. **Like** a rattlesnake or a Mojave that only comes out in the evening to hunt for food.
such as	Simple designs **such as** triangles, zigzags, and dots are used in Indian pottery to represent sacred beliefs.
take something like this	So **take something like this**, birds dropping out of the sky, and people suddenly have an interest in the environment.
the first one is	**The first one is** the taproot system, which allows plants to search for food deep in the ground.
there are three things	**There are three things** that we need to remember in classifying granite rocks.
things like	**Things like** the intermittency of the wind and wind speed can determine how successful turbine technology will be in a given location.
to illustrate	**To illustrate**, the discovery of the water system beneath the Yucatan Peninsula region would not have been possible if aerial surveys hadn't been conducted.

STRATEGY
02

강의 내용이 특정한 전개 방식으로 설명될 때는 각 전개 방식에 따른 문제 유형을 예상해보고 그에 맞게 Note-taking을 한다.

강의 내용이 비교, 대조, 유형별 설명, 순차적인 설명, 예시 등의 특정한 전개 방식으로 설명될 때는 각 전개 방식에 따라 어떤 문제가 출제될 것인지를 예상해볼 수 있다. 전개 방식을 파악하고 문제를 예상했다면 강의를 들으면서 각 전개 구조에 맞도록 Note-taking을 해두는 것이 효과적이다.

몇 가지 정보들을 비교/대조/분류의 방식으로 설명하는 경우
출제 예상문제 유형: Organization Question, Purpose Question, Matching Question
Note-taking 방식: 비교/대조/분류 방식으로 강의가 전개될 때는 각각의 대상이 어떻게 비교/대조/분류되는지
　　　　　　　　정확히 구분되도록 Note-taking 한다.

Category A vs Category B	A: _____
_____ _____	_____
_____ _____	B: _____
	_____

EXAMPLE

Script	Note-taking
There are two kinds of muscle tissue–red muscle and white muscle. The red muscle fiber gets its red color from hemoglobin, which brings oxygen to capillaries on the muscle fiber surface. These muscles are slow contracting muscles, which use oxygen to release its energy stores. Red muscle fibers are designed to be resistant to fatigue and are used when endurance is a main requirement, such as when running marathons. White muscle fibers, on the other hand, have a fast contraction speed, but tire quickly. White muscle cells use enzymes that are much more efficient than oxygen in releasing their energy stores, causing them to deplete their energy reserves much more quickly. These muscles are used for fast actions such as sprinting.	• R-muscle 　1) slow contrac. • 2) use O to release E 　3) used for endur. • • W-muscle 　1) fast contrac. • 2) Use enz to release 　　E (↑ efficient) • 3) used for fast action

Organization Question

Q. How does the professor describe the two types of muscles?

A. By contrasting the speed at which each type of muscle contracts

Purpose Question

Q. Why does the professor mention a sprint race?

A. To give an example of an activity that uses white muscles

Matching Question

Q. The professor describes how red and white muscles are different. Indicate which muscle type the following phrases are a description of.

Click in the correct box for each phrase.

	Red muscle	White muscle
Does not tire easily	✓	
Uses enzymes effectively		✓
Releases energy quickly		✓
Squeezes together slowly	✓	

순차적인 과정 및 발생 순서를 설명하는 경우

출제 예상 문제 유형: Organization Question, Ordering Question, List Question

Note-taking 방식: 화자가 절차 및 연대기 순으로 강의를 진행할 때에는 그 내용을 순차적으로 필기하는 것이 좋다.
연도 및 숫자를 써서 표시하거나, 화살표 등을 써서 나타내주어도 좋다.

- Step 1. _____
- Step 2. _____
- Step 3. _____

EXAMPLE

Script

By 1854, enough support was garnered to create the Republican Party in Jackson, Michigan. Their party platform combined an advocacy for free land in the West and the abolition of slavery in the newly-created Western territories. This combination proved to be popular, and by 1856, their first candidate for President, John C. Fremont, won a third of the popular vote. Shortly afterwards, a Republican Senator, Charles Sumner, suffered a vicious physical attack in the Senate for his anti-slavery stance. This incident elicited a great deal of sympathy for the Republican Party, and in 1860 the Republican Party became a permanent fixture in American politics when their second candidate for Presidential office, Abraham Lincoln, won the election.

Note-taking

- - 1854: created Rep. party
  (free land and slavery x)
- - 1856: John C. F. won 1/3 of vote, Charles S. attacked
- - 1860: Lincoln won the presid. election

Organization Question

Q. How does the professor clarify what made the Republican Party a strong party?

A. She gives a chronological account of the events that took place in its development.

Ordering Question

Q. The professor explains the sequence of activities that took place in the establishment of the Republican Party. Put the sequence in order.

Drag each answer choice to the space where it belongs.
One of the answer choices will not be used.

1	The members selected two areas for the Republican Party to champion.
2	The Republican Party's first candidate won one-third of the public's votes.
3	A senator of the Republican party was beaten for taking an anti-slavery position.
4	The Republican Party's candidate won the election for the presidency in 1860.

- Abraham Lincoln advocated freedom for all slaves.
- The Republican Party's candidate won the election for the presidency in 1860.
- A senator of the Republican party was beaten for taking an anti-slavery position.
- The Republican Party's first candidate won one-third of the public's votes.
- The members selected two areas for the Republican Party to champion.

List Question

Q. In the lecture, the professor discusses the steps that took place in the development of the Republican Party. Indicate whether each of the following were steps in the process.

Click in the correct box for each phrase.

	Yes	No
Slavery was abolished in the West.		✓
Lincoln won the presidential election for the second time.		✓
Free land and the ending of slavery became the Party's platform.	✓	
A Party member was attacked for supporting the freedom of black people.	✓	

주요 내용을 예를 들어 설명하는 경우 예상되는 문제

출제 예상 문제 유형: Organization Question, Purpose Question

Note-taking 방식: 예시 및 열거 방식으로 내용이 전개될 때는 보다 큰 분류 범주를 먼저 쓰고 그 옆이나 아래에 예시 및 열거 사항을 써주는 것이 좋다.

- A: _____
-   e.g. _____

EXAMPLE

Script	Note-taking
Amartya Sen has been a strong critic of free markets because of the way they contribute to man-made famines. His work empirically showed that famines are due to "maldistribution" of food rather than inadequate supplies, uh . . . such as when traders hoard food for speculation and profit. As a result, Professor Sen has emphasized the role of entitlement, in the sense of access to the means to acquire food, rather than the availability of food as a means to counter poverty and famine.	• Sen = a critic of free M. • ∵ maldis'tion e.g. when traders hoard food for $ • • So entitlem't: import't to get food

Organization Question

Q. How does the professor clarify the "maldistribution" of food?

A. By giving an example of a case of misdistribution

Ordering Question

Q. Why does the professor mention the hoarding of food?

A. To give an example of maldistribution of food

 EXAMPLE

Listen to part of a lecture in a geology class.

So essentially, rocks are formed on the surface of the Earth as well as within the Earth's crust. Igneous rocks . . . a sample of which I have here . . . well, they're formed when hot molten material cools inside the Earth or on its surface. Take note that the ones that form inside the Earth come from magma, whereas the ones formed on the Earth's surface come from volcanic eruptions from lava. Sedimentary rocks, on the other hand, well, they're formed as a product of weathering, or a sort of erosion from exposure to weather. And the processes involved are called cementation, or precipitation on the Earth's surface.

OK, let me just briefly explain what cementation is. It's a process where a solid mass of rock is surrounded or covered by the powder of other substances. This solid mass is heated, but not so the mass and the powder melt together. Nevertheless, the physical properties of the mass are changed by the chemicals of the powder. One example is iron, which turns into steel when it goes through a process of cementation with charcoal. And another is green glass . . . which becomes porcelain through cementation with sand.

OK, the third type of rock is metamorphic. This type is formed when it's subjected to pressure and temperature changes inside the Earth. So the three types . . . igneous, sedimentary, and metamorphic . . . these make up what is called the Earth's lithosphere, which averages about a hundred kilometers thick in most parts of the Earth. So, now let's discuss the processes in greater detail and the results obtained by these processes.

OK, you already know that igneous rock is made from molten material which cools and crystallizes into minerals. But hot molten material cools at different rates, and this of course affects the crystal size and composition of the resulting rock. If the material cools quickly, it will yield a rock with small minerals. For example, basalt has small minerals that can only be seen under the lens of a microscope. Now, uh . . . if the material cools slowly, the result will be a rock called granite, which has minerals so large that it can be seen with the naked eye.

Now, before I move on to sedimentary rocks, let me just point out that because igneous rocks cool from a liquid, the resulting rock is smooth and uniform and without layers, and the mineral grains are tightly packed together.

해석 p.560

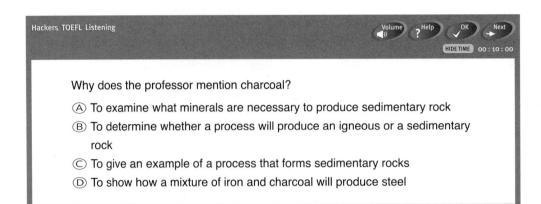

Why does the professor mention charcoal?

Ⓐ To examine what minerals are necessary to produce sedimentary rock

Ⓑ To determine whether a process will produce an igneous or a sedimentary rock

Ⓒ To give an example of a process that forms sedimentary rocks

Ⓓ To show how a mixture of iron and charcoal will produce steel

해설 교수가 숯을 언급한 이유를 묻는 Purpose 문제이다. "OK, let me just briefly explain what cementation is." 이하에서 교수는 퇴적암(sedimentary rocks)이 형성되는 과정인 교결(cementation)을 철과 숯과의 결합을 예로 들어 설명하고 있다. 그러므로 정답은 (C)이다. 이렇듯 특정 내용을 예로 들어서 설명할 경우, 여기에 관련된 Purpose Question이 출제될 수 있음을 예상할 수 있어야 한다 (STRATEGY 2).

정답 Ⓒ

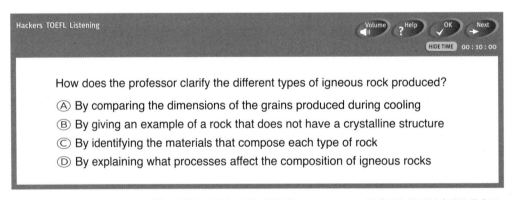

How does the professor clarify the different types of igneous rock produced?

Ⓐ By comparing the dimensions of the grains produced during cooling

Ⓑ By giving an example of a rock that does not have a crystalline structure

Ⓒ By identifying the materials that compose each type of rock

Ⓓ By explaining what processes affect the composition of igneous rocks

해설 생성된 화성암의 두 가지 유형을 어떻게 설명하고 있는지를 묻는 Organization 문제이다. 강의의 후반부 중 "OK, you already know that igneous rock ~" 이하에서 화성암의 결정체들이 냉각되는 속도에 따라 결정의 크기가 어떻게 다른지를 비교하면서 화성암을 구분하여 설명하고 있다. 그러므로 정답은 (A)이다. 이 때 "material cools at different rates"라는 표시어를 통해 앞으로 이어질 설명이 비교/대조의 형식이라는 것을 예측하고 뒤이어 Organization 혹은 Matching Question 문제가 출제될 수 있음을 예상할 수 있어야 한다 (STRATEGY 1, 2).

정답 Ⓐ

The professor mentions certain locations where different types of rock are likely to form. Indicate for each type of rock listed the location where it will most likely form.

Click in the correct box for each phrase.

	Inside	Surface
Igneous (magma)		
Igneous (lava)		
Sedimentary		
Metamorphic		

해설 지구의 내부에서 형성되는 암석과 표면에서 형성되는 암석을 구분하는 Matching 문제이다. 도입부의 "Igneous rocks ~" 이하에서 화성암(igneous rock) 중 마그마로부터 형성되는 것은 지구 내부에서, 용암(lava)으로부터 형성되는 것은 지구 표면에서 만들어지며, 뒤이어 퇴적암(sedimentary rock)은 지표에서 일어나는 풍화작용 (weathering)에 의해 형성된다는 설명이 나온다. 마지막으로 변성암(metamorphic rock)은 지구 내부의 온도와 압력 변화에 의해 형성된다는 설명에 의해 아래의 정답과 같이 표를 완성할 수 있다. 이때 화성암의 생성 과정을 구분하기 위해 쓰인 "whereas", 퇴적암의 특징을 설명하기 위해 쓰인 "on the other hand", 변성암을 도입하기 위해 쓰인 "the third type of rock ~" 등의 표시어를 주의해서 듣는다 (STRATEGY 1). 또한 각 암석에 대한 특징을 내용에 맞게 분류하여 간단히 Note-taking 해두는 것이 도움이 된다 (STRATEGY 2).

정답

	Inside	Surface
Igneous (magma)	✓	
Igneous (lava)		✓
Sedimentary		✓
Metamorphic	✓	

I. **Listen to parts of the lectures, and choose the best answer for each question.**

1 How does the professor introduce Clarence White's ideas about picture-taking?

(A) By contrasting them with those of a former supporter of pictorialism
(B) By providing examples of famous pictures taken by White
(C) By giving details of White's life as a photographer and artist
(D) By explaining how and why photo-secession was established

2 Why does the professor mention a garden hose?

(A) To describe the dimensions of the universe that are presently known to man
(B) To compare the similarities and differences between visible and invisible dimensions
(C) To clarify how an object can have two dimensions
(D) To give an example of an extra dimension that cannot be seen

3 How does the professor describe the two types of celestial bodies?

(A) By contrasting them with other celestial bodies
(B) By explaining how they were discovered
(C) By comparing them according to a set of criteria
(D) By presenting theories on their formation

4 How does the professor proceed with her description of the East Room?

(A) She provides details on the accessories that decorate the walls of the room.
(B) She explains why only a few presidents made alterations to the room.
(C) She compares it to the Blue, Red and Green Rooms of the White House.
(D) She gives a chronological account of what changes were made to the East Room.

5 Why does the professor mention surrealism?

(A) To demonstrate a new method of painting
(B) To explain why one art form was more popular
(C) To contrast it with cubism as an art form
(D) To compare the art techniques used

6 Why does the professor mention the American settlers?

(A) To explain why the barred owl could no longer live in eastern North America
(B) To provide the background on how the two woodland owls became competitors
(C) To compare theories on how the barred owl moved to the Pacific Northwest
(D) To give an example of what the settlers did to survive the long trek to the west

II. Listen to parts of the lectures, and then complete the following table questions.

7 The professor describes how individuals speak to babies. Indicate for each individual the characteristic manner in which they converse with babies.

Click in the correct box for each phrase.

	Mother	Father	Neighbors/Visitors
Bigger words			
Special language			
Different voice			

8 The professor explains the sequence of steps that took place in the Big Bang. Put the steps in the correct order.

Drag each answer choice to the space where it belongs.
One of the answer choices will not be used.

Step 1	
Step 2	
Step 3	
Step 4	

- Energy was produced.
- Particles were formed.
- Less anti-matter was made.
- Universe suddenly expanded.
- Universe began to cool.

9 In the discussion, the speakers mention some steps they took to solve the problem. Indicate whether each of the following is a step in the process.

Click in the correct box for each phrase.

	Yes	No
Take a brief recess from the problem		
Compare ideas with other groups		
Come up with a sudden idea to solve the problem		
Provide spontaneous ideas on possible solutions		
Conduct experiments to find an answer to the problem		

10 In the lecture, the professor describes some features of marsupials. Indicate which of the following are features mentioned in the lecture.

Click in the correct box for each phrase.

	Yes	No
Goes up to nipples upon birth		
Develops fully in the uterus		
Remains in the womb for about a month		
Leaves the pouch occasionally		

11 The professor describes the differences between earth art and site-specific art. Indicate the features of each type.

Click in the correct box for each phrase.

	Earth art	Site-specific art
Located in a far-off place		
Background serves as setting for artwork		
Connection between setting and artwork is made		
Components from nature are used		

III. Listen to parts of the lectures, and choose the best answer for each question.

[12-13]

12 In the lecture, the professor describes some activities that Jack London took part in as a supporter of socialism. Indicate whether each of the following is an activity mentioned in the lecture.

Click in the correct box for each phrase.

	Yes	No
Protested unemployment in Washington		
Became a member of a socialist organization		
Organized factory workers into unions		
Promoted socialist ideas in newspapers		

13 Why does the professor mention Jack London's stepfather?

(A) To provide background for a discussion on Jack London's family
(B) To show that many of Jack London's works were about his stepfather
(C) To explain what influence he had on Jack London's writing career
(D) To explain why Jack London began his writing career

[14-15]

14 How does the professor introduce her description of complete metamorphosis?

(A) She explains how the caterpillar metamorphoses into a butterfly.
(B) She describes how the caterpillar cocoons itself.
(C) She contrasts the appearance of a caterpillar with that of a butterfly.
(D) She reminds the students of a metamorphic process they are already familiar with.

15 The professor describes the features that characterize complete and incomplete metamorphosis. Indicate what type of metamorphosis the following features characterize.

Click in the correct box for each phrase.

	Complete	Incomplete
Consists of three stages		
Experienced by most insects		
Involves use of cocoons		
Produces baby insects that looks like adults		

[16-17]

16 Why does the professor mention the movement of settlers to the west?

(A) To provide background for a discussion on how the Pony Express developed
(B) To explain why the delivery of mail across the expanse of the Plains was so slow
(C) To emphasize the need for more wagons to facilitate travel
(D) To give an example of the routes that were established for the pioneers

17 The professor discusses the sequence of events that put the Pony Express into action. Put the steps in the correct order.

Drag each answer choice to the space where it belongs.
One of the answer choices will not be used.

1	
2	
3	
4	

- Horses were purchased.
- Relay stations were established.
- Western frontier was populated.
- A sub-contract was obtained.
- Funds were borrowed.

정답 p.562

HACKERS TEST

1 What is the main topic of the lecture?

(A) Reproduction methods in butterflies
(B) The various stages of life in butterflies
(C) The behavior of different butterfly species
(D) Factors affecting butterfly egg-laying

2 According to the professor, why do butterflies hang upside-down after coming out of the shell?

(A) They need to reorient themselves to their surroundings.
(B) They are too weak to move after breaking out of the shell.
(C) It allows their wings to dry up and expand for flight.
(D) It permits them to gradually increase in size.

3 In the lecture, the professor describes the stages of a butterfly's life cycle. Indicate the features of each stage.

Click in the correct box for each phrase.

	Egg	Larva	Pupa
Last stage of transformation into a butterfly			
Glue attaches it to plant leaves			
Growth done in periods called instars			
Organism eats continuously			
Body typically appears soft and ill-formed			

Biology

4 What does the professor imply about the chrysalis?

(A) It provides the butterfly with most of its nutrition.
(B) It is too solid to be broken from within.
(C) It can only be attached to specific plant species.
(D) It is camouflaged to protect it from danger.

5 What does the professor say about the size of butterflies?

(A) It is larger in warmer climates.
(B) It is dependent on the size of the mother.
(C) It does not change after the pupa stage.
(D) It does not affect life expectancy.

Listen again to part of the lecture. Then answer the question.

6 What does the professor mean when she says this:

(A) She does not think students find the discussion fascinating.
(B) She wants to provide further information about the topic.
(C) She wants to discuss something unrelated to the matter.
(D) She does not know if students understood what she said.

정답 p.573

5. Inference Questions

출제경향

Inference 문제는 강의의 맥락 속에서 간접적으로 알 수 있는 사실을 유추하는 문제이다. 한 개의 강의당 0~1 문항 가량 출제된다. 주로 화자의 생각이나 주요하게 논의되고 있는 대상에 관한 문제로 출제된다. Inference 문제는 특정한 한 문장에서 알 수 있는 사실이 아닌, 강의의 일부 혹은 전체 맥락을 통해 논리적으로 추론할 수 있는 사실을 묻는 문제이다. 크게 화자가 한 말의 일부를 통해 추론할 수 있는 문제 유형과, 강의 전반에 걸쳐 화자가 한 말을 종합하여 올바른 결론을 도출하는 일반화(Generalization) 문제로 나누어진다.

질문 형태

Inference 문제는 다양한 질문 형태로 출제될 수 있는데, 주로 'infer'나 'imply'라는 용어를 포함한 형태로 출제되며, 드물게 이런 용어를 포함하지 않은 형태로 출제되기도 한다.

일부를 통해 추론하는 문제

What can be inferred about ~?

What does the professor imply about ~?

What is probably true about ~?

*강의의 일부를 다시 듣고 푸는 Inference 문제도 출제된다.

일반화 문제

According to the professor, what does ~ demonstrate?

What is the professor's point of view concerning ~?

What is the professor's opinion ~?

What can be concluded about ~?

STRATEGY
01

화자가 한 말에서 간접적으로 알 수 있는 사실을 바르게
paraphrasing한 것이 정답이 된다.

화자가 한 말의 일부에 근거해 유추할 수 있는 사실을 찾는 Inference 문제의 경우, 화자가 한 말이 내포하고 있는 의미를 바르게 paraphrasing한 보기가 정답이 된다. 이때의 paraphrasing은 직접적으로 주어진 정보를 다른 표현으로 바꾸어 쓰는 것이 아니라, 화자가 한 말을 통해 간접적으로 유추할 수 있는 사실을 paraphrasing한 것임에 유의하자.

EXAMPLE

Script

What most people don't realize is that deflation . . . the opposite of inflation, uh . . . **deflation is simply a persistent decrease in the level of consumer prices.** See, when prices go down, producers have no choice but to produce more in order to make the same amount of money. **Then the market becomes flooded with commodities that no one is buying. So the market's flooded, the prices go down even more, the producer makes even less money . . .**

Q. What does the professor imply about deflation?

A. It causes commodities to generate less value than they're worth.

해설
"deflation is ~ consumer prices"라는 부분과, "Then the market ~ no one is buying."이라는 부분, 그리고 마지막 교수의 설명을 통하여 deflation이 일어나면 상품의 가격이 하락하는 상태에서 상품의 생산량은 계속 증가하여 결국 상품 가치가 떨어진다는 것을 유추할 수 있다. 그러므로 "It causes commodities to generate less value than they're worth."가 이 내용을 바르게 paraphrasing한 정답이 된다.

STRATEGY 02

반복되는 화자의 말을 통해 화자가 도출하고자 하는 결론을 유추한다.

화자가 설명한 내용들을 통해 도출할 수 있는 올바른 결론이 무엇인지를 묻는 일반화 문제의 경우, 화자가 전달하고자 하는 바를 명확하게 하기 위해 반복적으로 언급하는 내용들이 중요한 단서가 된다.

EXAMPLE

Script

Uh . . . today we're going to discuss a really interesting phenomenon that took place between 1645 and 1715. During this period, astronomers used early telescopes and, uh, and reported very little, or even zero, sunspot activity. If you can recall, sunspots are these cool, darkish spots that appear in groups on the sun's surface. So, anyhow, scientists say that sunspots normally occur at intervals of eleven years, but between those, those, uh, years in question, they seemed to have disappeared. Then the, um, English astronomer Edward Walter Maunder **noted from his observations that during that period, temperatures dropped so drastically** that the world, particularly Europe, seemed to have undergone a kind of Little Ice Age. **Now it got so cold that lakes and rivers froze over and, and they remained frozen throughout the year instead of melting in spring.** So, uh, scientists began making this connection. **They speculated that there must be some sort of association between the Earth's climate and the lack of sunspots on the sun's surface.**

Q. According to the professor, what can be concluded about sunspots and the Earth's climate?

A. The lack of sunspot activity may result in lower temperatures around the world.

해설

화자는 흑점이 사라졌던 시기에 대해 언급하면서 이 시기에 지구의 기온이 떨어졌다는 사실을 "noted from his observations ~ dropped so drastically", "Now it got so cold ~" 등에서 반복적으로 언급하고 있다.

또한 마지막 부분 "They speculated ~ sunspots on the sun's surface."에서 흑점이 없어진 것과 기온 변화의 상호 연관성에 대해 언급하고 있으므로, 이 설명에서 결론 내릴 수 있는 사실은 "The lack of sunspot activity may result in lower temperatures around the world."가 된다.

🎧 EXAMPLE

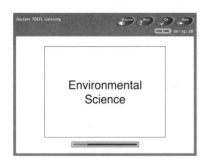

Listen to part of a talk on environmental science.

P: So today we're going to talk about the causes of global warming. Let's begin, then, by discussing what you already know. Any ideas?

S1: I think the biggest cause is pollution, isn't it? Well, pollution from cars, planes, factories, power plants . . .

P: OK, you're close, but it isn't pollution in general that brings about global warming. Actually, it's the release of excess carbon dioxide and other greenhouse gases into the atmosphere, and these gases are emitted in our daily activities. But I do want to clarify that the burning of fossil fuels, not pollution in general, causes global warming . . . And there is one more causal factor . . . You know, the rainforests supply us with more than twenty percent of the world's oxygen. So when they're deforested, carbon dioxide levels rise since trees normally absorb CO_2 . . . and release oxygen, of course. And, sadly enough, about fifty percent of the world's rainforests have been destroyed in the past forty years. OK, now so far we've been talking about causes related to human activities, but global warming is also caused by natural phenomena.

S2: How can nature cause global warming? I thought it was the result of environmental damage . . .

P: Well, think of global warming this way. I mean, basically it's an overall warming trend, right? Has this ever happened to the Earth before that we know of? Of course it has! **How did the Ice Age end? The Earth has a very regular history of warming and cooling trends, and perhaps this global warming we're currently experiencing is just, well, one of them.**

S1: Yeah, but Professor, what causes the trends?

P: Hmm. Some scientists point to the fact that the oceans are heating exponentially faster than the atmosphere, meaning heat is being projected from the Earth's core rather than from what's happening in the atmosphere of the Earth. Well, then the ocean's temperature rises due to the heat and, as you can guess, the ocean then emits tons of carbon dioxide into the air. Uh, you know that cool oceans hold CO_2 and warm ones release it, right? And they do have some pretty convincing evidence. It's true that air has a much lower heat capacity than water, so in reality, air can't heat water, but water can heat air.

But, it's still being debated by a number of researchers what the real cause of the current warming weather is. Scientists who believe that global warming is caused by our actions think that the heating oceans are the result of atmospheric pollution. But on the other side of it you have those who insist that the ocean could only be heated from activity in the core. Well, but you know, to be honest, I think that this current global warming is really the result of both human intervention and natural phenomena.

해석 p.576

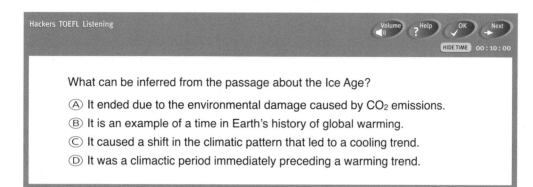

Volume | Help | OK | Next

HIDE TIME 00 : 10 : 00

What can be inferred from the passage about the Ice Age?

(A) It ended due to the environmental damage caused by CO_2 emissions.

(B) It is an example of a time in Earth's history of global warming.

(C) It caused a shift in the climatic pattern that led to a cooling trend.

(D) It was a climactic period immediately preceding a warming trend.

해설 강의에서 Ice Age에 대해 유추할 수 있는 사실이 무엇인지를 묻는 문제이다. "How did the Ice Age end?"이하에 서 간접적으로 유추할 수 있는 사실은 온난화 현상이 시작되면서 Ice Age가 끝났다는 것이므로 정답은 (D)이다. 이 와 같이 화자가 한 말의 일부에서 추론할 수 있는 사실을 묻는 문제의 경우, 그 말에서 간접적으로 알 수 있는 사실 을 paraphrasing한 것이 정답이 됨을 기억해두자 (STRATEGY 1).

정답 (D)

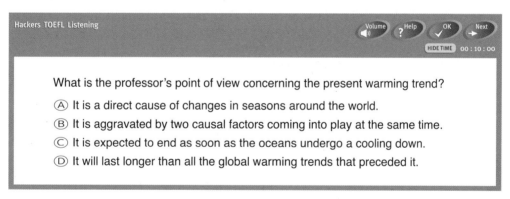

Volume | Help | OK | Next

HIDE TIME 00 : 10 : 00

What is the professor's point of view concerning the present warming trend?

(A) It is a direct cause of changes in seasons around the world.

(B) It is aggravated by two causal factors coming into play at the same time.

(C) It is expected to end as soon as the oceans undergo a cooling down.

(D) It will last longer than all the global warming trends that preceded it.

해설 오늘날의 온난화 현상에 대한 화자의 견해를 묻는 문제이다. 교수는 온난화 현상의 첫 번째 이유로 인간의 활동 을 언급하고 있으며, 두 번째 이유로는 자연적인 현상을 들면서 그것이 일리가 있다고 말한다. 그리고 마지막 부분 에서 "I think that this current global warming is really the result of both human intervention and natural phenomena."라고 말하여 두 가지 요인 모두 오늘날의 온난화 현상을 유발했다고 결론짓고 있으므로 정답은 (B) 가 된다 (STRATEGY 2).

정답 (B)

CONVERSATIONS

LECTURES

Hackers TOEFL LISTENING

I. **Listen to parts of the lectures, and choose the best answer for each question.**

1 What does the professor imply about the artwork *Gravel Mirror with Cracks and Dust*?

(A) It was a smaller version of Smithson's *The Spiral Jetty*.
(B) It did not achieve as much fame as Smithson's larger earthworks did.
(C) It was the first of the art works Smithson did as a minimalist.
(D) It features characteristics typical of minimalism.

2 What does the professor imply about comedy shows in Greece?

(A) They were different from comedies produced in other countries.
(B) They were more popular than the dramas presented in Greek theaters.
(C) They mirrored the political and social conditions in Greece.
(D) They tended to depict life in Greece in a negative way.

3 What does the professor imply about reproduced images?

(A) They have the same value as the original.
(B) They are expensive to make.
(C) They can look better than the original.
(D) They are less appreciated by people.

4 What does the professor imply about the tear film?

(A) An insufficient tear film can cause dryness of the eyes.
(B) Eye drops are necessary to restore the eyes' tear film.
(C) The tear film is produced only when the eyes are irritated.
(D) The tear film cannot be replenished if the eyes are sensitive to light.

II. **Listen to parts of the lectures, and choose the best answer for each question.**

5   What is the professor's opinion of journalistic reporting?

(A) It is impossible for a journalist to remain objective when he reports.
(B) It can help many people develop their political beliefs.
(C) Journalists who shape public opinion have betrayed the profession of journalism.
(D) It is up to the publication whether it should be partisan or neutral.

6   According to the professor, what can be inferred about James Frazer?

(A) He did not have a broad sample base for his questionnaires.
(B) His work was popular in spite of its unreliability.
(C) He did not like to do first-hand interviews.
(D) His conclusions disregarded what people said.

7   What can be concluded about bats?

(A) The vital organ evolved in bats that migrated to areas with four seasons.
(B) Colder weather makes it more difficult for bats to navigate.
(C) Their capability to predict the weather is directly related to their survival.
(D) The deeper they live inside a cave, the harder it is for them to detect air pressure.

8   What can be concluded about the heat island problem in Los Angeles?

(A) The actions being taken to decrease temperatures are too late.
(B) The amount of energy being used in Los Angeles is the highest in the country.
(C) Trees are the most effective way to make the temperature go down.
(D) Interventions have likely led to a temperature decrease.

CONVERSATIONS

LECTURES

Hackers TOEFL LISTENING

III. Listen to parts of the lectures, and choose the best answer for each question.

[9-11]

9 What does the existence of organisms on the ocean floor demonstrate?

(A) Photosynthesis is not a requirement for certain organisms to live.
(B) Sunlight is capable of reaching the depths of the ocean floor.
(C) Microorganisms in the ocean deep can survive on scraps that float down.
(D) Edible plants live at the bottom of the ocean.

10 What does the professor imply about the symbiotic relationship between the archaea and other organisms?

(A) The archaea and other organisms need each other in order to survive.
(B) The archaea survive better in the bodies of other organisms.
(C) Other organisms must initiate a relationship with the archaea.
(D) The archaea do not need other organisms in order to live.

11 What does the professor imply about the archaea?

(A) Scientists are uncertain about why archaea can survive in extreme environments.
(B) The archaea are capable of producing food through both chemical elements and the sun.
(C) Scientists can make practical use of the archaea's unique capabilities.
(D) The archaea were first discovered eating wastes and oil spills.

[12-14]

12 What does the professor imply about K-complexes?

    (A) Their presence indicates that the sleeping individual is falling deeper and deeper into sleep.

    (B) Their presence signifies that the sleeping individual is entering full REM sleep.

    (C) Scientists don't think that K-complexes are important subject for research.

    (D) More research must be conducted before anything conclusive can be said about K-complexes.

13 What does the professor imply about a person who is in REM sleep?

    (A) His body is in constant motion.

    (B) He does not dream at any other stage of sleep.

    (C) He can be awakened easily.

    (D) He is unaware of external stimuli.

14 What can be concluded about brain activity when a person is sleeping?

    (A) The brain exhibits theta waves throughout the time a person is asleep.

    (B) The brain is constantly active no matter what stage of sleep a person is in.

    (C) The brain is in a state that is similar to wakefulness when a person sleeps.

    (D) The brain is characterized by little or no activity while a person is sleeping.

정답 p.577

HACKERS **TEST**

 [1-6] Listen to part of a lecture in a biology class.

1 What is the lecture mainly about?

(A) The features that make a species suitable for domestication

(B) The behavioral changes that result from the process of domestication

(C) The reasons that domesticated wolves evolved into several subspecies

(D) The characteristics that distinguish herd and pack animals

2 Why does the professor mention dog fossils?

(A) To explain why wolves frequented areas inhabited by humans

(B) To identify the physical features of a canine species that led to domestication

(C) To clarify that wolf domestication had already occurred by a certain time

(D) To demonstrate that dogs are evolutionary descendants of wolves

3 Why are social animals easier to control than solitary ones?

(A) They are able to engage in cooperative activities like hunting.

(B) They form relationships based on dominance and submission.

(C) They acknowledge both males and females as pack leaders.

(D) They are willing to coexist with animals that belong to other herds.

Listen again to part of the lecture. Then answer the question.

4 What does the professor mean when he says this:

(A) The student lacks the relevant experience to make a claim.
(B) The student has misidentified a domesticated species.
(C) The student is unfamiliar with the concept of domestication.
(D) The student has made an inaccurate statement.

5 What does the professor imply about the diet of wolves?

(A) They consume large quantities of vegetation.
(B) They are primarily scavengers of other animals' kills.
(C) They are more likely than dogs to eat wheat and rice.
(D) They have a limited ability to digest starches.

6 According to the professor, why have pigs been domesticated for so long?

(A) They provide a large quantity of meat.
(B) They do not require a specific type of food to survive.
(C) They are flexible with respect to living conditions.
(D) They physically adapted to sustained contact with humans.

정답 p.584

goHackers.com

Unit 02
Lecture Topics

Unit 02에서는 토플 Lecture에 자주 출제되는 주제들을 중심으로 각 세부 단원을 구성하였다. 토플 Lecture에는 실제 대학 강의에서 다루어지는 다양한 학문 분야들이 출제되는데, 크게 과학, 인문, 예술에 포함되는 23가지 주제로 나누어 볼 수 있다.

출제되는 Lectures의 주제는 크게 다음의 23가지로 구분된다.

1. Biology
2. Astronomy
3. History
4. Art
5. Music
6. Environmental Science
7. Meteorology
8. Geology
9. Literature
10. Linguistics
11. Anthropology
12. Archaeology
13. Paleontology
14. Psychology
15. Economics
16. Business Management
17. Physics
18. Chemistry
19. Physiology
20. Architecture
21. Film
22. Photography
23. Engineering

1. Biology

Biology(생물학)는 생물체 전반의 구조와 기능을 과학적으로 연구하는 학문이다. 연구 대상인 생물체의 유형에 따라 식물학(Botany), 동물학(Zoology), 해양생물학(Marine Biology), 곤충학(Entomology), 미생물학(Microbiology) 등으로 나뉘며 생물체들을 일정한 기준으로 나누는 분류학(Taxonomy)이 있다. Biology의 학문 영역이 넓은 만큼 토플에서도 다양한 분야의 강의가 출제된다. 따라서 각 분야의 특성과 주로 다루어지는 주제들을 잘 파악해야 한다.

관련토픽 및 기초지식

1. Botany (식물학)

1 Plant Organ (식물의 기관)

식물세포는 얇은 막인 세포벽(cell wall)으로 둘러싸여 있다.

물과 무기양분(mineral)의 이동

관다발

뿌리(root)로부터 흡수된 물과 무기양분은 줄기(stem)를 따라 식물 곳곳으로 운반된다. 줄기의 관다발(vascular bundle)이 통로 역할을 한다. 관다발이 있는 대부분의 종자식물(seed plant)과는 달리 이끼류(moss)와 해조류(algae)는 뿌리가 없어 세포가 흡수작용을 대신한다.

잎(leaf)의 기능

잎은 에너지를 만드는 작용인 광합성(photosynthesis)을 주기능으로 한다. 식충식물(insectivorous plant) 중에서 Venus Flytrap의 잎은 곤충을 잡는 덫의 역할을 하기도 한다. Venus Flytrap의 잎에는 감각모가 있어서 벌레가 앉으면 순식간에 잎을 닫고 소화액을 내보내 벌레를 죽여서 영양분을 흡수한다.

2 Metabolism (물질대사)

식물이 생명을 유지하기 위해 흡수한 물질을 에너지로 바꾸고 이때 생긴 노폐물을 외부로 배출하는 과정이다.

광합성 (photosynthesis)

엽록체

광합성이란 태양의 빛 에너지를 이산화탄소(CO_2), 물(H_2O)을 매개로 하여 유기물인 화학 에너지로 바꿔 저장하는 활동으로, 광합성에 필요한 요소를 포함하고 있는 잎의 엽록체(chloroplast)에서 일어난다. 그 중 엽록소(chlorophyll)는 빛 에너지를 포착하는 기능을 한다.

증산작용 (transpiration)

식물의 수분이 식물체의 표면에서 수증기가 되어 배출되는 현상을 증산작용이라 한다. 빛이 강하거나 이산화탄소의 농도가 높을 때 활발히 일어난다. 이는 뿌리로부터 물이 상승하는 원동력이 되며 잎의 온도를 낮추는 작용을 한다.

③ Reproduction (생식)

생물이 자신과 같은 새로운 개체를 만들어 종족을 유지하는 현상으로 난자와 정자가 결합하는 수정(fertilization)으로부터 시작된다. 식물은 수분(pollination)이라는 고유의 수정방식을 갖고 있다.

수분 (pollination)

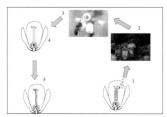

수분의 과정

수분은 종자식물에서 수술의 꽃가루가 암술머리에 옮겨붙는 현상이다. 벌·나비·파리 등의 곤충이나 새의 도움을 받기도 하며, 바람·물이 매개자(pollinator)가 되기도 한다. 몇몇 큰 식물들은 박쥐에 의해 수분을 하기도 한다. 매개자의 도움 없이 한 송이의 꽃 안에서 수분이 이루어지는 것을 자가수분(self-pollination)이라 한다.

2. Zoology (동물학)

① Fish (어류)

물속에서 아가미(gills)로 호흡하는 척추동물(vertebrate)이다. 비늘(scale)을 가지며 지느러미(fin)로 몸의 평형을 유지한다. 수중생활을 하더라도 폐로 호흡하는 고래나 무척추동물인 오징어·조개 등은 어류에 속하지 않는다.

번식(breeding) 방법

난생인 대부분의 어류는 체외수정을 하지만 상어처럼 성어(full-grown fish)를 낳는 어류는 체내수정을 한다. 일반적으로 알이 부화하면 치어(young fish)가 되고 이어서 성어로 성장하는 변태과정을 거친다.

연어 (salmon)

연어는 산란을 위해 바다에서 다시 강을 거슬러 올라오는 귀소본능(homing instinct)이 있다. 연어가 태어난 강을 기억하고 찾아가는 방법에 대해 후각을 이용하여 태어난 강을 기억한다는 이론과 태양의 위치변화를 지표로 삼아 이동한다는 이론이 있다.

② Amphibian (양서류)

개구리처럼 어릴 때는 아가미로 호흡하며 수중생활을 하고, 성장한 후에는 폐로 호흡하며 육지 생활을 하는 동물이다. 축축한 피부를 가지고 있고 못이나 개울 주변의 습한 곳에서 서식한다.

동면 (hibernation)

양서류는 변온동물이기 때문에 겨울이 되면 생활작용이 매우 느려져 동면한다. 이 기간에는 피부로만 호흡하며, 먹이를 전혀 먹지 않고 동면하기 전에 섭취한 영양분을 서서히 소비한다. 동면(hibernation)과 휴면(dormancy)은 겨울 수면을 뜻하는 것으로 비슷하다고 생각할 수 있지만, 동면은 동물들이 겨울철 추위와 식량 부족을 이겨내기 위해 하는 수면이고 휴면은 생물체가 자라고 발달하기 위해 잠시 육체적인 활동을 멈추는 것을 뜻한다. 깊은 동면을 하는 동물로는 뱀과 다람쥐가 있고, 두꺼비(toad)는 산란 후 다시 땅속에 들어가 춘면(sleep in spring)을 하기도 한다.

3 Bird (조류)

깃털과 날개가 있으며 알을 낳는 척추동물이다.

부리(beak)의 모양

부리의 모양

조류는 먹이의 종류와 먹이를 섭취하는 방식에 따라 각각 다른 모양의 부리를 가진다. 단단하고 두꺼운 부리(strong and thick beak)는 곡물이나 씨를 먹는 데 알맞으며, 가늘고 뾰족한 부리(thin and pointed beak)는 곤충을 잡기에 적합하다. 또한 작은 동물들을 잡는 데는 휘어진 부리(hooked beak)가 유용하다.

철새 (migratory bird)

기후변화나 먹이를 따라 이동하는 조류를 철새라고 한다. 이동 시기에 따라 낮에 이동하는 주행성(diurnal), 밤에 이동하는 야행성(nocturnal)으로 나뉜다. 주행성 철새는 생체시계에 의하여 시각을 알고 태양의 방위를 관찰하여 이동 방향을 결정한다. 야행성 철새는 특정 별자리의 위치를 이용하여 이동한다는 학설이 있다.

나그네 알바트로스 (Wandering Albatross)

귀소본능(homing instinct)이란 동물이 원래의 서식 장소로 다시 돌아오고자 하는 본능을 말한다. 이러한 귀소본능을 가지고 있는 동물은 연어, 송어, 꿀벌, 비둘기, 알바트로스의 한 종류인 나그네 알바트로스 등이 있다. 나그네 알바트로스는 날 수 있는 가장 큰 종류의 새 중 하나이며, 이 새들의 날개폭은 현재 생존하고 있는 어느 새의 것보다 크다. 바닷새인 나그네 알바트로스는 먹이를 찾기 위해 공중에서 몇 달씩 보내기도 하고, 먹이를 찾은 후 며칠을 걸려 다시 서식 장소로 먹이를 가지고 돌아온다고 한다.

바우어새 (Bowerbird)

바우어새는 호주와 뉴기니에 서식하는 새로, 수컷이 암컷을 유인하기 위해 여러 종류의 휴식처(bower)를 짓고 특이한 구애 행동을 하는 것이 특징이다. 이 새가 짓는 휴식처에는 세 가지 종류가 있는데 이것은 매트(mat), 메이폴(maypole), 그리고 대로(avenue) 휴식처이다. 매트 휴식처는 높은 판 같은 모양의 둥지로 주위가 화려하게 장식되어 있다. 메이폴 휴식처는 묘목을 중심으로 세워진 타워 형태의 둥지이다. 작은 메이폴 휴식처는 오두막처럼 생겼고 큰 메이폴 휴식처는 9피트의 높이까지 지어진다. 마지막으로 대로 휴식처는 아치 모양을 이루는 가장 정교한 형태의 휴식처이다. 대로 휴식처의 주변은 자갈과 깃털로 꾸며져 있다. 수컷은 휴식처를 지어 암컷을 유인하고 노래와 'buzz-wing flap'이라고 불리는 춤으로 암컷을 즐겁게 해준다.

4 Mammal (포유류)

젖으로 새끼를 양육하는 척추동물이다.

유대류 (marsupial)

유대류는 발육이 불완전한 상태로 태어난 새끼를 어미의 배에 넣고 키우는 습성을 가진 포유류이다. 캥거루나 코알라가 대표적인 예이며 호주와 아메리카에 주로 서식한다.

박쥐 (bat)

날아다니는 유일한 포유류인 박쥐는 주로 동굴에서 서식한다. 야행성이며 동면을 하는 특성이 있다. 초음파를 발사하여 반사되는 신호를 분석하여 물체의 존재를 측정하는 능력인 반향정위(echolocation)를 지니고 있다. 또한 초음파를 통해 동굴 바깥의 기후를 예측하여 곤충이 활동하기 좋은 따뜻한 온도일 때 먹이를 잡으러 나간다.

비버 (beaver)

겉모습이 다람쥐와 비슷한 비버는 수중생활에 적응되어 있으며, 튼튼한 앞니로 나무를 갉아 댐을 만드는 것으로 유명하다. 육지에서 비버는 느린 동물이지만, 물에서는 수영을 잘하고 길게는 15분까지 물속에 있을 수 있다. 비버는 동면을 하지 않고, 겨울 동안 먹을 나뭇가지와 통나무를 물 아래 비축해둔다. 비버가 댐을 짓는 이유는 코요테, 늑대나 곰과 같은 동물에게서 자신을 보호하고, 겨울철에 식량을 쉽게 구하기 위한 것이다. 비버는 항상 밤에 댐을 짓고 끊임없이 일을 한다. 그래서 비버를 다른 장소로 옮기지 않고 댐을 부수는 것은 불가능하다. 비버가 하룻밤 사이에 댐을 다시 완성할 수 있기 때문이다.

북극곰 (polar bear)

북극곰은 북극의 극한 환경에서 살아남기 위해 진화해온 동물이다. 북극곰은 하얗게 보이지만 사실 북극곰의 피부는 검고, 털은 투명하다. 투명한 털은 빛이 곰의 피부까지 닿을 수 있게 하고 검은 피부는 최대한 많은 빛과 열을 흡수하여 북극곰이 체온을 유지할 수 있도록 한다. 또한 북극곰의 두꺼운 지방층이 열 손실을 막는다.

5 Arthropoda (절지동물)

갑각류, 거미류 등으로 이루어진 큰 동물군으로 이 군에 해당되는 동물들은 환경 적응력과 번식력이 강하다.

거미 (spider)

절지동물의 가장 대표적인 생물이다. 거미의 몸은 좌우대칭으로 몸과 머리가 합쳐진 머리가슴과 배 두 부분으로 나뉘어져 있고, 네 쌍의 다리가 있다. 모든 종류의 거미가 다른 종류의 거미줄을 만드는데, 거미줄의 종류로는 spiral-orb web, tangle web 또는 cobweb, funnel web, tubular web, sheet web, 그리고 dome 또는 tent web이 있다. 이 여러 종류의 거미줄은 제각기 다른 실로 만들어지고, 거미의 종류에 따라 이 실은 끈적할 수도 있고 솜털 같을 수도 있다.

3. Marine Biology (해양생물학)

1 Marine Organism (해양생물)

어류(fish), 파충류(reptile), 포유류(mammal) 등 바다에 서식하는 모든 생물을 포괄적으로 가리킨다.

공생 (symbiosis)

bobtail squid

서로 다른 두 생물이 접촉하여 서로에게 영향을 주며 살아가는 관계를 공생이라고 하며 그 범위는 광범위하다. 서로에게 이득을 주며 더불어 살아가는 것을 상리공생(mutualism), 상대에게 손해를 끼치고 자신만 이득을 얻는 것을 기생(parasitism), 그리고 상대에게는 이득이나 손해도 끼치지 않고 자신만 이득을 얻는 것을 편리공생(commensalism)이라 부른다. 상리공생은 특히 해양생물과 박테리아(bacteria) 사이에서 종종 발견되는 관계이다. Bobtail squid와 vibrio fischeri가 그 대표적인 예인데 bobtail squid는 vibrio fischeri라는 박테리아의 도움으로 발광(luminescence)을 하며 vibrio fischeri는 bobtail squid의 체내에서 거주한다. vibrio fischeri는 일정 수 이상이 모여 있을 때만 발광을 한다고 알려져 있다.

2 Peculiar Marine Animal (특이한 해양 동물)

다양한 종의 생물로 구성된 해양 동물들은 각각 독특한 성질을 지니고 있다.

문어 (octopus)

문어는 자신의 색, 크기, 그리고 피부의 질감을 바꿀 수 있는 해양 동물이다. 문어의 각 색소체의 세포에는 3개의 유연한 구획이 있는데, 문어는 이 구획을 늘리거나 압축하여 순식간에 몸 색을 바꿀 수 있다. 또한 문어의 몸은 내부 골격이 없고, 유연한 조직들로 이루어져 있기 때문에 몸의 크기와 모양을 자유자재로 바꿀 수 있다. 마지막으로, 문어는 피부의 부분부분을 팽창시켜 색에 명암을 줌으로써 피부의 질감을 거의 모든 표면과 유사하게 보이도록 만들 수 있다.

돌고래 (dolphin)
포유류인 돌고래는 수중생활을 하면서도 아가미가 아닌 폐로 호흡(respiration)한다. 음향을 이용하여 의사소통을 하며 뇌의 주름이 발달되어 있어 가장 지능이 높은 해양생물에 속한다.

3 Seawater Agriculture (해양농업)
해양생물을 인공적으로 키우는 방법으로 기원전 2000년 고대 이집트에서 그 기원을 찾을 수 있다.

양식 (fish culture)

굴 양식장

양식 대상으로는 굴(oyster)이나 홍합(mussel)처럼 한곳에 정착하여 사는 생물이 적합하며, 이동성이 있는 연어 같은 생물은 부적절하다. 중국에서 양식이 최초로 시작되었고 기원전 1세기에 나폴리에서도 굴을 양식했다는 기록이 있다. 양식과 같은 해양농업과 육지농업을 결합하여 상호보완적인 결과를 얻기도 한다. 그 예로 캐나다에서는 메기(catfish)와 콩을 함께 기르고 있다. 메기를 키운 양식장의 물을 비운 후 남는 흙은 콩 재배에 사용되는 양질의 비료가 되며 콩을 재배한 후 남는 찌꺼기는 메기의 좋은 먹이가 된다.

4. Entomology (곤충학)

1 Insect (곤충)
머리(head), 가슴(thorax), 배(abdomen) 세 부분으로 구성된 몸과 다리, 더듬이(antennae)를 가진 무척추동물이다.

보호색 (protective coloration)
곤충이 주위환경과 비슷한 색을 가져 천적에게 발견되기 어렵도록 하거나 색깔로 다른 종류의 생명체인 것처럼 위장하는 것을 보호색이라 한다. 곤충이 적으로부터 자신을 보호하는 가장 일반적인 방어(defense) 방법이다. 그 예로 나방(moth)은 독이 있는 것처럼 위장하기 위해 화려한 보호색을 지닌다.

2 Social Insect (사회적 곤충)
개미나 벌처럼 집단 속에서 일을 나누어 분담하는 곤충을 뜻한다.

개미 (ant)
개미의 집단(colony)은 수캐미, 여왕개미, 일개미의 세 계급으로 구성된다. 수캐미는 날개가 있으며 여왕개미보다 작다. 여왕개미는 생식기관이 잘 발달되어 있으며 크기가 크다는 특징이 있다. 일개미는 날개가 없는 암컷으로 크기에 따라 역할과 지위가 나뉜다.

벌 (bee)
벌집(hive)은 한 마리의 여왕벌과 대부분 일벌로 구성된다. 여왕벌은 다른 벌의 생식기능의 발육을 억제하는 물질인 페로몬(pheromone)을 분비한다. 꿀벌은 식량을 발견했을 때 춤으로 위치를 알리는 독특한 의사소통 방식을 갖고 있다. 100m 이내의 가까운 거리에 있는 먹이를 알리는 둥근 춤(round dance), 먼 거리에 있는 먹이의 근원지까지 안내하기 위한 8자 춤(tail-wagging dance) 등이 있다.

3 Insects' Metamorphosis (곤충의 변태)
곤충은 배(embryo), 유충(larva or nymph), 번데기(pupa), 성충(adult)의 네 단계의 변태과정을 거친다.

나비 (butterfly)

나비는 기본적으로 알, 애벌레, 번데기, 그리고 나비로 진화하는 과정을 거친다. 어미 나비는 식물의 잎에 알을 낳고, 몇 주 후 그 알에서 애벌레가 나온다. 애벌레는 식물의 잎을 먹으며 지내다가 잎사귀 아래로 내려가 표피를 벗고 딱딱한 껍질을 만든다. 약 2주 후 애벌레는 나비가 되어 껍질을 깨고 나온다.

5. Other Fields (기타 분야들)

1 Taxonomy (분류학)

생물학에서 다루는 많은 종류의 생물체들을 일정한 기준에 따라 분류하는 학문이다. 각 생물체의 형태, 발생, 구성 등을 비교하여 각 생물 간의 계통을 밝히는 것이 목적이다.

2명법

분류의 기본단위인 종(species)을 나타낼 때 라틴어로 학명(scientific name)을 붙이는 방법이다. 분류학의 대표학자인 스웨덴의 린네(Linnaeus)가 고안하여 분류학의 기초를 다졌다. 전 세계의 식물학자가 사용하고 있으므로 통일성을 유지하기 위해 용어나 형식이 엄격히 규제되고 있다.

2 Bioacoustics (생물 음향학)

생물이 내는 음향과 생물이 의사소통하는 방법을 다루는 분야를 생물 음향학이라 부른다. 생물 음향학에 의하면 기린, 코끼리, 돌고래 같은 동물들은 초저주파 음으로 의사소통을 한다고 한다. 그 이유는 초저주파 음을 사용하는 동물들이 공통적으로 몸집이 커서 몸체가 큰 첼로가 작은 바이올린보다 낮은 음을 내는 것처럼 이들 또한 낮은 음을 잘 낼 수 있기 때문이고, 초저주파 음이 고주파음보다 더욱 멀리 퍼져나가 장거리 간의 의사소통이 가능하기 때문이다. 초저주파 음은 20Hz~40Hz 대역의 음으로 30Hz 주변의 음인 중형 파이프 오르간에서 퍼져나가는 진동 같은 소리이다. 코끼리는 사람에게 들리는 소리뿐만 아니라 들리지 않는 저음의 중형 초저주파 음도 내는데 이는 새끼를 부를 때나, 먹이를 먹을 때 사용한다. 돌고래 같은 경우, 초저주파 음을 내보냈다가 다른 물체에 맞고 다시 돌아오는 음을 파악하여 주변에 있는 물체들을 인식한다.

HACKERS TEST

[1-6] Listen to a talk on biology.

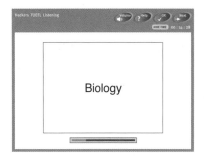

1 What is the lecture mainly about?

(A) The types and designs of bowerbirds' bowers
(B) The courtship behavior of the male bowerbird
(C) Criteria in female bowerbirds' selection of a mate
(D) A comparison of human and avian courtship rituals

2 In the lecture, the professor describes three types of bowers. Match each phrase with the bower it describes.

Click in the correct box for each phrase.

	Mat	Maypole	Avenue
Looks like a canopy with an archway			
Has a flat, raised surface			
Is tall and pillar-like			
Is surrounded by rock fragments			

3 Why does the professor talk about the types of bowers?

(A) To describe what makes a bower an effective structure
(B) To make a point about the ingenuity of the bowerbird
(C) To emphasize the extremes to which the bowerbird goes to make a bower
(D) To explain that bowers are a distinct type of shelter

4 According to the professor, what are two aspects the female bowerbird considers before making a choice?

Choose 2 answers.

(A) The sensitivity of the male towards the female's feelings
(B) The outward aspect of the male bowerbird
(C) The overall design and attractiveness of the bower
(D) The wildness of the dance performed by the male

5 What is a buzz-wing flip?

(A) A technique the bowerbird uses for flight
(B) A mating call by the male bowerbird
(C) A ritualistic presentation by a male bowerbird
(D) A manner in which the bowerbird walks

6 What does the professor imply about female bowerbirds?

(A) They are insensitive to the efforts of the male bowerbird.
(B) They have to defend themselves from male bowerbird attacks.
(C) They consider their options before making a choice.
(D) They prefer male bowerbirds that are as attractive as the bower.

CONVERSATIONS

LECTURES

Hackers **TOEFL** LISTENING

정답 p.587

2. Astronomy

Astronomy(천문학)는 우주 전체와 우주 안에 있는 여러 천체의 기원, 진화, 구조, 거리, 운동 등을 연구하는 학문이다. 토플에서는 태양계와 태양계의 아홉 개의 행성의 탄생과 특징, 소행성과 별들의 구성 등 천문학의 기초에 대한 주제들이 출제된다. 따라서 이에 대한 개괄적인 지식과 생소한 천문학 용어들을 정리해 두면 도움이 된다.

관련토픽 및 기초지식

1. Solar System (태양계)

태양을 중심으로 지구를 비롯한 아홉 개의 대행성과 다수의 소행성·혜성 등이 서로 간의 인력에 의해 공전하며 하나의 천체계를 이루고 있는 것을 태양계라 한다.

태양계 생성에 관한 학설

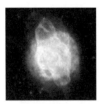

가스 성운

행성이 존재하지 않았던 원시 태양계가 현재의 형태로 변화한 과정에 대해서는 다양한 학설이 있다. 성운설(Nebular hypothesis)은 원시 태양계를 구성하던 거대한 가스 성운(nebula)이 점차 냉각·수축하면서 회전 속도가 빨라지게 되고 이 과정이 반복되면서 중심부는 태양이 되고, 뭉쳐진 고리 모양의 가스 덩어리는 행성이 되었다는 설이다. 조석설(Tidal hypothesis)은 원시 태양 주위에 다른 별이 접근할 때 생긴 인력으로 태양으로부터 끌려 나온 가스가 식은 후 뭉쳐 지금의 행성의 모습을 이루었다는 가설이다.

태양풍 (solar wind)

태양풍

태양으로부터 우주 공간을 향해 쏟아져 나가는 전자(electron), 양성자(proton), 헬륨 원자핵(α-particle) 등 입자의 흐름을 태양풍이라 한다. 혜성의 꼬리가 항상 태양의 반대쪽으로 향하는 것으로 확인할 수 있다. 지구는 지구를 둘러싸고 있는 자기력선(lines of magnetic force) 때문에 태양풍에 직접적으로 노출되지 않지만 달은 이러한 보호벽이 없어 태양풍의 직접적인 영향을 받는다. 태양계가 탄생할 때 태양풍에 의한 에너지 때문에 밀도(density)가 낮은 목성형 행성(jovian planet)이 바깥쪽에 위치하게 되고, 밀도가 높은 지구형 행성(terrestrial planet)이 안쪽에 자리 잡게 되었다.

2. Major Planets (대행성)

1 Terrestrial Planets (지구형 행성)

크기가 작고 밀도가 높으며 주로 금속(metal)이나 암석(rock)으로 이루어져 있다. 태양계의 안쪽에 위치하는 수성(Mercury), 금성(Venus), 지구(Earth), 화성(Mars)이 이에 속한다.

수성 (Mercury)

수성은 태양과 가장 가까이 위치한 행성으로 표면의 온도가 347℃까지 상승하며 태양 중력(gravity)의 영향을 강하게 받는다. 따라서 우주선이 착륙하기 힘들어 탐사가 어렵다. 수성에는 대기가 없어 풍화작용이 일어나지 않으므로 표면은 유성체(meteoroid)와 충돌한 흔적인 많은 분화구(crater)로 덮여 있다. 수성의 중심은 철(iron)로 이루어져 있는데, 이는 수성의 밀도(density)가 높고 자기장(magnetic field)이 강하다는 사실을 통해 알 수 있다.

금성 (Venus)

금성은 크기와 구성(composition)이 지구와 가장 비슷하고 지구에서 관측할 때 태양과 달 다음으로 밝은 행성이다. 유성체나 소행성(asteroid)과 충돌하여 오래된 분화구가 많을 것이라고 추정되었으나 마젤란 탐사(Magellan space probe) 결과 분화구 수가 매우 적고 비교적 최근에 생성된 것으로 밝혀졌다. 이런 현상에 대해서는 화산 활동과 같은 지각변동(cataclysm)으로 인해 급격히 소실되었다는 이론과 풍화작용으로 인해 천천히 소실되었다는 이론이 있다.

화성 (Mars)

극관

화성은 붉은빛을 띠고 있어 예로부터 전쟁이나 재앙과 연관되었던 행성이다. 화성의 극지대에는 겨울에는 커지고 여름에는 작아지는 흰 극관(polar cap)이 있다. 이는 물이나 이산화탄소로 구성된 눈이 극지방에 쌓여 형성된 것으로 추정된다. 표면에서 먼지 도깨비(dust devil)라 일컬어지는 회오리바람이 활동하기도 하는데 한때 이 바람이 지나간 자리가 생물체가 지나가면서 남긴 흔적으로 오인되기도 하였다. 또한 지구에 떨어진 운석에서 발견된 성분과 지구에서 관찰할 수 있는 화성 표면의 색 변화에 근거한 오해로 생명체의 존재 가능성이 대두되기도 했다.

2 Jovian Planets (목성형 행성)

크기가 크고 밀도가 낮으며 가스나 얼음이 주성분이다. 바깥쪽에 위치하는 목성(Jupiter), 토성(Saturn), 천왕성(Uranus), 해왕성(Neptune)이 이에 속한다.

목성 (Jupiter)

목성의 위성 Io

목성은 태양계에서 가장 큰 행성이다. 미국항공우주국(NASA)이 발사한 무인우주탐사선 보이저호(Voyager)의 탐사 결과 목성은 오렌지빛을 띠는 짙은 대기로 둘러싸여 있음이 밝혀졌다. 또한 토성(Saturn)과 마찬가지로 가는 고리가 있으며 자기장이 매우 강하다는 사실도 확인되었다. 목성의 112개의 위성(moon) 중에서 이오(Io)에 대한 연구가 활발히 진행되고 있다. 이오는 지구형 행성과 비슷한 크기이고, 화산을 가지고 있지만 표면기온이 낮아서 화산은 폭발하자마자 얼어버린다.

토성 (Saturn)

토성은 태양계에서 목성 다음으로 큰 행성이며 행성들 중에서도 밀도가 가장 낮고 자전속도(rotational velocity)가 빨라서 타원형이다. 다른 행성들보다 선명한 여러 개의 고리를 갖고 있으며 이 고리들은 수많은 고체 알갱이로 구성되어 있다. 고리의 형성에 대해서는 토성의 거대한 위성 중 하나가 부서져서 생성되었다는 가설이 유력했다. 그러나 1970년대 이후 고리의 구성물질 대부분이 얼음이라는 것과 토성의 위성들 중 일부가 얼음으로 덮여 있다는 것이 밝혀지면서, 얼음으로 둘러싸인 거대한 위성의 궤도가 불안정해지면서 추락했고 위성이 추락하는 동안 겉을 둘러싸고 있던 얼음이 벗겨져 고리를 형성하게 되었다는 가설이 등장했다.

천왕성과 해왕성 (Uranus & Neptune)

두 행성의 대기에 풍부한 메탄(methane)은 높은 온도와 압력의 영향을 받아서 표면에 보이는 검은 탄소(carbon) 덩어리를 형성한다. 이 탄소 덩어리가 다이아몬드로 변화하여 행성의 중심(core)에서 발견된다. 이들 행성도 목성, 토성과 마찬가지로 고리를 가지고 있다.

3. Minor Celestial Bodies (작은 천체들)

1 Pluto (명왕성)

명왕성은 지구에서 멀리 떨어져 있으며 크기도 작아서 관측이 어렵다. 비교적 최근까지 행성으로 분류되었으나 태양계의 다른 행성과 비교해 17도 기울어진 궤도를 공전하고 얼음으로 이루어져 있어 행성(planet)이라기 보다는 혜성(comet)으로 분류해야 한다는 의견과, 위성을 갖고 있고 혜성보다는 훨씬 크기가 커서 행성으로 분류해야 한다는 의견이 대립해왔다. 이후 위성을 가진 큰 혜성과 해왕성 바깥에 명왕성과 비슷한 특성을 가지는 얼음과 운석으로 된 천체들의 집합체인 카이퍼 벨트(Kuiper Belt)가 발견되어 결국 2006년에 대행성 지위를 박탈당하고 왜소행성(dwarf planet)으로 다시 분류되었다.

2 Moon (달)

지구에서 가장 가까운 천체이고 지구 주위를 공전하며 조수간만의 차 등 지구에 여러 가지 영향을 미치는 위성이다.

달의 생성에 관한 학설

달의 생성에 대해서는 다양한 학설이 존재한다. 태양계가 형성되던 초기에 지구가 빠른 속도로 자전하면서 지구의 일부가 떨어져나가 달이 되었다는 설(Fission hypothesis)과 지구의 중력이 지나가는 운석(meteorite)을 끌어당겼다는 설(Capture hypothesis)이 있다. 또한 다른 물체가 지구와 충돌하면서 발생한 파편과 가스가 모여 달이 만들어졌다는 설(Collision hypothesis)도 있다.

알베도 (albedo)

알베도란 빛을 반사하는 정도를 나타내는 수치이며 반사율(reflexibility)이라고도 한다. 태양으로부터 들어온 빛이 반사될 때 반사되는 빛의 총량을 들어온 빛의 세기로 나누어 계산한다. 빛은 대기 속에서 주로 반사되므로 대기가 있는 행성의 알베도는 대기가 없는 천체보다 훨씬 크다. 따라서 달은 지구보다 알베도가 작아 우주 공간에서 볼 때 상대적으로 어둡게 보인다.

3 Asteroid (소행성)

주로 화성과 목성의 공전궤도 사이에서 태양의 둘레를 돌고 있는 작은 떠돌이별들을 가리킨다. 이들이 모여 소행성대(asteroid belt)를 이룬다.

소행성 충돌

소행성 중 일부는 외행성(outer planet)의 중력 때문에 궤도를 이탈하게 되어 지구와의 충돌 위험이 있다. 충돌이 일어나면 충격파, 해일(tsunami), 전자기적 변화 등 복합적인 결과가 발생한다. 천문학자들은 지름 1km짜리 소행성이 지구와 충돌할 경우, 그 위력이 히로시마에 투하됐던 원자폭탄 천만 개와 맞먹을 것으로 예상하기도 한다.

4 Comet & Meteor (혜성과 유성)

혜성과 유성은 지구에서 볼 때 밝게 빛을 내며 이동한다는 점은 같으나 기본적으로 큰 차이가 있다.

혜성 (comet)

혜성은 타원이나 포물선 궤도를 따라 태양 둘레를 도는 긴 꼬리를 가진 천체이다. 먼지와 얼음으로 구성된 혜성의 핵이 태양의 열로 조금씩 녹아 코마(coma)라고 하는 대기를 형성하여 밝게 빛난다. 이온 상태인 코마 안의 가스와 혜성에서 나온 먼지는 태양풍에 날려 태양의 반대 방향으로 긴 꼬리를 만든다.

유성체(meteoroid), 유성(meteor), 운석(meteorite)

대기에 진입한 유성체

태양계에 존재하는 아주 작은 천체는 지구 대기권에서의 위치에 따라 각각 다른 명칭을 가진다. 유성체는 우주에서 궤도를 갖지 않고 행성으로 떨어지는 물체이며 대기권에 진입하기 전의 이름이다. 유성체가 행성의 대기권으로 진입할 때 대기권과의 마찰로 타고 있는 상태를 유성이라 하며, 대기권을 다 통과한 후 유성이 행성 표면에 떨어진 것을 운석이라고 한다.

4. Supernova & Star Formation (초신성과 별의 형성)

1 Red Giant Star (적색거성)

질량이 큰 항성은 진화하는 과정에서 부피가 팽창하고 표면온도가 낮아지며 대류층이 깊은 별로 변하는데 이를 적색거성이라고 한다. 질량이 작은 항성의 경우 적색거성의 단계를 거치지 않고 바로 백색왜성으로 진화한다.

2 White Dwarf (백색왜성)

항성진화의 마지막 단계에서 표면층의 물질을 우주 공간으로 방출하고 남은 물질들이 뭉쳐 형성된 별을 말한다. 평균적으로 지구 정도의 크기에 태양의 1.4배에 달하는 질량을 가지고 있다. 질량이 큰 거성과 쌍성(binary star)을 이루고 있을 경우, 거성의 물질이 이동해 백색왜성의 표면에 쌓이고 표면의 온도를 높여 폭발이 일어나게 되는데 이때 초신성이 나타난다.

3 Supernova (초신성)

항성이 수명을 다하고 폭발할 때 거대한 에너지를 우주 공간에 순간적으로 방출하고 그 밝기가 평소의 수억 배에 이르렀다가 다시 어두워지는 현상을 말한다. 별의 일생 가운데 갑작스러운 죽음의 단계를 가리키는 초신성은 별의 형성, 나아가 우주의 형성을 설명할 수 있는 방안으로서 기대받고 있다.

5. Parallax (시차)

서로 다른 관측지점에서 한 물체를 동시에 보았을 때 겉보기 상 위치의 차이가 발생하는데 이를 시차라고 한다. 이런 위치의 차이를 이용해 관측지점에서부터 관측물체까지의 방향을 계산해 낼 수 있으며 이 원리를 이용해 지구에서 별까지의 거리를 측정할 수 있다. 거리가 너무 먼 곳에 있는 별의 경우 위치의 차이 값이 극히 작아 측정이 불가능하므로 비교적 가까운 별의 거리 측정에 대해서만 쓰인다.

HACKERS TEST

 [1-6] Listen to part of a lecture in an astronomy class.

1 What is the lecture mainly about?

(A) New theories regarding the composition of Saturn's rings
(B) The development of human knowledge about Saturn's rings
(C) Key differences between Saturn's rings and those of other planets
(D) The data on Saturn's rings gathered by recent space missions

2 According to the professor, what did astronomers mistakenly believe about Saturn's rings?

Choose 2 answers.

(A) They are composed of matter in liquid form.
(B) Each is made up of a large number of particles.
(C) They include considerable amounts of frozen water.
(D) Each is a solid object that encircles the planet.

3 Why does the professor mention data collected by telescopes and the Voyager spacecraft?

(A) To emphasize how little astronomers knew about Saturn's rings prior to the 20th century
(B) To provide recent evidence that confirmed a previous assumption about the formation of Saturn's rings
(C) To introduce findings that caused experts to rethink how Saturn's rings came into being
(D) To illustrate how scientists came to the realization that a fallen moon was responsible for Saturn's rings

Listen again to part of the lecture. Then answer the question.

4 Why does the professor say this:

(A) To question whether the student understands the topic
(B) To indicate that the student was only partially correct
(C) To encourage the student to pay closer attention
(D) To confirm that the student's conclusion is accurate

5 What is the professor's opinion of the theory that Saturn's rings are made of ice that once covered a large moon?

(A) It has been conclusively proven by recent evidence.
(B) It is a controversial idea that will never be confirmed.
(C) It is a plausible scenario that requires verification.
(D) It has been discredited by modern space exploration.

6 According to the professor, what did the most recent theory about the formation of Saturn's rings propose?

Choose 2 answers.

(A) A moon collided with a passing comet.
(B) A moon's icy exterior was pulled away from it.
(C) A moon crashed into a massive chunk of ice.
(D) A moon's orbit was destabilized.

정답 p.589

CONVERSATIONS

LECTURES

Hackers **TOEFL** LISTENING

3. History

History(역사)는 인간이 살아온 모습과 인간의 행위로 일어난 사실 및 그 사실에 대한 기록을 말한다. 토플에서는 역사 중에서도 미국, 혹은 미국과 관련된 주변국에 대한 역사가 자주 다루어진다. 따라서 세계의 역사뿐만 아니라 미국의 역사도 시대별 특징과 주요 사건들을 중심으로 정리해두는 것이 필요하다.

관련토픽 및 기초지식

1. US History (미국의 역사)

Colonial America (식민지 미국) 1492 ~ 1763	 Mayflower호	· 청교도인(Puritan) 이주: 1620년 종교의 자유를 찾아 영국에서 Mayflower호를 타고 Massachusetts에 상륙하여 Plymouth 식민지를 세웠다. · 식민지 확대: 1733년까지 13개의 식민지가 건설되었다.
Revolutionary Period (독립전쟁 시기) 1764 ~ 1789		· 독립혁명(America Revolution): 독립과 민주주의 확립을 가능케 한 독립선언(Declaration of Independence)이 1776년에 이루어졌다. · 건국: 1781년 10월 19일 각 식민지는 주(state)로 명명되고 이들이 연합한 미합중국(United States of America)이 설립되었다.
New Nation (새로운 국가) 1790 ~ 1828	 토마스 제퍼슨	· 토마스 제퍼슨(Thomas Jefferson): 미국의 3대 대통령이자 미국 독립선언문의 초안을 작성한 기초 위원이었다. 그는 반연방주의와 독립적인 권한을 가진 주정부를 지향하였다. 그는 대통령으로서의 역할 외에도 건축, 음악, 과학 등 여러 분야에서 탁월한 재능을 발휘했다.

Western Expansion (서부개척) 1829 ~ 1859	 사금 채취	• 프런티어(frontier): 서부의 개척지를 의미한다. 자립의 기회가 열려 있었기 때문에 많은 사람들이 경제적 열망을 쫓아 서부로 이동했다. 농업발달에 기여했으며 공업제품의 국내시장을 확대했다. • 개척정신: 개인주의(individualism)와 현실주의(realism)로 대표되는 미국의 국가정체성(nationality)의 바탕이 되며 자유와 평등의 의미를 확장시켰다.
	• 골드러시(gold rush): 금광이 발견된 지역으로 사람들이 몰려든 현상이다. 1848년 캘리포니아에서 발견된 금광이 그 시초이며 그 결과 캘리포니아는 단기간에 인구가 급격히 늘어나 주(state)로 승격되었다.	
Civil War (남북전쟁) 1860 ~ 1865	 링컨	• 북부 vs. 남부: 링컨(Abraham Lincoln)의 대통령 당선 후 진보적인 북부와 보수적인 남부 사이에 노예문제를 둘러싼 전쟁이 발발하였다. 북부가 승리하고 흑인 노예들은 법적으로 노예신분에서 해방되었다.
Reconstruction (재건의 시기) 1866 ~ 1889	카네기	• 공업의 발달: 정치적·사회적 개혁의 결과로 교통이 발달하고 도시가 성장하면서 공업이 급속히 성장하였다. • 철강산업의 발달: 서부의 풍부한 광물자원 중에서 싸고 쉽게 구할 수 있었던 철을 이용한 산업이 급격히 발전했다. 철강 수요 증대를 예견한 카네기(Carnegie)는 회사경영을 조직화하는 경영방법을 통해 철강산업의 선구자가 되었다.
Progressive Era (진보의 시기) 1890 ~ 1913	• 급속한 성장: 1890년대의 미국은 경제적·사회적으로 비약적인 발전을 이루어 세계의 중심 국가가 되었다.	

World War & Great Depression (세계대전과 대공황) 1914 ~ 1945	 Dust Bowl의 피해	· 제1차 세계대전: 제국주의(imperialism)로 인한 열강들의 세력 다툼에서 비롯되었다. 1914년부터 4년간 지속되었으며 독일의 항복으로 끝났다. · 대공황(Great Depression): 자유방임주의 정책 하에 주식 투자와 과대투기가 성행하여 1929년 뉴욕 주식시장의 주가 폭락을 계기로 일어났다. 1941년 미국이 제2차 세계대전에 참전하면서 대공황은 종결되었다.
	· 황진 지대(Dust Bowl): 모래 폭풍이 부는 지대를 뜻한다. 대공황 시기에 남부 농업 지역에서 발생했던 가뭄과 열악한 토지관리가 그 원인이었다. 재정적으로 어려웠던 농부들이 농지를 담보로 하고 돈을 빌렸으나 돈을 갚지 못하여 농지 소유권을 잃게 되 었다. 이로 인해 원래 농사를 짓던 땅이 놀게 되고 결국 이 땅들이 황폐화하여 가뭄으 로 인한 농업위기를 불러왔다.	
Modern Era (냉전시기 이후) 1946 ~ 현재	· 전후 시대: 미국은 세계대전 이후 전쟁으로 황폐화된 유럽 복구 사업을 통해 지속적 으로 성장하였다.	

2. World History (세계의 역사)

고대 (인류문명의 시작 ~ 로마제국의 멸망) 500 BC ~ AD 400	로마 극장	· 고대 로마(Ancient Rome): 기원전 8세기 중엽 티베르강 유 역에서 라틴인이 건국한 제국으로 지중해(Mediterranean Sea)의 패권을 장악했다. 왕과 귀족이 함께 통치하는 공화정 제도가 있었으며 토목·의학·과학·법률 등 실용적인 문화가 발달했다. 많은 군인황제가 출현하고 이민족의 침입, 인구감 소 등의 사회혼란으로 인해 동·서 로마로 분열되었다. 476년 게르만 족(Germanic peoples)의 침입으로 서로마가 멸망 하면서 로마제국이 무너지고 게르만족이 유럽을 장악했다.
중세 (로마제국 멸망 이후 ~ 르네상스) AD 400 ~ 16C	· 르네상스(Renaissance): 14세기와 16세기 사이에 이탈리아에서 시작된 문화운동 이다. 학문 또는 예술의 재생·부활을 목적으로 고대 그리스·로마의 인간중심 문화를 부흥시키는 것에 중점을 두었다. 사상·문학·미술·건축 등 다방면에 걸친 변화가 일 어났으며 신 중심이었던 중세 예술을 인간 중심으로 전환시켜 현실을 바탕으로 한 표 현이 발전했다.	

근대 (르네상스 이후 ~ 제2차 세계대전) 16C ~ 1945	• 계몽주의(Enlightenment): 17, 18세기에 유럽에서 일어난 사회개혁운동으로, 이성의 힘을 중시했으며 기존의 봉건사상을 타파하고 사회를 개혁하는 데 목적을 둔 사상운동이다. 루소(Rousseau), 칸트(Kant) 등을 계몽주의에 큰 영향을 끼친 지식인들로 꼽을 수 있다. 커피하우스(coffee house)는 이러한 계몽주의의 확산에 큰 영향을 준 것으로 이야기되는데, 여러 지식인들이 모여 자유롭고 합리적인 토론을 하는 것을 가능하게 한 장소였을 뿐만 아니라 일반 대중들도 정치·철학적 현안에 대한 전문가적인 견해를 듣거나, 활자 매체를 접할 수 있는 장소였기 때문이다. • 산업혁명(Industrial Revolution): 18세기 중엽 영국에서 시작된 기술혁신과 이에 따라 일어난 사회·경제 구조의 대변화를 의미한다. 제임스 와트(James Watt)가 발명한 증기기관(steam engine)으로 인해 새로운 에너지원이 등장했다. 이는 산업혁명의 직접적인 원동력이라 할 수 있다.

HACKERS TEST

 [1-6] Listen to part of a lecture in a history class.

1   What is the main topic of the lecture?

   (A) A possible explanation for a period of significant cultural and intellectual growth in Europe

   (B) Important events that occurred in European coffeehouses during the 17th century

   (C) An illustration of how the rational thought of Enlightenment philosophers altered the general mindset

   (D) Changes European society underwent as the dissemination of knowledge became more efficient

2   Why does the professor discuss Rousseau's concept of general will?

   (A) To emphasize that topics discussed in coffeehouses were often political

   (B) To illustrate Rousseau's crucial role in initiating the French Revolution

   (C) To explain how coffeehouses served as vehicles for socially impactful ideas

   (D) To point out an idea that conflicted with prevailing views of the time

3   According to the professor, why were coffeehouses called penny universities?

   (A) They were originally established on campuses as cheap meeting places for students.

   (B) They offered every customer a newspaper and coffee for one cent.

   (C) They were most commonly frequented by people who taught at nearby schools.

   (D) They provided patrons with a chance to learn as long as they could pay a small fee.

Listen again to part of the lecture. Then answer the question.

4 What does the professor mean when she says this:

(A) The student's response to her question is too general.
(B) She wants the other students to contribute to the discussion.
(C) The student should elaborate on his statement.
(D) She was expecting to receive a different answer.

5 What were two ways that people could gain access to the latest information during the Enlightenment?

Choose 2 answers.

(A) By patronizing coffeehouses
(B) By attending public meetings
(C) By reading newspapers
(D) By enrolling in university courses

6 What does the professor imply about printed material in Europe prior to the 17th century?

(A) It was primarily used in churches.
(B) It was mostly found at universities.
(C) Its content was commonly censored.
(D) Its tone was often critical of authorities.

정답 p.591

CONVERSATIONS

LECTURES

Hackers **TOEFL** LISTENING

4. Art

Art(예술)는 인간의 미적 감각을 형상화시키는 창조 활동과 그 결과물인 작품을 다루는 분야이다. 미술·조각·무용·건축양식 등의 다양한 분야가 포함된다. 토플에서는 각 시대를 풍미했던 대표적인 미술 양식과 특징, 세계 미술에 영향을 끼쳤던 예술가들에 대한 주제가 자주 출제된다. 따라서 이를 중심으로 배경지식을 습득하여야 한다.

관련토픽 및 기초지식

1. Styles of Art (미술양식)

1 Prehistoric Art (선사 시대 미술)

선사 시대에는 주로 실용적인 그림이나 다산을 비는 그림 등 무언가를 바라는 그림이 많았다. 선사 시대 미술 작품은 주로 동굴 벽에서 발견되었다.

2 Greek Art (그리스 미술)

그리스 미술은 아테네 지역을 중심으로 로마의 지배를 받기 전까지 대표적이었던 미술 양식이다. 이집트 조각의 전면성과 부동성, 그리고 이집트적인 비례가 사용되었던 것으로 미루어 그리스 조각은 고대 이집트의 영향을 받았음을 알 수 있다. 하지만 이집트의 조각들과 달리 이 조각들은 두 팔과 몸통 사이, 다리 사이에 무게를 지탱하는 돌 구조물이 없었다. 또한 그리스 미술은 인체를 정확히 묘사하는 것에 중점을 두었다.

3 Gothic Art (고딕 미술)

중세 미술(Medieval Art)의 특징은 일반 시민들에게 성경의 내용을 전달하려 했다는 것이다. 그리하여 중세 시대의 예술과 신과 만나는 장소인 성당(cathedral)은 웅장하고 화려해졌다. 고딕 미술은 중세 시대의 미술 양식이다. 고딕 미술은 중세 후기에 영국, 독일, 프랑스 등 여러 나라에 전파되어 유럽을 하나의 예술양식으로 통합시켰다. 고딕 미술 시대에는 염료의 발달로 화려한 색을 많이 사용하기 시작했다. 특히 고딕양식으로 건축된 성당은 스테인드 글라스를 이용해 장식한 거대한 창이 특징으로, 첨탑양식과 인물의 자연스러운 표현에 중점을 두었다.

4 Renaissance Art (르네상스 미술)

르네상스 미술은 14~16세기 서유럽에서 일어난 문화 운동이다. 르네상스 문화는 이탈리아를 중심으로 발전하여 전 유럽으로 퍼져 나갔다. 이 시기에 교회는 신 중심에서 인간을 위한 것으로 변했고, 미술은 인간 중심의 아름다움을 추구하고자 했다. 르네상스 대표 예술가로는 보티첼리, 도나텔로, 미켈란젤로 등이 있다.

르네상스 시대에 예술품을 복원하는 데는 미적 가치에 비중을 두느냐, 원상태를 유지하는 것에 비중을 두느냐에 따라 두 가지 방법이 있었다. 미적 가치를 추구하는 예술가들은 예술품들을 복원하기 위해 새로운 재료나, 심지어 다른 예술품의 조각들을 사용했고, 그 결과 최초 예술품과는 아주 다른, 새로운 예술품들이 만들어졌다. 원상태를 유지하는 것에 비중을 둔 예술가들은 최초 예술품과 거리가 멀어지는 것을 싫어했고, 그들의 복원 방법은 최초 예술품에서 떨어진 조각들을 다시 붙이는 것에 머물렀다.

5 Baroque Art (바로크 미술)

17세기 초부터 18세기 전반에 걸쳐 이탈리아를 중심으로 유럽의 여러 가톨릭 국가에서 발전한 미술양식이다. 바로크 미술은 가톨릭 국가의 종교미술에 새로운 힘을 불어넣었으며 회화의 새로운 기법들과 주제를 다루기 시작했다. 명암(shading)의 강한 대비를 이용하여 세속적이고 현세적인 주제를 다루었고 원근법(perspective)이 등장했다. 바로크 미술은 비고전적·동적·불규칙적·과장적인 특징을 지닌다. 바로크 양식의 대표적인 조각가이자 건축가는 베르니니(Bernini)이다.

6 Naturalism (자연주의)

19세기의 자연주의는 예술, 철학, 과학에서 나타난 사실주의 운동이자 사실적으로 물체를 묘사하는 데 중점을 둔 예술형태이다. 자연주의 작품의 예로는 미국 화가인 윌리엄 블리스 베이커(William Bliss Baker)의 풍경화, 구스타브 플로베르(Gustave Flaubert)의 <Madame Bovary>가 있다.

7 Impressionism (인상파)

인상파는 19세기 후반 프랑스를 중심으로 발전했다. 자연을 하나의 색채 현상으로 보고, 빛과 함께 시시각각 움직이는 색채의 미묘한 변화 속에서 자연을 묘사하는 것에 중점을 두었다. 반 고흐(Van Gogh)·모네(Monet)·르누아르(Renoir) 등이 대표적인 인상파 화가이다. 그들은 빛에 의해 변하는 자연의 순간적인 모습을 표현하기 위해 다양한 새로운 기법을 연구했다.

2. Fields of Painting (회화의 분야)

1 Oil Painting & Water Painting (유화와 수채화)

유화는 기름으로 물감을 풀어 캔버스(canvas)에 그린 작품을 말한다. 색조나 색의 농담을 쉽게 나타낼 수 있고 광택(luster)·투명도(transparency)·질감(texture) 등을 자유롭게 표현할 수 있는 장점이 있다. 반면 수채화는 물감을 물에 풀어 종이에 그린 작품을 뜻한다. 투명한 느낌을 강조하는 수채화는 유화와는 달리 덧칠을 할수록 탁해지므로 한번 그린 것을 수정하기 힘든 단점이 있다. 수채화는 빛에 의한 음영변화 효과를 얻을 수 있어 풍경화에 적합하다.

2 Stained Glass (스테인드글라스)

유리는 기원전 3000년경에 이집트와 메소포타미아의 도공들이 찰흙을 천연 탄산소다로 만들어진 토막 위에 구우면서 발견했다고 여겨진다. 기원전 1350년경으로 짐작되는 이집트 유리 공장의 유적은 현재까지 남아 있다. 1세기가 되자 로마인들은 유리 불기 제법을 발명했다. 12세기와 13세기 중세시대에는 유리를 제조하면서 색을 넣을 수 있도록 몇 가지 광물을 첨가했다. 이것이 스테인드 글라스의 초기이다.

스테인드 글라스는 모자이크(mosaic)의 영향을 받아 만들어진 채색한 유리판을 뜻한다. 검은 윤곽선 사이에 여러 가지 색유리 조각을 끼워 빛에 의한 아름다운 채색효과를 얻는 방법이다. 역사적으로 스테인드 글라스를 만들기 위해 세 가지 방법으로 유리에 색을 줬다. 첫째, 유리에 광물을 첨가해 주는 방법, '플래시드 글라스(flashed glass)'라는 유리 위에 페인트를 얇게 칠해 불로 융합시키는 방법, 마지막으로 색이 들어간 유리 조각을 납으로 연결하는 대신 한 장의 유리에 여러 가지 다른 색으로 페인트를 칠하는 방법이 있었다. 마지막 기법을 택한 예술가들은 16세기의 프레스코 화법 작품을 모사하고 싶었기 때문에 이 방법을 택했다.

3 Fresco & Tempera (프레스코와 템페라)

이탈리아어로 '신선'이란 뜻의 프레스코는 회반죽 벽이 마르기 전에 그곳에 안료를 물에 개어 그린 벽화 또는 그 기법을 가리킨다. 템페라는 색채가 있는 물질을 빻거나 갈은 후 용매를 첨가하여 만든 불투명한 물감 또는 그것으로 그린 그림을 뜻한다.

4 Pottery (도예)

토기, 도자기 등을 만드는 작업인 도예는 오래전부터 여러 문화에서 존재했다. 유명한 도자기로는 중국 명 왕조(Ming dynasty)의 덕화 자기(Dehua porcelain)와 청화백자(Blue-and-white porcelain)가 있다. 덕화 자기는 고령토(kaolin)를 이용하여 만든 순수한 유백색의 자기로, 고령토의 산화철(iron oxide) 함량이 매우 낮기 때문에 이와 같은 밝은 흰색을 나타낼 수 있다. 덕화 자기는 무늬나 그림으로 장식하지 않았으며 주로 종교적인 물건들을 만드는 데 많이 사용되었다. 청화백자는 백자에 파란색의 안료로 장식하여 백과 청의 선명한 대비가 특징이다. 청화백자를 만든 예술가들은 백자의 흰색을 그림에 포함하고 청색 안료로 그림을 그려 두 색의 선명한 대비 효과를 활용했다.

5 Statue (조각상)

조지 워싱턴(George Washington)의 조각상을 만든다는 것은 예술가들에게 이 조각상이 민주주의, 일반인, 그리고 미국을 이끈 대통령을 동시에 상징해야 한다는 문제를 제기했다. 조각상을 의뢰 받은 그리너프(Horatio Greenough)와 우동(Jean-Antoine Houdon)은 각각 다른 접근법을 택했다. 고전적인 스타일에 많은 영향을 받은 그리너프는 워싱턴을 그리스 신 제우스로 묘사했고, 우동은 워싱턴을 독립 전쟁 때의 모습으로 묘사했다. 그리너프의 조각상은 워싱턴을 황제로 표현했다는 심각한 비평을 받았고, 우동의 조각상은 워싱턴의 인간적인 면에 초점을 두어 모든 미국인들이 위대한 일을 할 수 있다는 가능성을 암시한다는 호평을 받았다. 워싱턴의 조각상들로부터 같은 인물의 조각상도 서로 다른 것을 상징할 수 있고, 또 실제 인물과 거리가 먼 상징적인 의미를 가질 수 있다는 것을 알 수 있다.

3. 유명한 예술가

1 Rembrandt Harmenszoon van Rijn (렘브란트, 1606~1669)

네덜란드의 예술가 렘브란트는 유화뿐만 아니라 에칭으로도 유명했다. 한 금속판에 왁스를 입혀 그 위에 조각한 후 잉크를 발라 종이에 찍어낸 램브란트의 에칭 작업은 자크 칼로(Jaques Callot)의 échoppe이란 발명품에 의해 더욱 발전되었다. 렘브란트는 échoppe을 사용해 그의 작품 <Hundred Guilder Print>에서 음영과 표현 기술을 마음껏 발휘했다.

2 Johannes Jan Vermeer (요하네스 얀 베르메르, 1632~1675)

17세기 네덜란드의 화가인 베르메르는 그의 그림에 자연스러운 조명을 담기 위해 여러 기술들을 끊임없이 연습하고 실험했다. 걸작인 <The Art of Painting>은 그의 활동 기간 막바지에 제작된 것으로 추정되며, 이 작품에 대한 여러 가지 해석이 있다. 이 작품에 그려진 장면은 실제 장면을 재현한 것인지 알 수 없고, 반이 어둠에 덮여 있어 시간이나 장소를 파악하기도 힘들다.

3 Mary Beale (메리 빌, 1633~1699)

영국 최초의 여성 전문화가로서 그녀는 17세기 영국의 가장 유명한 초상화가였다. 그녀의 아버지와 남편 모두 화가였으며, 그녀는 아버지로부터 미술을 배웠다. 결혼 후에는 그녀의 남편이 조수로 일하며 물감을 섞어주는 등 잡무를 도왔고, 그녀의 꽤 많은 수입을 관리했다.

4 Claude Monet (클로드 모네, 1840~1926)

모네는 프랑스의 대표적인 인상파 화가이다. 초기에는 인물화(figure painting)를 그렸으나 점차 밝은 야외에서 풍경화(landscape painting)를 그리기 시작했다. 그는 1872년 세느(Seine) 강변의 밝은 풍경을 그려 인상파 양식을 개척하였다. 1874년 파리에서 열린 전시회에 출품한 그의 작품 <인상·일출>에서 인상파란 이름이 모네를 중심으로 한 화가집단에 붙여졌다. 이후 그는 인상파 기법의 전형을 만들며 대표적 지도자로서의 위치를 굳혔다. 그의 대표작으로는 <소풍>, <강>, <루앙대성당> 등이 있다.

5 Vincent Van Gogh (빈센트 반 고흐, 1853~1890)

고흐

반 고흐는 서양 미술 사상 가장 위대한 화가로 여겨진다. 그의 작품은 세계에서 가장 널리 알려져 있고 가장 비싸다. 반 고흐가 그의 여러 작품에서 묘사한 밤 하늘은 매우 정확해 천문학자들은 그림의 별들의 위치를 이용해 작품이 완성된 날짜와 시간을 계산할 수 있었다. 그의 대표작으로는 <별이 빛나는 밤에>, <해바라기>, <아를의 집> 등이 있다.

6 Amedeo Modigliani (아마데오 모딜리아니, 1884~1920)

이탈리아의 표현주의자 화가 모딜리아니는 인체를 그대로 그리지 않고 그의 감정을 담아 독특하게 표현한 것으로 유명하다. 그의 인물들은 단순화된 형태로, 부드러운 선, 타원형의 얼굴과 몸을 가지고 있고, 이 인물들의 빼놓을 수 없는 특징은 길고 가느다란 목이다.

7 Frida Kahlo (프리다 칼로, 1907~1954)

멕시코시티 교외에서 태어난 프리다 칼로는 멕시코의 가장 유명한 화가이다. 그녀는 현실주의, 초현실주의, 상징주의, 그리고 멕시코의 토속 문화에 영향을 받아 주로 밝은 색으로 그림을 그렸고 그녀의 작품 대부분은 자신의 초상화였다. 1925년, 18세의 칼로는 교통사고로 척추, 쇄골, 갈비뼈, 골반, 오른쪽 다리와 오른쪽 발이 부러졌고, 발과 어깨가 빠졌으며, 자궁을 크게 다쳤다. 그녀는 이 사고로 35차례의 수술을 받았지만 평생 사고 후유증에 시달렸다. 사고 후 침대에서 지내는 시간이 길어지자 본격적으로 그림을 그리기 시작했다. 이 대형 사고의 정신적, 육체적 고통은 그녀의 삶에만 영향을 준 것이 아니라 그녀의 예술 작품들의 주제이기도 했다.

8 Paul Jackson Pollock (잭슨 폴락, 1912~1956)

일찍부터 예술 공부를 시작한 폴락은 도시의 빠른 진보를 싫어하는 지방주의자인 토마스 하트 벤튼(Thomas Hart Benton) 밑에서 공부를 했고, 그의 초기 작품은 아주 지방주의적인 느낌을 갖고 있었다. 하지만 1940년대 이후, 폴락의 그림은 점점 추상적으로 변해 갔다. 그는 캔버스를 바닥에 내려놓고 그 위에 페인트를 던지고 뿌리는 등 독특한 화법으로 대중의 주목을 끌었다. 폴락의 작품과 인기는 현대 미술의 중심을 파리에서 뉴욕으로 바꿔 놓았다. 하지만 폴락의 작품은 어린 아이라도 똑같이 할 수 있다는 의견과 그것은 대단한 추상적 표현주의자만이 할 수 있는 것이라는 엇갈린 평가를 꾸준히 받아왔다. 폴락의 대표작은 <Lavender Mist>이다.

9 Andrew Warhol (앤디 워홀, 1928~1987)

미국 팝아트의 선구자라고 불리는 앤디 워홀은 순수 미술에 대한 고정관념을 깨뜨리고 수프 깡통, 코카콜라 병, 사교계나 정치계 인물의 초상화를 그렸고, 그의 작품들을 조수들과 대량 생산하여 상업 미술가로서도 큰 성공을 거두었다. 그의 초상화들은 실크 스크린 판화기법으로 제작되었고, 한 작품 내에서도 그림이 여러 번 복제됐다는 것이 특징이다.

HACKERS **TEST**

 [1-6] Listen to part of a lecture in an art class.

1 What is the purpose of the lecture?

(A) To provide an overview of the ceramics industry in China

(B) To discuss in detail two types of porcelain from China

(C) To compare the methods of making porcelain in two different regions

(D) To explain why the ceramics trade flourished during the Ming dynasty

Listen again to part of the lecture. Then answer the question.

2 Why does the professor say this: 🎧

(A) To suggest that a classification system is inaccurate

(B) To imply that ceramic making is difficult to understand

(C) To indicate that the terminology is confusing

(D) To emphasize that pottery comes in various forms

3 Indicate whether each sentence below describes Dehua or blue-and-white porcelain.

Click in the correct box for each phrase.

	Dehua porcelain	Blue-and-white porcelain
It was made from a type of clay that contained negligible amounts of iron oxide.		
It used a method to ensure that the right quantity of oxygen was flowing into the kiln.		
It was embellished with a variety of images using a natural pigment.		
It was used to produce many items with spiritual significance.		

4 What does the professor say about the city of Jingdezhen?

(A) It has been overtaken by Fujian as the porcelain capital of China.
(B) It was founded at the beginning of the Ming dynasty.
(C) It continues to be an important center of porcelain production.
(D) It produced a special type of clay that contained no iron oxide.

5 What is the professor's opinion of blue-and-white porcelain?

(A) The floral designs are not realistic because they are only outlines.
(B) The pigment blends with the white backdrop to create a unique color.
(C) The use of bright patterns distracts from the minimalist design.
(D) The combination of the two colors is visually distinctive.

6 Why does the professor mention a blue dragon?

(A) To illustrate a point about how a design was implemented
(B) To specify a type of image commonly used by Chinese artists
(C) To provide an example of the use of pigments to create outlines
(D) To demonstrate the importance of imperial symbols in Ming porcelain

정답 p.595

5. Music

Music(음악)은 소리를 소재로 하여 박자(time)·선율(melody)·화성(harmony)·음색(timbre) 등을 일정한 법칙과 형식으로 조합하여 사상과 감정을 표현하는 예술이다. 토플에서는 서양 음악사를 대표하는 클래식과 미국에서 유래된 재즈 등의 특정 음악 장르에 대한 강의가 출제되고 있다. 그러므로 주요 음악 장르 및 해당 장르에서 주로 사용되는 다양한 악기와 연주법 등에 대한 이해가 필요하다.

관련토픽 및 기초지식

1. Music Genres & Trends (음악의 장르와 경향)

1 Classical Music (클래식 음악)

로마시민 중 최상류층을 가리키는 클라시쿠스(Classicus)라는 말에서 유래되었으며 '잘 정돈된, 품위 있는'의 의미를 갖고 있다. 이 말을 따서 예술상의 최고 걸작을 고전(classic)이라 부르게 되었다. 바흐가 사망한 1750년부터 베토벤이 사망한 1827년까지의 기간 동안 활동한 음악가들이 만든 작품들을 클래식이라 할 수 있다. 모차르트(Mozart), 하이든(Haydn), 베토벤(Beethoven) 등이 대표적인 음악가이다.

2 Romantic Music (낭만주의 음악)

낭만주의 음악은 고전주의 이후, 약 1820년대에서 1900년대 초반까지 창조된 음악 장르이다. 19세기에 유럽과 근대 국가에서 산업혁명이 일어났고 악기들은 산업 혁명의 기술 발전에 힘입어 더욱 자유로운 성량 및 음정 표현이 가능하도록 개량되었다. 호른, 트럼펫 등의 금관 악기에는 소리의 질을 높여주는 밸브가 부착되었고, 이러한 발전은 더욱 다양하고 풍부한 색채의 음향을 창출해낼 수 있도록 하였다. 연주 기술에서도 반음과 불협화음을 사용하는 다양한 기법이 등장했다. 낭만주의 음악의 대표적인 음악가는 베토벤, 쇼팽, 슈베르트, 브람스, 차이코프스키 등이다.

3 Opera (오페라)

중세 이탈리아에서 시작된 오페라는 인문주의자라고 불리는 예술가들의 집단에 의해 만들어졌다. 인문주의자들은 노래와 이야기가 섞인 고대 그리스의 연극을 상기시키는 예술 형태를 만들어내고자 했다. 오페라는 크게 두 부분으로 구성되어 있는데 이는 recitative(줄거리를 발전시키기 위해 평소 대화할 때와 비슷한 느낌으로 부르는 노래)와 aria(등장인물의 감정을 표현하기 위해 악기를 포함한 강렬한 노래)이다. 1670년대 프랑스에서는 tragédie en musique라는 새로운 형태의 오페라가 만들어졌고, 18세기에는 opera serie라는 이탈리아 스타일의 오페라가 영국에 소개되었다.

4 Jazz (재즈)

19세기 말 아프리카에서 미국으로 팔려온 흑인 노예들의 민속 음악과 미국 본토 백인의 유럽음악의 결합으로 생겨났다.

래그타임 (ragtime)

1910년대에 들어서부터 재즈라는 명칭을 사용하기 시작했으며 그 이전에는 일반적으로 래그타임(ragtime)이라고 불렀다. 이는 'Ragged Time'에서 유래한 것으로 음표를 박자보다 조금 앞이나 뒤에 놓음으로써 멜로디가 박자와 박자 사이에 떠 있는 것처럼 느껴지도록 하는 Ragged 기법과 관련되어 있다. 왼손은 정확한 박자를 짚지만, 오른손은 당김음인 분절법(syncopation)을 사용하여 리듬이 어긋나 있는 것이 래그타임의 특징이다. 스콧 조플린(Scott Joplin)과 젤리 롤 모턴(Jelly Roll Morton) 등이 래그타임의 대표적인 음악가이며, 조플린의 <Maple Leaf Rag>는 래그타임 음악 중 가장 잘 알려진 곡일 것이다.

레지나 카터 (Regina Carter, 1966~)

1966년, 미시건 주의 디트로이트에서 태어난 레지나 카터는 미국의 가장 창조적인 예술가 중 한 명이다. 그녀는 클래식 바이올리니스트로 시작했지만 프랑스 출신의 재즈 바이올리니스트 스테란 그래펠리의 연주를 듣고 자유로운 재즈 연주에 매료되어 재즈 바이올리니스트로 전환하게 된다. 그 후, 그녀는 여성 재즈 5인조 Straight Ahead로 이름을 알렸고, Berklee College of Music을 포함한 여러 기관에서 학생들을 가르쳤다.

아방가르드 음악 (avant-garde music)

예술에서 아방가르드는 이제까지의 예술 개념을 변화시킬 수 있는 혁명적인 예술 경향을 뜻한다. 아방가르드 음악은 소리에 자발적이며 자유로운 생동감을 주기 위해 음조(pitch)·리듬·형식 등의 요소를 미리 정하지 않고 연주자의 임의성(voluntariness)에 맡긴다.

존 케이지 (John Cage, 1912~1992)

미국 출신의 우연성 음악(chance operation)의 대표 음악가이다. 그의 <4분 33초>라는 작품은 연주 중에 이 시간만큼 일부러 아무런 연주를 하지 않음으로써 청중에게 들리는 우연적 음향을 표현했다. 이는 작곡가나 연주가에 의해 제시된 음악적 재료를 어떤 법칙이나 제약 없이 전달하기 위한 행위 예술이었다.

2. Musical Instruments (악기)

악기 분류 (musical instrument classification)

소리를 내어 음악을 이루는 요소가 되는 기구들은 모두 악기라 할 수 있다. 하나의 분류 기준으로는 다양한 악기의 성격을 제대로 반영하기 힘들기 때문에 악기의 재료·모양·연주형태·연주법 등의 여러 기준으로 분류하고 있다. 일반적으로는 연주기법을 기준으로 악기를 구분한다. 현악기(string instruments)는 줄을 활로 켜거나 손으로 뜯어서 소리 내는 악기이며 바이올린·첼로·기타 등이 있다. 관악기(wind instruments)는 입으로 불어서 소리 내는 관 모양의 악기로 재료에 따라 목관악기·금관악기로 나뉜다. 타악기(percussion instruments)는 치거나, 흔들거나, 두드려서 소리 내는 모든 악기들을 말하며 가락을 연주할 수 있는 것과 단순히 리듬이나 효과만을 낼 수 있는 악기로 나누어진다. 피아노와 오르간은 건반악기(keyed instruments)에 속한다.

피아노 (piano)

하프시코드(harpsichord)를 제작한 바르톨로메오 크리스토포리(Bartolomeo Cristofori)가 1698년에 새로운 건반 악기를 만들기 시작했다. 당시 하프시코드는 음량 조절이 불가능해 대중적인 인기를 얻지 못했고, 그래서 그는 음량 조절이 가능한 악기를 만들고 싶어 했다. 1709년에 새로운 악기가 완성되었고, 이 악기의 이름은 '피아노와 포르테가 되는 챔발로'(gravicembalo col piano e forte)였다. 그 후, 이것의 이름은 피아노포르테(pianoforte)로 바뀌었고, 그리고는 piano(피아노)란 이름으로 불리게 되었다.

HACKERS **TEST**

1 What does the professor mainly discuss?

(A) The varieties of vocal music in Renaissance Italy
(B) The origins and proliferation of opera in Europe
(C) The musical forms that influenced the development of opera
(D) The composition and structure of classical operas

2 Why does the professor mention *Madame Butterfly, Carmen*, and *The Marriage of Figaro*?

(A) To introduce three of the earliest Italian operas
(B) To give examples of operas from various countries
(C) To show that students have some familiarity with the topic
(D) To emphasize the importance of composers

3 According to the lecture, what factor inspired the creation of opera?

(A) The performances that took place for members of the court
(B) The political tension between France and Italy
(C) The success of Broadway musicals in America
(D) The type of performances that happened in Ancient Greece

4 Why does the professor mention Broadway?

(A) To explain the influences on early opera
(B) To illustrate the spread of opera to faraway places
(C) To make a point about the change in opera
(D) To show that audience tastes frequently change

Listen again to part of the lecture. Then answer the question.

5 What does the professor imply when she says this: ⌒

(A) Opera would never come to be accepted in France.
(B) Dance was not an important part of Italian culture.
(C) War prevented the spread of local opera forms.
(D) Audience tastes can be motivated by political factors.

6 According to the professor, what is true about *tragédie en musique*?

(A) It strived for purity by focusing strictly on the music and lyrics.
(B) It originated in Italy and was later adapted to the tastes of French audiences.
(C) It was the first type of opera permitted in Britain after the Restoration.
(D) It dealt with mythological themes and emphasized rhythm and dance.

정답 p.597

6. Environmental Science

Environmental Science(환경학)는 인간의 활동이 야기하는 여러 가지 환경 문제에 과학적으로 접근하여 해결 방안을 탐구하는 응용과학의 한 분야이다. 토플에서는 인간이 자연에 미치는 영향, 천연자원 고갈(natural resource shortage)과 토지 활용 문제, 생태계 보호, 야생 동식물 보호(wildlife management), 에너지 정책(energy policy) 등과 관련된 주제가 자주 출제된다. 따라서 이 분야의 주요 이슈에 대해 미리 파악하고 있으면 도움이 된다.

관련토픽 및 기초지식

1. Ecosystem (생태계)

1 Endangered Species (멸종위기 동물)

먹이사슬(food chain)을 구성하는 종(species) 중 한 종류의 개체 수에 급격한 변화가 생기면 사슬 내의 다른 동물들의 생존에도 영향을 미치며, 나아가 생태계 전체에 위기를 불러올 수 있다. 따라서 멸종 위기에 처한 동물을 보호하기 위한 노력이 필요하다.

자연 보호주의자(conservationist)들의 자연보호 방법

기존에는 멸종위기 동물을 포획하여 수를 늘린 후 야생으로 되돌려 보내는 방법이 일반적이었다. 하지만 야생 상태에서는 먹이와 활동공간의 부족으로 멸종동물의 개체 수가 더 이상 증가하지 못하는 문제점이 있기 때문에 자연 보호주의자들은 야생동물이 서식할 수 있는 공간을 따로 마련하고 풍부한 식량자원을 공급하는 방향으로 정책을 바꾸고 있다.

야생 연어(salmon)의 멸종위기

일반적으로 연어를 멸종위기종으로 보지는 않지만 이는 양식 연어의 수를 포함시킬 경우이고, 야생 연어의 개체 수만 보면 연어도 멸종위기종으로 분류될 수 있다. 양식장의 연어가 방생되거나 또는 탈출해서 생태계에 문제를 일으키기도 한다. 양식용 연어의 종은 제한되어 있는데 이들이 생태계에 나가 제한된 서식지와 먹이를 두고 야생 연어와 경쟁하여 조화롭던 생태계에 불균형을 초래하게 되는 것이다.

2 Tropical Rainforest (열대 우림)

적도(equator)를 중심으로 분포하는 밀림으로, 다양한 종의 동식물이 존재한다. 연간 강수량(annual precipitation)은 10,000mm로 많고 계절에 따른 강우량의 변동이 적다. 기온의 연교차는 5~6도로 일교차보다 적다.

아마존 수몰림 (Amazon flooded forest)

우기(wet season)에 강이 범람해 물에 잠기는 아마존의 일부 지역을 아마존 수몰림이라고 한다. 범람하는 강의 수질에 따라 아마존의 수몰림도 두 종류로 나눌 수 있다. 브라질어로 흰 물이라는 뜻을 가지는 varzea형 강에는 광물과 유기물이 풍부해 풍부한 동식물 개체가 존재한다. 부근의 토양도 비옥하기 때문에 농장이 많이 자리 잡은 것을 볼 수 있다. 반면 검은 물이라는 뜻의 igapó형 강은 산성을 띠고 있고 광물과 유기물이 부족해 igapó형 강 주변의 수몰림에서는 제한된 일부 생물만이 자랄 수 있다. 무지개빛의 관상용 물고기나 맹그로브(mangroves) 등이 이 지역에 적응하여 살아가는 대표적인 생물이다.

레퓨지 이론 (refuge theory)

아마존 열대 우림에 다양한 종(species)의 동식물이 존재하는 이유를 설명하는 이론 중에 레퓨지 이론이 있다. 빙하기에 살 곳이 없어진 동식물들이 아마존 우림(Amazon rainforest)을 피난처(refuge)로 삼아 그곳에서 다양하게 진화했다는 이론이다. 학자들이 이를 증명하기 위해 아마존 강 바닥의 퇴적층을 조사했다. 기후가 건조해졌다면 아마존 밀림이 풀밭으로 변해서 퇴적층이 풀로 구성되어 있을 것이고 건조하지 않던 시기의 퇴적층은 나무로 구성되어 있어야 한다. 그러나 조사 결과 모든 퇴적층이 나무로 이루어져 있어서 이 이론은 사실이 아닌 것으로 판명 났다.

아마존 열대 우림

지구의 허파 (earth's lung)

열대 우림은 지구의 허파 또는 공기청정기(purifier)라고도 불린다. 대기 중에 산소를 공급하고 이산화탄소를 제거해주기 때문이다. 이는 온실효과를 줄여 지구의 온도를 유지하는 효과를 가져온다. 또한 열대 우림에 서식하는 다양한 식물은 의약품의 원료로 사용되기도 한다.

▣3 Food Chain (먹이사슬)

생태계는 생산자(녹색식물) → 1차 소비자(herbivore) → 2차 소비자(carnivore) → 3차 소비자의 먹이연쇄를 이룬다.

순환 (cycle)

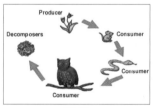

먹이 사슬

먹이연쇄는 단방향으로 진행되는 게 아니라 순환의 과정을 거친다. 동식물의 죽은 몸체는 세균, 즉 분해자(decomposer)에 의해 분해되고, 그 결과물인 무기물(mineral)이 다시 1차 소비자인 식물로 흡수되는 과정을 통해 순환되는 것이다. 실제 자연계의 먹이연쇄는 먹이그물(food web)의 형태로 여러 개의 먹이사슬이 서로 얽혀 있는 구조이다.

생물농축 (biological concentration)

생물농축은 1차 소비자가 흡수한 오염물질이 먹이그물을 따라 2차, 3차 소비자로 농축되어가는 현상을 말한다. 수은(mercury), 납(lead)과 같은 중금속이나 살충제(pesticide) 등의 일부 독성물질은 체내에서 분해되지 않고 농축되어 생물이나 사람에게 심각한 질병을 일으킨다.

2. Pollution & Climate Change (환경오염과 기후변화)

▣1 Marine Pollution (해양오염)

바닷물이 오염되는 현상으로 서서히 일어나며, 한 번 발생하면 회복이 어렵다.

부영양화 (eutrophication)

식물플랑크톤

강이나 바다에 유기물이 유입되면 물속의 미생물이 이를 분해하면서 생태계에서 순환이 이루어진다. 유입된 유기물이 순조롭게 순환이 되는 것을 자정작용(self-purification)이라고 하고, 유기물이 자정능력을 넘어 대량으로 유입되면 순환이 제대로 이루어지지 않아 영양염류(nutritive salts)가 풍부해지고 식물성 플랑크톤(phytoplankton)이 과도하게 증식하게 되는데 이 현상을 부영양화라고 한다. 생활 하수, 농지의 비료(fertilizer)에서 배출되는 질소(nitrogen), 인(phosphorus)으로 인해 인위적 부영양화가 발생하기도 한다.

적조현상 (red tide)

부영양화로 식물성 플랑크톤이 대량 증식하여 해수가 붉게 변하는 것을 말한다. 그 결과 산소가 부족해져 물고기가 질식사하게 되고 죽은 물고기가 박테리아에 의해 분해되면서 악취가 발생한다. 또한 호수를 늪지(swamp)로 변화시키기도 한다.

2 Climate Change (기후변화)

기후가 오랜 기간에 걸쳐 점차 변화하는 것을 말하는데 특히 20세기 이후 지구의 평균기온이 점차 상승하고 있는 것을 가리킨다.

열섬 현상 (urban heat island)

도시의 기온이 인공적인 열이나 대기오염의 영향으로 교외보다 높아지는 현상이다. 공장 등에서 뿜어내는 인공열에 의한 대기오염과 빛을 흡수한 후 적외선의 형태로 다시 외부로 내보내는 아스팔트·콘크리트 등의 각종 인공 시설물의 증가, 그리고 태양열을 흡수하고 그늘을 만드는 각종 식물의 감소가 주 원인이다. 기온이 높아지면 압력이 낮아져 주변의 찬 공기가 모이고 아래의 더운 공기는 상승하게 되는데, 이때 찬 공기와 더운 공기가 만난 후 응축되면 비구름이 생성된다. 이 때문에 도시에서 상대적으로 소나기가 자주 내리게 된다.

온실효과 (greenhouse effect)

지구 기온 상승

대기 중의 수증기나 이산화탄소(carbon dioxide)가 온실 역할을 하여 지구 표면의 온도를 높게 유지하는 현상이다. 예방하기 위해서는 온실효과의 주 원인인 대기 중의 이산화탄소 양을 줄이는 것이 중요하다. 석탄·석유 등 화석연료(fossil fuel)의 사용을 줄이거나 이산화탄소를 흡수하고 산소를 방출하는 녹지를 늘리는 지구공학적 작용(geo-engineering)을 이용하는 방법이 있다. 바다에 철분(iron)을 투입하여 이산화탄소를 흡수하는 식물성 플랑크톤을 대량으로 증식시키는 방법도 있지만 부영양화를 일으킬 위험이 있다.

3. Alternative Energy (대체 에너지)

1 Renewable Energy (재생 가능 에너지)

자연현상을 이용하여 전기 에너지를 얻는 방법으로 화석연료와 달리 에너지원(source)이 고갈될 염려가 없으며 무공해 재생이 가능하다. 반면 기후의 영향을 많이 받으며 초기 설치 비용이 많이 든다는 단점이 있다.

지열발전 (geothermal power generation)

지열발전은 수천 미터 깊이의 우물을 파서 고온의 증기나 뜨거운 물을 얻어 이를 이용해 발전하는 방식이다. 비교적 열을 얻기 쉬운 화산대 주위 지역에 많이 발전했다.

조력발전 (tidal power generation)

조력발전은 밀물(flow)과 썰물(ebb)의 수위 차이를 이용한 수력발전방식 중 하나이다. 조수 간만의 차가 커야 하므로 적용할 수 있는 지역이 제한되어 있다. 조력발전의 장점은 발전할 지역의 조석시간을 예측할 수 있다는 것이다. 그러나 수위의 변화가 균일하지 않으며 수위 변화가 없는 일정 시간대에는 발전을 할 수 없다는 단점이 있다.

조력 발전 터빈

2 기타 에너지원

일상생활에서 쉽게 구할 수 있는 재료들을 에너지원으로 이용할 수 있는 방법들이 개발되고 있다.

쓰레기 에너지 (garbage energy)

바나나 껍질, 닭 뼈 등의 음식 쓰레기를 에너지원으로 이용하는 방법이다. 박테리아가 음식 쓰레기를 분해할 때 발생하는 부산물에서 메탄(methane)을 얻어 발전소(power plant)의 연료나 가정의 난방 에너지원으로 사용한다.

식물성 연료 (vegetable fuel)

식물성 기름으로 석유를 대신하는 방법이다. 대체 에너지의 일종인 천연가스(natural gas)는 자동차의 기존 엔진과 연료탱크를 바꾸어야만 사용할 수 있지만 식물성 연료는 기존의 장치를 교체하지 않고도 그대로 사용할 수 있는 장점이 있다.

[1-6] Listen to a talk on environmental science.

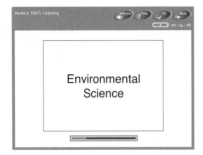

1 What is the main topic of the lecture?

(A) Efficiency of energy production across the food chain

(B) How food webs are created from food chains

(C) Energy transferred between trophic levels via photosynthesis

(D) Producers and consumers in food chains

2 Why does the professor mention food webs?

(A) To show how photosynthesis works

(B) To explain the complex relationships of food chains

(C) To illustrate the difference between consumers and producers

(D) To clarify how energy is passed between organisms

3 What does the professor imply about heterotrophy?

(A) It is used by some plant species to acquire energy.

(B) It provides organisms with an unlimited supply of energy.

(C) It is an inefficient method of energy transfer.

(D) It allows for greater energy storage than photosynthesis.

4 In the lecture, the professor describes how autotrophs and heterotrophs are different types of organisms in food webs. Indicate which type of organism the following phrases describe.

Click in the correct box.

	Autotrophs	Heterotrophs
Are the foundation of the food chain		
Get energy from other organisms		
Produce carbohydrates from sunlight		
Can be carnivores or herbivores		

5 According to the professor, what are two characteristics of fungi?

Choose 2 answers.

(A) They consume other organisms to survive.
(B) They do not have chloroplasts in their cells.
(C) They undergo the process of photosynthesis.
(D) They are not found in areas with sunlight.

Listen again to part of the lecture. Then answer the question.

6 Why does the professor say this: 🎧

(A) To determine if a concept is familiar to the students
(B) To express concern that the students are bored
(C) To acknowledge that the students are confused
(D) To confirm that the students understand an idea

정답 p.600

7. Meteorology

Meteorology(기상학)는 기상이변을 포함한 날씨와 기후뿐만 아니라 대기 중의 물리·화학적 현상을 연구하는 학문이다. 토플에서는 강수 현상을 발생시키는 물의 순환 과정이나 빙하기와 간빙기 등의 장기적인 기후 변화에 대한 주제가 자주 다루어진다. 따라서 이러한 주제들에 대한 배경지식을 쌓아두는 것이 좋다.

관련토픽 및 기초지식

1. Hydrologic Cycle (물의 순환)

지구 표면 상에서 물의 양은 언제나 동일하며 끊임없이 순환한다. 특히 강수(precipitation)는 물의 순환의 주요 요소로, 이는 대기 중의 수분이 지표로 떨어지는 현상을 말하며 비, 눈, 우박, 서리 등을 모두 포함한다.

1 Precipitation Process (강수의 과정)

강수가 형성되기 위해서는 공기 중의 수증기가 물로 응결(condensation)하는 과정이 필수적이며, 이를 위해서는 공기가 상승하여 온도가 낮아져야 한다. 공기가 차가워지면 공기 중의 수증기는 응결하여 구름을 만들고 비나 눈이 오게 된다. 이때 구름 내의 온도에 따라 강수의 과정은 두 가지로 나누어진다.

충돌-병합 과정 (Collision-coalescence process)

구름 속의 온도가 영상일 경우, 구름을 구성하는 수증기 입자가 응결핵을 중심으로 커져 물방울을 이뤄 구름 속에서 낙하한다. 이때 작은 수증기 입자들과 충돌(collision)하면 이 입자들과 병합(coalescence)되어 입자의 크기가 더 커지게 된다. 수증기 입자가 빗방울로 떨어질 만큼 크고 무거워지면 강수로 낙하하게 된다.

빙정 과정 (Ice crystal process)

구름 속의 온도가 영하이면 물방울과 빙정(ice crystal)이 구름 속에 존재하는데, 물방울이 주위의 빙정에 붙어 빙정의 크기가 점점 크고 무거워지면 낙하한다. 낙하하여 따뜻한 공기층을 지날 경우 빙정이 녹아 빗방울이 된다. 이 과정은 베르셰론-핀트아이젠 과정(Bergeron-Findeisen process)이라고도 한다.

2 Types of Precipitation (강수의 유형)

상승 기류(updraft)의 원인에 따라서 3가지의 유형으로 나눌 수 있다.

대류성 강수 (Convectional precipitation)

태양열에 의해 지표면이 가열되어 상승 기류가 생겨 내리는 강수이다. 빗방울이 큰 강한 비가 내리지만 단시간에 그친다. 예로는 열대지방의 스콜(squall)이나 우리나라의 소나기가 있다.

전선성 강수 (Frontal precipitation)

따뜻한 기단(warm front)과 차가운 기단(cold front)이 만나서 전선이 형성될 때, 따뜻한 기단이 전선면을 타고 올라가 상승하여 강수가 발생하는 경우이다.

지형성 강수 (Orographic precipitation)

공기가 높은 산을 타고 올라가 상승하여, 산을 넘기 전의 산등성이에 비가 오는 경우이다. 이런 경우 반대편 산사면은 건조한 현상이 나타나며, 이를 푄 현상(Föhn phenomenon)이라고 한다.

2. Climate Change (기후 변화)

1 Glacial and Interglacial period (빙하기와 간빙기)

빙하시대(ice age)는 지구 전체의 기온이 매우 낮게 떨어진 채로 오랫동안 유지되어 남북극의 빙하와 높은 산악지대의 빙하가 확장되는 시기로 정의되며, 빙하시대 내에서도 더 추운 시기인 빙하기(glacial period)와 덜 추운 시기인 간빙기(interglacial period)가 존재한다. 현재까지 지구에는 총 4번의 빙하기가 있었으며, 최근 수백만 년 동안의 빙하기와 간빙기의 주기는 약 40,000년이었다.

2 Milankovitch Theory (밀란코비치 이론)

세르비아의 천문학자인 밀루틴 밀란코비치(Milutin Milankovitch)는 지구의 자전·공전궤도 상의 여러 특징이 복합적으로 작용하여 빙하기와 간빙기에 영향을 준다고 주장했으며, 이에 따른 기후 변화의 주기를 설명했다.

공전궤도 이심률 (Orbital eccentricity)

공전궤도 이심률이란 행성의 공전궤도가 얼마나 타원형으로 찌그러졌는지의 정도를 나타내는 것이다. 지구의 공전궤도는 약 10만년을 주기로 원 모양과 타원 모양으로 형태가 바뀐다. 지구가 태양에서 가장 가까운 지점을 근일점(perihelion), 가장 먼 지점을 원일점(aphelion)이라고 하는데, 지구의 궤도가 타원형일 때 근일점과 원일점에서의 지구 받는 태양 복사량의 차이가 지구의 궤도가 원형일 때 받는 복사량의 차이보다 크다. 따라서 지구의 궤도가 타원형일 때 원일점과 근일점의 온도 차이도 크다.

세차운동 (Axial precession)

세차운동은 지구가 자전함에 따라 마치 팽이의 축이 흔들거리듯이 지구의 자전축도 회전하는 것을 의미하며, 지구 자전축의 회전 주기는 26,000년이다. 지구 자전축은 약 23.5° 기울어져 있는데, 따라서 회전하면서 방향이 바뀌게 되고, 지구 자전축의 방향이 변화하면 북반구와 남반구의 계절이 시작하는 시기에 영향을 미친다.

자전축 경사 (Axial tilt, Obliquity)

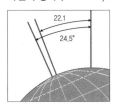

지구의 자전축은 회전할 뿐만 아니라 기울기도 변한다. 지구 자전축의 기울기는 약 40,000년 주기에 따라 22.1도에서 24.5도까지 변화한다. 지구 자전축의 기울기가 클수록 여름과 겨울에 받는 태양 복사량의 차이가 커져 두 계절의 기온 차이가 커지며, 기울기가 작을수록 여름과 겨울의 기온 차이가 작아진다.

HACKERS TEST

1 What is the lecture mainly about?

(A) The reasons Milankovitch's theory was rejected by climatologists

(B) The ongoing debate over the causes of climate change on the Earth

(C) The relationship between eccentricity and global warming

(D) The effects of orbital fluctuations on the Earth's climate

2 What does the professor imply about the climatic effects of the Earth's current orbital path?

(A) Annual variation in global temperature is at a minimum.

(B) Winters are becoming cooler in northern and southern regions.

(C) Solar radiation levels at the perihelion and aphelion differ significantly.

(D) Summers are warmest in the Southern Hemisphere.

3 What is a characteristic of the Earth's axis?

(A) It is parallel with the orbital plane.

(B) Its orientation is gradually changing.

(C) It is an imaginary line reaching to the Sun.

(D) Its angle changes slightly twice a year.

Meteorology

Listen again to part of the lecture. Then answer the question.

4 What does the professor mean when he says this: 🎧

(A) He wants the students to ask questions about a concept.
(B) He is uncertain if the students are familiar with an idea.
(C) He feels that the students are not paying attention.
(D) He is worried that the students are becoming confused.

5 According to the professor, how does greater obliquity influence the Earth's climate?

(A) It triggers extreme temperature changes at different points in the year.
(B) It causes the timing of the seasons in the north and south to reverse.
(C) It leads to more significant climatic disparities between hemispheres.
(D) It results in an increase in the amount of solar radiation reaching the planet.

6 Why does the professor mention ice ages?

(A) To illustrate how glacier formation is related to changes in the amount of solar radiation
(B) To provide an example of the combined effects of the Milankovitch cycles
(C) To show that the Northern Hemisphere has a greater influence on the Earth's climate
(D) To demonstrate that the Milankovitch cycles follow predictable patterns

정답 p.602

CONVERSATIONS

LECTURES

Hackers **TOEFL** LISTENING

8. Geology

Geology(지질학)는 지각의 조성·성질·구조·역사 등을 연구하는 학문이다. 토플에서 주로 다루는 지질학의 연구 대상은 암석의 형성(rock formation)과 지각(earth's crust), 해저 지형(ocean topography)의 구조, 광물(mineral)·귀금속(gem)·원유(petroleum)의 매장, 지진(earthquake) 등이다. 따라서 지질학 지문에서 종종 등장하는 전문 용어들을 미리 익혀두면 도움이 될 수 있다.

관련토픽 및 기초지식

1. Geological Features (지질)

1 Earth's Interior (지구의 내부구조)

지진파(earthquake wave)가 투과·분산되는 활동을 분석하여 각 층의 특성을 연구한다.

내부구조

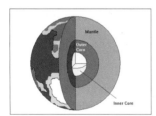

지구 내부는 성질이 다른 여러 개의 층으로 이루어져 있다. 표면에서부터 핵 방향으로 지각(crust: 대륙 지각은 화강암, 해양 지각은 현무암으로 구성), 맨틀(mantle: 지각을 제외한 고체 부분), 외핵(outer core: 액체 상태), 내핵(inner core: 철로 구성, 지구의 자전 속도보다 빠르게 회전) 순서로 위치한다.

2 Plate Tectonics (판 구조론)

지각이 여러 개의 판으로 구성되어 있다고 주장하는 학설로, 대륙 이동설과 초대륙 이론의 근거가 된다.

대륙 이동설 (continental drift theory)

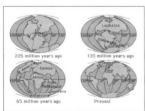

대륙 이동

대륙 이동설은 여러 개의 지각판이 지구 내부에서 작용하는 힘에 의해 연간 수 센티미터 정도의 속도로 움직인다는 학설이다. 이런 지각변동(diastrophism)으로 인해 화산폭발·지진·습곡산맥 등이 발생한다고 주장한다.

초대륙 (Pangaea)

대륙이 현재의 모습으로 분산되기 전, 고생대 말기까지 이루고 있었을 거라 추정되는 거대한 가상의 단일 대륙을 초대륙 (Pangaea)이라고 한다. 독일의 Wagner가 대륙 이동설을 바탕으로 주장했는데, 남미 대륙과 아프리카 대륙의 해안선 굴곡이 비슷한 점, 두 대륙에서 발견되는 화석의 유사성, 극점의 이동 등이 그 근거가 된다.

3 Glacier (빙하)

축적된 눈이 재결정화(recrystallization) 되어 형성된 큰 얼음 덩어리이다.

빙하지형 (glacial landform)

크레바스

빙하의 침식이나 퇴적작용에 의해 형성된 지형을 빙하지형이라 한다. 경사를 이루고 있는 지역에 있는 빙하는 상층부와 하층부의 얼음의 압력 차이에 의해 천천히 이동한다. 이때 이동방향을 따라 갈라진 틈이 생성되는데 이를 크레바스(crevasse)라고 한다. 에스커(esker)는 빙하 밑으로 흐르는 빙수를 따라 모래와 자갈 등의 퇴적물로 구성된 제방 모형의 지형이다.

융해호소 (thaw lake)

영구동토대(permafrost)의 얼음이 녹아 지면이 함몰되면서 형성되는 지형을 열카르스트(thermokarst)라고 하는데, 이 열카르스트 지형의 함몰된 부분에 물이 고여 이루어진 곳을 융해호소라고 한다. 여름에 기온이 올라가면 이 호소는 주변의 영구동토층을 녹이는 열침식(thermal erosion)을 일으키기 때문에 한 번 생성된 융해호소는 점점 자라게 된다.

4 Submarine Topography (해저지형)

해저(sea floor)는 육지에 비해 고도의 기복이 적고 경사가 완만한 특성이 있다.

해저지형의 구분

해저지형은 깊이에 따라 네 부분으로 나뉜다. 깊이 200m까지의 경사가 완만한 대륙붕(continental floor)에서는 태양 빛이 해저 가까이 도달하고 영양분이 충분해 광합성이 왕성하게 이루어진다. 따라서 어장이 형성되기에 좋은 조건을 가진 곳이다. 대륙붕을 지나 갑자기 기울기가 급해지는 부분을 대륙사면(continental slope)이라 한다. 심해저(deep-sea floor)는 퇴적물들(sediments)이 넓게 퍼져 형성된 심해저 평원(abyssal plain)과 기반암(bed rock)으로 구성된 심해저 구릉(abyssal hill)으로 나뉜다. 심해저에서 움푹 들어간 좁고 긴 곳은 해구(trench)라고 한다.

원격탐사 (remote prospecting)

멀리 떨어져 있는 물체가 반사하는 신호를 이용해 대상의 성질에 대한 정보를 얻어내는 기술로 해저지형 탐사에 응용된다. 해저 탐사에는 주로 음향측심기(echo sounder)가 사용된다. 음향측심기는 초음파를 바다 밑으로 쏘아 보낸 뒤 그것이 반사되어 오기까지의 시간으로 바다의 깊이를 재는 기계이다. 초음파의 운동 속도는 바닷물 온도나 염분, 수압 등에 따라 달라지므로 이런 조건을 고려해야 한다. 물의 깊이를 재거나 물고기 떼의 위치를 파악할 때, 그리고 해저지형을 측량할 때 유용하다.

5 Volcano (화산)

지구 내부에서 생성된 마그마(magma, 같은 물질이 지구 표면으로 분출된 후에는 용암(lava)이라고 불림)가 먼지(ash)·증기(steam)와 함께 지구 표면으로 분출된 후 굳어져 형성된다. 화산은 현재 분화를 계속하는 활화산(active volcano), 분화가 정지된 휴화산(dormant volcano), 화산활동이 완전히 끝난 사화산(extinct volcano)으로 구분된다.

화산 분화 예측 (prediction of volcanic eruption)

지각 아래의 마그마의 이동으로 인한 지진현상, 분화구의 가스 분출량 증가 등을 통해 화산 분화를 예측할 수 있다.

성층화산 (stratovolcano)

비교적 격렬하게 폭발하고, 분출된 용암과 분화 부스러기가 교대로 쌓여 형성되는 화산이다. 꼭대기로 올라갈수록 경사가 급해진다. 지구 상에 있는 화산의 60%를 차지하며, 미국의 세인트헬렌스 산(Mt. Saint Helens), 일본의 후지 산 등이 성층화산의 예이다.

순상화산 (aspite)

용암이 느릿하게 분출되어 분화 부스러기가 거의 없고 완만한 경사를 가진다. 거대한 방패를 엎어놓은 모양을 닮았다고 해서 순상화산이라는 이름이 붙었고, 대표적인 순상화산으로는 하와이의 마우나로아 산(Mt. Mauna Loa)이 있다.

6 Limestone Cave (석회동굴)

탄산을 함유한 빗물이 지하의 석회암층을 용해시켜 생겨난 동굴이다. 석회동굴은 가장 흔한 종류의 동굴인데, 그 이유는 석회암으로 이루어진 지형이 비교적 흔하고 석회는 빗물에 용해되는 데 오랜 시간이 걸려 아직까지 많이 남아있기 때문이다. 석회동굴은 일반적으로 물에 의해 형성되지만 일부 동굴은 황산에 의해 형성되기도 하는데, 이런 종류는 일반적인 석회동굴보다 훨씬 더 빠른 속도로 형성되고 다채로운 색과 모양을 보인다. 황산에 의해 형성된 동굴의 대표적인 예로 미국 뉴멕시코 주에 위치한 레추길라(Lechuguilla) 동굴을 들 수 있다.

2. Diastrophism (지각변동)

1 Earthquake (지진)

지각의 일부에 지속적으로 힘이 가해지면 이 지역의 암석들이 힘을 견디지 못하고 쪼개지는데, 이때 축적된 에너지가 한꺼번에 방출되어 생긴 지진파가 지면에 도달하면서 지진이 발생한다.

지진파 (seismic wave)

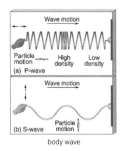

body wave

지진파는 지구 표면에서 발생하는 길고 느린 파동인 표면파(surface wave)와 지구 내부를 이동해 오는 파동인 실체파(body wave) 두 종류가 있다. 실체파는 P파(P-wave)와 S파(S-wave)로 나뉘는데 P파는 고체와 액체를 모두 통과하며 S파는 고체만 통과하는 특성이 있다.

지진 예측 (prevision of earthquake)

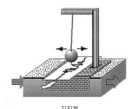

지진계

지진 피해를 줄이기 위해서는 지진의 발생 장소와 규모를 예측하는 일이 중요하다. 지각 중에 지진이 발생할 곳을 예측하고 그곳에서 일어나는 현상을 관측하면 지진의 발생 여부를 사전에 알 수 있다. 지진 발생에 대한 정보를 제공하는 현상으로는 예진(foreshock), 땅의 경사(tilt), 동물의 행동 변화, 지구로부터 방출되는 방사선의 변화 등이 있다.

3. Rocks (암석)

1 Types of Rocks (암석의 종류)

현무암

암석은 지각(crust)과 상부 맨틀(mantle)을 구성하는 물질이며 광물의 집합체이다. 암석은 생성되는 조건에 따라 퇴적암(sedimentary rock), 화성암(igneous rock), 변성암(metamorphic rock)으로 나누어진다. 퇴적암은 물질이 퇴적해 형성되므로 주로 해저에서 생성된다. 화성암은 지구 내부의 마그마가 굳어서 형성된다. 마그마가 땅속 깊은 곳에서 서서히 식으면 큰 입자를 가지게 되는데 이를 화강암(granite)이라고 한다. 반면, 지표 근처에서 급속히 냉각되어 작은 입자를 가지는 암석을 현무암(basalt)이라고 한다. 퇴적암과 화성암이 온도와 압력의 영향을 받아 광물의 조성과 조직이 변화한 것을 변성암이라 한다.

2 Hoodoo (후두)

후두는 침식작용으로 기둥처럼 생긴 바위를 말한다. 성분이 일정하지 않은 퇴적암이 침식되어 만들어지기 때문에 암석 부분부분의 침식속도가 일정하지 않아 울퉁불퉁 기괴한 모양을 하고 있으며 건조한 지역에 주로 형성된다.

3 Zircon (지르콘)

무색·회색·황갈색·적색·청색 등 여러 가지 색깔을 띠는 광택이 있는 결정체이다. 40여억 년 전의 지르콘에서 생명체와 관련된 탄소와 미네랄이 발견되면서 태고의 지구가 과학자들이 예상했던 것보다 훨씬 빠른 속도로 식었거나, 혹은 아예 화염이 아니라 얼음으로 뒤덮여 있었을 가능성이 제기되었다.

4 Petroleum (석유)

석유는 논란의 여지는 있으나 일반적으로 플랑크톤류의 바다생물이 오랜 기간 높은 압력과 열을 받아 생성되었다고 설명된다. 석유는 중동지역에서 주로 발견되는데, 'oil pool'은 웅덩이의 모습이 아니라 암석 사이사이의 틈에 끼어있는 형태인 석유층을 비유적으로 가리키는 말이다.

4. Soil (토양)

토양은 크게 무기물(inorganic matter)과 유기물(organic matter)로 구성되어 있다.

토양의 형성 과정

토양이 형성되기 위해서는 첫 번째로 토양의 대부분을 구성하는 무기물(inorganic matter)인 모재(parent material)가 축적되어야 한다. 모재는 암석이 풍화(weathering)되어 생긴 작은 입자들이다. 풍화는 기온 차이로 인한 물리적 풍화(physical weathering)와 석회암이 빗물에 녹아 부서지는 것과 같은 화학적 풍화(chemical weathering)가 있다. 모재가 축적된 후, 이 모재 위에서 동식물의 잔해가 미생물에 의해 분해(decomposition)되는 유기물의 생성과정을 거치게 된다. 세포 구조가 남아있고 미생물과 식물의 영양분을 제공하는 활성 유기물(active organic matter)은 이 분해과정을 마치면 비활성 유기물(passive organic matter)이 되며 이것을 부엽토(humus)라고 한다. 한편, 활성 유기물 중에서 쉽게 분해가 일어나지 않아 오랜 시간 동안 분해가 이루어지는 유기물을 침체성 유기물(slow organic matter)이라고 한다.

HACKERS **TEST**

 [1-6] Listen to part of a lecture in a geology class.

1 What is the main purpose of the lecture?

(A) To identify the underlying causes of soil erosion
(B) To provide an overview of how soil is created
(C) To discuss the effects of weathering on soil
(D) To present a summary of the factors affecting soil fertility

Listen again to part of the lecture. Then answer the question.

2 Why does the professor say this:

(A) To indicate that he will provide essential background information
(B) To confirm that the students have understood an important point
(C) To suggest that he has described a step in a process inaccurately
(D) To imply that the students should be familiar with a concept

3 Indicate whether each of the sentences below describes organic or inorganic matter in soil.

Click in the correct box for each phrase.

	Organic	Inorganic
It is more common in the top layers of soil.		
It is classified into three distinct categories.		
It forms as a result of temperature variations.		
It accounts for a small percentage of the soil volume.		

4 According to the professor, why does chemical weathering occur?

  (A) Rocks containing lime and chalk are exposed to the air.
  (B) Rainwater takes in a compound found in the atmosphere.
  (C) Carbon dioxide is released when rock particles are heated.
  (D) Water undergoes a chemical reaction as it begins to freeze.

5 Why does the professor mention water soluble ions?

  (A) To provide an example of minerals susceptible to weathering
  (B) To identify the types of rock particles involved in soil formation
  (C) To demonstrate the relationship between organic matter and fertility
  (D) To illustrate a point about the makeup of parent material

6 Why does slow organic matter require a longer period of time to become humus?

  (A) It provides few nutrients for consumption by plants.
  (B) It contains material that is not biologically active.
  (C) It includes substances that are resistant to decay.
  (D) It destroys the microorganisms that cause decomposition.

정답 p.605

CONVERSATIONS

LECTURES

Hackers **TOEFL** LISTENING

9. Literature

Literature(문학)는 언어에 기반을 둔 예술 작품을 다루는 학문을 말한다. 토플에서는 시대별 문예 사조의 흐름과 특징, 구체적인 문학 장르나 특정 작가와 작품에 대해 주로 다룬다. 따라서 영미 주요 작가들의 특징 및 주요 작품에 대한 사전 지식을 쌓아두면 도움이 될 수 있다.

관련토픽 및 기초지식

1. Literary Thoughts (문예사조)

1 Classicism & Romanticism (고전주의와 낭만주의)

고전주의는 객관적·보편적·전체적인 것을 중시했던 반면 낭만주의는 주관적·개체적·민족적인 것을 추구했다.

고전주의 (classicism)

고전주의는 르네상스(Renaissance) 시대의 고대 그리스·로마 고전 연구에서 시작되었으며 17세기 당시 인간의 이성을 존중하는 경향에 부합하였다. 문학은 이성에 입각해야 하며 문학에서 묘사하는 세계는 도덕적이야 한다는 이념을 바탕으로 한다. 프랑스의 희곡(drama) 문학에서 전형적인 형태로 발전하였고 장편 서사시(epic)와 비극(tragedy) 작품들이 많이 등장했다.

낭만주의 (romanticism)

낭만주의는 18세기 말에서 19세기 중엽 사이에 유럽에서 민족정신의 각성과 함께 발생했다. 그리스·로마의 고전으로부터 눈을 돌려 각 나라의 과거에서 새로운 문화의 원천을 찾고 인간성을 회복하려는 기운이 일어난 것이다. 1789년 발발한 프랑스혁명 또한 인간 이성의 불합리함을 발견해 낭만주의 사조를 촉발하는 계기가 되었다.

2 Realism & Naturalism (사실주의와 자연주의)

19세기 후반부터 주류를 이루었으며 자연주의는 사실주의를 계승하여 발전했다.

사실주의 (realism)

사실주의는 객관적 사물을 있는 그대로 정확하게 재현하는 것을 목표로 하며, 19세기의 과학존중 사상 및 실증주의와 결합하여 발달하였다. 시민사회(civil society)가 일찍 발달한 영국에서는 사실주의 문학의 발달도 빨랐으며 이후 디킨스(Dickens)와 엘리엇(Eliot)에 의해 계승되었다.

자연주의 (naturalism)

자연주의는 유럽의 사실주의를 계승하여 자연의 틀 속에서 인간을 보는 관점에 바탕을 두고 있다. 작가의 태도는 자연과 학자의 연장선 상에 있으며 인간을 자연의 일부로서 본능과 생리에 의해 지배되는 나약하고 단순한 존재로 여긴다.

3 Harlem Renaissance (할렘 르네상스)

노예제 폐지 이후 할렘 지역에 흑인 인구가 집중되면서 생겨난 미국의 문예 사조이다. 중산층계급의 교육을 받은 흑인들이 늘어나면서 음악, 연극 등 다양한 분야에서 예술적 진보가 이루어졌는데 그 중 특히 문학 분야에서의 진보가 두드러졌다. 흑인들의 경험을 흑인 스스로의 시각으로 예술로 표현했다는 데 그 의의가 있다. 작품은 주로 흑인의 긍지를 표현하거나 백인과의 정치적 평등을 요구하는 내용을 담고 있었으며 순수 문학 작품으로서도 큰 가치가 있었다.

2. Literary Genres & Literary Artists (문학 장르와 문학가)

1 Poetry (시)

산문(prose)과 구별되어 리듬(rhythm)과 운율(meter)을 가진 간결한 언어로 표현된 글을 말한다.

시의 종류

시는 주제와 형식에 따라 세 종류로 구분할 수 있다. 서사시(epic poem)는 영웅의 업적을 찬양하고 국가적으로 중요한 의미가 있는 주제를 다루는 시이며, 서정시(lyric poem)는 개인의 감정을 주제로 삼고, 마지막으로 극시(dramatic poem)는 운문으로 이루어진 희곡을 뜻한다.

2 Drama (희곡)

연극의 구성요소인 동시에 작가의 개성적인 사상과 언어로 만들어진 독립된 문학작품이기도 하다.

희극(comedy)과 비극(tragedy)

희곡은 고대 그리스 시대에 50명의 합창단이 디오니소스(Dionysus) 제단 주위에서 부르던 찬가에서 유래되었으며 희극과 비극으로 나누어진다. 비극에 비해 희극은 더 늦게 발달하였는데 희극의 주제는 주로 정치와 전쟁이었다. 이 시대의 주요한 극작가로는 아에스킬로스(Aeschylus), 소포클레스(Sophocles), 유리피데스(Euripides) 등이 있다.

3 Memoir & Autobiography (자서전)

둘 다 자서전이라는 뜻으로 한 사람의 일생에 대해 기술한다는 측면에서 비슷하지만 memoir는 일생에 있었던 특정한 사건이 중심이 되고 autobiography는 일생을 모두 기술한다는 측면에서 차이가 있다. Memoir의 경우 전통적인 형식에서는 정치 사회적 내용이 주로 주제가 되었던 것에 반해 최근에는 좀 더 개인적인 이야기가 주제가 되는 추세이다. Memoir는 전적으로 작가 자신의 관점으로 사건을 해석하기 때문에 소설과 구분하기가 어렵다.

4 Literary Artists (문학가)

문학가의 사상과 감정은 물론 성장배경이나 환경까지도 문학작품에 그대로 반영되는 경우가 많다.

윌리엄 셰익스피어 (William Shakespeare, 1564~1616)

16세기 영국 최고의 극작가(playwright)로서 희·비극을 포함한 37편의 희곡, 여러 편의 시와 소네트(sonnet)를 발표했다. 현재까지도 그의 작품은 학문적·비평적 연구의 대상이 되고 있으며 다양한 해석이 전개되고 있다. 한편, 셰익스피어의 낮은 교육수준과 출신 성분에 비해 월등히 높은 작품 수준으로 인해 논란이 되기도 한다.

셔우드 앤더슨 (Sherwood Anderson, 1876~1941)

단편 소설을 선형 줄거리 중심의 방식에서 해방시키고 명백한 결말이 없는 원형 줄거리 방식을 채택하고 인물의 과장된 묘사를 통해 주제를 드러낸 미국 소설가이다. 금욕주의에 반대하여 인간을 육체적 존재로 바라보았으며, 미국식 구어체로 일반 노동자 계층을 대상으로 소설을 써 이후 헤밍웨이 세대에 큰 영향을 주었다.

[1-6] Listen to a lecture on literature.

Literature

1 What does the professor mainly discuss?

(A) A comparison of the Renaissance in Europe and in Harlem
(B) Two important writers of the Harlem Renaissance
(C) The growth of an African-American middle class in northern America
(D) The origins and works of a black cultural awakening in America

2 According to the lecture, what was a distinguishing characteristic of middle-class African-Americans?

(A) Their refusal to live in southern America
(B) Their preoccupation with better-paying jobs
(C) Their interest in equality for a minority group
(D) Their recognition of Harlem as a cultural community

3 In the lecture, the professor discusses the reasons people bought books written by black people during the Harlem Renaissance. Indicate whether each of the following is a reason.

Click in the correct box for each phrase.

	Yes	No
Evinced new writing styles		
Advocated political creeds		
Demonstrated exceptional writing talent		
Cost less than other books		
Articulated a true black perspective		

Listen again to part of the lecture. Then answer the question.

4 What does the professor mean when he says this: 🎧

(A) He realizes that the students do not have time to read the books.

(B) He thinks the students have not read the writers' works.

(C) He does not think the students are interested in the books.

(D) He forgot to give the students the reading assignment.

5 What does the professor say about education and employment opportunities for black people after slavery ended?

(A) They were available only to middle-class African-Americans.

(B) They were not offered to black people until the twentieth century.

(C) They were most accessible in the district of Harlem.

(D) They still did not match what white people had access to.

6 According to the professor, what are two reasons black writers wrote poetry and fiction in the 1920s and 1930s?

Choose 2 answers.

(A) They wanted to prove that African-Americans could write as well as white people.

(B) They wanted to give expression to pride in their race through written works.

(C) They wanted to obtain the same social and political justice the white people had.

(D) They wanted to aspire for jobs that made use of the education they had access to.

정답 p.607

CONVERSATIONS

LECTURES

Hackers **TOEFL** LISTENING

10. Linguistics

Linguistics(언어학)는 인간의 언어를 연구하는 학문이다. 토플에서는 언어학의 기본 이론, 환경·성별·지역 등 다양한 요인으로 인한 언어의 변화, 언어와 의사소통의 차이, 언어 습득 등과 관련된 강의가 주로 출제된다. 문법용어 등 언어학에 대한 기본 용어를 정리해 두면 도움이 될 수 있다.

관련토픽 및 기초지식

1. Fields of Linguistics (언어학의 분야)

언어의 구조적 특징을 파악하려는 연구활동은 관점에 따라 다양한 세부분야로 나뉜다.

1 Phonetics (음성학)

음성학은 언어의 음성적 특성인 발음과 억양을 연구한다. 언어음성은 크게 세 단계를 거쳐 전달된다. 1단계는 화자가 여러 발음기관(speech organs)을 움직여서 소리를 내는 과정이며, 그 단계를 통해 나온 소리가 음파(sound wave)로서 듣는 사람의 귀에 도달하는 과정이 2단계이다. 3단계는 음파가 고막(eardrum)을 진동시켜 소리를 인식하게 되는 과정이다. 이 각각의 단계에 따라 음성학의 연구주제와 연구방법이 달라진다.

2 Phonology (음운론)

음운론은 일련의 언어음성이 특정 언어에서 수행하는 기능에 초점을 둔다. 한 언어에서 서로 다른 소리가 서로 다른 의미를 가질 수 있게 하는 요소나, 음색(tone color)이나 발음의 차이 등에 따라 물리적으로 서로 다른 소리가 동일한 의미를 가질 수 있게 해주는 요소에 대해 연구한다.

3 Morphology (형태론)

형태론은 단어를 형태소(morpheme) 단위로 나누어 그 구조를 분석한다. 형태소는 의미를 가지는 언어의 최소 단위를 뜻한다. 'singers'라는 단어를 형태론적으로 분석해보면, 먼저 어근(root)으로서 행위를 나타내는 'sing', 행위의 수행자를 나타내는 접미어(suffix) '-er', 복수형을 나타내는 접미어 '-s'로 나눌 수 있다.

2. Language & Communication (언어와 의사소통)

1 동물의 의사소통과 구분되는 언어의 특징

인간의 언어(language)는 동물의 의사소통(communication)과 몇 가지 면에서 분명히 구별된다. 우선 동물의 의사소통은 본능적(instinct)인 데 반해 언어는 배워야만 구사할 수 있는 것이다. 또한 언어에는 문법

(grammar)이 있다. 프레리도그(prairie dog)와 같은 일부 동물도 음의 높낮이(pitch)에 따라 다른 품사를 나타내는 등 일부 문법적인 의사소통 수단을 가지는 것으로 알려져 있다. 하지만 인간의 언어는 단순히 단어의 품사를 구분하는 것에서 나아가 문장을 절로, 단어로, 음절로, 그리고 음소로 나누는 등 훨씬 세부적인 구분이 가능하다. 이런 분리성(discreteness)이 동물의 의사소통과 구분되는 언어의 또 다른 특성이다. 이런 개별 구성요소(individual unit)로 나누어지는 언어의 특성에서 오는 또 다른 특성은 생산성(productivity), 즉 나누어진 개별 구성요소를 이용해 새로운 문장을 창조적으로 만들어낼 수 있다는 것이다. 마지막으로 동물의 의사소통은 현재 그 자리에서 발생하는 일을 전달하는 기능밖에 없는 데 반해 인간의 언어는 과거나 미래, 상상 속의 일도 전달할 수 있다.

2 Gricean Maxims (그라이스의 대화격률)

언어철학자인 폴 그라이스(Paul Grice)가 효율적인 대화에 필요한 네 가지 원칙을 정리한 것이다. 그라이스의 대화격률은 '진실만을 말하라'는 질의 격률(maxim of quality), 쓸데없는 정보를 제외하고 '필요한 만큼만 말하라'는 양의 격률(maxim of quantity), '대화의 주제와 관련 있는 말만 하라'는 관련성의 격률(maxim of relevance), 그리고 '분명하고 조리 있게 말하라'는 태도의 격률(maxim of manner)로 이루어져 있다.

3 Language & Gender (언어의 성별차이)

남자와 여자는 선천적·사회적인 요인으로 인해 다른 언어적 행동(linguistic behavior)을 보인다. 계급사회(hierarchical community)에서 언어는 사회적 지위나 권력을 반영하므로 가부장적 사회에서 남성을 가리키는 말과 여성을 가리키는 말은 서로 다르다. 또한, 남성은 남성스럽고 거친 이미지를 드러내기 위해 은어(jargon)를 더 자주 사용한다. 반대로 여성은 사회적 기대와 자신의 이미지에 남성보다 민감하게 반응하므로 표준어를 더 사용하는 경향이 있다.

3. Language Acquisition (언어습득)

1 Critical Period Hypothesis (결정적 시기론)

유아기의 언어습득에서 가장 중요한 시기(critical period)를 놓치면 이후의 언어능력이 발달하기 힘들다.

언어습득의 다양한 이론

아이가 언어를 습득하는 방법과 원리에 대한 세 가지 이론이 있다. 첫째, 행동주의 이론(behaviorism)은 아기가 주변 어른들의 말투를 흉내 내면서 언어를 습득한다는 이론이다. 둘째, 생득주의 이론(innatism)은 인간은 태어나면서 이미 언어획득장치(Language Acquisition Device)를 가지고 있으므로 특별한 훈련 없이 외부의 언어자극을 스스로 분석하여 학습한다는 이론이다. 마지막으로 인지적 상호작용 이론(cognitive theory)이 있다. 이를 주장한 Piaget는 언어발달이 인지발달과 밀접하게 연관되어 있다고 설명했다. 언어는 유아의 사고를 표현하는 수단으로 발달한다는 것이다.

2 Language Acquisition vs. Learning (언어습득과 학습)

인위적으로 배우게 되는 학습과 달리 자연스럽게 언어를 습득하기 위해서는 언어를 접하게 되는 시기와 동기가 중요하다.

모국어와 외국어 (mother tongue vs. foreign language)

모국어 습득과 외국어 학습에는 여러 차이가 있다. 모국어는 생활과 직결되어 상대방과의 자연스러운 만남을 통해 무의식적으로 익히게 되지만 외국어는 인위적으로 정해진 대상과 이야기함으로써 의식적으로 학습한다. 또한 외국어는 인위적인 환경에서 언어자체가 아닌 언어구조를 학습해야 한다.

[1-6] Listen to part of a lecture on linguistics.

1 What is the discussion mainly about?

(A) Similarities of the major ideas on language acquisition
(B) The conditions needed for language acquisition in children
(C) The reasons linguists reject the theory of universal grammar
(D) Two converse theories on how children learn a language

2 Why does the professor mention a blank slate?

(A) To explain the first step necessary for children to acquire the use of a language
(B) To emphasize how difficult it is for children to acquire language
(C) To identify the premise from which Skinner based his ideas on language acquisition
(D) To show why children cannot utter intelligible sounds during their first several months of life

3 According to the professor, how did Noam Chomsky explain the Language Acquisition Device?

(A) He listed the ways in which universal grammar is different from the empirical model.
(B) He made a conclusion based on observations of children learning a language.
(C) He compared his theoretical built-in language device to a switch box.
(D) He explained that all languages fall under the same rules.

Linguistics

4 What is the evidence for human beings having a Language Acquisition Device?

(A) Children who are deaf can learn languages.
(B) Children develop a large and intricate knowledge base, even with little stimuli.
(C) Children are capable of acquiring an understanding of two or more languages.
(D) Children who have virtually no verbal contact with people are able to learn a language.

Listen again to part of the lecture. Then answer the question.

5 What does the professor imply when he says this: 🎧

(A) It is not easy for linguists to choose which theory is more plausible.
(B) It is difficult for individuals to stay neutral to both theories.
(C) The dispute regarding the theories has prevailed for some time.
(D) Only one of the theories being debated on is logical.

Listen again to part of the lecture. Then answer the question.

6 Why does the professor say this: 🎧

(A) To indicate that he intended to explain the issue
(B) To express agreement with the student
(C) To point out that the question cannot be answered
(D) To check whether the students know the answer

정답 p.610

CONVERSATIONS

LECTURES

Hackers **TOEFL** LISTENING

11. Anthropology

Anthropology(인류학)는 생물학적인 인류의 특징 및 의식주·사회구조·종교·예술 등 다른 동물에게서 찾아볼 수 없는 인류 특유의 생활방식인 문화를 연구하는 학문이다. 토플에서는 인류의 기원과 진화 과정, 인류 문명의 발전과 특징 및 다양한 종족들의 생활방식 등의 내용을 주로 다룬다. 따라서 이와 관련된 개괄적인 기초지식을 다져 놓는 것이 도움이 된다.

관련토픽 및 기초지식

1. Evolution of Humans (인류의 진화)

1 The Origin of Modern Humans (현생인류의 시초)

화석을 통해 인류의 발생을 연구하는 화석인류학자들은 인류(mankind)와 유인원(anthropoid)은 공통 조상에서 갈라져 나왔다는 결과를 얻었다.

인류의 진화 과정 (process of human evolution)

인류는 유인원과 사람의 중간형태를 거쳐 사람에 더 가까운 초기 인류, 이어 현생인류(neo-man)로 진화해 왔다. 최초의 인류는 오스트랄로피테쿠스(Australopithecus)이며 유인원과 달리 직립보행이 가능했다. 그리고 언어를 사용하기 시작한 원인류(primitive man)인 호모 에렉투스(Homo erectus)를 거쳐 현생인류인 호모 사피엔스(Homo sapiens)가 등장했다.

오스트랄로피테쿠스

네안데르탈인과 크로마뇽인 (Neanderthal man & Cromagnon man)

네안데르탈인은 약 10만 년 전에 등장했으며 호모 사피엔스에 속한다. 이들은 인류 최초로 시체를 매장(burial)하기 시작했는데 이는 사후세계를 생각하는 발전된 사고체계를 보여준다. 그리고 약 3, 4만 년 전에 등장한 크로마뇽인은 호모 사피엔스 사피엔스(Homo sapiens sapiens)에 속한다. 이들은 사냥의 번성을 비는 동굴벽화(graffito)를 그리는 등 구석기 문화를 창조하였다.

네안데르탈인

2 Features of Humans (인류의 특징)

인류가 유인원과 구별되는 특징은 직립보행을 할 수 있다는 점과 창조적이고 추상적인 사고능력(creative and abstract thinking)을 통해 도구와 불, 언어를 사용한다는 것이다.

인류의 직립보행

직립보행 단계

인류는 약 250만 년 전에 등장한 오스트랄로피테쿠스 때부터 직립보행을 시작했다. 두 발로 서서 걷게 되면서 인류의 뇌의 크기가 커졌고 손이 자유로워져 도구 사용이 가능해졌다. 또한 시야가 넓어져 전반적인 생활 능력이 향상되었다.

인류의 불과 언어 사용

호모플로레시엔시스
뇌용량 400cc

오스트랄로피테쿠스
420-550cc

뇌의 크기 변화

약 50만 년 전 인류가 처음으로 불을 사용하게 되면서 음식을 익혀 먹을 수 있게 되고 토기(earth vessel)가 발명되어 생활 능력이 향상되었다. 언어가 발생하면서 인간의 창조적이고 추상적인 사고능력이 시작되었다. 인류학자들은 원시인들(primitives)의 두개골(skull)과 턱뼈에 붙어있는 뇌와 혀를 잇는 신경 근육을 연구한 결과, 인류가 처음으로 언어를 사용하기 시작한 때를 약 40만 년 전으로 추측하고 있다. 이는 원인류의 뇌가 현생인류의 뇌의 크기와 비슷해지는 시기와 일치한다.

2. Human Cultures (인류의 문화)

1 Development of Culture (문화의 발전)

인류의 문화는 선사시대의 단조로운 원시사회를 넘어 점차 복잡하고 체계적인 사회로 발전했다.

원시사회 (primitive society)

원시사회 생활 모습

원시사회는 선사시대의 인류 사회를 의미하지만, 현대 지구 곳곳에 존재하는 선사시대와 비슷한 수준의 문화를 가진 부족민들을 가리키는 말로도 쓰인다. 원시사회는 소수가 집단을 이루고 있고 지역적으로도 활동범위가 제한되어 있어서 서로 문자를 통해 의사소통을 할 필요가 없었다. 따라서 언어는 사용하고 있으나 문자를 가지고 있지 않다는 특징이 있다.

오리엔트 (Orient)

메소포타미아 문명의 유적지

오리엔트 지역은 원시사회를 넘어서서 복잡하고 발달한 문화를 보여주는 문명사회가 시작된 지역이다. 인도의 인더스 강 서쪽에서 지중해 연안까지 펼쳐진 지역을 뜻하며 어원은 라틴어의 오리엔스(Oriens)로 '해가 뜨는 방향'을 의미한다. 오리엔트 지방은 대부분이 사막 또는 산악지대이기 때문에 오늘날에는 발전이 더딘 지역이지만 일찍이 메소포타미아(Mesopotamia) 문명과 이집트 문명 등 세계 최고의 문명이 탄생했다. 또한 동서 문명의 징검다리 역할을 해왔으며 이슬람 문화의 근원지이다.

2 Civilization (문명)

인류가 이룩한 물질적·사회적인 발전을 문명이라고 하며 도시적 요소, 사회계층분화, 고도의 기술 등을 특징으로 하는 문화 복합체를 의미한다.

마야문명 (Mayan civilization)

코판유적의 신성문자 석비

마야문명은 기원전 2500년경 지금의 멕시코 및 과테말라 지역을 중심으로 번성한 고대문명(ancient civilization)이다. 다른 문명들과는 달리 인간이 살기에 부적합한 열대 밀림에 위치하였으며 수많은 부족으로 구성된 도시국가(city-state) 형태였다. 사회적 지위가 엄격하게 구분되는 계급사회였으며 통화(currency)를 사용하여 교역을 하기도 했다. 점성술(astrology)·역법(the calendar)·수학·미술·공예 등이 발달하였으며 상형문자의 일종인 신성문자와 숫자를 사용하여 그들만의 독특한 문화를 이룩하였다. 마야문명은 고전기와 신마야로 나뉘는데 고전기 마야문명이 갑자기 멸망한 이유에 대해서는 노예의 반란, 다른 민족의 침입, 천재지변, 화전농업(fire agriculture), 문화에 따른 이동 등 다양한 의견으로 논란이 많다.

크레타문명 (Cretan civilization)

미노스왕 무덤의 벽화

크레타문명은 기원전 2500년경 지중해 동부 에게 해(Aegean sea)의 크레타(Crete) 섬을 중심으로 번영한 고대문명이다. 수도 크노소스(Cnossos)를 중심으로 최초로 섬 전체를 지배한 미노스(Minos) 왕의 이름에서 유래되어 미노아문명(Minoan civilization)이라고도 한다. 크레타 섬은 다른 섬들보다 면적이 넓고 평야가 많아서 문명 발생에 좋은 환경이었으며 오리엔트(Orient) 세계, 특히 이집트로부터 많은 영향을 받았다. 미노스 왕 이후 정치·군사·예술 등이 급속도로 발전하였으며 동부 지중해 지역의 교역을 독점했다. 크레타 인의 개방적이고 현대적인 감각을 바탕으로 사실적이며 화려한 문화가 발전했다.

안데스문명 (Andean civilization)

페루의 마추픽추

안데스문명은 기원전 1000년경 남아메리카 안데스 지역에 번영한 고대문명이다. 도시문화가 형성된 이후 도시의 규모가 커지면서 군사적 힘이 강해졌다. 대표적인 부족으로는 잉카(Inca) 족이 있는데, 지금의 페루지역인 남부 산악지대에 본거지를 뒀으며 15세기 중엽 잉카제국을 건설했다. 잉카제국의 사회에서는 절대군주인 잉카를 받들고, 지배층과 평민으로 나뉘는 계층사회를 형성하여 중앙집권적 전제정치를 시행하였다. 그러나 평민을 위한 사회보장이 완비되어 있었다는 특징이 있다.

3 Tribe (부족)

스키타이족 (Scythian)

철기시대(Iron Age)에 출현한 이란계 기마 민족으로 문자가 없었기 때문에 그들과 활발한 교역활동을 했던 그리스의 역사가 헤로도토스(Herodotus)의 저서를 통해 그들에 대한 연구가 이루어지고 있다. 스키타이족은 황금 공예와 잔학성의 두 가지 특징으로 알려져 있다. 단검·청동 솥·화살촉 등의 유물과 함께 찬란한 황금 공예품을 많이 남겼는데 이러한 그들의 예술적 감각은 적의 살가죽까지 벗겼다는 그들의 잔학성을 의심스럽게 한다. 또한 이들은 알렉산더가 이끄는 마케도니아(Macedonia) 군대를 물리칠 정도로 군사력이 강력했다.

이로쿼이족 (Iroquoi)

이로쿼이족의 가면

북아메리카 오대호(Great Lakes) 지방의 이로쿼이족은 악령을 퇴치하기 위해 살아 있는 나무에 무서운 표정의 가면을 새긴 후 나무의 신령에게 축복을 기원하고 가면을 새긴 것에 대한 사과를 표하는 의식을 치렀다. 이 의식에는 기름을 바르고 담배 연기를 쐬는 등의 행위가 포함된다. 가면은 의술사가 환자를 치료하는 주술적 의료 행위에 사용되었다. 의술사는 환자가 있는 공동주택(longhouse)으로 가는 동안 마을을 한 바퀴 돌면서 악령을 퇴치하기 위해 소리를 지르고 주문을 외우는 행위를 하기도 했다.

HACKERS TEST

[1-6] Listen to part of a lecture in an anthropology class.

1 What is the main topic of the lecture?

(A) Crop failure and its consequences
(B) The reason for the economic decline of the Mayan Empire
(C) A new theory on the collapse of a strong civilization
(D) The effects of droughts on food production

2 How does the professor introduce sediment layers?

(A) She describes the titanium in the sediment layers.
(B) She compares the sediment layers to tree rings.
(C) She explains the relationship between the layers and the droughts.
(D) She draws attention to the yearly annual rainfall averages.

3 According to the lecture, how does the research on the sediment layers support the drought theory?

(A) Arid conditions caused the dispersal of minerals in the ocean's sediment layers.
(B) Layers with low titanium content coincided with the time during which the Maya deserted the area.
(C) Larger amounts of minerals in the soil indicated that rain had not washed them away.
(D) The presence of rocks and pebbles in the sediment indicated a drought had taken place.

4 In the lecture, the professor cites a number of events that were a result of the drought. Indicate whether each of the following is an event that occurred.

Click in the correct box for each phrase.

	Yes	No
People clear land for planting.		
Wars ensue regarding distribution of food.		
Mayans begin trading goods for food.		
Region becomes warmer and less moist.		
People resort to hunting and gathering.		

5 What does the professor imply about slash-and-burn farming?

(A) It delayed the planting season.
(B) It stunted the growth of trees.
(C) It deteriorated the quality of the topsoil.
(D) It polluted the air and the land.

Listen again to part of the lecture. Then answer the question.

6 How does the professor seem to feel about the Mayan kings and nobles?

(A) They had more important things to do.
(B) They had limited authority.
(C) They were ignorant.
(D) They were corrupt and selfish.

정답 p.613

12. Archaeology

Archaeology(고고학)는 인간이 남긴 유적·유물의 특징과 관계를 밝혀 과거의 문화·역사 및 생활방법을 연구하는 학문이다. 문자가 없어 기록되어 있지 않은 선사시대(prehistoric age)의 인간의 생활을 밝히는 중요한 학문으로 인류의 기원, 세계 각지의 다양한 문화가 어떠한 변화 과정을 겪어 왔는지를 탐구한다. 토플에서는 고고학의 연구 결과물 중 하나인 선사시대의 특성, 물질적 증거인 유적이나 유물을 통해 알 수 있는 것들과 이를 분석하는 방법 등에 대한 주제가 자주 다루어진다. 따라서 이러한 주제들에 대한 배경지식을 쌓아두는 것이 좋다.

관련토픽 및 기초지식

1. Prehistoric Age (선사시대)

인류의 발달과정은 도구를 만드는 방법을 기준으로 구분할 수 있다. 석기, 청동기, 철기를 사용하던 시대로 나누어지며 도구의 특성에 따라 생활방식과 사회상이 다르게 나타난다.

1 Old Stone Age (구석기 시대)

주먹도끼

구석기 시대는 돌을 깨뜨려 도구를 만들어 쓰던 시대이며 기원전 10,000년경에 신석기가 시작되기 전까지 이어진 가장 오래된 문화 발달시기이다. 대표적인 유물로는 주먹도끼(hand ax), 동물의 뼈를 이용한 조각품, 사냥 장면이나 동물을 그린 동굴벽화 등이 있다. 이들을 통해 구석기인들의 수렵(hunting), 채취(gathering), 생활방식과 주술이 가미된 예술 표현 방식 등을 알 수 있다.

2 New Stone Age (신석기 시대)

신석기인의 토테미즘

신석기 시대는 돌을 갈아서 도구를 만들던 시대이다. 혈연을 중심으로 마을을 형성하여 정착생활을 하면서 문명형성의 기틀이 마련되었다. 기술이 진보하여 식량 생산이 가능해졌으며 식량을 저장하거나 익혀 먹기 위한 토기가 발명되었다. 신석기인들의 신앙으로는 어떤 특정한 동물을 자기 씨족(clan)의 수호신으로 생각하여 숭배하는 토테미즘(totemism)과 우주 만물에 영혼이 있다고 믿는 애니미즘(animism)이 있다. 또한 시체를 매장할 때 죽은 사람이 생전에 아끼던 물건을 함께 묻는 풍습을 통해 사후세계에 대한 믿음을 알 수 있다.

3 Bronze Age (청동기 시대)

청동기 시대의 장신구

청동기 시대에는 청동으로 만든 도구를 사용하기 시작하여 사회와 경제가 급격히 발전하였다. 농사가 발달하면서 평등했던 부족사회(tribal society)가 무너지고 사유재산(private property)이 축적되면서 계급이 발생했다. 예술에서 비약적인 진보가 나타났는데 이는 당시의 종교와 정치를 반영하고 있다. 바위에 동물이나 기하학적 무늬를 그린 그림, 흙으로 빚은 동물이나 사람 모양의 토우 등을 통해 사냥의 번성과 농사의 풍요를 빌었다. 당시 제사장이나 군장들이 사용했던 칼·거울·방패 등에서 발견되는 화려한 장식과 무늬는 청동기인들의 미의식을 보여준다.

4 Iron Age (철기 시대)

철기 시대의 도끼

철기 시대는 무기나 생산도구의 재료로 철을 사용하게 된 시대를 가리킨다. 청동은 원료를 채취하는 곳이 한정되어 값이 비쌌기 때문에 주로 왕이나 귀족들만이 소유했다. 그러나 철은 비교적 얻기 쉬워서 무기나 농기구 등을 대량으로 만들 수 있었다. 철로 만든 무기와 전쟁도구는 전투력 강화에 유용했으며 쇠도끼·괭이·쟁기 등은 농업 생산력을 증대시켰다. 철 생산지가 늘어나면서 지역 간 물자 교류가 활발해졌다.

2. Fields of Study (연구 분야)

1 Building Technique (건축기법)

인간이 자연에서 얻는 돌·흙·나무 등의 재료를 이용하여 주거공간을 비롯한 여러 건물을 짓는 방식은 그 시대의 문화를 반영한다.

그리스의 신전 (Greek temple)

올림푸스 신전

그리스 지역에 풍부한 대리석은 일반적인 건축재료였던 흙벽돌과는 달리 정확하고 정교한 선을 표현하는 데 알맞은 재료였다. 따라서 그리스 건축은 세련된 형태를 보여주는데 이러한 특성은 그리스 신전에 잘 드러난다. 신전은 종교적 목적으로 세워진 건물을 의미하며 올림푸스(Olympus) 신전, 파르테논(Parthenon) 신전 등이 대표적이다.

2 Burial (매장)

인류가 사후세계에 대한 인식을 갖게 된 이후로 시대와 장소마다 변화하는 시체 매장 방식은 당시 사회의 문화와 관습을 반영한다. 그 중 무덤은 고고학의 귀중한 유형 연구자료인 유물과 유적(remains)을 제공한다.

고분 (old tomb)

아일랜드의 고인돌

고고학적 자료가 될 수 있는 무덤을 고분이라고 한다. 고분에는 땅속에 파묻는 토장(inhumation), 물속에 넣는 수장, 지상에 시체를 노출시켜 썩게 하거나 짐승에게 먹이는 풍장(aerial burial), 불에 태우는 화장(cremation) 등의 방식이 있다. 현재 흔적이 남아 있는 가장 오래된 고분은 약 7, 8만 년 전 구석기 시대의 것이다. 구석기 시대에는 땅을 약간 파서 시체를 묻었으며 신석기 시대에는 고인돌(dolmen)과 같은 거대한 석조 건축물이 등장한다. 청동기 시대에는 피라미드 같은 거대한 무덤이 건설되었다.

③ Literature (문헌)

특정 시대나 사건에 관련된 기록, 서적, 비문(inscription) 등은 고고학의 중요한 연구자료가 된다.

역사 고고학 (historical archaeology)

트라키아인의 비석

역사 고고학은 역사를 문헌의 유무에 의해 선사시대(prehistoric age)와 역사시대로 나누었을 때 역사시대를 연구대상으로 하는 고고학의 분야이다. 또한 역사시대를 고대·중세·산업혁명시대로 세분하여 연구한다. 특히 고대 그리스·로마 문화, 중국·오리엔트 문화 분야에서 눈부신 성과를 거두었다. 그러나 역사를 문헌의 유무로 나눌 수 있는가에 대한 논란이 제기되기도 한다.

켈스의 복음서 (Book of Kells)

켈스의 복음서의 680페이지 중 2페이지를 제외한 나머지는 'illumination'이라 불리는 정교한 문양과 그림들로 장식되어 있다. 각 페이지마다 등장하는 다양한 장식들은 굉장히 섬세하고 아름다워 진정한 예술 작품이라 불리기도 한다. 켈스의 복음서의 출처와 정확한 제작 날짜는 아직까지 논의되고 있다. 이 복음서에는 짧고 둥그런 인슐러 스타일(insular style)이 사용되었는데 이 스타일은 6세기 말부터 9세기 초반까지 쓰인 것으로 알려져 있고, 켈스의 복음서와 비슷한 필사본과 비교하여 거론된 제작 시기는 8세기 말 또는 9세기 초반이다. 켈스의 복음서를 복제한 인물들에 대한 정보도 아직까지 불확실하다. 학자들은 글씨 분석과 잉크 종류를 근거로 적어도 3명의 사자생이 있었다는 결론을 내렸다.

3. Method of Study (연구 방법)

① Radiocarbon Dating (방사성 탄소 연대 측정법)

화석의 연대를 측정하는 데 많이 쓰이는 방법으로 모든 살아있는 생물체가 방사성 동위 원소(radioisotope)인 탄소(C_{14})를 일정하게 유지하다가 죽은 후부터는 C_{14}가 보충되지 않아 감소한다는 원리에 바탕을 두고 있다. 남아있는 C_{14}의 양을 측정하여 그 생물체가 죽은 연대를 알아내는 방법이다.

방사성 동위 원소 (radioisotope)

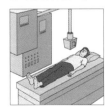

의학 부분의 응용

동위 원소(isotope)는 화학적으로는 같은 성질을 지니고 있으나 질량이 다른 원소를 일컫는 말이다. 그 중 방사능을 지니는 것을 방사성 동위 원소라 한다. 방사성 동위 원소는 생체 내의 원소를 추적하거나 방사능을 이용하여 물질을 분석할 수 있어 화학·생물학뿐만 아니라 농업·의학에도 널리 이용된다.

클로비스 이론 (Clovis first theory)

1980년대까지 과학자들은 클로비스인들이 신세계에 정착한 최초의 인류라고 믿었다. 클로비스인이란 시베리아와 알래스카를 연결한 베링육교를 통해 알래스카로 넘어온 아시아인을 뜻한다. 클로비스인들이 사용한 다량의 도구들과 다양한 유물들이 뉴멕시코주의 클로비스 지방 근처에서 발견되었기 때문에 그들은 클로비스란 이름으로 불리게 되었고, 이것들은 발견된 가장 오래된 유물이었기에 클로비스인들은 신세계의 첫 인류라는 이론이 세워졌다. 하지만 이후 더 많은 유물과 도구들이 발견되었고, 방사성 탄소 연대 측정으로 이 도구들은 클로비스인들이 약 11,000년 전에 베링육교를 건너오기 전부터 존재한 것으로 판정됐다. 또한 클로비스인들은 143개의 완벽히 다른 언어를 가지고 있었다고 최초에 결론이 내려졌지만, 언어학자들에 의해 한 개의 모어가 143개의 언어로 분화되는 것은 11,000년 전 신세계에 도착한 클로비스인들에게는 기간이 너무 짧아 불가능하다는 결과가 나왔다.

2 Ground Penetrating Radar (GPR)

고주파의 신호를 토양에 방사시켜 목표물에 반사하여 되돌아온 신호를 분석함으로써 목표물에 대한 정보를 알아내는 방법이다. 땅을 파서 유적을 발굴하는 기존의 방법은 유물을 많이 손상시키는 문제점이 있으나 GPR은 물리적 충격을 가하지 않고도 유적을 탐사할 수 있는 장점이 있다.

[1-6] Listen to part of a lecture in an archaeology class.

1 What is the talk mainly about?

> Choose 2 answers.

(A) An explanation of how an archaeological technique is used

(B) The historical development of GPR in archaeology

(C) The benefits and drawbacks of employing GPR in archaeology

(D) Methods of archaeology that may be destructive to a site

2 What does the professor say about the shorter energy waves of GPR?

(A) They are less damaging than long waves.

(B) They are capable of producing three-dimensional details.

(C) They indicate the existence of something different.

(D) They are not dangerous to human beings.

3 Why does the professor mention the Notre Dame Cathedral?

(A) To show how it is possible to excavate beneath an important site

(B) To explain how GPR was able to locate an archaeological site

(C) To provide background for a discussion on a special excavation

(D) To emphasize the necessity of GPR in archaeological research

Archaeology

4 In the lecture, the professor describes the advantages of the GPR. Indicate whether each of the following will allow the GPR to be used effectively in archaeology.

Click in the correct box for each phrase.

	Yes	No
GPR is easily absorbed by areas with salt.		
GPR is sensitive to power lines and buildings.		
GPR can pass through moist or wet ground.		
GPR is non-invasive and preserves what may exist.		
GPR produces fine details in the images it generates.		

5 What does the professor say about the disadvantages of GPR?

(A) It cannot penetrate certain types of soil.
(B) It is adversely affected by other types of waves and signals.
(C) It is unable to go through thick objects.
(D) It is unable to bounce off of plant roots.

6 Why does the professor say this: 🎧

(A) To remind the students of something they already know
(B) To explain a term he just introduced
(C) To describe an idea he mentioned earlier
(D) To correct a misconception that people have about the term

정답 p.615

13. Paleontology

Paleontology(고생물학)는 지질시대에 쌓인 퇴적물 중에 보존되어 있는 화석들을 근거로 하여 지질시대에 지구에 살았던 생물들을 연구하는 역사과학이다. 지질학, 동·식물학, 생태학은 물론, 물리, 화학, 수학 등과 같은 기초과학지식이 필요한 분야이다. 토플에서는 고생물학의 중요한 연구 요소인 화석의 특징과 지질시대를 대표하는 고생물들에 대해 다룬다. 이 배경지식을 통해 고생물학의 생소한 내용에 좀 더 친숙하게 다가갈 수 있을 것이다.

관련토픽 및 기초지식

1. Fossil (화석)

화석은 고생물(fossil organism)의 흔적이 퇴적물에 매몰되어 남아 있는 것을 말한다. 이는 지질시대와 고생물을 연구하는 중요한 자료가 된다.

1 Formation of Fossil (화석의 생성)

식물 화석

화석이 생성되기 위해서는 몇 가지 조건이 충족되어야 한다. 화석이 만들어진 지질시대(geologic age)에 생물이 번식하고 있어야 하며 생물들이 죽은 후 바로 부패하지 않아야 한다. 또한 생물의 연약한 조직은 쉽게 부패해버리기 때문에 껍질이나 골격같이 딱딱한 부분이 있어야 한다.

2 Geologic Age (지질시대)

암모나이트

지구 표면에 지각(earth's crust)이 형성된 이후부터 현재까지의 기간을 지질시대라 한다. 지질시대는 지층(stratum)에서 산출되는 화석 종류의 급격한 변화나 지각변동(diastrophism) 등을 기준으로 나누어지며 특히 많은 생물이 갑자기 전멸하거나 출현한 시기를 경계로 구분한다. 선캄브리아대에는 급격한 지각변동으로 화석이 거의 발견되지 않으며 원시적인 생물이 살았다. 고생대에 대표적인 화석으로는 삼엽충, 양치식물이 있으며 중생대에는 공룡(dinosaur), 파충류(reptile), 암모나이트(ammonite)가 번성했다. 포유류, 조류는 신생대에 전성기를 맞이하였다.

2. Fossil Organism (고생물)

지질시대에 살던 생물로서 화석에서 발견되는 흔적을 통해 파악할 수 있다. 고생물 중에는 지질시대에 이미 멸종한 생물과 현재까지 생존하는 현생생물이 있다.

1 Dinosaur (공룡)

초식공룡

2억 2000만 년 전에 등장하여 약 2억 년에 걸쳐 지구 상에 존재하던 공룡은 6500만 년 전에 멸종하였다. 갑작스러운 공룡의 멸종의 이유에 대해 다양한 가설들이 등장하였는데, 지름 10km 이상의 운석(meteorite)과 지구의 충돌이 원인이라는 충돌설이 가장 지지를 받고 있다. 충돌 결과 엄청난 폭발이 일어났고 먼지가 햇빛을 차단하여 지구의 온도가 낮아졌으며 식물이 광합성을 할 수 없게 되어 죽어버렸다는 가설이다. 한편, 기후 변동설은 지구의 온도가 급격히 낮아져서 공룡이 얼어 죽었다는 가설이다. 대륙의 이동(continental drift) 또는 바다의 수면이 낮아져 얕은 바다가 육지가 되어 기후변동이 발생했기 때문에 공룡이 멸종했다는 주장이다.

2 Archaeopteryx (시조새)

시조새는 중생대에 살았던 조류의 시조로 알려져 있다. 하지만 시조새는 조류와 파충류의 특징을 둘 다 가지고 있어서 시조새가 조류로 판단되어야 하는지 파충류로 판단되어야 하는지에 대한 논쟁은 여전히 뜨겁다. 시조새가 공룡에 가깝다는 주장의 근거로는 새에게는 없지만 공룡에게는 있는 강한 턱, 날카로운 이빨, 긴 뼈 같은 앙상한 꼬리와 날개 끝에 3개의 오무릴 수 있는 발가락을 시조새가 가지고 있었다는 것이다. 시조새가 새에 가깝다는 주장의 근거로는 오늘날 새와 비슷한 구조의 날 때 사용하는 깃털이 있었다는 것과 새처럼 등의 윤곽을 따라 깃털이 나있었다는 것, 그리고 시조새의 뇌가 보통 공룡의 뇌보다 오늘날 새가 가진 뇌의 크기와 비슷했다는 것이다. 이 뇌 크기는 시조새가 고된 비행에 필요한 시력과 균형 감각을 잘 갖추고 있었다는 것을 암시한다.

3 Mammoth (매머드)

흔히 맘모스로 알려져 있는 매머드는 홍적세(Pleistocene epoch) 중기부터 후기에 걸친 빙하기(glacial age)에 생존하였다. 현재까지 얼음 속에서 죽은 매머드가 시베리아와 알래스카 등지에서 많이 발견되어 화석코끼리로 잘 알려져 있다. 크기는 중형 코끼리 정도로 3m가 넘으며 온몸이 긴 털로 덮여 있다. 매머드는 구석기 시대(old stone age)의 대표적인 대형동물로서 사냥의 주요 대상물이었으며 당시 동굴벽화에 매머드 사냥 그림이 자주 등장한다.

4 Coelacanth (실러캔스)

실러캔스는 1930년대에 살아있는 것이 처음 발견되었으며, 데본기(Devonian Period)에서 백악기(Cretaceous Period) 시대의 화석과 현재도 똑같은 모습을 하고 있어서 살아있는 화석(living fossil)이라고 불리는 물고기다. 오늘날의 물고기와는 다른 독특한 꼬리(tail)를 가지고 있으며 기름으로 채워진 등뼈(backbone), 전기 자극을 감지하는 주둥이 기관(rostral organ)이 있다. 몸통 아래 부분에 줄기처럼 돌출되어 있는 폐 지느러미(chest fin)와 배 지느러미(pelvic fin)는 마치 육지 동물이 걷는 것처럼 함께 움직인다. 일부 과학자들은 육상으로 올라온 물고기인 유스테노프테론(Eustenopteron)의 친족이라고도 하지만 아직 논란이 많다.

HACKERS **TEST**

 [1-6] Listen to part of a talk on paleontology.

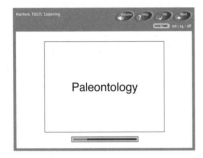

1 What does the professor mainly discuss?

(A) Discoveries of ancient fish fossils in South Africa
(B) Theories on how some ancient fish learned to walk
(C) The distinctive features of a modern-day ancient fish
(D) The evolutionary history of the coelacanth

2 What made the 1938 discovery of the coelacanth surprising?

(A) The species had changed significantly from its predecessor.
(B) The fish had developed legs similar to the eusthenopteron.
(C) The coelacanth was believed to have died out.
(D) The species is known to live only on the ocean floor.

3 Why does the professor mention the term "living fossil"?

(A) To cite a common name that the coelacanth goes by
(B) To explain how the coelacanth has evolved over time
(C) To give an example of a fossil discovery of the coelacanth
(D) To emphasize that the coelacanth has remained unchanged over the years

4 The professor mentions several body parts of the coelacanth and the characteristics of each. Indicate the characteristics of each body part.

Click in the correct box for each phrase.

	Tail	Spine	Snout
Contains oil and supports the fish's body			
Is able to determine the existence of an energy charge			
Helps the fish maintain equilibrium			
Has three sides that can twist			

5 What can be inferred about eusthenopteron?

(A) Its fins are similar to those of the coelacanth.
(B) It began walking on land before the coelacanth.
(C) It is unable to walk with as much flexibility as the coelacanth.
(D) Its fins appear more like a land animal's limbs.

Listen again to part of the lecture. Then answer the question.

6 Why does the professor say this: 🎧

(A) To remind the students that they should read the story themselves
(B) To explain that the real story regarding the discovery is unknown
(C) To indicate that she does not consider the story important
(D) To explain that she will not be focusing on the discovery

정답 p.618

14. Psychology

Psychology(심리학)는 인간 혹은 동물의 행동과 정신 활동을 연구하는 학문으로 '영혼'이라는 의미를 가진 그리스어 'psyche'에서 유래되었다. 토플에서는 인간 심리에 영향을 주는 주관적·환경적 요인들, 응용 심리학 등에 대한 지문이 자주 출제된다. 일상적으로 쓰이는 용어가 종종 심리학 분야에서는 좀 더 학술적인 의미로 쓰이기 때문에 이런 용어에 대해 파악해두면 도움이 된다.

관련토픽 및 기초지식

1. Psychological Elements (심리학적 요소)

1 Memory (기억)

인간은 기억 능력 덕분에 경험하거나 생각한 것을 일정 시간이 지난 후에도 재구성할 수 있다.

단기기억과 장기기억 (short-term memory & long-term memory)

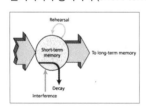

기억은 단기기억과 장기기억 두 종류로 구분할 수 있다. 단기기억은 몇십 초의 짧은 시간 동안 뇌에 저장되었다가 소멸하며, 장기기억은 매우 오랜 기간 동안 뇌의 기억 장치에 저장된다. 단기기억 용량은 사람의 경우 평균 7개의 숫자나 문자 정도이고, 단기 기억장치가 가득 차 있는 상태에서 새로운 정보가 유입되면 원래의 정보가 새로운 정보로 치환된다. 단기기억이 반복되어 형성되는 장기기억의 경우, 정보는 비교적 오랫동안 유지되며 용량에도 제한이 없다.

2 Needs (욕구)

생명을 유지하고 생활을 영위하기 위해 신체적·정신적 부족 상태를 채우려는 심리를 의미한다.

욕구계층이론 (hierarchy of needs)

미국의 심리학자 매슬로우(Maslow)는 욕구계층이론을 통해 인간의 욕구는 타고난 것이며 행동의 동기라고 정의했다. 인간의 욕구는 강도와 중요성에 따라 5단계로 구분되며 하위 단계의 욕구가 충족되어야 그 다음 단계의 욕구가 발생한다. 1단계는 생리적 욕구(physiological needs)로 의식주, 종족보존 등과 관련된다. 2단계는 안전에 대한 욕구(safety needs)로 추위·질병·위험으로부터 자신을 보호하려는 욕구이다. 3단계는 애정과 소속에 대한 욕구(love and belongingness needs)로 가정을 이루거나 친구를 사귀는 등 단체에 소속되어 애정을 주거나 받고자 하는 욕구이다. 4단계는 자기존중의 욕구(self-esteem needs)로 명예나 권력을 누리려는 욕구이다. 5단계인 자아실현의 욕구(self-actualization needs)는 자신의 재능과 잠재력을 발휘하려는 최고 수준의 욕구이다.

3 Personality (성격)

지능과 함께 개인을 특징짓는 요소로서, 한 개인의 지속적이며 일관된 행동 양식을 말한다.

성격 형성 (character formation)

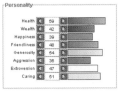

성격 테스트

성격 형성에 영향을 미치는 요소는 다양하다. 기본적으로 선천적·유전적 요인을 토대로 나이, 문화적 환경, 성별, 교육과 경험의 정도, 사회적 위치 등 여러 변수들이 작용하여 개개인의 고유한 성격이 형성된다. 이러한 요인들에 의해 형성되는 성격은 감정(emotion)의 강약, 외향성(extroversion), 개방성(openness), 친밀성(agreeableness), 성실성(conscientiousness) 등의 요소들이 결합해 표출된다.

4 Feelings (감정)

어떤 행동을 할 때 생리적, 심리적 원인으로 인해 발생하는 주관적 동요를 감정이라 한다.

감정의 종류

프로이드

희로애락의 감정은 비교적 격렬하고 폭발적으로 표출되지만 오래 지속되지 않는다. 이에 비해서 걱정, 불안은 표현이 억제되지만 비교적 오래 지속되는 경향이 있다. 이 밖에도 유머, 행복, 존경 등과 같이 가치의식(value consciousness)이 가해진 안정적이고 지속적인 감정도 있다. 한편, 프로이드(Freud)는 사랑과 미움, 복종과 반항, 쾌락과 고통 등 상반된 감정이 동시에 존재하는 것을 양향성(ambivalence)이라고 하였다. 양향성은 복잡한 감정의 심리적 특성을 잘 반영하고 있다.

2. Psychological Change (심리변화)

1 Factors of Psychological Change (심리변화의 요인)

인간의 심리는 환경적 요인에 의해 크게 영향을 받으며 개인의 성향이나 특성에 따라 심리적 변화의 정도가 다르게 나타난다.

스트레스 (stress)

스트레스는 부담이나 자극에 의한 심리적 긴장상태를 의미한다. 스트레스를 받게 되면 자극 호르몬인 아드레날린(adrenalin)이 분비되어 우리 몸을 보호하려는 여러 반응이 일어난다. 맥박·혈압·호흡의 상승, 피로, 두통, 불면증 등의 신체적인 반응과 불안감, 우울증, 분노, 좌절 등의 심리적인 반응 등이다. 적당한 스트레스는 신체와 정신에 활력을 주기도 하지만 자극에 대해 한 개인이 감당할 능력이 약화되거나 이러한 상태가 장기간으로 지속되면 노이로제(neurosis) 등의 병적인 증상이 나타난다.

색 (color)

각각의 색의 상징과 그 색을 선호하는 사람의 심리 상태와는 관련이 있다고 알려져 있다. 적색은 흥분(excitement)과 욕망(passion)을 상징하며 녹색은 차분함(calmness)과 절제(control)를, 보라색의 경우 신비스러움(occult)과 예술성(artiness)을 상징한다. 색이 주는 느낌에 따라 분류해보면 적색, 황색 등은 따뜻한 색이며 차가운 느낌의 색인 청색, 청록색 등은 마음을 진정시키는 역할을 함과 동시에 쓸쓸함을 느끼게 한다. 적색, 녹색, 황색 등의 원색은 강함을 표현하며 백색, 회색, 파스텔 색조는 약함을 상징한다.

2 Cognitive Development (인지발달)

대부분의 인간의 행동 양상은 개인의 인지능력과 연관된다. 인지란 나 이외의 인간과 그들의 행동에 대한 인식을 뜻하며 타인에 대한 존재감, 자신과 타인과의 관계에 대한 지각·사고를 포함한다.

피아제의 이론 (Piaget's theory)

스위스의 심리학자인 피아제(Piaget)는 인간의 인지 과정이 외부와의 상호작용을 통해 이루어지는 적응과정이라고 설명한다. 인지발달과정은 4단계로 구성되며 개인의 지능이나 환경에 따라 각 단계에 도달하는 개인 간 연령의 차이는 있을 수 있으나 발달 순서는 바뀌지 않는다고 가정하고 있다. 1단계는 출생 후 2세까지로 생후 초기 아동의 인지활동은 감각적이며 빨기, 쥐기 등의 동작성을 보인다. 2단계는 3세에서 6세까지로 차츰 언어를 습득하게 되며 언어 이외의 다양한 상징적 능력이 발달한다. 3단계는 7세에서 11세까지이며 이 시기에 아동의 사고는 급격히 발달한다. 12세 이후인 4단계에는 추상적·논리적인 사고가 가능해지며 성인 수준의 사고를 할 수 있게 된다.

낯선 상황(strange situation) 실험

미국의 발달심리학자인 매리 에인스워스(Mary Ainsworth)는 일련의 낯선 상황을 조성하는 실험을 고안했다. 실험의 요지는 보호자의 참석 여부에 따라 낯선 이에게 보이는 반응 차이와 보호자가 떠났다가 다시 돌아올 때의 반응을 관찰, 분류하여 유아들의 애착형성 유형을 구분하는 것이다. 심리학자들은 이 실험에 근거해 유아의 애착유형을 긍정적인 것과 부정적인 것으로 나누고, 또 부정적인 유형을 회피형과 양면형으로 나눴다. 우선 긍정적인 애착유형인 안정 애착(secure attachment)을 가지는 유아는 보호자 참석 시 거리낌 없이 방안을 돌아다니고 낯선 사람과도 무리 없이 교류한다. 하지만 보호자가 자리를 뜨면 눈에 띄게 동요하는 모습을 보이며, 보호자가 돌아왔을 때 매우 행복한 듯한 반응을 보인다. 부정적인 애착유형 중, 회피 애착(avoidant attachment)을 가지는 유아는 실험이 진행되는 동안 감정의 변화를 거의 보이지 않는다. 보호자의 참석 여부에 상관없이 장난감 등 자기의 관심사에만 집중하며 보호자와 낯선 사람 모두에게 일정한 감정적 거리를 유지한다. 다른 하나의 부정적 애착유형인 양면 애착(ambivalent attachment)은 실험 내내 보호자의 곁에 머무는 행동을 보인다. 보호자가 자리를 뜨면 굉장한 스트레스를 표출하다가 보호자가 다시 돌아오면 물리적으로 가까운 거리에 머문다. 특이한 점은 비록 물리적으로 근접한 곳에 머물긴 하지만 보호자와 감정적인 교류를 거부하고 보호자가 달래주려고 해도 이에 대해 반응을 보이지 않는다는 것이다.

3. Application of Psychology (심리학의 적용)

1 Psychotherapy (심리요법)

심리적·신체적인 장애를 위약요법이나 최면요법과 같은 심리적인 방법으로 치료하는 것을 의미한다.

위약 효과 (placebo effect)

실제 의학적인 효과가 없는 녹말·우유·증류수 등을 약으로 속여 환자에게 투여하는 것만으로도 유익한 작용을 나타내는 심리효과를 위약 효과라고 한다. 구체적인 과학적 근거가 확실히 증명되지는 않았지만 약 30%의 경우 효과를 보인다고 알려져 있다. 예를 들어 불면증(insomnia)에 시달리는 환자들에게 소화제를 수면제로 위장하여 주면 그 약을 먹은 환자는 이내 편안하게 잠들며, 열이 나는 환자에게 증류수(distilled water)를 해열제로 위장하여 주사하면 많은 경우 실제로 열이 내린다. '이것은 무슨 약이다. 이것을 투여하면 나아질 것이다.'라는 의사의 말을 환자가 듣고 신뢰하고 안심하는 과정에서 발생하는 심리적인 현상이다.

최면 (hypnosis)

최면은 의도적으로 야기되는 인간의 특수한 상태 및 심리적 현상이다. 최면 상태를 수면(slumber)과 각성(awakening)의 중간상태라고 말하는데, 신체적으로 수면에 가까운 상태이면서도 의식·운동·지각·사고 등의 심리적 활동의 변화를 일으킨다. 최면의 종류로는 타인에 의해 의도되는 타인 최면과 스스로가 유도하는 자기 최면(self-hypnotism)이 있다. 흔히 알고 있는 것과는 달리 최면상태에 있는 사람은 의식과 판단력을 모두 갖추고 있어서 최면자가 지시하는 것을 무조건적으로 따르는 것이 아니라 거부할 수 있는 의식을 지니고 있다. 또한 최면에서 깨어나면 최면상태에서 일어난 일을 거의 기억할 수 있다. 실제로 최면요법(hypnotic cure)은 공포증(phobia), 성격장애(psychopathy), 불안장애(anxiety disorder) 등의 많은 심리 치료 분야에 이용되고 있다.

2 Physiological Psychology (생리학적 심리학)

생리학적인 방법으로 심리현상을 연구하기도 한다. 즉, 인간의 신체적 변화와 반응으로 심리현상을 설명하고 이를 응용하는 것이다.

뇌 활동(brain activity) 관찰

혈류량의 변화를 감지하는 기능성 자기공명 촬영장치(functional magnetic resonance imaging machine, fMRI)로 뇌의 활동을 관찰하는 것이 가능하다. 특정 활동을 할 때 어떤 부분이 활성화되는지를 관찰함으로써, 뇌의 어떤 부분이 어떤 행동에 관여하는지 알 수 있다. 예를 들어, 래퍼들이 즉흥으로 랩을 할 때와 외운 가사를 읊을 때의 뇌를 촬영한 사례가 있다. 래퍼들이 즉흥적으로 랩을 할 때는 뇌의 중간 부분인 내측 전전두엽 피질(medial prefrontal cortex)이 활성화된 반면, 암기한 가사를 읊을 때는 배측면 전전두엽 피질(dorsolateral prefrontal cortex)이 더 활동적이라는 것을 관찰할 수 있었다. 이에 따라 연구자들은 창의적인 활동에는 내측 전전두엽 피질이 관여한다고 추측했다.

거짓말 탐지기 (lie-detector)

거짓말 탐지기는 심리적 변화에 따른 자율신경계(autonomic nervous system)의 각종 반응을 이용하여 용의자(suspect)가 하는 진술의 참·거짓을 판별한다. 즉 고의로 거짓말을 하려고 할 때 발각될지도 모른다는 염려 때문에 일어나는 호흡·혈압·맥박 등의 신체적 변화를 기록하여 분석한다. 거짓말 탐지기의 검사결과는 보통 90% 이상 적중한다고 인정된다. 최근에는 많은 과학자들의 연구를 통해 거짓말을 할 때 변화하는 뇌의 이미지를 응용하는 방법이 시도되고 있다.

HACKERS TEST

 [1-6] Listen to part of a lecture in a psychology class.

1 What is the lecture mainly about?

(A) The cognitive functions of the left and right sides of the brain
(B) The functioning of the brain during a creative thought process
(C) The neurological relationship between logical and improvisational thinking
(D) The decline in creativity that occurs after the childhood years

2 What does the professor imply about the theory of left- or right-brain dominance?

(A) It is not accepted by most psychologists.
(B) It reflects how the human brain actually functions.
(C) It does not address why some people are logical.
(D) It accurately explains human creativity.

3 What is the professor's opinion about the research conducted by the team of neuroscientists?

(A) It led to significant breakthroughs in brain-monitoring technology.
(B) It demonstrated that blood circulation in the brain is related to creativity.
(C) It provided information that is critical to understanding the brain.
(D) It confirmed an existing theory about how the creative process works.

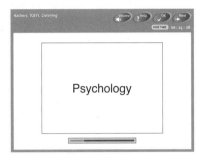

Psychology

4 According to the professor, why were researchers surprised by the brain scans of rappers?

(A) They indicated that all parts of the brain function independently.
(B) They remained constant whether lyrics were recited or improvised.
(C) They confirmed the dominance of the right and left sides of the brain.
(D) They varied greatly according to the type of activity performed.

Listen again to part of the lecture. Then answer the question.

5 Why does the professor say this: 🎧

(A) To express her uncertainty regarding an issue
(B) To suggest that the student spoke out of turn
(C) To show that she disagrees with the student's conclusion
(D) To demonstrate her disapproval of the student's attitude

6 What explains the difference in imaginativeness between children and adults?

(A) The heightened activity in the front section of the brain
(B) The uneven rates at which parts of the brain mature
(C) The ability to organize ideas during the creative process
(D) The increase in the overall size of the prefrontal cortex

정답 p.620

CONVERSATIONS

LECTURES

Hackers **TOEFL** LISTENING

15. Economics

Economics(경제학)란 인간이 자신의 욕구를 가장 효율적으로 충족시키기 위해 제한된 유·무형의 재화를 가지고 어떤 선택을 하는지에 대해 주로 연구하는 사회과학 분야의 학문이다. 토플에서는 기본적인 개념과 용어에 대한 지식만으로도 쉽게 이해할 수 있는 수준의 강의가 출제된다. 따라서 경제학 관련 기본지식을 쌓아두는 것이 좋다.

관련토픽 및 기초지식

1. 경제학 기초 지식

1 Perfect Competition (완전경쟁)

경제이론에서 말하는 이상적인 상태의 시장모형으로 개개의 시장참가자가 가격에 영향을 줄 수 없는 상태를 말한다.

2 Monopolistic Competition (독점적 경쟁)

완전경쟁과 완전독점의 중간 형태인 현실에서 흔히 발견되는 시장모형이다. 이 모형에서 기업들은 차별화된 제품을 출시해 독점적인 지위를 강화하기 위해 경쟁을 벌인다.

3 National Economy (국민경제)

가계·기업·지방자치단체·국가 등 다양한 경제 주체들이 국가를 단위로 벌이는 경제활동의 총체를 말한다. 국민경제의 규모를 측정할 수 있는 개념으로 국내총생산(Gross Domestic Product, GDP)과 국민총생산(Gross National Product, GNP)이 있다. GDP는 한 나라의 국경 내에 있는 모든 생산 주체들이 생산한 재화의 가치를 도합한 총액을 말하고, GNP는 국내외를 막론하고 그 나라의 국적을 갖는 국민이 생산·취득한 가치의 총액을 말한다.

4 Market Economy (시장경제)

자유경쟁의 원칙에 의해 시장에서 가격이 형성되는 국민경제를 뜻하며, 자본주의경제(Capitalist economy)와 유사한 의미로 쓰인다.

5 Planned Economy (계획경제)

중앙 정부가 재화의 생산·분배·소비를 계획·관리하는 경제를 뜻하며, 사회주의경제(Socialist economy)와 유사한 의미로 쓰인다.

2. International Trade (국제무역)

1 Absolute Advantage (절대우위)

어떤 재화에 대해 이를 생산하는 데 필요한 비용이 한 나라가 다른 나라보다 낮을 때, 그 나라는 이 재화의 생산에 있어 절대우위에 있다고 한다. 예를 들어, 밀을 생산하는 데 있어 A 나라가 B 나라보다 같은 단위를 생산하는 데 들어가는 비용이 낮다면 A 나라는 밀 생산에서 절대우위에 있게 된다. 두 국가 사이에 절대우위를 가지는 재화의 종류가 다를 경우 각 국가가 절대우위에 있는 재화의 생산에 집중하여 서로 교환함으로써 그렇지 않은 경우보다 더 많은 재화를 얻을 수 있다.

2 Comparative Advantage (비교우위)

어떤 재화에 대해 이를 생산하는 데 필요한 비용이 한 나라가 다른 나라보다 상대적으로 낮을 때, 즉 그 재화의 생산에 대한 기회비용이 다른 나라보다 낮을 때 그 나라는 이 재화의 생산에 있어 비교우위에 있다고 한다. 예를 들어, A 나라가 밀과 커피 두 재화 모두에 대해 절대우위에 있다고 하더라도, A 나라의 밀 생산에 대한 기회비용이 B 나라보다 작고, B 나라의 커피 생산에 대한 기회비용이 A 나라보다 작다면, A 나라와 B 나라는 각각 밀과 커피의 생산에 있어 비교우위에 있게 된다. 이 경우에도 각 국가가 비교우위를 가지는 재화의 생산에 집중하여 서로 교환함으로써 그렇지 않은 경우보다 더 많은 재화를 얻을 수 있다.

3 Opportunity Cost (기회비용)

제한된 자원을 가지고 한 재화를 생산하기 위해서는 다른 재화의 생산을 포기해야 하는데, 이때 생산하지 않은 재화를 생산했을 경우 얻을 수 있었을 이익을 기회비용이라고 한다. 예를 들어, A 나라가 정해진 단위의 자원을 투입했을 때 밀 2톤 또는 커피 1톤을 생산할 수 있다고 한다면, A 나라의 밀 1톤을 생산하기 위한 기회비용은 커피 0.5톤이고 커피 1톤을 생산하기 위한 기회비용은 밀 2톤이다.

3. Economic Theory (경제학 이론)

1 Classical Economics (고전 경제학)

애덤 스미스(Adam Smith)가 1776년 국부론을 출간함으로써 시작되어 19세기 중반까지 경제 이론에 큰 영향력을 행사한 경제학의 한 분류이다. 개인의 이윤 추구가 가져오는 사회 구조의 변화에 대해 고찰하였으며, 자유경쟁을 전제로 하고 시장을 중심으로 생산과 분배를 입체적으로 분석하여 경제학을 과학의 영역으로 올려놓는 데 성공하였다.

2 Keynesian Economics (케인스 경제학)

1930년대의 대공황 이후 등장한 경제학자 케인스(John Keynes)의 경제 분석 방법 및 경제 정책적 수단을 기본 내용으로 하는 경제학의 한 분류이다. 자본주의의 실패로 부의 불균등한 분배와 불완전한 고용이 발생했다고 보고 이를 바로잡기 위해서 시장에 대한 정부 개입의 필요성을 주창했다. 특히 자본주의 사회에서 완전고용을 실현하는 것을 이상으로 보고, 이를 위해 정부가 개입해 유효수요를 창출해야 한다고 주장했다.

3 Marxian Economics (마르크스 경제학)

독일의 경제학자인 칼 마르크스(Karl Marx)가 1867년 저서 <자본론>을 통해 전개한 이론이다. 자본주의(capitalism)의 모순을 과학적으로 증명하고 그것의 필연적인 붕괴과정을 변증법적으로 설명하고자 했다. 이러한 혁명적 경제학의 특성을 체계화하기 위해 마르크스는 상품의 가치와 가치의 크기는 그 상품을 생산하는 데 필요한 노동에 의해 결정된다는 노동가치설(labor theory of value)을 기본원리로 삼았다.

HACKERS TEST

 [1-6] Listen to part of a lecture in an economics class.

1 What does the professor mainly discuss?

(A) The relationship between production levels and labor costs

(B) The development of rules for international trade

(C) The reason for the occurrence of international trade

(D) The impact of the Silk Road on regional commerce

Listen again to part of the lecture. Then answer the question.

2 What does the professor mean when he says this:

(A) He wants to show that the student has made an interesting point.

(B) He plans to correct an inaccurate statement made by the student.

(C) He thinks that the student did not fully understand the question.

(D) He hopes that the other students appreciate the importance of a topic.

3 What two factors give Columbia and Brazil an absolute advantage in the production of coffee?

Choose 2 answers.

(A) They have lower opportunity costs.

(B) They have more suitable climates.

(C) They have workers who earn less.

(D) They have more farmland available.

4 Why does the professor talk about going on a date?

(A) To provide background for a discussion on decision-making

(B) To illustrate a fundamental economic concept

(C) To demonstrate the importance of making the right choices

(D) To explain how opportunities are interchangeable

5 What does the professor explain to the students about country A and country B?

(A) Country A does not have the resources to produce advanced technologies.

(B) Country B has a higher overall productivity than country A.

(C) They do not have the same opportunity costs in making cell phones.

(D) They both have a comparative advantage with regard to making desks.

6 What can be inferred about comparative advantage?

(A) It prevent nations from becoming too dominant in international trade.

(B) It is a more important concept in economics than absolute advantage.

(C) It demonstrates why some states are more productive than others.

(D) It explains why a country manufactures certain goods and not others.

정답 p.623

16. Business Management

Business Management(경영학)는 기업의 효율적인 운영을 위해 기업의 조직과 관리 및 운영에 대해 과학적으로 연구하는 학문이다. 토플에서는 경영학의 여러 분야들 중에서 주로 마케팅과 관련된 내용들이 출제된다. 따라서 경영학 기초 분야와 마케팅 관련 지식을 알아두는 것이 좋다.

관련토픽 및 기초지식

1. 경영학 기초 분야

1 Financial Management (재무 관리)

기업의 경영활동에 필요한 자금을 조달하고 전반적인 자금 운용을 효율적으로 관리하는 활동을 말한다. 단순한 이익의 극대화에 국한되지 않고 기업가치를 높여 주주의 부를 극대화하는 것을 목적으로 한다.

2 Production Management (생산 관리)

주로 제조업에서 생산활동을 계획·조직·통제하는 전반적인 활동을 말한다. 제품과 서비스의 생산을 효과적이고 효율적으로 관리하여 생산성을 극대화하는 것을 목적으로 한다.

3 Marketing (마케팅)

소비자에게 재화와 서비스를 유통하는 전 과정에 걸친 활동을 말한다. 소비자에게 최대의 만족을 주고 생산목적을 가장 효율적으로 달성하는 것을 목적으로 하며 상품 및 서비스의 개발, 가격결정, 광고, 유통 등이 포함된다.

4 Human Resources Management (인적 자원 관리)

인력의 확보·개발·활용에 관한 계획적이고 조직적인 관리활동을 말한다. 조직의 목표와 개인의 목표가 조화를 이루도록 하여 기업의 목표를 이루기 위한 인적 자원을 확보하고 그들이 최대한의 역량을 발휘하도록 하는 것을 목적으로 한다.

2. Marketing (마케팅)

1 4Ms of Marketing (마케팅의 4M)

성공적인 마케팅 전략을 위해 고려해야 할 4가지 요소, 시장(market), 돈(money), 메시지(message), 매체(media)를 마케팅의 4M이라고 한다. 구체적으로 4M이란 첫째, 상품을 판매하고자 하는 대상인 표적 시장

(target market)을 정확히 파악해야 한다는 것이며 둘째, 효율적인 방법으로 돈(money)을 투자해야 한다는 것이다. 또한 셋째, 마케팅 수단을 선택할 때 이것이 지니는 의미나 메시지(message)를 고려해야 하며 넷째, 표적 시장에 따라 효과적으로 메시지를 전달할 수 있는 매체(media)를 선택해야 한다는 것을 의미한다.

② Market Segmentation (시장 세분화)

시장 세분화란 소비자를 특정 기준에 따라 나누고 각 소비자 층에 따라 시장을 구분하여 집중적으로 마케팅 전략을 펴는 것이다. 이는 소비자의 필요와 욕구를 정확하게 충족시키고 변화하는 시장수요에 능동적으로 대처하기 위한 것이다. 지리적 기준, 연령과 성별 및 직업 등의 인구통계학적 기준, 라이프스타일과 개성 등의 사회심리학적 기준, 상품 또는 서비스의 사용량과 상표충성도 등을 포함하는 행동분석적 기준을 적용하여 시장을 세분화할 수 있다.

③ Public Relations (대외 홍보)

Public Relations는 글자 그대로는 공공관계를 의미하나, 마케팅에서는 대외 홍보(PR)의 뜻을 가진다. 기업이 관련 기관과 대중의 이해 및 협력을 얻기 위해 기업의 지향점 등을 전달하거나, 회사나 제품에 대한 긍정적인 이미지를 형성하기 위해 수행하는 커뮤니케이션 활동을 말한다.

④ Crisis Management (위기 관리)

위기 관리는 문제가 발생했을 경우 회사 전체가 관여하는 조직적인 접근 방법이다. 예를 들어, 제품에 문제가 있는 것으로 드러날 경우 회사는 해당 문제에 대해서 대중들에게 사과(apology)를 하고, 문제가 있는 제품들을 리콜(recall)한다. 이로써 대중들에게 회사가 자신들의 이익보다 소비자의 안전을 우선시한다는 인식을 준다. 또한 이에 그치지 않고 같은 문제가 다시 발생하지 않도록 제품의 품질관리 조사(quality control check)를 실시하고 방침을 수정하며 대외 홍보(Public Relations)팀이 이를 소비자에게 공식 성명을 통해 알린다. 그리고 소비자가 제품을 다시 구매하도록 특별한 판매 촉진(special promotion)을 실행하여 문제가 발생하기 전의 이익과 명성을 회복할 수 있도록 노력한다.

서비스 회복의 역설 (service recovery paradox)

서비스 회복의 역설이란, 기업이 고객의 문제를 매우 잘 처리하여 애초에 문제가 없었을 경우보다 고객의 만족도와 충성도(loyalty)가 더 높아진 경우를 말한다. 이는 고객들이 그들을 만족시키기 위해 기업이 특별한 관심과 노력을 들였으며 앞으로도 그렇게 할 것이라고 느끼기 때문에 가능하다.

⑤ Advertisement (광고)

일치-불일치 효과 (congruent-incongruent effect)

대상과 관련 있는 정보가 주어질 경우 일치(congruent)한다고 하며, 대상과 관련성이 떨어져 예상치 못한 정보가 주어질 경우 불일치(incongruent)한다고 한다. 가령, 패션 잡지에서 신발 광고가 등장하는 경우 일치하는 광고이며 자동차 잡지에서 신발 광고가 등장한다면 불일치하는 광고이다. 일치하는 광고뿐만 아니라 불일치하는 광고도 효과적일 수 있는데, 적당한 수준으로 불일치하는 정보가 주어졌을 경우 이것은 오히려 소비자의 관심과 호기심을 유발시키기 때문이다.

HACKERS TEST

1 What is the main topic of the lecture?

(A) Methods to improve a company's reputation

(B) The effects service recovery can have on customer allegiance

(C) Measures to reduce product and service complaints

(D) The relationship between customer service and company reliability

Listen again to part of the lecture. Then answer the question.

2 What does the professor mean when she says this:

(A) She wants to be certain that she heard the student correctly.

(B) She is unsure of how to answer the student's question.

(C) She thinks the student misinterpreted the problem.

(D) She thinks the student's opinion is understandable.

3 Why did the company offer the professor's daughter a software upgrade?

(A) She signed up for the company's customer loyalty program.

(B) She intended to use the computer for an academic project.

(C) She experienced a delay in receiving a functioning product.

(D) She agreed to purchase a more expensive computer model.

4 According to the professor, what are two requirements for customers to be satisfied with service recovery?

Choose 2 answers.

(A) The company has to show empathy for the customer's situation.
(B) The problem needs to be fixed within a short amount of time.
(C) All customers need to be treated the same during service recovery.
(D) The problem the customers are having should not happen repeatedly.

5 What can be inferred about service recovery?

(A) It is best utilized when the company establishes an opportunity for it.
(B) It can be used only in cases where a defect in a product is minor.
(C) It should be applied every time the customer has trouble with the company.
(D) It does not compensate for selling products of inferior quality.

6 Why does the professor mention experienced customer service representatives?

(A) To emphasize that service recovery is an established principle
(B) To provide an example of professionals who use service recovery
(C) To give credibility to a controversial opinion about service recovery
(D) To demonstrate that service recovery can lead to consumer fraud

정답 p.625

CONVERSATIONS

LECTURES

Hackers TOEFL LISTENING

17. Physics

Physics(물리학)는 자연현상을 지배하는 기본법칙을 규명하는 학문으로서 물체의 운동이나 구조·열·빛·전기·신소재 등 다양한 분야를 연구한다. 토플에서는 물리학의 기초가 되는 법칙들의 원리나 이를 실생활에 적용하는 내용이 주로 출제된다. 따라서 이에 대한 기초지식을 갖춘다면 강의를 훨씬 쉽게 이해할 수 있을 것이다.

관련토픽 및 기초지식

1. Force & Motion (힘과 운동)

1 Force (힘)

힘은 정지하고 있는 물체를 움직이고, 움직이는 물체의 속도나 방향을 바꾼다.

중력 (gravity)

우주상의 모든 물체 사이에는 서로 끌어당기는 힘인 만유인력(universal gravitation)이 작용한다. 물체와 지구 사이에 작용하는 중력이 그 예이다. 무중력(weightless) 상태에서 인간은 다양한 신체적 변화를 겪게 된다. 균형감각을 유지하는 반고리관이 제대로 기능하지 못하여 위치감각을 잃게 되고, 관절 사이의 간격이 넓어져서 키가 커진다.

2 Motion (운동)

운동은 일정한 기준점(control point)에 대해 물체의 위치가 변화하는 현상을 뜻한다.

뉴턴의 운동법칙 (Newton's law of motion)

운동을 지배하는 자연법칙은 수없이 많으나 그 기본이 되는 것은 뉴턴의 운동법칙이다. 제1법칙(Newton's first law)은 관성의 법칙(law of inertia)으로, 외부로부터 힘의 작용이 없으면 물체는 정지한 채로 있거나 등속도 운동(uniform motion)을 계속한다는 것이다. 제2법칙은 물체에 힘이 작용했을 때 물체는 그 힘에 비례하는 가속도(acceleration)를 가진다는 법칙이다. 제3법칙은 작용-반작용(action-reaction)의 법칙이라고도 하며 두 물체의 상호작용(interaction), 즉, 한쪽 물체가 받는 힘과 다른 쪽 물체가 받는 힘은 크기가 같고 방향이 반대임을 나타낸다.

운동량 보존의 법칙 (conservation of momentum)

전체 운동량은 에너지와 마찬가지로 외부작용이 없는 한 언제까지나 보존된다는 것이 운동량 보존의 법칙이다. 물체의 운동량(momentum)은 물체에 작용하는 힘인 질량(mass)과 속도(velocity)에 비례한다. 힘이 물체의 운동량을 변화시키는 원인이므로, 외부에서 힘이 작용하지 않는 한 물체의 운동량은 변하지 않는다는 원리이다.

2. Light, Sound & Heat (빛, 소리와 열)

1 Light (빛)

일반적으로 전자기파 중에서 사람의 눈에 보이는 범위의 파장을 가진 가시광선(visible rays)을 빛이라고 하며, 넓은 의미로는 자외선(ultraviolet rays)과 적외선(infrared rays)을 포함한다.

광섬유 (fiber optics)

광섬유는 빛을 전송하기 위해 유리나 합성섬유(synthetic fiber)로 만든 섬유 모양의 관이다. 광섬유를 여러 가닥 묶어서 케이블로 만든 것을 광케이블(optical cable)이라고 한다. 광섬유는 외부의 전자파(electron wave)에 의한 간섭(interference)이나 혼선(jamming)이 없고 에너지 손실도 없기 때문에 장거리 전화망이나 초고속 정보통신망(information superhighway) 구축에 이용된다.

2 Sound (소리)

소리는 물체의 진동이나 기체의 흐름으로 발생하는 파동의 한 가지로, 소리의 세기는 데시벨(decibel)로 나타내며 주파수(frequency)가 높을수록 높은 음이다.

소음 (noise)

일반적으로 소음은 불쾌하고 좋지 않은 영향을 미치는 소리로 알려져 있으며 실제로 80데시벨(decibel)을 넘어가면 사람에게 해롭다고 알려져 있다. 하지만 일부 소음은 긍정적인 효과를 준다. 들을 수 있는 모든 주파수를 포함하는 임의적 소음(random noise) 중 하나인 백색 소음(white noise)은 다른 소리를 차단하므로, 진정 및 수면을 돕는다. 다른 임의적 소음으로는 가장 낮은 분홍색 소음(pink noise)과 분홍색 소음보다는 조금 더 높은 음을 가지는 파란색 소음(blue noise)이 있다.

3 Heat (열)

열은 물체의 온도를 높이고 고체, 액체, 기체의 상태를 변화시키는 에너지이다.

열 전달 (heat transfer)

물체의 온도나 형태를 변화시키는 열 에너지(heat energy)는 세 가지 방법으로 이동된다. 전도(conduction)는 금속과 같은 고체에서 고온 부분에서 저온 부분으로 열이 전달되는 현상이며, 대류(convection)는 온도가 높고 밀도가 낮은 부분은 올라가고 온도가 낮고 밀도가 큰 부분은 내려오며 열이 전달되는 것이다. 열복사(thermal radiation)는 열을 중개(intermediation)하는 물질 없이, 고온인 물체 부근의 열을 저온인 물체가 흡수하는 현상을 말한다.

3. Electric Forces & Magnetism (전기와 자기)

전기는 전자(electron)의 이동으로 생기는 에너지이며, 자기는 자석이 철을 끌어당기는 작용이나 전류에 작용을 미치는 성질을 말한다. 직진하는 전기력과는 달리, 자기력은 N극을 출발해서 S극으로 돌아오는 특성이 있다.

반도체 (semiconductor)

전기나 열을 잘 전달하는 물질을 도체(conductor), 전기를 전달하기 어려운 물질은 부도체(insulator)라고 한다. 반도체(semiconductor)는 도체와 부도체의 중간값을 취하는 것으로, 전자(electron)와 전자가 비어있는 정공(hole)을 이용해 전기를 전달한다. 게르마늄(germanium), 실리콘(silicone)이 소재로 쓰이며 전자기기에 반도체를 이용한 다이오드(diode)나 트랜지스터(transistor)를 사용하여 크기, 무게 감소, 전력소모 절감, 수명 증진 등의 이익을 얻고 있다.

초전도체 (superconductor)

초전도체는 아주 낮은 온도에서 전기저항(electric resistance)이 완전히 없어지는 물질을 말한다. 전기저항이 '0'이 되면 많은 전류(electric current)가 흐를 수 있게 되므로, 전선을 초전도체로 만들 경우 에너지 손실이 없는 송전(power transmission)이 가능해진다. 또한 초전도체는 자석 위에서 떠오르는 특성을 가지므로 자기부상열차(magnetic levitation train)나 의료기기인 MRI 등에 응용할 수 있다.

[1-6] Listen to part of a lecture in a physics class.

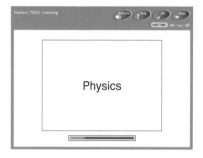

1 What is the lecture mainly about?

(A) The effects of environmental noise on people
(B) Randomness and interference in noise
(C) The types and characteristics of random noise
(D) Contradictory definitions of noise

2 How does the professor introduce the effects of environmental noise?

(A) By comparing the sound of an alarm and the sounds on a busy street
(B) By identifying the sounds that people hear every day
(C) By describing a level of noise that is harmful
(D) By drawing attention to a particular type of sound

3 Why does the professor mention music?

(A) To give an example of a type of noise that people are exposed to often
(B) To provide background information for a discussion on volume measurement
(C) To illustrate how people can improve their quality of life
(D) To show that even pleasant noise can be harmful

4 What is a key feature of white noise?

(A) It can make undesirable noise imperceptible.
(B) It is produced by a wide variety of natural sources.
(C) It can easily blend into environmental noise.
(D) It has the lowest frequency of all types of random noise.

Listen again to part of the lecture. Then answer the question.

5 Why does the professor say this:

(A) To introduce a change in the subject matter
(B) To assure the students that her point is related to the topic
(C) To check the students' understanding of a concept
(D) To correct an explanation that she gave earlier

6 According to the lecture, what are two characteristics of pink noise?

Choose 2 answers.

(A) Its tone is lower than that of either white or blue noise.
(B) Its power density is greater at lower frequencies.
(C) Its higher frequencies are similar to those of white noise.
(D) It cancels out the other forms of random noise.

정답 p.627

18. Chemistry

Chemistry(화학)는 물질의 성질·조성·구조 및 그 변화를 주요 연구 분야로 하며, 다른 과학분야의 기술 발전에 큰 영향을 끼치고 있는 학문이다. 토플에서는 여러 화학반응이나 일상생활에서의 적용을 설명하는 강의가 주로 출제된다. 따라서 화학에서 다루는 물질들의 기본 특성과 화학적 반응 원리의 개념을 파악하는 기초 학습이 필요하다.

관련토픽 및 기초지식

1. Matter (물질)

1 Solid (고체)

금속이나 광물과 같이 일정한 형태와 부피를 가지고 있는 물체를 말한다. 고체는 원자(atom) 또는 분자 (molecule) 사이의 강한 인력(attraction) 때문에 유동성(liquidity)이 없다.

석탄 (coal)

석탄은 지질시대의 식물이 퇴적되고 매몰된 후 높은 온도와 압력을 받아 변질된 암석이다. 주로 탄소로 구성되어 있고 수소와 산소를 포함하고 있다. 산업혁명 이후 에너지원으로서의 석탄의 이용이 비약적으로 증대하였다. 또한 석탄을 가공하여 얻는 여러 불실은 많은 화학공입의 원료로 사용되고 있다.

2 Liquid (액체)

물·기름과 같이 일정한 형태는 갖지 않되 일정한 부피는 갖는 상태이며 기온·압력의 조건에 따라 기체나 고체로 변할 수 있다.

3 Gas (기체)

일정한 형태나 부피를 가지지 않으며 입자(particle)들의 운동이 가장 활발한 상태이다. 액체가 기체로 변하는 것을 기화(evaporation), 고체가 기체로 변하는 것을 승화(sublimation)라고 한다.

4 Molecular Arrangement (분자 배열)

원자나 분자의 배열 방식에 따라 물질은 다른 성질을 가진다. 흑연과 다이아몬드의 경우 둘 다 탄소 원자로만 이루어져 있지만 어떻게 배열되느냐에 따라 흑연이 되기도 하고 다이아몬드가 되기도 한다. 또한 또 다른 특정한 모양으로 탄소 원자가 배열되면 C_{60}(buckyball)이라는 물질이 되는데, C_{60}은 탄소 원자 60개가 축구공 모양으로 배열된 지름 1나노미터의 물질로 의학적 용도 등 다양한 곳에 쓰일 수 있다. C_{60}과 비슷하게 역시 탄소만으로 이루어진 다른 물질로는 나노튜브(nanotube)가 있다.

2. Energy (에너지)

1 Fossil Fuel Energy (화석에너지)

석탄·석유·천연가스와 같이 지하에 묻힌 동식물의 유해가 오랜 세월에 걸쳐 화석화되어 형성된 연료를 화석연료라 하며 이것에 의해 얻어진 에너지를 화석에너지라고 한다.

원유 정제법 (crude oil refining process)

원유를 정제하여 석유(petroleum)를 얻는 방법에는 두 가지가 있다. 증류(distillation)는 혼합물인 액체를 가열하여 얻은 기체를 액화(condensation)시켜 각각의 순수한 성분으로 분리시키는 것으로 고대 때부터 사용하던 방법이다. 열을 가하여 분리하는 열분해(cracking)는 증류보다 많은 양의 휘발유(gasoline)와 플라스틱(plastic) 등의 부산물을 얻을 수 있다.

2 Nuclear Energy (핵에너지)

원자핵(atomic nucleus) 변환(conversion)을 통해 방출되는 방사선(radioactive ray) 에너지를 이용하는 것을 말한다. 화석에너지의 대체에너지(alternative energy)로 사용되며 의료, 공업, 식품 등 다양한 분야에 이용할 수 있다.

3. Water (물)

물은 상온에서 색·냄새·맛이 없는 액체이며 2개의 수소와 1개의 산소로 구성되어 있다.

수소결합 (hydrogen bond)

수소결합은 2개의 분자 사이에 수소 원자가 들어감으로써 생기는 약한 화학 결합을 말한다. 물은 1개의 분자(H_2O) 안의 산소 원자를 중심으로 하여 4개의 물 분자가 둘러싸고 있는 구조인데 이때 결성된 '산소-수소-산소(O-H-O)'와 같은 결합을 수소결합이라 한다. 액체인 물은 고체인 얼음보다 수소결합이 느슨한 상태이므로 1개의 분자를 둘러싸는 다른 분자의 수가 증가하여 분자 사이의 틈이 작아진다. 이는 얼음보다 물의 밀도(density)가 큰 이유이다.

공유결합 (covalent bond)

한 쌍의 전자를 두 원자가 공유하면서 결합을 유지하는 상태를 말한다. 물 분자의 경우, 산소 분자와 수소 분자가 각각 전자를 내놓고 이 전자들을 공유하면서 결합되어 있다.

삼투현상 (osmosis)

삼투현상은 농도가 낮은 곳에서 농도가 높은 곳으로 물이 이동하는 현상이다. 용매(solvent)는 통과시키지만 용질(solute)은 통과시키지 않는 반투막을 고정하고 양쪽에 농도(concentration)가 각각 다른 용액을 넣으면 일정량의 용매가 용액 속으로 스며들어 양쪽의 농도가 같아진다. 이 원리로 인해 식물의 뿌리가 흙 속의 수분을 흡수하고 인체에서는 신장(kidney)의 수분 재흡수 현상이 일어난다.

얼음 (ice)

물은 액체 상태일 때보다 고체인 얼음 상태일 때 부피가 더 크다. 얼음의 분자 결합 구조가 가운데가 비어있는 육각형(hexagon)이기 때문이다. 또한 분자 결합 구조의 특성상 얼음의 표면에서는 다른 원자와 결합을 이루지 못한 채 남아있는 수소 원자들이 운동하게 되는데 이는 얼음의 표면이 미끄러운 이유가 된다. 다시 말해, 얼음의 표면은 화학적으로는 고체인 얼음 상태로 남아있으면서 유동적인 물의 성질을 가지게 되는 것이다.

라이덴프로스트 효과 (Leidenfrost effect)

끓는점(boiling point)보다 훨씬 높은 온도를 가지는 고체의 표면과 액체 사이에 증기층이 형성돼 절연효과를 가져오는 것을 말한다. 물방울을 아주 뜨거운 냄비 위에 떨어뜨렸을 때, 냄비 바닥과 물방울 사이에 순간적으로 증기막이 형성돼 한 동안 증발하지 않고 냄비바닥을 가로질러 미끄러지는 현상이 라이덴프로스트 효과의 예가 될 수 있다.

HACKERS TEST

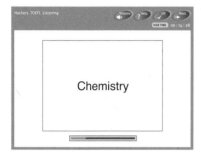

1 What is the main topic of the lecture?

(A) The properties of carbon allotropes
(B) The discovery of new carbon molecules
(C) The applications of carbon-based structures
(D) The formation of carbon atoms

Listen again to part of the lecture. Then answer the question.

2 Why does the professor say this:

(A) To confirm whether or not she needs to clarify a term
(B) To express that her information might be incorrect
(C) To indicate that what she said was unexpected
(D) To suggest that the concept is beyond her understanding

3 In the lecture, the professor describes the properties of various carbon allotropes. Is each one a property of graphite or diamonds?

Click in the correct box for each phrase.

	Graphite	Diamonds
Acts as an insulator		
Atoms form hexagonal cells		
Three-dimensional lattice structure		
Carbon atoms bond with four neighbors		
Conducts electricity		

4 How does the professor describe the buckyball?

(A) By comparing its shape to that of an everyday object

(B) By explaining how its molecular structure is maintained

(C) By contrasting its form with that of a diamond

(D) By discussing how its function is related to its size

5 What does the professor imply about buckyballs?

(A) They will not find uses outside of science.

(B) They were an unanticipated discovery.

(C) They are the strongest form of carbon.

(D) They have been found to prevent human illness.

6 What is an advantage of adding carbon nanotubes to latex paint?

(A) The inclusion of nanotubes lowers production costs.

(B) Paint can be applied in extremely thin layers.

(C) Nanotubes change the electric properties of the paint.

(D) Metal and paint can be mixed before a product is made.

정답 p.630

CONVERSATIONS

LECTURES

Hackers **TOEFL** LISTENING

19. Physiology

Physiology(생리학)는 동·식물의 기능을 중심으로 그 기능이 나타나는 과정과 원인을 과학적으로 분석하는 학문이다. 생물학(Biology)의 한 분야이며 해부학(Anatomy)·세포학(Cytology)과 밀접하게 관련되어 있다. 토플에서는 특히 의학(Medical Science)과 연관되어 인체를 구성하는 기관의 특징과 역할, 작용 등을 연구하는 인체생리학(Human Physiology)과 관련된 주제들이 출제될 가능성이 높다. 따라서 이러한 주제들을 알면 도움이 된다.

관련토픽 및 기초지식

1. Human Body (인체)

인체는 매우 복잡한 구조로 이루어져 있으며 다양한 기능을 갖고 있다. 인체가 정상적인 상태로 유지되기 위해서는 인체를 구성하는 수많은 요소들이 원활하게 기능하여야 한다.

1 Blood (혈액)

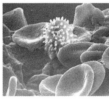
백혈구

혈액은 동맥(artery), 정맥(vein), 모세혈관(capillary vessel)을 따라 온몸을 순환(circulation)한다. 물질대사(metabolism)에 필요한 산소와 영양소(nutrition)를 공급하며 노폐물을 운반하는 역할을 한다. 혈액의 구성요소 중 백혈구(white blood cell)는 미생물(microorganism)을 소화시켜 분해하는 **효소**(enzyme)를 가지고 있어서 인체 내에 침입한 세균(germ) 같은 미생물을 잡아먹는 식균작용을 한다.

2 Hormone (호르몬)

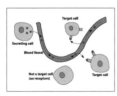
호르몬의 작용

땀(sweat), 침(saliva), 소화액(digestive fluid)처럼 몸 밖으로 분비되는 물질과는 달리 호르몬은 내분비선(gland)에서 형성되어 혈액을 따라 이동한다. 호르몬은 인체가 변화하는 환경에 적응하도록 신체 각 부분의 기능을 적절히 조절하기 위한 명령을 전달한다. 소량으로 생리작용(physiological function)을 조절하며 분비(secretion)량에 이상이 생기면 결핍증(deficiency disease)이나 과다증을 유발한다.

3 DNA

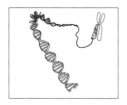

DNA는 생명체의 유전 형질(genetic character)을 기록한 일종의 기록 저장소라고 할 수 있다. 단백질(protein)을 합성할 수 있는 의미 있는 DNA 서열이 유전자(gene)이며, 게놈(genome)은 어떤 생물체의 전체 DNA를 의미한다. 염색체(chromosome)는 세포의 핵(nucleus) 속에서 DNA가 존재하는 형태를 말한다. 최근 유전자 진단 방법인 PCR(Polymerase Chain Reaction)이 개발되어 정확하고 쉬운 DNA 복제(DNA replication)가 가능해져서 다양한 분야에 응용되고 있다.

4 Brain (뇌)

신경계를 조절하여 인체를 관리하는 기능을 한다. 뇌의 작용은 매우 활발하고 정교하며 뇌의 각 부분들이 인체 기관을 분담하여 조절한다.

MRI (Magnetic Resonance Imaging)

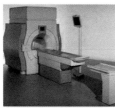

MRI는 인체를 구성하는 물질의 자기적 성질을 측정하여 컴퓨터를 통해 재구성하고 영상화(visualization)하는 기술이다. 뇌의 구성과 작용을 연구할 때 유용하게 쓰인다. 뇌의 기능을 알아보기 위한 일반적인 방법은 뇌혈관(blood vessel)의 혈액 흐름을 조사하는 것이다. 예를 들어 언어활동을 할 때 뇌의 특정 부분에 혈류가 형성되는 것을 알 수 있다. 이를 통해 두 언어를 구사하는 사람(bilingual)이 두 언어를 사용할 때 활동하는 뇌의 부위가 같음이 밝혀졌다. 자극이 주어질 때 활성화(activation)되는 뇌 혈류를 추적하기 위해 기존에는 방사성 동위원소(radioisotope)를 이용하였으나 인체에 해를 끼치는 단점이 있었다. MRI는 인체에 무해하며 3차원 영상을 얻을 수 있다는 장점이 있으나 비용이 비싸고 검사시간이 오래 걸리는 단점이 있다.

뇌의 MRI 사진

뇌파 (brain wave)

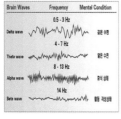

뇌파를 통해 뇌 기능과 활동상태를 알 수 있는데 전기적으로 측정한 뇌파를 EEG(Electroencephalogram) 또는 뇌파도라고 한다. 뇌파의 진폭(amplitude)과 주파수(frequency)를 분석하여 수면을 총 4단계로 구분한다. 졸리기 시작하는 1단계에서는 세타 활동(theta activity)이 나타나며 2단계는 진폭이 급격히 커지는 K 복합(K-complex)이 나타난다. 깊은 수면 상태인 3단계에서는 느리게 움직이는 델타 활동(delta activity)이 일어나고 4단계는 REM수면이라고도 하는 꿈을 꾸게 되는 단계이다.

수면과 뇌파

5 Eyes (눈)

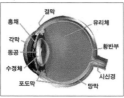

눈의 가장 바깥쪽에 있는 각막(cornea)은 안구(eye ball)를 보호하고 빛을 굴절(refraction)시켜 망막에 도달시키는 역할을 한다. 홍채(iris)는 색소(pigment) 차이에 따라 인종별 눈동자의 색이 달라지는데 카메라의 조리개처럼 빛의 양을 조절하는 기능을 한다. 홍채의 중심부위에 위치한 검은 부위가 동공(pupil)이며 빛을 통과시키는 홍채의 열린 부분이다.

눈의 구조

수정체 (lens)

수정체는 인간의 몸 중 유일하게 투명한 곳이다. 태아가 발달하면서 수정체는 세포들을 파괴시켜 크리스탈린이라 불리는 두터운 단백질 용액만 남기고, 이로 인해 세포들은 빛을 굴절시킬 수 있는 투명성을 얻는다. 하지만 핵이 없는 수정체는 새로운 세포를 합성해낼 수 있는 유전물질이 없어 인체의 다른 곳과는 달리 스스로 회복할 수 없다. 수정체의 세포가 부스러져 서로 엉킨 세포 덩어리들을 형성하는 것을 백내장(cataracts)이라고 부른다. 백내장은 빛의 굴절에 영향을 미쳐 빨강, 주황과 같은 온색만 보이도록 한다. 프랑스의 인상주의 화가 모네(Claude Monet)가 백내장을 앓았고, 이 사실은 그가 죽기 전에 그린 노란색과 갈색의 흐릿한 혼란을 보여주는 그림들에서 알 수 있다. 한편, 수정체의 탄력성이 떨어지는 것이 노안의 원인이 된다. 망막(retina)은 눈으로 들어온 빛이 최종적으로 도달하면 시각세포들이 시신경(optic nerve)을 통해 뇌로 신호를 보내는 곳으로 카메라 필름과 같은 기능을 한다.

⑥ Ears (귀)

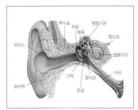

귀의 구조

귀는 외이·중이·내이 세 부분으로 나누어진다. 외이(external ear)는 귓바퀴와 외이 도로 구성된다. 중이(middle ear)는 외이도 안 깊숙한 곳에 위치하며 고막(ear drum)의 안쪽에 있는 작은 공간으로 이루어져 있다. 내이(inner ear)는 전정기관·반고리관·달팽이관이 있는 곳이다. 달팽이관 속의 림프와 섬모가 움직여 청각 세포를 자극하여 소리를 감지하게 된다. 전정기관은 운동감각이나 위치감각을 담당하며 반고리관(semicircular canal)은 평형감각과 관련된다.

2. Workings of the System (생체 활동)

① Biorhythm (바이오리듬)

인간의 신체(physical), 감성(sensitivity), 지성(intellectual) 리듬의 주기를 말한다.

생체시계 (biological clock)

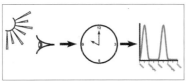

circadian rhythm

인체 내에는 시간에 따른 인체의 생체리듬을 주관하는 시계와 같은 기능이 있다. 생체시계는 심장 박동(pulsation)·체온 변화·호흡(respiration)·눈 깜빡임(blink) 등의 짧은 주기와 낮과 밤에 따른 수면 패턴과 같은 24시간 주기(circadian rhythm)가 있다.

② Reflex (반사)

자극(stimulus)에 대해 기계적으로 일어나는 신체 각 부분의 반응(reaction)을 말한다. 신경정보가 전달·처리되는 중추신경계(center nervous system)는 반사를 통해 인체의 복잡한 현상을 자동적으로 조정하여 생명을 유지하고 있다.

파블로프(Pavlov)의 개 실험

개에게 종소리를 들려준 다음 곧 먹이를 주는 일을 여러 번 되풀이한 결과 나중에는 종소리만 들려주면 먹이를 주지 않더라도 침을 흘리게 된다는 것을 알았다. 먹이가 입속에 들어감으로써 침이 분비되는 것을 무조건 반사(autonomic reflex)라고 하고 원래 먹이와는 전혀 관계가 없는 자극, 예를 들어 종소리만 들어도 침을 흘리게 되는 반사를 조건 반사(conditioned reflex)라고 한다. 이렇듯 무조건 반사는 자극에 무의식적으로 반응하는 것으로 음식물을 씹으면 침이 나오거나 어떤 물체가 갑자기 나타나면 눈을 무의식적으로 감는 것 등이 그 예이다. 조건 반사는 환경에 적응하기 위하여 후천적으로 얻게 되는 반사이다.

3 Sense (감각)

자극이 신체에 전달되어 체내의 중추신경에 전해졌을 때 일어나는 반응을 감각이라고 한다.

미각 (sense of taste)

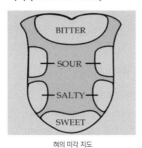

혀의 미각 지도

미각은 화학적 감각의 하나로 단맛·쓴맛·신맛·짠맛을 구별하는 것이다. 미각의 수용기(receptor)는 미뢰(taste bud)이며 혀의 점막의 유두 속에 존재한다. 혀의 각 부위별로 느끼는 맛이 다르지만 미각의 신경섬유는 동시에 두 가지 이상의 자극에 반응한다. 따라서 실제로 느끼는 음식의 맛은 여러 자극과 온도, 혀의 촉각, 후각의 복합적인 결과이다. 또한 미각은 동물의 종류에 따라, 사람의 개인차에 따라 달라진다. 그 예로, 설탕에 반응하는 것은 사람과 원숭이뿐이라고 한다.

후각 (sense of smell)

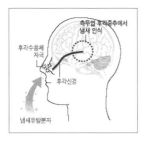

후각은 냄새가 있는 화학물질의 분자에 의해 후각세포가 자극되어 일어나는 감각이다. 후각의 세기는 냄새를 방출하는 물질의 농도와 냄새를 포함한 공기가 후각세포 위를 흐르는 속도에 비례한다. 후각은 동일한 자극이 계속되면 쉽게 순응하여 곧 냄새를 느끼지 못하지만 서로 다른 종류의 자극에 대해서는 바로 다시 반응한다. 냄새가 있는 물질을 혼합하면 냄새가 완화되지만 완전히 없어지지는 않는다. 그러나 혼합함으로써 별개의 후각이 생기므로 악취를 제거하는 데 이용된다.

4 Aging (노화)

노화는 시간이 흐름에 따라 생물의 신체기능이 퇴화하는 현상을 말한다. 노화가 진행됨에 따라 생물은 세포의 대사기능과 분열능력이 떨어지고 후에는 죽음에 이르게 된다. 노화의 원인은 아직 명확히 밝혀지지 않았으며 여러 가지 가설이 존재한다. 그 중 하나로는 활성산소 이론(oxygen free radical theory)이 있다. 신체의 대사 과정에서 활성산소가 발생하는데 이것이 많이 발생하면 세포의 기능이 떨어지고 세포 분열(cell division)을 방해하여 노화를 일으킨다는 것이다. 또 다른 이론으로는 말단 소립 이론(telomere theory)이 있다. DNA의 말단 소립(telomere)은 유전적 정보가 정확하게 복제되도록 하는 역할을 하는데 세포 분열 시마다 길이가 짧아지며, 너무 짧아지게 되면 제 역할을 하지 못하게 되어 세포 분열에 서 오류가 발생하고 노화가 일어난다는 것이다.

HACKERS **TEST**

 [1-6] Listen to a lecture on physiology.

1 What is the lecture mainly about?

    (A) The health benefits of antioxidants
    (B) Problems associated with cell division
    (C) Theories regarding the cause of aging
    (D) The physical effects of the aging process

2 What does the professor imply about the connection between telomeres and aging?

    (A) It is a controversial issue among scientists.
    (B) It is not supported by any objective data.
    (C) It proves that genes can cause aging.
    (D) It has not been studied by many researchers.

3 What is a feature of telomeres?

    (A) They determine the physical appearance of a person.
    (B) They act to fulfill precise duplication of genetic information.
    (C) They prevent errors in cell division.
    (D) They are rarely replicated during cell division.

4 What does the professor say about oxygen free radicals?

(A) They primarily attack cells found in the respiratory system.
(B) They are an essential type of free radical in the human body.
(C) They combine with other free radicals to acquire electrons.
(D) They are almost never found in organisms other than humans.

5 What are two reasons that antioxidants can be used to reduce the number of free radicals?

Choose 2 answers.

(A) They are always stable no matter how many electrons they have.
(B) They can isolate free radicals from other molecules.
(C) They can provide electrons to free radicals.
(D) They do not interfere with the production of electrons.

Listen again to part of the lecture. Then answer the question.

6 What does the professor imply when he says this:

(A) Red wine has not been confirmed to contain antioxidants.
(B) Other factors are known to contribute to the residents' longevity.
(C) Only certain vegetables provide anti-aging benefits to residents.
(D) Additional evidence about the effects of antioxidants has been discovered.

정답 p.632

20. Architecture

Architecture(건축)란 인간의 생활을 보조하기 위해 여러 가지 용도의 구축물을 세우는 공간 예술이다. 토플에서는 미국 건축뿐만 아니라 주변 국가의 건축, 그리고 고대의 건축에 대해서도 출제된다. 또한 현대 건축의 상징인 도시 빌딩과 관련된 새로운 현상들에 대한 지문이 출제되기도 한다.

관련토픽 및 기초지식

1. History of Architecture (건축의 역사)

1 Prehistoric Times (선사시대)

인류의 역사가 시작되면서부터 인간은 자연적인 환경인 온도·습도·비·눈·바람으로부터 자신을 보호하기 위한 방법을 찾기 시작했다. 구석기 시대(Old Stone Age)에는 유랑생활의 영향으로 동굴에서 살았으며 농경으로 인해 정착생활을 시작한 신석기 시대(New Stone Age)에는 물가에 움집(dugout hut)을 짓고 마을을 형성하였다.

신석기 시대의 움집

2 Ancient Times (고대)

고대의 주택 (ancient housing)

로마의 귀족 주택

가장 오래된 주택은 이집트의 유적에서 발견된다. 흙벽돌을 쌓고 그 위에 마른 풀을 엮어 얹어 천장을 만들었다. 로마 시대의 주택은 석재와 벽돌을 재료로 사용했다. 귀족의 주택은 거실·식당·욕실·침실·객실 등으로 호화스럽게 구성되었으며 실외에 화려한 정원 또한 조성되어 있었다. 그러나 지방에서는 여전히 나뭇가지와 흙을 재료로 한 주택이 일반적이었다.

고대의 극장 (ancient theater)

연극 관람은 고대 그리스 문화에서 매우 중요한 부분이어서 헬레니즘 시대가 되자 모든 마을이 극장을 소유하고 있을 정도였다. 고대 그리스의 극장은 오케스트라(orchestra), 스케네(skene), 테아트론(theatron) 3가지의 주요 부분으로 구성되었는데, 오케스트라는 연극이 상연되는 무대로 반원 모양이었다. 분장실의 역할을 한 스케네(skene)는 오케스트라 뒤에서 관객들을 향해 있는 직사각형의 건물이었으며, 스케네의 평평한 지붕은 연극 중 신(god)이 등장하는 장소로 종종 쓰였다. 관객석은 테아트론(theatron)이라 불리며 오케스트라 주위에 반원형으로 배열되어 뒤로 갈수록 높아지도록 지어졌다. 테아트론의 이러한 구조는 가장 멀리 앉은 사람도 배우들이 하는 말을 들을 수 있도록 하는 뛰어난 음향효과를 자아냈다.

3 Medieval Times (중세)

중세 서양의 빈번했던 전쟁과 절도행위는 건축형식에도 영향을 미쳤다. 귀족계급들은 주택을 지을 때 침입에 대비하여 돌 등의 재료로 두꺼운 외벽을 만들고, 창문을 작게 만들었다. 도시의 주위에는 성벽을 쌓았으며, 성벽 안의 한정된 공간에서 주택들은 성 중심에 위치한 시장 주변으로 둥글게 배치되어 있었다.

2. America's Architecture (미국의 건축)

1 Historical Feature (역사적 특징)

일정 시기별로 그 시대에 유행하는 건축양식이나 건축방법이 존재하며 이는 그 시기의 특징을 반영한다.

미국 고딕 양식 (carpenter gothic structure)

19세기 후반 미국에서 발전한 고딕 건축양식을 Carpenter Gothic Structure라고 하며, 이는 전통적인 고딕 건축과는 특성을 달리한다. 전통적인 고딕 건축은 프랑스를 중심으로 한 기독교 미술 절정기의 양식이다. 높은 건물과 첨탑·아치로 수직적 상승을 나타내는 건물 양식과 스테인드글라스로 창문을 장식하는 방법이 특징이다. 미국의 고딕 건축양식은 유럽, 그 중에서도 영국의 양식이 전파되면서 시작되었으나 유럽에 비해서 건물의 크기가 작으며 주로 목재를 건축재료로 사용한 점이 전통적인 유럽의 고딕 건축양식과 다르다. 가파른 박공벽(steep gables)과 뾰족한 창문(pointed window)을 특징으로 한다.

개척지의 통나무집 (log cabins of the frontier)

미국 건국 초기의 개척시대에 서부로 건너간 이주민들은 통나무를 이용하여 집을 지었다. 개척자들이 농지를 개간하기 위해 울창한 숲을 벌목하였기 때문에 통나무는 흔하고 쉽게 얻을 수 있는 재료였다. 당시 대도시에서 유행하던 건축방식과 달리 통나무집은 다른 재료로 만든 집에 비해 도구나 기술이 없던 개척자들도 손쉽게 지을 수 있고 경제적인 건축양식이었다. 당시에는 철이 비싸 못을 구하기가 힘들었기 때문에 개척자들은 못을 이용하지 않고 통나무들을 얹어 자체 무게로 무너지지 않게 벽을 쌓았다. 또한 통나무는 자체가 두꺼울 뿐만 아니라 바람을 막기 위해 통나무 사이에 진흙을 채워 넣는 방법을 이용하여 서부변경의 추운 겨울을 지낼 수 있었다. 이러한 통나무 집은 100년 이상 이어질 정도로 지속적인 인기를 누렸다.

건축과 정치 (architecture & politics)

미국의 3대 대통령 토마스 제퍼슨(1743~1826)은 로마 고전과 건축에 관심이 많았으며 특히 팔라디오식 건축(Palladian style of Architecture)을 선호했다. 팔라디오식 건축이 민주주의 개념이 처음 등장한 로마를 연상시켜 민주주의적 사회 분위기를 만들 수 있을 것이라 믿었기 때문이다. 그는 로마의 판테온 신전(Pantheon)의 영향을 받은 팔라디오(Palladio)의 Villa Rotonda의 방식으로 그의 개인 주택인 Monticello를 지었고, 프랑스 남부지역의 Nîmes에 위치한 코린트양식(Corinthian)의 로마 신전인 Maison Carrée를 토대로 Virginia주 Richmond에 위치한 State Capitol을 설계했다.

2 Development of Modern Architecture (현대 건축의 발전)

20세기에 접어들면서 도시의 급격한 발달과 인구집중으로 인해 도시의 건물과 경관·기능을 효율적으로 만들려는 건축법과 도시계획이 시작되었고 그 방법과 기술이 빠르게 발전하고 있다.

마천루 (skyscraper)

엠파이어 스테이트 빌딩

수십 층의 초고층 빌딩을 마천루라고 한다. 강철 골격을 사용해 지은 최초의 고층 건물은 1885년 시카고에 세워진 60m 높이의 10층짜리 빌딩이었으며 skyscraper라는 단어도 시카고에서 처음 사용되었다. 세계 최고층 건물의 대명사인 뉴욕의 엠파이어 스테이트 빌딩(Empire State Building)은 1931년 준공식을 가졌다.

1950년대 미국의 교외 주택 (suburban houses in 1950s)

2차 세계대전 후 미국의 가정 수가 늘어나 주택 수요가 급증했다. 차의 보급도 늘어나면서 교외 지역의 계획된 주택 단지가 인기를 얻게 되었으며 이 시기에 Levitt 주택과 Eichler 주택이 인기를 얻었다. Levitt 주택은 전자제품이 내장되어 있고 저렴한 가격으로 제공되어 인기를 얻었으며, 조립 라인처럼 분담된 과정을 거쳐 매우 신속히 만들어졌다. 따라서 Levitt 주택들은 매우 비슷한 모습과 구조를 갖고 있었다. 이와 대조적으로 Eichler 주택은 수십 년 뒤에도 높이 평가받는 예술작품과 같이 최고급 주택을 제공하는 것을 목적으로 하여 지어졌고, 따라서 주택마다 독특한 디자인을 갖고 있다. Eichler 주택은 당시 최신 유행이었던 바우하우스(Bauhaus) 운동의 영향을 받았으며, 주로 캘리포니아에 지어졌기 때문에 맑고 따뜻한 기후에 적합한 햇빛이 많이 드는 구조로 지어졌다. 또한 실외와 실내의 연관성을 강조하여 내부와 외부에 동일한 자재를 사용하였다.

Confederation Bridge

캐나다의 Confederation Bridge는 대서양의 해협을 가로질러 동부의 Prince Edward Island와 New Brunswick을 연결하는 13km 길이의 교량이다. 대규모 건축물인 Confederation Bridge는 영하의 기온, 많은 양의 얼음과 눈 등 여러가지 환경적 난제를 극복할 수 있도록 미리 제작된 후 설치되었고 기둥에는 얼음 방어물도 제작되었다.

Central Park

도시계획(city planning)은 각종 도시활동들을 계획을 통해 능률적·효율적으로 배치하는 과정을 말한다. 미국의 대대적인 도시계획에 의해 건설된 대표적 예는 New York의 Central Park이다. 맨해튼 중심부에 있는 이 공원은 디자이너 프레드릭 로 옴스테드와 건축가 칼베르트 바우스가 디자인했고, 이곳에는 인공 호수와 연못, 산책로, 아이스링크, 동물원, 정원 등이 있다.

3 Effect of Buildings (건물의 영향)

도시에 빌딩의 밀집도가 높아지고 녹지대가 줄어들면서 도시 환경은 점차 인간이 살기에 쾌적한 공간과는 거리가 멀어지고 있다. 환경오염이 가속화되고 공해가 발생하면서 인간도 직접적으로 부정적인 영향을 받고 있다.

도시 공해 (city pollution)

빌딩의 밀집도가 높아지면서 대도시에는 여러 공해가 발생한다. 빌딩이 모여 있는 도시에는 에어컨이나 난방으로 인한 공기 오염을 비롯해 차량증가에 따른 세차폐수와 기름 유출이 많아져서 하천이 오염된다. 높은 빌딩 때문에 햇빛을 받지 못하여 습기가 차는 도시에서는 식물이 잘 자라지 못하고 죽기도 한다. 따라서 식물에 의한 공기정화가 잘 되지 않으며 빌딩 지하의 하수도·폐수처리시설과 쓰레기에서 생기는 악취 등 빌딩 때문에 다양한 공해가 발생한다.

HACKERS TEST

 [1-6] Listen to part of a lecture in an architecture class.

Architecture

1 What is the main topic of the lecture?

(A) The influence of Greek theaters on modern architecture

(B) The evolution of the design of Greek theaters

(C) The various functions of Hellenistic Greek theaters

(D) The primary components of ancient Greek theaters

Listen again to part of the lecture. Then answer the question.

2 Why does the professor say this: 🎧

(A) To suggest that the ancient Greeks possessed advanced knowledge of architecture

(B) To emphasize that Greek theaters were very similar to modern theaters

(C) To explain that the three-part theater system is the most effective theater design

(D) To indicate that the expectations of modern theater goers are generally high

3 What were the tasks of the chorus in ancient Greek plays?

Choose 3 answers.

(A) They narrate and make remarks about the performance.

(B) They make the storyline of the play easier to follow.

(C) They assist the actors with their offstage preparations.

(D) They occupy the audience's attention while actors were off-stage.

(E) They entertain the audience with amusing songs and riddles.

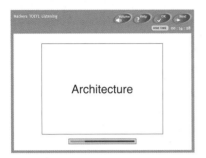

Architecture

4 Why does the professor mention a photo of a skene?

(A) To provide an especially impressive example of Greek architecture

(B) To explain why the Theater of Dionysius has been depicted by many artists

(C) To explain how badly the original has been damaged over the years

(D) To emphasize that skene design evolved significantly after the first Greek theater

5 What can be inferred about the function of the skene roof as an elevated stage?

(A) It allowed actors to have more space than the orchestra provided.

(B) It was a way to show the distinction between human and divine characters.

(C) It provided the audience with a better view of certain events in the play.

(D) It amplified the important monologues of characters portraying gods.

Listen again to part of the lecture. Then answer the question.

6 What does the professor imply when he says this: 🎧

(A) He is skeptical about a new discovery made in a Greek theater.

(B) He considers older theories about Greek theater acoustics to be the most credible.

(C) He believes that new evidence about how sound travels disproves early theories.

(D) He is not completely certain about the information he is providing.

정답 p.635

21. Film

Film(영화)은 연속 촬영으로 필름에 기록한 화상을 스크린에 투영하여 움직이는 영상을 보여주는 장치, 또는 그것으로 만들어지는 작품을 말하며, Motion picture, movie, cinema 등의 용어가 함께 쓰인다. 토플에서는 주로 영화의 역사 및 사운드를 비롯한 영화 기술에 관련된 주제가 다루어지며, 특정 영화감독이나 배우 등에 대한 강의가 출제되기도 한다. 따라서 이것들에 대한 배경지식을 쌓아놓는 것이 좋다.

관련토픽 및 기초지식

1. History of Film (영화의 역사)

1 Invention of Film (영화의 발명)

물체의 움직임을 포착하여 재현하고자 하는 인간의 시도는 고대부터 시작되었다. 약 2~3만 년 전에 그려진 다리가 8개인 황소 동굴벽화가 에스파냐에서 발견되었다.

이드위어드 머이브릿지 (Eadweard Muybridge, 1830~1904)

영국의 사진작가 이드위어드 머이브릿지(Eadweard Muybridge)는 1878년에 말이 뛸 때 네 발이 모두 땅에서 떨어지는지 확인해달라는 부탁을 받아, 달리는 말의 사진 12장을 1/1000초 간격으로 찍는 데 성공했고 네 발이 모두 땅에서 떨어지는 것을 일아냈다. 그 후 머이브릿지는 움직임을 재현하고 싶어 했고, 1879년에 유리 원반에 사진을 그려 넣어 이 판을 회전시키는 방법으로 연속적인 동작을 재생했다. 주프락시스코프(zoopraxiscope)라 불리는 이 기계는 활동사진 영사기의 시초로, 에디슨(Edison)이 사물의 움직임을 볼 수 있는 영사기인 키네토스코프(kinetoscope)를 발명하기 15년 전에 발명된 것이다.

2 The First Movie Theater (최초의 영화관)

1900년대 초 니켈로디언이 등장하기 전까지는 영화만을 전문적으로 상영하는 영화관이 없었다. 니켈로디언은 영화의 보급과 영화관의 발전에 큰 영향을 준 최초의 영화관이었다.

니켈로디언(nickelodeon)

니켈로디언(nickelodeon)은 입장료가 5센트이기 때문에 5센트 동전인 니켈(nickel)을 따서 이름이 붙여졌다. 1905년에 최초로 지어져 하루에 15~20분의 영화 수 편을 상영했고 5센트만 내면 영화를 볼 수 있었기 때문에 매우 인기를 얻었다. 하지만 1907년을 전후로 더 길고 짜임새 있는 영화들이 등장했고 이런 영화들을 상영하는 더 큰 규모의 영화관들이 지어지면서 인기가 떨어지게 되었다.

3 1920s~30s Film (1920~1930년대의 영화)

세계 영화사에서 1920년대와 1930년대는 영화가 예술적 매체로 인정 받을 수 있는 작품들이 나타나고 영화의 수용이 대폭 증가된 시기였다. 1920년대 후반에 사운드를 가진 영화가 미국에서 등장한 것이 영화발전의 원동력이 되었다.

오즈의 마법사 (The Wizard of Oz, 1939)

1930년대 대공황 시기에는 사람들이 어려움을 잊고 즐길 수 있는 밝은 내용과 교훈적인 메시지를 가진 뮤지컬 영화가 많이 만들어졌다. 그 대표적인 영화가 1939년에 개봉한 <오즈의 마법사>이다. 고난을 이겨내면서 집으로 돌아가는 주인공 도로시와 주인공을 돕는 주변 등장인물들의 모습을 통해 미국의 전통적인 가치를 살리려는 노력이 깃든 작품이다.

2. Technology of Film (영화 기술)

1 Silent Film & Sound Pictures (무성영화와 유성영화)

무성영화는 음향을 수반하지 않는 영화이며 1927년 미국에서 최초의 유성영화 <Jazz Singer>가 만들어졌다.

무성영화의 특징 (features of silent films)

초기 무성영화는 부자연스러운 특징이 있었으나 피아노나 다른 악기들의 반주를 배경음악으로 사용하게 되면서 점차 자연스러워졌다. 행동과 몸짓, 표정만으로 영화의 내용을 전달해야 했기 때문에 배우들은 다소 과장하여 연기하는 경향이 있었다. 따라서 무성영화 시대의 배우가 연극을 하거나 유성영화에 출연할 때에는 과장된 연기 때문에 문제가 발생했다.

음향효과 (sound effect)

유성영화 시대가 시작되면서 음향 기술은 점차적으로 발달하여 현재에는 digital sound를 이용하고 있다. 음향 편집 과정에서 이미지와 사운드가 동시에 일어난 것처럼 하는 것을 synchronous sound라고 하며 시간적 차이를 염두에 두고 음향이 삽입되는 것을 non-synchronous sound라고 한다. 이는 대사뿐만 아니라 배경음악까지도 포함하는 개념이다.

3. Film Director (영화감독)

1 Charles Chaplin (찰리 채플린, 1889~1977)

영국의 희극배우이자 영화감독이며 20세기 전반의 영화계를 대표하는 인물로 평가된다. 독특한 분장과 팬터마임(pantomime)으로 가난한 대중의 비애와 정의에 입각한 풍자희극을 보여주었다. 기계화된 산업사회에서 인간이 도구가 되어버리는 현실을 풍자한 <모던 타임즈 Modern Times>에서는 인간을 이익창출의 수단으로 몰아가는 자본주의 체제에 대한 저항을 시도하였다. 1940년에 나온 유성영화 <위대한 독재자 The Great Dictator>에서는 히틀러와 나치를 통렬하게 조롱했다.

2 Orson Welles (오손 웰스, 1915~1985)

초기에는 연극에 몰입했으나 라디오 방송에 입문한 후 외계인의 침입을 실제처럼 보도해 큰 혼란을 유발시키기도 했다. 이후 영화계에 입문한 그는 현란한 카메라 기술과 다채로운 소도구를 이용하는 등 뛰어난 재능을 보여주었다. 그가 26세의 젊은 나이에 발표한 대표작 <시민 케인 Citizen Kane>은 'deep focus'라는 새로운 영화 기법을 사용하여 공간의 깊이를 추구하고 독특한 스토리 진행방법을 보여주어 영화사의 큰 획을 그은 영화로 평가받고 있다. 그러나 그 당시에 이 영화는 흥행에 실패했으며 주목을 받지 못했다.

[1-6] Listen to part of a lecture in a film history class.

1 What is the main topic of this lecture?

(A) The most important developments in film in the twentieth century

(B) Popular social venues for the lower classes in the early 1900s

(C) The emergence of narrative film as a popular genre

(D) The development of an early form of movie theaters

2 Why does the professor mention *The Great Train Robbery*?

(A) To give an example of a type of film that became popular in the early 1900s

(B) To provide background for a discussion on competitive films

(C) To explain the reasons Edwin Port produced narrative films in 1900

(D) To show why earlier films attracted lower-income audiences

3 What can be inferred about narrative films?

(A) They were first shown in ancient Greek theaters.

(B) They were only preferred by the lower classes.

(C) They fueled the development of nickelodeons.

(D) They were not as popular as other genres.

4 What are two reasons for the demise of the nickelodeons?

Choose 2 answers.

(A) It resulted from the nickelodeon's inability to meet a growing need.

(B) It was an effect of the declining interest in short films.

(C) It was a result of competition between owners of nickelodeon theaters.

(D) It was an aftermath of the requirement to meet new building regulations.

Listen again to part of the lecture. Then answer the question.

5 Why does the professor say this: 🎧

(A) To indicate that nickelodeon owners should have charged more

(B) To explain that nickelodeons could not be considered theaters

(C) To correct the idea that nickelodeons were inexpensive places

(D) To indicate that conditions in nickelodeons were reasonable

6 Why does the professor say this: 🎧

(A) To correct an idea that the students have about nickelodeons

(B) To explain why nickelodeons are more important than big movie theaters

(C) To remind the students of an earlier statement he made about nickelodeons

(D) To emphasize nickelodeons' contribution to the film industry

정답 p.637

CONVERSATIONS

LECTURES

Hackers **TOEFL** LISTENING

22. Photography

Photography(사진)는 태양광·전자선 등이 필름 위에 피사체의 영상을 찍어내는 것을 말하는데 과학기술과 예술의 특성을 모두 가지고 있다. 토플에서는 사진술의 발달과 카메라의 기원, 사진의 사조 및 사진이 응용되는 분야 등에 관한 주제가 다루어진다. 따라서 이 분야에 대한 배경지식을 쌓아두면 도움이 될 수 있다.

관련토픽 및 기초지식

1. History of Photography (사진의 역사)

1 Invention of Photography (사진술의 발명)

사진술 발명의 관건은 움직이는 이미지의 고정된 화상을 어떻게 얻어낼 수 있는가 였으며, 많은 사람들이 이를 성공시키기 위해 노력했다.

헬리오그래피 (heliography)

헬리오그래피는 1826년 프랑스의 니엡스(Niepce)가 발명한 사진술로, 아스팔트 건판과 카메라 옵스큐라를 사용했다. 니엡스는 아스팔트 건판을 카메라 옵스큐라의 상이 맺히는 면에 설치한 후 오랜 시간 빛에 노출시켜 인쇄판을 얻었다. 그러나 니엡스는 자신의 사진술이 미완성이라고 생각하여 헬리오그래피의 제작과정을 공표하지 않았고, 따라서 세계 최초의 사진 발명가로 공식적인 인정을 받지는 못했다.

다게레오타입 (daguerreotype)

다게레오타입은 1837년 프랑스 화가 다게르(Daguerre)가 발명한 사진술로, 은판사진법이라고도 한다. 연마한 은판 표면에 요오드화은의 빛에 의해 변하기 쉬운 성질을 지닌 감광막(photosensitive film)을 만들어 30여분 동안 노출한 후 수은 증기로 현상하는 방법으로, 최초의 성공적인 사진술이다. 다게르가 발명한 은판사진은 1839년 프랑스의 과학 아카데미에서 정식 발명품으로 인정받았다.

캘로타입 (calotype)

캘로타입은 1835년 영국의 의사 겸 과학자 탈보트(Talbot)가 발명한 사진술로, 금속판을 사용한 다게레오타입과는 달리 종이에 인화하는 방법이었다. 캘로타입은 1839년 1월 7일 발표된 다게레오타입보다 며칠 늦은 1839년 1월 25일 발표되었기 때문에 최초의 사진술로는 인정 받지 못하였다. 한번에 한 장의 사진만 찍어낼 수 있는 다게레오타입과 달리 캘로타입은 복제가 가능했지만, 당시에 종이의 질이 좋지 않아 세부적인 묘사가 어려웠기 때문에 다게레오타입에 비해 대중의 인기는 얻지 못했다.

2 Camera (카메라)

카메라는 물체의 상을 렌즈를 통해 감광재료(필름)에 맺히게 하여 사진을 찍는 도구이다. 카메라 옵스큐라에서 시작된 이후 기술이 발전해 점점 더 좋은 화질의 사진을 얻을 수 있게 되었다.

카메라 옵스큐라 (camera obscura)

카메라 옵스큐라는 사진기의 기원으로, 라틴어로 '어두운 방'이라는 뜻이다. 이것은 카메라 상자 안쪽에 광선의 초점을 맞추기 위한 렌즈나 핀홀을 갖춘 셔터가 없는 초기 형태의 카메라이다. 1589년에는 이탈리아의 포르타(Porta)가 큰 상자에 반사경과 볼록렌즈(convex lens)를 붙여 상을 비추는 장치를 만들어냈으며, 1685년 독일 수도승 요한 찬(Johann Zahn)이 그림을 그리는 도구로 만든 휴대용 카메라 옵스큐라가 훗날 박스 카메라의 원형이라 할 수 있다.

핀홀 카메라 (pinhole camera)

핀홀 카메라는 렌즈 대신 바늘 구멍(pinhole)을 이용해 사진을 찍는 카메라이다. 내부를 검게 칠한 통의 한쪽 면에 작은 구멍을 내고 반대쪽 면에 필름을 장치하도록 되어 있다. 렌즈를 사용하는 카메라와 달리 근거리에서 원거리까지 모두 초점이 맞는다는 특징이 있다. 그러나 구멍을 통해 들어오는 빛의 양이 적기 때문에 장시간 노출(exposure)이 필요하며 움직이는 물체의 촬영에는 적합하지 않다. 구멍을 크게 하면 노출시간은 줄어드나 영상이 선명하지 않고 흐려진다.

2. Trends in Photography (사진의 사조)

다른 모든 예술 분야처럼 사진도 각 시대에 유행하던 흐름이 있다. 그러한 경향에 따라 사진술, 사진의 주제, 사진기법, 사진의 목적 등이 달라진다.

자연주의적 사진 (naturalistic photography)

자연주의적 사진은 19세기 말과 20세기 초에 유럽 전반에서 유행하던 아카데믹한 회화양식을 모방한 사진술에 반대하는 운동이다. 1889년 영국의 피터 헨리 에머슨(Peter Henry Emerson)에 의해 시작되었으며 눈에 보이는 그대로의 영상을 얻는 것을 목적으로 한다. 망막(retina)에 비치는 것처럼 대상을 충실하게 기록하기 위해서는 렌즈의 가장자리를 아웃 포커스(out of focus) 시켜야 한다고 주장했다. 아웃 포커스란 초점을 정확하게 맞추지 않고 흐려 보이도록 하는 기법이다.

3. Application of Photography (사진의 응용)

근래에 사진은 대중의 흥미를 끄는 동시에 사회 생활 깊숙이 파고들어 그 응용범위가 훨씬 넓어졌다. 예술적인 표현에 비중을 두는 것 이외에도 자료로서의 가치를 지니고 있는 사진도 있다.

보도사진 (news photograph)

보도사진은 사진이 발명된 직후부터 신문사진으로 등장하여 1930년대 이후 사회적 영향력이 높아지기 시작했다. 기사를 보조하는 역할과 함께 전쟁이나 오지·빈민가의 실생활을 있는 그대로 전달하는 등의 기능을 수행한다.

기록사진 (documentary photograph)

사회·자연 등 후세에 가치 있는 자료로 남을 수 있는 객관적인 사진을 기록사진이라 한다. 넓은 의미로는 보도사진도 포함되지만 좁은 의미로 볼 때에는 보도사진과는 달리 사진 자체를 통해 주제의식을 담으려는 예술성을 갖춘 사진을 가리킨다.

상업사진 (industrial photograph)

광고를 목적으로 하는 사진으로 광고사진이라고도 한다. 구체적이며 직접적이기 때문에 대중이 이해하기 쉽고 친숙하다는 장점이 있다. 소비자의 주목을 끌어 제품을 많이 사게 하려는 목적을 갖는다.

[1-6] Listen to part of a lecture in a photography class.

Photography

1 What is the main purpose of the lecture?

(A) To review different photographic technologies
(B) To explain how pinhole optics is utilized in photography
(C) To analyze a series of pictures that have unusual features
(D) To clarify the reasons pinhole photography is unpopular

2 According to the professor, what opinion do people generally hold about the pinhole camera?

(A) They consider it a peculiar gadget.
(B) They don't like the blurry pictures it takes.
(C) They think that only children will enjoy it.
(D) They believe that it is an excellent scientific tool.

3 Why does the professor mention Van Gogh, Monet, and Renoir?

(A) To emphasize the role the Impressionists played in the creation of pinhole camera technology
(B) To differentiate the features of pictures taken with pinhole cameras from those of Impressionist paintings
(C) To give an example of an artistic form that is entirely different from pinhole photography
(D) To compare their painting techniques to those adopted by pinhole camera artists

Photography

4 According to the professor, what role does the pinhole play in making a photograph?

(A) It sharpens the image that is produced.
(B) It regulates how much light enters the camera.
(C) It allows light to enter to form an image.
(D) It changes the size of the image.

5 What can be inferred about the construction of pinhole cameras?

(A) Pinhole cameras are not commercially produced.
(B) The cheapest materials make the best pinhole cameras.
(C) There are specific steps that must be strictly followed.
(D) Light should come in only through the pinhole.

Listen again to part of the lecture. Then answer the question.

6 What does the professor imply when she says this: 🎧

(A) The subject matter is not suitable for the breakfast table.
(B) The topic is too complex to be discussed over a meal.
(C) People are generally unfamiliar with photographic technology.
(D) There are more important things to discuss with family members.

정답 p.640

23. Engineering

Engineering(공학)은 주로 인간 생활에 필요한 물품을 생산·가공하는 활동을 연구하는 응용과학이다. 토플에서는 오늘날 대부분의 산업과 관련되어 있는 세분화된 공학의 특성과 그 응용기술에 대한 내용이 출제된다. 공학에서 분야별로 자주 사용되는 전문용어를 익혀둘 필요가 있다.

관련토픽 및 기초지식

1. Fields of Engineering (공학의 분류)

공학은 여러 하위 분야로 세분화될 수 있으며, 세분화된 각 분야는 서로 밀접하게 연관되어 있다.

1 Mechanical Engineering (기계공학)

기계공학은 기계 및 관련 설비의 설계·제작·이용·운전 등에 관한 기초적·응용적 분야를 연구하며 재료를 다루는 재료 역학, 외력과 운동에 의해 생기는 속도와 가속도 등을 다루는 기체역학과 같은 기초분야를 포함한다.

자전거(bicycle)

최초의 자전거는 running machine이라고 불렸으며, 핸들과 안장, 앞바퀴와 뒷바퀴가 있었으나 페달(pedal)과 브레이크(break)가 없었고 매우 무거웠다. 이후 등장한 penny-farthing은 새로운 금속 합금(metal alloy)을 사용해 무게가 가벼워졌지만, 페달이 부착되어 있는 앞바퀴가 커야 빨리 갈 수 있었기 때문에 매우 큰 앞바퀴가 있었으며, 이로 인해 탑승자가 떨어져서 부상을 당할 위험이 컸다. 그 후 오늘날의 자전거와 같은 형태의 체인(chain)과 기어(gear)를 사용한 safety bicycle이 등장했다. Safety bicycle에서는 페달이 체인을 통해 기어를 돌리고 기어가 뒷바퀴를 돌리게 되어 있었다. 따라서 속도는 바퀴의 크기가 아닌 기어의 크기에 영향을 받게 되었으며, 기계적 확대율(mechanical advantage)이 적용되어 보다 적은 힘으로 빨리 이동할 수 있게 되었다.

비행기(airplane)

비행기는 3개의 축-pitch, roll, yaw-을 중심으로 조종(three-axis control)된다. pitch는 비행기의 기수의 상하 운동을 조종하는 것이고 roll은 비행기의 동체를 축으로 양 날개를 좌우로 기울이는 것을 말한다. 마지막으로 yaw는 비행기 동체를 수평으로 유지한 채 기수를 좌우로 움직이는 것을 말한다. 이 조종원리를 처음으로 실제 비행에 적용시켜 성공한 인물은 라이트형제(Wright brothers)인데, 라이트형제는 이 외에도 가벼운 알루미늄 엔진, 비행기용 프로펠러 등을 장착하여 사상 처음으로 동력비행을 성공시키기도 했다.

2 Chemical Engineering (화학공학)

화학공학은 화학제품의 제조공정을 효율화하기 위한 공정에 대해 연구한다. 화학공업은 여러 원료물질을 혼합하여 가열하거나, 촉매(catalyst)와 접촉시키는 방법 등으로 화학반응(chemical reaction)을 일으켜 제품을 생산한다. 이러한 공정은 제철공업, 식품공업, 의학 분야 등에서 응용되고 있다. 특히 석유나 천연가스를 원료로 하여 연료 이외의 용도로 사용되는 석유화학제품을 만드는 석유화학산업(petrochemical industry)이 가장 발달되어 있다.

3 Computer Engineering (컴퓨터공학)

컴퓨터공학은 컴퓨터 시스템과 관련된 여러 기술을 개발하여 각 분야에 응용하는 공학이다. 컴퓨터 시스템의 구조와 운영 및 네트워크 등을 다루는 시스템 분야와 프로그래밍 언어와 소프트웨어 개발을 다루는 소프트웨어 분야, 데이터베이스 등 컴퓨터의 다양한 응용을 다루는 응용 분야로 나누어진다. 정보화 시대를 주도하는 첨단 학문으로서 현대의 거의 모든 산업이 컴퓨터와 관련되어 있기 때문에 수요가 많고 앞으로 비약적인 발전이 기대되는 분야이기도 하다.

4 Genetic Engineering (유전공학)

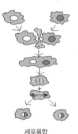

세포융합

유전공학은 생물의 유전자(gene)를 인공적으로 가공하여 인간에게 필요한 물질을 대량으로 얻는 기술을 연구한다. 이 분야에서는 DNA 재조합 기술(DNA recombinant technology), 세포융합기술(cell fusion technology)에 대한 연구가 활발히 진행되고 있다. 이러한 기술의 발전은 인간이 직면한 에너지·식량·의료 문제 등에 대한 해결책이 될 것으로 기대되고 있다.

2. Applications of Engineering (공학의 응용)

컴퓨터의 발달과 신소재의 발명으로 인해 공학의 응용범위가 넓어지고 있으며 공학기술의 발전은 인공지능, 인공심장 등 과거에는 생각할 수 없던 일들을 실현해 나가고 있다.

1 Shape Memory Alloy (형상기억합금)

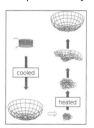

cooled

heated

금속에 다른 원소를 하나 이상 첨가하여 얻은 물질을 합금(alloy)이라 한다. 이 중에서도 형상기억 합금은 가공된 어떤 물체가 망가지거나 변형되어도 열을 가하면 원래의 형상으로 되돌아가는 것을 말한다. 니켈(nickel)과 티타늄(titanium)을 섞어 만든 니티놀(nitinol)과 구리(copper)와 아연(zinc)을 이용한 알루미늄 합금(aluminum alloy)이 대표적인 예이다. 이는 인공위성의 안테나, 온실창문, 인공관절, 치열교정, 인공심장펌프 등 다양한 분야에 응용되고 있다.

2 Bionics (바이오닉스)

바이오닉스는 생체(living body)의 구조와 기능을 공학적으로 연구하고 그것을 모방하여 생체와 같이 동작하는 기계의 생산에 목적을 둔 분야이다. 새가 나는 모습을 연구한 후 모방하여 제작한 것이 비행기인 것처럼 일상 생활에 사용하는 도구들 중 생체의 동작을 모방하여 제작한 것이 많다. 또한 인간이 하던 복잡하고 힘든 일 등을 기계나 산업로봇이 대신하고 있는 것도 한 예가 된다. 전자공학의 진보에 힘입어 동물의 뇌와 같은 기능을 가진 기계도 어느 정도 가능하게 되었다. 인공장기(artificial organ), 인공심장(artificial heart)의 제작뿐만 아니라 혈액순환, 신경회로(nerve circuit)에 대한 연구 등 바이오닉스의 연구범위는 점차 넓어지고 있다.

HACKERS **TEST**

 [1-6] Listen to part of a lecture in an engineering class.

1 What is the lecture mainly about?

(A) The factors contributing to the invention of the bicycle

(B) The importance of wheel size in methods of transportation

(C) The development of an efficient type of bicycle

(D) The methods used to improve the safety of bicycles

2 Why does the professor mention a skateboard?

(A) To specify the inspiration for an unusual bicycle

(B) To illustrate the function of an obsolete bicycle

(C) To show that wheel size influences speed

(D) To explain why the running machine was inefficient

Listen again to part of the lecture. Then answer the question.

3 Why does the professor say this:

(A) To confirm whether the student has been paying attention

(B) To encourage the student to concentrate more on the reading

(C) To remind the students to do the next reading

(D) To indicate that the student's answer is correct

4 What does the professor imply about the velocipede?

    (A) Its name contradicts its actual speed.

    (B) It was constructed using new metal alloys.

    (C) It was more expensive than the running machine.

    (D) It was dangerous because of its wheel size.

5 What made the penny-farthing more efficient than the velocipede?

    Choose 2 answers.

    (A) It had equal-sized wheels.

    (B) It featured a chain.

    (C) It had a large front wheel.

    (D) It weighed relatively little.

6 Why is the safety bicycle an improvement over previous bicycles?

    (A) Its chain allowed speed to be independent of wheel size.

    (B) Its seat position enabled the front wheel to move easily.

    (C) The wheels' equal size regulated the speed of the bicycle.

    (D) The lighter frame required less energy when pedaling.

CONVERSATIONS

LECTURES

Hackers **TOEFL** LISTENING

정답 p.643

goHackers.com

Hackers **TOEFL** LISTENING

ACTUAL
TEST

ACTUAL TEST 1
ACTUAL TEST 2

ACTUAL TEST 1

PART 1

 [1-5] Listen to part of a conversation between a student and her professor.

1 Why does the woman go to see her professor?

(A) To inform the professor that she will drop the class
(B) To ask a question about a difficult topic in class
(C) To complain about a low grade she received
(D) To ask for help with a problem in class

2 Why does the professor check the student's test score?

(A) To explain why she got a low score
(B) To verify that she did well on the test
(C) To show the woman that he scored the test correctly
(D) To encourage the woman to do better

3 What does the professor want the woman to do to improve her lab grade?

(A) Join a study club
(B) Hire a tutor
(C) Read the handouts
(D) Attend a make-up class

Listen again to part of the conversation. Then answer the question.

4 What does the professor imply when he says this: 🎧

(A) He thinks the woman can still make up her grade.
(B) He is asking the woman to avoid making mistakes.
(C) He wants the woman to repeat the experiment.
(D) He is reminding the woman to attend lab classes.

Listen again to part of the conversation. Then answer the question.

5 What does the professor mean when he says this: 🎧

(A) He did not hear what the woman said.
(B) He does not see why the woman thinks the class is difficult.
(C) He forgot something in the classroom.
(D) He lost something on his way to his office.

[6-11] Listen to part of a lecture in a biology class.

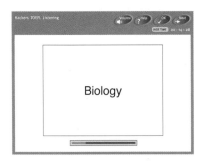

6 What is the talk mainly about?

(A) The characteristics of and threats to coral reefs

(B) The features and importance of marine ecosystems

(C) The various symbiotic organisms that inhabit coral reefs

(D) The nutrient and climate conditions needed for coral formation

7 What can be inferred about zooxanthellae?

(A) They cannot live in warm, tropical oceans.

(B) They negatively affect the health of coral.

(C) They are critical for the survival of polyps.

(D) They hunt and kill other marine organisms.

8 What is the professor's opinion of coral bleaching?

(A) It makes the coral reefs less visually appealing.

(B) It is not something that should concern the public.

(C) It happens too quickly to be prevented.

(D) It stimulates the growth of new coral reefs.

9 Why do coral polyps begin producing weaker shells?

(A) The temperature of the ocean declines over a long period of time.

(B) The amount of carbon they ingest each day increases significantly.

(C) The chemical composition of the surrounding water changes.

(D) The speed and direction of the ocean currents becomes erratic.

10 In the lecture, the professor mentions several contributors to the destruction of coral reefs. Indicate whether each of the following is a contributor.

Click in the correct box for each phrase.

	Yes	No
Algae growing in individual polyps		
Rising water temperatures		
Exposure to excessive sunlight		
Increased CO_2 levels in the ocean		
Sea organisms searching for food		

Listen again to part of the lecture. Then answer the question.

11 What does the professor mean when she says this: 🎧

(A) She thinks the student has a good understanding of the lecture material.
(B) She believes the student has not done the assigned reading.
(C) She hopes the student will listen carefully to her response.
(D) She realizes she might be going too fast for the students to follow.

[1-5] Listen to a conversation between a student and a university employee.

1 Why does the student go to speak to the university employee?

(A) To check what time a special bus leaves

(B) To sign up for a service being offered by the university

(C) To complain of a problem with the transport service

(D) To find out what route a university bus will take

2 What does the man imply about the university's bus service last winter?

(A) It was canceled because not enough students signed up for it.

(B) Students were upset because it included only two stops.

(C) It catered too much to the needs of individual riders.

(D) The university's budget was not sufficient to cover all of its expenses.

3 According to the conversation, what are two reasons the woman decides not to take the university bus?

Choose 2 answers.

(A) It is not certain that she will get a ride.

(B) The fare is higher than she expected.

(C) All of the buses are standing room only.

(D) The woman is worried about waking up on time.

Listen again to part of the conversation. Then answer the question.

4 Why does the woman say this:

(A) To express uncertainty about using the bus service
(B) To check whether she heard the man correctly
(C) To indicate that she expected a more extensive service
(D) To complain that she had been given the wrong information

Listen again to part of the conversation. Then answer the question.

5 Why does the man say this:

(A) To encourage the student to sign up for the service
(B) To offer justification for the cost of the fare
(C) To show that he sympathizes with the student's concern
(D) To inform the student that the cost of operating the buses has increased

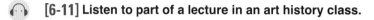

Art history

6 What is the main topic of the lecture?

(A) The use of blue paint by artists in the ancient world

(B) An analysis of the influence of blue paint on Western art

(C) The various ways blue paint was made throughout history

(D) A comparison of various synthetic and natural blue paints

7 According to the lecture, why did Paleolithic artists use a limited range of colors?

(A) They valued earth pigments over other available sources of color.

(B) They were unable to obtain any supplies of natural pigments.

(C) They lacked the necessary technology to access minerals in rocks.

(D) They produced paints from local materials that were readily available.

8 What was the motivation for the creation of Egyptian blue?

(A) A trade dispute with Afghanistan limited access to lapis lazuli.

(B) A gemstone was too expensive for most artists to use.

(C) A formula was lost when the Roman Empire fell.

(D) A process for producing paint was considered too risky.

9 Why does the professor mention travelers to the Middle East during the Crusades?

(A) To explain how new types of pigments were introduced into Europe

(B) To explain why there were similarities in artistic styles in Europe and the Middle East

(C) To show how European pigments spread to other parts of the world

(D) To specify the time period in which European artists stopped using ultramarine

10 What does the professor say about Prussian blue?

(A) It was primarily used by artists who lived in Germany.

(B) It was made obsolete by more modern paint products.

(C) It was initially too expensive for mass production.

(D) It was the unintended result of an experiment.

Listen again to part of the lecture. Then answer the question.

11 Why does the professor say this: 🎧

(A) To imply that indigo was the sole ingredient in blue paints made in Europe

(B) To indicate that woad was considered an inferior source of blue pigment

(C) To suggest that woad was a crop grown only in the Middle East

(D) To imply that indigo dye was widely used during the medieval period

12 What is the main topic of the lecture?

(A) The physical characteristics of Proxima Centauri
(B) The effect of planetary orbits on parallax calculations
(C) Binocular vision and object perception
(D) A method of computing stellar distance

13 What does the professor imply about measuring the parallax of stars?

(A) It relies on the use of technology to provide accurate results.
(B) It was done with the naked eye until recently.
(C) It necessitates taking the star's orbit into account.
(D) It can only occur with stars that are located in isolation.

14 What is the effect of a larger orbital diameter when measuring parallax?

(A) It compounds the possible measurement error.
(B) It increases the time necessary between measurements.
(C) It allows for the measurement of closer stars.
(D) It provides a more accurate measurement.

15 What is a limitation of using parallax to measure stellar distances?

(A) It is dependent upon the position of Earth in its orbit.
(B) It cannot be used to accurately measure the distance of faraway stars.
(C) It cannot take into account the effects of planetary rotation.
(D) It requires the application of complex mathematics for its computation.

Listen again to part of the lecture. Then answer the question.

16 What does the professor mean when he says this: 🎧

(A) He wants to provide the students with additional information.
(B) He thinks he is explaining things too quickly.
(C) He does not think his previous statement was accurate.
(D) He does not want to introduce a new topic yet.

Listen again to part of the lecture. Then answer the question.

17 What does the professor mean when he says this: 🎧

(A) He thinks that he misspoke when making an earlier point.
(B) He wants to emphasize the first part of the word.
(C) He understands the term has likely never been heard.
(D) He wants the students to repeat the phrase back to him.

정답 p.646

ACTUAL TEST 1

ACTUAL TEST 2

Hackers **TOEFL** LISTENING

ACTUAL TEST 2

 [1-5] Listen to a conversation between a student and a professor.

1 What is the conversation mainly about?

(A) A point from a lecture that confuses the student
(B) The subject matter of an essay assignment
(C) A topic the student is researching for a presentation
(D) The content of a syllabus for an art history course

2 What was the motivation for the founding of the Bauhaus?

(A) A desire to create a school without physical walls
(B) A yearning to bring art and industry closer together
(C) A desire to establish the first truly modernist school
(D) A yearning to unify the fields of art and architecture

3 What does the professor say about the objects designed at the Bauhaus?

(A) They were displayed in museums throughout Germany.
(B) They became the models for what was considered fine art.
(C) They often cost more to produce than they were worth.
(D) They were crafted with both form and utility in mind.

4 What does the professor imply about the upcoming Bauhaus exhibit?

(A) Only university students may visit it on Mondays.

(B) It will begin several weeks later than scheduled.

(C) Students must present identification to see it for free.

(D) It will be held at a museum on the university campus.

Listen again to a part of the conversation. Then answer the question.

5 Why does the professor say this:

(A) To commend the student for pointing out a mistake

(B) To applaud the student for making a logical assumption

(C) To suggest that the student's interpretation is unique

(D) To indicate that the student correctly identified design process

[6-11] Listen to part of a talk in an environmental science class.

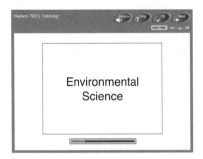

6 What is the main topic of the lecture?

(A) Various types of large predators in North America

(B) A program for reintroducing the gray wolf

(C) Requirements for the successful breeding of the gray wolf

(D) The impacts of ranching on gray wolf habitats

7 The professor explains the sequence of events that resulted in the near extinction of the wolf. Put the following events in the correct order.

Drag each answer choice to the space where it belongs.

1	
2	
3	
4	

- Wolves encroach on farms and ranches.
- Human activity results in a decline in the numbers of elk, bison, and deer.
- Humans occupy land for farming and building ranches.
- The Government establishes a program to decimate the wolf population.

8 According to the professor, what are two effects of wolf reintroduction for the elk?

Choose 2 answers.

(A) Only strong and healthy elk can breed.

(B) The elk no longer impact ranch lands by grazing there freely.

(C) Wolves have forced out the competition that prey on elk.

(D) The elk do not die in large numbers in the winter.

9 Why does the professor mention the feeding habits of the grizzly bear?

(A) To give an example of the type of competition faced by the gray wolf

(B) To make a point about the need for ecological diversity

(C) To contrast its feeding habits with those of the gray wolf

(D) To describe situations where gray wolves are killed by other animals

10 What can be concluded about the program to reintroduce gray wolves?

(A) It reduced the populations of other animals.

(B) It helped large predators obtain food.

(C) It helped restore balance in the ecosystem.

(D) It prevented animals from consuming plants for food.

Listen again to part of the lecture. Then answer the question.

11 Why did the professor say this:

(A) He wanted to gauge how much information to include in his lecture.

(B) He was asking for volunteers to set up the overhead projector.

(C) He had to check attendance before continuing with the lecture.

(D) He was making sure that students in the back could hear him.

ACTUAL TEST 1

ACTUAL TEST 2

Hackers TOEFL LISTENING

[12-17] Listen to part of a lecture in an art class.

12 What is the main topic of the lecture?

(A) A comparison of a forged painting and an original
(B) Traditional methods of identifying the creator of a painting
(C) Advances in methods for evaluating paintings
(D) The process of determining a painting's age

13 Why does the professor mention Cézanne's *The Card Players*?

(A) To explain how art experts verify authenticity
(B) To emphasize the need to confirm a painting's legitimacy
(C) To introduce a famous painting that has been forged
(D) To describe the features that make a painting valuable

14 What does the professor say about dendrochronology?

Choose 2 answers.

(A) It can be used only if the outer rings of wood are attached to the panel.
(B) It cannot determine the precise date that a painting was made.
(C) It was used to verify the authenticity of a controversial painting.
(D) It was first utilized for dating artwork at a famous national gallery.

15 What is the advantage of using a reflectogram?

(A) It can determine the age of the paint in a painting.
(B) It reveals the steps taken to create a painting.
(C) It can identify where a painting's panel came from.
(D) It helps distinguish the styles of brush strokes used in a painting.

16 Why does the professor discuss *The Virgin and Child with an Angel*?

(A) To show that forgeries were very common during the Renaissance
(B) To illustrate how forgers are able to trick experienced experts
(C) To demonstrate how infrared analysis exposed a forgery
(D) To explain that the artists of some paintings cannot be identified

17 What is the professor's attitude toward stylistic analysis?

(A) It will no longer be used in the future.
(B) It is useful in conjunction with other methods.
(C) It will eventually replace other technological advances.
(D) It has greatly reduced the number of forgeries.

[1-5] Listen to part of a conversation between a student and a university administrator.

1 Why does the woman talk to the man?

(A) To give feedback from listeners of a radio show
(B) To suggest a new show for the radio station
(C) To inquire about the songs played on a radio show
(D) To interview the host of a popular radio show

2 According to the conversation, why did listeners feel the show needed to be changed?

(A) They couldn't voice their opinions on the radio show.
(B) They wanted more involvement in choosing play lists.
(C) They wanted to listen to more newly-released songs.
(D) They couldn't get enough information about the songs.

3 What does the woman imply about the school administration?

(A) It wants to attract more investors to the radio station.
(B) It wants to see a positive return on its investment.
(C) It thinks the change will appeal to advertisers.
(D) It wants the show to appeal to people off-campus.

4 What suggestion does the radio host make?

   (A) Taking a break to announce songs every once
       in a while
   (B) Announcing song information before each song
   (C) Sending information about songs through e-mail
   (D) Displaying song information on the Internet

Listen again to part of the conversation. Then
answer the question.

5 Why does the student say this: 🎧

   (A) To imply that he is too shy to talk on the radio
       show
   (B) To emphasize that the show is controlled by him
   (C) To imply that the station should offer more
       shows
   (D) To disagree with the woman's suggestion

[6-11] Listen to part of a lecture in a marine biology class.

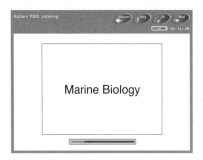

Marine Biology

6 What is the lecture mainly about?

(A) The hunting strategies employed by predatory aquatic species

(B) A behavioral trait common to some aquatic organisms

(C) The spawning methods of freshwater and saltwater fish

(D) A physical characteristic shared by certain fish and whale species

7 According to the professor, how does the silver arowana jump so high into the air?

(A) It coils and then swiftly extends its body.

(B) It creates incredible thrust with its oversized fins.

(C) It swims quickly to the surface from deep water.

(D) It uses the river's current to generate momentum.

8 Why does the professor mention Orrin Falls?

(A) To specify a freshwater location to which spawning salmon often return

(B) To provide an example of a region in which salmon are plentiful

(C) To emphasize the need for fish to conserve energy during migration

(D) To illustrate that salmon are capable of jumping over very high obstacles

9 How does a pool at the base of a waterfall benefit anadromous fish?

Choose 2 answers.

(A) It includes sufficient space for acceleration.

(B) It provides a refuge from powerful rapids.

(C) It produces a powerful, vertical flow of water.

(D) It has conditions suitable for breeding.

10 What does the professor imply about sturgeons?

    (A) They do not jump unless traveling in large groups.

    (B) They do not consume non-aquatic organisms.

    (C) They gather in deep water to avoid predators.

    (D) They use acoustic signals to navigate in murky water.

Listen again to part of the lecture. Then answer the question.

11 What does the professor mean when she says this: 🎧

    (A) The information she has presented is a recap of an earlier discussion.

    (B) The conclusion she has reached is supported by previous statements.

    (C) The concept she has introduced may seem obvious to the students.

    (D) The theory she has discussed may cause confusion for the students.

정답 p.658

이로써 교재 학습이 모두 끝났습니다.

실전모의고사
프로그램

실전모의고사 프로그램에서 추가 2회분의 TEST가 제공되니, 실전 환경에서 최종 마무리 연습을 해보시기 바랍니다.

* 해커스인강(HackersIngang.com)에서 이용할 수 있습니다.

goHackers.com

Hackers TOEFL LISTENING

필수 단어
암기장

DAY 1

a stack of	많은	identity theft	신분 위장 절도
a ton of	매우 많은	illegible [ilédʒəbl]	읽기 어려운
abreast [əbrést]	나란히, ~와 병행하여	illustration [ìləstréiʃən]	삽화
absent [ǽbsənt]	결석한	lab [læb]	실습실, 연구실(= laboratory); 실습, 실험
absentminded [ǽbsəntmàindid]	방심 상태의	laptop [lǽptàp]	노트북 컴퓨터
absolutely [ǽbsəlú:tli]	절대적으로	lame [leim]	불충분한, 서투른
absorbed in	~에 몰두한	large doses of	많은 양의
back and forth	앞뒤로, 반복하여	magnificent [mægnífəsnt]	굉장히 좋은, 멋진
back on one's feet	회복하여	mailbox [méilbàks]	우편함
backstage [bǽkstéidʒ]	무대 뒤	maintenance [méintənəns]	유지, 관리, 생활비
bank account	은행 예금 계좌	major disadvantage	주된 단점
barely [béərli]	거의 ~ 않다	make a breakthrough	돌파하다, (어려움을) 해결하다
calculate [kǽlkjulèit]	평가하다, 계산하다	make a habit of	습관처럼 ~하다
call off	취소하다	narrow down	(범위를) 좁히다, 요약하다
call on	방문하다	national [nǽʃənl]	국립의
calm down	진정시키다	object [ábdʒikt]	물건, 목적
candidate [kǽndidèit]	후보자, 지원자	observation [àbzəːrvéiʃən]	관찰
capture [kǽptʃər]	(마음·관심을) 사로잡다	observe [əbzə́ːrv]	관찰하다
casual [kǽʒjuəl]	우연의, 격식을 차리지 않은	obvious [ábviəs]	명백한, 분명한
data entry	자료입력	packed [pækt]	꽉 찬, 만원의
dean [di:n]	학장	pair up	짝이 되다, 짝짓게 하다
debate [dibéit]	토론하다	panicky [pǽniki]	공황의, 전전긍긍하는
decade [dékeid]	10년	paper [péipər]	리포트
eager [í:gər]	열정적인	paperback [péipərbæk]	종이 표지의
early riser	일찍 일어나는 사람	paperwork [péipərwə̀:rk]	문서업무
earn [ə:rn]	획득하다, 얻다	paralyzed [pǽrəlàizd]	마비된
facilitate [fəsílətèit]	촉진하다	parking permit	주차 허가(증)
facility [fəsíləti]	설비, 시설	participate [pɑːrtísəpèit]	참가하다
faculty [fǽkəlti]	교직원	qualification [kwàləfikéiʃən]	자격
fail [feil]	낙제하다	racket [rǽkit]	소음
fake [feik]	가짜의, 위조의; 속이다	radically [rǽdikəli]	철저히, 근본적으로
garage [gərá:dʒ]	차고, 수리공장	raid [reid]	침입하다, 급습하다
general course	일반 과목, 기초 이수 과목	rally [rǽli]	집회
generalization [dʒènərəlizéiʃən]	일반화, 보편화	rare [rɛər]	드문, 진기한, 희귀한
habitat [hǽbitæt]	서식지	sabbatical leave	안식 휴가
hand in	제출하다	salvage [sǽlvidʒ]	구출하다
hand out	나눠주다	sane [sein]	제정신의, 건전한
handicap [hǽndikæp]	신체장애	scholarship [skálərʃip]	장학회, 장학금
ID	신분증(= identification)	scientific [sàiəntífik]	과학적인

scrap[skræp]	스크랩, 발췌	take a day off	하루 쉬다
scratch[skrætʃ]	긁어 모으다; 출발, 출발선	unauthorized[ʌnɔ́ːθəraizd]	권한이 없는; 자기식의
table of contents	목차 내용	vacancy[véikənsi]	공석, 결원
table[téibl]	(심의를) 보류하다	waft[wæft]	날아들다
tactics[tǽktiks]	책략, 책술	waiting list	대기자 명단
take a chance	모험을 하다	wag[wǽg]	흔들다, 흔들리다

DAY 2

accept[əksépt]	받아들이다	generous[dʒénərəs]	관대한, 풍부한, (토지가) 비옥한
acclimate[əkláimət]	순응하다	handicapped[hǽndikæpt]	장애가 있는
accommodation[əkàmədéiʃən]	숙소, 숙박 시설	handle[hǽndl]	다루다, 하다
accounting technique	회계법	handwriting[hǽndràitiŋ]	필기
ace[eis]	완벽하게 하다; 최고로	handy[hǽndi]	손재주가 있는, 솜씨 좋은
batter[bǽtər]	강타하다, 부수다	imitation[ìmətéiʃən]	모방
battlefield[bǽtlfìːld]	전쟁터, 전장	immediately[imíːdiətli]	곧
be acquainted with	~을 알고 있다	immunization[ìmjunizéiʃən]	면역, 예방주사
central heating	중앙 난방	impact[ímpækt]	충돌, 충격
centralize[séntrəlàiz]	집중하다	imprecise[ìmprisáis]	부정확한, 불명확한
challenging[tʃǽlindʒiŋ]	도전적인, 힘드는	keep on	계속하다
chaos[kéiɑs]	무질서, 혼돈	late fee	연체료
check in	등록하다	later on	나중에
check out	대출하다, 확인하다	make a mess	어지럽히다
check over	자세히 조사하다	make a profit	돈을 벌다
check with	~와 대조하다	make a quick stop at	~에 잠깐 들르다
checkbook[tʃékbùk]	수표장	nauseous[nɔ́ːʃəs]	속이 메스꺼운, 진저리나는
decent[díːsnt]	상당한	occupation[àkjupéiʃən]	직업, 업무
decipher[disáifər]	해독하다, 풀다	off-campus	교외의, 캠퍼스 밖의
declare[diklέər]	선언하다, 단언하다	offer[ɔ́ːfər]	제안, 제의; 제의하다
decline[dikláin]	감소하다, 쇠퇴하다	particle[páːrtikl]	매우 작은 조각, 극소량
decompose[dìːkəmpóuz]	부패하다	particular[pərtíkjulər]	까다로운, 꼼꼼한, 특별한
dedication[dèdikéiʃn]	헌신	part-time job	시간제 일, 아르바이트
ecosystem[ékousìstəm]	생태계	pass on to	~에게 전달하다
editor[édətər]	편집자, 교정자	pass up	선택하지 않다
effect[ifékt]	영향	pass-fail option	합격-낙제 여부만 평가하는 제도
effectively[iféktivli]	효과적으로	patron[péitrən]	고객, 손님
fall apart	부서지다	pave[peiv]	(길을) 포장하다
fall behind	뒤처지다, 늦어지다	qualify[kwáləfài]	자격을 얻다
fall through	실패로 끝나다, 수포로 돌아가다	rave[reiv]	격찬하다
familiarity[fəmìliǽrəti]	정통, 잘 알고 있음	rave about	~에 대해 열심히 이야기하다
family value	(전통적) 가족의 가치	react[riːǽkt]	반응하다
fancy[fǽnsi]	화려한, 고급의	read up	(어떤 학과를) 연구하다, 복습하다
generate[dʒénərèit]	발생시키다, 생기게 하다	reasonable[ríːzənəbl]	값이 합당한, 논리적인, 정당한
generosity[dʒènərásəti]	관대, 관용	reassert[rìːəsə́ːrt]	거듭 주장하다

recipe [résəpì]	요리법	serial number	일련번호
screen [skri:n]	심사하다, 선발하다	take a raincheck	약속을 후일로 미루다
sec [sek]	잠시, 1초(= second)	take a seat	앉다
second draft	두 번째 수정본	take care of	~을 처리하다
second thoughts	재고	take down	적어놓다
security guard	경비	take initiative	모범을 보이다, 솔선하다
security [sikjúərəti]	안전	take it easy	편하게 여기다
see to	돌보다	unbearable [ʌnbɛ́ərəbl]	견딜 수 없는, 참기 어려운
selective [siléktiv]	선택적인	uncertainty [ʌnsə́ːrtnti]	불확실성
self-fulfilling	자기 달성의, 자기 충족의	vacant [véikənt]	텅빈, 생각이 없는
semester [siméstər]	학기	waiver [wéivər]	기권, 포기
senior [síːnjər]	4학년의 학생, 최고 학년의	zeal [zíːl]	열정

DAY 3

ad [æd]	광고(= advertisement)	far-fetched	부자연스러운, 억지의
adequately [ǽdikwətli]	충분히	fascinating [fǽsənèitiŋ]	매혹적인, 멋진
administration [ədmínəstrèiʃən]	본부	fatigue [fətíːg]	피로
administrator [ədmínəstrèitər]	행정관, 관리자	genius [dʒíːnjəs]	천재
admirer [ədmáiərər]	팬, 찬양자	genuinely [dʒénjuinli]	정말로, 참으로
admissions fee	입장료	hang in the scale	어느 쪽으로도 결정되지 않다
be comprised of	~로 구성되다	hang on	기다리다
be conscious of	~을 의식하다	hangout	놀랍한 곳, 어울릴 수 있는 장소
be familiar with	~에 대해 잘 알다, 익숙하다	haphazardly [hæphǽzərdli]	우연히, 계획성 없이
be in over one's head	능력이 미치지 못하다	impressive [imprésiv]	인상적인, 감명을 주는, 감동적인
cheer up	기운을 내다	impromptu [imprámptjuː]	즉석의, 즉흥적인
chilly [tʃíli]	추운, 으스스한	improving [imprúːviŋ]	나아지고 있는
circuit [sə́ːrkit]	전기 회로	in advance	미리, 앞서서
clear up	날씨가 맑아지다, 처리하다	law firm	법률 사무소
cliché [kliːʃéi]	진부한 말	lax [læks]	느슨한, 여유로운
deduct [didʌ́kt]	빼다, 공제하다	make it on time	제시간에 맞추다
definitely [défənitli]	분명히	make much noise	상당한 소음을 내다
degree requirement	요구 학점	make one's own hours	근무 시간을 스스로 조정하다
deliberately [dilíbərətli]	신중히, 고의로	make progress	전진을 보이다
deliberation [dilìbəréiʃən]	심사 숙고	make sure	확인하다
deliver [dilívər]	배달하다	make the effort	노력하다, 애쓰다
demanding [dimǽndiŋ]	큰 노력을 요하는, 벅찬	nearby [nìərbái]	가까운
ego [íːgou]	자존심, 자아	need a hand	도움을 필요로 하다
elective [iléktiv]	선택 과목	office hours	근무시간
electrician [ilektríʃən]	전기 기술자	on a budget	예산을 세워
elicit [ilísit]	(대답, 웃음 등을) 이끌어 내다	on account of	~ 때문에
eligible [élidʒəbl]	자격이 있는, 적격의	pay a fine	벌금을 물다
far from	~에서 멀리 떨어진	payment [péimənt]	납입
fare [fɛər]	요금	peculiarity [pikjùːliǽrəti]	특색, 특성

peer[piər]	동료	set up	설비하다, 설정하다
peg[peg]	인정하다, 어림잡다	setting[sétiŋ]	환경
penalize[píːnəlàiz]	징계를 하다, 벌하다	severity[səvérəti]	혹독
penalty[pénəlti]	벌금, 과태료	shame[ʃeim]	유감, 부끄러움
penetrate[pénətrèit]	뚫다, 침투하다	sheer[ʃiər]	절대적인
perform[pərfɔ́ːrm]	공연하다	shift[ʃift]	바꾸다; 교대 근무 조
period[píəriəd]	기간	short on cash	돈이 부족한
periodical[pìəriádikəl]	정기 간행물	short on time	시간이 모자라는
permission[pərmíʃən]	허가	take out	꺼내다
quantity[kwántəti]	양, 열량, 질량	take part in	~에 참가하다
reclusive[riklúːsiv]	은둔한	take seriously	진지하게 받아들이다
recognition[rèkəgníʃən]	표창, 공로	take time off	방학·휴가를 가지다
recognize[rékəgnàiz]	인식하다	unconscious[ʌnkánʃəs]	무의식적인
recommend[rèkəménd]	추천하다	under the weather	몸이 좋지 않은
reconnection[rìːkənékʃən]	재연결	vague[veig]	막연한, 모호한
redistribute[rìːdistríbjuːt]	재분배하다	VIP[vìːaipíː]	중요 인물
serve one right	마땅한 벌을 받다	warning[wɔ́ːrniŋ]	경고, 훈계
session[séʃən]	회의	warp[wɔːrp]	휘게 하다, 뒤틀다

DAY 4

admit[ədmít]	인정하다	depot[díːpou]	정류소
advanced degree	고급 학위	eliminate[ilímənèit]	제거하다, 삭제하다
adventure[ədvéntʃər]	대담한 계획, 모험	emergency leave	긴급 휴가
advertise[ǽdvərtàiz]	광고하다	emergency[imə́ːrdʒənsi]	비상사태
afford[əfɔ́ːrd]	감당하다, ~을 살 여유가 있다	emit[imít]	(의견을) 토로하다
affordable[əfɔ́ːrdəbl]	가격이 알맞은	emphasize[émfəsàiz]	강조하다
afterward[ǽftərwərd]	후에, 나중에	feature[fíːtʃər]	연재 기사, 특집 기사
be obligated to	~할 의무가 있다	fee[fiː]	요금
close down	폐쇄하다	feedback[fíːdbæ̀k]	의견, 감상
closing time	폐점 시간, 폐관 시간	fever[fíːvər]	열, 발열
clue[kluː]	단서, 실마리	field trip	견학
clumsy[klʌ́mzi]	서투른, 어색한	get along	사이 좋게 지내다
coat[kout]	(페인트 등의) 칠	get an up-close look at	자세히 들여다 보다
co-host	(라디오, TV) 공동 사회자	get by	살아가다, 잘해 나가다
coincidence[kouínsidəns]	우연의 일치	get in touch with	연락하다
cold medicine	감기약	happen to	우연히 ~하게 되다
cold pack	냉찜질	hard to come by	찾기 어려운
collection[kəlékʃən]	수집, 기부금 모집	hardly[háːrdli]	거의 ~ 않다
demonstrate[démənstrèit]	(모형, 실험 등으로) 설명하다	harm[haːrm]	해치다, 상하게 하다
depart from	출발하다	in charge of	~을 담당하는, ~을 맡고 있는
department[dipáːrtmənt]	학부, 학과, 과	in honor of	~를 기리기 위해
depend on	~에 달려 있다	in large quantities	많이, 다량으로
depict[dipíkt]	묘사하다, 서술하다	in no time	곧, 빨리

in one's own style	자신의 방식으로		reflect[riflékt]	반영하다, 나타내다; 곰곰이 생각하다
knack[næk]	재능, 재주		refrain[rifréin]	그만두다, 삼가다
leading cause	주된 원인		refresh[rifréʃ]	새롭게 하다
make up	보충하다, 만회하다		refund[rifʌnd]	환불하다
make up one's mind	결심하다		shortcut[ʃɔ́ːrtkʌ̀t]	지름길
make-believe	거짓의, 위장한		shorten[ʃɔ́ːrtn]	줄이다
make-up test	재시험, 추가시험		show around	안내를 하다
need to	~하는 것이 필요하다		show off	자랑하다, 과시하다
neglect[niglékt]	무시하다, 소홀히 하다		show up	나타나다, 도착하다
on and off	때때로, 불규칙하게		shut out	차단하다, 내쫓다
on and on	계속해서, 쉬지 않고		shuttle[ʃʌ́tl]	셔틀버스
on average	평균적으로, 대략		sick and tired	싫증나다
on behalf of	~을 대신하여, 대표하여		sickening[síkəniŋ]	넌더리 나는
persistent[pərsístənt]	완고한, 끈덕진		side entrance	옆문
personal[pə́ːrsənl]	개인적인		sign up	등록하다, 계약하다, 서명하다, 신청하다
personnel[pə̀ːrsənél]	직원		tag[tæg]	꼬리표
perspective[pərspéktiv]	관점		take up	(차에) 태우다; (연구, 일을) 시작하다
persuasive[pərswéisiv]	설득력 있는		taken with	매혹되어, 마음이 사로잡혀
petition[pətíʃən]	청원서, 탄원서		talented[tǽləntid]	재능 있는, 유능한
pharmacy[fáːrməsi]	약국		tardy[táːrdi]	지각한, 늦은
phase[feiz]	단계, 시기		target market	표적 시장
photocopy[fóutoukàpi]	복사하다		undercut[ʌ́ndərkʌ̀t]	가격을 내리다
refer[rifə́ːr]	참고하다, 참조하다, 인용하다		understatement[ʌ̀ndərstéitmənt]	(실제의 정도보다) 약한 표현
reference[réfərəns]	참조, 참고		valid[vǽlid]	유효한

DAY 5

ahead of time	일찍, 먼저		come in	도착하다, 들어오다
aid[eid]	지원		come out	나오다
ailment[éilmənt]	질병, 질환		come up	(일이) 일어나다
aisle[ail]	복도, 통로		come up with	구상하다
alert[ələ́ːrt]	민첩한, 경계하는		comfort[kʌ́mfərt]	위로, 위안
allergic[ələ́ːrdʒik]	알레르기의		command respect	존중을 받다, 존경을 받다
alongside[əlɔ́(ː)ŋsàid]	~옆으로, ~쪽의		describe[diskráib]	기술하다
alternate[ɔ́ːltərnət]	대체의, 대안의		description[diskrípʃən]	서술적 묘사, 설명
be through with	끝내다, 마치다		deserve[dizə́ːrv]	~할 자격이 있다
behind schedule	예정보다 늦은		despair[dispɛ́ər]	좌절하다, 절망하다
belong to	~의 소유이다		desperate[déspərət]	필사적인
belongings[bilɔ́ːŋiŋz]	소지품		destination[dèstənéiʃən]	목적지
beyond repair	수리를 할 수 없을 정도로		employee[implɔiíː]	고용인, 피고용자
come across	우연히 발견하다		enclosure[inklóuʒər]	동봉물
come along	따라가다, 함께 가다		encounter[inkáuntər]	(위험·곤란 등에) 부닥치다
come around	뒤늦게 시작하다		engage in	참가하다
come down with	~의 병에 걸리다		feedback[fíːdbæ̀k]	반응, 의견

field [fiːld]	영역, 분야; (질문에) 대답하다	pigsty [pígstài]	돼지우리, 더러운 장소
fierce [fiərs]	거센, 사나운	pin down	분명히 설명하다, 밝히다
fifty-fifty	50대 50의	pinpoint [pínpɔ̀int]	정확하게 지적하다
fill out	작성하다	quit [kwit]	그만두다
harsh [haːrʃ]	가혹한, 엄격한	regarding [rigáːrdiŋ]	~에 관해서는, ~의 점에서는
hassle [hæsl]	골치 아픈 일	regardless of	~와 관계없이
hasten [héisn]	재촉하다	region [ríːdʒən]	지방, 지역
have a terrible cold	심한 감기를 앓다	register [rédʒistər]	등록하다, 신청하다
in particular	특별히	registrar's office	학적과
in person	자기 스스로, 직접	registrar [rédʒistràːr]	학적계
in regard to	~에 관하여	registration fee	등록비
in some way	어떤 식으로든	registration [rèdʒistréiʃən]	등록, 신청
in store	다가오는, 곧 닥쳐올	similar [símələr]	유사한
in that case	이런 경우에는	simultaneously [sàiməltéiniəsli]	동시에, 일제히
know one's way around	주위 환경·부대 상황에 능통하다	sing another tune	의견을 바꾸다
leak [liːk]	(물·공기 등이) 새는 구멍(곳)	site [sait]	유적지
leave behind	남겨두다, 놓고 오다	size up	측정하다
leave out	제외시키다, 제거하다	skills building	기술 습득
leave to chance	운수에 맡기다	skyscraper [skáiskrèipər]	초고층 빌딩
malfunction [mælfʌ́ŋkʃən]	오작동하다	slap together	날림으로 (아무렇게) 만들다
mandatory [mǽndətɔ̀ːri]	의무적인	slip [slip]	용지, 쪽지; 미끄러지다, 넘어지다
maneuver [mənúːvər]	책략, 책동	sloppy [slápi]	부주의한
nevertheless [nèvərðəlés]	그럼에도 불구하고	slow down	속도를 늦추다
on hand	사용하기 용이한, 접근하기 쉬운	slowly but surely	천천히 그러나 틀림없이, 더디지만 확실하게
on horseback	말 타고	smear [smiər]	(잉크 등이) 번지다, 희미하게 되다
on one's own	스스로	taste [teist]	취향, 기호
physical [fízikəl]	신체적인	teaching assistance	조교(= TA)
physician [fizíʃən]	내과의사	team up	팀이 되다
physicist [fízəsist]	물리학자	tech job	기술직
pick on	괴롭히다, 비난하다	unemployed [ʌ̀nimplɔ́id]	실직자; 실직한
pick up on	알다, 이해하다	unforgettable [ʌ̀nfərgétəbl]	용서할 수 없는
pick up the tab	값을 지불하다	valuable [vǽljuəbl]	소중한, 귀한
picky [píki]	까다로운	wear out	닳아 못쓰게 되다

DAY 6

ambitious [æmbíʃəs]	패기만만한, 야심적인	big deal	대단한 것, 큰일
analysis [ənǽləsis]	분석	big-name	유명한
annex [ǽneks]	별관, 부가물	binding [báindiŋ]	책의 제본, 장정
announcement [ənáunsmənt]	발표	biography [baiágrəfi]	전기, 일대기
annual [ǽnjuəl]	연간의	biological [bàiəládʒikəl]	생물학적인
anthology [ænθálədʒi]	선집	comment [kámənt]	의견, 논평
apologize [əpálədʒàiz]	사과하다	committee [kəmíti]	위원회
appease [əpíːz]	충족시키다	commons [kámənz]	(대학 등의) 식당

commotion [kəmóuʃən]	동요, 소동	on second thought	재고한 후에
community [kəmjú:nəti]	지역 사회, 집단	on the go	항상 바쁜
commuter lane	통근 거리, 통학로	on the side	부업으로, 아르바이트로
competition [kàmpitíʃən]	경기, 시합, 경쟁	on the verge of	~하기 직전의, ~에 직면하여
compilation [kàmpəléiʃən]	편집물	on the wane	쇠퇴하기 시작하여, 기울기 시작하여
dashboard [dǽʃbɔ̀:rd]	진흙받이, 계기판	pique [pi:k]	(호기심, 흥미를) 돋우다, 흥분시키다
determine [ditə́:rmin]	결심하다	pitch [pitʃ]	이야기하다
dig [dig]	발굴	place [pleis]	배치하다
dignity [dígnəti]	위엄	placement [pléismənt]	배치
dim [dim]	어둑한, 흐릿한	pledge [pledʒ]	입회 서약자
dip into one's savings	저금에 손을 대다	plentiful [pléntifəl]	풍부한
directly [diréktli]	직접적으로	plot [plat]	줄거리, 각색
engineering [èndʒəníəriŋ]	공학	plow out	파내다
enrollment [inróulmənt]	등록	point the finger at	~을 비난하다
ensconce [inskáns]	안치하다, 자리잡다	regret [rigrét]	후회하다
entail [intéil]	수반하다	reign [rein]	널리 성행하다, 널리 퍼지다
filthy [fílθi]	불결한	reinforce [rì:infɔ́:rs]	강화하다, 보충하다
final exam	기말고사 (= finals)	reissue [ri:íʃu:]	재발행하다
finalize [fáinəlàiz]	결말을 짓다, 최종적으로 승인하다	reject [ridʒékt]	탈락시키다, 거절하다
financial aid	학비 지원	related [riléitid]	관련된
financial [finǽnʃəl]	재정의, 재정적인	release [rilí:s]	(레코드 등의) 발매
get time off	휴가를 갖다	relevant [réləvənt]	관련된, 적절한
have what it takes	필요한 자질을 갖추고 있다	smitten [smítn]	깊이 감동된, 홀딱 반한
hazard [hǽzərd]	위험	sneeze [sni:z]	재채기하다; 재채기
head librarian	도서관장	snowed under	수량으로 압도당하다
in the dark	혼동된, 혼란스러운	soak up	(지식 등을) 흡수하다, 이해하다
in the world	도대체	social commentary	시사 논평
Inca [íŋkə]	잉카	socialization [sòuʃəlizéiʃən]	사회화, 사회주의화
incessantly [insésntli]	끊임없이	socioeconomic [sòusiəèkənámik]	사회경제적인
include [inklú:d]	포함하다	solitary [sálətèri]	혼자만의, 외로운
income [ínkʌm]	수입, 소득	solve [salv]	해결하다
incoming [ínkʌ̀miŋ]	들어오는	somewhat [sʌ́mhwʌ̀t]	다소
jam [dʒæm]	쑤셔넣다, 채워 넣다	sophisticated [səfístəkèitid]	정교한, 세련된
leftover [léftòuvər]	나머지의, 남은	tell apart	구분하다, 구별하다
legacy [légəsi]	유산	tell you what	그럼 이렇게 하자, 그렇다면
legitimate [lidʒítəmət]	합법적인	temporarily [tèmpərέ(:)rəli]	잠시 동안, 일시적으로
lend [lend]	빌려 주다	tempt to	~하는 경향이 있다
manual [mǽnjuəl]	소책자, 안내서; 손으로 하는	term paper	학기말 리포트
margin [má:rdʒin]	여백, 가장자리	unimaginative [ʌ̀nimǽdʒinətiv]	창조력이 모자라는, 상상력이 부족한
marvelous [má:rvələs]	멋진	vanity [vǽnəti]	허영심
massive [mǽsiv]	상당한, 거대한	weary [wíəri]	피곤한
not to mention	~은 말할 것도 없이	weird [wiərd]	이상한

DAY 7

application form	신청서
apply[əplái]	신청하다, 적용되다
appointed[əpɔ́intid]	지정된
appointment[əpɔ́intmənt]	약속
apprise[əpráiz]	통지하다
birth certificate	출생 증명서
bland[blænd]	온화한, 자극성이 적은, 냉담한
blare[blɛər]	쾅쾅 울리다
blur out	지우다
blurt[bláːrt]	불쑥 말하다
blush[blʌʃ]	얼굴을 붉히다
complain[kəmpléin]	불평하다
complete[kəmplíːt]	마치다
compliment[kámpləmənt]	칭찬, 찬사
comprehend[kàmprihénd]	이해하다
compulsory[kəmpʌ́lsəri]	필수의
concentrate[kánsəntrèit]	집중하다
concern[kənsə́ːrn]	관계, 관심
conclude[kənklúːd]	완료하다, 끝나다
director[diréktər]	감독관
disadvantage[dísədvǽntidʒ]	손실, 불리한 처지
disappear[dìsəpíər]	사라지다
disappointing[dìsəpɔ́intiŋ]	실망시키는, 시시한
discard[diskáːrd]	버리다
disconnected[dìskənéktid]	(공공 서비스의) 공급이 끊긴
discount[dískaunt]	할인하다
enthusiastic[inθùːziǽstik]	열중한
entire[intáiər]	전체의
entrance[éntrəns]	입구, 현관
finding[fáindiŋ]	연구결과
fine[fain]	벌금; 훌륭한
finely[fáinli]	아름답게, 정교하게
finish with	~으로 끝내다, ~와 관계를 끝내다
fireproof[fáiərprùːf]	내화성의, 불연성의
first draft	초안
get under way	시작하다
get used to	~에 익숙해지다
gifted[gíftid]	뛰어난 지능을 가진
gist[dʒist]	요점
head[hed]	소장; 나아가다, 향하다
health center	의료센터
health insurance	의료보험
hear from	~와 연락하다, ~로부터 소식이 있다

inconvenient[inkənvíːnjənt]	불편한
incur[inkə́ːr]	초래하다, 빚을 지다
indent[indént]	들여 쓰다
in-depth	상세한
indifferent[indífərənt]	무관심한, 냉담한
indulge[indʌ́ldʒ]	마음껏 하다, 만족시키다, 탐닉하다
jeopardize[dʒépərdàiz]	위태롭게 하다, 위험에 빠뜨리다
length[leŋkθ]	길이
let alone	~은 말할 것도 없이
let down	실망시키다
letter of recommendation	추천서
master's	석사(= master's degree)
material[mətíəriəl]	재료, 소재
matriculation[mətrìkjuléiʃən]	(대학) 입학 허가
mature[mətʃúər]	성숙한
note[nout]	적어 두다, 주의하다
on the whole	일반적으로, 대체로
on time	제시간에, 정각에
ongoing[ángòuiŋ]	(기간이) 남아 있는, 진행중인
on-site	현장의, 현지의
ooze[uːz]	스며 나오다, 새어 나오다
poison[pɔ́izn]	독, 폐해
policy[páləsi]	정책, 규정
polish[páliʃ]	(문장 등을) 다듬다, 퇴고하다
political[pəlítikəl]	정치의
politician[pàlətíʃən]	정치가
pollute[pəlúːt]	오염시키다
ponder[pándər]	심사숙고하다, 깊이 생각하다
pore over	(열심히) 읽다
reliable[riláiəbl]	믿을 수 있는, 확실한
relief[rilíːf]	안심, 경감
relive[rìːlív]	다시 체험하다, 다시 살리다
remind[rimáind]	일깨우다
renovate[rénəvèit]	보수공사를 하다, 새롭게 하다, 수리하다
renowned[rináund]	잘 알려진, 저명한
repel[ripél]	쫓아내다, 떨쳐 버리다
repetitive[ripétətiv]	반복적인
sore throat	인후염
sorority[sərɔ́ːrəti]	여학생클럽
sort of	얼마간, 다소
spacious[spéiʃəs]	널찍한, 넓은
span[spæn]	기간
spare[spɛər]	떼어두다, (시간을) 할애하다, 내주다, 절약하다

Hackers TOEFL LISTENING

speak up	크게 말하다	terminology [tə̀ːrmənálədʒi]	전문 용어
speak up for	지지하다	terrific [tərífik]	멋진
specialization [spèʃəlizéiʃən]	세부 전공	terrify [térəfài]	무섭게 하다, 위협하다
specifically [spisífikəli]	명확하게, 구체적으로 말해서	unique [juːníːk]	굉장한, 독특한, 유일한
specifics [spisífiks]	명세, 세부, 명세서	variability [vɛ̀əriəbíləti]	변하기 쉬움
specify [spésəfài]	구체화하다	well-rounded	다재다능한, 만능의
specimen [spésəmən]	견본, 표본	what is called	소위

DAY 8

adjust [ədʒʌ́st]	적응하다	disorder [disɔ́ːrdər]	무질서, 혼란
appropriate [əpróuprièit]	적당한	disorderly [disɔ́ːrdərli]	무질서한, 난잡한
approval [əprúːvəl]	승인, 허락	dispenser [dispénsər]	자동 판매기
approve [əprúːv]	찬성하다, 승인하다	disruptive [disrʌ́ptiv]	파괴적인
aquarium [əkwɛ́əriəm]	수족관	equivalent to	~과 동등한, ~에 대응하는
arena [əríːnə]	투기장, 활동 무대	errand [érənd]	심부름
aspiration [æ̀spəréiʃən]	꿈, 열망	essentially [isénʃəli]	본질적으로, 본래
be far off the mark	동떨어진 얘기를 하다, 딴소리를 하다	estimate [éstəmèit]	평가하다, 판단하다
boisterous [bɔ́istərəs]	거친, 난폭한	fit [fit]	맞게 하다, 일치시키다
booked up	예약이 꽉 찬	fix [fiks]	수리하다
booth [buːθ]	부스	fixed [fikst]	고정된
borrow [bárou]	모방하다	flabbergast [flǽbərgæ̀st]	놀라게 하다
boss around	이래라저래라 하다	flair [flɛər]	재능, 능력
bother [báðər]	귀찮음, 성가신 일	flatter [flǽtər]	(칭찬 등으로) ~을 기쁘게 하다
bottom line	요지, 핵심	give a hand	박수를 보내다, 돕다
cellist [tʃélist]	첼리스트	give a hoot	관심을 가지다
change of heart	심경 변화	give an idea	대략적으로 설명하다, 개념을 잡아주다
charming [tʃáːrmiŋ]	멋진	give out	기부하다, 발표하다
cinematography [sìnəmətágrəfi]	영화 촬영법	hear of	~에 대해 알다, 친숙하다
closing [klóuziŋ]	후반의, 끝나는	hear out	(이야기를) 끝까지 듣다
common [kámən]	공통의	heavy [hévi]	힘겨운, 어려운
condone [kəndóun]	용서하다, 묵과하다	hectic [héktik]	바쁜
conference [kánfərəns]	회의	infamous [ínfəməs]	악명 높은
confident [kánfidənt]	자신감 있는	infant [ínfənt]	유아, 유아의
confirmation [kànfərméiʃən]	확인서, 확인	influential [ìnfluénʃəl]	영향력이 있는
conflict [kánflikt]	마찰, 충돌	infuriated [infjúərieitid]	격분한
confusion [kənfjúːʒən]	뒤죽박죽, 혼란	ingenious [indʒíːnjəs]	재치 있는, 영리한
congestion [kəndʒéstʃən]	체증	job fair	직업 박람회
congratulate [kəngrǽtʃulèit]	축하하다	lifesaver [láifsèivər]	구원자
connect [kənékt]	잇다, 연결하다	lift off	들어 올리다
constraint [kənstréint]	제약	like-minded	같은 생각의
discourage [diskə́ːridʒ]	실망시키다	measurable [méʒərəbl]	측정할 수 있는
discover [diskʌ́vər]	발견하다	measurement [méʒərmənt]	양, 치수
dismiss [dismís]	해산시키다	mechanical [məkǽnikəl]	습관적인, 기계적인

medicine [médəsin]	약	replace [ripléis]	교체하다
meet the requirement	필수 요건을 갖추다	representation [rèprizentéiʃən]	대표, 대리
notice [nóutis]	알아채다, 인지하다	reputation [rèpjə(:)téiʃən]	명성, 평판
open mindedness	개방성	request [rikwést]	원하다
opinionated [əpínjənèitid]	자기 주장이 강한	requirement [rikwáiərmənt]	필수 요건, 필수 사항
opt [ɑpt]	선택하다	spell out	상세히 설명하다
optimistic [ɑ̀ptəmístik]	낙관적인	spend a fortune	거금을 쓰다, 비싸게 사다
option [ɑ́pʃən]	선택권	spending money	용돈
position [pəzíʃən]	처지, 입장	split [split]	나누다, 쪼개다
positive [pɑ́zətiv]	확신하는, 자신 있는, 긍정적인	spotlight [spɑ́tlàit]	주시, 주목
possibility [pɑ̀səbíləti]	가능성	spotted [spɑ́tid]	때 묻은, 얼룩덜룩한
post [poust]	게시하다, (기둥·벽에) 붙이다	sprain [sprein]	(발목·손목 등을) 삐다
postpone [poustpóun]	연기하다	squeeze [skwi:z]	헤치고 나아가다, 밀고 들어가다, 짜내다
potential [pəténʃəl]	가능성	thesis paper	논문
poverty [pɑ́vərti]	가난, 빈곤	tie up	통하지 않게 하다, 방해하다
practically [præktikəli]	실질적으로	time consuming	시간을 요구하는
precede [prisí:d]	우월하다, 앞서다	unit [jú:nit]	단위
precisely [prisáisli]	바로 그렇다; 정확하게	various [vέəriəs]	다양한
prefer [prifə́:r]	선호하다	whim [hwim]	변덕

DAY 9

art exhibition	미술 전시회	distracting [distrǽktiŋ]	정신 산만하게 하는
article [ɑ́:rtikl]	기사	divide [diváid]	나누다
as a matter of fact	실은, 사실상	doctor's note	진단서
assign [əsáin]	할당하다, (과제 등을) 내주다, 지정하다	dog-eared	책 모서리가 접힌
assignment [əsáinmənt]	과제	drop by	잠깐 들르다
bound to	~하게 마련이다	editing [éditiŋ]	편집
branch [bræntʃ]	지점, 지국	enthrall [inθrɔ́:l]	매료하다, 사로잡다
brand-new	신품의, 새로운	environment [inváiərənmənt]	환경
break a promise	약속을 지키지 않다	examine [igzǽmin]	검토하다, 조사하다
break in	길들이다	excavation [èkskəvéiʃən]	발굴
breakup [bréikʌ̀p]	해체하다, 끝내다	excel [iksél]	뛰어나다, 탁월하다
conquest [kɑ́nkwest]	정복, 극복	exception [iksépʃən]	예외
conscientious [kɑ̀nʃiénʃəs]	양심적인, 성실한	exceptional child	특수 아동
consent [kənsént]	동의하다, 찬성하다	flexible [fléksəbl]	융통성 있는, 유연한
conservative [kənsə́:rvətiv]	보수적인	flicker [flíkər]	깜박거리다
considerable [kənsídərəbl]	많은, 상당한	flu [flu:]	유행성 감기, 독감(= influenza)
consolation [kɑ̀nsəléiʃən]	위로, 위안	focus on	~에 초점을 맞추다, 집중하다
consult [kənsʌ́lt]	상담하다	fold back	접어 올리다
contact information	연락처	give thought to	~에 대해 잘 생각하다
depressed [diprést]	우울한, 의기소침한	gloomy [glú:mi]	우울한
distinctive [distíŋktiv]	독특한	glorify [glɔ́:rəfài]	미화하다
distinguish [distíŋgwiʃ]	구별하다	go out of one's way	굳이 ~하다

grasp [græsp]	이해하다	presentation [prì:zentéiʃən]	발표, 설명, 강연
guise [gaiz]	모습, 외관	pressing [présiŋ]	긴급한
hedge [hedʒ]	울타리, 장벽	pretend [priténd]	~인 체하다
hesitate [hézətèit]	주저하다, 머뭇거리다	prevailing [privéiliŋ]	우세한, 유행하는
higher-paid	급여가 더 많은	reserve [rizə́:rv]	예약하다
hire [haiər]	고용하다	reservoir [rézərvwà:r]	저장, 축적
initiative [iníʃiətiv]	솔선, 독창력	respected [rispéktid]	훌륭한, 높이 평가되는
input [ínpùt]	입력하다; 투입	respiratory [réspərətɔ̀:ri]	호흡기의
inquire [inkwáiər]	조회하다, 문의하다	restoration [rèstəréiʃən]	원형 복원
inspect [inspékt]	조사하다	stand out	눈에 띄다
inspire [inspáiər]	격려하다	stand up for	지지하다
job opening	취직자리, 결원	standard procedure	규정 절차
limitation [lìmətéiʃən]	한정, 제한	standardize [stǽndərdàiz]	표준화하다
limited [límitid]	한정된, 제한된	standing [stǽndiŋ]	입지, 입장
link [liŋk]	연결하다	standpoint [stǽndpɔ̀int]	관점
melt [melt]	(감정 등이) 누그러지다, (용기가) 약해지다	starve [sta:rv]	몹시 배고프다, 굶주리다
mention [ménʃən]	언급하다	state [steit]	밝히다
mess [mes]	혼란, 뒤죽박죽	to be honest	솔직히
mess up	걱정을 끼치다	to tell the truth	솔직히 말하자면
method [méθəd]	방법	to the bone	최대한으로, 철저히
notion [nóuʃən]	관념, 개념	tough out	참고 견디다
preliminary [prilímənèri]	예비의, 준비의	tough [tʌf]	(시험이) 어려운, 힘든
preparation [prèpəréiʃən]	준비 (= prep)	tract [trækt]	지대
preregister	사전 등록하다	unnerve [ʌnnə́:rv]	용기를 빼앗다
prerequisite [prì:rékwizit]	필수 과목	unsightly [ʌnsáitli]	(보기에) 안 좋은, 추한
prerogative [prirágətiv]	특권	varsity [vá:rsəti]	대학 대표팀
prescribe [priskráib]	처방하다	wind power	풍력

DAY 10

assistantship [əsístəntʃip]	조교	bug [bʌg]	병원균, 세균, 벌레
astonishing [əstániʃiŋ]	놀라운, 눈부신	contradiction [kàntrədíkʃən]	상충, 모순
at a loss	당황하여, 어찌할 바를 몰라	controversy [kántrəvə̀:rsi]	논쟁, 논의
at first	처음에는	convey [kənvéi]	운반하다
at least	적어도	convince [kənvíns]	납득시키다
at one's fingertip	당장 이용할 수 있는	donation [dounéiʃən]	기부, 헌금
at the expense of	~의 비용으로, ~를 희생하여	doomed [dù:md]	망한, 불운한
attention grabbing	관심을 끄는	dorm [dɔ:rm]	기숙사 (= dormitory)
break [breik]	휴식 시간	double [dʌ́bl]	대역을 하다
breeding [brí:diŋ]	번식	down pat	완전히 이해하다
brilliant [bríljənt]	밝은, 영리한	down payment	계약금, (할부의) 첫 불입금
bring along	가지고 가다	exceptional [iksépʃənl]	예외적인, 특별한
broad [brɔ:d]	넓은	excessive [iksésiv]	지나친, 과도한
buckle down	전력을 기울이다	exchange student	교환 학생

excursion[ikskə́:rʒən]	소풍, 짧은 여행, 유람	privileged[prívəlidʒd]	특권이 있는
face[feis]	마주치다, 마주하다	probe into	돌진하다, 조사하다
filmmaking[fílmmèikiŋ]	영화제작	proctor[práktər]	시험 감독관
food poisoning	식중독	professional[prəféʃənəl]	전문의
foolish[fú:liʃ]	바보 같은	proficient[prəfíʃənt]	능숙한, 숙달된
for starters	우선, 시작하자면	profit[práfit]	이윤, 이득
force to	억지로 시키다, 강요하다	progress[prágres]	전진, 진행, 진척, 진보
forecast[fɔ́:rkæst]	예보하다, 예측하다	restore[ristɔ́:r]	복구하다, 회복하다
get someone right	~의 말을 제대로 이해하다	restriction[ristríkʃən]	제한, 한정
give it a try	한번 해보다, 시도하다	result[rizʎlt]	시험 성적, 결과
go off	악화되다, 약해지다	résumé[rézumèi]	이력서
go over	주의 깊게 살펴보다, 복습하다	retirement[ritáiərmənt]	은퇴
historical[histɔ́:rikəl]	역사상의, 역사의	return[ritə́:rn]	반납하다
hold off	피하다, 미루다	reveal[rivíːl]	드러내다, 폭로하다, 보여주다, 드러내다
impersonal[impə́:rsənəl]	비인간적인	static[stǽtik]	정적인, 고정된
in cement	확실한, 확실히 결정된	steep[sti:p]	(세금·요구 등이) 터무니없는, 엄청난
instinct[ínstiŋkt]	본능	stem from	유래하다, 시작하다
instructions[instrʎkʃəns]	지시사항	step by step	차근차근히, 한 단계 한 단계
instructor[instrʎktər]	전임강사	step out	~을 나오다
insurance plan	보험제도	stick to	~에 집착하다, 충실하다
interact[ìntərǽkt]	교류하다, 상호작용하다	stick with	머물다, 변경하지 않다
introductory[ìntrədʎktəri]	입문적인	still life painting	정물화
job description	직무 내용 설명서	stimulating[stímjulèitiŋ]	고무적인
jot down	적어 두다, 메모하다	stock up on	많은 공급을 받다
limbo[límbou]	불확실한 상태	string quartet	현악 4중주단
lit[lit]	빛나는, 불 밝힌	tenor[ténər]	경향, 방향
literally[lítərəli]	글자 그대로; 문학의, 문학적인	thorough[θə́:rou]	완전한
live off-campus	캠퍼스 밖에서 거주하다	to tell you the truth	솔직히 말해서
midterm[mídtə̀:rm]	중간고사	traditional[trədíʃənl]	전통적인
milieu[miljú]	환경	traffic jam	교통 체증
minimum wage	최소임금	transcript[trǽnskript]	성적 증명서
motivation[mòutəvéiʃən]	동기	transfer to	전학하다
now that	~이니까, ~인 이상	transfer[trænsfə́:r]	이전, 송금; 옮기다, 편입하다
otherwise[ʎðərwàiz]	그렇지 않다면	transferee[trænsfərí:]	편입생, 전학생
out of commission	사용 불능의, 일하지 못하는	transitional stage	과도기 단계
out of order	고장 난	unusual[ʌnjú:ʒuəl]	독특한
out of the question	불가능한	variety[vəráiəti]	다양성
primitive[prímətiv]	원시의, 구식의	vary[vɛ́əri]	바꾸다, 변경하다
principal[prínsəpəl]	(단체의) 장	wing[wiŋ]	(건물의) 별관, 부속건물
priority[praiɔ́:rəti]	우선권	wonder[wʎndər]	궁금해 하다, 이상하게 여기다
pristine[prísti:n]	소박한, 자연 그대로의	wreck[rek]	파멸, 좌절

at ease	여유 있게, 안심하고	major[méidʒər]	전공
bulk[bʌlk]	굵직한 부분, 큰 덩어리	make an arrangement	~을 결정하다
bulky[bʌlki]	부피가 큰	meet an objective	목적을 달성하다
bulletin board	게시판	minor[máinər]	사소한
bulletin[búlətin]	공지, 게시	misbehave[mìsbihéiv]	품행이 좋지 못하다
bump into	우연히 만나다	miserable[mízərəbl]	비참한, 불행한
cooperate[kouápərèit]	협력하다	misplace[mispléis]	잘못 두다
cooperative[kouápərèitiv]	공동의, 협력의	non-synchronous	동시에 일어나지 않는
coordinator[kouɔ́ːrdənèitər]	진행자	opportunity[àpərtjúːnəti]	기회
cost of living	생계비	outline[áutlàin]	개요
cough[kɔːf]	기침	outstanding[àutstǽndiŋ]	눈에 띄는, 걸출한
counselor[káunsələr]	상담자	outward[áutwərd]	외부의, 표면의
court[kɔːrt]	마당, 뜰, (테니스 등의) 경기장, 법원	over one's head	이해할 수 없는, 모호한
courtyard[kɔ́ːrtjɑ̀ːrd]	마당, 뜰	overall grade	총점
doze off	깜빡 졸다	palpitation[pæ̀lpitéiʃən]	심장이 막 뜀, 가슴이 두근거림
dragged out	기진맥진하여	passing mark	낙제하지는 않을 점수
drawback[drɔ́ːbæ̀k]	단점, 결점	preproduction[prìːprədʌ́kʃən]	제작 준비 작업
dream up	발명하다, 생각해내다	production[prədʌ́kʃən]	연출한 것(작품)
drill[dril]	훈련, 연습	projection[prədʒékʃən]	투영(도), 투사
exhausted[igzɔ́ːstid]	지친	prominent[prámənənt]	현저한, 두드러진
exorbitant[igzɔ́ːrbitənt]	터무니없는, 엄청난	promising[prámisiŋ]	전망이 좋은, 기대되는
expectation[èkspektéiʃən]	기대, 가능성	prompt[prɑmpt]	신속한
formal[fɔ́ːrməl]	공식적인	propagate[prápəgèit]	보급시키다, 선전하다
formality[fɔːrmǽləti]	관습	prospective[prəspéktiv]	미래의
fortune[fɔ́ːrtʃən]	많은 돈	prosperity[prɑspérəti]	번영, 번창
fragile[frǽdʒəl]	부서지기 쉬운, 약한	proverb[právəːrb]	속담, 격언
framework[fréimwə̀ːrk]	뼈대, 골자	reading list	(추천) 도서목록
grade[greid]	성적을 매기다, 채점하다; 성적; 학년	recommendation[rèkəməndéiʃən]	추천
gradient[gréidiənt]	변화, 기울기	revise[riváiz]	수정하다
hands are tied	마음대로 못하다	reward[riwɔ́ːrd]	보상하다, 보답하다
hold on	기다리다	ridiculous[ridíkjuləs]	우스꽝스러운
hold still	움직이지 않다	rigorous[rígərəs]	엄격한, 혹독한, 정확한
hopeful[hóupfəl]	유망한 사람	rip[rip]	찢다
impression[impréʃən]	인상	ritual[rítʃuəl]	의식, 행사
in a heartbeat	곧장, 두 말 없이	schedule[skédʒuːl]	시간을 내주다, 예정에 넣다
interest rate	이율	script[skript]	대본
interior[intíəriər]	내부	see one's point	~의 말뜻을 알다, 이해하다
interpersonal[ìntərpə́ːrsnəl]	대인 관계의	short notice	급한 연락
interpret[intə́ːrprit]	해석하다, 통역하다	sociology[sòusiálədʒi]	사회학
interrupt[ìntərʌ́pt]	방해하다, 끊다	spoon-feed	일일이 일러주다
load[loud]	작업량, 부담	squeeze in	짜내다
loan[loun]	대부금	straight out	솔직히, 단도직입적으로
local[lóukəl]	지역의, 지방의	straighten out	곤란한 상황이나 문제를 바로 잡다

straighten [stréitən]	해결하다	studious [stjú:diəs]	면학에 힘쓰는, 학문적인
strategy [strǽtədʒi]	전략	transitional [trænzíʃnəl]	과도적인, 변화하는
streak [stri:k]	잠시, 단시간	transparent [trænspɛ́ərənt]	투명한, 명쾌한
stressful [strésfəl]	스트레스가 많은	violent [váiələnt]	폭력적인, 격렬한
strict [strikt]	엄격한	virtually [və́:rtʃuəli]	거의, 사실상
strong suit	장점, 장기	wireless [wáiərlis]	무선의
strong-minded	완고한	work experience	직업 경력
struggle [strʌ́gl]	고심하다, 분투하다	worthwhile [wə́:rθhwàil]	~할 보람이 있는, 훌륭한

DAY 12

audit [ɔ́:dit]	청강하다	frankly [frǽŋkli]	솔직히 말해서
auditorium [ɔ̀:ditɔ́:riəm]	강당, 대강의실	frantic [frǽntik]	극도로 흥분한
author [ɔ́:θər]	작가	freak [fri:k]	변덕을 부리다
authority [əθɔ́:rəti]	권한	frugality [fru:gǽləti]	절약, 검소
authorization [ɔ̀:θərizéiʃən]	허가, 인정	frustrated [frʌ́streitid]	실망한, 좌절한
be at odds with	~와 사이가 좋지 않다	gather [gǽðər]	생각하다, 추측하다
bumper-to-bumper traffic	교통 체증	get hold of	얻다, 입수하다
bunch [bʌntʃ]	무리, 떼	get one's hopes up	기대하다
bungle [bʌ́ŋgl]	실수하다, 서투르게 하다	give license to	자유롭게 ~할 수 있도록 하다, 면허를 주다
burn up	약 올리다, 꾸짖다	glitch [glitʃ]	오류
bury [béri]	파묻다	graduate school	대학원
bushy [búʃi]	텁수룩한	graduation [grædʒuéiʃən]	졸업
business trip	출장	grave [greiv]	중대한, 심각한
colleague [káli:g]	동료	holler [hálər]	고함치다, 불평하다
coverage [kʌ́vəridʒ]	적용 범위	hone [houn]	(감각·기술 등을) 연마하다
craftsperson [kǽftspə̀:rsn]	(숙련된) 장인	honors department	장학부서
credit load	학점량	interviewer [íntərvjù:ər]	면접관
credit [krédit]	학점	intricate [íntrikət]	복잡한
crew [kru:]	사람들, (노동자의) 한 집단	intriguing [intrí:giŋ]	흥미를 자아내는, 호기심을 자극하는
crisis [kráisis]	위기	introduce [ìntrədjú:s]	소개하다
criterion [kraitíəriən]	기준(pl. criteria)	intrude [intrú:d]	방해하다
critical [krítikəl]	중요한, 비판적인, 중대한	invaluable [invǽljuəbl]	매우 귀중한
diploma [diplóumə]	졸업증서	invention [invénʃən]	발명
drowsy [dráuzi]	졸리는, 졸리게 하는	inventory [ínvəntɔ̀:ri]	재고품, 재고목록
due date	마감일	janitor [dʒǽnətər]	수위
expedition [èkspidíʃən]	원정(대), 여행	job opening	취직자리, 결원
expense [ikspéns]	비용, 경비	journey [dʒə́:rni]	여정
experiment [ikspérəmənt]	실험	location [loukéiʃən]	위치, 주소
expert [ékspə:rt]	전문가	logical [ládʒikəl]	논리적인
explode [iksplóud]	(감정이) 격발하다, 폭발하다	loneliness [lóunlinis]	외로움, 고독
failure [féiljər]	실패	miss the lecture	강의에 빠지다
fieldwork [fí:ldwə̀:rk]	현지조사, 현장답사	mission [míʃən]	임무
finance [finǽns]	재무	mixed up	혼란스러운

mobile[móubəl]	이동할 수 있는		subsidize[sʌ́bsidàiz]	보조금을 지급하다
modify[mɑ́dəfài]	변경하다, 수정하다		substance[sʌ́bstəns]	물질, 재질, 재료
mold[mould]	모양을 만들다, 주조하다		substitute[sʌ́bstitjùːt]	대체하다
nuisance[njúːsns]	성가심, 귀찮음		sub-topic	소주제
overcommit[òuvərkəmít]	지나치게 일을 맡다		successive[səksésiv]	연속적인
overdo[òuvərdúː]	과장하다, 도를 넘다		suffer[sʌ́fər]	고통을 겪다, 견디다
overdue[òuvərdjúː]	기한이 지난, 늦은		syllabus[síləbəs]	강의 계획표
overflow[òuvərflóu]	넘치다, 충만하다		touching[tʌ́tʃiŋ]	감동시키는
periodically[pìəriɑ́dikəli]	때때로		track[træk]	지나간 자취, 흔적
provide[prəváid]	제공하다		tremendous[triméndəs]	굉장한, 기막힌
public service	공공 서비스		trivial[tríviəl]	사소한
public speaking	화술, 강연		truly[trúːli]	진실로
public[pʌ́blik]	공립의, 공공의		trustworthy[trʌ́stwə̀ːrði]	믿을 수 있는
publish[pʌ́bliʃ]	출판하다, 발행하다		tuition[tjuːíʃən]	수업료(= tuition fee)
pull off	훌륭히 해내다		tune in	주파수를 맞추다
punctuality[pʌ̀ŋktʃuǽləti]	시간 엄수		turn down	거절하다, 소리를 줄이다
purchase[pə́ːrtʃəs]	구매하다		unforgettable[ʌ̀nfərgétəbl]	잊을 수 없는
purpose[pə́ːrpəs]	목적		unlikely[ʌ́nlaikli]	~할 것 같지 않은
remarkable[rimɑ́ːrkəbl]	현저한, 눈에 띄는		union[júːnjən]	결합, 조합, 연맹
robust[roubʌ́st]	건장한, 감칠맛이 있는		up-to-date	최신의
root[ruːt]	응원하다, 성원하다; 뿌리, 근원		up to now	지금까지
rough it	불편을 참다, 원시적인 생활을 하다		upset[ʌpsét]	속상한, 근심되는
roughly[rʌ́fli]	대충, 대략적으로, 거칠게		used book	헌 책
rude[ruːd]	무례한		vision[víʒən]	통찰력, 광경
sneak[sniːk]	살금살금 걸어가다		visualization[vìʒuəlizéiʃən]	구상화
stand up to	~에 용감히 대항하다, 견디다		wear out	닳아 못쓰게 되다
stimulate[stímjulèit]	격려하다, 자극하다		weary[wíəri]	피곤한
stubborn[stʌ́bərn]	완고한, 고집 센		weird[wiərd]	이상한
sturdy[stə́ːrdi]	억센, 기운찬		well-rounded	다재다능힌, 만능의
stumped[stʌ́mpt]	난관에 봉착한		wireless[wáiərlis]	무선의
submit[səbmít]	제출하다		withstand[wiθstǽnd]	저항하다, 견디어 내다
subscribe[səbskráib]	(신문, 잡지 등을) 구독하다; 서명하여 동의하다		work out	운동하다, 일을 해결해내다
subside[səbsáid]	가라앉다		work study	근로 장학 제도

DAY 13

add up	계산이 맞다, 이해가 가다		award[əwɔ́ːrd]	상; 수여하다
administrative[ədmínistrèitiv]	행정상의		awfully[ɔ́ːfəli]	대단히, 지독하게, 몹시
adviser[ədváizər]	지도 교수		be all set to	~할 준비가 모두 끝나다
along the lines of	~와 같은 종류의, ~와 같은 선상의		benefit from	~에서 혜택을 보다
antic[ǽntik]	재주, 익살		by accident	무심코, 우연히
available[əvéiləbl]	이용 가능한		by coincidence	우연히
average[ǽvəridʒ]	평균		by heart	외워서, 암기하여
awake[əwéik]	깨어있는		check against	~에 대조해보다

cinch [sintʃ]	누워 떡 먹기	just about everything	거의 모두 다
coming and going	도피할 곳이 없는, 도저히 면할 길이 없는	long distance call	장거리 전화
criticize [krítisàiz]	비평하다, 흠잡다	lounge [laundʒ]	휴게실
critique [kritíːk]	평가하다, 비평하다	lug [lʌg]	힘겹게 질질 끌다
crowded [kráudid]	붐비는, 혼잡한	mountainous [máuntənəs]	산지의, 산더미 같은
currency [kə́ːrənsi]	통화, 화폐	multiply [mʌ́ltəplài]	증가시키다
current events	시사	must-see	볼만한 것
current [kə́ːrənt]	현재의	mysterious [mistíəriəs]	이해할 수 없는, 이상한
cut out to be	~에 적임이다, 어울리다	overlook [òuvərlúk]	간과하다
die out	죽어 없어지다, 차차 소멸되다	nation's top	국내 최고의
diploma [diplóumə]	학위	on the tip of one's tongue	입 끝에서 나올 듯 말 듯 하는
disallow [dìsəláu]	~을 못하게 하다, 허가하지 않다	opening [óupəniŋ]	빈 자리
due [djuː]	지불 기일이 된	original [ərídʒənl]	독창적인
dumb [dʌm]	어리석은	oversleep [òuvərslíːp]	늦잠 자다
duplicate [djúːpləkət]	복사본의	overtime [óuvərtàim]	초과 근무
durable [djúərəbl]	튼튼한, 잘 견디는	overuse [òuvərjúːz]	과도하게 쓰다, 혹사시키다
dusty [dʌ́sti]	먼지가 많은	overwhelm [òuvərhwélm]	압도하다
dwell on	곰곰이 생각하다	peak [piːk]	절정, 최고점
earned credit	취득학점, 이수학점	per [pər]	~에 의하여
educational [èdʒukéiʃənəl]	교육적인	pick one's brain	~의 생각을 도용하다, 지혜를 빌리다
entry [éntri]	입장	preferably [préfərəbli]	되도록이면
extension [iksténʃən]	기한 연장, 확장	pull up	(정보를) 조회하다
extenuating [iksténjuèitiŋ]	참작할 만한	push aside	밀어 제치다
extra [ékstrə]	추가의	pushover [púʃòuvər]	손쉬운 일
extract [ikstrǽkt]	인용하다, 발췌하다	record [rékərd]	기록
extracurricular [èkstrəkəríkjələr]	과외의	rub it in	(실수에 대해 짓궂게) 몰아세우다, 되풀이하여 상기시키다
extremely [ikstríːmli]	매우, 몹시	ruin [rúːin]	파멸시키다, 못쓰게 하다
frustrating [frʌ́streitiŋ]	절망적인	rule out	가능성을 배제하다
fulfill [fulfíl]	이수하다, 충족시키다	run over	대충 훑어보다
function [fʌ́ŋkʃən]	기능, 목적	run-down	지친, 병든
fund [fʌnd]	자금, 기금	rush hour	(출·퇴근 시의) 혼잡한 시간, 러시아워
fund-raiser	기금 조달자, 기금 모금 행사	serendipity [sèrəndípəti]	우연히 발견하는 능력
gridlock [grídlàk]	교통 정체	serenity [sərénəti]	고요함, 평온
guarantee [gæ̀rəntíː]	보장	snap up	(일자리를) 채우다, 낚아채다
gym [dʒim]	체육관	snuff out	소멸시키다, 멸망시키다
host [houst]	주최의; 사회를 보다, 진행을 하다	so-and-so	누구누구, 아무개
housing office	기숙사 사무실	specific [spisífik]	명확한, 구체적인
huge [hjuːdʒ]	거대한	spoil the fun	감흥을 깨뜨리다
humiliating [hjuːmílièitiŋ]	굴욕적인, 면목 없는	stark [stáːrk]	꾸밈이 없는
investigative [invéstəgèitiv]	조사의, 연구의	suppress [səprés]	가라앉히다, 멈추게 하다
involve [inválv]	수반하다, 관련시키다	survivor [sərváivər]	생존자
iron out	문제를 해결하다	swamp [swamp]	밀어닥치다, 쇄도하다
irritate [írətèit]	초조하게 하다	swap [swap]	바꾸다, 교환하다
issue [íʃuː]	발행하다; 판, 호	swear [swɛər]	맹세하다
item [áitəm]	항목, 품목	swell [swél]	부풀다, 부어오르다

symbolize [símbəlàiz]	상징하다	vale [veil]	계곡, 현세
sympathize [símpəθàiz]	동감하다, 동정하다	valedictorian [væ̀lidiktɔ́:riən]	졸업생 대표
symposium [simpóuziəm]	토론회	valedictory speech	고별사; 졸업생 대표의 고별 연설
symptom [símptəm]	증상, 징후	valet [vǽlit]	시종, 종사; 시종으로 섬기다
take one's time	천천히 하다, 시간을 충분히 쓰다	vanish [vǽniʃ]	사라지다, 없어지다
temerarious [tèmərɛ́əriəs]	무모한, 무분별한	varlet [vá:rlit]	악한
trampoline [trǽmpəlìːn]	트램펄린	varnish [vá:rniʃ]	니스를 칠하다, (사람을 속이려고) 겉꾸밈하다
trapeze [trǽpíːz]	(체조·곡예용) 그네	vocational school	직업 학교
turnover [tə́:rnòuvər]	전복, (자금 등의) 회전율	vocative [vákətiv]	부르는, 유창한
turf [təːrf]	(전문) 분야	vociferant [vousífərənt]	큰소리로 고함치는 (사람)
turn down	거절하다, 소리를 줄이다	voluntary [váləntèri]	자발적인
turn in	제출하다	weave [wiːv]	엮다, (이야기를) 꾸미다, 만들어 내다
turn up	증가하다, 도착하다	weedicide [wíːdəsàid]	제초제
typically [típikəli]	일반적으로, 대체로	weekly [wíːkli]	매주의, 주 1회의
unearthly [ʌnə́:rθli]	이 세상 것 같지 않은, 비현실적인	wet-blanket	흥을 깨다, 찬물을 끼얹다
unequivocal [ʌ̀nikwívəkəl]	모호하지 않은, 명백한	worrisome [wə́:risəm]	꺼림칙한, 걱정되는
unerring [ʌnə́:riŋ]	틀리지 않은, 잘못이 없는, 정확한	worth a try	시도할 만한 가치가 있는
urgent [ə́:rdʒənt]	긴급한	yesteryear [jéstərjìər]	지난 세월, 왕년

DAY 14

a flock of	한 떼	keen [ki:n]	날카로운, 신랄한
a wide range of	다양한 범위의	keep track of	(사태·상황을) 추적하다, 계속 알고 있다
a wide variety of	다양한	kelp forest	다시마 숲
background [bǽkgràund]	바탕, 배경	keystone species	핵심 종
backward [bǽkwərd]	뒤로, 거꾸로	keystone [kí:stòun]	요지, 근본 원리
bacteria [bæktíəriə]	박테리아	laborer [léibərər]	노동자
cacophony [kəkáfəni]	소음, 불협화음	landlord [lǽndlɔ̀:rd]	지주
calligraphy [kəlígrəfi]	서법	landmark [lǽndmà:rk]	지표
calve [kæv]	(소·사슴·고래 등의) 새끼	largely [lá:rdʒli]	주로
dabble [dǽbl]	취미 삼아 해보다	maceration [mæ̀səréiʃən]	물에 담가서 부드럽게 함
darken [dá:rkən]	희미하게 하다, 어둡게 하다	machinery [məʃí:nəri]	기계류
dart [dɑ:rt]	돌진하다, 날아가다	maggot [mǽgət]	구더기
deal with	다루다, 처리하다, 대처하다	magnetic field	자기장
debatable [dibéitəbl]	논쟁의 여지가 있는	naked eye	육안
earthenware [ə́:rθənwɛ̀ər]	질그릇, 점토	needless to say	당연히, 말할 필요도 없이
earthiness [ə́:rθinis]	토질, 세속적임	negative reinforcement	부정적 강화
earthworm [ə́:rθwə̀:rm]	지렁이	negotiate [nigóuʃièit]	협상하다
eccentric [ikséntrik]	별난, 괴벽스러운	neoclassical [nì:ouklǽsikəl]	신고전주의의
façade [fæsá:d]	건물의 외관	object [əbdʒékt]	이의를 제기하다, 반대하다
fabric [fǽbrik]	직물	objective [əbdʒéktiv]	객관적인; 목표
fabricate [fǽbrəkèit]	꾸며내다, 위조하다	obscene [əbsí:n]	저속한
face-to-face	직면의	obscenity [əbsénəti]	음담패설
facilitate [fəsílitèit]	촉진하다	observable [əbzə́:rvəbl]	눈에 띄는
galaxy [gǽləksi]	은하계	pack [pæk]	한 떼, 무리; 채우다
galvanize [gǽlvənàiz]	(근육·신경 등을) 직류 전기로 자극하다	painstaking [péinstèikiŋ]	고생스러운, 힘드는
garner [gá:rnər]	모으다, 저축하다, 획득하다	panel [pǽnl]	패널을 끼워 넣다, 장식하다
halitosis [hæ̀litóusis]	구취, 입냄새	paradigm shift	패러다임의 전환
hallmark [hɔ́:lmà:rk]	특징	racial [réiʃəl]	인종의, 민족의
hammer out	두드리다	racism [réisizm]	인종 차별(주의)
ice age	빙하시대	radiate [réidièit]	뻗다, 퍼지다
ideal [aidí:əl]	이상	radiation heat	방사열
identical [aidéntikəl]	일란성의, 똑같은	radiation [rèidiéiʃən]	방사능, 방사
identical twin	일란성 쌍둥이	sac [sæk]	낭
ideology [àidiálədʒi]	이데올로기, 공리	salient [séiliənt]	현저한, 두드러진, 돌출의
jell [dʒel]	굳히다, 분명한 형태로 만들다	saltation [sæltéiʃən]	도약
jet lag	시차로 인한 피로	surface [sə́:rfis]	표면; 표면화하다
jog [dʒɑg]	기억을 되살리다	surmise [sərmáiz]	짐작하다, 추측하다
jolt [dʒoult]	놀라게 하다	surrealism [sərí:əlìzm]	초현실주의
journalist [dʒə́:rnəlist]	기자	surround [səráund]	둘러싸다

surrounding [səráundiŋ]	환경, 수위	tilt [tilt]	기울다
survivability [sərvàivəbíləti]	생존 가능성	tissue [tíʃuː]	조직
suspect [sʌ́spekt]	용의자, 수상쩍은 사람	to speak of	내세울 만한, 이렇다 할 만한
suspend [səspénd]	(공중에) 뜨다, 정지하다, 뜬 채로 있다	tonality [tounǽləti]	음색
take a position	입장을 취하다	ultimate [ʌ́ltəmit]	궁극적인, 최종적인
take a step back	한 발짝 물러나다	ultimately [ʌ́ltimitli]	결국, 마침내
take action	조치를 취하다	unaware [ʌ̀nəwɛ́ər]	알지 못하는
take advantage of	(~의 이점을) 이용하다	underdeveloped [ʌ̀ndərdivéləpt]	저개발의, 후진의
take into account	~을 고려하다, 참작하다	undergo [ʌ̀ndərgóu]	겪다, 경험하다, 거치다
thread [θred]	실	vagrancy [véigrənsi]	부랑자, 방랑자
threadlike [θrédlàik]	실 같은	valuable [vǽljuəbl]	값비싼, 귀중한
threatened [θrétnd]	멸종할 위기에 직면한, 위협받는	value [vǽljuː]	가치
thrive [θraiv]	활발하다, 번창하다, 성장하다	vane [vein]	풍신기, 바람개비
through [θrúː]	~을 통하여	vapor [véipər]	증기, 수증기
thunderstorm [θʌ́ndərstɔ̀ːrm]	뇌우	wage [weidʒ]	임금
tidal wave	대변동, 해일	wakeful [wéikfəl]	깨어 있는
tidbit [tídbìt]	재미있는 이야기	wand [wɑnd]	지팡이, 막대
tighten up	(규칙을) 보강하다, 강화하다	wander [wɑ́ndər]	어슬렁거리다, 방황하다
tightly [táitli]	조밀하게	yeast [jiːst]	효모(균), 이스트, 누룩

DAY 15

abolition of slavery	노예제 폐지	edge [edʒ]	끝, 가장자리
abolitionism [æ̀bəlíʃənìzəm]	노예 제도 폐지론	edible [édəbl]	먹을 수 있는
absolute [ǽbsəlùːt]	절대적인	factor in	~을 하나의 요인으로 포함하다
absorb [əbsɔ́ːrb]	흡수하다	fade [feid]	(빛깔이) 바래다
absorbent [əbsɔ́ːrbənt]	흡수성의	Fahrenheit [fǽrənhàit]	화씨의
baleen whale	수염고래	faithful [féiθfəl]	완전한, 충실한
band [bænd]	모이다; 무리, 떼	fake [feik]	가짜의
banner [bǽnər]	기, 배너	gas mask	방독면
barb [bɑːrb]	가시	gaseous [gǽsiəs]	가스의
cannery [kǽnəri]	통조림 공장	gastrointestinal [gæ̀strouintéstənəl]	위장의
capillary [kǽpəlèri]	모세관	general [dʒénərəl]	일반적인
capitalize [kǽpitəlàiz]	자본화하다, 이용하다	harbor [hɑ́ːrbər]	(계획·생각 등을) 품다
carbohydrate [kàːrbəháidreit]	탄수화물	hatch [hætʃ]	부화하다
carbon dating	방사성 탄소 연대 측정법	hatchling [hǽtʃliŋ]	(알에서 갓 부화한) 유생
debris [dəbríː]	파편, 잔해, 암석 부스러기	haul [hɔːl]	운반하다
debunk [diːbʌ́ŋk]	오류를 밝히다	hazard [hǽzərd]	위험, 모험
decision making	결정하는	igneous rock	화성암
declare [diklέər]	선언하다	ignore [ignɔ́ːr]	승인하지 않다, 무시하다
decomposer [dìːkəmpóuzər]	분해자	illegally [ilíːgəli]	불법적으로
ecological [èkəládʒikəl]	생태학적인, 생태의	ill-natured	짓궂은, 심술궂은
ecologist [ikálədʒist]	생태학자	illumination [iljùːmənéiʃən]	장식, 계시, 깨달음, 조명
ecosystem [ékousìstəm]	생태계	illustrate [íləstrèit]	설명하다, 삽화를 넣다

jury [dʒúəri]	배심원		satire [sǽtaiər]	풍자
larva [láːrvə]	유충, 애벌레(pl. larvae)		sustain [səstéin]	(생명을) 유지하다, 부양하다
latitude [lǽtətjùːd]	위도		sustenance [sʌ́stənəns]	양분, 음식, 생계
lattice [lǽtis]	격자		swarm [swɔːrm]	무리, 떼
launch [lɔːntʃ]	개시하다, 시작하게 하다		swirl [swəːrl]	소용돌이치다, 빙빙 돌다, 어찔어찔하다
laxness [lǽksnis]	해이		switch [switʃ]	바꾸다, 교체하다
mainstay [méinstèi]	가장 중요한 의지물		symbiosis [sìmbaióusis]	공생 관계
make it a point to	반드시 ~하려고 하다		symbolic [simbálik]	상징적인, 표상하는
make up of	~으로 만들다		symmetry [símətri]	균형, 대칭
nerve center	중심부, 중추부		take into consideration	고려하다
neutrino [njuːtríːnou]	중성 미자		take off	제거하다, 상승하기 시작하다
newsboy [njúːzbɔ̀i]	신문 배달원		take over	넘겨받다
observatory [əbzə́ːrvətɔ̀ːri]	관측기구		take place	일어나다
obsession [əbséʃən]	집념		take the floor	발표하다, 발언하다
obstacle [ábstəkl]	장애물		undergo [ʌ̀ndərgóu]	겪다, 경험하다
parasite [pǽrəsàit]	기생충, 기생 식물		underlying [ʌ̀ndərláiiŋ]	근원적인, 밑에 있는
partial [páːrʃəl]	몹시 좋아하는, 일부분의		undertake [ʌ̀ndərtéik]	시작하다
participant [pɑːrtísəpənt]	참가자		underway [ʌ̀ndərwéi]	진행 중인
particle [páːrtikl]	입자		undo [ʌ̀ndúː]	원상태로 되돌리다
precisely [prisáisli]	정확하게		variable [vέːəriəbl]	변수; 변하기 쉬운
precursor [prikə́ːrsər]	전신		variation [vὲəriéiʃən]	변화
predator [prédətər]	육식동물, 약탈자, 포식자		varying [vέəriiŋ]	변화하는, 다양한
predecessor [prédisèsər]	조상		vascular plant	유관속 식물
predisposition [prìːdispəzíʃən]	경향, 성질		volcanic activity	화산 활동
pregnancy [prégnənsi]	임신 (기간)		volume [váljuːm]	책, 권, 부피, 양
prelude [préljuːd]	전주곡		voracious [vɔːréiʃəs]	열성적인
preserve [prizə́ːrv]	보호하다, 보존하다		vulgar [vʌ́lgər]	통속적인
radiation [rèidiéiʃən]	방사선		vulnerability [vʌ̀lnərəbíləti]	취약성, 나약함
radical [rǽdikəl]	혁신적인, 급진적인, 과격한		wartime [wɔ́ːrtàim]	전쟁 기간의
radioactive [rèidiouǽktiv]	방사성의		wavelength [wéivlèŋθ]	파장
rafter [rǽftər]	서까래, 뗏목을 타는(만드는) 사람		weaken [wíːkən]	약화시키다
revolution [rèvəljúːʃən]	혁명		weather [wéðər]	풍화시키다
sample [sǽmpl]	~에 견본을 만들다, 시식하다, 표본 추출을 하다		zenith [zíːniθ]	절정, 정점

DAY 16

account for	~의 원인이 되다, ~를 설명하다		carefree [kέərfrìː]	근심이 없는, 태평스러운, 즐거운
accountant [əkáuntənt]	회계사		carnivorous [kɑːrnívərəs]	육식성의, 육식동물의
accumulate [əkjúːmjulèit]	축적하다, 모으다		carrying capacity	수송 능력
barometric [bæ̀rəmétrik]	기압의		cartographer [kɑːrtágrəfər]	지도 제작자
basalt [bǽsɔːlt]	현무암		carve out	새기다, 조각하다
basin [béisən]	유역, 분지		casing [kéisiŋ]	껍질
carbon [káːrbən]	탄소		casting [kǽstiŋ]	주조
carcass [káːrkəs]	시체		decomposition [diːkàmpəzíʃən]	부패

decoration [dèkəréiʃən]	장식	occurrence [əkə́:rəns]	발생
decorative [dékərətiv]	장식적인, 화사한	oceanic island	양도(대륙에서 멀리 떨어져 대양에 있는 섬)
decrease [dikrí:s]	감소시키다	oceanographer [òuʃənágrəfər]	해양학자
edifice [édəfis]	건축물, 건물	oddball [ádbɔ̀:l]	특이함, 별남
edit out	삭제하다	particular [pərtíkjulər]	특정한
efficiency [ifíʃənsi]	효율성	parting [pá:rtiŋ]	이별, 작별
efficient [ifíʃənt]	뛰어난, 능률적인	partly [pá:rtli]	부분적으로
eject [idʒékt]	방출하다	partner [pá:rtnər]	협력하다, 제휴하다; 파트너
fame [feim]	명성	pass through	지나가다
fantasy [fǽntəsi]	환상	passage [pǽsidʒ]	악절; 한 구절
fashion [fǽʃən]	만들다, 형성하다	passerby [pǽsərbài]	지나가는 사람
favor [féivər]	지지하다, 찬성하다	passionflower [pǽʃənflàuər]	시계풀
generalization [dʒènərəlizéiʃən]	일반화	passionless [pǽʃənlis]	열정 없는
generate [dʒénərèit]	생기다, 만들다, 발생시키다, 생성시키다	patch [pætʃ]	(경작한) 땅 한 뙈기
genetic [dʒənétik]	유전자의	raindrop [réindràp]	빗방울
hazardous [hǽzərdəs]	위험한	rainforest [réinfɔ̀:rist]	열대 우림
head-on	정면	ranch [ræntʃ]	목장을 경영하다
hearing loss	청력 손실	rancher [ræntʃər]	농장주, 목장주
heartburn [há:rtbə̀:rn]	가슴앓이	range [reindʒ]	범위
heat island	열섬	ratio [réiʃou]	비율
illustrative [ilÁstrətiv]	설명하는, 예증적인	reaction [riǽkʃən]	반응
imaginary [imǽdʒənèri]	상상의, 가공의	readership [rí:dərʃìp]	독자 수
imbalance [imbǽləns]	불균형	realm [relm]	영역, 범위
imitate [ímətèit]	모방하다	reasonable [rí:zənəbl]	합당한, 적당한
immature [imətʃúər]	미성숙한	schooling [skú:liŋ]	학교 교육
justice [dʒÁstis]	정의	scientific [sàiəntífik]	과학의, 과학적인
kinematics [kìnəmǽtiks]	운동학	scope [skoup]	범위, 여지
lay off	해고하다	scrap [skræp]	남은 것, 조각
lay out	배치하다, 설계하다	scribe [skraib]	사자생
lay [lei]	(알을) 낳다, 놓다	seabed [sí:bèd]	해저(= seafloor)
leak [li:k]	새다	significance [signífikəns]	중요, 중요성
legal [lí:gəl]	합법적인	similarity [sìmələrǽti]	유사점
malfunction [mælfÁŋkʃən]	고장, 기능 불량	simplicity [simplísəti]	단순, 간단
manage [mǽnidʒ]	다루다, 관리하다	simplistic [simplístik]	단순화한
mane [mein]	갈기, 털	simulate [símjulèit]	흉내 내다, 가장하다; 모의 실험을 하다
manifestation [mǽnəfistéiʃən]	표상화, 표명, 명시	simulated [símjulèitid]	가상의, 진짜가 아닌
manipulate [mənípjulèit]	솜씨 있게 처리하다, 조정하다, 조작하다	sincere [sinsíər]	성실한, 참된
nipple [nípl]	젖꼭지	sinful [sínfəl]	죄가 있는
nitrogen [náitrədʒən]	질소	site art	현장 예술
no longer	더 이상 ~ 않다	skeletal [skélətl]	골격의, 해골의
nod [nɑd]	인정, 끄덕임	skeleton [skélətn]	두개골, 해골, 골격
non-government	민간의, 비정부	stadium [stéidiəm]	경기장
obvious [ábviəs]	명백한, 분명한, 확연한	underrate [Àndərréit]	낮게 평가하다, 깔보다

accumulation [əkjùːmjuléiʃən]	축적, 누적	legislation [lèdʒisléiʃən]	법률, 법령
accuracy [ǽkjurəsi]	정확성	linear [líniər]	일직선의, 직선상의
accurately [ǽkjurətli]	정확히	liner [láinər]	덧입힘쇠, 깔판
accuse of	고소하다, 비난하다	linguist [língwist]	언어학자
acid [ǽsid]	산, 산성	lining [láiniŋ]	안(감) 대기, 안 받치기
be about to	막 ~하려 하다	manipulation [mənìpjuléiʃən]	연주 기술, 조종
be subjected to	~을 받다, ~을 겪다, ~을 당하다	mannerism [mǽnərìzm]	독특한 버릇, 매너리즘(틀에 박혀 신선미가 없음)
be willing to	기꺼이 ~하다	manufacturer [mǽnjufǽktʃərər]	제조업자
behavioral [bihéivjərəl]	행동의	manufacturing [mǽnjufǽktʃəriŋ]	제조의
catalyst [kǽtəlist]	촉매	nonsense [nánsens]	어리석은 생각
catch-all	광범위한, 포괄적인 것	nonsensical [nansénsikəl]	터무니 없는, 무의미한
categorize [kǽtəgəràiz]	분류하다	nontraditional [nàntrədíʃənl]	종래와는 다른, 비전통적인
caterpillar [kǽtərpìlər]	애벌레	nonverbal [nanvə́ːrbəl]	말을 사용하지 않은, 비언어적인
deduce [didjúːs]	추론하다	norm [nɔːrm]	표준, 기준
defense [diféns]	방어, 수비	odor [óudər]	악취
deficient [difíʃənt]	부족한, 불충분한	olfactory [alfǽktəri]	후각의; 후각기, 후각 신경
definition [dèfəníʃən]	정의	on time	(정해진) 시간 내에
deforest [diːfɔ́ːrist]	벌채하다	ongoing [ángòuiŋ]	지속적인, 계속되는
electromagnetic wave	전자파	otter [átər]	수달
electromagnetic [ilèktroumægnétik]	전자기의	patent [pǽtnt]	특허를 얻다
electron [iléktrɑn]	전자	paternal [pətə́ːrnl]	아버지의, 부계의
electroplating [iléktrəplèitiŋ]	전기도금	pattern [pǽtərn]	무늬, 양식
feature [fíːtʃər]	특색, 특성; 특색을 이루다	pavement [péivmənt]	포장도로
feces [fíːsiːz]	배설물	pebble [pébl]	자갈
federation [fèdəréiʃən]	연맹, 동맹	press down	누르다
feeding ground	(동물의) 먹이를 구하는 곳, 먹는 곳	pressure [préʃər]	압력
geocentric theory	천동설	presume [prizúːm]	~라고 여기다, 생각하다
geographical [dʒìːəgrǽfikəl]	지리적인	pretty [príti]	꽤
geometric [dʒìːəmétrik]	기하학적인	prevailing [privéiliŋ]	우세한, 널리 퍼진
geometry [dʒiámətri]	기하학	prevalent [prévələnt]	유행하는
heavenly [hévənli]	천국의, 하늘의	previously [príːviəsli]	이전에
heliocentric theory	지동설	prey [prei]	먹이
helpless [hélplis]	무기력한	priest [priːst]	목사, 성직자
hemoglobin [híːməglòubin]	혈색소, 헤모글로빈	primarily [práimerəli]	본래
hence [hens]	따라서	primary [práimeri]	주된, 주요한
immigrant [íməgrənt]	이민자	prime meridian	본초 자오선
immobilize [imóubəlàiz]	움직이지 않게 하다	principle [prínsəpl]	원칙
immorality [imərǽləti]	부도덕	rebellion [ribéljən]	모반, 반란, 폭동
impact [ímpækt]	충돌, 충격, 효과, 영향	recall [rikɔ́ːl]	생각해내다
impassable [impǽsəbl]	지나갈 수 없는	recession [riséʃən]	경기 후퇴, 불경기
justify [dʒʌ́stəfài]	정당화하다	recognition [rèkəgníʃən]	인정
juvenile [dʒúːvənàil]	어린; 청소년	recognizable [rékəgnàizəbl]	인식할 수 있는
knock [nɑk]	부딪히다	satisfy [sǽtisfài]	만족시키다, 충족시키다

saturate [sǽtʃərèit]	포화시키다		velocity [vəlásəti]	속도, 속력
saving [séiviŋ]	저축, 저금		vent [vent]	분출구
scare [skɛər]	불안감, 공포		venture [véntʃər]	모험적 사업; 과감히 ~하다
tame [teim]	유순한, 온순한		verbal [vɔ́ːrbəl]	언어의, 말로 나타낸
taxing [tǽksiŋ]	힘든		weathervane [wéðərvèin]	풍향계
taxonomy [tæksánəmi]	분류학		weight [weit]	무게
uneducated [ʌnédʒukèitid]	교육을 받지 않은 듯한		westward [wéstwərd]	서쪽으로
unemotional [ʌnimóuʃənl]	감정에 좌우되지 않는		width [widθ]	폭, 너비
unemployment [ʌnimplɔ́imənt]	실업(률), 실직		wilderness [wíldərnis]	황야, 황무지, 미개지
vegetation [vèdʒitéiʃən]	식물		yield [jiːld]	산출하다, 낳다

DAY 18

activated [ǽktəvèitid]	활성화된		give voice to	토로하다, 표명하다
acute [əkjúːt]	급성의; 날카로운, 예리한		glaciologist [glèiʃiálədʒist]	빙하학자
adapt [ədǽpt]	적응하다		hesitant [hézətənt]	주저하는, 머뭇거리는, 망설이는
adaptability [ədʌ̀ptəbíləti]	적용 가능성		hexagonal [heksǽgənl]	육각형의
beneath [biníːθ]	~ 밑에, ~의 아래에		hibernation [hàibərnéiʃən]	동면, 겨울잠
beneficial [bènəfíʃəl]	이로운, 유익한		implication [ìmplikéiʃən]	함축, 암시
benefit [bénəfit]	이점, 이익		implicit [implísit]	암묵적인, 암시적인
beyond [bijánd]	범위를 넘어서		impose [impóuz]	부과하다
bibliography [bìbliágrəfi]	출판 목록, 관계 서적 목록		imposing [impóuziŋ]	거대한; 인상적인
cathedral [kəθíːdrəl]	성당		imprint [ímprint]	(가슴·기억 등에) 새기다
cattle [kǽtl]	소, 가축		knob [nɑb]	손잡이, 쥐는 곳
causal [kɔ́ːzəl]	원인이 되는		liquid [líkwid]	액체; 액체의
cave painting	동굴 벽화		literate [lítərət]	글을 읽을 수 있는
cavity [kǽvəti]	구멍, 공동		lithosphere [líθəsfìər]	암석권
degrade [digréid]	(자위를) 낮추다, (에너지를) 변쇠시키다, 퇴화시키다		live birth	정상 출산
deity [díːəti]	신		manuscript [mǽnjuskrìpt]	원고
delegate [déligèit]	대표		map out	정밀하게 나타내다
deliberate [delíbərit]	신중한, 계획적인		map [mæp]	~의 지형도를 만들다, 측량하다
delist [diːlíst]	목록에서 삭제하다		mapmaker [mǽpmèikər]	지도 제작자
elegant [éləgənt]	우아한		march [mɑːrtʃ]	행진하다
element [éləmənt]	요소, 성분		noticeable [nóutisəbl]	눈에 띄는, 현저한
elevation [èləvéiʃən]	높이, 고도, 해발		nourish [nɔ́ːriʃ]	양분을 주다
elicit [ilísit]	도출하다, 이끌어 내다, 유도해 내다		nourishment [nɔ́ːriʃmənt]	자양분, 양식
eliminate [ilímənèit]	제거하다		now that	~이니까
fellow [félou]	남자		nuclear fission	핵분열
fence [fens]	울타리를 치다; 울타리		optical [áptikəl]	눈의
fertilize [fɔ́ːrtəlàiz]	수정시키다, 수태시키다, 비옥하게 하다		orbit [ɔ́ːrbit]	궤도를 그리며 돌다, 선회하다
fertilizer [fɔ́ːrtəlàizər]	비료		organ [ɔ́ːrgən]	기관
fetal [fíːtl]	태아의, 태아 단계의		peculiarity [pikjùːliǽrəti]	특성
gestation [dʒestéiʃən]	잉태, 회태 기간		penetrate [pénətrèit]	뚫다
give birth	~을 낳다		penetrating [pénətrèitiŋ]	강한; 침투하는

pennant [pénənt]	작은 기	technical [téknikəl]	기술적인
perception [pərsépʃən]	인식, 지각	technician [tekníʃən]	기술자
printing press	인쇄기	technology [teknálədʒi]	과학 기술
printing [príntiŋ]	날염	tectonics [tektániks]	구조학, 구축학, 구조 지질학
prioritize [pràiɔ́:rətàiz]	우선순위를 매기다	telecommute [tèləkəmjú:t]	자택 근무하다
probability [pràbəbíləti]	가능성	unfortunately [ʌnfɔ́:rtʃənətli]	안타깝게도, 불행히도
productive [prədʌ́ktiv]	생산적인	uniform [jú:nəfɔ̀:rm]	균일한
professional [prəféʃənl]	직업의, 본업으로 하는	uninformed [ʌ̀ninfɔ́:rmd]	잘 알지 못하는
profit [práfit]	이익	uninvolved [ʌ̀ninválvd]	중립적인, 무관심한
progress [prágres]	발달하다, 진보하다	unique [ju:ní:k]	독특한
project [prədʒékt]	내뿜다	verification [vèrəfəkéiʃən]	확인, 증명
prokaryote [proukǽriòut]	원핵생물	versus [vɔ́:rsəs]	~에 대한, ~와 비교하여
proliferation [prəlìfəréiʃən]	증식, 급증, 확산	viability [vàiəbíləti]	실행 가능성
prolific [prəlífik]	다작의	viable [váiəbl]	생존 가능한, 실행 가능한
prolonged [prəlɔ́:ŋd]	장기간의	vibrate [váibreit]	진동하다
prompt [prampt]	~하게 만들다, 자극하다	visible [vízəbl]	시각적인, 가시적인, 드러나는, 뚜렷한
propagation [pràpəgéiʃən]	번식	visualize [víʒuəlàiz]	마음속에 떠올리다, 구체화하다
properly [prápərli]	제대로, 적절하게	vital [váitl]	생명의
property [prápərti]	속성, 성질	vocalization [vòukəlizéiʃən]	소리, 발성
reconcile [rékənsàil]	융화시키다	volatile [válətil]	휘발성이 강한, 변덕스러운, 일시적인
reconstruct [rì:kənstrʌ́kt]	재건하다	willing [wíliŋ]	기꺼이 ~하는
recovery [rikʌ́vəri]	복구	willow [wílou]	버드나무
rectangle [réktæ̀ŋgl]	직사각형	wind down	긴장을 풀다
reduction [ridʌ́kʃən]	감소, 하락	wind up	끝을 맺다, 해산하다, 그만두다
scathing [skéiðiŋ]	통렬한, 냉혹한	worldview [wɔ́:rldvjù:]	세계관
scatter [skǽtər]	흩뜨리다	wormy [wɔ́:rmi]	벌레가 많은
scavenger [skǽvindʒər]	(썩은 고기를 먹는) 청소 동물	wrap up	마무리 짓다
scenic [sí:nik]	장면을 묘사한	zygote [záigout]	접합자
schematic [ski:mǽtik]	개요의, 도식의		

DAY 19

aerodynamic [ɛ̀əroudainǽmik]	공기역학	celestial body	천체
affix [əfíks]	부착시키다	cement [simént]	시멘트; 시멘트를 바르다, 접합하다
agency [éidʒənsi]	기관	cementation [sì:məntéiʃən]	접합, 교착
agglomerate [əglámərèit]	덩어리로 되다, 덩어리로 만들다	centigrade [séntəgrèid]	섭씨
agricultural [æ̀grəkʌ́ltʃərəl]	농업의	ceramic [sərǽmik]	질그릇의, 요업의, 도예의
agrochemical [æ̀groukémikəl]	농약	chairperson [tʃɛ́ərpə̀:rsən]	회장, 의장
bill [bil]	요금, 계산서	chandelier [ʃæ̀ndəlíər]	샹들리에
biodiversity [bàioudaivɔ́:rsəti]	생물의 다양성	delivery [dilívəri]	방출, 배달
biofeedback [bàioufí:dbæ̀k]	생체 자기 제어	demand [dimǽnd]	수요
bio-magnetism	생체자기	demarcation [dì:ma:rkéiʃən]	구획
ceiling [sí:liŋ]	천장	democratic [dèməkrǽtik]	민주적인
celebrated [séləbrèitid]	유명한	Democratic-Republican party	민주공화당

dense[dens]	밀도가 높은, 빽빽한	nuclear[njúːkliər]	원자력의, 핵의
elliptical[ilíptikəl]	타원의	nucleus[njúːkliəs]	핵
embed[imbéd]	묻다, 끼워 넣다, 자리잡다	organic[ɔːrgǽnik]	유기체의, 생물의
embryonic[èmbriánik]	태아의, 배의	organism[ɔ́ːrgənìzm]	유기체, 유기적 조직체
extent[ikstént]	정도, 범위	oriented[ɔ́ːrientid]	~ 중심의, ~ 지향의
extermination[ikstə̀ːrmənéiʃən]	근절, 몰살, 멸종	originate[ərídʒənèit]	생기다, 유래하다
external[ikstə́ːrnl]	외부의	ornamentation[ɔ̀ːrnəmentéiʃən]	장식
external fertilization	체외 수정	ornate[ɔːrnéit]	화려하게 장식한
externally[ikstə́ːrnəli]	외부적으로, 대외적으로	seaman[síːmən]	선원
extinct[ikstíŋkt]	멸종하다	seasonal[síːzənl]	계절의
extinction[ikstíŋkʃən]	멸종	sufficient[səfíʃənt]	알맞은, 충분한
extract[ikstrǽkt]	추출하다	sufficiently[səfíʃəntli]	충분히
fiber optics	광섬유, 섬유 광학	suggestion[səgdʒéstʃən]	제안
fiction[fíkʃən]	소설	suit[sjuːt]	맞다
fictional[fíkʃənəl]	허구의	suitable[sjúːtəbl]	적당한, 알맞은
fidget[fídʒit]	안절부절 못하다	sulfide[sʌ́lfaid]	황화물
glare[glɛər]	눈부시게 빛나다, 번쩍이다	sum total	모두 통합한 것, 총계
glassy[glǽsi]	유리 모양의, 유리 성질의	sum[sʌm]	금액
global climate change	세계적 기후 변화	superheat[sjùːpərhíːt]	액체를 끓이지 않고 비등점 이상으로 과열하다
global warming	지구 온난화	superior[sjuːpíəriər]	뛰어난, 보다 나은
glut[glʌt]	과잉 공급하다	supernatural being	초자연적 존재
hierarchy[háiərɑ̀ːrki]	체계, 계급(제), 계층	supervision[sjùːpərvíʒən]	감독
high-pitched	고음의	supplement[sʌ́pləmənt]	보충하다, 추가하다
high-voltage	고압	support[səpɔ́ːrt]	부양하다, 지탱하다
hindrance[híndrəns]	방해, 장애물	supposedly[səpóuzidli]	아마도
improvisation[imprὰvizéiʃən]	즉석 연주	suppress[səprés]	진압하다
impurity[impjú(ː)ərəti]	불순물	trap[træp]	거르다, 증류하다
in a nutshell	간단히 말해서	traumatic[trɔːmǽtik]	정신적 충격이 큰
in broad daylight	대낮에 공공연히	treatise[tríːtis]	보고서, 논문
in point	적절한, 당면한 문제의	treaty[tríːti]	협정, 협약
in print	출판하여	trigger[trigər]	계기가 되다, 유발하다
in terms of	~에 있어서	Triton[tráitən]	(그리스 신화) 반인 반어의 바다의 신
inaccessible[ìnəksésəbl]	도달하기 어려운	tropical[trápikəl]	열대의
inalienable[inéiljənəbl]	양도할 수 없는	trustee[trʌstíː]	피신탁인, 보관인
lo and behold	자 보시라(놀랄 만한 사실을 말할 때)	tubeworm[tjúːbwə̀ːrm]	서관충
locale[loukǽl]	배경, 장소, 지역	unisexual[jùːnəsékʃuəl]	자웅 이화의
locality[loukǽləti]	지방, 장소	universally[jùːnəvə́ːrsəli]	보편적으로
locate[lóukeit]	(위치를) 밝혀내다, 알아내다	unprecedented[ʌnprésədèntid]	전례가 없는
marine[məríːn]	해양의	unrealistic[ʌnriːəlístik]	비현실적인
marketer[máːrkitər]	시장 경영자, 마케팅 담당자	unregulated[ʌnrégjulèitid]	비규제인
marshland[máːrʃlænd]	늪지대	unrestricted[ʌnristríktid]	제한이 없는
marsupial[mɑːrsúːpiəl]	유대류	unsuccessful[ʌnsəksésfəl]	성공하지 못한
marvelous[máːrvələs]	놀라운, 훌륭한	updraft[ʌ́pdræft]	상승기류
mass[mæs]	질량, 모임	upheaval[ʌphíːvəl]	대변동, 격변
massive[mǽsiv]	대규모의	upholster[ʌphóulstər]	커버를 씌우다, 속을 채우다

allot [əlát]	할당하다	historian [histɔ́ːriən]	역사가
all-time	전무후무한, 불변의, 시대를 초월한	historical [histɔ́(ː)rikəl]	역사적인
alter [ɔ́ːltər]	수정하다, 바꾸다	hold up	살아남다, 유효하다
alternate with	~와 교대하다	homeland [hóumlæ̀nd]	고국
alternative [ɔːltɔ́ːrnətiv]	대안, 다른 방도	homemaker [hóummèikər]	가정주부
altitude [ǽltitjùːd]	고도, 높이	inanimate [inǽnəmit]	생명이 없는, 무생물의
amass [əmǽs]	쌓다, 모으다	incomplete [ìnkəmplíːt]	어렴풋한, 불충분한
biomedical [bàioumédikəl]	생물 의학의	incompressible [ìnkəmprésəbl]	압축할 수 없는
birth canal	산도	incorporate [inkɔ́ːrpərèit]	녹아들다, 섞다
bison [báisn]	들소	incredible [inkrédəbl]	놀라운
bit by bit	점차	incubate [ínkjubèit]	(인공) 부화하다
bizarre [bizáːr]	별난	incubation [ìŋkjubéiʃən]	잠복
blade [bleid]	잎, 잎사귀, 칼날	indicative [indíkətiv]	지시하는, 표시하는
charcoal [tʃáːrkòul]	숯, 목탄	indicator [índəkèitər]	척도, 지표, 기준, 지시
charter [tʃáːrtər]	특허장, 헌장, 면허장	indisputable [ìndispjúːtəbl]	이의를 제기할 수 없는, 확실한
check [tʃek]	억제, 제재, 수표, 전표	individual [ìndəvídʒuəl]	개인, 개인의
checkpoint [tʃékpɔ̀int]	검문소	location [loukéiʃən]	야외 촬영지, 위치
chemical make-up	화학적 구성	loftiness [lɔ́ftinis]	높이 솟음
chemosynthesis [kìːmousínθəsis]	화학 합성	masterpiece [mǽstərpìːs]	걸작, 명작
cherish [tʃériʃ]	아끼다, 소중히 하다	mastery [mǽstəri]	숙달
chest [tʃest]	가슴	maternal [mətɔ́ːrnl]	어머니의, 모계의
chin [tʃin]	턱	measurement [méʒərmənt]	측정
chitin [káitin]	키틴질	mechanistic [mèkənístik]	기계적인
denture [déntʃər]	틀니, 의치	medication [mèdəkéiʃən]	약물
depict [dipíkt]	그리다, 묘사하다	mislead [mislíːd]	잘못된 것, 오해
deplete [diplíːt]	고갈시키다, 다 써버리다	misrepresentation [mísreprizentéiʃən]	잘못된 표현, 와전
deposit [dipázit]	퇴적물; 쌓다, 알을 낳다	missionary [míʃənèri]	선교사
depression [dipréʃən]	불경기, 우울증	mitochondrial [màitəkándriəl]	미토콘드리아의
derive [diráiv]	추출하다	modify [mádəfài]	조절하다
embellish [imbéliʃ]	미화하다, 장식하다, 꾸미다	moist [mɔist]	축축한
emerge [imɔ́ːrdʒ]	생기다, 나타나다, 나오다	molecule [máləkjùːl]	분자
emergency [imɔ́ːrdʒənsi]	비상사태	molt [moult]	껍질; 껍질을 벗다
emit [imít]	내뿜다, 방사하다, 방출하다	molten [móultən]	녹은, 주조한, 용해된
empirical [empírikəl]	경험적인	numerous [njúːmərəs]	수많은
filament [fíləmənt]	가는 섬유	nutrient [njúːtriənt]	영양분
film [film]	영화; 촬영하다	nutrition [njuːtríʃən]	영양 (공급)
filter [fíltər]	여과기; 여과하다	nymph [nimf]	(불완전 변태를 하는 곤충의) 애벌레
go bankrupt	파산하다	orphan [ɔ́ːrfən]	고아
go through	겪다, 거치다	outburst [áutbə̀ːrst]	분출, 폭발
go under	파산하다, 망하다	secrete [sikríːt]	분비하다

amazingly [əméiziŋli]	놀랍게도	fissure [fíʃər]	갈라진 틈
ambivalence [æmbívələns]	상반되는 감정	fixture [fíkstʃər]	부착물, 고정물, 설치물, 설비
amoeba [əmí:bə]	아메바	flammable [flǽməbl]	가연성의, 타기 쉬운
amplitude [ǽmplitʃù:d]	진폭	flatten [flǽtn]	평평하게 하다
an array of	죽 늘어선	fledgling [flédʒliŋ]	젊은, 미숙한; 풋내기, 애송이
analogy [ənǽlədʒi]	비유	float [flout]	떠돌다, 떠다니다, 유통하다
analytic [ænəlítik]	분석적인	flock [flɑk]	떼, 무리
analyze [ǽnəlàiz]	분석하다	grain [grein]	알갱이, 낟알, 곡물, 곡식
ancestor [ǽnsestər]	조상	grant [grænt]	승인하다, 수여하다
anchovy [ǽntʃouvi]	멸치, 안초비	grasshopper [grǽshàpər]	메뚜기
blending [bléndiŋ]	조합	grassland [grǽslænd]	목초지
block [blɑk]	방해하다, 막다	gravitational pull	인력의 작용
blubber [blʌ́bər]	고래 지방	gravitational [grævətéiʃənl]	중력적인, 중력의
blur [blə:r]	흐려 보이는 것	horizontal [hɔ̀:rəzántl]	수평의, 가로의
boast [boust]	자랑거리를 가지다, 자랑하다	indivisible [ìndəvízəbl]	나눌 수 없는
bomber [bámər]	폭탄범	induce [indʒú:s]	유도하다
bonded [bándid]	결합된	industrial revolution	산업 혁명
boom operator	녹음 기사	industrialization [indʌ̀striəlizéiʃən]	산업화
chloroplast [klɔ́:rəplæst]	엽록체	inequality [ìnikwáləti]	불평등
choreography [kɔ̀:riágrəfi]	안무, 무용술	inevitable [inévətəbl]	피할 수 없는
chorion [kɔ́:riàn]	장막	infallible [infǽləbl]	오류가 없는
chronic [kránik]	만성의	infect [infékt]	병균을 퍼뜨리다, 오염시키다
chrysalis [krísəlis]	번데기	infected [inféktid]	감염된
cicada [sikéidə]	매미	infinite [ínfənət]	무한한
cinematic [sìnəmǽtik]	영화의, 영화에 관한	inflate [infléit]	(공기·가스 등으로) 부풀게 하다
circular [sə́:rkjulər]	원형의, 순환성의	log [lɔ:g]	통나무
circulate [sə́:rkjuléit]	순환하다	logical [ládʒikəl]	논리적인
circumstance [sə́:rkəmstæns]	상황	longitude [lándʒətʃù:d]	경도
cite [sait]	말하다, 언급하다	medieval times	중세
citrus [sítrəs]	감귤류의	meditate [méditèit]	명상하다
civic [sívik]	시민의	Mediterranean [mèdətəréiniən]	지중해의
civilized [sívəlàizd]	문명화된	medium [mí:diəm]	매개체
clad [klæd]	다른 금속을 입히다, 클래딩하다	melodious [məlóudiəs]	선율적인
claim [kleim]	주장하다, 토지를 점유하다	melting point	녹는점
clang [klæŋ]	(종이) 땡하고 울리다	perforated [pə́:rfərèitid]	구멍이 난, 관통된
descriptive [diskríptiv]	설명적인, 묘사적인, 설명이 적절한	performance [pərfɔ́:rməns]	공연
designate [dézignèit]	지정하다, 명시하다	permanent [pə́:rmənənt]	변함없는, 지속적인, 영원한
designation [dèzignéiʃən]	명칭, 지시	permanently [pə́:rmənəntli]	영구적으로
desperation [dèspəréiʃən]	절망	personality [pərsənǽləti]	성격
despite [dispáit]	~에도 불구하고	pest [pest]	해충, 기생충
financial [fainǽnʃəl]	금융의, 재정의	pesticide [péstisàid]	살충제
fingering [fíŋgəriŋ]	운지법	petrochemical [pètroukémikəl]	석유 화학 제품; 석유 화학의
first-hand	직접적인, 1차적인	pharmacist [fá:rməsist]	약사

reef [ri:f]	암초, 모래톱	relate [riléit]	부합; 합치하다, 관련시키다
refashion [rì:fǽʃən]	개조하다	related [riléitid]	동족의, 유사한
refer [rifə́:r]	가리키다	relationship [riléiʃənʃip]	관계
reference [réfərəns]	(계측의) 기준, 참고문헌	relative [rélətiv]	상대적인
refine [ri:fáin]	제련하다, 정제하다	relatively [rélətivli]	상대적으로
reflection [riflékʃən]	반영	relativity [rèlətívəti]	상대성
refractive index	굴절률	scientific [sàiəntífik]	과학의, 과학적인
regard [rigá:rd]	여기다, 간주하다	scope [skoup]	범위, 여지
register [rédʒistər]	음역	scrap [skræp]	남은 것, 조각
regulate [régjulèit]	규제하다, 통제하다	scribe [skraib]	사자생, 사본 필경자
reintegrate [ri:íntəgrèit]	재통합시키다	seabed [sí:bèd]	해저
reinterpret [rì:intə́:rprit]	재해석하다	seaman [sí:mən]	선원
reintroduce [rì:intrədjú:s]	재도입하다	seasonal [sí:zənl]	계절의

DAY 22

apparently [əpǽrəntli]	명백하게	destructive [distrʌ́ktiv]	파괴적인, 해를 끼치는
appearance [əpíərəns]	외모	deteriorate [ditíəriərèit]	악화시키다, 저하시키다
applicable [ǽpləkəbl]	적용할 수 있는	determine [ditə́:rmin]	결론짓다
applicant [ǽpləkənt]	지원자	devastation [dèvəstéiʃən]	대참사, 파괴
application [ǽpləkéiʃən]	적용	devise [diváiz]	고안하다
apply to	~에 적용하다	devoid [divɔ́id]	~이 없는, 결여된
boost [bu:st]	후원하다, 경기를 부양하다	devote [divóut]	헌신하다, 바치다
bounce [bauns]	튀어 오르다	devour [diváuər]	탐독하다
boundary [báundəri]	경계	flood [flʌd]	범람하다
bounty [báunti]	하사품, 상여금, 보상금	flourish [flə́:riʃ]	번성하다, 번창하다
braid [breid]	땋다, 짜다	fluid [flú:id]	액체
brass [bræs]	황동	flux [flʌks]	유동, 유량, 유동률, 유속
brass instrument	금관 악기	folio [fóuliòu]	한 장
break down into pieces	자세히 분석하다, 분해하다	folk [fouk]	사람들
clarify [klǽrəfài]	명백하게 설명하다	folk culture	토착문화
class [klæs]	강	food chain	먹이 사슬
classical [klǽsikəl]	고전주의의, 전통적인	gravity [grǽvəti]	중력
classification [klǽsəfikéiʃən]	분류	gray wolf	얼룩 늑대
classify [klǽsəfài]	분류하다	Green Revolution	녹색 혁명
climate [kláimit]	분위기, 기후	greenhouse [grí:nhàus]	온실
climatic [klaimǽtik]	기후의	greenhouse gas	온실효과를 일으키는 가스
climatologist [klàimətálədʒist]	기후학자, 풍토학자	horse-drawn	말이 끄는
clueless [klú:lis]	모르는, 단서가 없는	horticulture [hɔ́:rtəkʌ̀ltʃər]	원예
coalesce [kòuəlés]	유착하다, 합체하다	hospitality [hàspitǽləti]	숙박업, 환대
coalescence [kòuəlésns]	합체	host plant	숙주 식물
coarse [kɔ:rs]	천한, 상스러운	household name	친숙한 이름, 흔히 쓰이는 말
coastline [kóustlàin]	해안(선)	houseplant [háusplænt]	실내 화분용 화초
destroy [distrɔ́i]	파괴하다	hue [hju:]	색조, 색

influential [ìnfluénʃəl]	영향력 있는
influx [ínflʌks]	유입
infrequent [infríːkwənt]	드문
ingest [indʒést]	섭취하다
ingredient [ingríːdiənt]	구성 요소
inhabit [inhǽbit]	~에 서식하다, 거주하다, 살다
inhabitant [inhǽbitənt]	거주자
inherent [inhíərənt]	타고난, 본래의
long-standing	오랜
loose [luːs]	푸석푸석한
meridian [mərídiən]	자오선, 경선
metal processing industry	금속 가공 산업
metallic [mətǽlik]	금속의
metamorphic [mètəmɔ́ːrfik]	변성의
metamorphosis [mètəmɔ́ːrfəsis]	변태
meteorologist [mìːtiərálədʒist]	기상학자
microcyst [màikrəsíst]	미크로시스트(내구세포)
phase [feiz]	단계
phenomenal [finámənl]	경이적인, 굉장한
phenomenon [finámənàn]	현상
philosopher [filásəfər]	철학자
philosophy [filásəfi]	철학
phosphorus [fásfərəs]	인
photographic [fòutəgrǽfik]	사진술의, 사진의
photon [fóutan]	광자

photo-secession	사진 분리파
photosynthesis [fòutəsínθisis]	광합성
photosynthetic [fòutəsinθétik]	광합성의
release [rilíːs]	드러내다, 방출하다
reliable [riláiəbl]	신뢰할 만한
religious [rilídʒəs]	신앙심이 깊은
relocate [rìloukéit]	재배치하다, 이동시키다
remains [riméinz]	유해, 유물
remark [rimáːrk]	비평, 의견
remarkable [rimáːrkəbl]	놀라운
remind [rimáind]	(생각이) 떠오르게 하다
remote [rimóut]	먼, 외딴, 멀리 떨어진
render [réndər]	~이 되게 하다, 표현하다
rendition [rendíʃən]	연출, 표현물
renovation [rènəvéiʃən]	수리, 개조, 개혁, 변화
rephrase [riːfréiz]	고쳐 말하다
replace [ripléis]	바꾸다
sediment [sédəmənt]	침전물, 앙금, 퇴적물
sedimentary rock	퇴적암
self-explanatory	추가 설명이 필요 없는
self-sufficient	자급 자족할 수 있는
sympathy [símpəθi]	공감
symptom [símptəm]	증상
synthesize [sínθisàiz]	합성하다
systematically [sístəmǽtikəli]	체계적으로

DAY 23

absorption [əbsɔ́ːrpʃən]	흡수
abundant [əbʌ́ndənt]	풍족한, 많은
abuse [əbjúːs]	욕설
accompany [əkʌ́mpəni]	수반하다, 동시에 일어나다
accomplish [əkámpliʃ]	결과를 낳다, 성취하다
briefly [bríːfli]	간단히
bring down	잡다
briquette [brikét]	연탄, 조개탄
bronze [branz]	청동, 청동 제품
cocoon [kəkúːn]	고치, 고치로 싸다
coerce [kouə́ːrs]	강제하다, 강요하다, 지배하다
cognition [kɑgníʃən]	인식
cognitive [kágnətiv]	인식의, 지적작용의
collapse [kəlǽps]	폭락하다, 무너지다
collide [kəláid]	충돌하다
collision [kəlíʒən]	충돌

colonialism [kəlóuniəlìzm]	식민지주의
diagnose [dáiəgnòus]	원인을 밝혀내다, 진단하다
diagonal [daiǽgənl]	대각선의, 비스듬한, 사선의, 사선형의
diagram [dáiəgrǽm]	그림, 도표, 도형
dialogue [dáiəlɔ̀ːg]	대사, 대화
diameter [daiǽmitər]	직경, 지름
die off	소멸하다, 죽다
differentiate [dìfərénʃièit]	구별하다, 식별하다
dig up	발견하다, 밝혀내다
enact [inǽkt]	제정하다
encase [inkéis]	싸다
encounter [inkáuntər]	마주치다
encroach [inkróutʃ]	잠식하다, 침범하다
endangered [indéindʒərd]	멸종할 위기에 처한
endeavor [endévər]	노력
energetic [ènərdʒétik]	강력한, 원기 왕성한

engage in	종사하다, 참가하다, 관련되다, 관여하다	lumper [lʌ́mpər]	병합파
enhance [inhǽns]	높이다, 강화하다	lunar [lúːnər]	달의
enlarge [inláːrdʒ]	넓히다	lysozyme [láisəzàim]	리소자임(박테리아 용해 효소의 일종)
enlargement [inláːrdʒmənt]	확대	microorganism [màikrouɔ́ːrgənìzəm]	미생물
hydrogen bond	수소결합	migration [maigréiʃən]	이동
hydrogen [háidrədʒən]	수소	migratory [máigrətɔ̀ːri]	이주하는
hydrothermal [hàidrəθə́ːrməl]	열수의	military [mílitèri]	군의, 군대의
hydrothermal vent	열수 분출구	mine [main]	채굴하다
hygiene [háidʒiːn]	건강, 위생	mineral [mínərəl]	무기물, 광물
inherit [inhérit]	상속하다, 물려받다	miniature [míniətʃər]	소규모의, 소형의; 축소물, 모형
initial [iníʃəl]	초기, 처음의	minimalism [mínəməlìzm]	미니멀즘(최소한의 요소로 최대 효과를 올리려는 최소한 표현주의)
initially [iníʃəli]	처음에	minimize [mínəmàiz]	줄이다
injustice [indʒʌ́stis]	불공평	minimum [mínəməm]	최소의
inland [ínlænd]	내륙의, 오지의, 국내의, 국내에서 발행되는	misleading [mislíːdiŋ]	오도하는, 현혹하는
innovation [ìnəvéiʃən]	개혁, 혁신(기술), 기술 쇄신	missionary [míʃənèri]	선교사
innovative [ínəvèitiv]	혁신적인	modify [mádəfài]	조절하다, 변경하다
insecticide [inséktəsàid]	살충제	moisturize [mɔ́istʃəràiz]	습기를 공급하다
insignificant [ìnsignífikənt]	하찮은	molecular structure	분자의 구조
insist [insíst]	주장하다	outgrow [àutgróu]	벗어나다
insomnia [insámniə]	불면증	outlive [àutlív]	~보다 오래 살다(남다)
inspiration [ìnspəréiʃən]	영감	outside the sphere of	~의 영역 밖에서
instar [instáːr]	영(곤충의 탈피와 탈피 사이의 기간)	overall [òuvərɔ́ːl]	전반적인
instinctual [instíŋktʃuəl]	본능의	overburden [òuvərbə́ːrdn]	과중한 부담을 지우다
institution [ìnstətjúːʃən]	기관	overgraze [òuvərgréiz]	지나치게 방목되다
lottery [látəri]	제비뽑기, 추첨	wane [wéin]	작아지다; 약해지다

DAY 24

appreciate [əpríːʃièit]	감상하다	as to	~에 관하여, ~에 대하여
apprentice [əpréntis]	조수, 견습생	aspect [ǽspekt]	양상, 측면, 관점
approach [əpróutʃ]	접근하다	aspen [ǽspən]	포플러, 미루나무
approximate [əpráksəmèit]	대략의	aspiring [əspáiəriŋ]	상승하는, 높이 솟은
arbitrarily [áːrbətrèrəli]	제멋대로, 독단적으로	assemble [əsémbl]	부품을 조립하다
arbitrate [áːrbitrèit]	중재하다	associate [əsóuʃièit]	관련시키다
arc [ɑːrk]	호, 호광, 아크	association [əsòusiéiʃən]	조합
arctic [áːrktik]	북극의	assume [əsúːm]	(책임을) 맡다, 지다, 추측하다
arid [ǽrid]	건조한	assumption [əsʌ́mpʃən]	가설, 추측
arise [əráiz]	발생하다	brutish [brúːtiʃ]	야비한, 짐승 같은
arrange [əréindʒ]	관장하다, 조정하다	buckshot [bʌ́kʃàt]	총알(알이 굵은 산탄)
arrangement [əréindʒmənt]	배치	buffalo [bʌ́fəlòu]	물소
arrow [ǽrou]	화살	built-in	내장된
arthritis [ɑːrθráitis]	관절염	bump [bʌmp]	부딪히다
articulate [ɑːrtíkjulət]	명료한, 분명한	bundle together	한데 묶다, 얽히게 하다
artificial [àːrtəfíʃəl]	인위적인	column [káləm]	기둥

combination [kὰmbənéiʃən]	결합, 배합		for that matter	이상하게도, 드물게
combine [kəmbáin]	모이다		forecaster [fɔ́:rkæ̀stər]	예측자
comedy [kámidi]	희극		forefoot [fɔ́:rfùt]	(네 발 짐승의) 앞발
comet [kámit]	혜성		forefront [fɔ́:rfrʌ̀nt]	맨 앞, 선두
commemorate [kəmémərèit]	~을 기념하여 축하하다		forerunner [fɔ́:rrʌ̀nər]	전신
commerce [kámərs]	상업		foresee [fɔːrsíː]	예견하다, 예측하다
commercial [kəmə́:rʃəl]	상업의, 영리적인		fork [fɔ:rk]	갈래가 지다, 분기하다
commission [kəmíʃən]	의뢰하다, 주문하다		formal [fɔ́:rməl]	정규의
commit [kəmít]	자행하다, 범하다		formation [fɔːrméiʃən]	형성, 생성
compact [kəmpǽkt]	압축하다		formative [fɔ́:rmətiv]	형성의
compensate [kámpənsèit]	보수를 치르다, 보상하다, 보정하다		formulate [fɔ́:rmjulèit]	만들다, 공식화하다
complement [kámpləmənt]	보완하다, 보충하다		minor axis	단축
complex [kámpleks]	복잡한, 복합의		minute [mainjúːt]	미세한
complicated [kámpləkèitid]	복잡한, 뒤얽힌		proposal [prəpóuzəl]	제안
digest [daidʒést]	소화하다		propose [prəpóuz]	제안하다
digress [daigrés]	빗나가다, 딴 얘기를 하다		pros and cons	장점과 단점
dilation [dìléiʃən]	팽창, 확장		prospector [práspektər]	채광자
dimension [diménʃən]	차원		protect [prətékt]	보호하다
dimensional [diménʃənl]	차원의		protein [próuti:n]	단백질
dip [dip]	움푹한 곳		protest [próutest]	항의하다
direction [dirékʃən]	방향		protista [próutistə]	원생생물계
disadvantage [dìsədvǽntidʒ]	단점		proto human	원인, 원시인
disagreement [dìsəgríːmənt]	논쟁		prove [pruːv]	입증하다
disappearance [dísəpíərəns]	사라짐		prune [pruːn]	(불필요한 부분을) 제거하다
enormous [inɔ́:rməs]	거대한, 막대한, 엄청난		psychological [sàikəládʒikəl]	심리적인
enslave [insléiv]	노예로 만들다		public schooling	공공 교육
enterprise [éntərpràiz]	기업		publication [pὰbləkéiʃən]	출판물
enthusiast [inθjúːziæ̀st]	열성적인 사람, 열광자		pull away	움직이기 시작하다
enzyme [énzaim]	효소		upwards [ʌ́pwərdz]	이상의
epithelium [èpəθíːliəm]	상피		urban [ə́:rbən]	도시의
equator [ikwéitər]	적도		urbanization [ə̀:rbənizéiʃən]	도시화
equatorial [i:kwətɔ́:riəl]	적도의, 적도 부근의		urge [ə:rdʒ]	촉구하다, 주장하다
equity [ékwəti]	평등, 공평		uterus [júːtərəs]	자궁
equivalent [ikwívələnt]	같은, 동등한		utilize [júːtəlàiz]	이용하다
erase [iréis]	지우다		womb [wuːm]	자궁
erode [iróud]	침식하다		woodland [wúdlæ̀nd]	삼림지, 숲
erosion [iróuʒən]	침식작용		woodwind instrument	목관 악기
erupt [irʌ́pt]	화산이 분출하다		workable [wə́:rkəbl]	성취될 수 있는, 효과적인

DAY 25

asteroid [ǽstərɔ̀id]	소행성		astronomer [əstránəmər]	천문학자
asteroid belt	소행성 대		asymmetrical [èisəmétrikəl]	비대칭의
asthma [ǽzmə]	천식		at most	많아야

at times	때때로	disfranchise [disfrǽntʃaiz]	(개인의) 선거권을 빼앗다, (단체의) 특권을 빼앗다
atmospheric [æ̀tməsférik]	대기의	disillusioned [dìsilúːʒnd]	환멸을 느낀
atom [ǽtəm]	원자	disintegrate into	~으로 분해되다
attach [ətǽtʃ]	부착하다, 귀착시키다	dismiss [dismís]	해산하다
attempt [ətémpt]	시도하다	disorder [disɔ́ːrdər]	장애
attraction [ətrǽkʃən]	결합	disorient [disɔ́ːriènt]	혼란에 빠진, 방향감각을 잃은
attractive [ətrǽktiv]	매력적인	disperse [dispə́ːrs]	분산하다, 흩뜨리다
audience [ɔ́ːdiəns]	관객	disprove [disprúːv]	반증을 들다, 그릇됨을 증명하다
auditory [ɔ́ːdətɔ̀ːri]	청각의	disrupt [disrʌ́pt]	파괴하다
authentic [ɔːθéntik]	진짜의	escalate [éskəlèit]	확대하다
authenticity [ɔ̀ːθentísəti]	신빙성, 확실성	essential [əsénʃəl]	필수적인, 중요한
availability [əvèiləbíləti]	이용할 수 있음, 유효성	estate [istéit]	사유지, 소유지
avalanche [ǽvəlæ̀ntʃ]	눈사태	estimate [éstəmèit]	추산하다
avant-garde	전위적인; 아방가르드, 전위	evaporate [ivǽpərèit]	증발하다
avid [ǽvid]	욕심 많은, 탐욕스러운, 열심인	eventually [ivéntʃuəli]	결과적으로
awaken [əwéikən]	깨우다	evidence [évidəns]	증거
axis [ǽksis]	지축, 축	evident [évidənt]	명백한
burgeon [bə́ːrdʒən]	싹트다, 갑자기 출현하다	evolve [iválv]	진화시키다
burrow [bə́ːrou]	구멍, 굴	instrumental [ìnstrəméntəl]	수단이 되는, 도움이 되는
burst [bəːrst]	돌발, 폭발	instrumental music	기악
burst into flames	화염에 휩싸이다	insulate [ínsəlèit]	단열하다
burst out	갑자기 나타나다	insulation [ìnsəléiʃən]	절연체, 단열재
buttress [bʌ́tris]	버팀대	insult [insʌ́lt]	모욕하다
component [kəmpóunənt]	구성 요소, 성분	intact [intǽkt]	그대로인, 본래대로의, 손상되지 않은
compose [kəmpóuz]	작곡하다	integrate [íntəgrèit]	통합시키다, 통합하다
composition [kàmpəzíʃən]	구성	intelligent [intélidʒənt]	지적인
compound [kámpaund]	합성의, 복합적인; 화합물	intent [intént]	목적, 의지
comprise [kəmpráiz]	구성하다, 이루다	migratory [máigrətɔ̀ːri]	이주하는
concept [kánsept]	개념	mine [main]	채굴하다
conception [kənsépʃən]	임신, 수태	mineral [mínərəl]	무기물, 광물
conclusion [kənklúːʒən]	결론	mirror [mírər]	비추다, 반영하다
condensation [kàndenséiʃən]	액화, 응결, 농축	misclassify [mìsklǽsəfài]	잘못 분류하다
condense [kəndéns]	농축하다, 요약하다	sincere [sinsíər]	성실한, 참된
condition [kəndíʃən]	조건	sinful [sínfəl]	죄가 있는
conducive [kəndjúːsiv]	도움이 되는, 이바지하는	skeptical [sképtikəl]	의심 많은, 회의적인
conduct [kəndʌ́kt]	수행하다	skepticism [sképtəsìzm]	회의론
confine [kənfáin]	제한하다	skillfully [skílfəli]	교묘하게, 솜씨 있게
confirm [kənfə́ːrm]	확인하다	skyrocket [skáiràkit]	급등하다, 높아지다
confront [kənfrʌ́nt]	직면하다, 맞서다	slippery [slípəri]	미끄러운
conical [kánikəl]	원뿔의	sluggish [slʌ́giʃ]	느린, 둔한
discard [diskáːrd]	버리다, 폐기하다	snatch [snætʃ]	빼앗아 달아나다, 강탈하다
discern [disə́ːrn]	분간하다, 구분하다	snippet [snípit]	단편, 조금
disciplined [dísəplind]	훈련 받은, 훈련된	snowmobile [snóuməbìːl]	설상차
discontent [dìskəntént]	불만, 불평	so-called	소위
discrepancy [diskrépənsi]	모순, 불일치	socialist party	사회당

sole [soul]	유일한	tundra [tándrə]	툰드라(동토대)
solid [sálid]	고체	tunnel [tánl]	굴을 파다
solidify [səlídəfài]	응고시키다, 굳히다	turmoil [tə́:rmɔil]	소동, 소란, 혼란
sometimes [sámtàimz]	때로는	turn away from	~를 꺼려 하다
somewhere [sámhwὲər]	어디론가, 어딘가에	twig [twig]	가는 가지
sonar [sóunɑːr]	수중 음파 탐지기	typify [típəfài]	상징하다, 대표하다
sought-after	인기 있는, 수요가 많은	typographical [tàipəgrǽfikəl]	인쇄상의
tug [tʌg]	당기다, 끌다	watchful [wátʃfəl]	주의 깊은

DAY 26

adhesive [ædhíːsiv]	접착제, 점착성이 있는 물건	domain [douméin]	영역, 범위
adopt [ədápt]	채택하다, 입양하다	domestic [dəméstik]	국내의
connection [kənékʃən]	연결	dominant [dámənənt]	지배적인, 우세한
consequence [kánsəkwèns]	결과, 파급 효과, 영향	exaggeration [igzædʒəréiʃən]	과장
conservatory [kənsə́ːrvətɔ̀ːri]	음악 학원	examine [igzǽmin]	살펴보다, 분석하다
conserve [kənsə́ːrv]	보존하다	excavate [ékskəvèit]	발굴하다
consistent [kənsístənt]	일관된	exception [iksépʃən]	예외
constituent [kənstítʃuənt]	성분, 구성 요소	exclusively [iksklúːsivli]	오로지
contain [kəntéin]	포함하다, 담다	excrement [ékskrəmənt]	배설물
contamination [kəntæ̀mənéiʃən]	오염	exert [igzə́ːrt]	가하다
context [kántekst]	환경, 정황	exhibit [igzíbit]	보여주다, 보이다, 나타나다
continental island	육도(대륙에 딸린 섬)	exhibition [èksəbíʃən]	구경거리
continental [kàntənéntl]	대륙의	exoskeleton [èksouskélətn]	외골격
contour [kántuər]	윤곽을 그리다, 등고선을 긋다	exotic [igzátik]	색다른, 이국적인
contract [kəntrǽkt]	수축하다	expand [ikspǽnd]	확장시키다, 팽창하다
contraction [kəntrǽkʃən]	축소	expanse [ikspǽns]	광활한 공간; 확장하다
contribute [kəntríbjuːt]	기부하다, 공헌하다	fossil fuel	화석연료
controlled [kəntróuld]	통제된	found [faund]	설립하다
controversial [kàntrəvə́ːrʃəl]	논란이 되는, 논쟁의 여지가 있는	foundation [faundéiʃən]	토대, 기초
dissection [disékʃən]	절개, 해부, 해체	fragmentary [frǽgməntèri]	파편의
disseminate [disémənèit]	널리 퍼지게 하다	fragmented [frǽgməntid]	분해된, 조각난
dissimilar [dissímələr]	다른	frame [freim]	틀, 뼈대; 틀을 잡다, 만들다
distillation [dìstəléiʃən]	증류법, 증류수, 정수	framework [fréimwə̀ːrk]	틀, 뼈대
distinction [distíŋkʃən]	구별, 특별함	fraternal twins	이란성 쌍둥이
distracted [distrǽktid]	빗나간, 마음이 산란한	physiological change	생리적 변화
distribute [distríbjuːt]	배포하다, 분배하다, 퍼뜨리다	pick up	포착하다, 발견하다
divergent [divə́ːrdʒənt]	다른	pictorial design	그림 도안
diversity [divə́ːrsəti]	다양성, 변화	pictorialism [piktɔ́ːriəlìzm]	회화주의, 영상 중심주의
divination [dìvənéiʃən]	점, 예측	picture [píktʃər]	상상하다, 묘사하다
divine [diváin]	알아 맞추다, 예측하다; 신의, 신성한	pidgin [pídʒən]	혼성어
division [divíʒən]	부분, 구분	pig iron	선철, 무쇠
dizygotic [dàizaigátik]	두 개의 수정란에서 자란	pile up	쌓다
doable [dúːəbl]	가능한	pioneer [pàiəníər]	개척하다

placenta [pləséntə]	태반	spatial [spéiʃəl]	공간의
planetary [plǽnətèri]	행성의	spear [spiər]	작살, 창
plankton [plǽŋktən]	플랑크톤	specialize [spéʃəláiz]	전공하다, 전문화하다
plantation [plæntéiʃən]	대규모 농원	species [spíːʃiːz]	종
plaster [plǽstər]	회반죽, 석고	spectacular [spektǽkjulər]	호화스러운
plate tectonics	판 구조론	spectator [spékteitər]	구경꾼
plausibility [plɔ̀ːzəbíləti]	그럴듯함, 그럴듯한 일	speculate [spékjulèit]	추측하다, 사색하다
playwright [pléiràit]	극작가	speedy [spíːdi]	빠른
plentiful [pléntifəl]	많은	spell [spel]	시기
plight [plait]	곤경	spending [spéndiŋ]	지출, 소비
plow [plau]	갈다, 경작하다	sperm [spəːrm]	정액, 정자
plywood [pláiwùd]	베니어판, 합판	sphere [sfiər]	구
poacher [póutʃər]	밀렵자	spherical [sférikəl]	구형의, 둥근
point out	지적하다	spill [spil]	유출; 엎지르다
self-taught	독학한	spin [spin]	빙빙 돌다
space-time continuum	시공 연속체, 4차원	spindle [spíndl]	축
spark [spɑːrk]	번득임, 불꽃	splendor [spléndər]	화려함, 당당함, 훌륭함

DAY 27

aim [eim]	목표 삼다	downdraft [dáundrǽft]	하강 기류
algae [ǽldʒiː]	조류	downgrade [dáungrèid]	내리다, 강등시키다
alignment [əláinmənt]	일직선, 정렬, 정돈	downside [dáunsàid]	단점
alleviate [əlíːvièit]	완화하다, 경감시키다	downstream [dáunstrìːm]	하류
convection [kənvékʃən]	열이나 공기의 대류	dowser [dáuzər]	수맥 점술가
convention [kənvénʃən]	회의	dowsing rod	(수맥을 찾는) 점지팡이
conventional wisdom	(헛된) 통념	drag [drǽg]	저항
convert [kənvə́ːrt]	전환하다, 화학변화를 일으키다	dramatic [drəmǽtik]	극적인, 극도의, 드라마틱한
convincing [kənvínsiŋ]	설득력 있는	drastic [drǽstik]	급격한
cooling [kúːliŋ]	냉각	drawback [drɔ́ːbæ̀k]	결점
copyright [kápiràit]	저작권으로 보호하다, ~의 판권을 얻다	dread [dred]	공포
core [kɔːr]	중심, 핵	expansion [ikspǽnʃən]	팽창
cornea [kɔ́ːrniə]	각막	expedition [èkspədíʃən]	항해, 탐험
cornerstone [kɔ́ːrnərstòun]	초석, 기초	expend [ikspénd]	소비하다
correlation [kɔ̀ːrəléiʃən]	상관성, 상호 관계	experiment [ikspérəmənt]	실험(= experimentation)
corrugated [kɔ́ːrəgèitid]	물결 모양의, 주름 잡힌	expert [ikspə́ːrt]	숙련된, 노련한
cotton wood	미루나무	expertise [èkspərtíːz]	전문적 지식
counterfeit [káuntərfit]	모조의	explicit [iksplísit]	명백한
countryside [kʌ́ntrisàid]	시골	exploit [iksplɔ́it]	지나치게 이용하다, 착취하다
covalent bond	공유결합	exploration [èkspləréiʃən]	탐구, 조사, 답사
craft [krǽft]	기술, 재주	explosive [iksplóusiv]	폭발적인
cramped [krǽmpt]	비좁은, 갑갑한	exponentially [èkspounénʃəli]	급격하게
domino [dámənòu]	도미노	expose [ikspóuz]	(작용·영향을) 접하게 하다, 노출하다
donation [dounéiʃən]	기부금	expose to	(햇빛·비바람 등에) 쐬다, 드러내다

extensive [iksténsiv]	광대한, 광범위의, 대규모의	precise [prisáis]	정확한
fraud [frɔːd]	사기, 속임수	sentence to death	사형을 선고하다
free market	자유시장	sentence [séntəns]	판결, 선고, 형벌
freeze [friːz]	얼다	sequence [síːkwəns]	연속, 순서
freight [freit]	화물	serious [síəriəs]	진지한, 신중한, 중대한
freighting [fréitiŋ]	화물 운송	splitter [splítər]	분열파
frequency [fríːkwənsi]	주파수	spoil [spɔil]	썩게 하다, 손상하다
friction [fríkʃən]	마찰	spoke [spouk]	(바퀴) 살
frill [fril]	장식	spore [spɔːr]	포자
frontier [frʌntíər]	국경, 영역	spot [spɑt]	점, 얼룩; 분간하다; 지점
pollinate [pálənèit]	수분하다	sprawl [sprɔːl]	다리를 펴다, 기어 다니다
pollutant [pəlúːtnt]	오염 물질, 오염원	spring up	생겨나다
populate [pápjulèit]	~에 살다	sprout [spraut]	싹이 나다
porcelain [pɔ́ːrsəlin]	자기	square unit	한 단위 제곱
pore [pɔːr]	작은 구멍	squeak [skwiːk]	삐걱거리다
porous [pɔ́ːrəs]	작은 구멍이 많은, 다공성의	squirt [skwəːrt]	분출하다, 내뿜다
portico [pɔ́ːrtəkòu]	포르티코, 주랑 현관	stable [stéibl]	안정된
portion [pɔ́ːrʃən]	부분	stage [steidʒ]	단계; 상연하다
portray [pɔːrtréi]	그리다, 표현하다	suborder [sʌ́bɔ̀ːrdər]	아목(생물 분류학상의 한 단계)
pose [pouz]	(위험성을) 내포하다, 지니다	subpolar [sʌ̀bpóulər]	극지에 가까운
possess [pəzés]	소유하다	subsequent [sʌ́bsikwənt]	다음의, 이어서 일어나는
postal [póustl]	우편의	subsistence agriculture	자급 농업
postmodern [pòustmádərn]	포스트모더니즘의	substrate [sʌ́bstreit]	기질(효소의 작용으로 화학 반응을 일으키는 물질)
potential [pəténʃəl]	가능한, 잠재적인	subtle [sʌ́tl]	미묘한
pottery [pátəri]	도기	subtly [sʌ́tli]	미묘하게
pouched [pautʃt]	주머니가 있는	subtropic [sʌbtrápik]	아열대의
practically [prǽktikəli]	거의, 사실상	suburb [sʌ́bəːrb]	교외, 근교
preach [príːtʃ]	설파하다	suburban [səbə́ːrbən]	교외의
precipitation [prisípətéiʃən]	침전, 강우량	successive [səksésiv]	연속적인

DAY 28

animator [ǽnəmèitər]	만화 제작자	cruciform [krúːsəfɔ̀ːrm]	십자형의
anticipate [æntísəpèit]	예상하다	crude [kruːd]	노골적인, 조잡한
anus [éinəs]	항문	crusade [kruːséid]	십자군
aphid [éifid]	진딧물	evolution [èvəlúːʃən]	진화
crash [kræʃ]	충돌하다, 붕괴하다; 붕괴	frosting [frɔ́ːstiŋ]	(케이크에) 설탕을 입힘
creation [kriéiʃən]	창조, 창작	frozen [fróuzn]	냉동한, 동결된
creativity [krìːeitívəti]	창의성	fuel [fjúːəl]	자극하다, 연료
credit [krédit]	(공적 등을) ~로 여기다, ~에게 돌리다	function [fʌ́ŋkʃən]	기능
crime [kraim]	죄, 범죄	functional [fʌ́ŋkʃənl]	기능적인
criminal [krímənl]	범인	fund [fʌnd]	(수표·어음 결제용의) 예금
criteria [kraitíəriə]	기준, 표준	fungal [fʌ́ŋgəl]	곰팡이의
critic [krítik]	비평가	furnace [fɔ́ːrnis]	용광로

furnish [fə́ːrniʃ]	가구를 갖추다	shade tree	그늘을 만드는 나무
fuse [fjuːz]	융합되다	shallow [ʃǽlou]	얕은
mass-produce	대량 생산하다	shareholder [ʃɛ́ərhòuldər]	주주
organism [ɔ́ːrɡənízm]	생물	sharpen [ʃɑ́ːrpən]	예리하게 하다, 빈틈없이 하다
porous [pɔ́ːrəs]	흡수성의, 투과성의	shed [ʃed]	(표피를) 벗다
prehistoric [prìːhistɔ́ːrik]	선사 시대의	sheet music	낱장 악보
replenish [ripléniʃ]	다시 채우다	shield [ʃiːld]	가리다; 보호하다
report [ripɔ́ːrt]	보고서	shoot [ʃuːt]	돌진하다, 지나가다
represent [rèprizént]	나타내다, 표현하다	shortage [ʃɔ́ːrtidʒ]	부족, 결핍
reproduce [rìːprədjúːs]	복제하다	short-lived	수명이 짧은
reproduction [rìːprədʌ́kʃən]	번식	shout [ʃaut]	소리 지르다
reproductive [rìːprədʌ́ktiv]	생식의, 생식 기능을 하는	showy [ʃóui]	화려한
republic [ripʌ́blik]	공화국의	shrink [ʃriŋk]	줄어들다, 감소하다
repulsive [ripʌ́lsiv]	고약한	sibling [síbliŋ]	형제자매
requirement [rikwáiərmənt]	필요(물)	temperament [témpərəmənt]	체질, 기질, 성미
residence [rézidəns]	주거지	temperate [témpərət]	온대의, 온화한
resident [rézidənt]	거주자	temperature [témpərətʃər]	온도
resistance [rizístəns]	방해, 저항	tempest [témpist]	대소동, 격동
resistant to	~에 저항하는	temple [témpl]	신전
resolution [rèzəlúːʃən]	결의문	temporary [témpərèri]	일시적인
responsibility [rispànsəbíləti]	책임, 의무	tension [ténʃən]	긴장
restoration [rèstəréiʃən]	회복, 복원	terminal velocity	종단 속도
retail store	소매상	terrain [təréin]	땅, 지역
revelry [révəlri]	흥청거림, 환락	terrestrial planet	지구형 행성
revenue [révənjùː]	세입, 수익	territory [térətɔ̀ːri]	영토
set aside	비축하다, 따로 떼어두다	textile [tékstil]	직물의
set the stage for	~의 원인이 되다	theologically [θìːəládʒikəli]	신학적으로
settle [sétl]	정착하다; 쌓이다, 가라앉다	theorist [θíːərist]	이론가
settler [sétlər]	이주민, 이민자	theorize [θíːəràiz]	이론을 세우다, 공론을 일삼다
sever [sévər]	분리하다, 끊어지다	theory [θíːəri]	이론
sewage [sjúːidʒ]	하수 오물, 오수, 하수	thickness [θíknis]	두께

DAY 29

adorn [ədɔ́ːrn]	꾸미다, 장식하다	culprit [kʌ́lprit]	주원인, 죄인
adultery [ədʌ́ltəri]	간음	cult [kʌlt]	컬트(소수의 조직화된 신앙 집단)
advance [ədvǽns]	진보	cultivate [kʌ́ltəvèit]	배양하다, 경작하다, 농사를 짓다
advocate [ǽdvəkèit]	옹호하다, 지지하다	cut across	~에 널리 미치다
aerial photograph	항공 사진	cycle [sáikl]	주기, 순환
crust [krʌst]	지각	cyclical [sáiklikəl]	순환기의, 주기적인
crystal [krístl]	결정, 결정체	ecotone [ékətòun]	추이대(두 동식물 군락 사이의 이행부)
crystallize [krístəlàiz]	결정을 이루다, 결정시키다, 구체화하다	feasibility study	타당성 조사
cube [kjuːb]	정육면체	ocean current	해류
cubism [kjúːbizm]	입체파	ocean energy	해양 에너지

quantum mechanics	양자 역학		stick out	돌출하다
reverse [rivə́:rs]	전환시키다, 번복하다, 파기하다		stinging [stíŋiŋ]	찌르는 듯이 아픈
revision [rivíʒən]	수정		stock [stɑk]	재고
revival [riváivəl]	부흥, 부활		strain [strein]	종족, 혈통
revolve [riválv]	선회하다, 회전하다		strait [streit]	해협
ridicule [rídikjùːl]	조롱		strand [strænd]	가닥, 요소, 성분
rigid [rídʒid]	단단한		stray [strei]	갑작스러운
risk [risk]	위험		stretch [stretʃ]	뻗다
rite [rait]	의식		strike [straik]	동맹 파업
rivalry [ráivəlri]	경쟁, 대항		striking [stráikiŋ]	인상적인
roam [roum]	돌아다니다, 배회하다		string tension	줄의 장력
roast beef	쇠고기 구이		structure [strʌ́ktʃər]	구조, 구조물
rocky [rɑ́ki]	암석으로 된		study [stʌ́di]	연구
rod [rɑd]	봉, 막대		sturdy [stə́:rdi]	튼튼한
roof [ruːf]	지붕		sub-contract	하청 계약
room tone	밀폐된 공간에 존재하는 주위의 소리		subcriteria [sʌ̀bkraitíəriə]	하위기준
rooster [rúːstər]	수탉		subculture [sʌ̀bkʌ́ltʃər]	하위문화, 신문화
rotate [róuteit]	회전하여 순환하다, 교대하다		subject [sʌ́bdʒikt]	실험 대상, 피실험자
rotation [routéiʃən]	회전, 선회		toothed [tuːθt]	이가 있는
rouse [rauz]	깨우다		topography [təpágrəfi]	지형
route [ruːt]	경로		torso [tɔ́:rsou]	상반신
run on	(은행에) 채권액의 반환을 청구하다		tow [tou]	끌어당기다
rural [rúːərəl]	시골의		trace [treis]	거슬러 올라가다, 따라가다
stainless [stéinlis]	흠 없는, 깨끗한, 결백한		track down	찾아내다, 탐지하다
stampede [stæmpíːd]	쇄도		traction [trǽkʃən]	주목, 영향력
stance [stæns]	입장, 자세		trade [treid]	거래하다
starvation [stɑːrvéiʃən]	기아, 아사		tradition [trədíʃən]	전통
statue [stǽtʃuː]	조각상		tragedy [trǽdʒədi]	비극
status quo	그대로의 상태, 현상 유지		tranquilizer [trǽŋkwəlàizər]	정신 안정제, 진정제
status [stéitəs]	지위		transcontinental [trænskɑntənéntl]	대륙횡단의
staunch [stɔːntʃ]	충실한		transcriber [trænskráibər]	사자생, 필경사
stay away from	~을 멀리하다, ~에서 떨어져 있다		transformation [trænsfərméiʃən]	변태
stay put	그대로 있다, 제자리에 머무르다		transmit [trænsmít]	전송하다
stay up	밤늦게까지 자지 않고 있다		transport [trænspɔ́:rt]	운송하다, 옮기다, 이동하다
steadily [stédili]	착실하게, 정차		telescopic [tèləskápik]	멀리까지 잘 보는, 통찰력 있는
steam engine	증기 기관		vilify [víləfài]	비방하다
stem [stem]	대, 자루		violence [váiələns]	폭력
stencil [sténsəl]	등사하다		wave energy	파동 에너지

DAY 30

abbey [ǽbi]	대성당, 대저택		accelerated motion	가속 운동
abbreviated [əbríːvièitid]	단축된, 간결하게 한		accusative [əkjúːzətiv]	직접 목적격의
aborted [əbɔ́:rtid]	유산된, 발육 부전의		acetic acid	아세트산

acquit[əkwít]	무죄로 하다	hypothesize[haipáθəsàiz]	가정하다
adjacent[ədʒéisənt]	이웃의, 인접한	hypothetical[hàipəθétikəl]	가설의, 가상의
affirm[əfə́:rm]	단언하다, 확언하다	impetus[ímpətəs]	힘, 기동력
agamic[əgǽmik]	무성 생식의	intentionally[inténʃənəli]	고의적으로, 의도적으로
agnosticism[ægnástisizəm]	불가지론	interaction[ìntərǽkʃən]	상호작용
alien[éiljən]	귀화 식물	interface[íntərfèis]	경계면, 접점
allomorph[ǽləmɔ̀:rf]	동질 이형	interfere[ìntərfíər]	간섭하다, 참견하다
allusion[əlú:ʒən]	인유, 암시, 언급	intermediate[ìntərmí:diət]	중간의
amplitude[ǽmplətjù:d]	진폭	internal[intə́:rnl]	내부의, 체내의
autogenesis[ɔ̀:toudʒénəsis]	자연 발생(설)	interrogate[intérəgèit]	심문하다, 질문하다
auxiliary[ɔːgzíljəri]	조동사	intervene[ìntərví:n]	끼어들다, 개입하다
backer[bǽkər]	후원자	intervention[ìntərvénʃən]	개입, 간섭
case method	사례 연구법	interweave[ìntərwí:v]	짜 넣다, 섞어 짜다
central angle	중심각	intestine[intéstin]	장, 창자
centroid[séntrɔid]	중심	invasion[invéiʒən]	침해, 침입
currently[kə́:rəntli]	현재	investigator[invéstəgèitər]	조사관, 심문관
cut across	~에 널리 미치다, ~을 질러가다	investment[invéstmənt]	투자
cuticle[kjú:tikl]	표피	invisible[invízəbl]	눈에 보이지 않는
cycle[sáikl]	주기, 순환	invoke[invóuk]	기원하다, 호소하다
cyclical[sáiklikəl]	순환기의, 주기적인	irregular[irégjulər]	울퉁불퉁한, 고르지 못한
discharger[distʃá:rdʒər]	탈색제, 표백제	irrigation[ìrəgéiʃən]	관개 사업
drift[drift]	표류하다, 떠돌다	irritating[ìritèitiŋ]	자극하는, 아리게 하는
drive at	의도하다, 의미하다	itchy[ítʃi]	가려운
droplet[dráplit]	물방울	monastery[mánəstèri]	수도원
drown[draun]	익사하다	monera[mənérə]	원핵생물계
dry eye	건조성 각막염	monk[mʌŋk]	수도사
duplicate[djú:plikèit]	복제하다	monozygotic[mànouzaigátik]	하나의 수정란에서 자란
durable[djú:ərəbl]	영속성 있는	monumental[mànjuméntl]	기념비적인
dwindle[dwíndl]	점차 감소하다	morality[mərǽləti]	도덕
dye[dai]	염료, 물감	motivate[móutəvèit]	동기를 주다, 자극하다
extraneous[ikstréiniəs]	외래의, 외부에 발생한	movement[mú:vmənt]	운동
extravagant[ikstrǽvəgənt]	터무니없는, 기발한, 엄청난	muddy[mʌ́di]	진흙 투성이의
extreme[ikstrí:m]	극도의, 극한	multiplier effect	상승효과
extremophile[ikstríməfàil]	극한 미생물	mural[mjú:ərəl]	벽의, 벽에 붙인
eye drops	인공눈물, 안약	muscle fiber	근섬유
grid[grid]	격자, 바둑판 눈금	mushy[mʌ́ʃi]	걸쭉한
groundbreaking[gráundbrèikiŋ]	획기적인	mutual[mjú:tʃuəl]	상호보완적인
grub[grʌb]	땅벌레	nihilism[náiəlìzm]	허무주의, 니힐리즘
guidance[gáidns]	안내, 지도	overlap[òuvərlǽp]	중복되다, 일치하다
guild[gild]	길드, 동업 조합	overpopulation[òuvərpàpjuléiʃən]	인구 과잉
guilty of charge	유죄 혐의	ovum[óuvəm]	난자
gut[gʌt]	내부를 파괴하다	oxide[áksaid]	산화물
hyperbolize[haipə́:rbəlàiz]	과장법을 쓰다	personification[pərsànəfəkéiʃən]	의인화
hypoglycemia[hàipouglaisí:miə]	저혈당	pupa[pjú:pə]	번데기
hypothesis[haipáθəsis]	가설, 가정	pure[pjuər]	순수한, 순전한

purification [pjùərəfikéiʃən]	정화	quilt [kwilt]	퀼트 누비(옷감에 솜을 넣어 누비는 것)
pursue [pərsú:]	진행하다, 계속하다	scoop [sku:p]	특종 기사
pursuit [pərsú:t]	추구	simile [síməli]	직유
put a damper on	~의 기를 꺾다	tassel [tǽsəl]	(옥수수의) 수염
put up with	견디다	undercool [ʌ̀ndərkú:l]	불충분하게 냉각하다
putrefy [pjú:trəfài]	썩다, 곪게 하다	virtual [və́:rtʃuəl]	가상의
quackery [kwǽkəri]	엉터리 치료	windblown [wíndblòun]	바람에 날린
quality [kwáləti]	특성	wipe out	죽이다, 없애다
quantity [kwántəti]	양	wiry [wáiəri]	마르지만 강인한
questionable [kwéstʃənəbl]	의심 나는, 미심쩍은	withdraw [wiðdrɔ́:]	인출하다
questionnaire [kwèstʃənέər]	설문서	withstand [wiðstǽnd]	견디다

INSTRUCTOR'S OFFICE HOURS

1. A class and assignments

abstract[ǽbstrækt] 논문 요약

academic calendar 학사 일정

academic conference 학술회의

assignment[əsáinmənt] 숙제, 과제

course catalogue 수강 신청 안내서/강의계획서

course syllabus 수업요강

curriculum[kəríkjuləm] 교과과정: 한 과목에 대한 체계적인 수업표

field trip 현장학습

laboratory[lǽbərətɔ̀ːri] 실험실

lab report 실험 보고서

proposal[prəpóuzəl] 논문 기획안

semester[siméstər] 학기

spring break 봄방학

student rank 학년

submit[səbmít] 제출하다

summer session 여름방학 중의 계절 학기

syllabus[síləbəs] 강의 계획표

term[təːrm] 학기

term paper 학기말 보고서

thesis[θíːsis] 학위논문

2. The grade and tests

academic warning/probation/dismissal 학사경고/유급/퇴학

attendance[əténdəns] 출석

blue book (청색 표지의) 시험 답안지

composition marks 작문점수

credit[krédit] 학점

extracurricular[èkstrəkəríkjələr] 과외의

final exam 기말고사

grade point average 평점

passing grade 통과 성적

proctor[práktər] 시험감독관

quiz[kwiz] 간단한 구두시험 또는 필기시험

report card 학기말 성적표

take-home exam 집에 문제를 가져갔다 마감일에 제출하는 시험 형태

transcript[trǽnskript] 성적증명서: 수강 과목과 학점, 교내 지위, 수상 기록이 함께 기록되어 있음.

true-false exam T, F로 답하는 유형의 시험

3. Academic plan and jobs

bachelor's degree 학사학위: 학부 학생이 대학 4년 전 과정을 마치면 받는 학위

commencement ceremony 학위 수여식

concentration in major 전공 중의 중점분야

degree[digríː] 학위

double major 복수전공

drop out 학교를 중퇴하다

exchange visitor program 교환 연수 프로그램

internship program 인턴 제도

job fair 취업 박람회

job opportunity 취업 자리

major[méidʒər] 전공

master program 석사과정

senior[síːnjər] 대학 4학년생

sophomore[sáfəmɔ̀ːr] 대학 2학년생

specialization[spèʃəlizéiʃən] 주특기인 분야, 전문분야

student abroad program 해외 연수 프로그램

transfer[trænsfə́ːr] 학과변경, 편입; 편입하다

undergraduate[ʌ̀ndərgrǽdʒuət] 학부

university/college/department 대학/단대/학과

1. Registrar's Office (학적과)

academic advising divisions   학업 상담 분과

academic advisor   학과 선택과 학업 과정에 있어서 학생들에게 조언을 하는 상담 교수 또는 상담 전문 직원

add a course   과목을 추가 신청하다

advance registration   조기 수강 신청

audit[ɔ́:dit]   청강: 특정 과목을 강사의 허락을 받고 강의를 듣는 것. 학점을 이수할 수 없음.

course number   학과목 번호: 보통 3~4자리의 숫자를 통해 식별됨.

deadline[dédlàin]   마감일

elective[iléktiv]   선택과목

enroll[inróul]   등록하다

non-credit course   학점 인정이 되지 않는 과목

non-major   비전공자

pass/fail class(=pass/no pass class)   통과/낙제 과목: 학점을 A, B 등으로 주지 않고 다만 pass, fail로만 표시하는 과목이다. 학점(credit)을 이수한 것으로는 인정되지만, 점수(grade)를 받을 수는 없게 된다.

prerequisite[prí:rékwəzit]   선수과목: 특정 과목을 듣기 전에 미리 들어야 하는 과목

registration period(session)   등록기간

requirement[rikwáiərmənt]   필수 과목

2. Administrative Office (행정실)

administrative office   행정실

application/acceptance/admission   응시/입학 허가/입학: application은 응시자의 서류와 성적, 인터뷰, 상벌 기록 등의 요건들을 기준으로 입학에 적격한가를 심사하는 과정이다. 여기에서 통과하면 acceptance를 발부하며, 그 과정을 거쳐 공식 입학된 상태를 admission이라고 한다.

dean[di:n]   학장, 학생처장

dean's list(=honor roll)   우등생 명단: 평점이 일정 기준을 넘는 학생들의 명단

diploma[diplóumə]   졸업증서

financial aid   재정 보조, 학자금 융자

financial aid application   재정 보조 신청

grant[grænt]   보조금, 지원금

honors department   장학 부서

loan application   대출 신청

proof of student registration   재학증명서

scholarship[skálərʃìp]   장학금

tuition[tjuːíʃən]   수업료

3. Housing Office (숙소 사무처)

amenities[əménətis]   편의시설

closet[klázit]   옷장

contract[kántrækt]   계약

custodian[kʌstóudiən]   건물 관리인, 경비

dorm manager   기숙사 관리인

dormitory dean   사감

faucet[fɔ́:sit]   수도꼭지

fitness center   운동시설

fraternity[frətə́:rnəti]   대학 내 남학생들의 친목 클럽이며 주로 그리스 문자로 이름을 정함

host family   집주인 가족

housing department(=housing office)   대학 내의 숙소관련 사무처

janitor[dʒǽnətər]   수위

laundry room   세탁실

leaky[lí:ki]   물이 새는

lease[li:s]   임대

lounge[laundʒ]   휴게실

move-out notice   이사 가기 전 미리 주인에게 알리는 것

off-campus housing   교외 거주

on-campus living   교내 거주

repair[ripέər]   수리하다

residence hall(dormitory)   기숙사

roommate[rú:mmèit]   방을 함께 쓰는 짝

security deposit   보증금

sorority[sərɔ́:rəti] 대학 내 여학생들의 친목 클럽이며 주로 그리스 문자로 이름을 정함

studio apartment   원룸형 아파트

residence dining   기숙사 식당

4. Library (도서관)

abstract[ǽbstrækt]   기사나 책의 요약문, 발췌문

article[á:rtikl]   기사, 논문

bibliography[bìbliágrəfi]   도서 목록, 저자 목록

bound[baund]   제본된

bound periodicals   정기 간행물을 합본한 것

bulletin board   게시판

call number   도서 정리 번호: 문자와 숫자로 도서 목록을 체계적으로 분류한 도서 주소

campus map   학교지도

check out   대출하다

circulation[sə̀:rkjuléiʃən]   (도서의) 대출 부수, 대출

copy card   복사카드: 복사기를 사용하거나, 마이크로 필름을 열람 또는 프린트 할 때 사용하는 카드

dissertation[dìsərtéiʃən]   학위 논문, 박사 논문

due date   도서 반납 일자

fine[fàin]   도서 반납 연체료

ID card(identification card)   학생증

information desk   안내 창구

inter-library loan   대학 간의 교환 도서 대출 시스템

late fee   연체료

librarian[laibrɛ́:əriən]   사서

library pass   도서관 출입증

loan period   대출기간

online catalogue   도서관이 보유한 도서와 자료들이 전산화된 목록

overdue[òuvərdjú:]   연체

periodical[pìəriádikəl]   정기 간행물

policy[pɑ́ləsi]   규율, 정책

recall notice   반납 요청서

reference[réfərəns]   참고 서적

return a book   책을 반납하다

serial[síəriəl]   연재물

short term loan   단기 대출

stacks[stǽks]   책의 진열대, 서가

used book   헌책

5. Other Facilities (기타 시설)

banking needs   은행업무

cafeteria[kæfətí:əriə]   간단한 음식을 파는 식당, 구내식당

campus area bus service   교내 순환버스 제도

campus job   교내 일자리

campus restaurant   교내 식당

dining hall   (대학에서 정찬 때 쓰는) 큰 식당

disability service   장애인을 위한 제도

extended dinner hours   저녁 시간 연장

extra curricular activities   과외 활동

faculty only   교직원 전용

gymnasium[dʒimnéiziəm]   체육관

health center   보건소, 의료센터

lab assistant   실험 조교

meal plan   식사 계획: 주로 일주일에 몇 번 먹을지가 입력됨

medical insurance   의료보험

parking sticker   주차 허용 스티커

parking ticket   주차 위반 딱지

postal service   우편제도

RA(= research assistant)   연구 조교

shelter[ʃéltər]   보호시설

sports facilities   운동시설

student center   학생 회관

student club   대학동아리

student conference   학생회의

student council   학생자치회

student health center   학교 보건소

TA(= teaching assistant)   교수 조교

work study   근로 장학 제도

BIOLOGY (생물학)

aggressive [əgrésiv]	격렬한	impress [imprés]	감동을 주다
aside from	~ 외에도, ~에 더해	intricate [íntrikət]	정교한
bower [báuər]	은둔처	maniacal [mənáiəkəl]	광적인
bowerbird [báuərbə̀ːrd]	바우어새	mating [méitiŋ]	짝짓기
conjugal [kándʒugəl]	부부의	meticulous [mətíkjuləs]	꼼꼼한
courtship [kɔ́ːrtʃip]	짝짓기	nest [nest]	둥지
deck [dek]	치장하다	parallel [pǽrəlèl]	평행의
decoration [dèkəréiʃən]	장식	plain [plein]	평범한, 지루한
determine [ditə́ːrmin]	결정하다	plumage [plúːmidʒ]	깃털
dull [dʌl]	지루한, 따분한	sapling [sǽpliŋ]	묘목
elevated [éləvèitid]	높은, 끌어올려진	shelter [ʃéltər]	은신처
erect [irékt]	세우다	sneaky [sníːki]	교활한, 남을 속이는
feather [féðər]	깃털	strut [strʌt]	뽐내다, 과시하다
frenetic [frənétik]	열광적인	taste [teist]	취향
gravel [grǽvəl]	자갈		

ASTRONOMY (천문학)

accuracy [ǽkjurəsi]	정확성	infinitesimal [ìnfinitésəməl]	극미한
advanced [ədvǽnst]	첨단의, 진보한	key method	주요 방식
application [æ̀pləkéiʃən]	용도, 적용	moment [móumənt]	순간
arcsecond [aːrsékənd]	초각, 1도의 1/3600	observer [əbzə́ːrvər]	관찰자
average-sized	평균 사이즈의	orbit [ɔ́ːrbit]	궤도
back and forth	반복적으로, 앞뒤로	parallax [pǽrəlæ̀ks]	시차
compute [kəmpjúːt]	계산하다	principle [prínsəpl]	원리
concept [kánsept]	개념	reference [réfərəns]	기준, 참고
demonstrate [démənstrèit]	보여주다	relatively [rélətivli]	상대적으로
depending [dipéndiŋ]	~에 따르면	second-closest	두 번째로 가까운
diameter [daiǽmətər]	지름	sufficient [səfíʃənt]	적당한, 충분한
distant [dístənt]	먼	thumb [θʌm]	엄지
field of vision	시야	trigonometry [trìgənámətri]	삼각법
in reverse	반대로	with respect to	~에 대한

HISTORY (역사학)

buildup [bíldʌ̀p]	증가, 증대	conflict [kánflikt]	갈등

current [kə́:rənt]	물결	inland [ínlænd]	내륙의
descent [disént]	출신	kick off	시작하다
devise [diváiz]	궁리하다, 고안하다	lumber mill	목재소
dip [dip]	담그다	obsolete [àbsəlíːt]	진부한, 시대에 뒤진
dislodge [dislád3]	제거하다, 몰아내다	officially [əfíʃəli]	공식적으로
dispute [dispjúːt]	다툼	oftentimes [ɔ́ːfəntàimz]	대개, 자주
downstream [dàunstríːm]	하류로	open pit mine	노천광산
enormous [inɔ́ːrməs]	거대한	overflow [òuvərflóu]	넘치게 하다
exacerbate [igzǽsərbèit]	악화시키다	overland [óuvərlænd]	육로의
exhaust [igzɔ́ːst]	없애다, 고갈시키다	pan [pæn]	냄비로 (사금을) 가려내다
firewood [fáiərwùd]	장작	peak [piːk]	최고조
flake [fleik]	조각	prospector [práspektər]	탐광자
habitat [hǽbitæt]	서식지	rampant [rǽmpənt]	만연한, 보통 있는
hospitable [háspitəbl]	쾌적한	river bed	강바닥
hydraulic [haidrɔ́ːlik]	수력의	sediment [sédəmənt]	퇴적물
immigrant [ímigrənt]	이주자	swell [swel]	불어나다
inflame [infléim]	자극하다, ~에 불을 붙이다	vigilantism [vìd3əlǽntizm]	자경단 정신
influx [ínflʌks]	유입	wholesale [hóulsèil]	대대적인

ART (미술)

aesthetics [esθétiks]	미학	ordinary [ɔ́ːrdənèri]	보통의
affordable [əfɔ́ːrdəbl]	(구입하기에) 알맞은, 감당할 수 있는	ornamental [ɔ̀ːrnəméntl]	장식적인
emphasize [émfəsàiz]	강조하다	repetitive [ripétətiv]	반복적인
essentially [isénʃəli]	본질적으로	revolt [rivóult]	운동을 일으키다, 반항하다
handcraft [hǽndkræft]	수제품의	shoddy [ʃádi]	조잡한, 싸구려의
Industrial Revolution	산업혁명	tedious [tíːdiəs]	지루한
one-of-a-kind	고유한	ventilate [véntəlèit]	통풍시키다

MUSIC (음악)

analogous [ənǽləgəs]	유사한	enamor [inǽmər]	매혹하다
arena [əríːnə]	분야	endeavor [endévər]	시도, 노력
aristocratic [ərìstəkrǽtik]	귀족적인, 귀족의	farcical [fáːrsikəl]	익살맞은
artistic [ɑːrtístik]	예술적인	for starters	시작하자면, 우선
common people	평민	forefront [fɔ́ːrfrʌnt]	전면
commonwealth [kámənwèlθ]	영연방	gap [gæp]	틈
component [kəmpóunənt]	구성 요소	indigenous [indíd3ənəs]	고유한
cue [kjuː]	힌트	influential [ìnfluénʃəl]	영향력 있는
curtail [kəːrtéil]	제한하다, 줄이다	instrumentation [ìnstrəmentéiʃən]	악기의 사용
derive [diráiv]	파생된	knowledge [nálid3]	지식
diminish [dimíniʃ]	줄이는	Latin [lǽtən]	라틴어
domestic [dəméstik]	국내	lingua franca	통상어, 공용어

mythological [mìθəlάdʒikəl]	신화의		sponsor [spάnsər]	지원하다
narrative [nǽrətiv]	줄거리, 이야기		standard [stǽndərd]	기준
opus [óupəs]	작품		stark [stɑːrk]	적나라한
root [ruːt]	뿌리		tragedy [trǽdʒədi]	비극
royal court	궁중		underlying [ʌ̀ndərlάiiŋ]	기본의
spectacle [spéktəkl]	구경거리		vibrant [vάibrənt]	울려 퍼지는, 진동하는

ENVIRONMENTAL SCIENCE (환경학)

autotroph [ɔ́ːtətràf]	독립 영양생물		graze [greiz]	풀을 뜯어 먹다
carbohydrate [kàːrbəháidreit]	탄수화물		herbivore [hə́ːrbəvɔ̀ːr]	초식동물
carnivore [kάːrnəvɔ̀ːr]	육식동물		heterotroph [hétərətràf]	종속 영양생물
chloroplast [klɔ́ːrəplæ̀st]	엽록체		onwards [άnwərdz]	나아가서, 계속해서
constitute [kάnstətjùːt]	차지하다, 구성하다		organism [ɔ́ːrgənìzm]	유기체
consumer [kənsúːmər]	소비자		photosynthesis [fòutousìnθəsis]	광합성
cyanobacteria [sáiənoubæktìəriə]	시아노 박테리아		predator [prédətər]	포식자
efficient [ifíʃənt]	효율적인		prevalent [prévələnt]	흔한
elegant [éligənt]	우아한		producer [prədjúːsər]	생산자
excrete [ikskríːt]	배설하다		shelve [ʃelv]	버리다, (선반에) 처박아 두다
food chain	먹이사슬		sucrose [súːkrous]	자당
food web	먹이그물		trophic [tráfik]	영양의
fungi [fʌ́ndʒai]	버섯, 균류		via [vάiə]	~으로, ~을 통해
glucose [glúːkous]	포도당		wastage [wéistidʒ]	소실, 소모

GEOLOGY (지질학)

calcite [kǽlsait]	방해석		hoodoo [húːduː]	바위 기둥, 후두
carbonic acid	탄산		lumpy [lʌ́mpi]	울퉁불퉁한
collapse [kəlǽps]	무너지다		organic [ɔːrgǽnik]	유기체의
compact [kəmpǽkt]	누르다, 압축하다		plateau [plætóu]	고원
consist of	~을 가지고 있다, ~로 구성되다		precaution [prikɔ́ːʃən]	조심, 경계
corridor [kɔ́ːridər]	회랑, 복도		quartz [kwɔːrts]	석영
decay [dikéi]	썩다		runoff [rʌ́nɔ̀ːf]	유거수
decompose [dìːkəmpóuz]	분해시키다		sedimentary rock	퇴적암
dissolve [dizάlv]	녹다		seep [siːp]	스며들다
erode [iróud]	침식하다		smooth [smuːð]	매끈한
formation [fɔːrméiʃən]	생성, 형성		susceptible [səséptəbl]	약한, 민감한
frost wedging	서리발 쐐기작용		weathering [wéðəriŋ]	풍화(작용)
grain [grein]	조각, 낟알		wedge [wedʒ]	쐐기, V자형
gully [gʌ́li]	협곡, 골짜기		withstand [wiðstǽnd]	견디다, 버티다

LITERATURE (문학)

agenda [ədʒéndə]	의제	intensely [inténsli]	지극히, 강렬하게
artistic [ɑːrtístik]	예술적인	migrate [máigreit]	이주하다
circumstance [sə́ːrkəmstæns]	조건, 주위의 사정	racial equality	인종 평등
concentration [kànsəntréiʃən]	집중	rapacious [rəpéiʃəs]	탐욕적인
distinctive [distíŋktiv]	특별한	rebirth [riːbə́ːrθ]	부활
espouse [ispáuz]	(주의·사상 등을) 지지하다	recall [rikɔ́ːl]	기억해 내다
essentially [isénʃəli]	본질적으로	remarkable [rimɑ́ːrkəbl]	놀라운, 현저한
fairly [féərli]	꽤	Renaissance [rènəsɑ́ːns]	르네상스
far-fetched [fɑ́ːrfètʃt]	부자연스러운	reputation [rèpjutéiʃən]	명성
ghetto [gétou]	빈민가	revival [riváivəl]	재생, 부활
groundwork [gráundwə̀ːrk]	기초, 토대	settle [sétl]	정착하다
ideology [àidiálədʒi]	이데올로기	slavery [sléivəri]	노예제
imbue [imbjúː]	불어넣다, 물들이다	standout [stǽndàut]	뛰어난 것(사람)
incline [inkláin]	경향이 있다	take place	일어나다
inflict [inflíkt]	(타격을) 주다, 가하다	transformation [trænsfərméiʃən]	변화
insight [ínsàit]	통찰력	volume [váljuːm]	권, 서적

LINGUISTICS (언어학)

acquisition [ækwəzíʃən]	습득	reinforcement [rìːinfɔ́ːrsmənt]	강화
blank [blæŋk]	비어있는	relatively [rélətivli]	상대적으로
built-in	내재된	renowned [rináund]	저명한, 유명한
conditioned [kəndíʃənd]	몸에 익은, 조건반사가 된	selectively [siléktivli]	선택적으로
empirical [empírikəl]	경험적인	sharpen [ʃɑ́ːrpən]	강화하다
genetically [dʒənétikəli]	유전적으로	slate [sleit]	서판, 석판
incredible [inkrédəbl]	굉장한	stimulus [stímjuləs]	자극 (pl. stimuli)
innate [inéit]	선천적인, 타고난	systematically [sìstəmǽtikəli]	체계적으로
interrupt [ìntərʌ́pt]	방해하다	template [témplət]	원형, 모형
lean toward	~으로 기울어지다	theorize [θíːəràiz]	이론화하다
liken [láikən]	비유하다	universal [jùːnəvə́ːrsəl]	보편적인
literature [lítərətʃùər]	논문, 문헌	versus [və́ːrsəs]	~대
poverty [pávərti]	결핍, 궁핍	vocabulary [voukǽbjulèri]	어휘
reinforce [rìːinfɔ́ːrs]	강화하다, 보강하다		

ANTHROPOLOGY (인류학)

arid [ǽrid]	건조한	defender [diféndər]	옹호자
boost [buːst]	올리다	deforestation [diːfɔ̀ːristéiʃən]	삼림벌채
content [kántent]	함유량	demise [dimáiz]	소멸, 멸망
convincing [kənvínsiŋ]	설득력 있는	deplete [diplíːt]	고갈시키다

desert [dézərt]	버리다, 유기하다	seemingly [síːmiŋli]	~듯한, 겉보기에
disturbance [distə́ːrbəns]	불안	severe [sivíər]	극심한
downfall [dáunfɔːl]	몰락	slash-and-burn farming	화전농업
erosion [iróuʒən]	침식	spark [spaːrk]	유발하다
groundcover [gráundkʌ̀vər]	지표	stunning [stʌ́niŋ]	놀라운
immense [iméns]	거대한	take action	조치를 취하다
jargon [dʒáːrgən]	전문 용어	topsoil [tápsɔ̀il]	표토
monument [mánjumənt]	기념비	tree ring	나이테
noble [nóubl]	귀족	infertile [infə́ːrtl]	불모의
overpopulation [òuvərpɑpjuléiʃən]	인구 과잉	vanish [vǽniʃ]	사라지다
peasant [péznt]	농민, 소작농	vulnerable [vʌ́lnərəbl]	영향 받기 쉬운, 약한
pollen [pálən]	꽃가루	wage [weidʒ]	(전쟁을) 일으키다
precious [préʃəs]	소중한	warfare [wɔ́ːrfɛ̀ər]	전쟁
ruin [rúːin]	폐허, 유적지		

ARCHAEOLOGY (고고학)

anomaly [ənáməli]	차이, 변칙	penetrating [pénətrèitiŋ]	관통하는
artifact [áːrtəfæ̀kt]	유물	pixel [píksəl]	화소(화상의 최소 구성 단위)
boomerang [búːməræ̀ŋ]	되돌아오다	preserve [prizə́ːrv]	보존하다
boulder [bóuldər]	큰 바위	reflected [rifléktid]	반사된
compile [kəmpáil]	모으다, 쌓다	resistivity [rìːzistívəti]	저항력
conductivity [kàndʌktívəti]	전도성	resolution [rèzəlúːʃən]	해상도
conductor [kəndʌ́ktər]	전도체	rumble [rʌ́mbl]	덜커덕거림
definitely [défənitli]	분명히	saturated [sǽtʃərèitid]	젖은
electromagnetic [ilèktroumægnétik]	전자기의	so to speak	이를테면
geophysical [dʒìːoufízikəl]	지구물리학적인	systematically [sìstəmǽtikəli]	조직적으로
grid [grid]	그리드, 격자	three-dimensional	3차원의
in light of	~의 관점에서	transaction [trænsǽkʃən]	처리
induction [indʌ́kʃən]	유도	transmit [trænsmít]	전송하다
interfere with	~을 방해하다	ultimately [ʌ́ltəmitli]	궁극적으로
investigate [invéstəgèit]	조사하다	virtually [və́ːrtʃuəli]	사실상
monument [mánjumənt]	기념 건축물	wheeled [hwiːld]	바퀴 달린
mount [maunt]	올려놓다, 두다	yield [jiːld]	산출하다
non-destructive	손상을 주지 않은		

PALEONTOLOGY (고생물학)

ashore [əʃɔ́ːr]	육상으로, 물가의	chest fin	폐 지느러미
backbone [bǽkbòun]	척추	coelacanth [síːləkæ̀nθ]	실러캔스
balance [bǽləns]	균형을 잡다	Devonian Period	데본기
brisk [brisk]	빠른, 활발한	Cretaceous Period	백악기
cavity [kǽvəti]	구멍	distinctive [distíŋktiv]	특이한, 독특한

elastic[ilǽstik]	탄력 있는	prey[prei]	먹이
evolution[èvəlúːʃən]	진화론	protrude[proutrúːd]	돌출하다
extinct[ikstíŋkt]	멸종된	quote unquote	말하자면
fibrous[fáibrəs]	섬유질의	reappear[rìːəpíər]	다시 나타나다
fin[fin]	지느러미	rostral[rástrəl]	주둥이의
firmly[fɔ́ːrmli]	강하게, 확고히	rotate[róuteit]	회전하다
flex[fleks]	구부리다	snout[snaut]	주둥이
give off	방출하다	spine[spain]	등뼈
hollow[hálou]	속이 빈	stick out	돌출하다
impulse[ímpʌls]	자극	subsequent[sʌ́bsəkwənt]	연이은
in conjunction with	~와 함께	tetrapod[tétrəpàd]	4족류(네발 짐승)
incline[inkláin]	(마음이) 기울다	three-lobed	세 개의 엽이 있는
initial[iníʃəl]	처음의	trawler[trɔ́ːlər]	트롤 어선
limb[lim]	다리	trunk[trʌŋk]	물고기의 구간부, 몸통
pelvic fin	배 지느러미	vertebrae[vɔ́ːrtəbrìː]	척추
prehistoric[prìːhistɔ́ːrik]	선사 시대의		

SOCIOLOGY (사회학)

acquaintance[əkwéintəns]	아는 사람, 지인	process[práses]	과정
active[ǽktiv]	활동적인	purview[pɔ́ːrvjuː]	범위
capacity[kəpǽsəti]	용량	recall[rikɔ́ːl]	기억해내다
co-worker	동료	reclassify[rìːklǽsəfài]	재분류하다
cortex[kɔ́ːrteks]	대뇌피질	regression[rigréʃən]	회귀
decade[dékeid]	10년	settlement[sétlmənt]	마을, 거류지
duration[djuréiʃən]	지속 기간	shared behavior	공통적인 태도
expose[ikspóuz]	노출하다	shopping list	쇼핑 리스트
field of study	연구 분야	short-term	단기
glean[gliːn]	수집하다	sociological[sòusiəládʒikəl]	사회학적인
hippocampus[hìpəkǽmpəs]	해마상 융기	stable[stéibl]	안정적인
intimate[íntəmət]	친밀한	student ID	학생증
long-term	장기	subject[sʌ́bdʒikt]	주제
nature[néitʃər]	습성	third world	제3세계
predict[pridíkt]	예장하다	tribal[tráibl]	부족의

PSYCHOLOGY (심리학)

acute[əkjúːt]	심한, 강한	disorder[disɔ́ːrdər]	장애
anxiety[æŋzáiəti]	불안	dissect[daisékt]	해부하다, 분석하다
chew[tʃuː]	물어뜯다	effective[iféktiv]	효과적인
cognitive[kágnitiv]	인식의	head-on	정면으로
confront[kənfrʌ́nt]	직면하다	in conjunction with	~와 병행하여
diarrhea[dàiəríːə]	설사	medicament[mədíkəmənt]	약물

nausea [nɔ́ːziə]	구역질	routine [ruːtíːn]	일상
occurrence [əkə́ːrəns]	발생	side effect	부작용
panic [pǽnik]	공포	somatic [soumǽtik]	신체적
physical [fízikəl]	육체적	toddler [tádlər]	유아
rational [rǽʃənəl]	이성적인	traumatize [trɔ́ːmətàiz]	정신적으로 충격을 주다
reassure [rìːəʃúər]	안심시키다	unwillingness [ʌnwíliŋnis]	꺼림
relaxation [rìːlækséiʃən]	완화	vary [vɛ́əri]	차이가 있다, 가지각색이다
relieve [rilíːv]	누그러뜨리다	vomiting [vámitiŋ]	구토

ECONOMICS (경제학)

absolute advantage	절대 우위	point out	지적하다
after all	결국	productivity [pròudʌktívəti]	생산력
aware [əwɛ́ər]	아는, 깨닫는	profitable [práfitəbl]	유익한, 이익이 되는
bring up	얘기하다, 얘기를 꺼내다	recall [rikɔ́ːl]	기억하다
comparative advantage	상대 우위	scale [skeil]	규모
concentrate [kánsəntrèit]	집중하다	significance [signífikəns]	의의, 중요성
electronics [ilektrániks]	전자제품	Silk Road	비단길
exploit [éksplɔit]	활용하다	suited [sjúːtid]	적합한, 적당한
import [impɔ́ːrt]	수입하다	trading route	교역로
mathematical [mæ̀θəmǽtikəl]	수학적인	traverse [trǽvəːrs]	지나다, 가로지르다
maximize [mǽksəmàiz]	극대화하다	valuable [vǽljuəbl]	귀중한
on the right track	거의 맞아, 맞는 방향으로 향하여	what have you	등등
opportunity cost	기회비용	whereas [hwɛərǽz]	~에 반하여

PHYSICS (물리학)

acoustic [əkúːstik]	청각의	interference [ìntərfíːərəns]	방해
analogous [ənǽləgəs]	유사한	mow [mou]	(풀을) 깎다, 베다
audible [ɔ́ːdəbl]	들리는	neighbor [néibər]	이웃
auditory [ɔ́ːditɔ̀ːri]	청각	octave [áktiv]	옥타브
avoid [əvɔ́id]	피하다	overlap [òuvərlǽp]	겹치다
chatter [tʃǽtər]	수다 떨다	pollutant [pəlúːtənt]	오염 (물질)
commercially [kəmə́ːrʃəli]	상업적으로	psychological [sàikəládʒikəl]	심리상의
density [dénsəti]	밀도	quality of life	삶의 질
detection [ditékʃən]	감지	randomness [rǽndəmnis]	임의
disagreeable [dìsəgríːəbl]	불쾌한	skewed [skjúːd]	~쪽인, 치우친
electronic [ilektránik]	전자의	social [sóuʃəl]	사회적인
environmental [invài ərənméntl]	환경의	soothing [súːðiŋ]	안심시키는
exaggeration [igzæ̀dʒəréiʃən]	과장	synthesizer [sínθəsàizər]	음성 합성 장치
experience [ikspíːəriəns]	경험	teenage [tíːnèidʒ]	10대의
frequency [fríːkwənsi]	주파수	toned-down	(소리가) 줄여진
implication [ìmpləkéiʃən]	영향	visual spectrum	보이는 스펙트럼

CHEMISTRY (화학)

abundant [əbʌ́ndənt]	흔한, 풍부한	hexagonal [heksǽgənl]	6각형의
adhere [ædhíər]	붙다	homage [hámidʒ]	경의
advocate [ǽdvəkèit]	지지하다	insulator [ínsəlèitər]	절연체
allotrope [ǽlətròup]	동소체	lattice [lǽtis]	격자
carbon-based	탄소로 이루어진	minute [mainjú:t]	아주 적은, 미세한
carbon dioxide	이산화탄소	molecule [máləkjù:l]	분자
conductor [kəndʌ́ktər]	도체	petroleum [pətróuliəm]	석유
cylinder [sílindər]	원기둥	physical [fízikl]	물리적인
electrical [iléktrikəl]	전기의	property [prápərti]	특징
electron [iléktran]	전자	purely [pjúərli]	순수하게
element [éləmənt]	원소	spherical [sférikl]	구형의
envision [invíʒən]	상상하다	structure [strʌ́ktʃər]	구조
geodesic [dʒì:ədésik]	측지의	unrelated [ʌ̀nriléitid]	다른, 상관없는
helium [hí:liəm]	헬륨	vaporize [véipəràiz]	기화시키다

PHYSIOLOGY (생리학)

basically [béisikəli]	기본적으로	mimic [mímik]	모방하다
chromosome [króuməsòum]	염색체	mutation [mju:téiʃən]	변화, 변형
coexist [kòuigzíst]	공존하다	opsin [ápsin]	옵신
color blindness	색맹	presence [prézns]	존재
conduct [kəndʌ́kt]	처리하다	primate [práimeit]	영장류
corresponding [kɔ̀:rispándiŋ]	일치하는, 대응하는	rare [rɛər]	드문
differentiate [dìfərénʃièit]	구별하다	receptor [riséptər]	감각기관
duplicate [djú:pləkit]	중복된, 복제의	retina [rétənə]	망막
fudge [fʌdʒ]	퍼지	simultaneously [sàiməltéiniəsli]	동시에
function [fʌ́ŋkʃən]	작용하다, 기능하다	species [spí:ʃi:z]	종
gene [dʒi:n]	유전자	squirrel [skwə́:rəl]	다람쥐
handicap [hǽndikæ̀p]	장애	trichromatic [tràikroumǽtik]	3색의
independent [ìndipéndənt]	독립적인	vision [víʒən]	시력
inherit [inhérit]	유전받다	wavelength [wéivlèŋθ]	파장
lid [lid]	뚜껑		

COMMUNICATION (커뮤니케이션)

adopt [ədápt]	채택하다	content [kántent]	내용
at best	기껏해야	court [kɔ:rt]	(남을) 꾀다
chew [tʃu:]	토론하다	cover to cover	처음부터 끝까지
circulation [sə̀:rkjuléiʃən]	발행, 판매부수	deciding factor	결정적인 요인
contemporary [kəntémpərèri]	현대적인	deliver [dilívər]	보도하다

effectively [iféktivli]	효과적으로	section [sékʃən]	섹션
fundamental [fʌndəméntl]	근본적인	significantly [signífikəntli]	상당히
newsstand [njú:zstænd]	신문 가판대	skim [skim]	대충 훑어보다
on time	정각에	spice [spais]	장식하다, 흥취를 더하다
overcome [òuvərkʌm]	극복하다	subscribe [səbskráib]	구독하다
peak [pi:k]	정점에 이르다	target audience	대상 독자
quote [kwout]	인용	temporary [témpərèri]	일시적인
readership [rí:dərʃìp]	독자	tempt [témpt]	마음이 들게 하다
relevant [réləvənt]	연관된	urgent [ə́:rdʒənt]	절박한
reverse [rivə́:rs]	반등시키다	whatever [hwʌtévər]	무엇이든
scheme [ski:m]	기획		

ARCHITECTURE (건축)

account for	차지하다	insulation [ìnsʃuléiʃən]	절연체
achievement [ətʃí:vmənt]	성과, 업적	mesh [meʃ]	그물
approach [əpróutʃ]	접근	modest [mádist]	작은, 간소한
architect [á:rkitèkt]	건축가	nutrient [njú:triənt]	영양분
bedding [bédiŋ]	잠자리 짚	pest [pest]	해충
by-product	부산물	promising [prámisiŋ]	장래성 있는
chicken wire	철망	rectangular prism	직사각형 모양(각기둥)
common [kámən]	흔한	reliability [rilàiəbíləti]	신뢰성
compost [kámpoust]	썩히다	rundown [rʌ́ndáun]	요약, 개요
constitute [kánstitʃù:t]	이루다, 구성하다	sentimental [sèntəméntl]	감정적인
conventional [kənvénʃənl]	전통적인	substantial [səbstǽnʃəl]	상당한
cost-prohibitive	비용이 과하게 드는	tax break	세금 우대 조치
decay [dikéi]	부패하다	tensile [ténsəl]	장력의
decompose [dí:kəmpóuz]	분해되다	termite [tə́:rmait]	흰개미
fertilize [fə́:rtəlàiz]	비료를 주다	typical [típikəl]	일반적인
fire-resistant	불에 강한	yield [ji:ld]	수확량
fire prone	불에 약한		

FILM (영화)

accompaniment [əkʌ́mpənimənt]	부속물	documentary [dàkjuméntəri]	다큐멘터리
basement [béismənt]	지하실	filmmaker [fílmmèikər]	영화제작사
cartoon [kɑːrtúːn]	만화	flick [flik]	영화
cockroach [kákròutʃ]	바퀴벌레	genre [ʒá:nrə]	장르
combination [kàmbənéiʃən]	합성, 결합	lower class	노동자 계층
come into one's own	인정받다	luxurious [lʌgʒúəriəs]	호화로운
competitive [kəmpétətiv]	경쟁적인	middle-class	중산층
consequently [kánsəkwèntli]	따라서	movie-going public	영화 관람객
convert [kənvə́:rt]	개조하다	narrative [nǽrətiv]	서술형의, 이야기 식의

nickel [níkəl]	5센트	storefront [stɔ́ːrfrʌ̀nt]	상점 정면의
nickelodeon [nìkəlóudiən]	니켈로디언(5센트짜리 영화극장)	storeroom [stɔ́ːrrùːm]	광
plot [plɑt]	줄거리	suitable [sjúːtəbl]	적당한, 적절한
short film	단편 영화	uncommon [ʌnkάmən]	드문
sophisticated [səfístəkèitid]	세련된	venue [vénjuː]	회합 장소

PHOTOGRAPHY (사진)

a mass of	다량의	kit [kit]	도구 세트
arrange [əréindʒ]	세우다, 정렬하다	light-free	빛이 없는
blurry [blə́ːri]	흐릿한	masterpiece [mǽstərpìːs]	대표작
by means of	~을 통해, ~에 의하여	mathematician [mæ̀θəmətíʃən]	수학자
cardboard [kάːrdbɔ̀ːrd]	마분지	novelty [nάvəlti]	발명품, 색다른 물건
cone [koun]	원뿔체, 추상체	optic nerve	시신경
container [kəntéinər]	용기, 상자	optics [άptiks]	광학
discard [diskάːrd]	버리다	photo paper	감광지
disperse [dispə́ːrs]	분산시키다	physicist [fízisist]	물리학자
eyeball [áibɔ̀ːl]	안구	pinhole [pínhòul]	핀홀(바늘구멍)
image [ímidʒ]	이미지	pupil [pjúːpəl]	동공
impressionism [impréʃənìzm]	인상주의	refract [rifrǽkt]	굴절시키다
improvised [ímprəvàizd]	즉석에서 만든	refrigerator [rifrídʒərèitər]	냉장고
in a row	일렬로	retina [rétənə]	망막
instruction [instrʌ́kʃən]	설명서	reversed [rivə́ːrst]	뒤집어진
iris [áiəris]	홍채	spread out	퍼뜨리다

ENGINEERING (공학)

astride [əstráid]	걸터앉아	inefficient [ìnifíʃənt]	비효율적인
atop [ətάp]	~의 위에, ~의 정상에	loop around	고리 모양으로 감겨 있다
chain [tʃein]	체인	noticeably [nóutisəbli]	눈에 띄게
combination [kὰmbənéiʃən]	조합	pitch [pitʃ]	내동댕이 쳐지다
efficiency [ifíʃənsi]	효율성	potential [pəténʃəl]	잠재력
frighteningly [fráitəniŋli]	두렵게도, 놀랍게도	promising [prάmisiŋ]	기대되는
gear ratio	기어 비율	relatively [rélətivli]	비교적으로
in-line	일렬로	steer [stiər]	조종하다

goHackers.com

미국 영어와 영국 영어의 차이

미국 영어와 영국 영어의 차이

iBT TOEFL 리스닝에서는 간혹 영국, 호주 또는 뉴질랜드식 발음이 등장하는 경우가 있다. 그동안 미국식 영어에 많이 노출되어 있던 한국 학습자들에게 타 영어권 국가의 발음은 낯설고 어렵게 느껴질 수 있으므로, 기본적인 차이점을 숙지하고 각 영어권 국가의 발음을 비교하며 듣는 연습을 하는 것이 좋다. 호주와 뉴질랜드식 영어는 영국식 영어와 유사하기 때문에 크게 미국 영어와 영국 영어를 비교해서 알아두면 된다.

발음의 차이

미국 영어와 영국 영어는 발음에서뿐만 아니라 어휘와 철자에서도 차이가 있다. 미국 영어와 영국 영어의 발음, 어휘, 철자에 어떤 차이점이 있는지 알아두도록 한다. 전반적으로 미국 영어는 영국 영어에 비해 목소리 톤이 높고 부드럽게 들린다. 영국 영어는 철자에 가까운 발음(spelling pronunciation)을 하며, 억양 변화가 많고 모음을 짧게 발음하기 때문에 상대적으로 빠르게 들린다.

1. 자음

■ 끝소리 /r/

미국 영어에서는 모음 뒤의 [r]음을 항상 발음한다. 반면 영국 영어에서는 첫소리 [r]을 제외한 끝소리 [r]은 탈락되는 경우가 대부분이다.

	together	here	turn	burn
미국	[təgéðər]	[hiər]	[tə:rn]	[bə:rn]
영국	[təgéðə]	[hiə]	[tə:n]	[bə:n]

② 모음 사이에 오는 /t/

미국 영어에서는 모음과 모음 사이에 오는 /t/는 부드럽게 굴려서 [d]와 [r]의 중간 소리로 발음하지만 영국 영어에서는 [t] 소리 그대로 발음한다.

	total	item	later	automatic
미국	[tóud*l]	[áid*əm]	[léid*ər]	[ɔ:d*əmǽd*ik]
영국	[tóutl]	[áitəm]	[léitə]	[ɔ:təmǽtik]

＊변화된 [t]를 편의상 [d*]로 표기하였으나, 정확한 [d]발음과는 다른 [d]와 [r]의 중간 소리입니다.

2. 모음

■ /ɑ/

미국 영어에서는 [æ]로 발음되지만 영국 영어에서는 [ɑ]로 발음된다.

	pass	half	class	after
미국	[pæs]	[hæ:f]	[klæs]	[ǽftər]
영국	[pɑ:s]	[hɑ:f]	[klɑ:s]	[ɑ:ftə]

2 /i/

특정 단어의 경우 미국 영어에서는 [i]로 발음되지만 영국 영어에서는 [ai]로 발음된다.

	either	neither	direction	organization
미국	[íːðər]	[níːðər]	[dirékʃən]	[ɔ́ːrɡənizéiʃən]
영국	[áiðə]	[náiðə]	[dairékʃən]	[ɔ́ːrɡənaizéiʃən]

3 /o/

특정 단어의 경우 미국 영어에서는 [ɑ]로 발음되지만 영국 영어에서는 [ɔ]로 발음된다.

	not	shop	stop	copy
미국	[nɑːt]	[ʃɑːp]	[stɑːp]	[kɑ́pi]
영국	[nɔːt]	[ʃɔːp]	[stɔːp]	[kɔ́pi]

4 /u/

미국 영어에서는 주로 [u] '우'로 발음되는 반면 영국 영어에서는 [ju] '유'로 발음된다.

	tune	news	student	opportunity
미국	[tuːn]	[nuːz]	[stúːdnt]	[àpərtúːnəti]
영국	[tjuːn]	[njuːz]	[stjúːdnt]	[ɔ̀pərjúːnəti]

3. 중요한 음운 현상

1 모음 사이에 /nt/가 오는 경우

/nt/가 두 모음 사이에 오면, 미국 영어에서는 [t]소리가 생략되는 반면 영국 영어에서는 [t]발음이 살아 있다.

	twenty	interview	entertainment	interchange
미국	[twéni]	[ínərvjùː]	[ènərtéinmənt]	[ìnərtʃéindʒ]
영국	[twénti]	[íntərvjùː]	[èntərtéinmənt]	[ìntərtʃéindʒ]

2 [tn], [tli] 발음으로 끝나는 경우

[tn]으로 끝나는 경우, 미국 영어에서는 [t]소리를 발음하지 않고 한번 숨을 멈추었다가 [n]의 끝소리를 거의 '응' 혹은 '은'으로 발음한다. [tli]로 끝나는 경우에도 미국 영어에서는 [t]를 발음하지 않고 한번 숨을 멈추었다가 [li]만 발음한다. 반면 영국에서는 [t]를 그대로 살려 강하게 발음한다.

	cotton	fountain	absolutely	diligently
미국	카ㅌ은	파운(ㅌ)은	앱솔루ㅌ리	딜리전(ㅌ)리
영국	[kɔ́tn]	[fàuntən]	[æ̀bsəlúːtli]	[dílədʒəntli]

3 /rt/

미국 영어에서는 [t]발음을 생략하지만 영국 영어에서는 [t]를 그대로 발음한다.

	artist	quarter	portable	reporter
미국	아r리스트	쿼어r러	포어r러벌	뤼포어r러
영국	[áːtist]	[kwɔ́ːtə]	[pɔ́ːtəbl]	[ripɔ́ːtə]

4. 강세

미국 영어에서는 뒤에 오는 반면 영국 영어에서는 앞에 오는 경우가 있다.

	garage	baton	debris
미국	[gərɑ́:ʒ]	[bətɑ́n]	[dəbríː]
영국	[gǽrɑːʒ]	[bǽtɔn]	[débriː]

5. 마지막 음절의 모음

미국 영어는 발음하는 반면 영국 영어는 생략하는 경우가 있다.

	secretary	territory	conservatory	preparatory
미국	[sékrətèri]	[térətɔ̀:ri]	[kənsé:rvətɔ̀:ri]	[pripǽrətɔ̀:ri]
영국	[sékrətəri]	[térətə:ri]	[kənsɔ́:rvətə:ri]	[pripǽrətə:ri]

어휘의 차이

발음에 비해 미국 영어와 영국 영어에서 사용하는 어휘의 의미가 다른 경우는 많지 않으나 꼭 구분해야 할 몇 가지 단어들이 있으므로 알아두도록 한다.

1. 동일한 개념, 다른 어휘

	미국	영국
수도꼭지	faucet	tap
지폐	bill	note
화장실	restroom	toilet
변호사	attorney, lawyer	solicitor
옥수수	corn	maize
승강기	elevator	lift
1층, 2층	first floor, second floor	ground floor, first floor
짐(화물)	baggage	luggage
자동차	automobile	motorcar
매표소	ticket office	booking office
영화	movies	films
아파트	apartment	flat
대학교 1학년	freshman	first-year student
대학교 2학년	sophomore	second-year student
대학교 3학년	junior	third-year student
대학교 4학년	senior	fourth-year student

2. 동일한 어휘, 다른 개념

	미국	영국
football	미식 축구	축구
vest	조끼	속옷
student	초, 중, 고, 대학생 모두를 지칭	대학생만을 지칭(초, 중, 고 학생은 pupil)
public school	공립학교	사립중등학교
merchant	소매 상인	도매상, 무역상
continent	북미 대륙	유럽 대륙
faculty	교수진	학부
pocketbook	핸드백	수첩
subway	지하철	지하도
holiday	공휴일	휴가
billion	10억	1조

철자의 차이

미국 영어와 영국 영어에서 같은 개념, 같은 어휘로 쓰이나 철자가 조금씩 다른 경우가 있으므로 이를 알아두도록 한다.

미국	영국
color	colour
honor	honour
favorite	favourite
neighbor	neighbour
center	centre
theater	theatre
gray	grey
organize	organise
realize	realise
memorize	memorise
disk	disc
check	cheque
defense	defence
jewelry	jewellery
airplane	aeroplane

MEMO

MEMO

MEMO

기본에서 실전까지 iBT 토플 리스닝 완벽 대비

H|A|C|K|E|R|S| TOEFL
LISTENING

개정 5판 2쇄 발행 2025년 1월 13일
개정 5판 1쇄 발행 2023년 8월 31일

지은이	David Cho │ 언어학 박사, 前 UCLA 교수
펴낸곳	(주)해커스 어학연구소
펴낸이	해커스 어학연구소 출판팀

주소	서울특별시 서초구 강남대로61길 23 (주)해커스 어학연구소
고객센터	02-537-5000
교재 관련 문의	publishing@hackers.com
동영상강의	HackersIngang.com

ISBN	978-89-6542-600-4 (13740)
Serial Number	05-02-01

외국어인강 1위,
해커스인강(HackersIngang.com)

해커스인강

- 실전 감각을 극대화하는 **iBT 리스닝 실전모의고사**
- 효과적인 리스닝 학습을 돕는 **교재 MP3·단어암기 MP3**
- 해커스 토플 스타강사의 **본 교재 인강**

전세계 유학정보의 중심,
고우해커스(goHackers.com)

고우해커스

- **토플 쉐도잉&말하기 연습 프로그램, 토플 스피킹/라이팅 첨삭 게시판** 등 무료 학습 콘텐츠
- 고득점을 위한 **토플 공부전략 강의**
- **국가별 대학 및 전공별 정보, 유학 Q&A 게시판** 등 다양한 유학정보

[외국어인강 1위] 헤럴드 선정 2018 대학생 선호브랜드 대상 '대학생이 선정한 외국어인강' 부문 1위

전세계 유학정보의 중심
고우해커스

goHackers.co

1위 해커스어학원
260만이 선택한 해커스 토플

단기간 고득점 잡는 해커스만의 체계화된 관리 시스템

01

토플 무료 배치고사

현재 실력과 목표 점수에 딱 맞는
학습을 위한 무료 반배치고사 진행!

월 2회

토플 Trial Test

월 2회 실전처럼 모의테스트 가능한
TRIAL test 응시기회 제공!

02

03

1:1 개별 첨삭시스템

채점표를 기반으로 약점파악 및 피드백,
1:1 개인별 맞춤 첨삭 진행!

해커스 빡센 관리 받고
1달 만에 토플 고득점 졸업 go ▶

|H|A|C|K|E|R|S|

TOEFL

LISTENING

David Cho

정답 · 스크립트 · 해석 · 정답단서

TOEFL iBT
최신출제경향
반영

해커스 어학연구소

HACKERS
TOEFL
LISTENING

정답 · 스크립트 · 해석 · 정답단서

해커스 어학연구소

DIAGNOSTIC TEST

1. (C)	2. (A)	3. (B)	4. (D)	5. (D)	6. (C)	7. (D)	8. (B)

9.		
	Step 1	The surface of the lava ejected from volcanoes hardens into rock when it meets the cold water on the ocean floor.
	Step 2	The minerals in hydrothermal vent water turn into crystals on lava rocks and form sulfide structures.
	Step 3	Hot water pushes upward through the sulfide framework and meets with the cold ocean water.
	Step 4	The minerals in the hot vent water break up into particles and make the water appear black.

10. (D)	11. (C)	12. (D)	13. (C)	14. (D)	15. (A)	16. (A)	17. (D)

[1-5]

Listen to part of a conversation between a student and a professor.

S: ¹Hello, Professor. I just got your message and I wanted to reply to you in person.

P: Hello, Martin . . . come on in. Thanks for dropping by. I know my e-mail was a little vague, so let me just clarify my request. ²I heard about some of the work you did last year for Professor Connelly on comparative legal systems, and I was wondering if you'd consider taking part in a research project I'm organizing.

S: Um . . . I heard some people talking about this in the grad student lounge . . . something related to Latin America . . . It sounds interesting . . .

P: Now, it's no simple task I'm talking about here . . . you will have to write an honors thesis to prepare for the project . . .

S: Really . . . a thesis? I, uh . . . I don't know if I can participate, ma'am. I'm actually pretty busy right now . . . I'm preparing to enter law school.

P: I understand . . . but before you say no, I want you to give it some thought. ⁴It'll be a really engaging project . . . covering topics in economics and international law. In your case, it might be of even more help . . . After all, this kind of experience is really valued by law schools because it involves analytic projects.

S: ⁵Hmm . . . It does sound like a great opportunity. I hadn't really looked at it that way . . . If I had known about the project earlier, I might've had time to prepare for it better . . . Also, I'm not sure I'd be a good addition to the project team . . .

P: I wouldn't have asked you if I thought otherwise. Your work for Professor Connelly proves you to be intelligent, resourceful, and a quick thinker . . . And even though this project focuses on material that's unfamiliar to you, I think it would really help your analytical skills . . . which are a must if you want to enter and do well in law school.

S: Well, when you put it that way, Professor . . . I guess I can't really say no . . . OK, I guess you can count me in. What do I have to do first?

P: Well, I'd suggest you get some advice from professors who can help you find a topic for a thesis paper . . . they can give you recommendations about narrowing down your thesis, as well as how to research it.

S: Well, I did write a paper about the economic success stories of Central America for my Latin American History class . . . ³the professor who was leading that class gave me an A! I think he could probably help me.

P: He's definitely a good place to start. Why don't you make an appointment to consult with him?

S: I think I will . . . Thanks, Professor.

Now get ready to answer the question. You may use your notes to help you answer.

1. Why does the student visit the professor?
2. What relationship do the student and Professor Connelly have?
3. What will the student do next?

Listen again to part of the conversation. Then answer the question.

P: It'll be a really engaging project . . . covering topics in economics and international law. In your case, it might be of even more help . . . After all, this kind of experience is really valued by law schools because it involves analytic projects.

4. What does the professor mean when she says this:
   P: In your case, it might be of even more help . . .

Listen again to part of the conversation. Then answer the question.

S: Hmm . . . It does sound like a great opportunity. I hadn't really looked at it that way . . .

5. Why does the student say this:
   S: I hadn't really looked at it that way . . .

S: ¹안녕하세요, 교수님. 방금 교수님의 메시지를 받았는데, 직접 교수님께 답변을 드리러 왔습니다.
P: 안녕, Martin... 어서 들어오렴. 들러줘서 고맙다. 내 이메일이 조금 모호했다는 걸 알아, 그러니 내가 무엇을 부탁하려는지 좀 더 명확히 설명 해주마. ²네가 Connelly 교수님과 작년에 비교법 제도에 대해 작업한 것을 들었단다, 그래서 내가 기획하고 있는 학술 연구 프로젝트에 네가 참가할 생각이 있는지 궁금했어.
S: 음... 저는 대학원생 휴게실에서 몇몇 사람들이 이것에 대해 말하는 것을 들었어요... 라틴 아메리카에 관련된 것이라고... 흥미롭게 들리는데 요...
P: 자, 이건 쉬운 일은 아니야... 이 프로젝트를 준비하기 위해서 너는 명예 학위 논문을 작성해야 해...
S: 정말이요... 논문이라고요? 제가, 어... 제가 참여할 수 있을지 잘 모르겠어요, 교수님. 저는 사실 지금 꽤 바쁘거든요... 법과대학원에 입학하려 고 준비하는 중이에요.
P: 이해해... 그렇지만 거절하기 전에, 네가 한번 고려해 보았으면 해. ⁴이것은 정말 매력적인 프로젝트란다... 경제학과 국제법에 관련된 주제를 다 룰 거야. 네 경우엔, 이것이 훨씬 더 도움이 될 수도 있을 거야... 결국, 이런 경험은 분석적인 프로젝트를 포함하기 때문에 법과대학원에서 매우 높이 평가한단다.
S: ⁵흠... 정말 대단한 기회인 것 같아요. 그런 방향으로는 생각해 보지 못했어요... 만약 제가 이 프로젝트에 대해 더 일찍 알았더라면, 준비할 시간 이 더 많이 있었을 텐데... 게다가 제가 프로젝트 팀에 도움이 될 수 있을지도 잘 모르겠어요...
P: 네가 도움이 될 거라고 생각하지 않았다면 네게 제안을 하지도 않았을 거란다. 네가 Connelly 교수님을 위해 한 작업이 네가 총명하고, 기량이 풍부하며, 두뇌 회전이 빠르다는 것을 증명해... 그리고 비록 이 프로젝트가 너에게는 생소한 주제에 초점을 맞추고 있더라도, 나는 이것이 네 분석력을 상당히 향상시켜 줄 수 있으리라고 믿어... 뛰어난 분석력은 네가 법과대학원에 입학하고 좋은 성적을 받으려면 필수적인 것이지.
S: 음, 교수님께서 그렇게까지 말씀하신다면... 정말 거절하기는 힘들 것 같군요... 좋아요, 저도 참여하겠습니다. 제가 먼저 해야 할 일은 무엇이 죠?
P: 음, 논문의 주제를 찾도록 도와줄 수 있는 교수님들께 조언을 얻는 것이 좋을 거야... 너의 논문의 요점을 잡고, 또한 그 논문 소재에 대한 조사를 어떻게 해야 할지 조언을 주실 수 있을 거야.
S: 음, 전 라틴 아메리카 역사 수업을 위해 중앙아메리카의 경제적 성공 사례에 대한 보고서를 작성했었어요... ³그리고 그 수업을 담당하신 교수님 께서는 제게 A 학점을 주셨어요! 제 생각엔 그 교수님이 아마 저를 도와주실 수 있을 것 같아요.
P: 그분을 찾아가는 것이 좋은 시작이겠구나. 그 교수님과 상의할 수 있도록 상담 시간을 잡는 것이 어떻겠니?
S: 그렇게 하겠습니다... 감사합니다, 교수님.

in person 직접, 대면하여   drop by 들르다   vague [veig] 모호한, 애매한   organize [ɔ́ːrɡənàiz] 조직하다, 편제하다
engaging [ingéidʒiŋ] 마음을 끄는, 매력 있는   international law 국제법   analytic [ӕnəlítik] 분석적인, 분해적인

[6-11]

Listen to a part of a lecture in a geology class.

P: [6]For today, we're going to discuss a very interesting phenomenon. It's known as "black clouds," and, well, it has something to do with volcanic eruptions. [10]But first, can anyone tell me where volcanic eruptions occur?

S1: Uh, they happen on land, I suppose. I mean that's where volcanoes are located, right?

P: Right . . . but where else?

S2: Well, there are underwater volcanoes . . .

P: Absolutely. So . . . how can we study volcanic eruptions that happen underwater? Well, we have maps of the bottom of the ocean, so scientists have a pretty good idea where the mid-ocean ridge volcanoes are located. And, you know, sonar was used to map out the ocean floor. Can someone tell us what sonar is used for?

S2: It's, uh, it uses sound to detect and measure solid objects in water.

P: That's right. Sonar stands for Sound Navigation Ranging. If you've ever watched those submarine movies, they always have this ping . . . ping sound . . . a kind of transmission signal . . . Well, the length of time between those pings can tell the navigator just how far away the ocean floor is. So using sonar alone, you can come up with a pretty good image of the hills and valleys that make up the ocean's bottom. But, see, [7]if you want to make a study of underwater phenomena . . . well . . . you're going to need a submarine.

S1: Well, Professor, I don't mean to interrupt, but . . . [11]How could a submarine possibly go deep enough to allow scientists to observe this underwater phenomenon? I mean, I read somewhere that when a submarine goes too deep, it begins to crack and break up because of the extreme water pressure at the bottom of the ocean.

P: Well, yeah, actually, that did happen . . . in the old days. You know, the pressure on the sea floor is significantly higher than on the surface of the sea . . . Fortunately, new materials and equipment are available for today's submarines.

So . . . modern submarines can observe some pretty fantastic phenomena, such as black clouds. Let me describe for you how they form. OK, so . . . [6]scientists have been sending down exploratory missions and on one of these missions, they saw what appeared to be black clouds rising from the ocean floor. Now, this phenomenon occurs near hydrothermal vents, which are simply geysers on the ocean floor. These vents continually emit super-hot, mineral-rich water . . . [8]Well, it's this water that provides sustenance for organisms that live near the ocean floor, you know, like tubeworms and giant clams that ingest minerals. Um . . . and tests indicate high concentrations of sulfur, copper, gold, and iron in this water. So actually, the water coming from these hydrothermal vents could be the source of some of the world's richest ore deposits. Anyhow . . . this vent water helps form black clouds. How?

Well, when a volcano erupts, it starts spewing out lava onto the ocean floor. Now, this stuff is really hot . . . about 350 degrees Celsius. But you know, the deep ocean water is pretty cold . . . something like zero or one degree Celsius. [9-1]So when hot lava touches this ice-cold sea water, the surface of the lava quickly forms a crust of rock. Now, here's where the mineral-rich water spewing from the hydrothermal vents comes in. [9-2]The sulfide minerals from the hot water kind of accumulate, or rather, crystallize right there on the volcanic rocks. And as they continue to crystallize, they form this hollow, chimney-like structure. [9-3]It's through this structure that the hot water keeps spewing out.

Then this vent water mixes with the cold ocean water, [9-4]and the minerals contained in the hot water begin to precipitate, you know, separate into particles. Well, the mineral particles make the water appear black . . . It kind of looks like a black cloud. So when scientists first witnessed this phenomenon, they gave it that name . . . and, uh, they called the sulfide chimney structures "black smokers."

Now get ready to answer the questions. You may use your notes to help you answer.

6. What is the main topic of the lecture?

7. What does the professor imply about sonar?

8. What does the professor say about hydrothermal vents?

9. In the lecture, the professor explains the sequence of steps that takes place in black cloud formation. Put the steps listed below in the correct order.

Listen again to part of the lecture. Then answer the question.

P: But first, can anyone tell me where volcanic eruptions occur?

S1: Uh, they happen on land, I suppose. I mean that's where volcanoes are located, right?

P: Right . . . but where else?

10. Why does the professor say this:

P: Right . . . but where else?

Listen again to part of the lecture. Then answer the question.

S1: How could a submarine possibly go deep enough to allow scientists to observe this underwater phenomenon? I mean, I read somewhere that when a submarine goes too deep, it begins to crack and break up because of the extreme water pressure at the bottom of the ocean.

P: Well, yeah, actually, that did happen . . . in the old days.

11. Why does the professor say this:

P: Well, yeah, actually, that did happen . . .

P: [6]오늘, 우리는 아주 흥미로운 현상에 대해 논의할 거예요. 그것은 '검은 구름'으로 알려져 있는데, 음, 이 현상은 화산 분출과 관계가 있어요. [10]하지만 먼저, 화산 분출이 어디에서 일어나는지 누가 말해볼래요?

S1: 어, 땅 위에서 일어난다고 생각해요. 제 말은, 그곳이 화산이 위치한 곳이잖아요, 그렇죠?

P: 맞아요... 하지만 또 다른 곳이요?

S2: 음, 수중 화산도 있어요...

P: 맞아요. 자... 수중에서 발생하는 화산 분출을 어떻게 연구할 수 있을까요? 음, 우리에게는 해저 지도가 있어서, 과학자들은 중앙 해령 화산이 어디에 위치해 있는지 꽤 잘 알고 있어요. 그리고, 음, 해저 지형을 알아내기 위해서 수중 음파 탐지기가 사용되었죠. 수중 음파 탐지기가 무엇에 사용되는지 누가 말해줄 수 있나요?

S2: 그건, 어, 소리를 이용해서 물 속의 단단한 물체를 탐지하고 측정합니다.

P: 맞아요. 수중 음파 탐지기(Sonar)는 Sound Navigation Ranging의 약자입니다. 만약 여러분이 잠수함 영화를 본 적이 있다면, 영화에서 항상 이 핑... 핑 소리... 일종의 전송 신호가 나올 거예요... 음, 이 핑 소리 사이의 시간 간격은 항해사에게 해저가 얼마나 멀리 떨어져 있는지 알려 줄 수 있어요. 따라서 수중 음파 탐지기 하나만 사용해도, 해저를 구성하는 언덕과 골짜기가 어떤 모습인지를 꽤 잘 알 수 있죠. 하지만, 있죠, [7]수중 현상에 대해 연구를 하고 싶다면... 음... 잠수함이 필요할 거예요.

S1: 음, 교수님, 방해하고 싶지는 않지만... [11]어떻게 잠수함이 과학자들이 이 수중 현상을 관찰할 수 있을 정도로 깊이 들어갈 수 있나요? 제 말은, 잠수함이 너무 깊이 들어가면, 해저에서의 극심한 수압으로 인해 금이 가고 부서지기 시작한다고 어디선가 읽었어요.

P: 음, 네, 사실, 그런 일이 실제로 있었어요... 옛날에요. 그러니까, 해저의 압력은 해수면의 압력보다 굉장히 높아요... 다행히도, 오늘날의 잠수함에는 새로운 소재와 장비가 사용되죠.

그래서... 현대의 잠수함은 검은 구름과 같은 아주 매혹적인 현상을 관찰할 수 있어요. 그것이 어떻게 형성되는지 설명해볼게요. 음, 그러니까... [6]과학자들은 탐험대를 파견해왔고 이러한 탐험 임무 중 하나에서 그들은 해저에서 올라오는 검은 구름 같은 것을 보았어요. 자, 이 현상은 열수 분출구 근처에서 일어나는데, 그것은 단순히 말하자면 해저의 간헐천이죠. 이러한 분출구는 아주 뜨겁고 무기질이 풍부한 물을 계속 내뿜습니다. [8]음, 그러니까, 무기질을 섭취하는 서관충과 대왕조개 같은 해저 근처에 사는 유기체에게 영양분을 제공해 주는 것이 이 물이에요. 음... 그리고 실험에서 밝혀진 바로는 이 물 속에 황, 구리, 금과 철의 농도가 높다고 해요. 그래서 사실, 이러한 열수 분출구에서 나오는 물은 세계에서 가장 풍부한 광상의 원천이라고 할 수 있지요. 어쨌든... 이 분출구의 물은 검은 구름을 형성하는 데 기여합니다. 어떻게 기여할까요?

음, 화산은 분출할 때, 해저상에 용암을 내뿜기 시작합니다. 자, 이건 정말 뜨거워요... 섭씨 350도 정도죠. 하지만 여러분도 아시다시피, 심해수는 꽤 차가워요... 약 섭씨 0나 1도 정도라고 할 수 있죠. [9-1]그래서 뜨거운 용암이 이런 얼음처럼 차가운 해수를 만나면, 용암의 표면은 빠르게 암석층을 형성합니다. 자, 여기가 열수 분출구에서 뿜어져 나오는 무기질이 풍부한 물이 관여하게 되는 곳이죠. 9-2열수에서 나오는 황화물은 화산암 바로 위에 축적 비슷하게 되고, 아니 그보다, 결정을 형성한다고 봐야겠죠. 그리고 그것들이 계속해서 결정을 이루면서, 이러한 속이 비어있는 굴뚝 같은 구조를 형성해요. 9-3바로 이 구조를 통해 열수가 계속 뿜어져 나오는 것이죠.

그 후, 이 분출구의 물은 차가운 해수와 섞이고, 9-4열수에 있는 무기질은 침전하기 시작하는데, 그러니까, 입자로 분리되는 것이죠. 음, 무기질 입자가 물을 검게 보이게 만듭니다... 검은 구름처럼 보이죠. 그래서 과학자들이 이 현상을 처음 목격했을 때, 그런 이름을 지은 거예요... 그리고, 어, 굴뚝 모양의 황화물 구조를 '검은 연기'라고 불렀어요.

phenomenon [finámənàn] 현상　　volcanic eruption 화산 분출　　underwater volcano 수중 화산
mid-ocean ridge 중앙 해령　　sonar [sóunɑːr] 수중 음파 탐지기　　detect [ditékt] 탐지하다
submarine [sʌ̀bməríːn] 잠수함　　transmission [trænsmíʃən] 전송　　navigator [nǽvəgèitər] 항해사
interrupt [ìntərápt] 방해하다, 가로막다　　extreme [ikstríːm] 극심한, 극단적인　　hydrothermal vent 열수 분출구
geyser [gáizər] 간헐천　　emit [imít] 내뿜다, 방출하다　　sustenance [sʌ́stənəns] 영양분　　organism [ɔ́ːrgənìzm] 유기체, 생물
tubeworm [tjúːbwə̀ːrm] 서관충　　giant clam 대왕조개　　ingest [indʒést] 섭취하다　　ore deposit 광상
spew [spjuː] 분출하다, 내뿜다　　lava [láːvə] 용암　　crust [krʌst] 딱딱한 층　　sulfide mineral 황화물
accumulate [əkjúːmjulèit] 축적하다　　crystallize [krístəlàiz] 결정을 형성하다, 결정화하다　　hollow [hálou] 속이 빈
precipitate [prisípətèit] 침전하다, 가라앉다　　particle [páːrtikl] 입자　　witness [wítnis] 목격하다

[12-17]

Listen to part of a discussion in an archaeology class.

P: Hello, everyone. Today we're going to talk about palynology, which is the study of microscopic organic particles, um, particularly those blown by the wind. These particles are called "palynomorphs," and as you can probably guess from the word "organic," they derive from living things, uh, let's see . . . like pollen grains from plants. These tiny bits of matter get scattered all over the earth, um, and they become trapped in various deposits, such as ice and sediment. [13]A convenient characteristic of pollen–in fact, palynomorphs in general–is that unlike the majority of organic materials that easily break down before they can become fossilized, it tends to persist intact for extremely long periods of time under a wide range of conditions. Also, pollen can be studied fairly easily because, uh, plants produce it in great quantities to ensure reproduction . . . this makes it easy to collect samples.

[12]Now, what do you think the analysis of pollen can tell archaeologists? Well, believe it or not, it can tell us a lot about objects and people from the past. When archaeologists sift through the soil at an excavation site, they find pollen grains on or around the artifacts they find in the soil. By analyzing the pollen grains, they can get a reasonably good idea of how old an object is. I'll give you a specific example to help you visualize how it works. Next to a lake in northern Europe a few years back, a team of archaeologists were excavating an area and came across a large bone that had obviously been fashioned into a spear at some point in the distant past. [14]By analyzing the pollen found in the soil attached to the bone, palynologists tentatively determined that the surrounding sediment had been deposited around 7000 BC. They know this because that is around the time that pines were being replaced by deciduous trees due to the warming climate of the region. Pretty cool, huh? [17]The only downside of using this method of dating is that it lacks the pinpoint accuracy of some other techniques.

S: Yeah, I was kind of wondering about that. Nowadays we have radiometric dating, right?

P: You're one step ahead of me on this. Since radiometric dating was discovered, pollen analysis has been typically used in unique circumstances or merely as a complement. Remember how I mentioned that pollen grains last a very long time? Well, if an archaeological object is too old, common forms of radiometric dating won't always work. But palynological tests still can give us a really good general idea about chronology, even with deposits that are millions of years old.

OK . . . in addition to the dating of specific artifacts, palynology can tell us about the historical interaction between humans and their environments. When a human population starts to, uh, expand into a region, the local plant life usually undergoes a lot of changes . . . forests are cut down, domesticated animals graze on grasses and shrubs . . . well, you get the picture. For example, soil samples collected in Belize show that prior to 2500 BC, vegetation in the region was typical of that found in a, uh, tropical rainforest. [15]However, from 2500 BC onwards, the samples show increasing signs of deforestation . . . um, less pollen from trees and more from grasses and weeds. This is a clear indication of human settlement. In addition, pollen from plants commonly cultivated in South America, such as maize and chilies, appear with great frequency in subsequent sedimentary layers.

By analyzing the, uh, palynological data, archaeologists are able to develop a better understanding of when humans first settled in the region and how they lived. In some cases, these methods can even be used to track the population decline of a region . . . You know, if scientists see signs of increased tree pollen after an extended period of cultivation, they know that the forest reclaimed abandoned farmlands. Of course, palynology is just one of the many tools available to archaeologists, so it must be combined with other research tools to give us a clear view of the big picture. For instance, [16]it can tell us when a population group left an area, but it doesn't necessarily give us a clue about why the people left.

Now get ready to answer the questions. You may use your notes to help you answer.

12. What is the main topic of the lecture?
13. According to the professor, what is one feature that distinguishes palynomorphs from most other organic materials?
14. What can be inferred about the bone discovered in northern Europe?
15. What is a possible significance of less pollen from trees in samples of soil?
16. According to the professor, what can palynological information tell us about human settlements?

Listen again to part of the lecture. Then answer the question.

P: The only downside of using this method of dating is that it lacks the pinpoint accuracy of some other techniques.

S: Yeah, I was kind of wondering about that. Nowadays we have radiometric dating, right?

P: You're one step ahead of me on this.

17. Why does the professor say this:
    P: You're one step ahead of me on this.

P: 안녕하세요, 여러분. 오늘 우리는 화분학에 대해 얘기할 것인데, 이것은 미세 유기물 입자, 음, 특히 바람에 날려온 것들을 연구하는 학문이죠. 이 입자는 '화분 화석'이라고 불리는데, '유기'라는 단어에서 아마 추측할 수 있듯이, 이 입자는, 어, 그러니까... 식물의 꽃가루처럼 살아 있는 것들에서 나옵니다. 이 작은 물질은 지구 전역에 흩어지고, 음, 얼음과 퇴적물 같은 다양한 침전물에 갇히게 됩니다. [13]꽃가루의 한 가지 편리한 특징은, 사실 화분 화석은 전반적으로, 화석화가 되기 전에 쉽게 분해되는 대부분의 유기 물질과는 다르게, 다양한 조건에서 매우 오랜 시간 동안 손상되지 않은 채 유지되는 경향이 있다는 겁니다. 또한, 꽃가루는 꽤 쉽게 연구될 수 있는데, 어, 식물이 번식을 확실히 하기 위해 꽃가루를 다량으로 생산하기 때문이죠... 이는 표본을 쉽게 수집할 수 있게 해줍니다.

[12]자, 꽃가루 분석이 고고학자들에게 무엇을 말해줄 수 있다고 생각하나요? 음, 믿기 힘들겠지만, 그것은 과거의 사물과 사람들에 대해 많은 것을 이야기해 줄 수 있습니다. 고고학자들이 발굴 현장에서 토양을 샅샅이 조사할 때, 그들은 흙 속에서 찾은 유물이나 그 주변에서 꽃가루를 발견합니다. 꽃가루를 분석함으로써, 고고학자들은 그 사물이 얼마나 오래되었는지를 꽤 잘 파악할 수 있습니다. 이것이 어떻게 진행되는지 시각화할 수 있도록 도와줄 구체적인 예를 하나 들어보죠. 몇 년 전에 북유럽의 한 호수 옆에서 한 고고학자 팀이 어떤 지역을 발굴하고 있었고 먼 과거의 어느 시점에 창으로 만들어진 것이 분명한 큰 뼛조각을 발견했습니다. [14]뼛조각에 붙어 있는 흙에서 발견된 꽃가루를 분석함으로써, 화분학자들은 그 주위의 퇴적물이 기원전 7000년 경에 퇴적됐다고 잠정적으로 결론을 내렸습니다. 그즈음에 그 지역의 기후 온난화로 인해 소나무가 낙엽수로 대체되고 있었기 때문에 그들이 이 사실을 알 수 있었어요. 꽤 멋지죠, 그렇죠? [17]이 연대 측정 방법을 사용하는 것의 유일한 단점은 일부 다른 기술들이 지닌 완벽한 정확성이 부족하다는 것입니다.

S: 맞아요, 그것에 대해서 조금 궁금했어요. 요즘은 방사성 연대 측정법을 사용하잖아요, 그렇죠?

P: 이것에 대해 나보다 한발 앞서 있군요. 방사성 연대 측정법이 발견된 이래로, 꽃가루 분석은 대개 특별한 상황에서나 아니면 단지 보완적으로 사용되죠. 꽃가루가 매우 오랜 시간 동안 유지된다고 언급했던 것을 기억하나요? 음, 고고학 대상이 너무 오래되었으면, 일반적인 방식의 방사

성 연대 측정법은 소용이 없을 수 있어요. 하지만 그래도 화분학 검사는 심지어 수백만 년 된 침전물에 대해서도 대략적인 연대를 잘 알려줄 수 있어요.

좋아요... 특정 유물의 연대 측정 외에도, 화분학은 사람과 환경 간의 역사적 상호작용에 대해 말해줄 수 있습니다. 인구가, 어, 한 지역에서 증가하기 시작할 때, 그 지역의 식물은 보통 많은 변화를 겪게 됩니다... 숲이 베이고, 가축이 풀과 관목을 뜯어먹고... 음, 무슨 말인지 알겠죠. 예를 들어, 벨리즈에서 수집된 토양 표본은 기원전 2500년 전에, 그 지역의 식물이, 어, 열대 우림에서 발견되는 전형적인 식물이라는 것을 보여줍니다. [15]하지만, 기원전 2500년 이후로, 표본은 삼림 벌채 징후의 증가를 보여줍니다... 음, 나무의 꽃가루는 줄어들고 풀과 잡초의 꽃가루가 늘어났죠. 이는 인간이 정착했다는 것을 명백히 보여줍니다. 게다가, 옥수수와 칠리 같은, 남미에서 흔히 경작되었던 식물의 꽃가루가 그 이후의 퇴적층에서 높은 빈도로 나타납니다.

어, 화분 화석의 자료를 분석함으로써, 고고학자들은 언제 그 지역에 인간이 처음 정착했고 그들이 어떻게 살았는지를 더 잘 이해할 수 있습니다. 어떤 경우에는, 이러한 방법이 한 지역의 인구 감소를 추적하는 데에도 사용될 수 있어요... 그러니까, 과학자들이 오랜 경작 기간 이후에 나무의 꽃가루가 증가한 흔적을 본다면, 그들은 버려진 농지가 숲으로 복구되었다는 것을 알 수 있죠. 물론 화분학은 고고학자들이 사용할 수 있는 많은 수단 중 단지 하나이기 때문에, 큰 그림을 명확하게 보기 위해서는 다른 조사 도구와 함께 결합되어야만 합니다. [16]예를 들어, 그것은 언제 한 인구집단이 한 지역을 떠났는지를 말해줄 수는 있지만, 왜 그 사람들이 떠났는지에 대한 단서를 반드시 주지는 않습니다.

palynology[pælənálədʒi] 화분학   microscopic[màikrəskápik] 미세한   particle[páːrtikl] 입자

palynomorph[pælənəmɔ̀ːrf] 화분 화석   derive[diráiv] (다른 무엇에서) 나오다   pollen grain 꽃가루

scatter[skǽtər] 흩어지다   trap[træp] 가두다   deposit[dipázit] 침전물   sediment[sédəmənt] 퇴적물

fossilize[fásəlàiz] 화석화하다   persist[pərsíst] 유지되다, 지속되다   intact[intǽkt] 손상되지 않은, 온전한

ensure[enʃúər] ~을 확실히 하다, 보장하다   reproduction[rìːprədʎkʃən] 번식   sift through 샅샅이 조사하다

excavation[èkskəvéiʃən] 발굴   artifact[áːrtəfækt] 유물   reasonably[ríːzənəbli] 꽤, 상당히

visualize[víʒuəlàiz] 시각화하다, 상상하다   fashion[fǽʃən] 만들다   spear[spiər] 창   tentatively[téntətivli] 잠정적으로

pine[pain] 소나무   deciduous tree 낙엽수   downside[dáunsàid] 단점   pinpoint[pínpɔ̀int] 정확한, 한치의 오차도 없는

radiometric dating 방사성 연대 측정법   complement[kámpləmənt] 보완   chronology[krənálədʒi] 연대

undergo[ʎndərgóu] 겪다   domesticated animal 가축   graze[greiz] (가축이 풀을) 뜯어먹다   shrub[ʃrʌb] 관목

tropical rainforest 열대 우림   settlement[sétlmənt] 정착   cultivate[kʎltəvèit] 경작하다   maize[meiz] 옥수수

subsequent[sʎbsikwənt] 그 이후의, 그 다음의   track[træk] 추적하다

reclaim[rikléim] (개간해서 쓰이던 땅이 사막·숲 등의 자연 상태로) 복구되다   abandoned[əbǽndənd] 버려진

CONVERSATIONS SECTION

Unit 01. Conversation Question Types

1. Main Purpose/Topic Questions

EXAMPLE

p.46

Listen to a conversation between a professor and a student.

S: Hi, Professor Rubenstein . . . can I talk to you for just a minute?

P: Sure, Rochelle, come on in. What can I do for you?

S: I happened to visit the art museum on the east side of the campus yesterday, and I noticed that nearly half of the paintings on display were yours. I'm interested in knowing more about your paintings because I'm planning to write a report on that set of pieces.

P: Yes, those paintings are mine, Rochelle. So, did you like them?

S: I must say, Professor, it gave me great pleasure to look at your paintings, and . . .

P: Thank you.

S: . . . and I, I was thinking about your paintings as I looked at them, and, maybe I'm wrong, but some of them seem to . . . kind of . . . belong together. I guess you know which ones I'm talking about . . .

P: Yes, I do, Rochelle.

S: Right . . . so they, they seemed to have one theme, and I started wondering if you did them during a special time in your life, or if you had really intended to use a particular approach with that group of paintings.

P: You know, there's a long story behind the paintings you're talking about . . . By the way, I call them "The Blue Paintings" . . . Well, to answer your question, when I did them, it had really been my intent to use a certain approach . . . and also . . . you guessed correctly, they were done during an episode in my life that was, shall we say . . . extraordinary. Now, I'd love to sit down with you and tell you the whole story . . . but, um, I have a class in, uh, ten minutes, so why don't we . . . Um, do you have time tomorrow afternoon?

S: Tomorrow afternoon's fine, sir.

Q. Why does the woman go to see her professor?

S: 안녕하세요, Rubenstein 교수님... 잠시 말씀 좀 드려도 될까요?

P: 당연하지, Rochelle, 들어오너라. 뭘 도와줄까?

S: 어제 캠퍼스 동편에 있는 미술관을 우연히 방문하게 되었는데, 전시 중인 그림의 거의 반 정도가 교수님의 작품이란 걸 알았어요. 교수님 그림들에 대한 보고서를 쓸 계획이어서 교수님의 그림에 대해서 좀 더 알고 싶습니다.

P: 그래, 그 그림들은 내 작품이란다, Rochelle. 그래서, 작품들이 맘에 들었니?

S: 교수님, 교수님의 그림들을 감상하는 것은 큰 기쁨이었다고 분명히 말씀 드릴 수 있어요, 그리고...

P: 고맙구나.

S: ...그리고 제, 제가 교수님의 작품들을 감상하면서 생각했던 것이 있습니다, 아마 제 생각이 틀릴 수도 있지만... 몇몇 그림들은 서로... 연관성이 있는 것 같아요. 제가 어떤 그림들을 말하는지 교수님께서 아실 것 같은데...

P: 그래, 알겠구나, Rochelle.

S: 네... 그 그림들에는 하나의 주제가 있는 것 같아요. 그래서 교수님께서 그 그림들을 인생의 특별한 시기에 그리셨거나, 그 작품들에 특별한 접근 방법의 사용을 의도하신 것인지 궁금합니다.

P: 그러니까, 네가 말하는 그림들에는 긴 뒷이야기가 있단다... 그리고, 나는 그 그림들을 'The Blue Paintings'라고 부른단다... 음, 네 질문에 대한 대답은, 그 그림들을 그릴 때, 특정한 접근 방법을 사용하려고 한 것이 분명 나의 의도였지... 그리고 또 한가지... 네가 정확히 추측한대로, 그 그림들은 내 삶에서 특정 사건이 있던, 음... 특별하다고 할 수 있는 시기에 그려졌지. 자, 자리에 앉아서 그림에 얽힌 전반적인 이야기를 하

고 싶지만... 음, 내가, 어, 10분 후에 수업이 있어서 우리... 음, 내일 오후에 시간 괜찮니?

S: 내일 오후 괜찮습니다, 교수님.

happen to 우연히 ~하게 되다　　**approach** [əpróutʃ] 접근, 접근 방법　　**episode** [épəsòud] (특히 중요한) 사건, 삽화적인 사건
extraordinary [ikstrɔ́:rdənèri] 특별한

HACKERS **PRACTICE**

1. (B)	2. (D)	3. (B)	4. (B)	5. (D)	6. (C)	7. (A)	8. (B)	9. (D)

I. Listen to the introduction part of the conversations and choose the best answer for each question.

1　P:　So you're thinking about studying for a semester in Japan next year?

S:　Yes, I'm really interested in the Management Strategies course offered by Tokyo University, which is offered in the fall semester. The problem is, I don't know if I can take it in Japan, because I'm supposed to take a course in Accounting Techniques here in the fall.

P:　I see. You know, the summer school course catalogue is out now. You should find out if Accounting Techniques is also offered in summer school. If it is, then you can register starting right after final exams.

S:　I didn't know that . . . That's definitely something to think about!

Q. What is the main subject of the conversation?

P:　그래서 넌 내년에 일본에서 한 학기를 공부하는 것에 대해 고려해 보고 있니?

S:　네, 전 도쿄 대학에서 가을 학기에 개설되는 경영 전략 과목에 정말 관심이 있어요. 문제는, 제가 그 과목을 일본에서 들을 수 있을지 모르겠다는 거예요. 왜냐하면 전 가을에 이곳에서 회계법 수업을 듣기로 되어있거든요.

P:　그렇구나. 너도 알다시피, 여름 계절학기 수강편람이 지금 나와 있단다. 회계법 과목이 여름 계절학기에도 개설되는지 알아보는 게 좋겠구나. 만약 그렇다면, 기말 고사가 끝나고 바로 등록을 할 수 있어.

S:　그건 몰랐어요... 분명 고려해볼 만한데요!

semester [siméstər] 학기　　**management strategy** 경영 전략　　**offer** [ɔ́:fər] 제공하다
be supposed to ~하기로 되어 있다　　**accounting technique** 회계법　　**register** [rédʒistər] 등록하다
final exam 기말 고사　　**definitely** [défənitli] 확실히

2　W:　Hello, what can I help you with?

M:　Hi, uh . . . I have a bit of a problem. I know registration is next week, but I'm going to be out of the country to attend a family reunion, so . . .

W:　If you wish, you can have a proxy sign up for your classes.

M:　No, I'd rather . . . I mean, I was wondering if you would allow me to register for my classes now.

W:　Actually, we don't have early registration, so if you want to register for your classes in person, you'll have no choice but to do that next week.

M:　I don't think that's possible.

W:　Well, another suggestion I can make is that you reserve your classes online.

Q. What is the man's problem?

W:　안녕하세요, 무엇을 도와 드릴까요?

M:　안녕하세요, 어... 문제가 좀 있어서요. 수강 신청이 다음 주라는 걸 알지만, 가족 모임에 참석해야 해서 해외로 나갈 것 같아요. 그래서...

W:　원한다면, 다른 대리인이 수업 등록을 할 수도 있어요.

430 무료 토플자료·유학정보 제공 goHackers.com

M: 아닙니다, 저는 그 대신... 그러니까, 혹시 제가 지금 수강 신청을 할 수 있는지 궁금해요.
W: 사실, 예정보다 빨리 수강 신청을 할 수는 없으므로 직접 수강 신청을 하고 싶다면, 다음 주에 하는 방법밖에 없어요.
M: 그건 불가능할 것 같아요.
W: 음, 제가 해 줄 수 있는 다른 제안은 온라인으로 수강 신청을 하는 것입니다.

registration[rèdʒistréiʃən] 수강 신청　　**proxy**[práksi] 대리인, 대리　　**sign up** 등록하다, 계약하다　　**in person** 직접
reserve[rizə́ːrv] 예약하다

3　S: Professor Beardsley, I'd like to speak with you about the test I missed yesterday.
　　P: Fred, why were you absent yesterday?
　　S: Actually, I came down with food poisoning. I didn't bring it with me now, but I have a doctor's note.
　　P: I'm sorry to hear that. Are you feeling OK now?
　　S: Much better than yesterday, thank you. Anyhow, would it be possible for me to take a make-up test today?
　　P: Well . . . that's a little hard because I've already finished grading the tests and I'm planning to give them back to the students today.
　　S: Please, Professor, I really want to take a make-up test.
　　P: Tell you what, Fred. I'll give you a different test. Are you free to take it now?
　　S: Yes, ma'am!

　　Q. Why does the man go to see his professor?

　　S: Beardsley 교수님, 어제 제가 못 본 시험에 관해 말씀드리고 싶습니다.
　　P: Fred, 어제 왜 결석했니?
　　S: 실은, 식중독에 걸렸어요. 지금 가져오지 않았지만, 진단서를 받아 왔습니다.
　　P: 안됐구나. 지금은 괜찮니?
　　S: 어제보다는 훨씬 나아졌습니다. 감사해요. 그런데 오늘 제가 보충 시험을 보는 것이 가능할까요?
　　P: 음... 이미 시험 채점을 끝내서 오늘 학생들에게 다시 나눠주려고 했기 때문에 그건 좀 힘들 것 같구나.
　　S: 제발요, 교수님, 꼭 보충 시험을 보고 싶어요.
　　P: 그럼 이렇게 하자, Fred. 다른 시험을 치르도록 해 줄게. 지금 시험 볼 수 있겠니?
　　S: 네, 교수님.

　　come down with (병)에 걸리다　　**food poisoning** 식중독　　**doctor's note** 진단서　　**tell you what** 그럼 이렇게 하자, 그렇다면

4　S: Hello, Professor Moore, can I talk to you for a second?
　　P: Oh, of course, Carl. What's up?
　　S: I couldn't get the material you gave us in today's class because there weren't enough copies. So, can I get that now?
　　P: Oh, of course. I'll give you the material right away, but before you go I'd like to talk to you about the paper you turned in, if you have a few minutes to spare.
　　S: My paper? Oh, sure, Professor Moore.

　　Q. Why is the student talking to the professor?

　　S: 안녕하세요, Moore 교수님, 잠시 말씀 좀 드릴 수 있을까요?
　　P: 오, 물론이지, Carl. 무슨 일이니?
　　S: 오늘 수업 시간에서 나누어 주신 자료가 모자라서 받지 못했습니다. 그래서, 지금 그 자료를 받을 수 있을까요?
　　P: 오, 물론이지. 지금 자료를 줄게. 그런데 잠깐 시간을 낼 수 있다면, 가기 전에 네가 제출했던 보고서에 대해서 얘기하고 싶구나.
　　S: 제 보고서에 관해서요? 오, 물론이죠, Moore 교수님.

　　paper[péipər] 보고서　　**turn in** 제출하다　　**spare**[spɛər] (시간을) 내주다, 할애하다

5　M: Hi . . . I'm here to offer my used books for sale.

W: OK, let me take a look at them.

M: I've got four books here. They're almost brand-new. I barely even opened them, in fact. See? None of the pages are dog-eared or anything, and the covers are clean. So how much can I get for these?

W: It's . . . it doesn't really matter what condition they're in, although it's nice you kept them looking brand-new. You see, we buy back books at twenty percent of their original price.

M: Twenty percent? That's much too low! I spent a fortune on these books.

Q. Why does the man talk to the woman?

M: 안녕하세요... 헌 책을 팔려고 왔습니다.

W: 좋아요, 책들을 좀 보여주세요.

M: 여기 네 권을 가져왔어요. 거의 새 것과 다름없어요. 사실, 거의 펴보지도 않았거든요. 그렇죠? 한 페이지도 모서리가 접혀 있거나, 손상되지 않았고 책 표지도 깨끗해요. 그러니까 이 책들을 팔면 얼마나 받을 수 있을까요?

W: 그게... 새 것처럼 잘 보관하셨지만, 책이 어떤 상태인지는 별로 중요하지 않아요. 보시다시피, 우리는 원래 가격의 20퍼센트 가격으로 책을 삽니다.

M: 20퍼센트라고요? 너무 싸요! 이 책들을 비싸게 주고 샀다구요.

used book 헌 책　　take a look 보다　　brand-new 새 것인, 새로운　　barely[bɛ́ərli] 거의 ~않다
dog-eared 책 모서리가 접힌　　cover[kʌ́vər] 책 표지　　spend a fortune 비싸게 사다, 거금을 쓰다

II. Listen to part of the conversations and choose the best answer for each question.

6　S: Excuse me, Professor . . . I heard that you wanted to see me.

P: Yes I did, Natalie. Come on in.

S: Is this about my paper? Is there something wrong with it?

P: Oh, no, it's nothing like that. You mentioned that you were interested in studying abroad for the summer, near the ocean, right?

S: Yes, I was thinking about getting away for a while, maybe earning a credit or two . . .

P: Well, the department is posting its summer abroad openings on the bulletin board on Monday. I just heard about the announcements today, and wanted to give you the heads up.

S: Really? That's news to me. Can you tell me more about them?

P: Well, our department, along with the Department of Natural Sciences, is offering summer courses in several different countries, and one of them is Management of Tropical Reef and Island Ecosystems. It's being held in Australia.

S: Wow, that sounds like something I would love to attend . . . though it looks like I won't be able to, for financial reasons . . .

P: If money is a problem, you should apply for one of the department grants. They're awarded especially to summer abroad students who have proven records of academic excellence.

Q. What are the professor and student mainly discussing?

S: 실례합니다, 교수님... 절 보고 싶어 하신다고 들었는데요.

P: 그래, Natalie. 들어오렴.

S: 제 보고서에 관한 문제인가요? 거기에 무슨 문제라도 있나요?

P: 오, 아니야, 그런 건 아니야. 넌 여름에 바다가 가까이 있는 나라에서 유학을 하는 것에 관심이 있다고 했지, 그렇지?

S: 네, 전 잠시 떠나볼까 생각하고 있었어요, 한두 학점을 따면서 말이에요...

P: 음, 월요일에 학부에서 게시판에 여름 유학생 모집에 대해 게재할 거야. 난 오늘 막 공지에 대해 들어서, 네게 알려주고 싶었단다.

S: 정말이에요? 흥미로운 소식이네요. 그것들에 대해 좀 더 자세히 얘기해 주시겠어요?

P: 음, 우리 학부는, 자연과학부와 더불어, 몇몇 나라에서 여름 계절학기를 개설하고 있는데, 그 중 한 과목은 열대 산호초와 섬 생태계 관

리란 과목이야. 그 수업은 호주에서 열릴 예정이지.

S: 와, 제가 듣고 싶을 것 같은 과목인데요... 하지만 전 재정상의 이유로 들을 수가 없을 거 같아요...

P: 돈이 문제라면, 학부에서 지급하는 장학금 중 하나에 지원해보렴. 학업 성적이 우수하다고 판단되는 여름 학기 유학생들에게 특별히 지급되고 있거든.

earn [ə:rn] (학점을) 따다, 획득하다, 얻다   **department** [dipá:rtmənt] 학부, 과   **bulletin board** 게시판
natural science 자연 과학   **tropical** [trápikəl] 열대의   **reef** [ri:f] 암초   **ecosystem** [ékousìstəm] 생태계
financial [finǽnʃəl] 재정상의   **apply** [əplái] 지원하다, 신청하다   **grant** [grænt] 보조금, 장학금   **award** [əwɔ́:rd] 수여하다

7   P: Hello, Greg. Thanks for coming in. I know you've got a really tight schedule.

S: No problem, Professor Stevens. I'm just a bit worried, though. Does this have to do with the term paper I'm working on?

P: Actually, it does . . .

S: Oh, no.

P: But I don't want you to be worried. You seem to be doing fine. I just have a question about the topic of your paper. When I saw your term paper proposal, I thought the topic you were considering writing on was perfect for you. That topic was . . . archaeological digs in Iran.

S: Right.

P: Well, the fact that you're an archaeology major . . . I didn't think you'd have any problem doing the paper. That's why I quickly approved your choice of topic.

S: Yes, ma'am, I know.

P: So I guess you know what my question is . . . why did you decide to change your term paper topic to tsunamis in Southeast Asia?

S: I guess it's . . . it does seem strange that I would change topics. Maybe I was trying to make things easier for myself. There was sort of a lack of information on excavations in Iran . . . so I wasn't sure I'd be able to complete the paper. Uh, this may sound kind of dumb, but I've always been interested in earthquakes and tsunamis . . . maybe it's from studying geology . . . it's a required course for archaeology majors . . . and since there's a lot of material on that topic, I made the switch.

P: I see . . . well, you know, Greg, I think I can actually help you with your original topic. I came across some excellent web sites that provide an enormous amount of material on excavations in Iran.

S: You did?

P: Yes, and I believe there's a bibliography . . . so you might even use that list of reference materials and check what the library has to offer.

S: That's great!

Q. What are the professor and student mainly discussing?

P: 안녕, Greg. 찾아와 줘서 고맙구나. 네 일정이 꽉 차 있다는 걸 알고 있단다.
S: 괜찮아요, Stevens 교수님. 그런데, 전 그냥 약간 걱정이 되네요. 제가 쓰고 있는 기말 보고서와 관련된 건가요?
P: 실은 그렇단다...
S: 오, 이런.
P: 하지만 걱정하지 않아도 돼. 넌 잘하고 있는 것 같아. 단지 네 보고서 주제에 대한 질문이 있어서 말이야. 보고서 계획안을 봤을 때 네가 쓰고자 하는 주제가 너에게 아주 적합하다고 생각했어. 주제가... 이란의 고고학 발굴이었지.
S: 맞습니다.
P: 음, 네 전공이 고고학이라서... 보고서를 작성하는 데 전혀 문제가 없을 거라고 생각했어. 그래서 네가 선택한 주제에 바로 찬성했었지.
S: 네, 교수님, 알고 있습니다.
P: 그렇다면 내 질문이 뭔지 알고 있겠구나... 왜 학기말 보고서 주제를 동남아시아의 해일로 바꾸기로 결정했니?
S: 아마... 제가 주제를 바꾼 것이 이상하다고 생각하실 거예요. 제가 쓰기에 좀 더 쉽게 하려고 그랬어요. 이란의 발굴에 대한 정보가 부족해서... 보고서를 마무리할 수 있을지 불안했어요. 어, 다소 어리석게 들릴지 모르지만, 저는 항상 지진과 해일에 대해 관심이 있었어요... 아마도 지질학을 공부해서일 거예요... 고고학 전공의 필수과목이거든요... 그리고 그 주제에 대한 자료가 많기 때문에, 바꾼 거예요.

P: 그렇구나... 음, 그런데, Greg, 네 원래 주제에 대해 내가 도움을 줄 수 있을 것 같구나. 우연히 이란의 발굴에 관련된 많은 정보가 있는 웹사이트 몇 개를 발견했거든.

S: 그러셨어요?

P: 그래, 그리고 거기엔 참고 서적 목록도 있을 거야... 그러니까 참고 자료 목록을 사용해 도서관에 어떤 자료가 있는지 찾아볼 수도 있어.

S: 잘 됐네요!

term paper 기말 보고서　　proposal[prəpóuzəl] 계획안, 계획　　archaeological[àːrkiəládʒikəl] 고고학의
approve[əprúːv] 찬성하다, 승인하다　　tsunami[tsunáːmi] 해일　　excavation[èkskəvéiʃən] 발굴　　dumb[dʌm] 어리석은
required course 필수 과목　　come across 우연히 발견하다　　bibliography[bìbliágrəfi] 참고 서적 목록
reference[réfərəns] 참조, 참고

8 M: Hi, I just started working part-time at the main library . . . yesterday was supposed to be my first payday, but I checked my bank account and noticed I haven't gotten paid yet. I'm a little worried because . . . I was hoping to use that money to make a tuition payment that's due tomorrow.

W: OK, let me check your record . . . hmm, looks like the computer file is missing some information about you.

M: What, really? But . . . why didn't someone let me know earlier?

W: I'm not sure . . . let me see . . . um, I'm really sorry, but it looks like the computer system wasn't designed to pick up minor errors like this. Let's see what we can do for you . . . Now, did you fill out the application for automatic payment into your account?

M: Yes, my manager gave me that form to complete on my very first day of work . . . and I submitted it right away.

W: Hmm . . . well, it looks like you forgot to fill out the blank for providing your bank's transfer number. Without it, the school can't pay you!

M: OK, so . . . what can I do?

W: If you have a check or bank statement with you, I can update your record right now . . . then we can call the library and ask them to try sending your pay again.

M: I don't have either right now. I have to go back to my dorm to pick them up.

W: OK, why don't you do this then? Here's the phone number of our office. When you get home and find the documents, call me . . . I'll update your record and call the library for you . . . then you don't have to come all the way back here.

M: If you could do that for me, that would be so great! Thank you!

Q. What is the man's main problem?

M: 안녕하세요, 저는 중앙 도서관에서 이제 막 파트타임 일을 시작했는데요... 어제가 제 첫 번째 급여일로 되어 있어서 은행 계좌를 확인 해봤는데 아직 급여를 받지 못했어요. 전 약간 걱정이 돼요, 왜냐하면... 그 돈으로 내일이 마감일인 등록금을 지불하려 했거든요.

W: 알겠어요, 학생의 기록을 확인해볼게요... 음, 컴퓨터 파일에 학생에 관한 정보가 일부 빠져 있는 것 같군요.

M: 네, 정말이요? 그렇다면... 왜 아무도 제게 좀 더 일찍 알려주지 않았나요?

W: 잘 모르겠네요... 어디 봅시다... 음, 정말 죄송하지만, 컴퓨터 시스템이 이런 작은 오류까지 찾아내도록 설계되지 않은 것 같아요. 저희 가 학생을 위해 할 수 있는 게 뭔지 살펴보지요... 자, 학생의 계좌로 돈이 자동 이체되는 신청서를 작성했나요?

M: 네, 관리인이 제가 일하는 바로 첫 날에 그 신청서를 작성하라고 줬거든요... 그래서 즉시 그걸 제출했어요.

W: 흠... 그게, 아마도 학생이 은행 송금 번호 적는 란을 기입하는 걸 깜박 잊은 것 같네요. 그게 없으면 학교에서 학생에게 돈을 지불할 수 없어요!

M: 네, 그러면... 제가 어떻게 해야 하나요?

W: 만일 학생이 수표나 은행 예금 내역서를 가지고 있다면, 제가 지금 학생의 기록을 업데이트할 수 있어요... 그런 다음 저희가 도서관에 전화해서 급여를 다시 송금하도록 요청해 볼게요.

M: 지금은 두 개 다 갖고 있지 않아요. 그것들을 가지러 기숙사로 돌아가야 해요.

W: 알았어요, 그러면 이렇게 하는 게 어때요? 여기 저희 사무실 전화번호가 있어요. 학생이 기숙사에 가서 서류를 찾으면, 제게 전화 주세 요... 제가 학생의 기록을 업데이트하고 도서관에 전화할게요... 그러면 다시 이곳까지 되돌아올 필요가 없잖아요.

M: 절 위해 그렇게 해 주실 수 있다면 정말 좋을 거예요! 감사합니다!

be supposed to ~하기로 되어 있다　　bank account 은행 계좌　　tuition[tju:íʃən] 수업료(= tuition fee)
payment[péimənt] 지불　　due[dju:] 지불 기일　　application[æpləkéiʃən] 신청서　　submit[səbmít] 제출하다
fill out the blank (용지에) 기입하다　　transfer[trænsfɔ́:r] 송금, 이전　　bank statement 은행 예금 내역서
dorm[dɔ:rm] 기숙사(= dormitory)

9　S:　Professor Anderson? Could I come in for a second?

　　P:　Of course, Daryl, come on in. Is there something I can help you with?

　　S:　Actually, yes. I just picked up my grade at the English Department, and I, uh, noticed that the final grade
　　　　you gave me is lower than I had expected. I'm kind of disappointed because I thought I did well overall
　　　　. . . maybe you made a mistake calculating my grade.

　　P:　Well, let me take a look at my records. Give me just a moment, Daryl . . . OK, I see the problem.

　　S:　Yes, ma'am?

　　P:　Uh, as you know, the criteria I use for calculating the final grade of my students include the midterm and
　　　　finals, quizzes, class participation, and book reports. I can see from here that you did pretty well on both
　　　　of the exams . . .

　　S:　That's why I can't figure out why my final grade is what it is.

　　P:　But the two exams carry only sixty percent of the weight of your final grade. Ten percent is based on
　　　　quizzes, and your book reports and class participation make up thirty percent. The problem is you were
　　　　absent a third of the time . . .

　　S:　Did that really affect my overall grade?

　　P:　Yes, Daryl. You know that I would normally drop a student who has at least five absences. You've had
　　　　six. Now, the reason I didn't drop you is that you did so well on the midterms.

　　S:　Oh . . . can't I make it up, Professor Anderson? I mean, couldn't you give me some other way to earn
　　　　extra credit?

　　P:　Um, I don't know, Daryl . . . OK, this is what I'll do. I'll think about it this evening. Drop by my office first
　　　　thing in the morning.

　　S:　Thank you so much, Professor Anderson.

　　Q. Why does the student go to see his professor?

　　S:　Anderson 교수님? 잠시 들어가도 될까요?
　　P:　물론이지, Daryl, 들어오너라. 내가 도와줄 일이 있니?
　　S:　사실, 네. 방금 영어학부에서 성적을 확인했는데, 어, 제가 기대했던 것보다 최종 성적을 낮게 주셨더라구요. 전반적으로 제가 잘했다고
　　　　생각했었기 때문에 다소 실망했습니다... 혹시 제 성적을 계산하시면서 오류가 있지는 않았나 해서요.
　　P:　음, 기록을 한번 봐야겠구나. 잠시 시간을 주렴, Daryl... 그래, 문제가 뭔지 알겠다.
　　S:　어떤 문제인가요, 교수님?
　　P:　어, 알다시피, 내 학생들의 최종 성적을 평가할 때 사용하는 기준은 중간고사와 기말고사, 퀴즈, 수업 참여, 그리고 보고서를 포함한단
　　　　다. 여기 나와 있는 걸 보니 넌 두 시험을 다 잘 보았구나...
　　S:　그 점이 바로 제가 왜 최종 성적이 낮은지 이해할 수 없는 이유예요.
　　P:　그런데 두 시험은 최종 성적의 60퍼센트만 차지할 뿐이야. 퀴즈는 10퍼센트, 그리고 보고서와 수업 참여는 30퍼센트를 차지한단다. 문
　　　　제는 네가 전체 수업의 3분의 1을 결석한 거야...
　　S:　그것이 정말 전체 성적에 영향을 미쳤나요?
　　P:　그럼, Daryl. 내가 보통 최소 다섯 번 결석한 학생은 낙제시키는 걸 알고 있잖니. 넌 여섯 번이나 결석했어. 자, 너를 낙제시키지 않은 이
　　　　유는 네가 중간고사에서 좋은 성적을 받았기 때문이야.
　　S:　오... 만회할 수 있는 방법이 없을까요, Anderson 교수님? 그러니까, 추가 점수를 얻을 수 있는 다른 방법을 주실 수 없나요?
　　P:　음, 잘 모르겠구나, Daryl... 좋아, 이렇게 하자. 오늘 저녁에 한번 생각해 볼게. 내일 아침에 곧장 내 사무실에 들르렴.
　　S:　정말 감사합니다, Anderson 교수님.

　　final grade 최종 성적　　calculate[kǽlkjulèit] 계산하다　　criteria[kraitíəriə] 기준　　midterm[mídtə̀:rm] 중간고사
　　final[fáinl] 기말고사　　figure out ~을 이해하다　　make up 차지하다, ~을 만회하다　　drop[drɑp] 낙제시키다, 제명하다
　　drop by ~에 들르다

1. (D)	2. (A)	3. (B)	4. (A)	5. (B)	6. (B)	7. (A), (C)	8. (A)

[1-4]

Listen to a conversation between a student and a housing office employee.

W: Good afternoon. I've got a bit of a problem that I was hoping you could help me with. I applied to participate in a research project being conducted by the engineering department this summer, and, uh . . .

M: Excuse me, but are you sure you're at the right place? I mean, if you're trying to sign up for a project sponsored by the university, you should probably go to the administration office. It's just across the hall. This is, uh, the housing office . . .

W: Sorry, I guess I wasn't very clear. I just received notification this morning that I was accepted, but, um, to be honest, I had already kind of given up on it . . . There was a lot of competition from other students. ¹So, I, uh, never bothered to submit an application for a dorm room before the deadline. Is there anything you can do? I mean, I really need on-campus housing this summer . . . The project lasts for 12 weeks.

M: Well, given your situation, I think an exception can be made. To tell you the truth, at least a couple of the dorms won't be at full capacity . . . Fewer students take classes during the summer semester.

W: That's great! ²Um, would it be possible to stay in Monroe Hall? It's close to the Stonewall Building . . . Uh, that's where most of the activities for the project are going to take place. It'd be really convenient for me to stay there because then I wouldn't walk too far each day . . .

M: Give me a minute to check the system and see what's available . . . Oh, that's right . . . Monroe Hall is being renovated this summer. As you may know, it's one of the older dorms on campus, so the administration decided it was time to upgrade its facilities. It won't be open to students until the start of the fall semester.

W: Really? That's too bad . . . I was really hoping I could stay there. What else is available?

M: Well, I can give you a room in Summit Hall . . . Uh, it'll be a bit of a walk, but this dormitory has very modern, spacious rooms. ³The only problem is that it doesn't have its own cafeteria. You would have to use the one at Fieldstone Hall. It's really close though . . . just across the street actually. Would that work for you?

W: I suppose that would be OK . . . I usually eat at the cafeteria in the student union building anyway. Plus, like you said, the rooms are really nice . . . I guess it's the best option. Um, can I apply now?

M: Sure . . . You just need to fill out an application form and I'll need a copy of your student ID card. Uh, you also have to pay a $200 deposit to hold the room. Keep in mind that this is non-refundable.

W: Oh, I didn't think about that . . . Um, can I use my credit card to pay for this?

M: Unfortunately, no. We do accept cash, though.

W: Uh, the nearest bank is on the other side of the campus. Your office closes in about half an hour, right? I don't think I can go withdraw the money and be back before then.

M: Sorry, I should have mentioned that you can also pay with a personal check.

W: Great! ⁴I'm just going to run back to my dorm to pick up my checkbook. It's nearby, so I'll be back in like ten minutes.

M: No problem. I'll make a copy of your ID card and get the form ready while you're gone.

W: Thanks.

Now get ready to answer the questions. You may use your notes to help you answer.

1. What is the main topic of the conversation?
2. Why does the woman mention the Stonewall Building?
3. What does the man say about Summit Hall?

4. What will the woman probably do next?

W: 안녕하세요. 도와주셨으면 하는 약간의 문제가 있어요. 이번 여름에 공대에서 진행하는 연구 프로젝트에 참여하려고 지원했었는데, 어...

M: 실례지만, 제대로 찾아오신 게 확실한가요? 제 말은, 대학에서 후원하는 프로젝트에 등록하려는 거라면, 아마 행정처로 가셔야 할 거예요. 그건 바로 복도 건너편이에요. 이곳은, 어, 기숙사 사무실이에요...

W: 죄송해요, 제가 분명히 말씀드리지 못한 것 같네요. 저는 막 오늘 아침에 합격했다는 통지를 받았는데요, 음, 솔직히 말씀드리면, 전 이미 거의 단념하고 있었어요... 다른 학생들과 경쟁이 정말 심했거든요. ¹그래서, 저는, 어, 마감일 전에 기숙사 신청서를 제출할 생각도 못했어요. 혹시 뭔가 도와주실 수 있는 게 있으신가요? 그러니까, 저는 이번 여름에 교내 숙소가 정말 필요해요... 그 프로젝트가 12주간 진행되거든요.

M: 음, 학생의 처지를 고려하면, 예외로 해드릴 수 있을 것 같네요. 사실대로 말씀드리면, 적어도 두어 개의 기숙사가 완전히 꽉 차지 않을 거든요... 여름 학기 동안은 더 적은 수의 학생들이 수업을 들어서요.

W: 잘됐네요! ²음, Monroe Hall에서 지내는 것이 가능할까요? 그 곳은 Stonewall Building과 가깝거든요... 어, 거기가 그 프로젝트의 대부분의 활동이 진행되는 곳이에요. 제가 거기에서 지내게 되면 매일 멀리 걸어가지 않아도 되니까 정말 편할 것 같아요...

M: 시스템을 확인하고 어디가 이용 가능한지 알아볼 수 있도록 잠시만 시간을 주세요... 오, 맞다... Monroe Hall은 올 여름에 보수될 거예요. 아시다시피, 그건 캠퍼스에서 오래된 기숙사 중 하나라서, 행정처에서 그곳의 시설을 개선할 시기라고 판단했거든요. 가을 학기가 시작할 때까지는 학생들에게 개방되지 않을 거예요.

W: 정말이요? 그것 참 아쉽네요... 정말 그곳에서 지내고 싶었거든요. 그 밖에 어떤 곳이 이용 가능한가요?

M: 글쎄요, Summit Hall의 방을 드릴 수 있어요... 어, 조금 걸어야 하겠지만, 이 기숙사는 매우 현대적이고 넓은 방을 갖추고 있어요. ³단 한 가지 문제는 자체 교내식당이 없다는 거예요. Fieldstone Hall에 있는 식당을 이용해야 할 거예요. 하지만 아주 가깝답니다... 사실 바로 길 건너편에 있거든요. 괜찮으시겠어요?

W: 괜찮을 것 같아요... 어차피 저는 보통 학생 회관에 있는 교내식당에서 밥을 먹거든요. 그리고 말씀하셨듯이, 방이 정말 좋기는 하죠... 제 생각에는 그게 최선의 선택인 것 같네요. 음, 지금 신청할 수 있나요?

M: 물론이죠... 신청서를 작성해주시기만 하면 되고 학생증 사본이 필요해요. 어, 방을 맡아놓으려면 200달러의 보증금도 내셔야 해요. 이건 환불이 안 된다는 것을 명심하시고요.

W: 오, 그건 생각하지 못했네요... 음, 신용카드로 지불해도 되나요?

M: 안타깝게도 안돼요. 그렇지만 현금은 받아요.

W: 어, 가장 가까운 은행은 캠퍼스 반대편에 있잖아요. 이 사무실은 약 30분 뒤에는 문을 닫죠, 그렇죠? 가서 돈을 인출하고 그 전까지 돌아올 수 없을 것 같아요.

M: 죄송해요, 개인 수표로 지불할 수도 있다는 말씀을 드렸어야 했네요.

W: 좋아요! ⁴수표책을 가지러 기숙사에 뛰어갔다 와야겠어요. 그곳은 가까우니까, 10분 정도 후에는 돌아올게요.

M: 그러세요. 다녀오실 동안 학생증을 복사하고 신청서를 준비해 놓을게요.

W: 감사합니다.

conduct [kándʌkt] 진행하다, 수행하다   sponsor [spánsər] 후원하다   notification [nòutəfikéiʃən] 통지, 알림
give up on ~을 단념하다   bothered to ~할 생각도 못하다   submit [səbmít] 제출하다   application [æ̀pləkéiʃən] 신청서, 지원서
deadline [dédlàin] 마감일, 기한   at least 적어도, 최소한   at full capacity 완전히 꽉 차 있는, 전 능력을 기울이고 있는
spacious [spéiʃəs] 넓은   deposit [dipázit] 보증금   non-refundable [nɑ̀nrifʌ́ndəbl] 환불이 안 되는
withdraw [wiðdrɔ́:] 인출하다   personal check 개인 수표   checkbook [tʃékbùk] 수표책

[5-8]

Listen to a conversation between a student and his professor.

S: Good morning, Professor Dotson. I know your office hours are in the afternoon, but I have a debate club meeting at 2:00 p.m., so I was hoping I could talk to you now . . .

P: Oh, hi, Rafael. I've got a few minutes. What's on your mind?

S: ⁵Well, it's about the class presentations . . . I'm supposed to give mine on May 2, but I was wondering if it would be possible to do it later in the week . . .

P: Um, are you having problems coming up with a topic? I sent everyone in the class an e-mail with a list of topics to choose from . . .

S: No, it's not that. I have a presentation for another class on the same day. I'm just worried it'll be too much for me. As you know, these presentations require a lot of preparation . . . I don't think I can manage two in one day.

P: Oh, that's understandable. What if we postponed it until May 6? Would that be better for you?

S: That's perfect. Thank you so much. By the way, Professor, I heard you're organizing a dinner for your retirement this weekend, and, um, I'd like to help out.

P: That's really nice of you to offer to help, Rafael, but [6]the dinner really isn't going to be that big. I've only invited a few people . . . mostly those I'm close to. What made you think to lend a hand?

S: To be honest, you are the best professor I've ever had. I feel kind of sad that you're retiring, and I just wanted to do something to show my appreciation.

P: Thank you so much, Rafael. That means a lot to me.

S: Um, one of the other students mentioned that you've been teaching at this university for 37 years . . . You must have seen many changes take place.

P: I sure have. In fact, I hardly recognize the place anymore. [7]When I first started teaching here, the campus was about half its current size. Most of the classrooms were in the, uh, building that now serves as the university's administrative center. [7]And there are many more students now . . . particularly female students, which makes me very happy. During my first few years here, it seemed like there were rarely more than four or five female students in each of my classes.

S: That's fascinating. Um, may I ask what your thoughts are about leaving?

P: Of course. I hope this doesn't sound like a cliché, but I have mixed feelings. On the one hand, I'm going to miss my students . . . It has always been about the students . . . getting to know them, interacting with them, and having a hand in shaping and molding them. There's the academic growth as well . . . I learn a lot through teaching. On the other hand, I'm looking forward to indulging in a bit of gardening. I've always had a thing for plants . . .

S: How interesting! I'm a plant lover myself.

P: Well, that's quite the coincidence . . . Oh, hey! I just remembered! There is a way you can help me. I've written quite a number of essays on sociology over the course of my career . . . and I've put them all together in a book. It's one of the things I wanted to do for my retirement. And I may even have it published . . . provided a publishing company shows interest, of course. [8]Anyway, I've been working on the bibliography, and there are just a few references left to include. Do you think you could finish it for me?

S: I would be happy to.

P: Oh, good! I don't want to impose on you, so let's talk about this again after your presentation.

S: I'll stop by your office again after May 6.

P: Thank you very much, Rafael.

Now get ready to answer the questions. You may use your notes to help you answer.

5. Why does the student go to see the professor?

6. What does the professor say about the retirement dinner?

7. According to the professor, what changes have occurred at the university during her career?

8. What does the professor say about her book?

S: 안녕하세요, Dotson 교수님. 면담 시간이 오후인 건 알고 있지만, 제가 오후 2시에 토론 동아리 회의가 있어서요, 지금 교수님과 대화할 수 있을까 하고요...

P: 오, 안녕, Rafael. 잠시 시간이 있단다. 무슨 일이니?

S: [5]저, 수업 발표에 관해서인데요... 제 발표를 5월 2일에 하기로 되어 있는데, 혹시 그 주 후반부에 할 수 있을지 궁금해서요...

P: 음, 주제를 정하는 데 문제가 있니? 수강생 모두에게 선택할 수 있는 주제 목록을 이메일로 보냈는데...

S: 아니요, 그런 게 아니에요. 제가 같은 날에 다른 수업에서 발표가 있거든요. 그냥 저에게 너무 벅찰까봐 걱정이 되어서요. 아시다시피, 이 발표들은 많은 준비가 필요하잖아요... 하루에 두 개를 해낼 수 없을 것 같아요.

P: 오, 이해가 가는구나. 5월 6일로 연기하면 어떠니? 그럼 너에게 더 낫겠니?

S: 완벽해요. 정말 감사합니다. 그런데 교수님, 이번 주말에 교수님 은퇴를 위한 저녁 식사모임을 준비하고 계시다고 들었는데, 음, 제가 도와드리고 싶어요.

P: 도와주겠다니 참 친절하구나, Rafael. 하지만 ⁶저녁 식사모임이 정말로 그렇게 크지는 않을 거야. 난 오직 몇몇 사람들만 초대했단다... 대부분 나와 가까운 사람들이야. 도와주고 싶다고 생각한 이유가 무엇이니?

S: 솔직히 말씀드려서, 교수님께서는 제가 알고 있는 최고의 교수님이세요. 교수님께서 은퇴하신다는 게 좀 슬프게 느껴져서, 저는 그저 감사함을 표현하기 위해 무언가를 하고 싶었어요.

P: 정말 고맙구나, Rafael. 내게 정말 큰 의미가 되는걸.

S: 음, 다른 학생 중 한 명이 말하길 교수님께서 이 대학에서 37년 동안 가르치셨다고 하더라고요... 그동안 많은 변화가 일어나는 것을 봐오셨겠네요.

P: 물론 그렇지. 사실, 이제는 이곳을 거의 못 알아보겠어. ⁷여기서 처음 가르치기 시작했을 때, 캠퍼스는 지금 크기의 절반 정도였지. 대부분의 교실들은, 어, 현재 대학 행정센터로 사용되고 있는 건물에 있었어. ⁷그리고 지금은 훨씬 더 많은 학생들이 있지... 특히 여학생들 말이야, 이건 나를 매우 기쁘게 해. 여기서 처음 몇 년 동안은 한 수업 당 네다섯 명 이상의 여학생들은 거의 없는 것 같았어.

S: 아주 재미있네요. 음, 은퇴하시는 것에 대한 생각이 어떠신지 여쭤봐도 될까요?

P: 물론이지. 이것이 진부한 말처럼 들리지 않았으면 좋겠지만, 복잡한 감정이 드는구나. 한편으로는, 내 학생들이 그리워질 것 같아... 나의 교직 생활은 늘 학생과 관련되어 있었어... 그들을 알아가고, 그들과 교감하고, 그들을 발전시키는 데 관여하고. 학문적인 발전도 있었지... 나는 가르치는 것을 통해서 많은 것을 배웠단다. 다른 한편으로는, 정원 손질을 좀 마음껏 하게 될 것을 기대하고 있단다. 난 늘 식물에 관심이 있었거든...

S: 무척 흥미롭네요! 저도 식물을 좋아하거든요.

P: 음, 그거 대단한 우연의 일치로구나... 오, 그래! 방금 막 생각났어! 네가 나를 도와줄 수 있는 방법이 하나 있단다. 나는 교직 생활 동안 사회학에 대해 꽤 많은 에세이를 써 왔단다... 그리고 난 그 모든 글을 하나의 책으로 엮었지. 내가 은퇴를 위해 하고 싶었던 일 중 하나야. 그리고 그것을 출판할 수도 있을 거야.... 물론, 출판사에서 흥미를 보인다면 말이지. ⁸아무튼, 나는 그 책의 참고문헌 목록을 작성하고 있었고, 포함시킬 참고문헌이 단지 몇 개만 남아 있어. 나를 위해서 그걸 마무리해줄 수 있겠니?

S: 기꺼이 그 일을 해드리고 싶어요.

P: 오, 잘됐구나! 너에게 폐를 끼치고 싶지 않으니 너의 발표가 끝난 뒤 이에 대해 다시 얘기하자꾸나.

S: 5월 6일 이후에 다시 교수님 사무실에 들를게요.

P: 정말 고맙구나, Rafael.

---

office hour 면담 시간, 근무 시간　　**debate**[dibéit] 토론　　**presentation**[prìːzentéiʃən] 발표
postpone[poustpóun] 연기하다, 미루다　　**organize**[ɔ́ːrɡənàiz] 준비하다　　**retirement**[ritáiərmənt] 은퇴
lend a hand 도와주다　　**appreciation**[əprìːʃiéiʃən] 감사, 고마움　　**administrative**[ædmínəstrèitiv] 행정의
fascinating[fǽsənèitiŋ] 아주 재미있는, 대단히 흥미로운　　**cliché**[kliːʃéi] 진부한 말　　**interact**[ìntərǽkt] 교감하다, 상호작용하다
indulge[indʌ́ldʒ] 마음껏 하다, 충족시키다　　**coincidence**[kouínsidəns] 우연의 일치　　**bibliography**[bìbliágrəfi] 참고문헌 목록
reference[réfərəns] 참고문헌, 참조　　**impose**[impóuz] 폐를 끼치다, 강요하다

---

2. Detail Questions

EXAMPLE

Listen to a conversation between a student and a university cafeteria employee.

W: Excuse me. The cashier said that you're the, uh, cafeteria supervisor?

M: That's right. How can I help you?

W: I'd like to cancel my meal plan . . . I'm going to eat off campus from now on.

M: Well, I'm sorry, but it's too late . . . The deadline for cancelations and refunds was over a week ago.

W: Really? That seems unfair . . .

M: The policy is clearly stated on the university's website . . . Um, why do you want to cancel it now?

W: Well, I'm allergic to milk, and lots of dishes contain small amounts of dairy products. I actually had an allergic reaction yesterday to some pasta that I ate at the cafeteria.

M: Oh no! Did you have to go to the hospital?

W: No. My face was swollen for a while, but it went away after a couple hours. Anyway, this is the third time it has happened to me. I've decided that it's too much of a health risk to continue eating the cafeteria food . . . Next time the reaction might be much more severe. So, I was planning to eat at a vegan restaurant nearby that doesn't use any dairy products, but I won't be able to afford to do this regularly if I can't get a refund.

M: Um . . . you do realize that our menu indicates whether a dish contains common food allergens, right? Look here . . . If a dish includes, uh . . . nuts, for example . . . the corresponding symbol will be placed under its description in the menu. In your case, you should avoid any dish that is marked with a red circle.

W: Really? Well, I think it's good that you set up this system, but in my opinion, it has a few problems. For instance, the symbols are really hard to see because they are so tiny. Also, it's not obvious which allergens they stand for . . . I would have never guessed that a red circle meant dairy products.

M: There is a guide to the symbols on the back of the menu, but I suppose we could make it more noticeable. I'll see if we can fix these issues when we print the new menus next semester.

W: That would be great.

Q. Why does the student want to cancel her meal plan?
Q. What does the student say about the symbols on the menu?

W: 실례합니다. 계산원이 당신이, 어, 교내 식당 관리자시라고 하던데요?
M: 그렇습니다. 무엇을 도와드릴까요?
W: 제 meal plan을 취소하고 싶어요... 이제부터는 학교 밖에서 식사할 예정이거든요.
M: 음, 죄송합니다만, 너무 늦었네요... 취소 및 환불 기한은 일주일 전에 끝났어요.
W: 정말요? 그건 부당한 것 같은데요...
M: 대학 웹사이트에 방침이 분명히 명시되어 있어요... 음, 왜 지금 취소하고 싶으신가요?
W: 그게, 저는 우유에 알레르기가 있는데, 많은 음식들이 약간씩의 유제품을 포함하고 있어서요. 사실 어제 교내 식당에서 먹은 어떤 파스타에 알레르기 반응이 있었거든요.
M: 저런! 병원에 가야 했나요?
W: 아니요. 얼굴이 잠깐 부어올랐지만, 두어 시간 후에 괜찮아졌어요. 어쨌든, 제게 이런 일이 일어난 게 이번이 세 번째예요. 교내 식당 음식을 계속 먹는 것은 건강상 위험이 너무 크다고 판단을 내렸어요... 다음 번에는 반응이 훨씬 더 심각할지도 모르잖아요. 그래서 유제품을 전혀 사용하지 않는 근처의 채식 식당에서 먹을 계획이었는데, 만약 환불을 받을 수 없다면 규칙적으로 이렇게 할 수는 없을 거예요.
M: 음... 우리 메뉴판이 어떤 음식이 일반적인 식품 알레르기 유발 항원을 함유하고 있는지 표시하고 있다는 것을 알고 있는 거죠? 여기 보세요... 만약 어떤 음식이, 어... 예를 들어 견과류를 포함하고 있다면... 메뉴판의 음식 설명 아래에 해당 기호가 있을 거예요. 학생의 경우, 빨간 동그라미가 표시된 모든 음식을 피해야 해요.
W: 정말요? 음, 이런 체계를 마련하신 건 좋지만, 제 생각에는 몇 가지 문제점이 있는 것 같아요. 예를 들면, 기호들이 너무 작아서 알아보기에 정말 어려워요. 게다가 그것들이 어떤 알레르기 유발 항원을 의미하는지 분명하지 않아요... 저는 빨간 동그라미가 유제품을 의미한다는 것을 짐작조차 못 했을 거예요.
M: 메뉴판 뒷면에 기호들에 대한 안내가 있지만, 더 눈에 띄도록 만들어야겠네요. 다음 학기에 새 메뉴판을 인쇄할 때 이러한 문제를 해결할 수 있을지 알아볼게요.
W: 그러면 좋겠네요.

supervisor[súːpərvàizər] 관리자, 감독관　　deadline[dédlàin] 기한, 마감일　　state[steit] 명시하다, 말하다
allergic[ələ́ːrdʒik] 알레르기가 있는　　dairy product 유제품　　swell[swel] 부어오르다　　severe[səvíər] 심각한
vegan[védʒən] 채식의, 채식주의의　　afford to ~할 수 있다　　indicate[índikèit] 표시하다
allergen[ǽlərdʒən] 알레르기 유발 항원, 알레르겐　　corresponding[kɔ̀ːrəspándiŋ] 해당하는　　stand for ~를 의미하다
noticeable[nóutisəbl] 눈에 띄는

1. list of topics, divide, collect, actual report / (C)
2. divorce trends, poverty, African-American, declining, family values / (C)
3. application form, transcript, reference letter, letter, recommendation, language skills, essay / (B)
4. Southeast Asia, computer classes, security system / (A)

| 5. (B), (D) | 6. (A), (C) | 7. (C), (E) | 8. (B), (C) | 9. (A), (B), (D) | 10. (B), (C), (E) |
| 11. (B) | 12. (B) | 13. (D) | 14. (A), (D) | 15. (C) | 16. (C) |

I. Listen to parts of the conversations and fill in the blanks. Then answer the questions.

1   P: The class you missed . . . at the end I told everyone to pair up and do the investigative report with a partner. You'll have to ask around, since a lot of people are teamed up by now.

     S: OK . . . what exactly do we have to do?

     P: The first thing you need to do is go over the list of topics I gave out, then choose a topic and submit your choice to me. Then you need to divide the work . . . you have to decide who will collect the data and who will write the actual report.

     Q. What will the speakers initially do?

     P: 네가 빠졌던 수업 말인데... 그 수업이 끝나갈 무렵 나는 모든 학생들에게 짝을 이뤄 파트너와 함께 조사 보고서를 작성하라고 했단다. 지금쯤은 많은 학생들이 조를 짰을 테니, 너는 짝을 찾기 위해 여기저기 물어봐야 할 거야.

     S: 알겠어요... 저희가 정확히 무엇을 해야 하나요?

     P: 너희들이 첫 번째로 해야 할 일은 내가 나누어줬던 주제 목록을 검토한 후 한 가지 주제를 선정하고 선택한 것을 나에게 알려주는 거지. 그 다음엔 일을 나눠야 해... 누가 자료를 수집할 것이고 누가 실제 보고서를 쓸 것인지 결정해야 하는 거지.

     pair up 짝을 이루다   **investigative**[invéstigèitiv] 조사의, 연구의   **team up** 조를 짜 일하다, 팀이 되다   **by now** 지금쯤은
     go over ~을 검토하다   **divide**[diváid] 나누다

2   P: So, you're going to have to narrow down the topic you chose for your presentation. Instead of a topic as broad as social problems, you might want to do something a little more specific; for instance, divorce trends in a particular region of the United States or . . . or families living in poverty, maybe with a special focus on African-American families.

     S: I think I'd be really interested in doing a presentation on whether the family in America is declining . . . or, um, whether family values are on the wane.

     P: Those are good, really good.

     Q. What will the man do a paper on?

     P: 그러니까, 너는 발표 주제로 결정한 주제의 범위를 좁혀야 할거야. 사회 문제와 같은 넓은 범위의 주제 대신에, 좀 더 구체적인 주제가 좋을 거야. 예를 들어, 미국 특정 지역의 이혼 추세나... 가난한 생활을 하는 가정들, 아마도 미국 흑인 가족들에 특별히 초점을 맞출 수 있겠지.

     S: 전 미국의 가정이 쇠퇴하고 있는지... 또는, 음, 가족의 가치가 약화되고 있는지에 대해 정말 발표해보고 싶습니다.

     P: 그것들도 좋아, 아주 좋은걸.

     narrow down (범위를) 좁히다, 요약하다   **trend**[trend] 추세, 경향   **poverty**[pávərti] 가난, 빈곤
     decline[dikláin] 쇠퇴하다, 감소하다   **family value** (전통적) 가족의 가치   **on the wane** 약화되고 있는, 쇠퇴하고 있는

3 M: Louise, I just wanted to remind you about the requirements for your application at the Work Immersion Program in Germany.

W: Uh . . . aren't my papers complete?

M: Well, there are three things you've given me so far . . . the application form, your resume, and your transcript, but you lack a reference letter from your professor regarding your professional field, a letter of recommendation related to your German language skills, and a one-page essay in German.

Q. What does the woman need to submit?

M: Louise, 독일의 Work Immersion Program에 지원하기 위한 필수 사항들을 너에게 상기시켜 주고 싶구나.

W: 어... 제 서류들이 완전하지 않은가요?

M: 음, 지금까지 네가 내게 준 것이 세 가지 있단다... 지원서, 너의 이력서, 그리고 성적 증명서, 하지만 너의 전문 분야에 관한 교수의 추천서, 독일어 능력에 대한 추천서와 한 페이지 분량의 독일어로 쓴 에세이가 없구나.

requirement [rikwáiərmənt] 필수 사항   application [æ̀pləkéiʃən] 지원, 신청   so far 지금까지   résumé [rézuмèi] 이력서
transcript [trǽnskript] 성적 증명서   reference letter 추천서   professional [prəféʃənl] 전문의
letter of recommendation 추천서

4. P: Well, Jeff, it's likely that your job interviewer will ask you some very broad questions like, "What would you like to say about yourself" or "tell me about yourself", so you need to think about what information would be useful to give . . . I mean, it's not necessary to tell your interviewer everything good about yourself. You need to focus.

S: Well, what might be good for me to talk about?

P: In your case, I'd say your travels to Southeast Asia, the volunteer work you've been doing for the past couple of years, especially the free computer classes you gave to the orphans at the Belair Foundation, and the recognition you received for showing your college how to set up a security system for the university's network of computers.

Q. What does the woman suggest the man talk about?

P: 음, Jeff, 면접관이 아마 "네 자신에 대해 뭐라고 말하겠는가" 또는 "너 자신에 대해 말해보라"와 같은 매우 일반적인 질문들을 할 것 같아, 그러니까 넌 어떤 정보들을 말하는 것이 유용한지 생각할 필요가 있어... 내 말은, 면접관에게 너의 모든 장점을 말할 필요는 없다는 거야. 무언가에 초점을 맞춰야 해.

S: 그럼, 어떤 것에 대해 얘기하는 것이 좋을까요?

P: 네 경우에, 나라면 동남아시아에 여행 갔던 것, 지난 몇 년 동안 하고 있는 봉사 활동, 특히 Belair 재단의 고아들에게 무료 컴퓨터 수업을 해준 것과 네가 학부에 대학교 컴퓨터 네트워크의 보안 시스템을 설정하는 방법을 보여줘서 받게 된 표창을 얘기할 수 있지.

interviewer [íntərvjùːər] 면접관   orphan [ɔ́ːrfən] 고아   recognition [rèkəgníʃən] 표창   set up 설정하다, 설비하다

II. Listen to parts of the conversations and then answer the questions.

5 S: Excuse me, Professor, can I talk to you for a minute?

P: Oh, sure . . . By the way, have you been to the conference at the National Institute of Economics? I would have thought you'd have visited it by now . . . you know, I recommended it in class the other day.

S: Yes, I was going to, but, uh . . . that's kind of what I wanted to talk to you about, Professor. I'm having second thoughts about . . . I'm not really sure if I'm going to go through with my plan to pursue a master's in economics.

P: Really . . . well, this is kind of sudden.

S: I know . . . I've given it a lot of thought, and, uh . . . my mind is pretty much made up.

P: Look, maybe you should think about it a bit more before you actually make that decision. I, uh . . .

I think it would be a good idea for you to attend the conference. I'm sure that, um, being there will help you decide whether or not to go for your master's degree.

S: Uh, yeah, it might give me second thoughts, but the bottom line is I need to start working immediately after graduation. I won't be in a position to go for my master's . . . especially since I have a huge college loan to pay back.

P: In that case, you should definitely go to the conference. There are probably going to be some speakers there who went through the same thing you're going through now . . . well, they could give you advice about how to handle your loan.

S: That's a . . . possibility.

P: They might even be able to give you information about educational loans for college economics graduates who are interested in getting their master's but don't have the money to pay for tuition.

S: Hmm . . . you're right. I might be able to get some information from them. Thank you for your advice.

Q. Choose all the facts that can be learned from the conversation.

S: 실례합니다, 교수님, 잠시 말씀 좀 드려도 될까요?

P: 오, 물론이지... 그런데, 너 국립 경제학 협회의 회의에 참석했니? 난 네가 지금쯤 그곳을 방문했을 거라고 생각했는데... 알다시피, 내가 일전에 수업 시간에 그것을 추천해 주었잖니.

S: 네, 저도 가보려고 했지만, 어... 사실 그것에 대해 드릴 말씀이 있습니다, 교수님. 전 다시 생각해보고 있어요... 경제학 석사를 하겠다는 제 계획을 실행해야 할지 정말 확신이 서지 않아요.

P: 정말... 음, 좀 갑작스럽구나.

S: 저도 알아요... 전 그것에 대해 많은 생각을 했고, 어... 전 거의 결심했어요.

P: 보렴, 넌 실제로 결정을 내리기 전에 그것에 대해 좀 더 생각해 봐야 해. 난, 어... 네가 그 회의에 참석하는 것이 좋은 생각이라고 봐. 회의에 참석하는 것이 네가 석사 과정을 밟아야 할지 말아야 할지를 결정하는 데, 음, 도움을 줄 거라 확신해.

S: 어, 네, 그곳에 가서 제 결정을 재고해 볼 수도 있겠지요, 하지만 결론은 저는 졸업 후에 바로 일을 시작해야 한다는 거예요. 전 석사 학위를 딸 처지가 못 돼요... 특히 전 갚아야 할 학자금 대출이 엄청나거든요.

P: 그런 경우라면, 넌 더더욱 회의에 참석해야만 해. 네가 지금 겪고 있는 것과 같은 문제를 겪었던 연사들이 일부 있을 거야... 음, 그들이 네 대출금을 처리할 방법에 대한 충고를 해줄 수도 있어.

S: 그럴 수도... 있겠군요.

P: 더군다나 그들이 석사 학위 취득에 관심이 있지만 등록금을 낼 돈이 없는 경제학과 졸업생들을 위한 학비 대출에 관한 정보를 줄 수 있을지도 몰라.

S: 흠... 교수님 말씀이 옳아요. 그들에게서 정보를 얻을 수 있을 것 같아요. 조언해 주셔서 감사합니다.

conference [kánfərəns] 회의   national [nǽʃənl] 국립의   institute [ínstətjùːt] 협회   economics [ìːkənάmiks] 경제학
the other day 일전에   second thoughts 재고, 다시 생각함   pursue [pərsjúː] (어떤 일을) 해 나가다, 추구하다
master's [mǽstərz] 석사 (= master's degree)   give thought to ~에 대해 잘 생각하다   make up one's mind 결심하다
bottom line 결론, 요지   immediately [imíːdiətli] 바로   graduation [grædʒuéiʃən] 졸업   position [pəzíʃən] 처지, 입장
loan [loun] 대출(금)   handle [hǽndl] 처리하다, 다루다

6 S: Hi, Professor Burns . . . I hope I'm not disturbing you.

P: Hey, Laura . . . no, you're not disturbing me. Come on in. Oh, that's right . . . you weren't in class yesterday. What happened to you?

S: I meant to come to class, but I've been having these really bad headaches.

P: Have you been taking anything for them?

S: Well, yes, aspirin, but it wasn't strong enough so I saw a doctor, and he prescribed something that's really worked for me. I'm feeling better now than I did yesterday.

P: Well, it's nice to know you're feeling better, Laura. Now, is there something I can do for you?

S: Um, yeah. I got an e-mail from a classmate and he said that you gave a quiz yesterday . . .

P: That's right.

S: Yeah, and I heard that it was just a short quiz, but I need to raise my grade point average so that I can continue receiving student financial aid from my college. Every point counts for me, so . . . so I was wondering if you'd let me write a paper to make up the grade.

P: Well, Laura, I can't do that because it wouldn't really be fair to your classmates, now would it? You see, that was an impromptu quiz . . . I hadn't announced it . . . I just gave it right there and then to see if the students understood the lecture.

S: Yes . . . I understand, Professor, but, but . . . is there any other way I can make it up?

P: Well . . . I'll tell you what. I can give you a quiz now, and I'll take the material from the readings I assigned the other day. Think you'd be up to it?

S: Yes, sir, I would! Thank you!

Q. Choose all the facts that can be learned from the conversation.

S: 안녕하세요, Burns 교수님... 제가 방해가 된 건 아니길 바랍니다.
P: 안녕, Laura... 아니야, 방해되지 않았어. 들어오너라. 오, 맞아... 어제 네가 수업에 오지 않았었구나. 무슨 일이 있었니?
S: 수업에 오려고 했는데, 요즘 두통이 너무 심해서요.
P: 약은 먹고 있니?
S: 음, 네, 아스피린이요, 그런데 약효가 세지 않아서 진찰을 받았어요, 그리고 의사가 저에게 효과가 좋은 것을 처방해줬어요. 지금은 어제보다 훨씬 나아졌습니다.
P: 그래, 나아졌다니 다행이구나, Laura. 자, 내가 도와 줄 일이 있니?
S: 음, 네. 같은 수업을 듣는 친구에게 이메일을 받았는데 교수님께서 어제 퀴즈를 내주셨다고 했어요...
P: 그렇단다.
S: 네, 그리고 간단한 퀴즈라고 들었지만, 제가 대학에서 학비 지원을 계속 받을 수 있도록 제 성적 평점을 올려야만 합니다. 모든 점수가 제게는 중요해요, 그래서... 그래서 성적을 보충하기 위해 보고서를 쓰도록 해주실 수 있는지 궁금합니다.
P: 음, Laura, 급우들에게 공평하지 않기 때문에 그렇게 할 수는 없단다, 그렇지 않니? 그러니까, 그건 즉석 퀴즈였단다... 미리 공지하지 않았어... 그냥 학생들이 강의를 이해하고 있는지 알아보려고 즉석에서 낸 거야.
S: 네... 이해해요, 교수님, 하지만, 하지만... 제가 보충할 수 있는 다른 방법이 없을까요?
P: 음... 그럼 이렇게 하자. 지금 퀴즈를 내줄 건데, 일전에 내가 과제로 내주었던 읽기 자료에서 문제를 낼게. 할 수 있을 것 같니?
S: 그럼요, 교수님, 할 수 있습니다! 감사합니다!

prescribe[priskráib] 처방하다　　financial aid 학비 지원　　make up 보충하다, 만회하다
impromptu[imprámptju:] 즉석에서, 즉흥적으로　　assign[əsáin] (과제를) 내다, 할당하다　　the other day 일전에
up to (일 등을) 할 수 있는

7　P: Hello, Steven. I'm glad you could make it on time.

S: Hi, Mrs. Osborne. Actually, I would've been late had Mr. Perkins not dismissed us fifteen minutes early.

P: Well, that should give us a little more time to discuss what we need to go over. I'd like to get your thoughts on this. I thought it might be better if you based your presentation on thermal gradients in ocean energy production instead of wave energy.

S: Thermal gradients? Mrs. Osborne . . . uh . . . why the change in topic?

P: Well, it's just a suggestion, but hear me out. Now, we both know that at this time, wave energy appears to be the most promising of all the types of ocean energy. It's just for that reason, though, that I would prefer it if you focused your presentation on thermal gradients.

S: You mean . . . because . . . there's less information on it?

P: No, of course not, Steven. It's just that the technology used to convert energy from ocean currents is, in some ways, similar to the turbines used in wind power projects. And since we discussed wind power last week and, uh, even went a bit into how ocean waves are produced by wind, I'm afraid a discussion of the technology for wave energy would sound . . . pretty much like last week's discussions.

S: I see what you're getting at. But isn't the technology for thermal gradients merely in the research stage? I believe it hasn't been applied.

P: You're right, Steven, but that's what should make your presentation even more interesting. You can present material on how the research phase is coming along and what tests on the technology have been concluded. I have a list of really good resources here that you can start with . . .

S: Oh, good. I was worried that I'd have to start from scratch to find something.

Q. Choose all the facts that can be learned from the conversation.

P: 안녕, Steven. 제 시간에 맞춰 와 주어서 기쁘구나.

S: 안녕하세요, Osborne 교수님. 사실, Perkins 교수님이 15분 일찍 수업을 끝내지 않으셨다면 늦을 뻔했어요.

P: 음, 우리가 검토해야 할 것에 대해 논의할 시간이 좀 늘었구나. 이것에 대한 너의 생각을 알고 싶구나. 네가 파력 에너지보다는 해양 에너지 생산의 온도 변화에 기초해서 발표하는 게 더 낫다는 생각이 들었어.

S: 온도 변화에 대해서요? Osborne 교수님... 어... 왜 주제를 바꿔야 하죠?

P: 음, 단지 제안일 뿐이지만 끝까지 잘 들어보렴. 자, 우리가 알다시피 현재로서는 파력 에너지가 모든 종류의 해양 에너지 중에서 가장 전망이 좋지. 그렇지만, 바로 그 이유 때문에 네 발표의 초점을 온도 변화에 맞추었으면 하는 거란.

S: 교수님 말씀은... 그러니까... 온도 변화에 대한 정보가 더 적기 때문이라는 말씀인가요?

P: 아니, 물론 아니야, Steven. 그냥 해류를 에너지로 변환시키는 기술은 풍력 사업에 쓰이는 원동기와 여러 모로 비슷해서야. 그리고 우리가 지난 주에 풍력 발전에 대한 토론을 했고, 어, 바람에 의해 어떻게 해양 파도가 일어나는지도 조금 논의했기 때문에, 파력 에너지 기술에 대한 논의는... 다소 지난 주 토론과 비슷할 것 같아 염려가 되는구나.

S: 무슨 말씀인지는 알겠어요. 하지만 온도 변화에 관한 기술은 아직 연구 단계이지 않나요? 응용되지는 않는 것으로 알고 있어요.

P: 네 말이 맞아, Steven, 하지만 그 점이 바로 네 발표를 더 흥미롭게 해줄 부분이야. 너는 연구 단계가 어떻게 진행되고 있는지와 그 기술과 관련된 어떤 실험들이 어떤 결론을 내렸는지에 대한 자료들을 발표할 수 있단다. 네가 준비를 시작하기에 좋은 자료들의 목록이 여기 있어...

S: 오, 다행이네요. 정보를 찾는 작업을 처음부터 시작해야 할까봐 걱정했었거든요.

make it on time 제 시간에 맞추다   **dismiss** [dismís] (수업을) 끝내다, 해산시키다   **thermal** [θə́ːrməl] 열의, 온도의 **gradient** [gréidiənt] 변화   **ocean energy** 해양 에너지   **wave energy** 파력 에너지   **hear out** (이야기를) 끝까지 듣다 **promising** [prámisiŋ] 전망이 좋은, 기대되는   **convert** [kənvə́ːrt] 변환하다   **ocean current** 해류 **turbine** [tə́ːrbin] 원동기, 터빈   **wind power** 풍력   **project** [prádʒekt] (대규모) 사업   **go into** 논의하다 **phase** [feiz] 단계, 시기   **conclude** [kənklúːd] 결론 내리다, 완료하다, 끝나다   **start from scratch** 처음부터 시작하다

8   M: Hello. Can I help you?

W: Hi, is there any way I can move into another dorm room?

M: Well . . . is there a problem with the one you're in now?

W: It's just that . . . I am really sick and tired of coming back to the dorm from the library and finding it as filthy and noisy as I left it. It seems that the resident advisor doesn't really give a hoot if the dorm residents make a pigsty of the place.

M: It sounds bad . . .

W: And that's not all. I can never have a moment's peace. Either a radio or television is blaring, or a group of students are having some boisterous party.

M: Hmm . . . you really seem to have good reasons for wanting to move out.

W: Yeah, so do you have any other dorms that I can move into? Somewhere better than this?

M: I'm really sorry, but . . . all the dorms are full, even for the next semester. Why don't you move into one of the apartments around the campus?

W: Well, actually I have looked at some of the apartments . . . but I can't really sign up for a place until I can find two other students to share the place with me.

M: Two others? You mean . . .

W: Yes, I have one who's willing to move in with me. She's actually staying in the same dorm . . . not my roommate, though. My roommate said she wants to live near her college.

M: Well, listen, the term ends in a few weeks. Why don't you get the place anyway, and when the new term starts, I'm pretty sure there'll be a whole bunch of students who'll be looking for an apartment to share.

W: Oh, you're right. Why didn't I think of that? Thank you very much for helping me.

M: No problem. If you have another problem with your dormitory, just come and see me.

Q. Choose all the facts that can be learned from the conversation.

M: 안녕하세요. 무엇을 도와 드릴까요?

W: 안녕하세요, 제가 기숙사 방을 옮길 수 있는 방법이 있을까요?

M: 글쎄요... 학생이 지금 쓰고 있는 방에 무슨 문제라도 있나요?

W: 다름이 아니라... 전 도서관에서 기숙사로 돌아왔을 때 제가 나갈 때와 마찬가지로 기숙사가 아주 지저분하고 시끄러운 것에 진절머리가 나요. 주거 관리자는 기숙사 거주자들이 이곳을 돼지우리로 만들어도 정말 전혀 상관하지 않는 것 같아요.

M: 안됐군요...

W: 그것뿐만이 아니에요. 전 한 순간도 조용한 때를 가져본 적이 없어요. 라디오나 텔레비전이 쾅쾅 울려대거나, 한 무리의 학생들이 떠들썩한 파티를 열어요.

M: 흠... 이사하고 싶어할만한 이유가 충분한 것 같네요.

W: 네, 제가 이사할 수 있는 다른 기숙사가 있나요? 이곳보다 나은 곳으로요?

M: 정말 미안하지만... 모든 기숙사가 꽉 찼어요, 심지어 다음 학기까지 말이에요. 캠퍼스 주위의 아파트로 옮기는 건 어때요?

W: 음, 사실 전 몇몇 아파트를 살펴봤어요... 하지만 저와 같이 아파트를 쓸 다른 두 명의 학생을 구하기 전까진 계약을 할 수가 없어요.

M: 다른 두 사람이요? 그러니까...

W: 네, 기꺼이 저와 같이 이사하고 싶어 하는 학생이 한 명 있어요. 그녀는 사실 같은 기숙사에 살고 있어요... 제 룸메이트는 아니지만요. 제 룸메이트는 그녀의 단과대학 근처에 살고 싶다고 했어요.

M: 음, 들어봐요, 학기가 몇 주 후면 끝나게 돼요. 일단 집을 얻는 게 어때요, 그리고 새 학기가 시작될 때쯤이면, 분명히 공동으로 쓸 아파트를 찾는 학생들이 많이 있을 거예요.

W: 오, 그렇군요. 제가 왜 그 생각을 못했을까요? 도와주셔서 대단히 감사합니다.

M: 별말씀을요. 만약 기숙사와 관련해서 다른 문제가 생기면, 절 찾아 오세요.

sick and tired of ~에 진절머리가 나다   filthy [fílθi] 아주 지저분한, 불결한   not give a hoot 전혀 상관하지 않다
pigsty [pígstài] 돼지우리, 더러운 장소   blare [blɛər] 쾅쾅 울리다   boisterous [bɔ́istərəs] 떠들썩한   sign up 계약하다

9 S: Hi, Professor, can I ask you something?

P: Of course. What can I do for you?

S: I'm going on a research tour of a new Inca site that was discovered a couple of years ago by an expedition. It's an eight-week adventure trip.

P: Well, that sounds like a great way to spend your summer vacation.

S: Yes, I'm really lucky . . . my parents are paying for the entire thing . . . I just have to come up with the spending money from my part-time job. But I was wondering . . . is there any way I can use my time there to earn some kind of extra credit?

P: Yes, you could earn credit . . . to do that, you'd have to write a report.

S: Oh, that's great. I was hoping you would say something like that . . . uh, but can you help me specify a topic?

P: Hmm, let's see. Well, I guess that depends on what you're planning to do while you're there.

S: Well, we're going to spend a lot of time at the site itself! We'll travel there on horseback and camp around the site for the eight weeks . . . something like that.

P: So you'll actually be living on the site . . .

S: Yes . . . the expedition that made the initial discovery has been there for the past two years, so they pretty much know their way around. It should be fascinating to observe.

P: OK, in that case . . . you might consider writing a paper on the progress of the archaeological dig that's taking place on the Inca site . . .

S: Uh . . . can you recommend what I should focus on?

P: Well . . . you could focus on excavation techniques, restoration methods, the tools used, the hazards involved in dealing with fragile materials, that kind of thing.

S: That's a wonderful idea! It's perfect . . . since I was planning on interviewing some of the researchers!

P: Excellent! Well, I'm sure you are going to enjoy every minute. Send me an outline for your paper by e-mail, and we'll confirm the final topic.

S: I will, Professor. Thank you for all your help!

Q. Choose all the facts that can be learned from the conversation.

S: 안녕하세요, 교수님, 질문을 좀 드려도 될까요?

P: 물론이지. 무엇을 도와줄까?

S: 전 원정대가 몇 년 전에 발견한 새로운 잉카 유적지로 조사 여행을 가요. 그것은 8주 동안의 모험 여행이에요.

P: 음, 여름 방학을 보내기에 매우 좋은 방법인 것 같구나.

S: 네, 전 정말 운이 좋아요... 제 부모님이 모든 경비를 대 주세요... 전 단지 아르바이트로 용돈만 벌면 돼요. 하지만 제가 알고 싶은 것은... 제가 그곳에서 시간을 보내는 동안 추가 학점을 딸 수 있는 방법이 있을까요?

P: 그래, 학점을 딸 수 있단다... 그러기 위해서는, 보고서를 작성해야만 해.

S: 오, 참 잘 됐네요. 전 교수님이 그렇게 말씀해주시기를 바랐거든요... 어, 그런데 제가 주제를 구체적으로 정하도록 도와주실 수 있으세요?

P: 흠, 어디 보자. 음, 그건 네가 그곳에 있는 동안 무엇을 할 것인가에 달려 있어.

S: 음, 저희는 유적지에서 상당한 시간을 보낼 거예요! 저희는 말을 타고 그곳으로 가서 유적지 주위에서 8주 동안 야영을 하고... 그런 것들을 할 거예요.

P: 그렇다면 넌 사실상 유적지에서 살게 될 거라는 이야기구나...

S: 네... 처음으로 그곳을 발견한 한 탐험대가 지난 2년간 그곳에 거주해 왔기 때문에, 그곳 지리에 밝거든요. 관찰하는 건 아주 재미있을 거예요.

P: 알았다, 그런 경우라면... 잉카 유적지에서 일어나고 있는 고고학적 발굴 과정에 대한 보고서를 써 볼 수도 있겠구나...

S: 어... 제가 어디에 중점을 둬야 하는지 추천해 주실 수 있으세요?

P: 음... 발굴 기법, 복원 방법, 사용된 도구, 손상되기 쉬운 유물들을 다루는 데 따르는 위험, 그런 것들에 중점을 둘 수 있겠지.

S: 멋진 생각이에요! 정말 잘 됐어요... 제가 몇몇 연구원들을 인터뷰하려던 참이었거든요!

P: 잘됐구나! 음, 난 네가 매 순간을 즐기리라 확신해. 내게 이메일로 네 보고서의 개요를 보내면, 최종 주제를 확정하자.

S: 그럴게요, 교수님. 도와주셔서 감사합니다!

Inca [íŋkə] 잉카   site [sait] 유적지   discover [diskʌ́vər] 발견하다   expedition [èkspedíʃən] 원정대
adventure [ædvéntʃər] 모험   spending money 용돈   credit [krédit] 학점   specify [spésəfài] 구체화하는으로 (말)하다
depends on ~에 달려 있다   on horseback 말 타고   initial [iníʃəl] 처음의   know one's way around 지리에 밝다
fascinating [fǽsənèitiŋ] 아주 재미있는   observe [əbzə́ːrv] 관찰하다   progress [prágrəs] 과정, 진행
archaeological [àːrkiəládʒikəl] 고고학의   dig [dig] 발굴   take place 일어나다   focus on 중점을 두다
excavation [èkskəvéiʃən] 발굴   restoration [rèstəréiʃən] 복원   hazard [hǽzərd] 위험
fragile [frǽdʒəl] 손상되기 쉬운, 부서지기 쉬운   confirm [kənfə́ːrm] 확정하다, 확인하다

10 P: Hello, Kate . . . What can I do for you?

S: Well, I've been working on my assignment about educational theories, but I'm finding it really hard to decide what to focus on.

P: I'm sorry, Kate, you'll have to refresh my memory. What's your report about?

S: I'm writing about different educational methods used to teach gifted students. But there are so many different theories that I find fascinating . . . I just can't decide.

P: I understand. It can be challenging to narrow down a topic . . . but it's necessary in order to write a strong paper. Now, uh, let's see. If I'm not mistaken, you've been interning at a local middle school, right?

S: Yes, I was really lucky to be placed at Glenview Institute for Exceptional Children . . . As you know, it's a really popular school among students in our department . . . there's so much competition to get accepted there! Anyway, I've been going there twice a week for about three months.

P: Oh, yes . . . OK. What I was thinking was . . . you could research the difficulties that gifted children have interacting with each other, since they all have different strengths and weaknesses, and write specifically about a theory that targets that particular problem. You could also describe your firsthand observations of gifted children who don't get along well with others.

S: Oh! Actually, I've already written a few paragraphs about that!

P: So you're off to a good start. Also, have you met Mr. Parker, the principal of Glenview?

S: Yes, once or twice.

P: Well, uh . . . recently he wrote an essay about handling smart but disobedient students . . . it was published in the *Monthly Educational Review*. How about asking him for some information on this topic?

S: Oh, that would really help, too. Thank you very much, Professor.

Q. Choose all the facts that can be learned from the conversation.

P: 안녕, Kate... 무엇을 도와줄까?

S: 음, 제가 교육 이론에 관한 과제를 하고 있는데, 무엇에 중점을 둬야 하는지 결정하기가 참 어렵네요.

P: 미안하구나, Kate, 내 기억을 되살려 줘야겠는걸. 네 보고서가 무엇에 관한 것이었더라?

S: 전 영재 학생들을 가르치는 데 사용되는 다양한 교육 방법에 관해 쓰고 있어요. 하지만 매력적이라고 생각되는 다양한 이론이 너무 많아서... 정말 결정을 못 하겠어요.

P: 이해한단다. 주제를 좁히는 건 어려울 수 있지... 하지만 설득력 있는 보고서를 쓰려면 그건 필수란다. 자, 어, 어디 보자. 내가 잘못 알고 있는 게 아니라면, 넌 한 지역 중학교에서 인턴을 하고 있지, 그렇지?

S: 네, 전 정말 운이 좋아서 Glenview 영재 학교에 배정되었어요... 아시다시피, 그곳은 저희 과 학생들 사이에서 정말 인기 있는 학교거든요... 거기에 들어가려는 경쟁이 정말 치열해요! 어쨌든, 전 약 석 달 동안 일주일에 두 번씩 그곳에 가고 있어요.

P: 오, 그래... 맞아. 내가 생각했던 건 말이다... 영재들이 모두 다른 강점과 약점을 가지고 있으니까, 그들이 서로 교류하면서 겪게 되는 어려움을 조사하고, 그 특정한 문제를 다루는 이론에 관해 구체적으로 작성해 볼 수 있을 것 같구나. 또한 다른 이들과 잘 어울리지 못하는 영재들에 대해 네가 직접 관찰한 바를 묘사할 수도 있어.

S: 오! 사실, 저는 그것에 대해 이미 몇 단락을 썼어요!

P: 그러면 시작이 좋구나. 그리고 Glenview 학교의 교장선생님이신 Mr. Parker를 뵌 적이 있니?

S: 네, 한두 번이요.

P: 음, 어... 최근에 그분이 똑똑하지만 반항적인 학생들을 다루는 것에 관한 에세이를 썼어... 그건 'Monthly Educational Review'지에 실렸지. 이 주제에 관해 그분께 정보를 좀 요청해 보는 건 어떠니?

S: 오, 그것도 정말 도움이 되겠는걸요. 정말 감사합니다, 교수님.

refresh [rifréʃ] 되살리다, 새롭게 하다   **gifted student** 영재 학생   fascinating [fǽsənèitiŋ] 매력적인
strong [strɔ:ŋ] 설득력 있는   local [lóukəl] 지역의, 지방의   place [pléis] 배정하다   exceptional [iksépʃənl] 비범한, 뛰어난
competition [kὰmpətíʃən] 경쟁   interact [ìntərǽkt] 교류하다, 상호작용하다   specifically [spisífikəli] 구체적으로, 명확하게
target [tά:rgit] 다루다, 대상으로 하다   particular [pərtíkjulər] 특정한, 특별한   describe [diskráib] 묘사하다, 기술하다
observation [ὰbzərvéiʃən] 관찰   **get along** 어울리다   principal [prínsəpəl] 교장, (단체의) 장   handle [hǽndl] 다루다
disobedient [dìsəbí:diənt] 반항적인   publish [pʌ́bliʃ] 싣다, 출판하다

III. Listen to parts of the conversations and then answer the questions.

[11-13]

Listen to part of a conversation between a professor and a student.

S: Excuse me, Professor. Am I interrupting you?

P: Brian, no, it's OK. Come on in. Why were you late for class today?

S: Professor, I'm really sorry. My alarm clock's battery was dead, and my roommate left without bothering to wake me up! Well, did I miss anything important?

P: Yes, you did. I made an announcement about a presentation I'm making on quantum mechanics at a symposium this Saturday morning, in the smaller auditorium of the library's south wing . . .

S: Um . . . do you think we are ready to attend a symposium on quantum mechanics?

P: Actually, it's symposium on the basics of quantum mechanics, and [11]it's going to include topics you've covered in your assigned reading . . . like the photoelectric effect, the hydrogen atom, uncertainty, and tunneling . . .

S: Uncertainty?

P: Yeah, that's a measure of the inherent variability of repeated measurements of a quantity.

S: What?

P: It's simply another way of saying error. [12]You see, when physicists collect data, there are always variables, that is, quantities that aren't fixed . . . These quantities keep changing. So . . . to reflect these changing quantities, physicists have to sort of make a prediction of the range of results based on these unfixed quantities. Physicists call it error, or uncertainty.

S: Yeah, I remember I read that in the reading material . . . but it's still confusing for me.

P: Well, you can learn more about it by attending the seminar.

S: OK . . . I think I should . . . but Professor, my soccer practice is on Saturday morning. What will happen if I don't show up for the symposium?

P: That's what my announcement was about. [13]Attending the presentation is equivalent to attending two classes, so if you don't show up, you'll have two absences on your record, not to mention the several times you've already been tardy.

S: I see . . . what time does it start?

11. What does the professor say about her presentation at the symposium?
12. According to the conversation, why is uncertainty also called error?
13. What penalty will be imposed on students who do not attend the symposium?

S: 실례합니다, 교수님. 제가 방해가 되나요?

P: Brian, 아니야, 괜찮아. 들어오거라. 오늘 왜 수업에 늦었니?

S: 교수님, 정말 죄송해요. 제 알람 시계의 건전지가 다 닳았어요, 그리고 제 룸메이트도 절 깨우지 않고 나가 버렸지 뭐예요! 음, 제가 중요한 내용을 놓쳤나요?

P: 그래, 그렇단다. 난 이번 주 토요일 아침에, 도서관 남쪽 별관의 작은 강당에서 열리는 토론회에서 내가 양자 역학에 대해 발표를 할 것이라고 공지했단다...

S: 음... 교수님은 저희가 양자 역학에 관한 토론회에 참석할 준비가 됐다고 생각하시나요?

P: 사실, 그것은 양자 역학의 기초에 관한 토론회여서, [11]네가 읽기 과제에서 학습했던 주제들이 포함될 거야... 광전 효과, 수소 원자, 불확실성, 그리고 터널링 같은 것 말이다.

S: 불확실성이요?

P: 그래, 그것은 반복적인 정량 측정값의 고유의 가변량이지.

S: 네?

P: 단순히 오차를 다르게 표현한 것일 뿐이야. [12]그러니까, 물리학자가 자료를 수집할 땐, 언제나 변수가 존재하는데, 즉, 양은 고정되어 있지 않다는 거지... 이러한 양은 계속해서 변해. 그래서... 이렇게 변하는 양을 반영하기 위해, 물리학자들은 이러한 고정되지 않은 양에 근거해 결과의 범위를 예측해야만 하지. 물리학자들은 그것을 오차, 또는 불확실성이라 부른단다.

S: 네, 읽기 과제에서 읽은 기억이 나네요... 하지만 여전히 좀 헷갈리는데요.

P: 음, 세미나에 참석하면 그것에 대해 더 많이 배울 수 있을 거야.

S: 네... 그래야 할 것 같습니다... 하지만 교수님, 전 토요일 오전에 축구 연습이 있어요. 제가 토론회에 참석하지 않으면 어떻게 되나요?

P: 바로 그것에 대해 공지했단다. [13]발표회 참석은 두 번의 수업에 출석하는 것과 같아서 만약 나오지 않는다면, 넌 두 번의 결석 기록을 갖게 될 거고, 네가 이미 몇 번 지각했다는 건 재차 말할 필요도 없겠지.

S: 알겠어요... 몇 시에 시작하나요?

interrupt[intərʌ́pt] 방해하다   announcement[ənáunsmənt] 공지, 공고   presentation[prì:zəntéiʃən] 발표
quantum mechanics 양자 역학   symposium[simpóuziəm] 토론회   auditorium[ɔ̀:dətɔ́:riəm] 강당
wing[wiŋ] (건물의) 별관, 부속 건물   cover[kʌ́vər] 학습하다, 다루다   photoelectric effect 광전 효과
hydrogen[háidrədʒən] 수소   atom[ǽtəm] 원자   uncertainty[ʌnsə́:rtnti] 불확실성   inherent[inhíərənt] 고유의
variability[vὲəriəbíləti] 가변성   measurement[méʒərmənt] 측정값   quantity[kwɑ́ntəti] 양
physicist[fízisist] 물리학자   fixed[fikst] 고정된   reflect[riflékt] 반영하다, 나타내다   equivalent to ~과 같은, ~과 동등한
not to mention ~은 말할 것도 없이   tardy[tá:rdi] 지각한, 늦은

[14-16]

Listen to part of a conversation between two people.

M: Hi, I'm Mario Vasquez. I, uh, saw your advertisement in the local paper.

W: Oh, yeah. We put out an ad for one waiter and one waitress.

M: So the waiter position hasn't been filled?

W: No, it hasn't.

M: Oh, good. Then I'd like to apply for that position. What do I need to do?

W: There's an application form that you'll need to fill out. Hold on, let me look for the forms . . . OK, here they are.

M: Thanks . . . it's a good thing I brought some ID pictures.

W: Yeah. Could I just, uh, ask if you've had any experience in this type of job . . . or if you've had any experience in the kitchen that might be useful?

M: Uh, yes. Actually, I worked at the Northern Lights Café just around the corner from here.

W: Yes, I know the place.

M: [14]I did your basic waitering for one year and, uh, doubled as a kitchen assistant whenever one of the food prep boys was absent.

W: Oh, really? That's good. That should help a lot. May I ask why you left Northern Lights?

M: Um . . . [15]I was working on my thesis paper and there was a lot I had to do, so I didn't really have any choice.

W: Are you free to work now? We need someone who can do the evening shift.

M: Yes, I have more free time this term than I did in the last. I'm doing mostly electives for my final year at San Diego University.

W: Well, it looks like you're just the person we need for the job, but, um, I'll have to ask you to fill out the application form anyway because I'm not going to make the final decision. That will be made by the manager.

M: Sure, no problem. I just have a question here. [16]It says here to list any training I've had related to the job. I haven't had any. Will that be a problem?

W: No, don't worry about that. Experience is more important.

14. What kind of job experience does the man have?

15. Why did the man stop working at the previous workplace?

16. What qualification does the man lack?

M: 안녕하세요, 저는 Mario Vasquez라고 합니다. 제가, 어, 지역 신문에 나온 광고를 보고 왔어요.

W: 아, 네. 우리는 남녀 종업원 한 명씩 구인광고를 냈습니다.

M: 그래서 남자 종업원 자리가 아직 비어 있나요?

W: 네, 아직 비어 있어요.

M: 아, 다행이네요. 그럼 그 자리에 지원하고 싶어요. 무엇을 해야 하죠?

W: 작성해야 할 지원서가 있어요. 잠시만요, 지원서를 찾아 볼게요... 네, 여기 있습니다.

M: 감사합니다... 제가 신분증 사진을 가져오길 잘했군요.

W: 네. 어, 비슷한 일을 했던 경험이나... 도움이 될만한 주방 일을 해본 경험이 있나요?

M: 어, 네. 사실, 여기서 모퉁이를 돌면 있는 Northern Lights 카페에서 일했습니다.

W: 네, 그곳을 알아요.

M: [14]기본적인 웨이터 일을 일 년간 했고, 어, 주방 준비 보조들이 결근할 때마다 주방보조를 겸하기도 했습니다.

W: 오, 정말이요? 좋습니다. 큰 도움이 되겠군요. Northern Lights를 왜 그만뒀는지 물어봐도 될까요?

M: 음... [15]논문을 쓰는 중이었는데 할 일이 너무 많아서 그만둘 수밖에 없었습니다.

W: 지금은 일할 시간이 있나요? 우린 저녁 근무 조에서 일할 사람이 필요합니다.

M: 네, 이번 학기는 지난 학기보다 여유 시간이 많습니다. 전 San Diego 대학을 다니는데 4학년이라 대부분 선택과목만 듣고 있어요.

W: 음, 학생은 우리가 찾고 있던 바로 그 사람인 것 같군요. 하지만, 음, 제가 최종 결정을 할 것이 아니기 때문에 어쨌든 지원서를 작성하셔야 합니다. 최종 결정은 지배인이 내릴 거예요.

M: 물론이죠, 알겠습니다. 다만 질문이 있는데요. [16]여기에 이 분야와 관련된 교육을 받은 것이 있으면 기입하라고 적혀 있네요. 저는 교육을 받은

적은 없어요. 그게 문제가 될까요?

W: 아닙니다, 그건 걱정 마세요. 경험이 더 중요합니다.

application form 지원서　　**ID** 신분증　　**double**[dʌ́bl] 겸하다, 1인 2역을 하다　　**prep**[prep] 준비(= preparation)
thesis paper 논문　　**shift**[ʃift] 교대 근무 조　　**elective**[iléktiv] 선택과목　　**list**[list] 기입하다

HACKERS **TEST**

p.66

| 1. (C) | 2. (D) | 3. (B), (D) | 4. (B) | 5. (A) | 6. (B) | 7. (D) | 8. (A) |

[1-4]

Listen to a conversation between a student and a university housing office employee.

M: Hi . . . I need some information about dorms.

W: OK. Are you thinking about applying to the university or are you a current student?

M: A current student. Actually, what I'm interested in is a dorm transfer.

W: Oh, OK. First, I just need to know what dorm you're staying at now and what dorm you want to transfer to.

M: ¹I'm currently rooming at Bedford Hall . . . but I hope to cancel my contract and get a new one for Lancaster Hall.

W: Hmm . . . Lancaster. That is an SRO dorm . . . uh, a special residence option dorm. It only accepts students majoring in certain fields of study. You'll have to meet some requirements like being an architecture or engineering major.

M: Well, that's just it. I'm majoring in architecture, so I thought it would be a good idea to live in an SRO dorm with other architecture majors. Who better to get help from than other architecture students?

W: I see. Unfortunately, wanting to be in an SRO dorm isn't a valid reason for breaking your contract with Bedford.

M: It isn't?

W: No, it isn't. ²To break your contract, you need to show that it's impossible for you to stay in your current dorm . . . like transferring to another university, or being confined in a hospital for a lengthy period of time. And there are a few other reasons–they're listed in your Bedford contract.

M: But I'm an architecture major . . . Won't the university take that into consideration? Plus, there's been a lot of noisy construction work near Bedford Hall lately, and Lancaster Hall is a much quieter location. It would be really nice to get away from all that craziness.

W: I understand that, but the rules are the rules. ³And I'm assuming you're at least in your third year? Lancaster is for upperclassmen only.

M: Um, not exactly . . . but I'm almost finished with my second year. I thought that since I'm really close to my third year, maybe they'd let me make the change a little early.

W: Well, possibly . . . assuming they have an open room. ³But getting into Lancaster would still not resolve your responsibilities under your current contract. You could risk having to pay for both dorms if your reason for transferring is not approved.

M: But I heard that there are exceptions . . . uh, that contracts can sometimes be transferred between students. So I could transfer my contract to another student who wants to stay at Bedford, right?

W: That might be possible, but the student has to be eligible to stay at Bedford. Uh, here's a brochure that explains the different requirements for each dorm, and here's another one that explains the procedures for transferring dorm contracts.

M: Great, thanks!

W: But don't forget . . . If the student has a contract with another dormitory, then he'd have to request to be released from that contract. You see how complicated these things can get?

M: Hmm . . . maybe I should try to find a replacement who's living off campus.

W: That's an option. Oh, there's one other thing that I should've already mentioned. There's a waitlist to get into Lancaster. It's a very popular dorm.

M: That makes things more difficult . . .

W: I know. Look, I think it would make more sense to fulfill your contract obligations to Bedford in the meantime and put your name on the waiting list just in case. A lot of students at Lancaster will move out at the end of the year, so you'll have a better chance of getting into the dorm then. You see what I'm saying?

M: Yeah, I get it . . . ⁴Then, uh, I guess I'd better get on that waitlist.

W: Sure. Just give me a second and I'll get the form for you.

Now get ready to answer the questions. You may use your notes to help you answer.

1. Why does the man go to the university housing office?
2. What is mentioned as an acceptable reason for breaking a dorm contract?
3. According to the conversation, what are two concerns associated with the man transferring his dorm contract?
4. What will the man probably do next?

M: 안녕하세요... 기숙사에 대한 정보가 좀 필요한데요.

W: 그래요. 대학에 지원할 생각인가요, 아니면 재학생인가요?

M: 재학생이에요. 사실, 제가 관심 있는 것은 기숙사 이동이에요.

W: 오, 그렇군요. 우선, 지금 어떤 기숙사에서 지내고 있는지와 어떤 기숙사로 옮기고 싶은지를 알아야 해요.

M: ¹저는 현재 Bedford Hall에서 지내고 있어요... 하지만 계약을 취소하고 Lancaster Hall에 새로 계약하고 싶어요.

W: 흠... Lancaster라구요. 그건 SRO 기숙사예요... 어, 특별 주거 옵션 기숙사죠. 특정 학문 분야를 전공하는 학생들만 받아요. 학생은 건축학이나 공학 전공자와 같은 조건 몇 개를 충족시켜야 해요.

M: 저, 바로 그거예요. 저는 건축학을 전공하고 있어서 다른 건축학 전공자들과 함께 SRO 기숙사에서 사는 것이 좋을 것이라고 생각했어요. 다른 건축학과 학생들보다 도움을 받기에 더 좋은 게 누구겠어요?

W: 그렇군요. 안타깝게도, SRO 기숙사에서 지내고자 하는 것이 Bedford와의 계약을 파기할 수 있는 타당한 사유는 아니에요.

M: 아닌가요?

W: 네, 아니에요. ²계약을 파기하기 위해서는, 학생이 현재 기숙사에 사는 것이 불가능하다는 것을 증명해야 해요... 다른 대학에 편입한다든지, 장기간 병원에 입원한다든지 하는 것들이요. 그리고 몇 가지 다른 사유가 있어요. 그것들은 학생의 Bedford 계약서에 기재되어 있어요.

M: 하지만 전 건축학 전공인데요... 학교가 그것을 참작해주지 않을까요? 게다가, 최근에 Bedford Hall 근처에 시끄러운 공사가 많아졌는데 Lancaster Hall은 훨씬 더 조용한 장소에 있잖아요. 그 정신없는 곳에서 벗어날 수 있다면 정말 좋을 거예요.

W: 이해합니다만, 규정은 규정이에요. ³그리고 제가 추측하건대 적어도 3학년이시죠? Lancaster는 상급생만 들어갈 수 있거든요.

M: 음, 정확히 말하자면 아니에요... 하지만 2학년을 거의 마쳤어요. 전 제가 3학년에 아주 가까우니까, 아마 조금은 일찍 바꿀 수 있도록 해주지 않을까 생각했어요.

W: 음, 아마도요... 빈 방이 있다는 가정 하에요. ³하지만 Lancaster에 들어가는 것은 여전히 학생의 현재 계약에 대한 의무를 해결해주지 않을 거예요. 만약 이동 사유가 승인되지 않으면 두 기숙사 모두의 비용을 지불해야 하는 문제가 있을 수도 있어요.

M: 하지만 예외가 있다고 들었어요... 어, 가끔 계약이 학생들 간에 양도될 수도 있다고요. 그러니까 제가 Bedford에서 지내고 싶어 하는 다른 학생에게 계약을 양도할 수 있는 거잖아요, 그렇죠?

W: 그게 가능할지도 모르겠지만, 그 학생이 Bedford에서 지낼 자격을 갖추어야 해요. 어, 여기 각 기숙사에 대한 다른 요건들을 설명하는 책자가 있고, 여기 기숙사 계약을 양도하는 절차를 설명하는 또 다른 책자가 있어요.

M: 좋아요, 감사합니다!

W: 하지만 잊지 마세요... 만약 그 학생이 다른 기숙사와 계약이 되어 있다면, 계약을 해지해달라고 요구해야 할 거예요. 이 일이 얼마나 복잡해질 수 있는지 알겠죠?

M: 흠... 아마 캠퍼스 밖에 살고 있는 대신할 사람을 찾아봐야겠네요.

W: 그것도 방법이죠. 오, 제가 아까 언급했어야 할 다른 사항이 한 가지 있어요. Lancaster에 들어가기 위한 대기자 명단이 있거든요. 그건 아주 인기 있는 기숙사예요.

M: 일이 더 어려워지네요...

W: 그러니까요. 보세요, 제 생각에는 지금은 Bedford의 계약 의무를 다하고 만일을 위해서 대기자 명단에 이름을 올려두는 것이 더 나을 것 같아요. Lancaster의 많은 학생들이 연말에 나갈 거라서, 그때 기숙사에 들어갈 가능성이 더 많을 거예요. 제가 무슨 말 하는지 알겠죠?

M: 네, 알겠어요... ⁴그럼, 어, 대기자 명단에 이름을 올려두는 게 좋겠어요.

W: 그래요. 잠깐만 기다리면 신청서를 가져다줄게요.

dorm[dɔːrm] 기숙사   transfer[trænsfɔ́ːr] 이동; 양도하다   room[ruːm] 지내다, 살다   contract[kántrækt] 계약, 계약서

residence[rézədəns] 주거, 거주지   requirement[rikwáiərmənt] 조건, 요구사항   architecture[áːrkətèktʃər] 건축학, 건축

engineering[èndʒiníəriŋ] 공학   valid[vǽlid] 타당한, 유효한   confine[kənfáin] (병 등으로) 눕다

take into consideration 참작하다, 고려하다   upperclassman[ʌ̀pərklǽsmən] 상급생   resolve[rizálv] 해결하다

approve[əprúːv] 승인하다   eligible[élidʒəbl] 자격을 갖춘   release[rilíːs] 해제하다, 풀어놓다

complicated[kámpləkèitid] 복잡한   replacement[ripléismənt] 대신할 사람, 대체물   obligation[àbləgéiʃən] 의무

[5-8]

Listen to a conversation between a student and a professor.

S: Good morning, Professor Sutherland. Um, I was wondering if you could spare a few minutes . . .
I had something I wanted to discuss with you.

P: Sure . . . I was just grading some essays, but I'm almost finished now. Did you want to talk about your group's presentation for my marine biology class? I seem to remember you mentioning in class yesterday that you weren't able to find any suitable sources for your topic . . . Uh, it was jellyfish populations, right?

S: That's right. But last night I found a website that my group might base our presentation on. It was established late last year, and it focuses on the, uh, reasons for the increasing numbers of jellyfish in the oceans . . . whether it's an important trend or just a fluke. That huge swarm that was visible from space has a lot of scientists thinking that jellyfish will rule the oceans.

P: Rule the oceans? Um, I think your group should definitely search for other material . . . [6]Some of the ideas about population growth have since been questioned by more recent studies.

S: Is that so? I guess I should do some more research. [5]But, um, that's not actually why I stopped by your office today. I'm a little uncertain about my, uh, plans following graduation. This is my last semester, and I'm having a hard time figuring out what to do next. I could use your opinion . . .

P: I'd be more than happy to give you my advice. What do you have in mind?

S: Well, last summer I did an internship with the Marine Conservation Society . . . It was a great opportunity to apply my knowledge to real-world situations. I wrote some reports on, uh, government marine policy and helped prepare educational materials about environmental issues . . .

P: Impressive. That's a fairly prestigious organization . . . [7]They get a lot of applications, so they usually only accept grad students as interns.

S: Yeah, I was very happy that they were willing to make an exception in my case. The thing is, I just got an e-mail from the director of the department I worked in . . . He offered me a position as a, uh, research assistant when I graduate.

P: I guess that's every student's dream, right? To get a job related to their major right after graduation . . .

S: Well, I originally planned to enter graduate school. I had already started gathering information about graduate programs at different universities, and I was going to start applying soon. But this job offer is such a great opportunity. So now I'm thinking it might be better for me to drop my plans to go to grad school.

P: Hmm . . . I would give it some serious consideration first.

S: Well, I have. I guess I thought it could be a great chance to get a head start on my career. But you don't think so?

P: It's not that. Getting some real-world experience is definitely a positive aspect of going that route—uh, accepting the job. However, it's important to consider what you'd be giving up too. You know, look at it from every possible angle and weigh all of the pros and cons. Let's say you spend two years working there—I assume you aren't interested in staying at an entry-level position forever—and then let's say a far better opportunity opens up there or some other place and, uh, that position requires a master's degree. Well, in those two years, you could have had a graduate degree. [8]What I'm saying is that even with two years of work experience, you'd probably find yourself underqualified academically for some of the positions up the ladder. However, if you go to grad school, you could always work part-time to get work experience while you study.

S: I hadn't thought of it quite like that. It sounds like I've got some more thinking to do.

Now get ready to answer the questions. You may use your notes to help you answer.

5. What are the speakers mainly discussing?
6. Why will the student do additional research for a group presentation?
7. According to the conversation, what is a characteristic of the Marine Conservation Society?
8. What is the professor's opinion of the job the student has been offered?

S: 안녕하세요, Sutherland 교수님. 음, 시간을 조금 내주실 수 있을지 궁금해요... 교수님과 논의하고 싶은 게 있어서요.

P: 물론이란다... 그냥 에세이 몇 개를 채점하고 있었는데, 이제 거의 끝났어. 내 해양 생물학 수업을 위한 너희 조의 발표에 관해 얘기하고 싶은 거니? 너희 조의 주제에 적합한 자료를 전혀 찾을 수 없다고 네가 어제 수업에서 말한 게 기억이 나는 것 같구나... 어, 주제가 해파리의 개체 수였지, 그렇지?

S: 맞아요. 그런데 어젯밤에 저희 조 발표의 근거가 될지도 모르는 웹사이트를 찾았어요. 그건 작년 말에 생겼는데, 초점을, 어, 바다에서 해파리의 수가 증가하는 이유에 맞추고 있어요... 그게 중요한 경향인지 아니면 단지 일시적 현상인지요. 우주에서도 보이는 그 거대한 무리가 많은 과학자들이 해파리가 바다를 지배하게 될 거라고 생각하도록 한대요.

P: 바다를 지배해? 음, 너희 조가 반드시 다른 자료를 찾아야 할 것 같구나... 6개체 수 증가에 관한 일부 의견은 그 이후로 더 최신의 연구에 의해서 의문이 제기되어 왔단다.

S: 그런가요? 조사를 좀 더 해야할 것 같네요. 5하지만, 음, 사실 제가 오늘 교수님 연구실에 들른 이유는 그게 아니에요. 졸업 후의, 어, 계획에 대해 좀 확신이 없어요. 이번이 제 마지막 학기이고, 다음엔 뭘 해야 할지 생각해내는 데 어려움을 겪고 있어요. 교수님 의견을 듣고 싶어서요...

P: 네게 조언을 해주게 돼서 무척 기쁘구나. 무엇을 생각하고 있니?

S: 음, 지난 여름에 해양보호협회에서 인턴을 했어요... 제 지식을 실제 상황에 적용하는 좋은 기회였지요. 저는, 어, 정부의 해양 정책에 대한 보고서를 몇 개 썼고 환경 문제에 대한 교육 자료를 준비하는 걸 도왔어요...

P: 인상적이구나. 거긴 꽤 이름난 단체야. 7그들은 지원서를 많이 받아서 보통은 대학원생들만 인턴으로 받지.

S: 네, 제 경우에는 기꺼이 예외로 해주셔서 무척 기뻤어요. 문제는, 제가 일했던 부서의 부서장님으로부터 방금 이메일을 받았는데... 제가 졸업한 후에, 어, 연구 보조원 자리를 제안했어요.

P: 그건 모든 학생들의 꿈인 것 같구나, 그렇지? 졸업 직후에 전공과 관련된 직장을 구하는 것 말이야...

S: 음, 저는 원래 대학원에 들어갈 계획이었어요. 이미 여러 대학의 대학원 과정에 대한 정보를 모으기 시작했고, 곧 지원을 시작하려고 했어요. 그런데 이 일자리 제의가 무척 좋은 기회라서요. 그래서 지금은 대학원에 가는 계획을 포기하는 게 더 좋을지도 모르겠다고 생각하고 있어요.

P: 흠... 난 우선 심각하게 고려해볼 거 같구나.

S: 음, 고려해봤어요. 전 그게 제 경력에 있어서 유리하게 출발할 수 있는 좋은 기회라고 생각했던 것 같아요. 그런데 교수님께서는 그렇게 생각하지 않으세요?

P: 그건 아니야. 실제 경험을 얻는 건 분명 그 길을 가는 것, 어, 그 일을 받아들이는 것의 긍정적인 측면이지. 하지만 네가 무엇을 포기하게 될지 생각해보는 것도 중요하단다. 그러니까, 가능한 모든 각도에서 살펴보고 모든 장단점을 따져보렴. 네가 그곳에서 일하면서 2년을 보낸다고 해보자. 신입 위치에서 평생 머물 생각은 없겠지. 그리고 나서 그곳이나 다른 곳에서 훨씬 더 좋은 기회가 생기고, 어, 그 자리는 석사학위를 요구한다고 해보자. 음, 그 2년 동안, 넌 대학원 학위를 딸 수도 있었을 거야. 8내가 말하는 건 2년의 근무 경험이 있더라도, 일부 높은 자리를 위해서는 스스로가 학문적으로 자격을 덜 갖췄다는 것을 아마 알게 될 거란 거야. 하지만, 만약 대학원에 간다면, 공부하는 동안 언제든지 아르바이트를 하며 근무 경력을 쌓을 수 있잖니.

S: 그렇게는 생각해보지 않았어요. 생각해볼 게 더 생긴 것 같아요.

---

marine biology 해양 생물학   **population** [pɑ̀pjuléiʃən] 개체 수   **fluke** [fluːk] 일시적 현상, 요행   **swarm** [swɔːrm] 무리, 떼

conservation [kɑ̀nsərvéiʃən] 보호, 보존   **prestigious** [prestídʒəs] 이름난, 명망 높은   **application** [æ̀pləkéiʃən] 지원서

drop [drɑp] 포기하다, 그만두다   **consideration** [kənsìdəréiʃən] 고려, 숙고   **head start** 유리한 출발   **career** [kəríər] 경력, 이력

weigh [wei] 따져보다, 저울질하다   **pros and cons** 장단점   **entry-level** [éntrilèvəl] 신입의, 입문의

EXAMPLE

p.72

Listen to part of a conversation between a student and a librarian.

W: Hello, uh . . . One of my assignments is, um, to write a report about a unique old book. So do you think you have a good one for me to use?

M: A unique old book . . . let me see . . . Oh, I have one. Please wait, I'll bring the book. It's in the reference section . . . Here. Take a look at this book.

W: Boy, that book really looks old.

M: It is old. Take a look at the date on the cover of this book. It's 1541!

W: Wow . . . that book must be worth a fortune! What's it about?

M: Would you believe it's a cookbook?

W: You're kidding! You mean . . . recipes?

M: Yes. They have some very interesting recipes here that would probably be very popular today given the renewed interest in health.

W: But, um . . . What can I do with this book? I mean, it's just recipes.

M: You know what, this isn't just an old cookbook. The recipes in this book and how the author presents them reveal a lot about the culture of the olden days.

W: Oh, the author says something about the recipes . . . Well, that should provide enough material, then. Maybe I should borrow that book for a couple of days.

M: Sorry, that's not how it works. The policy in this library . . . or, for that matter, other libraries . . . is to allow patrons to look at these old, rare books only in the library.

W: Oh . . . really? Then I have no other way to do research than to read the book here in the library. Anyway, thanks for helping me.

Listen again to part of the conversation. Then answer the question.

M: Yes. They have some very interesting recipes here that would probably be very popular today given the renewed interest in health.

W: But, um . . . What can I do with this book? I mean, it's just recipes.

Q. What does the woman mean when she says this:

W: I mean, it's just recipes.

Listen again to part of the conversation. Then answer the question.

W: Maybe I should borrow that book for a couple of days.

M: Sorry, that's not how it works. The policy in this library . . . or, for that matter, other libraries . . . is to allow patrons to look at these old, rare books only in the library.

Q. Why does the man say this:

M: Sorry, that's not how it works.

W: 안녕하세요, 어... 제 과제 중 하나가 음, 독특한 오래된 책에 대한 보고서를 쓰는 것입니다. 그래서 제가 참고할 만한 좋은 책이 있을까요?

M: 독특한 오래된 책이라... 잠깐만요... 오, 하나 있어요. 잠시만 기다리세요, 책을 가져올게요. 참고 서적 구역에 있어요... 여기 있습니다. 이 책을

한번 보세요.

W: 와, 이 책은 정말 오래되어 보이는군요.

M: 오래된 책이죠. 책 표지의 날짜 좀 보세요. 1541년이라고 써 있어요!

W: 와... 이 책은 분명 상당한 값어치가 있겠군요! 무엇에 관한 책인가요?

M: 요리책이라면 믿겠나요?

W: 농담하지 마세요! 요리법이란... 말씀이세요?

M: 네. 최근에 건강에 대한 새로운 관심이 일고 있는 점을 볼 때 오늘날에도 아주 인기 있을법한 흥미로운 요리법들이 많이 있어요.

W: 그런데, 음... 이 책으로 제가 무엇을 할 수 있을까요? 제 말은, 이 책은 단지 요리법이잖아요.

M: 이봐요, 이 책은 단지 오래된 요리책이 아니에요. 이 책에 있는 요리법들과 작가가 요리법을 설명한 방법은 옛날의 문화에 대해 많은 것들을 보여주고 있어요.

W: 오, 작가가 요리법에 대해 설명을 했군요... 음, 그렇다면, 이 책은 충분한 자료를 제공할 수 있겠어요. 이 책을 며칠간 대출해야 할 것 같아요.

M: 미안하지만 그렇게는 안 됩니다. 이 도서관의 규정... 이 문제에 관해서는 다른 도서관도 마찬가지지만, 고객들이 이러한 오래된 희귀본을 오직 도서관에서만 보도록 하는 것이 규정입니다.

W: 오... 정말요? 그렇다면 도서관에서 이 책을 보는 방법 밖에는 조사할 방법이 없겠네요. 아무튼, 도와주셔서 감사합니다.

unique[juːníːk] 독특한　cover[kʌ́vər] 책 표지　worth[wəːrθ] ~의 가치가 있는　fortune[fɔ́ːrtʃən] 많은 돈
cookbook[kúkbùk] 요리책　recipe[résəpì] 요리법　author[ɔ́ːθər] 작가　reveal[rivíːl] 보여주다, 드러내다
olden days 옛날의　provide[prəváid] 제공하다　material[mətíəriəl] 자료　policy[páləsi] 규정
patron[péitrən] 고객, 손님　rare[rɛər] 희귀한, 드문

HACKERS **PRACTICE**

p.74

1. (D)	2. (B)	3. (A)	4. (C)	5. (B)	6. (D)	7. (B)	8. (C)	9. (C)
10. (B)	11. (C)	12. (B)	13. (C)	14. (A)	15. (A)	16. (C)		

I. **Listen to each pair of conversations, and determine how the same expression was used differently in each conversation.**

1　W: Excuse me. I want to change my elective to Humor in American Literature from Political Anthropology.

　M: You'll need to submit a change of matriculation form and a consent letter from the professor teaching the course you want to transfer to.

　W: I have the letter from the professor. Where do I get a change of matriculation form?

　M: You can get one from your College Secretary. After you fill out the form, go to the registrar and submit the signed form along with any payment due by 5:00 tomorrow afternoon.

　W: Sorry, what . . . did you say today? Or . . . was that tomorrow?

　Q. What does the speaker mean when she says this:
　　W: Did you say today?

　W: 실례합니다. 제 선택 과목을 정치 인류학에서 미국 문학의 해학으로 바꾸고 싶습니다.

　M: 변경 허가서와 학생이 옮기고 싶은 과목의 담당 교수 님에게서 받은 동의서를 제출해야 합니다.

　W: 교수님의 동의서는 있어요. 변경 허가서는 어디서 얻을 수 있나요?

　M: 학부장님에게서 얻을 수 있어요. 서류를 작성한 후, 내일 오후 5시까지 학적계에 가서 모든 납부금과 함께 서명된 서류를 제출하세요.

　W: 죄송하지만, 뭐라고요... 오늘이라고 하셨나요? 아니면... 내일이라고 하셨나요?

elective[iléktiv] 선택 과목　political[pəlítikəl] 정치의　submit[səbmít] 제출하다　matriculation[mətrìkjəléiʃən] 허가
consent[kənsént] 동의　transfer[trænsfəːr] 옮기다　College Secretary 학부장　registrar[rédʒistràːr] 학적계
payment[péimənt] 납부금

2

S: Hi, Professor Perkins. Can I talk to you about the paper I'm doing on language learning theories?

P: Oh, hi, Lizzie. Are you having any problems with your paper?

S: Actually, yes. I'm not absolutely certain what to include in my paper. The sub-points I could discuss seem so closely related to each other that I don't know what to keep and what to leave out.

P: Why don't you just give me an outline of your paper today and I'll give you some advice.

S: Did you say today? I'm pretty busy for the rest of the day, actually.

Q. What does the speaker mean when she says this:

S: Did you say today?

S: 안녕하세요, Perkins 교수님. 제가 쓰고 있는 언어 학습이론에 대한 보고서에 대해 얘기할 수 있을까요?

P: 오, 안녕, Lizzie. 보고서에 무슨 문제라도 있니?

S: 사실, 네. 보고서에 무엇을 포함시켜야 할지 확실하지 않아요. 제가 다룰 수 있는 하위 요점들은 서로 너무 밀접하게 연관되어 있어서 어떤 것을 그대로 두고 어떤 것을 빼야 할지 모르겠어요.

P: 오늘 네 보고서의 개요를 나에게 보여주는 게 어떠니, 그리고 내가 조언을 해 줄게.

S: 오늘이라고 하셨어요? 제가 사실 오늘 온종일 바빠서요.

theory [θíːəri] 이론   **sub-point** 하위 요점   **leave out** 빼다, 생략하다   **outline** [áutlàin] 개요

3

S: Hi, Professor. I have a question about what you were discussing in class today.

P: You mean the stuff on sand dunes?

S: Yes. I didn't understand your explanation about how sand dunes form. I mean, I don't really have the saltation process down pat.

P: Here, let me show you from the book . . . OK, it says here that in the saltation process, the wind lifts individual sand grains into the air . . .

S: Just a moment, Professor, where are you?

Q. What does the speaker mean when he says this:

S: Where are you?

S: 안녕하세요, 교수님. 오늘 수업 시간에 설명하신 내용에 대해 질문이 있습니다.

P: 사구에 대한 내용을 말하는 거니?

S: 네. 사구가 어떻게 형성이 되는지에 대한 설명을 이해 못했어요. 제 말은, 도약 과정을 완전히 이해할 수 없었어요.

P: 여기, 책을 보며 설명해 줄게... 그래, 여기에 도약 과정에서 바람은 각각의 모래 알갱이를 공중으로 들어 올린다고 나와 있어...

S: 잠시만요, 교수님, 어디인가요?

sand dune 사구   **saltation** [sæltéiʃən] 도약   **have ~ down pat** ~을 완전히 이해하다   **grain** [grein] 알갱이

4

P: I finished correcting your test paper, and I'm sorry to say that you failed the test. I'm not really sure what you found so difficult. Was it the topic or were you under the weather, Marilyn?

S: Actually, sir, it was the topic. I had trouble understanding some of it.

P: There's one question on the test which I believe you completely misunderstood. Why don't you take out your textbook and let's discuss it. That's page 245 . . . number fourteen.

S: Uh, OK . . . when two bacteria exchange genetic information, what is the process called? Uh . . . I believe the answer is . . .

P: Marilyn . . . where are you?

Q. What does the speaker mean when he says this:

P: Where are you?

P: 네 시험지 채점을 끝냈는데, 안타깝게도 시험에서 낙제했구나. 네게 무엇이 어려웠는지 잘 모르겠다. 주제가 어려웠니, 아니면 몸이 좋지 않았니, Marilyn?

S: 실은, 교수님, 주제가 어려웠어요. 몇몇 부분을 이해하는 게 어려웠어요.

P: 네가 완전히 잘못 이해한 문제가 하나 있어. 네 교과서를 꺼내서 논의해 보자꾸나. 245페이지란다... 14번이야.

S: 아, 네... 두 박테리아가 유전적인 정보를 주고 받을 때, 이 과정을 뭐라고 하는가? 어... 제 생각에 정답은...

P: Marilyn... 어딜 보고 있니?

under the weather 몸이 좋지 않은　　take out 꺼내다　　genetic [dʒənétik] 유전자의, 유전학적인

5　W: Hello, I'm here to return the books I borrowed . . . here they are.

M: OK, let's see . . . you owe the library five dollars for your overdue book.

W: But it's overdue only one day, and I remember I paid less than that the last time.

M: I know, but the library recently changed its policy on overdue books. The fine was too low, so students weren't returning books on time. So the head librarian raised the fine from three dollars to five dollars.

W: Well, prices are going up. So . . . what else is new?

Q. What does the speaker mean when she says this:

W: What else is new?

W: 안녕하세요, 대출한 책을 반납하러 왔습니다... 여기 있어요.

M: 네, 어디 볼까요... 연체 도서에 대해 5달러를 내야 합니다.

W: 하지만 이 책은 하루밖에 연체되지 않았는데요, 그리고 지난번에는 돈을 더 적게 냈던 걸로 기억해요.

M: 알아요, 하지만 최근에 도서관에서 연체 도서에 대한 규정을 바꾸었어요. 연체료가 너무 낮아서 학생들이 제때에 책을 반납하지 않았거든요. 그래서 도서관장이 연체료를 3달러에서 5달러로 인상했답니다.

W: 음, 물가가 오르고 있죠. 뭐... 새로울 게 있겠어요?

return [ritə́ːrn] 반납하다　　borrow [bárou] 대출하다　　overdue [òuvərdjúː] 연체된, 기한이 지난　　fine [fàin] 연체료, 벌금
head librarian 도서관장　　raise [reiz] 인상하다, 올리다

6　W: University officials recently changed the rules regarding changing your major.

M: Really? I hope it won't affect my plans to switch to engineering.

W: Well, that depends. The university discovered that a lot of students change majors without thinking about what they really want. So the new rule is, the student must have completed sixty percent of his general courses before he can consider switching.

M: That's about three semesters with a normal credit load, right?

W: Right. But also, the student must have taken three units of a course related to his present major.

M: Hmm. What else is new?

Q. What does the speaker mean when he says this:

M: What else is new?

W: 최근 대학 관계자들이 전공을 바꾸는 것에 관한 규정을 바꾸었어.

M: 정말요? 공학으로 전공을 바꾸려는 제 계획에 영향을 미치지 않았으면 좋겠어요.

W: 음, 장담할 수 없단다. 학교에서 많은 학생들이 진정으로 무엇을 하고 싶은지 생각하지 않고 전공을 바꾸고 있다는 걸 알게 되었어. 그래서 새로운 규정은, 학생들은 전공을 바꾸는 것을 고려하기 전에 일반 과목의 60퍼센트를 이수해야만 해.

M: 일반적인 학점량으로는 3학기 정도네요, 그렇죠?

W: 그렇지. 게다가, 학생들은 현재 전공 과목에서도 3학점을 이수했어야 해.

M: 흠. 또 새로운 것이 있나요?

official [əfíʃəl] 관계자　　regarding [rigáːrdiŋ] ~에 관해　　affect [əfékt] 영향을 미치다　　switch [switʃ] 바꾸다
engineering [èndʒiníəriŋ] 공학　　complete [kəmplíːt] 이수하다, 마치다　　general course 일반 과목, 기초이수과목
semester [siméstər] 학기　　credit load 학점량

7 S: Professor, I heard that the exam will cover three chapters instead of two.

P: Well, the faculty members who are in charge of preparing the exam this semester did say that three chapters will be covered.

S: That's a lot of material that the students will have to review.

P: That's true, but I'm planning to schedule extra classes to help them review the material.

S: Well, that's a relief.

P: You don't have to worry, Pete. The exam probably won't be that difficult.

S: Is that right?

Q. What does the speaker mean when he says this:

S: Is that right?

S: 교수님, 시험이 두 단원이 아니라 세 단원을 포함한다고 들었어요.

P: 음, 이번 학기 시험 준비를 담당하는 교직원들이 범위가 세 단원이라고 말했단다.

S: 학생들이 복습해야 할 내용이 많겠네요.

P: 맞아, 그렇지만 학생들이 내용을 복습하는 데 도움을 주기 위해 추가 수업을 할 계획이야.

S: 음, 다행이에요.

P: 걱정할 필요 없단다, Pete. 시험은 아마 그렇게 어렵지 않을 거야.

S: 정말이요?

cover[kʌ́vər] 포함하다   **faculty**[fǽkəlti] 교직원   **extra**[ékstrə] 추가의

8 P: So as I said in class yesterday, both the Greeks and the Romans were excellent at drama. They were very talented actors and they knew how to elicit tears or laughter from the audience. The big, big difference is that the Romans copied the Greeks. The Romans were known more for their superior skills on the battlefield . . . well, not just the battlefield. They also excelled in matters of law. But when it came to drama, they were largely unimaginative. This is an important part of the report you're writing. So if you've done your research, Claudia, do you think you'd be able to tell me what the Romans did to the ideas they borrowed from the Greeks?

S: I believed they adjusted those ideas to satisfy Roman audiences. Is that right?

Q. What does the speaker mean when she says this:

S: Is that right?

P: 그래서 어제 수업시간에 말했듯이, 그리스인과 로마인 모두 연극에 뛰어났어. 그들은 아주 재능 있는 배우였고 어떻게 관객들의 눈물과 웃음을 끌어내는지 알고 있었지. 아주 큰 사이점이라면 로마인들이 그리스인들을 모방했다는 점이야. 로마인들은 전쟁터에서의 뛰어난 기술로 더 잘 알려져 있어... 음, 단지 전쟁터에서만은 아니지. 그들은 법 문제에 있어서도 탁월했지. 그러나 연극에 관한 한 대체로 상상력이 부족했어. 이 점이 네가 쓸 보고서의 중요한 부분이란다. 그러니까 만약 조사를 해보았다면, 로마인들이 그리스인들로부터 모방한 아이디어에 무엇을 했는지 말해 줄 수 있겠니, Claudia?

S: 로마 관객들을 만족시키기 위해 그리스인의 아이디어를 조정했다고 생각합니다. 제가 바로 이해했나요?

Greek[griːk] 그리스인   **Roman**[róumən] 로마인   **drama**[drɑ́ːmə] 연극   **talented**[tǽləntid] 재능 있는
elicit[ilísit] (대답, 웃음을) 이끌어 내다   **audience**[ɔ́ːdiəns] 관객, 청중   **copy**[kɑ́pi] 모방하다
superior[səpíəriər] 우위의, 우세한   **battlefield**[bǽtlfiːld] 전쟁터, 전장   **excel**[iksél] 탁월하다, 뛰어나다
largely[lɑ́ːrdʒli] 대체로, 주로   **unimaginative**[ʌ̀nimǽdʒinətiv] 상상력이 부족한   **borrow**[bɑ́rou] 모방하다, 차용하다
adjust[ədʒʌ́st] 조정하다, 맞추다

II. Listen to parts of the conversations and then answer the questions.

9 S: Professor, I'm having problems researching my report . . . about how bird migration patterns change as a result of human activity.

P: Actually, the most important thing about the report isn't the research, it's your analysis and understanding of the topic. Were you absent when I assigned this report in class?

Q. Why does the professor say this:

P: Were you absent when I assigned this report in class?

S: 교수님, 보고서 자료를 조사하는 데 문제가 있어요... 인간 활동의 결과로 인해 새의 이동 패턴이 어떻게 변화하는지에 대해서요.
P: 사실, 보고서에서 가장 중요한 점은 자료 조사가 아니라 주제에 대한 너의 분석과 이해란다. 수업시간에 이 보고서를 과제로 내주었을 때 결석했었니?

migration[maigréiʃən] 이동　　pattern[pǽtərn] 패턴, 양식　　analysis[ənǽləsis] 분석　　absent[ǽbsənt] 결석한
assign[əsáin] (과제를) 내다, 할당하다

---

10 W: If you're through with these books, I'd like to put them back on the shelves.
M: There's some information I haven't looked at yet.

Q. Why does the man say this:

M: There's some information I haven't looked at yet.

W: 이 책들을 다 읽었으면 제가 선반에 다시 갖다 놓을게요.
M: 아직 읽지 못한 내용이 있어요.

be through with 끝내다, 마치다

---

11 W: Young man, you should have brought this permission for enrollment to your adviser for his signature before coming to this office.
M: Sorry . . . this is my first semester here.

Q. What does the man mean when he says this:

M: Sorry . . . this is my first semester here.

W: 학생, 이 사무실에 오기 전에 담당 교수님에게 가서 등록을 허가하는 서명을 받아 왔어야 해요.
M: 죄송합니다... 이번이 첫 학기라서요.

enrollment[inróulmənt] 등록　　signature[sígnətʃər] 서명, 사인

---

12 M: Hello, how can I help you?
W: Hi, I'm a senior, and I thought that we were allowed to keep library books longer than other students . . . but I've gotten several calls asking me to return books that I borrowed. The thing is . . . well, I still need them!
M: Is that so? OK, let me check . . . what's your name?
W: Amy Johnson.
M: Um . . . oh, I see. Turns out you're only half right. Seniors can borrow books and keep them for as long as they like, until they're requested by another student.
W: I see . . . I guess I'll return them then . . .
M: Why don't you photocopy the pages you need first?

Q. Why does the librarian say this:

M: Turns out you're only half right.

M: 안녕하세요, 무엇을 도와 드릴까요?

W: 안녕하세요, 저는 4학년인데요, 4학년은 도서관 책을 다른 학생들보다 오래 대출할 수 있다고 생각했었어요... 그런데 제가 대출한 책을 반납하라는 전화를 여러 번 받았습니다. 문제는... 음, 제가 아직 그 책들이 필요하다는 거예요!

M: 그래요? 네, 알아볼게요... 이름이 뭔가요?

W: Amy Johnson입니다.

M: 음... 오, 왜 그런지 알겠어요. 알고 보니 학생은 오직 절반만 바로 알고 있군요. 4학년생은 원하는 기간만큼 도서를 대출할 수 있지만, 그건 다른 학생이 그 책을 요청하기 전까지만 그렇습니다.

W: 그렇군요... 그렇다면 책을 반납해야겠군요...

M: 우선 필요한 페이지를 복사하는 건 어때요?

senior[síːnjər] 4학년 학생, 최고 학년의   request[rikwést] 요청하다   photocopy[fóutoukàpi] 복사하다

III. Listen to parts of the conversations and then answer the questions.

[13-14]

Listen to part of a conversation between a student and a professor.

S: Professor Gomez? I hope you're not too busy right now.

P: Hi, Nathan. No, I'm not doing anything pressing . . . Was there something you wanted to discuss?

S: Actually, I'm now working on a show that's going to be shown here at the university . . . It's the Alvin Bailey Dance Troupe.

P: Oh, that's marvelous! They're excellent dancers.

S: Right . . . so I was wondering if the department would put the show in the student events calendar. It would really help advertise the show.

P: And what's your role in this, Nathan?

S: I'm selling tickets, and I want to sell them out before the show starts.

P: I see. Hmm . . . let me think . . . I could put it on the calendar, but you're going to have to give me all the information this week before the calendar is finalized and posted. And . . . it might be a good idea if you can give me a promotional picture.

S: Well, I did ask them to send me one, so I should be getting it pretty soon.

P: ¹³Maybe it's not a good idea to leave it to chance. A phone call would certainly help. I wouldn't want the calendar to be delayed, you know what I mean?

S: I could check, sure.

P: Is there anything else you've been doing to let the students know about the show?

S: ¹⁴Well, I got in touch with this local company . . . the Lythgoe Paper Products Company . . . it's on the east side of town . . . and they agreed to give me funds to advertise the show. I actually have a bit of money left over, and I thought about thanking the sponsor in the ad.

P: Definitely, you could do that. The company would expect it, I'm sure. By the way, how did you convince them to sponsor what you're doing?

S: Oh, that was easy. I promised them I'd introduce them as a sponsor and give them a few backstage passes so they could spend a bit of time with the dancers.

P: Terrific. That was very smart.

S: Thanks, Professor. Well, I better see about that picture.

13. What does the professor mean when she says this:

P: Maybe it's not a good idea to leave it to chance. A phone call would certainly help. I wouldn't want the calendar to be delayed, you know what I mean?

Listen again to part of the conversation. Then answer the question.

S: Well, I got in touch with this local company . . . the Lythgoe Paper Products Company . . . it's on the east side of town . . . and they agreed to give me funds to advertise the show. I actually have a bit of money left over, and I thought about thanking the sponsor in the ad.

P: Definitely, you could do that. The company would expect it, I'm sure.

14. Why does the professor say this:

P: Definitely, you could do that.

S: Gomez 교수님? 지금 많이 바쁘신 건 아니었으면 하는데요.
P: 안녕, Nathan. 아니야, 급한 일은 없단다... 하고 싶은 이야기라도 있니?
S: 사실은, 제가 지금 대학에서 상연될 공연에 관한 일을 하고 있어요... Alvin Bailey Dance Troupe이 공연해요.
P: 오, 멋지구나! 그들은 훌륭한 무용수들이지.
S: 맞아요... 그래서 학부에서 공연을 학생 행사 일정표에 넣어 줄 수 있는지 궁금합니다. 공연을 광고하는 데 큰 도움이 될 거예요.
P: 그럼 너는 어떤 일을 맡고 있니, Nathan?
S: 전 티켓을 팔고 있는데, 공연이 시작하기 전에 다 팔고 싶어요.
P: 그렇구나. 흠... 생각해 보자... 공연을 일정표에 넣을 수는 있는데, 일정표가 완성되어 게시되기 전에 이번 주 내로 모든 정보를 나에게 주어야 해. 그리고... 내게 홍보 사진을 주는 것도 좋은 방법일 것 같구나.
S: 음, 제가 그들에게 한 장 보내달라고 요청했으니, 곧 받을 수 있을 거예요.
P: [13]운에만 맡겨두는 것은 좋지 않을 것 같아. 전화를 해보는 것이 확실히 도움이 될 거야. 난 일정표가 지연되는 것을 원하지 않아, 무슨 말인지 알지?
S: 물론, 확인해 볼게요.
P: 학생들에게 공연을 알리기 위해 어떤 다른 일을 하고 있니?
S: [14]음, 도시 동쪽에 있는 지역 회사인... Lythgoe Paper Products사와... 접촉을 했는데... 그들이 공연을 광고하기 위한 자금을 제공하는 것에 동의했어요. 사실은 돈이 약간 남아서요, 광고에서 후원자에게 감사를 표시할 생각이에요.
P: 물론, 그렇게 할 수 있지. 분명, 회사도 그것을 원할 거야. 그런데, 네가 하는 것을 후원해달라고 어떻게 그들을 설득했니?
S: 오, 그건 쉬웠어요. 그들을 후원자로 소개하고 무용가들과 잠시 시간을 보낼 수 있도록 그들에게 분장실 출입 허가증 몇 개를 주겠다고 약속했어요.
P: 훌륭하구나. 아주 현명한 방법이야.
S: 감사합니다, 교수님. 그럼, 사진을 알아보러 가야겠어요.

pressing[présiŋ] 긴급한   marvelous[máːrvələs] 멋진   advertise[ǽdvərtàiz] 광고하다   finalize[fáinəlàiz] 완성하다
promotional[prəmóuʃnəl] 홍보의, 판촉의   leave to chance 운에 맡기다   local[lóukəl] 지역의   fund[fʌnd] 자금
sponsor[spánsər] 후원자, 후원하다   ad[æd] 광고   convince[kənvíns] 설득하다   introduce[ìntrədjúːs] 소개하다
backstage[bǽkstèidʒ] 분장실   pass[pæs] 출입 허가증   terrific[tərífik] 훌륭한, 아주 멋진

[15-16]

Listen to part of a conversation between a student and a professor.

S: Professor Maroulis? May I . . . speak with you for just a second?

P: Of course you may. Is this an enrollment problem?

S: Well, yes, it is. Actually, I'm trying to enroll for my electives and my, my adviser seems to think that I should enroll in courses related to my major, aquatic biology.

P: So, you mean you want to take my class as an elective?

S: Yes, Professor.

P: [15]Well, what you're majoring in does seem pretty far from the literature courses I'm teaching at present. What interest does a biology major have in English?

S: A . . . a lot, Professor Maroulis. I may have majored in biology, but I've always had a love for literature. I'm especially interested in taking your class Crime and Punishment in Literature or . . . or European Literary Legacies.

P: I think I understand what your problem is. These are courses that have prerequisites and you probably don't have the credits for the required courses, so . . . you need my approval to be able to enroll in a higher English course so you can meet your elective requirements, right?

S: Yes, ma'am.

P: Hmm . . . I'm not trying to discourage you, but I want you to understand that you have to have a familiarity with European literature, particularly the genre of crime and punishment novels . . .

S: I am an avid reader of these novels, Professor Maroulis, and probably one of Fyodor Dostoyevsky's biggest fans.

P: Oh? Well, good, good . . . but there's one other thing. Although it isn't listed as a prerequisite, you must have a background in literary criticism. Without it, well, you might be in over your head, and I'd hate for you to have to drop the class.

S: Well, last semester I took Literature 117.

P: [16]Critical Theory? Really? You certainly have an interest in English literature, and what's more, you appear to be very determined. Well, what can I say? So this is what I'll do . . . I'll sign the approval form, but remember, I expect you not to miss any of my classes.

S: I won't. Thanks very much, Professor Maroulis!

15. What is the professor's opinion of aquatic biology?

Listen again to part of the conversation. Then answer the question.

P: Critical Theory? Really? You certainly have an interest in English literature, and what's more, you appear to be very determined. Well, what can I say?

16. What does the professor mean when she says this:
    P: Well, what can I say?

S: Maroulis 교수님, 잠시... 말씀 좀 드려도 될까요?
P: 당연하지. 등록 문제 때문이니?
S: 음, 네. 실은, 선택 과목을 등록하려고 하는데 저의 상담 교수님은 제 전공 과목인 수생 생물학에 관련된 과목을 등록해야 한다고 생각하시는 것 같아요.
P: 그러니까, 너는 내 수업을 선택 과목으로 등록하고 싶다는 말이지?
S: 네, 교수님.
P: [15]음, 네 전공은 내가 지금 가르치고 있는 문학 수업과는 거리가 먼 것 같구나. 생물 전공 학생이 영어에 무슨 관심이 있을까?
S: 많은 관심을 갖고 있어요, Maroulis 교수님. 저는 생물학을 전공하고 있을지는 모르지만, 항상 문학을 좋아했습니다. 특히 교수님의 '문학에서의 죄와 벌'이나... '유럽 문학의 유산' 수업에 관심이 많습니다.
P: 네 문제가 뭔지 알 것 같구나. 이 수업들은 선수 과목을 이수해야만 하는 수업인데 넌 그 필수 과목의 학점을 아마 이수하지 않았고... 선택 과목 필요 조건을 충족시키기 위해서 수준 높은 영어 과목을 등록하려는데 내 승인이 필요한 거지, 그렇지?
S: 네, 교수님.
P: 흠... 너를 실망시키려는 것은 아니지만, 유럽 문학에 대해 잘 알고 있어야 한다는 것을 알았으면 해, 특히 죄와 벌과 같은 소설 장르에 대해서 말이야...
S: 전 그런 소설들의 열렬한 독자예요, Maroulis 교수님, 그리고 Fyodor Dostoyevsky의 열성적인 팬 중 한 명인걸요.
P: 오? 음, 좋아, 좋아... 그런데 한 가지가 더 있어. 선수 과목으로 지정되진 않았지만, 문학 비평에 대한 배경지식이 있어야 해. 그것 없이는, 음, 네가 감당하기 버거울지도 모를텐데, 그리고 난 네가 수강을 취소하지 않길 바란다.
S: 음, 지난 학기에 저는 문학 117 수업을 수강했습니다.
P: [16]비평 이론? 정말이니? 정말 영문학에 흥미가 있구나, 게다가 의지도 단호한 것 같다. 음, 내가 더 무슨 말을 하겠니? 그럼 이렇게 하자... 승인서에 서명해주마, 하지만 기억하렴, 내 수업을 한 번도 빠지지 않길 기대한단다.
S: 알겠습니다. 정말 감사합니다, Maroulis 교수님!

elective [iléktiv] 선택 과목   aquatic biology 수생 생물학   legacy [légəsi] 유산   prerequisite [priːrékwəzit] 선수 과목
required course 필수 과목   approval [əprúːvəl] 승인, 허락   requirement [rikwáiərmənt] 필수 요건

familiarity [fəmìliǽrəti] 잘 알고 있음, 정통   genre [ʒάːŋrə] 장르, 부문   avid [ǽvid] 열심히 하는, 열광적인
background [bǽkgràund] 배경지식, 기초지식   literary [lítərèri] 문학의, 문학적인   criticism [krítisìzəm] 비평, 비판
in over one's head 감당하기 버거운   determined [ditə́ːrmind] 단호한, 굳게 결심한

HACKERS **TEST**

1. (D)	2. (A)	3. (B)	4. (C)	5. (A), (B)	6. (D)	7. (C)	8. (B)	9. (B)
10. (B), (C)								

[1-5]

Listen to a conversation between a student and a teaching assistant.

M: Hi. I'm Martin Nickson. I think my name is on the list of students permitted to take the exam today.

W: Yes, I do see your name on the list, but you should have come in at 9 a.m.

M: ²Yes, I know. ¹When I checked the exam schedule last week, I wrote the wrong time down in my notebook. So, I thought it would start at 10:00 a.m. today. That doesn't leave me with much time to finish the exam, so could you let me in now? Please?

W: Well . . . I don't know about that. I mean, I want to let you in, but I have to follow the rules. And if you're more than five minutes late, you're not allowed to take the test.

M: Please! This is the first time this has ever happened to me. Believe me . . . I don't make it a habit of being late for tests.

W: I'm sure you don't . . . but I'm just a teaching assistant, and I can't give you permission to take the test. I don't have the authority.

M: I know, but can't you make an exception? ³If I get a failing grade because I missed the test, I'm going to lose my scholarship.

W: ⁴Uh . . . I don't want you to lose your scholarship, but the fact is . . . I could get in trouble for letting a late student in. I might even get fired. So between your scholarship and my job . . . Well, you do understand, don't you?

M: I get it. ¹Uh, perhaps I could see the professor when he's free and ask him to schedule a makeup exam for me. I'm sure if I explained my situation, he would understand.

W: That's an idea. He mentioned to me that he would be in his office from 1:00 to 4:00 this afternoon. But you should know that there is no guarantee that he will let you take another exam . . . I would actually be surprised if he did.

M: Really?

W: Yes. It is pretty rare for a professor to do that. ⁵The main issue is that it's just too much work to design an entirely new exam for just one student . . . And I hate to say this, but you don't really have a legitimate excuse for missing the exam. Students usually aren't allowed to take a makeup exam without a valid reason.

M: Let me get this straight. It is impossible for you to let me into the classroom to take the exam now, and I probably won't be allowed to do a makeup test.

W: That's right.

M: Oh, no . . . I'm sunk. I'll fail the class. I can't believe one little mistake is going to cause such a serious problem for me.

W: Hey. Don't despair. You're making me feel guilty.

M: No, I'm not trying to lay a guilt trip on you. It's just that I know I'm doomed.

W: OK . . . Um, you know, maybe you don't have to be so worried. There is always a small chance that the professor will let you take a makeup exam. ¹And if not, you might be allowed to do a written assignment

464   토플 인강·단어암기 MP3 HackersIngang.com

instead . . .

M: Really? Is that common? I've never actually heard of that before.

W: Well, it happens sometimes . . . A professor might assign a student some essay questions based on the topics covered by the exam. Keep in mind though that the questions are usually quite difficult . . . Professors don't want their students to view this as an easy alternative to taking the exam. So, yeah . . . check with your professor. Maybe you can arrange something.

M: OK, thanks for the information. I'll go and see him this afternoon.

Now get ready to answer the questions. You may use your notes to help you answer.

1. What are the speakers mainly discussing?

Listen again to part of the conversation. Then answer the question.

M: Yes, I know. When I checked the exam schedule last week, I wrote the wrong time down in my notebook. So, I thought it would start at 10:00 a.m. today. That doesn't leave me with much time to finish the exam, so could you let me in now? Please?

W: Well . . . I don't know about that. I mean, I want to let you in, but I have to follow the rules.

2. Why does the woman say this:
   W: Well . . . I don't know about that.

3. What does the student say about the exam?

Listen again to part of the conversation. Then answer the question.

W: Uh . . . I don't want you to lose your scholarship, but the fact is . . . I could get in trouble for letting a late student in. I might even get fired. So between your scholarship and my job . . . Well, you do understand, don't you?

4. What does the woman mean when she says this:
   W: Well, you do understand, don't you?

5. According to the woman, why is the man unlikely to be allowed to take a makeup exam?

M: 안녕하세요. 저는 Martin Nickson이라고 합니다. 오늘 시험을 칠 수 있게 허락된 학생 명단에 제 이름이 있을 것 같은데요.

W: 네, 명단에 학생 이름이 보이긴 하지만 오전 9시에 오셨어야 해요.

M: ²네, 알아요. ¹지난주에 시험 일정을 확인했을 때, 공책에 시간을 잘못 적었어요. 그래서 시험이 오늘 오전 10시에 시작한다고 생각했어요. 제게 시험을 끝낼 만한 시간이 많지 않으니 지금 들여보내주실 수 있을까요? 네?

W: 글쎄요... 잘 모르겠어요. 제 말은, 저는 들여보내드리고 싶지만, 규정을 따라야 하거든요. 그리고 5분 이상 늦으면, 시험을 보는 게 허락되지 않아요.

M: 제발요! 이제껏 이런 일이 제게 일어난 건 이번이 처음이에요. 믿어주세요... 제가 습관적으로 시험에 늦지는 않아요.

W: 분명 안 그러시겠죠... 하지만 전 그저 조교일 뿐이고, 시험을 칠 수 있게 허락해 줄 수 없어요. 제겐 그런 권한이 없어요.

M: 저도 알지만, 예외로 해주실 수는 없나요? ³제가 시험을 못 쳐서 낙제 점수를 받으면, 장학금을 놓치게 될 거예요.

W: ⁴어... 학생이 장학금을 놓치게 되길 원하진 않지만, 실은... 지각한 학생을 들여보내주는 것 때문에 제가 곤란해질 수 있어요. 심지어 해고될지도 모르고요. 그러니까 학생의 장학금과 제 일자리 중에서, 음, 이해하시죠, 그렇죠?

M: 알겠어요. ¹어, 아마 교수님께서 시간이 되실 때 제가 뵙고 보충 시험 일정을 잡아주시도록 요청해볼 수 있겠네요. 제 상황을 설명하면 분명히 이해해주실 거예요.

W: 그것도 한 가지 방법이네요. 교수님께서 오늘 오후 1시에서 4시까지 연구실에 계실 거라고 제게 말씀해주셨어요. 하지만 교수님께서 학생이 또 다른 시험을 치게 해주실 거라는 보장이 없는 건 알고 계셔야 해요... 사실 그렇게 해주신다는 게 놀랄 일이죠.

M: 정말요?

W: 네. 교수가 그렇게 하는 건 상당히 드물거든요. ⁵제일 큰 문제는 단지 한 학생을 위해서 완전히 새로운 시험을 내는 건 너무 많은 일이라는 거예

요... 그리고 이런 말 하기는 싫지만, 학생이 시험을 놓친 것에 그다지 타당한 이유가 있는 것도 아니에요. 학생들은 보통 정당한 이유 없이는 보충 시험을 치도록 허락되지 않아요.

M: 정리해 볼게요. 조교님께서 제가 지금 시험을 칠 수 있게 교실에 들여보내주시는 건 불가능하고, 전 아마도 보충 시험을 치도록 허락 받지 못할 거라는 거죠.

W: 맞아요.

M: 오, 안돼요... 난 끝장이네요. 전 낙제를 할 거예요. 작은 실수 하나가 제게 이렇게 심각한 문제를 일으킬 거란 것을 믿을 수 없네요.

W: 저기요. 절망하지 마세요. 제가 죄책감이 들려고 하잖아요.

M: 아니에요, 조교님께 죄책감을 갖게 하려는 건 아니에요. 그냥 제가 망했다는 걸 알아서요.

W: 좋아요... 음, 그러니까, 학생이 그렇게 걱정하지 않아도 될지 몰라요. 교수님께서 보충 시험을 치게 해주실 가능성이 조금은 있잖아요. ¹그리고 만약 그렇지 않더라도, 대신 글쓰기 과제를 하도록 허락할 지도 모르고요...

M: 정말요? 그게 흔한가요? 사실 전에 그런 경우를 들어본 적이 없어요.

W: 음, 가끔씩 그러기도 해요... 교수가 시험에서 다룬 주제에 기초를 둔 에세이 문제를 학생에게 내줄 지도 모르죠. 그래도 문제들이 보통 상당히 어렵다는 걸 명심해요... 교수들은 학생들이 이것을 시험을 치는 것에 대한 쉬운 대안이라고 여기기를 원하지 않거든요. 그러니까, 네... 교수님께 여쭤보세요. 뭔가 조정할 수 있을지도 모르죠.

M: 네, 정보 감사합니다. 오늘 오후에 교수님을 찾아뵈어야겠네요.

permit[pərmít] 허락하다, 허용하다   make it a habit of 습관적으로 ~을 하다   teaching assistant 조교
permission[pərmíʃən] 허락, 허가   authority[əθɔ́:rəti] 권한   make an exception 예외로 하다, 특별 취급하다
scholarship[skálərʃìp] 장학금   get in trouble for ~ 때문에 곤란해지다   schedule[skédʒu(:)l] 일정을 잡다
makeup[méikʌp] 보충   guarantee[gæ̀rəntí:] 보장, 보증   rare[rɛər] 드문, 진기한   entirely[intáiərli] 완전히
legitimate[lidʒítəmət] 타당한, 정당한   valid[vǽlid] 정당한, 유효한   sunk[sʌŋk] 끝장인, 패배한   despair[dispέər] 절망하다
lay a guilt trip on ~에게 죄책감을 갖게 하다   doomed[du:md] 망한, 운이 다한   based on ~에 기초를 둔
cover[kʌ́vər] 다루다, 포함시키다   keep in mind 명심하다, 염두에 두다   alternative[ɔ:ltɜ́:rnətiv] 대안, 대체물
arrange[əréindʒ] 조정하다, 준비하다

[6-10]

Listen to a conversation between a student and her professor.

S: Hi, Professor. Is this a good time?

P: Sure. Come in, Stephanie. What can I do for you?

S: Um . . . Yesterday after class . . . ⁶you wanted to speak to me about something during your office hours?

P: Oh, right! It's about your writing in my literature class . . .

S: Oh, that. Well, I've been putting in a lot of extra time on it lately, but I know I've still got a long way to go . . .

P: On the contrary, I was quite impressed by how well you write. And with your skills, I'd love to see you put them to use in a constructive way. What I'd like to suggest is that you consider working as an instructor at the writing center a few days per week. I think other students could benefit a great deal from your knowledge. Besides, every student can use a little extra spending money.

S: I truly appreciate your encouragement, Professor, but I'm not so sure . . . To be honest, I don't have much experience with writing, so I'm not very confident. I'm just taking the course as an elective, so, uh, I don't really know much about elegant prose with fancy words.

P: Well, ⁷that's not what it's all about. No matter how you dress it up, good writing is ultimately about grammar, flow, readability . . . things like that. What's important is that the author communicates effectively with the reader, and in order to do that you need good language fundamentals. ⁸Unfortunately, the majority of our students–including the literature majors–come into the program struggling with some of the basics.

S: Really? I guess I've always assumed that literature majors were excellent writers.

P: You'd think so, wouldn't you? I mean, they're the ones with an interest in the subject, and often the passion is there, which is a good thing. So many of them have great ideas and know lots of difficult vocabulary. But, um, they often find it a challenge to put them all together in solid paragraphs with seamless transitions. I think a lot of them were drawn to the glamour of the literary world but don't necessarily have the discipline to do the groundwork.

S: Well, I guess I have picked up some useful things in my other courses . . . For example, in a science course I took last semester we were taught the principle of Occam's razor. Cut out what isn't needed, right?

P: Bingo. And it's obvious that you've applied that principle in your own writing. Anyway, you don't need to worry if some aspects of your writing need a little polishing. You'll have one-on-one training sessions with a senior instructor at the center for a few weeks before you start your new position . . . This will allow you to improve your overall writing and knowledge of grammar . . . .

S: [9]Hmm . . . I certainly could use some paid work. But with my busy schedule, um, I'm concerned about how much time this job will take away from my studies.

P: There's no getting around that . . . The position will definitely take up some of your time. However, it might be worth the effort. [10]Keep in mind that there are some non-monetary benefits as well. It'll definitely look good on a grad school application and increase the likelihood of you being accepted into a program of your choice. Plus, you'll work closely with many of the students and professors on campus, so it's a great opportunity to start to make contacts that'll benefit you when you eventually start your career. You know, it's important to see the big picture too . . . how it might help you in the future.

S: It sounds like there is a strong upside. And I like the idea of getting to interact with other students. I'm going to seriously consider it.

Now get ready to answer the questions. You may use your notes to help you answer.

6. Why does the student go to see the professor?
7. What can be inferred about the professor's opinion regarding elegant prose with fancy words?
8. What is the professor's attitude toward the students majoring in literature at the university?

Listen again to part of the conversation. Then answer the question.

S: Hmm . . . I certainly could use some paid work. But with my busy schedule, um, I'm concerned about how much time this job will take away from my studies.

P: There's no getting around that . . . The position will definitely take up some of your time.

9. Why does the professor say this:
   P: There's no getting around that . . .

10. What are two advantages the professor gives for working at the writing center?

S: 안녕하세요, 교수님. 시간 괜찮으신가요?
P: 물론이지. 들어오렴, Stephanie. 무엇을 도와주면 되겠니?
S: 음... 어제 수업이 끝나고... [6]교수님께서 면담 시간에 저에게 무언가 말씀하실 게 있다고 하셨는데요?
P: 오, 그래! 문학 수업에서 네가 쓴 글에 대한 거였는데 말이야...
S: 오, 그거요. 그게, 최근 그것에 추가적으로 많은 시간을 쏟고 있긴 한데, 아직 갈 길이 멀다는 것을 알아요...
P: 그와는 반대로, 나는 네가 글을 얼마나 잘 쓰는지에 상당히 깊은 인상을 받았단다. 그리고 네가 그 실력을 건설적인 방식으로 활용하는 걸 보고 싶구나. 내가 제안하고자 하는 건 네가 일주일에 며칠을 글쓰기 센터에서 강사로 일하는 것을 고려해보는 거야. 다른 학생들이 네 지식으로부터 크게 도움을 받을 수 있을 거라고 생각해. 게다가, 모든 학생들이 조금씩은 추가적인 용돈이 필요하잖니.
S: 격려해 주셔서 정말 감사드리지만 교수님, 저는 잘 모르겠어요... 솔직히 말씀드리면, 저는 글쓰기에 많은 경험이 없어서 별로 자신이 없네요. 저는 단지 선택 과목으로 그 강의를 듣고 있고, 그래서, 어, 저는 화려한 어휘가 쓰인 고상한 산문에 대해선 잘 모르거든요.
P: 글쎄, [7]그게 전부는 아니란다. 아무리 꾸며 쓰더라도, 좋은 글은 결국 문법, 흐름, 가독성... 그런 것들이 핵심이지. 중요한 것은 작가가 독자들과 효과적으로 소통하는 것이고, 그러기 위해서는 튼튼한 언어의 기본기가 필요해. [8]안타깝게도, 문학 전공자들을 포함한 우리 학생들 대부분은 교과과정에 들어와 일부 기본적인 것에 어려움을 겪는단다.
S: 정말요? 저는 항상 문학 전공자들은 탁월한 글솜씨를 가진 사람들이라고 생각했던 것 같아요.
P: 그렇게 생각하겠지, 그렇지 않니? 내 말은, 그 학생들은 그 과목에 관심이 있는 학생들이고, 보통 열정도 있는데, 그건 좋은 일이지. 그래서 그 학생들 중 다수가 훌륭한 아이디어를 갖고 있고 어려운 어휘도 많이 알고 있어. 하지만, 음, 그들은 보통 그것 모두를 매끄럽게 이어지는 탄탄한

단락으로 구성하는 것이 어려운 것을 알게된단다. 많은 학생들이 문학 세계의 화려함에 끌렸지만 기초 작업을 할 의지력을 반드시 갖고 있지는 않은 것 같아.

S: 음, 저는 제 다른 수업에서 몇몇 유용한 것들을 알게 되었던 것 같아요... 예를 들면, 저번 학기에 들었던 과학 수업에서 오컴의 면도날 원리를 배웠어요. 필요 없는 것은 잘라내는 것이요, 그렇죠?

P: 그렇지. 그리고 네 자신의 글에 그 원리를 적용한 게 분명하구나. 어쨌든, 네 글의 일부 측면이 약간 다듬어져야 한다 해도 걱정할 필요는 없단다. 네가 새로운 자리에서 일을 시작하기 전에 몇 주 동안 센터에서 수석 강사에게 일대일 트레이닝 수업을 받을 거야... 이게 네 전반적인 글쓰기 및 문법 지식이 향상되도록 해줄 거란다...

S: ⁹흠... 보수를 받는 일이 확실히 필요하긴 해요. 하지만 제 일정이 바빠서, 음, 이 일이 제 학업에서 얼마나 많은 시간을 빼앗을지 걱정되네요.

P: 그것을 피할 방법은 없어... 이 일자리가 분명 네 시간을 좀 뺏게 되겠지. 하지만 노력할 만한 가치는 있을 거야. ¹⁰일부 비금전적인 혜택이 있다는 것도 생각해 보거라. 분명 대학원 지원 시 보기 좋을 것이고 네가 선택한 전공에 합격할 가능성을 높여줄 거야. 게다가, 캠퍼스에서 많은 학생 및 교수님들과 가깝게 일하게 될 텐데, 네가 나중에 사회활동을 시작할 때 너에게 도움이 될 인간관계를 쌓기 시작할 좋은 기회란다. 그러니까, 큰 그림을 보는 것도 중요해... 그게 장래에 너에게 어떤 도움이 될지 말이야.

S: 대단히 괜찮은 부분이 있는 것 같네요. 그리고 다른 학생들과 교류하게 된다는 점이 마음에 들어요. 진지하게 고려해 볼게요.

literature[lítərətʃər] 문학　constructive[kənstrʌ́ktiv] 건설적인　spending money 용돈　elective[iléktiv] 선택 과목
elegant[éligənt] 고상한, 우아한　prose[próuz] 산문　dress up ~을 꾸미다, 장식하다　readability[rì:dəbíləti] 가독성, 읽기 쉬움
fundamental[fʌ̀ndəméntl] 기본기, 기본　seamless[sí:mlis] 매끄러운, 끊김 없는　transition[trænzíʃən] 이어짐, 전환
glamour[glǽmər] 화려함　discipline[dísəplin] 의지력, 자제력　groundwork[gráundwə̀:rk] 기초 작업　polish[páliʃ] 다듬다
take up (시간 등을) 빼앗다, 차지하다　non-monetary[nanmánətèri] 비금전적인　upside[ʌ́psàid] 괜찮은 부분

4. Connecting Contents Questions

EXAMPLE
p.86

Listen to part of a conversation between a student and a professor.

S: Excuse me, Professor Stevenson. I think I need your help with the topic you assigned me for the presentation.

P: Oh, come on in. Did you want to write about something else?

S: No, Emily Dickinson is not an easy topic, but it sure is an interesting one. What I'm worrying about is that there doesn't seem to be very much information available. She was a reclusive woman, so . . .

P: Surely, there must be some information. Did you check her biography in the library?

S: Of course I did. But I'm afraid that's the only research source that I can find.

P: Well, let me think. You could include a description of her hometown at the start of the presentation to give the audience a feel for what Dickinson's life may have been like . . .

S: Oh, guess what? I'm going to Amherst next weekend, and Dickinson's old home is in Amherst. I'll go check it out.

P: That's perfect! And if you can take some pictures of the building, you'll have some great visuals for the presentation. OK, great . . . and . . . letters! Letters she wrote to friends, family members, people she knew . . . Maybe you can check if someone has done any research on those letters.

S: Great . . . her letters . . .

P: That should be enough for an effective presentation. Concentrating on a couple of main points is better than including too much information. For instance, I remember last year I received a paper from another student . . . It was based on a single poem Dickinson wrote later in her life. It didn't include a bunch of unrelated ideas or unnecessary background information, which is why I liked it so much.

S: Thank you, Professor. Now I think I have some idea what I'd like to do for my assignment.

Q. What does the professor advise the student to include in her presentation? Indicate whether each of the following will be included or not.

Q. Why does the professor mention a paper he received from another student?

S: 실례합니다, Stevenson 교수님. 교수님께서 내주신 발표 주제와 관련해서 도움이 필요해서요.

P: 오, 들어오렴. 다른 것에 대해 쓰고 싶은 거니?

S: 아니요, Emily Dickinson이 쉬운 주제는 아니지만, 분명히 재미있는 주제이기는 하거든요. 제가 걱정하는 것은 이용 가능한 정보가 별로 많지 않은 것 같다는 거예요. 그녀는 은둔자였으니까요, 그래서...

P: 분명히 정보가 있을 거야. 도서관에서 그녀의 전기를 살펴보았니?

S: 물론 살펴보았어요. 하지만 그것이 제가 찾을 수 있는 유일한 조사 자료라서요.

P: 음, 생각 좀 해보마. 청중들에게 Dickinson의 삶이 어떠했을지를 느끼게 해주기 위해서 발표 초반에 그녀의 고향에 대한 묘사를 포함할 수도 있을 것 같아...

S: 오, 그거 아세요? 제가 다음 주말에 Amherst에 가는데 Dickinson의 고향집이 Amherst에 있잖아요. 그곳에 가봐야겠어요.

P: 정말 잘됐구나! 그리고 건물 사진을 찍는다면, 발표에 아주 멋진 시각 자료가 될거야. 그래, 좋아... 그리고... 편지들! 그녀가 친구, 가족, 지인들에게 쓴 편지들 말이야... 누군가가 그 편지들에 대한 조사를 했는지 찾아볼 수도 있겠구나.

S: 좋은데요... 그녀의 편지들이라...

P: 그거면 효과적인 발표를 위해서 충분할거야. 너무 많은 정보를 포함하는 것보다 한두 가지의 요점에 집중하는 것이 더 낫단다. 예를 들면, 작년에 다른 학생으로부터 보고서를 받은 기억이 나는구나... 그건 Dickinson이 만년에 쓴 하나의 시에 대한 것이었어. 그건 관련없는 생각들이나 불필요한 배경지식을 많이 포함하지 않았는데, 그게 내가 그걸 매우 좋아했던 이유지.

S: 감사합니다, 교수님. 이제 제 과제를 어떻게 하면 좋을지에 대한 아이디어가 떠오르는 것 같아요.

reclusive[riklúːsiv] 은둔한   **biography**[baiágrəfi] 전기, 일대기   **description**[diskrípʃən] 서술적 묘사, 설명

HACKERS **PRACTICE**

p.88

1. DSL, campus, major city, free, coverage, 2,000

	Advantage	Not an advantage
Can be accessed at a university or major city	✓	
Can cover distances of about two kilometers	✓	
Is free for registered students at universities	✓	
Has a faster speed than a broadband cable		✓

2. interview, dinner, afternoon, questions / (A)

3.

	Yes	No
Verify what organisms presently exist in each habitat		✓
Make a count of organisms in each habitat	✓	
Pinpoint how certain organisms came to reside in the transition area	✓	
Determine what relationship the organisms in the transition area have		✓
Discover why certain organisms relocated to the transition area	✓	

4. (B)

I. **Listen to parts of conversations and fill in the blanks, and answer the questions.**

1 W: Is there something I can help you with?

M: I'm just looking at this, um, brochure on Internet service plans.

W: Maybe I can make a suggestion.

M: Well, I finally got myself a laptop, so, you know, I need an Internet connection.

W: Is there any particular service you have in mind?

M: Well, I'm interested in getting a DSL connection.

W: Wait a minute . . . so you want a static connection.

M: I guess. I don't really know much about computers.

W: Well, let me give you a bit of advice. With a laptop, I think you'd be better off looking into the university's wireless service for students. If you had purchased a desktop, I would've recommended a broadband connection, such as cable, but wireless service has a speed of something like, oh, 11 Mbps, which is definitely faster than DSL.

M: I know it's faster than DSL, but where would I be able to access it?

W: You can access it not only on campus, but in any major city where your laptop can tap into the network.

M: But do I have to pay for access?

W: No, you wouldn't have to. And I'm pretty sure your university has WiMAX.

M: Sorry . . . WiMAX?

W: Well, it's a wireless technology that has a very broad coverage, something like 2,000 meters.

M: But I need to use my laptop at home, too.

W: You don't live on campus?

M: Uh, no, I have a place off-campus.

W: OK, then, maybe I can recommend a broadband cable connection. I don't think you'd want a DSL connection because that'll tie up your phone line.

M: Uh, I might not be able to afford cable.

W: Well, we offer discounted services to students.

M: Oh, good!

Q. In the conversation, the service personnel mentions several advantages of wireless service. Indicate in the table below whether each of the following is an advantage.

W: 제가 도와드릴 일이 있나요?
M: 전 그냥, 음, 인터넷 서비스 상품에 대한 팸플릿을 보고 있었어요.
W: 제가 제안을 해드릴 수 있을 것 같은데요.
M: 음, 제가 드디어 노트북 컴퓨터를 구입했거든요, 그래서, 아시다시피 인터넷 연결이 필요해요.
W: 특별히 생각해 놓은 서비스라도 있나요?
M: 음, 저는 DSL 연결에 관심이 있어요.
W: 잠깐만요... 그러니까 정적 연결을 원하는 거군요.
M: 그런 것 같아요. 전 사실 컴퓨터에 대해 잘 몰라요.
W: 그럼, 제가 조언을 해 드릴게요. 노트북이 있다면, 학생들을 위한 대학의 무선 서비스를 알아보는 것이 나을 것 같아요. 만약 데스크탑을 구입했다면, 케이블 같은 광역 연결을 추천했겠지만, 하지만 무선 서비스의 속도는, 오, 11 Mbps 정도죠, DSL보다 확실히 빨라요.
M: 그것이 DSL보다 빠른 건 알아요, 그런데 제가 어디로 가야 그 서비스에 접속할 수 있나요?
W: 교내뿐만 아니라, 노트북이 네트워크에 접속할 수 있는 어떤 주요 도시에서도 이용할 수 있어요.
M: 하지만 사용료를 내야 하나요?
W: 아니요, 그럴 필요 없어요. 그리고 학생의 대학 내에 분명히 WiMAX가 있을 거예요.
M: 죄송하지만... WiMAX라구요?
W: 음, 적용범위가 2,000미터 정도 되는 아주 넓은 적용 범위의 무선 기술입니다.
M: 그런데 저는 집에서도 노트북을 사용해야 해요.
W: 교내에 살지 않나요?
M: 어, 아니요, 학교 밖에서 살아요.
W: 네, 그렇다면, 광역 케이블 연결을 추천할게요. DSL 연결을 사용하면 전화선이 불통이 되기 때문에 학생이 원하지 않을 거예요.
M: 어, 저는 케이블 비용을 감당하지 못할 것 같아요.
W: 음, 우리는 학생들에게는 할인된 서비스를 제공합니다.
M: 오, 다행이군요!

brochure [bróuʃuər] 팸플릿   **laptop** [lǽptap] 노트북 컴퓨터   **static** [stǽtik] 정적인, 고정된   **wireless** [wáiərlis] 무선의

purchase[pə́:rtʃəs] 구입하다　　desktop[désktὰp] 데스크탑 컴퓨터　　recommend[rèkəménd] 추천하다
broadband[brɔ́:dbæ̀nd] 광역의　　definitely[défənitli] 확실히　　broad[brɔ:d] 넓은　　coverage[kʌ́vəridʒ] 적용 범위
off-campus 대학 밖의　　tie up 통하지 않게 하다, 방해하다　　offer[ɔ́(:)fər] 제공하다　　discount[dískaunt] 할인하다

2　S: Did you want to see me, Professor Blake?

P: Yes, Simon, I did. I just wanted to remind you that the upcoming seminar on modern American literature would be really useful for the paper you're writing on American authors . . . especially that we have some big-name writers speaking at the seminar.

S: Professor Blake, this is the first time I've ever heard about it. Who's coming?

P: Well, there's . . . Scott Robinson, Constantine Savol, and, uh . . . let me see . . . Patricia Fedorov.

S: Patricia Fedorov! She's coming here?

P: Well, this was all word of mouth because we weren't one hundred percent certain that any of them would be able to come. But the English Department recently got confirmations, so, yes, they'll all be here.

S: What will they be discussing?

P: Well, the seminar will be divided into two parts—morning and afternoon. In the morning, they'll be discussing the effects of significant events on American literature in the twentieth and twenty-first centuries . . .

S: That's great! I want to say something about that in my paper.

P: Not so fast, Simon. The afternoon session should be just as interesting. They'll be discussing how men and women in literature look at these critical events when they write.

S: Male and female perspectives?

P: Well, yes, you could call it that. But it has more to do with how they approach these events in their writing.

S: Would it be possible for me to personally interview them? I sure would like to ask them about what they think of American writing in the late twentieth century.

P: Well, it might be a little difficult. That's because they'll be headed to a special faculty dinner immediately after the afternoon session, so there won't be any time for interviews. But they'll be taking written questions from the audience during the sessions and answering some of them, so you should definitely have one or two good questions ready. If I were you, Simon, I'd be at the library reading up on the works of these writers.

S: I'm going there right now.

Q. Why does the professor mention a special faculty dinner?

S: 저를 보고 싶어 하셨나요, Blake 교수님?

P: 그래, Simon, 그랬단다. 다가오는 현대 미국 문학에 대한 세미나가 네가 미국 작가에 대해 쓰고 있는 보고서에 매우 도움이 될 거라는 것을 그냥 다시 한번 알려주고 싶었단다... 특히 세미나에서 몇몇 유명한 작가들이 연설할 거라는 점을 말이야.

S: Blake 교수님, 저는 그것에 대해 이번에 처음 들었어요. 누가 오나요?

P: 음... Scott Robinson, Constantine Savol, 그리고, 어... 어디 보자... Patricia Fedorov가 올 거야.

S: Patricia Fedorov! 그녀가 여기에 온다구요?

P: 음, 그들 중 누가 올 수 있을지 100퍼센트 확실하지는 않아서 이건 다 소문으로만 알려져 있었지. 그러나 영어학부가 최근에 확답을 받았다고 하니, 그래, 그들이 모두 여기 올 거야.

S: 그들은 무엇에 대해 토론할 건가요?

P: 음, 세미나는 오전과 오후, 두 부분으로 나눠질 거야. 오전에는 20세기와 21세기의 중요한 사건들이 미국 문학에 미친 영향에 대해 토론할 거야...

S: 좋아요! 그것에 대해 제 보고서에서 다뤄보고 싶어요.

P: 더 들어보렴, Simon. 오후 세션도 마찬가지로 흥미로울 거야. 그들은 남녀 문학가가 글을 쓸 때 이 중요한 사건들을 어떻게 바라보는지 토론할 예정이란다.

S: 남성과 여성의 관점이요?

P: 음, 그래, 그렇게도 말할 수 있겠지. 하지만 그들이 작품에서 이 사건들을 어떻게 접근하고 있는가와 더 연관이 있단다.

S: 개인적으로 그들과 인터뷰하는 것이 가능할까요? 그들에게 20세기 말의 미국 작품에 대해 어떻게 생각하는지 꼭 물어보고 싶어요.

P: 음, 그건 아마 좀 힘들 거야. 오후 세션이 끝나고 바로 특별 교수단 만찬에 갈 것이기 때문에, 인터뷰를 할 시간이 전혀 없을 거야. 하지만 세션 동안 청중으로부터 질문지를 받고 그것들 중 몇 개에 대답을 해줄 거니까, 한두 개의 좋은 질문을 확실히 준비해 놓아야 할 거야. 내가 너라면, Simon, 이 작가들의 작품을 도서관에서 찾아 읽어 보겠구나.

S: 지금 바로 도서관으로 갈게요.

remind [rimáind] 다시 한번 알려주다, 일깨우다   **upcoming** [ʌ́pkʌ̀miŋ] 다가오는   **big-name** [bíɡnèim] 유명한
confirmation [kɑ̀nfərméiʃən] 확답, 확인   **divide** [diváid] 나누다   **session** [séʃən] 세션, 시간
perspective [pərspéktiv] 관점   **approach** [əpróutʃ] 접근하다   **head to** ~로 가다, 향하다

II. Listen to parts of the conversations and then answer the questions.

3 S: Hi, Professor Meeks. I hope I'm not intruding.

P: Not at all! Come on in, Heather.

S: Well, um, could you just tell me what activities will be included during the field trip for our class next week?

P: Of course, I'd be glad to explain it to you. Well, this month, we'll go on a field trip to New Jersey . . . There's a tract of land, about seventy acres to be exact, that is now an environmental field station for the university. This area is perfect for biological research.

S: A what . . . environmental field station?

P: That's right. It's actually an ecotone, a sort of transitional zone between two different habitats. Now, each of these habitats will have their own range of organisms. And the transition zone . . .

S: Oh, I get it! The transition zone is the place where the organism populations from the two habitats meet.

P: You're right, but that's not all. It's also got organisms that are unique to the transition zone.

S: So I take it we will be checking the type and population of organisms in each of the habitats?

P: Actually, research on this area has been done in the past, so it's pretty clear what organisms exist in the different habitats and what organisms are unique to the transition zone. The population thing, well, we always do that.

S: What else could possibly be done if all we have to do is check the population?

P: Well, this is where it gets interesting. In the transition zone, there's a depression which has turned into something like a pond with a lot of partly decomposed vegetation. So, anyhow, the pond is now a breeding place for various species of waterfowl such as black skimmers and ospreys.

S: Aren't those endangered species?

P: Precisely. So what the class needs to do is determine a couple of things.

S: How the black skimmers and ospreys got there . . .

P: Right. And why they chose to make the transition zone their habitat.

Q. In the conversation, the professor mentions what activities will be conducted by the biology club during the field trip. Indicate in the table below whether each of the following is an activity or not.

S: 안녕하세요, Meeks 교수님. 제가 방해가 되지 않았으면 좋겠네요.

P: 전혀 아니야! 들어오렴, Heather.

S: 그게, 음, 다음 주 견학 수업에 어떤 활동들이 포함되는지 말씀해주실 수 있나요?

P: 물론이지, 기꺼이 설명해 주마. 음, 이번 달에 우리는 뉴저지로 견학을 갈 예정이야. 정확히 70에이커 정도의 지대가 있는데 대학의 환경 현장 학습지란다. 생물학 연구를 하기에 적합한 곳이야.

S: 무슨... 환경 현장 학습지라고요?

P: 맞아. 그곳은 사실 서로 다른 두 서식지 사이의 변천 지대라고 볼 수 있는 추이대란다. 자, 이 각각의 서식지에는 고유한 범위의 생물이 존재하지. 그리고 변천 지대에는...

S: 오, 알겠어요! 변천 지대는 두 서식지 생물의 개체군이 만나게 되는 지점이군요.

P: 맞아, 하지만 그것이 전부는 아니야. 그곳에는 변천 지대에만 존재하는 생물도 있단다.

S: 그렇다면 우리가 각 서식지의 생물의 종류와 개체수를 조사해야 한다는 말씀이군요?

P: 사실, 이 지역에 대한 조사는 예전에 마무리되었기 때문에, 서로 다른 서식지에 어떤 생물이 존재하며 변천 지대에 어떤 독특한 생물이 있는지는 꽤 명확히 밝혀졌어. 개체 수는, 음, 늘 하는 거지...

S: 만약 조사해야 할 것이 개체 수뿐이라면 그것 말고 또 어떤 조사를 할 수 있을까요?

P: 음, 그게 흥미로운 부분이야. 변천 지대에는 함몰된 지역이 있는데, 부분적으로 부패한 식물이 많은 연못 같은 곳으로 변했지. 그래서, 어쨌든, 현재 그 연못은 검은 제비갈매기와 물수리 같은 다양한 물새 종들의 번식지란다.

S: 그건 멸종 위기에 처한 종들이 아닌가요?

P: 바로 그렇지. 그래서 우리 수업 학생들이 해야 할 것은 두 가지를 알아보는 것이지.

S: 어떻게 검은 제비갈매기와 물수리가 그곳에 갔는지...

P: 맞아. 그리고 왜 그들이 변천 지대를 서식지로 선택했는지 말이야.

---

intrude [intrú:d] 방해하다   include [inklú:d] 포함하다   field trip 견학   tract [trækt] 지대

environmental field station 환경 현장 학습지   biological [bàiəládʒikəl] 생물학적인

ecotone [ékətòun] 추이대 (두 동식물 군락 사이의 이행부)   transitional [trænzíʃnəl] 변천하는, 과도적인

habitat [hǽbitæt] 서식지   range [reindʒ] 범위   organism [ɔ́:rgənìzm] 생물   unique [ju:ní:k] 독특한

depression [dipréʃən] 함몰된 지역   partly [pɑ́:rtli] 부분적으로   decompose [dì:kəmpóuz] 부패하다

vegetation [vèdʒitéiʃən] 식물   breeding [brí:diŋ] 번식   waterfowl [wɔ́:tərfàul] 물새   black skimmer 검은 제비갈매기

osprey [aspri] 물수리   endangered [indéindʒərd] 멸종 위기에 처한   precisely [prisáisli] (동의의 응답으로) 바로 그렇다

---

4 P: Well, hello, Jeannette. So how are you coming along with your graduate school application?

S: Well, that's what I came here to talk to you about, Professor Jordan. I'm sort of at a loss, you know, trying to decide which one to go to.

P: Hmm . . . well, maybe you can tell me what your options are.

S: OK. Um . . . The first is Hambrick University and the second is Brewington University. And I'm somewhat leaning toward Hambrick University, because it's a large public university, um, which means more interaction between the university's departments, more open-mindedness, more people of different backgrounds and definitely, more interesting professors. You know what I'm talking about, right, Professor?

P: Yes, of course, but, uh, I have to point out to you that a large university isn't all that it's cut out to be. Students at Hambrick don't really get very much attention from the professors and teaching assistants. I suppose it's due to the sheer number of students. Well, what is it that you don't like about Brewington?

S: Um, it's true it does offer personal attention because its classes are smaller . . . and of course, it has one of the country's top programs in biochemical engineering, which is my field, but . . . you know, when I visited the university, I found the professors so conservative . . .

P: I hear what you're saying, but I just want you to think about this . . . If you do decide to go to Brewington, how long would you be there for? Just two years, right?

S: Right. Just two years.

P: You know, your career is for the rest of your life. And if you choose Hambrick over Brewington, well, what is your purpose for going to grad school? Is it to make friends and engage in interesting conversations? Isn't it to prepare for your career? I mean, your undergrad years were fun, but you've got to take career preparation seriously. And Brewington University offers the best where your course is concerned.

S: You know what, Professor? You're absolutely right. I guess I just sort of, uh, wanted to relive my undergrad years. But that shouldn't be the focus of my life.

Q. Why does the professor mention the sheer number of students at Hambrick University?

P: 그래, 안녕, Jeannette. 대학원 지원은 어떻게 되어가고 있니?

S: 음, 그것 때문에 이야기를 하러 왔어요, Jordan 교수님. 어느 학교로 가야 할지 결정하려는데, 그러니까, 어떻게 해야 할지 모르겠어요.

P: 흠... 그럼, 너에게 어떤 선택권이 있는지 말해주렴.

S: 네. 음... 첫 번째는 Hambrick 대학이고 두 번째는 Brewington 대학이에요. 그리고 저는 Hambrick 대학 쪽으로 다소 마음이 기울

고 있는데, 그곳이 큰 공립 대학이기 때문이에요. 음, 학과 사이의 교류가 더 많고, 좀 더 개방적이며, 다양한 배경을 가진 사람들이 더 많고, 확실히 더 재미있는 교수님들이 많다는 뜻이겠죠. 제가 무슨 말을 하는지 아시겠죠, 교수님?

P: 응, 물론이지, 그렇지만, 어, 큰 대학이 모두 적합한 것은 아니라는 것을 지적하고 싶구나. Hambrick 대학의 학생들은 교수님이나 조교들에게 별로 많은 관심을 받지 못해. 아마도 학생의 절대적인 수 때문이겠지. 음, Brewington 대학의 어떤 점이 맘에 들지 않니?

S: 음, 그 대학의 수업 규모가 더 작기 때문에 개인적인 관심을 받을 수 있는 것은 사실이에요... 그리고 물론, 그 대학은 제 전공인 생화학공학에서 우리나라 최고의 프로그램을 가진 대학 중 하나지만... 그러니까, 제가 그 대학을 방문했을 때 교수님들이 너무 보수적이었어요...

P: 네 말이 무슨 뜻인지 알겠지만, 이걸 생각해 봤으면 좋겠구나... 네가 Brewington 대학에 가기로 결정한다면, 그곳에서 얼마 동안 있니? 딱 2년이야, 그렇지?

S: 네. 단지 2년이에요.

P: 그러니까, 너의 진로는 앞으로 남은 인생 동안 지속되는 거야. 그리고 네가 Brewington 대학 대신 Hambrick 대학을 선택한다면, 음, 대학원에 진학하는 목적은 무엇이니? 친구를 사귀고 흥미로운 대화를 나누는 것이니? 네 진로를 준비하는 것이 아니고? 내 말은, 네 학부 생활은 재미있었지만, 진로 준비는 진지하게 받아들여야 해. 그리고 Brewington 대학은 네 학업과 관련해서는 최고의 수업을 제공한단다.

S: 그거 아세요, 교수님? 교수님 말씀이 절대적으로 맞아요. 저는 그냥, 어, 학부 생활을 다시 체험하고 싶어 했던 것 같아요. 하지만 그것이 제 인생의 중점이 되어서는 안되겠죠.

graduate school 대학원   application[æ̀pləkéiʃən] 지원   at a loss 어떻게 해야 할지 모르는   option[ápʃən] 선택권
somewhat[sʌ́mhwʌ̀t] 다소   lean toward ~로 마음이 기울다   interaction[ìntərǽkʃən] 교류
department[dipá:rtmənt] 학과, 학부   open-mindedness[óupənmàindidnis] 개방성   cut out to be ~에 적합하다, 알맞다
teaching assistant(TA) 조교   sheer[ʃiər] 절대적인   personal[pə́:rsənl] 개인적인   biochemical engineering
생화학공학   conservative[kənsə́:rvətiv] 보수적인   purpose[pə́:rpəs] 목적   engage in ~에 참여하다
take seriously 진지하게 받아들이다   preparation[prèpəréiʃən] 준비   absolutely[æ̀bsəlú:tli] 절대적으로
relive[rì:lív] 다시 체험하다, 다시 살리다

HACKERS **TEST**

p.90

1. (C)	2. (A)	3. (D)	4. (B)	5. (B)	6. (A)	7. (D)	8. (B)	9. (C)

10.		Included	Not Included
	A complimentary breakfast	✓	
	Free shuttle bus service		✓
	Access to the Internet	✓	
	Use of exercise facilities	✓	

[1-5]

Listen to a conversation between a student and a librarian.

M: Hi. I was wondering if you could help me. ¹Um, I'd like to view a couple of DVDs for a course I'm taking this semester, but I'm not sure what the procedure is for this . . .

W: Sure. Do you know the titles?

M: ²OK, hold on a sec. I have them written down here in my . . . Where is it? Oh, dear. I forgot my notebook. Sorry. I don't know what the titles are. I mean, not the exact titles.

W: Can you remember any words or phrases from the titles?

M: Well . . . I think one of them had scientific imagination in the title . . . something like that.

W: We have a *Scientific Imagination* series, and there are, I believe, 75 titles . . . Do you think both of the DVDs are from this series?

M: No, it was just . . . the one DVD. The other one, I don't know if it's part of a series, but I do remember that the topic was about chaos.

W: If you mean the science of chaos, we have . . . hold on . . . 17 titles for science of chaos.

M: I remember now. It has to do with the law of disorder.

W: You're in luck! We do have that title. *Law of Disorder* . . .

M: That's great! So . . . what do I do now?

W: Well, there are rooms for viewing, six of them, right over there behind you and to your left. Do you see them?

M: Yeah, I do.

W: OK, so what you'll need to do is . . . um, first, reserve a time slot and DVD, and then at the scheduled time, just pick up the DVD you reserved . . . here at the counter and go watch it.

M: How much time do I get in the room if I have a slot?

W: [3]A room can be reserved for a maximum of one hour and 30 minutes. That should be enough time to watch an entire DVD. Some students reserve a room for less . . . like an hour or even half an hour . . . you know, if they're only planning to watch part of a DVD.

M: Is there a room free now?

W: Yes, there is . . . room 6.

M: So could I watch that *Law of Disorder* DVD?

W: Hold on, let me get it for you . . . Oh, that's right, one of the professors is showing it to a class this afternoon . . . um, he's supposed to return it at three o' clock, so you could watch it then.

M: [4]That won't work. I'm a writer for the university newspaper, and I have to meet with one of the editors this afternoon to discuss a story I'm working on for next week's issue. I probably won't be able to come back till five o' clock. Is there a slot at that time?

W: Uh . . . yes. You can book it for the full hour and a half if you want . . .

M: OK, I'll reserve *Law of Disorder* for the five o' clock slot.

W: You know, if you can remember the title of the other DVD, you can watch it now if no one else has it.

M: Could I look at the list of titles? Maybe it'll help jog my memory.

W: Here you go.

M: Thanks . . . uh . . . *Visualization, The Law of Attraction, The Inner Internet, Continuous Imagination,* aha! I think this is it . . . *The Law of Reversed Effort.* Yes, I think that's the one.

W: OK. Then I'll give you room 6. And here's *The Law of Reversed Effort* . . . Wait. Don't go yet.

M: Did I forget something?

W: [5]You need to fill out a form for the five o' clock slot.

M: OK, I'll do that.

W: Um . . . I have the form right here. Just some basic stuff, like your name, the time, and the DVD title.

M: Thanks.

Now get ready to answer the questions. You may use your notes to help you answer.

1. Why does the student go to see the librarian?

Listen again to part of the conversation. Then answer the question.

M: OK, hold on a sec. I have them written down here in my . . . Where is it? Oh, dear. I forgot my notebook. Sorry. I don't know what the titles are. I mean, not the exact titles.

2. Why does the man say this:
   M: I mean, not the exact titles.

3. What does the woman say about room reservations?

4. Why does the student mention that he is a writer for the university newspaper?

5. What will the student probably do next?

M: 안녕하세요. 저를 도와주실 수 있는지 궁금하네요. ¹음, 이번 학기에 제가 수강하는 수업을 위해 DVD 두 개를 보고 싶은데, 이를 위한 절차가 뭔지 잘 몰라서요...

W: 물론이죠. 제목을 아시나요?

M: ²네, 잠시만요. 여기에다가 써 놨었는데... 어디 있지? 오, 이런. 제 공책을 깜빡했네요. 죄송해요. 제목이 뭔지 모르겠어요. 그러니까, 정확한 제목 말이에요.

W: 제목에서 기억나는 단어나 문구가 있으세요?

M: 음... 그 중 하나는 제목에 과학적 상상력인가... 뭐 그런 게 있었던 것 같아요.

W: 저희는 '과학적 상상력' 시리즈를 소장하고 있는데, 제가 알기로는, 75개 DVD가 있어요... 두 DVD가 모두 이 시리즈인 것 같으세요?

M: 아니요, 그냥... DVD 한 개만이었어요. 다른 하나는, 그게 어떤 시리즈의 일부인지는 모르겠지만, 주제가 카오스에 관한 것이었던 건 확실히 기억해요.

W: 카오스의 연구를 말씀하시는 거라면, 저희는... 잠시만요... 카오스의 연구에 대한 DVD가 17개 있네요.

M: 이제 기억나요. 그건 무질서의 법칙과 관련이 있는 거예요.

W: 운이 좋으시네요! 저희한테 그 DVD가 있어요. '무질서의 법칙'이요...

M: 잘됐네요! 그러면... 이제 제가 뭘 해야 하나요?

W: 음, 시청하실 수 있는 방이 있어요, 6개요, 바로 저기 학생의 뒤쪽 그리고 왼편에요. 보이시나요?

M: 네, 보여요.

W: 네, 그러면 학생이 하셔야 할 일은... 음, 먼저, 시간대와 DVD를 예약하시고, 그러고 나서 배정된 시간에 그냥 예약한 DVD를 찾아가시면 돼요... 여기 카운터에서 찾아가셔서 시청하시면 됩니다.

M: 시간대를 배정받으면 방 안에서 얼마나 있을 수 있나요?

W: ³방은 최대 한 시간 삼십 분 동안 예약할 수 있어요. 그건 전체 DVD를 시청하는 데 충분한 시간일 거예요. 일부 학생들은 한 시간이나 심지어 30분과 같이... 더 짧은 시간 동안 방을 예약하기도 해요... 그러니까, 만약 DVD의 일부만 볼 계획이라면요.

M: 지금 비어있는 방이 있나요?

W: 네... 6번 방이 있네요.

M: 그러면 그 '무질서의 법칙' DVD를 제가 볼 수 있을까요?

W: 잠시만요, 제가 가져다 드릴게요... 오, 맞다, 교수님 한 분이 오늘 오후에 수업에서 그걸 틀어 주신다고 했어요... 음, 교수님이 3시에 반납하시기로 되어 있으니까, 그때 보실 수 있겠네요.

M: ⁴안될 것 같은데요. 제가 대학 신문 기자인데, 다음 주 발행물을 위해 작성하고 있는 기사에 대해 논의하기 위해 오늘 오후에 편집자 중 한 명이랑 만나야 하거든요. 아무래도 5시까지는 돌아오지 못할 거예요. 그때에도 자리가 있나요?

W: 어... 네. 원하시면 1시간 반 동안 예약하실 수 있어요...

M: 좋아요, 5시 시간대에 '무질서의 법칙'을 예약할게요.

W: 있죠, 다른 DVD의 제목을 기억해내실 수 있다면, 그걸 아무도 이용하고 있지 않을 경우 지금 보실 수 있어요.

M: DVD 목록을 볼 수 있을까요? 아마 제 기억을 되살리는 데 도움이 될 거예요.

W: 여기요.

M: 감사합니다... 어... '시각화', '끌어당김의 법칙', '내면의 인터넷', '지속적인 상상력', 아! 이건 것 같아요... '노력 역전의 법칙'이요. 맞아요, 그게 맞는 것 같아요.

W: 좋아요. 그러면 6번 방을 드릴게요. 그리고 '노력 역전의 법칙'은 여기 있어요... 잠시만요. 아직 가지 마세요.

M: 제가 뭔가 잊어버렸나요?

W: ⁵5시 시간대를 위한 양식을 작성하셔야 해요.

M: 네, 그럴게요.

W: 음... 바로 여기 양식이 있어요. 그냥, 이름이랑 시간, DVD 제목 같은 기본적인 거예요.

M: 감사합니다.

procedure [prəsíːdʒər] 절차, 방법   have to do with ~와 관련이 있다   disorder [disɔ́ːrdər] 무질서   time slot 시간대
issue [íʃuː] 발행물, (정기 간행물의) 호   jog one's memory 기억을 되살리다   visualization [vìʒuəlizéiʃən] 시각화
attraction [ətrǽkʃən] 인력, 끌어당김   reversed [rivə́ːrst] 역전된, 반대된

[6-10]

Listen to a conversation between a student and a housing office employee.

M: Hi, how can I help you today?

W: Um . . . I hope I'm at the right place. ⁶I had a question about the university's policy regarding guests in the dorms. I was told I should check at the, uh, housing office.

M: Well, you're at the right place. What seems to be the problem?

W: My friend is planning to stay with me for the weekend. I've been looking forward to this visit for a while now. But when I mentioned this to one of my classmates, she told me that it, um, wasn't allowed. But, uh, one of the other residents of my dorm said that it was . . . I'm a little confused, so I want to get some clarification about the university policy.

M: Well, your classmate is right . . . students aren't allowed to have overnight guests in dorm rooms. Uh, in fact, guests aren't even supposed to be in the rooms after 11:00 p.m.

W: Really? Why? [7]I mean, the dorm fees the students have to pay are pretty high. It seems really unfair that we can't have overnight guests.

M: I understand . . . but we have to consider what's best for everyone. Students would likely complain if guests were using the, uh, common areas . . . you know, like the showers or laundry rooms. As you said, they pay a lot of money to live in the dorms. Why should they have to wait to have a shower or something because a person who doesn't even live in the dorm is using it?

W: I get what you're saying. But I'm not sure what I should do about my friend. [8]She's arriving tonight and, uh, now she doesn't have anywhere to stay. I was really looking forward to spending time with her . . . I can't remember the last time she was in town. Also, I don't think there are any hotels located close to the campus. Um, isn't there any way you can make an exception just this once?

M: I'm sorry, I really can't. It just wouldn't be fair to the other students who live in the dorm. But I may have a solution to your problem. Do you know the Greenfield Guesthouse . . . uh, next to the main entrance of the university? It's the big brick building with the white roof . . .

W: I know the building you're referring to, but I didn't know it was a guesthouse . . .

M: Well, it's popular with visiting lecturers and, uh, grad students from other universities doing research here, so it'll probably be fine for your friend . . . assuming a room is available, of course. [9]I heard there's usually waiting list for weekend guests.

W: Hmm . . . It'd be less convenient than having her stay in my room . . . but the Greenfield Guesthouse isn't that far, and my friend will only be here for a couple of days . . . I guess it wouldn't be that bad if she stayed there. Um, do you know how much she would have to pay for a guest room?

M: Actually, I have a brochure here. Let me see . . . It's $30 per night, which is a pretty good deal when you consider what's included. [10]All of the rooms have Wi-Fi, and guests are given a voucher for a morning meal at a, uh, nearby restaurant. In addition, guests can make use of the gym and pool at the recreation center across the street for free. There's also a bus stop nearby, so it'll be easy for your friend to get around.

W: That should be good. I guess that's what we'll do. I'll go there now to book a room.

M: I would recommend it.

W: OK. Thanks for all your help. I really appreciate it.

Now get ready to answer the questions. You may use your notes to help you answer.

6. Why does the woman go to the housing office?

7. What is the woman's attitude toward the university policy?

Listen again to part of the conversation. Then answer the question.

W: She's arriving tonight and, uh, now she doesn't have anywhere to stay. I was really looking forward to spending time with her . . . I can't remember the last time she was in town.

8. What does the woman mean when she says this:
   W: I can't remember the last time she was in town.

9. What does the man say about the Greenfield Guesthouse?

10. What amenities are included in the price of a guestroom? Indicate whether each of the following is included or not.

M: 안녕하세요, 오늘 무엇을 도와드릴까요?

W: 음... 제가 잘 찾아온 거면 좋겠네요. ⁶기숙사 손님에 관한 대학 방침에 대해 질문이 있어요. 어, 기숙사 사무실에서 알아보라고 들었거든요.

M: 음, 잘 찾아오셨어요. 무엇이 문제인가요?

W: 제 친구가 주말 동안 저와 함께 지낼 계획이에요. 저는 이번 방문을 꽤 오랫동안 기대하고 있었어요. 하지만 제 동기 중 한 명에게 이걸 언급했더니 그녀가 말하길, 음, 이게 허용되지 않는다고 하더라고요. 하지만, 어, 제 기숙사의 다른 기숙사생 중 한 명은 허용된다고 말했어요... 약간 혼란스러워서 대학 방침에 대해서 설명을 좀 듣고 싶어요.

M: 그게, 학생의 동기가 맞아요... 학생들은 기숙사 방에 하룻밤 손님을 머물게 하는 것이 허용되지 않아요. 어, 사실, 손님들은 심지어 오후 11시 이후에는 방에 있어서는 안 돼요.

W: 정말요? 왜요? ⁷제 말은, 학생들이 지불해야 하는 기숙사 비용은 꽤 비싸잖아요. 하룻밤 손님을 들일 수 없다는 것은 정말 부당해 보이는데요.

M: 이해해요... 하지만 저희는 모든 사람에게 무엇이 최선인지 고려해야 해요. 손님들이, 어, 공동 구역을 사용한다면 학생들이 불편할 거예요... 그러니까, 샤워실이나 세탁실 같은 곳이요. 말씀대로, 그들은 기숙사에 살기 위해 많은 돈을 지불하죠. 그들이 왜 기숙사에 살지도 않는 사람이 사용하고 있기 때문에 샤워나 무언가를 하기 위해 기다려야 할까요?

W: 무슨 말씀인지 알겠어요. 하지만 제 친구를 어떻게 해야 할지 모르겠어요. ⁸그녀는 오늘 밤에 도착하는데, 어, 이제 머물 곳이 아무데도 없어요. 그녀와 함께 시간을 보내기를 정말 기대하고 있었는데... 그녀가 동네에 마지막으로 온 것이 언제인지 기억도 안 나요. 그리고, 캠퍼스 가까이에 위치한 호텔은 없는 것 같아서요. 음, 이번 한 번만 그냥 예외로 해주실 방법은 없을까요?

M: 죄송합니다만, 정말 그럴 수 없어요. 그건 기숙사에 사는 다른 학생들에게 정말 불공평할 거예요. 하지만 문제에 대한 해결책이 있을 것 같네요. Greenfield 게스트하우스 알아요? 어, 대학교 정문 옆에 있는데... 하얀 지붕의 큰 벽돌 건물이요...

W: 말씀하시는 건물을 알긴 하지만, 그게 게스트하우스인지는 몰랐어요...

M: 음, 객원 강사와, 어, 여기서 연구를 하는 다른 학교 대학원생들에게 인기가 있어서, 학생의 친구에게도 아마 괜찮을 거예요... 물론, 방이 있다는 가정 하에 말이죠. ⁹제가 듣기로는 주말 손님은 보통 대기자 명단이 있대요.

W: 흠... 그녀가 제 방에서 지내도록 하는 것보다는 덜 편리하겠네요... 하지만 Greenfield 게스트하우스는 그다지 멀지 않고, 제 친구는 며칠 동안만 여기에 있을 거라서... 제 생각에 그녀가 거기에 머문다면 그리 나쁘지 않겠네요. 음, 그녀가 숙박비를 얼마나 내야 할지 아시나요?

M: 사실, 여기 안내서가 있어요. 한 번 볼게요... 하룻밤에 30달러고, 포함된 것을 고려해봤을 때 꽤 괜찮은 거래네요. ¹⁰모든 방에 무선 인터넷이 있고, 손님들은, 어, 근처 식당에서 아침 식사를 할 수 있는 식권을 받아요. 게다가 손님들은 길 건너 레크리에이션 센터의 체육관과 수영장을 무료로 이용할 수 있죠. 근처에는 버스 정류장도 있어서 친구가 돌아다니기에 쉬울 거예요.

W: 좋을 것 같아요. 그렇게 해야겠네요. 지금 가서 방을 예약해야겠어요.

M: 제가 추천하는 바예요.

W: 네. 도와주셔서 감사합니다. 정말 감사드려요.

regarding [rigá:rdiŋ] ~에 대한, ~에 관한   look forward to ~를 기대하다   clarification [klærəfikéiʃən] 설명, 해명
unfair [ʌnfέər] 부당한, 불공평한   complain [kəmpléin] 불평하다   exception [iksépʃən] 예외   refer to ~를 말하다, 언급하다
voucher [váutʃər] 식권, 상품권   make use of ~를 이용하다   get around 돌아다니다

5. Inference Questions

EXAMPLE   p.98

Listen to a conversation between an officer and a student.

M: Hi, can I ask you a few questions?

W: Yes, of course.

M: This might be a bit odd . . . I'm actually a student at another university, but I want to take a summer course at this school.

W: Interesting . . . may I ask why?

M: Well, I, uh . . . I just found out I have to take this summer course to meet my degree requirements . . . but during summer vacation, I'll be staying with my parents who live near this university . . . and I'll be working part-time at a bakery near here.

W: I see. Actually, there are quite a few students who study here during the summer only, like you want to do.

M: Really? Do you know if any of them get financial assistance?

W: It depends . . . if you submit all the necessary documents, you might be able to get financial aid here. But there are no guarantees because you're not one of our students . . . anyway, we need those documents to admit you as a summer school student.

M: OK, what do you need?

W: First, we need a copy of your student ID card. We also require an e-mail from your college administrator stating that you are a student of that school . . . once we've received and approved those things, we can talk about what classes you can take here . . .

M: OK, I'll call my school right now and request the e-mail. When can I come back?

W: Why don't you come back tomorrow? I'm afraid I won't be here then . . . but don't worry, I'll talk to another officer to help you.

M: OK . . . while I'm here, can I pick up a copy of your summer school course catalog?

W: Yes, here's one. If you have any questions, please call or e-mail this office . . . the contact information is on the back.

Q. What can be inferred about financial aid?

Q. What will the student services officer do for the student?

M: 안녕하세요, 질문 좀 드려도 될까요?

W: 네, 물론이죠.

M: 다소 이상할 수도 있겠지만... 사실 저는 다른 대학을 다니고 있는 학생인데요, 이 학교에서 여름 계절학기를 수강하고 싶습니다.

W: 흥미롭군요... 이유를 물어봐도 될까요?

M: 그게, 제가, 어... 요구 학점을 채우기 위해서는 여름 계절학기를 들어야 한다는 것을 방금 알았어요... 그런데 여름 방학 동안, 저는 이 대학 근처에 사시는 부모님과 함께 지낼 거예요... 그리고 이 근처 제과점에서 아르바이트도 하기로 했어요.

W: 그렇군요. 사실, 학생이 하고 싶어 하는 것처럼, 여름에만 이곳에서 공부하는 학생들이 꽤 있어요.

M: 정말요? 혹시 그들 중에서 재정 지원을 받는 학생이 있는지 알고 계신가요?

W: 상황에 따라 달라요... 학생이 모든 필요 서류를 제출한다면, 아마 여기서도 재정 지원을 받을 수 있을 거예요. 그렇지만 학생은 우리 학교 학생이 아니기 때문에 장담할 수 없어요... 어쨌든, 학생을 여름 계절학기 학생으로 받기 위해서는 그 서류들이 필요해요.

M: 네, 어떤 서류들이 필요한가요?

W: 우선, 학생증 사본이 필요해요. 학생의 학교 행정관이 학생이 그 학교 학생임을 명시하는 이메일도 보내줘야 하구요... 일단 이 서류들을 우리가 받아서 승인하고 나면, 학생이 여기서 어떤 수업을 들을 수 있는지 논의할 수 있어요.

M: 알겠어요, 학교에 바로 전화를 해서 이메일을 보내달라고 할게요. 언제 다시 오면 되나요?

W: 내일 다시 오는 게 어때요? 안타깝게도 전 내일 여기 없겠지만... 걱정 말아요, 다른 직원에게 학생을 도와주라고 얘기할게요.

M: 네... 여기 온 김에, 이 학교의 여름 계절학기 수강편람 한 부를 가져가도 될까요?

W: 네, 여기 있어요. 질문이 있으면, 사무실로 전화를 하거나 이메일을 보내세요... 연락처는 뒷면에 있어요.

summer course 여름 계절학기   degree requirement 요구 학점   financial [finǽnʃəl] 재정적인   assistance [əsístəns] 지원
submit [səbmít] 제출하다   aid [eid] 지원   guarantee [gæ̀rəntíː] 보장   admit [ədmít] 받아들이다
administrator [ədmínistrèitər] 행정관, 관리자   state [steit] 명시하다, 밝히다   catalog [kǽtəlɔ̀ːg] 대학 편람
contact information 연락처

HACKERS PRACTICE

p.100

| 1. (D) | 2. (A) | 3. (D) | 4. (A), (C) | 5. (B), (C) | 6. (A), (D) | 7. (A), (C) |
| 8. (A) | 9. (C) | 10. (B) | 11. (D) | 12. (C) | 13. (D) | |

I. Listen to parts of the conversations and then answer the questions.

1　P: Well, James, you've had two years of engineering-specific courses. And you're doing so well! Can you tell me why you want to shift to architecture?

　　S: I think I'm more oriented toward designing buildings . . . I'm not really the math and science kind of person.

　　P: I'm not telling you not to shift . . . but . . . let me see if I can sort of guide you into making the best decision. Um . . . I had a student who went from engineering to architecture because he wanted to see if he had a flair for architectural design . . . but after earning architectural credits for a year, he realized that he was more interested in the science behind designing.

　　S: But, Professor, that student and I have different ideas.

　　P: I know, James. As I said, I'm not trying to influence your decision. If you are firm in your mind about shifting, there's no problem with that. I just want you to think it over carefully. If you want to sit with me again, just give me a call. Have I given you my number at the office?

　　S: No, ma'am.

Q. What can be inferred about the professor?

P: 자, James, 너는 2년 동안 공학 세부 전공 과정을 이수해 왔어. 그리고 넌 매우 잘하고 있어! 왜 건축학으로 전공을 바꾸려는지 말해주겠니?

S: 저는 건물들을 설계하는 것에 더 흥미가 있는 것 같아요... 전 사실 수학이나 과학에 재능이 있는 사람이 아니에요.

P: 전공을 바꾸지 말라고 하는 것이 아니라... 다만... 난 네가 최선의 결정을 내릴 수 있도록 조언을 약간 해주고 싶구나. 음... 내가 아는 한 학생이 건축 디자인에 재능이 있는지 보려고 공학에서 건축학으로 전공을 바꾸었단다... 하지만 일 년간 건축학 학점을 얻은 후 그 학생은 자신이 디자인 이면에 놓인 과학에 더 많은 관심이 있다는 것을 깨달았어.

S: 하지만, 교수님, 그 학생과 저는 다른 생각을 갖고 있습니다.

P: 알고 있다, James. 내가 말했듯이, 너의 결정에 영향을 주려고 하는 것이 아니야. 전공을 바꾸는 것에 대한 너의 마음이 확고하다면 문제 될 것은 없어. 난 단지 네가 심사숙고하길 바란단다. 나와 다시 이야기를 하고 싶다면 전화만 주렴. 내가 사무실 전화번호를 너에게 알려 주었니?

S: 아니요, 교수님.

engineering [èndʒiníəriŋ] 공학　　shift [ʃift] 바꾸다　　architecture [άːrkitèktʃər] 건축(학)
oriented [ɔ́ːrièntid] ~에 흥미가 있는, ~지향의　　flair [flɛər] 재능, 능력

2.　S: The problem is . . . I don't know how to take down notes in class.

　　P: OK, well, I have a notebook here I'd like to show you. It belongs to one of my students. Anyhow, do you see how she jotted down all the main points at the top of each section and then indented the sub-points and details? Then . . . here in the margins, she summarized the ideas with a key word so that she knew right off what a block of notes was about. I'd like to lend you this notebook so you can examine it, but the student it belongs to might come and claim it at any time.

Listen again to part of the conversation. Then answer the question.

　　P: I'd like to lend you this notebook so you can examine it, but the student it belongs to might come and claim it at any time.

Q. What can be inferred about the professor?

S: 문제는... 수업시간에 어떻게 필기를 해야 할지 모르겠어요.

P: 그래, 음, 여기 너에게 보여주고 싶은 공책이 있어. 내 학생들 중 한 명의 공책이야. 어쨌든, 각 섹션 위에 주제들을 모두 적고 소주제와 세부사항을 들여 쓴 것 보이지? 그리고는... 여기 여백에, 필기의 각 부분이 무엇에 관한 내용인지 즉시 알 수 있도록 주요 단어로 개념

을 요약해놨어. 네가 공책을 살펴볼 수 있도록 빌려주고 싶지만, 공책 주인인 학생이 아무때나 와서 돌려 달라고 할지도 모르겠구나.

take down 적다 　 **note**[nóut] 필기 　 **jot down** (급히) 적다 　 **indent**[indént] 들여 쓰다 　 **sub-point**[sʌbpɔ́int] 소주제
margin[máːrdʒin] 여백 　 **summarize**[sʌ́məràiz] 요약하다 　 **key word** 주요 단어 　 **right off** 즉시
examine[igzǽmin] 살펴보다, 검토하다 　 **claim**[kleim] 요구하다

3   M: Hi, how can I help you?

W: Hi, I've been trying to register for a course online, and the system is telling me I can't! Can you tell me why?

M: OK. Let me check. Oh, you have some overdue library books.

W: Really? That's impossible. I've brought all my library books back.

M: Um, it says here you still have books out . . . until they're returned, you can't register for any courses online . . . today is the last day of the registration period and all classes will start tomorrow . . .

W: What? I didn't know about this deadline!

M: You should have checked the schedule in the bulletin that the school gave out . . . they sent it to all the dorms.

W: Well, I didn't have time to read the bulletin . . . I have to go to the library really quick to straighten this out.

M: OK, but registration is going to end at 6 p.m., so you need to hurry.

W: OK. I'm sure that I returned all the books I borrowed . . .

M: I can't do anything about that.

W: Yes, I know . . . wait . . . I just remembered! I lent my library card to a friend about a month ago . . . anyway, I'd better ask at the library.

Listen again to part of the conversation. Then answer the question.

W: Yes, I know . . . wait . . . I just remembered! I lent my library card to a friend about a month ago . . . anyway, I'd better ask at the library.

Q. What can be inferred about the woman?

M: 안녕하세요, 무엇을 도와 드릴까요?
W: 안녕하세요, 온라인으로 수업을 등록하려고 했는데, 시스템이 저는 등록할 수 없다고 하네요! 왜 그런지 아세요?
M: 네. 확인해 볼게요. 오, 학생은 연체된 도서관 책이 몇 권 있어요.
W: 정말이요? 말도 안돼요. 도서관 책을 모두 반납했어요.
M: 음, 여기에는 학생이 여전히 책을 대출한 상태라고 나와 있어요... 책을 반납하기 전까진, 어떤 수업도 온라인으로 등록할 수 없어요... 오늘이 수강 신청 기간 마지막 날이고 모든 수업은 내일부터 시작할 거예요...
W: 네? 이 마감일은 모르고 있었어요!
M: 학교에서 발표한 공지에 있는 일정을 확인했었어야죠... 모든 기숙사로 공지를 보냈어요.
W: 음, 공지를 읽을 시간이 없었어요... 얼른 도서관에 가서 이 문제를 해결해야겠어요.
M: 좋아요, 그런데 등록은 오후 6시에 끝나니까 서둘러야 해요.
W: 네. 전 분명 대출한 책을 모두 반납했어요...
M: 그 부분에 대해서는 저도 어쩔 수 없네요.
W: 네, 알고 있어요... 잠깐만요. 지금 생각났어요! 도서관 카드를 한 달 전에 친구에게 빌려줬어요... 어쨌든, 도서관에서 알아봐야겠어요.

register[rédʒistər] 등록하다, 신청하다 　 **overdue**[òuvərdjúː] 연체된, 기한이 지난 　 **period**[píəriəd] 기간
bulletin[búlətin] 공지, 게시 　 **give out** 발표하다 　 **dorm**[dɔːrm] 기숙사(=dormitory) 　 **straighten out** 해결하다, 바로잡다

II. Listen to parts of the conversations and then answer the questions.

4   W: Hi, I'm a freshman, and I'm thinking of moving out of my dorm and getting an apartment off-campus next semester.

M: OK . . . How can I help you?

W: I probably won't be able to get a place close enough to campus, so I expect I'll be using my car.

M: I know what you're about to ask. You want to get a parking permit. Well, can I suggest that you consider using the university shuttle? You'll be able to save on gas, and you won't have to go through the hassle of getting a permit.

W: Well, the shuttle doesn't pass by any of the bus stops near the place I'm planning to get, so I don't think I really have much choice but to get a permit . . . Could you please tell me how?

M: Um . . . I know it sounds like I'm discouraging you, but it's a bit complicated.

W: What do you mean? Like . . . are there a lot of forms to fill out?

M: Not exactly. It's more like they have all these rules regarding who's privileged to get a permit for this parking space or for that parking space.

W: So if I applied for a permit, do you think I'd get one?

M: Well . . . you're not in your final year of university. You're in good physical condition . . .

W: What?

M: You're not handicapped.

W: Oh.

M: You're not a teacher . . . what else?

W: OK, OK, I get the picture. It's that bad, huh? OK. Anyhow, how much would it cost me to get a permit?

M: Um . . . if you need to park your car Mondays to Fridays, it'll cost about 45 dollars a month.

W: What? That's pretty steep!

M: But if you don't have a permit and you bring your car every day, you'll probably be spending 120 dollars a month on parking fees.

W: Well, I think I don't have any other option but to try my luck. Thanks for your help.

Q. Choose all the statements that can be inferred from the conversation.

W: 안녕하세요, 저는 1학년인데, 다음 학기에는 기숙사를 나와서 교외의 아파트를 구하려고 해요.

M: 그렇군요... 무엇을 도와줄까요?

W: 학교에서 가까운 아파트는 얻지 못할 것 같아서 제 차를 타고 다녀야 할 것 같아요.

M: 학생이 무엇을 물어보려는지 알겠어요. 주차 허가를 받으려는 것이죠. 음, 대학 셔틀버스를 이용하는 것은 어때요? 기름값을 절약할 수도 있고, 허가를 받기 위해서 귀찮은 일들을 할 필요도 없잖아요.

W: 음, 셔틀버스는 제가 살려고 하는 지역 근처의 버스 정류장들을 지나가지 않아요, 그래서 주차 허가를 받는 것 말고는 다른 방법이 없는 것 같아요... 어떻게 해야 하는지 말씀해주시겠어요?

M: 음... 내가 학생을 실망시키는 것 같이 들리겠지만, 다소 복잡해요.

W: 무슨 말씀이세요? 예를 들자면... 작성해야 할 서류가 많나요?

M: 그건 아니에요. 그보다는 누가 이 주차 공간 아니면 저 주차 공간에 대한 허가를 받을 특권이 있느냐에 대한 규정들이 많기 때문이라고 할 수 있죠.

W: 그럼 제가 허가를 신청한다면, 받을 수 있을까요?

M: 음... 학생은 대학 4학년이 아니잖아요. 건강 상태도 좋구요...

W: 네?

M: 신체적 장애가 없잖아요.

W: 오.

M: 교수도 아니고... 또 뭐가 있죠?

W: 네, 네, 알겠어요. 그렇게 힘들군요, 그렇죠? 알겠어요. 어쨌든, 허가증을 받으려면 얼마를 내야 하나요?

M: 음... 월요일부터 금요일까지 주차한다면, 한 달에 약 45달러 정도입니다.

W: 뭐라구요? 너무 비싸요!

M: 그렇지만 허가증이 없이 매일 차를 가져온다면, 주차비로 한 달에 120달러는 내야 할 거예요.

W: 그럼, 운에 맡겨 보는 것 밖에는 다른 선택권이 없겠네요. 도와주셔서 감사합니다.

off-campus 교외의　　parking permit 주차 허가　　hassle [hǽsl] 귀찮은 일　　shuttle [ʃʌ́tl] 셔틀버스

discourage [diskə́:ridʒ] 실망시키다　　complicated [kámpləkèitid] 복잡한　　form [fɔːrm] 서류　　fill out 작성하다

regarding[rigá:rdiŋ] ~에 대해서   privileged[prívəlidʒd] 특권이 있는   physical[fízikəl] 신체의
handicapped[hǽndikæpt] 장애가 있는   option[ápʃən] 선택권

5 S: Hi, Professor Caldwell.

P: Oh, hello, Tommy. So . . . have you finished the requirements for all your subjects?

S: What? Oh, sorry. Yes, I have, Professor. I completed them all last Saturday. Actually, I came to ask you if there are any assistantships open for students this summer.

P: Oh, that's right. You told me you were interested . . . I believe you said you were more interested in research than in teaching . . .

S: Yes, I did say that, but now that I think about it, I believe I'd be capable of doing either . . .

P: Well, I know that you have experience in research, but I'm just wondering if you'd be able to teach a class, Tommy.

S: Um . . . when I was in my sophomore year, I taught computer skills. This was a voluntary thing for members of the community who were interested in developing new skills. The community association I volunteered with held special classes for the unemployed.

P: Oh, that's very good, Tommy. So these were adults . . . these students of yours. And you taught computer . . . well, how about . . . algebra . . . how about teaching algebra to students who failed the course this semester and need to take it a second time?

S: I aced all the math subjects I took over the past three years. And algebra's easy for me!

P: Well, that sounds great. OK, I'll write up a recommendation letter for you to bring to the Math Department head . . . but would you mind coming to my office a little later in the afternoon, say 5:00, to pick it up?

S: Sure, I'll be able to drop by at that time.

P: Well, I'll see you then.

Q. Choose all the statements that can be inferred from the conversation.

S: 안녕하세요, Caldwell 교수님.

P: 오, 안녕, Tommy. 그럼... 모든 과목의 필수요건들을 마무리했니?

S: 네? 아, 죄송해요. 네, 끝냈습니다, 교수님. 지난 토요일에 모두 마무리했어요. 실은, 이번 여름에 학생이 지원할 수 있는 조교 자리가 있는지 여쭤보러 왔습니다.

P: 오, 맞아. 네가 관심이 있다고 얘기했었지... 네가 가르치는 것보다는 연구에 더 관심이 있다고 했던 것 같은데...

S: 네, 그렇게 말씀드리긴 했지만, 생각해보니 둘 다 할 수 있을 것 같아요...

P: 음, 네가 연구 경험이 있다는 것은 알지만, 수업을 가르치는 일은 잘 할 수 있을지 궁금하구나, Tommy.

S: 음... 2학년 때 컴퓨터 기술을 가르친 적이 있습니다. 새로운 기술을 배우는 데 관심 있는 지역 사회의 일원들을 위한 자원 봉사 일이었어요. 제가 봉사활동을 한 지역 사회 단체에서 실직자들을 위한 특별 강좌를 개설했었거든요.

P: 오, 아주 좋은 경험을 했구나, Tommy. 그래서 성인이었단 말이지... 네 학생들이. 그리고 컴퓨터를 가르쳤고... 음, 그럼... 대수학은... 이번 학기에 낙제해서 다시 수업을 들어야 하는 학생들에게 대수학을 가르치는 것은 어떠니?

S: 저는 지난 3년간 수강했던 모든 수학과목에서 A학점을 받았어요. 그러니까 대수학쯤은 쉽게 할 수 있어요!

P: 음, 좋구나. 그럼, 수학과 학과장에게 제출할 추천서를 써주마... 그런데 추천서를 가지러 오후 5시쯤 연구실로 올 수 있겠니?

S: 그럼요, 그 시간에 들를 수 있습니다.

P: 그럼, 그때 보자.

requirement[rikwáiərmənt] 필수 요건   assistantship[əsístəntʃip] 조교 자리   be capable of ~할 수 있는
voluntary[váləntèri] 자원 봉사로 하는   community[kəmjú:nəti] 지역 사회, 집단   association[əsòusiéiʃən] 단체, 협회
unemployed[ʌnimplɔ́id] 실직자   ace[éis] A학점을 받다

6 S: Excuse me, Professor Burke. I'd like to ask you about the paper you assigned. Can you spare me a few minutes?

P: Well, of course, Marianne! Wow, you've got a lot of books! It looks like you've been spending a lot of time at the library.

S: Actually, these books are for my presentation on global warming. It's the topic that you assigned me. I didn't realize there was so much material on it, and I'm not sure if I have the right books, so, um . . . I'd like to ask what you think about these books.

P: Hmm . . . nice references you've got here . . . but . . .

S: But what?

P: These were all published over five or ten years ago. I think you should look for more recent information.

S: But I don't know where to find the latest information. And I'm not very good at looking for information on the Internet.

P: OK. Uh, well, I think you'll find a lot of new information in science magazines like, uh, *National Science* or, uh, *Journal of Environmental Issues*, which, in fact, has an in-depth article on global warming in a recent issue.

S: It does? I've got to get hold of that issue. Professor, can you tell me which issue that is?

P: Uh, it's this month's issue, I believe. And I recently read in *Climate Science* magazine that there will be a seminar in the third week of May at the UN, and environmental experts will be discussing climate changes in the past decade. I believe they intend to come up with some sort of framework for dealing with those changes.

S: Wow, there'll probably be dozens of lead-up articles about the UN seminar in the major dailies . . .

P: That's right, Marianne . . .

S: Thank you so much, Professor Burke. I think I have to go back to the library to look at the periodicals section.

Q. Choose all the statements that can be inferred from the conversation.

S: 실례합니다, Burke 교수님. 교수님이 내주신 보고서에 대해 여쭤볼 게 있습니다. 몇 분만 시간 좀 내주실 수 있으세요?

P: 그럼, 물론이지, Marianne! 와, 책을 많이 갖고 있구나! 도서관에서 많은 시간을 보내고 있는 것 같아.

S: 실은, 지구 온난화에 관한 발표를 위한 책들이에요. 교수님이 제게 내주신 주제죠. 이 주제에 관한 자료가 이렇게 많을 줄 몰랐고 제가 맞는 책들을 가져왔는지도 잘 모르겠어서, 음... 이 책들에 대해 어떻게 생각하시는지 여쭤보고 싶어요.

P: 흠... 여기 좋은 참고도서들을 가져왔구나... 하지만...

S: 하지만이라니요?

P: 모두 5년이나 10년 전에 출판된 것들이야. 좀 더 최신 정보를 찾아봐야 할 것 같구나.

S: 하지만 어디서 최신 정보를 찾아야 할지 모르겠어요. 게다가 저는 인터넷에서 정보 검색하는 것을 잘하지 못해요.

P: 그렇구나. 어, 그럼, 어, 'National Science'나, 어, 'Journal of Environmental Issues' 같은 과학 잡지에서 많은 새로운 정보를 찾을 수 있을 거야. 실제로 그 잡지의 최신호에 지구 온난화와 관련된 심도있는 기사가 있지.

S: 그래요? 그 잡지를 찾아 봐야겠어요. 교수님, 몇 월 호인지 알려 주실 수 있나요?

P: 어, 이번 달 호인 것 같아. 그리고 최근에 'Climate Science'지에서 읽었는데 5월 셋째 주에 UN에서 세미나가 열린다고 하는구나, 그리고 환경 전문가들이 지난 10년간의 기후 변화에 대해 토론할 거라고 해. 그들은 이 변화에 대처하기 위한 골자를 구상하려고 하는 것 같아.

S: 와, 아마 주요 일간지에 UN 세미나에 대한 많은 최신 기사가 있겠네요...

P: 그래, Marianne...

S: 정말 감사합니다, Burke 교수님. 정기 간행물 섹션을 찾아보러 도서관에 다시 가 봐야겠어요.

spare[spɛər] (시간을) 내주다, 할애하다   global warming 지구 온난화   issue[íʃuː] 문제, 호
in-depth[ìndépθ] 심도 있는, 상세한   article[áːrtikl] 기사   expert[ékspəːrt] 전문가   decade[dékeid] 10년
come up with 구상하다   framework[fréimwə̀ːrk] 골자, 빼대   deal with 대처하다, 처리하다   lead-up[líːdʌ̀p] 최신의
periodical[pìəriádikəl] 정기 간행물

7　P: Martin, what a surprise! What brings you to my office?

S: Hi, Professor Brent. Actually, I just need your advice about the upcoming fair that you asked the class to go to. I was just wondering if there's any point in going to the job fair.

P: By all means you should go to the fair!

S: But I'm not a senior yet.

P: You won't regret going, Martin. Maybe you think you don't have to check out what's available in the job market because you're not graduating yet, but knowing what's out there can help you make plans.

S: Well, is there anything at the fair that you think I'd be interested in?

P: Definitely the tech jobs. Last year they had seventeen booths for tech-related jobs, and students were able to get a lot of tips and useful information from the people they met there. This year, there will be twenty-five booths. You can start building up your own information base of companies you might want to apply to after graduation.

S: Won't all the booths provide the same kind of information?

P: Well, not every company is the same, and you'll want to check out what each of them can offer in terms of opportunities, potential for personal growth, and skills building, and other benefits . . .

S: You know, Professor Brent, I didn't really think about those things. Thanks for the advice. I'm glad I dropped in.

P: Anytime, Martin . . .

Q. Choose all the statements that can be inferred from the conversation.

P: Martin, 깜짝 놀랐네! 어떤 일로 내 사무실에 왔니?

S: 안녕하세요, Brent 교수님. 실은, 교수님께서 수업에서 가보라고 하신 다가오는 직업 박람회에 대한 조언이 좀 필요합니다. 직업 박람회를 갈 필요가 있나 해서요.

P: 당연히 박람회에 가는 것이 좋지!

S: 그렇지만 저는 아직 4학년이 아니에요.

P: 가보면 후회하지 않을 거야, Martin. 네가 아직 졸업을 안하니까 취업 시장에서 지원 가능한 자리가 어떤 게 있는지 알아볼 필요가 없다고 생각하겠지만, 어떤 직업이 있는지 알고 있다면 계획을 세우는 데 도움이 될 거야.

S: 음, 박람회에 제가 관심 있을 만한 것이 있나요?

P: 당연히 기술직이지. 작년에는 기술 관련 직업 부스가 17개가 있었고, 학생들은 그곳에서 만난 사람들에게 많은 조언과 유용한 정보를 얻었단다. 올해는 25개가 있을 거야. 졸업 후에 지원할 회사에 대한 정보를 쌓아나가기 시작할 수 있어.

S: 모든 부스들이 같은 정보를 제공하는 것이 아닌가요?

P: 음, 모든 회사들이 다 똑같지는 않지, 그리고 넌 각 회사가 기회, 개인의 성장 가능성, 그리고 기술 습득, 그리고 이외의 혜택에 관해서 어떤 것들을 제공할 수 있는지 알아 보는 것이 좋을 거야...

S: 음, Brent 교수님, 제가 그런 것들은 생각하지 못했네요. 조언해주셔서 감사합니다. 교수님을 뵈러 오길 잘했어요.

P: 언제든지 환영이란다, Martin...

upcoming [ʌ́pkʌ̀miŋ] 다가오는   job fair 직업 박람회   senior [síːnjər] 4학년   regret [rigrét] 후회하다
tech job 기술직   booth [buːθ] 부스   tip [tip] 조언   in terms of ~에 관해   potential [pəténʃəl] 가능성
skills building 기술 습득   benefit [bénəfit] 혜택

III. Listen to parts of the conversations and then answer the questions.

[8-10]

Listen to a conversation between an officer and a student.

M: Can I help you?

W: Yes, I hope you can. I'm having a problem with a subject I enrolled in. The course is a lot harder than I expected it to be. Frankly, I'm afraid I'm going to fail the subject. I know it's late in the semester, but if it's possible, I really would like to drop the subject because it's taking up all my time.

M: What is the title of the course?

W: It's an anthropology class. Human Evolution and Survival. Actually, it's an elective. I just didn't realize that there'd be so much work to do . . . so I really want to drop the class. Otherwise, my overall grade point average will be affected.

M: Hmm . . . Wait a minute. So anthropology isn't your major? What are you majoring in?

W: I'm majoring in journalism. This anthropology class is just one of the required electives. I already have six credits for electives, and this class, Human Evolution, was supposed to be my last required elective. But I've really gotten in over my head, and I think the only way to solve the problem is to drop the class. So could I just get a drop slip?

M: Well, actually, there's another way you can solve your problem. It really is too late for you to drop the class, but that doesn't mean you can't do something about it.

W: What do you mean?

M: Just go for the pass-fail option.

W: I think it's too late for me to do that.

M: No, it's not. [8]It would be too late if the subject were a required class, but since it isn't, you can still opt for taking the class pass-fail. Just make sure to hand in your request before the end of the week.

W: [9]Well, I had better fill out the form, then. Do I get it here at the registrar's office?

M: Yes, I have the form right here. Submit it to me after you fill it out. [10]I hope that solves your problem with the class.

W: Actually, it doesn't really solve my problem the way I wanted because even if I change to pass-fail, I still have to pass the subject. But I guess that's the best I can do now. Thanks for your help.

8. What does the man imply about electives?

9. What will the woman probably do next?

Listen again to part of the conversation. Then answer the question.

M: I hope that solves your problem with the class.

W: Actually, it doesn't really solve my problem the way I wanted because even if I change to pass-fail, I still have to pass the subject.

10. What can be inferred about the woman?

M: 도와드릴까요?

W: 네, 그렇게 해주시면 좋겠어요. 제가 등록한 과목에 문제가 있어요. 제가 생각했던 것보다 수업이 훨씬 어려워요. 솔직히 말해서, 그 과목에서 낙제할까봐 걱정돼요. 학기가 많이 지났다는 것은 알고 있지만, 그 과목이 제 시간을 너무 많이 빼앗아서, 가능하다면 그 과목 수강을 취소하고 싶습니다.

M: 수업 이름이 뭔가요?

W: 인류학 수업이에요. 인류의 진화와 생존이요. 실은, 선택 과목이에요. 그냥 그 수업에 그렇게 할 일이 많을 줄 몰랐어요... 그래서 저는 정말 수강을 취소하고 싶어요. 아니면, 제 전체 평점에 영향을 줄 거예요.

M: 흠... 잠시만요. 그러면 학생 전공이 인류학이 아닌가요? 학생의 전공은 무엇인가요?

W: 저널리즘을 전공하고 있습니다. 이 인류학 수업은 필수 선택 과목 중 하나예요. 선택 과목을 벌써 6학점 들어서, 이 인류의 진화 수업은 마지막 필수 선택 과목이 되는 거였죠. 그렇지만 너무 힘들어서 문제를 해결할 유일한 방법은 이 수업 수강을 취소하는 것 같아요. 그러니까 수강 취소 용지를 받아갈 수 있나요?

M: 음, 사실, 학생의 문제를 해결할 수 있는 다른 방법이 있어요. 수업 등록을 취소하기에는 너무 늦었지만, 그렇다고 다른 방법이 없는 것은 아니에요.

W: 무슨 말씀이죠?

M: 통과-낙제 제도를 선택하면 돼요.

W: 그 제도를 선택하기에는 너무 늦은 것 같아요.

M: 아니요, 아니요. [8]그 수업이 필수 과목이었다면 너무 늦었지만, 필수 과목이 아니니까 아직 통과-낙제 제도로 바꿀 수 있어요. 단 이번 주말 전까지는 꼭 신청서를 제출해야 해요.

W: [9]음, 그러면, 신청서를 작성하는 게 낫겠어요. 여기 학적과에서 신청서를 받을 수 있나요?

M: 네, 여기 있어요. 작성한 후에 저에게 제출하세요. [10]이것으로 수업에 관한 문제가 해결되면 좋겠네요.

W: 사실, 통과-낙제 제도로 바꾼다고 해도 여전히 그 수업에 통과해야 하기 때문에, 제가 원했던 방식으로 문제가 해결되지는 않아요. 그렇지만

이것이 지금 할 수 있는 최선의 방법인 것 같네요. 도와주셔서 감사합니다.

enroll [inróul] 등록하다　　frankly [frǽŋkli] 솔직히 말해서　　fail [feil] 낙제하다　　anthropology [ænθrəpáləʤi] 인류학
evolution [èvəlú:ʃən] 진화　　survival [sərváivəl] 생존　　elective [iléktiv] 선택 과목　　overall [òuvərɔ́:l] 전체적인
affect [əfékt] 영향을 미치다　　required [rikwáiərd] 필수의　　credit [krédit] 학점　　solve [sɑlv] 해결하다
slip [slip] 용지　　pass-fail option 통과-낙제 제도(통과/낙제 여부만 평가하는 제도)　　opt [ɑpt] 선택하다
registrar's office 학적과　　submit [səbmít] 제출하다

[11-13]

Listen to a conversation between a professor and a student.

P: Well, I suppose you know why I've called you into the office, Mark.

S: Actually, no, but I sure hope it's good news.

P: It definitely is. I'd like to congratulate you on behalf of the university. You're one of the five students selected to take part in the university's graduating student arts training program.

S: That's wonderful! Thank you so much!

P: The, uh, special committee on art training scholarships decided it would be best for you to go to New York City's Artist Career Training School. [11]The school provides a three-week training program in art business opportunities . . . Is there something you'd like to say, Mark?

S: Uh, well . . . I was actually hoping to do the three weeks at the Art Students League where Norman Rockwell studied.

P: [12]Are you an admirer of Rockwell? I wouldn't have pegged you as an illustrator. I see you more as a painter.

S: Well, I've always liked the way he was able to convey a strong message in a painting. But my real interest, Professor, is in the school. The Art Students League has a reputation for inspiring its students. I've never personally met any of the teachers at the school, but the things I've read and heard . . . well, it's made me wish to be a part of that scene.

P: I know exactly how you feel. I studied at the Art Students League . . .

S: You did?

P: Yes, and I understand perfectly what it is you want. But, you know, [13]the committee chose the Artist Career Training School for you because we believe that what's important for you now is . . . not more training in artistic skills, but more know-how in marketing your talent. Your talent, Mark, is truly wonderful . . . And we wouldn't want your career to . . . not take off simply because you lacked knowledge in the commercial aspects of the art world.

S: I see what you mean, Professor. I didn't really give it much thought, but now that you mention it, the career training school might be just what I need. Thank you for the advice.

Listen again to part of the conversation. Then answer the question.

P: The school provides a three-week training program in art business opportunities . . . Is there something you'd like to say, Mark?

S: Uh, well . . . I was actually hoping to do the three weeks at the Art Students League where Norman Rockwell studied.

11. What can be inferred about the man's response to the news the professor gave?

12. What does the professor imply about Norman Rockwell?

13. What does the professor imply about the man's skill as an artist?

P: 음, 내가 왜 너를 사무실로 불렀는지 알고 있으리라 생각해, Mark.
S: 실은, 모르지만 좋은 소식이길 바랍니다.

P: 당연히 좋은 소식이야. 우리 대학을 대신해서 널 축하해주고 싶구나. 네가 대학의 졸업생 예술 교육 프로그램에 참가할 다섯 명 중 한 명으로 선발되었단다.

S: 너무 좋아요! 정말 감사합니다!

P: 어, 미술 교육 장학회의 특별 위원회에서 네가 뉴욕의 예술 직업교육학교로 가는 것이 제일 좋겠다고 결정했어. ¹¹그 학교는 예술 사업 기회에 대한 3주 간의 교육 프로그램을 제공하지... 뭔가 하고 싶은 말이 있니, Mark?

S: 어, 그게... 저는 사실 Norman Rockwell이 공부했던 예술학생단체에서 3주 교육을 받고 싶었어요.

P: ¹²Rockwell의 팬이니? 난 네가 삽화가라고 생각하지 않았었어. 미술가에 더 가깝다고 봐.

S: 음, 저는 항상 그가 그림을 통해서 강한 메시지를 전달할 수 있었던 방식이 좋았어요. 하지만 저는, 교수님, 그 학교에 더욱 관심이 있습니다. 예술학생단체는 학생들에게 영감을 불어넣어 준다는 명성이 있어요. 그 학교의 선생님들을 개인적으로 만난 적은 없지만, 읽고 들은 것들이... 음, 그 분야의 일원이 되고 싶게 만들었어요.

P: 네가 어떤 기분인지 정확히 안단다. 나도 예술학생단체에서 공부했지...

S: 그러셨어요?

P: 그래, 그리고 네가 원하는 것이 무엇인지 충분히 이해한다. 그러나, 알다시피, ¹³위원회에서는 지금 네게 필요한 것이... 예술적 기교에 대한 훈련이 아닌, 네 재능을 홍보하는 노하우라고 믿었기 때문에 예술 직업교육학교를 선택한 거야. Mark, 네 재능은 정말 대단해... 그리고 우리는 네가 단지 예술계의 상업적 측면에 대한 지식이 부족해서 너의 일이... 성공하지 못하는 것을 원하지 않아.

S: 무슨 말씀인지 알겠습니다, 교수님. 충분히 생각해보지 않았었는데, 교수님께서 말씀하시니, 제게 정말 필요한 것은 직업교육학교일 것 같아요. 조언해 주셔서 감사합니다.

congratulate[kəngrǽtʃulèit] 축하하다   on behalf of ~을 대신하여, 대표하여   take part in ~에 참가하다
committee[kəmíti] 위원회   scholarship[skálərʃip] 장학회   league[li:g] 단체, 연맹   admirer[ədmáiərər] 팬, 찬양자
peg[peg] ~라고 생각하다, 어림잡다   illustrator[íləstrèitər] 삽화가   reputation[rèpjuːtéiʃən] 명성
know-how[nóuhau] 노하우   truly[trúːli] 정말로, 진실로   take off 상승하다   commercial[kəmə́ːrʃəl] 상업적인
aspect[ǽspekt] 측면   now that ~이니까, ~인 이상

HACKERS TEST

p.104

| 1. (C) | 2. (A) | 3. (B) | 4. (A), (C) | 5. (D) | 6. (C) |
| 7. (D) | 8. (A) | 9. (B), (C), (E) | | 10. (A) | |

[1-5]

Listen to a conversation between a student and a librarian.

W: Hi. I have a question about one of the library's services . . . uh, the library doesn't carry a book I need for a research paper.

M: OK, hold on just a second, please. Let me just take care of this first. OK . . . there. What can I do for you?

W: I guess this is the library's busiest time?

M: You could say that. It should ease up in a couple of hours, though. Now, what was it that you wanted?

W: I have some questions about a system having a book ordered for a student.

M: Well, if we don't have a copy of a book, a student can request to have the library purchase it.

W: Yeah, I realize that. ¹But I was hoping to get some more details about the actual process.

M: I see . . . Well, the first thing you need to do is submit a formal request. Uh, this can be done on the library's website. Once the book has arrived, you will be sent a notification by e-mail . . . Um, if you'd like, I could help you make a request now . . .

W: ²Actually, I made a request about six weeks ago, but I haven't received a notification e-mail yet, so I thought I'd better come here and make sure I did everything right.

M: Hmm . . . Six weeks . . . Usually that type of request should take a maximum of four weeks to process.

W: Really? I guess it's a good thing I decided to follow up. Could you check and see why the book hasn't arrived yet?

M: Sure. What is the title of the book? I'll also need your student ID number . . .

W: It's *Letters of the English Monarchs* . . . and here's my student ID card.

M: Let's see . . . OK, I found it. It's a collection of the private correspondence of early English kings, right?

W: That's it . . .

M: OK, I can see what's causing the delay. [3]The book is out of print, and we haven't had any luck finding a copy . . .

W: I figured as much . . . I even called some local bookstores, but they told me I would have to check with rare book dealers. I'm still a little confused as to why my, uh, request hasn't been processed though . . . I mean, if the library can't find it, I should have been notified . . . My paper's due at the end of the month, and I was really counting on this book . . . It contains a lot of information related to my topic that I can't find elsewhere.

M: I'm really sorry. [4]We've been having some problems with our computer system the last few weeks. Usually the system, uh, sends an automatic e-mail when a request is rejected, but that hasn't been happening lately. And on top of that, the staff member who was supposed to call students instead ended up taking medical leave last week . . .

W: I really don't know what to do now . . . I'm not sure if I can complete my assignment without that book.

M: Well, you could always try checking with secondhand bookstores near the university. There are a couple of them, and they specialize in academic texts. And if they don't have a copy in stock, the owners may be able to give you some leads on where else to look. Obviously this will take some time, so you might want to ask your professor for an extension.

W: Hmm . . . that might work. [5]Actually, the professor should be in his office right now. I'll go talk to him about this.

M: OK . . . and if you don't have any luck, come back to the library . . . Maybe we can ask the head librarian if she knows of any other sources you could use instead . . . It's a long shot, but maybe you'll get lucky.

W: Thanks . . . I appreciate your assistance.

Now get ready to answer the questions. You may use your notes to help you answer.

1. Why does the student go to the library?

Listen again to part of the conversation. Then answer the question.

W: Actually, I made a request about six weeks ago, but I haven't received a notification e-mail yet, so I thought I'd better come here and make sure I did everything right.

M: Hmm . . . Six weeks . . . Usually that type of request should take a maximum of four weeks to process.

2. Why does the man say this:
   M: Hmm . . . Six weeks . . .

3. What can be inferred about the book the student needs for her assignment?
4. According to the conversation, what are two reasons that the student did not receive notification from the library?
5. What will the student probably do next?

W: 안녕하세요. 도서관 서비스 중 하나에 대해 질문이 있는데요... 어, 도서관이 제가 연구 보고서를 위해 필요한 책을 소장하고 있지 않아서요.

M: 네, 잠시만요. 이것만 먼저 처리할게요. 네... 됐어요. 무엇을 도와드릴까요?

W: 지금이 도서관이 가장 바쁜 시간인 것 같네요?

M: 그렇게 말할 수 있죠. 하지만 두어 시간 후에는 덜해질 거예요. 자, 학생이 원했던 게 뭐였죠?

W: 학생을 위해 책을 주문해주시는 시스템에 대해서 질문이 좀 있어요.

M: 음, 저희에게 책이 없으면, 학생은 도서관이 그 책을 구입하도록 요청할 수 있어요.

W: 네, 그건 알아요. [1]하지만 실제 절차에 대해 세부 사항을 좀 더 알고 싶어서요.

M: 그렇군요... 음, 먼저 하셔야 할 일은 정식 요청서를 제출하시는 거예요. 어, 이건 도서관 웹사이트에서 하실 수 있어요. 책이 도착하면, 학생은 이메일로 통지를 받을 거예요... 음, 원하시면, 지금 요청하는 것을 도와드릴 수 있어요...

W: ²사실, 약 6주 전에 요청했는데 아직 통지 이메일을 받지 못해서, 여기 와서 제가 모든 걸 제대로 했는지 확인하는 것이 낫겠다고 생각했어요.

M: 흠... 6주라... 보통 그런 종류의 요청은 처리하는 데 최대 4주가 걸려요.

W: 정말요? 알아보려고 결정하길 잘했네요. 왜 책이 아직 도착하지 않았는지 확인하고 알아봐 주시겠어요?

M: 물론이죠. 책 제목이 뭔가요? 학생의 학번도 필요해요...

W: '영국 군주의 편지'고요... 그리고 여기 제 학생증이요.

M: 봅시다... 네, 찾았어요. 초기 영국 왕들의 사적인 편지 모음집이군요, 맞죠?

W: 바로 그거예요...

M: 좋아요, 무엇이 지연의 원인이 되고 있는지 알겠네요. ³책이 절판됐고, 책을 찾지도 못했어요...

W: 저도 그럴 거라고 생각했어요... 전 심지어 동네 서점 몇 군데에 전화도 해봤지만, 그들은 제가 희귀 서적 거래상들에게 확인해봐야 할 거라고 말하더라고요. 하지만, 제가 여전히 약간 혼란스러운 건 왜, 어, 요청이 처리되지 않았는지예요... 제 말은, 도서관이 그 책을 찾지 못하면, 제가 통지를 받았어야 해요... 제 보고서의 기한은 이달 말이고, 저는 정말 이 책을 기대하고 있었어요... 그건 다른 곳에서는 찾을 수 없는 제 주제와 관련된 많은 정보를 담고 있어요.

M: 정말 죄송해요. ⁴지난 몇 주간 저희 컴퓨터 시스템에 문제가 좀 있었어요. 보통 시스템은, 어, 요청이 거절되었을 때 자동 이메일을 보내지만, 최근에는 그러지 않았어요. 그리고 게다가, 대신 학생들에게 전화를 해주기로 한 직원이 지난주에 병가를 쓰게 되었고요...

W: 이제 전 어떻게 해야 할지 정말 모르겠네요... 그 책 없이 제 과제를 끝낼 수 있을지 모르겠어요.

M: 음, 언제든 대학교 근처의 중고책 서점을 확인해보실 수 있어요. 몇 군데가 있는데, 학술교재를 전문으로 하죠. 그리고 책을 재고로 갖고 있지 않다면, 서점 주인들은 그 밖의 찾아볼 곳에 대해 단서를 좀 제공해줄 수 있을지도 몰라요. 분명 이건 시간이 조금 걸릴 것이어서, 교수님께 기한 연장을 요청드려야 할 거예요.

W: 흠... 그렇게 할 수 있겠네요. ⁵사실, 교수님께서 지금 사무실에 계실 거거든요. 가서 이것에 대해 말씀드려야겠어요.

M: 네... 그리고 만약 연장해주시지 않으면, 다시 도서관으로 오세요... 저희 수석 사서에게 학생이 대신 사용할 수 있는 다른 자료를 알고 있는지 물어봐 줄 수 있어요... 가능성은 희박하겠지만, 아마 운이 좋을 수도 있죠.

W: 고맙습니다... 도와주셔서 감사해요.

ease up 덜해지다, 완화되다   purchase[pə́:rtʃəs] 구입하다, 구매하다   process[práses] 절차, 과정
submit[səbmít] 제출하다   notification[nòutəfikéiʃən] 통지, 알림   maximum[mǽksəməm] 최대, 최고
monarch[mánərk] 군주, 왕   correspondence[kɔ̀:rəspándəns] 편지, 서신   out of print 절판된
reject[ridʒékt] 거절하다, 거부하다   end up ~ing (결국) ~하게 되다   medical leave 병가   specialize in ~을 전문으로 하다
lead[li:d] 단서, 실마리   extension[iksténʃən] 기한 연장, 확대   long shot 가능성이 희박한 시도
assistance[əsístəns] 도움, 원조

[6-10]

Listen to a conversation between a student and a professor.

P: Hello, Ellen.

S: Hi, Professor Kaufman.

P: ⁶Uh, where's the rest of your group? I sent an e-mail to all the members so that we could discuss your research outline.

S: Um . . . I'm not sure . . . I just assumed they'd be here. Maybe they're busy studying for exams and haven't had time to check their e-mail . . .

P: Then, I guess I'll have to talk to you alone. Please make sure to discuss this issue with the rest of the group as soon as possible so that it can be resolved quickly.

S: Sure! Uh, issue?

P: Yes, there's a bit of a problem. Your research project is about fitness routines of students, right?

S: That's right. My group plans to observe students at the gym and then make an analysis of their exercise habits.

P: OK, I understand what your group is trying to do, but I want to point out that I see a potential problem with the research. My concern is that the group's observations won't be 100 percent reliable because of the Hawthorne effect.

S: I'm sorry . . . The what effect?

P: Hawthorne. Are you familiar with this phenomenon?

S: No, I've never heard of it.

P: All right, I'll explain it to you. Basically, a researcher–Elton Mayo was his name–was commissioned by Western

Electric to find out if there was a relationship between productivity and the work environment. So Mayo did some experiments from the 1920s to the 1930s at the Hawthorne Works . . . uh, one of the company's factories . . . and [7]he started by changing a variable in the environment–the amount of light. Light is an important element of any environment, right? [8]The objective was to determine whether increased light would improve worker output. Well, it did result in higher productivity, but as soon as the experiment ended, productivity levels dropped back to normal . . . even though the brighter lights were left in place.

S: So . . . it was a short-term improvement. Does that mean there was no relationship between the amount of light and worker productivity?

P: That's what the result seemed to be saying. So Mayo decided to change other aspects of the work environment. He introduced new variables one by one, like cleaner work stations, longer break periods, providing food during break periods, and even decreasing the light. The first three had varying results although the bottom line was that the output returned to normal levels. [9]What's interesting is that when he decreased the amount of light, work productivity also rose, and like the increased-light experiment, fell back to the original levels once the experiment was over.

S: Hmm . . . maybe I'm missing something. What do the results mean?

P: Well, after introducing all these different variables and coming up with basically the same result, Mayo concluded that people tend to, uh, work harder or perform better when they're aware that they're being observed. Decades later, this became known as the Hawthorne effect. Essentially, the reason the participants improve is not because a variable is introduced into the setting, but because the subjects receive special attention from the researchers–and this attention spurs them to kind of put their best foot forward.

S: I think I'm beginning to understand.

P: So . . . do you see the point I'm getting at where your group's research is concerned?

S: [10]I think you're saying that the students in the gym will notice that my group is doing research on them, and maybe they'll exercise harder because they'll know we're observing them.

P: That's it. That's the Hawthorne effect. And it means that the data your group collects will probably be open to question.

S: Oh, I see. Hmm . . . I guess my group will have to figure out a way to get around this.

P: Right. And it might be a good idea to let me know what changes your group decides on making before proceeding with the observations.

S: OK, I'll do that. Thanks, Professor.

Now get ready to answer the questions. You may use your notes to help you answer.

6. Why does the student go to see the professor?

7. Why does the professor mention the importance of light in an environment?

Listen again to part of the conversation. Then answer the question.

P: The objective was to determine whether increased light would improve worker output. Well, it did result in higher productivity, but as soon as the experiment ended, productivity levels dropped back to normal . . . even though the brighter lights were left in place.

S: So . . . it was a short-term improvement.

8. Why does the student say this:
   S: So . . . it was a short-term improvement.

9. According to the professor, in what ways were the increased-light experiment and the decreased-light experiment similar?

Listen again to part of the conversation. Then answer the question.

S: I think you're saying that the students in the gym will notice that my group is doing research on them, and maybe they'll exercise harder because they'll know we're observing them.

P: That's it. That's the Hawthorne effect. And it means that the data your group collects will probably be open to question.

10. What can be inferred about the professor when he says this:

P: And it means that the data your group collects will probably be open to question.

P: 안녕, Ellen.

S: 안녕하세요, Kaufman 교수님.

P: ⁶어, 나머지 조원들은 어디에 있니? 우리가 너희 조의 연구 개요를 논의할 수 있도록 모든 조원에게 이메일을 보냈는데 말이야.

S: 음... 잘 모르겠어요... 전 그냥 그들이 여기에 올 거라고 생각했어요. 아마 시험 공부로 바빠서 이메일을 확인할 시간이 없었나 봐요...

P: 그렇다면 네게만 이야기해야겠구나. 가능한 한 일찍 이 문제를 나머지 조원들과 논의해서 빨리 해결될 수 있도록 하렴.

S: 물론이죠! 어, 문제요?

P: 그래, 문제가 조금 있어. 너희의 연구 프로젝트는 학생들의 운동 일과에 관한 거지, 그렇지?

S: 맞아요. 저희 조는 체육관에서 학생들을 관찰하고 나서 그들의 운동 일과를 분석할 계획이에요.

P: 그래, 너희 조가 무엇을 하려는 건지는 알겠지만, 그 연구에 대한 잠재적인 문제점이 보인다는 것을 지적하고 싶구나. 내가 염려하는 건 호손 효과 때문에 너희 조 관찰이 100퍼센트 신뢰할 수는 없을 것이란 거야.

S: 죄송하지만... 무슨 효과요?

P: 호손 효과란다. 이 현상에 대해 잘 알고 있니?

S: 아니요, 전혀 들어본 적이 없어요.

P: 좋아, 네게 설명해주마. 기본적으로, Elton Mayo라는 이름의 한 연구자가 생산성과 작업환경 사이에 연관성이 있는지 알아내도록 Western Electric 사로부터 의뢰를 받았단다. 그래서 Mayo는 1920년대부터 1930년대까지 Hawthorne Works에서 몇 가지 실험을 했어... 어, 그 회사의 공장 중 하나... 그리고 ⁷그는 작업환경에서 한 가지 변수를 바꾸는 것으로 시작했단다. 빛의 양이었지. 빛은 어떤 환경에서든 중요한 요소잖니, 그렇지? ⁸목적은 빛의 증가가 작업자의 생산량을 향상시키는지 알아내는 거였지. 음, 그것이 더 높은 생산성을 초래하긴 했지만, 실험이 끝나자마자 생산성은 다시 보통 수준으로 떨어졌어... 더 밝은 빛은 그대로 두었는데도 말이야.

S: 그러니까... 단기적인 향상이었던 거네요. 그게 빛의 양과 작업자의 생산성 사이에 연관성이 없다는 걸 의미하나요?

P: 그게 그 결과가 의미하는 것으로 보였지. 그래서 Mayo는 작업환경의 다른 측면을 바꾸기로 결심했단다. 그는 더 깨끗한 작업 장소, 더 긴 휴식 시간, 휴식 시간 중 음식 제공, 그리고 심지어 빛의 양을 줄이는 것과 같은 새로운 변수를 하나씩 도입했지. 비록 최종 결과는 생산성이 평소 수준으로 돌아간다는 것이었지만, 첫 세 가지는 다양한 결과를 낳았어. ⁹흥미로운 것은 그가 빛의 양을 줄였을 때 작업 생산성이 또 증가했다가, 빛을 증가시켰던 실험에서처럼 실험이 끝나자 다시 원래의 수준으로 돌아갔다는 거란다.

S: 흠... 제가 뭔가 놓치고 있는 것 같아요. 그 결과가 의미하는 게 뭔가요?

P: 음, 이런 모든 다양한 변수를 도입하고 나서 기본적으로 같은 결과가 나타난 후에, Mayo는 사람들이 자기가 관찰되고 있다는 걸 인식할 때, 어, 더 열심히 일하거나 업무를 더 잘 수행하는 경향이 있다고 결론내렸단다. 수십 년 후에, 이건 호손 효과로 알려지게 되었어. 본질적으로, 참가자들이 향상된 이유는 환경에 변수가 도입되었기 때문이 아니라, 피실험자들이 연구자들로부터 특별한 주목을 받았기 때문이란다. 그리고 이런 주목은 어느 정도 그들이 최선을 다하도록 자극했단다.

S: 이해하기 시작하는 것 같아요.

P: 그러니까... 너희 조의 연구와 관련해서 내가 무엇을 말하려고 하는지 알겠니?

S: ¹⁰제 생각에 교수님께서는 체육관에 있는 학생들이 저희 조가 그들에 대해 조사를 하고 있는 것을 알아차릴 거고, 저희가 관찰하고 있다는 것을 알기 때문에 아마 그들이 운동을 더 열심히 할 거라고 말씀하시는 것 같아요.

P: 맞아. 그게 호손 효과란다. 그리고 그건 너희 조가 수집하는 자료가 아마도 의심의 여지가 있을 거라는 것을 의미하지.

S: 오, 알겠어요. 흠... 저희 조가 이것을 해결할 방법을 생각해내야 할 것 같네요.

P: 그래. 그리고 관찰을 진행하기 전에 너희 조가 어떤 변화를 주기로 했는지 내게 알려주는 것이 좋은 생각일 것 같구나.

S: 네, 그렇게 할게요. 감사합니다, 교수님.

resolve [rizálv] 해결하다   fitness [fítnis] 운동, 체력 단련   routine [ru:tí:n] 일과   observe [əbzə́:rv] 관찰하다, 주시하다
analysis [ənǽləsis] 분석   point out 지적하다   potential [pəténʃəl] 잠재적인   reliable [riláiəbl] 신뢰할 수 있는
productivity [pròudʌktívəti] 생산성   variable [véəriəbl] 변수   element [éləmənt] 요소   objective [əbdʒéktiv] 목적, 목표
determine [ditə́:rmin] 알아내다, 밝히다   short-term [ʃɔ́:rtə̀:rm] 단기적인   aspect [ǽspekt] 측면   work station 작업 장소
bottom line 최종 결과   come up with ~가 나타나다, ~을 생산하다   conclude [kənklú:d] 결론내리다
essentially [isénʃəli] 본질적으로   subject [sʌ́bdʒikt] 피실험자   spur [spə:r] 자극하다

Unit 02. Conversation Topics

1. Instructor's Office Hours

HACKERS **TEST**

p.114

1. (B)	2. (B), (C)	3. (A)	4. (B)	5. (B)	6. (A)	7. (B)
8. (B)	9. (C)	10. (D)	11. (A)	12. (C)	13. (B)	14. (A), (B)
15. (C)	16. (C)	17. (D)	18. (A)	19. (C)	20. (A)	21. (D)
22. (A)	23. (D)	24. (B)	25. (D)	26. (A)	27. (B), (C)	28. (D)
29. (B)	30. (A)					

[1-5]

Listen to a conversation between a student and his professor.

S: Good morning, Professor. I know you don't have office hours till the afternoon, but I was hoping you could give me just a few minutes of your time now because I can't come in at any other time.

P: I have a class myself in about half an hour, but I think I can spare five minutes or so.

S: Thank you. It's about the paper you assigned us last week. I'm doing mine on one of Shakespeare's plays . . . *Hamlet*. I chose it because I find the family relationships and court intrigue described in the story interesting . . . but after doing some research on the play . . . and reading about Edward Gordon Craig's famous production of this play in 1911, I realize . . . well, I'm not having an easy time of it. I don't quite understand his interpretation. [1]And I was wondering . . . why is Craig's interpretation considered so important? What's so special about it?

P: Good question. OK . . . I'm sure you're aware that there have been quite a number of productions of *Hamlet*. As a matter of fact, there's an ongoing Shakespeare festival in New York's Central Park, and in that festival alone, there are several productions of *Hamlet* . . .

S: I didn't know that. Maybe I should go over and take a look.

P: Well . . . That's not what I'm suggesting. So, let me explain my point. Previous productions of *Hamlet* tended to focus on, uh, creating historically accurate costumes and sets. And they usually followed Shakespeare's play to the letter . . . you know, they never changed a line or deviated from his stage directions. [2]However, Craig, well, he attempted to break away from all this to focus on the underlying symbolism of the work . . . Craig . . . viewed the characters as, um, archetypes that represented fundamental ideals, rather than as people dealing with real-world events.

S: And is that what made Craig's interpretation stand out?

P: It wasn't just his interest in symbols, although that was a big part of it. Craig was very original and imaginative. [2&3]He created a very unusual set for his play, which included a large piece of gauze . . . you know, semi-transparent material . . . that separated the actor playing Hamlet from the other people on stage.

S: Uh . . . Professor, I realize I'm picking your brain, but . . . what was the point of the gauze?

P: Well, like I said, Craig was fascinated by symbols . . . The gauze divider isolated Hamlet physically, which symbolized his, uh, spiritual and emotional isolation from other people. The gauze screen was loosened and lowered slightly, and from the audience's perspective it seemed as if everyone except for Hamlet disappeared . . . like they were part of a dream or a figment of his imagination.

S: Oh.

P: So . . . Craig's interpretation influenced virtually every other production of *Hamlet*. I am fairly certain that the versions being staged at the festival reflect what Craig did. I don't mean that they're copies of Craig's work. Rather, Craig's interpretation sort of gave directors greater license to be as imaginative as Craig was. The directors started deciding for themselves what the story's meaning was–they wanted to tell the story their way. So Craig's play was a big deal, right?

S: OK, I get it . . . But going back to my first question, I don't really understand Craig's interpretation because . . . well, it seems to me that Craig was too concerned with the abstract . . . and he completely ignored the human drama and intrigue that is such a key element of *Hamlet*. I mean, his production is just so different from the actual play that Shakespeare wrote.

P: That's a very interesting point. Maybe you can best understand Craig's intent if you try to explain it yourself. So, in your paper you might want to analyze why Craig focused on the abstract.

S: But that's another problem I have, Professor. I find it hard to write about this topic because there are so few photographs of Craig's sets and costumes. It makes it difficult to visualize.

P: Unfortunately, for many of these turn-of-the-century performances of Shakespeare's work, there just aren't many pictures . . . this is because photography was, uh, still in its infancy during this period. [4]You might find consolation in the fact that most of the other students are writing papers on plays for which even less information is available. And look, you're doing a pretty good job of understanding things so far.

S: Do you think so?

P: I know so. [5]Maybe one suggestion I can make is . . . you might want to refer to graduate thesis on the play . . . or theater publications, if they're available.

S: OK, Professor. I will do that.

Now get ready to answer the questions. You may use your notes to help you answer.

1. What is the main topic of the conversation?
2. According to the conversation, what two aspects of Craig's interpretation made it stand out?

Listen again to part of the conversation. Then answer the question.

P: He created a very unusual set for his play, which included a large piece of gauze . . . you know, semi-transparent material . . . that separated the actor playing Hamlet from the other people on stage.

S: Uh . . . Professor, I realize I'm picking your brain, but . . . what was the point of the gauze?

P: Well, like I said, Craig was fascinated by symbols . . .

3. What does the student mean when he says this:
   S: Uh . . . Professor, I realize I'm picking your brain . . .

4. What does the professor imply about the student's choice of play?
5. What does the professor suggest the man do?

S: 안녕하세요, 교수님. 면담 시간이 오후라는 걸 알고 있지만, 제가 다른 시간에는 올 수가 없어서 지금 몇 분만 시간을 내주셨으면 합니다.
P: 나도 30분 후에 수업이 있긴 한데, 5분 정도 시간을 낼 수 있을 것 같구나.
S: 감사합니다. 지난주에 내주신 보고서에 관한 건데요. 전 셰익스피어의 희곡 중 하나인... 'Hamlet'에 대해 쓰고 있거든요. 이야기에서 묘사된 가족 관계와 궁정에서 일어나는 음모가 흥미로워서 선택했어요... 그런데 이 희곡에 대해 좀 조사를 해보고 나서... 그리고 Edward Gordon Craig가 1911년에 연출한 유명한 작품에 대해 읽으면서 음... 제가 어려움을 겪고 있다는 걸 깨달았어요. 그의 해석이 잘 이해되지 않아요. [1]그리고 제가 궁금한 건... Craig의 해석이 왜 그렇게 중요하게 여겨지나요? 그것의 어떤 점이 그렇게 특별하죠?
P: 좋은 질문이야. 그래... 'Hamlet'의 연출작이 꽤 많이 있다는 건 너도 분명 알고 있겠지. 실은, 뉴욕의 Central Park에서 셰익스피어 축제가 열리고 있는데, 그 한 축제에만도, 'Hamlet'의 여러 연출작이 있단다...
S: 그건 몰랐어요. 한번 가서 봐야겠네요.

P: 음... 내가 말하고자 하는 건 그게 아니야. 그럼, 내 요점을 설명해볼게. 이전의 'Hamlet' 연출작들은 역사적으로 정확한 의상과 무대를 제작하는 데 집중하는 경향이 있었어. 그리고 이전 연출작들은 보통 셰익스피어 작품을 정확히 그대로 따랐지... 가령, 절대 대사를 바꾸거나 무대 지시를 벗어나지 않았어. ²하지만, Craig는, 음, 그는 작품의 근본적인 상징주의에 초점을 맞추기 위해 이 모든 것에서 탈피하는 것을 시도했지... Craig는... 등장인물들을, 음, 실제 세상의 일들을 겪는 사람보다는, 근본적 이상을 표현하는 전형으로 보았어.

S: 그럼 그 점이 Craig의 해석을 돋보이게 한 것이었나요?

P: 단지 상징에 대한 그의 관심 때문만은 아니었어, 비록 그 점이 큰 부분을 차지하긴 했지만 말이지. Craig는 매우 독창적이고 상상력이 풍부했어. ²⁸³그는 자신의 연극을 위해 아주 독특한 무대를 만들었는데, 커다란 망사천이 달린 무대였지... 그러니까, 반투명의 재료란다. 무대에서 햄릿을 연기하는 배우와 다른 배우들을 분리하는 것이었지.

S: 음... 교수님, 제가 교수님께 정보를 얻고 있다는 걸 알지만... 망사천을 사용한 목적이 무엇이었나요?

P: 음, 내가 말했듯이, Craig는 상징에 매료되어 있었어... 그 망사 칸막이는 햄릿을 물리적으로 분리시켰는데, 이것은, 음, 햄릿이 다른 사람들로부터 정신적, 감정적으로 고립되었다는 것을 상징했지. 망사 천막이 느슨해지고 살짝 낮아지면, 관객의 관점에서 그건 마치 햄릿을 제외한 다른 모든 사람들이 사라진 것처럼 보였어... 마치 그들이 꿈의 일부였거나 햄릿의 상상 속 허구인 것처럼 말이야.

S: 아.

P: 그래서... Craig의 해석은 사실상 'Hamlet'의 다른 모든 연출에도 영향을 주었지. 분명 이번 축제에서 무대에 오르는 공연들도 Craig가 한 것을 반영하고 있을 거야. 그 연출들이 Craig 작품의 모방이라는 뜻은 아니야. 오히려, Craig의 해석이 다른 연출자들로 하여금 Craig 만큼 풍부한 상상력을 자유롭게 발휘할 수 있도록 해준 셈이지. 연출자들은 이야기의 의미가 무엇인지 스스로 결정하기 시작했어. 자신들의 방식으로 이야기하길 원했던 거지. 그러니까 Craig의 연극이 무척 중요했지, 그렇지?

S: 네, 알겠어요... 하지만 제 첫 번째 질문으로 돌아가서, 전 정말 Craig의 해석을 이해하지 못하겠어요... 왜냐하면 음, 제겐 Craig가 추상적인 것에 너무 신경을 쓴 것처럼 보이는데요... 그는 'Hamlet'의 핵심 요소인 인생극과 음모를 완전히 무시했어요. 제 말은, 그의 연출은 셰익스피어가 쓴 실제 희곡과 너무 달라요.

P: 아주 흥미로운 관점이구나. 그걸 네가 스스로 설명해보려고 한다면 Craig의 의도를 가장 잘 이해할 수 있을 거야. 그러니까, 네 보고서에서 Craig가 왜 추상적 측면에 집중했는지 분석해보고 싶을지도 모르겠구나.

S: 하지만 그게 또 다른 문제예요, 교수님. 이 주제에 대해 쓰는 것이 어려워요. Craig의 무대와 의상에 관한 사진이 너무 적어 연극을 시각화하기가 어렵기 때문이에요.

P: 불행히도, 세기 전환기의 셰익스피어 작품의 공연들 중 다수는 사진이 많지 않아... 그 시기에는 사진술이 아직 초기 단계였기 때문이란다. ⁴대부분의 다른 학생들이 정보가 훨씬 더 적은 연극에 관해 보고서를 쓰고 있다는 사실이 좀 위안이 될지도 모르겠구나. 그리고 말이야, 넌 지금까지 꽤 잘 이해하고 있단다.

S: 그렇게 생각하세요?

P: 그렇단다. ⁵내가 할 수 있는 한 가지 제안은... 이 연극에 대한 졸업 논문이나... 구할 수 있다면, 연극 간행물에 실린 글들을 참고해 볼 수도 있다는 거지.

S: 네, 교수님. 그럴게요.

---

intrigue[intríːg] 음모, 모의   deviate[díːvièit] 벗어나다   underlying[ʌ̀ndərláiiŋ] 근본적인

archetype[áːrkitàip] 전형, 본보기   stand out 돋보이다, 탁월하다   gauze[gɔːz] 망사 천   semi-transparent 반투명의

figment[fígmənt] 허구   virtually[vɜ́ːrtʃuəli] 사실상   give license to 자유롭게 ~할 수 있도록 하다

turn-of-the-century 세기 전환기의   infancy[ínfənsi] 초기 단계, 유아기   consolation[kànsəléiʃən] 위안, 위로

refer to ~을 참고하다   publication[pʌ̀bləkéiʃən] 간행물

[6-10]

Listen to a conversation between a student and her professor.

S: Excuse me, Professor Gregory?

P: Yes? Can I help you with something?

S: Uh, my name is Sally White . . . I'm taking your Fine Arts 201 course . . . I made an appointment to meet with you this morning. I'm pretty sure it was for ten . . .

P: Sally . . . that's right. Sorry, I was distracted, and I lost track of the time. What did you want to talk to me about?

S: It's about the final project for your class . . . Um, I've decided to do an oil painting, but I'm a little worried because I've never done one before and I was sick the week that you covered this topic in class. I did some research online to try to find some pointers, and I read that it's common for cracks to appear on the surface of an oil painting. But the website wasn't very clear about why this happens. ⁶I was hoping you could tell me what causes this, and how I can make sure it doesn't happen to the one I'm doing for this class . . .

P: Actually, that's a very common problem for painters who work with oils. ⁷Um . . . are you familiar with the term "oxidation"?

S: Uh, I should know this . . . It was covered in one of my classes last semester . . . Does it have something to do with how oil paint dries?

P: Exactly. Water-based paints dry through evaporation . . . the liquid becomes a gas that dissipates into the air, leaving behind the pigment. However, oils do almost the opposite . . . they, uh, absorb oxygen from the atmosphere, undergoing a molecular change that causes them to harden. Uh, this process causes oil paints to expand and contract as they dry . . .

S: OK . . . but I still don't get why the surface of an oil painting sometimes cracks . . .

P: [8]Well, that problem occurs when the top layer of paint dries faster than the lower layers . . . Think about it . . . The surface of the painting hardens, but the paint below continues to expand and contract as it dries. The result? Cracks.

S: That makes sense . . . There must be something I can do to make sure this doesn't happen, though . . .

P: There is . . . Artists who use oils need to ensure that the top layer of paint dries last. [9]This is accomplished by using a technique known as "fat over lean" . . . Can you guess what I'm talking about?

S: Fat over lean? From its name, I would assume it involves applying thicker and thicker coats of paint . . .

P: You're on the right track . . . but the key is the properties of the paint itself, rather than how much is applied. The lower layers of paint should be lean . . . uh, diluted with a paint thinner such as turpentine. Straight oil paint, or even paint with additional oils added, should be used for the upper layers . . . Uh, this is what we mean by "fat" . . . Basically, the fatter the paint, the more slowly it dries. If you get the paint mixtures right, the lower layers of paint will actually dry before the upper layers.

S: I get it . . . I'll make sure to try this with my painting. Thanks for the tip.

P: I'm glad I could help. Um, have you decided what kind of painting you want to do?

S: I've become really interested in abstract art . . . I'm thinking of trying my hand at it for this assignment.

P: That sounds interesting. [10]Um, I should mention that the department has arranged for a lecture by a well-known abstract expressionist this weekend. His work has been displayed in galleries around the world, so I think he'll be able to provide some insight into the artistic process. You should come . . . You might get inspired.

S: Good idea. I'll definitely do that.

Now get ready to answer the questions. You may use your notes to help you answer.

6. Why does the woman go to see the professor?

Listen again to part of the conversation. Then answer the question.

P: Um . . . are you familiar with the term "oxidation"?

S: Uh, I should know this . . . It was covered in one of my classes last semester . . . Does it have something to do with how oil paint dries?

7. Why does the woman say this:
   S: Uh, I should know this . . .

8. According to the professor, what is one reason oil paintings crack?

Listen again to part of the conversation. Then answer the question.

P: This is accomplished by using a technique known as "fat over lean" . . . Can you guess what I'm talking about?

S: Fat over lean? From its name, I would assume it involves applying thicker and thicker coats of paint . . .

9. What can be inferred about the woman when she says this:

S: Fat over lean? From its name, I would assume it involves applying thicker and thicker coats of paint . . .

10. What does the professor suggest that the woman do on the weekend?

S: 실례합니다, Gregory 교수님?

P: 네? 뭐 도와드릴 게 있나요?

S: 어, 제 이름은 Sally White입니다... 교수님의 순수미술 201 강의를 수강하고 있어요... 오늘 아침에 교수님과 만날 약속을 잡았어요. 확실히 10시였던 것 같은데...

P: Sally... 맞아요. 미안해요, 제가 정신이 없어서 시간 가는 걸 몰랐네요. 저와 무엇에 대해 이야기하고 싶었나요?

S: 교수님 수업의 기말 프로젝트에 관한 거예요... 음, 유화를 그리기로 결정했는데, 유화를 이전에 한번도 해본 적이 없고, 교수님께서 수업에서 이 주제를 다루셨던 주에 제가 아파서 결석했기 때문에 조금 걱정이 되어서요. 도움이 되는 정보를 찾아보려고 온라인 조사를 좀 했는데, 유화의 표면에 균열이 생기는 일이 흔하다는 걸 읽었어요. 하지만 그 웹사이트에는 왜 이것이 발생하는지에 대해서는 그렇게 분명히 나와있지 않았어요. ⁶교수님께서 무엇이 이것을 일으키는지, 그리고 제가 이 수업을 위해 그리고 있는 그림에는 그것이 발생하지 않도록 할 수 있는 방법을 말씀해주실 수 있으면 좋을 것 같아서요...

P: 사실, 유성 물감으로 작업하는 화가들에게는 아주 흔한 문제예요. ⁷음... '산화 작용'이라는 용어를 알고 있나요?

S: 어, 알아야 되는데... 지난 학기 제 수업 중 하나에서 다뤄졌거든요... 유성 물감이 어떻게 마르는지와 관련이 있나요?

P: 맞아요. 수성 물감은 증발을 통해 말라요... 액체가 공기 중으로 흩어지는 기체가 되고, 색소를 남기죠. 하지만 유성 물감은 거의 그 반대예요... 유성 물감은, 어, 공기 중의 산소를 흡수하고, 굳도록 하는 분자 변화를 겪게 되죠. 어, 이 과정은 유성 물감이 마르는 동안 팽창하고 수축하게 해요...

S: 그렇군요... 하지만 아직도 왜 때때로 유화의 표면에 균열이 생기는지 이해가 안 돼요...

P: ⁸음, 그 문제는 표면층 물감이 아래층보다 더 빨리 마를 때 발생해요... 생각해봐요... 그림의 표면은 굳지만, 그 아래쪽 물감은 마르면서 계속 팽창하고 수축해요. 그 결과는? 균열이죠.

S: 이해되네요... 하지만 이것이 발생하지 않도록 제가 할 수 있는 무언가가 있을 텐데요...

P: 있죠... 유성 물감으로 작업하는 화가들은 반드시 표면층 물감이 마지막에 마르도록 해야 해요. ⁹이것은 'fat over lean'으로 알려진 기법을 사용해서 해낼 수 있어요... 제 말이 무슨 뜻인지 맞춰볼래요?

S: fat over lean이요? 명칭으로 보면, 점점 더 두꺼운 물감을 칠하는 것과 관련이 있는 것 같아요...

P: 방향은 맞았어요... 하지만 핵심은 얼마나 많은 양이 칠해지는지보다는 물감 자체의 특성이에요. 아래층 물감은 기름기가 적어야 해요... 어, 테레빈유 같은 도료희석제로 희석되어서요. 순수 유성 물감, 또는 추가적인 기름이 더해진 물감은 표면층에 사용되어야 해요... 어, 이것이 바로 'fat'이라는 겁니다... 기본적으로, 물감에 기름기가 많을수록, 더 천천히 마르죠. 물감 혼합물을 올바르게 만든다면, 아래층 물감이 실제로 표면층보다 먼저 마를 거예요.

S: 이해되네요... 꼭 제 그림에 시도해 봐야겠어요. 조언 감사합니다.

P: 도울 수 있어서 기쁘네요. 음, 어떤 종류의 그림을 그리고 싶은지 결정했어요?

S: 전 추상 미술에 매우 관심을 갖게 되었어요... 이번 과제를 위해 그걸 시도해볼 생각이에요.

P: 재미있겠는데요. ¹⁰음, 학과에서 이번 주말에 유명한 추상 표현주의 화가의 강연을 준비했다는 걸 말해줘야겠군요. 그의 작품은 세계의 여러 미술관에서 전시되었으니까 그가 예술적 과정에 관한 식견을 제공할 수 있을 것 같아요. 꼭 오세요... 영감을 얻을 수도 있어요.

S: 좋은 생각이네요. 꼭 그렇게 할게요.

fine art 순수미술   distracted[distrǽktid] 정신이 없는, 산만한   lose track of the time 시간 가는 걸 모르다
oil painting 유화   cover[kʌ́vər] 다루다   pointer[pɔ́intər] (도움이 되는) 정보, 힌트   oxidation[àksədéiʃən] 산화 작용
water-based[wɔ́:tərbèist] 수성의   evaporation[ivæ̀pəréiʃən] 증발   dissipate[dísəpèit] 흩어지다
pigment[pígmənt] 색소, 안료   atmosphere[ǽtməsfìər] 공기, 대기   undergo[ʌ̀ndərgóu] 겪다
molecular[məlékjulər] 분자의   harden[háːrdn] 굳다   expand[ikspǽnd] 팽창하다   contract[kəntrǽkt] 수축하다
apply[əplái] 칠하다   on the right track 방향이 맞는   property[prápərti] 특성   lean[liːn] 기름기 없는
dilute[dailúːt] 희석하다   paint thinner 도료희석제   turpentine[tə́ːrpəntàin] 테레빈유(특히 페인트를 희석하는 데 사용함)
straight[stréit] 순수한, 아무것도 타지 않은   fat[fæt] 기름기 많은   abstract art 추상 미술   try one's hand at ~을 시도하다
expressionist[ikspréʃəníst] 표현주의 화가   insight[ínsàit] 식견, 통찰력

[11-15]

Listen to a conversation between a student and her professor.

S: Professor Scott? May I come in?

P: Yes, how may I help you?

S: I'm having a bit of a problem with an assignment you gave the class.

P: Are you in one of my classes? Sorry . . . I didn't mean for it to come out that way, but I have so many students . . .

S: I'm sorry, I should have introduced myself. I'm Patricia Wade . . . in your Sociology 304 class. Am I disturbing you?

P: No, no, come in . . . uh, Sociology 304 . . . Are you here to talk about your report?

S: Yes, I wrote a paper on gender and society . . . [11]You left some comments in the margins . . . and I'm not sure I understand what you wrote.

P: Uh . . . you can't read my handwriting?

S: Oh, no, it's not your handwriting. Your penmanship is fine. I'm just not sure about what you want me to correct. Um, here's my report.

P: Give me a second to look it over . . . Yes, I see what the problem is. Most of my comments have to do with how you cited your references. [12&14]Actually, you used both the MLA and Chicago systems in doing that. From an academic's point of view, that can get really . . . annoying and confusing. Sorry, there's no other way to describe it.

S: [13]But Professor . . . Does it really matter what style I use as long as I cite all the material I got information from? Some students don't even have a bibliography at the end of their reports.

P: You see, that's what I mean. You aren't familiar with the styles. If you use a specific style correctly, you may not even have to list your references at the end of the paper.

S: Really? Hmm . . . I didn't know that.

P: Ms. Wade, do you remember the two styles that I discussed in class? Maybe I can refresh your memory a bit . . . With the MLA system, when you cite a reference, you put the author's name and the page number in parentheses within the text of the paper . . . and at the end of the paper, you enumerate your references in full in the "Works Cited" list.

S: OK, I think I understand . . .

P: But in your paper, you have references listed at the bottom of the page and at the end of the paper as well, so it isn't clear to me which system you wanted to use.

S: Sorry about that . . . Can you explain the Chicago style to me?

P: Sure! In the Chicago style . . . you use either footnotes or endnotes. The footnotes are at the end of the page and they cite the full reference. With endnotes, the references are listed in full at the end of the paper. That's why they're called endnotes. But you used both footnotes and endnotes. So, naturally . . . are you following me?

S: Yes, of course.

P: [14]Naturally, you would need to use reference numbers that correspond to these footnotes or endnotes, which is something you didn't do consistently in your paper, so the numbers are all mixed up.

S: Oops. When I'm writing, I guess I kind of get confused . . . The styles accomplish the same thing, so I just use whichever system I happen to remember at the moment.

P: But this is an academic paper. You can't just mix the styles as you please.

S: Professor, could I make a request?

P: Yes, please do.

S: Like . . . next time you assign a paper, could I show you my paper before I turn it in, and can you let me know whether I did the style thing right?

P: Well . . . that, I don't think I can do. It wouldn't be fair to the students who meticulously cite their references in the style they've chosen to use.

S: I mean, I'm not asking you to check every entry . . . just kind of let me know whether I've got it right, in a general way, I guess.

P: Well, maybe I can just quickly skim your paper . . . but no more than that.

S: I really appreciate it.

P: [15]For now, you need to do something about the style in this report.

S: I'll get right on it, Professor.

Now get ready to answer the questions. You may use your notes to help you answer.

11. Why does the student go to see her professor?

12. What does the professor imply about the MLA and Chicago styles of reference?

Listen again to part of the conversation. Then answer the question.

S: But Professor . . . Does it really matter what style I use as long as I cite all the material I got information from? Some students don't even have a bibliography at the end of their reports.

P: You see, that's what I mean. You aren't familiar with the styles. If you use a specific style correctly, you may not even have to list your references at the end of the paper.

13. Why does the professor say this:

P: You see, that's what I mean.

14. According to the conversation, what are two reasons the professor criticizes the student's paper?

15. What will the student probably do next?

S: Scott 교수님? 들어가도 되나요?

P: 그래, 어떻게 도와줄까?

S: 교수님께서 반에 내주신 과제에 관해서 조금 문제를 겪고 있어서요.

P: 내 수업을 듣는 학생이니? 미안하구나... 이런 식으로 말하려던 건 아닌데, 하지만 너무 많은 학생이 있어서...

S: 죄송해요, 제 소개를 해야 했는데. 저는 Patricia Wade예요... 교수님의 사회학 304 수업을 듣고 있어요. 제가 교수님을 방해하는 건 아닌가요?

P: 아니, 아니란다, 들어오렴... 어, 사회학 304라... 보고서에 관해 얘기하려고 온 거니?

S: 네, 저는 성과 사회에 대해서 보고서를 썼어요... [11]교수님께서 여백에 평을 남겨주셨고요... 그런데 제가 교수님께서 쓰신 걸 확실히 이해할 수가 없어서요.

P: 어... 내가 쓴 글씨를 못 읽겠다는 거니?

S: 오, 아니에요, 교수님의 글씨 때문이 아니에요. 교수님의 글씨는 괜찮아요. 저는 단지 교수님께서 제가 무엇을 수정하기를 원하시는지 확실히 모르겠어요. 음, 여기 제 보고서요.

P: 잠시만 그걸 볼 시간을 다오... 음, 문제가 뭔지 알겠구나. 내가 쓴 평의 대부분은 네가 참고문헌을 인용한 방법과 관련이 있어. [12&14]사실, 너는 참고자료 인용에 MLA와 시카고 방식 두 가지를 모두 썼구나. 학술적인 관점에서, 그건 정말... 짜증스럽고 혼란스러워. 미안하구나, 이를 달리 표현할 방법이 없어서 말이지.

S: [13]하지만 교수님... 제가 정보를 가져온 모든 자료에 대해서 인용하기만 한다면 제가 어떤 방식을 사용하는지가 정말로 중요한가요? 어떤 학생들은 심지어 보고서 끝 부분에 참고문헌 목록을 작성하지도 않는걸요.

P: 그래, 그게 내가 말하는 바야. 너는 이 방식들에 익숙하지 않아. 만약 네가 특정한 방식을 올바르게 사용한다면, 보고서의 끝 부분에 참고문헌 목록을 작성할 필요 자체가 없을지도 모른단다.

S: 정말인가요? 음... 그건 몰랐네요.

P: Wade 양, 내가 수업에서 논의했던 두 가지 방식에 대해서 기억하니? 내가 조금 생각나게 해줄 수 있을지도 모르겠구나... MLA 방식의 경우, 네가 참고문헌을 인용할 때, 작가의 이름과 페이지 번호를 보고서 본문 내의 괄호 안에 넣어야 해... 그리고 보고서의 끝 부분에, 모든 참고문헌을 '인용 자료' 목록에 열거해야 하지.

S: 네, 이해할 것 같아요...

P: 하지만 네 보고서에서, 너는 참고문헌 목록을 페이지의 하단과 보고서의 끝 부분에 모두 작성했어, 그래서 네가 어떤 방식을 사용하고자 했는지 확실하지 않아.

S: 죄송해요... 제게 시카고 방식에 대해서도 설명해주실 수 있나요?

P: 그럼! 시카고 방식의 경우... 각주나 미주를 사용하지. 각주의 경우 각 페이지의 하단에 작성하고 전체 참고문헌을 인용해. 미주는, 참고문헌 목록을 전부 보고서의 끝 부분에 작성하지. 그게 바로 그걸 미주라고 부르는 이유란다. 하지만 너는 각주와 미주 모두를 사용했어. 그래서, 당연히... 내 말 이해하고 있니?

S: 네, 그럼요.

P: ¹⁴당연히, 너는 이 각주와 미주에 상응하는 참고문헌 번호를 사용해야 해, 그런데 네 보고서에서는 이게 일관되게 되어 있지 않단다, 그래서 번호들이 모두 섞여 있어.

S: 이런. 제가 보고서를 쓸 때, 제 생각에는 조금 헷갈렸던 것 같아요... 이 방식들이 동일한 목적을 위해 쓰이니까, 그래서 그냥 그때그때 떠오르는 방식을 사용했어요.

P: 하지만 이건 학술적인 보고서란다. 네가 하고 싶은 대로 두 가지 방식을 그냥 섞을 수는 없는 거지.

S: 교수님, 한 가지 요청을 드려도 될까요?

P: 그래, 그렇게 하려무나.

S: 그러니까... 다음 번에 보고서를 내주실 때요, 제가 보고서를 제출하기 전에 교수님께 한번 보여드리면, 제가 방식을 알맞게 썼는지 교수님께서 알려주실 수 있으신가요?

P: 음... 그건, 그렇게 하지는 못할 것 같구나. 사용할 방식을 직접 선택해서 꼼꼼하게 참고문헌을 인용한 학생들에게 공정하지 않은 것 같아.

S: 그러니까, 저는 모든 항목을 확인해달라고 부탁드리는 건 아니에요... 제 생각에는, 단지 일반적인 관점에서 제가 올바르게 작성했는지 정도만 알려주시면 될 것 같아요.

P: 음, 그럼 아마도 네 보고서를 빠르게 훑어볼 수는 있겠구나... 하지만 그 이상은 안 된단다.

S: 정말 감사드려요.

P: ¹⁵지금으로서는, 이 보고서의 인용 방식에 대해 뭔가 조치를 취해야 할 것 같구나.

S: 바로 시작할게요, 교수님.

---

sociology [sòusiálədʒi] 사회학   **margin** [máːrdʒin] 여백   **penmanship** [pénmənʃìp] 글씨, 필체

have to do with ~과 관계가 있다   **reference** [réfərəns] 참고문헌   **bibliography** [bìbliágrəfi] 참고문헌 (목록)

parentheses [pərénθəsìːz] 괄호   **enumerate** [injúːmərèit] 열거하다   **footnote** [fútnòut] 각주

endnote [éndnòut] (책의 끝에 다는) 미주   **correspond** [kɔ̀ːrəspánd] 상응하다, 일치하다   **consistently** [kənsístəntli] 일관하여

meticulously [mətíkjuləsli] 꼼꼼하게   **entry** [éntri] 항목   **skim** [skim] 훑어보다   **get right on** ~을 바로 시작하다

[16-20]

Listen to a conversation between a student and her professor.

S: Hi, Professor Abernathy. Am I late?

P: No, you're right on time. So what was it you wanted to talk to me about?

S: ¹⁶It's about the class, sir. I don't want to sound like I'm . . . complaining, but the plays we've been discussing aren't what I anticipated . . . we would take up in class.

P: Uh, you lost me there, Kaitlyn. What exactly do you mean?

S: Well, the course title is "Modern Drama" . . . so I expected to study just that . . . contemporary drama. But I looked at the titles on the reading list . . . and I noticed that all the dramas are about fifty years old or older. I really enjoyed discussing Mordaunt Shairp's *The Green Bay Tree* last week, but I have to admit, I did want something more recent. Like, say, plays of the 1980s and 90s.

P: I'm glad you enjoyed Shairp's work . . . ¹⁷You know, modern drama is considered to have begun with the realists in the 1870s, in particular, Ibsen. So the dramas the class will deal with are all actually pretty "modern." But I guess you did have some idea that the plays on the list would all be works written in the twentieth century, right?

S: I guess it was just my perception that twentieth century meant the closing half of that century. Let me explain. I've been watching university productions of dramas that were recently written . . . like John Guare's *Six Degrees of Separation*, Brian Friel's *Dancing at Lughnasa* . . . ¹⁸and I was completely enthralled with the wit and irony . . . the satire in these dramas.

P: Sure, I understand what you're saying, but allow me to point out that modern drama is all about realism, and it comes in many different guises . . . political, social, psychological . . . but what's interesting is that the plays of the latter part of the twentieth century have the same tenor as the ones written in the earlier part of the century. If you're looking for that same sort of quality, I think you'll find it even in the earlier modern dramas.

S: You think so?

P: I know so. Kaitlyn, ¹⁹why don't we do this? Choose one of your favorite recent modern dramas and an older drama, something written and produced, say, in the 1920s or 1930s . . . They should deal with a similar topic . . .

S: And?

P: And compare them. Write me a paper. Make a comparison. Tell me what the similarities and differences are.

S: Huh? Is that . . . is that extra homework?

P: Sure. Look. You have a real interest in modern drama. You've even taken an extra step. You've gone out of your way to watch productions of these dramas. I think that . . . with the attention you've been giving the genre, you'd want to be familiar with more than just the works of the 80s and 90s.

S: Yeah, I see where you're coming from . . . but I have an 18-unit course load and I'm not sure I have the time to do the paper. We have so many assigned readings. I don't think I can squeeze in a paper like that.

P: Well, let's do it this way, then. [20]Pick one of the titles on the list–you're going to have to read it, anyway–and a recent drama that you've read . . . and compare them. I'd be very interested in looking at your paper.

S: But writing it would take time. A few hours at least.

P: I know that, but you would accomplish two things by writing that paper. You'll learn something about the early and recent modern dramas. And, like any student who does extra work in class, you'll earn points to up your grade. I'm sure you want more than just a passing mark. You're on scholarship, aren't you?

S: Yes, sir, I am. OK, well . . . I guess I'll do the paper. But can you give me a week?

P: Next Monday?

S: All right, next Monday.

Now get ready to answer the questions. You may use your notes to help you answer.

16. Why does the woman go to see her professor?
17. What does the professor say about modern dramas?
18. What can be inferred about the woman's preference for modern dramas?

Listen again to a part of the conversation. Then answer the question.

P: . . . why don't we do this? Choose one of your favorite recent modern dramas and an older drama, something written and produced, say, in the 1920s or 1930s . . . They should deal with a similar topic . . .

S: And?

P: And compare them. Write me a paper. Make a comparison. Tell me what the similarities and differences are.

19. Why does the woman say this:
   S: And?

20. What does the professor suggest the woman do?

S: 안녕하세요, Abernathy 교수님. 제가 늦었나요?

P: 아니야, 딱 제시간에 왔구나. 그래서 내게 얘기하고 싶다는 게 뭐니?

S: [16]수업에 관한 거예요, 교수님. 제가... 불평하는 것처럼 보이고 싶지는 않지만, 우리가 논의하고 있는 희곡들이 제가... 수업에서 다뤄질 거라고 예상했던 게 아니라서요.

P: 어, 무슨 말인지 모르겠구나, Kaitlyn. 정확히 무슨 뜻이지?

S: 음, 과목명이 '현대희곡'이잖아요... 그래서 전 그냥... 현대극들을 공부하게 될 거라고 예상했거든요. 하지만, 제가 읽기목록에 있는 제목들을 봤는데... 모든 희곡들이 50년 또는 그보다 더 오래 됐더라고요. 지난주의 Mordaunt Shairp의 'The Green Bay Tree'에 대한 논의는 참 재미있었지만, 솔직히 말하면, 좀 더 최근의 작품을 원했어요. 그러니까, 이를테면, 1980년대나 90년대의 극들이요.

P: Shairp의 작품이 재미있었다니 다행이구나... [17]그런데 말이야, 현대극은 1870년대에 사실주의자들, 특히, Ibsen과 함께 시작된다고 여겨진단다. 그러니까 수업에서 다룰 극들도 모두 꽤 '현대적'이라고 할 수 있지. 하지만 아마 넌 목록에 있는 극들이 모두 20세기에 쓰여졌을 거라고 생각했나 보구나, 그렇지?

S: 20세기가 20세기 후반의 50년을 의미했다는 것이 그냥 저만의 인식이었나 봐요. 설명해 드릴게요. 전 John Guare의 'Six Degrees of Separation'이나 Brian Friel의 'Dancing at Lughnasa' 같은... 최근에 쓰여진 극 작품들이 대학에서 연출된 것을 봤어요... [18]그리고 이 극들 속의 재치와 역설... 풍자에 완전히 매료되었거든요.

P: 그래, 무슨 말인지 알겠다, 하지만 현대극은 분명 사실주의에 관한 것이라는 걸 알려줘야겠구나, 그리고 이건 많은 다른 모습으로 나타나지... 정치적, 사회적, 심리적인... 하지만 흥미로운 건 20세기 후반의 극들은 전반에 쓰여진 것들과 같은 경향을 가지고 있다는 거야. 네가 말한 것과 같은 특성을 찾는다면, 내 생각에 더 이전의 현대극에서도 발견하게 될 거야.

S: 그렇게 생각하세요?

P: 그렇단다. Kaitlyn, [19]이렇게 하는 건 어떨까? 네가 가장 좋아하는 최근의 현대극 한 편과 더 이전의 극, 그러니까 1920년대나 1930년대에 쓰인 것을 한 편 골라보렴... 그 작품들은 비슷한 주제를 다루고 있어야겠지...

S: 그리고요?

P: 그리고 그것들을 비교해 보거라. 보고서를 작성해보렴. 대조도 해보고. 유사점과 차이점을 내게 알려주렴.

S: 네? 그거... 추가 숙제인가요?

P: 물론이지. 보렴. 넌 현대극에 많은 관심을 가지고 있잖니. 심지어 추가적인 단계를 밟기도 했고 말이야. 넌 굳이 연출된 극들을 보기도 했어. 내 생각에... 이 장르에 대해 네가 가지고 있는 관심이라면, 그저 80년대나 90년대에 국한된 작품보다 더 많은 것을 알고 싶어 할 것 같은데 말이야.

S: 네, 왜 그러시는지 알겠어요... 하지만 전 18학점이나 듣고 있어서 보고서를 쓸 시간이 있을지 확실치 않아요. 내주신 읽을거리도 정말 많구요. 그렇게 보고서를 쓸 짬을 낼 수 있을 것 같지 않아요.

P: 음, 그럼 이렇게 하자. [20]어차피 읽어야 할 것이니까 목록에서 작품 하나와 네가 읽은 최근의 극 작품을 하나 고르거라... 그리고 비교해봐. 네 보고서를 읽어보는 게 무척 흥미 있을 것 같구나.

S: 그래도 쓰는 데 시간이 걸릴 거예요. 최소 몇 시간은요.

P: 알고 있단다, 하지만 넌 그 보고서를 쓰면서 두 가지를 이루게 될 거야. 넌 이전과 최근의 현대극에 대한 무엇인가를 배우게 될 테지. 게다가, 수업에서 추가 과제를 하는 여느 학생과 마찬가지로, 너도 성적을 올릴 수 있는 점수를 얻게 될 거야. 분명 그냥 합격점보다 더 많은 걸 원하잖니. 너는 장학금을 받고 있잖아, 그렇지?

S: 네, 교수님, 그래요. 네, 음... 보고서를 써야 할 것 같네요. 그런데 시간을 일주일 주실 수 있으세요?

P: 다음 주 월요일?

S: 좋아요, 다음 주 월요일이요.

take up 다루다, 소재로 삼다   reading list 읽기목록   perception[pərsépʃən] 인식   closing[klóuziŋ] 후반의, 끝나는
production[prədʌ́kən] 연출   enthrall[inθrɔ́ːl] 매료하다, 사로잡다   satire[sǽtaiər] 풍자   guise[gaiz] 모습, 외관
tenor[ténər] 경향, 방향   go out of one's way 굳이 ~하다   squeeze in ~을 위한 짬을 내다   passing mark 합격점

[21-25]

Listen to a conversation between a student and a professor.

P: Come in, Susan. How can I help you?

S: [21]Um, it's about the research project. You know how we've been discussing mimicry in class? Well, I want to focus on eyespots in moths.

P: That sounds fine. Any particular reason you chose that?

S: Well, uh, I came across a really interesting article in which the scientists exposed captive birds to different kinds of wing patterns in moths, and I thought maybe I'd do something similar.

P: OK, um, that's one approach. Anyway, tell me about this experiment . . .

S: What they did is, um, they took live mealworms and attached triangular pieces of paper to their bodies to make them look just like moths. Then they divided the artificial moths into three categories–no wing spots, small wing spots, and large wing spots.

P: And they demonstrated that birds routinely preyed upon the first two groups but avoided the third group. Am I right?

S: [22]Exactly! In other words, the birds only avoided moths with large eyespots on their wings because they confused the eyespots with the eyes of a large predator.

P: Now, hold on a second. The idea that birds are literally confusing the patterns with eyes is a source of heated debate nowadays. [23]I mean, it was almost universally accepted–you could even say taken for granted–for nearly 100 years after it was first proposed by the British evolutionary biologist Edward Poulton in 1890. But you might want to look at some of the more recent experiments that have questioned the validity of this old assumption.

S: I guess I could go to the library and do some research. Or do you happen to know of any?

P: Well, one study that immediately comes to mind was conducted by zoologists in the United Kingdom just recently. Instead of just using circular markings, they utilized an array of different patterns, such as squares and bars. What they found was that birds were equally as likely to avoid the artificial moths with these other patterns as they were the ones with two eye-like spots. [24]Their conclusion was that birds avoid moths with a variety of highly conspicuous features, not just "eyespots." It is the conspicuousness–um, the high contrast of these patterns–that intimidates predators.

S: Oh. I see that the issue is more controversial than I had realized . . .

P: Well, there are two sides to every coin. Also, keep in mind the feasibility of the project. [25]The experiment I mentioned was conducted outdoors. They pinned the artificial moths on trees and made observations of wild birds in a natural setting. You might want to consider that because it's definitely easier than trying to set up an experiment with captive birds. I'm not sure it's the kind of thing you can really do here on our urban campus, though.

S: Actually, I haven't given it much thought although it did cross my mind that I'd need a suitable place to, um, conduct my experiment. Since the campus isn't ideal, uh . . . would you know of any good outdoor spot? I was thinking of the park . . .

P: Hmm . . . I'm not sure that would work, considering it's a public place, and it would be hard for you to monitor your experiment. Not to mention you might need permission if you intend to stick mealworms on trees. Well, I don't exactly know how you intend to go about it . . .

S: Um, I have to brainstorm a bit . . . I guess I'd better start scouting for a good place. And I want to make sure I don't just copy what someone else did.

P: That's the spirit . . . Try to come up with your own unique ideas, um, some ways to distinguish your experiment. You know, try to think outside the box.

S: OK. Um . . . maybe I could use some circular spots in different quantities . . . one, two, three, four . . . I mean, the number two would be significant, right? After all, predators that scare birds generally have two eyes.

P: You could definitely try that.

Now get ready to answer the questions. You may use your notes to help you answer.

21. Why does the student go to see the professor?

Listen again to part of the conversation. Then answer the question.

S: Exactly! In other words, the birds only avoided moths with large eyespots on their wings because they confused the eyespots with the eyes of a large predator.

P: Now, hold on a second. The idea that birds are literally confusing the patterns with eyes is a source of heated debate nowadays.

22. Why does the professor say this:
    P: Now, hold on a second.

23. Why does the professor mention evolutionary biologist Edward Poulton?

24. According to the professor, what did the zoologists in the United Kingdom conclude?

25. Why does the professor suggest that the student conduct the experiment in a natural setting?

P: 어서 오렴, Susan. 무엇을 도와줄까?
S: [21]음, 연구 프로젝트 관련해서 말인데요. 수업에서 의태에 대해 논의해온 거 알고 계시죠? 음, 저는 나방의 눈꼴 무늬에 집중하고 싶어요.
P: 좋은 것 같구나. 그걸 선택한 특별한 이유라도 있니?
S: 그게, 어, 과학자들이 포획한 새들을 나방의 여러 종류의 날개 무늬에 노출했던 것에 대한 매우 흥미로운 기사를 우연히 발견하게 되었는데, 아

마 제가 비슷한 걸 할까 싶어서요.

P: 좋아, 음, 그것도 한 가지 접근법이지. 어쨌든, 이 실험에 대해 내게 말해보렴...

S: 그들이 한 건, 음, 살아있는 거저리를 가져다가 그것들이 나방처럼 보이게 만들기 위해서 몸에 삼각형 종이 조각을 붙였어요. 그러고 나서 인조 나방을 세 종류로 나누었어요. 날개 반점이 없는 것, 작은 날개 반점이 있는 것, 큰 날개 반점이 있는 것으로.

P: 그리고 새들이 일상적으로 처음의 두 집단을 잡아먹었지만 세 번째 집단은 피했다는 것을 보여주었구나. 내 말이 맞니?

S: ²²정확해요! 다시 말해서, 새들은 눈꼴 무늬를 큰 포식자의 눈으로 혼동했기 때문에 오직 날개에 큰 눈꼴 무늬가 있는 나방만 피했어요.

P: 자, 잠깐만. 새들이 말 그대로 무늬를 눈과 혼동한다는 생각은 요즘 열띤 논란의 근원이란다. ²³내 말은, 영국의 진화 생물학자인 Edward Poulton이 1890년에 이걸 처음 제안하고 난 후 약 100년 동안 거의 일반적으로 수용됐다는 거지. 심지어는 당연하게 여겨졌다고 말할 수 있을 거야. 하지만 네가 이 오래된 가정의 타당성에 의문을 가지는 더 최근의 실험들을 더 살펴보고 싶을지도 모르겠구나.

S: 제 생각엔 도서관에 가서 조사를 더 해볼 수도 있겠어요. 아니면 혹시 뭔가 알고 계신 것이 있으신가요?

P: 글쎄, 즉시 생각이 나는 한 연구는 최근에 막 영국의 동물학자들이 수행한 것이야. 단지 원 모양의 표시를 사용하는 대신에, 그들은 사각형과 줄무늬 같은 다수의 여러 가지 무늬를 활용했어. 그들이 알아낸 건 새들은 이러한 다른 무늬를 가진 인조 나방을 2개의 눈과 같은 무늬를 가진 나방처럼 피할 가능성이 똑같이 있다는 거야. ²⁴그들의 결론은 새들은 그냥 '눈꼴 무늬'가 아니라, 매우 눈에 잘 띄는 다양한 특색을 가진 나방을 피한다는 거였어. 포식자를 위협하는 건 뚜렷한, 음, 이 무늬들의 큰 대비란다.

S: 오. 제가 알고 있었던 것보다 논란이 더 많은 것 같네요...

P: 음, 모든 동전에는 양면이 있단다. 또한, 프로젝트의 실행 가능성을 유념하도록 해. ²⁵내가 언급한 실험은 야외에서 수행되었단다. 그들은 인조 나방을 나무에 꽂아두고 자연 환경에서 야생 조류들을 관찰했어. 그건 포획된 새를 이용한 실험을 설계하려는 것보다는 분명히 쉬우니 그걸 고려하고 싶을 수 있겠지. 하지만 난 여기 우리의 도시 캠퍼스에서 네가 정말 할 수 있는 종류의 일인지 잘 모르겠구나.

S: 실은, 음, 실험을 수행하기 위한 적합한 장소가 필요할 것이라는 생각이 들긴 했지만 그것에 대해 많이 생각하지는 못했어요. 캠퍼스는 이상적이지 않으니까, 어... 좋은 야외 장소를 아세요? 저는 공원을 생각하고 있었어요.

P: 흠... 공공장소라는 것을 고려하면 효과가 있을지 잘 모르겠구나, 그리고 실험을 모니터하기 힘들 거야. 거저리를 나무에 붙일 생각이라면 허락을 받아야 한다는 것은 말할 것도 없고 말이지. 글쎄, 난 네가 어떻게 할 생각인지 정확히 모르겠구나...

S: 음, 브레인스토밍을 좀 해봐야겠어요... 좋은 장소를 찾아다니기 시작하는 것이 좋을 것 같아요. 그리고 반드시 다른 누군가가 했던 것을 그냥 따라하지 않도록 하고 싶어요.

P: 바로 그거란다... 너만의 독특한 생각과, 음, 너의 실험을 차별화 할 방법들을 떠올려 보렴. 있잖니, 틀 밖에서 생각해봐.

S: 네. 음... 아마 원 모양의 무늬를 양을 다르게 해서 해볼 수 있겠어요... 한 개, 두 개, 세 개, 네 개... 제 말은, 두 개라는 숫자가 중요한 걸 수도 있잖아요, 그렇죠? 결국, 새들을 위협하는 포식자들은 일반적으로 두 개의 눈을 가지고 있으니까요.

P: 그걸 분명히 시도해볼 수 있겠구나.

---

mimicry [mímikri] 의태, 흉내   eyespot [áispàt] 눈꼴 무늬   moth [mɔːθ] 나방   expose [ikspóuz] 노출하다

captive [kǽptiv] 포획한, 사로잡힌   mealworm [míːlwə̀ːrm] 거저리   triangular [traiǽŋgjulər] 삼각형의

artificial [àːrtəfíʃəl] 인조의, 인공의   demonstrate [démənstrèit] 보여주다   prey [prei] 잡아먹다

avoid [əvɔ́id] 피하다, 외면하다   predator [prédətər] 포식자, 포식 동물   literally [lítərəli] 말 그대로

universally [jùːnəvə́ːrsəli] 일반적으로   take for granted 당연하게 여기다   evolutionary [èvəlúːʃənèri] 진화의

validity [vəlídəti] 타당성   conduct [kəndʌ́kt] 수행하다   zoologist [zouálədʒist] 동물학자   marking [máːrkiŋ] 표시, 표식

an array of 다수의   conspicuous [kənspíkjuəs] 눈에 띄는, 뚜렷한   intimidate [intímədèit] 위협하다

controversial [kàntrəvə́ːrʃəl] 논란이 많은   feasibility [fìːzəbíliti] 실행 가능성   suitable [súːtəbl] 적합한   stick [stik] 붙이다

distinguish [distíŋgwiʃ] 차별화 하다, 구별하다   quantity [kwántəti] 양   significant [signífikənt] 중요한, 의미 있는

[26-30]

Listen to a conversation between a student and his professor.

S: Hello, Professor Sanders. Thanks for seeing me on such short notice.

P: It's my pleasure, Philip. Uh . . . you sounded a little worried in your e-mail. Is anything the matter?

S: ²⁶Um, actually, that teaching assistant job I got last week . . . it's going to begin soon, and to tell you the truth, I'm a bit terrified. I guess it's my fault–I didn't really look at the job description, and I thought that all I would need to do was proctor exams and give handouts . . . maybe answer students' questions on occasion. ²⁷I figured it would be simple. Well, I just found out that there's a lot more work than I thought there would be . . . and it's stuff that'll not only take up my time, but will also involve certain things that I didn't expect I'd be doing.

P: OK, hold on . . . I thought you applied for that job because you felt it would provide valuable work experience?

S: Uh . . . not really. ²⁷I applied because I needed to make money to pay for my tuition. You know, I've been thinking about my future a lot lately . . . and I'm seriously considering working for an IT corporation after graduation. Being a teaching assistant probably won't be much of a help where my career is concerned. It would have more to do with education, whereas I need experience in computers and information technology. I know I should have thought about that more carefully when I applied for the TA job, but I've just come to realize it.

P: Well, let me make sure that I understand what you're saying. You think having a TA job on your résumé won't be beneficial during your job search?

S: Yes. My experience as a TA won't matter to employers when I am applying for jobs related to computers and information technology. Plus, I've never been a teaching assistant. I don't have any experience. Having high marks in my computer science classes won't make me a good TA.

P: Hey, it isn't easy at the start, but most TAs eventually do pretty well.

S: I guess that depends on the person. [29]You said most TAs do pretty well, but I'm afraid I'd be one of those that don't do well.

P: You're being a little harsh on yourself. Look. Even if you think being a TA won't help your objective of working for an IT corporation, let me just say that I think experience of that kind always helps. Maybe you don't see it now, but you will in a few years. Uh . . . I'd like to make a suggestion.
[28]I really don't want you to quit before you've even begun, so . . . [30]would you consider talking to one of my students who has worked as a TA? His name is Jeff and I think he could give you a lot of advice and let you know what it's like being a TA.

S: Well . . .

P: You haven't made up your mind, have you?

S: Um . . . I would hate to give up just like that . . .

P: Absolutely!

S: OK, I'll talk to him.

P: Great! Let me write down his name and e-mail address. Just tell him I recommended that you speak to him. It would be really good to just try out the job . . . And listen, drop by again next week, and let me know what you think about the TA job then. Would that be all right?

S: Sure, I can do that. See you tomorrow in class, then.

Now get ready to answer the questions. You may use your notes to help you answer.

26. What is the main topic of the conversation?
27. Why did the student apply for the job?

Listen again to part of the conversation. Then answer the question.

P: I really don't want you to quit before you've even begun, so . . . would you consider talking to one of my students who has worked as a TA? His name is Jeff and I think he could give you a lot of advice and let you know what it's like being a TA.

S: Well . . .

P: You haven't made up your mind, have you?

28. Why does the professor say this:
    P: You haven't made up your mind, have you?

29. What is the student's attitude toward working as a teaching assistant?
30. What does the professor suggest the man do?

S: 안녕하세요, Sanders 교수님. 급한 연락에도 만나주셔서 감사합니다.

P: 물론이지, Philip. 어... 네 이메일에서 좀 걱정하는 것처럼 보이던데. 무슨 문제라도 있니?

S: [26]음, 사실, 제가 지난주에 맡게 된 강의 조교 일 말인데요... 그게 곧 시작하는데, 솔직히 말씀 드려서, 좀 겁이 나요. 제 잘못인 것 같아요, 직무 내용을 제대로 보지 않고서, 제가 해야 할 일이 시험을 감독하고 유인물을 나눠주고... 학생들의 질문에 가끔 대답하는 것뿐이라고 생각했거든요. [27]간단할 거라고 생각했어요. 그런데, 제가 생각했던 것보다 훨씬 많은 일이 있다는 걸 막 알게 됐어요... 그리고 이 업무들은 제 시간을 빼앗을 뿐만 아니라, 제가 하게 될 거라고 예상하지 못한 특정 활동들도 포함하고 있고요.

P: 알겠다, 잠깐만... 나는 네가 가치 있는 업무 경험을 할 수 있을 거라고 생각해서 조교 일에 지원했다고 생각했는데?

S: 음... 꼭 그렇지는 않아요. [27]전 등록금을 내기 위한 돈이 필요해서 지원했어요. 사실, 최근 들어 제 미래에 대해 많은 생각을 해왔어요... 그리고 졸업 후에 IT 기업에서 일하는 걸 진지하게 고려해보고 있어요. 아마도 강의 조교 일이 제 직업과 관련해서 그다지 큰 도움이 될 것 같지는 않아요. 조교 일은 교육과 좀 더 관련이 있겠지만, 저는 컴퓨터와 정보 기술 분야의 경력이 필요하죠. 제가 조교 일에 지원했을 때 이 점에 대해서 좀 더 신중하게 생각했었어야 했다는 건 알지만 이 사실을 이제야 깨닫게 됐어요.

P: 음, 내가 네 말을 제대로 이해하고 있는지 보자. 너는 이력서에 강의 조교 경력을 적는 게 구직 활동을 할 때 유익하지 않을 거라고 생각하는 거지?

S: 네. 조교로서의 제 경력은 제가 컴퓨터와 정보 기술 관련 직종에 지원할 때 고용주들에게 중요하지 않을 거예요. 게다가, 전 강의 조교였던 적이 한 번도 없어요. 아무 경험도 없죠. 컴퓨터 공학 수업에서 높은 성적을 받았다고 해서 제가 좋은 강의 조교가 되진 않아요.

P: 얘야, 처음에는 쉽지 않지, 하지만 대부분의 강의 조교는 결국 꽤 잘하게 된단다.

S: 그건 사람에 따라 다른 것 같아요. [29]교수님께서 대부분의 조교가 잘하게 된다고 말씀하셨지만, 전 제가 잘하지 못하는 부류 중 하나가 될까 봐 두려워요.

P: 넌 자신에 대해 좀 엄격하구나. 보렴. 비록 조교 일이 IT 기업에서 일하겠다는 네 목표에 도움이 되지 않을 거라고 생각하더라도, 난 이런 종류의 경험은 언제든 도움이 된다고 생각한다는 걸 말해주고 싶구나. 아마 지금은 그렇게 보이지 않을 수도 있겠지만, 몇 년 후에는 알게 될 거야. 음... 제안을 하나 해주고 싶어. [28]난 정말 네가 시작하기도 전에 그만두는 걸 원하지 않거든, 그러니까... [30]조교로 일했던 내 학생 한 명과 얘기해보는 건 어떠니? 그 학생의 이름은 Jeff고 내 생각엔 그가 네게 많은 조언을 해주고 또 조교라는 게 어떤 것인지 말해줄 수 있을 것 같구나.

S: 음...

P: 마음을 아직 정한 것은 아니지, 그렇지?

S: 음... 그냥 이렇게 포기하고 싶지는 않아요...

P: 당연하지!

S: 네, 얘기해볼게요.

P: 잘됐다! 그 학생 이름과 이메일 주소를 써줄게. 그냥 너에게 그와 얘기해보도록 내가 권유했다고 말하렴. 단지 그 일을 한번 해보는 것만으로도 정말 좋을 거야... 그리고 말이야, 다음 주에 다시 잠깐 들러서, 그때 이 조교 일에 대해 어떻게 생각하는지 알려주렴. 괜찮겠지?

S: 물론이죠, 그럴 수 있어요. 그럼, 내일 수업 시간에 뵐게요.

short notice 급한 연락   teaching assistant 강의 조교   to tell you the truth 솔직히 말해서   job description 직무 내용 설명
proctor[prάktər] 감독하다   on occasion 가끔   corporation[kɔ̀ːrpəréiʃən] 기업   whereas[hwɛ̀ərǽz] ~에 반하여, 반면에
beneficial[bènəfíʃəl] 유익한, 이로운   eventually[ivéntʃuəli] 결국   depend on ~에 따라 다르다, ~에 달려 있다
objective[əbdʒéktiv] 목적   make up one's mind 마음을 굳히다   drop by 잠깐 들르다

HACKERS **TEST**

p.132

1. (C)	2. (B), (C)	3. (D)	4. (A)	5. (C)	6. (C)	7. (A)
8. (B), (C)	9. (A)	10. (B)	11. (B), (C)	12. (B)	13. (C)	14. (C)
15. (D)	16. (B)	17. (A)	18. (A)	19. (A), (C)	20. (C)	21. (A)
22. (C)	23. (B)	24. (A)	25. (C)	26. (C)	27. (B)	28. (B)
29. (C)	30. (A)					

[1-5]

Listen to a conversation between a student and a university employee.

M: Hi, uh, I'm looking for Professor Roth's office.

W: It's the office next to this one . . . on the right when you go out the door. But you should know that he's not going to be in the office for the rest of the week. He's out of the country conducting field research . . . in Indonesia.

M: Indonesia? Oh, wow. Well, by any chance did he leave a document for me? Sorry, I'm Simon Thompson. I was in some of his classes, so [1]I asked him to write me a reference letter as I'm applying for a scholarship. And he sent me back an e-mail saying he'd have it ready for me by today.

W: Hold on, let me check. . . I'm sorry, but there doesn't seem to be anything here for you . . . Did you remind him? You know how people can be . . . When they're busy, they forget things.

M: Unfortunately, no. I didn't think about reminding him. I guess I just assumed he would remember. Hmm . . . is he, like, in a place with the Internet access? I could send him an e-mail now, and when he has time, he might, you know, dash off a letter for me.

W: Oh, I'm not sure that would work. [2]He's busy getting samples and analyzing them, so he definitely won't have time for anything else. The last couple of times he was away doing research, he didn't answer any of his e-mails until he was at the airport. And even if he could write the letter and sign it, he would still need to send it by regular mail, so it would take several days to get here.

M: I should have sent him a reminder . . .

W: Well, when is your application due? If you urgently need that reference letter, you could always ask someone else to write it for you. Have you considered asking one of your other professors for a recommendation?

M: Yes, of course. [3]But my area of interest happens to be biological systems engineering, so it would be to my advantage to ask Professor Roth to write the letter since he knows me and how I did in his classes. Or have I overlooked anyone–are there others in the department who specialize in this field and can vouch for me?

W: No, Professor Roth is definitely the person to ask in that field. Um, I guess the only other thing I can suggest is asking a professor you took a different biology class from. [4]Is there anyone else you might consider?

M: Hmm . . . I took molecular biology under Professor Mayfield.

W: I think he'd make an excellent reference. I can't guarantee that he'll accept your request, he's pretty busy himself. I can give you his e-mail address, though.

M: I guess it wouldn't hurt to try. So . . . Professor Mayfield's around, right? Not doing research out of the country like Professor Roth or anything?

W: Oh, he's definitely around. [5]If you need that letter as soon as possible, I think it would be good to get in touch with him today.

M: I'm heading to the library computer room right after this. But just in case he doesn't have the time, is there something else you can suggest?

W: Hmm . . . if it comes to that, you could tell the scholarships office about your situation. They might give you a deadline extension.

M: That would be great. But I hope Professor Mayfield saves the day so that I can submit my application on time. So . . . could I get that e-mail address now?

W: Sure, just let me get a pen, and I'll write it down for you.

Now get ready to answer the questions. You may use your notes to help you answer.

1. What is the conversation mainly about?
2. What reasons does the wo man give for discouraging the student from contacting Professor Roth?
3. Why does the man mention biological systems engineering?

Listen again to part of the conversation. Then answer the question.

W: Is there anyone else you might consider?

M: Hmm . . . I took molecular biology under Professor Mayfield.

W: I think he'd make an excellent reference. I can't guarantee that he'll accept your request, he's pretty busy himself. I can give you his e-mail address, though.

4. What does the woman mean when she says this:
   W: I can give you his e-mail address, though.

5. What will the man probably do next?

M: 안녕하세요, 어, 저는 Roth 교수님의 연구실을 찾고 있어요.

W: 이곳 바로 옆에 있는 사무실이에요... 문으로 나가신 후 오른쪽에요. 그런데 이번 주 내내 교수님께서 연구실에 안 계실 거란 것을 알고 계셔야 할 거예요. 외국에서 현장 연구를 하고 계시거든요... 인도네시아에서요.

M: 인도네시아요? 오, 우와. 저, 혹시 교수님께서 저에게 서류를 남기셨나요? 죄송해요, 저는 Simon Thompson이에요. 교수님의 수업을 몇 개 들었는데, [1]제가 장학금을 지원하게 되어서 교수님께 추천서를 써달라고 부탁드렸거든요. 그리고 오늘까지 준비해 놓으시겠다고 이메일로 답장을 주셨어요.

W: 잠시만요, 확인해 볼게요... 죄송하지만, 여기엔 학생 앞으로는 아무것도 없는 것 같네요... 교수님께 상기시켜 드렸나요? 사람들이 어떻게 될 수 있는지 아시잖아요... 바쁘면 잊어버리죠.

M: 안타깝게도, 못했어요. 상기시켜 드릴 생각은 하지 못했어요. 저는 그냥 교수님께서 기억하실 거라고 생각했어요. 흠... 교수님께서, 저기, 인터넷 접속이 되는 곳에 계신가요? 제가 지금 이메일을 보내면, 교수님께서 시간이 있으실 때, 음, 제 추천서를 급히 써주실 수도 있잖아요.

W: 오, 그게 가능할지 모르겠어요. [2]표본을 채취하고 분석하느라 바쁘셔서, 분명 다른 것을 할 시간이 없으실 거예요. 지난번에 몇 번 연구하느라 출장 중이셨을 때에도, 공항에 올 때까지 이메일 중 어느 하나에도 답장하지 않으셨거든요. 추천서를 쓰고 서명하실 수 있다고 해도, 여전히 일반 우편으로 보내야 해서, 이곳까지 오는 데 며칠은 걸릴 거예요.

M: 교수님께 상기시켜 드렸어야 했는데...

W: 음, 지원 기한은 언제인가요? 그 추천서가 급하게 필요하다면, 언제든 다른 분께 써달라고 부탁드려도 되잖아요. 다른 교수님께 추천서를 부탁드리는 것은 생각해봤어요?

M: 네, 물론이죠. [3]하지만 제 관심 분야가 마침 생물산업공학이라서, 교수님께서 저를 아시고 제가 교수님의 수업에서 어떻게 했는지를 알고 계시기 때문에 Roth 교수님께 추천서를 써달라고 부탁드리는 것이 저에게는 유리할 거예요. 아니면 제가 빠뜨린 분이 있나요? 학과에 이 분야를 전공하시고 저를 보증해주실 수 있는 다른 분들이 계신가요?

W: 아니요, Roth 교수님이 확실히 그 분야에서 부탁드릴 분이죠. 음, 제 생각에 제가 제안할 수 있는 다른 유일한 방법은 학생이 다른 생물학 수업을 들은 교수님께 요청드리는 거예요. [4]고려해볼 만한 다른 분이 계신가요?

M: 흠... Mayfield 교수님께 분자생물학 수업을 들었어요.

W: 아주 좋은 추천인이 될 거 같네요. 요청을 받아주실 거라고 장담은 못 해요. 그분도 꽤 바쁘시거든요. 하지만 이메일 주소는 줄 수 있어요.

M: 시도해서 손해 볼 건 없겠죠. 그러면... Mayfield 교수님께서는 근처에 계신 거죠, 그렇죠? Roth 교수님처럼 외국에서 연구하고 계시거나 그런 건 아니죠?

W: 오, 확실히 근처에 계세요. [5]그 추천서가 가능한 한 빨리 필요하다면, 오늘 교수님께 연락을 취해보는 게 좋을 것 같아요.

M: 이거 후에 바로 도서관 컴퓨터실로 가려고요. 그런데 혹시나 교수님께서 시간이 없으실 경우, 저에게 제안해 주실 수 있는 또 다른 것이 있나

요?

W: 흠... 만약 그렇게 된다면, 장학 사무실에 학생의 상황에 대해 말해보세요. 마감일을 연장해 줄지도 몰라요.

M: 그러면 좋겠네요. 하지만 제가 지원서를 제시간에 제출할 수 있도록 Mayfield 교수님께서 해결해 주셨으면 좋겠어요. 그러면... 지금 이메일 주소를 받을 수 있을까요?

W: 물론이죠, 펜만 가져와서 적어줄게요.

---

field research 현장 연구   reference [réfərəns] 추천, 추천인   remind [rimáind] 상기시키다   analyze [ǽnəlàiz] 분석하다

urgently [ə́:rdʒəntli] 급하게   recommendation [rèkəmendéiʃən] 추천서   biological systems engineering 생물산업공학

advantage [ædvǽntidʒ] 유리함, 이점   overlook [òuvərlúk] 빠뜨리고 못 보다, 못 보고 지나치다   specialize in ~을 전공하다

vouch for ~을 보증하다   guarantee [gæ̀rəntíː] 장담하다, 보장하다   get in touch 연락을 취하다   extension [iksténʃən] 연장

[6-10]

Listen to a conversation between a student and a school official.

M: Hello? Can I help you with anything?

W: I hope I'm at the right place. I'm the president of the photography club, and yesterday, I put up some notices about an exhibit the club is holding this week . . . I posted the notices on the bulletin boards at the student union building and the library.

M: Right, I saw them.

W: You did? ⁶Then I guess you know that the announcements are all gone. They've been taken down. Is there a reason for that? I didn't break any rules, did I?

M: Well . . . actually, you did. Your posters were taken off the bulletin boards because they didn't have a notice stamp. Hold on, let me show you what it looks like . . .

W: Oh, those. I've seen them on some of the posters . . .

M: They have to be on all of the posters. Let me explain why. Students put up notices everywhere, and some of the stuff they post are for . . . uh, personal things . . . things not related to university activities . . . ⁷You know, someone is trying to find a roommate for their apartment . . . or someone is looking for a secondhand printer to buy . . . And when all these notices go up on the boards, the university's official notices don't get seen by the students. There're just too many personal notices and requests.

W: Yeah, I get it, but . . .

M: So . . . the university's new policy is that all notices need to be stamped before they go up on the bulletin boards. And that's why yours were taken down. In fact, I took them off. Sorry about that, but it's my responsibility to clear the announcement boards of . . . notices that don't have a notice stamp.

W: To be honest, I had no idea those stamps were required. And of course, I don't blame you for taking them down. Well, come to think of it, I should have made the connection . . . seeing the stamps on the posters, but maybe I was in a hurry, and I didn't think about it. So, um . . . can I get a stamp for my posters?

M: Sure, you can. But you need to get your posters approved first. To do this, you should fill out this form, get it signed at the administration office, and then bring it back to me. But . . . unfortunately, you won't be able to do this until tomorrow. The problem is that the administration office closed about half an hour ago.

W: Oh, no . . . Couldn't you stamp my posters without a signed form?

M: Well, yes . . . usually only in certain situations though . . . ⁸you know, an educational seminar hosted by the university or the visit of an important person.

W: ⁹We've had this thing planned for months and it's just two days away. The club spent half of its funds to put this exhibit together, and it's going to be a big failure if only a few people show up. And I think it's something the students would enjoy . . . The photographs that will be on display are amazing. Isn't there something that you could do? Please help me.

M: Well . . . You know what? ¹⁰I personally enjoy photography and I think there should be more of these types of exhibits at the university . . . Plus, the university wants us to support student clubs. So, I'll make an exception this time and stamp your notices . . . We could say that your exhibition is an educational activity. I'm sure that won't cause any problems.

W: That's really nice of you. I'm very grateful for your help!

M: No problem.

W: Um . . . do you have the club's posters with you?

M: They're in the back room. Hold on a second. I'll get them.

W: Thank you!

Now get ready to answer the questions. You may use your notes to help you answer.

6. Why does the student visit the school official?

7. Why does the man mention a secondhand printer?

8. According to the conversation, what are two situations in which the man would typically stamp a notice without a signed form?

9. Why does the student insist on getting a notice stamp immediately?

10. What can be inferred about the man?

M: 안녕하세요? 무엇을 도와드릴까요?

W: 제가 맞게 찾아온 거라면 좋겠네요. 전 사진부 회장인데요, 어제 제가 이번 주에 우리 동아리에서 개최하는 전시회에 관한 공고를 몇 개 붙였거든요... 학생회관 건물과 도서관에 있는 게시판들에 공고를 붙였어요.

M: 그래요, 저도 그 공고 봤어요.

W: 보셨어요? [6]그럼 공고가 모두 없어졌다는 것도 아시겠군요. 다 내려졌어요. 그에 대한 이유가 있나요? 제가 규칙들을 어기진 않았죠, 그렇죠?

M: 음... 사실, 어겼어요. 학생의 포스터들이 게시판에서 내려진 이유는 그 포스터에 공고 도장이 없었기 때문이에요. 잠깐만요, 그게 어떻게 생겼는지 보여줄게요...

W: 아, 저거요. 몇몇 포스터에서 저걸 봤어요...

M: 모든 포스터에는 도장이 있어야 해요. 왜 그런지 설명해줄게요. 학생들은 공고를 아무 곳에나 붙여요, 그리고 학생들이 붙이는 공고 중 일부는, 어, 개인적인 것들이죠... 대학 활동과 상관없는 것들이요. [7]그러니까, 누군가가 자신의 아파트에서 같이 살 룸메이트를 찾고 있다든가... 혹은 누군가가 중고 프린터를 사려고 찾고 있다든가... 그리고 이런 공고가 게시판에 모두 올라가면, 대학의 공식적인 공고는 학생들에게 보이지 않게 되죠. 개인적인 공고와 요청들이 너무 많거든요.

W: 네, 이해해요, 하지만...

M: 그래서... 대학의 새로운 규정은 모든 공고가 게시판에 올라가기 전에 도장을 받아야 한다는 거예요. 그리고 그게 학생의 공고가 내려진 이유죠. 사실, 제가 그것들을 떼었어요. 그것에 대해선 미안해요, 하지만 도장을 받지 않은 공고를 게시판에서... 떼는 게 제 책임이에요.

W: 솔직히, 전 공고 도장이 필요한지 전혀 몰랐어요. 그리고 당연히, 제 공고를 내리신 것에 대해 탓하지 않아요. 음, 생각해보니, 제가 그걸 알아차렸어야 했네요... 포스터에 도장이 찍힌 걸 보고 말이죠, 하지만 제가 급했나 봐요, 생각을 못 했네요. 그럼 음... 포스터에 도장을 받을 수 있을까요?

M: 물론, 그렇게 할 수 있죠. 하지만 먼저 포스터를 승인받아야 해요. 승인받기 위해선, 이 양식을 작성해서 행정실에서 서명을 받고, 그러고 나서 저한테 다시 가져와야 해요. 하지만... 불행히도, 내일까지는 그렇게 할 수 없어요. 문제는 행정실이 30분쯤 전에 닫았다는 거예요.

W: 오, 안 돼요... 서명받은 양식 없이는 제 포스터에 도장을 찍어주실 수 없나요?

M: 음, 있죠, 보통 특정한 상황에서만 그렇긴 하지만요. [8]그러니까, 대학에서 개최하는 교육 세미나 혹은 중요 인사의 방문 같은 경우요.

W: [9]저희는 이걸 몇 달 동안 계획했고 전시회는 이제 겨우 이틀 후예요. 동아리에서 이 전시회를 추진하기 위해 동아리 기금의 반을 사용했고, 그래서 만약 사람들이 적게 온다면 큰 실패가 될 거예요. 그리고 제 생각엔 학생들이 많이 좋아할 것 같아요... 전시될 사진들이 정말 대단하거든요. 어떻게 해주실 수 없나요? 제발 도와주세요.

M: 음... 그거 알아요? [10]저도 개인적으로 사진을 좋아하고 대학에서 이런 종류의 전시회가 더 많이 열려야 한다고 생각해요... 게다가, 대학에서는 우리가 학생 동아리들을 지원해 주길 바랍니다. 그래서, 제가 이번엔 예외를 두어 공고에 도장을 찍어 드리죠... 학생의 전시회가 교육 활동에 해당된다고 할 수 있을 것 같아요. 그렇게 해도 아무 문제 없을 게 확실해요.

W: 정말 친절하시네요. 도와주셔서 정말 감사합니다!

M: 아니에요.

W: 음... 혹시 동아리 포스터들을 갖고 있나요?

M: 뒷방에 있어요. 잠시만요. 가지고 올게요.

W: 감사합니다!

---

notice [nóutis] 공고, 주목   **exhibit** [igzíbit] 전시, 전시품   **bulletin board** 게시판   **student union** 학생회관

announcement[ənáunsmənt] 공고, 발표　　secondhand[sékəndhǽnd] 중고의　　official[əfíʃəl] 공식적인

policy[púləsi] 규정　　administration office 행정실　　fund[fʌnd] 자금　　display[displéi] 전시, 진열

exception[iksépʃən] 예외

[11-15]

Listen to a conversation between a student and a university sports center employee.

M: Excuse me.

W: Yes? How may I help you?

M: Um, ¹¹I have a question about the school's reservation policies regarding sports facilities. See, one of my classmates offered to make a reservation for a badminton court for me, but he couldn't because . . . I don't know . . . It wasn't explained to him. I was a little curious . . . I mean, sometimes it's more convenient to have a friend sign me up for a court while he is making his own reservation, you know? And frankly, neither of us really understands why he couldn't do it this time because we've done it for each other before.

W: Oh, yes . . . the new policy. The university implemented a new rule last month, and you can't make reservations for each other anymore . . . There was a problem with students not showing up for their reserved times. ¹²Now there is a small cancelation fee to discourage this . . . well, obviously the university can't allow students to make reservations for each other if it is going to charge this type of fee. I mean, students could just claim they had no knowledge of their reservations, right?

M: That makes sense. Oh, um . . .

W: Yes?

M: ¹¹I'd like to book a badminton court for this afternoon if one is available. My friend and I were hoping to play a few games later today.

W: Sure! Just a minute . . . I'll just have to check the schedule. All right, you're in luck. The 2:00 to 3:00 p.m. slot is free for court A, and we also have 4:00 to 5:00 p.m. available for court B.

M: Hmm . . . it's a little warm for the early afternoon slot, ¹³but I have to attend a meeting of the photography club at four, so I'll take the earlier slot.

W: Right. Court A from 2:00 to 3:00 p.m. Can I see your student ID?

M: Here you go . . .

W: OK . . . Arthur Boyce. The court is reserved in your name . . . and here is your pass. You'll need to present it to someone there to use the facilities. Oh, and your friend will need to come in himself and get his pass. Of course I'll need to see his student ID too.

M: What? But can't he just show his student ID instead? After all, I'll have my pass.

W: No. Each of you will have to have your own.

M: ¹⁴Well, can't you make an exception in this case? My friend has classes all day until 1:50. By the time he walks all the way over here and then over to the badminton courts, it'll probably be more like 2:15. That means we'll only have 45 minutes to play.

W: Sorry, but my hands are tied.

M: OK, OK. I get it. No exceptions. So if we want to play badminton, my friend has to come get the pass in person. But just in case he's late, is there any way we can play a little longer, say until 3:15 p.m.?

W: I'm afraid that's impossible because the court is reserved for someone else at three o'clock. Hey, if I were you, I'd let your friend know right away. . . he can pick up the pass any time from now if he has some free time between classes. Then he can go straight to the court when his classes are finished. That way he could make it to the courts on time.

M: That's worth a try, I guess. OK. ¹⁵I'll give him a heads up about coming here before he goes to the court and hopefully he can do that between classes. By the way, thanks for all of your help. I know I was a little pushy, but . . .

W: It's quite all right. I understand, and I would have felt the same way if I was in your shoes.

Now get ready to answer the questions. You may use your notes to help you answer.

11. Why does the student go to the sports center?
12. According to the conversation, what policy did the university recently implement?
13. Why does the man decide not to reserve the late afternoon slot?

Listen again to part of the conversation. Then answer the question.

M: Well, can't you make an exception in this case? My friend has classes all day until 1:50. By the time he walks all the way over here and then over to the badminton courts, it'll probably be more like 2:15. That means we'll only have 45 minutes to play.
W: Sorry, but my hands are tied.

14. What does the woman mean when she says this:
   W: Sorry, but my hands are tied.

15. What will the student do next?

M: 실례합니다.
W: 네? 어떻게 도와드릴까요?
M: 음, ¹¹학교 스포츠 시설의 예약 규정에 대해 질문이 있는데요. 그러니까, 수업을 같이 듣는 친구 중 한 명이 저를 대신해 배드민턴 코트를 예약해주겠다고 했는데, 못했대요, 왜냐하면... 모르겠어요... 설명을 듣지 못했대요. 좀 궁금한데... 제 말은, 때로는 친구가 자기 것을 예약할 때 저를 위한 코트도 신청해주면 더 편리하잖아요, 그렇죠? 그리고 솔직히, 이전에는 서로를 위해 그렇게 했었기 때문에 왜 이번엔 걔가 그렇게 못 했는지 저희 둘 다 이해가 잘 안 가서요.
W: 오, 네... 새로운 규정이에요. 대학이 지난달에 새 규정을 시행해서, 학생들은 더 이상 서로 예약을 해줄 수 없어요... 예약된 시간에 나타나지 않는 학생들로 문제가 있었거든요. ¹²이제는 이런 일을 막기 위해 소액의 취소 수수료가 있어요... 음, 대학이 이런 종류의 수수료를 청구할 거라면 분명 학생들이 서로 예약을 해주도록 허용할 수는 없겠죠. 제 말은, 학생들이 그냥 자기는 그 예약에 대해 아는 바가 없다고 주장할 수도 있는 거잖아요, 그렇죠?
M: 말이 되네요. 오, 음...
W: 네?
M: ¹¹만약 이용 가능한 코트가 있다면 오늘 오후에 배드민턴 코트를 예약하고 싶어요. 오늘 이따가 제 친구와 함께 몇 게임 하려고요.
W: 물론이죠! 잠시만요... 시간표를 좀 확인해볼게요. 좋아요, 운이 좋으시네요. 오후 2시부터 3시 시간대에 코트 A가 비어 있고, 오후 4시부터 5시에 코트 B도 이용 가능해요.
M: 흠... 이른 오후 시간대는 조금 덥지만, ¹³4시에 사진 동아리 회의에 참석해야 해서 앞 시간대로 할게요.
W: 네. 코트 A 오후 2시부터 3시까지요. 학생증 좀 볼 수 있을까요?
M: 여기 있어요...
W: 좋아요... Arthur Boyce 학생. 코트는 학생 이름으로 예약되었어요... 그리고 여기 출입증이요. 시설을 이용하려면 거기에 있는 누군가에게 그걸 보여드려야 할 거예요. 오, 그리고 친구분도 직접 오셔서 출입증을 받아야 할 거예요. 물론 제가 친구분의 학생증도 봐야 하고요.
M: 뭐라고요? 하지만 친구는 그냥 학생증을 대신 보여주면 안되나요? 어쨌든, 제가 출입증을 갖고 있을 거잖아요.
W: 안 돼요. 각자 자신의 것을 갖고 있어야 해요.
M: ¹⁴음, 이 경우엔 예외로 해주실 수 없나요? 제 친구는 1시 50분까지 하루종일 수업이 있어요. 여기까지 걸어왔다가 배드민턴 코트로 갈 때 쯤이면 아마도 2시 15분 가까이 될 거예요. 그건 저희가 칠 시간이 45분밖에 없다는 말이고요.
W: 죄송하지만, 제가 해드릴 수 있는 건 없네요.
M: 네, 네. 알겠어요. 예외가 없다는 거죠. 그래서 저희가 배드민턴을 치고 싶으면, 제 친구가 직접 와서 출입증을 받아야 한다는 거군요. 하지만 걔가 늦을 경우를 대비해서, 저희가 좀 더 오래 칠 수 있는 방법은 없나요, 한 3시 15분까지요?
W: 유감이지만 그 코트는 3시에 다른 사람에게 예약되어 있어서 불가능해요. 저기, 제가 학생이라면, 친구에게 바로 알려주겠어요... 친구가 수업 중간에 쉬는 시간이 있다면 지금부터 아무때나 출입증을 받을 수 있어요. 그럼 친구는 수업이 끝나면 바로 코트로 갈 수 있죠. 그렇게 하면 정각에 코트에 도착할 수 있을 거예요.
M: 시도해볼 만한 것 같네요. 좋아요. ¹⁵걔가 코트에 가기 전에 여기에 오는 것에 대해서 알려줄 거고 아마 걔가 수업 중간에 그럴 수 있으면 좋겠네요. 어쨌든, 도와주셔서 감사해요. 제가 지금 지나치게 밀어붙였던 건 알아요, 그치만...

W: 괜찮아요. 이해해요, 그리고 제가 학생 입장이었다면 똑같이 느꼈을 거예요.

reservation [rèzərvéiʃən] 예약   policy [páləsi] 규정   facility [fəsíləti] 시설   sign up for ~를 신청하다

implement [ímpləmənt] 시행하다   cancelation [kæ̀nsəléiʃən] 취소   fee [fi:] 수수료

discourage [diskə́:ridʒ] 막다, 말리다   slot [slɑt] 시간대   pass [pæs] 출입증

make an exception 예외로 하다, 특별 취급하다   give a heads up ~에 대해서 알리다, 경고하다

hopefully [hóupfəli] 아마, 바라건대   pushy [púʃi] 지나치게 밀어붙이는, 저돌적인

be in one's shoe ~의 입장이다, ~의 입장에서 생각하다

[16-20]

Listen to a conversation between a student and a university employee.

M: [16]Hi. I'm graduating this summer, and I'm wondering if this is where I should submit my graduation application form.

W: Yes, you've come to the right place.

M: Great. Well, here you go. Have a nice day!

W: Just a second! Sorry . . . I didn't mean to raise my voice. Please don't leave yet. I need to check if you filled out the form correctly. It's just procedure. It shouldn't take more than a few minutes.

M: [17]Sure, no problem, but . . . just to let you know, I've gone over the form a dozen times.

W: Yes, but I can't stamp your form until I've verified all the information. OK, so you're Christopher Holman?

M: That's me.

W: Mr. Holman . . . there's a bit of a problem here.

M: A problem? What do you mean?

W: I've checked your document against our computer database, and from what I gather . . . you won't have the required credits to graduate this summer.

M: Would you mind checking again? I'm sure I have all the credits I need. I checked it myself.

W: The records say you'll be short three credits. Come and see for yourself, if you wish.

M: Look, Miss . . . Miss . . .

W: Wentworth.

M: Miss Wentworth, I made a list of all the subjects I took from my freshman to my senior year based on my grade report and I'm a hundred percent certain that everything adds up. [18]For my major, I need 120 credits, and I'll have earned all the required credits to get my diploma. I think there must be a mistake somewhere. Maybe the credits for my summer courses weren't included.

W: We didn't miss those, Mr. Holman. If you could just take a look at the screen, you'll see that all the courses you took during summer sessions are listed in our database.

M: Please check again. I'm all set to graduate, and it would be such bad luck to not graduate just because of some typo or technical error. Please compare my list with what's in the database, and I'm pretty sure you'll find what's missing in the university's records. Can you take a look just one more time?

W: Sure, I'll compare them. I need a minute or two.

M: That's fine. Take your time, please.

W: OK, I see where the error is. It's on our side.

M: What a relief!

W: I'm sorry if you were upset.

M: No problem. I'm just glad that it's sorted out.

W: All right, let me explain what the error is. It appears that a course you took at Hillsboro University last semester wasn't being counted toward your earned credits in the database. That's 24 hours of classes, so you should have gotten three credits for that. I have no idea why the three credits didn't get recorded. [19]It might have been a computer glitch, but I'm guessing it was probably human error.

M: A friend of mine took the same class there with me . . . it was an exchange program . . . and his credits got transferred with no problem. You're going to be able to fix this, right?

W: Uh . . . It's going to be a little harder than that. I can't actually change the record. However, you should be able to go and see someone who has the authority to have the data corrected. And you're going to have to be quick about this or you might not be able to graduate.

M: What should I do?

W: [20]Um . . . You'll need to go to the dean. I think he's the only one in a position to solve the problem. I'll print out what's on the screen. Take your grade report with you, the one that lists the three credits for the class you took at Hillsboro University. Don't forget that the graduation application period ends today, so you really need to do this now.

M: OK, thanks. I appreciate your help.

Now get ready to answer the questions. You may use your notes to help you answer.

16. Why does the student go to see the university employee?

Listen again to part of the conversation. Then answer the question.

M: Sure, no problem, but . . . just to let you know, I've gone over the form a dozen times.

W: Yes, but I can't stamp your form until I've verified all the information. OK, so you're Christopher Holman?

17. What does the man mean when he says this:
    M: just to let you know, I've gone over the form a dozen times.

18. What does the man say about his credits?

19. According to the conversation, what are two possible reasons the woman gives for the error?

20. What will the man probably do next?

M: [16]안녕하세요. 제가 이번 여름에 졸업하는데, 여기가 졸업 신청서를 제출하는 곳이 맞나요?

W: 네, 제대로 찾아오셨어요.

M: 다행이네요. 음, 여기 있습니다. 좋은 하루 보내세요!

W: 잠깐만요! 죄송해요... 목소리를 높일 생각은 아니었어요. 아직 가지 마세요. 양식을 제대로 기재했는지 확인해야 하거든요. 그냥 절차일 뿐이에요. 몇 분 이상 걸리지는 않을 거예요.

M: [17]물론이죠, 상관없어요, 그런데... 참고로 말씀드리자면, 그 양식은 제가 열 번도 넘게 검토했어요.

W: 네, 그렇지만 모든 정보가 확실한지 제가 확인하기 전에는 양식에 도장을 찍을 수 없어요. 좋아요, 그러니까 학생 이름이 Christopher Holman이죠?

M: 맞아요.

W: Holman 군... 여기 약간 문제가 있네요.

M: 문제라고요? 무슨 말씀이에요?

W: 학생의 서류를 교내 컴퓨터 데이터베이스에 대조해 확인했는데, 제가 이해한 것에 의하면... 학생은 올여름에 졸업하기 위해 필요한 학점을 취득하지 못했어요.

M: 다시 한번 확인해주실래요? 전 분명히 필요한 모든 학점을 취득했다고요. 제가 직접 확인했는걸요.

W: 기록에 의하면 학생은 졸업 학점에서 3학점이 부족해요. 원한다면 직접 와서 보세요.

M: 저기요, 저... 성함이...

W: Wentworth예요.

M: Wentworth 씨, 전 제 성적표에 근거해서 1학년부터 4학년까지 제가 수강했던 과목들을 모두 리스트로 작성했어요. 그리고 모든 계산이 맞다고 100퍼센트 확신해요. [18]전공에서는 120학점이 필요한데, 전 학위를 따기 위해 필요한 모든 학점을 취득했단 말이에요. 제 생각에 어딘가에서 실수가 있었던 게 분명해요. 여름 계절학기 학점이 포함되지 않았을 수도 있고요.

W: 여름 계절학기 학점은 누락되지 않았어요, Holman 군. 여기 화면을 보면, 학생이 여름 계절학기 동안 수강한 수업이 데이터베이스에 올라와 있다는 걸 알 수 있을 거예요.

M: 제발 한 번만 더 확인해주세요. 졸업할 준비가 모두 끝났는데, 단지 오타나 기계적인 오류 때문에 졸업을 못하게 되면 정말 불운할 거예요. 제

리스트와 데이터베이스에 있는 걸 비교해주세요, 그럼 분명 학교의 기록에서 누락된 항목을 발견하게 될 거예요. 정말 딱 한 번만 더 봐주시겠어요?

W: 물론이죠, 한번 비교해볼게요. 1~2분 정도가 필요해요.

M: 괜찮아요. 천천히 해주세요.

W: 그렇구나, 어디에 오류가 있는지 알았어요. 우리 쪽이었네요.

M: 다행이네요.

W: 학생을 언짢게 했다면 미안해요.

M: 괜찮아요. 전 그냥 문제가 해결되어서 기뻐요.

W: 좋아요, 어떤 오류가 있었는지 설명해줄게요. 학생이 지난 학기 Hillsboro 대학에서 수강한 과목이 데이터베이스에서 취득 학점으로 포함되지 않았어요. 24시간짜리 수업이니까, 이 수업에 대해서는 3학점을 받았어야 했네요. 왜 이 3학점이 기록되지 않았는지 모르겠어요. ¹⁹컴퓨터상의 오류일 수도 있지만, 아마 담당자의 실수였을 거예요.

M: 제 친구도 거기서 저랑 같은 수업을 들었는데, 그 수업은 교환학생 프로그램이었어요. 제 친구는 문제 없이 학점을 인정받았어요. 이걸 바로잡아 주실 수 있는 거죠, 그렇죠?

W: 아... 생각보다 조금 어려울 거예요. 저는 사실 기록을 변경할 수 없어요. 하지만, 학생은 기록을 바로잡을 권한을 가진 사람에게 가볼 수 있을 거예요. 그리고 학생이 이 문제를 빨리 처리하지 않으면 졸업을 못할지도 몰라요.

M: 제가 어떻게 해야 하죠?

W: ²⁰음... 학생은 학장님께 가봐야 할 거예요. 제 생각엔 학장님이 이 문제를 해결할 수 있는 위치에 있는 유일한 분이에요. 제가 화면에 보이는 내용을 출력해줄게요. 학생이 Hillsboro 대학에서 수강한 과목의 3학점이 포함된 성적표를 함께 가지고 가세요. 졸업 신청 기간이 오늘 끝난다는 걸 잊지 마세요, 정말 지금 하셔야 해요.

M: 네, 고맙습니다, 도와주셔서 감사해요.

mean to ~할 생각이다, ~할 의도가 있다   go over 검토하다   verify [vérəfài] 확인하다   check against ~에 대조해보다
gather [ɡǽðər] (수집한 정보에 따라) 이해하다   add up 계산이 맞다, 이해가 가다   diploma [diplóumə] 학위
be all set to ~할 준비가 모두 끝나다   take one's time 천천히 하다, 시간을 충분히 쓰다   sort out 해결하다
count [kaunt] 계산하다, 포함하다   earned credit 취득 학점, 이수 학점   glitch [ɡlitʃ] 오류

[21-25]

Listen to a conversation between a student and a librarian.

M: Hi. May I help you?

W: ²¹Um, I'm here about the training.

M: Oh, you must be Liz.

W: Yes, Liz Coleman.

M: I'm Thomas Sinclair. It's very nice to meet you. So, is this your first time working in a library, Liz?

W: No, uh, I was a library aide at my high school . . . but that was really simple stuff, you know, putting books back on shelves, that kind of thing.

M: Well, that's a start. So, um, the kind of work you'll be doing here is a little more complicated. You need to be familiar with the technology that we use at the library. Are you comfortable with using computers?

W: Yep, it was one of the requirements when I applied.

M: Excellent. That's the important part . . . Um, you'll also have to familiarize yourself with the copier, the fax machine . . . things like that.

W: Fax machine? Do people still fax things?

M: You'd be surprised. Actually, professors often need copies of old journal articles or pages from books that are not available online. So we make copies and fax them over to their offices . . . They appreciate the convenience of this service. Anyway, I'm guessing you haven't done circulation tasks before?

W: Not really. I mean, I've seen it being done . . .

M: Right. Well, here you'll have to. And, um, you don't have your employee user name and password yet, but this is what the screen looks like. ²²Here's where librarians can create new records . . . For instance, when someone wants to register for a library card or when we need to add new materials to the library catalog. But you don't have to worry about that. Uh, here are the circulation functions, which is what you'll be using.

Checking in a book is easy. You just scan the barcode and it puts the book back in the system as available for checkout. But for checking out, um, the first thing to do is get into the student's record. We simply scan the card, and then the record pops up. Do you mind if I use your card just to show you?

W: Not at all. Here you go. I hope everything is in good standing.

M: Let's see . . . Oh, yes. [23]No outstanding balances or anything . . . [24]Anyway, now I'm in your record, and I can see you have several books out now . . . a biography about Napoleon, something on the French Revolution . . . somebody must be working on a research paper.

W: Yeah, that would be me.

M: Well, I can't say I envy you. So . . . scan the book's barcode, and all this information is saved under the student's ID number.

W: Right . . . Um, how about when a book is returned late and the student has to pay a fine?

M: When that happens, the system will automatically calculate what is owed when you check the book in. So if it's three days late, the system will just indicate the amount the student owes. [25]Nowadays, though, we only accept online payments.

W: So the student doesn't pay here?

M: No. It just isn't feasible anymore . . . Um, here on the screen, we have the amount owed. Just remind people of the date and amount. Then they can go online, and use their credit card or any other online payment method.

W: Got it. Um, maybe I can observe you for a while and see how you do things. I'll get a better idea of the flow of the work before I start next week.

M: Oh, no problem. And feel free to ask questions if you need to.

Now get ready to answer the questions. You may use your notes to help you answer.

21. Why does the woman go to the library?
22. What does the man imply about the woman's job responsibilities at the library?
23. What can be inferred about the library books the student has checked out?

Listen again to part of the conversation. Then answer the question.

M: Anyway, now I'm in your record, and I can see you have several books out now . . . a biography about Napoleon, something on the French Revolution . . . somebody must be working on a research paper.

W: Yeah, that would be me.

24. Why does the woman say this:
   W: Yeah, that would be me.

25. What does the man say about library fines at the university?

M: 안녕하세요, 뭘 도와드릴까요?
W: [21]음, 교육 때문에 왔는데요.
M: 오, Liz 학생이군요.
W: 네, Liz Coleman이에요.
M: 전 Thomas Sinclair예요. 만나서 정말 반가워요. 자, Liz, 도서관에서 일하는 건 이번이 처음인가요?
W: 아니요, 어, 고등학교 때 도서관 도우미였어요... 그런데 그건 정말 단순한 일이었어요, 그러니까, 책을 다시 책장에 꽂고, 그런 거요.
M: 음, 그게 처음 하는 일이죠. 그래서, 음, 학생이 이곳에서 하게 될 일은 조금 더 복잡해요. 우리가 도서관에서 사용하는 기술에 익숙해질 필요가 있죠. 컴퓨터는 편하게 사용할 수 있어요?
W: 네, 제가 지원했을 때 자격요건 중 하나였어요.
M: 좋아요. 그게 중요한 부분이에요... 음, 학생은 또 복사기, 팩스기... 그런 것들에도 익숙해져야 해요.
W: 팩스기요? 사람들이 아직 팩스를 보내나요?

M: 알면 놀랄 거예요. 사실, 교수들은 종종 온라인으로 구할 수 없는 오래된 학술지의 논문이나 책의 일부 페이지의 사본을 필요로 해요. 그래서 우리가 복사를 해서 연구실로 팩스를 보내주죠... 교수들은 이 서비스의 편리함에 고마워해요. 그나저나, 이전에 도서 대출 업무는 해본 적이 없을 것 같네요?

W: 해본 적은 없어요. 제 말은, 하는 걸 본 적은 있지만...

M: 그렇군요. 음, 여기에서는 해야 할 거예요. 그리고, 음, 학생에겐 아직 직원 아이디와 비밀번호가 없지만, 이게 화면의 모습이에요. ²²여기가 사서들이 새로운 기록을 입력할 수 있는 곳이에요. 예를 들어, 누군가가 도서 카드를 등록하길 원할 때나 우리가 도서관 장서목록에 새로운 자료를 추가할 필요가 있을 때요. 하지만 그것에 대해서 걱정하지 않아도 돼요. 어, 여기가 도서 대출 기능인데, 학생이 사용할 것이에요. 책을 반납하는 건 쉬워요. 그냥 바코드를 스캔하면 시스템에서 책이 대출이 가능한 것으로 되돌아가요. 그런데 대출을 하려면, 음, 첫 번째로 해야 할 일은 그 학생의 기록에 들어가는 거예요. 그냥 카드를 스캔하면 기록이 화면에 떠요. 학생에게 보여주기 위해서 학생의 카드를 사용해도 될까요?

W: 물론이죠. 여기 있어요. 밀린 돈이 없으면 좋겠네요.

M: 봅시다... 오, 그렇네요. ²³미지불된 잔금은 없네요... ²⁴그나저나, 제가 학생의 기록에 접속해 있어서 지금 책을 몇 권 대출해간 게 보이는데... 나폴레옹에 대한 전기, 프랑스 혁명에 대한 책... 누군가 연구 보고서를 쓰고 있나 보네요.

W: 네, 그게 저랍니다.

M: 음, 부럽다고 말은 못 하겠네요. 그래서... 책의 바코드를 스캔하면, 학생증의 학번으로 이 모든 정보가 저장이 되는 거예요.

W: 그렇군요... 음, 책이 늦게 반납되어서 학생이 벌금을 내야 할 때는 어떻게 하나요?

M: 그런 일이 생기면, 책을 반납할 때 시스템이 자동으로 얼마를 지불해야 하는지 계산해줄 거예요. 그러니까 만약 3일이 연체되면, 시스템이 그냥 학생이 지불해야 하는 액수를 표시해주는 거죠. ²⁵그런데 요즘 우리는 온라인 지불만 받고 있어요.

W: 그럼 학생이 여기에서 돈을 내는 건 아니네요?

M: 그렇죠. 그건 이제 더 이상 가능하지 않아요... 음, 여기 화면에 지불해야 할 액수가 보이죠. 그냥 사람들에게 날짜와 액수만 말해주세요. 그럼 그들이 온라인에서 신용카드나 다른 온라인 지불 방법을 이용할 수 있어요.

W: 알겠습니다. 음, 아마도 제가 한동안 사서님을 지켜보면서 어떻게 일을 하시는지 봐야 될 것 같아요. 다음 주에 일을 시작하기 전에 일의 흐름을 더 잘 이해하게 될 거예요.

M: 오, 문제 없어요. 그리고 필요하다면 마음껏 질문해요.

aide[eid] 도우미, 보좌관   complicated[kámpləkèitid] 복잡한   familiar with ~에 익숙한
familiarize[fəmíljəràiz] 익숙하게 하다   circulation[sə̀ːrkjuléiʃən] 도서 대출   catalog[kǽtəlɔ̀ːg] 장서목록, 목록
check in 반납하다   checkout[tʃékàut] 대출, 대출하다   pop up (화면에) 뜨다, 튀어나오다
in good standing (회비, 가입비 등이) 밀린 것이 없는, 완불한   outstanding[àutstǽndiŋ] 미지불된, 미해결된
balance[bǽləns] 잔금, 지불 잔액   biography[baiágrəfi] 전기   fine[fain] 벌금, 수수료   owe[ou] 지불할 의무가 있다
feasible[fíːzəbl] (실현) 가능한

[26-30]

Listen to a conversation between a student and a university museum employee.

M: Welcome to the University of San Diego Art Museum. What can I do for you today?

W: Hi. I'm glad you're still open. I thought the information desk closed at 4:00 p.m.

M: We stay open until six every day. Are you looking for information about upcoming events?

W: Actually, no. ²⁶I'm interested in the special exhibit of ancient Greek sculptures that was presented last week . . . You see, I'm an art major. One of my professors, uh . . . she arranged for the class to take a special tour of the exhibit last Thursday.

M: I hope you enjoyed it. It's not often that the university is able to present such a unique collection of artifacts . . .

W: Well, that's the thing . . . I was out of town that day, so I was unable to participate. The problem is that we're supposed to write a report about the exhibit . . . um, the assignment involves comparing two or three pieces with the work of one of the, uh, Renaissance sculptors we studied last month. ²⁶I was hoping maybe you could give me some information about the items that were on display. To be honest, I figured I would be able to search online, but I couldn't find a lot of information . . .

M: Well, you aren't going to have much luck looking online. The pieces just aren't that well known. In fact, this is the first time they have been shown outside of Greece. ²⁷Um, I can give you a brochure if you want. It includes some background information and a few photographs of the artwork. Maybe you can use it for your assignment?

W: Thanks for the offer, but I already picked one up. It just isn't detailed enough. Is there anything you can tell me about the exhibit?

M: Well, there were, uh, 22 different sculptures on display . . . Uh, most are made of marble or bronze, although a few are made of other materials such as clay.

W: I suppose the majority of them are depictions of gods? My textbook mentioned that religious themes were common in early Greek art.

M: Actually, no. The pieces that were on display are from the, uh, second century BC . . . [28]During the period, many artists in Greece began to focus on capturing what they saw around them on a daily basis. The sculptures are of common people, children, and even domesticated animals . . .

W: I see . . . Well, talking to you has made me realize that it will be impossible for me to complete my assignment without, you know . . . actually studying the sculptures themselves. I really don't know what to do now.

M: [29]When is the project due?

W: Not for two weeks. But that doesn't really do me much good if I can't, you know, see the exhibit.

M: So you've still got a couple weeks, huh? Well, the same artwork will be on display at the California Art Museum . . . starting in about a week, actually.

W: Really? That solves all my problems . . . I can go up next weekend, which will give me a whole week to write my report. Thank you so much.

M: I'm glad I could help. One thing I should probably mention . . . [30]I know that the museum was open until 8:00 p.m. on Saturdays and Sundays during the summer, but, well, I'm not sure if this is still correct. Just in case, you might want to call ahead and confirm the closing time before you go. Anyway, since you're here now, why don't you check out our regular exhibits? There is a lot of great artwork on display.

W: That's a good idea. Maybe I'll do that.

Now get ready to answer the questions. You may use your notes to help you answer.

26. Why does the student go to the art museum?
27. What does the man offer to do for the woman?
28. What is a characteristic of the Greek sculptures that were displayed at the museum?

Listen again to part of the conversation. Then answer the question.

M: When is the project due?

W: Not for two weeks. But that doesn't really do me much good if I can't, you know, see the exhibit.

M: So you've still got a couple weeks, huh? Well, the same artwork will be on display at the California Art Museum . . .

29. Why does the man say this:
    M: So you've still got a couple weeks, huh?

30. What does the man imply about the California Art Museum?

M: San Diego 대학교 미술관에 오신 걸 환영합니다. 오늘 무엇을 도와드릴까요?

W: 안녕하세요. 아직 열려 있어서 기쁘네요. 저는 안내소가 오후 4시에 문을 닫는다고 생각했어요.

M: 저희는 매일 6시까지 열려 있어요. 곧 있을 행사에 대한 정보를 찾고 계신가요?

W: 사실은, 아니에요. [26]저는 지난주에 전시되었던 고대 그리스 조각 특별 전시회에 관심이 있어요... 있죠, 저는 미술 전공자예요. 제 교수님 중 한 분께서, 어... 지난주 목요일에 학생들이 전시회 특별 관람을 하도록 준비해주셨거든요.

M: 즐기셨기를 바라요. 대학이 그렇게 특별한 유물 수집품을 보여주는 일은 자주 있지 않거든요...

W: 저, 바로 그거 말인데요... 저는 그날 다른 지역에 있어서 참가할 수 없었어요. 문제는 저희가 그 전시회에 대한 보고서를 써야 한다는 거예요... 음, 과제는 두세 개의 작품들을 저희가 지난달에 공부한, 어, 르네상스 시대의 조각가들 중 한 명의 작품과 비교하는 것을 포함해요. [26]전시되었던 작품에 대해서 정보를 좀 주실 수 있을까 해서요. 솔직히 말씀드리면, 온라인으로 검색해 볼 수 있을 거라 생각했지만, 많은 정보는 찾지 못

했어요...

M: 글쎄, 온라인으로 검색하면 운이 별로 따르지 않을 거예요. 이 작품들은 그렇게 잘 알려지지 않았거든요. 사실, 그리스 밖에서 전시된 건 이번이 처음이에요. 27음, 원하시면 안내 책자를 드릴 수 있어요. 안내 책자에는 일부 배경 지식과 미술품 사진 몇 장이 포함되어 있어요. 아마 그걸 과제에 사용하실 수 있지 않을까요?

W: 제안은 감사하지만, 이미 하나를 가지고 있어요. 충분히 상세하지는 않더라고요. 전시회에 대해서 제게 말씀해주실 수 있는 게 있나요?

M: 그게, 어, 22개의 다른 조각상이 전시되어 있었는데... 어, 비록 몇 개는 점토와 같은 다른 재료로 만들어졌지만 대부분이 대리석이나 청동으로 만들어졌어요.

W: 그것들 대다수가 신을 묘사한 것이지요? 제 교과서에는 초기 그리스 예술에서는 종교적인 주제가 흔했다고 하더라고요.

M: 사실, 그렇지는 않아요. 전시되었던 작품들은, 어, 기원전 2세기의 것들이에요... 28그 시기 동안, 그리스의 많은 예술가들은 매일 그들 주변에서 본 것들을 포착하는 데 집중하기 시작했죠. 조각들은 평범한 사람들과 아이들, 그리고 심지어는 가축에 관한 것이었어요...

W: 그렇군요... 그게, 말씀을 나누고 보니, 음... 실제로 조각상 자체를 살펴보지 않고서는 제 과제를 마치는 것이 불가능할 거란 걸 실감하게 되네요. 이제 어떻게 해야 할지 정말 모르겠어요.

M: 29프로젝트 마감 기한이 언제인가요?

W: 2주 후예요. 하지만 제가, 그러니까, 전시회를 보지 못한다면 그건 제게 그다지 도움이 되지 않아요.

M: 그러면 아직 2주 정도의 시간이 있는 거네요, 그렇죠? 그게, 같은 미술품이 California 미술관에서 전시될 거예요... 약 일주일 후에 시작해요, 사실.

W: 정말요? 그게 제 문제를 모두 해결하네요... 다음 주 주말에 올라갈 수 있고, 그러면 제 보고서를 쓰는 데 한 주 전체가 주어지겠네요. 정말 감사합니다.

M: 제가 도움이 되었다니 기쁘네요. 제가 말씀드려야 할 게 하나 있는데요... 30그 미술관이 여름에는 매주 토요일과 일요일에 오후 8시까지 열었던 것으로 알고 있는데, 그게, 여전히 그런지는 확실치 않아요. 만약에 대비해, 방문하기 전에 미리 전화를 해서 문을 닫는 시간을 확인해야 할 거예요. 어쨌든 지금 여기 오셨으니까, 저희의 정기 전시회를 둘러보시는 게 어떠세요? 많은 훌륭한 작품들이 전시되어 있어요.

W: 좋은 생각이네요. 아마도 그래야겠어요.

sculpture [skʌ́lptʃər] 조각   arrange [əréindʒ] 준비하다, 정하다   unique [juːníːk] 특별한, 독특한
collection [kəlékʃən] 수집품, 소장품   artifact [ɑ́ːrtəfækt] 유물   involve [inválv] 포함하다, 수반하다   piece [piːs] 작품
on display 전시된   figure [fígjər] 생각하다, 판단하다   brochure [brouʃúər] 안내 책자   marble [mɑ́ːrbl] 대리석
bronze [brɑnz] 청동   clay [klei] 점토, 찰흙   depiction [dipíkʃən] 묘사   religious [rilídʒəs] 종교적인, 종교의
theme [θiːm] 주제   capture [kǽptʃər] 포착하다, 잡다   on a daily basis 매일   domesticated animal 가축
do good 도움이 되다, 이롭다   confirm [kənfɔ́ːrm] 확인하다   check out 둘러보다, 살펴보다, 조사하다
regular [régjulər] 정기의, 정규의

Lectures

Unit 01. Lecture Question Types

1. Main Purpose/Topic Questions

EXAMPLE

p.152

Listen to part of a lecture in an economics class.

P: Now, last week we covered the basics of America's Great Depression in the early 1900s. First of all, do you have any questions remaining from that? Hmm . . . well, then I want to get into some of the more, um, specific aspects of that period. So why don't we start by talking about the bank panics of the thirties?

S: That happened in New York, didn't it? Uh, I think I remember my grandfather talking about it. He was an accountant on Wall Street, so . . .

P: Yeah, it definitely affected New York, since that is where the nation's financial center was, uh, based . . . but before we work out the fine details, let's take a step back. We need to know first what the bank panic was. So, basically, there was a nationwide scare that banks were all going bankrupt. This, uh, well, it caused almost everyone to run and withdraw their funds, leaving the banks dry. We now call that time the "run on the banks."

S: I, I guess I don't understand how people could get so scared that they, uh, would suddenly pull all their money out. It . . . I don't know . . . seems a bit drastic.

P: Well, you need to take into consideration the socio-economic climate. In the year 1929, about half of all Americans were living below basic subsistence levels. And, uh, the stock market crashed that year, which really put a damper on the national economy . . . so it's obvious that the country's overall situation contributed to the problem. And, of course, things didn't get better following the crash. In 1930, unemployment was around 25 percent and the GDP fell by about 46 percent. Obviously this led to some serious contractions in the money supply and a number of smaller banks, especially in the, uh, rural areas, went under.

S: So . . . when you say "went under" you mean that they completely closed?

P: Correct.

S: I guess what I don't understand is why the banks didn't have any money set aside for emergencies. How could they, you know, not be backed up by anything?

P: Surprisingly, that was just the system at the time. Of course, immediately after they realized that, they said, we'd better do something about this. But . . . not before the second crash in the spring of 1931. That one was much worse . . . the famous US Bank of New York went down and you can just imagine how much money the, uh, people of New York pulled out from the other financial institutions.

Q. What is the discussion mainly about?

P: 자, 지난주에 우리는 1900년대 초 미국의 경제 대공황의 기본적인 내용을 다루었습니다. 우선, 그 부분에 관한 질문이 남았나요? 흠... 그럼, 이제 그 시기의, 음, 몇몇 좀 더 구체적인 측면을 살펴보도록 하겠습니다. 30년대의 은행 공황에 대한 이야기부터 시작해 볼까요?

S: 은행 공황은 뉴욕에서 발생했습니다, 그렇죠? 어, 제 할아버지께서 그것에 대해 말씀하셨던 것이 기억납니다. 그분은 Wall Street의 회계사이셨거든요, 그래서...

P: 네, 은행 공황은 분명 뉴욕에 영향을 주었죠, 어, 뉴욕은 국가 금융의 중심지였기 때문입니다... 하지만 좀 더 구체적으로 들어가기 전에, 잠깐 한발 물러나 봅시다. 우리는 먼저 은행 공황이 무엇인지 알고 있어야 해요. 그러니까, 근본적으로 은행이 모두 파산할 것이라는 전국적인 불안감이 있었어요. 이로 인해, 어, 거의 모든 사람들이 달려들어 예금을 인출해서 은행의 자금이 고갈되었습니다. 지금 우리는 그 시기를 '은행 지불 청구 쇄도 기간'이라고 부릅니다.

S: 전, 사람들이 왜 그렇게 겁에 질려, 어, 갑자기 모든 돈을 인출했는지 이해할 수 없어요. 그건... 글쎄요... 다소 극단적인 것 같아요.

P: 그러니까 학생은 사회경제적인 분위기를 고려할 필요가 있어요. 1929년 당시, 모든 미국인의 절반 정도가 기초 생계 수준 이하로 살고 있었어요. 그리고, 어, 그해에 주식시장이 붕괴하여 국가 경제를 위축시켰죠... 그러니까 나라의 전체적인 상황이 그 문제에 일조했던 것은 분명합니다. 그리고, 물론, 붕괴 이후 상황은 더 나아지지 않았습니다. 1930년에 실업률은 25퍼센트였고 GDP는 46퍼센트 가량 감소했어요. 당연히 이러한 상황은 화폐공급의 축소와 많은 소규모 은행들, 특히, 어, 변두리 지역의 은행들을 파산시키는 결과를 낳았습니다.

S: 그러면... '파산'이라는 말은 완전히 문을 닫았다는 의미인가요?

P: 맞아요.

S: 왜 은행들이 비상사태에 대비해서 돈을 비축해두지 않았는지 이해할 수 없습니다. 어떻게, 그러니까, 은행들은 아무런 자금 대비책이 없었을까요?

P: 놀랍게도, 그 당시의 제도는 그랬어요. 물론, 은행들이 그것을 깨달은 직후, 이 문제에 대해 뭔가 조치를 취해야 한다고 말했죠. 하지만... 그것은 1931년 봄에 두 번째 주가폭락이 있은 후에야 이루어졌죠. 두 번째 주가 폭락은 훨씬 더 심각했어요... 명성 있는 US Bank of New York이 파산하게 되었고, 어, 뉴욕 사람들이 얼마나 많은 돈을 다른 금융기관으로부터 인출했는지 짐작할 수 있을 거예요.

Great Depression 대공황   panic[pǽnik] 공황   accountant[əkáuntənt] 회계사   financial[finǽnʃəl] 금융의, 재정의
take a step back 한 발짝 물러나다   scare[skɛər] 불안감, 공포   go bankrupt 파산하다   withdraw[wiðdrɔ́:] 인출하다
fund[fʌnd] (수표, 어음 결제용의) 예금   run on (은행에) 채권액의 반환을 청구하다   drastic[drǽstik] 극단적인, 과격한
take into consideration 고려하다   socio-economic 사회경제적인   climate[kláimit] 분위기
subsistence[səbsístəns] 생계   stock market 주식시장   crash[kræʃ] 붕괴하다, 붕괴   put a damper on ~를 위축시키다
unemployment[ʌnimplɔ́imənt] 실업(률)   contraction[kəntrǽkʃən] 축소   go under 파산하다, 망하다
set aside 비축하다, 따로 떼어두다   emergency[imə́:rdʒənsi] 비상사태   institution[ìnstətjú:ʃən] 기관

HACKERS **PRACTICE**

p.154

1. (B)	2. (C)	3. (D)	4. (C)	5. (C)	6. (D)	7. (B)	8. (A)	9. (C)

Ⅰ. **Listen to the following excerpts from lectures and choose the best answer for each question.**

1 Uh . . . today, I'd like to continue talking about enzymes. I briefly introduced them yesterday . . . so just to remind you, enzymes are a biological substance . . . proteins actually . . . that act as catalysts. In other words, they help complex reactions occur everywhere in life. Essentially, what they do is . . . they increase the speed of a chemical reaction. Now, to help you understand just what an enzyme does, I'd like to look a little more closely into the actual process of an enzyme working.
OK, let me just briefly state the steps involved . . . and then I'll give an example. First of all, an enzyme needs a substrate . . . or a biological molecule, to work on.

Q. What will the rest of this talk mainly be about?

어... 오늘은 효소에 대해 계속해서 이야기하겠습니다. 어제 효소에 대해 간단히 소개했는데요... 그래서 그냥 여러분들의 기억을 되살리기 위해 말하자면, 효소는 생물학적 물질이며... 사실 촉매 역할을 하는... 단백질입니다. 다시 말해서, 효소는 생명체의 어느 곳에서든 복잡한 반응이 일어나도록 도와줍니다. 본질적으로, 효소가 하는 일은... 화학 반응의 속도를 증가시키는 일이죠. 자, 효소의 역할에 대한 이해를 돕기 위해서, 효소가 실제로 작용하는 과정에 대해 좀 더 자세히 알아보겠습니다.
좋아요, 이 과정에 포함되는 단계들을 간단히 언급한 후... 예를 들겠습니다. 첫째로, 효소가 작용하려면 기질... 혹은, 생물학적 분자가 필요해요.

enzyme[énzaim] 효소   substance[sʌ́bstəns] 물질   protein[próuti:n] 단백질   catalyst[kǽtəlist] 촉매
complex[kámpleks] 복잡한, 복합의   essentially[isénʃəli] 본질적으로
substrate[sʌ́bstreit] 기질 (효소의 작용으로 화학 반응을 일으키는 물질)   molecule[máləkjù:l] 분자

2 All right, we'll be having group presentations in just a little while, so I hope that you're all ready to present your research on North American Native Art. But before I ask the groups to take the floor, let me just start things off with a very brief introduction. A lot of the traditional arts by Native North Americans have been collected and marketed over the centuries by European travelers. And, uh, these art works were sort of, shall we say, refashioned to suit the public's taste in art. This is the reason I've asked you to focus on what the art reveals about the native tribes of America.

Originally, these objects were produced in a completely different cultural context. In some cases, native people gave a blanket or piece of pottery qualities that weren't related to its primary function. And some groups produced articles that revealed the status of their owners . . . So . . . let's see what information your research has produced. Is the first group ready?

Q. What will the speakers probably discuss?

좋아요, 잠시 후에 조별 발표를 할 것이니, 모두 북아메리카 토착 예술에 대한 조사를 발표할 준비가 되어 있길 바랍니다. 하지만 조들이 발표를 시작하기 전에, 우선 제가 아주 간략한 소개로 시작하겠습니다. 북아메리카 원주민들의 전통 예술품 중 다수가 몇백 년 동안 유럽 여행자들에 의해 수집되고 거래되어 왔어요. 그리고, 어, 이러한 예술 작품들은 대중들의 예술 취향에 맞도록, 말하자면, 개조되었습니다. 제가 이 예술 작품들이 아메리카 원주민 부족의 어떤 점을 드러내는가에 초점을 맞추라고 한 것은 바로 이 때문이죠.
원래, 이러한 작품들은 완전히 다른 문화적 환경에서 만들어졌습니다. 어떤 경우에는, 원주민들은 담요나 도기에 그것의 주기능과는 관련이 없는 특성을 부여하기도 했습니다. 그리고 어떤 집단은 소유주의 지위를 나타내는 물건을 만들기도 했고요... 그러면... 학생들이 어떤 정보를 조사했는지 봅시다. 첫 번째 조는 준비되었나요?

take the floor 발표하려고 하다 **refashion** [ri:fǽʃən] 개조하다 **suit** [sju:t] 맞다 **reveal** [riví:l] 드러내다, 보이다
context [kántekst] 환경, 정황 **pottery** [pátəri] 도기 **quality** [kwáləti] 특성 **primary** [práimeri] 주된, 주요한

3 OK, I'm fairly certain that all of you, or maybe most of you, have asked yourselves how the Moon was formed. Well . . . today I'm going to focus on that question. Of course, no one can say for certain how the Moon actually did form, but there are a number of theories. Now, let me just say that for a theory to be considered serious, that is, for it to be accepted as a theory . . . it has to take into account everything that is known about the Moon. Actually, uh, scientists don't even agree which of the . . . Moon formation theories can be considered truly serious. So . . . when I finish talking, perhaps you can sort of give your own ideas as to how serious you consider them to be.

Now, let's look at the first theory . . . that the Moon came out of the Earth. Basically, what this theory is saying is that the Moon was once part of the Earth and that it seems to, well, it seems to have somehow separated from the Earth.

Q. What will the lecture mainly be about?

네, 여러분 모두, 혹은 아마 대부분의 학생들이 달이 어떻게 생성되었는지에 대해 궁금했던 적이 있을 거라고 확신합니다. 음... 오늘은 그 질문에 대해 자세히 다루고자 합니다. 물론, 어느 누구도 달이 어떻게 생성되었는지에 대해 확실히 말할 수 없지만, 이에 대한 많은 이론들이 있어요. 자, 한 이론이 진지하게 여겨지기 위해서는, 다시 말해, 하나의 이론으로 받아들여지려면... 그 이론은 달에 관해 알려진 모든 것들을 고려한 것이어야 해요. 사실, 어, 과학자들은 달 생성 이론 중... 어느 것이 정말 중요한지에 대한 합의도 이루지 못했습니다. 그래서... 제가 강의를 끝내고 나면, 학생들은 아마도 그 이론들이 얼마나 중요한지에 대한 자신의 생각들을 이야기할 수 있을 거예요.
자, 이제 달은 지구로부터 나왔다고 보는... 첫 번째 이론을 살펴봅시다. 기본적으로, 이 이론은 달이 한때 지구의 일부분이었으며, 음, 어떤 이유로 지구로부터 분리되었다고 합니다.

take into account ~을 고려하다, 참작하다 **formation** [fɔːrméiʃən] 생성 **as to** ~에 대하여, ~에 관하여

4. I'll, um, start off our discussion on the development of quilts in the United States by giving you a sort of chronicle on how it became an American tradition. OK . . . although quilting is a very old craft that began in Egypt and Mongolia, it was the European settlers who brought quilt making to America.

Now . . . unfortunately, there are no quilts that survive from seventeenth century America, but there are many references to them, so we know that Americans did engage in quilt making as early as the 1600s. So . . . quilting flourished in the United States in the nineteenth century, and one reason it did was . . . you had all these American textile manufacturers making a wide variety of quality fabrics for the homemaker to use. Also . . . coming out at the same time were new printing techniques and synthetic dyes, too! And this, this wealth of fabric and colors resulted in the creation of new designs and variations on old patterns.

Q. What aspect of the development of quilts will the professor mainly discuss?

음, 퀼트가 어떻게 미국의 전통이 되었는지를 시대순으로 설명하면서 미국의 퀼트의 발전에 대한 논의를 시작하겠습니다. 자... 퀼트는 이집트와 몽골에서 시작된 오래된 공예이지만, 퀼트 제작법을 미국에 도입한 것은 유럽 이주민들이었습니다. 자... 안타깝게도, 17세기에 미국에서 만들어진 퀼트가 현존하지는 않지만, 많은 참고문헌들이 있기에, 이미 1600년대 초기에 미국인들이 퀼트 제작에 종사했음을 알 수 있습니다.
그래서... 퀼트는 미국에서 19세기에 번성했는데, 그 한 가지 이유는... 미국의 많은 직물 제조업자들이 가정주부들이 사용할 수 있는 다양한 직물을 생산했다는 것입니다. 또한... 같은 시기에 새로운 날염기술과 합성염료도 발명되었습니다! 그리고 이, 이러한 풍부한 직물과 안료는 새로운 디자인이 생겨나고 기존의 무늬가 다양화되는 결과를 불러왔습니다.

quilt[kwilt] 퀼트, 누비 (옷감에 솜을 넣어 누비는 것)   craft[kræft] 공예, 기술   settler[sétlər] 이주민
reference[réfərəns] 참고문헌   engage in 종사하다, 참가하다   flourish[flə́:riʃ] 번성하다, 번창하다   textile[tékstil] 직물의
manufacturer[mænjufǽktʃərər] 제조업자   a wide variety of 다양한   fabric[fǽbrik] 직물
homemaker[hóummèikər] 가정주부   printing[príntiŋ] 날염   synthetic[sinθétik] 합성의   dye[dai] 염료, 물감
pattern[pǽtərn] 무늬

II. Listen to the following excerpts from lectures and choose the best answer for each question.

5   Uh, OK, let's start. Today, we're going to discuss what the public and the scientific community consider a truly controversial topic: the question of what Pluto really is. I was about to say the planet Pluto, but actually, that's what the controversy is all about. When Pluto was first discovered sometime in 1930 by an amateur astronomer . . . uh, Clyde Tombaugh was his name . . . it was given planet status. To the astronomers of that time, it had the characteristics that gave it the distinction of being called a planet. For one, it orbited around the Sun . . . as did the other eight planets. Um, it was also large enough. And this means that its own gravity had the strength to make its shape round, you know, like a sphere. And finally . . . it had some sort of atmosphere and . . . enough mass to produce its own energy and shine . . . pretty much the same way the other planets in the solar system shine.
But for many years, astronomers kept saying that Pluto should never have been called a planet. And when Clyde Tombaugh died in 1997, you had all these astronomers urging the International Astronomical Union or IAU to downgrade Pluto's status. They must've had a reason for doing this. In fact, they had four reasons. First, they said Pluto was much too small compared to the other planets. It was, in fact, smaller than four of the planetary moons in our solar system. Second, it was an oddball in terms of composition. Mercury, Venus, Earth, and Mars, as you know, are terrestrial planets and the next four are gas giants. But Pluto is made of ice and bits of rock. Then, third, Pluto has a tilted orbit. It's tilted about, about . . . seventeen degrees from the orbits of the other planets. And finally . . . well . . . in 1992, scientists discovered the Kuiper Belt. Hold on, let me write that down on the board. This belt is located beyond the orbit of Neptune, and it consists of small, icy bodies much like that of Pluto. They were given the designation Kuiper Belt Objects or KBOs. When scientists discovered more of these objects farther in space, they began to wonder if the icy Pluto was a planet . . . or simply the largest known KBO.

Q. What is the main topic of the lecture?

어, 네, 수업을 시작합시다. 오늘은 대중과 과학 단체들 사이에서 매우 논란이 되고 있는 주제에 대해 토론할 것인데, 명왕성의 진짜 정체는

무엇이냐는 질문입니다. 저는 방금 명왕성을 행성이라고 지칭하려 했는데, 바로 그 점이 논쟁이 되고 있죠. 명왕성이 1930년에 아마추어 천문학자... 어, Clyde Tombaugh에 의해 처음으로 발견되었을 때... 그것은 행성의 지위를 얻었습니다. 당시 천문학자들이 보기에 명왕성은 행성으로 구분하여 부를 수 있을 만한 특징을 지니고 있었습니다. 우선, 명왕성은 다른 여덟 행성들처럼... 태양 주위를 공전합니다. 음, 또한 그것은 충분히 컸어요. 그리고 이것은 명왕성이 자체적인 중력으로 둥근 형태, 즉 구의 형태를 형성하는 힘이 있다는 것을 뜻합니다. 그리고 마지막으로... 명왕성은 대기와 비슷한 것을 지니고 있었으며... 자체적인 에너지를 생산하고 빛을 발할 만큼의 질량을 지니고 있었습니다... 태양계의 다른 행성들이 빛나는 것과 비슷한 방식으로요.

그러나 수년 동안, 천문학자들은 명왕성을 행성이라 지칭해서는 안 된다는 주장을 해왔습니다. 그리고 Clyde Tombaugh가 1997년에 죽고 난 후, 많은 천문학자들은 국제천문학협회 또는 IAU에 명왕성의 지위를 강등시키도록 촉구했습니다. 그들의 주장에는 분명 이유가 있었겠죠. 사실, 그들은 네 가지 이유를 들었습니다. 첫째, 명왕성은 다른 행성들에 비해 크기가 너무 작았습니다. 명왕성은, 사실, 태양계의 네 개 행성의 위성들보다 크기가 작아요. 둘째, 명왕성은 구성 면에서 특이했습니다. 모두 알고 있듯이 수성, 금성, 지구, 그리고 화성은 지구형 행성이며 다음 네 개의 행성들은 거대한 가스 덩어리입니다. 그러나 명왕성은 얼음과 약간의 암석으로 이루어져 있어요. 그리고 셋째, 명왕성은 기울어진 궤도를 갖고 있습니다. 다른 행성의 궤도에서 약... 17도 가량 기울어져 있죠. 그리고 마지막으로... 음... 1992년에 과학자들은 카이퍼 벨트를 발견했어요. 잠깐만요, 칠판에 적어 줄게요. 이 벨트는 해왕성의 궤도 너머에 있고, 명왕성의 몸체와 비슷한 작은 얼음 덩어리로 구성되어 있습니다. 그 얼음 덩어리들은 카이퍼 벨트 물체 또는 KBO라는 명칭을 얻었죠. 과학자들이 우주상에서 이 물체들을 더 발견하게 되자, 그들은 얼음으로 이루어진 명왕성이 행성인지... 혹은 단지 알려진 것 중 가장 큰 KBO인지 의문을 갖기 시작했습니다.

controversial[kὰntrəvə́:rʃəl] 논란이 되는, 논쟁의 여지가 있는　　Pluto[plú:tou] 명왕성　　be about to 막 ~하려 하다
planet[plǽnit] 행성　　astronomer[əstránəmər] 천문학자　　status[stéitəs] 지위　　orbit[ɔ́:rbit] 공전하다
gravity[grǽvəti] 중력　　sphere[sfíər] 구　　mass[mæs] 질량　　urge[ə:rdʒ] 촉구하다, 주장하다
downgrade[dáungrèid] 강등시키다, 내리다　　planetary[plǽnətèri] 행성의　　moon[mu:n] 위성　　solar system 태양계
oddball[ádbɔ̀:l] 특이함, 별남　　in terms of ~에 있어서　　composition[kὰmpəzíʃən] 구성　　terrestrial planet 지구형 행성
gas giant 가스 덩어리 (목성형 행성의 다른 명칭)　　tilt[tilt] 기울다　　Neptune[néptʃu:n] 해왕성　　designation[dèzignéiʃən] 명칭

6　OK, let's continue our discussion on the American labor union. OK, I'll quickly review the stuff we covered yesterday before moving on. So, the labor movement arose basically because of the inequality between employer and employees. And it was a movement of workers. You see, workers wanted more control over how many hours they worked and . . . of course, how much they got paid for the work they did. The first workers to go on strike were the printers. Then cabinetmakers came next, and then the carpenters . . . and pretty soon, there were all sorts of labor unions.

So . . . basically, American labor unions did not think government should regulate how much workers should be compensated. On the other hand, in many western European countries, wages and benefits were largely set by governmental regulation. What a big difference! It's interesting that Americans were willing to fight and even die to get their eight-hour workday and minimum wage.

Let's go a bit more into what the workers' struggle involved. OK, many of the early efforts of these small unions were unsuccessful. But, that didn't stop their numbers from increasing. So by the mid-nineteenth century, the Federation of Organized Trade and Labor Unions passed a resolution declaring that eight hours constitutes a full and legal work day. About 350,000 workers went on strike for shorter hours. And that's what eventually won their eight-hour workday.

Of course, business and government leaders didn't like this one bit because it meant they could no longer control the lives of workers. So . . . on May 3, 1886, the employers arranged for policemen to shoot into a crowd of workers just outside the McCormick Reaper Works Factory. On that day, four workers died and many were wounded. This is how it happened. As the workers began to leave, someone threw a bomb at the police . . . and they started shooting into the crowd. They never found out the identity of the bomber, but the leaders of the labor movement were arrested. Actually, most of them were not at the meeting at the time the bomb was thrown. And although the courts had no evidence, the eight leaders were sentenced to death. So you see . . . the benefits we all enjoy today were obtained at great cost: the lives of workers.

Q. What is the main purpose of the lecture?

네, 미국 노동조합에 대한 논의를 계속합시다. 자, 진도를 나가기 전에 어제 강의를 간단히 복습해보죠. 그러니까, 노동 운동은 근본적으로

피고용인과 고용주 사이의 불평등에서 발생했습니다. 그리고 이 운동은 노동자들의 운동이었죠. 그러니까, 노동자들은 그들이 몇 시간 동안 일하는지와... 당연히, 그 대가로 얼마의 보수를 받는지에 대해 더 큰 결정권을 갖기를 원했습니다. 동맹 파업에 들어간 첫 번째 노동자들은 인쇄업자들이었습니다. 그다음은 고급 가구 제작자들이었고, 그 후는 목수들이었고... 곧, 온갖 종류의 노동조합이 생겨났습니다.

자... 기본적으로, 미국 노동조합은 노동자들이 얼마의 보수를 받아야 하는지를 정부가 규제해서는 안 된다고 생각했어요. 한편, 많은 서부 유럽 국가에서는 임금과 수익이 대개 정부의 통제로 결정되었습니다. 정말 큰 차이죠! 흥미로운 점은 미국인들은 하루 8시간의 노동시간과 최소임금을 얻기 위하여 기꺼이 싸우고 심지어 죽음까지도 불사했다는 점이었습니다.

노동자들이 어떤 투쟁을 벌였는지 좀 더 자세히 알아봅시다. 자, 이러한 초기의 소규모 조합들의 시도는 대부분 성공하지 못했어요. 그러나, 이는 그들의 수가 증가하는 것을 막지 못했습니다. 그래서 19세기 중반에, 직능별 노동조합 연맹은 8시간이 완전한 법적 근무시간이라고 선언한 결의문을 통과시켰습니다. 약 350,000명의 노동자들은 더 짧은 노동 시간을 위해 동맹 파업에 들어갔고, 그 결과 그들은 노동 시간을 8시간으로 줄일 수 있었던 것입니다.

물론, 기업과 정부 지도자들은 이것을 조금도 좋아하지 않았는데, 이는 그들이 더 이상 노동자들의 삶을 통제할 수 없다는 것을 의미하기 때문이었죠. 그래서... 1886년 5월 3일, 고용주들은 경찰들에게 McCormick Reaper 공장 밖의 많은 노동자들을 향해 총을 쏘도록 했습니다. 그날, 노동자 4명이 죽었고 많은 사람들이 다쳤습니다. 사건의 경위는 이렇습니다. 노동자들이 떠나기 시작했을 때, 누군가가 경찰들에게 폭탄을 던졌고... 경찰들은 노동자들에게 총을 쏘기 시작했습니다. 그들은 폭파범의 정체를 밝히지 못했으나, 노동 운동의 지도자들이 체포되었습니다. 사실, 그들 대부분은 폭탄이 던져진 때에 그 집회에 있지 않았어요. 또한 법정에서는 증거가 없었는데도, 8명의 지도자들에게 사형을 선고했습니다. 그러니까 이렇듯... 현재 우리가 누리고 있는 혜택들은... 노동자들의 생명이라는 큰 희생의 대가로 이루어진 것입니다.

arise [əráiz] 발생하다   inequality [ìni(:)kwáləti] 불평등   strike [straik] 동맹 파업
regulate [régjulèit] 규제하다, 통제하다   compensate [kámpənsèit] 보수를 치르다, 보상하다   wage [weidʒ] 임금
minimum [mínəməm] 최소의   struggle [strʌ́gl] 투쟁   unsuccessful [ʌ̀nsəksésfəl] 성공하지 못한
federation [fèdəréiʃən] 연맹, 동맹   resolution [rèzəlú:ʃən] 결의문   declare [dikléər] 선언하다
bomber [bámər] 폭파범, 폭탄 투척자   sentence to death 사형을 선고하다

7 P: OK, um, before I continue our discussion on diamonds, are there any questions from yesterday?

S1: Yes, um, yesterday you said diamonds are something like 1 to 3.3 billion years old, and that, I mean, these diamonds surfaced through magma eruptions billions of years ago. Isn't it possible for volcanic activity today to raise diamonds to the earth's surface?

P: Well, that's a very good question actually. The answer's a bit complicated . . . but it's a great way for us to review what we already took up. All right, diamonds are formed about 75 to 120 miles below the earth's surface. We all know that, right? And they're made of carbon, the same material that coal is made of. Obviously, there's a difference in the way the two are . . . you know, processed. Well . . . for carbon-bearing material to turn into diamonds, the material would have to be subjected to very high pressure . . . specifically five gigapascals . . . and a temperature of around 2,200 degrees Fahrenheit. Pressure like this and prolonged high temperatures are needed for crystals to form and grow. Well, these are characteristic of regions deep within the earth. So it's only in these regions that diamonds can form. Did you get that?

S1: Yes, Professor.

P: Good . . . See, crystals take millions of years to surface. Geologists believe that the first delivery of diamonds occurred some 2.5 billion years ago. The most recent one was about 45 million years ago. So . . . how do diamonds rise to the surface? Who can answer this?

S2: They're forced to the surface through deep-origin volcanic eruptions.

P: Right. Those that happened billions of years ago were pretty explosive, but today's eruptions are fairly tame by comparison. Also, the eruptions of long ago were from deep within where the diamond crystals were formed, whereas today's, of course, are not of deep origin. So, we can see the difference between deep-origin eruptions and eruptions that occur today.

S2: I have another question.

P: Go ahead.

S2: Well . . . if the volcanoes of long ago pushed the diamonds to the surface, why do diamonds have to be mined? Aren't they close enough to the surface to be collected easily?

P: OK. Well, when magma came up to the surface, it cooled into igneous rock known as kimberlite. Kimberlite is commonly located in the, you know, the oldest regions of the continental crust. And it takes many years before the elements like wind, rain, snow, and ice could erode the kimberlites to release the diamonds. So diamond producers speed things up a bit by mining for diamonds. And the largest producers of diamonds are South Africa and Canada, where thousands of kimberlites have been found. OK, so let's proceed with how diamonds are mined and produced.

Q. What are the speakers mainly discussing?

P: 네, 음, 다이아몬드에 대한 논의를 계속하기 전에, 어제 강의에 대한 질문이 있나요?

S1: 네, 음, 어제 교수님께서 다이아몬드는 약 10억 년에서 33억 년 전에 생겨났으며, 그리고, 그러니까, 이 다이아몬드가 수십억 년 전의 마그마 분출로 인해 지표면에 드러났다고 말씀하셨잖아요. 오늘날의 화산 활동이 다이아몬드를 지구 표면으로 끌어올리는 것은 불가능한가요?

P: 음, 아주 좋은 질문이군요. 질문에 대한 답이 꽤 어렵지만... 우리가 이미 논의했던 내용을 복습하기에 매우 좋은 방법입니다. 네, 다이아몬드는 지구 표면으로부터 75마일에서 120마일 아래에서 생성됩니다. 모두 알고 있죠, 그렇죠? 그리고 다이아몬드는 석탄과 마찬가지로 탄소로 구성되어 있어요. 분명히, 둘의... 그러니까, 생성 과정에는 차이가 있습니다. 음... 탄소를 함유한 물질이 다이아몬드로 변하기 위해서는, 높은 압력을 받아야만 해요... 구체적으로 말하자면 5억 파스칼의 압력과... 화씨 2,200도 정도의 온도가 되어야 하죠. 결정이 형성되고 커지게 하려면 이러한 압력과 장기간의 높은 온도가 필요합니다. 음, 이는 지구의 깊은 내부의 특징이죠. 그래서 오직 이런 지역에서만 다이아몬드가 생성될 수 있어요. 이해했나요?

S1: 네, 교수님.

P: 좋아요... 그러니까, 결정이 지표면에 드러나기까지는 수백만 년이 걸립니다. 지질학자들은 약 25억 년 전에 다이아몬드의 첫 방출이 발생했다고 믿습니다. 가장 최근의 방출은 4천5백만 년 전이고요. 그렇다면... 다이아몬드는 어떻게 지표로 올라올까요? 누가 대답해 볼래요?

S2: 다이아몬드는 깊은 곳에서 시작된 화산 분출로 인해 지표로 밀려 나옵니다.

P: 맞아요. 수십억 년 전에 발생한 화산 분출은 폭발적이었지만, 비교하자면 요즘의 분출은 상당히 유순합니다. 또한, 오래전의 분출은 다이아몬드 결정이 생성되는 깊은 곳에서 시작되었죠, 물론, 그 반면 오늘날의 분출은 깊은 곳에서 비롯된 것이 아니지요. 그래서, 이제 깊은 곳에서 시작된 분출과 오늘날 발생하는 분출의 차이점을 알겠죠?

S2: 한 가지 질문이 더 있습니다.

P: 말해보세요.

S2: 음... 오래전의 화산이 다이아몬드를 표면으로 밀어냈다면, 왜 다이아몬드를 채굴해야 하죠? 쉽게 채집할 수 있을 정도로 표면에 가까이 있지 않나요?

P: 네, 음, 마그마는 표면으로 나오면, 킴벌라이트라고 알려진 화성암으로 냉각됩니다. 킴벌라이트는 일반적으로, 그러니까, 대륙 지각 중 가장 오래된 부분에 위치해 있어요. 그리고 바람과 비, 눈, 얼음 등의 요소들이 킴벌라이트를 다이아몬드가 드러나도록 침식시키려면 오랜 시간이 걸립니다. 그래서 다이아몬드 가공자들은 다이아몬드를 채굴함으로써 그 시간을 단축하죠. 그리고 다이아몬드의 최대 생산국은 남아프리카와 캐나다인데, 이곳에서는 수천 개의 킴벌라이트가 발견되었습니다. 좋아요, 계속해서 어떻게 다이아몬드가 채굴되고 가공되는지 살펴봅시다.

volcanic activity 화산 활동　　carbon [káːrbən] 탄소　　be subjected to ~을 받다, ~을 겪다, ~을 당하다
Fahrenheit [fǽrənhàit] 화씨　　prolonged [prəlɔ́ːŋd] 장기간의　　crystal [krístəl] 결정　　delivery [dilívəri] 방출
explosive [iksplóusiv] 폭발적인　　tame [teim] 유순한, 온순한　　mine [main] 채굴하다　　igneous rock 화성암
kimberlite [kímbərlàit] 킴벌라이트 (다이아몬드를 함유하는 운모 감람석)　　continental [kàntənéntl] 대륙의
crust [krʌst] 지각　　erode [iróud] 침식하다　　release [rilíːs] 드러내다, 방출하다

8　P: OK, let's look at a period in American literature known as the Harlem Renaissance. I'm sure you all know that "renaissance" means a revival of learning and culture. Well . . . this revival took place in Harlem in the 1920s and 30s. Harlem is a community in upper Manhattan. It's been referred to as "black city" because there was a massive influx of blacks from the South to three major cities: New York, Chicago, and Washington, DC. So can anyone tell me why . . . Harlem Renaissance . . . why would it be called Harlem Renaissance?

S: Was it because the, um, blacks were given greater access to education?

P: Well, yes, that's true, but no, that's not the reason. Actually, there was an unprecedented outburst of creativity among black people. Harlem became known as the center of US black culture. The renaissance cut across almost all genres of art, from literature to painting to acting. Now . . . one thing you need to take note of is . . . the blacks who participated in the revival were united in giving artistic expression to the

African American experience. So the literature that came out during that time had common themes. There was an interest in the roots of the African American experience . . . And these roots go way back to the fifteenth century, by the way. And there was also racial pride and . . . a strong desire for social and political equity with white people. So for ten years, sixteen black writers published more than fifty volumes of poetry and fiction. Can anyone here name any of the black authors during this period?

S: Well, I hope I'm correct in saying that two of them were Langston Hughes and Robert Hayden.

P: Right you are. Let's talk about these writers in greater detail. There were two common themes in the poetry of both Hughes and Hayden. Hayden's poetry focused on the social and political plight of African-Americans. And being a voracious reader . . . as well as having done extensive research on black history and folk culture . . . Hayden was able to give voice to the black people's struggle for freedom. Hayden used historical records to tell the story of racism and injustice committed by a society founded on the principles of freedom and justice. It really is a striking piece of work because it uses a sort of blending of narrative voices from the past.

As for Langston Hughes, well, his poetry had, you know, themes similar to Hayden's, but his work reflected the experiences and influences in his life. For example, some of Hughes' ancestors were white, so in his poetry, you see Langston as an insider . . . a part of the black world . . . and as an outsider . . . viewing the black world from the eyes of a white person. Another influence was music . . . You know, the music of the day was the blues . . . and in Hughes' works, particularly in the poem *The Weary Blues*, the troubles of black people have the element of African-American blues incorporated in them.

Q. What aspect of African-American literature does the professor mainly discuss?

P: 자, 미국 문학에서 할렘 르네상스로 알려진 한 시기에 대해 살펴보겠습니다. 모두들 '르네상스'가 학문과 문화의 부흥 운동을 뜻하는 것을 알고 있으리라 확신합니다. 음... 이 부흥은 1920년대와 1930년대에 할렘에서 일어났습니다. 할렘은 맨해튼 북쪽의 지역 사회를 말하죠. 그곳은 '검은 도시'로 지칭되었는데, 이는 남부로부터 세 주요 도시인 뉴욕, 시카고, 그리고 워싱턴 DC로 흑인들의 대규모 유입이 있었기 때문입니다. 그렇다면 할렘 르네상스가 왜 그렇게 불리는지 설명할 수 있는 학생 있나요?

S: 흑인들이, 음, 교육에 참가할 권리가 커졌기 때문인가요?

P: 음, 네, 그건 사실이지만, 아뇨, 할렘 르네상스의 이유는 아닙니다. 사실, 전례 없이 흑인들의 창의성이 급격히 증가했죠. 할렘은 미국 흑인 문화의 중심지로 알려지기 시작했어요. 르네상스는 문학에서부터 회화, 연극에 이르기까지 거의 모든 예술 장르에 영향을 미쳤습니다. 자... 여기서 한 가지 주목해야 할 점이 있습니다. 그 부흥 운동에 참여한 흑인들은 미국 흑인들의 경험을 예술적인 표현으로 승화시켰다는 점에서 일치했습니다. 그래서 당시에 쓰여진 문학 작품에는 공통의 주제가 있었습니다. 미국 흑인들의 경험의 근원에 대한 관심이 담겨 있었어요... 그리고 이 근원은 15세기로 거슬러 올라가죠. 어쨌든, 또한 인종적 자긍심과... 백인들과의 사회적, 정치적 평등에 대한 강한 열망도 담겨 있었습니다. 그래서 10년 동안, 16명의 흑인 작가들이 50권이 넘는 시와 소설을 출간했습니다. 이 기간에 활동한 흑인 작가들에 대해 아는 사람 있나요?

S: 음, 그들 중 Langston Hughes와 Robert Hayden이라는 두 명의 작가가 있었다는 게 맞았으면 좋겠어요.

P: 맞아요. 이 작가들에 대해 더 자세히 이야기해 봅시다. Hughes와 Hayden의 시에는 공통된 두 가지 주제가 있어요. Hayden의 시는 미국 흑인들의 사회적 그리고 정치적 곤경에 초점을 두었습니다. 흑인 역사와 토착 문화에 대한 광범위한 조사를 했을 뿐만 아니라... 열성적인 독서가였기 때문에 Hayden은... 흑인들의 자유를 위한 투쟁에 대해 표현할 수 있었습니다. Hayden은 자유와 정의의 원칙 위에 세워진 사회에서 자행된 인종차별과 불공평을 이야기하기 위해 역사적인 기록을 사용했습니다. 이것은 과거에서 이어져 내려오는 이야기들을 조합하여 사용했기 때문에 인상적인 작품입니다.

Langston Hughes의 경우, 음, 그의 시의 주제는, 그러니까, Hayden과 비슷했지만, 그의 작품은 그의 삶의 경험과 그가 받은 영향을 반영하고 있습니다. 예를 들어, Hughes의 몇몇 조상은 백인이었기 때문에, 그의 시에서 Langston은 내부자로서... 흑인 사회의 일원이었고... 외부자로서는... 백인의 시각에서 흑인 세계를 바라보는 입장이었죠. 다른 한 가지 영향은 음악이었습니다... 그러니까, 그 당시에 유행하던 음악은 블루스였는데... Hughes의 작품에서, 특히 'The Weary Blues'라는 시에서 흑인들의 고뇌에는 흑인 블루스 음악이 포함하는 요소가 있습니다.

revival [riváivəl] 부흥, 부활   massive [mǽsiv] 대규모의   influx [ínflʌks] 유입
unprecedented [ʌnprésidèntid] 전례가 없는   outburst [áutbə̀ːrst] 급격한 증가, 분출, 폭발   creativity [krìːeitívəti] 창의성
cut across ~에 영향을 미치다   genre [ʒɑ́ːŋrə] 장르   racial [réiʃəl] 인종의   equity [ékwəti] 평등, 공평
volume [váljuːm] 책   fiction [fíkʃən] 소설   plight [plait] 곤경   voracious [vɔːréiʃəs] 열성적인
extensive [iksténsiv] 광범위한   folk culture 토착 문화   give voice to 토로하다, 표명하다   racism [réisizm] 인종차별

9   Today, we're going to take a look at . . . food chains. It was Charles Eton who came up with the concept of food chains in 1927. He described how plants convert energy from the sun into carbohydrates and how plant-eating animals obtain energy by eating these plants. In turn, these plant-eating animals are eaten by carnivorous animals. It's a chain of links that describes feeding relationships . . . But what I want to focus on today is not what a food chain is, but rather . . . what happens when this chain is broken.

OK. How does a food chain break? Well, all it takes is a decrease in the population of . . . or the disappearance of just one link, and like dominoes falling, all the other links in the chain fall. For example, let's take a simple chain consisting of grass, rabbits, and foxes. Let's say human activity results in the dying off of the grass. The rabbits, finding nothing else to eat, begin to die off. The foxes, having no rabbits to consume, also begin to die off. That sounds a bit unrealistic, but the point is, the foxes die off because the original producer isn't there to support the other links in the chain. Do you see what I mean?

Now, let's take an actual case. In this case, the last link in the chain, a large predator, turned out to be a very significant player in its environment. I'm talking about the sea turtle. This turtle is found in temperate and tropical waters throughout the world. It's primarily a carnivorous creature and feeds mostly on shellfish near the coastline. So . . . what researchers discovered is that the sea turtle provides sustenance to vegetation in the waters of the coastal areas. How does it do this? Well, every two or three years, sea turtles establish four to seven nests in shallow, near shore environments. There's something like 100 to 126 eggs in each nest. Now . . . when, when an egg hatches and the hatchling emerges, the fluid inside the egg leaks to the ground and it's this fluid that nourishes the dune ecosystem. Anyhow, to make a long story short, sea turtles were dwindling partly because of egg poachers and partly because of human activity. So several non-government agencies moved the eggs to what they considered a safer place for them to incubate. Naturally, when they moved the eggs, the dune ecosystem lost their source of nourishment. The marine plants began to die off. With no vegetation to prevent the coastline from being eroded by water, the coastal areas became damaged. And a natural consequence of this is the marine animals that depended on this vegetation began to die off.

Q. What is the main point of the talk?

오늘은... 먹이사슬에 대해서 살펴보겠습니다. 이것은 1927년 Charles Eton이 제안한 개념입니다. 그는 식물이 어떻게 태양 에너지를 탄수화물로 전환하며 초식 동물이 이러한 식물을 섭취함으로써 어떻게 에너지를 얻는지 설명합니다. 그 다음으로, 이러한 초식 동물은 육식 동물의 먹이가 됩니다. 이는 먹이 관계를 설명하는 연결 고리이죠... 하지만 오늘 제가 중점을 두고 싶은 것은 먹이사슬의 정의가 아니라... 사슬이 깨진 경우에 발생하는 현상입니다.
네, 먹이사슬은 어떻게 깨질까요? 음, 단지 한 연결 고리의 수가 감소하거나... 사라지기만 해도 그럴 수 있습니다... 그리고 마치 도미노가 무너지는 것처럼 사슬의 다른 고리들도 무너지게 됩니다. 풀, 토끼와 여우로 구성된 단순한 사슬을 예로 들어 봅시다. 인간 활동으로 인해 풀이 급격히 소멸했다고 가정해 봅시다. 먹을 것이 없는 토끼는 죽기 시작합니다. 또한 잡아먹을 토끼가 없는 여우도 죽게 되죠. 비현실적으로 들릴지 모르지만, 요지는 사슬에서 다른 연결 고리들을 부양하는 기초 생산자가 없기 때문에 여우가 소멸한 것입니다. 이해했나요?
이제, 실제 사례를 살펴봅시다. 이 경우, 사슬에서 마지막 단계에 있는 대형 육식동물이 환경에서 아주 중요한 역할을 하는 것으로 밝혀졌습니다. 바다거북에 대해 이야기를 해 봅시다. 바다거북은 전 세계의 온대와 열대 바다에서 발견됩니다. 본래 육식동물이며 대개 해안 근처에서 조개를 먹고 살아요. 자... 연구가들은 바다거북이 해안지역의 수중식물들에게 양분을 제공한다는 사실을 발견했습니다. 어떻게 하는 걸까요? 음, 바다거북은 2, 3년마다 해안가 근처 얕은 수역에 4개에서 7개 정도의 둥지를 짓습니다. 각 둥지마다 100개에서 126개의 알을 낳고요. 자... 알이 부화하고 유생이 나오면, 알 내부의 액체가 땅으로 새어 나오는데 이 액체는 해변의 모래언덕의 생태계에 양분을 줍니다. 아무튼, 간단히 말하자면, 바다거북은 알 밀렵자와 부분적으로는 인간 활동 때문에 감소했습니다. 그래서 몇몇 민간단체는 부화하기에 안전하다고 생각되는 장소로 알들을 옮겼습니다. 당연히, 그들이 알을 옮기자, 모래 언덕 생태계는 영양분의 원천을 잃게 되었죠. 해양식물들은 소멸하기 시작했습니다. 물에 의해 해안선이 침식되는 것을 막아주는 식물이 없어지자, 해안 지역은 손상되었어요. 그리고 이것의 자연스러운 결과는 이 식물들에 의존하던 해양동물들도 소멸하기 시작한 것입니다.

die off 소멸하다, 죽다   unrealistic[ʌnriːəlístik] 비현실적인   predator[prédətər] 육식동물   turn out ~으로 밝혀지다

significant[signífikənt] 중요한   temperate[témpərət] 온대의, 온화한   tropical[trápikəl] 열대의

primarily[praimerəli] 본래   shellfish[ʃélfiʃ] 조개   coastline[kóustlàin] 해안(선)   sustenance[sʌ́stənəns] 양분, 음식

vegetation[vèdʒətéiʃən] 식물   shallow[ʃǽlou] 얕은   hatch[hætʃ] 부화하다   hatchling[hǽtʃliŋ] (알에서 갓 부화한) 유생

emerge[imə́ːrdʒ] 나오다   fluid[flúːid] 액체   leak[liːk] 새다   nourish[nə́ːriʃ] 양분을 주다

ecosystem[ékousìstəm] 생태계   dwindle[dwíndl] 감소하다   poacher[póutʃər] 밀렵자   non-government 민간의

incubate[ínkjubèit] (인공) 부화하다   marine[məríːn] 해양의   erode[iróud] 침식하다

HACKERS **TEST**

p.156

1. (C)	2. (C)	3. (D)	4. (A)	5. (C)

Listen to part of a lecture in an anthropology class.

P: All right, let's get started. I asked you to read a new research study that challenges the more commonly accepted theories on why the Anasazi abandoned their dwellings in the Four Corners region, that area in the Southwestern United States where the corners of four states meet. Can anyone tell me what these theories are?

S1: Um . . . the great drought and wars with neighboring peoples?

P: Right. And the study elaborates on the numerous discrepancies that debunk these theories. However, [1]we want to focus on the new ideas introduced in the study–population increase and deforestation–and the evidence that supports them. Now as you know, the Anasazi were originally nomadic people–hunters and gatherers. But then around AD 700, [2]the Anasazi began to settle in one area because rainfall became more consistent, making it easier to grow crops. The Anasazi centered their civilization on a plateau in the northeastern part of the Four Corners, where they constructed stone and adobe dwellings on cliffs. They cultivated crops like corn, squash, and beans, and these agricultural efforts were highly successful. The Anasazi stored their harvest in pottery, which preserved it and prevented starvation during leaner years. Plentiful food allowed the population to grow in the Four Corners area, and naturally, as the population increased, the residents had to grow more crops, build more dwellings, burn more firewood for cooking, and so on. This resulted in a change in the relationship between the Anasazi and the land. In a nutshell, the delicate balance between population needs and available resources was disturbed. Now let me ask you–why would this be especially problematic in the southwestern part of the United States?

S2: Well, the Southwest has always had somewhat of a fragile environment.

P: Right. For instance, the earth there consists of layers of sedimentary rock, such as sandstone and limestone, above shale. This type of geologic makeup is naturally subject to erosion, and it can easily be exacerbated by human activity. And we know that human activity grew during the Anasazi occupation. They cut down trees, and if you cut down too many trees, the soil, which isn't strong to begin with, will quickly erode. So . . . [3]how did scientists learn that the area was deforested during the time of the Anasazi? Well, it was the presence of pack rat middens. A pack rat is a kind of rat that mainly lives in the forest. A midden is simply a pile of feces and garbage. Now the thing about pack rats is they urinate on their garbage piles, and the urine crystallizes and sort of glues everything together. After a while, the middens mummify and become fossil-like, so everything inside is preserved. When scientists radiocarbon-dated the middens, what did they find out about the ones formed before AD 1000?

S1: Well, based on what I read, they contained pine needles.

P: Right, uh, before that time, pine trees were the predominant trees in the area, and the pack rats consumed pine needles. Yet interestingly, middens dated after that time did not have them. So what does this mean? Can anyone tell me?

LECTURES

Hackers **TOEFL** LISTENING

S2: [4]Well, the pack rats were eating pine needles before that time but not after . . . so, um, it means that the pine trees must have declined rapidly.

P: Exactly . . . As I alluded to earlier, people began cutting down trees at an unsustainable rate, and this led to rapid erosion of the soil. Without arable land, agriculture became difficult, if not impossible. And this was a major problem, especially in a culture that had largely become dependent on cultivated crops. When crops began to continually fail, some of the inhabitants turned to hunting and gathering as their ancestors had done. Instead of corn and beans, [5]these people ate hackberry and pigweed supplemented with occasional wild game, which by the way also had begun to dwindle in numbers. But of course such meager sustenance was not sustainable, and even the most resourceful of those who remained eventually realized that the area simply had become unfit for human habitation. So what do people do when an area becomes unlivable?

S2: Move on.

P: Yes. And that's exactly what the Anasazi did . . . They left the Four Corners area for greener pastures. Not maintaining the ecosystem forced them to.

Now get ready to answer the questions. You may use your notes to help you answer.

1. What is the lecture mainly about?
2. According to the professor, what prompted the Anasazi to abandon their nomadic lifestyle?
3. What way of collecting information about deforestation does the professor mention?
4. What does the professor say about pine trees?
5. Why does the professor mention that some of the Anasazi ate hackberry and pigweed supplemented by wild game?

P: 자, 이제 시작해 봅시다. 여러분에게 왜 아나사지 족이 Four Corners 지역, 즉, 미국 남서부에 있는 네 개 주의 경계선이 만나는 지역에서 주거지를 버리고 떠났는지에 대해 더 일반적으로 받아들여지는 이론들에 이의를 제기하는 새로운 조사·연구를 읽어 오라고 했지요. 누가 이 이론들이 무엇인지 말해줄 수 있나요?

S1: 음... 심한 가뭄과 주변 부족들과의 전쟁이요?

P: 맞아요. 그리고 그 연구는 이러한 이론들이 잘못되었음을 밝히는 수많은 모순에 대해 상세히 설명하고 있어요. 하지만 [1]우리는 이 연구에서 소개된 새로운 견해인 인구 증가와 삼림 벌채, 그리고 그걸 뒷받침하는 증거에 집중하고자 해요. 자, 여러분이 알다시피, 아나사지 족은 원래 유목민이었어요. 수렵인이고 채집인이었죠. 하지만 그 후 서기 700년경에, [2]강우량이 더 일정해져 농작물을 재배하기 더욱 쉽게 만들었기 때문에 아나사지 족은 한 지역에 정착하기 시작했어요. 아나사지 족은 Four Corners의 북동부 지역에 있는 고원에 문명사회의 중심을 두었는데, 이곳에서 그들은 절벽 위에 돌과 아도비 벽돌로 집을 지었어요. 그들은 옥수수, 호박, 콩과 같은 작물을 경작했고, 이러한 농업적 노력은 매우 성공적이었어요. 아나사지 족은 수확물을 도기에 보관했는데, 도기가 수확물을 보존하여 수확이 적은 해에 굶주림을 면하게 해주었죠. 풍부한 음식은 Four Corners 지역에서 인구가 증가할 수 있도록 했고, 자연스럽게 인구가 증가함에 따라 거주민들은 더 많은 농작물을 재배하고, 더 많은 주거지를 짓고, 요리를 위한 더 많은 땔감을 때는 등등의 일을 해야 했죠. 이것이 아나사지 족과 토지 간의 관계에 변화를 초래했어요. 간단히 말해, 거주민들의 필요와 이용할 수 있는 자원 간의 미묘한 균형이 흐트러진 거죠. 이제 여러분에게 물어볼게요. 왜 이것이 특히 미국의 남서부 지역에서 문제가 될까요?

S2: 음, 남서부는 늘 다소 취약한 환경을 가지고 있었어요.

P: 그렇죠. 예를 들면, 그곳의 토양은 이판암 위에 사암이나 석회암 같은 퇴적암층들로 이루어져 있어요. 이런 종류의 지질 구조는 당연히 침식되기 쉽고, 인간 활동으로 인해 쉽게 악화될 수 있죠. 그리고 우리는 아나사지 족이 거주하는 동안 인간 활동이 증가한 것을 알고 있어요. 그들은 나무를 베었는데, 만약 너무 많은 나무를 벤다면, 애초에 단단하지 않은 토양은 빠르게 침식될 거예요. 그러면... [3]과학자들은 어떻게 아나사지 시대에 그 지역의 삼림이 벌채되었는지 알게 되었을까요? 음, 그것은 숲쥐 쓰레기 더미의 존재 때문이었어요. 숲쥐는 주로 숲에 사는 쥐의 한 종류예요. 쓰레기 더미는 간단히 말해 배설물과 쓰레기 무더기죠. 자, 숲쥐와 관련된 중요한 사실은 그들이 쓰레기 더미에 오줌을 누고, 이 오줌이 결정화되어 모든 걸 한데 붙여버린다는 거예요. 얼마 후에, 쓰레기 더미는 바짝 마르고 화석 같이 돼서 내부에 있는 모든 것들은 보존돼요. 과학자들이 두엄더미들의 방사성 탄소 연대 측정을 했을 때, 서기 1,000년 이전에 형성된 것들에 대해 무엇을 발견했지요?

S1: 음, 제가 읽은 것을 기초로 하자면, 그것들은 솔잎들을 포함하고 있었어요.

P: 맞아요, 어, 그 시기 전에, 소나무는 그 지역에서 지배적인 수목이었고, 숲쥐는 솔잎을 먹었죠. 하지만 흥미롭게도, 그 시기 이후의 연대로 추정되는 쓰레기 더미는 그것들을 지니고 있지 않았어요. 그렇다면 이것은 무엇을 의미하는 걸까요? 누가 말해줄 수 있나요?

S2: [4]음, 숲쥐가 그 시기 이전에는 솔잎을 먹었지만 그 후에는 먹지 않았어요... 그러니까, 음, 그건 소나무가 급격히 감소했음이 틀림없다는 걸 의미해요.

P: 바로 그거예요... 제가 앞서 넌지시 말했듯이, 사람들은 지속 불가능한 속도로 나무를 베기 시작했고, 이는 토양의 급속한 침식으로 이어졌어

요. 경작지 없이, 농사는 어려워졌어요, 불가능하지는 않았더라도요. 그리고 이것은 중대한 문제였는데, 특히 경작된 농작물에 크게 의존하게 된 문명에서는요. 수확량이 계속해서 줄어들기 시작했을 때, 일부 거주민들은 그들의 조상들이 그랬듯이 수렵과 채집에 의존했어요. 옥수수와 콩 대신에 [5]이 사람들은 드문드문 야생 사냥감으로 보충하며 팽나무 열매와 명아주를 먹었는데, 이 또한 숫자가 줄어들기 시작했어요. 하지만 물론 그러한 빈약한 식량은 지속될 수 없었고, 남아있던 사람들 중 가장 수완이 좋은 사람들마저도 그 지역이 사람이 거주하기에는 부적합해졌다는 것을 결국 깨닫게 됐어요. 그러면 어떤 지역이 살 수 없게 되면 사람들은 무엇을 하죠?

S2: 떠나요.

P: 네. 그것이 바로 아나사지 족이 한 거예요... 그들은 더욱 푸른 초원을 찾아 Four Corners 지역을 떠났어요. 생태계를 지키지 못한 것이 그들을 그렇게 하도록 만들었죠.

abandon [əbǽndən] 버리고 떠나다, 유기하다   dwelling [dwélin] 주거지, 집   drought [draut] 가뭄
elaborate [ilǽbərət] 상세히 설명하다   discrepancy [diskrépənsi] 모순   debunk [di:bʌŋk] 잘못되었음을 밝히다, 반박하다
deforestation [di:fɔ̀:ristéiʃən] 삼림 벌채   nomadic [noumǽdik] 유목의   consistent [kənsístənt] 일정한, 한결같은
center [séntər] 집중시키다   plateau [plætóu] 고원   adobe [ədóubi] 아도비 벽돌   cultivate [kʌ́ltəvèit] 경작하다, 기르다
agricultural [æ̀grikʌ́ltʃərəl] 농업적인, 농업의   preserve [prizə́:rv] 보존하다   starvation [stɑ:rvéiʃən] 굶주림, 아사
lean [li:n] 수확이 적은, 침체된   in a nutshell 간단히 말해   delicate [délikət] 미묘한   disturb [distə́:rb] 흐트리다, 방해하다
sedimentary rock 퇴적암   be subject to ~되기 쉽다   erosion [iróuʒən] 침식   exacerbate [igzǽsərbèit] 악화시키다
occupation [ɑ̀kjupéiʃən] 거주, 점거   pack rat 숲쥐   midden [mídn] 쓰레기 더미, 두엄더미   feces [fí:si:z] 배설물
urinate [júərənèit] 오줌을 누다   crystallize [krístəlàiz] 결정화되다, 결정체를 이루다
mummify [mʌ́məfài] 바짝 마르다, 미라 같이 되다   fossil-like [fɑ́səlàik] 화석 같은
radiocarbon-date [rèidioukɑ́:rbəndeit] 방사성 탄소 연대 측정하다   pine needle 솔잎, 소나무 잎
predominant [pridɑ́mənənt] 지배적인, 주된   allude [əlú:d] 넌지시 말하다, 시사하다   unsustainable [ʌ̀nsəstéinəbl] 지속 불가능한
arable [ǽrəbl] 경작할 수 있는   inhabitant [inhǽbətənt] 거주민   turn to ~에 의존하다   hackberry [hǽkbèri] 팽나무 열매
pigweed [pígwì:d] 명아주   supplement [sʌ́pləmènt] 보충하다   dwindle [dwíndl] 줄어들다   meager [mí:gər] 빈약한
sustenance [sʌ́stənəns] 식량, 생계   resourceful [ri:sɔ́:rsfəl] 수완이 좋은, 자원이 풍부한   habitation [hæ̀bitéiʃən] 거주, 주거
pasture [pǽstʃər] 초원, 목초지

2. Detail Questions

EXAMPLE

p.162

Listen to part of a talk in a psychology class.

So today let's talk about the specific ways that psychologists get their information. OK? Well, the best place to begin is with the simplest method, observation. You know, up until about seventy years ago, observation was the sole method of data collection. It's the most natural way to note what is taking place in our environment. Actually, there are two kinds of observation . . . natural and controlled. Natural observation is done by us all, in fact. Anytime we watch a flock of birds flying in a V-pattern through the sky . . . well, you get the point. Obviously natural observation would've been the first kind of scientific research.

OK . . . and then there is controlled observation. As you can probably guess, this means observation of subjects that the scientist controls in a laboratory or a greenhouse . . . something like that. So, which is better? Well, you know, they both have their pros and cons. Natural observation is great because you can watch something in its natural environment. Let's say that you are doing a study on people who go to church. Well, what better way to observe their behavior than going to church and watching them! But, as you can guess, this kind of observation is not easy. That person could get up and leave, or . . . your view could be blocked by someone else's head. That is why it is better to do controlled observation when you need exact results that are, well, delivered on time.

OK, now . . . let's go on to . . . case studies. In a case study, the researcher looks at a unique or specific case . . . a group, a person, a special situation . . . and observes only that case. Case studies are performed a lot when, you know, there is someone with a special form of a disease, or when a two-year-old baby is able to read and write.

The major drawback to this kind of research, though, is that it only looks at exceptions. And it's hard to apply results from a unique case to the general whole. So, in short, case studies are so specific that they aren't very useful for drawing conclusions applicable to, well, to anything else.

Q. What are two basic ways a researcher of psychology can obtain information?
Q. What does the professor say about case studies?

그럼 오늘은 심리학자들이 정보를 수집하는 특정 방법들에 대해 이야기해 보겠습니다. 네? 음, 가장 간단한 방법인 관찰부터 시작하는 것이 좋겠군요. 그러니까, 70년 전까지만 해도, 관찰은 자료 수집의 유일한 방법이었습니다. 그것은 우리 주변에서 어떤 일이 발생하는지 알아볼 수 있는 가장 자연스러운 방법이죠. 사실 관찰에는 두 종류가 있어요... 자연적 관찰과 통제적 관찰이요. 사실, 자연적 관찰은 우리 모두가 하고 있어요. V자 모양으로 하늘을 나는 한 떼의 새를 보는 경우라든지... 음, 무슨 말인지 알 거예요. 분명 자연적인 관찰은 과학적인 연구의 시초였을 거예요.

자... 다음으로는 통제적 관찰이 있습니다. 모두 추측하고 있겠지만, 통제적 관찰은 과학자가 실험실이나 온실 같은 곳에서 통제하고 있는 실험 대상을 관찰하는 것을 의미합니다. 그렇다면 어느 것이 더 나은 방법일까요? 음, 그러니까, 두 방법 모두 장점과 단점이 있어요. 자연적 관찰은 자연스러운 환경에서 대상을 볼 수 있기 때문에 좋은 방법입니다. 예를 들어 여러분이 교회에 다니는 사람들을 관찰한다고 가정해 봅시다. 그럼, 교회에 가서 그들의 행동을 관찰하는 것보다 더 좋은 방법은 없겠죠! 하지만, 모두 생각하는 것처럼, 이런 관찰은 쉽지 않습니다. 그 사람이 일어나서 나갈 수도 있고... 다른 사람의 머리에 시야가 가려질 수도 있죠. 따라서, 음, 정해진 시간 내에 정확한 결과가 필요할 경우에는 통제적 관찰이 더 좋은 방법입니다.

자, 이제... 사례 연구를... 살펴봅시다. 사례 연구에서, 연구자는 독특하거나 특정한 사례... 즉 하나의 집단, 개인이나 특별한 상황만을 조사합니다... 그리고 단지 그 사례만 관찰하죠. 사례 연구는, 그러니까, 어떤 사람이 특이한 질병을 가졌거나, 2살짜리 아기가 글을 읽고 쓸 수 있는 것과 같은 상황에서 많이 수행됩니다. 그러나, 이 연구의 큰 결점은 예외만을 조사한다는 것입니다. 그리고 독특한 사례의 연구 결과를 일반적인 전체에 적용하기는 힘들죠. 그래서, 간단히 말하자면, 사례 연구는 너무 특수적이라서, 음, 다른 모든 것에 적용할 수 있는 결론을 도출하기에는 유용한 방법이 아닙니다.

psychologist[saikálədʒist] 심리학자   observation[àbzəːrvéiʃən] 관찰   sole[soul] 유일한   controlled[kəntróuld] 통제된
a flock of 한 떼   subject[sʌ́bdʒikt] 실험 대상, 피실험자   pros and cons 장점과 단점   study[stʌ́di] 연구
on time (정해진) 시간 내에   unique[juːníːk] 독특한   perform[pərfɔ́ːrm] 수행하다   drawback[drɔ́ːbæ̀k] 결점
exception[iksépʃən] 예외   general[dʒénərəl] 일반적인   conclusion[kənklúːʒən] 결론   applicable[ǽplikəbl] 적용할 수 있는

HACKERS **PRACTICE**

p.164

1. Government role, failure, free market, policies, interest rate, print, investment, unemployment / (A)
2. uses, painting, artists, refine, heat, porous, absorptive, trapping impurities, poisonous / (C)
3. nation's capital, price, Southern, debts, wilderness, filthy, service, fired / (C)
4. (A), (B)   5. (B), (D)   6. (B), (C)   7. (A)   8. (D)   9. (A), (B)   10. (D)
11. (A), (D)   12. (B)

I. **Listen to parts of the lectures and fill in the blanks, and then answer the questions.**

1   Right, so . . . today, I'd like for us to take a look at what really caused the Great Depression in the United States. A lot of people might think the answer is evident . . . it was a failure of free market economics. And most people think this way because the 1920s was a time of unrestricted free enterprise, so when the stock market collapsed in 1929, everyone was saying the free market system was the culprit. But, well, today I'd like to explain what the government's role was in the collapse of the American economy . . .
Now, in a real free market system, the government isn't supposed to interfere, but the reality is . . . the government often does. How? Well, basically, through its policies. And these policies are essentially interventions in the country's money supply. Let me give you an example. The government can make it easy to borrow money by lowering interest rates and printing more money to increase the money supply. When it does this, economic expansion is often the initial result. Well, this is expected because there's a lot of money

available for businessmen to use.

But . . . not all businessmen are smart . . . what I mean is, some of them will make bad investment decisions. In other words, if everything looks rosy, businessmen will tend to invest when it isn't actually a good time to do so. Well . . . in time, because these businesses aren't established on very stable ground to begin with, they will collapse. And when that happens, people lose jobs . . . or get laid off, bills are left unpaid, savings are spent, unemployment increases. And in the 1920s and 1930s, a lot of businesses collapsed. So . . . the government shouldn't have tampered with the money supply. Actually, the government had been steadily increasing the nation's money supply for sixteen years. And with all the money floating around, people thought the economy was doing OK and that any business they established would succeed. Do you see the point? The government should have allowed businessmen to make decisions based on the real state of the economy. So . . . when the stock market crashed in 1929, it was simply a reflection of what the government had done to the economy.

Q. What does the professor say about the government's role in causing the Great Depression?

자, 그래서... 오늘은 미국에서 대공황이 발생한 진짜 원인에 대해서 살펴보겠습니다. 많은 사람들이 아마도 정답은 명백하다고 생각할 거예요... 바로 자유 시장 경제의 실패이죠. 그리고 1920년대는 제한이 없는 자유로운 기업의 시대였기 때문에 대부분의 사람들이 그렇게 생각하죠, 그래서 1929년에 주가가 폭락했을 때, 모두 자유 시장 체제가 주원인이라고 말했죠. 하지만, 음, 오늘 저는 미국 경제 붕괴에서 정부가 어떤 역할을 했는지에 대해 설명하고자 합니다.

자, 진정한 자유 시장 체제에서 정부가 간섭해서는 안 되지만, 현실에서... 정부는 종종 간섭합니다. 어떤 방법으로 간섭할까요? 음, 기본적으로, 정부의 정책을 통해서죠. 그리고 이러한 정책들은 본질적으로 국가의 화폐공급에 대한 개입입니다. 예를 들어 볼게요. 정부는 이자율을 낮추고 화폐를 더 많이 발행하여 통화 공급량을 늘림으로써 돈을 빌리는 것을 쉽게 할 수 있습니다. 이렇게 하면, 종종 경제적 팽창이 초기 결과로 나타납니다. 음, 사업자들이 사용할 수 있는 돈이 늘어나기 때문에 이러한 결과를 예상할 수 있어요.

그러나... 모든 사업자들이 영리하지는 않아요... 내 말은, 몇몇 사업자들은 잘못된 투자 결정을 내린다는 것입니다. 다시 말해서, 실제로 투자하기에 좋은 시기가 아닌데도 주변의 모든 상황이 호황을 누리고 있는 것으로 보이면, 사업자들은 투자하는 경향이 있다는 거죠. 음... 시간이 지나면서, 이 사업들은 처음부터 안정된 기반 위에 세워진 것이 아니기 때문에 파산하게 됩니다. 그리고 이러한 현상이 발생하면, 사람들은 직장을 잃거나... 해고되고, 요금을 내지 못하게 되며, 저축도 소비되고, 실직도 증가합니다. 그리고 1920년대와 1930년대에 많은 사업들이 파산했어요. 그러니까... 정부는 화폐공급에 간섭하지 말았어야 했죠. 사실, 정부는 16년간 꾸준히 화폐 공급량을 증가시켰습니다. 그리고 이렇게 많은 양의 화폐가 유통되자 사람들은 경제가 좋은 상태이며 그들이 설립한 어떤 기업이라도 성공할 거라고 생각했죠. 핵심을 파악했나요? 정부는 사업자들이 경제의 실제 상태를 바탕으로 결정을 내리도록 해야 했습니다. 그러므로... 1929년에 주가가 폭락했을 때, 이것은 단순히 정부가 경제에 어떤 영향을 끼쳤는가를 반영하는 것이었습니다.

Great Depression 대공황   evident[évədənt] 명백한   free market 자유 시장   unrestricted[ʌ̀nristríktid] 제한이 없는
enterprise[éntərpràiz] 기업   stock market 주가   collapse[kəlǽps] 폭락하다, 무너지다   culprit[kʌ́lprit] 주원인, 죄인
interfere[ìntərfíər] 간섭하다, 참견하다   intervention[ìntərvénʃən] 개입, 간섭   expansion[ikspǽnʃən] 팽창
initial[iníʃəl] 초기, 처음의   investment[invéstmənt] 투자   stable[stéibl] 안정된   lay off 해고하다
bill[bil] 요금   saving[séiviŋ] 저축, 저금   unemployment[ʌ̀nimplɔ́imənt] 실직   tamper[tǽmpər] 간섭하다
reflection[riflékʃən] 반영

2   Um . . . yesterday, we talked about how charcoal is made . . . basically, the past and present methods of producing charcoal . . . and I hope the lecture is still fresh in your minds . . . Today we're going to discuss the past and present uses of charcoal. OK, the use of charcoal is not recent. As far back as 30,000 years ago, charcoal was used in cave paintings . . . Of course, it continues to be a popular medium for artists. Also, the burning of charcoal is basically the oldest chemical process known to man. People have used this process for more than seven centuries to refine metal. Charcoal is . . . what we could say, the foundation on which the Bronze and the Iron Ages were based.

So . . . it was only in 5,500 BC that people began using charcoal as fuel. But today . . . the biggest use of charcoal is as fuel. It's definitely better than wood because it yields a larger amount of heat, that is, in proportion to the amount of charcoal being used than if the same quantity of wood were used. And, because it's so porous, it's very efficient in filtering. This makes it ideal for sugar refining, water purification, factory air purification, and gas masks. In fact, charcoal is so absorbent that even back in Egypt in 1,500 BC, it was being used to absorb bad odors and vapors coming from infected wounds.

Now . . . let me talk about a special type of charcoal known as activated charcoal. Activated charcoal has been treated with oxygen through special heating or chemical processes. This treatment produces millions of pores or holes in between the carbon atoms. And the tremendous number of pores greatly increases its absorptive quality. So this expands on the charcoal's uses in filtering and absorption. As you already know, when a material absorbs something, what is being absorbed attaches to the material by chemical attraction. And because activated charcoal has a large surface area, there are many sites where chemicals can bond. This means that certain chemicals that pass through the surface will be trapped. Uh . . . this is what makes activated charcoal very good for trapping impurities while allowing other chemicals to pass through. And this is why activated charcoal is very useful in purifying water and in keeping poisonous gases out, especially on the battlefield.

Q. What is an outstanding quality of activated charcoal?

음... 어제 우리는 숯이 어떻게 생성되는지에 대해 이야기했어요... 기본적으로, 과거와 현재의 숯 생산 방법에 대해서요... 그리고 모두들 어제 강의를 기억하고 있기를 바랍니다... 오늘은 과거와 현재의 숯 이용에 대해 논의하겠어요. 자, 숯의 이용은 최근의 일이 아닙니다. 무려 30,000년 전에도, 숯은 동굴 벽화에 사용되었어요... 물론, 그 이후로도 계속 예술가들에게 인기 있는 재료였죠. 또한, 숯의 연소는 근본적으로 인간에게 알려진 가장 오래된 화학적 과정입니다. 사람들은 7세기가 넘도록 금속을 제련하기 위해 숯 연소를 이용해 왔습니다. 숯은... 말하자면, 청동기 시대와 철기 시대의 토대라고 할 수 있어요.

자... 사람들은 기원전 5,500년이 되어서야 숯을 연료로 사용하기 시작했습니다. 그러나 오늘날... 숯은 연료로 가장 많이 사용되고 있어요. 숯은 사용되는 양에 있어서 같은 양의 나무보다 많은 열을 산출하기 때문에, 나무보다 확실히 좋은 연료입니다. 그리고 숯은 작은 구멍이 많아서 여과기능이 뛰어납니다. 이 특성 때문에 숯은 설탕 정제, 정수, 공장 공기 정화, 그리고 방독면에 사용되기에 이상적입니다. 사실상, 숯은 흡수성이 뛰어나서 이미 기원전 1,500년경 이집트에서도 감염된 상처에서 발생하는 악취와 증기를 흡수하는 데 사용되었어요.

자... 활성 숯으로 알려진 특별한 종류의 숯에 대해 얘기해 봅시다. 활성 숯은 산소와 함께 특수 가열 또는 화학 공정을 거쳐 처리됩니다. 이 과정을 통해 탄소원자들 사이에 수백만 개의 작은 구멍이 생기게 됩니다. 그리고 이러한 수많은 구멍들은 숯의 흡수성을 훨씬 증가시키죠. 이 때문에 숯은 여과와 흡수에 널리 사용됩니다. 이미 모두 알고 있듯이, 어떤 물질이 무언가를 흡수할 때, 흡수된 것은 화학적 결합에 의해 그 물질에 붙게 되죠. 그리고 활성 숯은 넓은 표면적을 지니고 있기 때문에, 화학 물질들이 결합될 수 있는 공간이 많습니다. 즉, 표면을 지나는 일부 화학물질들이 그곳에서 걸러진다는 뜻입니다. 어... 이것이 활성 숯이 다른 화학 물질들은 통과시키고 불순물은 걸러내는 데 매우 유용하게 만드는 것입니다. 그리고 이는 활성 숯이 물을 정화하고, 특히 전쟁터에서 유독 가스를 차단하는 데 매우 유용한 이유입니다.

charcoal [tʃɑ́:rkòul] 숯　　cave painting 동굴 벽화　　refine [rifáin] 제련하다, 정제하다　　foundation [faundéiʃən] 토대, 기초
Bronze Age 청동기 시대　　Iron Age 철기 시대　　fuel [fjú(:)əl] 연료　　yield [ji:ld] 산출하다　　quantity [kwántəti] 양
porous [pɔ́:rəs] 작은 구멍이 많은, 다공성의　　efficient [ifíʃənt] 뛰어난, 능률적인　　filter [fíltər] 여과하다
ideal [aidí(:)əl] 이상적인　　purification [pjùərəfikéiʃən] 정화　　gas mask 방독면　　absorbent [æbsɔ́:rbənt] 흡수성의
odor [óudər] 악취　　vapor [véipər] 증기　　infected [inféktid] 감염된　　activated [æktəvèitid] 활성화된
pore [pɔ:r] 작은 구멍　　absorption [æbsɔ́:rpʃən] 흡수　　attraction [ətrǽkʃən] 결합　　bond [band] 결합하다
trap [træp] 거르다, 증류하다　　impurity [impjú(:)ərəti] 불순물　　poisonous [pɔ́izənəs] 유독한

3　　OK, so, if you have no further questions on the lecture I gave yesterday, I'd like for us to look at one important decision that the Federal Government had to make . . . And that was where the nation's capital would be located. Actually, Washington, DC almost did not become the US capital. I'll briefly explain why. Well, in the 1780s, there was a sort of contest among the . . . then existing American cities as to which city would become the nation's capital. Philadelphia was in the lead because it was the wartime capital. But land prices after the war had skyrocketed, so the new Federal Government was saddled with these huge wartime debts. That meant that there just wasn't enough money to make Philadelphia the capital. And this forced the Government to give up on Philadelphia.

Then . . . Alexander Hamilton came up with a brilliant solution. You see, the North had larger debts than the South after the war. What Hamilton proposed was for the Southern states to assume the North's debts if the Northern states would agree to a national capital in the South. Everyone liked the idea. So they decided on a location on the Potomac in Virginia. Uh . . . the city was named Washington. Its location was the Federal District of Columbia. And at the time, it was just a 10-mile square tract of land. Well, Washington, DC was really just a swamp, so you can just imagine what the early residents had to put up with. It was a wilderness with muddy streets and swarms of mosquitoes. Quite hard for us to even picture in our minds that the nation's capital was once a swamp, isn't it? Visitors complained that the capital was filthy and had no services to speak of. So . . . after a while, government officials wanted to give up on Washington, DC and go for a more civilized place like New York or Philadelphia.

Then, the Government hired a French architect named Pierre L'Enfant. L'Enfant used this grid system to lay out diagonal streets that met like the spokes of a bicycle at the center of the city. L'Enfant kept trying to make the roads wider. He tried to get donations from landlords and even destroyed people's homes without permission. So George Washington fired him for doing this, but the city was ultimately built as L'Enfant had designed it.

Q. What does the professor say about the choice of the nation's capital?

자, 그럼, 어제 강의에 대해 더 이상 질문이 없으면, 미국 연방 정부가 내려야만 했던 중요한 결정에 대해 알아봅시다... 그 결정은 바로 수도의 위치를 정하는 것이었습니다. 사실, 워싱턴 DC는 미국 수도가 되지 않을 뻔했어요. 그 이유에 대해 간단히 설명할게요. 음, 1780년대 당시 미국 도시들 사이에는... 어느 도시가 수도가 될지에 관한 경쟁이 있었어요. 필라델피아는 전쟁 기간의 수도였기 때문에 경쟁에서 선두에 있었어요. 그러나 전후에 땅값이 급등하여 새 연방 정부는 엄청난 전쟁 빚더미를 책임지게 되었습니다, 그러므로 필라델피아를 수도로 만들 수 있는 충분한 자금이 없었죠. 이 때문에 정부는 필라델피아를 포기할 수밖에 없었습니다.

그 후... Alexander Hamilton이 좋은 해결책을 제시했어요. 알다시피, 전쟁 후에 남부보다 북부가 더 많은 빚을 지고 있었습니다. Hamilton이 제안한 것은 북부의 주들이 나라의 수도를 남부에 지정하는 것에 동의하면 남부의 주들이 북부의 빚을 맡아주는 것이었습니다. 그래서 모두 그 제안에 동의했기 때문에 버지니아의 포토맥 강 근처로 수도의 위치를 정했어요. 어... 그 도시의 이름은 워싱턴으로 정해졌고, 콜롬비아 연방지구에 위치해 있었습니다. 그리고 그 당시, 워싱턴은 10 제곱 마일 넓이의 땅이었어요. 음, 워싱턴 DC는 늪지대에 불과했었기 때문에, 초기 거주자들이 참고 견뎌야 했던 것이 무엇인지 짐작할 수 있겠죠. 그것은 진흙투성이의 길과 모기떼가 있는 황무지였어요. 나라의 수도가 한때 늪지대였다는 것은 우리로서는 상상조차 하기 힘들어요, 그렇지 않나요? 방문객들은 수도가 더럽고 내세울 만한 공공시설도 없다며 불평했습니다. 그래서... 얼마 후, 정부 관리들은 워싱턴 DC를 포기하고 뉴욕이나 필라델피아처럼 좀 더 문명화된 도시로 수도를 옮기고 싶어 했습니다.

그 후, 정부는 프랑스 건축가 Pierre L'Enfant을 고용했어요. L'Enfant은 격자무늬의 구획 체계를 이용해서 자전거 바퀴살처럼 도시 중심부에서 만나는 사선형 거리를 설계했습니다. L'Enfant은 계속해서 길을 넓히기 위해 노력했죠. 지주들로부터 기부금을 모았고, 심지어 허가 없이 사람들의 집을 허물기도 했습니다. 이 때문에 George Washington은 그를 해고했으나, 결국 도시는 L'Enfant이 설계했던 대로 건설되었습니다.

wartime[wɔ́ːrtàim] 전쟁 기간의   skyrocket[skáirɑ̀kit] 급등하다   saddle[sǽdl] 책임을 지우다, ~을 과하다
assume[əsjúːm] (책임을) 맡다, 지다   Federal District 연방 지구 (연방 정부가 있는 특별 행정 지구)   tract[trækt] 넓이, 면적
put up with 견디다   wilderness[wíldərnis] 황무지   muddy[mʌ́di] 진흙투성이의   swarm[swɔːrm] 떼, 무리
filthy[fílθi] 더러운   to speak of 내세울 만한, 이렇다 할 만한   civilized[sívəlàizd] 문명화된   grid[grid] 격자
lay out 설계하다, 배치하다   diagonal[daiǽgənl] 사선형의   spoke[spouk] (바퀴) 살   donation[dounéiʃən] 기부금
landlord[lǽndlɔ̀ːrd] 지주   ultimately[ʌ́ltəmətli] 결국

II. Listen to the following excerpts from lectures, and choose the best answer for each question.

4　I'll start talking about sound recording in movies today if you don't have any more questions on the production phase of moviemaking . . . None? OK . . . There are three essential ingredients that comprise the complete sound track of a movie. These are the dialogue, the sound effects, and the music. Let's focus on the first one for today, the dialogue, and leave sound effects and music for tomorrow.

OK, generally, the dialogue is recorded during the production phase, or the time the principal filming is taking place. Recording dialogue is not easy. It's difficult to get a clean and clear dialogue with little or no background noise. A boom operator . . . you know, the sound technician who holds up a microphone attached to a sort of fishing pole . . . well, he'll usually suspend the microphone as close as possible to the actor . . . without its shadow being visible in the frame of the screen. Sometimes, a hidden mic is attached to the chest of the actor, but the problem with this method is that the sound quality is not as good. And it tends to pick up stray sounds, such as a passing taxi. Also . . . to make the sound of a room or location as realistic as possible, the sound recordist must record the room tone. Does a room have a tone? Well, this is the sound of the room or location when there is silence or when no one's talking. The room tone is added to the actors' dialogue so that it matches what has been filmed on the set.

After production, the sound editors carefully go over every second of the film. They take note of what sounds need to be removed, replaced . . . or altered. Sounds that need editing out would include the clicking of an actor's dentures, or the squeak, squeaking of a camera as it's being rolled forward or backward . . . Sound editors are painstaking when they edit because, you see, sounds can be manipulated in order to have the greatest emotional impact on an audience . . . And interestingly, the audience may be completely unaware that they're being subtly worked over by these skillfully managed sounds. The final product after sound editing is dialogue and other sounds that perfectly suit the images on the screen.

Q. Choose all the facts that can be learned from the talk.

영화 제작 단계에 대한 질문이 더 이상 없다면 오늘은 영화에서의 음향 녹음에 대해 이야기하겠습니다... 질문 없어요? 좋아요... 영화의 완성된 사운드 트랙을 구성하는 필수적인 요소는 세 가지가 있습니다. 대사, 음향효과, 음악입니다. 음향효과, 그리고 음악은 내일 강의에서 다루고, 오늘은 첫 번째인 대사에 초점을 맞춰봅시다.

자, 일반적으로, 대사는 제작 단계에서 본 영화촬영을 할 때 녹음됩니다. 대사 녹음은 쉽지 않아요. 잡음이 아주 적거나 없는 깨끗하고 선명한 대사를 녹음하는 것은 어렵죠. 녹음 기사... 그러니까, 마이크를 낚싯대 같은 막대기에 달아서 들고 있는 음향 기술자요... 음, 녹음 기사는 보통 마이크를 최대한 배우 가까이에 들고 있습니다... 마이크의 그림자가 영화 화면에 보이지 않도록 하면서요. 때때로, 숨겨진 마이크가 배우의 가슴에 부착되기도 하는데, 이 방법의 문제는 음질이 좋지 않다는 점입니다. 그리고 지나가는 택시 소리와 같은 갑작스러운 잡음이 들리기도 합니다. 또한... 가능한 한 실제 같은 실내나 야외의 음향을 만들기 위해, 음향 녹음 기사들은 룸 톤을 녹음해야 합니다. 방이 톤을 가지고 있을까요? 음, 이것은 정적이 흐르거나 아무도 말하지 않을 때 실내나 촬영지에서 나는 소리를 뜻합니다. 이 룸 톤은 배우의 대사와 더해져, 세트장에서 촬영된 화면과 조합을 이루게 됩니다.

제작 이후에, 음향 편집자들은 영화의 모든 장면을 주의 깊게 검토합니다. 그들은 어떤 소리가 제거되어야 하는지, 교체되어야 하는지... 혹은 수정되어야 하는지를 주의해서 듣습니다. 삭제되어야 하는 소리들은 배우의 딱딱거리는 틀니 소리나, 카메라가 앞뒤로 굴러가면서 내는 삐걱거리는 소리 등입니다... 음향 편집자들이 소리를 편집하는 것은 매우 고생스러운 과정인데, 왜냐하면, 이는 음향 조정을 통해 관객들에게 가장 큰 감정적 영향을 미칠 수 있기 때문이죠. 그리고 흥미롭게도, 관객들은 솜씨 있게 조작된 음향에 의해 미묘하게 영향을 받는다는 것을 알지 못하죠. 음향 편집이 끝난 뒤의 최종 작업물은 화면의 영상에 완벽하게 어울리는 대사와 소리들입니다.

phase[feiz] 단계   essential[əsénʃəl] 필수적인, 중요한   ingredient[ingríːdiənt] (구성) 요소
comprise[kəmpráiz] 구성하다, 이루다   dialogue[dáiəlɔ̀(ː)g] 대사, 대화   boom operator 녹음 기사
technician[tekníʃən] 기술자   pole[poul] 막대기   suspend[səspénd] 든 채로 있다   chest[tʃest] 가슴
stray[strei] 갑작스러운   location[loukéiʃən] 야외(촬영지)   room tone 밀폐된 공간에 존재하는 주위의 소리
alter[ɔ́ːltər] 수정하다, 바꾸다   edit out 삭제하다   click[klík] 딱딱하는 소리가 나다   denture[déntʃər] 틀니, 의치
squeak[skwiːk] 삐걱거리다   painstaking[péinstèikiŋ] 고생스러운, 힘드는   manipulate[mənípjulèit] 조정하다
impact[ímpækt] 영향   unaware[ʌ̀nəwέər] 알지 못하는   subtly[sʌ́tli] 미묘하게   skillfully[skílfəli] 솜씨 있게, 교묘하게

5   Today, we'll be discussing a species of ant that can be found in Central and South America, and also in the southern region of the United States, particularly in Texas. It's a species of ant that, I would say, is one of the most interesting in terms of research. It's known as the leaf-cutter. The leaf-cutter appears to be your average ant, but it's probably one of the hardest working and most disciplined of all insects.

Now, you're all probably thinking that leaf-cutters cut leaves because they eat them. Yes, they do, but they can't eat the leaves immediately after cutting them because they don't produce the enzyme needed to digest the cellulose in the leaves.

So what the ants do is, they transport these leaves to gardens of fungus that, surprisingly, they themselves cultivate. So . . . think about this . . . the leaf-cutter is not just a food gatherer. It's also a farmer! The gardens are located beneath the nests of these ants. Now, a single leaf-cutter ant nest can be as large as 200 square meters in length and six meters deep. Just one ant nest can, in fact, house as many as five to eight million ants. The nests have underground pathways that lead to cavities which contain the fungus gardens. So what's the relationship between the fungus and the leaf-cutter? Well, it's a mutual one. They feed each other. Let's see how this works.

OK . . . uh . . . there are several steps involved. After the ants bring the leaves to the nest, they cut them into this, this soft and sticky material that they then lick clean. They clean it to remove any fungus spores that may affect the growth of the fungus garden. Next, the plant matter is laid out and covered with . . . fecal material. Why fecal material? Well, it serves as fertilizer and it also breaks down any proteins that the fungus cannot. The fungus eats this plant material, and then it produces a threadlike filament known as staphylae. It is this staphylae that serves as food for the ants and their larvae. As the ants eat the staphylae, they prune the fungus. It's interesting to note that when the ants prune the fungus, more staphylae is produced. But if the fungal growths are not pruned, there is a smaller number of staphylae. If this happens, the population of ants decreases. So what does all of this mean? Well, leaf-cutter ants and fungal growths have evolved together in such a way that . . . they simply cannot live without each other.

Q. Choose all the facts that can be learned from the talk.

오늘은 중앙아메리카와 남아메리카, 그리고 미국의 남부 지역 중에서도 특히 텍사스에서 많이 발견되는 개미의 한 종에 대해 논의하겠습니다. 연구 대상으로서는 가장 흥미롭다고 말할 수 있는 개미 종입니다. 가위개미로 알려져 있죠. 가위개미는 보통의 개미처럼 보이지만, 아마 모든 개미들 중에서 가장 열심히 일하며 가장 잘 훈련된 개미일 것입니다. 자, 아마 여러분 모두 가위개미가 잎을 먹기 위해서 잎을 자른다고 생각할 거예요. 네, 그들이 잎을 먹기는 하지만, 그들은 잎의 섬유소를 소화하는 데 필요한 효소를 만들어내지 못하기 때문에 잎을 자른 직후에 그것을 먹을 수 없어요.

그래서 개미들이 하는 일은, 놀랍게도, 그들이 직접 배양하는 곰팡이 재배지로 이 잎을 옮겨가는 것입니다. 그러니까... 생각해 보세요... 가위개미는 단지 식량을 모으기만 하는 것이 아닙니다. 농부이기도 한 것입니다! 재배지는 이 개미들의 둥지 아래에 있습니다. 자, 가위개미의 둥지 하나의 크기는 넓이 200평방미터에 깊이가 6미터입니다. 사실, 하나의 가위개미 둥지는 5백만에서 8백만 마리의 개미를 수용할 수 있어요. 개미 둥지 아래에는 곰팡이 재배지가 있는 구멍으로 연결되는 지하통로가 있습니다. 그렇다면 곰팡이와 가위개미는 어떠한 관계일까요? 음, 둘은 상호 보완적인 관계입니다. 서로에게 먹이를 공급하죠. 이것이 어떻게 가능한지 좀 더 자세히 알아봅시다.

네... 어... 여기에는 몇 단계가 있습니다. 개미들은 잎을 둥지로 가져온 후, 그 잎을 부드럽고 끈적한 물질로 자르고 핥아서 깨끗하게 만듭니다. 이것을 깨끗하게 하는 이유는 곰팡이 재배지의 성장에 영향을 줄 수 있는 곰팡이 포자를 제거하기 위해서이죠. 그 다음, 자른 식물을 펼쳐 놓고... 그것을 배설물로 덮습니다. 왜 배설물로 덮을까요? 음, 배설물은 비료 역할을 하며, 곰팡이는 자르지 못하는 단백질을 분해합니다. 곰팡이는 식물을 먹고 staphylae라고 알려진 실 같이 가늘고 긴 섬유를 만들어냅니다. 바로 이 staphylae가 개미와 개미 유충의 먹이가 되죠. 개미는 staphylae를 먹으면서, 불필요한 곰팡이들을 제거합니다. 흥미로운 점은 개미가 불필요한 곰팡이를 제거할수록 더 많은 staphylae가 생산된다는 것입니다. 하지만 곰팡이의 성장이 제어 받지 않으면, 더 적은 양의 staphylae가 만들어집니다. 이런 현상이 발생하면 개미의 개체 수도 감소해요. 그렇다면 이 모든 것은 무엇을 의미할까요? 음, 가위개미와 곰팡이의 성장은... 그저 서로가 없으면 살 수 없는 방법으로 진화해 왔음을 의미합니다.

disciplined[dísəplind] 훈련된   enzyme[énzaim] 효소   digest[didʒést] 소화하다   transport[trænspɔ́:rt] 옮기다
fungus[fʌ́ŋgəs] 곰팡이   cultivate[kʌ́ltəvèit] 배양하다   beneath[biníːθ] ~의 아래에   cavity[kǽvəti] 구멍, 공동
mutual[mjúːtʃuəl] 상호보완적인   spore[spɔːr] 포자   fecal[fíːkəl] 배설물의   fertilizer[fə́ːrtəlàizər] 비료
threadlike[θrédlàik] 실 같은   filament[fíləmənt] 가는 섬유   larvae[láːrviː] (pl.) 유충
prune[pruːn] (불필요한 부분을) 제거하다   fungal[fʌ́ŋgəl] 곰팡이의

6   Uh . . . our discussion for today is about a very old way of predicting weather–the weathervane. I don't think there's a single person in this room who doesn't know what a weathervane is. So, before the present methods of forecasting were developed, people around the world relied on the weathervane to tell them what type of weather to expect. Naturally, people wanted to know what the weather would be like because its influence on planting, growing, and harvesting of crops was, enormous. The very direction of the wind could tell a farmer whether the wind would be heavy or light, and whether it would produce a shower good for the crops . . . Weathervanes aren't as recent as some of you may believe. Uh . . . Archaeological research shows that they were being made even before the first century BC because the earliest recorded one, the Tower of Winds built by Andronicus in, you know, Athens, was erected that very year. And this weathervane wasn't a simple wooden arrow such as the ones rural folk in the United States would put on their rooftops. The Tower of

Winds is actually a spectacular bronze rendition . . . sorry, representation of the sea god Triton, a deity with the head and torso of a man and the tail of a fish. It, the statue, of course, held a pointed wand in its hand that told any observer the direction from which the wind was blowing. Of course, this was a very showy weathervane for that period of time. Likely, there were smaller, simpler vanes that were, shall we say, completely serviceable and that satisfied the needs of the people of Athens.

Now, some other very decorative weathervanes included sailing ships, angels, Indians, and horses. The simpler ones include arrows, banners, and pennants. And likely, the most popular design was the rooster. Now . . . just how rooster weathervanes came to be so popular is a topic of interest in itself. Um, supposedly, about a thousand years ago, a pope ruled that a symbol of a rooster be placed on top of every church. The rooster's message was something like, like "the faithful should go to church regularly."

Q. Choose all the facts that can be learned from the talk.

어... 오늘 논의는 아주 오래된 기상예측 도구인 풍향계에 관한 것입니다. 풍향계가 무엇인지 모르는 학생은 여기서 아무도 없을 거라고 생각해요. 그러니까, 오늘날의 기상 관측법이 발달하기 전에, 전 세계 사람들은 날씨가 어떠한지를 예상하기 위해 풍향계에 의존했어요. 날씨가 곡식의 씨 뿌리기, 재배, 추수 등에 미치는 영향이 엄청났기 때문에, 사람들은 당연히 날씨가 어떤지 알고 싶어 했습니다. 다름아닌 바람의 방향이 농부들에게 바람이 강할지 약할지, 곡식에 이로운 비가 내릴지를 말해줄 수 있었던 거죠...

풍향계는 학생들이 생각하는 것처럼 그렇게 근래의 것은 아닙니다. 어... 고고학 연구를 통해 풍향계가 기원전 1세기 이전에 만들어졌음이 밝혀졌습니다. 그러니까, 기록된 최초의 풍향계인 바람의 탑이 Andronicus에 의해 아테네에 바로 그해에 세워졌기 때문이죠. 그리고 이 풍향계는 미국의 시골 사람들이 지붕에 달아 놓았던 것처럼 단순한 나무 화살이 아닙니다. 바람의 탑은 호화스러운 청동 표현물... 미안해요, 바다의 신 트리탄의 형상이었어요, 머리와 상반신은 인간이면서 물고기의 꼬리를 가진 신상이었죠. 그것은, 물론, 그 조각상 말이에요, 그 조각상은 그것을 보는 사람 누구에게든지 바람이 불어오는 방향을 알려주는 뾰족한 지팡이를 손에 들고 있었어요. 물론, 이것은 당시로서는 매우 화려한 풍향계였어요. 아마, 더 작고 단순한, 말하자면, 목적을 충실히 수행하고, 아테네의 사람들의 필요를 충족시켜준 풍향계들도 있었을 겁니다.

자, 다른 장식적인 풍향계로는 범선, 천사, 인디언과 말 모양이 있어요. 더 단순한 디자인으로는 화살, 배너, 작은 기 등이 있습니다. 그리고, 아마도, 가장 인기 있던 모양은 수탉이었어요. 자... 수탉 풍향계가 어떻게 인기가 많아졌는가는 그 자체로 흥미로운 주제예요. 음, 추측하기로는, 약 천 년 전쯤에, 로마 교황이 모든 교회 꼭대기에 수탉 형상을 세우라는 명을 내렸습니다. 수탉 형상은 '충실한 신도들은 정기적으로 교회에 가야 한다'는 것과 비슷한 메시지를 담고 있었습니다.

weathervane[wéðərvèin] 풍향계   **enormous**[inɔ́ːrməs] 엄청난, 거대한   **arrow**[ǽrou] 화살   **rural**[rúːərəl] 시골의   **folk**[fouk] 사람들   **spectacular**[spektǽkjulər] 호화스러운   **rendition**[rendíʃən] 표현물   **representation**[rèprizentéiʃən] 형상, 초상   **Triton**[tráitn] 트리톤 (그리스 신화에서 반인 반어의 바다의 신)   **deity**[díːiti] 신   **torso**[tɔ́ːrsou] 상반신   **statue**[stǽtʃuː] 조각상   **wand**[wand] 지팡이, 막대   **showy**[ʃóui] 화려한   **vane**[vein] 풍향계, 바람개비   **decorative**[dékərətiv] 장식적인   **banner**[bǽnər] 배너, 기   **pennant**[pénənt] 작은 기   **rooster**[rúːstər] 수탉   **supposedly**[səpóuzidli] 추측하기로, 아마도   **pope**[poup] 로마 교황   **faithful**[féiθfəl] 충실한

III. Listen to parts of the lectures, and choose the best answer for each question.

[7-9]

Listen to a talk on health science.

OK, today I'll be talking about a medical condition that affects about 60 million Americans each year. It's known as insomnia. I guess you probably know what this is . . . but I'll give you a definition anyhow. Well, insomnia is simply an inability to sleep, and it includes having difficulty falling asleep at night as well as waking up during the night and . . . not being able to go back to sleep again.

Let me point out that insomnia can be a short-term or long-term problem. Now, the causes behind each of these types may overlap, but usually, [7]when we speak of short-term or acute insomnia, which lasts only a few days, the causes are usually jet lag or other temporary circumstances that force a person to stay up at night. You know, like studying for an important exam. Sometimes, ingested substances can cause temporary insomnia . . . For example, certain medications, coffee, and alcohol can also affect how much sleep you get at night. Acute insomnia usually does not require treatment, [8]but the other type, chronic insomnia, is serious. It can even result in conditions that may be life threatening. Therefore, it's important for a person with chronic insomnia to see a health-care provider. Chronic insomnia is defined as the inability to sleep at least three nights a week over a period of one or more months. There are many causes of chronic insomnia. Some of these are physical and some are psychological. Physical factors can include health conditions such as heartburn, asthma, and arthritis. Mental conditions can also trigger insomnia . . . anguish caused by a traumatic event, for example, or an ongoing mental disorder such as depression, stress, or anxiety.

So how can insomnia be treated? Well, let me say something about sleep hygiene habits, um . . . By this I mean a person's actions before going to bed. You see, by paying attention to how we behave at bedtime, we can help ourselves sleep better. OK. This will sound like a list of rules, but these behaviors, when taken together, can help a person wind down. So here is the list. ⁹Most important, a person should try to go to bed at the same time each night and get up at the same time each morning. This will help the body clock to maintain its normal rhythm. And second, if you want to sleep at night, you should avoid taking naps during the day. Um, third, what you eat or drink during the day can have an impact on how much sleep you get at night. ⁹So stay away from coffee, cigarettes, and alcohol. And . . . make sure your sleeping environment is conducive to sleeping. What does this mean? Well, the lights should be turned off . . . and you need to keep the room temperature cool. Finally, don't have a radio playing in the background. And it's really best to avoid reading in bed because you may come to associate the bed with reading, not sleeping.

7. What does the professor say about acute insomnia?
8. According to the professor, why should a person with chronic insomnia get medical help?
9. What should a person do to get a good night's sleep?

자, 오늘은 매년 6천만 명 정도의 미국인에게 영향을 주고 있는 의학적인 증상에 관해 이야기하겠습니다. 그건 불면증으로 알려져 있죠. 여러분이 아마 불면증이 무엇인지 알고 있을 거라고 생각하지만... 어쨌든 정의를 내려 볼게요. 글쎄요, 불면증은 단순히 말하면 잠을 잘 수 없는 것으로, 밤에 잠이 드는 것이 어려운 것뿐만 아니라 밤중에 잠에서 깨서... 다시 잠들 수 없는 것까지 포함해요.

불면증은 단기적이거나 장기적인 문제일 수 있다는 것을 지적할게요. 자, 이러한 각 유형의 원인은 중복될 수 있지만, 보통, ⁷단지 며칠 동안만 지속하는 단기 또는 급성 불면증의 경우에는, 주로 시차로 인한 피로 또는 사람이 밤에 깨어있게 하는 다른 일시적인 상황이 원인이에요. 그러니까, 중요한 시험에 대비해 공부하는 것처럼요. 때때로, 섭취한 물질이 일시적인 불면증을 유발하기도 하죠... 예를 들어, 특정한 약물들, 커피, 그리고 술 또한 여러분이 밤에 얼마나 잘 수 있는지에 영향을 줍니다. 급성 불면증은 보통 치료가 필요 없지만, ⁸다른 종류인 만성 불면증은 심각합니다. 이 증상은 심지어 생명에 위협이 될지도 모르는 상태를 초래할 수도 있어요. 따라서 만성 불면증이 있는 사람이 의료인을 만나는 것은 중요하죠. 만성 불면증은 한 달 이상의 기간 동안 일주일에 최소 사흘은 잠을 잘 수 없는 것이라고 정의됩니다. 만성 불면증에는 여러 원인이 있습니다. 원인 중 일부는 신체적이고 일부는 심리적이죠. 신체적인 요인은 속 쓰림, 천식, 관절염과 같은 건강 상태를 포함할 수 있습니다. 심리 상태도 불면증을 유발할 수 있습니다... 예를 들어, 정신적 충격이 큰 사건으로 인한 괴로움이나 우울증, 스트레스, 걱정 등과 같은 지속적인 정신적 이상 등이 있어요. 그렇다면 불면증은 어떻게 치료할까요? 음, 수면위생습관에 대한 것을 이야기해보면, 음... 이건 잠자리에 들기 전에 하는 행동을 말하는 거예요. 그러니까, 우리가 잠잘 시간에 어떤 행동을 하는가에 관심을 기울임으로써, 스스로 수면을 더 잘 취할 수 있도록 도울 수 있어요. 좋아요. 이게 수칙 목록처럼 들리겠지만, 이런 행동을 함께 행하면 긴장을 푸는 데 도움이 될 수 있습니다. 그럼 목록을 말해 볼게요. ⁹가장 중요하게는, 매일 밤 같은 시간에 잠자리에 들고 매일 아침 같은 시간에 일어나기 위해 노력해야 해요. 이는 생체시계가 정상 리듬을 유지하도록 도와주죠. 그리고 둘째, 밤에 자고 싶다면 낮잠을 자는 것을 피해야 해요. 음, 셋째, 낮에 무엇을 먹고 마시는지가 밤에 얼마나 잠을 자는지에 영향을 줄 수 있습니다. ⁹따라서 커피, 담배, 술을 멀리해야 해요. 그리고... 반드시 수면환경이 수면에 도움이 되도록 하세요. 이게 무슨 의미일까요? 음, 전등은 꺼야 하고... 방 온도를 시원하게 유지할 필요가 있어요. 마지막으로, 라디오를 켜놓지 마세요. 그리고 잠자리에서 책을 읽지 않는 게 최선인데, 침대를 수면이 아닌 독서와 연관 짓게 될지도 모르기 때문이죠.

insomnia[insámniə] 불면증　　acute[əkjúːt] 급성의　　jet lag 시차로 인한 피로　　circumstance[sə́ːrkəmstæns] 상황
ingest[indʒést] 섭취하다　　substance[sʌ́bstəns] 물질　　medication[mèdəkéiʃən] 약물　　chronic[kránik] 만성의
psychological[sàikəládʒikəl] 심리적인　　heartburn[háːrtbəːrn] 속 쓰림, 가슴앓이　　asthma[ǽzmə] 천식
arthritis[ɑːrθráitis] 관절염　　anguish[ǽŋgwiʃ] 괴로움, 비통　　traumatic[trəmǽtik] 정신적 충격이 큰
ongoing[ángòuiŋ] 지속적인　　depression[dipréʃən] 우울증　　sleep hygiene 수면위생 (밤에 숙면을 취하기 위한 행동 및 원칙)
wind down 긴장을 풀다　　stay away from ~을 멀리하다, ~에서 떨어져 있다　　conducive[kəndjúːsiv] 도움이 되는, 이바지하는
associate[əsóuʃièit] 연관 짓다, 결부하다

[10-12]

Listen to a lecture in a music class.

OK, everybody, I'll continue our discussion of woodwind instruments today . . . and this time, I'll focus on the saxophone. This instrument was invented by a Belgian named Adolphe Sax in 1846. Uh, Sax began as an instrument maker, and . . . by the time he was twenty, he had already patented several innovations on existing traditional wind instruments. Well, after he invented the saxophone, [10]he left Belgium for France because . . . he wasn't really successful in his homeland. Actually, it was only after he left that the Belgians gave him any recognition, and I'd have to say this is a real pity for a man whose instrument would continue to be played down to our time.

Anyhow . . . let's take a closer look at the saxophone. Let me give you a general description before we discuss the different parts in turn. OK, saxophones are made of brass, but this doesn't put it in the brass family of instruments. It's a woodwind instrument, in fact. I want to point out that it's not the brass that gives the saxophone its distinct sound. [11]It's more the part of the instrument that goes into the mouth, and which is very unique, by the way, and also the shape of saxophone's body. See, when Sax began designing the saxophone, he may have fitted a clarinet mouthpiece to a large brass wind instrument called the ophicleide. This instrument was sort of a forerunner of the tuba. What was his purpose? Well, he may have been aiming for an instrument with a different tonality. See, although the saxophone has a clarinet mouthpiece, the shape of its body is somewhat conical, which tends to make its tone much more similar to that of the oboe than that of the clarinet. Of course, you might be thinking that with a clarinet mouthpiece, the sound produced would be similar to that of a clarinet, right? If you've ever heard a clarinet being played, well, it has this very liquid tone and its range runs from a very deep low to a high register. On the other hand, the oboe has a rather high and reedy sound . . . and with expert manipulation an oboe player can express a really wide range of emotions and moods.

So . . . the saxophone is supposed to be easier to learn to play than other woodwind instruments because of its simple fingering system, but actually it requires a great deal of practice to produce the beautiful tone that the instrument is capable of making. Let me say something more about this fingering system. It's actually based on a 180-year-old system developed for the flute. Have you heard of it, the, the Boehm System? Well, Boehm was frustrated by the fingering system of flutes of that time, [12]so, in 1829, he designed a completely new system that allowed the musician to produce these incredibly complex and elaborate passages. This superior system was adopted for, I believe, every woodwind instrument, including the saxophone invented by Adolphe Sax.

10. What does the professor say about Adolphe Sax?
11. What are two features that give the saxophone its special tone?
12. What does the professor say about the saxophone's fingering system?

자, 여러분, 그럼 목관악기에 대한 강의를 계속하도록 하죠... 그리고 이번 시간에는 색소폰을 중심으로 논의하겠습니다. 이 악기는 1846년 벨기에인 Adolphe Sax에 의해 발명되었습니다. 어, 악기 제조업자로 시작한 Sax는... 이미 20세 때, 기존의 전통 목관 악기들을 개조한 기술로 특허를 얻었습니다. 음, 색소폰을 발명한 후, [10]그는 벨기에를 떠나 프랑스로 갔어요... 고국에서 성공하지 못했기 때문입니다. 사실, 그가 떠난 후에야 벨기에인들은 그를 인정하게 되었고, 오늘날까지 계속해서 연주되고 있는 악기를 발명한 그에게는 무척 안타까운 일이라고 할 수 있죠.

어쨌든... 색소폰에 대해 좀 더 자세히 살펴봅시다. 차례대로 각각의 부분들을 살펴보기 전에 전반적인 설명을 하겠습니다. 자, 색소폰은 황동으로 만들어졌지만, 금관악기에 속하지는 않습니다. 사실, 색소폰은 목관악기예요. 색소폰의 독특한 소리는 황동 때문이 아니라는 것을 지적하고 싶군요. [11]이건 오히려 입에 무는 부분과, 그런데 이 부분은 아주 독특해요, 그리고 또한 색소폰의 모양 때문이에요. 그러니까, Sax가 색소폰을 고안할 때, 그는 클라리넷의 주둥이 부분을 오피클라이드라고 하는 큰 황동악기에 맞추어 달았습니다. 이 악기는 튜바의 전신이라고 할 수 있죠. 그의 목적은 무엇이었을까요? 음, 그는 다른 음색을 가진 악기를 목표로 했을지도 모릅니다. 그러니까, 색소폰은 클라리넷의 주둥이를 가졌지만, 몸체는 클라리넷보다 오보에와 비슷한 음색을 내도록 하는 원뿔 모양입니다. 물론, 모두들 색소폰이 클라리넷의 주둥이를 가지고 있으니, 나오는 소리도 물론 클라리넷과 비슷할 거라고 생각했을 거예요, 그렇죠? 만약 학생들이 클라리넷 연주를 들어본 적이 있다면 알겠지만, 음, 클라리넷은 청아한 음색을 내며 그 범위는 아주 깊고 낮은 음역부터 높은 음역까지입니다. 반면, 오보에는 상당히 높고 가는 소리를 내고... 오보에 연주자는 숙련된 연주 기술을 통해 광범위한 감정과 분위기를 표현할 수 있습니다.

그래서... 색소폰은 운지법이 간단해서 다른 목관 악기들보다 배우기 쉽다고 여겨지지만 사실 악기가 만들어낼 수 있는 아름다운 소리를 내기 위해서는 많은 연습이 필요합니다. 운지법에 대해 더 이야기하겠습니다. 이것은 사실 플루트를 위해 개발된 180년의 역사가 있는 주법에 바탕을 두고 있어요. Boehm 주법에 대해 들어본 적 있나요? 음, Boehm은 그 당시 플루트의 운지법에 만족하지 못했어요, [12]그래서 1829년에 그는 음악가들이 굉장히 복잡한 악절을 연주할 수 있도록 하는 완전히 새로운 주법을 고안했습니다. 이 뛰어난 주법은, 제가 알기론, Adolphe Sax가 고안한 색소폰을 비롯한 모든 목관 악기에 이용되었습니다.

woodwind instrument 목관 악기   patent[pǽtnt] 특허를 얻다   innovation[ìnəvéiʃən] (혁신) 기술
homeland[hóumlæ̀nd] 고국   recognition[rèkəgníʃən] 인정   description[diskrípʃən] 설명   brass[bræs] 황동
ophicleide[áfəklàid] 오피클라이드 (저음의 금관 악기)   forerunner[fɔ́ːrrʌ̀nər] 전신   aim[eim] 목표 삼다
tonality[tounǽləti] 음색   conical[kánikəl] 원뿔의   liquid[líkwid] 유음의   register[rédʒistər] 음역
reedy[ríːdi] 가는 소리의, 갈대피리 소리 같은   expert[ékspəːrt] 숙련된, 노련한   manipulation[mənìpjuléiʃən] 연주 기술, 조종
fingering[fíŋgəriŋ] 운지법   passage[pǽsidʒ] 악절   superior[sju(ː)pí(ː)əriər] 뛰어난, 보다 나은

HACKERS TEST

p.168

1. (C)	2. (D)	3. (A)	4. (D)	5. (B)	6. (B), (D)

Listen to part of a lecture in a literature class.

Hello, everyone. You know, I often think about how tedious it must've been in medieval times to copy a book. As technologies such as the printing press and word processor were unavailable, the entire contents of a book needed to be written by hand when making a new copy. Needless to say, this prevented written works from being widely disseminated because there was no effective way for books to be mass produced. That means, in the Middle Ages, books and learning were only accessible to religious leaders of the Catholic Church–the general public was never a part of the educational sphere, mainly because the Church wanted to keep control over the information and educational resources they possessed. It was a means to solidify their power. To this end, there was no such thing as public schooling, which is part of the reason why the Middle Ages are also known as the Dark Ages. As you can imagine, the scribes who copied the books tended to be monks living in monasteries . . . It's not like they could just hire a random person from a nearby town because few, if any, people could write. And since the monks were part of the Church, one can safely assume that much of their time was also spent copying religious works . . . mainly the Bible.

[1]One of the most celebrated Bible copies is the Book of Kells. Its origins are disputed, but most scholars think it was created around the year AD 800. They can deduce this from its style–the Book of Kells is written in what's called the "insular style," which means it uses very short, round calligraphy. The term "insular" comes from the Latin word for "island," and this style specifically refers to the type of art prevalent in the British Isles between the 7th and 10th centuries. When ascribing a date of circa 800 to the book, some authorities cite specific similarities between its style and that of several other discovered manuscripts for which production dates are known. [2]An important hallmark of insular style manuscripts is the inclusion of illuminations, which are decorations and miniature drawings that were integrated into the text, even at the level of individual characters. I'd like to talk a bit more about this.

[3]Some of the book's illustrations really are quite beautiful. Take a look at this . . . it's an example of a sheet from the book. A folio, I should say. This folio shows the beauty of the insular calligraphy style and the extensive use of illumination . . . Some folios even consist entirely of stylized artwork . . . In fact, only 2 of the 340 folios . . . that means 680 pages . . . only 2 of them don't contain illumination. And just to give you an idea of what kind of designs we're talking about, there's a part of the book where in one square inch of a full-page interwoven design, there are 150 crisscrosses. No kidding. In one square inch! It's amazing to consider the time investment these artists–these monks–made in embellishing the manuscript . . . especially since so few people were expected to see it. It truly is a work of art.

The monks who did this work . . . well, let's just say that not all monks were created equal. [4]Some monks were literate and others were not . . . When it came to transcribing, however, the monks doing that part of the work had to be literate. They wouldn't know what they were writing otherwise. This left the scribe apprentices, who were mainly novice monks, to do much of the design work. [5]Since oral tradition formed the basis of so much religious learning, several mistakes have been found in the Book of Kells when comparing it to earlier Bible versions. For instance, the phrase "I came not to send peace, but the sword" was misprinted as "I came not only to send peace but joy." In Latin, the words for sword and joy are quite close . . . *gladium* versus *gaudium* . . . and both phrases sort of make sense . . . so you can see why such mistakes were often made. Now, most other books of the era had the exact same mistakes, so it's difficult to tell what the original source was. That's one of the reasons why academics have so much trouble giving an exact date for the creation of the book–simply because the typographical errors don't offer any clues as to where the book fits in chronologically with other Bible manuscripts. There's a final mystery related to the book–nobody knows who wrote it. Scholars analyzing the text have come to the conclusion that there were at least three transcribers. [6]One of the writers always wrote 17 lines per page, while another alternated between 18 or 19 lines, and the third completely varied the number of lines he wrote. And there is variation in the ink used in the book. Two of the writers were found to use a brown ink derived from native trees, while the third writer used dyes imported from the Mediterranean.

Now get ready to answer the questions. You may use your notes to help you answer.

1. What is the lecture mainly about?
2. According to the lecture, what are illuminations?

Listen again to part of the lecture. Then answer the question.

P: Some of the book's illustrations really are quite beautiful. Take a look at this . . . it's an example of a sheet from the book. A folio, I should say.

3. Why does the professor say this:
   P: A folio, I should say.

4. What does the professor imply about scribe apprentices?
5. Why does the professor mention the Latin words *gaudium* and *gladium*?
6. According to the professor, how do academics distinguish between the various transcribers of the Book of Kells?

안녕하세요, 여러분. 있죠, 저는 종종 중세에 책을 베끼는 것이 얼마나 지겨운 일이었을지 생각해요. 인쇄기나 워드 프로세서와 같은 기술을 이용할 수 없었기 때문에, 새로운 복사본을 만들 때는 책의 모든 내용이 손으로 쓰여져야 했어요. 말할 필요도 없이, 책이 대량생산될 수 있는 효과적인 방법이 없었기 때문에, 이것은 글로 쓰인 작품들이 널리 퍼지는 것을 막았어요. 그 말은, 중세에는 책과 교육이 가톨릭 교회의 종교 지도자들에게만 접근 가능했다는 뜻이에요. 일반 대중들은 절대 교육 계급의 일부일 수 없었고, 이는 주로 교회가 그들이 소유한 정보와 교육 자료들을 통제하고 싶어 했기 때문이에요. 이것은 그들의 권력을 견고히 하는 방법이었어요. 이렇기 때문에 공공 교육이라는 것이 없었고, 이는 중세가 암흑시대로도 알려진 이유의 일부예요. 상상할 수 있듯이, 책을 베끼는 필경사들은 수도원에 사는 수도사인 경향이 있었어요... 아주 소수의 사람만이 글을 쓸 수 있었기 때문에 주변 마을에서 아무나 고용할 수 있는 것이 아니었어요. 그리고 수도사들은 교회의 일부였기 때문에, 그들의 시간은 대부분 종교적인 작품... 주로 성경을 베끼는 데 사용되었을 것으로 추정해도 틀리지 않을 거예요.

[1]가장 유명한 성경 사본은 켈스 복음서예요. 이것의 기원은 논쟁의 여지가 있지만, 대부분의 학자들은 서기 800년경에 제작되었다고 추측하죠. 그들은 이것을 책의 양식을 통해 추론할 수 있어요. 켈스 복음서는 '인슐러 양식'이라는 것으로 쓰여져 있는데, 그것은 매우 짧고 둥그런 서법을 사용했다는 뜻이에요. '인슐러'라는 용어는 '섬'을 뜻하는 라틴 단어에서 비롯되었고 이 양식은 구체적으로 7세기와 10세기 사이에 영국 제도에서 널리 쓰였던 예술의 유형을 나타내요. 그 책이 약 800년의 것이라고 할 때, 어떤 권위자들은 이것의 양식과 제작 날짜가 알려진 다른 발견된 필사본 몇 부의 양식과의 구체적인 유사성을 언급해요. [2]인슐러 양식의 원고의 중요한 특징은 사본 장식을 포함한다는 것인데, 이것은 글, 심지어는 하나하나의 글자 단위에 통합된 장식과 작은 그림이에요. 이것에 대해서는 조금 더 얘기하고 싶군요.

[3]이 책의 사본 장식 중 일부는 정말 꽤 아름다워요. 이걸 보세요... 이 책에 실린 한 장의 예시예요. 폴리오(한 장)라고 해야겠군요. 이 폴리오는 인

슐러 서풍의 아름다움과 광범위한 사본 장식의 사용을 보여주고 있어요... 어떤 폴리오는 심지어 전부 양식화된 예술작품으로 이루어져 있기도 해요... 사실, 340장의 폴리오... 즉, 680페이지라는 뜻이죠... 그 중에 오직 두 장만이 사본 장식을 포함하고 있지 않아요. 그리고 우리가 얘기하고 있는 게 어떤 종류의 디자인인지 보여주기 위해 말하자면, 전면의 섞여 짜인 디자인의 1제곱인치 안에 150개의 십자 교차가 있는 책의 부분이 있어요. 농담이 아니에요. 1제곱인치 안에 말이에요! 이 예술가들, 즉 이 수도사들이 원고를 장식하는 데 투자한 시간을 생각하면 엄청나요... 특히 그것을 볼 것으로 예상되는 사람들은 정말 적었는데도 말이죠. 진정 예술품이라고 할 수 있어요.

이 일을 했던 수도사들은... 음, 모든 수도사들이 평등하게 태어나지는 않았다고 합니다. [4]어떤 수도사들은 글을 읽을 수 있었지만 다른 이들은 못 읽었어요... 하지만 필사에 관한 한, 그 부분의 작업을 하는 수도사들은 글을 읽을 줄 알아야 했죠. 그렇지 않으면 자신이 무엇을 쓰고 있는지 알 수 없었을 테니까요. 그래서 주로 수련 수도사들인 필경사 견습생이 디자인 작업의 대부분을 하게 되었어요. [5]많은 종교 학습의 기초가 구전으로 이루어졌기 때문에, 초기의 성경과 비교해보면 켈스 복음서에서 실수를 몇 개 찾을 수 있어요. 예를 들면, '화평이 아니라 검을 주러 왔노라'라는 구절이 '화평만이 아니라 기쁨도 주러 왔노라'로 잘못 적혀 있어요. 라틴어에서 검과 기쁨을 뜻하는 단어가 꽤 비슷하거든요... 'gladium'과 'gaudium'이요... 그리고 두 구절 모두 어느 정도 말이 돼요... 그러니까 왜 이런 실수가 자주 일어났는지 이유를 알 수 있죠. 자, 그 시기의 대부분의 다른 책들에도 정확히 똑같은 실수가 있어서 최초의 자료가 어느 것인지 구분하기는 어려워요. 그것이 학자들이 책의 정확한 제작 시기를 알아내는 데 어려움을 겪는 이유 중 하나예요. 간단히 말해서 인쇄상의 오류들이 다른 성경 원고들과의 사이에서 연대순으로 어디에 맞는지에 대한 단서를 전혀 주지 않기 때문이에요.

책과 관련된 마지막 미스터리가 있어요. 누가 이것을 썼는지 아무도 모른다는 거죠. 글을 분석한 학자들은 적어도 세 명의 필경사가 있었다는 결론을 내렸어요. [6]필경사들 중 한 명은 언제나 한 페이지당 17줄을 썼고, 다른 사람은 18줄이나 19줄을 번갈아 썼고, 세 번째 사람은 그가 쓴 줄의 수가 완전히 달랐어요. 그리고 책에 쓰인 잉크에도 차이가 있죠. 필경사들 중 두 명은 토착 나무에서 추출된 갈색 잉크를 사용한 것으로 밝혀진 반면, 세 번째 필경사는 지중해에서 수입된 염료를 사용했어요.

medieval times 중세   printing press 인쇄기   needless to say 말할 필요도 없이, 당연히
disseminate[disémənèit] 널리 퍼지게 하다   sphere[sfiər] 계급, 영역   solidify[səlídəfài] 견고히 하다, 굳히다
public schooling 공공 교육   scribe[skráib] 필경사   monk[mʌŋk] 수도사   monastery[mánəstèri] 수도원
calligraphy[kəlígrəfi] 서법, 서예   prevalent[prévələnt] 널리 쓰인, 유행하는   ascribe[əskráib] ~의 것으로 하다
circa[sə́ːrkə] (연대·날짜 앞에서) 약   cite[sait] 언급하다, 말하다   hallmark[hɔ́ː lmàːrk] 특징
illumination[ilùːmənéiʃən] 사본 장식   folio[fóuliòu] 한 장   extensive[iksténsiv] 광범위한, 많은
interweave[ìntərwíːv] 섞여 짜이다   crisscross[krískrɔ̀ːs] 십자 교차   embellish[imbéliʃ] 장식하다
manuscript[mǽnjuskrìpt] 필사본, 원고   literate[lítərət] 글을 읽을 수 있는   apprentice[əpréntis] 견습생
typographical[tàipəgrǽfikəl] 인쇄상의   chronologically[krànəládʒikəli] 연대순으로
transcriber[trænskráibər] 필경사, 사자생   derive[diráiv] 추출하다   dye[dai] 염료   the Mediterranean 지중해

---

3. Function & Attitude Questions

EXAMPLE

p.174

Listen to part of a lecture in an astronomy class.

OK, so where were we last time? Oh, yeah, that's right, we had just started talking about gamma rays. Well, then, let's start off again from the beginning and get an overview of gamma radiation. So, first we need a definition . . . here, I'll write it on the board . . . gamma rays are the highest level photons, or electromagnetic waves. And they have the smallest wavelengths, and are definitely the most energetic form of light.

So where do they come from? Well . . . I can only tell you what we know at this point, since gamma rays are still quite a mystery in the scientific world. But anyway, what we do know is that they come from the hottest areas of the universe, and are caused by radioactive atoms. When they come to Earth, they're absorbed into the atmosphere, or at least partly absorbed. Uh, different wavelengths are obviously going to be absorbed at different depths. Anyway, we think, but aren't exactly sure, that they are produced in very distant galaxies by extremely hot matter falling into a huge black hole.

Now, you might be wondering how we study them, especially if they are, you know, so far away and of such high energy frequency. Interestingly enough, we have only one real link to the gamma-ray sky . . . an instrument placed in a high altitude balloon or satellite. Have you heard of the Compton Observatory? It's basically a telescope. Well, that is one type of instrument, the first to go up went in, I think . . . 1961 . . . on the Explorer XI satellite.

So, let's move on to why we care so much about gamma rays. There are lots of reasons, of course, but first let me describe more astronomical aspects. If we were able to see with "gamma vision," everything around us and in the entire universe would look different. They kind of light up the universe, allowing us to see all of the energy moving around. Imagine, the moon as a blur that is brighter than the sun . . . a constantly moving galaxy . . . the ability to see directly into the heart of black holes and solar flares . . . Wouldn't that be incredible? Well, that is what researchers are trying to do now. Having more ability to utilize gamma-radiation would help us to determine a lot more about the origin of the universe, how fast it's expanding, and about many more questions we will have today.

Q. What does the professor mean when he says this:
  P: So where do they come from? Well . . . I can only tell you what we know at this point, since gamma rays are still quite a mystery in the scientific world.

Listen again to part of the lecture. Then answer the question.

P: Imagine, the moon as a blur that is brighter than the sun . . . a constantly moving galaxy . . . the ability to see directly into the heart of black holes and solar flares . . . Wouldn't that be incredible?

Q. Why does the professor say this:
  P: Wouldn't that be incredible?

자, 지난 시간에 어떤 내용을 다루었죠? 오, 맞아요, 감마선에 대한 이야기를 시작했었군요. 그러면, 다시 처음부터 시작해서 감마선에 대한 개요를 살펴봅시다. 그럼, 우선 정의를 내려야겠군요... 여기, 칠판에 써볼게요... 감마선은 가장 높은 에너지 수준의 광자, 혹은 전자파입니다. 그리고 가장 짧은 파장을 갖고 있으며 빛의 가장 강한 형태입니다.

그럼 감마선은 어디에서 나올까요? 음... 감마선은 여전히 과학 분야에서 불가사의한 존재이기 때문에 여러분에게 현재 우리가 알고 있는 것만 말해줄 수 있어요. 어쨌든, 우리가 알고 있는 것은 감마선이 우주의 가장 뜨거운 부분에서 발생하며, 방사성 원자에 의해 유발된다는 것입니다. 감마선이 지구에 도달하면 그것은 대기에 흡수됩니다, 적어도 부분적으로는요. 어, 길이가 다른 파장들은 물론 서로 다른 깊이에서 흡수됩니다. 확실하지는 않지만, 우리는 감마선은 아주 먼 은하에서 매우 뜨거운 물질이 거대한 블랙홀에 떨어지면서 생성된다고 생각합니다.

자, 감마선이 그렇게 멀리 떨어져 있고 높은 에너지 주파수를 가지고 있다면, 어떻게 그것을 연구할 수 있는지 궁금할 거에요. 무척 흥미롭게도 우리는 감마선이 도달하는 하늘에 실질적으로 단 한 가지 방법으로만 닿을 수 있습니다... 높은 고도의 기구나 위성에 있는 장비가 그것입니다. Compton 관측기구에 대해 들어본 적이 있나요? 이것은 일종의 망원경이에요. 음, 이러한 장비의 한 종류이며, 처음 하늘에 띄워진 것은... 1961년의... the Explorer XI 위성에 설치된 것이었습니다.

그러면, 우리가 왜 감마선에 많은 관심을 가지는지 알아봅시다. 물론 많은 이유가 있지만 먼저 천문학적 측면에서 얘기할게요. 만약 우리가 '감마계'를 볼 수 있다면, 우리 주위 환경과 우주 전체의 모든 것이 다르게 보일 거에요. 감마선은 우주를 밝게 비추며, 모든 에너지의 움직임을 볼 수 있게 합니다. 상상해 보세요, 흐릿한 달은 태양보다 밝게 보이고, 끊임없이 움직이는 은하계와... 블랙홀의 중심과 태양의 불꽃을 볼 수 있게 되는 것을... 놀랍지 않나요? 음, 이것이 현재 연구자들이 노력하고 있는 것입니다. 감마선을 보다 잘 이용할 수 있게 되면 우주의 기원, 우주의 팽창 속도, 그리고 우리가 오늘날 갖고 있는 많은 질문들에 대해 훨씬 더 많은 것을 알려 줄 것입니다.

gamma ray(radiation) 감마선   overview[óuvərvjùː] 개요, 개관   photon[fóutɑn] 광자   electromagnetic wave 전자파
wavelength[wéivlèŋθ] 파장   energetic[ènərdʒétik] 강한, 원기 왕성한   radioactive[rèidiouǽktiv] 방사성의
atom[ǽtəm] 원자   absorb[əbsɔ́ːrb] 흡수하다   partly[páːrtli] 부분적으로   frequency[fríːkwənsi] 주파수
altitude[ǽltitjùːd] 고도, 높이   balloon[bəlúːn] 기구   satellite[sǽtəlàit] 위성   observatory[əbzɔ́ːrvətɔ̀ːri] 관측기구
astronomic[æstrənámik] 천문학적인   aspect[ǽspekt] 측면, 관점   blur[bləːr] 흐려 보이는 것   galaxy[gǽləksi] 은하계
incredible[inkrédəbl] 놀라운   utilize[júːtəlàiz] 이용하다

1. (B)	2. (C)	3. (C)	4. (B)	5. (C)	6. (A)	7. (D)	8. (C)	9. (D)	10. (A)
11. (D)	12. (B)	13. (C)	14. (A)	15. (D)	16. (C)	17. (B)	18. (A)	19. (C)	20. (D)

I. **Listen to each pair of lectures, and determine how the same expression was used differently in each lecture.**

1 So what I wanted to point out is that there are basically two reasons why the behavior of some coyotes has changed. See, coyotes that live in traditional wilderness habitats don't really encounter human beings a whole lot of the time. But some coyotes have adapted to suburban, and even urban areas . . . hiding in patches of wooded areas . . . and they've discovered that humans don't really pose any danger to them. So they've taken advantage of this situation. They come into fenced yards and kill some dogs or cats. And . . . some people have actually been feeding coyotes or have been friendly in some way or another. But what people don't seem to realize is that coyotes are essentially scavengers and hunters. Um . . . coyotes have begun attacking in the open and in broad daylight. They've snatched pets out of the arms of small children or attacked the children themselves. One death has been recorded, and for the thirty-five other children that have been attacked over the past three decades. Well, if an adult hadn't intervened, then that would have meant certain death. So what's next? Well, animal control officers have been considering using rubber buckshot, or even killing the coyotes, in order to reintroduce a fear of men in these animals.

Listen again to part of the lecture. Then answer the question.

P: Well, if an adult hadn't intervened, then that would have meant certain death. So what's next? Well, animal control officers have been considering using rubber buckshot, or even killing the coyotes, in order to reintroduce a fear of men in these animals.

Q. Why does the professor say this:
   P: So what's next?

그래서 제가 지적하고 싶은 것은 몇몇 코요테들의 행동이 변화한 것에는 근본적으로 두 가지 원인이 있다는 것입니다. 그러니까, 전통적인 황야 서식지에 사는 코요테는 오랫동안 인간과 마주치지 않았습니다. 그러나 몇몇 코요테들은 교외 지역, 심지어는 도시 지역에 적응하게 되었습니다... 나무가 많은 곳에 숨어서 말이죠... 그리고 코요테들은 인간이 그들에게 위험하지 않다는 것을 알게 되었습니다. 그래서 그들은 이 상황을 이용했죠. 코요테들은 울타리로 둘러싸인 뜰로 들어가 개들과 고양이들을 죽였어요. 그리고... 사실 어떤 사람들은 코요테에게 먹이를 주거나 여러 가지 방법으로 호의적이기도 했어요. 그러나 이 사람들은 코요테가 본질적으로 썩은 고기를 먹는 동물이자 사냥꾼이라는 것을 알지 못했던 것 같습니다. 음... 코요테는 대낮에도 공공연히 공격하기 시작했습니다. 그들은 어린이들이 안고 있는 애완동물들을 빼앗아 달아나기도 하고 어린이들을 공격하기도 했어요. 지난 30년간 이미 한 명이 사망한 것으로 알려졌고, 다른 35명의 어린이들이 공격을 당했습니다. 음, 만약 어른들이 끼어들지 않았다면, 그 어린이들 역시 사망했을 것입니다. 그렇다면 다음은 무엇일까요? 음, 동물 감독관들은 이 동물들에게 인간에 대한 공포를 다시 심어주기 위해서, 고무 총알을 이용하거나, 심지어 코요테를 죽이는 방법을 고려해 왔습니다.

point out 지적하다 wilderness[wíldərnis] 황야 habitat[hǽbitæt] 서식지 encounter[inkáuntər] 마주치다
adapt[ədǽpt] 적응하다 suburban[səbə́ːrbən] 교외의 urban[ə́ːrbən] 도시의 take advantage of 이용하다
fence[fens] 울타리를 치다 scavenger[skǽvindʒər] 썩은 고기를 먹는 동물 in broad daylight 대낮에 공공연히
snatch[snætʃ] 빼앗아 달아나다, 강탈하다 intervene[intərvíːn] 끼어들다, 개입하다 buckshot[bʌ́kʃàt] 총알(알이 굵은 산탄)
reintroduce[rìːintrədjúːs] 다시 심어주다, 재도입하다

2 Uh . . . let me just wrap up my discussion on the assumptions that the Big Bang Theory is based on. Essentially, Big Bang theorists assume that since the universe is infinite, that is . . . having no edge, the Big Bang could not have occurred at one point in space. This is the understanding that many people have of the

LECTURES

Hackers **TOEFL** LISTENING

Big Bang. Rather, it occurred throughout space at the same time. And what this means is . . . it is not the universe itself that is expanding, but rather the space-time continuum that is expanding. Another assumption is that the theory of relativity, Einstein's theory, which holds that space and time are relative rather than absolute, correctly describes the gravitational interaction of all matter in the universe. And that's basically it. So what's next? Well, now that we've finished our discussion of the Big Bang, I'd like to start talking about the early formation of stars.

Listen again to part of the lecture. Then answer the question.

P: So what's next? Well, now that we've finished our discussion of the Big Bang, I'd like to start talking about the early formation of stars.

Q. Why does the professor say this:
 P: So what's next?

어... 빅뱅이론의 근간이 되는 가설에 대한 논의를 마무리 짓겠습니다. 본래, 빅뱅 이론가들은 우주는 무한하기 때문에, 즉... 끝이 없기 때문에 빅뱅은 우주의 한 지점에서 발생했을 리가 없다고 생각했습니다. 이것이 많은 사람들의 빅뱅에 대한 생각이었죠. 오히려, 빅뱅은 우주 전 공간에 걸쳐 동시다발적으로 발생했어요. 그리고 이 말은... 우주 그 자체가 팽창하는 것이 아니라, 시공 연속체가 팽창한다는 의미입니다. 다른 가설은 아인슈타인의 상대성 이론인데, 이 이론은 공간과 시간은 절대적이기보다는 상대적이라고 여기며, 우주 만물의 중력적인 상호 작용에 대해 올바르게 설명합니다. 그래서 기본적인 내용은 그렇습니다. 그렇다면 다음은 무엇일까요? 음, 빅뱅에 대한 논의를 끝냈으니, 항성들이 처음에 어떻게 형성되었는지에 대해 이야기하겠습니다.

wrap up 마무리 짓다   assumption[əsʌ́mpʃən] 가설   theorist[θí(:)ərist] 이론가   universe[júːnəvəːrs] 우주
infinite[ínfənət] 무한한   edge[edʒ] 끝, 가장자리   expand[ikspǽnd] 팽창하다   space-time continuum 시공 연속체, 4차원
relativity[rèlətívəti] 상대성   relative[rélətiv] 상대적인   absolute[ǽbsəlùːt] 절대적인   gravitational[grævətéiʃənl] 중력적인
interaction[ìntərǽkʃən] 상호 작용   now that ~이니까   formation[fɔːrméiʃən] 형성

3   So . . . as you learned from the reading I assigned you yesterday, there were three divisions of comedy in Greek theater, the old, the middle, and the new. So . . . let's start with the old comedy. The old began around 450 BC and it was basically vulgar and obscene. It was obscene, it was satirical, and it tended to insult specific individuals in political circles . . . I know this isn't new to you . . . we hear a lot of obscenities, satire, and insults in today's comedies. Now, middle comedy, which began around the fourth century BC, was less personal. Whole groups of individuals of a certain personality or in a certain line of work were vilified. Also, middle comedy was less political than its predecessor. It treated literary and social peculiarities of the day in a light manner and with less ill-natured ridicule. But . . . new comedy, which began around the time of the Macedonian rulers, represented striking features of Athenian society, and one of these was the laxness of its morality. In fact, new comedy made immorality appear attractive. Now . . . I'm hoping you can say something about what the Greeks were doing with comedy. I mean . . . immorality as something attractive . . . is that OK?

Listen again to part of the lecture. Then answer the question.

P: In fact, new comedy made immorality appear attractive. Now . . . I'm hoping you can say something about what the Greeks were doing with comedy. I mean . . . immorality as something attractive . . . is that OK?

Q. Why does the professor say this:
 P: . . . is that OK?

자... 어제 제가 내준 읽기 자료에서 알게 되었듯이, 그리스 연극의 희극은 고희극, 중기 희극, 그리고 신희극 세 분류로 나눌 수 있습니다. 그럼... 고희극부터 얘기해 봅시다. 고희극은 기원전 450년경에 시작되었고 통속적이며 저속했어요. 저속적이고, 풍자적이며, 정치 집단의 특정 개인들을 모욕하곤 했죠... 여러분들에게 그리 새로운 것은 아닐 거예요... 오늘날의 희극에서도 많은 음담패설, 풍자, 그리고 모욕을 들으

니까요. 자, 중기 희극은 기원전 4세기경 시작되었는데, 이것은 개인적인 성격이 덜 했습니다. 특정 성격을 갖고 있거나 특정한 일을 하는 개인들의 집단이 비방당했습니다. 게다가, 중기 희극은 앞선 희극보다 정치적인 성격이 덜 했어요. 그것은 당대의 문학적, 사회적인 특성들을 가벼우면서도 덜 짓궂은 조롱으로 다루었습니다. 그러나... 마케도니아 군주가 다스리던 시기에 시작된 신희극은 아테네 사회의 두드러진 특징을 표현했습니다, 그리고 그것들 중 하나는 도덕성의 해이였어요. 사실, 신희극은 부도덕을 매력적인 것처럼 보이도록 표현했어요. 자... 그리스인들이 희극을 통해 무엇을 했는지에 대해 여러분들이 이야기해 보면 좋겠군요. 내 말은, 부도덕함이 매력적인 것이라... 이상하지 않나요?

division[divíʒən] 부분, 구분   vulgar[vʌ́lgər] 통속적인   obscene[əbsíːn] 저속한   satirical[sətírikəl] 풍자적인
insult[insʌ́lt] 모욕하다   individual[ìndəvídʒuəl] 개인   obscenity[əbsénəti] 음담패설   satire[sǽtaiər] 풍자
vilify[víləfài] 비방하다   peculiarity[pikjùːliǽrəti] 특성   ill-natured[ilnéitʃərd] 짓궂은, 심술궂은   ridicule[rídikjùːl] 조롱
represent[rèprizént] 표현하다   feature[fíːtʃər] 특징   Athenian[əθíːniən] 아테네의   laxness[lǽksnis] 해이
morality[mərǽləti] 도덕   immorality[imərǽləti] 부도덕   attractive[ətrǽktiv] 매력적인

4.   Yesterday we discussed the different stages of sleep, and we determined that sleep is, well, it's not as simple as it seems. So . . . today we'll continue our discussion on dealing with sleep disorders and the behavioral changes that take place when a person lacks REM sleep. You all know that quite a number of people don't always get enough REM sleep for one reason or another, right? I recently read an article about some scientists interested in new ways of dealing with sleep disorders . . . and they seem to think that the behavioral changes associated with a lack of sleep could be reversed through artificial dreaming. Now, I guess we all know what artificial means, at least I hope we all do . . . It means simulated, not natural, fake, counterfeit . . . I guess you can see what I'm driving at. There are a lot of things that are artificial today, but . . . artificial dreaming? Is that OK?

Listen again to part of the lecture. Then answer the question.

P: Now, I guess we all know what artificial means, at least I hope we all do . . . It means simulated, not natural, fake, counterfeit . . . I guess you can see what I'm driving at. There are a lot of things that are artificial today, but . . . artificial dreaming? Is that OK?

Q. Why does the professor say this:
   P: Is that OK?

어제 우리는 수면의 각 단계에 대해 논의하면서, 수면은, 음, 생각했던 것처럼 단순하지 않다고 결론지었습니다. 그래서... 오늘은 수면 장애에 대처하는 법과 사람이 REM 수면이 부족할 때 나타나는 행동변화에 대해 논의해 보겠습니다. 모두들 많은 사람들이 한두 가지의 이유로 충분한 REM 수면을 취하지 못하고 있다는 것을 알고 있을 거예요, 그렇죠? 최근에 수면 장애를 극복하는 새로운 방법에 관심이 있는 과학자들에 대한 기사를 읽었어요... 그리고 그들은 수면 부족과 관련된 행동 변화는 인위적으로 꿈을 꾸게 해서 치유될 수 있다고 생각해요. 자, 모두 인위적이라는 말이 어떤 의미인지 알고 있으리라 생각해요, 적어도 그렇기를 바랍니다... 그것은 가상의, 자연적이지 않은, 가짜의, 모조의라는 의미입니다... 내가 무슨 말을 하려는지 알 수 있을 거예요. 오늘날 인위적인 것들이 많이 있어요, 그러나... 인위적으로 꿈을 꾸게 한다고요? 괜찮을까요?

stage[steidʒ] 단계   determine[ditə́ːrmin] 결론짓다, 결정하다   deal with 대처하다, 극복하다   disorder[disɔ́ːrdər] 장애
behavioral[bihéivjərəl] 행동의   associate[əsóuʃièit] 관련시키다   lack[læk] 부족   reverse[rivə́ːrs] 전환시키다
artificial[àːrtəfíʃəl] 인위적인   dreaming[dríːmiŋ] 꿈   simulated[símjulèitid] 가상의, 진짜가 아닌   fake[feik] 가짜의
counterfeit[káuntərfit] 모조의

5   So it was really a big surprise to scientists in 1977 that animals could live at the bottom of the ocean. And we aren't talking about just a few animals. There have actually been more than three hundred species of animals that have been discovered living at deep-sea hydrothermal vents. Now . . . uh, scientists continue to discover more, but for today, let's focus on the tubeworm, which are the most abundant of the vent animals. The really interesting thing about tubeworms is that while the baby worms or larvae are able to move around, adult worms stay in one place. In fact, scientists have observed that they are attached to the ground beneath them.

Strange, huh? Anyhow, the adult tubeworms have no mouth or anus, or intestines, for that matter. This means that they don't eat and they don't remove waste as other animals do. Yet, they survive. How is this possible? You're probably thinking there's some symbiosis involved. And you're absolutely right, there's a special bacteria . . . and I'll say something more about this bacteria a bit later. But . . . how do these bacteria get inside the worm if there's no mouth and no anus?

Listen again to part of the lecture. Then answer the question.

P: This means that they don't eat and they don't remove waste as other animals do. Yet, they survive. How is this possible? You're probably thinking there's some symbiosis involved. And you're absolutely right . . .

Q. Why does the professor say this:
   P: How is this possible?

그러니까 동물들이 해저에서도 살 수 있다는 사실은 1977년 과학자들에게는 아주 놀라운 일이었습니다. 그리고 이는 소수의 동물을 말하는 것이 아닙니다. 사실 300종이 넘는 동물들이 심해의 열수 분출구에 서식하고 있는 것으로 밝혀졌습니다. 자... 어, 과학자들은 계속적으로 더 많은 동물들을 발견하고 있지만, 오늘은 분출구에 사는 동물 중에 가장 수가 많은 서관충에 초점을 맞춰 보겠습니다. 서관충의 가장 흥미로운 점은 새끼 벌레나 유충은 돌아다닐 수 있는 반면, 성체 한 장소에 머무른다는 것입니다. 사실, 과학자들은 성충이 아래의 땅에 붙어 있는 것을 관찰했습니다. 이상하죠, 그렇죠? 어쨌든, 성체 서관충은 이상하게도 입이나 항문, 장이 없어요, 이것은 그들은 다른 동물들처럼 먹거나 배설을 하지 않는다는 것을 의미해요. 그러나 그들은 생존합니다. 이것이 어떻게 가능할까요? 아마 모두들 공생 관계와 관련이 있을 거라고 생각할 거예요. 그리고 여러분 생각이 맞습니다, 특별한 박테리아가 있는데... 박테리아에 대해서는 나중에 더 이야기할게요. 그런데... 서관충에게 입과 항문이 없다면 박테리아는 어떻게 벌레의 내부로 들어갈까요?

hydrothermal [hàidrəθə́ːrməl] 열수의   vent [vent] 분출구   tubeworm [tjúːbwə̀ːrm] 서관충   anus [éinəs] 항문
intestine [intéstin] 장   for that matter 이상하게도, 드물게   symbiosis [sìmbaióusis] 공생 관계
bacteria [bæktíəriə] 박테리아

6   Scientists have made pretty radical claims regarding climatic cycles . . . that is, variations in weather that occur with some regularity. And based on these so-called cycles, predictions have been made. Uh . . . to be able to make a prediction, scientists have to accumulate very large historical databases. They then use this data and a good software program to create a computerized model that would simulate the earth's climate in the future. Some have objected to these models. They say there are too many unknown variables. Well . . . theories on climate change have always been questioned as to their accuracy. Here's one example. A glaciologist studied thousands of ice cores from around the world. He concluded that, that about 5,200 years ago, there was a monumental change in world climate that had a horrible impact on living things then existing. He claims that similar changes in our climate today point to a coming major climate change similar to the one that occurred 5,200 years ago. How is this possible? What could have led him to such a far-fetched conclusion?

Listen again to part of the lecture. Then answer the question.

P: He claims that similar changes in our climate today point to a coming major climate change similar to the one that occurred 5,200 years ago. How is this possible? What could have led him to such a far-fetched conclusion?

Q. Why does the professor say this:
   P: How is this possible?

과학자들은 기후의 주기에 관해서 꽤 혁신적인 주장을 했어요... 즉, 날씨 변화가 규칙적으로 발생한다는 주장입니다. 그리고 이른바 이러한 주기를 바탕으로, 예보가 이루어집니다. 어... 예보하기 위해서 과학자들은 많은 역사적인 자료를 모읍니다. 그리고는, 이 자료와 양질의 소프트웨어를 사용하여 미래의 기후를 가상으로 알 수 있는 전산화된 모델을 만듭니다. 어떤 이들은 이러한 모델에 이의를 제기했습니다. 그들은 알려지지 않은 많은 변수들이 있다고 말합니다. 음... 기후 변화에 대한 이론들은 항상 정확성에 관해 의심을 받아왔어요. 한 가지 예를 살펴봅시다. 한 빙하학자가 전 세계적으로 수천 개의 빙핵을 연구했습니다. 그는 5,200년 전에 그 당시에 살았던 생물들에게 끔찍한 영향을 미쳤던 세계 기후의 기념비적인 변화가 있었다고 결론지었습니다. 그는 오늘날의 기후 변화가 5,200년 전에 발생한 것과 유사한 중요한 기후 변화가 일어날 것을 암시한다고 주장합니다. 이것이 어떻게 가능할까요? 무엇이 그로 하여금 그런 억지스러운 결론을 내리도록 했을까요?

radical [rǽdikəl] 혁신적인   regarding ~에 관해서   climatic [klaimǽtik] 기후의   cycle [sáikl] 주기, 순환
variation [vὲəriéiʃən] 변화   accumulate [əkjú:mjulèit] 모으다   historical [histɔ́:rikəl] 역사적인
object [əbdʒékt] 이의를 제기하다, 반대하다   variable [vέ:əriəbl] 변수   accuracy [ǽkjurəsi] 정확성
glaciologist [glὲiʃiálədʒist] 빙하학자   ice core 빙핵   monumental [mὰnjuméntəl] 기념비적인
far-fetched [fɑ:rfétʃt] 억지스러운, 무리한

7 Today, we'll be discussing an emotion that's common to all people. That emotion is fear. Basically, we'll be discussing the brain areas involved in fear.

It was sometime in the 1970s when scientists began conducting controlled studies to systematically map out the brain's fear system. They were examining not just the brain parts, but also the chemical reactions involved when a person has a fear reaction. They were also checking out the areas of the brain involved in modifying fear responses, as well as the structures that may be harboring, I mean, storing, memories of fear and dread. These studies are interesting to researchers because somewhere along the way scientists may learn the answers to questions such as, are some people more naturally fearful than others . . . It could be that such people possess weaker connections in the brain areas that control the fear response. Another question scientists want answered is . . . do fearful people possess unique DNA that may make them more likely to learn fear than the rest of the population? Well . . . that's debatable. But the results of these studies may surprise us.

Listen again to part of the lecture. Then answer the question.

P: Another question scientists want answered is . . . do fearful people possess unique DNA that may make them more likely to learn fear than the rest of the population? Well . . . that's debatable. But the results of these studies may surprise us.

Q. Why does the professor say this:
  P: Well . . . that's debatable.

오늘은 모든 인간들에게 공통적인 감정에 대해 이야기해 봅시다. 그 감정은 바로 두려움입니다. 기본적으로, 우리는 두려움과 관련된 뇌의 부위에 대해 논의할 것입니다.
1970년대쯤에 과학자들은 공포와 관련된 뇌 조직을 체계적으로 나타내기 위하여 통제된 연구를 수행하기 시작했습니다. 그들은 사람들이 공포의 반응을 보일 때의 뇌 부위뿐만 아니라, 이와 관련된 화학 반응도 조사했어요. 또한 두려움과 공포의 기억을 품는, 그러니까 저장하는 조직뿐만 아니라 공포 반응의 조절과 연관된 뇌의 부위도 조사했습니다.
이 연구는 연구자들에게 흥미로웠는데, 연구하는 과정에서 특정 사람들이 다른 사람들보다 선천적으로 더 두려움을 많이 느끼는가와 같은 질문에 대해 답을 얻을 수 있었기 때문이죠... 그런 사람들은 공포 반응을 제어하는 뇌 부위와의 연결이 더 약할 수 있습니다. 과학자들이 답을 얻고 싶어 하는 또 다른 질문은... 쉽게 공포를 느끼는 사람들은 다른 사람들보다 두려움을 더 느끼게 하는 독특한 DNA를 가졌는가 하는 것입니다. 음... 그것은 논쟁의 여지가 있죠. 그러나 이러한 연구의 결과는 우리를 놀라게 할지도 모릅니다.

conduct [kəndʌ́kt] 수행하다   controlled [kəntróuld] 통제된   systematically [sìstəmǽtikəli] 체계적인
map out 정밀하게 나타내다   reaction [riǽkʃən] 반응   modify [mádəfài] 조절하다   harbor [háːrbər] (계획, 생각 등을) 품다
store [stɔːr] 저장하다   dread [dred] 공포   connection [kənékʃən] 연결   unique [ju:ní:k] 독특한
debatable [dibéitəbl] 논쟁의 여지가 있는

8   All right, this is a little-studied topic we'll be discussing today. Why do people laugh? Most people would say, well, that's pretty self-evident. People seem to think that laughter occurs only when a person sees something funny, or when he hears a funny joke or story. Well . . . that's debatable. Actually, that's a simplistic and uninformed way of looking at laughter because we sometimes laugh at things which aren't even funny. For example, a person at the door says "bye" to you and you both break out in laughter. It's like there's an implicit understanding between the two of you that makes the laughter perfectly reasonable and logical. So . . . laughter, which is a universal language . . . no matter where you go in this world we live in, and whether it comes out as ha-ha-ha or hee-hee, well . . . there isn't really very much material on why people laugh, despite the fact that we humans laugh so much.

Listen again to part of the lecture. Then answer the question.

P: People seem to think that laughter occurs only when a person sees something funny, or when he hears a funny joke or story. Well . . . that's debatable. Actually, that's a simplistic and uninformed way of looking at laughter because we sometimes laugh at things which aren't even funny.

Q. Why does the professor say this:
  P: Well . . . that's debatable.

좋아요, 오늘의 주제는 잘 연구되지 않는 주제입니다. 사람들은 왜 웃을까요? 대부분의 사람들이 이유가, 음, 자명하다고 말할 것입니다. 사람들은 재미있는 것을 보았을 때나, 웃긴 농담이나 이야기를 들었을 때 웃는다고 생각할 거예요. 음... 이건 논쟁의 여지가 있어요. 사실, 그것은 웃음에 대해 잘 알지 못하고 매우 단순하게 생각한 것인데, 왜냐하면 우리는 때때로 재미없는 것에 웃기도 하기 때문이죠. 예를 들어, 현관에서 누군가가 당신에게 '안녕'이라고 말한다면 둘 다 웃음을 짓기 시작할 것입니다. 둘 사이에 웃음이 충분히 합당하고 논리적이라는 암묵적인 이해가 있다고 할 수 있어요. 그래서... 웃음은 보편적인 언어입니다... 우리가 사는 전 세계 어디를 가든지, 그리고 그것이 '하하하'하고 웃는 웃음인지 '히히'하고 웃는 웃음이든지간에 말이죠, 음... 사람들이 많이 웃는데도 불구하고, 왜 사람이 웃는지에 대한 자료는 많지 않습니다.

self-evident 자명한   **simplistic**[simplístik] 단순화한   **uninformed**[ʌninfɔ́ːrmd] 잘 알지 못하는
break out ~하기 시작하다   **implicit**[implísit] 암묵적인, 암시적인   **reasonable**[ríːzənəbl] 합당한, 적당한
logical[ládʒikəl] 논리적인   **universal**[jùːnəvɔ́ːrsəl] 보편적인   **despite**[dispáit] ~에도 불구하고

II. Listen to parts of the lectures, and choose the best answer for each question.

9   All right, so what is it that the earthworm does to make it such a special creature? Well, one important thing is, it tunnels through soil. And what does this accomplish? Uh, actually much more than most humans understand. You see, soil needs to be plowed because when it remains compacted or pressed down, both air and water can't circulate. And I suppose you know what this means, right? Obviously, plant roots won't be able to penetrate the pressed down soil, much less access air and water in the soil. So, by tunneling through soil, earthworms are actually plowing the soil and making it possible for soil microorganisms and plant roots to obtain air and water.

Listen again to part of the lecture. Then answer the question.

P: All right, so what is it that the earthworm does to make it such a special creature? Well, one important thing is, it tunnels through soil. And what does this accomplish? Uh, actually much more than most humans understand.

Q. Why does the professor say this:
  P: Uh, actually much more than most humans understand.

좋아요, 지렁이의 어떤 행동이 지렁이를 그렇게 특별한 생물로 만드는 걸까요? 음, 한 가지 중요한 점은, 지렁이가 흙 속에 굴을 판다는 것입니다. 그럼 이것은 결국 어떠한 결과를 낳을까요? 어, 사실 대부분의 사람들이 생각하는 것 이상입니다. 그러니까, 흙이 압축되거나 눌린 상태일 때는 공기와 물이 순환하지 못하기 때문에, 흙은 갈아져야 해요. 그리고 이것이 무슨 의미인지 알 거예요, 그렇죠? 물론, 식물의 뿌리는 압축된 흙을 뚫지 못할 것이고, 흙 속의 공기와 물에 접근하기는 더 어렵습니다. 그래서 지렁이는 흙 속에 굴을 파면서 사실상 흙을 갈고, 흙 속 미생물과 식물의 뿌리가 공기와 물을 얻을 수 있도록 합니다.

earthworm [ə́ːrθwə̀ːrm] 지렁이   tunnel [tʌ́nəl] 굴을 파다   accomplish [əkάmpliʃ] 결과를 낳다, 성취하다
plow [plau] 갈다, 경작하다   compact [kəmpǽkt] 압축하다   press down 누르다   circulate [sə́ːrkjəlèit] 순환하다
penetrate [pénitrèit] 뚫다   access [ǽkses] 접근하다   microorganism [màikrouɔ́ːrgənìzəm] 미생물

10 OK, there was a study conducted on an acre of what you would call your average cultivated land, and the researchers discovered that about 16,000 pounds of worm feces are deposited on top of the soil each year . . . and if the soil is really wormy, about 30,000 pounds. Well, what does all this excreta do? You know, earthworm feces or castings are rich in nitrogen, calcium, magnesium, and phosphorus . . . and these are the nutrients necessary for an ecosystem to stay healthy. So, you see, the earthworm is actually a pretty useful animal. Darwin even went so far as to say that the earthworm has played the most important role in history! Well, of course, that's subject to debate.

Listen again to part of the lecture. Then answer the question.

P: So, you see, the earthworm is actually a pretty useful animal. Darwin even went so far as to say that the earthworm has played the most important role in history! Well, of course, that's subject to debate.

Q. What does the professor mean when she says this:
   P: Well, of course, that's subject to debate.

자, 일반적인 경작지 1에이커에 대해 연구가 수행되었고, 연구자들은 매년 약 16,000파운드의 지렁이 배설물이 표토에 쌓인다는 것을 발견했습니다... 그리고 만약 지렁이가 많은 흙이라면, 약 30,000파운드 정도가 쌓이죠. 음, 이 배설물들은 어떤 역할을 할까요? 그러니까, 지렁이의 배설물에는 질소, 칼슘, 마그네슘, 인이 풍부한데... 이 영양분들은 생태계가 건강하게 유지되는 데 필수적입니다. 그러니까, 보다시피, 지렁이는 아주 유용한 동물이에요. 다윈은 심지어 지렁이가 역사상 가장 중요한 역할을 했다고 말하기까지 했어요! 음, 물론, 그건 논쟁의 여지가 있어요.

acre [éikər] 에이커   cultivate [kʌ́ltəvèit] 경작하다   feces [fíːsiːz] 배설물   deposit [dipάzit] 쌓다, 두다
wormy [wə́ːrmi] 벌레가 많은   excreta [ikskríːtə] 배설물   nitrogen [náitrədʒən] 질소   calcium [kǽlsiəm] 칼슘
magnesium [mægníːziəm] 마그네슘   phosphorus [fάsfərəs] 인   nutrient [njúːtriənt] 영양분
ecosystem [ékousìstəm] 생태계

11 All right, let me define some terms. Monozygotic, or identical twins, originate from one ovum, which means that they come from a single sperm. They divide into two zygotes some time during the first thirteen days. Dizygotic or fraternal twins, on the other hand, form from two separate eggs and two different sperm. They develop side by side in the womb and may actually be as similar or as dissimilar as siblings are. Uh . . . let me digress a bit. Some of you probably think that identical twins are truly identical in every way because they share the same DNA, but the only similarity they actually share is their sex. Their personalities will likely be different, and if they're exposed to divergent environments, their appearances may even be somewhat dissimilar. Does this surprise you?

Q. Why does the professor say this:
   P: Their personalities will likely be different, and if they're exposed to divergent environments, their appearances may even be somewhat dissimilar. Does this surprise you?

좋아요, 몇 가지 용어의 정의를 내려봅시다. 일란성 쌍생아, 또는 일란성 쌍둥이는 하나의 난자에서 생겨납니다, 이는 곧 하나의 정자에서 생

겨난다는 것을 의미하죠. 일란성 쌍둥이는 첫 13일 동안 두 개의 접합자로 분리됩니다. 반면, 이란성 쌍생아 또는 이란성 쌍둥이는 개별적인 두 개의 난자와 두 개의 정자에서 생성됩니다. 그들은 자궁에서 나란히 성장하고 일반적인 형제자매들처럼 비슷하거나 다를 수도 있습니다. 어... 잠시 다른 이야기를 할게요. 일란성 쌍둥이는 같은 DNA를 공유하기 때문에, 모든 면에서 똑같을 거라고 생각하는 학생들이 있을 거예요. 그러나 그들의 유일한 유사점은 성별뿐입니다. 그들의 성격은 다를 가능성이 높으며, 만약 그들이 다른 환경을 접하게 된다면, 외모조차도 어느 정도 달라지죠. 놀라운가요?

monozygotic[mònouzaigátik] 일란성의, 하나의 수정란에서 자란   **identical**[aidéntikəl] 일란성의, 똑같은
originate[ərídʒənèit] 생기다, 유래하다   **ovum**[óuvəm] 난자   **sperm**[spə́:rm] 정자   **zygote**[záigout] 접합자
dizygotic[dàizaigátik] 이란성의, 두 개의 수정란에서 자란   **fraternal**[frətə́:rnl] 이란성의, 형제의   **separate**[sépərət] 개별적인
womb[wú:m] 자궁   **dissimilar**[dissímələr] 다른   **sibling**[síbliŋ] 형제자매   **digress**[daigrés] 딴 얘기를 하다
similarity[sìməlǽrəti] 유사점   **personality**[pə̀rsənǽləti] 성격   **expose**[ikspóuz] (작용, 영향을) 접하게 하다, 노출하다
divergent[divə́:rdʒənt] 다른   **appearance**[əpíərəns] 외모   **somewhat**[sʌ́mhwʌ̀t] 어느 정도, 다소

12 So, for same-sex twins, it's harder to determine whether they're identical or fraternal. In some cases, whether twins are one-egg or two-egg twins, cannot even be determined during pregnancy. Why is this so? Well, identical twins form in a single sac and they share a single placenta. But the number of placentas isn't always a clear indicator because the separate placentas of fraternal twins can actually fuse together and appear to be one. And at times, identical twins develop with completely separate placentas. So, actually, the only way to make sure is through genetic testing. DNA is taken from each twin and then compared for similarities. This is a special service, however, that costs a bit of money. But some parents are more than willing to spend money just to find out if their twins are fraternal or identical. You know, identical twins are considered special . . . so, I guess it has something to do with status.

Listen again to part of the lecture. Then answer the question.

P: But some parents are more than willing to spend money just to find out if their twins are fraternal or identical. You know, identical twins are considered special . . . so, I guess it has something to do with status.

Q. Why does the professor say this:
   P: I guess it has something to do with status.

그래서, 동성 쌍둥이의 경우, 일란성인지 이란성인지 구별하기가 힘들어요. 어떤 경우에는, 심지어 일란성 쌍둥이인지 이란성 쌍둥이인지도 임신 기간 동안 구별하기 힘듭니다. 왜 그럴까요? 음, 일란성 쌍둥이는 하나의 낭에서 형성되고 같은 태반을 공유합니다. 그러나 이란성 쌍둥이의 각각의 태반은 융합되어서 하나로 보이기 때문에, 태반의 수는 명확한 기준이 될 수 없어요. 그리고 가끔, 일란성 쌍둥이가 완전히 다른 태반에서 자라기도 합니다. 따라서, 사실, 확인할 수 있는 방법은 유전자 검사뿐입니다. 쌍둥이들로부터 DNA를 추출해서 유사점을 비교하는 거죠. 하지만 이것은 특별한 서비스이기 때문에 비용이 많이 들죠. 그러나 몇몇 부모들은 그들의 쌍둥이가 이란성인지 일란성인지를 확인하기 위해 기꺼이 돈을 씁니다. 여러분도 알다시피, 일란성 쌍둥이는 특별하다고 여겨지니까요... 그래서, 부모들이 이렇게 하는 것은 아마도 지위와 관련이 있는 듯합니다.

pregnancy[prégnənsi] 임신 (기간)   **sac**[sæk] 낭   **placenta**[pləséntə] 태반   **indicator**[índikèitər] 기준, 지시
fuse[fju:z] 융합되다   **genetic**[dʒənétik] 유전자의   **be willing to** 기꺼이 ~하다   **status**[stéitəs] 지위

13 So the Egyptian mapmakers knew only about their locale, and that's all they knew. Well, they did use geometry to help them make measurements of the land. And, these measurements also helped them to sort of reconstruct boundaries whenever the Nile flooded over and destroyed boundaries that previously existed. Uh, the Greeks had what I would call a similar type of knowledge–they knew only about a very limited portion of the earth. But they were one step ahead of the Egyptians. They believed that the shape of the earth was important in making world maps. So, it was in 500 BC that Pythagoras suggested that the earth was spherical. Well, of course there was a lot of disagreement with this idea. It was only in 350 BC when Aristotle argued for the spherical shape of the earth that scholars finally accepted a round earth. Perhaps this is why there weren't very many advances in cartography during that time.

Listen again to part of the lecture. Then answer the question.

P: So, it was in 500 BC that Pythagoras suggested that the earth was spherical. Well, of course there was a lot of disagreement with this idea. It was only in 350 BC when Aristotle argued for the spherical shape of the earth that scholars finally accepted a round earth.

Q. Why does the professor say this:
  P: Well, of course there was a lot of disagreement with this idea.

그래서 이집트 지도 제작자들은 단지 그들의 지역에 대해서만 알고 있었고, 그것이 그들이 아는 전부였습니다. 음, 그들은 땅을 측정하는 데 기하학을 이용했습니다. 그리고 이러한 측정법은 나일강이 범람하여 이전의 경계를 무너뜨릴 때마다 경계를 재건하는 데도 도움을 주었습니다. 어, 그리스인들은 이와 비슷한 종류의 지식을 갖고 있었습니다. 그들도 단지 지구상의 아주 제한된 부분에 대해서만 알고 있었어요. 그러나 그들은 이집트인들보다는 한발 앞섰죠. 그리스인들은 지구의 형태가 세계 지도를 만드는 데 있어서 중요하다고 생각했습니다. 그래서, 피타고라스가 지구가 둥글다는 주장을 펼친 것은 기원전 500년입니다. 음, 물론 이 의견을 둘러싼 많은 논쟁이 있었죠. 아리스토텔레스가 지구는 구체라고 주장한 것이 겨우 기원전 350년경에 이르러서였으니까요. 아마도 이 때문에 그 당시에는 지도 제작법에 많은 발전이 없었던 것 같습니다.

mapmaker[mǽpmèikər] 지도 제작자   locale[loukǽl] 지역, 장소   geometry[dʒiámitri] 기하학
measurement[méʒərmənt] 측정   reconstruct[rìːkənstrʌ́kt] 재건하다   boundary[báundəri] 경계   flood[flʌd] 범람하다
previously[príːviəsli] 이전에   portion[pɔ́ːrʃən] 부분   spherical[sférikəl] 둥근   disagreement[dìsəgríːmənt] 논쟁
advance[ædvǽns] 발전, 진보   cartography[kɑːrtágrəfi] 지도 제작(법)

14   So by the seventeenth and eighteenth centuries, cartography had progressed to the point where mapmakers were always seeking ways to continue improving the accuracy of their maps. The sextant had made it easy for them to calculate latitude . . . but accurately calculating longitude was another matter. Also . . . before they could start calculating, those in authority had to arbitrarily designate a specific point on Earth as zero longitude. So a conference was held in Washington, DC in 1884. The delegates chose the Greenwich Meridian, or GMT, as zero longitude. Now, this meridian, also known as the prime meridian, passes right through the Royal Greenwich Observatory in Greenwich, England. Everybody knows England, yes? I don't have to show you where the GMT is, right? It took a while but all countries finally adopted the Greenwich Meridian as the basic reference line. And it is from this zero longitude that all other lines of longitude were measured.

Listen again to part of the lecture. Then answer the question.

P: The delegates chose the Greenwich Meridian, or GMT, as zero longitude. Now, this meridian, also known as the prime meridian, passes right through the Royal Greenwich Observatory in Greenwich, England. Everybody knows England, yes? I don't have to show you where the GMT is, right?

Q. What does the professor imply when she says this:
  P: I don't have to show you where the GMT is, right?

그래서 17세기와 18세기에 이르자, 지도 제작법은 지도 제작자들이 항상 그들의 지도의 정확성을 꾸준히 높이는 방법을 모색하는 수준으로 발달했습니다. 육분의가 쉽게 위도를 측정할 수 있도록 했어요... 그러나 경도를 정확히 측정하는 것은 다른 문제였죠. 또한... 그들이 측정을 시작하기 전에, 권위 있는 학자들은 제멋대로 지구의 특정 지점을 임의적으로 경도 0도로 지정했어요. 그래서 1884년 워싱턴 DC에서 회의가 열렸습니다. 대표자들은 그리니치 자오선, 또는 GMT를 경도 0도로 지정했습니다. 자, 본초 자오선이라고도 알려진 이 자오선은 영국 왕립 그리니치 천문대를 곧바로 관통합니다. 모두 영국을 알죠, 네? 그리니치 자오선이 어디에 있는지 보여주지 않아도 되겠죠, 그렇죠? 오랜 시간이 걸렸지만 모든 국가들이 결국 그리니치 자오선을 기본 기준선으로 채택했습니다. 그리고 바로 이 경도 0도를 기준점으로 다른 경도

선들이 측정됩니다.

cartography[kɑːrtágrəfi] 지도 제작(법)　　**progress**[prɑ́gres] 발달하다, 진보하다　　**accuracy**[ǽkjurəsi] 정확성
sextant[sékstənt] 육분의 (각도와 거리를 정확하게 재는 데 쓰이는 광학 기계)　　**calculate**[kǽlkjulèit] 측정하다, 계산하다
latitude[lǽtətjùːd] 위도　　**accurately**[ǽkjurətli] 정확히　　**longitude**[lándʒətjùːd] 경도
arbitrarily[ɑ́ːrbətrèrəli] 제멋대로, 독단적으로　　**designate**[dézignèit] 지정하다, 명시하다　　**delegate**[déləgèit] 대표
meridian[mərídiən] 자오선, 경선　　**prime meridian** 본초 자오선　　**Royal Greenwich Observatory** 영국 왕립 그리니치 천문대
adopt[ədápt] 채택하다　　**reference**[réfərəns] (계측의) 기준

III. Listen to parts of the lectures, and choose the best answer for each question.

[15-17]
Listen to a discussion on paranormal activity.

Today, we're going to discuss a topic that, I'd say, is difficult for most people to remain neutral about. I suppose everyone here knows what a dowsing rod is. There you go . . . I see amusement on some of your faces. Do you really think it's hard to accept the idea that there may be something to dowsing rods? Well, some say there's a scientific explanation, others claim it's nonsense, and . . . still others say it has more to do with the spirit world. So why don't we examine it a little more closely and see if there's any truth to what the dowsers claim.

Uh, for those of you who are clueless, a dowsing rod is a stick . . . sometimes made of wood and sometimes made of metal. And it's generally used to search for underground water, buried treasure or archaeological remains. The operator holds the forked twig close to his body, with the stem pointing forward . . . As the dowser moves through the terrain and there's a spot where water or some mineral exists, the rod pulls down or leaps up . . . The movements, so the dowsers say, do not come from the rod itself. They think that these movements are actually taking place in the hands of the person who senses the subtle energies emitted by everything around us.

So . . . what do scientists think? Well, scientists wouldn't bother doing research on the divining rod if there hadn't been claims of success in its use, right? Dowsers have claimed to diagnose diseases, track down criminals, discover water, and even find dead human bodies. Um, some years back a teenager who was riding a snowmobile went over the Riverside Dam, and the . . . police couldn't find him, so they presumed he had drowned. [15]It only remained for the teenager's body to be found. Well, they couldn't find it, so they called in a dowser who had been dowsing for fifty years. And sure enough, he located the body downstream from the dam. What can't a dowser find, huh? So, naturally, scientists wanted to see for themselves if a dowsing rod could really locate things, and . . . they conducted one experiment. There was a row of twelve beakers covered with cloth, and only one of them had water. [16]So, five trials were conducted, and they changed the position of the beaker that held the water after each trial . . . and lo and behold, the dowser failed to divine which beaker held water in all of the trials. That's one hundred percent failure.

Of course, the failure of one experiment would definitely not render a method that has achieved success many times as mere quackery. [17]But what I'd like to point out is that no matter how many successful experiments have been conducted, dowsing appears to have no actual basis in any known scientific or empirical laws of nature. As such, it's been classified as a type of divination.

Listen again to part of the lecture. Then answer the question.

P: It only remained for the teenager's body to be found. Well, they couldn't find it, so they called in a dowser who had been dowsing for fifty years. And sure enough, he located the body downstream from the dam. What can't a dowser find, huh?

15. Why does the professor say this:
    P: What can't a dowser find, huh?

Listen again to part of the lecture. Then answer the question.

P: So, five trials were conducted, and they changed the position of the beaker that held the water after each trial . . . and lo and behold, the dowser failed to divine which beaker held water in all of the trials. That's one hundred percent failure.

16. What does the professor imply when he says this:
P: . . . and lo and behold,

17. What does the professor mean when he says this:
P: But what I'd like to point out is that no matter how many successful experiments have been conducted, dowsing appears to have no actual basis in any known scientific or empirical laws of nature. As such, it's been classified as a type of divination.

오늘, 우리가 논의할 주제는, 말하자면, 많은 사람들이 중립을 지키기 어려운 주제입니다. 모두 점지팡이가 무엇인지 알고 있을 거예요. 보세요... 몇몇 학생들이 흥미 있어 하는 표정을 짓고 있네요. 점지팡이에 무언가 있다는 의견을 받아들이기 힘들다고 생각하나요? 음, 어떤 이들은 과학적인 근거가 있다고 하고, 다른 이들은 어리석은 생각이라고 주장하고... 또 어떤 사람들은 그것이 영적인 세계와 보다 더 밀접한 연관성을 가지고 있다고 말하기도 합니다. 그러면 점지팡이에 대해 좀 더 자세히 살펴보면서 수맥 점술가들의 주장이 진실인지 알아봅시다.

어, 잘 모르는 학생들을 위해 설명하자면, 점지팡이는... 나무나 금속으로 만들어진 막대기예요. 그리고 일반적으로 지하의 물이나 묻혀있는 보석, 고고학 유물을 찾을 때 사용됩니다. 수맥 점술가는 끝이 갈라져 있는 막대기를 몸에 가까이 들고, 대는 앞쪽을 향하게 합니다... 수맥 점술가가 땅 위를 지나갈 때, 물이나 광물이 존재하는 지점에서 막대기는 아래나 위로 기울어집니다... 수맥 점술가들이 말하기로 그 움직임은 막대기 자체에서 시작되는 것이 아니라고 합니다. 그들은 우리 주위의 모든 것에서 방출되는 미세한 에너지를 감지하는 사람의 손에서 움직임이 발생한다고 생각합니다.

그러면... 과학자들의 생각은 어떨까요? 음, 점지팡이의 사용이 성공적이라는 주장이 없었다면, 과학자들은 그것을 일부러 연구할 생각조차 하지 않았을 거예요, 그렇죠? 수맥 점술가들은 병의 원인을 밝혀내고, 범죄자를 찾아내고, 물을 발견하기도 하며, 심지어 시체를 찾아냈다고 주장해 왔습니다. 음, 몇 년 전에 설상차를 타던 10대 한 명이 Riverside 댐에서 사라졌는데... 경찰은 그를 찾을 수 없어서 그가 익사했을 거라고 생각했죠. ¹⁵10대의 시체를 찾는 일만 남아 있었어요. 음, 경찰들은 시체를 찾지 못해서, 50년 동안 점지팡이를 사용해 온 수맥 점술가를 불렀어요. 그리고 당연하게도, 그는 시체가 댐의 하류에 있음을 알아냈어요. 수맥 점술가가 찾을 수 없는 것이 무엇일까요, 네? 그래서, 자연스럽게, 과학자들은 점지팡이가 정말 물체의 위치를 알아낼 수 있는지 알아보고 싶었어요, 그래서... 그들은 한 가지 실험을 했습니다. 천으로 덮여 일렬로 놓여있는 비커 12개 중 하나에만 물이 들어 있었어요. ¹⁶그래서, 5번의 실험을 수행했고, 그들은 각 실험이 끝날 때마다 물이 담긴 비커의 위치를 바꾸었습니다... 그리고 자, 보세요, 수맥 점술가는 모든 실험에서 물이 담긴 비커를 찾는 데 실패했습니다. 100퍼센트 실패였죠.

물론, 한 실험의 실패가 여러 번 성공했던 방법을 단지 사기 행위가 되게 할 수는 없습니다. ¹⁷그러나 제가 강조하고 싶은 것은 성공적인 실험이 아무리 많이 수행되었다 하더라도, 수맥 찾기는 어떠한 과학적이거나 경험적인 자연법칙의 근거를 갖고 있지 않습니다. 따라서 수맥 찾기는 점의 한 종류로 분류되어 있어요.

dowsing rod (수맥을 찾는) 점지팡이   nonsense [nánsens] 어리석은 생각   examine [igzǽmin] 살펴보다, 조사하다
dowser [dáuzər] 수맥 점술가   clueless [klú:lis] 모르는, 단서가 없는   remains [riméinz] 유물   fork [fɔ:rk] 가르다
stem [stem] 대, 자루   terrain [təréin] 땅, 지역   spot [spɑt] 지점, 장소   subtle [sʌ́tl] 미세한   emit [imít] 방출하다
diagnose [dáiəgnòus] 원인을 밝혀내다, 진단하다   track down 찾아내다, 탐지하다   snowmobile [snóuməbìːl] 설상차
presume [prizjú:m] ~라고 생각하다, 여기다   drown [draun] 익사하다   locate [lóukeit] (위치를) 알아내다, 밝혀내다
downstream [dàunstrí:m] 하류   lo and behold! 자 보시라! (놀랄만한 사실을 말할 때)   divine [diváin] 알아맞히다, 예측하다
render [réndər] ~이 되게 하다   quackery [kwǽkəri] 사기 행위   empirical [empírikəl] 경험적인
classify [klǽsəfài] 분류하다   divination [dìvənéiʃən] 점, 예측

[18-20]
Listen to a discussion on architecture.

P: OK . . . for today I'll be focusing on American Gothic architecture. We'll take a look at its features and compare them with those of the European Gothic style when it was at its peak between the 12th and 15th centuries. All right, look closely at the features of the European style as I show the slides. Um, the style originated with the abbey church located in Saint-Denis near Paris. The designer, Abbot Suger, wanted to create a physical representation of the Heavenly Jerusalem of the Bible. Other Gothic churches were similar in size. Can anyone tell the class why they were so enormous?

S: [18]I think the size of the churches back then was supposed to tell the churchgoer or the passerby . . . that God was very great and humans were small and insignificant . . . But I suppose a lot of people knew that back then. I mean, even if the churches were small, with priests telling people how sinful they were, who wouldn't feel small and insignificant?

P: You're right about why those churches were so large. Now, there was a Gothic revival in the 1800s. However, this revival didn't bring back the castles and churches of the 12th century. Instead, public buildings and even homes took on a sort of Gothic appearance. What do I mean by this? OK, when New York architect Alexander Jackson Davis was commissioned to design an estate in New York in the 1800s . . . a place called Lyndhurst . . . he drew much attention to the Gothic style. Of course, the structure Davis designed was not an imposing church. It was a home . . . The Lyndhurst mansion does have Gothic features, although it's more of, shall we say, a misrepresentation of the original Gothic style. [19]And here's an interesting tidbit. A movie was made using the Lyndhurst mansion as a setting because it was considered an authentic Gothic structure. Well, it just goes to show that people don't know their Gothic.

All right . . . this is a picture of the Notre Dame Cathedral located in Paris. Although the Cathedral's facade is broken up into a pattern that looks very much like a grid, the edifice did have the features that identified it as being of the Gothic style . . . the loftiness, the flying buttresses, enlarged windows, and the ornamentation and sculptures.

Now, compare it to the Lyndhurst mansion designed by Davis. This structure had carefully chosen details that gave the mansion a Gothic flavor. But . . . here's the Notre Dame Cathedral again . . . and now, the Lyndhurst mansion. Can you see the differences? Um . . . actually, what I'm trying to point out to you is that the Gothic revival in the United States featured structures that weren't truly Gothic, that weren't authentically Gothic . . . [20]As Gothic architecture became more and more popular, the structures began to look less Gothic. These structures only seemed to satisfy the public's desire for the more ornate Gothic frills. Well, I can only call it cake frosting on roast beef. Let's look at examples of these homes.

Listen again to part of the lecture. Then answer the question.

S: I think the size of the churches back then was supposed to tell the churchgoer or the passerby . . . that God was very great and humans were small and insignificant . . . But I suppose a lot of people knew that back then. I mean, even if the churches were small, with priests telling people how sinful they were, who wouldn't feel small and insignificant?

18. What is the student's attitude toward the design of Gothic churches?

Listen again to part of the lecture. Then answer the question.

P: And here's an interesting tidbit. A movie was made using the Lyndhurst mansion as a setting because it was considered an authentic Gothic structure. Well, it just goes to show that people don't know their Gothic.

19. Why does the professor say this:
    P: Well, it just goes to show that people don't know their Gothic.

Listen again to part of the lecture. Then answer the question.

P: As Gothic architecture became more and more popular, the structures began to look less Gothic. These structures only seemed to satisfy the public's desire for the more ornate Gothic frills. Well, I can only call it cake frosting on roast beef. Let's look at examples of these homes.

20. What does the professor imply when she says this:

P: Well, I can only call it cake frosting on roast beef.

P: 네, 오늘은 미국 고딕 건축에 초점을 맞춰보죠. 미국 고딕 건축의 특징을 살펴보고 이 양식의 전성기였던 12세기와 15세기 사이의 유럽 고딕 양식과 비교해 보도록 할게요. 좋아요, 슬라이드를 보면서 유럽 양식의 특징을 자세히 알아봅시다. 음, 이 양식은 파리 부근의 세인트 데니스에 위치한 대성당에서 시작되었어요. 설계자 Abbot Suger는 성경에 나오는 천국 예루살렘을 실체를 가진 형상으로 표현하고 싶어 했습니다. 다른 고딕 교회들도 크기가 비슷했어요. 왜 교회들이 이렇게 거대한지 누가 말해 볼래요?

S: ¹⁸그 당시 교회의 크기는 신도들이나 지나가는 사람들에게... 신은 아주 위대하며 인간은 작고 하찮은 존재라는 것을 전하려 했던 것 같습니다... 그러나 저는 당시 많은 사람들은 이미 그것을 알고 있었다고 생각해요. 제 말은, 교회가 작았다고 해도 목사들이 인간이 얼마나 죄가 큰지 이야기하는데, 어느 누가 자신이 작고 하찮음을 느끼지 못하겠어요?

P: 왜 교회들이 그렇게 거대했는지에 대한 학생의 말은 맞아요. 자, 1800년대에 고딕 양식이 다시 부흥했습니다. 그러나 이 부흥이 12세기의 성들과 교회를 다시 짓도록 한 것은 아닙니다. 대신, 공공건물들이나 심지어 가정집까지 일종의 고딕 양식의 외양을 띠게 되었죠. 이것은 무슨 의미일까요? 네, 뉴욕의 건축가 Alexander Jackson Davis가... Lyndhurst라고 불리는... 뉴욕의 사유지 설계를 의뢰 받았을 때, 그는 고딕 양식으로 많은 주목을 끌었습니다. 물론, Davis가 설계한 건물은 거대한 교회가 아니었어요. 그것은 집이었죠... Lyndhurst 저택은, 말하자면, 원래의 고딕 양식을 잘못 표현하긴 했지만, 고딕양식의 특징을 갖고 있기는 했습니다. ¹⁹그리고 재미있는 이야기 하나를 알려줄게요. Lyndhurst 저택을 정통 고딕 건축물이라고 여겨, 그 저택을 배경으로 한 영화가 만들어지기도 했어요. 음, 이것은 사람들이 고딕 양식에 대해 모르고 있음을 보여주죠.

네... 이 사진은 파리의 노트르담 성당입니다. 성당의 정면은 격자 형태처럼 금이 갔지만, 건축물은 고딕 양식으로 인정되는 특징을 갖고 있습니다... 높이 솟은 형태, 비상하는 모양의 버팀대, 넓은 창, 장식과 조각이요.

자, 이제 Davis가 설계한 Lyndhurst 저택과 이것을 비교해 봅시다. 이 건물은 고딕풍을 더해주는 세부구성을 신중히 선택했습니다. 그러나... 여기 노트르담 성당 사진을 다시 보고... Lyndhurst 저택 사진을 보세요. 차이점을 알겠어요? 음... 사실, 내가 강조하고 싶은 것은 미국에서 일어난 고딕 양식의 부활이 진짜 고딕 양식 건물을 특징으로 하는 것은 아니라는 점입니다, 정통 고딕 양식이 아니었다는 말이죠... ²⁰고딕 건축물이 점점 더 유행하면서, 건물들은 점점 더 고딕 양식에서 멀어져가기 시작했습니다. 이런 건물들은 단지 더 화려한 고딕 장식에 대한 대중의 욕구를 충족시키고 있는 듯합니다. 음, 저는 그것을 로스트 비프 위에 입힌 케이크 아이싱이라고밖에 말할 수 없군요. 이런 집들의 예를 살펴봅시다.

abbey[æbi] 대성당, 대저택   heavenly[hévənli] 천국의   enormous[inɔ́ːrməs] 거대한   passerby[pǽsərbài] 지나가는 사람
insignificant[insignífikənt] 하찮은   priest[priːst] 목사, 성직자   sinful[sínfəl] 죄가 있는   revival[riváivəl] 부흥, 재생
castle[kǽsl] 성   commission[kəmíʃən] 의뢰하다, 주문하다   estate[istéit] 사유지, 소유지   imposing[impóuziŋ] 거대한
mansion[mǽnʃən] 저택   misrepresentation[mìsreprizentéiʃən] 잘못된 표현, 와전   tidbit[tídbìt] 재미있는 이야기
authentic[ɔːθéntik] 정통의, 진짜의   cathedral[kəθíːdrəl] 성당   facade[fæsɑ́ːd] (건물의) 정면   grid[grid] 격자
edifice[édəfis] 건축물, 건물   loftiness[lɔ́(ː)ftinis] 높이 솟음   buttress[bʌ́tris] 버팀대   enlarge[inlɑ́ːrdʒ] 넓히다
ornamentation[ɔ̀ːrnəməntéiʃən] 장식   satisfy[sǽtisfài] 충족시키다, 만족시키다   ornate[ɔːrnéit] 화려한
frill[fril] 장식   frosting[frɔ́ːstiŋ] (케이크에) 설탕을 입힘   roast beef 로스트 비프(쇠고기 구이)

HACKERS **TEST**   p.182

1. (A)	2. (C)	3. (B)	4. (C)	5. (D)	6. (A)

Listen to part of a lecture in a zoology class.

P: This afternoon, I want to continue our discussion of animal vocalizations . . . but this time, I'd like to focus on birds. You've probably all heard their beautiful melodies outside your window in the morning, or, uh, maybe you've had a close encounter with a sparrow's nest and it let out a series of short chirps. These are examples of the two types of bird vocalizations . . . songs and calls. ²Songs are typically used to seek a mate or claim territory, while calls are used for things like, uh, sounding the alarm about a predator or demanding food. And, um, all birds can vocalize to some extent. Even crows, which are often portrayed in media as making shrill, harsh cries, can actually produce other sounds like coos and clicks . . . Now there certainly is a lot of variety in bird calls, but it's the songs I'd like to discuss in more detail because . . . that's where we see the greatest variation and complexity. It's the songbirds that, uh, have the most complex vocal organs, and these birds can produce an astonishing range of sounds by varying the intensity and pitch of their vocalizations. This variation is most apparent in courtship and mating songs, such as those used by a male to display his sexual fitness to a potential mate.

S1: Excuse me, but are you saying that only, uh, males sing?

P: Well, let me clarify that . . . um, [3]Darwin's theory of evolution suggested that only the males sing because they contend with other males for females, but recent research shows that the, uh, females of more than two-thirds of songbird species also sing . . . and for the same reason–to compete with other birds for reproduction and survival. So . . . early on, birds, both male and female, begin learning birdsongs.

S2: [4]So baby birds have the ability to produce these elaborate songs?

P: Well, let me ask you this . . . Are people born with the ability to communicate fluently?

S1: Um, no . . . It takes several years for children to learn how to speak.

P: Right . . . It's a learning process, and it's the same in birds. [1]They learn how to sing gradually. . . It doesn't happen overnight. This process is broken into two distinct phases. The first–known as the sensory phase– involves juveniles listening to a parent or other conspecific adults.

S2: Conspecific?

P: Um, adults belonging to the same species. [5]Juvenile birds listen to all the surrounding birdsongs, and are able to identify members of their own species by their songs.

S1: But once they've learned a song by their own species, are they as good as the adults–I mean, vocally . . .

P: Not yet, and that's because their vocal organs aren't yet developed. That's part of the second phase . . . the sensorimotor phase. This is when the young birds begin to mimic what they hear . . . the songs of the adults. This doesn't happen right away though–these songs are very complex. At first, the juveniles sound like they're just making random noises, but eventually they master it.

S1: Sorry, but, um, going back to the learning-the-song part during the sensory phase . . . how long does that take?

P: It depends on the bird species. [6]In any case, it isn't very long–about 15 to 50 days when a bird is still a juvenile–and it's during this time that they're most adept at learning a song. After that age, there goes the learning opportunity! It becomes a lot harder for them to learn a song in the same way that adults have such a hard time learning a new language.

Now . . . where was I? Right. The sensorimotor stage. Um . . . you know how babies babble when they start talking? Well, that's how juvenile birds begin as well . . . the sounds they make are a kind of babbling. This is known as subsong. Then as their vocal cords get stronger and they reproduce more of the sounds that belong to their species, their vocalizations get louder, and you begin to hear something that is definitely more structured. It can be compared to young children who successfully imitate the sentence structures they hear their parents using . . . Well, that structured song is called plastic song.

S2: So, um, after 50 days, baby birds can sing like adults?

P: No, they're very much like kids before they enter nursery. They can speak, but they're still practicing and honing their language skills. Sometimes you hear kids use nonsense words and they may even pick up a few foreign language words and incorporate that into their vocabulary, um, until they figure out that it's not part of the language. The baby birds are doing the same thing. They may pick up sounds that don't quite belong, but as their language develops, they drop the sounds that don't fit and use only those that have meaning. It's really a lot like learning a language! After a while, the birds reach the point where the songs crystallize–they sound just like the songs that the adults are singing.

S1: Wow, that's pretty amazing. I never realized how much like a language birdsongs are.

P: I agree . . . It's really something. And if you listen carefully, you can actually distinguish between subsong, plastic song and crystallized song.

Now get ready to answer the questions. You may use your notes to help you answer.

1. What is the lecture mainly about?
2. According to the professor, what is a function of bird songs?
3. Why does the professor mention Darwin's theory of evolution?

Listen again to part of the lecture. Then answer the question.

S2: So baby birds have the ability to produce these elaborate songs?
P: Well, let me ask you this . . . Are people born with the ability to communicate fluently?
S1: Um, no . . . It takes several years for children to learn how to speak.

4. Why does the professor say this:
    P: Well, let me ask you this . . . Are people born with the ability to communicate fluently?

5. What does the professor say about juvenile birds during the sensory phase?

Listen again to part of the lecture. Then answer the question.

P: In any case, it isn't very long–about 15 to 50 days when a bird is still a juvenile–and it's during this time that they're most adept at learning a song. After that age, there goes the learning opportunity! It becomes a lot harder for them to learn a song in the same way that adults have such a hard time learning a new language.

6. What does the professor mean when she says this:
    P: After that age, there goes the learning opportunity!

P: 오늘 오후에는 동물 발성에 관한 논의를 계속하고 싶군요... 하지만 이번 시간엔, 새에 초점을 맞춰보고 싶네요. 여러분들 모두는 아마도 아침에 창밖에서 이들의 아름다운 멜로디를 들어봤거나, 어, 아마 참새의 둥지와 가까이 마주쳤을 때 짧은 짹짹거리는 소리를 들었을 수도 있어요. 이것들은 새의 발성의 두 가지 유형의 예시예요... 지저귐과 울음소리요. ²지저귐은 일반적으로 짝짓기 상대를 찾거나 영역을 주장할 때 사용되고, 반면에 울음소리는, 어, 포식자에 대해 경고하는 소리를 내거나 먹이를 요구하는 것과 같은 경우에 사용되죠. 그리고, 음, 모든 새는 어느 정도까지는 소리를 낼 수 있어요. 심지어 까마귀도, 매체에서는 종종 날카롭고 거슬리는 울음소리를 내는 걸로 묘사되는데, 실제로는 구구거리는 것과 쯧쯧거리는 것처럼 다른 소리를 만들어 낼 수 있어요. 자, 새의 울음소리에는 분명 많은 다양성이 있지만, 제가 더 세부적으로 논의하고 싶은 것은 지저귐이에요... 왜냐하면 거기에서 우리는 가장 큰 다양성과 복잡성을 보기 때문이에요. 어, 가장 복잡한 발성 기관을 가지고 있는 것은 명금인데, 이 새는 발성의 세기와 높낮이를 조절함으로써 놀라운 범위의 소리를 만들어 낼 수 있죠. 이 다양성은 구애와 교미 시 지저귐에서 가장 두드러지는데, 잠재적인 짝짓기 상대에게 자신의 성적 적합성을 드러내 보이기 위해서 수컷이 사용하는 지저귐 같은 것이죠.
S1: 죄송하지만, 교수님 말씀은 오직, 어, 수컷만 지저귄다는 건가요?
P: 음, 명확하게 설명해 줄게요. 음, ³다윈의 진화론은 수컷들이 암컷을 차지하기 위해 다른 수컷과 경쟁하기 때문에 오직 수컷만이 지저귄다고 제시했지만, 최근 연구는, 어, 3분의 2 이상의 명금류의 암컷도 지저귄다는 것을 보여줘요... 같은 이유 때문이죠. 번식과 생존을 위해 다른 새와 경쟁하기 위해서요. 그래서... 일찍부터 새는 수컷과 암컷 모두 지저귀는 법을 배우기 시작하는 거죠.
S: ⁴그럼 새끼 새가 이런 정교한 지저귐을 만들어 낼 능력이 있는 건가요?
P: 음, 이걸 물어볼게요... 사람은 유창하게 의사소통을 할 능력을 갖추고 태어나나요?
S1: 음, 아니요... 아이들이 말하는 법을 배우는 데는 몇 년이 걸려요.
P: 그렇죠... 그게 학습 과정이고, 새에게도 마찬가지예요. ¹새끼 새는 지저귀는 법을 서서히 배워요... 그건 하룻밤 사이에 되지 않아요. 이 과정은 두 가지 뚜렷한 단계로 나뉘어요. 감각기로 알려진 첫 번째 단계는 어린 새가 부모나 다른 동종의 어른 새의 소리를 듣는 것을 필요로 해요.
S2: 동종이요?
P: 음, 같은 종에 속하는 어른 새요. ⁵어린 새는 주변의 모든 지저귐을 듣고, 그들의 지저귐을 통해 자기 종의 구성원을 알아볼 수 있어요.
S1: 그런데 새가 자기 종의 지저귐을 배우면, 이 어린 새들도 어른 새만큼 소리를 잘 내나요? 그러니까, 발성상으로요...
P: 아직은 아닌데, 그건 발성 기관이 아직 발달되지 않았기 때문이에요. 그게 두 번째 단계 중 일부예요... 감각운동기이죠. 이것은 어린 새가 자기가 듣는 것을 흉내 내기 시작할 때예요... 어른 새의 지저귐을요. 하지만 이런 일이 바로 발생하진 않아요. 이 지저귐은 매우 복잡하거든요. 처음엔, 어린 새는 단지 불규칙한 소음을 만드는 것처럼 들리는데, 결국 지저귐을 완전히 익히죠.

S1: 죄송하지만, 음, 감각기 동안 지저귐을 배우는 부분으로 돌아가서요... 그건 얼마나 오래 걸리나요?

P: 새의 종류에 달려있어요. ⁶어쨌든 그건 그리 길지는 않아요. 새가 아직 어릴 때 15일에서 50일 정도예요. 그리고 그 새들이 지저귐을 배우는 데 가장 능숙한 것이 이 시기이죠. 그 나이가 지나면, 배움의 기회가 사라져버려요! 새들이 지저귐을 배우는 것은 성인들이 새로운 언어를 배우는 데 매우 어려움을 겪는 것과 같이 훨씬 더 어려워지죠.

자... 무슨 얘길 하고 있었죠? 그렇죠. 감각운동기였죠. 음... 아기들이 말하기 시작할 때 어떻게 옹알거리는지 알죠? 음, 그게 어린 새도 시작하는 방식이에요... 그들이 만들어 내는 소리도 일종의 옹알이에요. 이건 부분 지저귐이라고 알려져 있어요. 그 후 발성 기관이 튼튼해지고 자신의 종에 속한 소리를 더 많이 만들어 내면서, 그들의 발성은 더욱 커지고 여러분은 확실히 더욱 짜임새 있는 소리를 듣기 시작하게 되죠. 이건 부모가 사용하는 문장 구조를 듣고 성공적으로 흉내 내는 어린 아이들에 비교할 수 있을 거예요... 음, 그런 짜임새 있는 지저귐은 가짜 지저귐이라고 불려요.

S2: 그럼, 음, 50일 이후에 새끼 새는 어른 새처럼 지저귈 수 있나요?

P: 아니요, 그들은 유치원에 들어가기 전의 아이들과 매우 비슷해요. 말을 할 수는 있지만, 여전히 언어 기술을 연습하고 연마하고 있죠. 때로 여러분은 아이들이 의미 없는 단어를 사용하는 걸 들을 수 있고, 그들은 심지어 외국어 단어를 몇 개 익혀서 자기의 어휘에 포함시키기도 하죠. 음, 그게 그 언어의 일부가 아니라는 걸 알아낼 때까지요. 새끼 새도 같은 걸 해요. 정확히 제 것이 아닌 소리를 익힐지도 모르지만, 그들의 언어가 발달하면서 맞지 않는 소리는 버리고 오직 의미를 갖는 소리만 사용하죠. 그건 정말 언어를 배우는 것과 매우 비슷해요! 얼마 후, 새는 지저귐이 구체화하는 시기에 다다라요. 그들은 어른 새가 지저귀는 소리와 똑같은 소리를 내게 되죠.

S1: 우와, 정말 놀라워요. 전 지저귐이 언어와 얼마나 비슷한지 전혀 몰랐어요.

P: 동의해요... 정말 대단하죠. 그리고 주의 깊게 듣는다면, 부분 지저귐, 가짜 지저귐, 그리고 구체화된 지저귐을 실제로 구분해 낼 수 있어요.

vocalization [vòukəlizéiʃən] 발성　　encounter [inkáuntər] 마주침　　sparrow [spǽrou] 참새
chirp [tʃəːrp] 짹짹하는 소리　　mate [meit] 짝짓기 상대, 짝　　territory [térətɔ̀ːri] 영역, 영토　　vocalize [vóukəlàiz] 소리를 내다
portray [pɔːrtréi] 묘사하다　　shrill [ʃril] 날카로운, 새된　　harsh [haːrʃ] 거슬리는, 듣기 싫은　　variation [vɛ̀əriéiʃən] 다양성, 변화
complexity [kəmpléksəti] 복잡성　　songbird [sɔ́ːŋbə̀ːrd] 명금(고운 소리로 우는 새)　　vocal organ 발성 기관
astonishing [əstániʃiŋ] 놀라운　　intensity [inténsəti] 세기　　pitch [pitʃ] (음의) 높낮이, 높이　　courtship [kɔ́ːrtʃìp] 구애
contend [kənténd] 경쟁하다, 겨루다　　phase [feiz] 단계, 시기　　sensory [sénsəri] 감각의
juvenile [dʒúːvənl] 어린 동물, 청소년　　conspecific [kànspisífik] 동종의　　sensorimotor [sénsərimòutər] 감각운동의
mimic [mímik] 흉내 내다　　adept [ədépt] 능숙한　　babble [bǽbl] 옹알거리다
structured [stráktʃərd] 짜임새 있는, 구조가 있는　　imitate [ímətèit] 흉내 내다, 모방하다　　plastic [plǽstik] 형성된, 꾸민
nursery [nə́ːrsəri] 유치원, 유아원　　hone [houn] 연마하다　　incorporate [inkɔ́ːrpərèit] 포함시키다
crystallize [krístəlàiz] 구체화하다

4. Connecting Contents Questions

EXAMPLE

p.195

Listen to part of a lecture in a geology class.

So essentially, rocks are formed on the surface of the Earth as well as within the Earth's crust. Igneous rocks . . . a sample of which I have here . . . well, they're formed when hot molten material cools inside the Earth or on its surface. Take note that the ones that form inside the Earth come from magma, whereas the ones formed on the Earth's surface come from volcanic eruptions from lava. Sedimentary rocks, on the other hand, well, they're formed as a product of weathering, or a sort of erosion from exposure to weather. And the processes involved are called cementation, or precipitation on the Earth's surface.

OK, let me just briefly explain what cementation is. It's a process where a solid mass of rock is surrounded or covered by the powder of other substances. This solid mass is heated, but not so the mass and the powder melt together. Nevertheless, the physical properties of the mass are changed by the chemicals of the powder. One example is iron, which turns into steel when it goes through a process of cementation with charcoal. And another is green glass . . . which becomes porcelain through cementation with sand.

OK, the third type of rock is metamorphic. This type is formed when it's subjected to pressure and temperature changes inside the Earth. So the three types . . . igneous, sedimentary, and metamorphic . . . these make up what is called the Earth's lithosphere, which averages about a hundred kilometers thick in most parts of the Earth. So, now let's discuss the processes in greater detail and the results obtained by these processes.

OK, you already know that igneous rock is made from molten material which cools and crystallizes into minerals. But hot molten material cools at different rates, and this of course affects the crystal size and composition of the resulting rock. If the material cools quickly, it will yield a rock with small minerals. For example, basalt has small minerals that can only be seen under the lens of a microscope. Now, uh . . . if the material cools slowly, the result will be a rock called granite, which has minerals so large that it can be seen with the naked eye.

Now, before I move on to sedimentary rocks, let me just point out that because igneous rocks cool from a liquid, the resulting rock is smooth and uniform and without layers, and the mineral grains are tightly packed together.

Q. Why does the professor mention charcoal?

Q. How does the professor clarify the different types of igneous rock produced?

Q. The professor mentions certain locations where different types of rock are likely to form. Indicate for each type of rock listed the location where it will most likely form.

그러니까 기본적으로, 암석은 지구의 지각 내부에서뿐만 아니라 지구 표면에서도 생성됩니다. 화성암... 제가 지금 갖고 있는 표본이죠... 음, 화성암은 뜨거운 용해된 물질이 지구 내부나 표면에서 냉각될 때 생성됩니다. 지구 내부에서 생성된 것들은 마그마에서 나오는 반면, 지구 표면에서 생성된 것들은 용암 분출에서 비롯된다는 것을 알아두세요. 한편, 퇴적암은, 음, 풍화의 결과로 혹은 비바람에 노출됨으로써 발생한 침식 작용에 의해서 생성됩니다. 그리고 여기에 수반되는 과정은 지표에서의 교결 혹은 침전이라고 불립니다.

자, 교결이 무엇인지 간단히 설명할게요. 이것은 고체 덩어리인 암석이 다른 물질의 가루에 둘러싸이거나 덮이는 과정입니다. 이 고체 덩어리는 가열되기는 하지만, 암석 덩어리와 가루가 함께 녹을 정도로 뜨거워지지는 않아요. 그렇지만, 암석 덩어리의 물리적인 성질은 가루의 화학성분으로 인해 변화하게 됩니다. 한 예로 철이 숯과 교결 과정을 거치고 나면 강철로 변하죠. 또한 녹색 유리가... 모래와 교결 과정을 거치면 자기로 변하는 것도 또 다른 예이죠.

자, 세 번째 종류는 변성암입니다. 변성암은 지구 내부에서 압력과 온도의 변화를 겪을 때 생성됩니다. 그래서 이... 세 종류... 화성암, 퇴적암, 변성암은... 지구 암석권을 구성하는데, 이 지층은 지구 대부분의 지역에서 100km 정도의 두께입니다. 자, 이제 이러한 과정을 자세히 살펴보고 그로 인한 결과에 대해 논의해 봅시다.

자, 모두들 화성암은 용해된 물질이 냉각되어 결정을 이룬 광물이라는 것을 알 거예요. 그러나 뜨거운 용해된 물질은 서로 다른 속도로 냉각되며, 이 과정은 생성되는 암석 결정의 크기와 구성물질에 영향을 줍니다. 물질이 빨리 냉각되면, 작은 광물이 있는 암석이 만들어집니다. 예를 들어, 현무암은 현미경 렌즈로만 볼 수 있는 작은 광물을 갖고 있어요. 자, 어... 물질이 천천히 냉각하면, 육안으로도 볼 수 있을 정도로 아주 큰 광물을 가진 화강암이 만들어집니다.

자, 퇴적암으로 넘어가기 전에, 화성암은 액체에서 냉각되었기 때문에, 결과물은 매끄럽고 균일하며 층이 없고, 광물 입자가 조밀하게 채워져 있다는 것을 언급할게요.

crust[krʌst] 지각　igneous rock 화성암　molten[móultən] 용해된　sedimentary rock 퇴적암
weather[wéðər] 풍화하다　erosion[iróuʒən] 침식 작용　cementation[sìːməntéiʃən] 교결
precipitation[prisìpətéiʃən] 침전　briefly[bríːfli] 간단히　property[prápərti] 성질　go through 거치다
porcelain[pɔ́ːrsəlin] 자기　metamorphic[mètəmɔ́ːrfik] 변성의　subject[sʌ́bdʒikt] 겪게 하다　pressure[préʃər] 압력
make up 구성하다　lithosphere[líθəsfìər] 암석권　crystallize[krístəlàiz] 결정을 이루다　mineral[mínərəl] 광물
basalt[bǽsɔːlt] 현무암　granite[grǽnit] 화강암　naked eye 육안　liquid[líkəid] 액체
smooth[smuːð] 매끄러운　uniform[júːnəfɔ̀ːrm] 균일한　tightly[táitli] 조밀하게　pack[pæk] 채우다

1. (A)　　　　2. (D)　　　　3. (C)　　　　4. (D)　　　　5. (C)　　　　6. (B)

7.

	Mother	Father	Neighbors/Visitors
Bigger words		✓	
Special language	✓		
Different voice			✓

8.

Step 1	Universe suddenly expanded.
Step 2	Universe began to cool.
Step 3	Energy was produced.
Step 4	Particles were formed.

9.

	Yes	No
Take a brief recess from the problem	✓	
Compare ideas with other groups		✓
Come up with a sudden idea to solve the problem	✓	
Provide spontaneous ideas on possible solutions	✓	
Conduct experiments to find an answer to the problem		✓

10.

	Yes	No
Goes up to nipples upon birth	✓	
Develops fully in the uterus		✓
Remains in the womb for about a month	✓	
Leaves the pouch occasionally	✓	

11.

	Earth art	Site-specific art
Located in far-off place	✓	
Background serves as setting for artwork		✓
Connection between setting and artwork is made		✓
Components from nature are used	✓	

12.

	Yes	No
Protested unemployment in Washington	✓	
Became a member of a socialist organization	✓	
Organized factory workers into unions		✓
Promoted socialist ideas in newspapers	✓	

13. (D)　　　　14. (D)

15.		Complete	Incomplete
Consists of three stages			✓
Experienced by most insects		✓	
Involves use of cocoons		✓	
Produces baby insects that looks like adults			✓

16. (A)

17.	1	Western frontier was populated.
	2	Relay stations were established.
	3	Horses were purchased.
	4	A sub-contract was obtained.

I. Listen to parts of the lectures, and choose the best answer for each question.

1 Uh, today we'll be talking about a particular photographer, a bookkeeper from Newark, Ohio named Clarence White. And, what I want you to take note of is what he contributed to the artistic movement known as pictorialism. So, anyhow, we come to the late 1800s, a period of time when painting enjoyed a much higher status than photography, which in many people's eyes was a bit too mechanistic . . . Well, what the pictorialists did was to form a group known as photo-secession. This group was founded in 1902 by Alfred Steiglitz . . . and Clarence White, who was also a member, became the movement's leader after Steiglitz rejected pictorialism. Steiglitz seemed to have changed his mind. He came to favor straight photography, which is, you know, the exact opposite of pictorialism. See, straight photography focuses on the subject of the photograph rather than on the methods or the equipment used to obtain a particular effect. On the other hand, pictorialism emphasizes the purely photographic or scenic qualities of a photograph, and this is what Clarence White became a staunch supporter of. So . . . with pictorialism, the focus was not on the subject . . . It was on how the photographer presented the subject, on how he manipulated the subject. So, it was a bitter parting for the two men, with White ultimately becoming a teacher of the methods used in the movement. He established the Clarence White School of Photography in New York.

Q. How does the professor introduce Clarence White's ideas about picture-taking?

어, 오늘은 특별한 사진가이자 오하이오주 뉴어크시의 장부계원이었던 Clarence White에 대해 이야기해보겠습니다. 그리고, 회화주의로 알려진 예술운동에 그가 어떤 기여를 했는지 주목하기 바랍니다. 자, 어쨌든, 그림이 사진보다 높은 명성을 누렸던 1800년대 후반으로 가봅시다. 당시 사람들의 눈에 사진은 다소 기계적으로 비춰졌어요... 음, 회화주의자들이 한 일은 사진 분리파로 알려진 단체를 조직한 것이었습니다. 이 단체는 1902년에 Alfred Steiglitz와... Clarence White에 의해 설립되었고, 그 단체의 회원이기도 했던 Clarence White는 Steiglitz가 회화주의를 거부한 후 이 운동의 지도자가 되었습니다. Steiglitz는 그의 생각을 바꾸었던 것 같아요. 그는 회화주의와, 그러니까, 완전히 반대되는 순수 사진술을 지지하게 됩니다. 순수 사진술은 특수한 효과를 얻기 위해 사용되는 장비나 방법보다는 피사체에 초점을 두었습니다. 반면, 회화주의는 사진에서 철저하게 사진 기법적인 혹은 장면 묘사적인 특징을 강조하고 이 점을 Clarence White가 열렬히 지지하였죠. 그러니까... 회화주의에서의 초점은 피사체가 아니었습니다... 그것은 작가가 피사체를 어떻게 표현하는지, 혹은 어떻게 조작하는지에 초점을 맞추었습니다. 결국 White가 회화주의 운동에서 사용했던 기법을 가르치게 되면서, 두 사람은 안타까운 이별을 맞게 됩니다. White는 뉴욕에 Clarence White 사진 학교를 설립했습니다.

pictorialism[piktɔ́:riəlìzm] 회화주의, 영상 중심주의　　**mechanistic**[mèkənístik] 기계적인　　**photo-secession** 사진 분리파
favor[féivər] 지지하다, 찬성하다　　**straight**[streit] 순수한, 수정하지 않은　　**purely**[pjúərli] 철저히, 순전히
photographic[fòutəgrǽfik] 사진 기법의, 사진의　　**scenic**[sí:nik] 장면을 묘사한　　**staunch**[stɔ:ntʃ] 열렬한
manipulate[mənípjulèit] 조작하다　　**parting**[pá:rtiŋ] 이별, 작별　　**ultimately**[ʌ́ltəmətli] 결국, 마침내

2   So, picking up where we left off yesterday, the first theory on multiple spatial dimensions, the Kaluza-Klein theory, was developed back in the 1920s. Now, this theory tried to explain how gravity and the electromagnetic forces work together, but it had to assume the existence of a fourth spatial dimension for the theory to work. Like other scientists, Kaluza knew that the four forces of the universe, electromagnetic force, gravity, and the strong and weak nuclear forces, could never be reconciled if only three dimensions existed. It was Kaluza, in fact, who introduced the idea that a dimension can be small and invisible. It's sort of like, well . . . think of a garden hose. You know, from a distance, the hose appears one-dimensional, yeah? But if we draw closer we can see that the hose has an extra dimension, the circular dimension of the hose. The Kaluza-Klein theory says the same thing about the universe, that there may be other dimensions curled up like the circular dimension of a garden hose and that exist on a very small scale.

Q. Why does the professor mention a garden hose?

그럼, 어제 강의에 이어서 하자면, 복합공간 차원에 대한 첫 번째 이론인 Kaluza-Klein 이론은 1920년대에 발전되었습니다. 자, 이 이론은 중력과 전자기력이 어떻게 함께 작용하는지를 설명하고자 했으나, 이론이 성립하려면 4차원의 존재가 전제되어야만 했습니다. 다른 과학자들처럼, Kaluza는 단지 3차원만 존재한다면 우주의 네 가지 힘인 전자기력, 중력, 강한 원자력과 약한 원자력이 융화될 수 없다는 것을 알고 있었습니다. 사실, 차원이 작고 보이지 않을 수도 있다는 의견을 도입한 사람이 Kaluza였죠. 이것과 비슷해요, 음... 정원용 호스를 생각해보세요. 그러니까, 멀리서 보면, 호스는 1차원으로 보입니다, 그렇죠? 그러나 가까이에서 보면 호스에는 별도의 차원이 있어요, 호스의 원형공간입니다. Kaluza-Klein 이론은 우주도 이와 같다고 설명하는데, 즉 우주에도 정원용 호스의 원형 공간처럼 얽혀 있는 다른 차원이 있으며 이것이 아주 작은 규모로 존재한다고 말합니다.

spatial[spéiʃəl] 공간의   electromagnetic[ilèktroumægnétik] 전자기의   nuclear[njú:kliər] 원자력의, 핵의
reconcile[rékənsàil] 융화시키다   invisible[invízəbl] 눈에 보이지 않는

3   Now, we're going to consider two celestial bodies, comets and asteroids, both moving objects that may be hard to differentiate with the naked eye. So how do we distinguish between comets and asteroids? Well, we have to consider the size, composition, and the path that the objects follow. Let's look at comets first. Unless they're very close, only enormous telescopes can spot comets. If one is near enough to the Earth, a bright head and long tail may be obvious. A comet is usually about fifty kilometers across while an asteroid may range in size from the width of a pebble to about one thousand kilometers in diameter. And their compositions? Uh, asteroids are rocky and metallic, but comets are largely ice, dust, carbon dioxide, and methane. As to the path these objects follow, well, comets have a highly elliptical orbit. They pass in and out of the solar system as they draw closer to, or move farther away from, the Sun. Asteroids, on the other hand, are in our solar system, and the vast majority of them are in the asteroid belt located between the orbits of Jupiter and Mars.

Q. How does the professor describe the two types of celestial bodies?

이제, 혜성과 소행성 두 천체에 대해 생각해 봅시다, 이 둘은 움직이는 천체이며 육안으로 구별하기 힘듭니다. 그렇다면 혜성과 소행성을 어떻게 구별할까요? 음, 우리는 천체의 크기, 구성물질, 그리고 천체가 따라가는 경로를 고려해야 합니다. 혜성부터 먼저 살펴보죠. 혜성이 아주 가까이 있지 않으면, 거대한 망원경만이 혜성을 관측할 수 있습니다. 만약 혜성이 충분히 지구 가까이에 있다면, 밝게 빛나는 머리와 긴 꼬리가 확연히 보입니다. 혜성의 지름은 일반적으로 50킬로미터 정도인데 반해, 소행성의 지름은 자갈 크기에서부터 지름 1,000킬로미터까지 다양합니다. 그럼 구성성분은 어떨까요? 어, 소행성은 암석과 금속으로 되어 있지만, 혜성은 주로 얼음, 먼지, 이산화탄소, 그리고 메탄으로 구성되어 있습니다. 이 천체들이 진행하는 진로에 대해 이야기하자면, 음, 혜성은 매우 타원형의 궤도를 가집니다. 태양과 가까워지거나 멀어짐에 따라, 태양계 안으로 들어오기도 하고, 태양계를 벗어나기도 합니다. 반면, 소행성은 태양계 내에 있으며 소행성 대부분은 목성과 화성의 궤도 사이에 위치하는 소행성대 안에 있습니다.

celestial body 천체   comet[kámit] 혜성   asteroid[ǽstərɔ̀id] 소행성   differentiate[dìfərénʃièit] 구별하다, 식별하다
naked eye 육안   composition[kàmpəzíʃən] 구성(물질)   enormous[inɔ́ːrməs] 거대한   spot[spat] 관측하다, 발견하다
obvious[ábviəs] 확연한, 분명한   width[widθ] 크기, 너비   pebble[pébl] 자갈   diameter[daiǽmətər] 지름, 직경
rocky[ráki] 암석으로 된   metallic[mətǽlik] 금속의   largely[láːrdʒli] 주로   elliptical[ilíptikəl] 타원의

orbit[ɔ́:rbit] 궤도   asteroid belt 소행성 대

4   So, of all the rooms in the White House, the ones that the public is most familiar with, are the East Room and the Blue, Red and Green Rooms. It may surprise you to know that the East Room was once used by Mrs. John Adams as a place to hang up her clothes to dry. After the room was completed and furnished during Jackson's term, people began to be admitted to the room as visitors. Actually, the interior of the East Room has undergone several renovations. The first time was after the War of 1812, when the White House was burned by the British, and the interior was gutted by fire. In 1902, President Theodore Roosevelt renovated the room in the manner of the classical architectural style of the late 18th century. He replaced the Victorian decor with an oak floor, wood-paneled white walls, and bronze light fixtures. He put in upholstered benches, three Bohemian cut-glass chandeliers and a ceiling adorned with elegant plaster decorations. What else? Oh, yeah, a Steinway piano with specially designed supports, and decorated with gold-stenciled eagles, was added in 1938.

Q. How does the professor proceed with her description of the East Room?

그래서, 백악관의 모든 방들 중에서 대중들에게 가장 잘 알려진 방은 East Room과 Blue, Red, Green Room입니다. East Room이 한 때 John Adams 부인이 옷을 말리려고 걸어놓던 방으로 쓰였다는 것을 알면 모두들 놀랄 거예요. East Room이 Jackson의 재임 동안 완성되고 가구가 갖춰진 후에, 사람들은 방문객으로서 그 방에 들어가 볼 수 있게 되었습니다. 사실, East Room의 내부는 여러 번 수리를 거쳤습니다. 첫 번째 개조는 1812년의 전쟁 후, 백악관이 영국에 의해 전소하고 내부도 화재로 파괴되었던 때였습니다. 1902년에 Theodore Roosevelt 대통령은 18세기 후반의 전통 건축 양식으로 방을 수리했습니다. 그는 빅토리아 양식의 실내장식을 떡갈나무 마루, 장식 판자를 댄 흰 벽, 그리고 청동 조명설비로 교체했습니다. 그는 덮개를 씌운 벤치, 세 개의 보헤미안 유리세공 샹들리에, 그리고 우아한 석고 장식으로 꾸며진 천장을 들여 놓았습니다. 또 뭐가 있었죠? 아, 그래요, 특별히 디자인된 받침대와 금으로 등사된 독수리로 장식된 Steinway 피아노가 1938년에 추가되었습니다.

furnish[fə́:rniʃ] 가구를 갖추다   undergo[ʌ̀ndərgóu] 거치다, 경험하다   renovation[rènəvéiʃən] 수리
gut[gʌt] (건물의) 내부를 파괴하다, 태워버리다   renovate[rénəvèit] 수리하다   classical[klǽsikəl] 전통적인
panel[pǽnəl] 장식 판자를 대다   bronze[brɑnz] 청동   fixture[fíkstʃər] (붙박이) 설비
upholster[ʌphóulstər] 커버를 씌우다   chandelier[ʃæ̀ndəlíər] 샹들리에   ceiling[sí:liŋ] 천장   adorn[ədɔ́:rn] 꾸미다
elegant[éligənt] 우아한   plaster[plǽstər] 석고, 회반죽   decoration[dèkəréiʃən] 장식   stencil[sténsəl] 등사하다

5   Well . . . like almost any other art movement, cubism was met with criticism. One critic, in fact, said that the painter had simply reduced everything to cubes. This, by the way, is how cubism got its name. And yet, in spite of all the critics' scathing remarks, cubism became one of the most influential art movements of the 20th century. So why was it so special? Well, uh, true, it was a form of surrealism, but its intent was different. See, surrealism lies more in the realm of fantasy, but cubism was simply a new way of interpreting things that exist around us. So, the subject of the painting, as we perceive it, appears familiar, but it's expressed in a non-traditional way. How? Well, cubists emphasized form and structure rather than color. The colors were pretty dull, but the way the subjects were rendered was striking. Look at the example I have on the board. The subject appears to be in two dimensions, as though you were looking at it head-on, but at the same time, the sides and back of the subject are visible.

Q. Why does the professor mention surrealism?

음... 다른 예술 운동처럼, 입체파도 비판에 부딪히게 됩니다. 사실, 한 비평가는 화가들이 모든 것을 정육면체로 간소화한다고 말했습니다. 그게, 바로 여기서 입체파라는 이름이 유래되었어요. 모든 비평가들의 통렬한 비평에도 불구하고, 입체파는 20세기의 가장 영향력 있는 예술 운동의 하나가 되었습니다. 그럼 왜 이것이 특별했을까요? 음, 어, 사실 입체파는 초현실주의의 한 형태였지만 목적은 달랐습니다. 그러니까, 초현실주의는 환상이라는 영역에 속하지만, 입체파는 우리 주위에 존재하는 것들을 해석하는 새로운 방식이었습니다. 우리가 느낄 수 있듯이, 그림의 대상은 친숙하게 보이지만 종래와는 다른 방법으로 표현되어 있어요. 어떻게요? 입체파 화가들은 색채보다 형태와 구조를 강조했습니다. 색은 단조로웠지만 대상이 표현된 방법은 인상적입니다. 칠판에 있는 이 예를 보세요. 우리는 피사체의 정면을 보고 있지만

피사체는 2차원으로 보이며, 동시에 대상의 측면과 뒷면까지도 보입니다.

cubism[kjú:bizm] 입체파　　**criticism**[krítəsìzm] 비판, 비평　　**critic**[krítik] 비평가　　**cube**[kju:b] 정육면체
scathing[skéiðiŋ] 통렬한, 냉혹한　　**remark**[rimá:rk] 비평, 의견　　**influential**[ìnfluénʃəl] 영향력 있는
surrealism[səríːəlìzm] 초현실주의　　**intent**[intént] 목적, 의지　　**realm**[relm] 영역, 범위　　**fantasy**[fǽntəsi] 환상
interpret[intə́:rprit] 해석하다　　**non-traditional**[nɑ̀ntrədíʃənl] 종래와는 다른, 비전통적인　　**render**[réndər] 표현하다
striking[stráikiŋ] 인상적인　　**dimension**[diménʃən] 차원　　**head-on**[hédɑ̀n] 정면

6　OK, today I'm going to focus on two related species of woodland owls, the barred owl and the spotted owl. The major difference between the two, well, at least until a few decades ago, was their geographical location. The barred owl inhabited the forests of eastern North America while the spotted owl populated the forests of the Pacific Northwest. The two were divided by the Great Plains, which is a pretty vast expanse. During the past century, the barred owl moved steadily westward and is now a direct competitor with the spotted owl in the Pacific Northwest. How did this happen?

Well, a professor at Humboldt State University in California, Professor Gutierrez, speculates that human activity set the stage for the barred owl invasion of the Pacific Northwest. Back when the American settlers were pushing across the Great Plains, they changed the original landscape by suppressing natural fires and planting trees. And as a result, these small patches of woodlands began to exist where there once was only a single, vast expanse of grassland that was, you know, impassable to the barred owl. So these new forests provided the barred owl with suitable habitats for nesting and breeding, and it used these patches of forest to slowly spread into the Great Plains. From there, the barred owl moved into Canada, the Idaho Rockies, Western Washington, Oregon and California.

Q. Why does the professor mention the American settlers?

자, 오늘은 숲 올빼미에 속하는 두 유사종인 아메리카 올빼미와 얼룩 올빼미에 초점을 맞추어 보겠습니다. 몇십 년 전까지만 해도, 음, 두 올빼미의 가장 큰 차이점은 지리적인 분포였습니다. 아메리카 올빼미는 북아메리카 동부 숲에 서식했고, 얼룩 올빼미는 태평양 북서쪽 숲에 살았습니다. 두 올빼미는 대평원에 의해 나누어졌는데, 꽤나 광활한 장소죠. 지난 100년 동안 아메리카 올빼미는 점차 서쪽으로 이동했고 지금은 태평양 북서쪽에서 얼룩 올빼미의 직접적인 경쟁자가 되었어요. 어떻게 이런 현상이 발생했을까요?
음, 캘리포니아의 Humboldt 주립 대학의 Gutierrez 교수는 인간 활동이 아메리카 올빼미의 태평양 북서쪽 침입의 원인이 되었다고 추측했습니다. 예전에 미국 정착민들이 대평원을 가로질러 가는 과정에서, 그들은 자연화재를 진압하고 나무를 심으면서 원래의 자연환경을 바꾸었습니다. 그 결과, 한때, 그러니까, 아메리카 올빼미가 지나갈 수 없는 하나의 거대한 목초지였던 곳에 작은 숲이 생겨나기 시작했어요. 그래서 이런 새로운 숲들은 아메리카 올빼미들에게 둥지를 만들고 번식하기에 적당한 서식지를 제공해 주었고, 아메리카 올빼미는 작은 숲을 이용해 점차 대평원으로 퍼져 나갔습니다. 이렇게 아메리카 올빼미는 캐나다, 아이다호 로키산맥, 워싱턴 서부, 오레곤, 캘리포니아로 이동했습니다.

related[riléitid] 유사한, 관련된　　**woodland**[wúdlænd] 숲, 삼림지　　**barred owl** 아메리카 올빼미　　**spotted**[spátid] 얼룩무늬의
geographical[dʒì:əgrǽfikəl] 지리적인　　**inhabit**[inhǽbit] ~에 서식하다　　**populate**[pápjulèit] ~에 살다
expanse[ikspǽns] 광활한 장소, 대평원　　**steadily**[stédili] 점차, 꾸준히　　**westward**[wéstwərd] 서쪽으로
speculate[spékjəlèit] 추측하다　　**set the stage for** ~의 원인이 되다　　**invasion**[invéiʒən] 침입
suppress[səprés] 진압하다　　**patch**[pætʃ] 부분　　**grassland**[grǽslænd] 목초지
impassable[impǽsəbl] 지나갈 수 없는　　**suitable**[sjúːtəbl] 적당한, 알맞은

II. Listen to parts of the lectures, and then complete the following table questions.

7　OK, let's continue our discussion on how babies develop speaking skills . . . We left off with how people speak to babies. We call this "baby talk." Linguists have observed though that, well, it's true that the way people talk to babies and to young children are not all the same, but they also noted that baby talk is much more structured than people think. Let's look at how mothers, fathers, and people outside the family talk to babies. OK, studies show that mothers don't speak to their babies in pidgin language, you know, fragmented, full of grammar errors . . . like . . . "baby bath time." Rather, they speak in short sentences . . . ᴹᵒThey speak slowly, they use special words, especially for body parts and bodily functions, such as . . . poo. [Fa]Fathers, on the other hand, use more direct language and a larger vocabulary than mothers when they speak to babies. [Neigh/Vis]And as for people outside the family, such as neighbors and visitors, well, they generally speak in a baby talk that is simple and a little higher-pitched than their normal voices.

Q. The professor describes how individuals speak to babies. Indicate for each individual the characteristic manner in which they converse with babies.

자, 아기들의 말하는 능력이 어떻게 발전하는지에 대한 논의를 계속합시다... 사람들이 아기에게 어떻게 말하는지 이야기하다 멈추었죠. 그것을 '유아어'라고 부릅니다. 그러나 언어학자들은, 음, 사람들이 아기나 어린아이들에게 말하는 방법이 모두 같지 않다는 사실을 관찰했고, 유아어가 사람들의 생각보다 훨씬 더 조직적이라는 것에 주목했습니다. 어머니, 아버지, 가족 이외의 사람들이 어떻게 아기에게 이야기하는지 살펴봅시다. 네, 연구에 의하면 엄마들은 아기에게 혼성어로 이야기하지 않는 것이 밝혀졌습니다... 그러니까, 조각나고 문법적 오류가 많은... 예를 들면... '아기 목욕 시간'과 같은 말이죠. 그 대신, 엄마들은 짧은 문장으로 말해요... [Mo]천천히 말하고, 특히 신체 부위나 신체기능을 지칭할 때는... 응아와 같은 특별한 단어들을 사용합니다. [Fa]한편, 아빠들은 엄마들보다 아기에게 말할 때 좀 더 직접적인 언어와 많은 어휘를 사용합니다. [Neigh/Vis]그리고 이웃이나 방문객처럼 가족 이외의 사람들은, 음, 아기에게 일반적으로 보통 목소리보다 약간 고음으로 간단하게 이야기합니다.

baby talk 유아어   linguist[líŋgwist] 언어학자   observe[əbzə́:rv] 관찰하다   pidgin[pídʒən] 혼성어
fragmented[frǽgməntid] 조각난, 분해된   function[fʌ́ŋkʃən] 기능   poo[pu:] 응아, 아이들의 배설물을 지칭하는 말
vocabulary[voukǽbjəlèri] 어휘   high-pitched 고음의

8 So what events took place during the Big Bang? Well, scientists theorize that after the initial bang . . . [1]by the way, that bang wasn't actually an explosion from a small point in space but rather a point in time when the universe began to expand from its minute size of a few millimeters . . . OK, well, as I was saying, after that initial bang, the universe must have been in a pretty hot state because of the matter and anti-matter shooting in all directions. [2]Then, when the universe began to cool, there was a somewhat equal amount of matter and anti-matter, and each time these two materials collided, [3]they destroyed each other and created pure energy. It was pretty fortunate, though, that there was more matter than anti-matter; otherwise, we wouldn't be here. Everything in the universe comes from matter. So, as the universe continued to cool, [4]common particles such as photons, neutrinos, electrons, and quarks began to form from this matter. And these particles became the building blocks of life.

Q. The professor explains the sequence of steps that took place in the Big Bang. Put the steps in the correct order.

그래서 빅뱅 동안 어떤 사건들이 일어났을까요? 음, 과학자들이 이론을 세우기를, 첫 폭발 후에... [1]그런데, 그 폭발은 사실 우주의 작은 지점에서 발생한 것이 아니라, 우주가 몇 밀리미터의 미세한 크기에서 팽창하기 시작한 시점에 발생한 것이에요... 자, 그럼, 제가 말했듯이, 그 첫 폭발 후에, 우주는 사방으로 돌진하는 물질과 반물질로 인해 틀림없이 아주 뜨거운 상태였을 것입니다. [2]그 후, 우주가 냉각되기 시작했을 때, 어느 정도 동일한 양의 물질과 반물질이 있었고, [3]이 두 물질이 충돌할 때마다 서로를 파괴하며 순수한 에너지를 만들어 냈습니다. 그나저나, 반물질보다 물질이 더 많았다는 것은 다행이에요, 그렇지 않았다면, 우리는 여기 없었을 겁니다. 우주의 모든 것은 물체로부터 나오니까요. 그래서, 우주가 계속 냉각하면서 [4]광자, 중성미자, 전자, 쿼크와 같은 일반적인 입자들이 물질로부터 형성되기 시작했습니다. 그리고 이러한 입자들이 생명의 구성 요소가 되었죠.

take place 일어나다   theorize[θí(:)əràiz] 이론을 세우다   initial[iníʃəl] 처음의   explosion[iksplóuʒən] 폭발
minute[mainjú:t] 미세한   shoot[ʃu:t] 돌진하다, 지나가다   collide[kəláid] 충돌하다   photon[fóutan] 광자
neutrino[njuːtríːnou] 중성 미자   electron[iléktran] 전자   quark[kwɔːrk] 쿼크 (hadron의 구성 요소로 여겨지는 입자)
particle[páːrtikl] 입자

9 P: Have you finished working on those problems I gave you? Well, if you haven't finished, don't worry about it. Like I said, we're more interested in the process, the method you used to work out the problem. All right, who'd like to begin? Sally? OK, describe the way you and your partners dealt with the problem.

S: Well, first, we did some brainstorming, like throwing out different ideas and solutions. But you know, it didn't really work too well. There was this one idea we kept coming back to . . . I'm not really sure why because it didn't even work, but . . . it seemed the most workable even though it didn't actually work.

P: That's pretty common.

S: I guess what really worked was just taking a break. After we came back from a twenty-minute break, Cindy just suddenly realized how to solve it. And her solution turned out right. Plus, it was so obvious that we couldn't understand why we didn't see it sooner.

P: That's interesting. The way you worked on it, the process . . . the steps you followed . . . support a theory developed almost a century ago. The theory says there are essentially four stages to solving complicated problems, the first being preparation. In other words, brainstorming like you did. The next step, incubation, was the twenty-minute break you took . . . Then illumination, which would be Cindy's sudden realization. And finally, verification, in which you proved Cindy's idea worked. You followed all four stages.

Q. In the discussion, the speakers mention some steps they took to solve the problem. Indicate whether each of the following is a step in the process.

P: 제가 내준 문제는 다 해결했나요? 음, 아직 마무리하지 못했어도 걱정하지 마세요. 제가 말했듯이, 우리는 여러분들이 문제를 해결하기 위해 사용했던 방법, 과정에 더 관심이 있습니다. 좋아요, 누가 먼저 시작할까요? Sally? 그래요, 학생과 학생의 파트너가 문제를 다룬 방법을 설명해 보세요.

S: 음, 우리는 먼저 다른 생각들과 해결책들을 제안해 보는 브레인스토밍을 했어요. 그렇지만, 좋은 결과를 얻지는 못했어요. 계속 한 가지 생각으로 되돌아왔죠... 이것이 문제를 해결해주지 않았는데도 왜 자꾸 돌아갔는지 잘 모르겠어요, 하지만... 실제로 효과가 없다 해도 그것이 가장 효과적인 방법인 것만 같았어요.

P: 보통 그렇죠.

S: 정말 효과가 있었던 것은 휴식을 취한 것이라고 생각해요. 20분의 휴식을 마치고 다시 모였을 때, Cindy가 갑자기 문제 해결 방법을 생각해냈거든요. 그녀의 해결책이 옳았다는 게 드러났고, 게다가 그것은 너무나 확연한 것이어서 우리가 왜 좀 더 빨리 발견하지 못했는지 이해가 안 됐어요.

P: 흥미롭군요. 학생이 문제를 해결한 방법, 과정... 따라서 단계는 거의 100년 전에 세워진 이론을 지지하고 있어요. 그 이론은 기본적으로 복잡한 문제를 해결하는 네 단계가 있다고 말합니다. 첫 단계는 준비입니다. 다시 말해서, 학생이 한 것과 같은 브레인스토밍이죠. 다음 단계인 잠복은 학생이 취했던 20분간의 휴식이에요... 그 다음은 Cindy의 갑작스러운 깨달음에 해당하는 계시입니다. 그리고 마지막으로, 확인은 학생이 Cindy의 아이디어가 효과적임을 입증한 것입니다. 학생의 팀은 네 가지 절차를 모두 따랐네요.

deal with 다루다, 처리하다　　workable [wə́:rkəbl] 효과적인, 성취될 수 있는　　turn out 결국 ~임이 드러나다
complicated [kámpləkèitid] 복잡한　　incubation [ìnkjubéiʃən] 잠복　　illumination [ilù:mənéiʃən] 계시, 깨달음
verification [vèrəfikéiʃən] 확인, 증명　　prove [pru:v] 입증하다

10 I'd like to draw your attention to marsupials, which are commonly thought of as pouched animals, and do not have long gestation periods like placental mammals. Marsupials give birth soon after conception, that is, after the baby marsupials have spent about four to five weeks in the uterus . . . and the young animal, which is actually still in an embryonic stage, climbs from the birth canal onto its mother's nipples. So it's nourished in this manner for weeks or months until it fully develops. When it reaches a certain stage, though, it'll sometimes venture outside of the pouch, but eventually it will return to get food and warmth. Placental animals, however, are nourished by the mother's blood through an embryonic organ known as the placenta, which allows for a longer gestation period and a live birth. It is misleading to use the descriptive term placental to categorize these animals because marsupials also have placentas. It is just that the placentas of marsupials are short-lived and cannot nourish the young as well as those of placental animals.

Q. In the lecture, the professor describes some features of marsupials. Indicate which of the following are features mentioned in the lecture.

유대류에 주목해 봅시다. 유대류는 일반적으로 주머니가 있고, 태반 동물처럼 잉태기간이 길지 않은 동물입니다. 유대류는 임신 후에 곧 새

끼를 낳는데, 다시 말해서, 새끼 유대류가 자궁에서 4주에서 5주 정도를 보낸 후예요... 그리고 여전히 태아 상태인 어린 유대류는 산도에서 어미의 젖꼭지까지 기어 올라가요. 어린 유대류는 완전히 성장할 때까지 몇 주 혹은 몇 달간 이런 방법으로 길러집니다. 하지만, 일정 단계에 다다르면 새끼는 때때로 과감히 주머니 밖으로 나가보기도 하지만, 곧 먹이와 온기를 찾아 돌아오죠. 그러나 태반 동물은 태반으로 알려진 태아기관을 통해 어미의 피로 영양분을 공급받고, 이것이 긴 임신 기간과 정상출산을 가능하도록 하죠. 유대류도 태반이 있기 때문에 이 동물들을 분류하기 위해 태반이라는 서술적인 용어를 사용하는 것은 잘못된 것입니다. 단지 유대류의 태반은 수명이 짧으며 새끼에게 영양분을 잘 공급해주지 못하는 것이죠.

marsupial [mɑːrsjúːpiəl] 유대류　　pouched [pautʃt] 주머니가 있는　　gestation [dʒestéiʃən] 잉태
placental [pləséntəl] 태반의　　give birth ~을 낳다　　conception [kənsépʃən] 임신　　uterus [júːtərəs] 자궁
embryonic [èmbriánik] 태아의, 배의　　birth canal 산도　　nipple [nípl] 젖꼭지　　nourish [nə́ːriʃ] 기르다, 영양분을 공급하다
venture [véntʃər] 과감히 ~하다　　warmth [wɔːrmθ] 온기, 따뜻함　　live birth 정상 출산　　mislead [mislíːd] 잘못된 것, 오해
descriptive [diskríptiv] 서술적인, 설명적인　　categorize [kǽtəgəràiz] 분류하다　　short-lived 수명이 짧은

11 So, postmodern art in the 60s is generally divided into earth art and site art, which share two common characteristics. First, anyone can be an artist because it's the individual that interprets his or her environment. And second, since the 1970s, both earth art and site art, which is now referred to as "site-specific" art, have become common forms of production, with artists working across the two domains. So, what are the differences between these two art forms?

Earth Well, earth art is large-scale and is set in nature . . . like the desert or forest . . . and it's usually located in some remote place. The focus of earth art is to make a design out of the land itself, not to use the land as an environment for the artwork. Earth So . . . earth art artists work with natural materials, you know, like water, snow, grass, leaves, rock, and even wind. Site On the other hand, site-specific art is designed for a specific location, and what the artist does is . . . he attempts to integrate the artwork with its surroundings. So the surroundings function as a kind of backdrop for the actual work of art. It's like an exploration of the relationship of the artwork to the features of its locale, whether that locale is urban or rural, indoors or outdoors.

Q. The professor describes the differences between earth art and site-specific art. Indicate the features of each type.

그래서, 60년대 포스트모더니즘 예술은 일반적으로 어스 아트와 현장 예술로 나누어지며, 공통적인 두 가지 특징을 갖습니다. 첫째, 환경을 해석하는 것은 개별적이기 때문에 누구나 예술가가 될 수 있습니다. 그리고 둘째, 1970년대 이후로, 어스 아트와 지금은 '특정 현장' 예술로 일컬어지는 현장 예술은 공통적인 형태의 작품을 갖게 되었고 예술가들은 두 영역을 넘나들었습니다. 그렇다면, 두 예술 형태에는 어떤 차이점이 있을까요?
Earth 음, 어스 아트는 대규모이며... 사막이나 숲과 같은... 자연에 설치됩니다... 주로 먼 장소에 위치해요. 어스 아트의 핵심은 땅을 예술 작품의 배경으로 이용하는 것이 아니라, 땅 자체를 예술 작품으로 만드는 것입니다. Earth 그래서... 어스 아트 예술가들은, 그러니까, 물, 눈, 풀, 나뭇잎, 바위, 심지어 바람과 같은 자연 재료로 작품활동을 합니다. Site 반면, 현장 예술은 특정 장소를 위해 디자인되며, 예술가는... 예술 작품을 환경과 통합하려고 시도합니다. 그러니까 주위 환경이 실제 예술 작품의 배경 역할을 하는 거죠. 장소가 도시이든 시골이든지, 실내이든 야외이든지, 현장 예술은 예술 작품과 그 예술 작품이 있는 장소의 특징을 탐구하는 것과 같다고 볼 수 있습니다.

postmodern [pòustmádərn] 포스트모더니즘의　　earth art 어스 아트 (자연·경관 등을 소재로 한 공간 예술)　　site art 현장 예술
interpret [intə́ːrprit] 해석하다　　domain [douméin] 영역, 범위　　remote [rimóut] 먼, 외딴　　attempt [ətémpt] 시도하다
integrate [íntəgrèit] 통합하다　　surrounding [səráundiŋ] 환경　　exploration [èkspləréiʃən] 탐구, 답사, 탐험
feature [fíːtʃər] 특징　　locale [loukǽl] 장소, 배경

III. Listen to parts of the lectures, and choose the best answer for each question.

[12-13]
Listen to part of a lecture in a literary class.

All right, we'll continue our discussion on America's literary greats, and for today, we'll consider a man who has been called one of the finest authors in the United States. Has anyone here read *The Call of the Wild* . . . or *White Fang*? Those titles alone might've jogged your memory into recalling the name Jack London. Now, prolific as he was, Mr. London actually had very little formal training. He went as far as the 8th year, sorry, 8th grade, and then dropped out to help support his family. This didn't mean, though, that London stopped studying. He could always be found reading in public libraries . . . and he did go back to high school and finished that . . . but he lasted only six months at university before claiming that it was, and I'll quote him, "not alive enough, simply a passionless pursuit of passionless intelligence" . . . such big words for a man who had had so little schooling. So . . . after leaving university, Jack became an adventurer. He tried his hand at every sort of job he could lay his hands on . . . laborer, factory worker, sailor, and gold prospector. It seems that he wanted to experience everything.

As he learned more about the world, London became something of a socialist. Yes, a socialist. [12]He marched with a group called Coxey's Army to Washington, DC to protest the loss of jobs caused by the Panic of 1893. This was a time of serious decline in the United States economy which was brought on by a run in the supply of gold. But London didn't confine his socialist activism to marching . . . his ideology was also evident in some of his writing. You see, his acquaintance with socialism developed from his having covered the Mexican Revolution for Collier's, which was a magazine that was in print between 1888 and 1957. He also wrote about the Russo-Japanese War for the Hearst newspapers in the early part of the 1900s. [12]What he basically did for these publications was to preach socialist theories. He even joined the Socialist Party of America, although he developed an ambivalence toward the ideology in his later years.

But it wasn't politics that initially drove Jack London to write. [13]His stepfather, John London, died when Jack was 22, and this left him the responsibility of caring for his family. This is the period when he started writing for money. And by the time he died, he had written thousands of letters and articles, fifty-one books, and numerous short stories. One of his short stories, *To Build a Fire*, is considered an all-time classic.

12. In the lecture, the professor describes some activities that Jack London took part in as a supporter of socialism. Indicate whether each of the following is an activity mentioned in the lecture.

13. Why does the professor mention Jack London's stepfather?

네, 미국 문학 위인들에 대한 논의를 이어 나가겠어요, 그리고 오늘은 미국의 가장 훌륭한 작가 중의 하나로 알려진 한 사람에 대해 알아 봅시다. 'The Call of the Wild'나... 'White Fang'을 읽어 본 사람 있나요? 이 제목들이 Jack London이라는 이름이 생각나도록 여러분들의 기억을 되살릴 거예요. 자, 수많은 작품을 썼지만, London은 사실상 정식 교육을 거의 받지 못했습니다. 그는 8년, 미안해요, 8학년까지 다니다가 그의 가족을 부양하기 위해 학교를 중퇴했습니다. 그러나 이것은 London이 학업을 중단했다는 것을 뜻하진 않습니다. 그는 항상 공공 도서관에서 읽을 거리를 찾았으며... 다시 고등학교에 들어가서 학업을 끝마쳤죠... 그러나 그는 대학 과정을 6개월만 하고서는, 그의 말을 인용하자면, 대학은 '활기가 없고, 열정 없는 지성의 열정 없는 추구'라고 주장하면서 학업을 중단하였습니다... 학교 교육을 거의 받지 않은 사람이 하기에는 대단한 말이죠. 그래서... 대학을 떠난 이후, Jack은 모험가가 되었습니다. 그는 손이 닿는 모든 일을 했어요... 노동자, 공장 일꾼, 선원, 그리고 금 채광자요. 그는 모든 경험을 하고 싶어 한 듯합니다.

그는 세상을 더 알아가면서 사회운동가가 되었습니다. 네, 사회운동가요. [12]그는 1893년 공황으로 인해 발생한 실직에 항의하기 위해 Coxey's Army라고 불리는 단체와 함께 워싱턴 DC로 시가행진을 벌였습니다. 이때는 계속적인 금 공급으로 인해 미국 경제가 심각하게 하락하던 시기입니다. 그러나 London은 그의 사회운동을 시가행진으로 제한하지 않았어요... 그의 이념 또한 몇몇의 그의 글에 분명히 나타났죠. 사실, 그는 1888년부터 1957년 사이에 출판된 Collier's라는 잡지에 멕시코 혁명에 관해 글을 쓰면서부터 사회주의를 접하게 되었습니다. 또한 그는 1900년대 초반 Hearst지에 러-일 전쟁에 대한 글을 썼습니다. [12]본질적으로 그는 이런 출판물을 통해 사회주의 이론을 설파하고자 했습니다. 그는 심지어 미국사회당에 가입했어요, 비록 말년에는 사회주의 이데올로기에 대한 상반되는 감정을 나타냈음에도 불구하고 말이죠.

하지만 처음에 Jack London을 글을 쓰게 한 것은 정치가 아니었어요. [13]그의 의붓아버지인 John London은 Jack이 22살이었을 때 돌아가셨고, 가족을 돌보는 책임이 그에게 넘겨졌죠. 이것이 그가 돈을 벌기 위해 글을 쓰기 시작한 시기예요. 그리고 그가 죽을 때까지, 그는 수천 통의 편지, 기사, 51권의 책과 무수한 단편을 썼습니다. 그의 단편 중 하나인 'To Build a Fire'는 시대를 초월한 고전으로 평가됩니다.

greats [gréits] 위인들   **jog** [dʒɑg] 기억을 되살리다   **recall** [rikɔ́:l] 생각해내다   **prolific** [prəlífik] 많은 작품을 쓰는, 다작의

formal [fɔ́:rməl] 정규의   **support** [səpɔ́:rt] 부양하다   **claim** [kleim] 주장하다   **quote** [kwout] 인용하다

passionless [pǽʃənlis] 열정 없는   **schooling** [skú:liŋ] 학교 교육   **laborer** [léibərər] 노동자   **prospector** [práspektər] 채광자

march [mɑ:rtʃ] 행진하다   **protest** [prətést] 항의하다   **confine** [kənfáin] 제한하다   **in print** 출판하여

publication [pʌ̀bləkéiʃən] 출판물   **preach** [pri:tʃ] 설파하다   **surface** [sə́:rfis] 표면화하다   **ambivalence** [æmbívələns] 상반되는 감정

ideology [àidiálədʒi] 이데올로기   stepfather [stépfàːðər] 의붓아버지   all-time 시대를 초월한

[14-15]
Listen to part of a lecture in a biology class.

All right . . . today we'll be talking about two types of metamorphosis, complete and incomplete. And as I discuss the types, I'll be giving you some details of a particular type of insect that you're all probably familiar with . . . the cicada. What I'd like you to take note of is whether the cicada goes through complete or incomplete metamorphosis. ¹⁴OK, a lot of you probably think of the butterfly when you hear the word metamorphosis. You may have even seen the cocoon of a caterpillar or even the butterfly breaking out of its cocoon. Well, in a nutshell, that's what complete metamorphosis is all about . . . ¹⁵⁻ᶜᵒᵐAnd, 88 percent of all insects go through this type. Let me describe it in detail as we look at the slides. Well, there are four stages . . . the first being the egg . . . Then in the second stage, the larvae hatch, and these larvae don't look anything like adult insects. Very simply, they look like worms . . . Some examples we have are caterpillars, maggots, and grubs, which shed their skin, or molt, and grow slightly larger each time. So they keep molting and growing bit by bit, and in the third stage, the larvae become pupae. ¹⁵⁻ᶜᵒᵐThey cocoon themselves, and inside these cocoons, the larvae develop into adults with wings, legs, and internal organs. This process may run anywhere from just four days to several months. The result of course is a full adult that breaks out of the cocoon.

Now, let's talk about the second type, incomplete metamorphosis. Only about twelve percent of insects go through this process, ¹⁵⁻ᴵⁿᶜᵒᵐwhich covers only three stages. You've got the female insect laying the eggs and then the eggs hatch into nymphs. The nymphs don't look anything like worms . . . ¹⁵⁻ᴵⁿᶜᵒᵐIn fact, they're like small adults but without the wings. Now, these nymphs molt their exoskeletons, which are outer casings made of a hard substance called chitin. And as the insects grow, they replace these exoskeletons with larger ones. This molting process actually takes place anywhere from, uh, four to eight times. When the insect reaches adult size, they stop molting, and by that time, they have grown wings.

All right, let's examine one insect, the cicada, and I'll just sort of briefly go into the life cycle of the cicada . . . because, well, it's such an interesting cycle. OK, baby cicadas, nymphs actually, are hatched from eggs which are laid on a tree branch by the adult female cicada. They drop to the ground and burrow to a depth of something like one foot deep where they stay for the next thirteen to seventeen years! And in the thirteenth or seventeenth year, they start emerging, and then they climb onto some nearby vegetation where they complete their transformation into a, a complete cicada. OK, so I want you to take a look at these slides, and if you'll notice, the immature cicada does not look like a worm, does it? It looks just like the adult insect, only smaller and without wings. It must be pretty obvious to you what type of metamorphosis the cicada undergoes.

14. How does the professor introduce her description of complete metamorphosis?
15. The professor describes the features that characterize complete and incomplete metamorphosis. Indicate what type of metamorphosis the following features characterize.

네... 오늘은 변태의 두 종류인 완전 변태와 불완전 변태에 대해 이야기해 보겠어요. 그리고 이 변태 종류에 대해 이야기하면서, 특별한 유형의 곤충이자 아마 여러분 모두에게 친숙한... 매미에 대해 더 자세히 설명하겠어요. 매미가 완전 변태를 거치는지 혹은 불완전 변태를 거치는지에 주목하길 바랍니다. ¹⁴자, 아마 많은 학생들이 변태라는 단어를 들었을 때 나비를 연상했을 거예요. 애벌레의 고치나 고치를 뚫고 나오는 나비를 본 적이 있을 겁니다. 음, 간단히 말해서, 그것이 완전 변태라고 할 수 있어요... ¹⁵⁻ᶜᵒᵐ그리고 전체 곤충의 88퍼센트가 이런 유형의 변태를 거칩니다. 슬라이드를 보면서 자세히 설명할게요. 음, 총 네 단계가 있어요... 알이 첫 번째 단계이죠... 그리고는 두 번째 단계에서 유충이 부화하는데, 성충과 전혀 다른 모습입니다. 아주 간단히 말해서, 유충은 지렁이처럼 보입니다... 그런 예로는 애벌레, 구더기, 땅벌레가 있는데, 이것들은 허물이나 껍질을 벗을 때마다 조금씩 커집니다. 그래서 계속해서 허물을 벗고 점차 성장하면서, 세 번째 단계에서, 유충은 번데기로 변해요. ¹⁵⁻ᶜᵒᵐ유충은 자신을 고치로 감싸서, 고치 안에서 날개, 다리, 그리고 내장기관을 갖춘 성충으로 성장합니다. 이 과정은 때에 따라 4일에서 몇 달까지 걸려요. 이 과정의 결과로 성충이 고치를 뚫고 나오는 것이죠.
자, 이제 두 번째 유형인 불완전 변태에 대해 알아봅시다. 12퍼센트의 곤충만이 이 과정을 거치는데, ¹⁵⁻ᴵⁿᶜᵒᵐ총 세 단계가 있어요. 암컷 곤충이 알

을 낳고 알에서 애벌레가 부화해요. 이 애벌레들은 벌레처럼 보이지 않아요... ¹⁵⁻ᴵⁿᶜᵒᵐ사실, 애벌레는 날개가 없는 작은 성충과 같아요. 자, 이 애벌레들은 키틴질로 불리는 단단한 물질로 구성된 겉껍질인 외골격을 벗어 버립니다. 그리고 이 곤충들은 성장하면서, 외골격을 점점 더 큰 것으로 바꿔갑니다. 실제로 껍질을 벗는 과정은, 어, 4번에서 8번 정도까지 일어납니다. 곤충이 성충의 크기가 되면 껍질 벗기를 멈추고, 그때쯤엔, 다 자란 날개를 가지게 됩니다.

좋아요, 한 곤충, 매미에 대해 알아봅시다, 그리고 매미의 생애 주기를 간단히 살펴볼게요... 왜냐하면, 매미는 흥미로운 주기를 보이거든요. 네, 어린 매미, 사실 애벌레는 암컷 매미 성충이 나뭇가지에 낳은 알에서 부화합니다. 애벌레는 땅으로 떨어져서 1피트 정도 깊이의 구멍을 파고 그 안에서 다음 13년에서 17년을 보냅니다. 그리고 13년 또는 17년이 되는 해에, 매미는 밖으로 나온 후 가까운 식물로 올라가 그곳에서 완전한 매미로 탈바꿈하는 과정을 끝마치지요. 자, 그럼 모두들 슬라이드를 봐주세요. 미성숙한 매미는 벌레처럼 보이지 않는다는 걸 알 수 있을 거예요, 그렇죠? 단지 날개가 없는 작은 성충처럼 보이죠. 매미가 어떤 종류의 변태를 거치는지는 여러분에게 꽤나 분명할 겁니다.

metamorphosis[mètəmɔ́ːrfəsis] 변태   cicada[sikéidə] 매미   go through 거치다   cocoon[kəkúːn] 고치, 고치로 싸다
caterpillar[kǽtərpìlər] 애벌레   in a nutshell 간단히 말해서   larvae[láːrviː] 유충   hatch[hætʃ] 부화하다
maggot[mǽgət] 구더기   grub[grʌb] 땅벌레   shed[ʃed] (표피를) 벗다   molt[moult] 껍질, 껍질을 벗다
bit by bit 점차   pupa[pjúːpə] 번데기   internal[intə́ːrnəl] 내부의   organ[ɔ́ːrgən] 기관   lay[lei] (알을) 낳다
nymph[nimf] (불완전 변태를 하는 곤충의) 애벌레   exoskeletons[èksouskélətn] 외골격   outer[áutər] 외부의
casing[kéisiŋ] 껍질   substance[sʌ́bstəns] 물질   chitin[káitin] 키틴질   replace[ripléis] 바꾸다   briefly[bríːfli] 간단히
burrow[bə́ːrou] 구멍, 굴   emerge[imə́ːrdʒ] 나오다, 나타나다   vegetation[vèdʒətéiʃən] 식물
transformation[trænsfərméiʃən] 변태   immature[imətʃúər] 미성숙한   obvious[ábviəs] 분명한
undergo[ʌ̀ndərgóu] 거치다

[16-17]
Listen to part of a lecture on American history.

Today I will be talking about one of the most exciting stages of US Postal Service history, and that is the Pony Express. Now, let me just point out that before it was established, ¹⁷⁻¹there was a very large number of immigrants that were traveling in groups toward the west and the south. They were mostly families . . . you know, settlers who were looking for land to farm or for some other economic opportunity. You all probably know that it was these settlers that expanded the frontiers of the United States. ¹⁶Well, with these new frontiers, it became mighty difficult to have mail delivered across such a big expanse. See, before 1860, they had a route going by sea and a land route, which the wagons took. The shortest route, the Central Route, was about 2,000 miles long. Well, obviously, mail going through these routes took quite a while. And by 1860, over half a million people lived west of the Rocky Mountains, and they started demanding faster and better mail service.

Well, it was at that time that William H. Russell came in with his business partners William Waddell and Alexander Majors to create this service. They were actually partners for a large freighting company in the West. So, Russell's objective was to have a speedy mail delivery service through relay riders.

¹⁷⁻²The plan was to put up these Pony Express Stations where a relay rider in one station would take over after a rider from another station had arrived with the mail. This was actually a pretty big venture, much bigger than Russell first realized. So, between St. Joseph Missouri and Sacramento, California, a total of 190 Pony Express stations about ten to fifteen miles apart were set up. ¹⁷⁻³The founders then purchased some 500 horses, carefully chosen for speed and endurance. And how about the riders? Well, they put up this advertisement, which said, let me quote it, "Wanted. Young, skinny wiry fellows. Not over 18. Must be expert riders. Willing to risk death daily. Orphans preferred." Amazingly, they had hundreds of applicants. And they were paid about a hundred to a hundred-fifty dollars at the time. That was a pretty big sum back then . . . anyway, to make the enterprise even more daunting, the business partners also had to hire hundreds of staff as station hands, since there were between 150 to 200 stations located every 5 to 20 miles along the route to provide support for riders and groom the horses . . .

So just how successful was the Pony Express? You know, Russell and his partners charged pretty high rates. Fifteen dollars an ounce to be exact. But this rate just did not cover the costs of running the business. So to keep this venture going, Russell needed money. He was hoping for a one-million dollar government mail contract, but he didn't get that. [17-4]And although they did receive a sub-contract for 475,000 dollars to continue the Pony Express between Missouri River and Salt Lake City, on the whole the Pony Express was a losing financial venture.

16. Why does the professor mention the movement of settlers to the west?

17. The professor discusses the sequence of events that put the Pony Express into action. Put the steps in the correct order.

오늘은 미국 우편 업무 역사상 가장 흥미로운 시기인 Pony Express에 대해 얘기할 거예요. 자, Pony Express가 설립되기 전에, [17-1]아주 많은 이민자 무리가 서부와 남부로 이동했다는 것을 지적하고 싶군요. 그들은 대부분 가족 단위였어요… 그러니까, 농사지을 땅이나 다른 경제적 기회를 찾는 이주자들이요. 아마 모두 이런 이주자들이 미국의 국경을 확장했다는 것을 알 거예요. [16]음, 새로운 영역 확장으로 인해, 넓은 공간을 가로질러 우편물을 배달하기가 아주 어려워졌어요. 그러니까, 1860년 전에는, 해로와 마차가 다니는 육로가 있었습니다. 가장 짧은 경로인 Central Route는 2,000마일이었어요. 음, 분명, 이러한 경로를 거치는 우편물은 꽤 오랜 시간이 걸렸을 거예요. 그리고 1860년이 되자, 50만 명이 넘는 사람들이 로키산맥 서부에 살았으며 그들은 더 빠르고 나은 우편 서비스를 요구하기 시작했습니다.

음, 그 시기에 William H. Russell이 동업자인 William Waddel, Alexander Majors와 이 우편 서비스를 설립하려고 손을 잡았죠. 사실 그들은 서부의 큰 화물 운송회사의 동업자였어요. 그래서 Russell의 목표는 릴레이 기수를 통해 빠른 우편배달 서비스를 세우는 것이었어요.

[17-2]그 계획은 한 역에서 기수가 우편물을 가지고 오면 다음 역에서 다른 기수가 우편물을 넘겨받는 식의 Pony Express역을 세우는 것이었습니다. 사실 이것은 Russell이 처음에 생각했던 것보다도 훨씬 더 큰 모험적 사업이었죠. 그래서, St. Joseph Missouri와 캘리포니아의 새크라멘토 사이에는 총 190개의 Pony Express역이 10에서 15마일 정도의 거리를 두고 세워졌습니다. [17-3]설립자들은 그 후 신중하게 선별된 500마리의 빠르고 지구력 있는 말을 사들였습니다. 그럼 기수들은 어땠을까요? 음, 그들은 광고를 냈는데 이렇게 적혀 있었죠, 인용해 볼게요, '구인. 젊고 마른 강인한 남자. 18세 이하. 말을 잘 탈 수 있어야 함. 매일 사망의 위험을 감수할 수 있어야 함. 고아 우대.' 놀랍게도, 지원자는 수백 명에 달했습니다. 그리고 그들은 한번에 100달러에서 150달러 정도를 받았습니다. 그때 당시로는 꽤 많은 금액이었죠… 어쨌든, 이 기업에 있어 더욱 힘들었던 것은 창업자들이 역에서 일할 일꾼들로 수백 명의 직원을 고용해야 했다는 것이었어요, 이는 행로를 따라 5마일에서 20마일마다 기수들을 지원하고 말을 돌보기 위한 150개에서 200개에 달하는 역이 있었기 때문이에요…

그렇다면 Pony Express는 얼마나 성공적이었을까요? 음, Russell과 그의 동업자는 꽤 많은 요금을 요구했습니다. 정확히는 1온스에 15달러였죠. 그러나 이 요금은 사업 경영의 비용을 감당하지 못했습니다. 그래서 이 모험적 사업을 지속하기 위해, Russell은 돈이 필요했어요. 그는 정부와 백만 달러의 우편 계약을 맺고 싶었으나 성공하지 못했습니다. [17-4]그리고 그가 미주리강과 Salt Lake City 사이에서 Pony Express를 유지하도록 475,000달러의 하청 계약을 받았지만, 전체적으로 Pony Express는 재정적으로 실패한 모험적 사업이었죠.

postal[póustl] 우편의   settler[sétlər] 이주자   frontier[frʌ́ntiər] 국경, 영역   deliver[dilívər] 배달하다
route[ru:t] 길   freighting[fréitiŋ] 화물 운송   objective[əbdʒéktiv] 목표   speedy[spí:di] 빠른
take over 넘겨받다   venture[véntʃər] 모험적 사업   quote[kwout] 인용하다   skinny[skíni] 마른
wiry[wáiəri] 마르지만 강인한   fellow[félou] 남자   willing[wíliŋ] 기꺼이 ~하는   risk[risk] 위험
orphan[ɔ́:rən] 고아   prefer[prifə́:r] 우대하다, 선호하다   amazingly[əméiziŋli] 놀랍게도   applicant[ǽplikənt] 지원자
sum[sʌm] 금액   ounce[auns] 온스 (무게의 단위, 28.3495g에 해당)   sub-contract 하청 계약

HACKERS TEST

p.204

1. (B)   2. (C)

3.

	Egg	Larva	Pupa
Last stage of transformation into a butterfly			✓
Glue attaches it to plant leaves	✓		
Growth done in periods called instars		✓	
Organism eats continuously		✓	
Body typically appears soft and ill-formed			✓

4. (D)   5. (C)   6. (B)

Listen to part of a talk in a biology class.

I want to make sure everyone is prepared for the trip to the butterfly house next week . . . [1]So we're going to spend some time today talking about the butterfly's life cycle. It's very interesting . . . Basically, it can be divided into four stages–egg, larva, pupa, and butterfly.

To begin with, mothers lay their eggs on the leaves of a plant . . . [3-Egg]you see, they secrete a special glue-like substance to make the eggs stick . . . And the eggs will usually stay intact for a few weeks until the larva, called a caterpillar, breaks through the egg's chorion–its hard outer shell–and interacts with the world. These caterpillars feed on plant leaves, which is why the eggs are deposited on these leafy plants by the mothers. Care must be taken to select the right kind of plant on which to lay eggs . . . The wrong choice could be deadly, since that's what [3-Larva]the larva will be eating . . . constantly. The larvae go through several periods of growth, called instars, after which they shed their outer layer of skin, which is called . . . the cuticle. After the final instar, the larvae stop feeding and wander in search of a place to undergo their final transformation, during which it will turn from a pupa into a butterfly.

Once a suitable place is found . . . usually the underside of a leaf . . . the larva spins some silk threads and affixes its feet to the leaf. The cuticle is shed for one last time . . . and [3-Pupa]what remains forms a hard shell, inside of which the organism will transform into a butterfly. The pupa–that's what the butterfly is known as at this point, when the larva is enclosed in the hard shell–is sometimes called a chrysalis, and this stage typically lasts for around two weeks. Inside the shell, [3-Pupa]the larva breaks down and becomes extremely soft and mushy . . . and all of the energy amassed from constantly eating during the caterpillar stage is put to use, helping the butterfly to grow. At this point, the pupa is unable to move until it breaks out of the shell. [4]This is a vulnerable state to be in, which is why the chrysalis appears only in shades of green, brown, or gray.

[5]When the butterfly breaks out of the shell, it's as big as it's going to get . . . It'll remain the same size for the rest of its life. So, when you see a small butterfly, it's not because it's young . . . Also, when the butterfly emerges, it isn't able to fly yet. [2]That's because the wings have been crushed up inside the shell and need to flatten and dry out. To facilitate this, the butterfly will hang upside down and let gravity do the work of stretching its wings out. After an hour or so, the wings should harden and expand so that they are capable for flight.

Let's return to the discussion of butterfly eggs for a moment. [6]You know, butterflies don't always produce the same number of eggs. It's dependent on lots of variables–the weather, the size of the female, how long she's been mating for . . . Do you know what's interesting? A study I read showed that butterflies in colder climates tend to have smaller broods . . . They lay a small number of large eggs infrequently, while butterflies in warmer climates lay big clumps of small eggs very often. I imagine it has to do with survivability . . . it seems that larger, hardier eggs might be better suited to survive cold temperatures and frost.

Scientists still don't fully understand what triggers the females to lay their eggs. Females may have sperm stored up for several weeks before deciding to lay an egg and fertilize it! There are some theories out there that a weather-related trigger causes females to lay their eggs . . . you know, when they sense the weather becoming warmer or something. And the whole idea of having smaller broods in colder climates supports this . . . in the case of a "false spring." I'm talking about those times in January or February when there are a few unseasonably mild days followed by another spell of winter weather. If the mother makes a mistake and thinks that warmer winter is there to stay, the larger, stronger eggs will have a better chance of surviving the inevitable return of cold weather.

Now get ready to answer the questions. You may use your notes to help you answer.

1. What is the main topic of the lecture?
2. According to the professor, why do butterflies hang upside-down after coming out of the shell?
3. In the lecture, the professor describes the stages of a butterfly's life cycle. Indicate the features of each stage.
4. What does the professor imply about the chrysalis?
5. What does the professor say about the size of butterflies?

Listen again to part of the lecture. Then answer the question.

P: Butterflies don't always produce the same number of eggs. It's dependent on lots of variables–the weather, the size of the female, how long she's been mating for . . . Do you know what's interesting? A study I read showed that butterflies in colder climates tend to have smaller broods . . .

6. What does the professor mean when she says this:
   P: . . . Do you know what's interesting?

다음 주 나비 집으로의 여행에 여러분 모두 확실히 준비되도록 하고 싶어요... ¹그래서 오늘 우리는 나비의 일생에 대해 얘기를 하며 시간을 좀 보낼 것입니다. 나비의 일생은 굉장히 흥미로워요... 기본적으로, 4단계로 나뉠 수 있죠, 알, 애벌레, 번데기, 그리고 나비로요.
시작하자면, 어미들은 식물의 잎에 알을 낳아요... ³⁻ᴱᵍᵍ그러니까, 풀과 같은 특수한 물질을 분비해서 알들이 붙도록 하죠... 그리고 알은 보통 유충이라고 불리는 애벌레가 딱딱한 외부 껍질인 알의 장막을 뚫고 나와 세상과 상호작용할 때까지 몇 주 동안 그대로 붙어 있어요. 이 애벌레들은 식물의 잎을 먹는데, 그래서 어미들이 알을 이런 잎이 무성한 식물들에 낳는 거예요. 알을 낳을 올바른 종류의 식물을 고르는 데 주의가 필요해요... 잘못된 선택은 치명적일 수 있죠, 왜냐하면 그 식물이 ³⁻ᴸᵃʳᵛᵃ애벌레가 계속해서... 먹게 될 것이니까요. 애벌레는 영이라고 불리는 여러 성장 단계를 거쳐요, 그 후... 표피라고 불리는 바깥 허물을 벗죠. 마지막 영 후, 애벌레들은 먹는 것을 멈추고 마지막 변태를 겪을 곳을 찾아 다녀요, 이 과정 동안 번데기에서 나비로 변하죠.
일단 적당한 장소를 찾으면... 보통 잎의 아래쪽이에요. 애벌레는 실을 자아서 자신의 발을 잎에 부착시켜요. 표피를 마지막으로 벗어내고요... ³⁻ᴾᵘᵖᵃ그리고 남은 것은 내부에서 유기체가 나비로 변할 딱딱한 껍질을 만들어요. 애벌레가 딱딱한 껍질 안에 들어가 있을 때, 이 시점에서 나비는 번데기라고 불리는데, 이 단계는 보통 약 두 주간 계속돼요. 껍질 안에서는, ³⁻ᴾᵘᵖᵃ애벌레가 해체되어 매우 부드럽고 걸쭉해져요... 그리고 애벌레 단계에서 지속적으로 먹어서 쌓인 모든 에너지가 나비의 성장을 돕는 데 사용돼요. 이 시점에서, 번데기는 껍질을 깨뜨리고 나올 때까지 움직일 수 없죠. ⁴이 단계는 연약한 단계인데, 이것이 번데기가 오직 녹색, 갈색, 또는 회색으로만 생기는 이유이기도 하죠.
⁵나비가 껍질에서 나오면, 커질 수 있는 만큼 커져 있어요... 나머지 일생 동안 계속 같은 크기일 거예요. 그러니까, 작은 나비를 보면, 그게 어려서 그런 것이 아닌 거죠... 또한, 나비가 나올 때, 아직 날지는 못해요. ²그건 껍질 안에서 날개들이 구겨져 있었기 때문이고, 날개들은 평평하게 펴지고 건조돼야 해요. 이걸 용이하게 하기 위해, 나비는 거꾸로 매달려 날개를 펴는 일을 중력에 맡겨요. 한 시간 정도 후에, 날개들은 단단해지고 확장되어 비행할 수 있는 상태가 됩니다.
나비 알에 대한 얘기를 잠깐 다시 해보도록 하죠. ⁶있잖아요, 나비들은 항상 같은 수의 알을 낳지 않아요. 많은 변수에 의해 좌우돼요, 날씨, 암컷의 크기, 짝짓기 기간... 흥미로운 걸 알려 드릴까요? 제가 읽은 연구에서 추운 기후에 사는 나비들의 새끼 수가 더 적은 경향이 있다고 했어요... 이 나비들은 커다란 알들을 적은 수로 드물게 낳는 반면 따뜻한 기후의 나비들은 작은 알 덩어리들을 매우 자주 낳죠. 아마 생존 가능성과 관련이 있다고 생각이 되네요... 더 크고 튼튼한 알들이 차가운 온도와 서리에서 살아남기에 더 적당할 것으로 보이거든요.
과학자들은 암컷들이 알을 낳도록 유발하는 것이 무엇인지 아직 완전히 이해하지 못했어요. 암컷들은 알을 낳아서 수정시키기 전까지 몇 주 동안 정액을 저장하고 있을지도 모르죠! 날씨와 관련된 자극이 암컷들로 하여금 알을 낳게 한다는 이론들도 있어요... 그러니까, 암컷들이 날씨가 따뜻해지는 것을 느끼거나 할 때 말이에요. 그리고 추운 기후에서 더 적은 수의 알을 낳는다는 생각 자체가 이 설을 지지해요... '가짜 봄'의 경우에요. 1월이나 2월에 계절에 맞지 않게 며칠 간 온화하다가 뒤이어 겨울 날씨의 시기가 찾아올 때 말이에요. 만일 어미가 실수를 해서 따뜻한 겨울이 지속될 것이라고 믿는다면, 더 크고 튼튼한 알들이 피할 수 없이 돌아오는 추운 날씨에서 생존할 가능성이 더 클 거예요.

larva [láːrvə] 애벌레   pupa [pjúːpə] 번데기   secrete [sikríːt] 분비하다   substance [sʌ́bstəns] 물질
intact [intǽkt] 그대로인, 본래대로의   caterpillar [kǽtərpìlər] 유충   chorion [kɔ́ːriàn] 장막
deposit [dipázit] (알을) 낳다   instar [ínstaːr] 영 (곤충의 탈피와 탈피의 중간 단계)   shed [ʃed] (가죽,껍질 등을) 벗다
cuticle [kjúːtikl] 표피   wander [wándər] 돌아다니다   thread [θred] 실   affix [əfíks] 부착시키다
organism [ɔ́ːrgənìzəm] 유기체   chrysalis [krísəlis] 번데기   mushy [mʌ́ʃi] 걸쭉한   amass [əmǽs] 쌓다, 모으다
vulnerable [vʌ́lnərəbəl] 연약한, 취약한   flatten [flǽtən] 평평하게 하다   facilitate [fəsílitèit] 용이하게 하다
gravity [grǽvəti] 중력   dependent [dipéndənt] ~에 좌우되는   variable [vɛ́əriəbl] 변수
brood [bruːd] (같은 때에 태어난) 새끼들   infrequently [infríːkwəntli] 드물게   clump [klʌmp] 덩어리
survivability [sərvàivəbíləti] 생존 가능성   frost [frɔːst] 서리   trigger [trígər] ~을 유발하다   sperm [spəːrm] 정액
spell [spel] 시기   inevitable [inévitəbl] 피할 수 없는

EXAMPLE

p.209

Listen to part of a talk on environmental science.

P: So today we're going to talk about the causes of global warming. Let's begin, then, by discussing what you already know. Any ideas?

S1: I think the biggest cause is pollution, isn't it? Well, pollution from cars, planes, factories, power plants . . .

P: OK, you're close, but it isn't pollution in general that brings about global warming. Actually, it's the release of excess carbon dioxide and other greenhouse gases into the atmosphere, and these gases are emitted in our daily activities. But I do want to clarify that the burning of fossil fuels, not pollution in general, causes global warming . . . And there is one more causal factor . . . You know, the rainforests supply us with more than twenty percent of the world's oxygen. So when they're deforested, carbon dioxide levels rise since trees normally absorb CO_2 . . . and release oxygen, of course. And, sadly enough, about fifty percent of the world's rainforests have been destroyed in the past forty years. OK, now so far we've been talking about causes related to human activities, but global warming is also caused by natural phenomena.

S2: How can nature cause global warming? I thought it was the result of environmental damage . . .

P: Well, think of global warming this way. I mean, basically it's an overall warming trend, right? Has this ever happened to the Earth before that we know of? Of course it has! How did the Ice Age end? The Earth has a very regular history of warming and cooling trends, and perhaps this global warming we're currently experiencing is just, well, one of them.

S1: Yeah, but Professor, what causes the trends?

P: Hmm. Some scientists point to the fact that the oceans are heating exponentially faster than the atmosphere, meaning heat is being projected from the Earth's core rather than from what's happening in the atmosphere of the Earth. Well, then the ocean's temperature rises due to the heat and, as you can guess, the ocean then emits tons of carbon dioxide into the air. Uh, you know that cool oceans hold CO_2 and warm ones release it, right? And they do have some pretty convincing evidence. It's true that air has a much lower heat capacity than water, so in reality, air can't heat water, but water can heat air.

But, it's still being debated by a number of researchers what the real cause of the current warming weather is. Scientists who believe that global warming is caused by our actions think that the heating oceans are the result of atmospheric pollution. But on the other side of it you have those who insist that the ocean could only be heated from activity in the core. Well, but you know, to be honest, I think that this current global warming is really the result of both human intervention and natural phenomena.

Q. What can be inferred from the passage about the Ice Age?

Q. What is the professor's point of view concerning the present warming trend?

P: 그래서 오늘은 지구 온난화의 원인에 대해 이야기하겠습니다. 그럼, 여러분이 이미 알고 있는 것들이 무엇인지 얘기하면서 시작합시다. 어떤 것들이 있나요?

S1: 가장 큰 원인은 오염이라고 생각합니다, 그렇지 않나요? 음, 차, 비행기, 공장, 발전소에서 비롯되는 오염 말이에요...

P: 네, 거의 맞지만, 일반적으로 오염이 지구 온난화를 유발하지는 않아요. 사실, 이산화탄소와 다른 온실효과를 유발하는 가스가 과도하게 대기로 방출되는 것이 원인이고 이러한 가스들은 우리의 일상적인 활동에서 방출됩니다. 하지만 지구 온난화를 일으키는 것은 일반적인 오염이 아니라 화석연료의 연소라는 점을 분명히 하고 싶어요... 그리고 원인이 되는 다른 요소가 하나 더 있죠... 그러니까, 열대 우림은 전 세계 산소의 20퍼센트 이상을 공급합니다. 그래서 열대 우림이 벌채되면, 나무들이 보통 이산화탄소를 흡수하고... 산소를 방출하기 때문에 이산화탄소 수치가 올라갑니다. 그리고 안타깝게도, 지난 40년간 열대 우림의 50퍼센트가 훼손되었습니다. 자, 지금까지 우리는 인간 활동과 관련된 원인에 대해 이야기했지만, 지구 온난화는 자연 현상에 의해서도 유발됩니다.

S2: 자연이 어떻게 지구 온난화를 일으키나요? 제 생각에는 환경 파괴의 결과인 것 같은데...

P: 음, 지구 온난화를 이렇게 생각해 보세요. 제 말은, 지구 온난화는 기본적으로 전체적으로 따뜻해지는 경향이에요, 그렇죠? 우리가 알기 전에도 온난화가 지구에서 일어났을까요? 물론 그랬어요! 빙하기가 어떻게 끝났겠어요? 지구는 역사상 온난한 기후와 추운 기후가 규칙적으로 이어졌고, 아마도 현재 우리가 겪고 있는 지구 온난화는 단지, 음, 그중의 하나라는 거죠.

S1: 네, 그렇지만 교수님, 그러한 경향의 원인은 무엇인가요?

P: 흠. 어떤 과학자들은 바다가 대기보다 급격히 빠르게 따뜻해진 사실을 지적하는데, 이것은 열이 지구의 대기에서 발생하기보다는 지구의 중심핵에서 내뿜어진 것을 의미해요. 음, 바다 온도는 열로 인해 상승하고, 그 후 바다는 여러분이 추측하는 것처럼 많은 이산화탄소를 공기 중으로 방출합니다. 어, 모두들 차가운 바다는 이산화탄소를 함유하고 따뜻한 바다는 이산화탄소를 방출한다는 것을 알고 있죠, 그렇죠? 그리고 과학자들은 꽤 설득력 있는 증거를 갖고 있어요. 공기는 물보다 열 함유량이 적어서, 실제로 공기는 물을 따뜻하게 하지 못하지만, 물이 공기를 따뜻하게는 할 수 있죠.

그러나 무엇이 현재의 온난한 기후의 진짜 원인인지는 여전히 많은 연구자들 사이에서 논쟁이 되고 있습니다. 인간의 행동이 지구 온난화를 유발한다고 믿는 과학자들은 따뜻한 바다는 대기 오염의 결과라고 생각합니다. 그러나 반대편에서는 지구 중심 핵의 활동으로 인해 바다가 따뜻해진다고 주장하는 사람들도 있어요. 음, 그러나 솔직히 말해서, 나는 현재 지구 온난화는 인간의 개입과 자연 현상 두 가지 모두의 결과라고 생각합니다.

global warming 지구 온난화   **release**[rilíːs] 방출   **excess**[iksés] 과도한   **greenhouse gas** 온실효과를 유발하는 가스
emit[imít] 방출하다   **clarify**[klǽrəfài] 분명히 하다   **fossil fuel** 화석연료   **causal**[kɔ́ːzəl] 원인이 되는
rainforest[réinfɔ̀ːrist] 열대 우림   **deforest**[diːfɔ́ːrist] 벌채하다   **Ice Age** 빙하기   **currently**[kə́ːrəntli] 현재
exponentially[èkspounénʃəli] 급격하게   **project**[prɑdʒékt] 내뿜다   **core**[kɔːr] 중심 핵
convincing[kənvínsiŋ] 설득력 있는   **atmospheric**[æ̀tməsférik] 대기의   **insist**[insíst] 주장하다
intervention[ìntərvénʃən] 개입, 간섭

HACKERS **PRACTICE**

p.212

1. (D)	2. (C)	3. (C)	4. (A)	5. (B)	6. (B)	7. (C)	8. (D)	9. (A)
10. (D)	11. (C)	12. (D)	13. (C)	14. (B)				

I. Listen to parts of the lectures, and choose the best answer for each question.

1 So one of Robert Smithson's representative earthworks, *The Spiral Jetty*, gained him international fame, but he engaged in, you know, other types of art that weren't as huge. An earthwork, as you know, is made up of geographical materials in its natural setting and . . . it's usually very large. But Smithson also dabbled in minimalism, which is an art movement in painting and sculpture that . . . began in the 1950s and, you know, put a lot of emphasis on extreme simplicity and color. One example is Smithson's *Gravel Mirror with Cracks and Dust*, as you can see here in the slide. Well . . . we see four piles of gravel by the side of a partly mirrored glass wall. The simplicity is in the materials and their arrangement, and if simplicity is what Smithson intended, wouldn't you say that he certainly achieved it? Actually, much of land art is a study in minimalism. It's not surprising that many artists who produced earthworks had sort of previously been involved in minimalism.

Q. What does the professor imply about the artwork *Gravel Mirror with Cracks and Dust*?

그래서 Robert Smithson의 대표적인 대지 예술 작품 중 하나인 'The Spiral Jetty'는 그에게 국제적인 명성을 가져다주었지만, 그는, 그러니까, 그렇게 규모가 크지 않은 다른 예술 작품도 했습니다. 모두 알다시피, 대지 예술은 자연적인 배경의 지질 재료로 만들어졌고... 보통 아주 거대해요. 그러나 Smithson은 미니멀리즘에도 관심을 가졌는데, 이는 회화와 조각에서, 그러니까, 극도의 단순함과 색을 강조한 1950년대에 시작된... 예술 사조입니다. 여러분이 슬라이드에서 보고 있는 Smithson의 작품 '갈라진 금과 먼지가 있는 자갈 거울'이 그 예이죠. 음... 부분적으로 비치는 유리 벽 옆에 자갈 네 더미가 보여요. 단순함은 재료와 그 배치에 있고 만약 Smithson이 단순함을 의도했다면, 그가 그것을 확실히 달성했다고 말할 수 있을 것 같죠? 사실, 대부분의 대지 예술은 미니멀리즘의 습작이에요. 대지 예술을 창작하는 많은 예술가들이 이전에 미니멀리즘과 관련이 있었다는 것은 놀랍지 않아요.

fame[feim] 명성　　make up of ~으로 만들다　　dabble[dǽbl] 관심을 가지다, 취미 삼아 해보다
minimalism[mínəmlìzm] 미니멀리즘 (최소한의 요소로 최대 효과를 올리려는 최소한 표현주의)　　extreme[ikstrí:m] 극도의
simplicity[simplísəti] 단순, 간단　　gravel[grǽvəl] 자갈　　crack[kræk] 갈라진 금　　mirror[mírər] 비추다, 반사하다
arrangement[əréindʒmənt] 배치

2　In Greek towns, people had this, well, what we might call a very coarse sense of humor. It was nonsensical, it was . . . what other adjectives can I use? Yes, obscene and loud. Let me give you some examples. At country festivals, people would pass from village to village, some riding in carts, shouting crude jokes and abuses at town residents and at each other. They sang to evil gods . . . Phales, the god of adultery, and Bacchus, the god of wine. Young men banded together in the evenings and roamed about the streets making noise. The people loved these exhibitions . . . And it's really not surprising that comedy became a mainstay in the plays produced in the Greek theaters. Greek people could see a mirror of themselves through these comedy plays. Uh . . . political leaders especially loved comedies because they could be used as a means to insult and attack their rivals. So comedy in Greek theaters was more than just a show which inspired laughter in Greek citizens.

Q. What does the professor imply about comedy shows in Greece?

그리스 도시에서, 사람들은, 음, 흔히 우리가 말하는 천한 유머 감각을 가졌습니다. 그건 터무니없고, 그건… 다른 어떤 형용사를 쓸 수 있을까요? 네, 음란하고 야단스러웠어요. 몇 가지 예를 들어보겠습니다. 국가 축제에서 사람들은 마을과 마을을 돌아다녔으며, 어떤 이들은 짐수레를 타고 도시 거주자들뿐만 아니라 서로에게도 노골적인 농담과 욕설을 외치고 다녔어요. 그들은 악의 신들에게 노래를 불렀습니다… 간음의 신 Phales, 술의 신 Bacchus에게요. 젊은이들은 밤에 모여 시끄럽게 거리를 돌아다녔습니다. 사람들은 이러한 구경거리를 보는 것을 좋아했어요… 그리고 희극이 그리스 극장에서 공연되는 연극의 주류가 되었다는 것은 놀랍지 않죠. 그리스 사람들은 이 희극 공연을 통해 자신들의 모습을 비추어 볼 수 있었습니다. 어… 정치지도자들이 특히 희극을 좋아했는데, 희극을 경쟁자들을 모욕하고 공격하는 수단으로 사용할 수 있었기 때문이죠. 그러므로 그리스 극장에서의 희극은 그리스 시민들에게 단지 웃음을 유발하는 쇼 이상의 의미였습니다.

coarse[kɔːrs] 상스러운, 천한　　nonsensical[nɑnsénsikəl] 터무니없는, 무의미한　　obscene[əbsí:n] 음란한, 외설적인
loud[laud] 야단스러운　　cart[kɑːrt] 짐수레　　shout[ʃaut] 외치다　　crude[kru:d] 노골적인, 조잡한　　abuse[əbjú:z] 욕설
resident[rézədənt] 거주자　　adultery[ədʌ́ltəri] 간음　　band[bænd] 모이다　　roam[roum] 돌아다니다, 배회하다
exhibition[èksəbíʃən] 구경거리　　comedy[kámədi] 희극

3　So . . . what happens when a copyrighted image is reproduced and distributed legal, I mean, illegally? Well, when something becomes plentiful, it becomes less valuable. Just to illustrate, if the market is glutted with, say, apples, people will start selling them at a lower price. And, well, the same thing happens when copyrighted images become freely available. Another effect is people no longer care about the benefits of actually seeing the original face-to-face because, you know, when they can obtain a copy of an image, well, would they want to see the original? There would seem to be no point in seeing what it looks like. Also, software allows an individual to improve an image, but look at the problem that this would pose. Let's take, for instance, a famous painting that's cracked, faded in some spots and darkened in other areas. A person can take a picture of the painting, use software to remove the cracks and faded and darkened areas. But you see . . . many people will stop appreciating the original intent of the artist, and they may even lose respect for what the artist has accomplished. So . . . while the criminal, well, the one reproducing and distributing the image illegally, makes a profit, the artist or the owner of the copyright suffers.

Q. What does the professor imply about reproduced images?

그럼… 저작권이 있는 이미지를 복제하고 합법적으로, 아니, 불법적으로 배포하면 어떤 일이 발생할까요? 음, 무언가가 많아지면, 그것의 가치가 떨어집니다. 예를 들어 설명해보자면, 시장에, 음, 사과가 과잉 공급된다면 사람들은 그것을 낮은 가격에 팔기 시작할 것입니다. 그리고, 음, 저작권이 있는 이미지가 자유롭게 사용될 때도 이와 같은 일이 일어납니다. 다른 영향은 사람들이 더는 원본을 직접 보는 것의 이점에 신경 쓰지 않게 되는 것인데, 왜냐하면, 그러니까, 그들이 이미지의 복사본을 얻을 수 있다면, 음, 원본을 보고 싶어 할까요? 원본이 어떤

지 보는 것은 아무런 의미가 없을 것입니다. 게다가 소프트웨어는 개인이 이미지를 개선할 수 있도록 하지만, 이것이 내포하고 있는 문제에 주목합시다. 예를 들어, 갈라지고 부분부분 색이 바래고 희미해진 유명한 그림을 봅시다. 한 개인이 그림의 사진을 찍어서 소프트웨어를 이용하여 갈라진 부분과 바래고 희미해진 부분을 없앨 수 있습니다. 근데 있죠... 많은 사람들이 예술가의 원래 의도를 중요하게 여기지 않게 되고, 심지어 예술가가 이룩한 것을 존중하지 않게 될 것입니다. 결국... 범죄자, 음, 이미지를 불법적으로 복제하고 배포하는 사람은 금전적인 이익을 얻지만, 예술가와 저작권의 소유자는 고통을 받습니다.

copyright[kápiràit] 저작권이 있는, 판권으로 보호된　　**reproduce**[rì:prədʒúːs] 복제하다　　**distribute**[distríbju(ː)t] 배포하다
legal[líːgəl] 합법적인　　**illegally**[ilíːgəli] 불법적으로　　**plentiful**[pléntifəl] 많은　　**valuable**[vǽluəbl] 가치있는, 귀중한
illustrate[íləstrèit] 설명하다　　**glut**[glʌt] 과잉 공급하다　　**no longer** 더 이상 ~ 않다　　**benefit**[bénəfit] 이점, 이익
face-to-face 직접　　**pose**[pouz] (위험성을) 내포하다, 지니다　　**crack**[kræk] 금 가게 하다　　**fade**[feid] (빛깔이) 바래다
spot[spɑt] 지점　　**darken**[dáːrkən] 희미하게 하다　　**intent**[intént] 의도　　**accomplish**[əkámpliʃ] 이룩하다, 성취하다
criminal[krímənəl] 범죄자　　**profit**[práfit] (금전적인) 이익

4 OK, let's talk about the eye's tear film. When people blink their eyes . . . and they do this at least every six seconds . . . the tear film is replenished. This film has three important functions. First of all, it wets or moisturizes the corneal epithelium, and this prevents it from becoming damaged due to dryness. When not enough tears are being produced to keep the surface of the eye moist, we experience what is known as dry eyes . . . It's an irritating, burning, stinging, itchy condition that makes the eyes pretty sensitive to light. And how do people suffering from dry eyes relieve this condition? Well, eye drops are a top selling product according to pharmacists. Second, the corneal surface is actually irregular. Of course, you can only see this under a microscope. So what the tear film does is . . . it creates a smooth optical surface. And finally, the tear film has a special enzyme called lysozyme. This enzyme destroys bacteria and is known to prevent the growth of microcysts on the cornea.

Q. What does the professor imply about the tear film?

자, 눈의 눈물막에 대해 이야기해 봅시다. 사람들이 눈을 깜박일 때... 최소 6초마다 깜박이죠... 눈물막은 다시 채워집니다. 이 막은 세 가지 중요한 기능을 합니다. 우선, 눈물막은 각막상피를 적시거나 습기를 공급하는데, 이것이 각막상피가 건조해서 손상을 입는 것을 막아줍니다. 눈의 표면을 축축하게 유지하는 충분한 눈물이 생성되지 않으면, 건조성 각막염으로 알려진 질환을 겪게 됩니다... 아리고, 뜨겁고, 찌르는 것처럼 아프고, 가려운 증상 때문에 눈이 빛에 민감해지죠. 그리고 건조성 각막염으로 고통받는 사람들이 이 증상을 완화하기 위해 어떻게 할까요? 음, 약사에 따르면 제일 잘 팔리는 제품은 인공눈물이라고 합니다. 둘째, 각막표면은 실제로 울퉁불퉁해요. 물론, 이것은 현미경으로만 볼 수 있죠. 그래서 눈물막은... 매끄러운 눈 표면을 만듭니다. 그리고 마지막으로, 눈물막은 리소자임으로 불리는 특별한 효소를 갖고 있습니다. 이 효소는 박테리아를 파괴하고 각막에 미크로시스트가 자라는 것을 막아줍니다.

replenish[ripléniʃ] 다시 채우다　　**moisturize**[mɔ́istʃəràiz] 습기를 공급하다　　**epithelium**[èpəθíːliəm] 상피
moist[mɔist] 축축한　　**dry eye** 건조성 각막염　　**irritating**[írətèitiŋ] 아리게 하는, 자극하는　　**stinging**[stíŋiŋ] 찌르는 듯이 아픈
itchy[ítʃi] 가려운　　**sensitive**[sénsətiv] 민감한　　**eye drops** 인공눈물, 안약　　**pharmacist**[fáːrməsist] 약사
irregular[irégjulər] 울퉁불퉁한, 고르지 못한　　**optical**[áptikəl] 눈의　　**lysozyme**[láisəzàim] 리소자임 (박테리아 용해 효소의 일종)
microcyst[màikrəsíst] 미크로시스트 (내구 세포)　　**cornea**[kɔ́ːrniə] 각막

II. Listen to parts of the lectures, and choose the best answer for each question.

5 In Germany, journalism has a purpose. Newspapers distribute news about events, but they also take a position on these events. Some people think that journalists should play a role, but that role shouldn't be political. Uh, but in that area, I'd have to say that journalists can provide guidance that most people need when they form their own political opinions. Now, I'd like to discuss with you a concept called civic journalism . . . some call it public journalism. Well, civic journalism has many definitions, but I would say that generally it means keeping the democratic process open by seeking out what the citizens are concerned about and then kind of motivating them to get involved in doing something about these concerns. So, a civic journalist is not an uninvolved observer, you know, the type who merely tells you what's happening. But he takes on an active role in the community by writing about positive, solution-oriented stories. At times, a newspaper that is civic-oriented even organizes the community towards reaching a particular end. So, you see, journalists around the world aren't objective at all, but I believe they have good reasons for being this way.

Q. What is the professor's opinion of journalistic reporting?

독일에서 저널리즘은 목적을 갖고 있습니다. 신문은 사건에 대한 뉴스를 보도하지만, 이러한 사건에 대해 입장을 취하기도 합니다. 어떤 사람들은 기자들이 어떠한 역할을 해야 하는데, 그 역할이 정치적이지 않아야 한다고 생각합니다. 어, 하지만 그런 면에서, 기자들은 대부분의 사람들이 자신의 정치적 의견을 형성할 때 필요한 지침을 제공할 수 있다고 저는 말해야겠군요. 이제, 시민 저널리즘이라고 하는 개념에 대해 논의하겠습니다... 어떤 이들은 대중 저널리즘이라고도 해요. 음, 시민 저널리즘은 많은 정의를 갖고 있지만, 일반적으로는 시민들이 무엇에 관심이 있는지를 찾고 시민들이 그러한 관심사에 관여하도록 동기를 부여하면서 민주적 과정을 공개적으로 유지하는 것을 의미합니다. 그러므로, 시민 저널리즘의 기자는 단지 어떤 일이 발생했는지를 말하는, 그러니까, 객관적 입장의 관찰자가 아닙니다. 그는 긍정적인 해결책 중심의 이야기를 쓰면서 지역사회에서 적극적인 역할을 합니다. 때때로, 시민 중심의 신문은 특별한 목적을 이루기 위해 집단을 조직하기도 합니다. 그러니까, 보다시피, 세계의 기자들은 전혀 객관적이지 않지만, 나는 그들이 그에 대한 합당한 이유를 갖고 있다고 생각합니다.

distribute[distríbju(:)t] 보도하다, 퍼뜨리다   take a position 입장을 취하다   journalist[dʒə́:rnəlist] 기자
guidance[gáidəns] 지침, 지도   civic[sívik] 시민의   democratic[dèməkrǽtik] 민주적인
motivate[móutəvèit] 동기를 주다, 자극하다   uninvolved[ʌninválvd] 객관적인, 무관심한   oriented[ɔ́:rièntid] ~ 중심의, ~ 지향의
at times 때때로   end[end] 목적   objective[əbdʒéktiv] 객관적인

6   OK, so, Frazer was an expert on myths and religions, though he wasn't a religious man. You know, the way he studied religion was kind of unemotional and unprejudiced. You get what I mean? He looked at religion as a cultural phenomenon. So, he wasn't into religion theologically. He just basically wanted to understand the relationship between cults, rites, myths . . . and human progress. So, he did some readings and research on ancient histories and sent some questionnaires to missionaries around the world. A lot of people would later say that his research methods were questionable . . . In fact, social scientists complained that Frazer did not use acceptable methods to conduct his research. You know, because he never did any first-hand research. And he never spoke directly to the people who responded to his questionnaires. But this didn't stop Frazer from having an enormous readership. He made some pretty surprising conclusions that have won him many loyal readers . . . yes, quite loyal. So what did Frazer conclude? Well, he said that it was man's obsession with magic and religion that led to the scientific thought of the past few centuries.

Q. According to the professor, what can be inferred about James Frazer?

자, 그래서, Frazer는 신앙심이 깊은 사람은 아니었지만, 신화와 종교의 전문가였습니다. 그러니까, 그가 종교를 연구했던 방법은 감정에 좌우되지 않고 편견이 없었습니다. 무슨 말인지 이해했나요? 그는 종교를 문화적 현상으로 보았습니다. 그래서 그는 신학적으로 종교에 몰두하지 않았어요. 그는 컬트, 종교적 의식, 신화와... 인류의 진보 사이의 관계를 이해하고자 했습니다. 그래서 그는 고대 역사에 관한 책을 읽고 조사했으며 전 세계의 선교사들에게 설문지를 보냈습니다. 훗날 많은 사람들이 그의 연구 방법은 문제가 있다고 했습니다... 사실, 사회학자들은 Frazer가 연구를 수행할 때 용인될 만한 방법을 사용하지 않았다고 불평했습니다. 그러니까, 그는 직접적인 연구를 전혀 수행하지 않았기 때문이죠. 그리고 그는 질문지에 응답한 사람들과 직접적으로 대화하지도 않았습니다. 그러나 이것이 Frazer가 많은 독자 수를 갖는 것을 막을 수는 없습니다. 그가 많은 독자들의 마음을 얻을 만한 놀라운 결론을 내렸기 때문이죠... 네, 독자들은 그의 책을 무척 좋아했죠. Frazer는 어떤 결론을 내렸을까요? 음, 그는 마술과 종교에 대한 인간의 집념이 지난 몇백 년간 과학적 사고로 이어져 왔다고 말했습니다.

religious[rilídʒəs] 신앙심이 깊은   unemotional[ʌnimóuʃənl] 감정에 좌우되지 않는
unprejudiced[ʌnprédʒudist] 편견이 없는, 공평한   theologically[θiːəládʒikəli] 신학적으로
cult[kʌlt] 컬트 (소수의 조직화된 신앙 집단)   rite[rait] (종교적) 의식   questionnaire[kwèstʃənέər] 설문지
missionary[míʃənèri] 선교사   questionable[kwéstʃənəbl] 문제 있는, 미심쩍은   first-hand 직접적인, 1차적인
readership[ríːdərʃip] 독자 수   obsession[əbséʃən] 집념

7   P: OK . . . Let's turn our attention to bats. I wanted to clarify some points about bats. It seems that bats are like weather forecasters. Uh, bats eat insects, and on a warm night, a lot of insects fly around. But insects are pretty sluggish in colder weather, so when it's cold, bats have a harder time finding food. It takes a lot

of energy to go hunting for insects, and if a bat goes out for three nights without food, it might die. **And since they live deep inside caves, it's impossible for them to feel the changes in the temperature outside.** So how do bats forecast the weather? Well, basically they have this built-in barometer that lets them sense what the air pressure is. If the barometric air pressure is high, that means it's probably cold, so the bats stay put. But if the pressure is low, that means it's warm outside and they can go out and hunt for food. This built-in barometer they have is also called the "vital organ."

S: I read about that in an article on migratory birds. Migratory birds can avoid flying into dangerous storms when they're migrating because they can sense air pressure changes.

Q. What can be concluded about bats?

P: 네... 이제 박쥐 이야기를 해봅시다. 박쥐의 몇 가지 특징을 명확히 설명하고자 합니다. 박쥐는 일기 예보자와 같다고 할 수 있어요. 어, 박쥐는 곤충을 먹는데, 따뜻한 밤에는 많은 곤충들이 날아다녀요. 그런데 곤충들이 추운 날에는 둔해져서, 추우면 박쥐가 먹이를 찾기가 힘들어집니다. 곤충들을 잡으러 가는 데는 많은 에너지가 필요한데, 만약 먹이 없이 3일 밤을 밖에서 보내면 박쥐는 죽을 수도 있습니다. 그리고 박쥐는 동굴 깊은 내부에 살기 때문에, 외부의 온도 변화를 감지하는 것은 불가능합니다. 그렇다면 박쥐들은 어떻게 날씨를 예측할까요? 음, 박쥐들은 체내에 기압이 어떤지 감지할 수 있도록 하는 타고난 기압계를 지니고 있습니다. 기압계의 공기의 압력이 높으면 춥다는 의미이므로, 박쥐들은 그대로 동굴 내부에 머무릅니다. 반면 기압이 낮으면 바깥이 따뜻하기 때문에 박쥐들이 밖으로 나가서 먹이를 사냥할 수 있다는 뜻입니다. 그들이 가진 내부의 기압계를 '필수 기관'이라고도 합니다.

S: 그것에 대해 철새에 관한 기사에서 읽었어요. 철새들은 기압의 변화를 감지할 수 있기 때문에 위험한 폭풍을 피해서 이동할 수 있다고 했어요.

forecaster [fɔ́ːrkæ̀stər] 예보자 **sluggish** [slʌ́giʃ] 둔한, 느린 **built-in** 타고난 **barometer** [bərámitər] 기압계
barometric [bæ̀rəmétrik] 기압계의 **stay put** 제자리에 머무르다, 그대로 있다 **vital** [váitl] 필수인, 생명의
migratory bird 철새

8 All right, let me define what an urban heat island is. It's a city where the temperature can go as much as 20°F, or 11°C, higher than the rural areas surrounding that city. And the reason these areas are hotter than the countryside is that . . . the buildings, the concrete, and asphalt, and, you know, the manufacturing plants, have made the cities hotter. Of course, this higher temperature is uncomfortable for those living in the city, so a lot of money is being spent on energy for cooling purposes. But this also means more pollution, right? So what is the government doing about this problem? Let's look at an example. Los Angeles has seen its average temperature rise by 1°F every ten years since World War II. So now local government agencies are working hard to decrease this heat and avoid the pollution that comes with spending energy. **And how are they doing this? Well, if you've ever been to Los Angeles, you might've seen that the roofs are no longer dark. They've switched to light surfaces on the tops of buildings because these reflect heat. Even the pavements have heat reflectors. And see, this has resulted in a forty percent reduction in energy use. Another way, which is very popular, is the planting of trees . . . large trees with lots of leaves.** Shade trees reduce the amount of heat absorbed by buildings . . . by shielding them from the sun's rays. And the water that evaporates off the leaves of the trees naturally cools the surrounding air.

Q. What can be concluded about the heat island problem in Los Angeles?

자, 도시 열섬이 무엇인지 정의를 내려볼게요. 이는 주변의 전원 지역보다 기온이 화씨 20도 또는 섭씨 11도 이상 더 높이 올라가는 도시를 말합니다. 그리고 이러한 지역이 시골보다 더운 이유는... 빌딩, 콘크리트, 아스팔트, 그리고 알다시피, 제조공장들이 도시를 덥게 만들기 때문이에요. 물론, 높은 기온은 도시에 사는 사람들에게 불편함을 끼치기 때문에 냉각을 목적으로 하는 에너지에 많은 돈이 소비됩니다. 하지만 이것은 더 많은 공해를 의미해요, 그렇죠? 그렇다면 정부는 이 문제에 대해 무엇을 하고 있나요? 한 예를 살펴봅시다. 로스앤젤레스는 제2차 세계대전 이후 10년마다 평균기온이 화씨 1도씩 올라간 것을 관찰하였습니다. 그래서 지금 지역 정부 기관에서는 열을 감소시키고 에너지 소비에 따르는 공해를 피하기 위해 열심히 노력하고 있습니다. 그럼 어떤 노력을 하고 있을까요? 음, 여러분들이 로스앤젤레스에 가보았다면, 지붕이 더 이상 어둡지 않은 것을 알 수 있을 거예요. 열을 반사할 수 있도록 건물 꼭대기를 밝은 표면으로 바꾸었습니다. 포장도로도 열 반사재를 내포하고 있죠. 그리고 있죠. 이러한 노력의 결과로 에너지 사용이 40퍼센트 감소했어요. 매우 인기 있는 또 다른 방법은, 나

무를 심는 것이에요... 잎이 많은 큰 나무들이죠. 그늘을 만드는 나무들은 빌딩을 태양광선으로부터 가려주어... 빌딩에 흡수되는 열의 양을 줄입니다. 그리고 나뭇잎에서 증발하는 수분은 자연적으로 주변 공기를 서늘하게 합니다.

heat island 열섬　　rural[rúərəl] 전원의　　surround[səráund] 둘러싸다　　countryside[kʌ́ntrisàid] 시골
manufacturing[mæ̀njufǽktʃəriŋ] 제조　　cooling[kú:liŋ] 냉각　　agency[éidʒənsi] 기관
decrease[dikrí:s] 감소시키다　　roof[ru(:)f] 지붕　　switch[switʃ] 바꾸다, 교체하다　　pavement[péivmənt] 포장도로
reflector[riflέktər] 반사재　　shade tree 그늘을 만드는 나무　　shield[ʃi:ld] 가리다　　evaporate[ivǽpərèit] 증발하다

III. Listen to parts of the lectures, and choose the best answer for each question.

[9-11]
Listen to part of a talk on chemosynthesis.

Before I start talking about chemosynthesis, I'd just like to say that scientists once believed that there were no life forms at the bottom of the ocean . . . that the ocean was devoid of life. They thought life couldn't exist without the sun's energy. ⁹As you know, food for land-based life forms is produced through photosynthesis. So scientists thought that any life form at the bottom of the ocean could survive only if scraps of food from water closer to the ocean's surface drifted down . . . Well, just imagine their surprise when they discovered, in 1977, that living organisms are able to thrive on the ocean floor.

OK, let me explain first what a hydrothermal vent is. It's simply an opening in the ocean floor . . . and geothermally heated water rich in minerals comes out of this fissure. Now, it's this vent fluid that has made the area biologically productive. It supports a community of many varied organisms, such as tubeworms, clams, shrimp, and bacteria. Scientists now know that a process called chemosynthesis allows a special microorganism to use hydrogen sulfide as an energy source to synthesize food.

Well, let's examine how this process works by looking at these special microorganisms. OK, they're known as the archaea, and they are what we may call a keystone species . . . or the ecological base of the food chain at these vents. Actually, hydrogen sulfide and the other chemicals that come from these vents are poisonous, and yet, the organisms and animals that live on the ocean floor are able to keep living. How do they do this? You see, what the archaea do is they convert toxic chemicals emitted through these vents into food and energy. So organisms and animals must adapt by either eating the archaea or . . . by allowing the archaea to live in their bodies so that it can produce food for them. ¹⁰However, whether the archaea float freely at the bottom of the ocean or are being harbored by some organism doesn't really seem to matter. They are still able to survive.

So it's not surprising that scientists are especially interested in the archaea as an organism. The archaea are special . . . they possess enzymes that can withstand high temperatures and pressures. Just, just think of how useful these microorganisms could be! Also, the archaea are capable of changing harmful chemicals into safer and more edible forms. ¹¹Uh, one application that this capability seems to have is in the cleaning up of oil spills and hazardous wastes. Now, a second reason that scientists are excited is that these organisms happen to be among the oldest creatures on Earth. Well, I think I assigned that as a reading. OK, does anyone have any information on this point that he'd like to share with the rest of the class?

9. What does the existence of organisms on the ocean floor demonstrate?
10. What does the professor imply about the symbiotic relationship between the archaea and other organisms?
11. What does the professor imply about the archaea?

화학합성에 대한 이야기를 시작하기 전에, 한때 과학자들은 해저에는 생명체가 없다고 믿었다는 것을 말하고 싶군요... 바다에는 생명체가 전혀 없다고 믿었죠. 그들은 생명이 태양 에너지 없이는 생존할 수 없다고 생각했습니다. ⁹여러분도 알다시피, 육상 생물의 양분은 광합성을 통해 만들어지죠. 그래서 과학자들은 바다 표면과 가까운 물에서 음식의 찌꺼기가 떠내려오지 않으면 해저의 어떠한 생명체도 살아남을 수 없다고 생각했어요... 음, 그러니까 1977년에 해저에서도 살아있는 유기체가 성장할 수 있음을 발견했을 때, 그들이 얼마나 놀랐을지 짐작할 수 있을 거예요.
네, 먼저 열수 분출구가 무엇인지 설명하겠습니다. 그것은 간단히 말해서 해저의 구멍이며... 이 틈을 통해 광물질이 풍부하면서도 지열로 인해 따

뜻해진 물이 분출됩니다. 자, 구멍에서 나온 물은 그 지역의 생물을 풍부하게 만들어요. 이 물은 서관충, 대합조개, 새우, 박테리아와 같은 다양한 생명체 집단을 부양합니다. 과학자들은 화학합성이라고 하는 과정을 통해 특수한 미생물이 수소 황화물을 에너지원으로 하여 양분을 합성한다는 것을 알게 되었습니다.

음, 이 특수 미생물을 통해 이 과정이 어떻게 이루어지는지 살펴봅시다. 자, 이 미생물은 고세균으로 알려져 있으며, 우리는 이 생물체를 핵심종으로 부를 수 있어요... 달리 말하자면 이 열수 분출구의 먹이사슬의 생태학적 토대라고 할 수 있죠. 사실, 이 구멍에서 나오는 수소 황화물과 다른 화학물질들은 독성이 있는데도, 해저에 사는 유기체들과 동물들은 계속 살 수 있습니다. 어떻게 그것이 가능할까요? 고세균이 하는 일이 바로 이 구멍에서 분출되는 독성 화학물질을 양분과 에너지로 전환하는 것입니다. 그래서 유기체들과 동물들은 고세균을 먹거나... 고세균이 그들을 위해 양분을 생산할 수 있도록 그들의 몸속에 살게 함으로써 적응해야 합니다. [10]그러나 고세균이 해저에서 자유롭게 떠다니거나 어떤 유기체에 정착하는 것은 중요하지 않습니다. 그들은 여전히 살아남을 수 있으니까요.

따라서 과학자들이 유기체로서의 고세균에 특별한 관심을 가지는 것은 놀라운 일이 아닙니다. 고세균은 특별해요... 그들은 높은 온도와 압력에서 견딜 수 있는 효소를 갖고 있어요. 이 미생물이 얼마나 유용할지 생각해보세요! 게다가 고세균은 유해한 화학물질을 안전하고 먹을 수 있는 형태로 바꿀 수 있어요. [11]어, 이 능력은 유출된 석유와 유해 폐기물을 청소하는 데 이용할 수 있을 것으로 보입니다. 자, 과학자들이 흥미를 가지는 두 번째 이유는 이 유기체들이 지구상에서 가장 오래된 생명체라는 점입니다. 음, 제가 이 부분을 읽기 과제로 내주었던 것 같군요. 이 부분에 대해 나누고자 하는 정보를 가진 사람 있나요?

chemosynthesis[kìːmousínθəsis] 화학합성　　**devoid of** ~이 없는, 결여된　　**photosynthesis**[fòutousínθəsis] 광합성

scrap[skræp] 찌꺼기　　**drift**[drift] 떠돌다, 표류하다　　**thrive**[θraiv] 성장하다　　**hydrothermal vent** 열수 분출구

fissure[fíʃər] 갈라진 틈　　**fluid**[flúːid] 액체　　**productive**[prədʌ́ktiv] 풍부한, 비옥한　　**hydrogen**[háidrədʒən] 수소

sulfide[sʌ́lfaid] 황화물　　**synthesize**[sínθəsàiz] 합성하다　　**keystone species** 핵심 종　　**ecological**[èkəládʒikəl] 생태학적

convert[kənvə́ːrt] 전환하다　　**emit**[imít] 분출하다　　**float**[flout] 떠다니다　　**harbor**[háːrbər] 정착하다, 품다

possess[pəzés] 가지다, 소유하다　　**withstand**[wiðstǽnd] 견디다　　**edible**[édəbl] 먹을 수 있는　　**spill**[spil] 유출

hazardous[hǽzərdəs] 유해한

[12-14]

Listen to part of a lecture in a physiology class.

Today, we're going to talk about sleep, specifically, the brain activity that occurs during sleep. To be able to record brain activity, an instrument called the electroencephalogram . . . or EEG for short . . . is used. It measures the electrical activity of the brain. [14]This instrument has been useful in confirming that the brain isn't passive when a person is sleeping.

First, let me say something about when a person is wide awake. Beta waves are associated with daytime wakefulness. They're not consistent in pattern . . . and this is because mental activity is varied. When a person relaxes, the brain waves become slower. These waves are known as alpha waves and exhibit themselves when one is meditating, for instance.

So . . . when a person falls asleep, he enters the first stage of sleep, the lightest, which is characterized by theta waves. Theta waves are slower in frequency and greater in amplitude than alpha waves. A person in this stage drifts in and out of sleep and can be awakened very easily. He may begin to have snippets of dreams, well, actually nothing more than fragmented images. The muscles also experience certain contractions that can jolt a person awake . . . I'm sure you've experienced them.

In the second stage of sleep, we still have theta waves, and . . . the person can still be awakened without too much trouble. But the waves are slower and are sometimes interrupted by sudden bursts of sleep spindles . . . let me write that down . . . OK, sleep spindles. These are rapid waves that suddenly increase in wave frequency. Then . . . just as suddenly . . . the waves increase in wave amplitude. These are known as K-complexes. [12]There's very little that researchers understand about the K-complex although some think its importance is in allowing the sleeper to perceive certain external stimuli. Others think the opposite, that it prevents a person from being roused to wakefulness. Uh . . . they can't say for sure. We don't know.

In the third stage, the theta wave gives way to the delta wave, a very slow brain wave with the highest amplitude. Delta sleep is the first stage of deep sleep. There's very little difference between this stage and the fourth stage which are both characterized by a lack of eye movement and muscle activity. A person in the deep sleep stages, however, may walk and talk in his sleep. At this point, it may be difficult to rouse the person to wakefulness, but if you do succeed, he'll probably be pretty disoriented.

The final stage of sleep is known as rapid eye movement or REM sleep. It's during this stage that a person fully dreams. It's accompanied by darting eye movements . . . hence, REM . . . and by a sudden and dramatic loss of muscle tone. [13]The brain waves are similar to those of a person who's in the first and second stages of sleep . . . which means the depth of sleep is also similar to those stages . . . And if he is roused, he'll usually be able to recall what he was dreaming.

12. What does the professor imply about K-complexes?
13. What does the professor imply about a person who is in REM sleep?
14. What can be concluded about brain activity when a person is sleeping?

오늘은 잠에 대해, 특히, 자는 동안 일어나는 뇌의 활동에 대해 이야기하겠습니다. 뇌의 활동을 기록하기 위해서는 뇌파도... 혹은 짧게 EEG라고 부르는... 기계가 이용됩니다. 이것은 뇌의 전기적인 활동을 측정하는 데 사용되죠. [14]이 기계는 사람이 자는 동안 뇌가 쉬지 않는다는 것을 확인하는 데 도움이 되었습니다.

먼저, 사람이 잠이 완전히 깨어 있을 때를 살펴봅시다. 베타파는 낮에 깨어 있는 것과 연관이 있어요. 베타파는 패턴이 일정치 않은데... 정신적 활동이 다양하기 때문이죠. 사람이 쉴 때 뇌파는 느려집니다. 이 뇌파는 알파파로 알려져있으며, 예를 들어, 사람이 명상할 때 나타납니다.

자... 사람이 잠들면, 세타파로 특징지어지는 얕은 잠인 수면의 첫 단계로 들어갑니다. 세타파는 알파파보다 느린 주파수와 큰 진폭을 가집니다. 이 단계의 사람은 잠이 들 듯 말 듯하며 쉽게 깰 수 있어요. 단편적인 꿈을 꾸게 될 수도 있는데, 사실 이것은 단편적인 시각적 이미지일 뿐입니다. 또한 근육이 특정 방식으로 수축해 사람이 놀라서 깰 수도 있습니다... 여러분도 분명 경험해 보았으리라고 생각해요.

수면의 두 번째 단계에서는 여전히 세타파가 있고... 쉽게 잠에서 깰 수 있어요. 그러나 뇌파는 좀 더 느리며 때때로 수면 축의 갑작스러운 파열로 인해 방해받습니다... 이 단어를 써 줄게요. 자, 수면 축. 수면 축은 주파수가 갑자기 증가하는 빠른 뇌파입니다. 그리고... 마찬가지로... 진폭도 갑자기 커져요. 이것은 K복합체로 알려져 있습니다. [12]연구자들이 K복합체에 대해 알고 있는 것은 거의 없지만, 어떤 연구자들은 K복합체가 수면자들이 특정한 외부 자극을 느낄 수 있도록 하기 때문에 중요하다고 생각하기도 합니다. 다른 이들은 정반대로 K복합체가 사람이 잘 깨지 않도록 한다고 생각해요. 어... 그들은 확실히 말할 수는 없어요. 우리도 알 수 없죠.

세 번째 단계에서는 세타파는 사라지고 매우 느리고 진폭이 가장 높은 델타파가 등장합니다. 델타 수면은 깊은 잠의 첫 단계이지요. 이 단계와 네 번째 단계 둘 다 눈의 움직임과 근육 활동이 거의 없다는 특징을 가지며, 이 두 단계는 거의 차이점이 없습니다. 그러나 깊은 수면 단계에 있는 사람은 자면서 걷거나 말할 수 있어요. 이 시점에서 그 사람을 깨우기는 쉽지 않으며, 만약 깨운다고 해도, 아마 그 사람은 혼란에 빠져있을 거예요.

수면의 마지막 단계는 빠른 눈 움직임 혹은 REM 수면으로 알려져 있습니다. 이 단계에서 사람이 완전히 꿈을 꾸게 됩니다. 빠른 눈 움직임이 동시에 일어나요... 그래서 REM이라고 하죠... 그리고 갑자기 근육 긴장이 급격히 풀어집니다. [13]뇌파는 수면의 첫 번째, 두 번째 단계의 사람의 뇌파와 비슷해요... 이는 잠의 깊이도 그 단계들과 비슷하다는 것을 뜻하죠... 그리고 만약 사람이 깨어난다면, 그는 일반적으로 어떤 꿈을 꾸었는지 기억할 수 있습니다.

electroencephalogram [ilèktrouensɛ́fələgrɛ̀m] 뇌파도　　confirm [kənfə́ːrm] 확인하다　　wakefulness [wéikfəlnis] 깨어 있음
consistent [kənsístənt] 일정한　　exhibit [igzíbit] 나타나다, 보이다　　meditate [médətèit] 명상하다
frequency [fríːkwənsi] 주파수　　amplitude [ǽmplitjùːd] 진폭　　awaken [əwéikən] 깨우다　　snippet [snípit] 단편, 조금
contraction [kəntrǽkʃən] 수축　　jolt [dʒoult] 놀라게 하다　　interrupt [intərʌ́pt] 방해받다, 저지하다　　burst [bəːrst] 파열
spindle [spíndl] 축　　complex [kámpleks] 복합, 합성　　rouse [rauz] 깨우다　　disorient [disɔ́ːriènt] 혼란에 빠진, 방향감각을 잃은
accompany [əkʌ́mpəni] 동시에 일어나다, ~을 수반하다　　dart [dɑːrt] 돌진하다, 날아가다　　hence [hens] 그래서, 따라서
dramatic [drəmǽtik] 급격한　　tone [toun] (근육의) 긴장 (상태)

HACKERS TEST

1. (A)	2. (C)	3. (B)	4. (D)	5. (D)	6. (B)

Listen to part of a lecture in a biology class.

P: I want to continue our discussion about animal domestication. As I mentioned, the gray wolf was the earliest species to be domesticated. Um, no one knows for sure exactly when this happened, but the fossil record shows that the human-canine partnership was in place around 33,000 years ago . . .

S1: Excuse me, but how do researchers know this? I mean, even if wolf fossils were found in areas of human habitation, uh, couldn't these just be the remains of wild animals?

P: That's an excellent question. The main evidence for this claim is the fact that the fossils I'm referring to–uh, these were discovered in Belgium and Russia–were not actually the remains of wolves. [2]They were dog fossils . . . uh, the skulls had slightly wider jaws and shorter snouts than those of wolves. What this means is that wolves had been domesticated much earlier . . . enough time had passed for new subspecies to evolve. [1]Anyway, wolves possess many of the characteristics identified by biologists as requirements for domestication. Today I want to look at a couple of these in detail. Now, the first should be fairly obvious . . . Are wolves solitary or social animals?

S2: Social, probably.

P: Correct. Can you explain why that is?

S2: Uh, wolves live in basic social units called packs, which typically include seven to nine members. Um, this is significant because wolves are cooperative hunters–they work together to take down prey that is too large for a single wolf to kill. Uh, each pack is led by an alpha male and female, right?

P: Right. [3]And the formation of social groups with clear social hierarchies is an important behavioral trait with regard to domestication. It provides a way for humans to achieve dominance over individual animals or groups of animals . . . In effect, we become the pack leaders.

S2: [4]But, well, there are lots of domesticated species that don't have such a rigid social structure . . . um, take cows and horses, for example . . .

P: I can tell you didn't grow up on a farm. Cows and horses do live in social groups–herds. And within each herd is a clear pecking order. And the people who care for the herd are typically at the top of this hierarchy, which makes it much easier to control such large and potentially dangerous animals. The next thing I want to look at is diet, which is another consideration in determining whether a species can be domesticated . . .

S1: Uh . . . This was mentioned in the textbook. If I remember correctly, scientists believe that wolves came to associate with humans because they fed on the refuse found in early settlements, uh, bones, scraps of meat, things like that. So maybe the fact that wolves sometimes scavenge was a factor?

P: Right . . . scavengers are able to consume the, uh, decaying flesh of dead animals. But this is just part of it . . . What matters here is that wolves have dietary flexibility . . . They aren't exclusively carnivorous. Wolves are known to eat berries, plants, and insects when necessary. And, well, as their diet became more variable due to sustained contact with humans, they adapted and physical changes occurred. [5]Um, for example, compared to wolves, dogs produce more maltase and amylase, the enzymes that facilitate the digestion of starches such as wheat and rice. As a result, dogs can eat almost anything that humans can. [6]Dietary flexibility also explains why pigs have been domesticated for such a long period of time as well–over 11,000 years by some estimates. Like dogs, wild and domesticated pigs are omnivorous and have very versatile feeding habits.

S2: Uh, sorry to interrupt, but I'm a little confused . . . The, uh, herd animals you discussed . . . cows and horses . . . they mostly eat grass, right? I mean, their diets don't seem very flexible to me.

P: Well . . . that's not exactly true. Not only can they thrive on almost any type of grass, but they can also consume a wide range of other types of vegetation . . . uh, beans, alfalfa, corn . . . you get the idea. But the thing is, even though their diets are not as flexible as some of the other domesticated species, their main food source . . . grass . . . is readily available. Cows and horses can just be turned loose to forage in a field, and they will be able to find enough to eat. Anyway, there are other things to consider with regard to domestication–uh, like being able to breed in captivity and aggressiveness–but we'll get into that next class . . .

Now get ready to answer the questions. You may use your notes to help you answer.

1. What is the lecture mainly about?
2. Why does the professor mention dog fossils?
3. Why are social animals easier to control than solitary ones?

Listen again to part of the lecture. Then answer the question.

S2: But, well, there are lots of domesticated species that don't have such a rigid social structure . . . um, take cows and horses, for example . . .

P: I can tell you didn't grow up on a farm. Cows and horses do live in social groups—herds. And within each herd is a clear pecking order.

4. What does the professor mean when he says this:

P: I can tell you didn't grow up on a farm.

5. What does the professor imply about the diet of wolves?

6. According to the professor, why have pigs been domesticated for so long?

P: 동물 가축화에 대한 논의를 계속하고자 해요. 제가 언급했듯이, 회색 늑대는 가장 처음으로 가축화된 종이었어요. 음, 이게 정확히 언제 일어났는지 아무도 확실히 모르지만, 화석 기록은 인간과 개의 동반자적인 관계가 약 33,000년 전에 정립되어 있었다는 걸 보여줘요...

S1: 죄송하지만, 연구자들이 그걸 어떻게 아는 건가요? 제 말은, 늑대 화석이 인간의 주거지역에서 발견되었다고 하더라도, 어, 그냥 야생 동물의 유해일 수도 있지 않나요?

P: 아주 좋은 질문이에요. 이 주장의 주요 증거는 제가 말한 화석이, 어, 이것들은 벨기에와 러시아에서 발견되었는데, 실제로 늑대의 유해가 아니었다는 사실이에요. ²그것들은 개의 화석이었어요... 어, 두개골은 늑대보다 약간 더 넓은 턱과 더 짧은 주둥이를 가지고 있었죠. 이것이 의미하는 바는 늑대가 훨씬 이전에 사육되었다는 거예요... 새로운 아종이 진화하기에 충분한 시간이 흘렀다는 거죠. ¹어쨌든, 늑대는 생물학자들에 의해 가축화의 요건이라고 밝혀진 많은 특징을 지니고 있어요. 오늘 저는 이것 중 몇 가지를 상세하게 살펴보고자 해요. 자, 첫 번째 요건은 꽤 명백해요... 늑대는 혼자 지내는 동물인가요, 사회적인 동물인가요?

S2: 아마도 사회적인 동물이요.

P: 맞아요. 왜 그런지 설명할 수 있나요?

S2: 어, 늑대는 일반적으로 7~9마리를 구성원으로 포함하는 pack(무리)이라고 불리는 기본적인 사회적 단위로 살아요. 음, 이건 늑대가 협업하는 사냥꾼이기 때문에 중요하죠. 한 마리의 늑대가 죽이기엔 너무 큰 먹잇감을 쓰러뜨리기 위해 협력하거든요. 어, 각 무리는 우두머리 수컷과 암컷에 의해 이끌어져요, 그렇죠?

P: 맞아요. ³그리고 명확한 사회적 계급에 따른 사회적 집단 형성은 가축화와 관련하여 중요한 행동적 특성이에요. 인간이 각각의 동물이나 동물 무리에 대해 우위를 차지할 방법을 제공하거든요... 사실상, 우리가 무리의 우두머리가 되는 거죠.

S2: ⁴하지만, 음, 그런 엄격한 사회 구조가 없는 가축도 많이 있잖아요... 음, 예를 들면 소와 말처럼요.

P: 학생이 농장에서 자라지 않았다는 걸 알겠네요. 소와 말도 사실 herd(무리)라는 사회적 집단으로 살아. 그리고 각 무리에는 명확한 서열이 있죠. 그리고 무리를 돌보는 사람들은 일반적으로 이 계층의 최상층에 있는데, 이는 이렇게 크고 잠재적으로 위험한 동물을 관리하는 것을 훨씬 더 쉽게 만들죠. 다음으로 살펴보고자 하는 것은 식성인데, 이것은 어떤 종이 길들여질 수 있는지를 결정하는 또 다른 고려사항이에요...

S1: 어... 그건 교과서에 언급되어 있었어요. 제 기억이 맞다면, 과학자들은 늑대가, 어, 뼈, 고기 찌꺼기와 같이 초기 정착지에서 발견된 쓰레기를 먹고 살았기 때문에 인간들과 어울리기 시작했다고 믿고 있어요. 그러니까 아마도 늑대가 가끔 쓰레기 더미를 뒤진다는 사실이 한 가지 요인일 수도 있단 거겠죠?

P: 그래요... 쓰레기 더미를 뒤지는 동물들은, 어, 죽은 동물의 썩어가는 고기를 먹을 수 있어요. 하지만 이건 그냥 일부일 뿐이에요... 여기에서 중요한 것은 늑대가 유연한 식성을 갖고 있다는 거죠... 오로지 육식만 하는 게 아니라는 거예요. 늑대는 필요할 땐 열매, 식물, 곤충도 먹는다고 알려져 있어요. 그리고, 음, 인간과의 지속된 접촉 때문에 식성이 더욱 다양해짐에 따라, 늑대는 이에 적응해서 신체적 변화가 일어났어요. ⁵음, 예를 들어서, 늑대와 비교하면, 개는 밀과 쌀 같은 녹말질 음식의 소화를 가능하게 하는 효소인 말타아제와 아밀라아제를 더 만들어내요. 결과적으로, 개는 인간들이 먹을 수 있는 거의 모든 것을 먹을 수 있죠. ⁶유연한 식성은 또한 왜 돼지들도 그렇게 긴 시간 동안 가축화되어 왔는지를 설명해줘요. 일부 추정에 따르면 11,000년 이상이죠. 개와 마찬가지로, 야생 돼지와 가축화된 돼지는 잡식성이고 매우 다양한 먹이 습성을 가지고 있어요.

S2: 어, 끼어들어 죄송하지만, 조금 헷갈려요... 그, 어, 교수님께서 말씀하신 무리를 짓는 동물들이요... 소랑 말 같은... 그들은 주로 풀을 먹잖아요. 그렇죠? 제 말은, 그들의 식성이 제겐 별로 유연해보이지 않아서요.

P: 음... 그건 정확한 사실이 아니에요. 그들은 거의 모든 종류의 풀을 잘 먹을 수 있을 뿐 아니라, 광범위한 다른 종류의 식물도 섭취할 수 있어요... 어, 콩, 알팔파, 옥수수처럼... 무슨 말인지 알 거예요. 하지만 실은, 비록 그들의 식성이 가축화된 다른 일부 동물처럼 유연하지 않다고 하더라도, 주요 먹이인... 풀은... 쉽게 이용 가능하다는 거예요. 소와 말은 들판에서 먹이를 찾도록 풀어놓기만 하면, 먹을 것을 충분히 찾을 수 있을 거예요. 어쨌든, 가축화와 관련해 고려해야 할 다른 것들도 있어요. 어, 가둬놓고 기를 수 있어야 하는 것과 공격성 같은 것들이요. 하지만 이것에 대해선 다음 시간에 살펴볼게요...

domestication[dəmèstikéiʃən] 가축화, 사육   canine[kéinain] 개의; 개   habitation[hæ̀bitéiʃən] 주거
remains[riméinz] 유해   skull[skʌl] 두개골   jaw[dʒɔː] 턱   snout[snaut] (동물의) 주둥이, 코

subspecies[sʌ́bspìːʃiːz] 아종, 변종   identify A as A를 ~라고 밝히다   solitary[sálətèri] 혼자 지내는, 군거하지 않는

pack[pæk] 무리, 떼   cooperative[kouápərəitiv] 협업하는, 협력하는   alpha[ǽlfə] 우두머리

hierarchy[háiərɑ̀ːrki] 계급, 계층   behavioral[bihéivjərəl] 행동적인, 행동에 관한   dominance[dámənəns] 우위

herd[həːrd] 무리, 떼   pecking order 서열   associate with ~와 어울리다   feed on ~을 먹고 살다

refuse[réfjuːs] 쓰레기, 폐물   settlement[sétlmənt] 정착지   scrap[skræp] 찌꺼기, 부스러기

scavenge[skǽvindʒ] 쓰레기 더미를 뒤지다, 죽은 고기를 먹다   flesh[fleʃ] 고기   carnivorous[kɑːrnívərəs] 육식을 하는, 육식성의

variable[véəriəbl] 다양한   maltase[mɔ́ːlteis] 말타아제   amylase[ǽməlèis] 아밀라아제   enzyme[énzaim] 효소

facilitate[fəsílətèit] 가능하게 하다, 용이하게 하다   digestion[didʒéstʃən] 소화   starches[stɑːrtʃs] 녹말질의 음식

omnivorous[ɑmnívərəs] 잡식성의   thrive on ~을 잘 먹다, ~을 즐기다   turn loose 풀어놓다, 놓아주다

forage[fɔ́ːridʒ] 먹이를 찾다   in captivity 가둬놓은 상태에서, 포로가 되어   aggressiveness[əgrésivnis] 공격성

Unit 02. Lecture Topics

1. Biology

HACKERS TEST

p.226

1. (B)

2.

	Mat	Maypole	Avenue
Looks like a canopy with an archway			✓
Has a flat, raised surface	✓		
Is tall and pillar-like		✓	
Is surrounded by rock fragments			✓

3. (D)   4. (B), (C)   5. (C)   6. (C)

Listen to a talk on biology.

You know, when I think about it, animals are like people . . . or maybe it's the other way around. Well, that thought popped into my head this morning when I was thinking about bowerbirds. You can find these birds in Australia, New Guinea and on some other nearby islands. [1]Anyway, the bowerbirds—well, the male bowerbirds—are called "gardeners." There's a reason for that, and you might be surprised to know that it has to do with courtship. The way a male bowerbird seduces a female is rather complex.

So what the males do is they build a bower. That's why they're called bowerbirds, right? [3]Now, a bower is a kind of leafy shelter made of sticks and grass. Don't assume they look like a nest. They don't. There are actually three types of bowers. [2-Mat]One is the "mat" or "platform" type. As the name suggests, it's an elevated pad with some decoration on top of it or around it. It's a nice, simple design, sort of like a conjugal bed, but prettified and decorated. [2-May]Then you have the "maypole." It's a tower that's erected around a sapling, and some bowerbirds build really tall ones, as high as nine feet tall, in fact. The shorter ones look like a kind of hut. [2-Ave]The, um, last type is the "avenue" type, and it consists of two parallel walls that sometimes form an arch. The maypole bower is pretty striking, but this last type is probably the most elaborate type because it's in the shape of a tent. And there's even gravel around it and feathers sticking out, which makes it look very charming.

Awhile back I said that the platform-type bower is decorated. Well, all bowers are decorated, and you can see the work the male bowerbird put into some of them. They're decked out in colored stones, shells, feathers, flowers, even bright and shiny objects. Some of the objects are even stolen from other birds' bowers. Pretty sneaky, huh?

[4]So I'm sure you know what the idea is behind these bowers. It's to impress the girl bowerbirds, of course. And if a female is impressed, the bower is used for mating.

Now, let me point out that, um, female bowerbirds don't make the bower the sole standard for deciding whether a male bowerbird is worth choosing. The females make an informed choice. [4]They not only inspect the bowers carefully, but they also check out the appearance and behavior of the males. It's really all a matter of taste, and what gets one female interested might leave another cold. Generally speaking, though, plain looking male bowerbirds usually have to erect a really attractive bower to make up for their physical shortcomings. Not surprisingly, it's the dull-looking male bowerbirds that construct the most intricate bowers. And the bowerbird species that have the brightest plumage build the plainest bowers. That could be because they want the females to focus on their looks and not their material assets. Well, that's just my theory. OK, so . . . what have we got? Bower, outward appearance of the male, and . . . well, the male bowerbird entertains the female with a song and dance number.

So just picture it . . . The female looks at the bower while the male is away so she can conduct an objective and meticulous examination. She'll visit the bower a second time when the male is at his bower, and [5]it is at that time that the male will start strutting his stuff. He does what biologists call the "buzz-wing flip." He fluffs up his feathers and starts making these buzzing sounds. And then he starts running back and forth. This is the interesting part. It's a frenetic and maniacal dance. So the female coolly watches the male, [6]and then flies off to watch other performances before she makes a decision. I can't help thinking that I would enjoy being a female bowerbird. Sometimes, a male bowerbird might dance very aggressively, and the female makes a hasty retreat even before she's had a chance to size up the male. So, aside from being artistic and entertaining, the male has to be sensitive. He's got to watch the body language of the female and determine whether he has to tone down his movements. It's really a . . . may the best man win sort of thing. The more talented and good looking males wind up getting more than one female . . . and the dull males with the plain bowers don't get any at all. That's life.

Now get ready to answer the questions. You may use your notes to help you answer.

1. What is the lecture mainly about?
2. In the lecture, the professor describes three types of bowers. Match each phrase with the bower it describes.
3. Why does the professor talk about the types of bowers?
4. According to the professor, what are two aspects the female bowerbird considers before making a choice?
5. What is a buzz-wing flip?
6. What does the professor imply about female bowerbirds?

그러니까, 생각해보면 동물들도 사람과 비슷해요... 아니면 반대로 사람들이 동물과 비슷한 것일 수도 있어요. 음, 이런 생각이 오늘 아침에 바우어 새에 대해서 생각하고 있을 때 들었어요. 바우어새는 호주, 뉴기니, 그리고 그 주변의 몇몇 섬들에서 찾아볼 수 있죠. [1]어쨌든 바우어새들, 그러니 까 수컷 바우어새들은 '정원사'라고 불려요. 그렇게 불리는 데는 이유가 있는데, 그게 짝짓기와 관련 있다는 걸 알면 놀랄 거예요. 수컷 바우어새가 암컷을 유혹하는 방법은 꽤 복잡하거든요.

그러니까 수컷들이 하는 일은 휴식처를 만드는 거예요. 그래서 그들이 바우어새라고 불리는 거죠, 그렇죠? [3]자, 휴식처는 나뭇가지와 풀로 만들어 진 잎이 무성한 거주지죠. 둥지처럼 생겼을 거라고 추측하지는 마요. 그렇지 않거든요. 사실 세 유형의 휴식처가 있어요. [2-Mat]첫 번째는 '매트' 또는 '플랫폼' 유형이죠. 이름이 암시하듯이, 이건 높은 판으로 그 위쪽이나 주변이 장식되어 있어요. 일종의 부부 침대처럼 예쁘고 단순한 디자인이지 만, 장식으로 꾸며져 있어요. [2-May]그 다음으로는 '메이폴' 유형이 있어요. 이건 묘목 주위에 세워진 탑인데, 일부 바우어새들은 사실 9피트 정도로 정말 높은 탑을 지어요. 키가 작은 것들은 오두막처럼 생겼죠. [2-Ave]음, 마지막으로 '대로' 유형이 있는데, 이것은 가끔 아치 모양을 이루기도 하는 두 개의 평행한 벽으로 이루어져 있어요. 메이폴 휴식처도 꽤 인상적이지만, 이 마지막 유형의 휴식처는 텐트 모양으로 아마 가장 정교한 유형일 거예요. 대로 휴식처 주변에는 심지어 자갈과 튀어나온 깃털들도 있어서 휴식처가 매우 매력적으로 보이게 하죠.

앞서 내가 플랫폼 유형의 휴식처가 장식되어 있다고 했어요. 음, 모든 휴식처는 장식되어 있어요. 그리고 일부 휴식처에서는 수컷 바우어새가 그것 을 만들기 위해 들인 정성을 볼 수 있죠. 그 휴식처들은 색깔 있는 돌, 조개껍데기, 깃털, 꽃, 그리고 밝고 빛나는 물건들로 치장되어 있어요. 어떤 장식들은 다른 새의 휴식처에서 훔쳐온 것들이기도 하죠. 꽤 비열하지 않은가요? [4]그럼 이렇게 꾸민 휴식처 뒤에 숨은 목적이 무엇인지 당연히 알 수 있겠죠. 물론 암컷 바우어새들에게 깊은 인상을 남기기 위해서죠. 그리고 만약 암컷이 감동하면, 그 휴식처는 짝짓기에 사용돼요.

자, 암컷 바우어새가 수컷 바우어새를 짝짓기 상대로 고를 만한지 결정하는 데 있어서 휴식처가 유일한 기준은 아니라는 점을 지적할게요. 암컷들은 신중한 선택을 해요. [4]그들은 휴식처를 꼼꼼하게 살필 뿐만 아니라, 수컷들의 외모와 태도도 확인하거든요. 암컷들의 결정은 온전히 취향의 문제이고, 한 암컷의 관심을 끄는 수컷에게 다른 암컷은 냉담한 반응을 보일 수도 있어요. 하지만 일반적으로 말한다면, 평범하게 생긴 수컷 바우어새들은 보통 신체적 단점들을 만회하기 위해 정말 매력적인 휴식처를 지어야 해요. 가장 정교한 휴식처를 짓는 것은 바로 따분하게 생긴 수컷 바우어새들이란 점은 놀랄 만한 것이 아니죠. 그리고 가장 밝은 깃털을 가진 바우어새들이 가장 평범한 휴식처를 지어요. 어쩌면 그것은 암컷들이 그들의 물질적인 자산보다는 자신의 외모에 집중해주길 바라는 것일 수도 있어요. 뭐, 그건 그냥 제 이론이지만요. 자, 그럼... 지금까지 뭐가 있었죠? 휴식처, 수컷의 외모, 그리고... 음, 수컷 바우어새는 노래와 춤으로 암컷을 즐겁게 해주기도 해요.

그러니까 그냥 상상해봐요... 암컷은 객관적이고 꼼꼼하게 휴식처를 관찰하기 위해 수컷이 없는 동안 그곳을 살펴봐요. 이 암컷은 수컷이 휴식처에 있을 때 두 번째로 휴식처를 방문하는데, [5]그때가 바로 수컷이 자신을 뽐내기 시작하는 때이죠. 수컷은 생물학자들이 '윙윙거리는 날갯짓'이라고 부르는 행동을 해요. 깃털을 부풀리고 윙윙거리는 소리를 내기 시작하는 거예요. 그리고 앞뒤로 뛰어다니기 시작하죠. 이게 흥미로운 부분이에요. 이것은 열광적이고 광적인 춤이죠. [6]그러면 암컷은 도도하게 수컷을 바라보다가, 결정을 내리기 전에 다른 수컷의 공연을 보러 날아가 버려요. 암컷 바우어새가 되는 것이 재미있을 것 같다는 생각을 하지 않을 수가 없네요.

가끔, 수컷 바우어새는 매우 격렬하게 춤을 추기도 해요. 그러면 암컷은 수컷을 판단할 기회를 갖기도 전에 서둘러 도망가버리죠. 그러니까, 예술적이고 재미있는 것에 더해서 수컷은 세심해야 해요. 수컷은 암컷의 몸짓을 살펴서 자신의 동작을 더 부드럽게 해야 할지 결정해야 하거든요. 그건 정말... 최고의 수컷이 이긴다는 식이에요. 더 능력 있고 잘생긴 수컷은 한 마리 이상의 암컷들을 차지하게 돼요... 그리고 평범한 휴식처를 가진 재미없는 수컷은 어떤 암컷도 차지할 수 없어요. 그게 인생이죠.

bowerbird [báuərbə̀:rd] 바우어새　　courtship [kɔ́:rtʃip] 짝짓기　　bower [báuər] 휴식처, 은둔처　　shelter [ʃéltər] 주거지, 은신처

elevated [élivèitid] 높은, 끌어올려진　　conjugal [kándʒugəl] 부부의　　erect [irékt] 세우다　　sapling [sǽpliŋ] 묘목

parallel [pǽrəlèl] 평행의　　gravel [grǽvəl] 자갈　　deck [dek] 치장하다　　sneaky [sníːki] 비열한, 남을 속이는

mating [méitiŋ] 짝짓기　　plain [plein] 평범한, 지루한　　intricate [íntrikət] 정교한　　plumage [plúːmidʒ] 깃털

meticulous [mətíkjuləs] 꼼꼼한　　strut [strʌt] 뽐내다, 과시하다　　frenetic [frənétik] 열광적인　　maniacal [mənáiəkəl] 광적인

aggressive [əgrésiv] 격렬한　　aside from ~에 더해, ~ 외에도　　dull [dʌl] 재미없는, 지루한

2. Astronomy

HACKERS **TEST**

p.232

1. (B)	2. (A), (D)	3. (C)	4. (B)	5. (C)	6. (B), (D)

Listen to part of a lecture in an astronomy class.

P:　OK . . . we've been looking at some of the remarkable images of Saturn that have been transmitted to Earth by the Cassini-Huygens spacecraft. [1]I really can't stress enough how our understanding of the planet has grown over time, particularly with regard to its most distinctive feature . . . uh, its rings. Centuries of research have resulted in some fascinating discoveries about them. Of course, Saturn isn't the only planet in our solar system with rings . . . this was discussed in the reading that I assigned last class. Jupiter, Neptune, and Uranus . . . they all have them as well. However, Saturn's three main rings are unique . . . they're massive and highly visible. In fact, for hundreds of years following their discovery in 1659, [2]astronomers believed that they were dense, unbroken bands of material that encircled the planet. Actually, this is still a fairly common misconception today . . .

Anyway, astronomers in the 19th century learned something interesting when they observed the three rings with more powerful telescopes . . . uh, they were somewhat transparent. [2]The astronomers could actually see the surface of the planet through the rings. This led to initial speculation that the rings existed in a liquid state. In 1859, however, the Scottish physicist James Clerk Maxwell published a series of calculations proving conclusively that if these rings were liquid or solid, they would have broken apart long ago because of the influence of Saturn's gravity . . . meaning that they had to be composed of numerous individual objects in orbit around the planet. Now, this new understanding led to a theory regarding the formation of Saturn's main rings that used to be popular with astronomers. Does anyone know what I'm referring to?

S1: From what I've read, the leading theory was that one of Saturn's moons broke into a gazillion pieces, and, um, the debris left behind created the rings. But as I recall, there was no consensus about what caused it. A comet could have hit the moon, or it could have been crushed by Saturn's own tidal forces.

P: Precisely. And this was the prevailing view throughout much of the 20th century . . . um, [3]until data collected by telescopes and the Voyager spacecraft in the 1970s and 80s revealed that over 90 percent of the material in Saturn's main rings is actually ice. This was a major step forward in our knowledge about these structures, and it meant the exploding moon theory would no longer work . . . that it needed to be modified. Can anyone guess why?

S2: [4]It's the ice, right? Moons are not made of ice. They're made of rock. I mean, if an exploding moon caused the rings, we'd expect the material left behind to be rock and dust . . . stuff like that. Therefore, a moon couldn't be responsible.

P: Well, you're close . . . It's true that the moons are not made of ice, but some of them consist of rocky cores that are completely covered in ice. Now, if such a moon were to explode, you would end up with rings that contain large amounts of both rock and ice. But scientists needed to explain why Saturn's rings are almost exclusively ice and contain very little rocky material. Consequently, a new theory–which, by the way, also involves a moon–has recently emerged. [5]Though it still needs to be proven, it's certainly a credible hypothesis because it takes, um, updated knowledge about the rings' composition into consideration. [6]It proposes that the orbit of a large, ice-covered moon became unstable, causing the moon to . . . well, to spiral down toward the planet. During the descent, the moon's, uh, icy exterior would have been stripped away. A researcher conducted a complex computer simulation of this event. Perhaps due to its relatively low mass, the ice would have remained in orbit and formed rings around the planet. Meanwhile, the comparatively massive core of the moon would have continued to be pulled toward Saturn.

S2: So I assume that the rocky core just kept going until it smashed into Saturn's surface? That must have created a huge crater!

P: Not so fast. Remember that Saturn is a gas giant–meaning it's composed primarily of helium and hydrogen. Considering it has no solid surface, there wouldn't have been any real impact at all. Instead, the rocky mass would have just disappeared into the clouds of gas.

Now get ready to answer the questions. You may use your notes to help you answer.

1. What is the lecture mainly about?
2. According to the professor, what did astronomers mistakenly believe about Saturn's rings?
3. Why does the professor mention data collected by telescopes and the Voyager spacecraft?

Listen again to part of the lecture. Then answer the question.

S2: It's the ice, right? Moons are not made of ice. They're made of rock. I mean, if an exploding moon caused the rings, we'd expect the material left behind to be rock and dust . . . stuff like that. Therefore, a moon couldn't be responsible.

P: Well, you're close . . .

4. Why does the professor say this:
    P: Well, you're close . . .

5. What is the professor's opinion of the theory that Saturn's rings are made of ice that once covered a large moon?
6. According to the professor, what did the most recent theory about the formation of Saturn's rings propose?

P: 자... 우리는 Cassini-Huygens호에 의해 지구로 전송된 토성의 주목할 만한 이미지 몇 장을 봤어요. [1]행성에 대한 우리의 이해가 시간이 흘러감에 따라 어떻게 발전했는지는 아무리 강조해도 지나치지 않아요. 특히 그것의 가장 독특한 특징... 어, 고리들과 관련해서요. 수세기 동안의 연구는 그것들에 대한 대단히 흥미로운 발견으로 이어졌습니다. 물론, 토성이 우리 태양계에서 고리를 가진 유일한 행성은 아니에요... 이것은 제가 지난 수업에서 내준 읽기 자료에 다루어져 있었죠. 목성, 해왕성, 천왕성도... 모두 그것을 가지고 있어요. 하지만 토성의 가장 큰 세 개 고리들은 독특해요... 그것들은 거대하고 매우 뚜렷하죠. 사실, 1659년 발견 후 수백 년 동안, [2]천문학자들은 그것들이 행성을 둘러싸고 있는 밀도가 높고 끊어지지 않은 물질의 띠라고 믿었어요. 실은, 이것은 오늘날에도 여전히 꽤 흔한 오해랍니다...

어쨌든, 천문학자들이 19세기에 더욱 강력한 망원경으로 세 개의 고리들을 관찰했을 때 무언가 흥미로운 점을 알게 되었어요... 어, 그것들은 다소 투명했죠. [2]천문학자들은 실제로 고리들을 통과해서 행성의 표면을 볼 수 있었어요. 이것은 고리들이 액체 상태로 존재한다는 최초의 추측으로 이끌었죠. 그러나 1859년 스코틀랜드의 물리학자 James Clerk Maxwell은 이 고리들이 액체 혹은 고체였다면, 토성의 중력의 영향 때문에 훨씬 이전에 산산이 부서졌을 거라는 것을 결정적으로 입증하는 일련의 계산 결과를 발표했어요... 그것들이 행성을 둘러싼 궤도 속의 많은 개별적인 물체들로 구성되어 있어야 한다는 것을 뜻했죠. 자, 이 새로운 이해는 천문학자들에게 인기가 있었던 토성의 주요 고리 형성과 관련된 이론으로 이어졌어요. 제가 어떤 이론을 말하는지 아는 사람 있나요?

S1: 제가 읽은 바로는, 유력한 이론은 토성의 위성 중 하나가 엄청난 수의 조각으로 부서졌고, 음, 남겨진 잔해가 고리들을 만들어 냈다는 거예요. 그런데 제가 기억하기로는, 무엇이 그것을 발생시켰는지에 대해 일치된 의견은 없었어요. 혜성이 위성을 들이받았을 수도 있고, 토성 자체의 조석력에 의해 부서졌을 수도 있다는 거죠.

P: 정확해요. 그리고 이것은 20세기 대부분 동안 지배적인 견해였어요... 음, [3]1970년대와 80년대에 망원경과 보이저호에 의해 수집된 자료가 토성의 주요 고리들에 있는 물질 90% 이상이 사실은 얼음이라는 것을 보여주기 전까지 말이에요. 이건 이 고리들에 대한 우리의 지식에 있어서 중요한 일보 전진이었고, 그것은 폭발 위성 이론이 더 이상 적용되지 않고... 수정되어야 함을 의미했어요. 왜인지 추측할 수 있나요?

S2: [4]얼음이요, 그렇죠? 위성들은 얼음으로 이루어져 있지 않아요. 암석으로 이루어져 있죠. 제 말은, 폭발하는 위성이 고리들을 발생시켰다면, 남겨진 물질은 암석과 먼지... 같은 것들이 되어야 해요. 따라서 위성이 원인일 리가 없다는 거죠.

P: 음, 거의 비슷해요... 위성들이 얼음으로 이루어져 있지 않다는 것은 사실이지만, 그들 중 일부는 얼음으로 완전히 덮인 암석 중심부로 구성되어 있어요. 자, 그러한 위성이 폭발한다면, 다량의 바위와 얼음 모두를 포함한 고리가 생겨야 할 거예요. 하지만 과학자들은 왜 토성의 고리가 거의 오로지 얼음뿐이고 암석 물질은 거의 포함하지 않는지 설명해야만 했죠. 결과적으로, 새로운 이론이 최근에 나타났는데 이것도 역시 위성과 관련이 있어요. [5]비록 아직 입증되어야 하지만, 고리들의 구성에 대한 최신 지식을 고려했기 때문에, 음, 분명히 믿을 만한 가설이에요. [6]그것은 거대한, 얼음으로 덮인 위성의 궤도가 불안정하게 되면서 위성으로 하여금... 음, 행성을 향해 나선형을 그리며 강하하도록 했다고 제시했어요. 하강하는 동안, 위성의, 어, 얼음 표면은 벗겨져 나갔을 거예요. 한 연구자는 이 사건의 복잡한 컴퓨터 시뮬레이션을 실행했어요. 아마도 상대적으로 낮은 질량으로 인해 얼음이 궤도에 남게 되고 행성 주변에 고리를 형성하게 되었을 거예요. 한편, 위성의 비교적 거대한 중심부는 토성을 향해 계속 당겨졌죠.

S2: 그럼 암석 중심부가 토성의 표면에 충돌할 때까지 계속 당겨졌겠죠? 그게 분명 거대한 분화구를 만들었겠네요!

P: 너무 앞서 가지 마세요. 토성은 거대한 가스형 혹성이라는 것을 기억하세요. 주로 헬륨과 수소로 이루어져 있다는 뜻이죠. 단단한 표면이 없다는 것을 고려하면, 실제 충돌이 전혀 없었을 거예요. 대신에, 암석 덩어리가 가스 구름 속으로 사라졌겠죠.

remarkable [rimáːrkəbl] 주목할 만한　　Saturn [sǽtərn] 토성　　transmit [trænsmít] 전송하다　　solar system 태양계
Jupiter [dʒúːpətər] 목성　　Neptune [néptjuːn] 해왕성　　Uranus [juərənəs] 천왕성　　massive [mǽsiv] 거대한
encircle [insə́ːrkl] 둘러싸다　　misconception [mìskənsépʃən] 오해　　transparent [trænspɛ́ərənt] 투명한
speculation [spèkjuléiʃən] 추측　　orbit [ɔ́ːrbit] 궤도　　formation [fɔːrméiʃən] 형성　　moon [muːn] 위성
gazillion [gəzéliən] 엄청난 수　　debris [dəbríː] 잔해　　consensus [kənsénsəs] 일치된 의견, 의견 일치　　comet [kámit] 혜성
tidal force 조석력　　prevailing [privéiliŋ] 지배적인, 우세한　　modify [mádəfài] 수정하다　　core [kɔːr] 중심부
exclusively [iksklúːsivli] 오로지, 배타적으로　　emerge [imə́ːrdʒ] 나타나다, 드러나다　　spiral [spáiərəl] 나선형을 그리다
strip [strip] 벗기다　　crater [kréitər] 분화구

3. History

HACKERS TEST

p.238

1. (A)	2. (C)	3. (D)	4. (D)	5. (A), (C)	6. (C)

Listen to part of a lecture in a history class.

P: So, to refresh your memories, [1]the Enlightenment was a period of societal reform occurring mostly in Europe in the 17th and 18th centuries. It was an age in which people came to understand the world better by applying common sense and reason to many different areas of study. Historians over the years have cited many different people and events as factors that played a part in inciting change, but today we're going to talk about coffeehouses, which contributed to the Enlightenment in more ways than you might think. Now, the first coffeehouses were established near universities, so who do you think frequented them most?

S1: Students and professors.

P: Right. They were venues for scholars to meet outside of rigid academic settings. While there were certainly places people went to socialize before their emergence, these establishments were much healthier, more civil environments for the exchange of ideas that ultimately drove the Enlightenment. This is not only because they served coffee, which keeps the mind focused and stimulated, but because they did not permit alcohol. So in this respect, coffeehouses really encouraged rational conversation. And you know, they were a great place for individuals to interact with one another. [2]There are stories out there about some of the greatest minds of the Enlightenment, like Rousseau, going to coffeehouses to talk about their work, and the ideas they shared had a significant impact on society. Uh, let me give you an example . . . Who remembers Rousseau's concept of general will?

S1: Uh, if people work toward a common interest, they'll eventually attain freedom and equality.

P: Very good. Now, this idea spread like wildfire among the patrons of Europe's coffeehouses, and it changed the way people viewed the existing social order . . . especially with its emphasis on equality. In fact, years after Rousseau's death, his political philosophy was still being discussed and debated in coffeehouses by the leaders of the French Revolution, who were greatly influenced by his work.

S2: So, was politics the most common topic in coffeehouses?

P: Not by any means. And, well, to some extent it really depended on which one you went to. Over time, each coffeehouse developed its own specific atmosphere and clientele. Some were popular with scientists, while others were frequented more by writers . . . or musicians . . . or merchants.

S1: So, basically, people with similar interests went to the same places?

P: Right. And doesn't it make sense that if you were interested in something and wanted a place to talk about it, you'd know where to go? And the fact that people went to coffeehouses where they were likely to encounter knowledgeable individuals increased their chances of having informed and focused conversations. In fact, some of these places even came to be known as penny universities. [3]People called them that because anyone who could afford the cost of admission into a coffeehouse–a penny–had the opportunity to mingle with all sorts of informed and prominent scholars. In a way, they can be viewed as schools of social learning that were extremely conducive to intellectual discovery because knowledge was usually acquired through discussion.

[4]Now, how else could people back then gain access to the latest information?

S2: Uh, by attending public meetings?

P: What I had in mind was something a little more, um, far-reaching. [5]I'm referring to printed media. And, you know, most coffeehouse patrons had access to a wealth of printed material. [6]By the end of the 17th century, freedom of the press was finally allowed in some European countries, like England. Because journalists there no longer had to deal with censorship, newspapers flourished. And coffeehouses often encouraged writers and newspaper distributors to hand out their papers to clientele. This gave the public plenty of reading material that increased its awareness of various issues. At the time, writers were becoming increasingly disparaging of the church, society, and the government, and this widespread criticism certainly left coffeehouse regulars with plenty to think and talk about. Basically, it's said that because there was such a wide variety of newspapers and because the public had such easy access to them, information was not only disseminated quickly, but, uh, people became more analytical and contemplative about the things they read. So, consider the contributions of coffeehouses to the Enlightenment–they provided a cheap public forum to learn and interact, and they supplied reading material that encouraged healthy skepticism. Yes, the coffeehouse drove people to rise above outdated notions and learn to view the world in a new light.

Now get ready to answer the questions. You may use your notes to help you answer.

1. What is the main topic of the lecture?
2. Why does the professor discuss Rousseau's concept of general will?
3. According to the professor, why were coffeehouses called penny universities?

Listen again to part of the lecture. Then answer the question.

P: Now, how else could people back then gain access to the latest information?
S2: Uh, by attending public meetings?
P: What I had in mind was something a little more, um, far-reaching.

4. What does the professor mean when she says this:
    P: What I had in mind was something a little more, um, far-reaching.

5. What were two ways that people could gain access to the latest information during the Enlightenment?
6. What does the professor imply about printed material in Europe prior to the 17th century?

P: 자, 여러분의 기억을 되살려 보자면, ¹계몽주의 시대는 17세기와 18세기 동안 주로 유럽에서 일어난 사회 개혁의 시기예요. 사람들이 많은 다양한 학문 영역에 상식과 이성을 적용함으로써 세상을 더 잘 이해하게 된 시대죠. 역사가들은 수년간 변화를 일으키는 데 일조한 요인으로 많은 다양한 사람들과 사건을 언급했지만, 오늘 우리는 커피 하우스에 관해 이야기할 것인데, 이것은 여러분이 생각하는 것보다 훨씬 더 많은 방면에서 계몽주의에 이바지했어요. 자, 최초의 커피 하우스들은 대학교 근처에 세워졌는데, 그렇다면 누가 그곳에 가장 자주 갔다고 생각하나요?
S1: 학생들과 교수님들이요.
P: 맞아요. 그곳은 학자들이 딱딱한 학문적 환경 밖에서 만나기 위한 장소였어요. 커피 하우스의 출현 전에도 분명히 사람들이 어울리기 위해 갔던 장소들이 있었지만, 이 시설들은 궁극적으로 계몽주의를 이끈 사상들을 주고받기 위한 훨씬 더 건전하고 더욱 문명화된 환경이었어요. 이는 그곳이 정신을 집중시키고 자극하는 커피를 내놓았을 뿐만 아니라, 술을 허용하지 않았기 때문이에요. 그러니까 이 점에 있어서, 커피 하우스들은 정말로 이성적인 대화를 장려했어요. 그리고 아시다시피, 그곳은 개개인이 서로 교류할 수 있는 아주 좋은 장소였어요. ²루소와 같은 계몽주의의 위대한 지성인들이 자신의 연구에 관해 이야기하기 위해 커피 하우스에 다니고, 그들이 공유했던 사상들이 사회에 아주 큰 영향을 미쳤다는 이야기가 있죠. 어, 예를 하나 들어볼게요... 누가 일반 의지라는 루소의 개념을 기억하고 있나요?
S1: 어, 사람들이 공공의 이익을 위해 노력하면, 결국 자유와 평등을 얻을 수 있다는 거예요.
P: 아주 좋아요. 자, 이 신념은 유럽의 커피 하우스 고객들 사이에서 들불처럼 번졌고, 사람들이 당시의 사회 질서를 바라보는 방식을 변화시켰어요... 특히 평등을 강조하면서요. 사실, 루소가 죽고 수년 후에, 그의 정치적 철학은 그의 연구에 크게 영향을 받은 프랑스 혁명의 선도자들에 의해 커피 하우스에서 여전히 논의되며 토론되고 있었어요.
S2: 그렇다면 정치가 커피 하우스에서 가장 흔한 주제였나요?
P: 절대 그렇지는 않아요. 그리고, 음, 어느 정도는 사실 어느 곳으로 가는지에 달려있었어요. 시간이 흐르면서 각각의 커피 하우스는 자기만의 독특한 분위기와 고객층을 발전시켰거든요. 일부는 과학자들에게 인기 있었고, 다른 곳은 작가들이나... 음악가들... 또는 상인들이 자주 드나들었어요.
S1: 그러니까 기본적으로 비슷한 관심사를 가진 사람들이 같은 장소로 갔던 거군요?
P: 그렇죠. 그리고 만약 여러분이 무언가에 관심이 있었고 그것에 관해 이야기를 나눌 장소가 필요했다면, 어디로 가야 하는지 알았을 거란 게 이치에 맞지 않나요? 그리고 사람들이 지식이 풍부한 사람들을 만날 법한 커피 하우스에 갔다는 사실은 그들이 정보가 많고 집중적인 대화를 나눌 기회를 늘렸죠. 사실, 이 장소들 중 일부는 페니 대학이라고 알려지기까지 했어요. ³커피 하우스의 입장료인 1페니를 감당할 수 있다면 누구나 학식이 풍부하고 저명한 온갖 부류의 학자들과 어울릴 기회가 있었기 때문에 사람들은 커피 하우스들을 그렇게 불렀어요. 어떤 면에서는, 지식이 보통 토론을 통해 얻어졌기 때문에 그들은 지적인 발견에 극히 도움이 되는 사회적 학습의 학교들로 간주될 수 있는 거죠. ⁴자, 그 당시 사람들은 어떤 다른 방법으로 최신 정보에 접근할 수 있었을까요?
S2: 어, 공개 모임에 참석해서인가요?

P: 제가 생각했던 것은 무언가 조금 더, 음, 광범위한 거였어요. ⁵저는 인쇄 매체를 말하는 거예요. 그리고, 음, 대부분의 커피 하우스 고객들은 풍부한 인쇄물을 접할 수 있었어요. ⁶17세기 말 무렵에 언론의 자유가 마침내 영국과 같은 몇몇 유럽 국가들에서 허용됐어요. 그곳의 기자들은 더 이상 검열에 대처하지 않아도 됐기 때문에 신문이 번창했죠. 그리고 커피 하우스는 종종 기자들과 신문 배급업자들이 그들의 신문을 고객에게 나누어 주도록 장려했어요. 이는 대중들에게 다양한 문제들에 대한 인식을 높인 많은 읽을거리를 제공했어요. 그 당시, 기자들은 갈수록 더 교회, 사회, 그리고 정부를 비난하게 되었고, 이런 광범위한 비판은 확실히 커피 하우스의 단골손님들에게 생각하고 이야기 나눌 것을 많이 남겨주었죠. 기본적으로, 무척이나 다양한 종류의 신문이 있었고 대중들은 그것들에 매우 쉽게 접근할 수 있었기 때문에, 정보는 빨리 전파됐을 뿐만 아니라, 어, 사람들은 읽은 것들에 대해 더 분석적이고 사색적으로 되었어요.

그러니까, 계몽주의에 대해 커피 하우스가 기여한 바를 생각해보면, 그곳은 배우고 상호작용할 수 있는 저렴한 공공 토론의 장을 제공했고, 건전한 의심을 북돋우는 읽을거리를 공급했어요. 네, 커피 하우스는 사람들이 구시대적인 관념을 넘어 새로운 견해로 세상을 보는 걸 배우도록 한 거예요.

refresh [rifréʃ] 되살리다   Enlightenment [inláitnmənt] 계몽주의 시대, 계몽주의   reform [ri:fɔ́rm] 개혁

common sense 상식   incite [insáit] 일으키다, 선동하다   frequent [fríːkwənt] 자주 가다, 드나들다

venue [vénjuː] 장소   scholar [skálər] 학자, 장학생   rigid [rídʒid] 딱딱한, 엄격한

socialize [sóuʃəlàiz] 어울리다, 사회적으로 활동하다   emergence [imə́rdʒəns] 출현, 개화   rational [ráʃənl] 이성적인, 합리적인

interact with ~와 교류하다, 교감하다   mind [maind] 지성인   general will 일반 의지, 보편 의지   equality [ikwáləti] 평등

clientele [klàiəntél] 고객층, 고객   make sense 이치에 맞다, 의미가 통하다   encounter [inkáuntər] 만나다, 마주치다

admission [ædmíʃən] 입장료, 입장   mingle with ~와 어울리다   prominent [prámənənt] 저명한, 탁월한

conducive to ~에 도움이 되는   far-reaching [fáːríːtsiŋ] 광범위한   patron [péitrən] 고객, 손님   a wealth of 풍부한

deal with ~에 대처하다, 다루다   censorship [sénsərʃip] 검열   flourish [fláːriʃ] 번창하다, 번성하다

distributor [distríbóutər] 배급업자   disparage [dispǽridʒ] 비난하다, 폄하하다   regular [régjulər] 단골손님

disseminate [disémənèit] 전파하다, 퍼뜨리다   analytical [ænəlítikəl] 분석적인   contemplative [kəntémplətiv] 사색적인

skepticism [sképtəsìzm] 의심, 회의   rise above ~을 넘다

HACKERS **TEST**

p.244

1. (B)   2. (C)

3.

	Dehua porcelain	Blue-and-white porcelain
It was made from a type of clay that contained negligible amounts of iron oxide.	✓	
It used a method to ensure that the right quantity of oxygen was flowing into the kiln.		✓
It was embellished with a variety of images using a natural pigment.		✓
It was used to produce many items with spiritual significance.	✓	

4. (C)   5. (D)   6. (A)

Listen to part of a lecture in an art class.

P: OK, today I'd like to talk about the ceramics industry in Ming dynasty China . . . um, from AD 1368 to 1644. [2]Before I get into this, I should briefly mention that there are three main categories of ceramics . . . earthenware, stoneware, and porcelain. Don't let the names fool you though . . . clay is the main material used in the creation of each of these types of pottery. The major difference is the heat of the kiln . . . Earthenware is fired at a relatively low heat . . . around 1000 degrees Celsius, while stoneware is fired at about 1200 degrees. Um, porcelain is heated to around 1300 degrees. [1]Today I want to focus on porcelain, as a couple of famous styles were developed by Chinese artists during this period.

The first style I'd like to discuss is Dehua porcelain, which is still widely admired today. This type of porcelain was produced in Fujian province, uh, along the southeast coast, and is characterized by its pure, ivory-white color . . . uh, it was never decorated with designs or images. Fujian artists were able to produce porcelain with this distinctive hue because they had access to a special type of clay . . . [3-Dehua]it had very high levels of kaolin–a white substance that retains its color when heated–but very little iron oxide.

S1: Iron oxide? How does this affect the color of the porcelain?

P: Well, using clay with low levels of iron oxide allowed the artists to fire porcelain using the oxidation method . . . Uh, this basically means that the supply of oxygen to the kiln is not restricted. The oxidation method produces a very bright, uniform color . . . But when white clay with higher levels of iron oxide are fired this way, the result is an unpleasant, yellowish color. Anyway, [3-Dehua]Dehua porcelain was often used to create religious objects, uh, such as Buddhist and Taoist figurines, incense holders, and candlesticks. This is most likely because of its white color, which traditionally represented purity and death in Chinese culture . . . So it makes sense that this was the preferred color for objects with religious meaning.

Now, while this minimalistic style was in high demand during the Ming dynasty, objects decorated with patterns were also very popular. [4]Blue-and-white porcelain was produced in Jingdezhen, a city that is still considered to be the porcelain capital of China. [3-B&W]Artists used a blue pigment made from cobalt, a chemical element found in many minerals, to paint a variety of images on white porcelain objects, uh, usually floral designs or imperial symbols. Once a piece had been decorated, it was coated with a watery mixture of clay and ash and then fired once more. The end result was a brilliant blue pattern that was protected by a thin, transparent glaze. It's really quite something to see.

S2: Um, did they use the same method to produce the white porcelain as the artists in Fujian?

P: Well, the clay the artists in Jingdezhen used had much higher levels of iron oxide. [3-B&W]So, when they fired the porcelain, they had to carefully control the amount of oxygen that entered the kiln. [5]Anyway, the contrast between the white porcelain and the blue pigment is very striking, and the artists often capitalized on this by creating designs that were basically outlines . . . they incorporated the white of the porcelain into the images. Here . . . take a look at this picture of a vase from this period. [6]You can see how the shapes of the flower's stem and petals are outlined in blue pigment, but their interiors are simply the white color of the underlying porcelain. Of course, this wasn't always the case . . . For example, an artist could place a solid blue dragon at the center of a plate and then leave the area surrounding the image unadorned. However the design was executed, the artists were very conscious of creating a pleasing visual effect that resulted from the contrast between the deep blue pigment and the stark white porcelain.

S1: Um, it seems like Chinese artists during this period liked to, you know . . . keep things simple. I mean, neither of the styles of porcelain you've been discussing involve the use of a wide variety of colors . . .

P: Well, there were other, more colorful, types of porcelain . . . In some cases, artists would paint elaborate designs onto a piece using a range of colors . . . uh, reds, blues, greens, you name it . . . But the Dehua and blue-and-white styles were greatly admired for their simple elegance, and these types of pieces are still highly sought after by collectors today.

Now get ready to answer the questions. You may use your notes to help you answer.

1. What is the purpose of the lecture?

Listen again to part of the lecture. Then answer the question.

P: Before I get into this, I should briefly mention that there are three main categories of ceramics . . . earthenware, stoneware, and porcelain. Don't let the names fool you though . . . clay is the main material used in the creation of each of these types of pottery.

2. Why does the professor say this:
   P: Don't let the names fool you though . . .

3. Indicate whether each sentence below describes Dehua or blue-and-white porcelain.
4. What does the professor say about the city of Jingdezhen?
5. What is the professor's opinion of blue-and-white porcelain?
6. Why does the professor mention a blue dragon?

P: 자, 오늘 저는 중국 명 왕조의 도자기 산업에 관해 이야기하고자 해요... 음, 서기 1368년부터 1644년까지요. [2]이 내용에 들어가기 전에, 도자기의 세 가지 주된 종류가 있다는 것을 간단히 말씀드릴게요... 토기, 사기, 자기예요. 그렇지만 이름에 속지 않도록 하세요... 점토가 이 도자기 종류들 각각의 제작에 쓰이는 주원료예요. 주요한 차이점은 가마 온도죠... 토기는 비교적 낮은 온도에서 구워져요... 토기는 약 섭씨 1,000도에서인 반면, 사기는 약 1,200도에서 구워지죠. 음, 자기는 약 1,300도까지 가열돼요. [1]오늘 저는 자기에 집중하고자 하는데, 이 시기에 중국 예술가들에 의해 두 가지 유명한 양식이 개발되었기 때문이에요.

제가 논하고 싶은 첫 번째 양식은 덕화 자기인데, 이것은 오늘날에도 여전히 널리 칭송받고 있어요. 이 종류의 자기는, 어, 남동쪽 연안을 따라 푸젠성에서 생산되었고, 순수한 유백색으로 특징지어져요... 어, 절대 무늬나 그림으로 장식되지 않았어요. 푸젠성 예술가들은 특별한 종류의 점토를 이용할 수 있었기 때문에 이 독특한 빛깔을 가진 자기를 생산할 수 있었어요... [3-Dehua]그것은 고령토를 매우 높은 수준으로 가지고 있었어요. 가열되었을 때 본연의 색을 유지하는 흰색 물질이요. 하지만 아주 적은 산화철을 함유하고 있었죠.

S1: 산화철이요? 이것이 어떻게 자기의 색깔에 영향을 미치나요?

P: 음, 낮은 수준의 산화철을 함유한 점토를 사용하는 것은 예술가들이 산화법을 사용해 자기를 구울 수 있도록 했어요... 어, 이건 기본적으로 가마에 산소 공급이 제한되지 않았다는 의미죠. 산화법은 매우 밝고 균일한 색깔을 만들어내요... 하지만 더 높은 수준의 산화철을 함유한 백토가 이 방법으로 구워질 때, 결과물은 불쾌한 노르스름한 색깔이죠. 어쨌든, [3-Dehua]덕화 자기는, 어, 불교와 도교의 작은 조각상, 향꽂이, 그리고 촛대처럼 종교적인 물건을 만드는 데 사용되었어요. 이것은 아마도 그 흰색 때문일 것인데 중국 문화에서 흰색은 전통적으로 순수성과

죽음을 나타내요... 그러니 이것이 종교적 의미가 있는 물건들에 선호되는 색인 것이 이해가 되죠.

자, 이 최소주의 양식이 명 왕조 동안 수요가 많았던 반면, 무늬로 장식된 물건들도 매우 인기 있었어요. [4]청화백자는 지금도 중국의 자기 중심지라고 여겨지는 도시인 경덕진에서 생산되었어요. [3-B&W]예술가들은 백자 물건들에 다양한 그림, 어, 보통 꽃무늬나 황제의 상징을 그리기 위해서 많은 광물에서 찾을 수 있는 화학 성분인 코발트로 만든 청색 안료를 사용했어요. 일단 한 작품이 꾸며지면, 점토와 재의 묽은 혼합물로 입혀진 다음 다시 한번 구워졌어요. 최종 결과물은 얇고, 투명한 유약으로 보호된 선명한 청색 무늬였어요. 정말 꽤 볼 만한 것이죠.

S2: 음, 그들도 백자를 생산하기 위해 푸젠성의 예술가들과 같은 방법을 사용했나요?

P: 음, 경덕진의 예술가들이 사용한 점토는 훨씬 더 높은 수준의 산화철을 함유하고 있었어요. [3-B&W]그래서 자기를 구웠을 때, 가마에 들어가는 산소의 양을 신중히 제어해야 했죠. [5]어쨌든, 백자와 청색 안료의 대비는 매우 인상적이고 예술가들은 기본적으로 윤곽이 되는 무늬를 만들어 이 대비를 종종 활용하였어요... 자기의 백색을 그림에 포함하는 거죠. 여기... 이 시기에 나온 꽃병의 이 그림을 보세요. [6]꽃의 줄기와 꽃잎 모양이 청색 안료로 어떻게 윤곽이 그려져 있는지 볼 수 있지만, 안쪽은 단순히 아래에 있는 자기의 흰색이에요. 물론, 항상 이런 건 아니에요... 예를 들어, 예술가가 전체가 청색인 용을 접시의 중앙에 배치하고 그림 주변을 장식하지 않은 채로 둘 수도 있었죠. 무늬를 어떻게 만들든지 간에, 예술가들은 짙은 청색 안료와 순수한 흰색 자기 사이의 대조에서 비롯되는 보기 좋은 시각적 효과를 만드는 것을 매우 의식했어요.

S2: 음, 이 시기의 중국 예술가들은, 그러니까... 소박한 걸 좋아했던 것 같아요. 제 말은, 교수님께서 설명하신 자기의 양식 중 어떤 것도 다양한 색을 사용하고 있지 않잖아요...

P: 음, 더 다양한 색감의, 다른 종류의 자기도 있었어요... 어떤 경우에는, 예술가들은 다양한 범위의 색을 사용해서 작품에 정교한 무늬를 그렸어요... 어, 빨간색, 파란색, 초록색, 그 밖의 뭐든지요... 하지만 덕화 양식과 청화백자 양식은 소박한 우아함으로 매우 칭송받았고, 이러한 종류의 작품은 오늘날에도 여전히 수집가들에게 매우 인기 있죠.

dynasty[dáinəsti] 왕조   earthenware[ə́:rθənwèər] 토기   stoneware[stóunwèər] 사기   porcelain[pɔ́:rsəlin] 자기

kiln[kiln] 가마   characterize[kǽriktəràiz] 특징짓다   distinctive[distíŋktiv] 독특한   hue[hju:] 빛깔, 색조

kaolin[kéiəlin] 고령토   retain[ritéin] 유지하다   iron oxide 산화철   oxidation[àksədéiʃən] 산화

restrict[[ristríkt] 제한하다   uniform[júːnəfɔ̀ːrm] 균일한   Buddhist[búːdist] 불교의   Taoist[táuist] 도교의

figurine[fìgjuríːn] 작은 조각상   incense holder 향꽂이   minimalistic[mínəməlistik] 최소주의의   pigment[pígmənt] 안료

element[éləmənt] 성분   imperial[impíəriəl] 황제의   ash[æʃ] 재   transparent[trænspɛ́ərənt] 투명한

glaze[gleiz] 유약   striking[stráikiŋ] 인상적인   incorporate[inkɔ́ːrpərèit] 포함하다   petal[pétl] 꽃잎

unadorned[ʌ̀nədɔ́ːrnd] 장식되지 않은   execute[éksikjùːt] 만들다, 실행하다   stark[stɑːrk] 순수한

elaborate[ilǽbərèit] 정교한   you name it 그 밖의 뭐든지   sought after 인기 있는

5. Music

HACKERS **TEST**
p.248

1. (B)	2. (C)	3. (D)	4. (C)	5. (D)	6. (D)

Listen to a talk on opera.

[2]*Madame Butterfly. Carmen. The Marriage of Figaro.* You may not know anything about opera, but you certainly have heard of the more famous ones. [1]Today, my goal is to fill the gaps in your knowledge and to inform you about how opera developed in Italy and spread throughout Europe and the world . . .

For starters, the word "opera" actually means work . . . it's related to the word "opus," which you are probably familiar with. In medieval Italy, most artistic endeavors were sponsored by the Church and dealt with religious themes–vocal music was no different. In particular, music and song were used in order to spread religious gospel and, since the language of the Church was Latin, most of this music was sung in Latin as well. This was fine in an earlier era, but by the time 1400 or 1500 rolled around, Latin had been widely replaced by Italian in all but religious and aristocratic endeavors. You see, Italian was derived from Latin . . . from a form called Vulgar Latin in particular . . . In poetry, the sciences, academia, religion . . . Latin was still used. On the street, however, when people were at the market or talking with their friends and family, it was all done in Italian. Same with vocal music–singing; in that arena, Italian held sway. That is, once opera became a mainstream art form and escaped the confines of the Church. That's why operas have historically been performed in Italian and not Latin . . . I think there have only been two major operas ever produced in Latin, just because it wasn't the lingua franca of the people.

[3]The roots of opera go back to the time when an influential group of artists, the Humanists, were enamored with Ancient Greece and wanted to devise an art form that recalled the blend of song and narrative found in the original performances of Greek tragedy and dramas. Before this, monody, madrigals, and intermezzo were all forms of music that involved either solo or group singing accompanied by orchestral arrangements–very similar to what constitutes an opera. The problem is that these generally took place for members of the royal court and weren't meant for the common people. If I had to give an exact date for the beginning of opera, it'd be 1597, when a composer named Jacopo Peri produced a work called *Dafne*. That was the first musical composition that could be classified as opera by today's standards, and it enjoyed a great public reception. What constitutes an opera, then? Traditionally, opera is said to consist of two vocal components. These are the recitativo, where the performer sings in a manner similar to regular speech . . . it's used to develop the plot of the underlying narrative; and the aria, which is a full-on musical number incorporating instrumentation and vibrant singing–it expresses the emotions of the characters. Opera in this form developed in Italy until the 1630s or 1640s, and would eventually spread to other countries, like France and England.

[4]The development of opera in other European countries was analogous to the development of Broadway in the United States. At first, nearly every play performed in America was produced by British directors and British actors had all the roles, but Americans soon came to learn the craft and developed their own indigenous style of performance, as they did with the Broadway musical. With opera, at first it was Italian composers and vocalists who were the most sought after in these places, but eventually a unique domestic style evolved and talented writers and singers came to the forefront.

[5]Looking at France, the audiences weren't fans of Italian opera, well, because it came from a long-time historical rival. In the 1670s, a unique French form of opera was created called *tragédie en musique*, [6]which gave a greater role to dance and visual spectacle–and particularly to the rhythm of the language–while diminishing the importance of the music. The arrangement was also quite different, with the recitativo coming more to the forefront and the subject matter taking on more of a mythological tone. The French were very proud of their own artistic tradition and didn't want to take many stylistic cues from the Italians.

Britain gained an appreciation for opera in the early eighteenth century as a result of the English Restoration. Before that, the Commonwealth government severely curtailed theater productions. Again, it was Italian style that was first introduced to British audiences . . . which at the time was the *opera serie*, dealing with more serious subject matter than most other operas. This was in stark contrast to the changes taking place in France at the time, where a new form, *opera comique*, emerged. This often dealt with lighter, more farcical storylines. Opera continued to spread to other parts of the world, even outside of Europe, where it still flourishes to this day.

Now get ready to answer the questions. You may use your notes to help you answer.

1. What does the professor mainly discuss?
2. Why does the professor mention *Madame Butterfly*, *Carmen*, and *The Marriage of Figaro*?
3. According to the lecture, what factor inspired the creation of opera?
4. Why does the professor mention Broadway?

Listen again to part of the lecture. Then answer the question.

P: Looking at France, the audiences weren't fans of Italian opera, well, because it came from a long-time historical rival. In the 1670s, a unique French form of opera was created called *tragédie en musique* . . .

5. What does the professor imply when she says this:

P: . . . the audiences weren't fans of Italian opera, well, because it came from a long-time historical rival.

6. According to the professor, what is true about *tragédie en musique*?

[2]'나비부인'. '카르멘'. '피가로의 결혼'. 오페라에 대해 아무것도 모를 수 있지만, 더 유명한 것들은 확실히 들어봤을 것입니다. [1]오늘, 제 목표는 여러분의 지식의 틈을 채워 오페라가 어떻게 이탈리아에서 발달했고 유럽과 전 세계를 퍼져 나갔는지를 알려주는 것입니다...

시작하자면, '오페라'라는 단어는 사실 일이라는 뜻이에요... 'opus'라는 단어와 관련이 있는데, 아마 이 단어는 낯이 익을 거예요. 중세 이탈리아에서, 대부분의 예술적인 시도들은 교회의 지원을 받았고 종교적인 주제를 다루었어요, 성악도 다를 것이 없었죠. 특히, 음악과 노래는 종교적인 복음을 퍼뜨리기 위해 이용되었고, 교회의 언어가 라틴어였기 때문에, 대부분의 노래도 라틴어로 불렸어요. 초기 시기에는 괜찮았지만, 1400년 또는 1500년대가 오자, 라틴어는 대대적으로 종교적 그리고 귀족적인 분야만을 제외하고 이탈리아어로 대체되었어요. 그게, 이탈리아어는 라틴어에서 파생된 것이거든요... 그중에서도 통속 라틴어라는 형태에서 온 거예요... 시, 과학, 학계, 종교에서는... 라틴어가 아직 사용되고 있었어요. 그러나 일상적으로 사람들이 시장에 갈 때나 친구와 가족들과 얘기하는 것은 이탈리아어로 이루어졌습니다. 성악에서도 마찬가지였어요, 노래 부르는 것, 그 분야에서는 이탈리아어가 지배적이었어요. 그러니까, 오페라가 주 예술 형태가 되고 교회의 영역에서 벗어났을 때요. 그래서 오페라들이 역사적으로 라틴어가 아닌 이탈리아어로 공연되었던 것이에요... 제 생각엔 라틴어로 제작된 주요 오페라는 두 개밖에 없었던 것 같네요, 단지 사람들의 통상어가 아니었기 때문에 말이죠.

[3]오페라의 뿌리는 영향력 있는 예술가 집단인 인문주의자들이 고대 그리스에 매혹되어 그리스 비극과 드라마의 원작에서 찾을 수 있는 노래와 이야기의 조합을 재현하는 예술 형태를 발명하고 싶었던 시기로 돌아갑니다. 이전에는, 독창가, 마드리갈, 그리고 간주곡들 모두 오케스트라가 겸비된 독창 또는 합창이었어요, 오페라의 구성과 매우 비슷하죠. 문제는 이것들이 대체로 궁중 구성원들을 위해 개최되었고 평민들을 위한 것이 아니었다는 거예요. 만일 제가 오페라가 시작한 정확한 날짜를 말해야 한다면, 1597년일 거예요, 야코포 페리라는 작곡가가 '다프네'라는 작품을 만들었을 때요. 이것은 오늘의 기준으로 오페라로 분류할 수 있는 첫 음악 작품이었고, 굉장한 대중의 환영을 받았습니다. 그렇다면, 오페라를 구성하는 것은 무엇일까요? 전통적으로, 오페라는 두 성악 요소로 이루어져 있다고 합니다. 기본 줄거리를 발전시키기 위해 사용되는... 배우가 평상시 대화와 비슷한 태도로 노래를 부르는 레치타티보, 그리고 인물들의 감정을 표현할 때 쓰이는, 악기와 울려퍼지는 노래가 섞인 완전히 음악적인 부분인 아리아예요. 이 형태의 오페라는 이탈리아에서 1630년대 또는 1640년대까지 발전했고, 결국 프랑스와 영국과 같은 다른 나라들에까지 퍼져 나갔어요.

[4]다른 유럽 나라들에서 오페라의 발전은 미국에서 브로드웨이의 발전과 유사했어요. 처음에, 미국에서 공연된 거의 모든 연극이 영국 감독들에 의해 제작되고 모든 역은 영국 배우들이 맡았지만, 미국인들은 곧 기술을 배워 그들만의 고유한 공연 방식을 만들었어요, 브로드웨이 뮤지컬처럼요. 오페라도, 처음에는 이탈리아 작곡가들과 성악가들이 가장 인기가 많았지만, 서서히 독특한 국내 스타일이 생겨났고 능력 있는 작가들과 가수들이 전면에 나서게 되었어요.

[5]프랑스를 보면, 관객들은 이탈리아 오페라의 팬이 아니었어요, 음, 역사적으로 오랜 기간 동안 라이벌 관계였기 때문이죠. 1670년대에 프랑스 특유의 오페라 형태가 창조되었어요, 'tragédie en musique'라고 불렸는데, [6]이것은 춤과 시각적인 구경거리에, 그리고 특히 언어의 리듬에 더 많은 역할을 주었어요, 그러면서 음악의 중요성을 줄였죠. 편곡도 꽤 달랐어요, 레치타티보가 더 중심으로 오고 소재는 더 신화적인 색을 띠게 되었어요. 프랑스인들은 그들만의 예술적인 전통을 아주 자랑스러워했고 이탈리아인들에게서 예술 양식에 관해 많은 힌트를 받고 싶어 하지 않았어요. 영국은 영국 왕정 복고의 결과로 18세기 초에 오페라를 받아들였습니다. 그 전에는 공영방 정부가 극장 제작을 엄격하게 제한했습니다. 역시, 처음 영국 관객에게 소개된 것은 이탈리안 스타일이었어요... 이것은 그 당시 다른 오페라들보다 더 심각한 소재를 다루는 'opera serie'였어요. 이건 당시 프랑스에서 'opera comique'라는 새로운 형태가 나타나 변화가 일어나는 것과 적나라하게 대비되었죠. 이것은 보통 더 가볍고, 익살맞은 줄거리들을 다루었어요. 오페라는 계속해서 세계의 다른 곳으로, 심지어 유럽 밖으로도 퍼져 나갔고 오늘날까지 성행하고 있어요.

gap[gæp] 틈   knowledge[nálidʒ] 지식   for starters 시작하자면, 우선   opus[óupəs] 작품
artistic[ɑːrtístik] 예술적인   endeavor[endévər] 시도, 노력   sponsor[spánsər] 지원하다   Latin[lǽtən] 라틴어
aristocratic[ərìstəkrǽtik] 귀족적인, 귀족의   derive[diráiv] 파생된   on the street 일상적으로   arena[əríːnə] 분야
lingua franca 통상어, 공용어   root[ru(ː)t] 뿌리   influential[ìnfluénʃəl] 영향력 있는   enamor[inǽmər] 매혹하다
tragedy[trǽdʒidi] 비극   royal court 궁중   common people 평민   standard[stǽndərd] 기준
component[kəmpóunənt] 구성 요소   underlying[ʌ́ndərlàiiŋ] 기본의   narrative[nǽrətiv] 줄거리, 이야기
instrumentation[ìnstrəmentéiʃən] 악기의 사용   vibrant[váibrənt] 울려퍼지는, 진동하는   analogous[ənǽləgəs] 유사한
indigenous[indídʒənəs] 고유한   domestic[dəméstik] 국내   forefront[fɔ́ːrfrλnt] 전면   spectacle[spéktəkl] 구경거리
diminish[dəmíniʃ] 줄이다   mythological[mìθəládʒikəl] 신화의   cue[kjúː] 힌트   commonwealth[kámənwèlθ] 영연방
curtail[kə(ː)rtéil] 제한하다, 줄이다   stark[stɑːrk] 적나라한   farcical[fáːrsikəl] 익살맞은

6. Environmental Science

HACKERS **TEST**

p.254

1. (D)   2. (B)   3. (C)

4.

	Autotrophs	Heterotrophs
Are the foundation of the food chain	✓	
Get energy from other organisms		✓
Produce carbohydrates from sunlight	✓	
Can be carnivores or herbivores		✓

5. (A), (B)   6. (C)

Listen to a talk on environmental science.

[1]I'd like to start today's lecture with a question. [6]What is a food web? I know you've heard of a food chain before, right? A line that runs from the sun through the producers and up to the consumers? Oh, I've lost you already. Producers are the organisms that are responsible for taking in sunlight and producing energy . . . this process is also known as photosynthesis. And consumers are the higher-level organisms that consume, or eat, the producers. One example of a food chain is a line that starts with the sun and goes to grass . . . because it takes in the sun to produce energy. The line then extends from the grass to grasshoppers, which eat the grass . . . and then onward to frogs, which eat the grasshoppers, and then to snakes, which eat the frogs, and finally to eagles, which eat the snakes. Beginning from the sun, and passing through grass, grasshoppers, frogs, snakes, and ending at eagles . . . that's our food chain. Is anything in life ever this elegant and simple? Hardly. That's where the food web comes in. [2]Unlike our food chain example, most organisms don't only consume one thing. Like rats . . . they like to eat grass, insects, trash . . . pretty much anything . . . so we have to link lots of food chains together. Because nearly every organism consumes several other organisms, the diagram describing these relationships looks a lot like a web. A food web.

Food webs are pretty complex sets of relationships to describe, so let's just stick with the individual food chains. I mentioned producers and consumers in food chains earlier. Well, scientists have their own special terms to describe these organisms. Autotrophs and heterotrophs. Autotrophs are the producers of energy . . . [4-Auto]they make glucose, starch, and other carbohydrates through the process of photosynthesis. The autotroph group is where you'll find grasses and certain types of bacteria like cyanobacteria. Grasses are generally fed upon by grazing animals and constitute over 20 percent of the world's vegetation. Cyanobacteria are also very prevalent . . . you can find them in oceans, under rocks, in freshwater . . . [4-Auto]So, autotrophs form the base of the food chain. What sets the autotrophs apart from other organisms is the existence of chloroplasts within their cells. Chloroplasts are where photosynthesis takes place—without them, the carbohydrates I mentioned before could not be produced, which would make the creation of energy impossible.

Farther along the food chain we have the consumers . . . the heterotrophs. [4-Hetero]These guys get their energy by consuming the organic substances—carbohydrates—which the autotrophs produce. All animals fall into this category, no matter if they're herbivores or carnivores. This is because they all "consume" something whether it is plants or animals. Another group that is classified as heterotrophs is fungi. Strange, right? Although fungi might seem closely related to plants, they are in fact quite different. [5]The key difference is that they lack chloroplasts, which means they can't undergo photosynthesis. Scientists always figured that they produced something, even if it was not photosynthetic . . . but recent research has shelved that idea. It makes sense if you think about it.

Mushrooms grow where there's stuff decaying . . . so they aren't creating their own energy from sunlight. [5]They must rely upon other matter for their own growth, which makes them consumers . . . heterotrophs. Heterotrophy comes with its own set of problems, however. Consider the food chain I mentioned earlier . . . it takes thousands or even millions of pieces of grass to grow the grasshopper that's eaten by the frog . . . that's eaten by the snake . . . that's finally eaten by the eagle . . . The energy from the grass passes through these various organisms, but most of the energy that was produced via photosynthesis in the first place is lost . . . in other words, organisms never use one hundred percent of the energy made by photosynthesis. Many experts say that only about ten percent of an organism's energy is passed on to the next consumer. At each level in a food chain . . . these are called trophic levels, by the way . . . at each trophic level, some of the energy from the lower-level organism is excreted as waste, rather than absorbed by the consumer. Much of it is also used for heat . . . all consumers burn energy and release heat because of the internal biological processes going on. [3]So, at the end of the day, only ten percent of the energy that is transferred across a trophic level is actually stored. Of course, ten percent isn't an exact figure . . . The efficiency rate may be higher or lower depending on the situation.

Now get ready to answer the questions. You may use your notes to help you answer.

1. What is the main topic of the lecture?
2. Why does the professor mention food webs?
3. What does the professor imply about heterotrophy?
4. In the lecture, the professor describes how autotrophs and heterotrophs are different types of organisms in food webs. Indicate which type of organism the following phrases describe.
5. According to the professor, what are two characteristics of fungi?

Listen again to part of the lecture. Then answer the question.

P: What is a food web? I know you've heard of a food chain before, right? A line that runs from the sun through the producers and up to the consumers? Oh, I've lost you already.

6. Why does the professor say this:
    P: Oh, I've lost you already.

[1]오늘의 강의는 질문으로 시작하고 싶어요. 먹이그물이 뭘까요? [6]먹이사슬은 전에 들어본 적이 있을 거예요, 그렇죠? 태양에서부터 생산자들을 거쳐 소비자들까지 이어지는 선이죠? 오, 벌써 이해하지 못하고 있군요. 생산자는 햇빛을 흡수해서 에너지를 생산하는 역할을 맡은 유기체들이죠... 이 과정은 또한 광합성이라고 알려져 있어요. 그리고 소비자는 생산자들을 소비하거나 먹는 더 높은 단계의 유기체들이에요. 먹이사슬의 한 예는 태양에서 시작해서 풀로 가는 선이죠... 풀이 햇빛을 흡수해서 에너지를 생산하니까요. 그러고 나서 선은 풀에서 풀을 먹는 메뚜기로 뻗어가요... 그런 다음 계속 이어서 메뚜기를 먹는 개구리, 다음으로 개구리를 먹는 뱀, 그리고 마지막으로 뱀을 먹는 독수리로 선이 이어져요. 태양에서 시작해서, 풀, 메뚜기, 개구리, 뱀을 거쳐 독수리에서 끝나는... 그게 우리의 먹이사슬이에요. 인생에서 이렇게 우아하고 간단한 것이 있을까요? 거의 없죠. 그래서 먹이그물이 등장하는 거예요. [2]먹이사슬의 예와 달리, 대부분의 유기체는 오직 한 가지만 섭취하지 않아요. 쥐처럼... 그들은 풀, 곤충, 쓰레기... 거의 모든 것을 먹어요... 그러니까 우리는 많은 먹이사슬들을 함께 이어야 해요. 거의 모든 유기체가 여러 가지의 다른 유기체들을 섭취하기 때문에 이런 관계들을 설명하는 도표는 그물처럼 보여요. 먹이그물인 거죠.
먹이그물은 설명하기 꽤 복잡한 관계들의 집합체니까, 그냥 각각의 먹이사슬을 계속 다루기로 해요. 내가 아까 먹이사슬의 생산자들과 소비자들을 언급했어요. 음, 과학자들은 이 유기체들을 설명하는 데 그들만의 특별한 용어들을 써요. 독립 영양생물과 종속 영양생물이죠. 독립 영양생물은 에너지 생산자들이에요... [4-Auto]그들은 광합성의 과정을 통해 포도당, 녹말, 그리고 다른 탄수화물들을 만들어요. 독립 영양생물 그룹에는 풀과 시아노박테리아와 같은 특정 종류의 박테리아가 속해 있어요. 풀은 일반적으로 풀을 뜯어 먹는 동물들에게 먹히고 전 세계의 식물 중 20퍼센트 이상을 차지해요. 시아노박테리아도 매우 흔해요... 바다, 바위 아래, 민물에서 이것들을 찾을 수 있죠... [4-Auto]그래서 독립 영양생물은 먹이사슬의 기반을 형성해요. 독립 영양생물들이 다른 유기체들과 다른 점은 세포 내에 엽록체가 존재한다는 점이에요. 엽록체는 광합성이 일어나는 부분으로, 이것 없이는, 제가 아까 언급한 탄수화물이 생산될 수 없어요. 에너지의 생성이 불가능해지는 거죠.
먹이사슬을 따라가 보면 소비자들... 종속 영양생물이 있어요. [4-Hetero]얘네들은 독립 영양생물이 생산하는 유기 물질인 탄수화물을 섭취해서 에너지를 얻는 거예요. 모든 동물들은 초식이든 육식이든, 이 종류에 속해요. 왜냐하면 그것들은 모두 식물이든 동물이든 무언가를 '섭취'하기 때문이에요. 종속 영양생물로 분류되는 다른 부류는 균류예요. 이상하죠, 그렇죠? 균류가 식물과 밀접하게 관련이 있어 보일 수도 있지만, 사실 그들은 꽤 달라요. [5]가장 중요한 차이점은 엽록체의 결핍이에요, 이는 광합성을 하지 못한다는 뜻이죠. 과학자들은 항상 균류가 무언가를 생산할 거라고 생각했어요, 광합성에 의한 것이 아니더라도 말이죠... 하지만 최근의 연구 결과가 그러한 생각을 보류하게 했어요. 생각해보면 말이 돼요. 버섯들은 부패하는 게 있는 곳에서 자라잖아요... 그러니까 버섯은 햇빛으로부터 에너지를 직접 만들어 내는 건 아니죠. [5]버섯은 성장하기 위해서 다른 물질에 의존해야 돼요, 그러니까 버섯은 소비자들... 종속 영양생물이 되는 거죠.

하지만 종속 영양은 그 나름의 문제들을 갖고 있어요. 내가 앞서 언급한 먹이사슬을 생각해 봐요... 수천 또는 심지어 수백만 가닥의 풀이 있어야 개구리에게 먹힐 메뚜기가 성장할 수 있어요... 그리고 개구리는 뱀에게 먹히고... 뱀은 최종적으로 독수리에게 먹히고... 풀의 에너지는 이렇게 다양한 유기체들을 거치지만, 처음에 광합성으로 생산된 에너지는 대부분이 손실되죠... 다른 말로, 유기체들은 광합성으로 생성된 에너지를 절대 100퍼센트 사용하지 못한다는 거죠. 많은 전문가들은 한 유기체의 에너지 중 10퍼센트만이 다음 소비자에게 전달된다고 말해요. 먹이사슬의 각 단계에서... 참고로, 이 단계는 영양 단계라고 불려요, 어쨌든... 각 영양 단계에서, 하위 단계 유기체의 에너지 중 일부는 소비자에 흡수되기보다는, 폐기물로 배설돼요. 많은 부분이 또한 열에 쓰이죠... 모든 소비자들은 몸의 내부에서 일어나는 생물학적 과정들 때문에 에너지를 태우고 열을 방출하거든요. [3]그래서 결국에는, 한 영양 단계를 거쳐 전달된 에너지의 10퍼센트만 실제로 저장돼요. 물론, 10퍼센트가 정확한 수치는 아니에요... 상황에 따라 효율이 높거나 낮을 수도 있으니까요.

food web 먹이그물　**food chain** 먹이사슬　**producer** [prədʒúːsər] 생산자　**consumer** [kənsjúːmər] 소비자
organism [ɔ́ːrgənìzəm] 유기체　**photosynthesis** [fòutəsínθəsis] 광합성　**extend** [iksténd] 뻗다, 연장하다
onwards [ánwərdz] 계속 이어서 나아가는　**elegant** [éləgənt] 우아한　**autotroph** [ɔ́ːtətràf] 독립 영양생물
heterotroph [hétərətràf] 종속 영양생물　**glucose** [glúːkous] 포도당　**starch** [staːrtʃ] 녹말
carbohydrate [kòːrbouháidreit] 탄수화물　**cyanobacteria** [sáiənoubæktìəriə] 시아노박테리아
graze [greiz] 풀을 뜯어 먹다　**constitute** [kánstitjùːt] 차지하다, 구성하다　**prevalent** [prévələnt] 흔한
chloroplast [klɔ́ːrəplæ̀st] 엽록체　**herbivore** [háːrbəvɔ̀ːr] 초식동물　**carnivore** [káːrnəvɔ̀ːr] 육식동물
fungi [fʌ́ŋgi] 균류(버섯, 곰팡이 등)　**shelve** [ʃelv] 보류하다　**via** [váiə] ~으로, ~을 통해　**trophic** [tráfik] 영양의
excrete [ikskríːt] 배설하다　**absorb** [əbsɔ́ːrb] 흡수하다　**efficiency** [ifíʃənsi] 효율성

7. Meteorology

HACKERS **TEST**

1. (D)	2. (A)	3. (B)	4. (D)	5. (C)	6. (B)

Listen to part of a lecture in a meteorology class.

P: All right, last week we discussed the recent global warming trend and the underlying causes of this phenomenon–deforestation, greenhouse gases, and so on. This week, I want to look at long-term changes to the Earth's climate . . . uh, recurring patterns that can be observed over periods of tens of thousands of years. We're going to get into things like changes in the ocean currents and the Earth's magnetic field, but [1]today I want to focus on the Milankovitch theory. It was developed by Milutin Milankovitch, a Serbian astronomer who attributed long-term climate change to cyclical variations in the movement of the Earth around the Sun. His theory is based on three distinctive features of the Earth's orbit, and the first of these is eccentricity. Does anyone know what this term means? Laura?

S1: Um . . . it has to do with the, uh, shape of the Earth's orbit, right?

P: Exactly. Over a period of approximately 98,000 years, the Earth's orbit progresses from elliptical, to circular, and then back to elliptical . . . uh, elliptical just means oval-shaped. Eccentricity is the term used to describe this change in the shape of the Earth's orbit. What's important to note is that eccentricity affects how much solar radiation the Earth receives at different points in the year . . . [2]For example, at the moment, our planet's orbit is an almost perfect circle. So, the solar radiation the Earth receives during the perihelion . . . uh, when it's closest to the Sun . . . is almost the same as when it's farthest from the Sun during the aphelion. But, when

무료 토플자료·유학정보 제공 goHackers.com

the orbit is shaped like an oval, it's a different story.

S1: Oh, I remember now . . . With an elliptical orbit, the Earth would be much closer to the Sun during the perihelion and much farther away during the, uh, aphelion.

P: Right . . . In fact, the Earth would receive almost 30 percent more solar radiation during the perihelion. This obviously means that average global temperatures would vary greatly depending on the time of year.

Now, the next concept you need to understand is precession . . . Picture a line going through the north and south poles of the planet . . . this is the Earth's axis. Now, imagine another line extending from the Earth to the Sun . . . this is the orbital plane. The Earth's axis is not perpendicular to the orbital plane . . . it is tilted at an angle.

S2: I get it . . . At different times of the year, one of the hemispheres faces toward the Sun and the other faces away from it . . . this is why the seasons change, right?

P: Exactly. The thing is . . . well, [3]the Earth is sort of like a spinning top, and it wobbles very slowly . . . this means that the orientation of Earth's axis changes over a period of about 26,000 years. Right now, the Northern Hemisphere is tilted towards the Sun in June . . . which is why summer occurs then . . . but about 13,000 years from now this will occur in December. So, precession . . . the uh, change in the direction of the Earth's axis . . . affects the timing of the seasons in both hemispheres.

[4]This brings us to the final variable in Milankovitch's theory . . . obliquity. Not only does the Earth's axis change direction, but its angle becomes more and less extreme. OK, I can see some blank faces out there . . . This is closely related to the idea of precession, so don't get them mixed up. Uh, the angle varies from 22.1 degrees to 24.5 degrees, according to a 40,000-year cycle . . . Right now, it's about 23.5 degrees. Obliquity is significant because there is a direct relationship between the degree of tilt and hemispheric climate conditions . . .

S2: Um, but you said the angle only varied by a couple of degrees . . . Would this really have a significant effect?

P: Definitely . . . [5]Less axial tilt means that the amount of solar radiation the Northern and Southern Hemispheres receive is more evenly distributed . . . But when the angle increases by even a few degrees, well . . . this results in dramatic differences between the two hemispheres.

[6]Now, what's interesting to me is how these three features of the Earth's orbit are connected. Think about ice ages . . . Most climatologists agree that they are caused by a decline in the amount of solar radiation reaching the Northern Hemisphere during the summer. Uh, the snow doesn't melt completely, leading to the growth of glaciers as more ice accumulates each year. So, if the Earth's orbit is oval shaped, with the Northern Hemisphere tilted towards the Sun during the aphelion . . . well, the result is going to be very cool summers. Less axial tilt during this period would accelerate the cooling trend–um, the Northern Hemisphere would receive less solar radiation when facing the Sun than it would if the angle was more severe. You see? [6]Eccentricity, precession, and obliquity all work together to have a significant impact on the global climate.

Now get ready to answer the questions. You may use your notes to help you answer.

1. What is the lecture mainly about?
2. What does the professor imply about the climatic effects of the Earth's current orbital path?
3. What is a characteristic of the Earth's axis?

Listen again to part of the lecture. Then answer the question.

P: This brings us to the final variable in Milankovitch's theory . . . obliquity. Not only does the Earth's axis change direction, but its angle becomes more and less extreme. OK, I can see some blank faces out there . . . This is closely related to the idea of precession, so don't get them mixed up.

4. What does the professor mean when he says this:

P: OK, I can see some blank faces out there . . .

5. According to the professor, how does greater obliquity influence the Earth's climate?
6. Why does the professor mention ice ages?

P: 자, 지난주에 우리는 최근의 지구 온난화 추세와 이 현상의 근본적인 원인인 삼림 벌채, 온실가스 등에 대해 논의했어요. 이번 주에는, 지구 기후의 장기적인 변화들을... 어, 수만 년의 기간에 걸쳐 관찰될 수 있었던 되풀이되는 패턴들에 대해 살펴보았으면 좋겠어요. 해류와 지구자기장의 변화 같은 것들을 배울 예정인데, [1]오늘은 밀란코비치 이론에 중점을 두고자 해요. 이것은 세르비아의 천문학자인 밀루틴 밀란코비치에 의해 개발되었는데, 그는 장기적인 기후 변화를 태양 주위를 도는 지구의 움직임의 주기적인 변화의 결과로 보았죠. 그의 이론은 지구 궤도의 세 가지 독특한 특징에 기초를 두고 있고, 이들 중 첫 번째는 이심률이에요. 이 용어가 무슨 뜻인지 아는 사람 있나요? Laura?

S1: 음... 그것은, 어, 지구 궤도의 모양과 관련이 있어요, 그렇죠?

P: 맞아요. 약 98,000년이라는 기간 동안, 지구의 궤도는 타원형에서 원형으로, 그리고 다시 타원형으로 바뀌어 왔어요... 어, 타원형은 그냥 달걀 모양을 의미해요. 이심률은 이러한 지구 궤도 모양의 변화를 묘사하기 위해 사용되는 용어예요. 주목해야 할 중요한 점은 이심률은 지구가 한 해의 다양한 시기에 얼마나 많은 태양 복사열을 받는지에 영향을 미친다는 거예요... [2]예를 들면, 지금, 우리 행성의 궤도는 거의 완벽한 원형이에요. 그래서, 근일점... 어, 그것이 태양과 가장 가까울 때... 지구가 받는 태양 복사열은... 원일점에 태양으로부터 가장 멀 때와 거의 똑같아요. 하지만 궤도가 타원형과 같은 모양일 때, 이것은 다른 이야기가 되죠.

S1: 오, 이제 기억나네요... 타원형 궤도의 경우, 지구는 근일점에는 태양에 좀 더 가깝고, 원일점에는 좀 더 먼 거죠.

P: 맞아요... 사실, 지구는 근일점에 거의 30% 더 많은 태양 복사열을 받게 돼요. 이것은 분명히 평균 지구 온도가 한 해의 시점에 따라 크게 달라질 거라는 것을 의미해요.
자, 여러분이 이해해야 할 다음 개념은 세차 운동이에요... 지구의 북극과 남극을 통과하는 선을 마음 속에 그려보세요... 이것이 지축이에요. 이제 지구에서부터 태양으로 연장되는 또 다른 선을 상상해 보세요... 이것이 궤도면이에요. 지구의 자전축은 궤도면에 수직이 아니에요... 이것은 비스듬히 기울어져 있어요.

S2: 알겠어요... 한 해의 다른 시점에, 반구 중 하나는 태양 쪽을 향하고 다른 하나는 그것으로부터 반대 방향으로 향하는 거죠... 이것이 계절이 변하는 이유예요, 그렇죠?

P: 맞아요. 실은... 음, [3]지구는 일종의 팽이와 같은 거고, 아주 느리게 흔들거려요... 이것은 지구의 자전축 방향이 약 26,000년의 기간에 걸쳐 변한다는 것을 의미해요. 현재, 북반구는 6월에 태양 쪽으로 기울어져 있어요... 이것이 그때 여름이 되는 이유예요... 하지만 지금으로부터 약 13,000년 후에는 12월에 여름이 될 거예요. 그래서 세차 운동... 어, 지구의 자전축 방향의 변화가... 두 반구의 계절의 시기에 영향을 미친다는 거죠.
[4]이것이 밀란코비치 이론의 마지막 변수로 이어집니다... 경사각이요. 지구의 자전축은 방향을 바꿀 뿐만 아니라, 기울기도 바뀌어요. 자, 멍한 표정들이 보이네요... 이것은 세차 운동과 밀접한 관계가 있으니까, 그것들을 혼동하지 마세요. 어, 기울기는 40,000년 주기에 따라 22.1도에서 24.5까지 변해요... 현재 그것은 23.5도 정도예요. 경사각은 기울어진 각도와 반구의 기후 조건 간에 직접적인 관계가 있기 때문에 중요해요...

S2: 음, 하지만 기울기는 2도 정도만 달라진다고 말씀하셨는데... 이것이 정말 중요한 영향을 미치나요?

P: 그럼요... [5]보다 작은 축 기울기는 북반구와 남반구가 받는 태양 복사열의 양이 더 고르게 분배된다는 것을 의미해요... 하지만 기울기가 단 몇 도 정도라도 증가할 땐, 음... 이것은 두 반구 간의 극적인 차이를 야기해요.
[6]자, 저에게 흥미로운 점은 지구 궤도의 이러한 세 가지 특징들이 연결되어 있다는 거예요. 빙하기에 대해 생각해보세요... 대부분의 기후학자들은 그것이 여름 동안 북반구에 도달하는 태양 복사열 양의 감소 때문이라는 것에 동의하고 있어요. 어, 눈은 완전히 녹지 않아서 매년 더 많은 얼음이 축적되어 빙하가 발달하게 돼요. 그래서 원일점에 있는 동안 북반구가 태양 쪽으로 기울어져 있는데, 지구의 궤도가 타원형이라면... 음, 그 결과, 여름에 매우 서늘할 거예요. 이 기간 동안, 보다 작은 축 기울기는 냉각 추세를 가속화할 거예요. 음, 북반구는 기울기가 더 심할 때보다 태양을 향하고 있을 때 더 적은 태양 복사열을 받겠죠. 이해하겠어요? [6]이심률, 세차 운동, 그리고 경사각은 모두 함께 작용해 지구 기후에 큰 영향을 미쳐요.

underlying [ʌ̀ndərláiiŋ] 근본적인   greenhouse gas 온실가스   long-term [lɔ́:ŋtə̀:rm] 장기적인   ocean current 해류
magnetic field 자기장   astronomer [əstrάnəmər] 천문학자   attribute [ətríbjuːt] ~의 결과로 보다, 귀착시키다
distinctive [distíŋktiv] 독특한   orbit [ɔ́:rbit] 궤도   eccentricity [èksəntrísəti] 이심률   elliptical [ilíptikəl] 타원형의, 타원의
oval-shaped [óuvəlʃèipt] 달걀 모양, 타원형의   solar radiation 태양 복사열   perihelion [pèrəhí:liən] 근일점
aphelion [əfí:liən] 원일점   precession [priséʃən] 세차 운동   axis [ǽksis] 축   orbital plane 궤도면
perpendicular to ~에 수직인   tilt [tilt] 기울다; 기울기   hemisphere [hémisfìər] 반구   face [feis] 향하다
spinning top 팽이   wobble [wάbl] 흔들리다, 동요하다   orientation [ɔ̀:riəntéiʃən] 방향   variable [vέəriəbl] 변수
obliquity [əblíkwəti] 경사각   angle [ǽŋgl] 기울기, 각도   mix up 혼동하다   degree [digríː] (각도 단위인) 도
climatologist [klàimətάlədʒist] 기후학자   glacier [gléiʃər] 빙하   accumulate [əkjúːmjulèit] 축적하다
accelerate [æksélərèit] 가속화하다

HACKERS **TEST** p.264

1. (B)   2. (A)

3.

	Organic	Inorganic
It is more common in the top layers of soil.	✓	
It is classified into three distinct categories.	✓	
It forms as a result of temperature variations.		✓
It accounts for a small percentage of the soil volume.	✓	

4. (B)   5. (D)   6. (C)

Listen to part of a lecture in a geology class.

P: OK, human activities have accelerated the rate of soil erosion in many parts of the world, which is a significant problem because it takes so long for new soil to form. [1]Today I want to take a look at how soil creation happens . . . uh, the process is probably a lot more complicated than you realize.

[2]The initial stage of soil formation is the accumulation of parent material–the inorganic matter that makes up the bulk of soil. Um, maybe I should take a step back . . . You need to understand that the parent material is created via weathering. You know, the process by which rock formations are broken down into smaller particles as a result of external forces. We discussed this in class last week. Can anyone give me a quick overview of the two main forms of weathering? Carol?

S1: I remember physical weathering . . . Um, abrasion caused by wind and rain obviously plays an important role, and, uh, [3-Inorg]temperature change is also a factor. Rock increases in size slightly when heated and contracts when cooled, causing cracks to form and bits to break off. Um, and extremely low temperatures can accelerate this process because water expands when it freezes, which means that the formation of ice in rock cracks can actually cause them to get bigger. Uh, I think the other one was called chemical weathering?

P: Right . . . [4]this usually occurs when rainwater eats away at certain types of rock formations–for example, limestone and chalk are particularly susceptible to this process. As we learned last week, rainwater is slightly acidic because it absorbs carbon dioxide from the air. Over an extended period of time, these two types of weathering result in the accumulation of very small rock particles, which serve as the parent material of soil.

[5]And, uh, the composition of the parent material has an influence on the properties of the soil that eventually forms. For example, soil that includes rock particles with water soluble ions like calcium, sodium, and magnesium is generally more fertile.

S2: So the main factor in determining whether soil is suitable for agriculture is the parent material?

P: I can see why you'd think that . . . but it's actually the organic material in soil that has the greatest influence on fertility . . . [3-Org]uh, even though it makes up less than 6 percent of the soil. This brings me to the next stage of soil formation, which is the creation of organic matter. To understand this, you need to look at one key biological process. Can you guess what I'm referring to?

S1: Actually, this was in the textbook. Uh, decomposition–microorganisms continuously break down plant and, uh, animal residue, which is incorporated into the parent material. [3-Org]It is also mentioned that organic matter is classified according to its state of decomposition. I think the categories were active, passive, and, um . . .

P: Slow. Very good. Active organic matter is, well, I guess "fresh" is the best way to put it. It has identifiable cell structures and is the main food source for microorganisms . . . uh, it also provides most of the nutrients for plant growth. Over a period of hundreds of years, it is broken down into passive organic material. Um, another name for this substance is humus . . . the organic material that has fully decomposed and is no longer biologically active. Slow organic matter is somewhere in the middle. It's technically active, meaning that it's still being broken down by microorganisms, but [6]it's composed of materials such as wood lignin that do not decompose easily, so it turns into humus much more slowly than usual. Yes?

S2: So . . . is the organic matter, uh, incorporated into the parent material once it has been transformed into humus?

P: Not exactly . . . Active organic matter on the surface of the ground is absorbed by the underlying material fairly early in the decomposition process. Precipitation, the activities of insects and animals . . . uh, there are a number of things that can cause this . . . [3-Org]So, the upper layer of the soil . . . uh, the topsoil . . . contains rock particles mixed with large amounts of both active and passive organic matter. Underneath this is the subsoil, which is composed primarily of the original parent material . . . there is very little organic matter here. What you need to keep in mind though is that soil formation never ends–new soil is constantly being produced and existing soil is always changing.

Now get ready to answer the questions. You may use your notes to help you answer.

1. What is the main purpose of the lecture?

Listen again to part of the lecture. Then answer the question.

P: The initial stage of soil formation is the accumulation of parent material–the inorganic matter that makes up the bulk of soil. Um, maybe I should take a step back . . . You need to understand that the parent material is created via weathering.

2. Why does the professor say this:
   P: Um, maybe I should take a step back . . .

3. Indicate whether each of the sentences below describes organic or inorganic matter in soil.
4. According to the professor, why does chemical weathering occur?
5. Why does the professor mention water soluble ions?
6. Why does slow organic matter require a longer period of time to become humus?

P: 자, 인간 활동은 전 세계 많은 지역에서 토양 침식의 속도를 가속시켜왔는데, 이는 새로운 토양이 형성되는 데 매우 오래 걸리기 때문에 중대한 문제입니다. [1]오늘은 어떻게 토양 생성이 일어나는지 살펴보려고 해요... 어, 그 과정은 아마 여러분이 알고 있는 것보다 훨씬 더 복잡할 거예요. [2]토양 생성의 초기 단계는 토양의 대부분을 구성하는 무기물인 모재의 축적이에요. 음, 한 단계 뒤로 물러나는 것이 좋겠네요... 여러분은 모재가 풍화작용을 통해 만들어진다는 점을 이해할 필요가 있어요. 그러니까, 외력의 결과로 암석층이 더 작은 입자들로 부서지는 과정 말이에요. 우리는 이것을 지난주 수업 시간에 논의했죠. 누가 풍화작용의 두 가지 주요 형태에 대해 잠깐 개략적으로 설명해볼래요? Carol?

S1: 저는 물리적 풍화를 기억해요... 음, 바람과 비로 인한 마모는 분명히 중요한 역할을 하고, 어, [3-Inorg]기온 변화도 한 가지 요인이에요. 암석은 열을 받으면 크기가 약간 증가하고 식으면 수축하는데, 이는 균열이 생기고 작은 조각들이 떨어져 나가는 원인이 돼요. 음, 그리고 물은 얼면 팽창하기 때문에 극도로 낮은 기온은 이 과정을 가속화할 수 있고, 이는 암석 균열 내에서의 얼음의 생성이 실제로 그 균열을 더 커지게 할 수 있다는 걸 의미해요. 어, 제 생각에 다른 하나는 화학적 풍화라고 했던 것 같은데요?

P: 맞아요... [4]그건 보통 빗물이 특정 유형의 암석층을 침식시킬 때 발생해요. 예를 들면, 석회암과 백악은 이 과정에 특히 영향을 받기 쉽죠. 우리가 지난주에 배웠듯이, 빗물은 대기로부터 이산화탄소를 흡수하기 때문에 약산성이에요. 오랜 기간에 걸쳐, 이러한 두 가지 유형의 풍화작용은 매우 작은 암석 입자의 축적을 일으키는데, 이것이 토양의 모재 역할을 하죠. [5]그리고, 어, 모재의 구성요소는 최종적으로 형성되는 토양의 특성에 영향을 미쳐요. 예를 들어, 칼슘, 나트륨, 그리고 마그네슘과 같은 수용성 이온을 가진 암석 입자를 포함하는 토양이 일반적으로 더 비옥하죠.

S2: 그러니까 토양이 농사에 적합한지 결정하는 주요 요인은 모재라는 거죠?

P: 학생이 왜 그렇게 생각하는지 알겠어요... 하지만 실제로 비옥함에 가장 큰 영향을 미치는 건 토양에 있는 유기물이에요... [3-Org]어, 비록 그게 토양의 6퍼센트 미만을 구성할 뿐이지만요. 이 논의가 토양 형성의 다음 단계인, 유기물의 생성으로 이어지겠네요. 이것을 이해하기 위해, 여

러분은 하나의 핵심적인 생물학적 과정을 살펴봐야 해요. 제가 무엇을 가리키는 것인지 추측할 수 있겠어요?

S1: 사실, 이건 교과서에 나와 있었어요. 어, 분해, 그러니까 미생물은 계속해서 식물과 어, 동물 잔해를 분해하는데, 이것은 모재로 혼합돼요. ³⁻ᴼʳᵍ또한 유기물은 분해 단계에 따라 분류된다고 언급되어 있었어요. 제 생각에 카테고리는 활성, 비활성, 그리고, 음...

P: 침체성이죠. 아주 좋아요. 활성 유기물은, 음, '신선'하다는 것이 그것을 표현하는 최선의 방법인 것 같네요. 이것은 인식 가능한 세포 구조를 가지고 있고 미생물들의 주요 식량원이에요... 어, 이것은 또한 식물 성장을 위한 대부분의 영양분을 제공해요. 수백 년의 기간 동안, 이것은 분해되어 비활성 유기재가 돼요. 음, 이 물질의 또 다른 이름은 부엽토인데... 완전히 분해되어서 더는 생물학적으로 활성적이지 않은 유기물이죠. 침체성 유기물은 그 중간에 있는 거예요. 이것은 엄밀히 말하면 활성적인데, 이는 미생물에 의해 아직 분해되고 있다는 걸 의미하지만, ⁶이것은 쉽게 분해되지 않는 목질소 같은 물질들로 구성되어 있어서 보통보다 훨씬 더 느리게 부엽토로 변해요. 네?

S2: 그러니까... 유기물은, 어, 일단 부엽토로 변형되면 모재에 혼합되는 건가요?

P: 꼭 그런 건 아니에요... 토양 표면의 활성 유기물은 분해 과정에서 상당히 초기에 아래에 있는 물질들에 의해 흡수돼요. 강수, 곤충과 동물의 활동... 어, 이것의 원인이 될 수 있는 많은 것들이 있죠... ³⁻ᴼʳᵍ그래서 토양의 상층... 어, 표토는... 활성, 그리고 비활성 유기물 두 가지 모두가 다량으로 혼합된 암석 입자들을 함유하고 있어요. 이 밑에는 심토가 있는데, 이것은 주로 본래의 모재로 구성되어 있죠... 여기에는 유기물이 거의 없어요. 하지만 여러분이 명심할 필요가 있는 것은 토양 형성이 결코 끝나지 않는다는 것이에요. 새로운 토양은 끊임없이 만들어지고 기존의 토양은 항상 변화하고 있어요.

accelerate [æksélərèit] 가속하다, 촉진하다 erosion [iróuʒən] 침식, 부식 formation [fɔːrméiʃən] 생성, 형성
parent material 모재 inorganic [ìnɔːrgǽnik] 무기물의 bulk [bʌlk] 대부분 via [váiə] ~을 통해서, ~을 통하여
weathering [wéðəriŋ] 풍화작용, 풍화 break down 부수다, 분해하다 particle [páːrtikl] 입자 external [ikstə́ːrnl] 외적인
abrasion [əbréiʒən] 마모, 침식 contract [kəntrǽkt] 수축하다 break off 떨어져 나가다 eat away 침식하다
limestone [láimstòun] 석회암 chalk [tʃɔːk] 백악, 백색 연토질 석회암 susceptible [səséptəbl] 영향을 받기 쉬운
composition [kàmpəzíʃən] 구성 serve as ~의 역할을 하다, ~로 쓰이다 property [prápərti] 특성 water soluble 수용성의
organic [ɔːrgǽnik] 유기물 decomposition [diːkàmpəzíʃən] 분해 microorganism [màikrouɔ́ːrgənìzəm] 미생물
residue [rézdjùː] 잔해 incorporate [inkɔ́ːrpərèit] 혼합하다, 섞다 identifiable [aidéntəfàiəbl] 인식 가능한
substance [sʌ́bstəns] 물질 humus [hjúːməs] 부엽토 retain [ritéin] 유지하다, 함유하다
precipitation [prisìpətéiʃən] 강수, 강수량 topsoil [tápsɔ̀il] 표토, 표층 subsoil [sʌ́bsɔ̀il] 심토, 하층토

9. Literature

HACKERS TEST

p.268

1. (D)   2. (C)

3.

	Yes	No
Evinced new writing styles	✓	
Advocated political creeds	✓	
Demonstrated exceptional writing talent		✓
Cost less than other books		✓
Articulated a true black perspective	✓	

4. (B)   5. (D)   6. (B), (C)

Listen to a lecture on literature.

P: I'm pretty sure you can recall taking up the Renaissance in your world history class. If you can still remember . . . well, what exactly is a renaissance? Um, here's a hint: it has to do with revival. Can anyone tell me?

S: Uh, yeah, it was a . . . cultural movement, and it took place after the Middle Ages in Europe . . . There was a kind of cultural rebirth . . . a lot of learning and literature . . . but mostly I think it was the arts.

P: Yes. From the fourteenth to the seventeenth centuries, there was an intellectual transformation that started in Italy . . . and it spread to the rest of Europe. And you're right about it being best known for its artistic developments. But . . . how about the Harlem Renaissance? Have you ever heard of a renaissance taking place in Harlem? Um, Harlem is a district in Manhattan, and it has pretty much had a reputation as a ghetto for black people until fairly recently. [1]So it might sound far-fetched to say that a renaissance . . . a cultural revival . . . occurred in Harlem. But it did! Let's take a look at how it came about and what it involved.

So . . . how did it start? Um, right after slavery was abolished, black Americans started migrating from the depressed rural South. Hundreds of thousands of them journeyed to industrial cities in the North, and many of them settled in Harlem. [2]Among those who settled in Harlem, there was a growing interest in racial equality for black people. It was quickly becoming the political agenda of middle class African-Americans. [5]Also . . . um, there were more education and employment opportunities for black people. I'm not saying these opportunities were equal to what white people had, but the circumstances were favorable enough to produce an educated black middle class by the time the twentieth century rolled in. These things laid the groundwork for the creative force that was evident not only in Harlem–although the community did attract a really remarkable concentration of some of the best writing talent . . . but also in, uh, Chicago and Washington, DC. So during the 1920s and 1930s there were developments in music, theater, art, and politics, but unlike the Renaissance in Europe, which, as we said, was essentially artistic development, the Harlem Renaissance was mostly a literary movement.

The, um, black people were united in giving artistic expression to the African-American experience . . . its roots . . . [6]and they wanted to express pride in their race through their writings. Much of their writing also had a purpose–the call for social and political equity with white people. So for ten years, sixteen black writers published some fifty volumes of poetry and fiction.

All this new literary talent was recognized not just by the African-American middle class but by the white people . . . white people who liked to buy books and believed these books were worth buying. [3]Part of the interest in this literature had to do with the political ideologies espoused in the writing . . . and there was also appreciation for the new literary styles . . . but it appears that the strongest reason was . . . both blacks and whites supported the expression of the African-American experience by African-Americans.

[4]Now I'd like to focus on two writers. I do hope you get the chance to read their works. The first is Robert Hayden. Hayden was a standout not only because he was a technically gifted writer, but his poetry, particularly Middle Passage, revealed the aspects with which he approached his subject matter. He was a thorough researcher and rapacious reader . . . and he used the historical voices of black people in his poetry to bring to the fore the cruelty inflicted upon the blacks, and he did it with great insight and emotion.

The other writer I have in mind is Langston Hughes. What made Hughes' poetry so distinctive is that he imbued it with the rhythms of African-American music . . . The Weary Blues is one example. And his writing was intensely personal. Hughes had white ancestors, so he was inclined to look at the circumstances of black people with the eyes of an individual who understood what it was like to be both on the outside and on the inside.

Now get ready to answer the questions. You may use your notes to help you answer.

1. What does the professor mainly discuss?
2. According to the lecture, what was a distinguishing characteristic of middle-class African-Americans?
3. In the lecture, the professor discusses the reasons people bought books written by black people during the Harlem Renaissance. Indicate whether each of the following is a reason.

Listen again to part of the lecture. Then answer the question.

P: Now I'd like to focus on two writers. I do hope you get the chance to read their works. The first is Robert

Hayden. Hayden was a standout not only because he was a technically gifted writer, but his poetry, particularly *Middle Passage*, revealed the aspects with which he approached his subject matter.

4. What does the professor mean when he says this:
   P: I do hope you get the chance to read their works.

5. What does the professor say about education and employment opportunities for black people after slavery ended?

6. According to the professor, what are two reasons black writers wrote poetry and fiction in the 1920s and 1930s?

P: 세계사 시간에 르네상스를 다루었던 것을 기억할 거라고 꽤 확신해요. 아직도 기억이 난다면... 자, 르네상스가 정확히 뭐죠? 음, 힌트를 하나 줄게요. 부흥과 관련이 있어요. 누가 저한테 얘기해 줄 수 있나요?

S: 어, 네, 그것은... 문화적인 운동이었어요, 그리고 유럽에서 중세 이후에 일어났죠... 그리고 문화적인 부활 같은 것이 있었어요... 많은 교육과 문학도요... 하지만 대부분은 예술이었던 것 같아요.

P: 그래요. 14세기에서 17세기까지, 이탈리아에서 시작된 지적인 변화가 있었죠... 그리고 나머지 유럽으로 퍼졌어요. 그리고 예술적인 발달들로 가장 잘 알려져 있는 것도 맞아요. 하지만... 할렘 르네상스는 어떨까요? 할렘에서 르네상스가 일어났다는 얘기를 들어본 적이 있나요? 음, 할렘은 맨해튼에 있는 지역인데, 꽤 최근까지 흑인 빈민가로 명성이 꽤 있었죠. [1]그러니까 르네상스... 문화적 부흥이... 할렘에서 일어났다고 하는 것이 부자연스럽게 들릴 수도 있어요. 하지만 일어났어요! 그것이 어떻게 생겨나고 무슨 일들과 관련이 있었는지 봅시다.

자... 어떻게 시작됐을까요? 음, 노예제가 없어진 직후, 미국 흑인들은 억압받던 남쪽 시골에서 이주하기 시작했어요. 수만 명이 북쪽의 산업 도시로 이동했고, 많은 이들이 할렘에 정착했죠. [2]할렘에 정착한 이들 사이에서 흑인들을 위한 인종 평등에 대한 관심이 확대되고 있었어요. 그것은 급속도로 중산층 미국 흑인들의 정치의제가 되고 있었어요. [5]또... 음, 흑인들을 위한 교육과 취직 기회가 많아졌어요. 이런 기회들이 백인들이 가지고 있었던 기회들과 동등했다는 말은 아니지만, 20세기가 시작될 때쯤 교육받은 흑인 중산층이 생길 정도로 상황이 유리했어요. 이런 것들은 창조적인 세력을 위한 기초를 다졌는데, 할렘에 최고의 글솜씨를 가진 사람들이 매우 놀라울 정도로 집중되어 있긴 했지만... 할렘뿐만 아니라, 어, 시카고와 워싱턴 DC에서도 나타났죠. 그래서 1920년대와 1930년대에는 음악, 극장, 예술과 정치에서 발전이 있었어요, 하지만 유럽의 르네상스가 본질적으로 예술적인 진보였던 것과 달리, 할렘 르네상스는 대부분 문학적인 운동이었어요.

음, 흑인들은 미국 흑인들의 경험... 자신의 뿌리를... 예술적으로 표현하기 위해 뭉쳤어요. [6]그리고 그들은 그들의 인종에 대한 긍지를 글을 통해 표현하고 싶어 했어요. 대부분 그들의 글들은 목적도 있었어요, 백인들과의 사회적, 그리고 정치적 평등을 향한 요구요. 그래서 10년 동안, 16명의 흑인 작가들이 약 50권의 시집과 소설을 출판했어요.

이 모든 새로운 문학적 재능은 미국 흑인 중산층뿐만 아니라 백인들에게도 인정 받았어요... 책 사는 것을 좋아하고 이 책들이 살 가치가 있었다고 생각하는 백인들에게요. [3]이 문학에 대한 관심의 일부는 글이 지지하는 정치적인 이데올로기들과 관련이 있었어요... 그리고 새로운 문학 스타일에 대한 인정도 있었죠... 하지만 가장 강력한 이유는... 흑인들과 백인들 모두 미국 흑인들의 경험을 미국 흑인들이 표현하는 것을 지지했기 때문인 것 같아요.

[4]이제 저는 두 작가들에게 집중하고 싶어요. 여러분이 그들의 작품들을 읽을 기회를 가질 수 있길 바랍니다. 첫 번째는 Robert Hayden이에요. Hayden이 뛰어났던 이유는 그가 기술적으로 재능 있는 작가였을 뿐만 아니라, 그의 시, 특히 'Middle Passage'가 그가 주제에 어떤 관점을 가지고 접근했는지 보여주기 때문입니다. 그는 철저한 연구자였고 탐욕적인 독자였어요... 그리고 그는 흑인들에게 가해진 잔혹함을 표면화하기 위해 그의 시에 흑인들의 역사적인 목소리들을 사용했고, 그 일을 굉장한 통찰력과 감정을 가지고 했어요.

제가 염두에 두고 있는 다른 작가는 Langston Hughes예요. Hughes의 시를 특별하게 만든 것은 미국 흑인 음악의 리듬을 그 속에 불어 넣었다는 거예요... 'The Weary Blues'가 하나의 예죠. 그리고 그의 글은 지극히 개인적이었어요. Hughes는 백인 조상들이 있었기 때문에 포함되고 포함되지 않을 때 어딘지 둘 다 이해하는 개인의 눈으로 흑인들의 상황을 보는 경향이 있었죠.

---

recall[rikɔ́:l] 기억해 내다　　**Renaissance**[rènəsá:ns] 르네상스　　**revival**[riváivəl] 부흥, 부활　　**take place** 일어나다
rebirth[ri:bə́:rθ] 부활　　**transformation**[trænsfərméiʃən] 변화　　**artistic**[ɑ:rtístik] 예술적인　　**reputation**[rèpjutéiʃən] 명성
ghetto[gétou] 빈민가　　**fairly**[fέərli] 꽤　　**far-fetched**[fá:rfètʃt] 부자연스러운　　**slavery**[sléivəri] 노예제
migrate[máigreit] 이주하다　　**settle**[sétl] 정착하다　　**racial equality** 인종 평등　　**agenda**[ədʒéndə] 의제
circumstance[sə́:rkəmstæns] 상황, 조건　　**groundwork**[gráundwə̀:rk] 기초, 토대　　**remarkable**[rimá:rkəbl] 놀라운, 현저한
concentration[kànsəntréiʃən] 집중　　**essentially**[əsénʃəli] 본질적으로　　**volume**[válju:m] 권, 서적
ideology[àidiálədʒi] 이데올로기　　**espouse**[ispáuz] (주의, 사상 등) 지지하다　　**standout**[stǽndàut] 뛰어난 것(사람)
rapacious[rəpéiʃəs] 탐욕적인　　**inflict**[stǽndàut] (타격을) 가하다, 주다　　**insight**[ínsàit] 통찰력
distinctive[distíŋktiv] 특별한　　**imbue**[imbjú:] 불어넣다, 물들이다　　**intensely**[inténsli] 지극히, 강렬하게
incline[inkláin] 경향이 있다

HACKERS **TEST** p.272

1. (D)	2. (C)	3. (C)	4. (B)	5. (B)	6. (A)

Listen to part of a lecture on linguistics.

P: OK, so the last time we met, I briefly introduced the topic of language acquisition and the dozen or so theories on how people acquire languages. [1]Well, today, I'll be focusing on, two theories from which a number of other ideas on language acquisition in children have been based. [5]Now, these theories have been the subject of debate among the most renowned linguists today. And if you read the assigned literature, you've probably begun leaning toward one of the two. Just to make sure you know which ones I'm referring to, can someone name what these two theories are?

S: The empirical model and the theory of universal grammar . . .

P: Right.

S: Or B.F. Skinner versus Noam Chomsky . . .

P: Well, that's another way of looking at it. Anyway . . . now, let me explain how each of these theories works. All right, let's start with the empirical model. [2]OK, imagine, a blank slate, and . . . someone takes a piece of chalk and begins writing on that slate. This slate, as B.F. Skinner puts it, is the child's mind, which is empty and must be filled for the child to begin producing intelligible sounds with . . . intelligent meanings. And what is it that Skinner says the mind needs to be filled with? Well, he calls these inputs "stimuli." In empirical model, language acquisition in a child requires the stimuli of interaction with the environment. So, there must be a series of external events that elicit a response from the child. And through continued interaction, these events sharpen that response so that it becomes conditioned. In time, these events, some of which are, you know, selectively reinforced, produce in the child a set of habits that allows him to fully interact with his environment. Let me give you an example. A mother asks her child, "Do you want a cookie?" The child responds, "Want cookie." In time, the mother corrects him when he says "Want cookie." "I want a cookie," the mother says. So the "I" pronoun has been added to the child's vocabulary, and through reinforcement, the child begins to use "I" as a matter of habit. OK . . . just to make sure you got the point, I have a question for you. Between the two words nurture and nature, which do you think is associated with the empirical model?

S: Nurture?

P: Why nurture?

S: Because empiricism holds that all knowledge comes from a person's experiences, so these experiences . . . well, they nurture a person into acquiring knowledge, I guess, and that knowledge includes . . . language.

P: Precisely. On the other hand, the word nature is associated with the theory of universal grammar . . . because it presupposes that some of that knowledge already exists in a person, that it's innate. Noam Chomsky theorized that humans have a built-in device at birth. He called it the language acquisition device, or LAD for short. Now, this device, as Chomsky says, is supposed to be wired into the human brain . . . and its purpose is to prepare a human being to acquire language. So . . . uh, essentially, LAD is a genetically determined set of rules which Chomsky calls a universal grammar. It doesn't provide the grammar rules for a specific language. Instead, it's sort of a language template that enables a young child to systematically perceive the rules of a language by hearing a few sentences in that language. [3]Chomsky likened it to a switch box, and the switches are set when a child hears a phrase or sentence uttered.

For example, in the English language, prepositions come first. We say "in America." In the Japanese language, however, it's the other way around. They say "Japan in." So, an American child, on hearing a sentence in the English language, would set the switch to preposition–first, and each time he utters a phrase or sentence, he naturally uses the preposition first. Now, if the child had been born in Japan, see, the switch would have been set the other way, and the child would naturally put the preposition last. So, in Chomsky's view, a person's language would consist of three components. First, the universal grammar that's already a part of him. Second, his particular setting of the parameters or switches when he hears his mother tongue being uttered. And third, his lexicon or his vocabulary.

S: [6]I'm sorry for interrupting, but how does Chomsky know that this genetic device exists? Is there any way to test whether humans actually have an LAD?

P: Yes, glad you brought that up. Now we come to Chomsky's argument. You see, Chomsky never denied the importance of environment in language acquisition. However, he believes that the stimuli which Skinner spoke of are . . . simply not enough. Chomsky used the phrase "the poverty of stimulus." [4]What Chomsky meant was . . . well, he noted that the very few experiences a child has with his environment are capable of producing an incredible tapestry of very complex and rich knowledge. And the child comes to possess this knowledge in a relatively short period of time. I think you know what Chomsky means.

Now get ready to answer the questions. You may use your notes to help you answer.

1. What is the discussion mainly about?
2. Why does the professor mention a blank slate?
3. According to the professor, how did Noam Chomsky explain the Language Acquisition Device?
4. What is the evidence for human beings having a Language Acquisition Device?

Listen again to part of the lecture. Then answer the question.

P: Now, these theories have been the subject of debate among the most renowned linguists today. And if you read the assigned literature, you've probably begun leaning toward one of the two.

5. What does the professor imply when he says this:
   P: And if you read the assigned literature, you've probably begun leaning toward one of the two.

Listen again to part of the lecture. Then answer the question.

S: I'm sorry for interrupting, but how does Chomsky know that this genetic device exists? Is there any way to test whether humans actually have an LAD?

P: Yes, glad you brought that up. Now we come to Chomsky's argument. You see, Chomsky never denied the importance of environment in language acquisition.

6. Why does the professor say this:
   P: Yes, glad you brought that up.

P: 자, 그럼 지난 강의 시간에 언어습득이라는 주제와 인간이 어떻게 언어를 습득하는지에 관한 여러 이론들을 짧게 소개했었습니다. [1]음, 오늘은 어린이의 언어습득에 대한 다른 많은 견해들의 근간이 되고 있는 두 이론에 초점을 맞추어 보겠습니다. [5]자, 이 두 가지 이론은 오늘날 많은 저명한 언어학자들 사이에서 쟁점이 되고 있습니다. 그리고 여러분들이 과제로 내주었던 논문을 읽었다면, 아마 두 이론 중 한 가지로 마음이 기울었을 것입니다. 내가 이야기하고 있는 이론에 대해 여러분이 알고 있는지 확인하기 위해서, 누가 그 두 이론이 무엇인지 이야기해볼까요?
S: 경험주의 모델과 보편문법 이론입니다...
P: 맞아요.
S: 혹은 B.F. 스키너 대 노엄 촘스키라고 할 수도 있어요...
P: 음, 그렇게도 볼 수 있겠군요. 어쨌든... 자, 각각의 이론이 어떻게 성립되는지 설명하도록 하겠습니다. 좋아요, 경험주의 모델부터 시작하죠.

[2]자, 텅 빈 서판을 상상해보세요, 그리고... 누군가 분필을 들고 그 위에 무언가를 쓰기 시작합니다. B.F. 스키너는, 이 빈 서판이 어린아이의 마음이라고 말하면서, 아이가 이해할 수 있는 의미를 지닌 정보를 담은 의미 있는 소리를 내려면... 이 서판이 채워져야 한다고 했습니다. 그리고 스키너는 그 마음이 무엇으로 채워져야 한다고 말했을까요? 음, 그는 이렇게 입력되는 것을 '자극'이라고 지칭했습니다. 경험주의 모델에서, 아이의 언어습득은 환경과의 상호작용이라는 자극을 필요로 합니다. 따라서, 아이에게 반응을 이끌어내는 일련의 외부 사건이 있어야만 해요. 그리고 지속적인 상호작용을 통해, 이러한 사건들은 그 반응을 강화시키고 그것이 몸에 익도록 하죠. 시간이 흐르면, 이러한 사건들 중 일부가, 그러니까, 선택적으로 강화되어, 아이가 환경과 완전히 상호작용할 수 있도록 하는 습관을 만듭니다.

예를 들어 볼게요. 어머니가 아이에게 "쿠키 먹을래?"라고 물으면, 아이는 "쿠키 먹어."라고 대답합니다. 시간이 지나면서, 어머니는 아이가 "쿠키 먹어."라고 말하는 것을 바로잡아 줍니다. "나는 쿠키를 먹을래."라고 어머니가 말하는 것이죠. 대명사 '나는'이 아이의 어휘에 추가되었고, 강화를 통해 아이는 습관적으로 '나는'을 사용하기 시작하게 되죠. 자... 여러분이 이해했는지 알아보기 위해 질문을 하나 할게요. 양육과 천성이라는 두 단어 중 어느 것이 경험주의 모델과 연관되어 있다고 생각하나요?

S: 양육 아닐까요?

P: 왜 양육이죠?

S: 경험주의에서는 모든 지식이 사람의 경험으로부터 나온다고 주장하기 때문에, 그러니까 이런 경험들이... 음, 사람을 지식을 획득하도록 양육한다고 생각해요, 그리고 그 지식에는... 언어도 포함되고요.

P: 정확해요. 반면, 천성이라는 단어는 보편문법과 연관되어 있습니다... 보편문법은 그러한 지식의 일부는 이미 사람 안에 존재하고 있다, 즉 선천적인 것이라고 전제하고 있기 때문이에요. 노엄 촘스키는 인간은 태어나면서부터 내재된 장치를 지니고 있다는 것을 이론화했습니다. 그는 이 장치를 언어습득장치, 혹은 간단히 LAD라고 지칭했어요. 자, 이 장치는, 촘스키에 따르면, 뇌 안에 있으며... 인간이 언어를 습득하도록 준비하는 것이 그 기능이에요. 그러니까... 어, 본질적으로, LAD는 유전적으로 결정된 일련의 법칙인데, 촘스키는 이것을 보편문법이라고 지칭하였습니다. 이것은 특정 언어의 문법 규칙을 규정하는 것이 아니에요. 그 대신, 어린아이가 그 언어로 이루어진 몇 문장을 들으면 언어의 규칙을 체계적으로 이해하도록 하는 언어의 원형이라고 할 수 있어요. [3]촘스키는 이 장치를 스위치 박스에 비유하면서, 아이가 구 또는 문장이 발화되는 것을 들으면 스위치가 가동된다고 했어요.

예를 들어, 영어에서는 전치사가 먼저 와요. 우리는 'in America'라고 말하죠. 그러나 일본어에서는 반대입니다. 일본인들은 '일본에서'라고 말하죠. 그러므로, 미국 아이가 영어 문장을 들으면 스위치를 '전치사가 선행된다'에 맞게 되고, 그 아이는 구 또는 문장을 말할 때마다, 자연스럽게 전치사를 먼저 말하게 되는 것입니다. 자, 그 아이가 일본에서 태어났다면, 그럼, 스위치는 다른 방법으로 맞추어졌겠죠, 그리고 아이는 자연스럽게 전치사를 뒤에 놓게 될 것입니다. 그래서, 촘스키의 관점에서 볼 때, 한 사람의 언어는 세 가지 요소로 구성됩니다. 첫 번째는 이미 그 사람 안에 내재된 보편문법입니다. 두 번째는 그 사람이 발화된 모국어를 들을 때 지정되는 특정 파라미터 혹은 스위치입니다. 세 번째는 개인이 사용하는 어휘나 단어입니다.

S: [6]방해해서 죄송하지만, 촘스키는 이런 유전적 장치가 존재하는 것을 어떻게 알았죠? 인간이 실제로 LAD를 갖고 있는지 실험할 수 있는 방법이 있나요?

P: 네, 그 질문을 해주어서 기쁘군요. 이제 촘스키의 주장에 대해 얘기해 봅시다. 촘스키는 결코 언어습득에 있어서 환경의 중요성을 부인하지는 않았습니다. 그러나, 그는 스키너가 말한 자극만으로는... 충분하지 않다고 생각했어요. 촘스키는 '자극의 결핍'이라는 구를 사용했어요. [4]촘스키가 의미한 바는... 음, 그는 아이가 자신의 환경에서 겪는 아주 적은 경험만으로도 매우 복잡하고 풍부한 지식을 굉장히 다양하게 생성해 낼 수 있다는 것에 주목했습니다. 그리고 아이는 상대적으로 짧은 기간 내에 이 지식을 자신의 것으로 만들게 되죠. 모두들 촘스키가 무엇을 의미하는지 알 거라고 생각해요.

acquisition [əkwizíʃən] 습득　　　renowned [rináund] 저명한, 유명한　　　literature [lítərətʃùər] 논문, 문헌
lean toward ~으로 기울어지다　　　empirical [empírikəl] 경험적인　　　universal [jùːnəvə́ːrsəl] 보편적인
versus [və́ːrsəs] ~대　　　blank [klæŋk] 비어있는　　　slate [sleit] 서판, 석판　　　stimuli [stímuli] 자극(stimulus의 복수)
sharpen [ʃáːrpən] 강화하다　　　conditioned [kəndíʃənd] 몸에 익은, 조건반사가 된　　　selectively [siléktivli] 선택적으로
reinforce [rìːinfɔ́ːrs] 강화하다, 보강하다　　　vocabulary [voukǽbjuèri] 어휘　　　reinforcement [rìːinfɔ́ːrsmənt] 강화
innate [inéit] 선천적인, 타고난　　　theorize [θíː(ː)əràiz] 이론화하다　　　built-in 내재된　　　genetically [dʒənétikəli] 유전적으로
template [témplit] 원형, 모형　　　systematically [sìstəmǽtikəli] 체계적으로　　　liken [láikən] 비유하다
interrupt [ìntərʌ́pt] 방해하다　　　poverty [pávərti] 결핍, 궁핍　　　incredible [inkrédəbl] 굉장한
relatively [rélətivli] 상대적으로

HACKERS **TEST** p.278

1. (C)	2. (B)	3. (B)

4.

	Yes	No
People clear land for planting.	✓	
Wars ensue regarding distribution of food.	✓	
Mayans begin trading goods for food.		✓
Region becomes warmer and less moist.	✓	
People resort to hunting and gathering.		✓

5. (C)	6. (D)

Listen to part of a lecture in an anthropology class.

Um, so we've been discussing the rise of the Mayan civilization for a while, and as you know . . . civilizations rise and fall . . . and that's what I'd like to talk about today. It's actually pretty stunning that in a seemingly very short period of time, a society of some 15 million people vanished. They just disappeared, you know . . . the cities were deserted . . . and the immense pyramids were left in ruins. The rapid demise has got to be one of the greatest archaeological mysteries of our time. Till now, scientists do not know for sure what led to the collapse . . . although they do have their theories.

So, what do they believe may have caused the great Mayan civilization to fall? Well, some archaeologists think that a combination of overpopulation, power struggles, and a weak economy led to its collapse. [1]But lately, other archaeologists have suggested that drought caused the civilization's collapse. At first, no one had any evidence to prove the drought theory, but now scientists are discovering more and more convincing evidence to support this theory.

All right, so, let's go over this evidence. Well, scientists studied the ancient build up of sediment on the sea floor near the Mayan ruins. This is a little confusing, so I'll try to explain this without using any scientific jargon . . . Uh . . . annual rainfall is measured by the amount of titanium levels in the sediment layers. Better yet . . . you know tree rings, right? [2]Well, from tree rings, a scientist can find out how old a tree is and if any kind of weather disturbances occurred . . . drought, for example. And this can be done by . . . counting the rings and examining the nature of the tree rings. Now, let's go back to the sediment layers. Well, sediment layers record the year's weather patterns much like tree rings. By counting the distinct bands of a sediment layer and measuring the titanium levels, a scientist can tell approximately how much rain fell and in what year there were droughts.

[3]Well, scientists analyzed the ocean sediment layers and found several groups of layers with low titanium content. This indicates arid conditions. So, anyway, the layers were dated, and scientists concluded that the area had three severe droughts that each lasted about a decade around 810, 860, and, uh, 910 AD. Now, take note that archaeologists studying the ruins have found that these periods closely match the times that Mayans abandoned their cities. This is why scientists believe that droughts were a big reason for the downfall of the Mayan civilization since they severely depleted already limited resources.

So, in effect, defenders of the climate change theory say the droughts sparked a chain of events that eventually led to the demise of the Maya. You can imagine just how this happened . . . See, drought caused crop failure, which, in turn resulted in famine and disease. [4]Then, the increased competition for food led to warfare between the various Mayan city-states. And of course, the deforestation that occurred resulted in an ever decreasing supply of food.

It was actually a vicious cycle . . . [4]the citizens weren't getting enough food from the government, so they went out to clear more land for farming . . . basically, to plant crops for consumption, you know. Now, the ancient Mayans practiced slash-and-burn farming, where they cleared a forest by cutting down and burning all the trees . . . Well, scientists now know that just before the civilization's collapse, tree pollen almost completely disappeared and was replaced by weed pollen. [5]So, intensive over-cutting of forests, along with population growth, would have surely led to the erosion of the most precious thing in agriculture . . . topsoil. OK, so this changing groundcover would have boosted the temperature of the region by as much as six degrees. [4]Then, these warmer temperatures would have dried out the land, making it increasingly unfertile . . .

[6]But you know, what must have been especially frustrating to the Maya was that the kings and nobles didn't take action . . . Basically, their leaders went ahead with building monuments to themselves, and to make matters worse, they waged wars against the other Mayan city-states for food. If that didn't work, they simply stole food from the peasants . . . Of course, the population of the Mayan cities began to decline and would continue to do so for the next two hundred years . . . On the eve of its demise, the population levels were 90 percent lower than they were at the civilization's height in 700 AD. So you see, the drought theory makes sense, don't you think? Well, I believe the fall of the Mayan civilization serves as a valuable lesson for today's society especially because resources are vulnerable to becoming depleted.

Now get ready to answer the questions. You may use your notes to help you answer.

1. What is the main topic of the lecture?
2. How does the professor introduce sediment layers?
3. According to the lecture, how does the research on the sediment layers support the drought theory?
4. In the lecture, the professor cites a number of events that were a result of the drought. Indicate whether each of the following is an event that occurred.
5. What does the professor imply about slash-and-burn farming?

Listen again to part of the lecture. Then answer the question.

P: But you know, what must have been especially frustrating to the Maya was that the kings and nobles didn't take action . . . Basically, their leaders went ahead with building monuments to themselves, and to make matters worse, they waged wars against the other Mayan city-states for food. If that didn't work, they simply stole food from the peasants . . .

6. How does the professor seem to feel about the Mayan kings and nobles?

음, 우리는 마야 문명의 번영에 대해 얼마간 논의했었어요, 그리고 모두들 알고 있듯이... 문명은 번영하기도 하고 몰락하기도 합니다... 그리고 그것에 대해 오늘 이야기하려고 해요. 아주 짧은 듯한 기간에 천5백만 인구의 사회가 사라진 것은 실로 매우 놀라운 일이에요. 그냥 사라졌어요, 그러니까... 도시는 버려지고... 거대한 피라미드는 폐허로 남게 되었습니다. 이 급격한 소멸은 현재 가장 큰 고고학적 불가사의 중 하나예요. 지금까지도 과학자들은 무엇으로 인해 그들이 몰락했는지 확실히 알지 못합니다... 비록 각자가 자신만의 이론을 갖고 있긴 하지만 말입니다.

그렇다면, 과학자들은 거대한 마야 문명이 어떤 이유로 멸망했다고 생각할까요? 음, 어떤 고고학자들은 인구 과잉, 권력 다툼, 부실한 경제의 결합이 몰락으로 이끌었다고 생각합니다. [1]그러나 최근에, 다른 고고학자들은 가뭄이 이 문명을 몰락하게 했다는 이론을 제시했습니다. 처음에는 아무도 가뭄 이론을 증명할 수 있는 증거를 갖고 있지 않았으나, 오늘날 과학자들은 이 이론을 지지하는 설득력 있는 증거를 많이 발견하고 있습니다. 좋아요, 그러면, 이 증거에 대해 알아봅시다. 음, 과학자들은 마야 유적 부근의 해저에 쌓여있는 고대 퇴적물을 조사했습니다. 이것은 다소 복잡할 수 있으니까, 과학적인 전문용어를 쓰지 않고 설명해보도록 할게요... 어... 연 강수량은 퇴적층에 있는 티타늄 양의 정도에 따라 측정됩니다. 좀 더 이해하기 쉽도록 하기 위해... 나무의 나이테를 알고 있죠, 그렇죠? [2]음, 나이테를 통해서, 과학자들은 나무의 나이와... 예를 들면, 가뭄 같은 불안정한 기후가 있었는지를 알 수 있습니다. 그리고 이것은... 나이테를 세고 나무의 나이테의 성질을 조사함으로써 알 수 있습니다. 자, 이제 퇴적층으로 돌아가보죠. 음, 퇴적층은 한 해의 기후 패턴을 나이테처럼 기록합니다. 뚜렷이 눈에 띄는 퇴적층을 세고 티타늄 양을 측정함으로써, 과학자는 대략적으로 비가 얼마나 내렸는지 가뭄이 어느 해에 있었는지 구별해 낼 수 있습니다.

[3]음, 과학자들은 해양 퇴적층을 분석한 후, 티타늄 함유량이 적은 일부 층을 발견했습니다. 이 층들은 건조한 기후를 나타내죠. 그래서, 어쨌든, 이

층들의 연대를 조사한 후, 과학자들은 810년, 860년, 그리고, 어, 910년경에 이 지역에서 약 10년간 지속된 극심한 세 번의 가뭄이 있었다고 추정했습니다. 자, 유적지를 조사한 고고학자들이 바로 이 시기가 마야인들이 도시를 버리고 떠난 시기와 거의 일치한다는 것을 발견했다는 것에 주목하세요. 바로 이 때문에 과학자들은 가뭄이 마야 문명 몰락의 큰 이유라고 생각합니다, 가뭄이 이미 부족했던 자원을 심각하게 고갈시켰기 때문이죠.

그래서, 사실상, 기후 변화 이론의 옹호자들은 가뭄이 연속적인 사건들을 유발하여 결국 마야 문명의 몰락을 초래했다고 말합니다. 어떻게 이러한 현상이 발생했는지 상상할 수 있을 거예요... 그러니까, 가뭄은 흉작을 유발했고, 이어서 기근과 질병이 발생했죠. ⁴그리고 식량 쟁탈이 심해짐에 따라 많은 마야 도시국가들 사이에 전쟁이 일어났습니다. 그리고 물론, 삼림벌채가 발생하면서 식량 공급은 그 어느 때보다도 감소하게 되었죠.

실제로 이것은 그야말로 악순환이었죠... ⁴시민들은 정부로부터 충분한 식량을 얻지 못하자, 농사를 짓기 위해 더 많은 땅을 개간했어요... 그러니까, 기본적으로 먹기 위한 작물을 재배하기 위해서였죠. 자, 고대 마야인들은 화전농업을 했어요, 숲의 모든 나무를 베어내고 태워서 숲을 개간하는 방법이죠... 음, 현재 과학자들은 문명이 멸망하기 직전에, 나무 꽃가루가 거의 소멸되고 대신 잡초 꽃가루로 대체된 것을 알게 되었어요. ⁵그래서, 분명 인구 성장에 따른 숲의 과도한 벌목이 농업에서 가장 소중한... 표토를 침식시켰을 것입니다. 네, 이렇게 변화한 지표는 그 지역의 온도를 6도나 오르게 했을 겁니다. ⁴그리고 이렇게 따뜻해진 기온은 땅을 건조하게 함으로써, 그곳을 한층 더 불모의 땅으로 만들었습니다...

⁶하지만 알다시피, 마야인들은 왕과 귀족들이 어떠한 조치도 취하지 않은 것에 특히 좌절했을 거예요... 근본적으로 지도층 인물들은 자신을 위한 기념비를 세웠고, 설상가상으로 식량을 얻기 위해 다른 마야 도시국가들과 전쟁을 일으켰습니다. 만약 성공을 이루지 못하면, 농민들에게서 식량을 약탈해왔죠... 당연히, 마야 도시의 인구는 감소하기 시작했고 이것은 이후 200년간 지속되었습니다... 멸망 직전에, 인구 수는 문명의 절정기였던 서기 700년보다 90퍼센트나 낮았어요. 그래서 보다시피, 가뭄 이론은 일리가 있습니다, 그렇지 않나요? 음, 저는 마야 문명의 몰락이 현대 사회에 귀중한 교훈이 된다고 생각해요, 특히 자원이 고갈되기 쉽다는 점에서요.

stunning [stʌ́niŋ] 놀라운   seemingly [síːmiŋli] ~듯한, 겉보기에   vanish [vǽniʃ] 사라지다   desert [dézərt] 버리다, 유기하다

immense [iméns] 거대한   ruin [rú(ː)in] 폐허, 유적지   demise [dimáiz] 소멸, 멸망

overpopulation [òuvərpàpjəléiʃən] 인구 과잉   convincing [kənvínsiŋ] 설득력 있는   jargon [dʒáːrgən] 전문 용어

tree ring 나이테   disturbance [distə́ːrbəns] 불안   content [kántent] 함유량   arid [ǽrid] 건조한

severe [sivíər] 극심한   downfall [dáunfɔ̀ːl] 몰락   deplete [diplíːt] 고갈시키다   defender [diféndər] 옹호자

spark [spɑːrk] 유발하다   warfare [wɔ́ːrfɛ̀ər] 전쟁   deforestation [diːfɔ̀(ː)ristéiʃən] 삼림벌채

slash-and-burn farming 화전농업   pollen [pálən] 꽃가루   erosion [iróuʒən] 침식   precious [préʃəs] 소중한

topsoil [tápsɔ̀il] 표토   groundcover [graundkʌ́vər] 지표   boost [buːst] 올리다   unfertile [ʌnfə́ːrtəl] 불모의

noble [nóubl] 귀족   take action 조치를 취하다   monument [mánjəmənt] 기념비   wage [weidʒ] (전쟁을) 일으키다

peasant [pézənt] 농민, 소작농   vulnerable [vʌ́lnərəbl] 영향 받기 쉬운, 약한

12. Archaeology

HACKERS **TEST**

p.284

1. (A), (C)   2. (C)   3. (D)

4.

	Yes	No
GPR is easily absorbed by areas with salt.		✓
GPR is sensitive to power lines and buildings.		✓
GPR can pass through moist or wet ground.	✓	
GPR is non-invasive and preserves what may exist.	✓	
GPR produces fine details in the images it generates.	✓	

5. (B)   6. (B)

Listen to part of a lecture in an archaeology class.

OK, uh . . . so let me point out one of the difficulties inherent in the process of archaeology. See, although the archaeologist's main job is to preserve ancient artifacts, the steps he takes in processing a site ultimately and systematically destroy them. So, obviously, the archaeologist needs techniques that are non-destructive. In light of this, let's discuss a geophysical method that I'm pretty sure you've come across in your readings . . . uh, GPR, or Ground Penetrating Radar. All right . . . today, we'll focus on what GPR is and what its advantages and disadvantages are when used for archaeological purposes.

[1]So, how exactly do GPRs work? The explanation might've been confusing in the text I assigned you to read. Let me see if I can simplify it for you. Well, first, GPR radars are mounted on a small-wheeled cart that is hand-towed across the area being investigated. While this is happening, radar waves are transmitted into the ground. Now these radar waves boomerang off any surface they hit and send a return message in the form of reflected energy. [2]If the radar waves "find" something, so to speak, such as, you know, a ground anomaly or a change in soil composition, the waves that are reflected are shorter. These shorter waves tell the archaeologist that there is something below the ground. The wave is captured by the GPR antenna and recorded on a storage device such as a laptop computer for later interpretation. When these many grid transactions are compiled, they yield a digitally mastered, three-dimensional map of still-covered surfaces and features. And after analyzing the data, archaeologists can decide whether to excavate or not. They can also figure out where to dig first. Now, that wasn't too difficult, was it?

[1]Now, I want to look at situations when GPR is extremely helpful for archaeologists. Um, first, if an archaeological site is complex and important, well, like the ones in Iraq . . . you know, sites that are likely to be excavated for many seasons . . . That's because they're pretty enormous in size, and the excavators aren't always familiar with ancient structures. Um, one example is the dig in the Mesopotamian region, which has spanned six generations . . . well, this is where geophysical methods like GPR can be most useful. [4]GPRs are non-destructive and rapid, and they allow the archaeologist to set digging priorities based on survey findings. [3]Now, second, in some sites . . . such as monuments and parks . . . GPR probably provides the only means of studying the site. You see, if archaeologists wanted to know what was under the Great Pyramids of Giza or the Cathedral of Notre Dame, they couldn't very well start drilling holes, now, could they? OK, a third feature of the GPR is its high resolution compared to other methods of surface radar. [6]Resolution . . . that's related to images, well . . . just bear in mind that resolution has to do with the number of pixels per square inch in a picture or computer-generated display. I hope everybody knows what a pixel is. It's, you know, those little dots that make up a picture. So . . . the higher the resolution, the more dots or pixels there are, and this simply means the quality of the picture is sharper. [4]Anyhow, GPR provides the highest 3-D resolution of any surface geophysical method. And let me just add some new information. [4]People have always thought that GPR can only be used in completely dry areas, but recent studies show that good resolution can be produced in saturated ground and even in some types of saturated clay.

[1]All right, but GPR also has its limitations. For instance, GPR can't penetrate metal objects. It doesn't work well in salty water, either, or in areas of high salt concentration. Uh . . . salt water immediately absorbs the radar because it's such an effective conductor. At most, radar penetration in areas with high salt concentrations might be less than a meter deep. [5]And finally, the GPR method is sensitive to unwanted signals or noise from different sources . . . you know, moving boulders, growing tree roots, the movement of a fence, the vibration of a building, the rumble of a vehicle . . . In addition, electromagnetic transmissions from cell phones, television sets, and radio can interfere with GPR waves. But, I'd have to say that . . . everything considered, GPR has definitely made the archaeologist's job easier.

OK . . . Tomorrow, we'll discuss two other methods that are just as useful in archaeology . . . resistivity mapping and electromagnetic induction. Now don't forget to read the assigned pages in your textbook.

Now get ready to answer the questions. You may use your notes to help you answer.

1. What is the talk mainly about?
2. What does the professor say about the shorter energy waves of GPR?
3. Why does the professor mention the Notre Dame Cathedral?
4. In the lecture, the professor describes the advantages of the GPR. Indicate whether each of the following will

allow the GPR to be used effectively in archaeology.

5. What does the professor say about the disadvantages of GPR?

6. Why does the professor say this:

P: Resolution . . . that's related to images, well . . . just bear in mind that resolution has to do with the number of pixels per square inch in a picture or computer-generated display.

자, 어... 그럼 고고학 연구 과정 특유의 어려움 중 한 가지에 대해 논의하겠어요. 그러니까, 고고학자의 주요 임무가 고대의 유물을 보존하는 것이지만, 고고학자가 유적지를 조사하는 과정들은 궁극적으로 그리고 조직적으로 유적지를 파괴합니다. 그러므로, 당연히, 고고학자는 손상을 주지 않는 기술이 필요합니다. 이러한 관점에서, 아마 여러분이 읽기 자료에서 보았을 지구물리학적 기법에 대해 논의해봅시다... 어, 이것은 GPR, 즉 땅을 관통하는 레이더입니다. 좋아요... 오늘은 GPR이 무엇이며 고고학적인 목적으로 사용될 때 그것이 어떤 장단점을 가지는지에 초점을 맞춰보겠어요.

[1]자, GPR은 정확히 어떻게 작동할까요? 읽기 과제로 내준 교재의 설명은 아마 이해하기 힘들었을 거예요. 제가 한번 간단하게 설명을 해보죠. 음, 우선, GPR 레이더는 작은 바퀴가 달린 수레에 올려지는데, 이 수레는 손에 이끌려 조사 지역을 가로지르게 됩니다. 고고학자들이 수레를 끄는 동안, 레이더 전파는 땅으로 전송됩니다. 이 레이더 전파는 표면에 부딪히면 되돌아오며 반사된 에너지의 형태로 메시지를 보냅니다. [2]만약 레이더 전파가 무언가를 '발견'하게 되면... 이를테면, 그러니까, 이상 지표나 토양 구성에 차이가 있는 것을 발견할 경우, 반사되는 전파는 짧아집니다. 이 짧은 전파는 지표 아래에 무언가 있음을 고고학자들에게 알려줍니다. 전파는 GPR 안테나에 의해 포착되어 추후의 분석을 위해 노트북 컴퓨터와 같은 저장 장치에 기록됩니다. 이렇게 수많은 그리드로 처리된 것들이 쌓이게 되면, 그것들로부터 아직 덮여있는 지표와 지형의 디지털로 처리된 3차원 지도가 나옵니다. 그럼 자료를 분석한 후, 고고학자들은 발굴을 할 것인지의 여부를 결정할 수 있습니다. 또한 어디를 먼저 팔지도 알아낼 수 있죠. 자, 그리 어렵지 않았죠, 그렇죠?

[1]자, 이제 GPR이 고고학자들에게 매우 유용한 상황을 알아봅시다. 음, 첫째, 이라크에 있는 유적지와 같이, 음, 복잡하고도 중요한 고고학 유적지라서... 그러니까, 오랜 기간 동안 발굴해야 하는 곳이라면 그렇습니다... 이것은 그 유적지가 크기도 하고, 발굴자들이 언제나 고대의 구조물에 익숙한 것은 아니기 때문입니다. 음, 한 예로 메소포타미아 지역의 발굴을 들 수 있습니다, 이 발굴은 무려 6세대에 걸쳐서 이루어졌습니다... 음, 이런 경우 GPR과 같은 지구물리학적 기법이 매우 유용합니다. [4]GPR은 손상을 주지 않고 빠르며, 고고학자들이 조사 결과를 바탕으로 발굴의 우선순위를 정할 수 있도록 해줍니다. [3]자, 둘째, 기념 건축물이나 공원 같은... 유적지에서... GPR은 아마도 그 지역을 조사할 수 있는 유일한 수단일 것입니다. 그러니까, 만약 고고학자들이 기자 지역에 있는 대피라미드나 노트르담 성당 아래에 무엇이 있는지 알고 싶다 해도, 그 아래로 구멍을 뚫을 수는 없어요, 그렇죠? 자, GPR의 세 번째 특징은 다른 지표 레이더 기술과 비교했을 때 높은 해상도를 갖는다는 점입니다. [6]해상도는... 영상과 관련이 있어요, 음... 해상도는 사진이나 컴퓨터에 나타난 화면의 제곱 인치 당 화소의 수와 관련이 있음을 기억하세요. 모두들 화소가 무엇인지 알고 있길 바랍니다. 그것은, 그러니까, 사진을 구성하는 작은 점들이죠. 그래서... 해상도가 높을수록 더 많은 점들 혹은 화소가 있고, 이는 사진의 질이 더 선명함을 의미합니다. [4]어쨌거나, GPR은 어떠한 지표 지구물리학적 기법보다 더 높은 3차원 해상도를 제공합니다. 그리고 새로운 정보를 덧붙일게요. [4]사람들은 항상 GPR은 완전히 건조한 지역에만 사용할 수 있다고 생각했지만, 최근 연구 결과에 의하면 젖은 땅과 심지어는 몇몇 종류의 젖은 진흙에서도 좋은 해상도를 얻을 수 있다는 것이 밝혀졌습니다.

[1]좋아요, 그러나 GPR에도 단점이 있어요. 예를 들어, GPR은 금속 물체는 통과하지 못합니다. 염분이 있는 물이나, 염분 농도가 높은 지역에서도 잘 작용하지 못하죠. 어... 소금물은 매우 효과적인 전도체이기 때문에 레이더를 바로 흡수합니다. 염분 농도가 높은 지역의 레이더 투과는 기껏해야 1미터도 되지 않아요. [5]그리고 마지막으로, GPR 기법은 다른 곳에서 나오는 불필요한 신호나 소음에 민감합니다... 예를 들어, 큰 바위의 움직임, 생장하고 있는 나무뿌리, 울타리의 움직임, 빌딩의 진동, 덜컹거리는 자동차 등이 있죠... 게다가 휴대폰, TV, 라디오 등의 전자기파 방출은 GPR 전파를 방해할 수 있습니다. 그러나... 전반적인 것을 고려했을 때, GPR은 분명 고고학자의 일을 쉽게 만들어 준다고 할 수 있죠.

좋아요... 내일 우리는 고고학에서 유용한 다른 두 가지 방법에 대해 알아보겠습니다... 저항력 지도와 전자기 유도입니다. 교재에서 읽기 과제로 내준 페이지를 잊지 말고 읽어 오세요.

---

preserve [prizə́:rv] 보존하다   **artifact** [á:rtəfæ̀kt] 유물   **ultimately** [ʌ́ltimətli] 궁극적으로
systematically [sìstəmǽtikəli] 조직적으로   **non-destructive** 손상을 주지 않는   **in light of** ~의 관점에서
geophysical [dʒì:oufízikəl] 지구물리학적인   **penetrating** [pénətrèitiŋ] 관통하는   **mount** [maunt] 올려놓다, 두다
wheeled [hwi:ld] 바퀴 달린   **investigate** [invéstəgèit] 조사하다   **transmit** [trænsmít] 전송하다
boomerang [bú:məræ̀ŋ] 되돌아오다   **reflected** [rifléktid] 반사된   **so to speak** 이를테면   **anomaly** [ənáməli] 차이, 변칙
grid [grid] 그리드, 격자   **transaction** [trænsǽkʃən] 처리   **compile** [kəmpáil] 모으다, 쌓다   **yield** [ji:ld] 내다, 산출하다
three-dimensional 3차원의   **monument** [mánjumənt] 기념 건축물   **resolution** [rèzəlú:ʃən] 해상도
pixel [píksəl] 화소 (화상의 최소 구성 단위)   **saturated** [sǽtʃərèitid] 젖은   **conductor** [kəndʌ́ktər] 전도체
boulder [bóuldər] 큰 바위   **rumble** [rʌ́mbl] 덜커덕거림   **electromagnetic** [ilèktroumægnétik] 전자기의
interfere with ~을 방해하다   **definitely** [défənitli] 분명히   **resistivity** [rì:zistívəti] 저항력   **induction** [indʌ́kʃən] 유도

13. Paleontology

HACKERS TEST

1. (C)   2. (C)   3. (D)

4.

	Tail	Spine	Snout
Contains oil and supports the fish's body		✓	
Is able to determine the existence of an energy charge			✓
Helps the fish maintain equilibrium	✓		
Has three sides that can twist	✓		

5. (A)   6. (D)

Listen to part of a talk on paleontology.

Today, as part of my continuing lecture on fish fossils, I'd like to talk about a species of fish that scientists . . . um, for many years . . . believed was extinct. Has anyone here heard of the coelacanth? No? OK . . . the name coelacanth actually comes from two Greek words for space and spine. And the discoverer of the first coelacanth fossil . . . Louis Agassiz in the year 1836 . . . observed that the fish had a hollow spine. So . . . this is why he named the fish coelacanth or hollow spine. Now, this hollow spine serves as a sort of backbone . . . OK, so . . . I'm bringing this fish up as part of our discussion because of its unusual features.

All right, first, let me explain why the scientific community believed the coelacanth to be extinct. Well, the entire coelacanth fossil record extends from the Middle Devonian Period, about 380 to 400 million years ago, up to the end of the Cretaceous Period, some 65 to 70 million years ago. [2]Because the fossil record of this ancient fish disappeared with the end of the Cretaceous Period . . . that's when the great dinosaurs died out . . . well, scientists concluded that the coelacanth became extinct at about that time. Now, if that's what the fossil record suggests, then a quote-unquote extinct animal that suddenly reappears would certainly be interesting to scientists.

[6]So, you can just imagine how much excitement there was when a coelacanth showed up in the trawler of a local fisherman in South Africa in 1938. I'd like to tell you more about this, but that's another story in itself. At any rate, after that initial discovery made by Marjorie Courtenay-Latimer, subsequent discoveries of a colony of coelacanths in two separate places gave scientists the opportunity to examine the modern-day coelacanth and compare it to the fossils of its prehistoric ancestors. [1&3]Well, they were greatly surprised when they realized that the modern-day coelacanth was virtually identical to its ancestor. It was, indeed, as some people called it, a "living fossil." You see, changes in the features of the fish are of special interest to scientists who support the theory of evolution. They believe that the fish may have been an ancestor of four-footed land animals or the tetrapods.

[1]So . . . why don't we go into the more interesting physical features of the coelacanth? And, as we examine its body parts, think about whether or not the coelacanth is important in terms of evolution theory. All right, look at the picture I have on the board.

[4-Tail]OK, so here's the most distinctive body part . . . the three-lobed tail. Here, we have an extra trunk and fin protruding from the middle. [4-Tail]The tail can rotate and flex from side-to-side and is believed to help the coelacanth balance itself. Actually, the tail is so distinctive that it helped scientists identify it as something that belonged to an ancient fish.

Now, the coelacanth has no fully formed vertebrae, so you might wonder how it could possibly support itself. Well, earlier on, I mentioned the hollow spine or backbone. It runs almost the entire length of the fish, [4-Spine]but you can't really call it a backbone because it's simply a thick-walled tube that's elastic and fibrous, and the space inside is

618 무료 토플자료·유학정보 제공 goHackers.com

filled with oil. Nevertheless, this hollow spine does provide excellent support for the muscles of the fish and even serves as a sort of device on which to hang the whole fish.

OK . . . now let's look at the snout area . . . right here in the center of the snout, we have a large jelly-filled cavity called the rostral organ. [4-Snout]It's believed that this organ serves as an electrosensory device that, you know, detects weak electrical impulses given off by prey. Uh, later experiments confirmed that the coelacanth can detect and respond to electric fields in the water.

Hmm, so now I'd like to show you something interesting about the paired lobed fins at the bottom of the fish. [5]Rather than being directly attached to the body, these fins stick out from the body on things that kind of look like stems. And they move pretty much the way land animals move their limbs . . . you know, the right chest fin moves in conjunction with the left pelvic fin . . . sort of like walking at a brisk pace. You know, what's interesting, some scientists call the coelacanth a cousin of the eusthenopteron . . . hold on, let me spell it on the board. The eusthenopteron is the fish that's said to have grown legs and come ashore some 360 million years ago. But no researcher has ever seen the coelacanth use its paired lobe fins to walk . . . not on the ocean floor and not on the beach. So this view is pretty controversial within the scientific community. Now, I'm more inclined to go with Agassiz's view . . . yes, the same Agassiz who discovered the first coelacanth fossil. He was firmly opposed to Charles Darwin's theory.

Now get ready to answer the questions. You may use your notes to help you answer.

1. What does the professor mainly discuss?
2. What made the 1938 discovery of the coelacanth surprising?
3. Why does the professor mention the term "living fossil"?
4. The professor mentions several body parts of the coelacanth and the characteristics of each. Indicate the characteristics of each body part.
5. What can be inferred about eusthenopteron?

Listen again to part of the lecture. Then answer the question.

P: So, you can just imagine how much excitement there was when a coelacanth showed up in the trawler of a local fisherman in South Africa in 1938. I'd like to tell you more about this, but that's another story in itself.

6. Why does the professor say this:
   P: . . . but that's another story in itself.

오늘은, 계속 해오던 물고기 화석에 대한 강의의 일환으로, 과학자들이... 음, 수년간... 멸종되었다고 믿었던 물고기 종에 대해 논의하겠습니다. 실러캔스에 대해 들어 본 학생 있나요? 없나요? 네... 실러캔스라는 이름은 그리스어 중, '공간'과 '등뼈'를 의미하는 두 단어에서 유래되었어요. 그리고 1836년에 처음으로 실러캔스 화석을 발견한 Louis Agassiz는... 이 물고기가 속이 빈 등뼈를 갖고 있음을 관찰했습니다. 그래서... 그는 이 물고기에게 실러캔스, 혹은 속이 빈 등뼈라는 의미의 이름을 붙여주었죠. 자, 이 속이 빈 등뼈는 일종의 척추 역할을 해요... 네, 그래서... 저는 이 물고기의 독특한 특징 때문에, 이것을 강의의 주제로 제시한 것입니다.

좋아요, 우선 과학계에서 왜 실러캔스가 멸종했다고 믿었는지 설명하겠습니다. 음, 실러캔스의 모든 화석 기록은 약 3억 8천만 년에서 4억 만 년 전까지 이르는 데본기 중기에서부터 약 6천5백만 년에서 7천만 년 전까지에 해당하는 백악기 말까지 걸쳐 있습니다. [2]이 고대 물고기의 화석 기록은... 거대한 공룡들이 멸종한 백악기 말에 사라졌기 때문에... 음, 과학자들은 실러캔스가 그 시기에 멸종했으리라고 추측한 것이죠. 자, 만약 화석 기록이 암시하는 것이 그러하다면, 갑자기 다시 나타난 이 말하자면 멸종된 동물은 분명 과학자들에게 흥밋거리였을 것입니다.

[6]그렇다면, 여러분은 실러캔스가 1938년 남아프리카 한 지방의 어부의 저인망어선에 나타났을 때 얼마나 큰 동요가 있었을지 상상할 수 있을 거예요. 이 부분에 대해 더 이야기하고 싶지만, 그것 자체가 또 다른 주제이군요. 어쨌든, Marjorie Courtenay-Latimer의 최초 발견 이후, 다른 두 지역에서 실러캔스 무리가 연이어 발견되자 과학자들은 현대의 실러캔스를 조사하여 이것을 선사 시대 실러캔스의 화석과 비교할 수 있는 기회를 가질 수 있었습니다. [1&3]음, 과학자들은 현대의 실러캔스가 그 조상과 사실상 똑같다는 것을 깨닫고는 아주 놀랐어요. 정말 그것은 어떤 사람들이 부르는 바와 같이 '살아있는 화석'이었죠. 그러니까, 이 물고기의 특징 변화는 진화론을 지지하는 과학자들에게 특별한 관심거리였습니다. 그들은 그 물고기가 육지의 네발짐승 혹은 4족류의 조상일 것이라고 생각합니다.

[1]자... 보다 더 흥미로운 실러캔스의 신체적 특징에 대해 자세히 알아볼까요? 그리고, 실러캔스의 신체 부위를 살펴보면서, 진화론 관점에서 봤을

때 실러캔스가 중요한지 아닌지 생각해보세요. 좋아요, 칠판에 있는 그림을 보세요.

^4-Tail네, 가장 특이한 부분은... 세 개의 엽이 있는 꼬리예요. 여기서 우리는 아주 큰 구간부와 중간에 돌출한 지느러미를 볼 수 있습니다. ^4-Tail꼬리는 회전할 수 있으며, 양 옆으로 구부려질 수 있고 실러캔스가 균형을 잡을 수 있도록 한다고 여겨집니다. 사실상, 이 꼬리는 아주 독특해서 과학자들은 이것이 고대 물고기의 꼬리임을 확인할 수 있었습니다.

자, 실러캔스는 완전한 형태의 척추를 가지고 있지 않는데, 그 때문에 아마 모두들 어떻게 실러캔스가 몸을 지탱하는지 궁금할 거예요. 음, 앞서, 내가 속이 빈 등뼈 혹은 척추를 언급했었죠. 등뼈는 거의 물고기의 몸 전체 길이 정도이지만, ^4-Spine그것은 단지 탄력 있는 두꺼운 층의 섬유질 관이기 때문에 그것을 척추라고 지칭할 수는 없고, 내부의 공간은 기름으로 채워져 있지요. 그래도, 이 속이 빈 등뼈는 물고기 근육을 잘 지탱해주며 심지어 물고기의 온 몸이 매달릴 수 있는 장치와 같은 역할을 합니다.

자... 주둥이 부위를 살펴 봅시다... 여기 주둥이의 중앙에는, 주둥이 기관으로 불리는 젤리로 차 있는 큰 구멍이 있습니다. ^4-Snout이 기관은 먹이가 방출하는 약한 전기 자극을 감지하는 전기감지 장치의 역할을 한다고 여겨집니다. 어, 이후의 실험에서 실러캔스가 물의 전기장을 감지하고 반응할 수 있다는 것이 확인되었습니다.

음, 이제 물고기 아래 부분의 엽이 있는 한 쌍의 지느러미에 대해 흥미로운 점을 볼게요. ^5이 지느러미는 몸에 직접적으로 붙어있다기보다는, 줄기처럼 몸에서 돌출되어 있습니다. 그리고 이 지느러미는 육지 동물들이 다리를 움직이는 것처럼 움직입니다... 그러니까, 오른쪽 가슴 지느러미는 왼쪽 배 지느러미와 함께 움직이죠... 마치 빠른 보조로 걷는 것처럼. 그러니까, 흥미로운 점은, 일부 과학자들이 실러캔스를 유스테노프테론의 친족이라고도 한다는 점입니다... 잠시만요, 칠판에 쓸게요. 유스테노프테론은 다리가 자라 약 3억 6천만 년 전에 육상으로 올라왔다고 전해지는 물고기입니다. 그러나 실러캔스가 해저나 해변에서... 엽이 있는 한 쌍의 지느러미로 걷는 것을 본 과학자들은 아무도 없어요. 그래서 과학계 내에서는 이 견해에 대한 논란이 많습니다. 자, 저는 Agassiz의 견해 쪽으로 더 기우네요... 네, 실러캔스 화석을 최초로 발견한 Agassiz 말입니다. 그는 찰스 다윈의 이론에 강하게 반대했어요.

extinct [ikstíŋkt] 멸종된   coelacanth [síːləkænθ] 실러캔스   spine [spain] 등뼈   hollow [hálou] 속이 빈
backbone [bǽkbòun] 척추   Devonian Period 데본기   Cretaceous Period 백악기   quote unquote 말하자면
reappear [rìːəpíər] 다시 나타나다   trawler [trɔ́ːlər] 저인망어선, 트롤 어선   initial [iníʃəl] 처음의
subsequent [sʌ́bsikwənt] 연이은   tetrapod [tétrəpàd] 4족류(네발 짐승)   prehistoric [prìːhistɔ́ːrik] 선사 시대의
evolution [èvəlúːʃən] 진화   distinctive [distíŋktiv] 특이한, 독특한   three-lobed 세 개의 엽이 있는
trunk [trʌŋk] 물고기의 구간부, 몸통   fin [fin] 지느러미   protrude [proutrúːd] 돌출하다   rotate [róuteit] 회전하다
flex [fleks] 구부리다   balance [bǽləns] 균형을 잡다   vertebrae [vǝːrtəbrə] 척추   elastic [ilǽstik] 탄력 있는
fibrous [fáibrəs] 섬유질의   snout [snaut] 주둥이   cavity [kǽvəti] 구멍   rostral [rástrəl] 주둥이의
impulse [ímpʌls] 자극   give off 방출하다   prey [prei] 먹이   stick out 돌출하다   limb [lim] 다리
chest fin 폐 지느러미   in conjunction with ~와 함께   pelvic fin 배 지느러미   brisk [brisk] 빠른, 활발한
ashore [əʃɔ́ːr] 육상으로, 물가로   incline [inkláin] (마음이) 기울다   firmly [fə́ːrmli] 강하게, 확고히

14. Psychology

HACKERS TEST

1. (B)	2. (A)	3. (C)	4. (D)	5. (C)	6. (B)

Listen to part of a lecture in a psychology class.

P: I'm sure many of you are familiar with the concept of left- or right-brain dominance . . . I mean, this theory has become fairly popular since it was first introduced in the 1970s . . . Who can summarize the main point of the theory for us? Steve?

S1: Um, each side of the brain is responsible for, well, a different type of thinking. Uh, the gist of the theory is that most people are either "left-brained" or "right-brained" . . . Left-brained people tend to be more logical and analytical, while those who are right-brained are very intuitive and artistic, right?

P: Well, that's the idea . . . ²What you need to realize though is that most experts these days consider this theory to be nothing more than pop psychology. However, there is one element of truth to it . . . specific parts of the brain are responsible for different forms of cognition. Now, we're not going to discuss today whether those parts are in the left part of the brain or the right. Rather, [1]we're going to find out which parts of the brain are active when a person is being creative.

Here, take a look at this image of a human brain on the screen. The blue area at the front is the dorsolateral prefrontal cortex. Uh, it controls functions like memory, language use, and motor skills. Now take a look at the red area of this image. See how it's in the middle of the brain? That's the medial prefrontal cortex . . . the part of the brain that is active during imaginative and abstract thought processes . . . Yes?

S2: Um, how do we know which part of the brain we use for stuff like that? I mean, what made scientists realize that the middle part of the brain is active when a person is, well, being creative?

P: That's a great question. The answer is that new technologies have made it possible for researchers to actually monitor the brain while people are engaging in different activities. [3]One study in particular stands out . . . It led to a lot of changes in our comprehension of how the brain works. A team of neuroscientists in Maryland scanned the brains of 12 different rappers as they performed. Uh, this was done with a functional magnetic resonance imaging machine . . . fMRI for short. The device measures brain activity by detecting changes in blood flow to different parts of the brain. Anyway, the rappers were first asked to freestyle . . . um, to create new lyrics on the spot . . . while lying in the machine. They were then asked to recite lyrics that they had memorized earlier. [4]So . . . two sets of scans were produced for each rapper, and the results were surprising . . . Different parts of the brain showed increased activity depending on what a rapper was doing. When the rappers were improvising, the middle part of the brain sort of took over.

S2: Just to confirm . . . You're saying that, uh, the front part of the brain shut down?

P: No, not completely . . . All areas of the brain are at least somewhat active regardless of what a person is doing. However, the scans showed that the medial prefrontal cortex was much more active than the dorsolateral prefrontal cortex when the rappers were creating new lyrics. The opposite was true when they were reciting memorized lyrics. So, this led the researchers to conclude that the medial prefrontal cortex was responsible for creativity.

S1: [5]That's really interesting. It sounds like the front part of the brain doesn't really have anything to do with the creative process.

P: I wouldn't go quite that far. You see, scientists believe that this part of the brain acts as a kind of filter . . . It evaluates and amends ideas that are produced by the medial prefrontal cortex. Now, when a rapper is freestyling, the lyrics are spoken almost as soon as the brain produces them . . . There's no time for revision, so the dorsolateral prefrontal cortex remains less active. But this area of the brain does have an important role to play in other, more deliberate types of creative tasks . . . like composing a symphony, or writing a novel. That's because in these activities, new ideas are first generated in the middle part of the brain . . . and then the ideas are evaluated and amended as necessary in the front part of the brain.

S1: That makes sense . . . I mean, the creative process isn't usually random. Musicians or writers or whatever have to be able to, uh, organize and refine their ideas . . .

P: Exactly. It just goes to show that the brain is an extremely complicated organ . . . we're learning new things about it almost every day. [6]For example, the dorsolateral prefrontal cortex develops much more slowly than the medial prefrontal cortex. Uh, this explains why young children are so much more imaginative than adults . . . They are producing a lot of creative ideas but not really filtering them.

Now get ready to answer the questions. You may use your notes to help you answer.

1. What is the lecture mainly about?
2. What does the professor imply about the theory of left- or right-brain dominance?
3. What is the professor's opinion about the research conducted by the team of neuroscientists?
4. According to the professor, why were researchers surprised by the brain scans of rappers?

Listen again to part of the lecture. Then answer the question.

S1: That's really interesting. It sounds like the front part of the brain doesn't really have anything to do with the creative process.

P: I wouldn't go quite that far. You see, scientists believe that this part of the brain acts as a kind of filter . . . It evaluates and amends ideas that are produced by the medial prefrontal cortex.

5. Why does the professor say this:

P: I wouldn't go quite that far.

6. What explains the difference in imaginativeness between children and adults?

P: 저는 여러분 중 대부분이 좌뇌 또는 우뇌 우세의 개념에 익숙할 것으로 생각해요... 제 말은, 이 이론은 1970년대에 처음 소개된 이후로 꽤 대중적이게 되었거든요... 누가 우리에게 이 이론의 요점을 요약해줄 수 있나요? Steve?

S1: 음, 두뇌의 각 측면은, 음, 다른 유형의 사고를 담당하고 있어요. 어, 이론의 요지는 대부분의 사람이 '좌뇌형'이거나 '우뇌형'이라는 거죠... 좌뇌형의 사람들은 더 논리적이고 분석적인 경향이 있는 반면, 우뇌형의 사람들은 매우 직관적이고 예술적이에요, 그렇죠?

P: 네, 바로 그 개념이에요... ²그렇지만 여러분이 알아야 할 것은 요즘 대부분의 전문가가 이 이론이 통속 심리학에 불과하다고 여긴다는 점이에요. 하지만, 그것에는 일면의 진실이 있어요... 뇌의 특정한 부분들이 다양한 유형의 인지를 책임지고 있다는 점이죠. 자, 우리는 오늘 그 부분들이 좌뇌에 있는지 우뇌에 있는지를 논의하지는 않을 거예요. 그보다, ¹사람이 창의적일 때 뇌의 어떤 부분이 활동적인지를 알아볼 거예요. 여기, 화면에 있는 인간의 뇌 그림을 한 번 보세요. 앞에 있는 파란 영역이 배측면 전전두엽 피질이에요. 어, 이것은 기억, 언어 사용, 그리고 운동 기능과 같은 기능들을 제어해요. 이제 이 그림의 빨간 영역을 보세요. 그것이 뇌의 중간에 있다는 것이 보이나요? 그건 내측 전전두엽 피질이에요... 창의적이고 추상적인 사고의 과정 동안 활동적인 뇌 영역이죠... 네?

S2: 음, 우리가 그런 것을 위해 뇌의 어떤 부분을 사용하는지 어떻게 알 수 있나요? 그러니까, 무엇이 과학자들로 하여금 사람이, 음, 창의적일 때 뇌의 중간 영역이 활동적이라는 것을 알아차리게 했나요?

P: 좋은 질문이에요. 정답은 새로운 기술이 사람들이 여러 가지 활동에 참여하고 있는 동안에 연구자들이 실제로 뇌를 관찰할 수 있게 했다는 거예요. ³특별히 한 연구가 눈에 띄죠... 이것은 뇌가 어떻게 작용하는지에 대한 우리의 이해에 많은 변화를 가져왔어요. 메릴랜드주의 신경과학자 팀은 12명의 각각 다른 래퍼들이 공연하는 동안 그들의 뇌를 정밀 촬영했어요. 어, 이것은 기능성 자기공명영상 촬영장치로 수행됐어요... 줄여서 fMRI라고 하죠. 이 장치는 뇌의 여러 부분들로의 혈류량 변화를 감지함으로써 뇌 활동을 측정해요. 어쨌든, 처음에 래퍼들은 즉흥적으로 랩을 해달라고 요구받았어요... 음, 즉석에서 새로운 가사를 창작하도록요... 기계에 누워있는 동안 말이죠. 그 다음 그들은 전에 외운 가사를 읊어달라고 요구받았어요. ⁴그래서... 각 래퍼에 대한 두 세트의 촬영본이 만들어졌고, 결과는 놀라웠어요... 래퍼가 무엇을 하고 있었는지에 따라 뇌의 다른 부분들이 증가된 활동을 나타냈어요. 래퍼들이 즉흥적으로 랩을 하고 있었을 때, 뇌의 중간 영역이 우세한 편이었죠.

S2: 그냥 확인 차원에서요... 어, 뇌의 앞부분이 멈춘다는 말씀이신가요?

P: 아니요, 완전히 그렇지는 않아요... 뇌의 모든 영역은 사람이 무엇을 하고 있는지에 관계없이 적어도 어느 정도는 활동적이에요. 하지만 촬영본은 래퍼들이 새로운 가사를 창작할 때 내측 전전두엽 피질이 배측면 전전두엽 피질보다 훨씬 더 활동적이라는 것을 나타냈어요. 그들이 암기한 가사를 읊을 때는 정반대였어요. 그래서 이는 연구자들이 내측 전전두엽 피질이 창의성을 담당하고 있다고 결론짓도록 이끌었죠.

S1: ⁵정말 흥미롭네요. 마치 뇌의 앞부분은 창의적인 과정과 정말 아무런 관련이 없는 것처럼 들려요.

P: 그 정도까지는 아니에요. 있죠, 과학자들은 뇌의 이 부분이 일종의 필터와 같은 역할을 한다고 믿어요... 그것은 내측 전전두엽 피질에 의해 만들어진 생각들을 평가하고 수정하죠. 자, 래퍼들이 즉흥적으로 랩을 할 때, 가사들은 거의 뇌가 그것들을 만들어내자마자 입 밖으로 나와요... 수정할 시간이 없어서 배측면 전전두엽 피질이 덜 활성화된 상태로 남아있죠. 하지만 뇌의 이 부분은 다른, 더 신중한 유형의 창의적인 작업에서 중요한 역할을 해요... 교향곡을 작곡하거나, 소설을 쓰는 것처럼. 그것은 이런 활동들에서 새로운 생각이 뇌의 중간 부분에서 처음 만들어지고... 그 다음 그 생각들이 필요에 따라 뇌의 앞부분에서 평가되고 수정되기 때문이죠.

S2: 이해가 되네요... 그러니까, 창의적인 과정은 보통 임의적인 게 아니네요. 음악가나 작가 혹은 그 누구든, 어, 자신의 생각들을 정리하고 정제할 수 있어야 한다는 거죠...

P: 정확해요. 뇌가 매우 복잡한 기관임을 증명하는 거죠... 우리는 거의 매일 그것에 대한 새로운 것들을 배우고 있어요. ⁶예를 들어, 배측면 전전두엽 피질은 내측면 전전두엽 피질보다 훨씬 더 느리게 발달해요. 어, 이는 왜 어린 아이들이 어른들보다 훨씬 더 창의적인지를 설명해주죠... 그들은 많은 창의적인 생각들을 만들어내지만 그것들을 별로 걸러내지 않거든요.

HACKERS **TEST**

p.298

1. (C)	2. (B)	3. (B), (C)	4. (B)	5. (C)	6. (D)

Listen to part of a lecture in an economics class.

P: Hello again, everyone. If you can recall from the last lecture, um, I briefly mentioned the Silk Road—a, uh, trade route that stretched from Europe through the Middle East and into China. [2]Now, what is the significance of the Silk Road? Yes?

S: It's the first occurrence of international trade?

P: You're on the right track. I would like to point out something, though . . . Trade between states existed long before the Silk Road was established. But the Silk Road was significant because it impacted the economic development of every region it traversed. [1]So, why does international trade occur? There's a mathematical reason for this, as you can imagine—mathematics is the language of economics, after all—but we'll get to that later. For now, we can answer this question by taking a look at something simple, like coffee. You might not know this, but in some parts of the US, such as Hawaii, coffee plants are actually grown. We all know of places such as Colombia and Brazil . . . the primary coffee producers . . . They are the major producers because their climates are more suited to growing coffee plants than the US.

Coffee plants don't do well in areas with frost or colder temperatures, plus they need a good deal of rainfall, so US yields are much smaller. [3]In addition to having better climate conditions, Columbia and Brazil also have much lower labor costs than the US. So, these countries have what is called an "absolute advantage" in the coffee trade—they can harvest a large number of coffee beans cheaply. As a result, much of their coffee is exported to US. As you can see, although all three countries produce the same product, trade still occurs. What about products such as advanced electronics, then? If richer countries have the technology and resources to produce these items more efficiently than developing countries, then why don't they? That's where the concept of comparative advantage comes in. Before we get to that, though, [4]I want to introduce the idea of opportunity cost. This is important to understand comparative advantage. Let me use a fun example to explain this. Pretend it's Sunday evening and you get a call from a potential date who wants to catch a movie . . . but you have a test on Monday morning. Tough choice. Let's say you choose the movie over studying—well, the benefit you receive is going on a date, but you are giving up valuable study time, so the risk of a lower test grade is the opportunity cost of seeing the movie. To put it all together, opportunity costs are the benefits you miss out on by spending your time doing something else instead. Make sense?

With this concept in mind, let's get back to comparative advantage. Suppose there are two countries, A and B, that make only cell phones and desks. Let's say country A can make five cell phones or ten desks in an hour, but country B can make only two cell phones or eight desks in an hour. Since country A has a higher overall productivity . . . it can make more of each product in a given amount of time . . . we can say it has an absolute advantage in making both. However, it's not necessarily better for it to make both . . . That's because of the opportunity cost we just talked about. Like I said, every hour, country A can produce five cell phones or ten desks, while country B can produce two cell phones or eight desks. See, for every two desks it makes, country A has to give up making one cell phone. Therefore, we can say that country A has an opportunity cost of one cell phone for two desks. For country B, however, the opportunity cost of making two desks is only half a cell phone. So, when making desks, country B has a lower opportunity cost than country A. [5]As for making cell phones, we can see that country A has a lower opportunity cost than country B. [6]In other words, country A has a comparative advantage in making cell phones, whereas country B has one in making desks . . . Thus, it is more profitable for country A to concentrate on cell phone production, for country B to concentrate on desk production, and for the countries to trade them with one another. **Through trade, each country can fully exploit its resources and maximize its wealth.**

Now get ready to answer the questions. You may use your notes to help you answer.

1. What does the professor mainly discuss?

Listen again to part of the lecture. Then answer the question.

P: Now, what is the significance of the Silk Road? Yes?
S: It's the first occurrence of international trade?
P: You're on the right track. I would like to point out something, though . . . Trade between states existed long before the Silk Road was established.

2. What does the professor mean when he says this:
  P: You're on the right track. I would like to point out something, though . . .

3. What two factors give Columbia and Brazil an absolute advantage in the production of coffee?
4. Why does the professor talk about going on a date?
5. What does the professor explain to the students about country A and country B?
6. What can be inferred about comparative advantage?

P: 안녕하세요, 여러분. 지난 강의를 기억한다면, 음, 제가 실크로드에 대해 잠깐 언급했을 거예요. 어, 유럽으로부터 중동을 거쳐 중국까지 뻗은 교역로요. ²자, 실크로드의 중요성이 무엇일까요? 네?
S: 그것이 처음으로 일어난 국제 교역이란 거죠?
P: 맞는 방향이긴 해요. 하지만 짚고 넘어가고 싶은 게 있어요... 국가 간의 교역은 실크로드가 생겨나기 한참 전에 존재했어요. 하지만 실크로드가 중요했던 건 그것이 가로지르는 모든 지역의 경제적 발전에 영향을 미쳤기 때문이에요. ¹그럼, 국제 교역은 왜 일어날까요? 생각해 볼 수 있듯이, 이것에는 수학적인 이유가 있고, 결국 수학은 경제의 언어죠. 하지만 그건 나중에 다루겠어요. 우선은, 커피와 같이 간단한 것을 살펴봄으로써 이 질문에 대답할 수 있어요. 여러분은 이걸 몰랐을 수도 있는데, 하와이 같은 미국의 일부 지역에서는, 실제로 커피나무가 재배돼요. 우리 모두 콜롬비아와 브라질 같은 곳은 알아요... 주요 커피 생산국들이요... 기후가 미국보다 커피나무를 기르기에 더 적합하기 때문에 이 국가들이 주요 생산지인 거죠.
커피나무는 서리가 내리는 곳이나 낮은 기온에서는 잘 자라지 않고, 게다가 꽤 많은 양의 비가 필요해서 미국의 수확량은 훨씬 적어요. ³더 나은 기후 조건을 갖춘 것에 더해, 콜롬비아와 브라질은 또한 미국보다 인건비가 훨씬 더 낮아요. 따라서, 이 나라들은 커피 교역에서 소위 '절대우위'에 있다고 말해요. 그들은 많은 커피콩을 저렴하게 수확할 수 있죠. 그 결과로, 그들이 생산한 많은 양의 커피가 미국에 수출돼요. 여러분이 알 수 있듯이, 이 세 국가 모두가 같은 상품을 생산해도 교역은 여전히 발생합니다. 그렇다면, 첨단 전자제품과 같은 상품은 어떨까요? 부유한 국가가 개발도상국보다 이러한 물건을 더 효율적으로 생산할 기술과 자원이 있다면, 왜 그러지 않을까요? 여기서 비교우위라는 개념이 등장합니다. 하지만 이를 다루기 전에, ⁴기회비용이라는 개념을 소개하고 싶어요. 이것은 비교우위를 이해하는 데 중요하거든요. 이걸 설명하기 위해 재미있는 예를 들어볼게요. 지금이 일요일 저녁이고 영화를 보고 싶어 하는 잠재적인 데이트 상대로부터 전화를 받았다고 생각해봐요... 하지만 여러분은 월요일 아침에 시험이 있어요. 어려운 선택이죠. 공부 대신 영화를 선택한다고 해보죠. 음, 여러분이 얻게 될 이익은 데이트를 하는 것이지만, 귀중한 공부 시간을 포기하므로 낮은 시험 점수를 받을 위험이 영화를 보는 것의 기회비용이 되죠. 종합해보면, 기회비용은 여러분의 시간을 다른 것을 하는 데 대신 사용함으로써 놓치게 되는 이득입니다. 이해가 되나요?
이 개념을 생각하면서, 비교우위로 돌아가봅시다. 휴대폰과 책상만을 생산하는 두 나라, A와 B가 있다고 가정해봐요. A 나라는 시간 당 휴대폰 5대 또는 책상 10개를 만들 수 있지만, B 나라는 시간 당 휴대폰 2대 또는 책상 8개밖에 만들지 못한다고 해봅시다. A 나라가 전체적으로 더 높은 생산성을 가지고 있기 때문에... 주어진 시간에 각 상품을 더 많이 생산할 수 있어요... 우리는 그 나라가 두 상품 모두를 만드는 데 절대우위에 있다고 말할 수 있겠죠. 그러나 그 나라가 둘 다를 만드는 것이 반드시 더 좋지만은 않아요... 방금 우리가 얘기한 기회비용 때문이죠. 제가 말했듯이, 매 시간마다, A 나라는 휴대폰 5대 또는 책상 10개를 생산할 수 있는 반면, B 나라는 휴대폰 2대 또는 책상 8개를 생산할 수 있어요. 자, 책상 2개를 만들 때마다, A 나라는 1대의 휴대폰을 만드는 걸 포기해야 하죠. 그러므로, 우리는 A 나라가 1대의 휴대폰에 대해 2개의 책상이라는 기회 비용을 가진다고 말할 수 있어요. 그러나 B 나라는 책상 2개를 만드는 기회비용이 휴대폰 2분의 1밖에 안돼요. 그러니까 책상을 만들 때, B 나라가 A 나라보다 더 낮은 기회비용을 가져요. ⁵휴대폰을 만드는 것에 대해서는, A 나라가 B 나라보다 더 낮은 기회비용을 가진다는 것을 알 수 있어요. ⁶다르게 말하자면, A 나라는 휴대폰을 만드는 데 비교우위를 가지는 반면, B 나라는 책상을 만드는 데 비교우위를 가져요... 따라서, A 나라가 휴대폰 생산에 집중하고, B 나라가 책상 생산에 집중하고, 그 나라들이 서로 교역을 하는 것이 더 유익해요. 교역을 통해, 각 나라는 자원을 최대한 활용하고 부를 극대화할 수 있어요.

trade route 교역로   significance[signífikəns] 중요성, 의의   impact[ímpækt] 영향을 미치다
traverse[trǽvəːrs] 지나다, 가로지르다   after all 결국   primary[práimeri] 주요한, 주된   frost[frɔːst] 서리
absolute advantage 절대 우위   developing country 개발도상국   comparative advantage 비교 우위
opportunity cost 기회 비용   potential[pəténʃəl] 잠재적인   suppose[səpóuz] 가정하다   productivity[pròudʌktívəti] 생산성
whereas[hwɛ̀ərǽz] ~에 반하여   profitable[práfitəbl] 유익한, 이익이 되는   exploit[éksplɔit] 활용하다
maximize[mǽksəmaiz] 극대화하다

16. Business Management

HACKERS TEST

p.302

1. (B)	2. (D)	3. (C)	4. (A), (D)	5. (D)	6. (C)

Listen to part of a lecture in a business class.

P: Let me tell you something that you probably already know. All businesses, no matter what they offer, need a backup plan for when things don't go smoothly. There needs to be some kind of system set up to deal with whatever problems occur, right? Well, a good businessperson knows that when a problem occurs with either a service or a product, it's a great opportunity to increase a customer's loyalty. Do you have a question?

S1:   Yeah. You say that problems can increase loyalty, but I don't really understand how that's possible. Aren't customers loyal to companies that can be depended on to provide reliable products or services?

P: Sure, that's a good point, and I was just about to explain what I meant. Of course, the actual problem doesn't improve loyalty to a business. It's all about capitalizing on the opportunity to help out the customer. ¹There's something called "service recovery paradox" in the business world. Specifically, this is when the problem of a customer is addressed so well by a company that the customer is more satisfied than if there had never been a problem in the first place. Strange, right? But it's true. Some studies show that customer loyalty actually increases with positive recovery.

S2:   ²It sounds like you're suggesting that when a customer receives a broken stereo from a company and gets it fixed, it would benefit the company more than if the customer had received a perfectly good stereo. That doesn't seem to make much sense.

P: Well, hence the term paradox, right? I know where you're coming from, but there's an important point that you missed. Let me give you an example to clarify what I mean. My daughter bought a new computer and had it shipped to our house the day before her university classes started. The first time she turned on the computer, it didn't work properly. This was a major inconvenience for her because she planned to use it for her class work. So . . . she contacted the company and explained the situation. The company representative told her to mail the computer back free of charge and said he would send a new one by express courier so that she wouldn't have to wait too long. ³Furthermore, he offered her a software upgrade at no additional cost to make up for the fact that she would have to wait a few more days for her computer. As a result, my daughter's confidence in the company was restored, and is now even stronger than before. Can anybody take a guess why?

S1:   Well . . . ⁴I think one of the reasons is that she felt like the company really cared about her and . . . understood her problem? I mean, she was happy that the new computer was rushed to her because she needed it right away for school.

P: Exactly right. Studies show that customers are pleased when a company shows interest in accommodating their needs. It's because customers believe the company has gone out of its way to take care of them in a special way and, um, will continue to do what it can to make sure they are happy. And a display of concern is important when it comes to customer service. Yes?

S2: So, in my understanding, this paradox thing is very effective when there's an issue with a product or service. If that's the case, then, um, I guess companies can use it to deal with any customer service problems that occur.

P: I see what you mean, but you need to remember that the service recovery paradox doesn't apply in all cases. [4]Customers are usually pretty content when a one-time problem is taken care of, [5]but poor quality products that fail over and over don't create customer loyalty. So obviously, if a customer continues to run into trouble with a company, they will not feel more satisfied. But . . . uh, having service recovery in place guarantees that problems will be taken care of when they arise. And, that's what I want to emphasize. Service recovery is essential, but it's also a backup plan.

You should also note that some people have even gone so far as to claim that the service recovery paradox is a myth and doesn't really work at all . . . [6]Now, keep in mind that the people who say this are experienced customer service representatives, so their viewpoint shouldn't be ignored. That being said, most experts agree that it does exist under the right circumstances. Any more questions?

Now get ready to answer the questions. You may use your notes to help you answer.

1. What is the main topic of the lecture?

Listen again to part of the lecture. Then answer the question.

S2: It sounds like you're suggesting that when a customer receives a broken stereo from a company and gets it fixed, it would benefit the company more than if the customer had received a perfectly good stereo. That doesn't seem to make much sense.

P: Well, hence the term paradox, right? I know where you're coming from, but there's an important point that you missed.

2. What does the professor mean when she says this:
   P: Well, hence the term paradox, right?

3. Why did the company offer the professor's daughter a software upgrade?
4. According to the professor, what are two requirements for customers to be satisfied with service recovery?
5. What can be inferred about service recovery?
6. Why does the professor mention experienced customer service representatives?

P: 여러분이 이미 알고 있을지도 모르는 것에 대해 말해볼게요. 모든 기업은, 그들이 무엇을 제공하든, 일이 순탄하게 진행되지 않을 때를 위한 대안이 필요합니다. 어떤 문제가 발생하든 이에 대처하기 위해 세워진 일종의 체계가 있어야 해요, 그렇죠? 음, 유능한 사업가는 서비스 혹은 상품에 문제가 생겼을 때, 그것이 고객의 충성도를 높일 좋은 기회라는 것을 알고 있어요. 질문 있나요?

S1: 네. 문제가 충성도를 높일 수 있다고 하시는데, 저는 어떻게 그게 가능한지 별로 이해가 가지 않아요. 고객들은 신뢰할 만한 상품이나 서비스를 제공할 것으로 믿을 수 있는 기업에 충성스럽지 않나요?

P: 물론이죠, 좋은 지적이에요. 저도 이제 막 제가 의미했던 바를 설명하려고 했어요. 물론, 문제 자체가 기업에 대한 충성도를 향상시키는 것은 아니에요. 그것은 모두 고객을 도와줄 기회를 활용하는 것과 관련된 거예요. [1]업계에는 '서비스 회복의 역설'이라는 말이 있어요. 구체적으로, 이것은 고객의 문제가 기업에 의해 매우 잘 다뤄져서 고객이 애초에 문제가 전혀 없었을 경우보다 더 만족하게 될 때예요. 이상하죠, 그렇죠? 하지만 사실이에요. 몇몇 연구는 고객 충성도가 실제로 긍정적인 회복과 함께 높아진다는 걸 보여줘요.

S2: [2]마치 고객이 기업으로부터 고장 난 스테레오를 받았다가 수리받았을 때, 그것이 고객이 완벽하게 품질이 좋은 스테레오를 받았을 때보다 회

사에 더 이익이 된다고 말씀하시는 걸로 들리네요. 별로 이치에 맞는 것 같지 않아요.

P: 음, 그래서 역설이라는 거죠, 그렇죠? 왜 그런 말을 하는지 알겠지만, 중요한 점을 놓쳤어요. 제가 의미하는 바를 명확하게 하기 위해 예를 들어 볼게요. 제 딸이 새 컴퓨터를 구입하고 대학 수업이 시작되기 전날 집으로 배송되도록 했어요. 딸이 컴퓨터를 처음 켰을 때, 그것이 제대로 작동하지 않았죠. 수업 과제를 위해 컴퓨터를 사용할 계획이었기 때문에 이건 그 아이에겐 큰 불편이었어요. 그래서... 제 딸은 그 회사에 연락을 해서 상황을 설명했어요. 회사 상담원은 딸아이에게 요금 없이 컴퓨터를 되돌려 보내달라고 했고, 급행 배송으로 새것을 보내서 그녀가 너무 오래 기다리지 않도록 하겠다고 말해줬어요. ³그뿐만 아니라, 그는 딸아이가 며칠 더 컴퓨터를 기다려야 한다는 사실을 보상해주기 위해 추가 비용 없이 소프트웨어 업그레이드를 제공했어요. 결과적으로, 회사에 대한 딸아이의 신뢰는 회복되었고, 이젠 전보다 훨씬 더 강해졌죠. 누가 왜 그런지 추측해 볼래요?

S1: 음... ⁴제 생각에 그 이유 중 하나는 회사가 정말 자기에게 신경을 쓰고... 자기의 문제를 이해하는 것처럼 느껴져서? 그러니까, 학교 때문에 즉시 필요하다는 이유로 새 컴퓨터가 그녀에게 서둘러 전달되어서 만족한 거죠.

P: 정확하게 맞아요. 연구는 고객들은 기업이 그들의 요구에 부응하려는 모습을 보일 때 만족한다는 것을 보여줘요. 이는 고객들이 기업이 특별한 방식으로 그들에게 신경 쓰기 위해 굳이 노력을 했고, 음, 그들이 확실히 만족할 수 있도록 하기 위해 기업이 할 수 있는 것을 계속할 거라고 믿기 때문이에요. 그리고 고객 만족에 관한 한, 이런 배려의 표현은 중요해요. 네?

S2: 그럼, 제가 이해하기로는, 이 역설이라는 것이 상품이나 서비스에 문제가 있을 때 매우 효과적이네요. 그렇다면, 음, 제 생각에는 기업들이 발생하는 모든 고객 서비스 문제를 처리하는 데 사용할 수 있겠네요.

P: 무슨 뜻인지 알겠지만, 서비스 회복의 역설이 모든 경우에 적용되는 것이 아니라는 것을 기억해야만 해요. ⁴고객들은 보통 한 번만 생긴 문제가 처리되었을 때 꽤 만족하지만, ⁵계속해서 고장나는 품질이 나쁜 상품은 고객 충성도를 창출해내지 않아요. 그러니, 분명히 고객이 계속해서 기업과의 사이에서 문제에 부딪힌다면, 더 큰 만족감을 느끼지는 못할 거예요. 하지만... 어, 서비스 회복을 준비해 놓는 것은 문제가 생겼을 때 그것이 처리될 것을 보장해요. 그리고, 그게 바로 제가 강조하고 싶은 거예요. 서비스 회복은 필수적이지만, 대안이기도 한 거예요. 여러분은 또한 어떤 사람들은 서비스 회복의 역설이 근거 없는 이야기이고 전혀 효과가 없다고 주장하기까지 했다는 것에 주목해야 해요... ⁶자, 이런 말을 하는 사람들은 숙련된 고객 서비스 상담원들이고 따라서 그들의 견해가 간과되어서는 안될 거라는 것을 명심하세요. 그러나, 대부분의 전문가는 이것이 적절한 상황에서 존재한다는 것에 동의하고 있어요. 더 질문 있나요?

backup plan 대안, 비상 계획　　smoothly [smúːðli] 순탄하게, 순조롭게　　deal with ~에 대처하다

businessperson [bíznispə̀ːrsn] 사업가　　loyalty [lɔ́iəlti] 충성도, 충성　　reliable [riláiəbl] 신뢰할 만한, 믿을 만한

capitalize on ~을 활용하다　　recovery [rikʌ́vəri] 회복　　paradox [pǽrədàks] 역설, 패러독스　　business world 업계

specifically [spisífikəli] 구체적으로, 명확하게　　address [ədrés] 다루다　　satisfied [sǽtisfàid] 만족하는, 만족스러워 하는

benefit [bénəfit] 이익이 되다　　hence [hens] 그래서, 이런 이유로　　clarify [klǽrəfài] 명확하게 하다

ship [ʃip] 배송하다, 발송하다　　mail [meil] (우편으로) 보내다　　free of charge 요금 없이, 무료로　　courier [kə́ːriər] 배송

confidence [kánfədəns] 신뢰, 확신　　restore [ristɔ́ːr] 회복하다　　care about ~에 신경을 쓰다, 관심을 가지다

accommodate [əkámədèit] 부응하다, 협조하다　　need [niːd] 요구, 필요　　go out of one's way 굳이 노력을 하다, 일부러 애를 쓰다

run into 부딪히다, 겪다　　guarantee [gæ̀rəntíː] 보장하다　　arise [əráiz] 생기다, 발생하다　　myth [miθ] 근거 없는 이야기

experienced [ikspíəriənst] 숙련된, 경험 있는　　that being said 그러나, 그렇긴 하지만

17. Physics

HACKERS TEST

p.306

1. (C)	2. (C)	3. (D)	4. (A)	5. (B)	6. (A), (B)

Listen to part of a lecture in a physics class.

P: If I asked you what noise is, how would you answer? I guess some of you might say . . . a neighbor mowing his lawn . . . or uh, some guy drilling a hole in the street. Maybe a group of teenage girls talking at the same time . . .
Of course, these are just examples, not a definition of what noise is, but I think you get the picture. I guess you could say that noise is a disagreeable auditory experience. It's bothersome and unpleasant. We avoid it when we can.

Noise can be classified into different categories. One type is environmental noise. This can include noise from motor vehicles, transportation systems, construction work, factory machinery, other people and . . . stereo systems. [2]Noise becomes harmful when it exceeds 80 decibels. Um, 80 decibels, by the way, is the sound of your alarm ringing or the sounds you hear on a busy street. [3]So, noise–even the music you listen to–becomes harmful when it exceeds that level. That's why environmental noise is classified as a pollutant. It can damage our hearing and is harmful to our overall health, causing stress and even heart disease in people who are exposed to it for prolonged periods of time. It can even have social implications because it affects people's quality of life. So noise can be bad for us. But, um, is there noise that's good . . . even beneficial?

Well, in physics, noise is defined as an acoustic or electronic signal that includes a random mixture of wavelengths. In engineering, it's a signal that interferes with the detection of, or quality of, another signal. [1]I want you to keep these two concepts in mind, randomness and interference, as we discuss a kind of noise called "white noise." White noise is considered a type of random noise because it contains every frequency within the range of human hearing. It's sound that is composed of all the, uh, audible wavelengths at once. Let's explain that a bit more. A sound that contains every frequency, as I said earlier, all the audible wavelengths . . . well, what do you think that would sound like? Um, it's sort of like a hum or a toned-down version of the static on TV, maybe even a vacuum cleaner or an electric fan. All the background noise. If it isn't too loud, the sound is actually not too bad. In fact, it can be very soothing. Let's listen to a sample. Sound designers use a synthesizer to create white noise, and, uh, depending on how the sound is processed, it can be altered so that it comes across like the waves lapping at the shore. It's a very soothing sound, isn't it? [4]And not only that, it kind of blocks out other noises, the unpleasant kind. The sound of waves can muffle the sound of snoring, for example. Or if your neighbors chatter through the night, white noise does a good job of blocking it. So, the nice thing about white noise is that . . . since it's a random noise that includes all frequencies, it can interfere with other types of noise . . . even noise as loud as a dog barking. And that means this type of random noise can be a great help for masking environmental noise, and, in fact, white noise compact discs are commercially sold just for that purpose.

[5]OK, um, I'm not trying to turn this into an art class . . . but at this time I'd like to talk about the color white. Um, does anyone know what white light is?

S: It's, uh, all the wavelengths of the visible spectrum, right? We discussed this in another class I'm taking.

P: Correct. A white object reflects any and all light waves and absorbs none, which is why it looks white. Black is the opposite. It absorbs all light waves, but reflects none, so we see the color black. Now think about white noise. It's analogous to white light. As I said earlier, it contains every frequency that humans can hear. Now listen to this one. It sounds quite different from white noise, right? White noise is higher pitched. Pink noise, on the other hand. . . Well, we know that white is called white because when all the colors are reflected, they produce a white color. [6]With pink, um, pink is the color with the lowest frequency . . . so you can guess that pink noise is skewed towards lower frequencies. It sounds much lower pitched when compared to white noise because its power density is stronger among the lower frequencies than it is in the higher frequencies.

So . . . random noise can be expressed in terms of colors. There's blue noise as well. Its frequency is higher than that of pink noise. That is, its power density goes up three decibels for every octave. Higher frequency, higher pitch . . .

Now get ready to answer the questions. You may use your notes to help you answer.

1. What is the lecture mainly about?
2. How does the professor introduce the effects of environmental noise?
3. Why does the professor mention music?
4. What is a key feature of white noise?

Listen again to part of the lecture. Then answer the question.

P: OK, um, I'm not trying to turn this into an art class . . . but at this time I'd like to talk about the color white. Um, does anyone know what white light is?

S: It's, uh, all the wavelengths of the visible spectrum, right? We discussed this in another class I'm taking.

5. Why does the professor say this:
   P: OK, um, I'm not trying to turn this into an art class . . .

6. According to the lecture, what are two characteristics of pink noise?

P: 제가 소음이 뭐냐고 물어본다면, 어떻게 대답하시겠어요? 여러분 중 일부는 아마도... 이웃이 잔디를 깎거나... 아니면 어, 누군가 도로에 구멍을 뚫는 걸 말하겠죠. 한 무리의 십대 소녀들이 동시에 얘기하는 것이 될 수도 있고요... 물론, 이것들은 소음이 무엇인지에 대한 정의가 아니라 단지 예시일 뿐이지만, 이해하시겠죠. 소음은 불쾌한 청각적 체험이라고 말할 수 있을 거예요. 소음은 성가시고 불쾌해요. 우린 가능하면 그걸 피하려고 하죠.
소음은 여러 가지 종류로 분류될 수 있어요. 한 가지 종류는 환경 소음이죠. 이건 자동차, 교통수단, 건설 공사, 공장 기계, 다른 사람들로부터의 소음을 포함할 수 있고... 오디오 시스템이죠. [2]소음은 80 데시벨을 넘으면 해로워지죠. 음, 그런데, 80 데시벨은 알람이 울리는 소리나 붐비는 거리에서 듣는 소리예요. [3]그러니까, 소음은, 심지어 여러분이 듣는 음악도, 그 수준을 넘어가면 해로워져요. 그게 환경 소음이 오염원으로 분류되는 이유예요. 그건 우리 청력을 손상시키고 스트레스를 유발하고 소음에 장기간 노출된 사람에게는 심장병까지 유발하면서 전반적인 건강에 해로울 수 있어요. 소음은 사람들의 삶의 질에 영향을 미치기 때문에 심지어 사회적인 영향까지도 미칠 수 있어요. 그래서 소음은 우리에게 나쁠 수 있어요. 하지만, 음, 좋은... 심지어는 유익하기까지한 소음이 있을까요?
음, 물리학에서 소음은 파장의 임의적인 혼합체를 포함하는 청각 혹은 전자 신호로 정의돼요. 공학에서는 다른 신호의 감지나 그 신호의 특성에 간섭하는 신호예요. [1]'백색 소음'이라고 불리는 소음의 한 종류에 관해 논의하는 동안 임의성과 간섭, 이 두 개념을 여러분들이 기억했으면 해요. 백색 소음은 일종의 불규칙 소음으로 간주되는데, 인간 청각 범위의 모든 주파수를 포함하기 때문이죠. 그것은, 어, 들을 수 있는 파장 전부를 한꺼번에 가진 소리예요. 좀 더 설명해 볼게요. 모든 주파수를 포함하는 소리, 제가 좀 전에 말했듯이, 들을 수 있는 모든 파장을 포함하는 소리... 음, 그게 어떻게 들릴까요? 음, 윙윙거리는 소리나 TV의 잡음을 줄여놓은 것 같이 들리거나, 어쩌면 진공 청소기나 선풍기 같을 수도 있죠. 모든 배경 소음이요. 너무 크지만 않으면, 사실 이 소리가 그렇게 나쁘지는 않아요. 사실, 매우 진정시키는 소리일 수 있죠. 샘플을 한번 들어봅시다. 음향 디자이너들은 백색 소음을 만들기 위해서 음향 합성 장치를 이용하고, 어, 소리가 어떻게 처리되느냐에 따라, 파도가 해안가에 철썩거리는 소리같이 되도록 바꿀 수 있어요. 매우 진정시키는 소리죠, 그렇죠? [4]그리고 그뿐만 아니라 백색 소음은 다른 소음들, 즉 불쾌한 종류를 차단해요. 예를 들면, 파도 소리는 코 고는 소리를 덮을 수 있어요. 혹은 이웃들이 밤새 수다를 떤다면, 백색 소음은 그 소리를 막는 데 훌륭한 역할을 하죠. 그러니까, 백색 소음의 좋은 점은... 모든 주파수를 포함하는 임의적 소음이기 때문에 다른 종류의 소음들에 간섭할 수 있다는 거예요... 심지어 개가 짖는 것처럼 큰 소음도요. 그리고 그건 이런 종류의 임의적 소음이 환경 소음을 감추는 데 매우 도움이 된다는 걸 의미하고, 사실 백색 소음 CD가 바로 그런 목적을 위해 상업적으로 판매된답니다.
[5]좋아요, 음, 제가 이 수업을 미술 수업으로 바꾸려는 건 아니지만... 이번에는 하얀색에 대해 얘기해보고 싶어요. 음, 백색광이 무엇인지 아는 사람 있나요?

S: 그건, 어, 눈에 보이는 범위의 모든 파장이에요, 그렇죠? 제가 듣고 있는 다른 수업에서 백색광에 대해 논의했어요.

P: 정확해요. 흰색 물체는 모든 빛의 파장을 반사하고 아무것도 흡수하지 않는데, 그게 그 물체가 흰색으로 보이는 이유예요. 검정색은 반대죠. 그것은 모든 빛의 파장을 흡수하지만 아무것도 반사하지 않아서 우리는 검정색을 보는 거예요. 이제 백색 소음을 생각해보세요. 그건 백색광과 유사해요. 제가 앞서 말했듯이, 백색 소음은 인간이 들을 수 있는 모든 주파수를 포함해요. 자, 이걸 한번 들어보세요. 백색 소음과 꽤 다르게 들리죠, 그렇죠? 백색 소음의 음이 더 높아요. 반면, 분홍색 소음은... 자, 우리는 흰색이 흰색으로 불리는 이유가 모든 색들이 반사될 때 흰색을 만들어내기 때문이라는 걸 알잖아요. [6]분홍색은, 음, 분홍색은 주파수가 가장 낮은 색이에요... 그러니까 분홍색 소음은 낮은 주파수 쪽으로 기울어져 있다는 걸 추측할 수 있어요. 그것은 백색 소음에 비해 음이 훨씬 낮게 들리는데, 이것의 출력 밀도가 높은 주파수에 있을 때보다 낮은 주파수에 있을 때 더 강하기 때문이죠.
그래서... 임의적인 소음은 색깔의 측면에서 표현될 수 있어요. 파란색 소음도 있어요. 파란색 소음의 주파수는 분홍색 소음보다 높아요. 즉, 옥타브마다 출력 밀도가 3 데시벨씩 올라가요. 높은 주파수일수록 음도 높아지죠...

mow[móu] 풀을 깎다, 베다   disagreeable[dìsəgríːəbl] 불쾌한   auditory[ɔ́ːdətɔ̀ːri] 청각의
bothersome[báðərsəm] 성가신   prolonged[prəlɔ́ːŋd] 장기적인   implication[ìmplikéiʃən] 영향
acoustic[əkúːstik] 청각의   electronic[ilektránik] 전자의   wavelength[wéivlèŋkθ] 파장   detection[ditékʃən] 감지
randomness[rǽndəmnis] 임의   frequency[fríːkwənsi] 주파수   audible[ɔ́ːdəbl] 들을 수 있는, 들리는
hum[hʌm] 윙윙거리는 소리   toned-down (소리가) 줄여진   static[stǽtik] (수신기의) 잡음   soothing[súːðiŋ] 진정시키는
synthesizer[sínθəsàizər] 음향 합성 장치   lap[læp] 찰싹거리다   muffle[mʌ́fl] 덮다, 약하게 하다   chatter[tʃǽtər] 수다 떨다
analogous[ənǽləgəs] 유사한   skew[skjuː] 기울이다   density[dénsəti] 밀도   octave[áktiv] 옥타브

HACKERS **TEST**

p.310

1. (A) 2. (C)

3.

	Graphite	Diamonds
Acts as an insulator		✓
Atoms form hexagonal cells	✓	
Three-dimensional lattice structure		✓
Carbon atoms bond with four neighbors		✓
Conducts electricity	✓	

4. (A) 5. (B) 6. (C)

Listen to part of a talk in a chemistry class.

Did you know that carbon is the fourth most abundant element on the planet? Only hydrogen, helium, and oxygen occur in higher quantities. Think about it . . . Every plant and animal produces carbon dioxide . . . and all of the fuels we use, like coal and petroleum, are carbon-based. The stuff is everywhere!

At the same time, it's not like carbon atoms are just floating around in our bodies or being dug out of the earth, though. Carbon is actually extremely rare in its purely atomic form . . . [1]It typically likes to interact with other carbon molecules in complex structures to form other substances made of pure carbon. These substances are called allotropes, and include such minerals as graphite and diamonds. [2]Graphite, for instance, is used to make pencil lead . . . It's really soft, which is strange because diamonds . . . you know, the other common form of carbon . . . are the hardest substance on earth. Doesn't make sense, does it? Well, it all has to do with their structures. We can see what I mean by looking at the diagram I'm putting up on the screen. See, the carbon atoms in graphite only bond with three of their neighbors . . . [3-Grap]They form flat, two-dimensional sheets with hexagonal cells . . . and the sheets can slide across one another, which is what makes graphite such a soft material. [3-Grap]This kind of molecular structure also has an effect on carbon's electrical properties. Because the carbon atoms in graphite only bond with three other atoms but have four electrons available, that means an extra electron is left over from each atom, making graphite an excellent conductor of electricity.

Diamonds have a very different structure than graphite does, however. Take a look at the screen again. [3-Dia]Since each carbon atom has bonds with four other atoms, there are no extra electrons left over to conduct electricity. [3-Dia]That means diamonds make great insulators because they don't allow electrical charges to pass through. And, instead of having a single plane like the two-dimensional sheets of graphite, [3-Dia]the carbon atoms in diamonds form a three-dimensional lattice structure. It's still carbon . . . graphite and diamonds are made of the same physical atoms . . . but depending on the arrangement of the individual atoms and the type of chemical bonds between them, carbon can become numerous different substances with varying physical properties. The lack of outward similarities between graphite and diamonds proves this.

Speaking of different carbon-based substances, scientists found a very interesting form of carbon in the 1980s and gave it a very interesting name: the buckyball. The name pays homage to a scientist and inventor, Buckminster Fuller, who advocated the use of geodesic domes based on a 60-sided structure, which buckyballs also share. [4]Buckyballs look almost spherical, like a soccer ball . . . but not so big, of course. To envision the shape of a buckyball molecule, imagine an atom at each vertex of the ball's panels and pretend the sides of the panels are the bonds that are formed. Just like a soccer ball, a series of alternating pentagonal and hexagonal shapes is formed via the bonds.

[5]The buckyball was discovered while scientists were performing an unrelated experiment that involved trying to vaporize carbon sheets with lasers . . . and with its discovery, a new set of experiments was begun that eventually led to a Nobel Prize. Some companies are currently exploring the use of buckyballs to deliver medicine . . . They hope to put a minute dose within the "cage" of the ball and program the structure to break apart when it reaches its destination.

Another carbon allotrope getting a lot of attention from researchers is called the "carbon nanotubes." Carbon nanotubes are related to buckyballs . . . um . . . Both of them are part of a group called fullerenes, but the nanotubes have a hexagonal structure that wraps around to form a long, thin cylinder with walls as thick as an atom. This isn't dissimilar from the graphite structure that I described earlier . . . Just take two ends of the 2-D carbon sheet and connect them. Because these nanotubes are extremely small, they can be mixed with other materials to form substances with unique physical and chemical properties. [6]Furthermore, nanotubes are electrical conductors, so if they are mixed with the latex in paint, for instance, a new type of paint can be created that adheres better to other conductors . . . like the metal on a car.

Now get ready to answer the questions. You may use your notes to help you answer.

1. What is the main topic of the lecture?

Listen again to part of the lecture. Then answer the question.

P: Graphite, for instance, is used to make pencil lead . . . It's really soft, which is strange because diamonds . . . you know, the other common form of carbon . . . are the hardest substance on earth. Doesn't make sense, does it?

2. Why does the professor say this:
   P: Doesn't make sense, does it?

3. In the lecture, the professor describes the properties of various carbon allotropes. Is each one a property of graphite or diamonds?
4. How does the professor describe the buckyball?
5. What does the professor imply about buckyballs?
6. What is an advantage of adding carbon nanotubes to latex paint?

탄소가 지구에서 네 번째로 흔한 원소라는 것을 아셨나요? 오직 수소, 헬륨, 그리고 산소만이 탄소보다 더 많은 양으로 존재해요. 생각해봐요... 모든 식물과 동물은 이산화탄소를 배출해요... 그리고 우리가 사용하는, 석탄과 석유 같은 모든 연료도, 탄소로 이루어져 있어요. 이 물질은 어디에나 있죠!

하지만 동시에, 탄소 원자들이 우리 몸속에서 둥둥 떠다니거나 땅에서 파낼 수 있는 것은 아니에요. 탄소는 사실 순수한 원자 상태로는 굉장히 희소해요... [1]전형적으로는 다른 탄소 분자들과 함께 복잡한 구조로 상호작용하며 순수 탄소로 만들어진 다른 물질들을 만들죠. 이 물질들은 동소체라고 불리고, 흑연이나 다이아몬드 같은 광물질들이 여기에 포함되죠. [2]예를 들면, 흑연은 연필심을 만들 때 사용돼요... 굉장히 부드러운데, 그건 이상한 일이죠, 왜냐하면 다이아몬드는... 그러니까, 탄소의 또 다른 흔한 형태요... 다이아몬드는 지구 상에서 가장 단단한 물질이에요. 말이 안 되죠, 그렇죠? 뭐, 이건 다 그것들의 구조와 관련이 있어요. 제가 화면에 띄울 도식을 보면 제 말의 의미를 알 수 있어요. 보세요, 흑연의 탄소 원자들은 이웃하는 3개의 원자와만 결합해요... [3-Grap]그것들은 6각형 모양의 칸을 가진 납작하고 2차원적인 면을 만들어요... 그리고 이 면들은 서로에게서 미끄러져요, 그래서 흑연이 그렇게 부드러운 물질이 되는 거죠. [3-Grap]이러한 분자 구조는 탄소의 전기적 속성에도 영향을 줘요. 흑연의 탄소 원자들은 오직 3개의 다른 원자들과 결합하지만, 전자는 4개 있기 때문에, 각 원자당 여분의 전자가 하나 남는다는 뜻이고, 이것은 흑연이 훌륭한 전도체라는 뜻이에요.

하지만, 다이아몬드는 흑연과 매우 다른 구조를 지녀요. 화면을 다시 한번 보세요. [3-Dia]각 탄소 원자가 다른 네 개의 다른 원자와 결합했기 때문에, 전기를 전도할 여분의 전자가 남아 있지 않아요. [3-Dia]이것은 다이아몬드가 전하를 통과하지 못하게 하므로 좋은 절연체가 된다는 뜻입니다. 그리고, 흑연이 2차원적인 면과 같은 평면을 가지는 대신, [3-Dia]다이아몬드의 탄소 원자들은 3차원의 격자 모양의 구조를 이루어요. 이건 여전히 탄소지요... 흑연과 다이아몬드는 같은 물리적인 원자로 이루어졌어요... 하지만 각 원자의 배열과 그들 간의 화학적 결합의 종류에 따라, 탄소는 다양한 물리적인 특성을 가진 수많은 다른 물질들이 될 수 있어요. 흑연과 다이아몬드 사이에 외형적인 유사성이 없는 점이 이를 증명하죠.

탄소를 기반으로 한 다른 물질들에 관해서 얘기하자면, 과학자들은 1980년대에 매우 흥미로운 형태의 탄소를 발견했고 버키볼이라는 매우 흥미로운 이름을 지었어요. 이 이름은 과학자이자 발명가인, Buckminster Fuller에게 경의를 표한 것인데, 그는 60면을 가진 구조물에 근거한 측지선 돔의 사용을 지지했는데 버키볼 또한 이 구조를 지니죠. ⁴버키볼은 거의 구형으로 보여요, 축구공처럼... 하지만, 당연히 그렇게 크지는 않죠. 버키볼 분자의 모양을 상상하려면, 공의 면에서 각 꼭짓점 부분에 원자를 하나씩 놓고 면의 가장자리가 결합된 부분이라고 생각하면 돼요. 꼭 축구공처럼, 결합을 통해 일련의 교차하는 5각형과 6각형의 모양들이 만들어지죠.

⁵버키볼은 과학자들이 상관 없는 실험을 하는 도중에 발견되었는데, 레이저로 탄소판을 기화시키려 했던 실험이었죠... 그리고 이것의 발견으로, 결국에는 노벨상을 가져온 일련의 새로운 실험들이 시작되었어요. 몇몇 회사들은 현재 약을 전달하기 위한 버키볼의 사용을 탐구하고 있어요... 그들은 버키볼의 '우리' 안에 아주 적은 양의 복용량을 넣고 목적지에 도착했을 때 그 구조가 부서지도록 설정하기를 원합니다.

연구자들로부터 많은 관심을 받고 있는 또 다른 탄소의 동소체는 '탄소 나노튜브'라고 불립니다. 이것은 버키볼과 연관되어 있어요... 음... 둘 다 풀러린이라고 불리는 그룹의 일부이죠, 하지만 나노튜브는 6각 구조가 둥글게 말려서, 원자 하나만큼 두께의 벽을 지닌 길고, 얇은 원기둥 모양을 형성하고 있어요. 이는 아까 제가 설명한 흑연의 구조와 다르지 않아요... 그냥 2D 탄소 면의 양 끝을 서로 연결하면 돼요. 이 나노튜브는 굉장히 작아서 독특한 물리적 그리고 화학적 특성을 가진 물질들을 만들기 위해 다른 재료와 섞을 수 있어요. ⁶뿐만 아니라, 나노튜브는 전도체라서, 예를 들어, 페인트의 유액과 섞으면 차의 금속 같은 다른 전도체에 더 잘 붙는... 새로운 종류의 페인트를 만들 수 있어요.

abundant[əbʌ́ndənt] 흔한, 풍부한   element[éləmənt] 원소   helium[híːliəm] 헬륨   petroleum[pətróuliəm] 석유
carbon-based 탄소로 이루어진   purely[pjúərli] 순수하게   molecule[mɑ́ləkjùːl] 분자   allotrope[ǽlətròup] 동소체
two-dimensional 2차원의   hexagonal[heksǽgənl] 6각형의   property[prɑ́pərti] 속성, 특성
conductor[kəndʌ́ktər] 전도체   insulator[ínsʃəlèitər] 절연체   lattice[lǽtis] 격자   physical[fízikəl] 물리적인
homage[hɑ́midʒ] 경의   advocate[ǽdvəkèit] 지지하다   geodesic[dʒìːədésik] 측지의   spherical[sférikəl] 구형의
envision[invíʒən] 상상하다   vaporize[véipəràiz] 기화시키다   minute[mainjúːt] 아주 적은, 미세한
cylinder[sílindər] 원기둥   adhere[ædhíər] 붙다

19. Physiology

HACKERS **TEST**

p.316

1. (C)	2. (A)	3. (B)	4. (B)	5. (A), (C)	6. (B)

Listen to a lecture on physiology.

OK. ¹Over the last few days we've been discussing some of the, uh, physical effects of the aging process . . . you know, loss of muscle mass, slower metabolic rate, reduced bone density . . . Pretty depressing stuff when you think about it. Anyway, today I want to look at the underlying causes of this process.

One explanation is that the human body is genetically programmed to, well, to begin deteriorating, although it cannot be positively stated just when this process begins. Anyhow, the key factor appears to be the length of telomeres–um, maybe you haven't heard this term before. OK, everyone knows what DNA is, right? The genetic material found in cells that determines an organism's physical traits? Well, at each end of a DNA strand are sections of specialized DNA known as telomeres. Uh, think of the plastic caps at the end of your shoelaces. ³The primary function of telomeres is to ensure that the genetic data contained in the main part of the DNA strand is, uh, accurately replicated during cell division. So, what scientists have discovered is that each time a cell divides, the telomeres of the new cells are slightly shorter than those of the original. Once the length of the telomeres has been reduced to a certain point, the likelihood of cell division errors increases dramatically. In fact, the cell might stop growing or even engage in a process of self-destruction. The buildup of faulty cells in the body is responsible for the physical symptoms of aging . . . it also increases the probability that a person will contract one of the illnesses associated with old age, such as arthritis or hearing loss.

²However, I don't want you to think that telomeres function as some sort of, uh, biological timer that determines

your lifespan. In fact, some geneticists argue that the shortening of the telomeres is a symptom of aging rather than a cause. This brings me to the free radical theory of aging, which is much more widely accepted among members of the scientific community. To understand this theory, you must first know a little bit about the structure of an atom. The nucleus of an atom is surrounded by smaller particles known as, uh, electrons. In most cases, each electron is paired with another one. Yet, sometimes an atom will have electrons that are unpaired. Molecules that include atoms with unpaired electrons are referred to as, uh, free radicals. Some of these radicals are derived from oxygen and are referred to as oxygen free radicals. [4]And these oxygen free radicals are the primary concern with regard to humans . . . mainly because they are necessary for life and are responsible for several bodily functions, like breaking down food or thinking.

Unfortunately, the problem with free radicals is that they are always looking for their, you know, missing electrons. When a free radical encounters another molecule within a cell, it will "steal" an electron. Of course, this transforms the other molecule into a free radical, triggering a chain reaction that will very quickly disrupt the normal function of a cell. Most seriously, the presence of a high number of free radicals will interfere with the, uh, replication of DNA since DNA strands are in fact molecules themselves. The physiological effects on the human body are particularly severe when free radicals get in the way of the function and reproduction of specialized cells, such as those that form blood vessels or those related to the immune system. This process, as I mentioned before, is responsible for the wide range of physical problems and diseases associated with getting old.

OK, the question I'm sure you are all asking yourself is, uh, what can be done to prevent this? I mean, if we know that the accumulation of free radicals causes us to age, there must be some way to prevent their formation, right? Well, to a certain extent there is . . . Vitamins C and E have both been identified as antioxidants–meaning that they protect the body against the damaging effects of oxygen free radicals. [5]They are able to do this because their molecules are stable regardless of the number of electrons present. When a vitamin C or E molecule encounters a free radical, it will . . . well, let's say "donate" an electron. This halts the chain reaction I mentioned previously because the vitamin molecule will, uh, remain stable . . . it won't transform into a free radical and go searching for a new electron.

One really interesting example of the benefits of antioxidants is the Greek island of Ikaria. It has a disproportionately high number of centenarians–people who live to be at least 100 years old–and studies have shown that the average lifespan of residents is, uh, much higher than that of other Europeans. When researchers looked into the island's traditional diet, guess what they found? [6]Residents consume large amounts of green, leafy vegetables with very high levels of antioxidants . . . in fact, much higher than other popular sources of antioxidants such as red wine. This isn't the whole story, of course . . . but it looks like your mothers were right to some extent . . . if you want to live a long and healthy life, you'd better eat your vegetables.

Now get ready to answer the questions. You may use your notes to help you answer.

1. What is the lecture mainly about?
2. What does the professor imply about the connection between telomeres and aging?
3. What is a feature of telomeres?
4. What does the professor say about oxygen free radicals?
5. What are two reasons that antioxidants can be used to reduce the number of free radicals?

Listen again to part of the lecture. Then answer the question.

P: Residents consume large amounts of green, leafy vegetables with very high levels of antioxidants . . . in fact, much higher than other popular sources of antioxidants such as red wine. This isn't the whole story, of course . . . but it looks like your mothers were right to some extent . . . if you want to live a long and healthy life, you'd better eat your vegetables.

6. What does the professor imply when he says this:

P: This isn't the whole story, of course . . .

좋아요. [1]지난 며칠에 걸쳐서 우리는 어, 노화 과정의 신체적 영향에 대해서 논의해 왔어요... 그러니까, 근육량의 감소, 대사율의 저하, 골밀도의 감소... 생각해 보면 꽤 우울한 것들이죠. 어쨌든, 오늘은 이러한 과정의 근본적인 이유를 살펴보려고 해요.

하나의 설명은 인간의 신체가 유전적으로, 음, 쇠약해지도록 설계되었다는 거예요, 비록 그 과정이 언제 시작할지는 분명히 말할 수 없다 하더라도요. 어쨌든, 핵심 요인은 말단 소립의 길이인 걸로 보여요, 음, 어쩌면 이 용어를 들어보지 못했을 수도 있겠군요. 좋아요, 모두 DNA가 뭔지는 알고 있죠? 유기체의 신체적 특징들을 결정짓는 세포에서 볼 수 있는 유전 물질이라는 것 말이에요? 자, DNA 가닥의 각 끝에는 말단 소립이라고 알려진 특수한 DNA 부분이 있어요. 어, 여러분의 신발 끈 양 끝의 플라스틱 덮개를 생각해보세요. [3]말단 소립의 주요 기능은 세포 분열 시 DNA의 주요 부분에 포함된 유전 정보가, 어, 정확하게 복제되도록 하는 것입니다. 그래서, 과학자들이 발견한 것은 세포가 분열할 때마다, 새로운 세포의 말단 소립이 원래 세포의 말단 소립보다 살짝 짧아진다는 겁니다. 일단 말단 소립의 길이가 어느 정도로 짧아지면, 세포 분열에서 오류가 발생할 가능성은 극적으로 증가하죠. 사실, 세포는 성장을 멈추거나 혹은 스스로 파괴하기도 합니다. 몸 안에 잘못된 세포가 증가하면 노화의 신체적 증상이 나타나죠... 이는 또한 사람이 관절염이나 청력 손실 등, 고령과 관련된 질병에 걸리게 될 가능성을 높이기도 합니다.

[2]하지만, 여러분이 말단 소립의 기능을 일종의, 어, 여러분의 수명을 결정짓는 생물학적 시계라고 생각하지는 않길 바랍니다. 사실, 일부 유전학자들은 말단 소립이 짧아지는 것이 노화의 원인이 아닌 증상이라고 주장합니다. 이같은 주장은 노화에 대한 자유 라디칼 이론을 떠올리게 합니다, 과학계의 구성원들 사이에서는 훨씬 더 폭넓게 받아들여지는 이론이죠. 이 이론을 이해하기 위해서, 여러분은 먼저 원자의 구조에 대해 조금 알아야 합니다. 원자의 핵은 전자라고 알려진, 어, 더 작은 입자들에 둘러싸여 있습니다. 대부분의 경우, 각각의 전자는 다른 전자와 쌍을 이루죠. 하지만, 때때로 원자는 쌍을 이루지 않은 전자를 갖기도 합니다. 쌍을 이루지 않은 전자로 이루어진 원자를 포함하고 있는 분자는, 어, 자유 라디칼이라고 불립니다. 이 라디칼 중 일부는 산소로부터 파생하여 활성산소라고 불립니다. [4]그리고 이 활성산소는 인간에게 있어선 가장 주요한 관심사입니다... 왜냐하면 활성산소가 생명에 필수적이고 음식을 소화하거나 생각을 하는 것과 같은 신체 기능을 책임지고 있기 때문입니다.

불행히도, 자유 라디칼의 문제점은 그것이 항상, 그러니까, 잃어버린 전자를 찾는다는 점입니다. 자유 라디칼이 세포 안에서 다른 분자를 만날 때, 자유 라디칼은 전자를 '훔칩니다'. 물론, 이것이 그 다른 분자를 자유 라디칼로 전환시키죠, 세포의 정상 기능에 매우 빠르게 지장을 줄 연쇄 작용을 유발하면서 말입니다. 가장 심각한 점은, 자유 라디칼이 많은 수로 존재하면, 어, 그것이 DNA 복제를 방해할 것이라는 점입니다, DNA가 사실상 분자 자체이기 때문이죠. 인간의 신체에 가해지는 생리적 영향은 자유 라디칼이 혈관을 형성하는 세포 혹은 면역 체계와 관련이 있는 특수화된 세포의 기능과 복제를 방해할 때 특히 심해집니다. 이 과정이, 제가 전에 말했듯이, 노화와 관련된 광범위한 신체적 문제 및 질병들의 원인입니다. 좋아요, 여러분 모두가 묻고자 하는 것이, 이를 예방하기 위해 무엇을 할 수 있을까라는 점이죠? 그러니까, 만약 자유 라디칼이 축적되어 우리를 노화시킨다는 걸 우리가 안다면, 이를 방지할 수 있는 어떤 방법들이 있어야 하잖아요, 그렇죠? 글쎄, 어느 정도는... 비타민 C와 E가 모두 항산화제라고 알려졌어요, 이들이 활성산소에 의한 신체 손상을 보호한다는 의미죠. [5]이는 이 비타민들의 분자가 존재하는 전자의 수에 상관없이 안정적이기 때문에 가능해요. 비타민 C와 E의 분자가 자유 라디칼을 만날 때, 음... 글쎄, 전자를 '기부'한다고 할까요. 이것은 제가 전에 말했던 연쇄 작용을 중단시키죠, 왜냐하면 비타민 분자가, 어, 안정적으로 남아 있기 때문이에요. 비타민 분자는 자유 라디칼로 전환되거나, 새로운 전자를 찾아 다니거나 하지 않죠.

항산화제의 이점을 보여주는 정말 흥미로운 한 예시는 그리스 섬인 이카리아예요. 그곳은 최소한 100살까지 장수한 사람의 수가 불균형적으로 높아요. 연구들은 그곳 거주자들의 평균 수명이 다른 유럽인들보다 훨씬 높다는 걸 보여줬죠. 연구자들이 그 섬의 전통적인 식단을 조사했을 때, 그들이 무엇을 발견했는지 아세요? [6]그 섬 거주자들은 매우 높은 수준의 항산화제를 함유한 녹색의 잎이 무성한 채소를 많이 섭취하고 있었어요. 사실 채소는 적포도주같이 인기 있는 항산화제 섭취원보다 훨씬 더 높은 항산화제를 포함하고 있죠. 물론, 이게 이야기의 전부는 아니에요. 하지만 여러분의 어머니께서 어느 정도는 옳으셨던 것 같네요... 만약 여러분이 길고 건강한 삶을 살기 원한다면, 채소를 섭취하는 게 좋을 거예요.

aging [éidʒiŋ] 노화 　 muscle mass 근육량 　 metabolic rate 대사율 　 density [dénsəti] 밀도

underlying [ʌ̀ndərláiiŋ] 근본적인 　 deteriorate [ditíəriərèit] 쇠약해지다, 악화시키다 　 positively [pázətivli] 분명히

telomere [tí:ləmìər] 말단 소립 　 replicate [réplikèit] 복제하다 　 likelihood [láiklihùd] 가능성 　 arthritis [ɑːrθráitis] 관절염

lifespan [laifspæn] 수명 　 atom [ǽtəm] 원자 　 nucleus [njú:kliəs] 핵 　 electron [iléktrɑn] 전자

molecule [mɑ́ləkjù:l] 분자 　 encounter [enkáuntər] 접하다 　 transform [trænsfɔ́:rm] 변형시키다

chain reaction 연쇄 작용 　 disrupt [disrʌ́pt] 지장을 주다, 방해하다 　 reproduction [rì:prədʌ́kʃən] 복제

blood vessel 혈관 　 immune system 면역 체계 　 antioxidant [æ̀ntiáksədənt] 항산화제

HACKERS **TEST**

p.322

1. (D)	2. (A)	3. (A), (B), (D)	4. (C)	5. (B)	6. (D)

Listen to part of a lecture in an architecture class.

P: Those of you who did the reading already know that attending theatrical performances was a very important part of Greek culture and that it contributed to the people's sense of unity and civic pride . . . so much so that by the Hellenistic Age, every Greek town had its own theater. And they were all designed in a similar way–for the most part, everything was constructed in the powerful, sturdy, Doric style of mainland Greece and by this point, the early wood and dirt structures had been replaced with stone. [1&2]But more importantly, Greek architects had figured out an ingenious theater design with three distinct areas that, uh, allowed thousands of people to see and hear the performances while accommodating all the actors and props involved in the production. And at a standard of quality that is, uh, probably comparable to what you'd expect to see today. OK, so this first slide shows Greece's first theater, the Theater of Dionysus. What does this image focus on?

S1: The big half-circle in the center.

P: Right. This area was called the orchestra and, uh, unlike what you might imagine based on the orchestra pits of modern theaters, this was where the play was performed . . . And the chorus also occupied this space during the play. [3]They'd chant in unison about what was going on. Sometimes, they offered background knowledge, such as when the play was based on an historical event. This would help the audience understand the story a little better. And they did this both when the actors were performing and when they went offstage. The orchestra was never empty. The chorus would remain onstage and keep the audience engaged by dancing or commenting on the story while the actors prepared for the next act in the skene.

S1: The skene is like the backstage, isn't it?

P: Kind of. The skene was a rectangular building behind the orchestra. It faced the audience and functioned as a backdrop as well as a place to store props and costumes. Here, let me show you a slide. Now, this is an artist's interpretation of what the skene at the Theater of Dionysus might have looked like. [4]You wouldn't really be able to get a good idea of what it looked like if I showed you a photo of the skene today. It hasn't really stood the test of time. So, this picture shows that the skene is on a slightly raised platform and stands a bit higher than the orchestra. It's decorated quite elaborately, made to look a bit like a palace with all the columns and statues. It's got a flat roof, and actors, well, apparently when they portrayed gods, they'd use a crane to lift themselves onto it. I guess you can consider it an elevated stage. [5]You see, quite often, the human characters would be in some kind of helpless situation, and then all of a sudden, a god would appear on the roof of the skene and say or do something to help the human characters . . . who'd all be looking up at him from the orchestra . . . Oh, and see here–there are pathways leading from the orchestra to doors in the skene. They were for the actors to use when they exited to get props ready or change masks. Yes?

S2: I've seen pictures of masks used in Greek tragedies. Some of them are pretty interesting. But, would audience members sitting in the upper rows even be able to see them?

P: That's a good question. They'd probably just be able to make out color and movement, but think about it. Maybe it wasn't that important to them that they couldn't see everything. What mattered was what the actors were saying. And that's what the theatron gave the audience. They were able to hear everything. You see, the theatron, which was essentially all the seats and stairs where people watched performances from, had amazing acoustics. Even people sitting the farthest away from the stage were able to hear the actors.

S2: How was that possible?

P: Well, there have been a couple of accepted theories over the years, mostly having to do with the way the seats were built on the sides of hills in, uh, semi-circular arrangements around orchestras. It was assumed that the specific slope of the seats allowed sound to travel easily. It's also believed that the wind helped carry the sound of the actors' voices to the audience. In the last few years though, researchers have been studying the theater at Epidaurus. [6]There's a new theory that the seats themselves had something to do with the good acoustics. I haven't really read up on it . . . but I believe it involves the way sound reflected off layers of alternating ridges and grooves–the limestone seats. It's presumed that they were able to filter sound waves to emphasize certain frequencies, like those used in the actors' voices, while blocking out background noise like the wind and the movement of people. Kind of like, uh, acoustic traps.

Now get ready to answer the questions. You may use your notes to help you answer.

1. What is the main topic of the lecture?

Listen again to part of the lecture. Then answer the question.

P: But more importantly, Greek architects had figured out an ingenious theater design with three distinct areas that, uh, allowed thousands of people to see and hear the performances while accommodating all the actors and props involved in the production. And at a standard of quality that is, uh, probably comparable to what you'd expect to see today.

2. Why does the professor say this:
   P: And at a standard of quality that is, uh, probably comparable to what you'd expect to see today.

3. What were the tasks of the chorus in ancient Greek plays?
4. Why does the professor mention a photo of a skene?
5. What can be inferred about the function of the skene roof as an elevated stage?

Listen again to part of the lecture. Then answer the question.

P: There's a new theory that the seats themselves had something to do with the good acoustics. I haven't really read up on it . . . but I believe it involves the way sound reflected off layers of alternating ridges and grooves– the limestone seats.

6. What does the professor imply when he says this:
   P: I haven't really read up on it . . .

P: 자료를 읽어온 학생들은 연극에 참석하는 것이 그리스 문화에 있어 아주 중요한 부분이었고, 사람들의 일체감과 시민 자긍심에 매우 기여해서... 헬레니즘 시대에는 모든 그리스 마을마다 마을 소유의 극장이 있었을 정도였다는 것을 이미 알고 있겠죠. 그리고 그것들은 모두 비슷한 방식으로 설계되었어요. 대개, 모든 것이 강력하고 튼튼한, 그리스 본토의 도리스 양식으로 건축되었고, 이 시점에 초기의 목재와 흙 구조물은 석재로 대체되었어요. [1&2]그러나 더 중요한 것은, 그리스 건축가들이 상연에 필요한 모든 배우와 소품들을 수용하는 동시에, 어, 수천 명의 사람이 공연을 보고 듣는 것을 가능하게 한 세 개의 별개의 구역을 갖춘 기발한 극장의 설계법을 생각해냈다는 거예요. 그리고, 어, 아마 여러분이 오늘날 보게 될 것이라고 기대하는 것에 비교할 만한 수준의 품질로 말이죠. 좋아요, 이 첫 번째 슬라이드는 그리스 최초의 극장인 Dionysus 극장을 보여주고 있어요. 이 사진은 무엇에 초점을 맞추고 있나요?

S1: 중심에 있는 큰 반원이요.

P: 맞아요. 이 구역은 오케스트라라고 불렸고, 어, 여러분이 현대식 극장의 오케스트라석에 기초해 상상하는 것과는 다르게, 이곳이 바로 연극이 공연된 곳이었어요... 그리고 합창단 또한 연극을 하는 동안 이 공간을 사용했어요. [3]그들은 무슨 일이 일어나고 있는지에 대해 제창하곤 했습니다. 가끔, 그들은 연극이 역사적 사건에 바탕을 두는 경우 배경 지식을 제공하기도 했어요. 이는 관객들이 이야기를 조금 더 잘 이해할 수

있도록 도와줬죠. 그리고 그들은 배우들이 공연하는 중과 무대에서 내려갔을 때에도 모두 이렇게 했어요. 오케스트라는 절대 비어있지 않았죠. 배우들이 스케네에서 다음 막을 준비하는 동안 합창단이 무대 위에 남아 춤을 추고 줄거리에 대해 언급함으로써 관중의 주의를 끌어 놓곤 했습니다.

S1: 스케네는 무대 뒷편 같은 거죠, 그렇지 않나요?

P: 비슷해요. 스케네는 오케스트라 뒤에 있는 직사각형 건물이었어요. 그것은 관객들을 향하고 있었고 소품과 의상을 보관하는 장소뿐만 아니라 배경막의 기능도 했습니다. 여기요, 여러분에게 슬라이드를 보여줄게요. 자, 이것이 Dionysus 극장의 스케네가 어떻게 생겼을지에 대한 한 예술가의 해석입니다. ⁴제가 오늘날의 스케네의 사진을 보여준다면, 여러분은 그것이 어떻게 생겼었는지 잘 이해할 수 없을 거예요. 그것은 세월의 시험을 잘 견뎌내지 못했어요. 자, 이 사진은 스케네가 약간 높은 단상 위에 있고 오케스트라보다 약간 높게 위치해 있다는 것을 보여주고 있어요. 그건 꽤 정교하게 장식되어 있었고, 온갖 기둥과 조각상으로 약간 궁전 같아 보이도록 만들어졌죠. 그것은 판판한 지붕을 가지고 있었고, 배우들은, 음, 아무래도 신들을 표현할 때, 그 위로 자신들을 올리기 위해 기중기를 사용했던 것 같아요. 높은 무대라고 생각하면 될 것 같아요. ⁵그러니까, 꽤 자주, 인간인 등장인물들은 일종의 무력한 상황에 빠지곤 했고, 그리고는 갑자기, 신이 스케네 지붕에 나타나서 인간을 도와주기 위해 무언가를 말하거나 행동을 하곤 했죠... 오케스트라에서 모두 그를 올려다보고 있는 인간들을... 오, 그리고 여기를 보세요. 오케스트라에서 스케네의 문으로 이어지는 통로들이 있어요. 그것들은 소품들을 준비하거나 가면을 바꾸기 위해 퇴장하는 배우들이 사용하기 위한 것이었습니다. 네?

S2: 저는 그리스 비극에 사용된 가면들의 사진을 본 적이 있어요. 그것 중 몇몇은 아주 흥미로워요. 하지만 위쪽 열에 앉아있는 관객들은 그것들을 볼 수 있기는 했을까요?

P: 좋은 질문이에요. 그들은 아마 색깔과 움직임만 알아볼 수 있었겠지만, 생각해보세요. 모든 것을 볼 수 없다는 것이 그들에게 그리 중요하지 않았을 수도 있습니다. 중요했던 것은 배우들이 무슨 말을 하는지였어요. 그리고 그것이 바로 테아트론이 관객들에게 제공한 것이었죠. 그들은 모든 것을 들을 수 있었어요. 그러니까, 테아트론은 본질적으로 사람이 앉아 공연을 보았던 모든 객석과 계단이었는데, 놀라운 음향 효과를 가지고 있었어요. 무대에서 가장 멀리 떨어져 앉아있는 사람들까지도 배우들의 말을 들을 수 있었어요.

S2: 그게 어떻게 가능했나요?

P: 음, 수년간 받아들여진 이론이 몇 가지 있었는데, 주로 객석이 오케스트라 주위에, 어, 반원형 배열로 언덕 경사면 위에 지어진 방식과 관련되어 있어요. 객석의 특정한 경사도가 소리가 쉽게 전달되도록 한다고 추정돼요. 또한, 바람이 배우들의 목소리를 관객들에게 전달하는 것을 도와준다고 여겨집니다. 하지만 지난 몇 년간, 연구자들은 에피다우로스에 있는 극장을 연구해 왔어요. ⁶객석 그 자체가 좋은 음향효과와 관련이 있다는 새로운 이론이 있어요. 이 이론에 대해 충분히 연구하진 않았지만... 저는 그것이 번갈아가며 있는 능선과 홈의 층, 즉 석회암 객석에서 소리가 반사하는 방식과 관련이 있다고 생각해요. 그것들이 바람과 사람들의 움직임 같은 배경 잡음을 차단함과 동시에 배우들의 목소리에 사용된 것과 같은 특정 주파수를 강조하기 위해 음파를 걸러낼 수 있었다고 추정됩니다. 일종의, 어, 음향의 덫인 거죠.

theatrical performance 연극   sense of unity 일체감   civic pride 시민의 자긍심   sturdy [stə́ːrdi] 튼튼한, 견고한
ingenious [indʒíːnjəs] 기발한, 독창적인   distinct [distíŋkt] 별개의, 뚜렷한   accommodate [əkámədèit] 수용하다
prop [prɑp] 소품   production [prədʌ́kʃən] 상연, 제작   orchestra pit 오케스트라석   chant in unison 제창하다
engage [inɡéidʒ] 주의를 끌다, 사로잡다   act [ækt] 막   face [feis] 향하다   backdrop [bǽkdrɑ̀p] 배경막
costume [kástjuːm] 의상   interpretation [intə̀ːrprətèiʃən] 해석, 설명   stand the test of time 세월의 시험을 견디다
elaborately [ilǽbərətli] 정교하게   column [káləm] 기둥   portray [pɔːrtréi] 표현하다   tragedy [trǽdʒədi] 비극
acoustics [əkúːstiks] 음향 효과, 음향 시설   semi-circular 반원형의   arrangement [əréindʒmənt] 배열, 체재
read up on ~에 대해 충분히 연구하다   ridge [ridʒ] 능선   groove [ɡruːv] 홈   filter [fíltər] 거르다, 여과하다
sound wave 음파   emphasize [émfəsàiz] 강조하다   frequency [fríːkwənsi] 주파수   block out 차단하다

21. Film

HACKERS TEST

| 1. (D) | 2. (A) | 3. (C) | 4. (A), (B) | 5. (D) | 6. (D) |

Listen to part of a lecture in a film history class.

So, have you heard about the television program Nickelodeon? Well, if you've ever watched it, you know that the program runs continuously and shows a number of short cartoons and documentaries. But I don't want to talk about the modern-day Nickelodeon. ¹Today, I want to talk about the early twentieth century theaters where it got its name from.

OK, now, nickelodeons, which were popular from 1905 to 1907, were these small neighborhood movie theaters that cost a nickel . . . five cents . . . to enter. The name itself is a combination of the price and the Ancient Greek word for theater, *Odeon*. So the nickelodeon came into being at the time that the narrative film began to grow in popularity. The lower-income classes watched these short films in dirty converted storerooms and hotel basements. [2]Actually, it was Edwin S. Port who really first pushed the narrative to American audiences around 1900. Do you know the film *The Great Train Robbery*? Well, that was his . . . and then many people began improving the earlier short films around 1904. As you can guess, this led to a competitive film market.

So, anyway, where was I? Oh, yeah. [3]The point I wanted to make was that people wanted to see these narrative films and this resulted in a need for suitable places in which to view them. People . . . even lower-income people . . . didn't want to watch short films in storerooms with rats and cockroaches. So enterprising people built these small theaters, these nickelodeons, which were mostly storefront places, with something like 150 to 200 seats . . . They were only one story high . . . and the walls were painted red, usually. [5]You know, seats were even just plain kitchen chairs! I mean, these were very simple and quickly put-together theaters. Well, for only a nickel a show, what can one expect? And there were some luxurious nickelodeons that had piano or organ accompaniment, but these cost more and were only in the more elite districts.

Not surprisingly, nickelodeons were a huge success. The first one was built in Pittsburgh in June of 1905 . . . I think by a man named Harry Davis. And then there were 8,000 of them in the United States by 1908! You're probably wondering, well, what made them so popular? OK, let's start with convenience. For the first time, people could see a movie, one that lasted about 15 to 20 minutes, any time during the day or night. That was a big attraction! Then, of course, there was a price. As you can guess, a nickel entrance fee made it possible for the lower classes to enjoy cheap entertainment.

All right, so what we want to look at next is why the interest in nickelodeons began to decline around 1907 or so. Can anyone take a guess? No? [4]OK, well, basically the demand for film became so big that more space was needed. People began to construct larger theaters with second and third stories. The screens were much larger and, consequently, the prices went up as well. Oh, and there was a change in the kind of films that were shown. It was not uncommon for a nickelodeon to show many different kinds of films in one day. You know, short narratives, local song and dance acts, comedies, melodramas . . . problem plays, and sporting events . . . many different genres. [4]But as more and more people became middle class, they wanted more sophisticated entertainment . . . So when the larger theaters went up, they began to show just a few flicks–films–a day. These flicks were longer, had a real plot, and so forth. So today we have only two to five movies in a cinema, usually with a variety of genres, but, well, mostly comedies, actions, and romances. Now it's really interesting how film developed at that time, you know . . . the technology involved, the ideas filmmakers had to make films more real and more exciting to the viewer. But that's outside of what we have in our outline for today, so . . . I won't be giving you any details about that for now.

Anyway, to get back to my earlier point, nickelodeons fell out of popularity because of bigger venues that, well, satisfied the needs of the movie going public. [6]Even so, you've got to admit that without nickelodeons, the bigger movie theaters would have developed at a later time, especially since short films were just coming into their own.

Now get ready to answer the questions. You may use your notes to help you answer.

1. What is the main topic of this lecture?
2. Why does the professor mention *The Great Train Robbery*?
3. What can be inferred about narrative films?
4. What are two reasons for the demise of the nickelodeons?

Listen again to part of the lecture. Then answer the question.

P: You know, seats were even just plain kitchen chairs! I mean, these were very simple and quickly put-together theaters. Well, for only a nickel a show, what can one expect?

5. Why does the professor say this:

P: Well, for only a nickel a show, what can one expect?

6. Why does the professor say this:

P: Even so, you've got to admit that without nickelodeons, the bigger movie theaters would have developed at a later time, especially since short films were just coming into their own.

자, 니켈로디언이라는 TV 프로그램에 대해 들어본 적이 있나요? 음, 여러분이 그것을 시청한 적이 있다면, 그 프로그램이 끊임없이 방영되며 짧은 만화와 다큐멘터리를 많이 보여 준다는 것을 알고 있을 거예요. 그렇지만 내가 말하고자 하는 것은 현대의 니켈로디언이 아닙니다. [1]오늘, 이 TV 프로그램 제목의 유래가 된 20세기 초의 극장들에 대해 얘기하고자 합니다.

네, 자, 1905에서 1907년도까지 유행했던 니켈로디언은 니켈... 그러니까 5센트의 입장료를 받았던... 작은 인근 영화관이었습니다. 그 이름 자체는 이 입장료와 극장을 뜻하는 고대 그리스어, Odeon의 합성어랍니다. 그래서 니켈로디언은 서술형 영화가 인기를 끌기 시작한 때에 등장했어요. 저소득층은 지저분한 개조된 강이나 호텔 지하실에서 이러한 단편 영화들을 관람하곤 했습니다. [2]사실, 미국 관중들에게 1900년 즈음에 서술형 영화를 소개한 사람은 Edwin S. Port였습니다. 여러분은 '대열차 강도'라는 영화를 알고 있나요? 그것은 그의 작품이죠... 그리고 그 후 많은 사람들이 1904년경 기존의 단편 영화들을 개작하기 시작했어요. 미뤄 짐작할 수 있겠지만, 이는 영화 시장을 경쟁적으로 만들었죠.

그래서, 아무튼, 내가 어디까지 얘기했죠? 아, 네. [3]내가 지적하고자 했던 것은 사람들이 이 서술형 영화를 관람하고 싶어 했다는 것과, 이 때문에 그 영화들을 관람하기에 적합한 공간의 필요성이 나타나게 되었다는 점입니다. 사람들은... 저소득층일지라도... 쥐떼, 바퀴벌레들과 함께 광에서 단편영화를 관람하고 싶지는 않았습니다. 그래서 기업인들은 이 작은 극장들, 즉 니켈로디언을 건설했습니다, 대부분 상점 정면에 위치하며 150개에서 200개의 좌석을 갖춘 건물이었죠... 건물의 높이는 1층밖에 안 되었고, 벽은 주로 붉은색이었죠. [5]그러니까, 심지어 의자들은 부엌에서 쓰는 평범한 의자들이었답니다! 니켈로디언은 매우 단순하고 급하게 지어진 극장이었어요. 하긴, 관람료가 5센트밖에 되지 않는데, 뭘 바라겠어요? 부속물로 피아노나 오르간을 겸비한 호화로운 니켈로디언도 존재했는데, 이곳의 관람료가 더 비쌌고 부유한 지역에만 존재했죠.

예상할 수 있겠지만, 니켈로디언은 매우 성공적이었습니다. 최초의 니켈로디언은 1905년 6월에 Pittsburgh에 지어졌어요... Harry Davis란 사람에 의해서였을 거예요. 그리고 1908년에 이르러서는 미국 전역에 8,000개의 니켈로디언이 존재했죠! 여러분은 아마도, 음, 그 극장들이 왜 그렇게 인기 있었는지 의아할 것입니다. 네, 일단 편의성에 대해 말해보죠. 처음으로 사람들은 대략 15분에서 20분 정도 상영되는 영화를, 낮과 밤을 불문하고 언제든지 관람할 수 있었답니다. 그건 매우 매력적이었죠! 그리고, 물론, 입장료도 한몫을 했어요. 짐작할 수 있겠지만, 5센트의 입장료는 노동자 계층도 값싼 오락 거리를 즐길 수 있도록 했습니다.

좋아요, 우리가 그다음으로 살펴볼 것은 왜 니켈로디언에 대한 관심이 약 1907년을 전후로 쇠퇴하기 시작했는가입니다. 추측할 수 있는 사람 있나요? 없어요? [4]네, 그게, 근본적으로 영화에 대한 수요가 너무나도 커져서 더 많은 공간이 필요했죠. 사람들은 2층, 3층 되는 더 큰 규모의 극장을 건설하기 시작했어요. 스크린의 크기는 훨씬 더 커졌고, 따라서 관람료 또한 인상되었죠. 오, 그리고 극장에서 상영하는 영화의 종류에 변화가 있었어요. 니켈로디언에서는 드물지 않게 다양한 종류의 여러 영화를 같은 날 상영했습니다. 짧은 서술형 영화, 지역 노래와 춤 공연, 희극, 멜로드라마... 문제극과 스포츠 경기... 다양한 장르가 있었죠. [4]그러나 점점 더 많은 사람들이 중산층이 되어가면서, 그들은 더 세련된 오락 거리를 원했어요... 따라서 더 큰 영화관들이 건설되자, 그들은 점차 하루에 몇 편의 영화만을 상영하기 시작했어요. 이 영화들은 상영시간이 더 길었고, 줄거리가 더 짜임새 있다는 등의 특성이 있었어요. 그러므로 오늘날 우리는 한 극장에서 두 편에서 다섯 편 정도의 영화를 볼 수 있죠. 그 장르가 다양하긴 하지만, 음, 대부분 희극, 액션, 그리고 로맨스 영화이죠. 그 시대에 영화들이 어떻게 발전했는지, 말하자면... 영화 관련 기술과, 영화 제작자들이 영화를 더 실감 나게 하고 관객들이 흥미진진해 할 영화를 만들기 위한 생각들은 매우 흥미로워요. 그러나 이것은 오늘 수업 범위에 벗어나는 것이므로... 지금은 그것에 대한 세부적인 내용을 다루지는 않겠어요.

어쨌든, 앞서 말한 요점으로 돌아가서, 니켈로디언은 영화 관람객들의 욕구를 충족시켜주는, 음, 더 큰 규모의 장소로 인해 인기가 떨어졌습니다. [6]비록 그렇다 하더라도, 니켈로디언이 없었다면 큰 규모의 영화관들도 더 늦게 발달했을 것임을 인정해야 해요, 특히 니켈로디언은 단편영화들이 진가를 인정받는 데 공헌했다는 점도 인정해야 합니다.

nickelodeon[nìkəlóudiən] 니켈로디언 (5센트짜리 영화극장)　　cartoon[kɑːrtúːn] 만화　　documentary[dàkjuméntəri] 다큐멘터리
nickel[níkəl] 5센트　　combination[kàmbənéiʃən] 합성, 결합　　narrative[nǽrətiv] 서술형의, 이야기 식의　　short film 단편 영화
convert[kənvə́ːrt] 개조하다　　storeroom[stɔ́ːrrùːm] 광　　basement[béismənt] 지하실　　competitive[kəmpétətiv] 경쟁적인
suitable[sjúːtəbl] 적당한, 적절한　　cockroach[kákròutʃ] 바퀴벌레　　storefront[stɔ́ːrfrλnt] 상점 정면의
luxurious[lʌgʒúəriəs] 호화로운　　accompaniment[əkámpənimənt] 부속물　　lower class 노동자 계층
consequently[kánsəkwèntli] 따라서　　uncommon[ʌnkámən] 드문　　genre[ʒáːŋrə] 장르　　middle-class 중산층
sophisticated[səfístəkèitid] 세련된　　flick[flik] 영화　　plot[plɑt] 줄거리　　filmmaker[fílmmèikər] 영화제작사
venue[vénjuː] 장소　　movie-going public 영화 관람객　　come into one's own 인정받다

HACKERS **TEST** p.330

| 1. (B) | 2. (A) | 3. (D) | 4. (C) | 5. (D) | 6. (C) |

Listen to part of a lecture in a photography class.

P: OK . . . I'd like to start out today by showing you a few photographs. Let's start with this one . . . OK, does anyone notice something unusual about this picture?

S: It looks a little blurry, I guess.

P: It does, doesn't it? Here's another one . . . Same kind of effect, right? [1]Now, these pictures were taken using a technology called "pinhole optics" . . . and the body of art that is produced using this technique is known as pinhole photography.

S: Professor, is this technology in any way related to the pinhole camera?

P: Yes, it is, and well, that's part of what we're going to discuss today. Actually, the technology behind the pinhole camera is thousands of years old, but . . . [2]most people don't take this type of camera seriously because they think that it's a novelty.

S: Yeah, come to think of it, I did read something about pinhole cameras, but I always thought children made them for their science projects.

P: Well, that's not the case at all. Pinhole optics was discovered by an Arabian physicist and mathematician named Alhazen. In the tenth century, Alhazen arranged three candles in a row and put a screen with a small hole between the candles and the wall. He noted that images were formed by means of the small hole. He also saw that the candle to the right made an image on the left part of the wall. Well, from what he observed, he concluded that light moves in straight lines. And with this information, people in later centuries were able to invent the camera . . . So, pinhole photography pretty much makes use of a box with a tiny hole–usually made with a pin . . . And it doesn't have a lens. That's why the images you saw were not as sharp as the pictures that you're used to seeing. [3]It's almost like Impressionism, you know . . . the school of art that was championed by Van Gogh, Monet, and Renoir. Well, if you ever have the chance to look at their masterpieces, you'll probably notice that they're bright and a little blurry. And they don't focus on any one area of the painting, but rather on the whole painting. These characteristics are also found in pinhole photography.

S: Cool. So how do pinhole cameras actually work?

P: Well, for those of you who have studied photography and optics, you should be familiar with the theory of image formation . . . [6]but I guess most of you aren't aware of just how a camera lens works. After all, it's not the sort of thing we talk about over breakfast, right? OK, let me try to explain it. Well, like I said earlier, light travels in lines. We see things because light rays reflect off of these things and these reflected rays form an image on our retinas. OK, I need you guys to imagine the different parts of the eye. First, you've got the pupil . . . You know, that circular black area through which light enters the eye. Well, the pinhole is basically the same thing . . . It permits light to go into the camera. Next, the light that passes through the pupil is focused by the eye's lens and then forms a sharp image on the retina . . . That's the back of the eyeball. Of course, a pinhole camera doesn't have a lens–that's why the pictures tend to be blurry–but you can think of the photo paper as a type of retina. [4]So with a pinhole camera, light comes in through the pinhole and creates a picture on the photo paper. And the resulting image is reversed . . . Up is down, left is right.

S: Wow! And we can make these pinhole cameras at home?

P: Yes. They can be improvised or designed according to instructions in a kit. They can be small or large. Many have been made of oatmeal boxes, coke cans, or cookie containers. I know of at least one that was made out of a discarded refrigerator. You just need to buy a few supplies, like photo paper and glue, and [5]make sure that your camera is light-free . . . So you start off with a box. I've found that oatmeal containers are very useful here. Then create a hole with a pin. A small piece of cardboard can serve as the shutter, you know, the mechanism that exposes the film to light. And finally attach some photo paper or film at the other end of the box to serve as your retina, OK? And there you go–you've just made your very own pinhole camera.

S: This is all really interesting. I think I'm going to try to make one at home.

P: Good luck.

Now get ready to answer the questions. You may use your notes to help you answer.

1. What is the main purpose of the lecture?
2. According to the professor, what opinion do people generally hold about the pinhole camera?
3. Why does the professor mention Van Gogh, Monet, and Renoir?
4. According to the professor, what role does the pinhole play in making a photograph?
5. What can be inferred about the construction of pinhole cameras?

Listen again to part of the lecture. Then answer the question.

P: but I guess most of you aren't aware of just how a camera lens works. After all, it's not the sort of thing we talk about over breakfast, right?

6. What does the professor imply when she says this:
P: After all, it's not the sort of thing we talk about over breakfast, right?

P: 좋아요... 오늘은 사진 몇 장을 보여주면서 시작하고 싶군요. 이것부터 봅시다... 자, 이 사진에 대해 특이한 것을 알아차린 사람 있나요?
S: 약간 흐릿해 보이는 것 같아요, 제 생각에는요.
P: 그래요, 그렇죠? 여기 하나 더 있어요... 같은 종류의 효과예요, 그렇죠? [1]자, 이 사진들은 '핀홀 광학'이라고 불리는 기술을 사용해서 찍었어요... 그리고 이 기술을 사용해서 만들어진 일련의 예술은 핀홀 사진술로 알려져 있죠.
S: 교수님, 이 기술은 어떤 식으로든 핀홀 카메라와 연관이 있는 것인가요?
P: 네, 맞아요, 그리고, 음, 오늘 우리가 논의할 부분이에요. 사실, 핀홀 카메라의 기저에 놓여있는 기술은 수천 년이나 되었지만... [2]대부분의 사람이 이런 종류의 카메라를 신기한 물건 정도로 여기기 때문에 진지하게 받아들이지 않아요.
S: 네, 생각해보니, 핀홀 카메라에 대해 읽은 적은 있었지만, 항상 저는 그것이 어린이들이 과학 과제를 위해서 만드는 것인 줄 알았어요.
P: 음, 그건 전혀 사실이 아니에요. 핀홀 광학은 아라비아의 물리학자이자 수학자인 Alhazen이 발견했습니다. 10세기 경, Alhazen은 세 개의 양초를 일렬로 세우고 양초와 벽 사이에 작은 구멍이 뚫린 막을 세웠습니다. 그는 작은 구멍을 통해 이미지가 생긴다는 것을 알게 되었어요. 또한 그는 오른쪽 양초가 벽의 왼쪽에 이미지를 만든다는 것을 보았죠. 음, 그가 관찰한 것을 통해, 그는 빛이 직선으로 움직인다고 결론지었어요. 그리고 이 정보로, 후세의 사람들은 카메라를 발명할 수 있었던 것이죠... 그래서 핀홀 사진은 보통 핀으로 뚫은 작은 구멍이 있는 상자를 이용합니다... 그리고 이 상자에는 렌즈가 없어요. 그것이 여러분들이 보았던 사진들이 익숙하게 봐온 사진만큼 선명하지 않았던 이유죠. [3]인상주의와 거의 비슷해요. 그러니까... 반 고흐, 모네, 르누아르로 대표되는 예술 학파요. 음, 그들의 대표작들을 볼 기회가 있다면, 작품들이 밝고 약간 흐릿하다는 것을 알 수 있을 것입니다. 그리고 그들은 그림의 어느 한 부분이 아니라, 그림 전체에 초점을 맞췄어요. 이러한 특징들은 핀홀 사진술에서도 찾아볼 수 있어요.
S: 멋지네요. 그러면 핀홀 카메라는 실제로 어떤 원리로 작동하나요?
P: 음, 사진술과 광학을 공부했던 학생들에게는 이미지 형성 이론이 친숙할 거예요... [6]그러나 대부분의 학생들은 카메라 렌즈가 어떻게 작동하는지 잘 모르고 있을 거예요. 결국, 그건 우리가 아침 식사를 하면서 할 만한 얘기는 아니니까요, 그렇죠? 자, 설명해보도록 할게요. 음, 앞서 말한 것처럼, 빛은 직선으로 이동합니다. 우리가 물체를 볼 수 있는 것은 광선이 물체로부터 반사되고, 이 반사된 광선이 우리의 망막에 이미지를 형성하기 때문입니다. 좋아요, 눈의 여러 부분들을 상상해보세요. 첫번째로, 동공이 있어요... 그러니까, 눈에 빛이 들어가는 검고 둥근 부분 말이에요. 음, 핀홀은 기본적으로 같은 거예요... 빛이 카메라 안으로 들어가게 하죠. 그 다음에, 동공을 통과해서 지나가는 빛은 눈의 수정체에 의해 모아지고 그런 다음 망막에 또렷한 상을 형성해요... 그건 눈알의 뒷부분이에요. 물론, 핀홀 카메라는 렌즈가 없어요. 그게 사진들이 흐릿한 경향이 있는 이유죠. 하지만 감광지를 일종의 망막이라고 생각할 수 있어요. [4]그래서 핀홀 카메라에서 빛은 핀홀을 통해 들어오고 감광지에 이미지를 만들어요. 그리고 결과로 나온 이미지는 거꾸로예요... 위아래가 바뀌고, 왼쪽이 오른쪽이죠.
S: 와! 이런 핀홀 카메라를 집에서 만들 수 있나요?

P: 네. 핀홀 카메라는 뭐든 있는 것으로 만들거나 조립 세트의 설명서에 따라 만들 수 있어요. 작을 수도 있고 클 수도 있죠. 많은 카메라가 오트밀 상자, 콜라 캔, 또는 쿠키 상자로 만들어졌었죠. 전 하다못해 버려진 냉장고로 만들어진 것이 있다고 알고 있어요. 감광지와 풀 같은 몇 가지 재료들을 사기만 하면 되고 ⁵⁾반드시 카메라에 빛이 들어오지 않도록 해야 해요... 그러니까 우선 상자 하나를 준비하세요. 오트밀 용기가 여기에 아주 쓸모 있더군요. 그러고 나서 핀으로 구멍을 하나 만드세요. 작은 판지 조각이 셔터, 그러니까, 필름을 빛에 노출시키는 장치의 역할을 할 수 있어요. 그리고 마지막으로 망막의 역할을 하도록 감광지나 필름을 상자 반대 면에 붙이세요, 알겠죠? 자, 여러분들은 방금 여러분만의 핀홀 카메라를 만든 거랍니다.

S: 이건 정말 흥미롭네요. 집에서 만들어 봐야겠어요.

P: 성공하길 바라요.

pinhole [pínhòul] 핀홀 (바늘 구멍)   optics [áptiks] 광학   novelty [návəlti] 신기한 물건   physicist [fízəsist] 물리학자

arrange [əréindʒ] 세우다, 정렬하다   by means of ~을 통해, ~에 의하여   Impressionism [impréʃənìzm] 인상주의

masterpiece [mǽstərpìːs] 대표작   retina [rétənə] 망막   pupil [pjúːpəl] 동공   eyeball [áibɔ̀ːl] 안구

photo paper 감광지   reversed [rivə́ːrst] 거꾸로 된, 뒤집어진   improvise [ímprəvàiz] (뭐든) 있는 것으로 만들다

kit [kit] 조립 세트   discard [diskáːrd] 버리다   cardboard [káːrdbɔ̀ːrd] 판지

HACKERS **TEST**

p.334

1. (C)	2. (B)	3. (D)	4. (A)	5. (C), (D)	6. (A)

Listen to part of a lecture in an engineering class.

P: Hello, everyone. As we discussed earlier, the efficiency of a machine is determined by how much energy it requires to do a specific amount of work. Let me give you an example . . . Imagine two airplanes traveling side by side for a distance of, say . . . 10 miles. Let's say one plane is blue and the other is red. Now assume that it takes the blue one 50 gallons of fuel to go that distance and it takes the red one 60 gallons. We'd say the blue plane is more efficient than the red one, right?

Now, today I want to discuss how efficiency is related to another form of transportation–the bicycle. It's one of those inventions that kind of evolved over time, with many people making small contributions. [1]But let's look at the general developments to help us understand how people made this invention more efficient. Have a look at this slide . . .

OK, we've got here the "running machine" designed by German inventor Baron Karl Drais in 1818 . . . It had two in-line wheels set in a wooden frame, and you could steer it, but it lacked pedals, springs, and, frighteningly, brakes. [2]Basically, the rider would sit astride it and, you know, sort of push his or her feet against the ground to make it move . . . Kind of like the same way you would ride a skateboard by pushing off with your feet. Anyway, compared to today's bicycles, of course, the running machine wasn't very efficient, but many people who owned one preferred it to walking . . . Can you guess why?

S1: Well . . . it was probably a lot faster, and unless you were going up steep hills it would have been just as easy as walking.

P: Right . . . However, the running machine was never more than an amusing curiosity for the wealthy because it was impractical and very expensive. But the point is . . . people did see the potential in the running machine and tried to make it better, and one of those improvements was this machine here . . . the "velocipede." This early model was the first to feature pedals on the front wheel, and . . . [4]you'll notice the name is a combination of the word "pedal" and the word "velocity," which means "speed." Sounds promising, doesn't it? [3]But it was inefficient because it didn't offer much mechanical advantage. Any idea what that means?

S2: Uh, is it when the energy you exert isn't multiplied very effectively?

P: Sounds like someone paid attention while doing the reading! In fact, because the pedals of the velocipede were directly attached to the front wheel, pedaling one rotation only moved you five or six feet. And its frame was made of iron, and the tires were made of wood or metal . . . which made the whole thing very heavy. Sometimes they weighed as much as 100 pounds!

S1: Hmm . . . I guess the materials used really matter . . . I mean, if the bicycle was going to become a useful invention, lighter construction materials would have to be used.

P: You're absolutely right . . . and that's exactly what happened. Look at the next slide . . . This is the "penny-farthing," which came out around 1870 and was probably the first truly efficient bicycle. Let's take a look at the wheels first before anything else . . . [5]The penny-farthing, as you can see, has a front wheel that's noticeably bigger than the back wheel. This is because, well, the larger the front wheel, the more distance a rider could cover by turning the pedals once. In other words, bigger front wheels were more efficient . . . Also, penny-farthings were constructed using new, lighter metal alloys, so some of them weighed as little as 20 pounds, even with the large front wheel! But the penny-farthing was also dangerous. Look how the rider sits atop the wheel far off the ground, right? And it takes just a small stone or hole in the road to stop the huge front wheel, and when that happens, the rider falls forward onto his face! So you can see why this model didn't exactly win the hearts of the masses.

All right . . . now we're getting to the modern bicycle, which was introduced in the late 1800s. As you can see, the earliest "safety bicycles," as they were called, had two relatively small wheels of equal size . . . and the rider sits between them rather than on top of the front wheel. There's another addition you'll notice too . . . it's the chain . . . and that's what made the safety bicycle really take off. See, in earlier bikes, a rider's energy was used to rotate the front wheel directly because the pedals were attached to it. That's why the front wheels were so big, remember? So they'd go faster. [6]With a chain, the pedals are used to rotate gears of varying sizes, which in turn rotate the back wheel. This way, speed becomes a function of the gear size and not of the wheel size. And the chain drives are so efficient that more than 98 percent of the energy used to pedal goes directly to the wheels . . .

Now get ready to answer the questions. You may use your notes to help you answer.

1. What is the lecture mainly about?
2. Why does the professor mention a skateboard?

Listen again to part of the lecture. Then answer the question.

P: But it was inefficient because it didn't offer much mechanical advantage. Any idea what that means?
S2: Uh, is it when the energy you exert isn't multiplied very effectively?
P: Sounds like someone paid attention while doing the reading!

3. Why does the professor say this:
    P: Sounds like someone paid attention while doing the reading!

4. What does the professor imply about the velocipede?
5. What made the penny-farthing more efficient than the velocipede?
6. Why is the safety bicycle an improvement over previous bicycles?

P: 안녕하세요, 여러분. 우리가 지난번에 논의했듯이, 기계의 효율은 특정한 양의 작업을 하는 데 얼마나 많은 에너지를 필요로 하는지에 의해 결정됩니다. 예를 하나 들어볼게요... 이를테면... 10마일의 거리를 나란히 이동하는 비행기 두 대를 떠올려보세요. 비행기 한 대는 파란색이고 다른 한 대는 빨간색이라고 해봅시다. 이제 파란 것은 그 거리를 가는 데 연료가 50갤런이 필요하고 빨간 것은 60갤런이 필요하다고 가정해봅시다. 파란 비행기가 빨간 것보다 더 효율적이라고 할 거예요, 그렇죠?
자, 오늘 저는 효율이 또 다른 교통수단인 자전거와 어떻게 관련되어 있는지에 대해 논의하고 싶네요. 자전거는 많은 사람이 조금씩 기여하여 시간이 지나면서 진화했다고 할 수 있는 그런 발명품 중 하나입니다. [1]하지만 사람들이 어떻게 이 발명품을 더 효율적으로 만들었는지에 대한 이해를 돕기 위해 전반적인 발전에 대해 살펴봅시다. 이 슬라이드를 보세요...
자, 여기 보이는 건 1818년에 독일의 발명가인 Baron Karl Drais가 디자인한 'running machine'입니다... 나무로 된 뼈대에 일렬로 붙인 두 개의 바퀴가 있고, 조종할 수 있지만, 페달, 스프링, 그리고 무섭게도, 브레이크가 없습니다. [2]기본적으로, 타는 사람은 자전거에 양쪽으로 두 다리를 벌리고 앉아서, 그러니까, 움직이기 위해 땅을 발로 밀어야 했죠... 여러분이 발로 땅을 구르면서 스케이트보드를 타는 방식과 다소 비슷하게요. 어쨌든, 오늘날의 자전거와 비교해보면, 물론, 이 달리는 기계가 그리 효율적이지 않았지만, running machine을 소유한 많은 사람들이 걷는 것보다 그걸 더 선호했어요... 왜 그랬는지 짐작할 수 있겠어요?
S1: 음... 아마 그게 훨씬 더 빨랐을 거고, 가파른 언덕을 올라가지만 않으면 걷는 것만큼 쉬웠을 거예요.
P: 맞아요... 그러나 running machine은 비실용적이고 매우 비쌌기 때문에 부유한 사람들을 위한 재미있는 호기심의 대상 이상은 결코 아니었어요. 하지만 중요한 것은... 사람들이 running machine에서 가능성을 보았고 그것을 개선하려고 노력했다는 것이고, 그렇게 개선된 것 중 하나가 여기 이 기계입니다... 'velocipede'요. 이 초기 모델은 앞바퀴에 페달이 달린 최초의 모델이고... [4]여러분은 이 자전거의 이름이 'pedal'과 '속도'를 의미하는 'velocity'의 조합인 것을 알 수 있을 거예요. 기대를 불러일으키는 이름이죠, 그렇지 않나요? [3]하지만 이 자전거는 큰 기계적 확대율을 제공하지 않아서 비효율적이었어요. 이것이 무슨 뜻일까요?
S1: 어, 가하는 에너지가 그다지 효율적으로 증대되지 않았을 때를 말하는 건가요?

P: 과제를 읽을 때 집중한 학생이 있군요! 사실, velocipede의 페달은 앞바퀴에 직접 연결되어 있었기 때문에, 페달을 한 번 회전한다 해도 5피트나 6피트 정도밖에 움직이지 못했어요. 그리고 자전거의 뼈대는 철로 만들어져 있었고, 타이어는 나무 또는 금속으로 만들어져서... 자전거를 전체적으로 아주 무겁게 했죠. 때로는 무게가 100파운드에 이르기도 했답니다!

S2: 흠... 제 생각에는 사용되는 재료가 정말 중요한 것 같아요... 그러니까, 자전거가 유용한 발명품이 되기 위해서는, 더 가벼운 구성 재료가 사용되었어야 했을 거예요.

P: 전적으로 맞아요... 그리고, 그게 바로 실제로 일어난 일이죠. 다음 슬라이드를 보세요... 이것은 'penny-farthing'이에요. 1870년 경에 등장했고 최초의 진짜 효율적인 자전거였죠. 다른 것보다도 우선 바퀴를 봅시다... ⁵penny-farthing은, 여러분이 볼 수 있듯이, 뒷바퀴보다 눈에 띄게 큰 앞바퀴를 가지고 있어요. 이는, 음, 앞바퀴가 더 클수록, 페달을 한 번 돌릴 때 더 먼 거리를 이동할 수 있었기 때문이에요. 다시 말해서, 더 큰 앞바퀴가 더 효율적인 거죠... 또한 penny-farthing은 새롭고 더 가벼운 금속 합금으로 제작이 되어서, 그것들 중 일부는 큰 앞바퀴가 있는데도 무게가 20파운드밖에 되지 않았어요! 그러나 penny-farthing은 또한 위험하기도 했어요. 타는 사람이 지면에서 멀리 떨어진 바퀴 위에 앉아 있는걸 보세요, 그렇죠? 그리고 길에 작은 돌이나 구멍만 있어도 큰 앞바퀴는 멈추고, 그렇게 되면 자전거를 탄 사람은 앞을 향해 얼굴로 떨어지게 돼요! 그러니까 왜 이 모델이 대중의 마음을 정확하게 얻어내지 못했는지 알 수 있을 거예요.

좋아요... 이제 우리는 현대의 자전거를 볼 것인데, 이것은 1800년대 말에 소개되었죠. 보다시피, 최초로 'safety bicycles'라고 불린 이 자전거에는, 같은 크기의 비교적 작은 바퀴 두 개가 있었고... 타는 사람은 앞바퀴 위에 앉지 않고 두 바퀴의 사이에 앉아요. 여러분이 또 알아차릴 다른 추가된 것이 있어요... 체인이에요... 그리고 그것이 safety bicycle이 정말 인기를 얻도록 만든 것이죠. 자, 초기의 자전거는, 페달이 앞바퀴에 달려 있었기 때문에 타는 사람의 에너지가 앞바퀴를 직접 회전시키는 데 사용되었어요. 그게 바로 앞바퀴가 그렇게 컸던 이유예요, 기억하죠? 자전거가 더 빨리 가도록이요. ⁶체인이 있으면, 페달은 다양한 크기의 기어를 회전시키는 데 사용되고, 이어서 이 기어는 뒷바퀴를 회전시키죠. 이렇게 해서, 자전거의 속도는 바퀴의 크기가 아닌 기어의 크기와 관련된 기능이 됩니다. 그리고 이 체인 구동은 매우 효율적이어서 페달을 밟는 데 사용되는 에너지의 98퍼센트 이상이 바퀴에 직접 전달되지요...

efficiency[ifíʃənsi] 효율　　　determine[ditə́ːrmin] 결정하다　　　specific[spisífik] 특정한　　　fuel[fjúːəl] 연료

invention[invénʃən] 발명품　　　evolve[iválv] 진화하다,발전하다　　　contribution[kàntrəbjúːʃən] 기여　　　in-line 일렬을 이루는

wheel[hwíːl] 바퀴　　　frame[freim] 뼈대　　　steer[stíər] 조종하다　　　frighteningly[fràitniŋli] 무섭게도,놀랍게도

astride[əstráid] 양쪽으로 두 다리를 벌리고　　　amusing[əmjúːziŋ] 재미있는, 즐거운　　　impractical[imprǽktikəl] 비실용적인

potential[pəténʃəl] 가능성, 잠재력　　　improvement[imprúːvmənt] 개선, 향상　　　velocity[vəlásəti] 속도

exert[igzə́ːrt] 가하다, 행사하다　　　multiply[mʌ́ltəplài] 증대하다, 곱하다　　　weigh[wei] 무게가 나가다　　　alloy[ǽlɔi] 합금

rotate[róuteit] 회전시키다　　　atop[ətáp] 위에, 꼭대기에　　　take off (급격한) 인기를 얻다　　　in turn 이어서, 차례차례

PART 1

1. (D)	2. (B)	3. (C)	4. (A)	5. (B)	6. (A)	7. (C)	8. (A)	9. (C)

10.

	Yes	No
Algae growing in individual polyps		✓
Rising water temperatures	✓	
Exposure to excessive sunlight		✓
Increased CO_2 levels in the ocean	✓	
Sea organisms searching for food	✓	

11. (A)

PART 2

1. (B)	2. (C)	3. (A), (B)	4. (C)	5. (B)	6. (C)	7. (D)	8. (B)	9. (A)
10. (D)	11. (B)	12. (D)	13. (A)	14. (D)	15. (B)	16. (C)	17. (C)	

PART 1

[1-5]

Listen to part of a conversation between a student and her professor.

S: Professor Phillips? Are you . . . busy?

P: Oh, hi, Susan. No, no, come on in. What can I do for you?

S: [1]I have a problem that I hope you can help me with. It's my chemistry grade.

P: Your chemistry grade? [2]Hmm . . . I seem to recall that you did pretty well on the first test. Let me check my records . . . yes, you got a score of 85. Is that what you want to discuss, Susan?

S: Actually, it's not about the test. It wasn't all that hard . . . It's the lab work that I can't handle. I'm having problems with the experiments we're doing. My last lab grade was really terrible.

P: Oh, I don't think you need to worry about that, Susan. [4]After all, it was just the first experiment and students are bound to make mistakes the first time around. I hardly think you were the only one who bungled the experiment. And . . . maybe this might be some consolation . . . We still have six more lab classes to go.

S: [5]I don't know . . . The stuff we did in the last lab class was just too hard for me to understand.

P: Er . . . maybe I'm missing something. Can you give me some idea what you found so difficult?

S: Well, I couldn't really see what it was we were trying to accomplish . . . so, when my partner asked me to do one of the steps, I wasn't really sure what to do.

P: Susan, did you read the material I handed out to the class in advance?

S: Not really . . . I thought I could sort of pick up on what was happening by watching what the other students were doing.

P: Well, it's not enough to just sort of have some ideas what the experiment is about by observing what the others are doing. You've got to know the reason behind each step. In that way, what you're doing and how you need to do it won't be such a mystery.

S: It's just that we have so much stuff to read that there really isn't much time to look at the lab handouts.

P: Oh, I see . . . OK . . . could I just make a suggestion, Susan?

S: Sure, Professor Phillips.

P: It may seem like a lot of bother to have to go through those handouts when you have so much else to pore over, [3]but could you just look over the handouts before the lab class starts? That way, you'll at least have some grasp of what needs to be done and why. Can you manage that, Susan?

S: OK, Professor . . . I'll make sure to go over the handouts beforehand.

P: Good! I'm pretty sure your lab grade will go up once you start doing that. In fact, I'll give you the handouts for the next lab class a little early.

S: You will? That would be great! Thanks, Professor Phillips.

Now get ready to answer the questions. You may use your notes to help you answer.

1. Why does the woman go to see her professor?

2. Why does the professor check the student's test score?

3. What does the professor want the woman to do to improve her lab grade?

Listen again to part of the conversation. Then answer the question.

P: After all, it was just the first experiment and students are bound to make mistakes the first time around. I hardly think you were the only one who bungled the experiment. And . . . maybe this might be some consolation . . . We still have six more lab classes to go.

4. What does the professor imply when he says this:

P: And . . . maybe this might be some consolation . . . We still have six more lab classes to go.

Listen again to part of the conversation. Then answer the question.

S: I don't know . . . The stuff we did in the last lab class was just too hard for me to understand.

P: Er . . . maybe I'm missing something. Can you give me some idea what you found so difficult?

5. What does the professor mean when he says this:

P: Er . . . maybe I'm missing something.

S: Phillips 교수님? 지금... 바쁘세요?

P: 오, 안녕 Susan. 아니, 아니, 어서 들어오렴. 무슨 일이니?

S: [1]교수님이 도와주셨으면 하는 문제가 있어서요. 제 화학 성적 때문에요.

P: 네 화학 성적? [2]흠... 내 기억으로는 네가 첫 시험을 꽤 잘 봤던 것 같은데. 기록을 한번 확인해보자... 그래, 네 성적은 85점이었구나. 이 성적에 대해 논의하고 싶은 거니, Susan?

S: 실은, 시험에 관한 문제가 아니에요. 그 시험은 그다지 어렵지 않았거든요... 제가 감당하기 어려운 건 실험 실습이에요. 우리가 하고 있는 실험에서 어려움을 겪고 있습니다. 제 마지막 실험 실습 성적은 정말 엉망이었어요.

P: 오, 난 네가 그것에 대해서는 걱정할 필요가 없다고 생각해, Susan. [4]어쨌든, 이건 첫 번째 실험이었고 학생들은 처음에는 실수를 하게 마련이 거든. 실험을 하면서 실수한 학생이 너 하나뿐이라고는 생각하지 않아. 그리고... 위로가 될지 모르겠지만... 우리는 아직 실습수업을 6번이나 더 할 거란다.

S: [5]글쎄요... 지난 실습 시간에 한 실험은 이해하기 너무 어려웠어요.

P: 어... 내가 모르고 있는 부분이 있는 것 같구나. 뭐가 그렇게 어려웠는지 말해 줄 수 있겠니?

S: 음, 우리가 실험을 통해 무엇을 달성하려는 건지 이해할 수가 없었어요... 그래서, 제 실험 파트너가 실험의 한 단계를 실행해 달라고 했을 때, 저는 무엇을 해야 할지 잘 몰랐어요.

P: Susan, 내가 학생들에게 미리 나누어 준 자료를 읽어 보았니?

S: 사실 아니요... 다른 학생들이 하는 것을 관찰하면서 어떻게 진행되는지 알 수 있을 거라고 생각했거든요.

P: 글쎄, 단지 다른 학생들이 무엇을 하는지를 관찰하면서 어떤 실험인지 대강 아는 것만으로는 충분하지 않단다. 실험의 각 단계의 의미를 파악해야만 해. 그렇게 한다면, 네가 무엇을 하며 어떻게 해야만 하는지가 그렇게 애매하지는 않을 거야.

S: 읽어야 할 것들이 너무 많아서 실습 자료를 읽어볼 시간이 많지 않았어요.

P: 오, 그렇구나... 좋아... 내가 제안을 하나 해도 될까, Susan?

S: 물론이죠, Phillips 교수님.

P: 읽어야 할 다른 자료가 많을 때 이 자료를 검토해야 하는 것이 매우 귀찮겠지만, ³실습 시간이 시작되기 전에 자료를 한번 훑어볼 수 있겠니? 그렇게 한다면, 최소한 너는 무엇을 해야 하고 왜 해야 하는지 이해할 수 있을 거야. 할 수 있겠니, Susan?

S: 네, 교수님... 자료를 미리 꼭 읽어 볼게요.

P: 좋아! 네가 그렇게 하기 시작한다면 반드시 실습 성적이 올라갈 거야. 다음 실습 시간에 필요한 자료를 조금 일찍 주마.

S: 정말이요? 정말 좋아요! 감사합니다, Phillips 교수님.

chemistry [kémǝstri] 화학　　grade [greid] 성적　　recall [rikɔ́ːl] 기억하다, 생각해내다
lab [læb] 실습, 연구 (=laboratory)　　handle [hǽndl] 하다, 다루다　　experiment [ikspérǝmǝnt] 실험
bound to ~하게 마련이다　　hardly [háːrdli] 거의 ~않다　　bungle [bʌ́ŋgl] 실수하다, 서투르게 하다
consolation [kànsǝléiʃǝn] 위로, 위안　　accomplish [ǝkámpliʃ] 달성하다, 완수하다　　in advance 미리, 앞서서
pick up on 알다, 이해하다　　mystery [místǝri] 애매함　　bother [báðǝr] 귀찮음, 성가신 일　　pore over (열심히) 읽다

[6-11]

Listen to part of a lecture in a biology class.

P: OK . . . let's begin. Coral reefs are some of the most diverse ecosystems on the planet and are home to thousands of different species of marine life. ⁶Unfortunately, they face grave danger from global warming and ocean acidification . . . But before I get into this, I should probably provide a bit of background information on these remarkable structures. A coral reef is composed of limestone deposited by marine invertebrates called, um, corals. These tiny organisms ingest carbon and, uh, calcium from the surrounding water, and then secrete calcium carbonate–limestone–to form hard exoskeletons that protect their delicate bodies. It's the gradual accumulation of millions of these limestone shells that results in the formation of a coral reef.

One of the most fascinating things about corals is how they combine to form colonies. Each individual coral, commonly referred to as a polyp, is physically connected to another by specialized valves that allow for the, uh, sharing of nutrients. This means that a coral colony includes millions of individual polyps joined together to form what some biologists argue is a single organism. ¹¹And the interesting thing is that the polyps that belong to the same colony are genetically identical . . .

S: Uh, that means they're all the same sex, right? How would they reproduce then?

P: I'm surprised you caught that . . . a lot of people wouldn't make that connection. Well, some colonies are made up of polyps that are all male, while others consist of only females. The male colonies, um, fertilize the female ones. In addition, certain species of coral are capable of reproducing asexually. Anyway, getting back to nutrients . . . Coral polyps rely primarily on two types of organisms for nutrition. The first type is tiny marine creatures called zooplankton. At night, the polyps extend long, stinging tentacles out of their protective shells to capture and drag these creatures into their mouths to be digested. Another source of nutrition for polyps is, uh, zooxanthellae . . . um, this is a type of microscopic algae that lives within a polyp. ⁷Actually, up to 30 percent of a polyp's mass is composed of this plant matter. Zooxanthellae, like all plants, convert sunlight into sugar through the process of photosynthesis. The sugar is then consumed by the polyp and accounts for up to 90 percent of its nutritional needs.

⁶OK, this, uh, symbiotic relationship leads me to another point I want to discuss in today's lecture . . . how global warming affects coral reefs. Now, the reliance of polyps on zooxanthellae for nutrition determines the areas of the ocean in which coral reefs can develop. Does anyone know why? Well, anyone who did the assigned reading should know that coral reefs can only form at a specific range of water temperatures. ¹⁰This is because if the water temperature rises too much over a few days, the zooxanthellae will stop making food and be expelled from the coral . . . resulting in a phenomenon known as "coral bleaching." ⁸Um, it's called coral bleaching because a coral reef that doesn't host sufficient quantities of algae will lose its vibrant colors and turn almost completely white. A healthy coral reef is a sight to see, so this is a real shame . . . Anyway, as I mentioned previously, the algae provide a significant portion of a polyp's nutrition . . . without them, the entire colony is weakened and more susceptible to disease. Some cases of coral bleaching are temporary . . . you

know, local water temperatures change for several days before reverting back to normal. But if the situation continues for an extended period of time, entire colonies of coral will die.

[6]This brings me to the second threat to coral reefs–ocean acidification. As we all know, excess CO_2 is one of the main causes of global warming . . . but it is also the cause of another big problem. [10]About one-third of the CO_2 produced by humans is absorbed by the ocean . . . and, well, carbonic acid is formed, which causes the water to become much more acidic. In fact, the ocean is now about 30 percent more acidic than it was prior to the, uh, Industrial Revolution. Obviously, this has devastating consequences for all marine organisms, but it's particularly troublesome for coral polyps. [9]The problem is that in more acidic water, a polyp's ability to absorb carbon is negatively affected. If you remember, this is one of the substances these organisms require to produce their protective exoskeletons . . . Uh, shells with reduced carbon content are very weak and easily destroyed. This is problematic because a typical coral reef is constantly being eroded by the force of the moving water that surrounds it. [10]In addition, a number of marine species actually destroy sections of the reef in search of other organisms to consume. A coral reef will continue to exist only for as long as it can expand at a faster rate than it is being destroyed. This becomes impossible if it is formed from substandard materials. If the acidity of the ocean becomes high enough, the polyps will actually produce shells that will simply dissolve when exposed to water.

Now get ready to answer the questions. You may use your notes to help you answer.

6. What is the talk mainly about?
7. What can be inferred about zooxanthellae?
8. What is the professor's opinion of coral bleaching?
9. Why do coral polyps begin producing weaker shells?
10. In the lecture, the professor mentions several contributors to the destruction of coral reefs. Indicate whether each of the following is a contributor.

Listen again to part of the lecture. Then answer the question.

P: And the interesting thing is that the polyps that belong to the same colony are genetically identical . . .
S: Uh, that means they're all the same sex, right? How would they reproduce then?
P: I'm surprised you caught that . . . a lot of people wouldn't make that connection. Well, some colonies are made up of polyps that are all male, while others consist of only females.

11. What does the professor mean when she says this:
    P: I'm surprised you caught that . . .

P: 자... 시작합시다. 산호초는 지구상에서 가장 다양한 생태계 중 하나이며, 수천 가지의 다양한 해양 생물의 서식지입니다. [6]안타깝게도, 그것들은 지구 온난화와 해양 산성화에 의해 중대한 위험에 직면해 있습니다... 이것에 대해 이야기하기 전에, 이 놀라운 구조물에 대한 약간의 배경 지식을 제공해야 할 것 같네요. 산호초는 음, 산호충이라고 불리는 해양 무척추동물이 배출한 석회질로 구성되어 있습니다. 이 작은 생물은 주변의 물에서 탄소와, 어, 칼슘을 섭취하고 탄산칼슘, 즉, 석회질을 분비하여 자신의 연약한 몸체를 보호하는 단단한 외골격을 형성합니다. 이러한 석회질 껍데기 수백만 개가 점진적으로 축적되어 산호초를 형성하게 됩니다.

산호에 대한 가장 흥미로운 사실 중 하나는 그들이 군락을 형성하기 위해 결합하는 방법입니다. 일반적으로 폴립이라고 불리는 각각의 산호는, 어, 영양소를 공유할 수 있도록 해주는 특수한 판막으로 서로 연결되어 있습니다. 이것은 한 산호 군락이 수백만의 개별적인 폴립이 모여 일부 생물학자들이 하나의 유기체라고 주장하는 것을 형성하기 위해 함께 결합했다는 것을 의미합니다. [11]그리고 흥미로운 점은 같은 군락에 속하는 폴립은 유전적으로 동일하다는 것입니다...

S: 어, 그건 그것들이 모두 같은 성별이라는 것이죠, 맞나요? 그렇다면 그것들은 어떻게 번식하죠?

P: 그것을 눈치챘다니 놀라운데요... 많은 사람들이 그 연관성을 알지 못했을 거예요. 음, 어떤 군락은 모두 수컷인 폴립으로 구성되어 있고, 다른 군락은 암컷만으로 이루어져 있어요. 수컷 군락은 암컷 군락을, 음, 수정시킵니다. 또한, 어떤 특정한 종의 산호는 무성생식을 할 수 있습니다. 어쨌든, 다시 영양분에 대해 다루자면.... 산호 폴립은 영양분을 위해 두 가지 유형의 생물에 주로 의존합니다. 첫 번째 유형은 동물성 플랑크톤이라는 작은 해양 생물입니다. 밤에, 폴립은 보호 껍데기 밖으로 길고 톡 쏘는 촉수를 내밀어 이 생물을 포획하고 입으로 끌어당겨 소화시킵니

다. 폴립의 영양분의 또 다른 자원은, 어, 황록공생조류입니다... 음, 이것은 폴립 안에서 사는 미세 조류입니다. [7]사실, 폴립 질량의 최대 30퍼센트가 이 식물 물질로 구성되어 있습니다. 황록공생조류는 모든 식물과 같이 광합성의 과정으로 햇빛을 당으로 변환시킵니다. 당은 후에 폴립에 의해 섭취되며 그것의 필요 영양의 90퍼센트 가량을 차지하게 됩니다.

[6]좋아요, 음, 이 공생 관계는 오늘 강의에서 논의하려고 했던 또 다른 내용으로 이어지는데요... 지구 온난화가 산호초에 어떤 영향을 미치냐는 것입니다. 자, 폴립의 영양을 위한 황록공생조류에의 의존은 산호초가 생길 수 있는 해양의 지역을 결정합니다. 혹시 왜인지 알고 있나요? 음, 읽기 과제를 한 학생이라면 산호초는 특정 범위의 수온에서만 생성될 수 있다는 것을 알 거예요. [10]이것은 수온이 며칠 이상 너무 많이 상승하게 되면 황록공생조류가 영양분 생산을 중단하고 산호에서 빠져나오게 되기 때문이에요... 이것은 '산호 탈색'으로 알려진 현상으로 나타나죠. [8]음, 충분한 양의 조류가 기생하지 않는 산호초는 그것의 생생한 색상을 잃고 거의 완전히 흰색으로 변하기 때문에 그것을 산호 탈색이라고 불러요. 건강한 산호초는 정말 볼 만한 광경이죠, 그래서 이것은 진짜 안타까운 일이에요... 어쨌든, 이전에 언급한 바와 같이, 조류는 폴립 영양의 상당 부분을 제공합니다... 그들이 없는, 산호초 군락 전체가 약해지고 질병에 더 취약하게 됩니다. 어떤 산호 탈색 현상은 일시적입니다... 알다시피, 주변의 수온은 며칠 동안 변동이 있을 수 있고 며칠 안에 정상으로 돌아올 수 있습니다. 하지만 이러한 상황이 오랜 기간 동안 계속된다면, 산호 군락 전체가 죽게 될 거예요.

[6]이것은 산호초에 대한 두 번째 위협인 해양 산성화에 대한 이야기로 이어지는데요. 모두가 알다시피, 과도한 이산화탄소는 지구 온난화의 주요 원인 중 하나입니다... 하지만 그것은 또 다른 큰 문제의 원인이 됩니다. [10]사람에 의해 만들어진 이산화탄소의 약 3분의 1은 바다에 흡수되고... 그리고, 음, 탄산이 형성되는데요, 이것은 물이 훨씬 더 산성화하게 합니다. 실제로, 바다는 현재 음, 산업 혁명 전보다 약 30퍼센트 더 산성이에요. 당연하게도, 이것은 모든 해양 생물에 대한 치명적인 결과를 야기하지만, 산호의 폴립에게는 특히 문제가 됩니다. [9]문제는 물이 더욱 산성을 띨수록, 폴립의 탄소를 흡수하는 능력에 부정적인 영향을 미친다는 것입니다. 기억하고 있다면, 이것은 이 생물이 보호 외골격을 생성하기 위해 필요로 하는 물질 중 하나입니다... 어, 탄소 함량이 적은 껍데기는 매우 약하고 쉽게 파괴됩니다. 이것은 문제가 되는데, 일반적인 산호초는 그것을 둘러싸고 있는 해류의 지속적인 힘에 의해 침식되기 때문입니다. [10]또한, 많은 해양 생물은 섭취할 다른 생물을 찾는 과정에서 산호초의 일부를 파괴하기도 합니다. 산호초는 그것이 파괴되는 속도보다 더 빠르게 확장할 수 있을 때만 존재할 것입니다. 이것은 산호초가 조악한 물질로 구성되게 되면 불가능해집니다. 바다의 산성이 충분히 높아지게 되면, 폴립은 물에 노출되었을 때 그저 녹아버릴 껍데기를 생성하게 됩니다.

ecosystem [í:kousìstəm] 생태계   acidification [əsìdəfikéiʃən] 산성화   limestone [láimstòun] 석회암
invertebrate [invə́:rtəbrət] 무척추동물   ingest [indʒést] 섭취하다   secrete [sikrí:t] 분비   calcium carbonate 탄산칼슘
exoskeleton [èksouskélətn] 외골격   colony [káləni] 군락   polyp [pálip] 폴립   asexually [eisèkʃuəli] 무성으로
zooplankton [zòuəplǽŋktən] 동물성 플랑크톤   tentacle [téntəkəl] 촉수   zooxanthella [zòəzanθélə] 황록공생조류
microscopic [màikrəskápik] 미세한   photosynthesis [fòutousínθəsis] 광합성   symbiotic relationship 공생 관계
phenomenon [finámənàn] 현상   host [houst] 기생의 대상이 되다, 숙주가 되다   vibrant [váibrənt] 생생한
shame [ʃeim] 안타까운 일   susceptible [səséptəbl] 취약한   revert [rivə́:rt] 돌아오다   devastating [dévəstèitiŋ] 치명적인
erode [iróud] 침식하다   expand [ikspǽnd] 확장하다   substandard [səbstǽndərd] 조악한

PART 2

[1-5]

Listen to a conversation between a student and a university employee.

W: Hi. I hope you can help me. [1]I read somewhere that the university offers a transportation service. Is this where I can sign up for it?

M: Yes, we're the office that handles the service.

W: Great! I'd like to sign up because I need to find a way home. I was supposed to get a ride with my friend, but her car broke down and the repairs won't be done in time . . .

M: OK, um . . . hold on. I just want to make sure you know that this isn't a regular bus service. The service is for students who need to get to an airport or train station to go home for the summer or winter break.

W: I understood as much . . . Can you let me know what the stops are?

M: [4]Actually, there are only two stops–the main airport and the central train station.

W: Just those two? But isn't that inconvenient for students who need to get off at some other train station or bus stop?

M: [2]Well, last winter, a lot of students asked to be dropped off at such-and-such bus stop or train station . . . so the ride took an hour longer than expected, and we received a lot of complaints. The new policy is to provide rides to the two main stops only.

W: Well . . . I would've preferred the airport on the outskirts of the city . . . but I guess the main airport would be okay.

M: OK, do you know when your flight is?

W: Not yet. I was planning to buy the ticket at the airport. There are always seats on the early morning flights. I'm thinking of taking a flight around 7:30 a.m., so I'm hoping to get the bus that leaves at 4:00 a.m.

M: Well, if you're certain you can get your ticket, I'll put you on the list for the 4:00 a.m. bus . . . You'll be on the waiting list, though.

W: What do you mean . . . there's a waiting list?

M: Yes. The sign-up period closed two weeks ago.

W: But can't the university arrange for extra buses so that some students don't have to miss out? I didn't even know about the service until recently.

M: I'm sorry, but we can't guarantee a seat for every student who requests one. The university is on a strict budget and we can only afford to pay for full buses. If enough students don't sign up to fill a bus, then that bus is canceled.

W: Well, I'd like to know what my chances of getting a seat are.

M: It depends on where you are on the waiting list and how many students cancel. In the past, some students called to cancel, and others didn't even show up. So the best I can offer is . . . you might get a seat.

W: That's very iffy. I'd have to find some other way to get to the airport at the last minute if I don't get a seat. Well, I'd better sign up, anyhow.

M: OK. Just give me your name and student ID number. And the fee is $25.

W: Really? [3]That seems a bit steep to me. I mean, I expected it to be more like the price of a regular bus ticket.

M: [5]I can understand why you feel that way, but actually it's quite a bargain because half of the cost is subsidized by the university. You do know these are limousine buses, right? They're designed to be spacious and comfortable, and of course they offer direct, non-stop service to the airport and train station, so you end up saving a lot of time in the end.

W: Hmm . . . [3]Well, I don't really understand why I have to pay the fee in advance considering the fact that I'm not even guaranteed a ticket! I appreciate your time, but I think I'm going to have to take the regular bus to the airport. I'd better set my alarm so I don't miss it.

Now get ready to answer the questions. You may use your notes to help you answer.

1. Why does the student go to speak to the university employee?
2. What does the man imply about the university's bus service last winter?
3. According to the conversation, what are two reasons the woman decides not to take the university bus?

Listen again to part of the conversation. Then answer the question.

M: Actually, there are only two stops–the main airport and the central train station.

W: Just those two? But isn't that inconvenient for students who need to get off at some other train station or bus stop?

4. Why does the woman say this:
   W: Just those two?

Listen again to part of the conversation. Then answer the question.

M: I can understand why you feel that way, but actually it's quite a bargain because half of the cost is subsidized by the university. You do know these are limousine buses, right?

5. Why does the man say this:

M: You do know these are limousine buses, right?

W: 안녕하세요. 저를 도와주실 수 있으면 좋겠어요. ¹대학 측에서 교통 서비스를 제공한다는 걸 제가 어딘가에서 읽었는데요. 여기에서 그 서비스를 신청할 수 있나요?

M: 네, 여기가 그 서비스를 처리하는 곳이에요.

W: 좋네요! 저는 집에 갈 방법을 구해야 해서 그 서비스를 신청하고 싶어요. 원래 친구의 차를 타고 가기로 되어 있었는데, 친구의 차가 고장 났고 수리가 시간에 맞춰서 끝날 것 같지 않아요...

M: 그렇군요, 음... 잠시만요. 학생이 그게 일반적인 버스 서비스가 아닌 걸 알고 있는지 확실히 해야겠네요. 그 서비스는 여름이나 겨울 방학 때 집에 가기 위해 공항 또는 기차역에 가야 하는 학생들을 위한 거예요.

W: 그건 이해하고 있어요... 정거장이 어디인지 알려주실 수 있나요?

M: ⁴사실, 정거장은 오직 두 개밖에 없어요, 주 공항과 중앙 기차역이에요.

W: 이 두 개밖에 없나요? 하지만 그럼 다른 기차역이나 버스 정거장에 내려야 하는 학생들이 불편하지 않은가요?

M: ²음, 지난 겨울에, 많은 학생이 이러저러한 버스 정거장이나 기차역에 내려달라는 요청을 했어요... 그래서 운행 시간이 예상했던 것보다 한 시간 넘게 걸렸어요, 그래서 많은 불만 사항을 접수했죠. 새로운 방침은 오직 두 개의 주요 정거장에만 버스가 정차하는 거예요.

W: 음... 저는 도시의 외곽에 있는 공항을 더 선호하지만요... 하지만 주 공항이라도 괜찮을 것 같네요.

M: 좋아요, 항공편이 언제인지 아나요?

W: 아직 몰라요. 저는 공항에서 표를 사려고 계획하고 있어요. 이른 아침 비행에는 언제나 자리가 있거든요. 저는 오전 7시 30분쯤 비행기를 타려고 생각하고 있어서, 오전 4시에 출발하는 버스를 타길 바라고 있어요.

M: 음, 만약 학생이 항공권을 구할 수 있다는 게 확실하다면, 학생 이름을 오전 4시 버스 탑승자 명단에 올려 둘게요... 하지만, 학생은 대기자 명단에 있을 거예요.

W: 대기자 명단이라는 게... 무슨 의미죠?

M: 네, 등록 기간은 2주 전에 마감되었어요.

W: 하지만 학생들이 놓치지 않게 대학 측에서 버스를 추가로 더 준비할 수는 없나요? 저는 최근까지 이 서비스에 대해서 알지도 못했다고요.

M: 미안해요, 하지만 서비스를 요청하는 모든 학생에게 좌석을 보장해줄 수는 없어요. 대학 측에서는 예산을 엄격하게 사용하고 우리는 탑승객이 꽉 찬 버스를 위해서만 돈을 지불할 수 있어요. 만약 버스를 꽉 채울 만큼 충분한 수의 학생들이 신청하지 않으면, 버스는 취소돼요.

W: 음, 제가 자리를 얻을 가능성에 대해 알고 싶어요.

M: 그건 학생이 대기 명단의 어디쯤 있는지 그리고 얼마나 많은 학생들이 취소할지에 달렸어요. 과거에는, 몇몇 학생이 취소 전화를 했고, 다른 학생들은 심지어 나타나지도 않았어요. 그래서 내가 해줄 수 있는 최선의 말은... 학생이 아마 자리를 얻을 수도 있다는 거예요.

W: 정말 불확실하군요. 제가 만약 자리를 얻지 못하면 막판에 공항에 가는 다른 방법을 찾아야 하는 거네요. 음, 어쨌든, 신청은 하는 편이 낫겠군요.

M: 그래요. 학생의 이름과 학번을 알려주세요. 그리고 요금은 25달러예요.

W: 정말이요? ³그 정도 가격이라면 저한테는 조금 많이 비싸네요. 그러니까, 저는 좀 더 일반 버스표와 비슷한 가격일 줄 알았어요.

M: ⁵학생이 왜 그렇게 생각하는지 이해할 수 있어요, 하지만 사실 이것이 대학 측에서 금액의 반을 보조해주기 때문에 좋은 가격이에요. 학생은 이 버스가 리무진 버스라는 거 알죠, 그렇죠? 그 버스는 넓고 편안하게 설계되었어요, 그리고 물론 그 버스는 직행으로, 중간 정차없이 공항과 기차역에 가요, 그래서 학생은 결국 많은 시간을 아끼게 될 거예요.

W: 음... ³글쎄요, 제가 심지어 표를 얻을 보장도 없다는 걸 고려해보면 제가 왜 그 금액을 미리 내야 하는지 정말 이해할 수 없어요. 시간 내주셔서 정말 감사하지만, 제 생각에 저는 그냥 공항으로 가는 일반 버스를 타야겠어요. 제가 그 버스를 놓치지 않도록 알람을 맞춰놔야겠네요.

transportation[trænspərtéiʃən] 교통   sign up 신청하다   get a ride 타다   repair[ripέər] 수리
inconvenient[ìnkənvíːnjənt] 불편한   such-and-such 이러저러한   outskirt[àutskə́ːrt] 교외, 변두리
guarantee[gæ̀rəntíː] 보장하다   budget[bʌ́dʒit] 예산   iffy[ífi] 불확실한, 뭔가 부족한   steep[stíːp] 너무 비싼
subsidize[sʌ́bsədàiz] 보조금을 주다   spacious[spéiʃəs] 널찍한

[6-11]

Listen to part of a lecture in an art history class.

P: Now, let's get started. We've been discussing Paleolithic cave paintings . . . As I mentioned, these early artists had a somewhat limited color palette. Uh, can anyone remember what was used to create these primitive images? Charlotte?

S1: Uh, the so-called mineral pigments, right? Like red and yellow ochre, lime white, carbon black . . . which makes sense when you think about it because these pigments are fairly common in nature.

P: Right. [7]Early artists had to use natural pigments that could be easily accessed. They ground up charcoal and burnt bones, as well as rocks containing minerals to make their paints. What's interesting is that none of the paintings discovered from this time period include blue . . . suggesting that this color was just too difficult for prehistoric people to produce from natural sources. [6]This brings me to what I want to discuss today . . . the various methods used over the centuries to produce blue paint. Now, the earliest paint of this color was inspired by a very distinctive gemstone–lapis lazuli. Has anyone heard of it before?

S2: Oh. We actually talked about this in a geology class I took last semester. It's a deep-blue, semi-precious stone that's found primarily in the Middle East, right? If I remember correctly, it's been mined in Afghanistan for thousands of years . . . uh, since the Neolithic period, in fact.

P: Very good. As I mentioned earlier, blue paint couldn't be created easily from natural resources. So, this gemstone became highly valued among artists due to its vibrant blue color.

S1: Tutankhamun's funeral mask is a famous example of this, right? I saw a documentary about it on TV last week. The eyelids and eyebrows are made out of lapis lazuli . . . the bold blue color really stands out, especially against the gold background . . .

P: Right . . . and because using lapis lazuli was one of the few methods available for Egyptian artists to include the color blue in their work, it was greatly prized. But there was one problem. [8]Importing lapis lazuli from Afghanistan was a long and risky process, so the gemstone was much too costly for common use. As a result, Egyptian artists began to look for ways to replicate its brilliant blue color. Eventually, they discovered that a mixture of substances, including copper and sand, could be used to create paint with a similar shade of blue . . . Uh, the color they produced is now aptly referred to as "Egyptian blue." This was the first synthetic blue paint, and it was used for centuries by Egyptian, Greek, and Roman artists. In fact, the popularity of this paint peaked during the height of the Roman Empire 2,000 years ago. But when the empire collapsed, a lot of technology and knowledge was lost, including the formula for Egyptian blue, and by AD 800, the use of Egyptian blue had disappeared almost completely. So artists looked for other ways to make blue paint. It turns out that there were several plants from which blue dye could be extracted, such as woad, which was used in Europe during the early medieval period. [11]Uh, woad produces a grayish-blue color that is . . . well, let's just say it was used because European artists had no other options until about the 13th century or so. [9]However, during the Crusades, travelers to the Middle East became aware of lapis lazuli and indigo, and brought these materials back to Europe. Eventually, Renaissance artists developed a method of making blue paint from lapis lazuli . . . uh, they mixed it with resin and wax. The color they produced was known as ultramarine. Indigo was also used to create another shade of blue. However, both materials had to be imported, making them extremely expensive . . . OK, can anyone tell me what occurred in the 17th and 18th centuries that led to a breakthrough in the search for inexpensive blue paint?

S1: The Scientific Revolution, I guess. Intellectuals in Europe began to make a lot of important scientific discoveries . . . uh, in fields like chemistry, biology, physics . . .

P: Exactly. And it was developments in chemistry that would lead to the production of a synthetic blue paint that could be easily and cheaply mass produced. [10]In fact, a German chemist made this discovery accidently in 1709 while conducting an experiment with iron and potassium sulfides. Uh, the color he produced came to be known as "Prussian blue." What's interesting is that although a number of other synthetic blues have been produced in modern times, this color is still widely used today.

Now get ready to answer the questions. You may use your notes to help you answer.

6. What is the main topic of the lecture?
7. According to the lecture, why did Paleolithic artists use a limited range of colors?
8. What was the motivation for the creation of Egyptian blue?
9. Why does the professor mention travelers to the Middle East during the Crusades?
10. What does the professor say about Prussian blue?

Listen again to part of the lecture. Then answer the question.

P: Uh, woad produces a grayish-blue color that is . . . well, let's just say it was used because European artists had no other options until about the 13th century or so.

11. Why does the professor say this:

P: . . . well, let's just say it was used because European artists had no other options until about the 13th century or so.

P: 자, 시작합시다. 우리는 구석기 시대의 동굴 벽화에 대해 논의했어요... 제가 언급했듯이, 이 초기 예술가들은 색채의 범위가 다소 제한되어 있었어요. 어, 이러한 원시적인 그림들을 창조하기 위해 무엇이 사용되었는지 기억하는 사람 있나요? Charlotte?

S1: 어, 소위 광물성 안료요, 그렇죠? 붉고 노란 오커, 백아, 카본 블랙처럼요... 이러한 안료는 자연에서 꽤 흔하기 때문에 생각해보면 말이 되죠.

P: 맞아요. [7]초기 예술가들은 쉽게 이용할 수 있었던 천연 안료를 사용해야 했어요. 그들은 물감을 만들기 위해 광물을 함유한 암석뿐만 아니라 숯과 불에 탄 뼈들을 갈아 부쉈어요. 흥미로운 점은 이 시기에 발견된 그림 중 어떤 것도 파란색을 포함하지 않고 있어요... 이는 이 색깔이 선사시대 사람들이 천연 자원으로부터 만들어내기에는 너무 어려웠다는 것을 시사하고 있죠. [6]이것이 오늘 제가 논하고자 하는 걸로 이르게 하네요... 파란색 물감을 만들어내기 위해 수세기에 걸쳐 사용된 다양한 방법들이요. 자, 이 색깔의 초창기 물감은 매우 독특한 준보석인 청금석에 의해 영감을 받은 거예요. 이것에 대해 들어 본 사람 있나요?

S2: 오, 사실은 제가 지난 학기에 들었던 지질학 수업에서 그것에 대해 이야기한 적이 있어요. 그건 주로 중동에서 발견되었던 짙은 파란색의 준보석이에요, 그렇죠? 제가 정확하게 기억하고 있는 거라면, 그것은 수천 년 동안 아프가니스탄에서 채굴되었어요... 어, 사실 신석기 시대부터죠.

P: 아주 좋아요. 제가 아까 언급했던 것처럼, 파란색 물감은 천연자원으로부터 쉽게 만들어 낼 수 없었어요. 그래서 이 준보석은 선명한 파란색 덕분에 예술가들 사이에서 굉장히 가치있는 것이 되었죠.

S1: 투탕카멘의 장례식 가면이 이것의 유명한 예시예요, 그렇죠? 제가 지난주 TV에서 그것에 대한 다큐멘터리를 보았죠. 눈꺼풀과 눈썹이 청금석으로 만들어졌죠.... 선명한 파란색이 특히 황금 배경과 대비를 이루면서 정말로 도드라져요...

P: 맞아요... 그리고 청금석을 사용하는 것은 이집트 예술가들이 자신의 작품에 파란색을 포함하기 위해 이용할 수 있었던 몇 안 되는 방법 중 하나였기 때문에, 매우 귀하게 여겨졌던 거죠. 하지만 한 가지 문제가 있었어요. [8]아프가니스탄으로부터 청금석을 수입하는 것은 길고 위험한 과정이어서 그 준보석을 흔히 사용하기에는 너무 값비쌌어요. 결과적으로 이집트 예술가들은 그것의 선명한 파란색을 복제하기 위한 방법을 찾기 시작했어요. 결국, 그들은 구리와 모래를 포함한 물질들의 혼합이 비슷한 파란색 색조의 물감을 만들어내는 데 사용될 수 있다는 것을 발견했죠... 어, 그들이 만들어낸 색상은 이제 적절하게도 '이집트 블루'라고 불리고 있어요. 이것은 최초의 합성 파란색 물감이었고, 수 세기 동안 이집트, 그리스, 그리고 로마 예술가들에 의해 사용되었어요. 사실, 이 물감의 인기는 약 2,000년 전인 로마 제국의 전성기에 최고조에 달했어요. 하지만 제국이 쇠퇴하면서 이집션 블루의 제조법을 포함한 많은 기술과 지식들이 소실되었고, 기원후 800년쯤에는, 이집션 블루의 사용이 거의 완전히 사라졌어요. 그래서 예술가들은 파란 물감을 만들 다른 방법을 찾아야 했죠. 파란색 염료를 추출할 수 있는 몇 가지 식물들이 있는것으로 드러났는데, 초기 중세 시대 동안 유럽에서 사용되었던 대청 같은 것들이에요. [11]어, 대청은 회청색을 만들어내는데... 글쎄, 그것은 그냥 유럽 예술가들이 약 13세기 무렵까지 다른 대안이 없었기 때문에 사용되었다고 해둡시다. [9]하지만 십자군 전쟁 동안, 중동 여행자들이 청금석과 인디고에 대해 알게 되었고, 이러한 원료를 다시 유럽으로 가져왔어요. 결국, 르네상스 예술가들은 청금석으로부터 파란색 물감을 만드는 방법을 개발해냈어요.... 어, 그들은 그것을 송진 및 밀랍과 함께 섞었죠. 그들이 만들어낸 색상은 군청색으로 알려졌어요. 인디고 또한 또 다른 색조의 파란색을 만들어 내는 데 사용되었어요. 그러나 두 가지 원료 모두 수입되어야 했고, 그것들을 극도로 비싸게 만들었죠... 자, 저렴한 파란색 물감을 찾는 데 있어 돌파구로 이끈 17세기와 18세기에 일어난 일을 누가 저에게 말해볼래요?

S1: 과학 혁명인 것 같은데요. 유럽의 지식인들이 중요한 과학적 발견을 많이 해내기 시작했잖아요... 음, 화학, 생물학, 물리학 같은 분야에서요...

P: 맞아요. 그리고 쉽고 싸게 대량 생산될 수 있었던 파란색 합성 물감의 생산으로 이끈 것은 화학의 발전이었어요. [10]사실, 한 독일 화학자가 1709년에 철과 황화칼륨으로 실험을 실행하던 동안 우연히 이것을 발견하게 되었어요. 어, 그가 만들어 낸 색깔은 '프러시안 블루'로 알려지게 되었죠. 흥미로운 점은, 비록 현대에 수많은 다른 합성 파란색이 생산되었지만, 이 색깔이 오늘날 여전히 널리 쓰이고 있다는 거예요.

Paleolithic [pèiliəlíθik] 구석기 시대의   primitive [prímətiv] 원시적인   so-called [sòu-kɔ́:ld] 이른바, 소위
pigment [pígmənt] 안료, 물감 재료   grind up 갈아 부수다   charcoal [tʃɑ́ːrkòul] 숯   mineral [mínərəl] 광물
suggest [səgdʒést] 시사하다   prehistoric [prìːhistɔ́ːrik] 선사시대   inspire [inspáiər] 영감을 주다
distinctive [distínktiv] 독특한   gemstone [dʒémstòun] 준보석, 원석   lapis lazuli 청금석   semi-precious stone 준보석
mine [main] 채굴하다   Neolithic [nìːəlíθik] 신석기 시대의   vibrant [váibrənt] 선명한, 강렬한   stand out 도드라지다
import [impɔ́ːrt] 수입하다   replicate [réplikèit] 복제하다   brilliant [bríljənt] 선명한, 빛나는   substance [sʌ́bstəns] 물질
copper [kɑ́pər] 구리   shade [ʃeid] 색조   aptly [ǽptli] 적절하게, 적절히   synthetic [sinθétik] 합성의, 인조의
formula [fɔ́ːrmjulə] 조제법   medieval [mìːdíːvəl] 중세의   dye [dai] 염료   extract [ikstrǽkt] 추출하다
woad [woud] 대청   Crusades [kruːséid] 십자군 전쟁   indigo [índigòu] 인디고, 남색   resin [rézin] 송진, 수지

wax [wæks] 밀랍   ultramarine [ʌ̀ltrəməríːn] 군청색   breakthrough [bréikθrùː] 돌파구
Scientific Revolution 과학 혁명   intellectual [ìntəléktʃuəl] 지식인   potassium sulfide 황화 칼륨

[12-17]

Listen to part of a talk in an astronomy class.

P: Good afternoon, everyone. You know, when it comes to astronomy, there aren't many concepts that are easy to explain. Today, though, I'll try to fix that. So, here's what I want you to do. Hold your thumb out as far as you can in front of you and put the tip of your thumb so that it looks like it's under the clock in front of the classroom. You'll see why. OK. Now close the weaker of your two eyes. Nothing's changed, right? Your thumb is still under the clock. Now change eyes. Close this one and open the weaker one. Keep switching back and forth. Notice anything different?

S: It looks like my thumb is moving.

P: Right. Of course, your thumb isn't moving . . . it just appears to be. At one moment, it looks like it's under the clock, and in the next, it looks like it's to the left or right of it. This little experiment demonstrates the concept of parallax. To put it in more scientific terms, parallax is the apparent difference in the location of an object with respect to a reference object. Of course, parallax has more interesting applications than playing tricks with your vision . . . [12]It's one of the key methods that astronomers use to determine how far away a distant object is . . . particularly stars.

[16]How about we look at Proxima Centauri? It's the closest star to Earth. Let me catch myself. The Sun. I'm forgetting about the Sun. I meant second-closest. [17]Either way, to figure out the distance to Proxima Centauri, we have to compute how much of an angle is subtended by the earth's orbit. Sub what? That means we have to figure out, if we were standing on Proxima Centauri, how many degrees in our field of vision Earth's orbit would take up. The subtended angle. Let me give you an example to make this term a bit more clear. Think about watching a DVD at home on your TV . . .

Let's say you've got an average-sized set. Now, where would you rather sit? Two or three meters away from the TV or seven or eight meters away? If you're like me, you want to sit closer. Why? It's not like the TV itself gets bigger or smaller, but it appears bigger the closer you sit . . . it takes up more of your field of vision. This is what I mean by the subtended angle—how big something appears to an observer, measured in degrees. [13]In the case of most stars, even relatively close ones, we're talking about angles less than arcseconds . . . 1/3600 of a degree. I dare you to try measuring that without advanced instruments.

Viewed from Proxima Centauri, the angle the Earth's orbit subtends is slightly less than two arcseconds. Nobody's actually standing on Proxima Centauri, though, so how was this measured? We can do it in reverse. Remember how the position of your thumb with respect to the clock appeared to change depending on which eye you used? Well, it's the same principle. It's parallax. One point in Earth's orbit acts as your "left eye," and the point on the exact opposite side is your "right eye." The distance between these two points is about 300 million kilometers . . . [14]and the bigger the diameter, the bigger the parallax . . . and the more accurate a measurement. If your eyes were two feet apart instead of two inches, your thumb would look like it moved a ton, right? That's a lot easier to detect.

So, we line up Proxima Centauri with a more distant star . . . just like we did with the clock . . . and detect how the location . . . the angle of Proxima Centauri with respect to the more distant star . . . appears to change. Once we get that angle figured out . . . this is the same angle as the Earth's orbit would subtend from Proxima Centauri, by the way, just measured in reverse . . . then we can use simple trigonometry to estimate the distance to Proxima Centauri. Just in case you're curious, it's just over four light years away. That's like 270,000 times farther than the Sun. And it's the second-closest star!

Like I mentioned, from Proxima Centauri the Earth's orbit subtends an angle of just under two arcseconds. That's still big enough to be measured fairly accurately, but imagine if the star was hundreds or thousands of times farther away. Then we're talking about microarcseconds and other infinitesimal angles that are nearly impossible to measure. [15]That's why parallax is only really useful for measuring the distance to stars that are relatively nearby . . . otherwise the angles are so close to zero that we don't have sufficient technology to measure them with any sort of accuracy.

Now get ready to answer the questions. You may use your notes to help you answer.

12. What is the main topic of the lecture?
13. What does the professor imply about measuring the parallax of stars?
14. What is the effect of a larger orbital diameter when measuring parallax?
15. What is a limitation of using parallax to measure stellar distances?

Listen again to part of the lecture. Then answer the question.

P: How about we look at Proxima Centauri? It's the closest star to Earth. Let me catch myself. The Sun. I'm forgetting about the Sun. I meant second-closest.

16. What does the professor mean when he says this:
    P: Let me catch myself.

Listen again to part of the lecture. Then answer the question.

P: Either way, to figure out the distance to Proxima Centauri, we have to compute how much of an angle is subtended by the earth's orbit. Sub what? That means we have to figure out, if we were standing on Proxima Centauri, how many degrees in our field of vision Earth's orbit would take up.

17. What does the professor mean when he says this:
    P: Sub what?

P: 여러분, 안녕하세요. 있죠, 천문학에서는 쉽게 설명할 수 있는 개념이 많지 않아요. 하지만, 오늘, 제가 그걸 바꿔볼게요. 그럼, 이렇게 해보세요. 엄지를 최대한 멀리 앞에 놓고 엄지 끝을 교실 앞에 있는 시계 아래에 있는 것처럼 보이게 두세요. 이유는 알게 될 거예요. 자. 이제 두 눈 중에서 더 약한 눈을 감아보세요. 아무것도 바뀌지 않았죠, 그렇죠? 엄지는 아직도 시계 아래 있어요. 이제 눈을 바꿔보세요. 이쪽을 감고 약한 쪽을 열어보세요. 번갈아 가며 눈을 바꿔보세요. 뭔가 다른 걸 느끼나요?
S: 엄지가 움직이는 것처럼 보여요.
P: 맞아요. 물론, 엄지가 움직이는 것은 아니에요... 그냥 그렇게 보이는 거죠. 한 순간에는 엄지가 시계 아래에 있는 것처럼 보이지만, 다음에는, 시계의 왼쪽 또는 오른쪽에 있는 것처럼 보여요. 이 작은 실험이 시차의 개념을 보여주는 것입니다. 더 과학적인 용어로 말하자면, 시차는 기준으로 삼은 물체에 대한 그것의 시각적인 위치 차이를 말합니다. 물론, 시차는 시각을 이용해 장난치는 것보다 더 흥미로운 용도로도 쓰여요... [12]그것은 천문학자들이 멀리 있는 물체... 특히 별들이 얼마나 멀리 있는지 측정하기 위해 사용하는 주요 방법의 하나예요.
[16]프록시마성을 다 같이 볼까요? 지구에서 가장 가까운 별이에요. 잠시만요. 태양. 제가 태양을 잊고 있었군요. 제 말은 두 번째로 가깝다는 뜻이에요. [17]어쨌든, 프록시마성까지의 거리를 알기 위해서 우리는 지구의 궤도가 얼마나 넓은 각도를 만드는지 계산해야 해요. 무슨 소리냐고요? 만일 우리가 프록시마성에 서 있으면, 우리의 시야에서 지구의 궤도가 몇 도를 차지할지를 알아내야 한다는 겁니다. 차지하는 각도요. 이 용어를 더 확실하게 하기 위해 예를 들게요. 집에서 TV로 DVD를 보고 있는 것을 생각하세요... 평균적인 크기의 TV를 가지고 있고요. 자, 여러분은 어디에 앉겠습니까? TV에서 2, 3미터 떨어진 곳, 아니면 7, 8미터 떨어진 곳이요? 만일 저라면, 더 가까이 앉고 싶을 거예요. 왜냐고요? TV가 더 커지거나 작아지는 것은 아니지만, 더 가까이 앉을수록 더 커 보이니까요... 시야를 더 많이 차지하죠. 제가 차지하는 각도라고 하는 게 이거예요, 각으로 쟀을 때 관찰자에게 얼마나 크게 보이느냐는 것이요. [13]대부분의 별들의 경우, 상대적으로 가까운 것들도, 1도의 1/3600인... 초각보다 작은 각을 가지고 있어요. 첨단 장비 없이 그것을 잴 수 있다면 재보라고 하고 싶네요.
프록시마성에서 보면, 지구의 궤도가 차지하는 각도는 2초각보다 좀 작아요. 하지만 실제로 프록시마성에 서 있는 사람은 없죠, 그러면 이게 어떻게 측정되었을까요? 반대로 하는 거예요. 어느 눈을 사용하느냐에 따라 시계에 대한 엄지의 위치가 바뀐 것이 기억나죠? 뭐, 같은 원리예요. 시차죠. 지구 궤도의 한 점은 '왼쪽 눈'의 역할을 하고, 정확히 반대편에 있는 지점은 '오른쪽 눈'이에요. 이 두 시점 사이의 거리는 3억 킬로미터 정도예요... [14]그리고 지름이 클수록, 시차도 더 커요... 그리고 측정값도 더 정확해지죠. 만일 눈이 2인치가 아닌 2피트 떨어져 있다면 엄지가 엄청 움직인 것처럼 보이겠죠? 그게 더 알아차리기 쉽잖아요.

그래서, 프록시마성을 다른 더 먼 별과 한 선상에 둬요... 우리가 시계에 한 것처럼요... 그리고 위치가... 더 먼 별에 대해 프록시마성의 각이... 어떻게 변하는 것처럼 보이는지 보는 거죠. 각을 알아냈을 때... 그나저나, 이 각은 프록시마성에서 지구의 궤도가 차지하는 각도와 같아요, 그냥 반대로 잰 거죠... 그리고 우리는 간단한 삼각법으로 프록시마성까지의 거리를 측정할 수 있어요. 혹시 궁금하다면, 4광년 좀 넘는 거리입니다. 거의 태양보다 270,000배 더 멀어요. 그리고 그게 두 번째로 가까운 별인 거예요!

제가 말했듯이, 프록시마성에서 지구의 궤도는 2초 각을 조금 덜 차지해요. 그것도 아직 꽤 정확하게 측정될 정도로 충분히 큰 거예요, 하지만 별이 수백 또는 수천 배 더 멀리 있다고 상상해보세요. 그러면 우리는 측정하는 것이 거의 불가능한 미초각이나 다른 극미한 각들을 이야기하는 거예요. ¹⁵그래서 시차가 상대적으로 가까운 별의 거리를 재기에만 좋은 거예요... 그렇지 않으면 각이 너무 0과 가까워서 정확성 있게 측정할 수 있는 적당한 기술이 없는 거죠.

astronomy [əstránəmi] 천문학   concept [kánsept] 개념   thumb [θʌm] 엄지   back and forth 번갈아 가며, 앞뒤로
moment [móumənt] 순간   demonstrate [démənstrèit] 보여주다   parallax [pǽrəlæks] 시차   with respect to ~에 대한
reference [réfərəns] 기준, 참고   application [æ̀pləkéiʃən] 용도, 적용   key method 주요 방법
second-closest 두 번째로 가까운   compute [kəmpjú:t] 계산하다   orbit [ɔ́:rbit] 궤도   field of vision 시야
average-sized 평균 사이즈의   observer [əbzə́:rvər] 관찰자   arcsecond [á:rksékənd] 초각, 1도의 1/3600
advanced [ədvǽnst] 첨단의, 진보한   depending [dipéndiŋ] ~에 따라   principle [prínsəpl] 원리
diameter [daiǽmətər] 지름   distant [dístənt] 먼   in reverse 반대로   trigonometry [trìɡənámitri] 삼각법
infinitesimal [ìnfinətésəməl] 극미한   sufficient [səfíʃənt] 적당한, 충분한   accuracy [ǽkjurəsi] 정확성

PART 1

1. (B)	2. (B)	3. (D)	4. (C)	5. (B)	6. (B)

7.

1	Humans occupy land for farming and building ranches.
2	Human activity results in a decline in the numbers of elk, bison and deer.
3	Wolves encroach on farms and ranches.
4	The Government establishes a program to decimate the wolf population.

8. (A), (D)	9. (C)	10. (C)	11. (A)	12. (C)	13. (B)
14. (B), (C)	15. (B)	16. (C)	17. (B)		

PART 2

1. (A)	2. (D)	3. (B)	4. (D)	5. (D)	6. (B)
7. (A)	8. (D)	9. (A), (C)	10. (B)	11. (C)	

PART 1

[1-5]

Listen to a conversation between a student and a professor.

S: Hi, Professor Anderson. Are you busy?

P: Oh . . . Hi, Jason . . . I was just doing a little research. Come in and have a seat. What's on your mind?

S: Well . . . I was wondering if you had any extra copies of the syllabus. I somehow lost mine, and when I tried to download it and print it out at the computer lab, there was an error.

P: Oh, that must've been frustrating. Sure, I should have one around here somewhere. Here you go.

S: Thanks a lot. ¹And actually, I'd really like to discuss the assignment with you . . . you know, the paper on the Bauhaus. I looked it up online and I found out that it was an architecture school. I think the word means "architecture house" in German.

P: Well, yes, but the Bauhaus was about more than architecture house or school. In fact, it didn't have its own architecture school until 1925, several years after its founding in 1919. Some would say that it was the original modernist art school, and it became somewhat of a movement that went beyond the physical walls of the school. ²Its founder, architect Walter Gropius, once stated that the Bauhaus arose out of a desire to create a fruitful relationship between artists and industrialists. He viewed industrialization as devoid of artistic input, and he sought to bridge the gap between the fine artist as creator and the technical craftsman as producer.

S: So, he kind of wanted to unify the fine arts and industry?

P: To an extent. I like to think of it as injecting art into industry. And in fact, the Bauhaus adopted the slogan "Art into Industry" in 1923. ³At that time, the school began to focus on creating artistic objects that were not just stylish, but also functional and could be easily mass produced. They weren't all put into actual production, but the idea was to create prototypes that could be.

S: So, it sounds like the goals of the Bauhaus were very practical. And I would guess that was reflected in the classes?

P: Yes, which were mostly like workshops . . . All incoming students had to study the basics . . . materials, color theory . . . things like that. But then they moved on to more specialized areas, such as cabinetmaking and pottery. And you're right that Bauhaus artists and artisans had pragmatic values, but they also wanted objects to be stylish. You can see the fusion of these goals in a piece by Marianne Brandt, who was the first woman to attend the metalworking workshop at the Bauhaus. She designed a teapot with a no-drip spout and a heat-resistant handle, so there's the practical side. And it was made out of silver and ebony, so it's really elegant too. There's a picture of it on the front of one of these books. Oh, here it is . . .

S: [5]Wow, it looks like something that would be designed today . . . or even in the future. It has such a futuristic look . . . really sleek and minimalist. But silver and ebony? I'm guessing this is one of the pieces that wasn't mass produced.

P: You're very observant. Brandt's teapot never became a common household item, but it's an impressive example of Bauhaus design. I'll tell you what . . . If you'd like to see some other items designed at the Bauhaus, you should attend the upcoming exhibit at the Museum of Contemporary Art downtown. It'll be there for several weeks. I think you'd enjoy it and you'd also learn a lot.

S: That sounds great, but I wonder about the cost. Money is a little tight these days . . .

P: [4]Oh, there's no entrance fee if you go on a Monday–assuming that will work for your schedule. The university has worked out a special promotion with the museum for students. Just make sure to take your student ID card with you when you go.

S: Perfect! Then, I think I'll talk to some of the other students in the class and see if, you know, we might get a group together and go on Monday. I really appreciate your help, Professor!

Now get ready to answer the questions. You may use your notes to help you answer.

1. What is the conversation mainly about?
2. What was the motivation for the founding of the Bauhaus?
3. What does the professor say about the objects designed at the Bauhaus?
4. What does the professor imply about the upcoming Bauhaus exhibit?

Listen again to part of the conversation. Then answer the question.

S: Wow, it looks like something that would be designed today . . . or even in the future. It has such a futuristic look . . . really sleek and minimalist. But silver and ebony? I'm guessing this is one of the pieces that wasn't mass produced.

P: You're very observant.

5. Why does the professor say this:
   P: You're very observant.

S: 안녕하세요, Anderson 교수님. 바쁘세요?
P: 오... 안녕, Jason... 조사를 조금 하고 있었단다. 들어와서 앉으렴. 어쩐 일이니?
S: 그게... 강의계획서 남는 게 있으신지 궁금해서요. 어쩌다가 제 걸 잃어버렸는데, 컴퓨터실에서 내려받아서 인쇄하려고 했을 때, 오류가 났어요.
P: 아, 답답했겠구나. 물론이야. 여기 어딘가에 한 부 있을 거야. 여기 있다.
S: 감사합니다. [1]그리고 사실, 교수님과 과제에 대해 정말 논의하고 싶어요... 그러니까, Bauhaus에 대한 보고서에 관해서요. 온라인으로 찾아봤는데 그게 건축 학교라는걸 알아냈어요. 이 말이 독일어로 '건축 집'을 의미하는 것 같아요.
P: 음, 그래, 하지만 Bauhaus는 건축 집이나 학교 이상에 대한 것이란다. 사실, 1919년에 설립된 후 수 년이 지난 1925년까지 Bauhaus에는 건축 학부가 없었어. 어떤 사람들은 그것이 원래 모더니즘 미술학교였는데, 학교의 물리적 벽을 넘어선 일종의 운동이 되었다고들 하지. [2]설립자인 건축가 Walter Gropius는 언젠가 Bauhaus가 예술가들과 실업가 사이의 생산적인 관계를 만들어내기 위한 바람에서 생겨났다고 말했단다. 그는 산업화를 예술적 투입이 전혀 없는 것으로 봤고, 창조자로서의 순수 미술가와 생산자로서의 전문적 기능인들 사이의 틈을 이으려고 노력했지.
S: 그러니까, 순수 미술과 산업을 통합하길 원했던 거네요?
P: 어느 정도는 그렇지. 난 그것을 산업에 예술을 주입하는 것으로 생각하는 걸 좋아한단다. 그리고 사실, Bauhaus는 1923년에 '산업에 예술을'이라는 구호를 채택했어. [3]당시에, 이 학교는 멋질 뿐만 아니라 기능적이고 쉽게 대량생산될 수 있는 예술적인 물건을 만들어내는 데 집중하기 시작했지. 그것들이 모두 실제로 생산된 건 아니었지만, 발상은 그럴 수 있는 원형을 만들어낸다는 것이었지.

S: 그러니까, Bauhaus의 목표는 굉장히 실용적이었던 것 같네요. 그리고 그게 수업에도 반영되었을 것 같은데요?

P: 맞아, 대부분 워크숍 같았지... 모든 신입생은 기초를 배워야 했어... 소재, 색채 이론... 그런 것들 말이야. 하지만 그리고 나서 그들은 가구 제작이나 도예와 같은 더욱 전문화된 분야로 넘어갔단다. 그리고 Bauhaus 예술가들과 장인들이 실용적인 가치를 갖고 있었다는 네 말이 맞긴 하지만, 그들은 또한 물건이 멋지길 원했단다. 이러한 목표가 융합된 것을 Bauhaus에서 금속 세공 워크숍에 참석한 첫 번째 여성인 Marianne Brandt의 작품에서 확인할 수 있어. 그녀는 물이 겉으로 흐르지 않는 주둥이와 내열성 손잡이를 갖춘 차주전자를 디자인했고, 여기에 실용적인 면이 있는거지. 그리고 그건 은과 흑단으로 만들어져서 정말 우아하기도 해. 이 책들 중 하나의 표지에 그 사진이 있어. 오, 여기에 있네...

S: ⁵우와, 요즘... 아니 심지어 미래에도 디자인될만한 것처럼 보여요. 이렇게 미래지향적인 모습이라니... 정말 맵시 있고 깔끔하네요. 하지만 은과 흑단이라고요? 이게 대량생산된 것들 중 하나는 아닐 것 같아요.

P: 관찰력이 뛰어나구나. Brandt의 차주전자는 일상적인 가정용품이 되진 못했지만, Bauhaus 디자인의 인상적인 예이지. 좋은 생각이 있다... Bauhaus에서 디자인된 다른 물건을 보고 싶다면, 시내에 있는 현대미술관에서 곧 있을 전시회에 참석해 봐. 몇 주 간 전시될 거야. 네가 즐거운 시간을 보내고 또 많이 배울 것 같구나.

S: 좋을 것 같지만, 비용이 궁금하네요. 요즘 돈이 좀 빠듯해서요...

P: ⁴오, 월요일에 가면 입장료가 없단다. 네 일정이 된다면 말이야. 우리 대학이 학생들을 위해 미술관과 특별 프로모션을 계획했거든. 갈 때 학생증만 꼭 챙겨가렴.

S: 완벽하네요! 그럼, 수업에 있는 다른 학생들 몇 명에게도 얘기를 해서, 음, 우리가 함께 월요일에 갈 수 있을지 알아볼게요. 도움주셔서 정말 감사합니다, 교수님!

syllabus[síləbəs] 강의계획서　modernist[mɑdərnist] 모더니즘의　fruitful[frú:tfəl] 생산적인, 유익한
industrialist[indʌ́striəlist] 실업가　industrialization[indʌ̀striəlizéiʃən] 산업화　devoid of ~가 전혀 없는
seek to ~하려고 노력하다, 추구하다　bridge[bridʒ] 잇다, 다리를 놓다　fine artist 순수 미술가
craftsman[krǽftsmən] 기능인　unify[jú:nəfài] 통합하다　inject[indʒékt] 주입하다　slogan[slóugən] 구호
functional[fʌ́ŋkʃən] 기능적인　mass produce 대량생산하다　prototype[próutətàip] 원형　practical[prǽktikəl] 실용적인
cabinetmaking[kǽbənitmèikiŋ] 가구 제작　pottery[pɑ́təri] 도예, 도자기　artisan[ɑ́:rtəzən] 장인
pragmatic[prægmǽtik] 실용적인　value[vǽlju:] 가치　fusion[fjú:ʒən] 융합　metalworking[mètlwə́:rkiŋ] 금속 세공
spout[spaut] (주전자 등의) 주둥이　heat-resistant 내열성의　ebony[ébəni] 흑단　elegant[éligənt] 우아한
futuristic[fjù:tʃərístik] 미래지향적인, 초현대적인　sleek[sli:k] 맵시 있는, 매끈한　observant[əbzə́:rvənt] 관찰력이 있는
entrance fee 입장료　work out ~을 계획하다, 생각해내다

[6-11]
Listen to part of a talk in an environmental science class.

P: OK, so we've already looked at how human economic activity has negatively impacted the natural environment and disrupted ecological systems. Now, today I'd like us to take a look at a case where human activity . . . actually I think the term "human intervention" would be more descriptive . . . well, how this activity has been beneficial to the environment . . . ⁶I want to talk about one particular attempt at species restoration by the US Fish and Wildlife Service. It's called the Wolf Recovery Program. I think you'll find it very interesting because it's an attempt to reverse a long-standing anti-wolf policy. The program wants to undo the . . . damage resulting from the wolf extermination campaign by restoring a key species into its original habitat.

¹¹So, how many of you are familiar with the reintroduction of the gray wolf into Yellowstone National Park? Raise your hands, please. OK, good, good. Then we should be able to move along quickly with this example. Well, the project was first proposed in 1987, and its goal was to reintroduce gray wolves from Canada into three areas in the northern Rocky Mountains: Yellowstone National Park, central Idaho and northwest Montana. But, before I go into the details of the program, I'd better give you a brief history of the gray wolf in the US. It'll help you understand the ongoing controversy of the program.

The gray wolf's habitat originally spanned from the Arctic tundra to Mexico. But, their numbers in the United States have actually dwindled to the point where they are now considered an endangered species. Now, this happened because of humans. What I mean is, humans started to encroach on their land, and well, wolves simply couldn't compete with them. So, you may be wondering what the wolf did that could justify their extermination. Well, simply, the wolf began eating people's livestock.

But, uh . . . you should understand that this was a survival response, really. ⁷⁻¹As early American settlers moved west, they claimed lands for farming and ranching, [7-2]and this obviously decreased the number of deer, elk, moose, and bison. Now, these animals were the mainstays of the gray wolf's diet. [7-3]And . . . so . . . naturally, the wolf began hunting other prey, and there was an abundance of livestock cattle and sheep to choose from. Of course, the farmers and ranchers pushed the US government to take action. [7-4]So, from the nineteenth century until 1965, the government paid hunters, ranchers, and farmers twenty to fifty dollars for each wolf killed. Well, by the end of the extermination campaign, millions of wolves had been shot, trapped, and poisoned. They nearly became extinct.

In the 1970s and 80s, however, as scientists learned more about the gray wolf, they began to understand its importance to the ecosystem. So, planning for the Wolf Recovery Program began in 1987, as I said earlier. And, the first group of Canadian wolves was relocated into Yellowstone National Park in 1994. Now, originally, wolf relocations from Canada were supposed to occur every year for five years, but the packs . . . the ones introduced the first two years have been breeding so successfully that additional relocations became unnecessary. So, with such good results, preparations are actually now underway for delisting the gray wolf from the endangered species list in the . . . northern Rocky Mountain area.

OK, so you may be asking, "Why does it matter now, bringing back the wolf since they've been gone for so long?" This has definitely been the attitude of many opposition groups who fear an imbalance in the new ecosystem. But, the reintroductions have produced a number of immediate positive results; some anticipated, and others not. The most obvious has been a reduction in the elk population. But, this decrease has actually been good for the elk species and . . . for the entire ecosystem as well.

So, let's look at how wolves actually benefit their prey. All right, so you know that wolves are at the top of the food chain. Because of their size and the fact that they hunt in packs, wolves are able to bring down larger prey like . . . elk, moose, and bison. Smaller predators like coyotes can't. [8]And since wolves generally kill off the weaker members of the herd–the young, injured, and the old–this keeps the herds healthier, and sort of insures that only the strong survive and reproduce. And, you know, with fewer members, these herds no longer experience mass starvation and die off in the winter.

And another beneficial effect of the wolf reintroduction program is . . . ecological diversity. [9]Unlike grizzly bears and mountain lions, wolves don't consume all the remains of animals. This leaves enough scraps year round for coyotes, eagles, and other animal scavengers. Hmm . . . and what else? [10]Oh yeah, wolves have also reversed the decline of aspen, willow, and cottonwood trees. You know these trees started to die off in the 1920s when wolves started to get exterminated by humans . . . because then all these elk started to overgraze and eat up these trees. But now, these trees are making a comeback, and with the return of the trees, beavers have also returned, and are creating marshlands with their dams. And these marshlands have brought back ducks, otters, mink, and . . . muskrats.

Now get ready to answer the questions. You may use your notes to help you answer.

6. What is the main topic of the lecture?
7. The professor explains the sequence of events that resulted in the near extinction of the wolf. Put the following events in the correct order.
8. According to the professor, what are two effects of wolf reintroduction for the elk?
9. Why does the professor mention the feeding habits of the grizzly bear?
10. What can be concluded about the program to reintroduce gray wolves?

Listen again to part of the lecture. Then answer the question.

P: So, how many of you are familiar with the reintroduction of the gray wolf into Yellowstone National Park? Raise your hands, please. OK, good, good. Then we should be able to move along quickly with this example.

11. Why did the professor say this:

P: Raise your hands, please. OK, good, good.

P: 네, 인간의 경제활동이 어떻게 자연환경에 부정적인 영향을 미치고 생태계를 파괴해 왔는지 살펴보았습니다. 자, 오늘은 인간활동... 사실 '인간 개입'이라는 용어가 더 적절한 설명일 것 같군요... 인간 개입이 환경에 어떻게 이로웠는지에 대해 살펴보겠어요... [6]미국 어류 및 야생동물 보호 국이 사라져가는 종의 복구를 위해 시도했던 한 특정한 사례에 대해 얘기하려고 해요. 늑대회생프로그램이라고 하죠. 이것은 오래된 늑대멸종 정책을 반대로 뒤집는 시도이기 때문에 모두들 흥미 있어 할 거예요. 이 프로그램은... 중요한 종을 원래의 서식지에 돌려보내 늑대를 멸종시키 려는 운동으로 인해 발생한 피해를 원상태로 돌리고자 합니다.

[11]자, 옐로우스톤 국립공원에 얼룩 늑대를 복구시키는 것에 대해서 들어 본 학생이 몇 명이나 있나요? 손을 들어 보세요. 네, 좋아요, 좋아요. 그 럼 이 사례를 이용하여 수업을 빨리 진행시킬 수 있겠군요. 음, 그 프로젝트는 1987년에 처음 제안되었고, 얼룩 늑대를 캐나다에서 북부 록키 산맥의 세 지역으로 복구시키는 것이 목표였어요. 옐로스톤 국립공원, 아이다호 중부, 몬태나 북서부로 말이죠. 하지만, 프로그램에 대해 구체 적으로 살펴보기 전에, 미국에서 얼룩 늑대의 역사에 대해 간단히 짚고 넘어 가는 게 좋겠어요. 이는 그 프로그램에 관한 지속적인 논쟁에 대한 여러분의 이해를 도울 것입니다.

얼룩 늑대의 서식지는 원래 북극 툰드라에서 멕시코에 걸쳐 있었어요. 그러나 미국에서 그들의 수는 점차 감소하여 멸종위기에 처했다고 여겨 지는 상황에 이르게 되었습니다. 자, 이러한 현상은 인간 때문에 발생했어요. 무슨 말이냐면 인간들은 늑대들의 서식지를 침범하기 시작하였고, 음, 늑대들은 인간들과 경쟁할 수 없었죠. 아마 모두들 늑대가 어떤 짓을 했길래 이들을 박멸하려고 했던 행위가 정당화 될 수 있는지 궁금할 거 예요. 음, 간단히 말해서, 늑대가 인간의 가축을 잡아먹기 시작했죠.

그러나, 어... 이것은 생존을 위한 대응임을 진정 이해해야 합니다. [7-1]초기 미국 정착자들이 서부로 이동하면서, 그들은 농사를 짓고 목장을 경 영하기 위해 땅을 점유했고, [7-2]이것이 사슴, 엘크, 말코손바닥사슴, 들소의 수가 상당히 감소시켰죠. 자, 이 동물들은 얼룩 늑대의 주요 먹이였 어요. [7-3]그래서... 자연히 얼룩 늑대는 다른 먹이를 사냥하기 시작했는데, 가장 풍부한 먹이는 인간이 키우는 소나 양들이었습니다. 당연히, 농 부들과 목장 주인들은 미국 정부에게 조치를 취하도록 촉구했습니다. [7-4]그래서, 19세기부터 1965년까지, 정부는 사냥꾼, 농부, 목장주인들에 게 늑대 한 마리를 죽이면 20달러에서 50달러를 주었습니다. 음, 멸종 운동이 마무리 될 때까지, 수백만 마리의 늑대들이 총에 쏘이고, 덫에 갇 히거나 독살되었어요. 늑대는 거의 멸종에 이르렀죠.

그러나, 1970년대와 1980년대에 과학자들은 얼룩 늑대에 대해 더 연구하면서, 생태계에서의 얼룩 늑대의 중요성을 깨닫기 시작했습니다. 앞 서 말했듯이, 늑대회생 프로그램의 계획은 1987년에 시작되었어요. 1994년에 최초로 한 무리의 캐나다 늑대가 옐로스톤 국립공원에 재배치 되었습니다. 자, 원래는 5년동안 매년 캐나다에서 늑대를 데려올 계획이었는데, 무리들... 초기 2년 동안 옮겨진 늑대들이 성공적으로 번식하여 추가적인 재이동이 필요하지 않았습니다. 결과가 좋아서, 북부 로키 산맥 지역의... 위기에 처한 종 목록에서 얼룩 늑대를 삭제하기 위한 준비가 현재 진행 중입니다.

네, 아마도 여러분들이 "늑대는 오랫동안 사라졌었는데 늑대를 다시 데려오는 것이 왜 중요한가요?"라는 질문을 할 수도 있겠군요. 이는 분명 새로운 생태계의 불균형을 우려하는 반대 단체들의 의견이죠. 그러나, 늑대를 다시 데려오자 즉각적으로 많은 긍정적 결과가 발생했어요. 예상 된 결과도 있고 아닌 것들도 있어요. 가장 명확한 결과는 엘크 개체 수의 감소입니다. 그러나, 개체 수의 감소는 엘크 종뿐만 아니라... 전체 생 태계에 긍정적인 영향을 주었습니다.

그럼 늑대들이 실질적으로 먹잇감이 되는 동물들에게 어떻게 도움을 주는지 알아봅시다. 좋아요, 여러분들은 늑대가 먹이사슬의 가장 꼭대기에 있다는 것을 알고 있을 거예요. 늑대의 크기와 떼로 다니며 사냥하는 습성 때문에, 늑대는 엘크, 말코손바닥사슴, 들소와 같이... 자신보다 큰 먹 이를 잡을 수 있죠. 늑대보다 작은 육식동물인 코요테는 더 큰 먹이를 잡을 수 없어요. [8]그리고 늑대는 일반적으로 무리에서 약한 일원, 즉 어리 고 부상당했거나 늙은 일원을 죽이기 때문에 무리는 더 건강해지고 강한 일원들만 살아남아 번식할 수 있게 됩니다. 그리고 수가 적은 무리는 겨울에 집단으로 굶주림을 겪거나 죽는 일이 없습니다.

늑대회생 프로그램의 또 다른 이로운 영향은... 생태적 다양성입니다. [9]회색곰과 아메리카라이온과는 달리, 늑대는 먹잇감을 완전히 다 먹어 치 우지 않습니다. 늑대는 일 년 내내 코요테, 독수리, 다른 청소 동물들에게 충분한 먹이를 남겨두죠. 음... 또 뭐가 있을까요? [10]오 네, 늑대는 사시 나무, 버드나무, 미루나무가 감소하는 추세를 반대로 돌려놓았습니다. 늑대가 인간들에 의해 사라지기 시작하자 이 나무들은 1920년대 이후로 사라지기 시작했는데... 이는 엘크가 지나치게 많아져서 이 나무들을 먹어 치웠기 때문입니다. 그러나 현재, 이 나무들은 다시 자라고 있으며, 나무들이 회복되자, 비버도 돌아와서 댐을 만들어 늪지대가 형성되고 있어요. 이러한 늪지대에 오리, 수달, 밍크... 머스크랫이 다시 서식하게 되었습니다.

disrupt[dìsrʌ́pt] 파괴하다   ecological[èkəládʒikəl] 생태의, 생태학적인   intervention[ìntərvénʃən] 개입, 간섭
descriptive[diskríptiv] 설명이 적절한, 묘사적인   beneficial[bènəfíʃəl] 이로운, 유익한   restoration[rèstəréiʃən] 복구, 회복
recovery[rikʌ́vəri] 회생, 복구   long-standing 오랜   undo[ʌndú:] 원상태로 되돌리다   extermination[ikstə̀:rmənéiʃən] 멸종
gray wolf 얼룩 늑대   controversy[kántrəvə̀:rsi] 논쟁   span[spæn] ~에 걸치다   Arctic[á:rktik] 북극의
tundra[tʌ́ndrə] 툰드라(동토대)   dwindle[dwíndl] 점차 감소하다   encroach[inkróutʃ] 잠식하다, 침범하다
claim[kleim] 토지를 점유하다   ranch[ræntʃ] 목장을 경영하다   elk[elk] 엘크   moose[mu:s] 말코손바닥사슴
bison[báisən] 들소   mainstay[méinstèi] 가장 중요한 의지물   rancher[rǽntʃər] 목장주   take action 조치를 취하다
extinction[ikstíŋkʃən] 멸종   ecosystem[ékousìstəm] 생태계   relocate[rilóukéit] 재배치하다, 이동시키다
delist[di:líst] 목록에서 삭제하다   imbalance[imbǽləns] 불균형   anticipate[æntísəpèit] 예상하다   bring down 잡다

predator[prédətər] 육식동물   coyote[káiouti] 코요테   herd[hə:rd] 무리   starvation[sta:rvéiʃən] 굶주림

grizzly bear 회색곰   mountain lion 아메리카라이온   remain[riméin] 유해   scavenger[skǽvindʒər] (썩은 고기를 먹는) 청소 동물

aspen[ǽspən] 사시나무   willow[wílou] 버드나무   cotton wood 미루나무   overgraze[òuvərgréiz] 지나치게 방목되다

beaver[bí:vər] 비버   marshland 늪지대   otter[átər] 수달   mink[miŋk] 밍크   muskrat[mʌ́stræt] 머스크랫(사향뒤쥐)

[12-17]

Listen to part of a lecture in an art class.

P: [13]A few years ago, one of Paul Cézanne's paintings in his series called *The Card Players* sold for 250 million dollars. Not bad, huh? It's no secret that art is a lucrative business, but because art is so commercially valuable, well . . . all of the forgeries out there come right along with that. So, um, you need some kind of way to verify that a work is authentic, right? And of course, the more advanced techniques provide greater accuracy. Well, in the old days, people relied solely on stylistic analysis to evaluate a painting. Does anyone know what I mean by stylistic analysis?

S1: Yeah. You're referring to studying the painting for, like, the painter's signature touches or brushstroke style and stuff like that, right?

P: Yes, those things are definitely taken into consideration. Remember, experts haven't always had advanced technology to analyze artwork. So, if a painting's authenticity was called into question, they would consider motifs, design, and types of paint, which could give clues about when and where a painting was created. However, this method is not always 100 percent accurate, um, especially nowadays because forgeries have become increasingly sophisticated, using such methods as baking the fake painting in order to make it look older, damaging it and restoring it, or rolling the canvas to give it creases and wrinkles. [12]So today's experts have begun to incorporate more advanced techniques in their analyses. For example, "dendrochronology"– also known as "tree-ring dating"–has proven to be an effective means for determining the age of panel paintings. Yes, Cole?

S2: Is that because panel paintings were done on wood?

P: Exactly. Panel paintings were made on wooden boards or, uh, a few pieces of wood joined together. They aren't common anymore but were popular during the 1500s. Many European painters used seasoned wood panels, so scientists can use the tree rings visible in the panels to determine the painting's age.

S1: Um, I have a question. Wouldn't some of the rings be missing in the wood since it's been cut and reshaped?

P: [14]Yes, actually, the outer rings of wood are trimmed off for panels, and that's why an exact year isn't possible to determine. However, this method can still be really effective because the experts can narrow it down to a time period within 30 years of when the painting was created. Let me give you an example of how it works. In 1916, the National Portrait Gallery purchased a painting of Mary, Queen of Scots from a fine arts auction house. After it was purchased, it was written off as a fake that was painted in the 18th century, and not the 16th century, when Queen Mary was alive. Of course, in 1916, experts were still using stylistic analysis. Well, the painting was evaluated again recently. [14]The museum used tree-ring dating to date the painting's wooden panel and it was found to be from the 16th century, not the 18th century. So, in this case, technological analysis discovered that a painting considered to be fake was actually authentic.

S2: So what about other kinds of paintings? I mean, not all paintings are done on wood. Are there other ways to determine whether a painting is genuine or not?

P: Yes, and I was getting to that. So . . . stylistic analysis proved useful up to a point, but it was a bit subjective. Dendrochronology was certainly more advanced in that it was scientific . . . Then art materials started changing, so a more . . . cutting-edge method became essential, and that method was infrared technology. This technology allows us to actually see inside the painting–to see exactly how it was created. It involves special cameras that are sensitive to infrared light, which can penetrate layers of paint. Basically how it works is scientists take pictures of paintings with a special camera and develop something called "reflectograms." [15]In these reflectograms, the stages of composition are clearly discernible, and this information is highly beneficial when trying to determine a painting's authenticity.

Let's look at a specific example. For many years, *The Virgin and Child with an Angel* hung proudly in the National Gallery in London as the earliest-known example of the work of Renaissance artist Francesco Francia. But when an identical painting was offered for sale at an auction, the authenticity of this work became an issue. An infrared analysis revealed that the National Gallery painting had a very detailed underdrawing created using pencil . . . uh, this was the initial sketch made by the artist. In fact, it resembled a finished drawing rather than the typical underdrawing of a Renaissance painting. In contrast, the newly discovered work had a more basic outline produced using a brush that clearly showed where the artist had made changes. [16]These discoveries led experts to conclude that the painting in the National Gallery was a fake.

S1: So, with all these new methods, is stylistic analysis even used anymore?

P: Certainly. [17]I mean, it has a role. It's just that we no longer rely solely on that method.

Now get ready to answer the questions. You may use your notes to help you answer.

12. What is the main topic of the lecture?
13. Why does the professor mention Cézanne's *The Card Players*?
14. What does the professor say about dendrochronology?
15. What is the advantage of using a reflectogram?
16. Why does the professor discuss *The Virgin and Child with an Angel*?
17. What is the professor's attitude toward stylistic analysis?

P: [13]몇 년 전, '카드놀이 하는 사람들'이라는 폴 세잔의 연작 그림 중 하나가 2억 5천만 달러에 팔렸어요. 나쁘지 않아요, 그렇죠? 미술품은 수익성이 좋은 사업이라는 것은 모두가 아는 사실이지만, 예술은 너무나 상업적으로 가치가 크기 때문에, 음... 그와 더불어 갖가지 위조가 따라와요. 그래서, 음, 작품이 진품인지 확인할 어떤 방법이 필요한 거예요, 그렇죠? 그리고 물론, 더 발달한 기술이 더 높은 정확성을 제공하죠. 자, 예전에는 사람들이 그림을 감정하기 위해 오직 양식 분석에 의존했어요. 제가 말하는 양식 분석이 무엇인지 아는 사람 있나요?

S1: 네. 화가의 특징적인 필치나 붓놀림 방식 같은 것에 대해 그림을 검토하는 것을 말씀하시는 거잖아요, 그렇죠?

P: 네, 그러한 것들이 분명히 고려되죠. 기억하세요, 전문가들은 미술품을 분석할 수 있는 고도의 기술력을 항상 가지고 있었던 것은 아니에요. 그래서 그림의 진위에 의문이 제기되면, 그들은 주제, 디자인, 그리고 물감의 종류를 고려하곤 했는데, 이것은 그림이 언제, 어디서 그려졌는지에 대한 단서를 제공할 수 있었죠. 하지만 위조품들은 더 오래되어 보이려고 위조된 그림을 굽는다거나, 손상하고 나서 복원하거나, 접은 자국과 주름이 생기도록 캔버스를 마는 것 같은 방법을 사용하여 점점 더 정교해졌기 때문에 음, 특히 요즘에는 이 방법이 항상 100퍼센트 정확한 것은 아니에요. [12]그래서 오늘날 전문가들은 분석에 있어 더욱 진보한 기법들을 포함하기 시작했어요. 예를 들면, '연륜 연대학'은 '나이테 측정법'으로도 알려진 것인데 패널화의 연대를 결정하기 위한 효과적인 방법으로 판명되었어요. 네, Cole?

S2: 패널화가 목재 위에 그려졌기 때문인가요?

P: 정확해요. 패널화는 나무판 혹은, 어, 하나로 합쳐진 몇몇 나무 조각 위에 그려졌어요. 패널화는 더 이상 흔하지 않지만 1500년대에는 인기가 있었어요. 많은 유럽 화가들은 잘 건조된 나무 패널을 사용했기 때문에 과학자들은 그림의 연대를 결정하기 위해 패널에 보이는 나이테를 이용할 수 있죠.

S1: 음, 질문 있어요. 나무가 잘리고 새로운 모양으로 만들어졌기 때문에 나이테의 일부가 없어졌을 수도 있지 않나요?

P: [14]네, 사실, 나무의 바깥쪽 나이테는 패널을 위해 다듬어 없어졌고, 그것이 바로 정확한 연도를 알아내는 것이 가능하지 않은 이유예요. 하지만 전문가들이 그림이 그려진 시기를 30년 이내의 기간으로 좁힐 수 있기 때문에 이 방법은 여전히 매우 효과적일 수 있죠. 어떻게 기능하는지 예시를 보여 줄게요. 1916년, 국립 초상화 미술관이 스코틀랜드의 메리 여왕의 그림을 미술품 경매장에서 구매했어요. 구매된 후, 이것은 메리 여왕이 살아있을 때인 16세기가 아닌 18세기에 그려진 위조품이라고 간주되었죠. 물론 1916년에 전문가들은 여전히 양식 분석을 사용하고 있었어요. 음, 그 그림은 최근에 다시 감정되었어요. [14]미술관은 그림의 나무 패널의 연대를 측정하기 위해 나이테 측정법을 사용했고 그것은 18세기가 아닌 16세기의 것으로 판명되었어요. 그러니까 이 경우, 기술적 분석이 위조품이라고 여겨졌던 그림이 실제로 진품이었다는 것을 발견하게 된 거죠.

S2: 그럼 다른 종류의 그림들은 어떤가요? 제 말은, 모든 그림이 나무에 그려진 것은 아니잖아요. 그림이 진품인지 아닌지를 알아내기 위한 다른 방법들이 있나요?

P: 네, 제가 그걸 말하려던 참이었어요. 그러니까... 양식 분석은 어느 정도까지는 유용한 것으로 증명되었지만, 약간은 주관적이었죠. 연륜 연대학은 과학적이라는 점에서 확실히 더 진보했죠... 이후 미술 재료가 변화하기 시작했고, 그래서 더... 최첨단 방법이 필수적이게 되었는데, 그 방법이 적외선 기술이었죠. 이 기술은 우리가 실제로 그림 속을 볼 수 있도록 해줘요. 정확히 어떻게 그려졌는지 볼 수 있도록이요. 이건 적외선에 민감한 특수 카메라를 필요로 하는데, 적외선이 물감층을 침투할 수 있어요. 기본적으로 이것이 작동하는 방법은 과학자들이 특수 카메라로 그림의 사진을 찍고 '탐상 도형'이라는 것을 현상하는 거예요. [15]이러한 탐상 도형에서 작품을 구성하는 단계들이 정확히 식별 가능하고,

이 정보는 그림의 진위를 알아내려고 할 때 매우 유익하답니다.

구체적인 예를 살펴봅시다. 여러 해 동안, '성모와 아기 예수 및 천사'가 르네상스 미술가 프란체스코 프란치아의 작품 중 최초로 알려진 예로 런던의 국립미술관에 자랑스럽게 걸려있었어요. 하지만 경매에서 똑같은 그림이 매물로 나왔을 때, 이 작품의 진위가 문제가 되었어요. 적외선 분석은 국립미술관의 그림이 연필을 사용하여 만들어진 매우 상세한 밑그림을 가지고 있다는 것을 밝혀냈어요... 어, 이것은 미술가에 의해 만들어진 처음의 스케치였어요. 사실, 그것은 르네상스 그림의 전형적인 밑그림보다는 완성된 그림과 유사했어요. 그에 반해서, 새롭게 발견된 작품은 미술가가 어디서 변화를 주었는지 명백히 보여주는 붓을 사용해 만들어진 더 기초적인 윤곽을 가지고 있었어요. ¹⁶이러한 발견들은 전문가들이 국립미술관에 있는 그림이 위조품이라고 결론짓도록 했어요.

S1: 그럼, 이러한 모든 새로운 방법이 있는데, 양식 분석이 아직도 사용되기는 하나요?

P: 물론이죠. ¹⁷제 말은, 그것도 역할이 있어요. 단지 우리가 더 이상 그 방법에만 의존하지는 않는다는 거예요.

lucrative [lú:krətiv] 수익성이 좋은   forgery [fɔ́:rdʒəri] 위조품   verify [vérəfài] 확인하다   authentic [ə:θéntik] 진품인
stylistic analysis 양식 분석   evaluate [ivǽljuèit] 감정하다, 평가하다   touch [tʌtʃ] 필치   brushstroke [brʌ́ʃtròuk] 붓놀림
authenticity [ɔ̀:θentísəti] 진위   motif [moutí:f] 주제   sophisticated [səfístəkèitid] 정교한   fake [feik] 가짜의, 위조품
crease [kri:s] 접은 자국, 금   incorporate [inkɔ́:rpərèit] 포함하다   panel [pǽnl] 패널, 화판   seasoned [sí:znd] 잘 건조된
trim off 다듬어 없애다   auction house 경매장   write off ~으로 간주하다   date [deit] 연대를 매기다
genuine [dʒénjuin] 진품의   infrared [ìnfrəréd] 적외선의   penetrate [pénətrèit] 침투하다
reflectogram [rì:flektάgræm] 탐상 도형   composition [kὰmpəzíʃən] 구성   discernible [disɔ́:rnəbl] 식별할 수 있는
beneficial [bènəfíʃəl] 유익한   identical [aidéntikəl] 똑같은   reveal [riví:l] 밝히다   underdrawing [ʌ̀ndərdrɔ́:iŋ] 밑그림
solely [sóulli] 단지, 오로지

PART 2

[1-5]

Listen to part of a conversation between a student and a university administrator.

M: Excuse me, I'm looking for the Campus Media Manager's office.

W: Actually this is it. Are you here for an appointment?

M: Um, sort of . . . I host a radio show on campus and I got an e-mail asking me to visit this office.

W: Oh, yes! Casey, right? I'm Dana, I'm the one who e-mailed you.

M: Hi, nice to meet you. Um, I'm sorry I couldn't meet you earlier . . . I just finished the show, actually. And I have a class starting across campus in about twenty minutes, so . . .

W: All right, I'll try not to take up too much of your time. ¹Casey, did you know that this office conducted a student survey recently, and your show was voted one of the most popular?

M: Really? Wow, that's interesting, I didn't know that.

W: Yes, it's definitely good news. All the students we surveyed seemed to really enjoy your show. I was surprised to hear that so many students are awake to listen to it! I must say . . . to get up so early every week to do your show . . . well, that must take a lot of dedication.

M: Yeah, it's tough waking up so early to do a three-hour show once a week . . . it takes more preparation than people realize . . . because my co-host and I have to decide what we're going to play, keep track of new releases, you know . . . that kind of thing.

W: Well, all your hard work is worth it . . . ²but I think some listeners would like to have more information about the music . . . You know, song titles and artists, things like that.

M: I see . . .

W: Have you thought about announcing the info at the end of the each song?

M: Well, actually, my co-host and I . . . we have our reasons for not doing that . . . see, some songs we like to mix together, and it would interrupt the flow of the music if we cut in every once in a while to talk.

W: Hmm . . . it's a good point, but here's where the Campus Media office comes in. As you know, the university administration believes student opinion is very important . . . ³especially since the school's investing quite a lot of money in the radio station. So the university administration office has asked me to make sure that you . . . keep your listeners as happy as possible . . . because if they're not satisfied, they will stop listening to the radio!

M: I guess that's possible too, but it's really not our style. We want our show to be about the music . . . and the less talking, the better. But I agree with you and the school . . . respecting our listeners' wishes is really important. After all, they're the reason why we have campus radio in the first place! [4]So . . . how about if we started posting playlists of our show on the radio on the station's website?

W: That sounds like a good idea. Then you can announce on your show that listeners can see the song info online. Actually you can give a lot more information on the songs that way . . .

Now get ready to answer the questions. You may use your notes to help you answer.

1. Why does the woman talk to the man?
2. According to the conversation, why did listeners feel the show needed to be changed?
3. What does the woman imply about the school administration?
4. What suggestion does the radio host make?

Listen again to part of the conversation. Then answer the question.

W: So what if you announce the song titles before you start playing?
M: I guess that's possible too, but it's really not our style. We want our show to be about the music . . . and the less talking, the better.

5. Why does the student say this:
   M: We want our show to be about the music . . . and the less talking, the better.

M: 실례지만, 저는 캠퍼스 미디어 관리자의 사무실을 찾고 있어요.

W: 바로 여기에요. 약속이 있어서 오셨나요?

M: 음, 그렇다고 할 수 있어요... 저는 캠퍼스 라디오 프로그램의 사회를 보는데 이 사무실로 오라는 이메일을 받았어요.

W: 아, 맞아요! Casey, 맞죠? 저는 Dana예요, 제가 당신에게 이메일을 보냈어요.

M: 안녕하세요, 만나서 반갑습니다. 음, 더 일찍 오지 못해서 죄송해요... 사실, 방금 라디오 프로그램을 마치고 오는 길이에요. 그리고 20분 정도 후에 캠퍼스 반대편에서 시작하는 강의를 들으러 가야 해요, 그래서...

W: 알겠어요, 학생의 시간을 많이 빼앗지 않을게요. [1]Casey, 우리 부서에서 근래에 학생들을 대상으로 설문조사를 했는데, 학생의 라디오 프로그램이 가장 인기가 많은 프로그램 중의 하나로 뽑혔다는 사실을 알고 있나요?

M: 정말요? 와, 흥미로운 사실인데요, 전 모르고 있었어요.

W: 네, 정말 좋은 소식이죠. 우리가 설문조사를 한 모든 학생들이 학생의 라디오 프로그램을 정말 좋아하는 것 같았어요. 저는 그렇게 많은 학생들이 학생의 라디오 프로그램을 청취하려고 이른 시간에 깨어 있었다는 사실에 놀랐어요! 제가 하고 싶은 얘기는... 매주 라디오 프로그램을 방송하기 위해 일찍 일어나려면... 음, 분명 많은 헌신이 필요하겠죠.

M: 네, 매주 한 번씩 3시간짜리 방송을 하기 위해 일찍 일어나는 건 힘들어요... 사람들이 생각하는 것보다 많은 준비가 필요합니다... 그러니까... 저와 공동 진행자는 어떤 곡을 방송할 것인지 결정하고, 최근 발매되는 음반과 같은 것들에 대해 알고 있어야 하기 때문이에요.

W: 음, 그래도 노력한 보람은 있네요. [2]그런데 몇몇 청취자들은 음악에 대한 정보를 더 알고 싶어 하는 것 같아요... 그러니까, 노래 제목과 가수 등에 관한 것들 말이에요.

M: 그렇군요...

W: 한 곡이 끝날 때마다 정보를 알려주는 것은 어때요?

M: 음, 사실, 저와 제 공동 진행자가... 그렇게 하지 않는 이유가 있어요... 그러니까, 우리가 의도적으로 연결해서 방송하는 곡들이 있는데, 한 곡마다 잠깐씩 말을 하기 위해 끼어들면, 음악의 흐름이 끊기기 때문입니다.

W: 음... 좋은 지적인데요, 하지만 여기서 캠퍼스 방송 부서를 고려해야 해요. 알다시피, 대학 본부에서는 학생들의 의견이 매우 중요하다고 생각합니다... [3]특히 학교가 적지 않은 돈을 라디오 방송국에 투자하기 때문이에요. 따라서 대학 본부 사무실은 제게... 학생이 청취자들을 가능한 한 즐겁게 하는 것을 꼭 명심하게 해달라고 부탁했어요... 왜냐하면 그들을 만족시킬 수 없다면, 그들은 더 이상 라디오를 듣지 않을 테니까요! [5]그래서 음악 틀기 전에 곡명을 알려주면 어때요?

M: 그 방법도 가능하지만, 우리의 방식은 아니에요. 우리는 라디오 프로그램이 음악에 관한 것이기를 바라거든요... 말을 많이 하지 않는 편이 더 좋아요. 그렇지만 당신과 학교의 의견에 동의해요... 청취자들의 바람을 존중하는 것은 매우 중요해요. 어쨌든, 애초에 캠퍼스 라디오 방송을 하게 된 이유도 청취자들 덕분이니까요! [4]그러면... 라디오 방송 예정곡 목록을 방송국의 웹사이트에 게시하는 것은 어떨까요?

W: 좋은 생각이에요. 청취자들이 음악에 대한 정보를 인터넷에서 조회할 수 있다고 라디오 방송에서 공고하면 되겠군요. 그렇게 하면 음악에 대한 정보를 훨씬 많이 제공할 수 있겠어요...

vote[vout] 뽑다, 투표하다   dedication[dèdəkéiʃən] 헌신   preparation[prèpəréiʃən] 준비
co-host (라디오, TV) 공동 진행자   keep track of ~의 소식을 알고 있다   release[rilíːs] (레코드 등의) 발매
interrupt[ìntərʌ́pt] 끊다, 방해하다   administration[ədmìnistréiʃən] 본부   radio station 라디오 방송국
playlist[pléilìst] (라디오 방송국의) 방송 예정곡 목록

[6-11]
Listen to part of a lecture in a marine biology class.

P: Many of you have probably seen fish jump, right? Have you ever asked yourself why they do this? Whale surfacing tends to receive the most attention from biologists, but I have always found it fascinating that fish . . . uh, both freshwater and saltwater . . . exhibit similar behavior. [6]So now let's explore some of the reasons fish jump by looking at several different species of fish.

To begin with, predator-prey interactions are definitely a factor. In fact, researchers have long known that when a large number of fish start leaping out of the water, there are probably predators nearby. Jumping is a particularly effective evasion tactic because fish are able to move much faster through the air than through the water. It makes sense when you think about it because water is much denser than air—once a fish breaks the surface, its speed increases greatly. [11]Another thing to consider is that it's impossible for a predator to predict where a fish will land. I guess this goes without saying, though . . . I mean, there are just so many variables . . . you know, like speed and direction of travel. That being said, jumping can also be beneficial for the hunter—not just the hunted. You see, some fish jump in order to feed on organisms outside the water, most commonly insects, but occasionally even birds. Take a look at this slide . . . the fish in the picture is a silver arowana, uh, a predatory fish native to several rivers in South America. Note the long, eel-like body and tapered tail. These characteristics enable the silver arowana to employ a unique hunting strategy that involves lurking near the surface until it spots potential prey on a branch overhanging the water. [7]It will then contort its long body into, well, almost an S-shape, and then straighten out quickly. This sudden movement creates sufficient thrust for the fish to jump into the air, snatching the unsuspecting prey with its razor-sharp teeth. There have actually been reports of silver arowana leaping almost 2 meters out of the water . . .

OK, moving on . . . The ability to jump is also of great benefit during migration . . . particularly for anadromous fish . . . uh, those that are born in freshwater but spend most of their lives in the ocean, and then return to lakes or rivers to spawn. How does this relate to jumping? Well, these types of fish have to travel upstream to reach their spawning grounds. When they encounter rapids—you know, shallow, fast-moving sections of a river— jumping is a way to conserve energy. Less effort is needed to leap out of the water than to swim against the river's flow. Moreover, in an area with particularly intense rapids, jumping frequently is the only way for the fish to make any progress against the strong current. You should also note that there are formidable obstacles in the water that make it impossible for fish to continue swimming. Here, let me show you another picture . . . This is one of a salmon leaping up a waterfall. Pretty impressive, huh? [8]The highest obstacle that salmon are known to jump over is Orrin Falls in Scotland . . . about 3.7 meters. How can salmon do this? [9]Well, there is usually a deep pool at the base of a waterfall, which provides enough room for a salmon to gather speed before it breaks the surface. Also, high water pressure at the bottom of the pool creates a strong, upward-moving current. The salmon use this to gain additional momentum—it kind of functions like a hydraulic lift.

This brings me to my last point. A particularly interesting theory about fish jumping is that it may actually be a form of communication. Of course, it is well known that whales use the sounds created by slapping their fins on the surface of the water to communicate with each other. Some species of very large fish may use the sounds created by their bodies crashing into the water in the same way. For example, scientists have long been mystified about why the sturgeon jumps. None of the reasons I mentioned earlier seem to apply . . . [10]sturgeon are bottom feeders, meaning that they consume shellfish and other organisms that live in the mud. They are also too large to worry about predators, and they're usually observed jumping in deep water, so obstacles or rapids aren't a consideration. However, researchers have discovered that when a sturgeon jumps, it creates a distinctive acoustic signal that travels vast distances underwater. This may be a way for an individual sturgeon to notify other members of a population group that it has found a suitable holding area . . . uh, places with deep, slow-moving water where sturgeons like to congregate . . . or a section of the riverbed with an abundance of food.

Now get ready to answer the questions. You may use your notes to help you answer.

6. What is the lecture mainly about?
7. According to the professor, how does the silver arowana jump so high into the air?
8. Why does the professor mention Orrin Falls?
9. How does a pool at the base of a waterfall benefit anadromous fish?
10. What does the professor imply about sturgeons?

Listen again to part of the lecture. Then answer the question.

P: Another thing to consider is that it's impossible for a predator to predict where a fish will land. I guess this goes without saying, though . . . I mean, there are just so many variables . . . you know, like speed and direction of travel.

11. What does the professor mean when she says this:
   P: I guess this goes without saying, though . . .

P: 여러분 중 대다수가 아마 물고기가 뛰어오르는 것을 봤을 거예요, 그렇죠? 그들이 왜 이러는지 스스로 물어본 적 있나요? 고래가 수면으로 떠오르는 것이 생물학자들로부터 가장 많은 관심을 받는 경향이 있지만, 저는 물고기가... 어, 민물고기와 바닷고기 모두... 비슷한 행동을 보인다는 점이 항상 매혹적이었어요. [6]그래서 이제 여러 다른 어종을 살펴봄으로써 물고기가 뛰어오르는 몇 가지 이유를 탐구해봅시다.
첫째로, 포식자-피식자 관계는 확실한 한 가지 요인이에요. 사실, 연구자들은 다수의 물고기가 물 밖으로 뛰어오르기 시작할 때, 아마도 가까운 곳에 포식자들이 있을 것이란 걸 오래 전부터 알고 있었어요. 물고기는 물에서 보다 공중에서 훨씬 더 빠르게 이동할 수 있기 때문에 뛰어오르는 것은 특히 효과적인 탈출 전략이에요. 물이 공기보다 훨씬 밀도가 높기 때문인 걸 생각하면 이해가 될 거예요. 물고기가 수면 위로 뛰어오르면, 속도는 크게 증가해요. [11]고려해야 할 또 다른 것은 물고기가 어디에 떨어질지 포식자가 예측하는 것은 불가능하다는 것이에요. 그렇지만 이건 말할 필요도 없을 것 같네요... 제 말은, 변수가 정말 너무 많거든요... 아시다시피, 속도와 이동 방향 같은 거요. 그렇기는 하나, 뛰어오르는 것은 사냥꾼에게도 유익할 수 있어요. 사냥감에게만 그런 게 아니란 거죠. 보세요, 어떤 물고기는 물 밖에 있는 생물을 먹기 위해 뛰는데, 가장 흔하게는 곤충이지만 가끔은 새까지도 먹죠. 이 슬라이드를 한 번 봅시다... 사진 속의 물고기는 silver arowana인데, 어, 남미에 있는 여러 강의 토착 포식 어류예요. 길고 뱀장어와 비슷한 몸통과 점점 가늘어지는 꼬리를 주목하세요. 이러한 특징들은 silver arowana가 물 위에 튀어나와 있는 나뭇가지 위의 잠재적 먹이를 발견할 때까지 수면 근처에 잠복하는 것을 포함하는 독특한 사냥 전략을 사용할 수 있게 해요. [7]그 다음에 긴 몸통을, 음, 거의 S 모양으로 뒤튼 다음 재빠르게 몸을 곧게 펼 거예요. 이 갑작스러운 움직임은 물고기가 공중으로 뛰어오르기 위한 충분한 추진력을 만들어내며, 이상한 낌새를 채지 못한 먹이를 매우 날카로운 이빨로 잡아챌 수 있게 하죠. 실제로 물 밖으로 거의 2미터 가까이 뛰어올랐다는 silver arowana에 대한 보고가 있어요...
자, 넘어갑시다... 뛰어오를 수 있는 능력은 또한 이동하는 동안 많은 도움이 돼요... 특히 소하성 어류에게요... 어, 민물에서 태어났지만 바다에서 대부분의 생애를 보낸 후, 알을 낳기 위해 호수나 강으로 돌아오는 것들 말이에요. 이것이 뛰어오르는 것과 어떻게 관련이 있을까요? 자, 이러한 종의 어류는 산란 장소에 도달하기 위해 상류로 이동해야 해요. 그러니까, 얕고 물살이 세게 흐르는 부분인 여울에 맞닥뜨렸을 때, 뛰어오르는 것은 에너지를 보존하는 방법이에요. 강물의 흐름에 맞서 헤엄치는 것보다 물 밖으로 뛰어오르는 데 더 적은 노력이 필요하거든요. 더욱이, 특별히 극심한 여울이 있는 구역에서 자주 뛰어오르는 것은 물고기가 거센 물살에 맞서 전진하는 유일한 방법이에요. 물에는 어마어마한 장애물이 있어서 물고기가 계속해서 헤엄치는 것을 불가능하게 만든다는 것 또한 알아두셔야 해요. 여기, 또 다른 사진을 보여드릴게요... 이건 폭포를 뛰어오르는 연어 중 한 마리예요. 꽤 인상적이죠, 그렇죠? [8]연어가 뛰어넘는다고 알려진 가장 높은 장애물은 스코틀랜드에 있는 Orrin 폭포예요... 약 3.7m죠. 연어는 어떻게 이걸 할 수 있는 걸까요? [9]자, 보통 폭포의 맨 아래에는 깊은 웅덩이가 있는데, 이것은 연어가 수면 위로 뛰어오르기 전에 속력을 낼 수 있는 충분한 공간을 제공해요. 또한, 웅덩이가 바닥의 높은 수압은 강하고, 위쪽으로 흐르는 물살을 만들어내죠. 연어는 추가적인 가속도를 얻기 위해 이것을 이용해요. 일종의 수압 승강기 같은 기능을 하는 거죠.

이것이 마지막 요점으로 이어지네요. 물고기가 뛰어오르는 것에 대한 특별히 흥미로운 이론은 그것이 사실은 의사소통의 수단일 수도 있다는 거예요. 물론, 고래는 서로 소통하기 위해 지느러미로 수면을 철썩 때림으로써 만들어진 소리를 사용한다고 잘 알려져 있어요. 일부 매우 큰 어종도 같은 방식으로 몸을 물에 충돌시킴으로써 만들어진 소리를 사용할지도 몰라요. 예를 들면, 과학자들은 철갑상어가 왜 뛰는지에 대해 오랫동안 의아해 했어요. 제가 앞서 언급했던 이유 중 그 어떤 것도 적용되지 않는 것 같죠... ¹⁰철갑상어는 바닥에서 먹이를 찾는 물고기인데, 이것은 진흙에 사는 조개류와 다른 생물을 먹는 것을 뜻해요. 그것들은 또한 포식자들에 대해 걱정하기에는 너무 크고, 보통 심층수에서 뛰어오르는 것으로 관찰되어서 장애물이나 여울도 고려사항이 아니죠. 하지만, 연구자들은 철갑상어가 뛸 때, 수중에서 어마어마한 거리를 이동하는 독특한 음향 신호를 만들어낸다는 것을 발견했어요. 이것은 각각의 철갑상어가 적합한 수용 구역을 찾았다는 것을 개체군의 다른 구성원에게 알리려는 방법일 수도 있어요... 어, 철갑상어들이 모이기 좋아하는 느리게 흐르는 깊은 물을 가진 장소... 또는 풍부한 음식이 있는 강바닥의 한 구획을 말이에요.

surface [sə́ːrfis] 수면으로 나오다   explore [iksplɔ́ːr] 탐구하다   predator-prey interaction 포식자-피식자 관계

leap [liːp] 뛰어오르다   evasion [ivéiʒən] 탈출, 회피   tactic [tǽktik] 전략, 작전   dense [dens] 밀도가 높은

break [bréik] 뛰어 오르다   variable [vɛ́əriəbl] 변수   beneficial [bènəfíʃəl] 유익한   feed on ~을 먹다

organism [ɔ́ːrgənìzm] 생물   native [néitiv] 토착의, 토종의   eel-like 뱀장어 비슷한   taper [téipər] 점점 가늘어지는

employ [implɔ́i] 사용하다   lurk [lə́ːrk] 잠복하다   spot [spɑt] 발견하다   overhang [òuvərhǽŋ] 튀어 나오다

contort [kəntɔ́ːrt] 뒤틀다, 왜곡하다   straighten [stréitn] 바로 하다   sufficient [səfíʃənt] 충분한   thrust [θrʌst] 추진력

snatch [snætʃ] 잡아 채다   unsuspecting [ʌ̀nsəspéktiŋ] 이상한 낌새를 못 채는   razor-sharp 매우 날카로운

migration [maigréiʃən] 이동, 이주   anadromous fish 소하성 어류   spawn [spɔːn] 알을 낳다   rapids [rǽpidz] 여울, 급류

current [kə́ːrənt] 물살   formidable [fɔ́ːrmidəbl] 어마어마한   momentum [mouméntəm] 가속도   hydraulic lift 수압 상승기

slap [slæp] 철썩 때리다   crash into ~와 충돌하다   mystify [místəfài] 의아해 하다   sturgeon [stə́ːrdʒən] 철갑상어

bottom feeder 바닥에서 먹이를 찾는 물고기   acoustic [əkúːstik] 음향의   vast [væst] 어마어마한

congregate [káŋgrigèit] 모이다   riverbed [rívərbèd] 강바닥   abundance [əbʌ́ndəns] 풍부

MEMO

MEMO

H|A|C|K|E|R|S

해커스인강 HackersIngang.com
본 교재 인강 · 교재 MP3 · 단어암기 MP3 · iBT 리스닝 실전모의고사

고우해커스 goHackers.com
토플 쉐도잉&말하기 연습 프로그램 · 토플 스피킹/라이팅 첨삭 게시판 · 토플 공부전략 강의 · 토플 자료 및 유학 정보